4., vollständig überarbeitete Auflage

W0063895

Samantha Cook, J. D. Dickey,
Nick Edwards, Greg Ward

USA
Der Osten

STEFAN LOOSE
TRAVEL HANDBÜCHER

USA Der Osten

Die Highlights

1 **New York**

Ob Museen, Restaurants, Nightlife oder Läden: Big Apple spielt in einer eigenen Liga. S. 97

2 Niagara-Fälle

An Bord der *Maid of the Mist* im unteren Becken wird die ganze Wucht der Niagara-Fälle spürbar. S 164

3 New England

Jeden Herbst verwandeln sich die Wälder New Englands in ein Meer aus Licht und Farbe. S. 199

4 Cleveland

In der Rock and Roll Hall of Fame wird den Ikonen der Rockmusik gehuldigt – ihren schönsten Momenten, Aufnahmen und Gigs. S. 286

5 Chicago
Das Stadtbild erzählt die Geschichte
der Hochhausarchitektur. S. 318

6 | Washington

Vom Lincoln Memorial über das imposante Washington Monument bis zum Kapitol: Die National Mall bietet ein Panorama amerikanischer Kultur und Geschichte. S. 352

7 | Monticello

Präsident Thomas Jefferson höchstpersönlich hat dieses elegante Anwesen für sich entworfen und liegt dort auch begraben. S. 389

8 | Atlanta

Im historischen Viertel Sweet Auburn erinnern das Geburtshaus, das Center for Nonviolent Social Change und weitere Orte an den unvergessenen Dr. Martin Luther King. S. 448

9 | Savannah

Das historische Savannah verkörpert den Alten Süden. S. 456

10 **Memphis**

Fans aus aller Welt pilgern zum Grab
des King und seiner – für amerikanische
Verhältnisse – überraschend bescheidenen Villa Graceland. S. 471

THE
COUNTRY
MUSIC
★HALL OF★
FAME

11 **Nashville**

Alles, was auch nur entfernt mit Country-
Musik zu tun hat, zeigt die Country
Music Hall of Fame liebevoll bis ins
Detail. S. 481

COUNTRY MUSIC
HALL OF FAME
AND
MUSEUM

12 Miami

Die pastellfarbenen Art-déco-Gebäude von South Beach gehören zu den Highlights dieser hinreißenden Stadt. S. 511

13 Disney World, Orlando

Alle Freizeitparks Orlandos versuchen, sich gegenseitig zu überbieten. Aber an Disney World kommt keiner ran. S. 543

14 Sümpfe

Sumpflandschaften haben in Amerika
ihren ganz eigenen Zauber – von
den Everglades in Florida bis zu den
gespenstischen Bayous im Cajun
Country von Louisiana. S. 560 und S. 602

15 | Mardi Gras, New Orleans

Bunt, verrückt, hemmungslos, folkloristisch – alles passt und doch wird keine Beschreibung diesem Karneval gerecht. S. 573

16 | Mississippi

Wie zu Mark Twains Zeiten schippern
Schaufelraddampfer von New Orleans
und Memphis den Mississippi hinauf
und hinab. S. 578

Inhalt

Great Lakes — 281

Capital Region — 349

Reiseziele und Routen

Seit fünf Jahrhunderten zieht das „Land der unbegrenzten Möglichkeiten" Reisende mit großen Träumen im Gepäck an. Die ersten Pioniere sahen in Amerika ein jungfräuliches Land, ein Paradies, mit dem die Ureinwohner offenbar nichts anzufangen wussten und das nur darauf wartete, in die „Neue Welt" verwandelt zu werden. Millionen von Einwanderern aus Europa und Asien folgten, um weit weg von den starren Strukturen ihrer Heimat eine bessere Zukunft für sich und ihre Nachkommen zu schaffen. Schließlich erlangten auch die hierher verschleppten afrikanischen Sklaven den Status freier Bürger, und Amerika präsentierte sich vor den Augen der Welt als selbstbewusste, einheitliche Nation.

Wer immer die USA besucht, bringt bestimmte Vorstellungen mit. Der amerikanische Einfluss ist weltweit so prägend, dass man beim ersten Besuch weniger das Gefühl hat, fremden Boden zu betreten, als vielmehr auf Schritt und Tritt Bekanntem zu begegnen: Längst vertraut aus Film und Fernsehen sind die Skylines, die gelben Taxis, das Geräusch der Polizeisirenen und die endlosen, von Diners gesäumten Highways.

Reiseziele

Der naheliegende Ausgangspunkt für eine Reise durch den Osten der USA ist **New York City** (S. 97) – die internationale Kultur- und Finanzmetropole mit ihrer bewegten Geschichte und zahlreichen Wolkenkratzern, die ihren Status als *die* amerikanische Großstadt unterstreichen.

Hier könnte man ohne Weiteres Wochen verbringen. Aber wer sich losreißt, findet in der westlich gelegenen Region **Mid-Atlantic** (S. 147), in den Bundesstaaten New York, New Jersey oder Pennsylvania Großstädte wie Philadelphia und Pittsburgh, die umgeben sind von einer unerwartet charmanten Landschaft, von den idyllischen Dörfern des Amish Country und der Wildnis der Adirondack Mountains bis zu den berühmten Niagara-Fällen und dem Urlaubsgebiet der Catskills.

Nebenan bietet **New England** (S. 199) eine ähnliche Vielfalt. Die meisten Besucher kommen in die kulturell interessante irisch-amerikanische Stadt Boston, dabei lässt sich entlang der ländlichen Routen so viel mehr entdecken: Jahrhundertealte Dörfer in Vermont und New Hampshire, die Küste von Massachusetts oder die Hummerfischer-Häfen und Berglandschaften von Maine – die fast die Hälfte der Region einnehmen.

700 Meilen westlich liegen die **Great Lakes** (S. 281), die wohl am meisten unterschätzte Region des Landes; dynamische Städte wie Chicago und Minneapolis, einsame Seeufer in

Reise in die Vergangenheit

Fort Sumter, SC, S. 441
Ground Zero, NY, S. 104
Gettysburg, PA, S. 179
Harpers Ferry, WV, S. 394
Independence Hall, PA, S. 167
Lexington, MA, S. 218
Roanoke Island, NC, S. 425
St. Augustine, FL, S. 537

Malerische Leuchttürme prägen die Küstenlandschaft von Maine.

Michigan und bunte Uni-Städte wie Madison und Wisconsin belohnen jeden Besucher, der sich mehr als ein paar Tage Zeit nimmt.

Südlich von New York liegt die **Capital Region** (S. 349) mit der Hauptstadt Washington DC und deren prächtigen Museen und Denkmälern. Das nahe Baltimore ist eine der wenigen anderen Großstädte der Region, und im Süden hat das alte Tabakland Virginia auch einiges an amerikanischer Geschichte zu bieten, während das vom Kohlebergbau geprägte West Virginia mit einigen kuriosen Naturschätzen aufwartet.

Virginia gehört genau genommen schon zum **Süden** (S. 417), ein richtiges Gefühl für die Region mit ihren charismatischen Kirchen, den Barbecues, der Countrymusik und lebendigen Städten wie Atlanta and Charlotte bekommt man aber erst, wenn man noch weiter fährt. Den „tiefsten" Teil des Südens bilden Georgia, Alabama und Mississippi, und in diesen Staaten – mit ihren ausgedehnten Plantagen und der langen Geschichte der Sklaverei – erhält man einen völlig anderen Eindruck des American Way of Life als überall sonst im Land.

Die beiden übrigen Bundesstaaten des Südens sind von einer jeweils eigenen Kultur geprägt: **Florida** (S. 507) steht für eine Mischung aus altmodischer Südstaatenmentalität, abgelegenen Sumpflandschaften, ultramodernen Städten wie Miami, kilometerlangen Stränden und den schillernden Keys. **Louisiana** (S. 567) bietet weitere stimmungsvolle Sümpfe und seine Cajun-Kultur; und New Orleans, einer der wenigen tiefkatholischen Flecken in den USA, lockt mit seiner ausschweifenden Trink- und Tanzkultur.

Ab in die Natur

Mit Naturwundern ist der Osten der USA überreich gesegnet – von den **Niagara-Fällen** (S. 164) über den **Mississippi** (S. 578) bis hin zu den **Sümpfen** im Süden (S. 560 und S. 594). Viele, die zum ersten Mal hierher kommen, sind fast erschlagen von der Vielfalt und den Dimensionen der Landschaften. Selbst als Städtefreak sollte man sich wenigstens ein paar dieser überwältigenden Naturerlebnisse gönnen.

Wandern
Die amerikanischen National Parks sind perfekt für alle, die den Kitzel einer Wanderung durch die Wildnis suchen, aber das Risiko gering

halten wollen, sich zu verirren. Fast alle Parks werden von einem Netz aus markierten und bestens instand gehaltenen Wegen durchzogen (die zu den jeweiligen Highlights führen). Es ist aber auch möglich, den Massen zu entkommen und seine eigenen physischen Grenzen auszutesten.

Einer der schönsten Parks an der Ostküste ist der **Acadia National Park** (S. 277) auf Mount Desert Island, Maine. Gut zum Wandern sind auch die **White Mountains**, New Hampshire, (S. 254), die **Green Mountains**, Vermont, (S. 258) und die **Adirondacks**, New York, (S. 157). Mehr zu Outdoor-Aktivitäten s. S. 49.

Schöne Autostrecken

Sicher ist das Naturerlebnis zu Fuß am eindrucksvollsten, aber mit ein bisschen Planung kann man die amerikanische Wildnis auch von der Straße aus genießen. Wer seine Reise etwa in die Zeit der herbstlichen Laubfärbung legt, wird sich an unvergesslichen Anblicken erfreuen können.

Hwy-100 (S. 258) ist die perfekte ländliche Route, um historische amerikanische Kleinstädte zu erleben. In Vermont führt sie zu hübschen Dörfern, leuchtenden Herbstwäldern, betriebsamen Skigebieten und der Eisfabrik Ben & Jerry's.

Der **Skyline Drive** (S. 390) und der **Blue Ridge Parkway** (S. 392 und S. 434) schlängeln sich auf Hunderten von Meilen entlang dem Grat der Appalachen durch Virginia und North Carolina. Rechts und links der Straßen breiten sich endlose Wälder aus, und nur selten sind Anzeichen menschlicher Existenz zu entdecken.

Ähnlich urwüchsig zeigt sich der **Natchez Trace Parkway** (S. 504), der einem alten Indianerpfad von Tennessee durch dichte Wälder an

---

Die lebendigsten Uni-Städte

Ann Arbor, MI, S. 307
Athens, GA, S. 454
Burlington, VT, S. 263
Chapel Hill, NC, S. 431
Madison, WI, S. 346

---

diversen alten Siedlungen vorbei zum Mississippi folgt.

Hoch im Norden, nahe der kanadischen Grenze umfasst die **Pictured Rocks National Lakeshore** (S. 312) die dramatischen Klippen der Upper Peninsula von Michigan.

Und entlang dem **Overseas Highway** (S. 525), einer 100 Meilen langen Route, die die größten Inseln der Florida Keys verbindet, bieten sich zahllose Stopps zum Angeln, Schnorcheln, Kajakfahren und Tauchen, bevor man im entspannten Key West eintrudelt.

Architektur

Von Anfang an spielte die Architektur in der Entwicklung des kulturellen und politischen Lebens der USA eine tragende Rolle. Und bis heute sind die Amerikaner bestrebt, ihre Identität durch architektonische Meisterleistungen zu untermauern. Bestes Beispiel: die selbstherrlich in den Himmel ragenden Wolkenkratzer von **New York City** (S. 97) und **Chicago** (S. 318).

Früher amerikanischer Stil

Die **National Mall** (S. 356) in Washington DC entspricht mit ihren klassizistischen Bauten, prachtvollen Boulevards und diagonalen Achsen den Freimaurerprinzipien von Gleichgewicht und geometrischer Ordnung. An der Hauptstadt wurde 150 Jahre lang gebaut, und ihre auf Prestige bedachte Architektur zeugt von Weitblick. Weit entfernt von der aufstrebenden Hauptstadt und einer Handvoll bedeutender Ostküstenstädte waren die frühen USA immer noch ein wenig entwickeltes Land mit Blockhütten, Holzforts und schindelgedeckten Bauernhäusern.

Im 19. Jh. überschwemmten importierte Stile die USA. Die prachtvollen **georgianischen**

Sportevents der Extraklasse

Angola Prison Rodeo, LA, S. 603
Daytona Beach, FL, S. 535
Fenway Park, Boston, MA, S. 216
Indianapolis Speedway, IN, S. 315
Kentucky Derby, Louisville, KY, S. 467
Wrigley Field, Chicago, IL, S. 327

Herrensitze im Nordosten erinnerten an den britischen Landadel, die neogotischen Kathedralen suggerierten eine alte katholische Ordnung, während sich die Städte in New England aus einem bunten Patchwork aus imitierten ägyptischen Tempeln, schweizer Chalets und Villen im Tudor-Stil herausputzten.

Den nachhaltigsten Einfluss aber hatte der abwechslungsreiche **viktorianische Stil**, der ganze Städte prägte, darunter Boston (S. 202). Ab 1900 ging die aufstrebende Nation dazu über, öffentliche und auch private Bauten im prunkvollen Beaux-Art-Stil zu errichten: pompöse Banken und Bibliotheken, die wie Tempel aussahen, die skrupellosen Gutsbesitzer ließen sich wahre Kaiserpaläste hinstellen, und Bahnhöfe wie die alte New Yorker Penn Station erinnerten an die römischen Caracalla-Thermen.

ArchitektTour

New York City, NY Die bekannteste Skyline der Welt, eine gigantische Schau historischer Baustile. S. 97

Chicago, IL Die Geburtsstadt des Wolkenkratzers: Chicago ist wie ein lebendiges Geschichtsbuch der modernen Architektur. S. 318

Washington DC Die Gründerväter wollten eine Hauptstadt, die den europäischen Hauptstädten in nichts nachsteht. Die monumentalen Gebäude und prächtigen Boulevards scheinen für die Ewigkeit gebaut. S. 352

Charlottesville, VA. Thomas Jefferson war nicht nur Staatsmann, sondern schuf als Architekt mit der University of Virginia und seinem Familiensitz Monticello amerikanischen Klassizismus im elegantesten Sinne.

Miami, FL Im prächtigen Art-déco-Viertel South Beach stehlen sich die Gebäude an der Uferpromenade gegenseitig die Schau. S. 511

Boston, MA Die Wiege der amerikanischen Unabhängigkeitsbewegung hält architektonische Sehenswürdigkeiten aus vier Jahrhunderten bereit. Eyecatcher sind das Massachusetts State House mit seiner goldenen Kuppel, eines der vielen Gebäude des hier geborenen Architekten Charles Bulfinch, und H.H. Richardsons romanische Trinity Church. S. 202

Charleston, SC, und Savannah, GA Die beiden hübschen Kleinstädte sind Beispiele sowohl für das beschauliche Leben des Alten Südens als auch für dessen dunkelste Seiten: pittoreske Marktplätze wechseln sich ab mit prächtigen Herrenhäusern, armseligen Sklavenunterkünften und Auktionshäusern, in denen die menschliche Ware versteigert wurde. S. 439 und S. 456

Moderne Architektur

In den 1920er- und 1930er-Jahren boomte die amerikanische Architektur – bestes Beispiel sind die **Art-déco**-Türme des Empire State Buildings und des Chrysler Buildings in New York, die sich an den früheren Arbeiten von Louis Sullivan orientierten, der als der Erfinder des Wolkenkratzers gilt. Im übrigen Amerika schuf **Frank Lloyd Wright** große Bauwerke, Meilensteine seiner langen, außergewöhnlichen Karriere. Und Europäer wie Mies van der Rohe kamen über den großen Teich, um hier einige ihrer besten Arbeiten zu realisieren.

Wie die Haute Couture ist architektonisches Schaffen auch Moden unterworfen, aber die bedeutendsten Baumeister haben ihren unverwechselbaren Stil beibehalten. Der strenge Beton von Louis Kahn, die spitzen weißen Winkel von Richard Meier und die skulpturhafen Fantasien von Frank Gehry sind nur ein paar der einheimischen Kreationen, die einen deutlichen und anhaltenden Einfluss auf die weite amerikanische Architekturlandschaft gehabt haben.

Frank Lloyd Wright

Die Karriere des vielleicht größten **amerikanischen Architekten**, Frank Lloyd Wright (1867–1959), erstreckte sich über mehr als sieben Jahrzehnte. Sein Einfluss war enorm: Mit geradlinigen, horizontalen Formen zollte er der umgebenden Landschaft mehr Respekt; innovative Ideen und der geschickte Einsatz neuer Materialien wie Glasbausteine, Röhren aus Borsilikatglas und vorgefertigte Betonelemente machten aus Gebäuden Skulpturen. Mit seinen Modellhäusern, die er für eine visionäre Stadt der Zukunft, „Usonia", entwarf, wollte er der Mittelklasse ein bezahlbares, individuell gestaltbares Heim bieten.

Beaux Arts neben Art déco:
Grand Central Terminal (l.) und
Chrysler Building in New York

Zu Wrights Meisterwerken gehören:

Oak Park Hier findet man die größte Konzentration seiner frühen modernen Meisterwerke, darunter sein grandioser Unity Temple und das Haus, in dem er lebte und arbeitete. S. 327

The Robie House Dieses Einfamilienhaus gilt als wichtigster Prototyp seiner späteren „Präriehäuser" für die Vorstädte. S. 328

Fallingwater Innovative, organische Strukturen in zauberhafter Umgebung mit Wäldern und Wasserfällen. S. 188

Taliesin Sein fabelhaftes Büro- und Wohnhaus in Wisconsin. S. 347

Guggenheim Museum Ein Tempel der modernen Kunst in Manhattan, der an einen abstrakten Bienenkorb erinnert und dessen Spiraltreppe im Innern weltberühmt wurde. S. 118

Musik und Film

Besonders spannend ist es, die Entstehungsorte der amerikanischen Pop-Kultur zu sehen: Aus Popsongs bekannte Ortsnamen füllen sich plötzlich mit Leben, man findet sich an Schauplätzen aus Hollywoodfilmen wieder oder kann die Reiseroute des Lieblingsromanhelden nachvollziehen (S. 606).

Der Sound der Staaten

Musik ist das Lebenselixier der Vereinigten Staaten, und jede einzelne Meile entlang der Highways weckt Erinnerungen an Lieblingssongs oder -interpreten.

Fans pilgern zu den Städten, die als die Wiege verschiedener Musikstile gelten: In **Chicago** (S. 318) ist der Blues zu Hause, **New Orleans** (S. 569) steht für Jazz und R&B, **Nashville** (S. 481) gilt als Synonym für Country, **Detroit** (S. 301) ist die Geburtsstadt des Motown Sound und **Memphis** (S. 471) hat sowohl die legendären Labels Sun und Stax als auch Graceland zu bieten – den Schrein des Rock 'n' Roll und die Ruhestätte des King. Die Independent-Szene trifft sich in **New York** (S. 135), während Universitätsstädte wie **Athens** (S. 454) in Georgia als Sprungbrett für den Nachwuchs dienen. Und nicht zu vergessen **Cleveland** (S. 285): Hier huldigt man dem Rock in der Rock and Roll Hall of Fame.

Außerhalb der Städte bringen in den Appalachen so genannte *backwoods fiddlers* (wört-

In einem Land, wo ein Sandwich locker zwei Leute satt macht und *all you can eat buffets* als Event gefeiert werden, spielt Essen offensichtlich eine gewichtige Rolle. Aber typisch amerikanisch heißt nicht nur Riesenportionen. Jeder, der auf einem der endlosen Highways unterwegs ist, wird unweigerlich dem Charme eines angestaubten Diners erliegen und dort ein einfaches überbackenes Käsesandwich genießen, während eine Bedienung mit toupierter Haarpracht die Kaffeetassen zum x-ten Mal gratis nachfüllt, ihre Gäste mit „Darling" anredet und dabei lässig ihre Kaugummiblase platzen lässt.

Zum Glück besteht an solch typisch amerikanischen Einrichtungen kein Mangel. Und jede Region hat ihre eigenen Spezialitäten. *All you can eat buffets* hin oder her – die USA haben einige echte kulinarische Highlights zu bieten:

Der beste Diner
Moody's Diner, Waldoboro, ME (S. 272)
Der beste Deli
Katz's, New York, NY (S. 128)
Der beste Hot Dog
Nathan's, Brooklyn, NY (S. 132)
Der beste Hummer
Lobster Shack at Two Lights, Portland, ME (S. 269)
Die besten Krebse
Obrycki's, Baltimore, MD (S. 404)
Die beste Cajun-Küche
Prejean's, Lafayette, LA (S. 600)
Die beste kreolische Küche
Galatoire's, New Orleans, LA (S. 586)
Die beste Southern-Küche
Mrs Wilkes', Savannah, GA (S. 460)
Das beste Soul Food
Four Way Grill, Memphis, TN (S. 479)

lich: „geigende Hinterwäldler") Schwung in die Bude. Louisianas träge Bayous werden durch die stampfenden Rhythmen der **Cajun- und Zydeco-Sounds** (S. 595) lebendig, und die Musikkneipen in den Dörfern des **Mississippi-Deltas** (S. 499) werden jeden Blues-Puristen begeistern.

Bekannte Kulissen

Viele berühmte Filmszenen wurden an Orten gedreht, die entweder nicht für die Öffentlichkeit zugänglich oder nur im Rahmen von Führungen zu besichtigen sind. Es gibt aber auch Drehorte, die Besucher ohne großes Brimborium willkommen heißen. Hier ein paar der bekanntesten:
Easy Rider (Dennis Hopper, 1969).
Louisiana, New Orleans. S. 569
Der einzige Zeuge (Peter Weir, 1985).
Lancaster County, Pennsylvania. S. 175
Endstation Sehnsucht (Elia Kazan, 1951).
New Orleans, Louisiana. S. 578
Frühstück bei Tiffany's (Blake Edwards,1961).
Manhattan, New York City. S. 100
Harry und Sally (Rob Reiner, 1989).
Katz's Delicatessen, bekannt durch die Orgasmusszene. New York City. S. 128

Heute gehn wir bummeln (Stanley Donen / Gene Kelly, 1949). American Museum of Natural History, New York City. S. 120
Manhattan (Woody Allen, 1978).
Central Park, Brooklyn Bridge, New York City. S. 116 und S. 105
Mitternacht im Garten von Gut und Böse (Clint Eastwood, 1998). Savannah, Georgia. S. 456
Mr. Smith geht nach Washington (Frank Capra, 1939). Lincoln Memorial, Washington D.C. S. 357
Mystery Train (Jim Jarmusch, 1989).
Memphis, Tennessee. S. 471
Nashville (Robert Altman, 1975).
Parthenon, Grand Ole Opry. S. 483
Rocky (John G. Avildsen, 1976).
Philadelphia Museum of Art. S. 171
Der weiße Hai (Steven Spielberg, 1975).
Martha's Vineyard, Massachusetts. S. 229
Serienfans werden ganze Städte als Kulisse wiedererkennen, darunter natürlich New York (S. 97), den Drehort von **Sex and the City** und **Mad Men**, Baltimore (S. 399), Schauplatz der düsteren Polizeiserie **The Wire** und Atlantic City (S. 193), Handlungsort der

Prohibitionssaga **Boardwalk Empire**. In New York bietet **On Location Tours**, 🖳 www.screentours.com, Führungen zu den Drehorten bekannter Filme und Serien an. In Florida lohnt ein Besuch der **Universal Studios** (S. 547).

Reiserouten

Es gibt kaum ein Land, das so einfach zu bereisen ist wie die USA. Eine Unterkunft findet sich eigentlich immer, und fast überall wird gutes und billiges Essen serviert. Wie man die Staaten erlebt, hängt weitgehend vom Transportmittel ab.

Mit Abstand am besten bewegt man sich mit dem **eigenen Fahrzeug**. Es dauert schon eine ganze Weile, bis das Vergnügen, die endlosen Highways entlang zu rauschen und sich dabei vom Radio mit Blues- und Country-Musik berieseln zu lassen, seinen Reiz verliert. Mietwagen sind billiger als in Europa, an jeder Hauptstraße gibt es günstige Motels, und die Benzinpreise sind sehr niedrig. Wer ohne eigenes Fahrzeug unterwegs ist, findet in diesem Buch auch Angaben über Flug-, Bus- und Bahnverbindungen.

Routenvorschläge

Jede der folgenden Routen ist mit dem Auto gut in **zwei bis drei Wochen** zu schaffen. Sie können natürlich nach Belieben ergänzt, miteinander kombiniert oder auch in umgekehrter Richtung gefahren werden:

New York und Pennsylvania

Die Route startet in **New York City** (S. 97). Nach ein paar Tagen Sightseeing geht's nach Norden durch das schöne **Hudson Valley** (S. 153) und die Wälder der **Catskills** (S. 154. Hinter **Albany** (S. 155) zweigt der I-90 nach Westen Richtung **Buffalo** (S. 162) und zu den **Niagara-Fällen** (S. 164) ab. Von den Fällen geht's nach Südwesten am **Lake Erie** entlang in die gleichnamige Stadt (S. 290). Von hier führt der I-79 nach **Pittsburgh** (S. 182), wo er den I-76 nach Philadelphia kreuzt. Auf der Fahrt nach Philly sollte man bei **Harrisburg** (S. 178) nach **Lancaster** (S. 175) abzweigen

Die besten Konzertlocations

The Blue Worm, Memphis, TN.
Live-Blues bekommt man zwar auch in den Bars entlang der touristischen Beale Street zu hören, ein authentischeres Erlebnis unter Einheimischen ist aber ein Besuch in diesem sympathischen Club. S. 480
Bohemian Caverns, Washington DC.
Berühmter Keller, in dem coole Typen einem dankbaren Publikum ausgefeilten Souljazz vorspielen. S. 371
Preservation Hall, New Orleans, LA.
Eine der besten Bühnen des Landes für traditionellen Jazz. S. 590
Rosa's Lounge, Chicago, IL.
Intimer und einladender Blues-Club mit einem Gespür für junge Talente. S. 333
Ryman Auditorium, Nashville, TN.
Bestuhlte Konzerthalle, einer der besten Orte, um Country und Western zu hören. S. 483
The Stone Pony, Asbury Park, NJ. Die unscheinbare Bar, in der Bruce Springsteen seinen ersten Liveauftritt hatte, gibt auch heute noch Nachwuchsmusikern eine Chance. S. 192

und durch das **Lancaster County** (S. 175), Heimat der Amischen, fahren. Von **Philadelphia** (S. 167) geht es schließlich zurück nach New York.

Von New York nach Chicago

Der erste Teil der Tour, von **New York** über die **Niagara-Fälle** bis **Erie**, verläuft wie oben beschrieben. Von Erie führt der Weg am Lake Erie entlang nach **Cleveland** (S. 285). Von der Stadt der Rock and Roll Hall of Fame geht's in die Stadt des Motown Sound, **Detroit** (S. 301). Nur 45 Minuten östlich liegt das quicklebendige **Ann Arbor** (S. 307). Die Windy City, **Chicago** (S. 318), ist Endpunkt der Route. Wer im Frühling oder Sommer dort ist und noch Zeit hat, kann Ausflüge nach Milwaukee (150 km, S. 339) zum Musikfest „The Big Gig" oder nach Indianapolis (285 km, S. 314) zum Autorennen „Indianapolis 500" machen.

New England

Startpunkt ist **Boston** (S. 202). Erster Stopp auf dem Weg nach Norden ist das kleine **Portsmouth**

(S. 251). Von hier geht's entweder über **Portland** (S. 267) oder auf dem Hwy-16 in die **White Mountains** (S. 254; schönste Strecke durch die Berge: der **Kancamagus Highway** zwischen Conway und Lincoln). Nächstes Ziel sind die **Green Mountains** (S. 258) weiter westlich, durch die der Hwy-100 von Stowe nach Weston führt. Von dort geht's nach Süden an die Küste, über **New Haven** (S. 248) und **Mystic** (S. 244) nach **Newport** (S. 241). Vor der Rückfahrt nach Boston lohnt ein Besuch auf **Martha's Vineyard** (S. 229) oder **Nantucket** (S. 232 und ein Abstecher nach **Provincetown** (S. 226) an der Spitze von **Cape Cod** (S. 222).

Eine **alternative Route** durch Maine führt von Boston an der Küste entlang über **Portland**, **Rockport** (S. 273) und Belfast bis zum **Acadia National Park** auf Mount Desert Island (S. 277). Von hier geht es nach Westen über die **White Mountains** (S. 254) zum **Lake Champlain** (S. 263) und über die **Green Mountains** (S. 258) zurück nach Boston.

Philadelphia und die Capital Region

Die Route führt von **Philadelphia** (S. 167), der Geburtsstadt des Käsesteaks, über **New Castle** (S. 413), **Baltimore** (S. 399) und **Annapolis** (S. 408) in die Hauptstadt der USA, **Washington DC** (S. 352). Von dort geht's nach einem Halt in **Fredericksburg** (S. 376) und Richmond ins **Historic Triangle** (Jamestown, Williamsburg, Yorktown, S. 381). Der nächste Stopp ist Thomas Jeffersons Anwesen **Monticello** (S. 389) nahe **Charlottesville** (S. 388), eine Stunde westlich von Richmond. Wieder Richtung Norden kann man den Skyline Drive durch den **Shenandoah National Park** (S. 390) nehmen, bevor es über **Harpers Ferry** (S. 394) und **Gettysburg** (S. 179) zurück nach Philadelphia geht.

Alternative: Wer weiter in die Südstaaten will, kann von Charlottesville über den Blue Ridge Parkway nach North Carolina fahren (s. Routenvorschlag „Der Alte Süden").

Florida

Von **Miami Beach** (S. 512) geht es entlang der Atlantikküste nach Norden bis zur **Space Coast** (S. 534) mit dem **Kennedy Space Center** (S. 534) und dem **Merritt Island Wildlife Refuge** (S. 535).

Nach einem Abstecher ins historische **St. Augustine** (S. 537) stehen die Vergnügungsparks rund um **Orlando** (S. 541) auf dem Programm, allen voran **Disney World** (S. 543). Über **Tampa** (S. 551) und **Fort Myers** (S. 558) führt die Route entlang der Westküste wieder nach Süden zu den Mangrovensümpfen der **Everglades** (S. 560). Wer will, kann noch ein paar Tage auf den **Florida Keys** (S. 524) abhängen, bevor es wieder nach Miami geht.

Der Alte Süden

Wer mit dem Auto aus Virginia kommt, genießt die Fahrt über den grandiosen **Blue Ridge Parkway** (S. 392 und S. 434), der durch North Carolina bis zum **Great Smoky Mountain National Park** (S. 437) führt. Von hier geht es weiter an den Atlantik nach **Charleston** (S. 439) und **Savannah** (S. 456), beide mit reizvollen historischen Vierteln. Über die Millionenstadt **Atlanta** (S. 446) führt die Route wieder ins Landesinnere bis nach **Nashville** (S. 481) in Tennessee, Hauptstadt der Country-Musik. Von hier aus könnte sich die Strecke durch den tiefen Süden anschließen. Bei Anreise mit dem Flugzeug bietet sich Atlanta als Startpunkt an. Dann ließe sich die Route zur Rundstrecke schließen – entweder über den direkten Weg zwischen Nashville und Knoxville oder mit etwas mehr Zeit auch über den gebirgigen Osten Kentuckys, mit Stopp in **Louisville** (S. 467).

Louisiana und der Tiefe Süden

Wer vorher den Alten Süden bereist hat, startet die Route im aufregenden **Memphis** (S. 471). Durch das **Mississippi Delta Country** (S. 499) geht es nach **Natchez** (S. 505) und weiter bis **Baton Rouge** (S. 597) in Louisiana. Möglich wäre von hier ein Abstecher nach **Lafayette** (S. 598), Zentrum des Cajun Country, oder man macht sich gleich auf den Weg zum Endpunkt der Route, dem wiederauferstandenen **New Orleans** (S. 569) – über den schnellen Interstate Highway oder die **River Road** (S. 596) entlang dem Mississippi. Auch diese Route lässt sich zur Rundstrecke, etwa mit Start in New Orleans erweitern: Auf dem **Natchez Trace Parkway** über Jackson und **Tupelo** (S. 503) wird Autofahren zum Vergnügen.

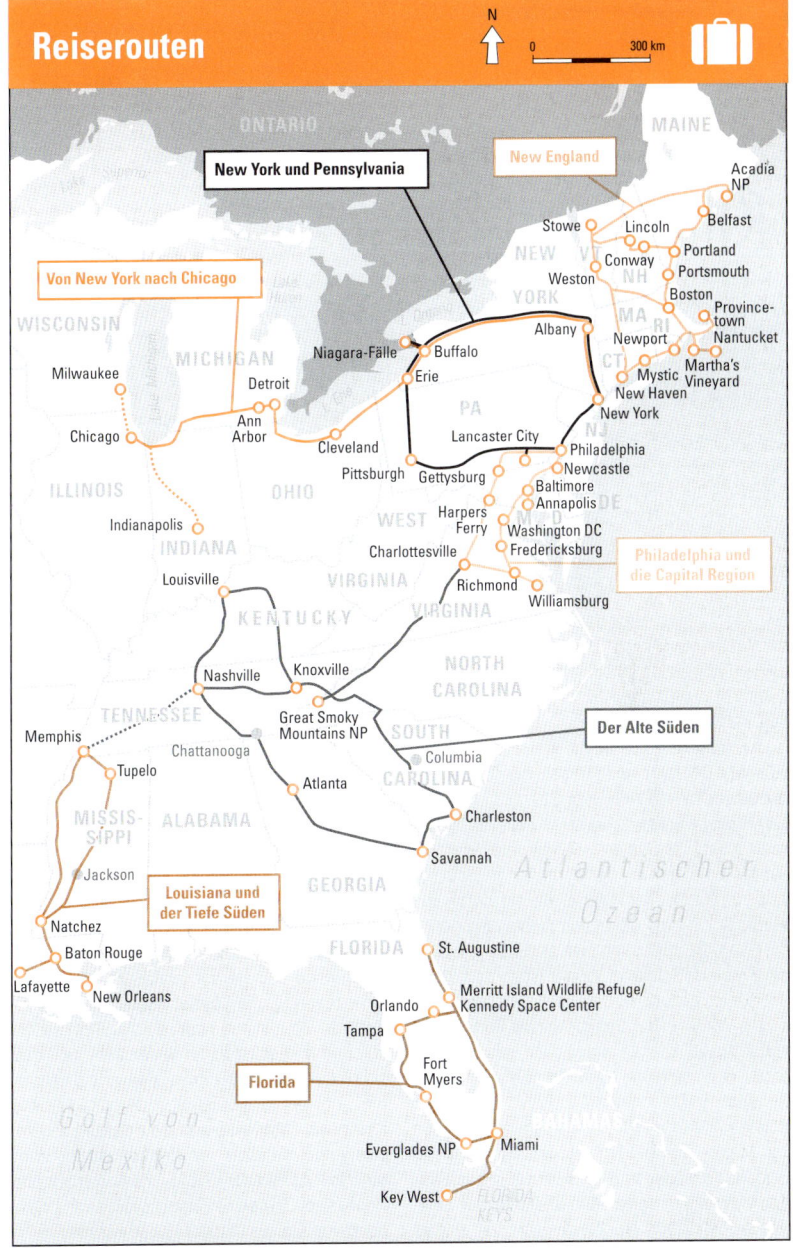

Reiserouten

N
0   300 km

New York und Pennsylvania

New England

Acadia NP

Stowe
Lincoln
Belfast
Conway
Portland
Weston
Portsmouth
Boston
Provincetown
Nantucket
Albany
Newport
Martha's Vineyard
Mystic
New Haven
New York

Von New York nach Chicago

Niagara-Fälle
Buffalo
Erie

Milwaukee
Detroit
Ann Arbor
Chicago
Cleveland
Lancaster City
Philadelphia
Pittsburgh
Gettysburg
Newcastle
Baltimore
Annapolis
Harpers Ferry
Washington DC
Indianapolis
Charlottesville
Fredericksburg
Richmond
Williamsburg

Philadelphia und die Capital Region

Louisville

Nashville
Knoxville
Great Smoky Mountains NP

Memphis
Chattanooga
Tupelo
Atlanta

Der Alte Süden

Columbia

Charleston

Jackson
Savannah

Louisiana und der Tiefe Süden

Natchez
Baton Rouge
Lafayette
New Orleans

St. Augustine

Merritt Island Wildlife Refuge/ Kennedy Space Center
Orlando
Tampa

Fort Myers

Florida

Everglades NP
Miami

Key West

ONTARIO
MAINE
NEW YORK
NH
MA
CT
PA
NJ
WISCONSIN
MICHIGAN
ILLINOIS
OHIO
INDIANA
WEST VIRGINIA
VIRGINIA
KENTUCKY
NORTH CAROLINA
TENNESSEE
SOUTH CAROLINA
MISSISSIPPI
ALABAMA
GEORGIA
FLORIDA

Atlantischer Ozean
Golf von Mexiko
BAHAMAS
FLORIDA KEYS

Klima und Reisezeit

Klima

Das Klima in den USA ist regional sehr unterschiedlich. Generell ist es an der Küste moderater als im Landesinneren. Während die Westwinde trockene Luft über den Kontinent führen, die im Sommer extrem heiß und im Winter sehr kalt sein kann, bringen tropische Luftmassen aus dem Golf von Mexiko viel Feuchtigkeit und hohe Temperaturen mit sich. Sie können ungehindert das Mississippi-Delta hinauf bis nach Kanada vordringen. Auf der anderen Seite ist dieses Gebiet auch ungeschützt den eisigen Winden aus der Arktis ausgesetzt. Beim Zusammentreffen beider Luftmassen kommt es zu extremen Temperaturschwankungen mit Hagelstürmen, Tornados und Blizzards.

Im Nordosten, von **Maine hinunter nach Washington DC**, fällt wenig Regen, die Temperaturen bewegen sich zwischen bitterkalt im Winter bis drückend heiß und feucht im Sommer. Weiter südlich sind die Sommer wärmer und länger. In **Florida** erreichen die Temperaturen im Sommer keine dramatischen Werte, da sie durch die Meeresbrisen von Osten und Westen her gemildert werden, aber auch hier ist die Feuchtigkeit ein Problem. Selbst im Winter ist es dort warm und sonnig genug, um Besucher anzuziehen.

Die Winter in der Gegend um die **Great Lakes und Chicago**, können empfindlich kalt sein; hier muss man sich auf raue Winde und eisige Schauer gefasst machen. Frost und sogar Schnee gibt es im Winter bis hinunter zum Golf von Mexiko, obwohl Frühjahr und Herbst um so länger und milder sind, je weiter man nach Süden vordringt. Im gesamten **Süden** ist der Sommer die bei weitem feuchteste Jahreszeit, und es ist immer mit Gewittern zu rechnen. Jedes Jahr zwischen August und Oktober fegen ein oder zwei Hurrikane über Florida und/oder die Staaten am Golf von Mexiko hinweg. Der Winter ist größtenteils mild und die zwei Übergangszeiten bringen meist warme Tage und kühlere Nächte.

Reisezeit

Die Städte können das ganze Jahr über besucht werden, während Berge und Nationalparks eher saisonale Reiseziele sind; ein Großteil der einheimischen Touristen kommt zwischen Memorial Day (letzter Montag im Mai) und Labour Day (erster Montag im September).

New England ist im Herbst am schönsten, wenn sich das Laub färbt. Die Winter sind sehr kalt. Hauptsaison ist im Sommer, dann ist es warm und trocken, aber auch voll. Der späte Frühling (Juni) ist ebenfalls eine gute Reisezeit. Für einen Trip in die Region der **Great Lakes** sind Frühsommer (Mai–Juli) und Frühherbst (Sep–Okt) gut, Hauptsaison ist im Hochsommer. Im Winter wird's im Norden der Region arktisch kalt.

Frühling und Herbst sind auch die besten Reisezeiten für die **Capital Region**. Im Sommer zieht es die meisten Leute an die Strände. Im Juli und August ist es im **Süden** sehr heiß und schwül, Herbst und Frühling sind gute Reisezeiten, auch der Winter ist lange nicht so kalt wie anderswo. **Florida** ist, was die Reisezeit angeht, zweigeteilt: Südlich von Orlando ist der Winter (Nov–April) sehr mild, in diese Zeit fällt die Hochsaison. In den Gebieten nördlich von Orlando ist von Mai bis Oktober Hauptreisezeit.

Niagara Falls

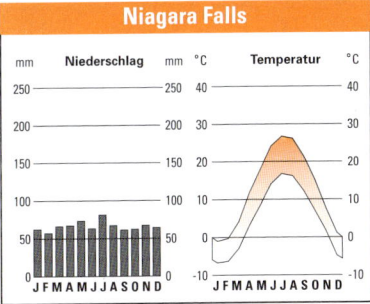

New York

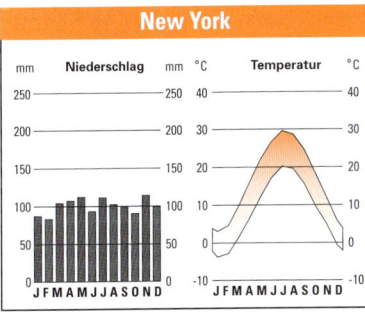

Washington DC

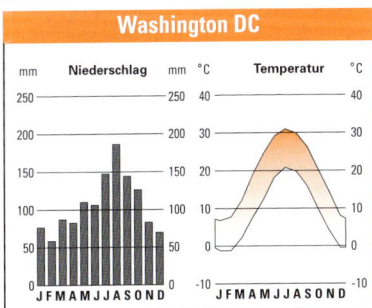

New Orleans

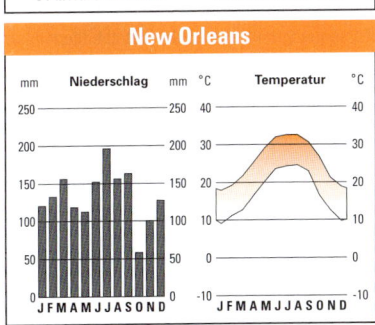

Boston

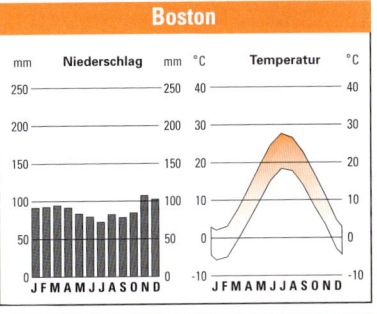

Chicago

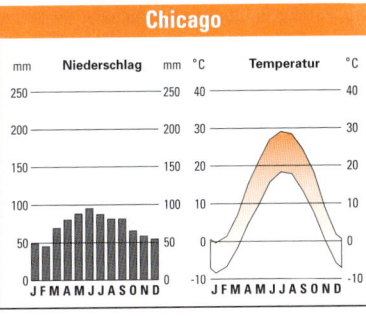

Memphis

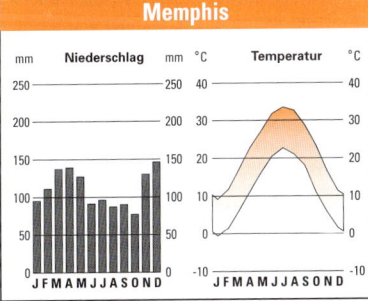

Miami

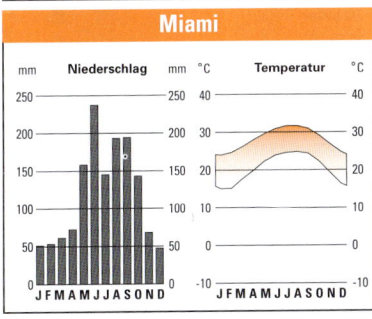

Reisekosten

Die **durchschnittlichen Kosten** einer Reise hängen natürlich stark davon ab, welche Ziele angesteuert werden. Ein Abstecher in den tiefen Süden ist in puncto Übernachtung, Essen und Souvenirs nicht sehr kostspielig, aber dafür muss man die Benzinkosten einkalkulieren (momentan unter $3 pro Gallone). Auf der anderen Seite ist man in Städten wie Boston, New York oder Chicago relativ billig unterwegs, wird aber für Hotel, Mahlzeiten und Shoppen erheblich mehr ausgeben.

Bei fast jedem Einkauf schlägt der jeweilige Bundesstaat noch eine *sales tax* (Umsatzsteuer) drauf, die von unter 3 % bis über 8 % reicht; in Großstädten kann es sogar noch teurer werden. (Delaware und New Hampshire haben keine regionale Umsatzsteuer, aber je nach County werden verschiedene andere Arten von Steuern erhoben.)

Wer nicht zeltet oder in Hostels schläft, wird den größten Teil seines Budgets für **Übernach**-tungen ausgeben. Ein Zimmer ist kaum für weniger als $60 zu haben, solange man nicht gerade in einem der spartanischen Motels am Straßenrand absteigt. Wenn's einigermaßen ordentlich sein soll, sind eher $75–100 zu veranschlagen. Bessere Hotels sind um einiges teurer – in vielen Großstädten fängt das bei $200–350 erst an. Manche Städte (vor allem die, wo die meisten Touristen hinfahren) haben auch noch eine extra *hotel tax* eingeführt, sodass bei der Hotelrechnung noch bis zu 15 % Steuer dazukommen.

Ganz anders sieht's bei der Verpflegung aus – leckeres **Essen** bedeutet nicht automatisch ein Loch in der Reisekasse, und die Auswahl reicht vom einfachen (aber trotzdem guten) Hamburgerstand bis zum Nobelrestaurant mit Starkoch. Man kann durchaus schon mit $20 am Tag satt werden, aber realistischer sind rund $40.

Öffentliche **Verkehrsmittel** sind normalerweise nicht übertrieben teuer, und am besten fährt man mit Mehrtages- oder Wochenkarten, die in den meisten Städten für Busse, S- und U-Bahnen angeboten werden. Mit einem Mietwagen für ungefähr $200 pro Woche lässt sich das Land sehr viel einfacher bereisen – und bei mehreren Personen auch nicht teurer – als mit öffentlichen Verkehrsmitteln. Zu beachten ist allerdings, dass Fahrer unter 25 Jahren häufig einen Zuschlag von $20 pro Tag zahlen müssen und größere Hotels ihre Gäste mit Autos fürs Parken häufig zur Kasse bitten – und das nicht zu knapp.

Die in diesem Reiseführer angegebenen **Eintrittspreise** gelten für Erwachsene. Nur wenn Kinder erheblich weniger bezahlen müssen, wird das extra erwähnt. Manchmal gilt für Kinder der halbe Preis, und unter sechs Jahren ist der Eintritt oft frei.

Was kostet wie viel?	
Wasser, Cola	$1–2,50
Bier	$3–5
Kaffee	$3
National Parks Pass	$80
Frühstück	$5–10
Abendessen	$15–30
Hotelzimmer	$85–100
Motelzimmer	ab $50
Schlafsaalbett	$18–29
Camping	$10–25
1 Gallone Benzin	um $3
Mietwagen pro Woche	um $200

Traveltipps von A bis Z

Anreise

Mit dem Flugzeug

Wer den Osten der USA bereisen will, muss sich erst einmal entscheiden, in welche Region es gehen soll (Tipps dazu s. S. 23). Wenn dann feststeht, ob man die Sümpfe Floridas, die Great Lakes, die farbenprächtigen Wälder New Englands oder den heißen Süden erkunden will, kann man sich nach einem Flug zu einem der großen Airports in der Region umsehen.

Außer den amerikanischen Gesellschaften fliegen auch europäische Airlines zu günstigen Tarifen über den Atlantik. Selbst einige asiatische Airlines nehmen beim Zwischenstopp in Frankfurt Passagiere auf.

Flugtickets sind von Juli bis September am teuersten. In der Zwischensaison von April bis Juni und im Oktober zahlt man weniger. Die besten Angebote gibt es in der Nebensaison von November bis März – ausgenommen Ostern, Weihnachten und Neujahr, dann wird's richtig teuer und die Flüge sind früh ausgebucht. Meist kostet es etwas mehr, am Wochenende zu fliegen.

In der Neben- oder Zwischensaison kostet ein Flug nach New York um 400 €, in der Hauptsaison muss man mit bis zu 800 € rechnen. Die auf den Websites der Fluggesellschaften angebotenen Tarife sind inzwischen oft genauso günstig wie die Angebote der großen Reiseportale.

Wer viel sehen will, ist mit einem **Flugpass** gut beraten. Dieser muss allerdings vor der Anreise gekauft werden (S. 62). Bei einem **Gabelflug** muss man am Ende der Reise nicht wieder zum Ankunftsflughafen zurück. Es kann aber sein, dass für den Mietwagen ein ziemlicher Aufpreis fällig wird, wenn er in einem anderen Bundesstaat abgegeben wird (S. 65).

Die Wahl eines Fluges sollte aber nicht nur vom Preis abhängen. Man kann mit der einen Gesellschaft viel länger unterwegs sein als mit der anderen, obwohl sich die reine **Flugdauer** kaum unterscheidet. Nonstop benötigt man etwa acht Stunden von Frankfurt nach New York, zehn Stunden nach Miami und zwölf Stunden nach New Orleans. Auf dem Rückflug nach Europa hat man den Wind im Rücken. Daher ist die Flugzeit um ein bis zwei Stunden kürzer.

Alle europäischen Gesellschaften starten mit einem Zubringerservice ab ihrem Heimatflughafen (British Airways ab London, Air France ab Paris, Lufthansa ab Frankfurt …). Vom Kauf eines One-way-Tickets in die USA ist abzuraten. Im Vergleich zu einem Rückflugticket ist es alles

Weniger fliegen – länger bleiben! Reisen und Klimawandel

Der Klimawandel ist vielleicht das dringlichste Thema, mit dem wir uns in Zukunft befassen müssen. Wer reist, erzeugt auch CO_2: Der Flugverkehr trägt mit einem Anteil von bis zu 10 % zur globalen Erwärmung bei. Wir sehen das Reisen dennoch als Bereicherung: Es verbindet Menschen und Kulturen und kann einen wichtigen Beitrag für die wirtschaftliche Entwicklung eines Landes leisten. Reisen bringt aber auch eine Verantwortung mit sich. Dazu gehört darüber nachzudenken, wie oft wir fliegen und was wir tun können, um die Umweltschäden auszugleichen, die wir mit unseren Reisen verursachen.

Wir können insgesamt weniger reisen – oder weniger fliegen und länger bleiben, den Zug nehmen (wenn es einen gibt), Nachtflüge meiden (da sie mehr Schaden verursachen). Und wir können einen Beitrag an ein Ausgleichsprogramm wie 🖥 www.atmosfair.de leisten. Dabei ermittelt ein Emissionsrechner, wie viel CO_2 der Flug produziert und was es kostet, eine vergleichbare Menge Klimagase einzusparen. Mit dem Betrag werden Projekte in Entwicklungsländern unterstützt, die den Ausstoß von Klimagasen verringern helfen.

nachdenken • klimabewusst reisen

Für alle größeren Städte gibt es **Pauschal-pakete**, die Flug und Übernachtung umfassen. So hat man den organisatorischen Kleinkram vom Hals, zahlt unterm Strich aber eher etwas mehr. Nachteil: Man ist unterwegs nicht mehr flexibel und das Angebot beschränkt sich weitgehend auf mittlere bis teure Unterkünfte. Gutscheinsysteme für bestimmte Hotelgruppen sind in der Regel kein guter Deal.
Wer sich für einen Mietwagen entscheidet, kann mit den **Fly&Drive**-Angeboten von Online-Reisebüros oder Fluggesellschaften meist viel Geld sparen.

andere als billig. Außerdem läuft man Gefahr, bei der Ankunft nicht ins Land gelassen zu werden, da die Beamten vermuten könnten, man wolle in den Staaten bleiben.

Fluggesellschaften

Aer Lingus, www.aerlingus.com
Air Canada, www.aircanada.com
Air France, www.airfrance.de
Air India, www.airindia.de
Air Pacific, www.airpacific.com
Airtran, www.airtran.com
Alaska Airlines, www.alaskaair.com
Alitalia, www.alitalia.com
America West, www.americawest.com
American Airlines,
www.americanairlines.de
Austrian Airlines www.aua.com
bmi, www.flybmi.com
British Airways, www.britishairways.com
Continental Airlines www.continental.com
Delta Airlines, www.delta.com
Frontier Airlines, www.frontierairlines.com
Great Lakes Airlines,
www.greatlakesav.com
Hawaiian Airlines, www.hawaiianair.com
Horizon Airlines, www.horizonair.com
JAL (Japan Air Lines), www.jal.com
JetBlue, www.jetblue.com
KLM, www.klm.com
Kuwait Airways, www.kuwait-airways.com
Lufthansa, www.lufthansa.com

MAS (Malaysia Airlines),
www.malaysia-airlines.com
Mesa Airlines, www.mesa-air.com
Midwest Express, www.midwestairlines.com
Northwest Airlines, www.nwa.com
SAS (Scandinavian Airlines)
www.scandinavian.net
Scenic Airlines, www.scenic.com
Singapore Airlines, www.singaporeair.com
Skywest, www.skywest.com
Southwest, www.southwest.com
Swiss, www.swiss.com
United Airlines, www.unitedairlines.de
US Airways, www.usair.com
Virgin Atlantic, www.virgin-atlantic.com
Westjet, www.westjet.com

Flüge online buchen

Die Zahl der Fluganbieter im Netz ist kaum noch zu überschauen. In verschiedenen Tests gut ab-geschnitten haben:
www.expedia.de
www.flyloco.de
www.kayak.com
www.opodo.de
www.travelchannel.de
www.weg.de

Botschaften und Konsulate

Vertretungen der USA in Europa

Deutschland
Botschaft der USA
Pariser Platz 2, 10117 Berlin, ☎ 030/2385174
german.germany.usembassy.gov
Postanschrift und Konsularabteilung:
Clayallee 170, 14195 Berlin, ☎ 0900/1850055
(⌚ Mo–Fr 7–20 Uhr, 1,86 E/Min.)

Generalkonsulate
40227 Düsseldorf, Willi-Becker-Allee 10
☎ 0211/7888927
60435 Frankfurt a. M., Gießener Straße 30
☎ 069/75350

20354 Hamburg, Alsterufer 27/28
📞 040/41171100
04107 Leipzig, Wilhelm-Seyfferth-Straße 4
📞 0341/213840
80539 München, Königinstraße 5
📞 089/28880

Österreich

Botschaft der USA
Boltzmanngasse 16, 1090 Wien, 📞 01/31339
🖥 www.usembassy.at
Visaabteilung: Parkring 12a, 1010 Wien
📞 01/5125835
✉ consulatevienna@state.gov

Schweiz

Botschaft der USA
Sulgeneckstrasse 19, 3007 Bern
📞 031/3577011, 🖥 bern.usembassy.gov

Daran denken: Die US-Vertretungen sind an
allen amerikanischen Feiertagen geschlossen.

Ausländische Vertretungen in den USA

Deutschland
Deutsche Botschaft
4645 Reservoir Rd, Washington DC 20007
📞 202/298-4000, 🖥 www.germany.info

Generalkonsulate
Atlanta, Marquis Two Tower, Suite 901,
285 Peachtree Center Ave, 📞 404/659-4760
Boston, Three Copley Place, Suite 500
📞 617/369-4934
Chicago, 676 N Michigan Ave, Suite 3200
📞 312/202-0480
Miami, 100 N Biscayne Blvd
📞 305/358-0290
New York, 871 United Nation Plaza,
📞 212/610-9700

Österreich
Österreichische Botschaft
3524 International Court NW,
Washington DC 20008, 📞 202/895-6700
📞 895-6750, 🖥 www.austria.org

Generalkonsulate
Chicago, Wrigley Building, Suite 707
400 N Michigan Ave, 📞 312/222-1515
New York, 31 E 69th St, 📞 212/737-6400

Schweiz
Schweizer Botschaft
2900 Cathedral Avenue NW,
Washington DC 20008-3499, 📞 202/745-7900
🖥 www.eda.admin.ch/washington

Generalkonsulate
Atlanta, 1349 W Peachtree Street, Suite 1000
📞 404/870-2000
Chicago, 737 N Michigan Avenue, Suite 2301
📞 312/915-0061
New York, 633 Third Ave, 30th Floor,
📞 212/599-5700

Essen und Trinken

Fast Food gehört natürlich zu jeder USA-Reise,
aber es gibt noch mehr: Jede Region hat ihre
eigene Küche, und **internationale Restaurants**
finden sich nicht nur in den großen Städten,
sondern oft auch da, wo man sie nicht unbedingt
erwartet. In vielen ländlichen Regionen gibt es
zum Beispiel überraschend viele baskische Restaurants. Und entlang der Küste New Englands
wimmelt es nur so vor portugiesischen Lokalen,
ein Erbe aus den Tagen des Walfangs.

Essen gehen

In den großen Städten kann man praktisch jederzeit alles bekommen, worauf man Lust hat.
Überall gibt es Restaurants, durchgehend geöffnete Diner und Straßenstände, die bis spät
abends Essen verkaufen. Ansonsten weisen entlang der Highways und Hauptstraßen flackernde
Neonreklamen auf Restaurants, Fastfood-Lokale
und Coffeeshops hin. Unabhängig von der Art
des Essens und des Lokals ist der Service in der
Regel sehr aufmerksam – was nicht zuletzt der
Institution des **Trinkgelds** (S. 44) zu verdanken
ist. Das Bedienungspersonal ist auf Trinkgelder

angewiesen und verdient damit das meiste. Ein Trinkgeld von 15–20 % auf den Rechnungsbetrag (ohne Steuer) ist üblich, alles darunter wird als Beleidigung aufgefasst.

Regionale Küchen

In vielen Regionen der USA hat sich eine eigene Küche ausgebildet, bei der die vor Ort erhältlichen Zutaten mit den kulinarischen Traditionen der Einwanderergruppen der Gegend zusammenkommen. Man könnte also durchaus eine tolle USA-Reise unternehmen, indem man die einzelnen Regionalküchen erkundet. Oft werden diese Gerichte in einfachen, von den Einheimischen frequentierten Restaurants am Straßenrand serviert.

Das **Seafood** an der amerikanischen Ostküste ist Weltklasse. Der Krebs ist der König der Mid-Atlantic-Küste – gedämpfte *blue crabs* und scharf gewürzte *soft-shell crabs* sind eine Köstlichkeit der Chesapeake Bay – und die Scheren der *stone-crabs* stehen in Florida auf der Karte. In New England kann man sich auf Hummer freuen und *steamer clams* (Muscheln), die oft als *chowder* (Cremesuppe) zubereitet werden. Louisiana lockt mit frischen Austern und zarten Flusskrebsen *(mudbugs)*. In Florida sind außerdem fleischige Meeresschnecken *(conch)* verbreitet, während Wels *(catfish)* häufig in den Südstaaten angeboten wird, mit Butter bestrichen und mit Gewürzen „geschwärzt".

In der **Cajun-Küche**, einer französisch beeinflussten Landküche, die ihre Wurzeln in den Bayous Louisianas hat und ursprünglich auf die Verwertung von Mahlzeitresten zurückgeht, wird viel Schweinefleisch verwendet, etwa in *chitlins* (Schweinskutteln) und den würzigen Würstchen *boudin* und *chaurice*. Würstchen werden außerdem aus Seafood wie Flusskrebs und sogar Alligator hergestellt. Die **kreolische Küche** ist die städtische Variante der Cajun-Küche und vor allem in New Orleans zu finden; sie vereint die kulinarischen Traditionen verschiedener Kulturen in sich. Ihre Erzeugnisse wie würzige Jambalayas, *po-boys* und Gumbos kommen nicht nur in Restaurants auf den Tisch, sondern auch bei den Menschen zu Hause. Die häufig unklare Unterscheidung zwischen Cajun- und kreolischer Küche wird im Kapitel „Louisiana" näher erläutert, s. S. 586.

Traditionelles Essen aus dem Schwarzen Süden – auch als **Soul Food** bekannt – ist köstlich, aber auch sehr kalorienreich. Es lohnt sich aber, Ausschau zu halten nach *grits* (Maisgrütze mit Butter) und *collard greens* (Kohl), nach knusprigem Brathähnchen und zahnarztfreundlichen Pralinen. **Barbecue** – mariniertes Fleisch, meist vom Schwein oder Rind, mit einer Reihe kräftiger, scharfer Soßen – wird im Süden ebenfalls sehr gern gegessen, besonders in Tennessee und hier wiederum insbesondere in Memphis, wo jedes Viertel sein eigenes klassisches Grillrestaurant zu haben scheint, ist aber auch außerhalb der Region, vor allem in Chicago, gut.

Die **California Cuisine** – Nouvelle cuisine mit frischen regionalen Zutaten – ist gesundheitsbewusst und hat auch einen ästhetischen Anspruch: Die Gerichte werden in kleinen, aber kunstvoll arrangierten Portionen serviert, zu entsprechend hohen Preisen. Für ein Menü mit mehreren Gängen und Wein sollte man mit mindestens $50 rechnen. **New American Cuisine** ist regional adaptierte kalifornische Kochkunst; zumeist handelt es sich dabei um gesündere Varianten regionaler Klassiker.

Schließlich lohnt es sich, nach regionalen Varianten **amerikanischer Klassiker** Ausschau zu halten. Standard-Burger und Hot Dogs gibt es überall, aber wer Gelegenheit hat, sollte im Osten Pennsylvanias mal ein dampfend heißes „Philly

Zumindest in den Großstädten haben **Vegetarier** und Veganer kaum Probleme. Außerhalb kann es passieren, dass sich die Auswahl auf Eier, überbackene Käsesandwiches und schlaffe Salate beschränkt. Im Südosten servieren die meisten Soulfood-Cafés preiswerte Gemüseteller mit vier verschiedenen Gemüsesorten inklusive Kartoffeln. Allerdings sind viele Gerichte mit Schweineschmalz zubereitet, also vorher fragen! Auch Baked Beans und rote Bohnen mit Reis enthalten meist etwas Schweinefleisch.

Alle tun es: Am Burgerladen kommt in den USA keiner vorbei.

cheesesteak" probieren, mit geschmolzenem Käse und dünn aufgeschnittenem Rindfleisch, oder in New York einen typischen Coney Island Hot Dog. In nahezu jedem Bundesstaat im Osten gibt es einen angeblichen „Geburtsort des Hamburgers" und überall finden sich authentische Diner, die ihre Burger mit einem frischen Brötchen, saftigen, handgeformten Fleischklops und einfallsreicher Garnitur zubereiten. Klar, dass keiner dieser Läden entlang der Highways unter den riesigen 99-Cent-Schildern zu finden ist – die besten sind in den Regionalkapiteln gelistet.

Andere Küchen

Besonders in den Städten, in denen sich durch die Zuwanderung ethnische Viertel herausgebildet haben, sind verschiedene Varianten der jeweiligen Heimatküche entstanden. New York hat seine jüdischen Delis, Boston seine italienischen Restaurants und Miami seine kubanischen Cafés. **Mexikanisches Essen** ist so weit verbreitet, dass es schon fast als einheimisch gelten darf. Im Gegensatz zum original mexikanischen Essen werden jedoch mehr frische Zutaten verwendet, wenn auch nach wie vor Reis und schwarze

Bohnen oder Feuerbohnen die Grundlage aller Gerichte sind, Letztere oftmals *refried*, also gekocht, zerstampft, gebraten und variantenreich mit Tortillas (dünnen Maiskuchen) serviert. Die weichen Fladen werden mit Bohnen, Reis, Käse, Tomaten und Hackfleisch gefüllt und aus der Hand gegessen *(burritos)* oder mit Soße übergossen *(enchiladas)*. Die knusprig gebackene Variante wird gefüllt und zusammengeklappt *(tacos)* oder mit Zutaten belegt *(tostadas)*.

Italiener gibt es fast überall: Die Küche der Toprestaurants in den Großstädten konzentriert sich eher auf den nördlichen Teil des Stiefels. Die tomatenlastige, üppige Küche des Südens wird in einfachen Lokalen mit karierten Tischdecken und Dean-Martin-Fotos an der Wand serviert. Auch Pizzerien gibt es in jeder Ausprägung, von der Gourmetvariante bis zu billig und gut. New Yorker und Chicagoer können sich endlos darüber auslassen, welche Pizza die beste ist: die superflache aus Gotham oder die üppig bepackte der Windy City, die eher an Quiche erinnert.

In der Abteilung **Asiatisch** sind die indischen Restaurants in den Städten gut – von Ausnahmen abgesehen. In den Chinatowns der großen Städte ist die chinesische Küche hervorragend und oft auch billig, aber Vorsicht vor den üblen „Chop-suey"- und „Chow-mein"-Buden am Stadtrand und in der Provinz. Japanische Küche, früher vor allem entlang der Küste und in den Städten zu finden, verbreitet sich immer mehr. So gibt es inzwischen Sushi-Läden in allen Preislagen und an den Autobahnen Teriyaki-Ketten. Mit die beste und günstigste Küche bieten thailändische und vietnamesische Restaurants. Auf deren Karte steht manchmal auch panasiatische Küche.

Getränke

Richtige Trinkerstädte mit vielen Lokalen – und noch mehr Anekdoten über berühmte Schriftsteller und ihre berühmten Exzesse – sind New York, Baltimore, Chicago und New Orleans. Aber auch andernorts muss man in der Regel nicht lange nach einer angenehmen Kneipe suchen. Um Alkohol trinken oder kaufen zu dürfen, muss man 21 Jahre alt sein. Auch wenn man schon ein paar Jahre älter aussieht, kann es passieren, dass der Ausweis verlangt wird.

Jeder Bundesstaat regelt in eigenen, nicht immer nachvollziehbaren Gesetzen (den *blue laws*), wann, wo und unter welchen Bedingungen **Alkohol** gekauft werden darf. Weit verbreitet, und von vielen Bundesstaaten auch eingehalten, ist das sonntägliche Verkaufsverbot. In manchen „trockenen" Gegenden ist Alkohol sogar ganz verboten. Die berühmten Whiskey- und Bourbon-Destillerien in Tennessee und Kentucky, etwa Jack Daniel's, können zwar besichtigt werden, liegen aber unglücklicherweise in genau solchen Gebieten, sodass man keine Kostproben bekommt. In einigen wenigen Bundesstaaten – etwa in Vermont– darf der Alkoholgehalt im Bier maximal 3,2% betragen; normales Bier hat fast doppelt so viel. Es bleiben aber noch genügend liberalere Gegenden, allen voran New York City, wo Alkohol von 6 Uhr morgens bis 4 Uhr morgens an sieben Tagen der Woche gekauft und getrunken werden kann. Und in New Orleans und Savannah darf dem Alkohol sogar in aller Öffentlichkeit auf der Straße zugesprochen werden.

Übrigens: Wenn eine Happy Hour mit *rail drinks* oder *well drinks* angeboten wird, dann

Soul Food

Schmeckt lecker und macht satt: Die Küche des Südens, auch **Soul Food** genannt, ist echtes Wohlfühlessen – das knusprige *Southern fried chicken* ist eine Geschmackssensation, die mit dem lustlosen Geflügel, das Colonel Sanders verkauft, nichts zu tun hat. Zwar geht es hier um einfache Hausmannskost, aber die ist oft köstlicher, als die Namen der Gerichte vermuten lassen. **Grits** etwa erinnert an Polenta und ist eigentlich ein Frühstücksgericht, doch auch mit Garnelen oder scharfer Schweinefleischsoße sehr lecker. **Collard greens** ist ein Kohlgericht, **chitlins** sind Kutteln und **Hush Puppies** frittierte Maiskrapfen mit Zwiebeln. Wer **Hoppin' John** bestellt, bekommt Schwarzaugenbohnen mit Reis, die traditionellerweise am Neujahrstag gegessen werden. Zu den meisten Gerichten wird warmes Maisbrot mit schmelzender Butter serviert, manchmal auch **Johnny cakes**, kleinere Maismehlfladen, oder **hoecakes**, eine Art Maispfannkuchen. Ach ja, und ein **biscuit** ist nicht etwa ein Keks, sondern eher ein kleines Brötchen, perfekt um die leckeren Soßen wegzuputzen.

werden die Cocktails oder Mischgetränke mit den Spirituosen zubereitet, die der Barmixer griffbereit hat – und nicht den teureren, die weiter oben stehen.

Die beliebtesten amerikanischen **Biere** sind leichte, mit reichlich Kohlensäure versetzte, einheimische Marken, aber es gibt jede Menge Alternativen. Der Trend zur Mikrobrauerei ging vor einigen Jahrzehnten in Nordkalifornien los, und noch heute zählt die Pioniermarke Anchor Steam zu den Spitzenbieren. An der Ostküste gibt es von Samuel Adams aus Boston interessante Mainstream- und kleinere Marken. Auch Biere von Victory Brewing in Pennsylvania sind hervorragend. In Washington lohnt sich ein Abstecher zu Brickskeller, wo mehrere hundert Biersorten aus dem ganzen Land im Angebot sind. In Indiana macht Three Floyds Brewing die besten Biere. Selbst kleinere Orte wie Asheville in North Carolina besitzen teilweise mehrere sehr gute Kleinbrauereien.

Tatsächlich finden sich inzwischen in jeder nennenswerten Stadt Kleinbrauereien und Brauereipubs. Fast alle servieren auch günstiges, herzhaftes Essen, um eine gute Grundlage zu schaffen. Weitere Informationen über Kleinbrauereien bietet 💻 www.craftbeer.com.

Kalifornien, in geringerem Maße auch Oregon, Washington und ein paar andere Bundesstaaten (Texas, Ohio und sogar Hawaii) sind für ihre **Weine** bekannt. Die besten kalifornischen Weine kommen aus dem Napa und Sonoma Valley, darunter kräftige Rote wie Merlot, Pinot Noir und Cabernet Sauvignon, aber auch erfrischende Weiße wie Chardonnay und Sauvignon Blanc. Auch in anderen Staaten haben sich Weingüter etabliert, etwa in Virginia, die teilweise interessante Tropfen hervorbringen. Auf Touren und Verkostungen für Besucher wird in den jeweiligen Regionalkapiteln hingewiesen.

Feste und Feiertage

Neben den nationalen Feiertagen gibt es ein buntes Durcheinander von regionalen und örtlichen Veranstaltungen: Kunstgewerbeausstellungen, Frühlingsfeste, ethnische Karnevals, Musikfestivals, Rodeos, Wettbewerbe im Sandburgenbau und vieles, vieles mehr.

Einige, wie Mardi Gras in New Orleans, sind so interessant, dass es sich lohnt, die Reiseplanung danach auszurichten. Allerdings sind diese Veranstaltungen entsprechend überlaufen, Unterkunft und Transport sollten also frühzeitig gebucht werden.

Independence Day (4. Juli), der Unabhängigkeitstag, ist ein gesetzlicher Feiertag in den USA. Man nimmt sich Zeit für ein Picknick, schaut sich den Fahnenappell, die imposanten Feuerwerke, Paraden, Schönheitswettbewerbe oder sonstige Veranstaltungen an, die zu Ehren der 1776 unterschriebenen Unabhängigkeitserklärung stattfinden.

Halloween (31. Oktober) bewegt ebenfalls die Massen. Traditionell laufen zu Halloween Kinder gruselig kostümiert durch die nächtlichen Straßen, um an den Türen ihrer Nachbarn zu klingeln und Süßigkeiten zu erbitten. In einigen größeren

Gesetzliche Feiertage

Ämter, Behörden (auch Postämter) und Banken sind an diesen landesweiten Feiertagen geschlossen:

1. Jan	New Year's Day
dritter Mo im Jan	Martin Luther King's Birthday
dritter Mo im Feb	President's Day
letzter Mo im Mai	Memorial Day
4. Juli im Sep	Independence Day
erster Mo	Labor Day
zweiter Mo im Okt	Columbus Day
11. Nov	Veteran's Day
vierter Do im Nov	Thanksgiving
25. Dez	Christmas Day

Städten finden aber inzwischen zu Halloween riesige Partys statt: In New Yorks Greenwich Village und im French Quarter von New Orleans verkleiden sich die Leute und gehen in Scharen zu den großen Umzügen und Straßenfesten.

Thanksgiving Day (vierter Donnerstag im November) entspricht unserem Erntedankfest und ist ein Familienfest, zu dem die studierenden Sprösslinge ins heimische Nest zurückkehren, um sich dort mit gebratenem Truthahn vollzustopfen und der ersten amerikanischen Siedler zu gedenken.

Feste und Events

Ausführlichere Informationen zu den genannten Veranstaltungen sowie die genauen Termine sind im jeweiligen Ortskapitel aufgeführt, Auskünfte erteilen auch die jeweiligen örtlichen Stellen. Umfassende Veranstaltungskalender für bestimmte Regionen können darüber hinaus von den jeweiligen State Tourist Offices (s. S. 46) angefordert werden.

Februar
Daytona 500 (Stockcarrennen), Daytona Beach, FL, 💻 www.daytona500.com
Mardi Gras, New Orleans, LA (einen Tag vor Aschermittwoch), 💻 www.mardigrasneworleans.com

Groundhog Day, Punxsutawney, PA
⌨ www.groundhog.org

März
World Championship Crawfish Étouffé
Eunice, LA, ⌨ www.eunice-la.com
St. Joseph's Day und der „Super Sunday"
der Mardi Gras Indians, New Orleans, LA
⌨ www.mardigrasindians.com

April
Festival International de Louisiane,
Lafayette, LA, ⌨ www.festivalinternational.com
French Quarter Festival, New Orleans, LA
⌨ www.fqfi.org
Jazz and Heritage Festival (bis Mai)
New Orleans, LA, ⌨ www.nojazzfest.com

Mai
Leaf Festival (auch im Oktober),
Black Mountain, NC, ⌨ www.theleaf.com
Crawfish Festival, Breaux Bridge, LA
⌨ www.bbcrawfest.com
Spoleto Festival (bis Juni), Charleston, SC
⌨ www.spoletousa.org
Indianapolis 500 (Autorennen)
Indianapolis, IN, ⌨ www.indy500.com
Kentucky Derby (Pferderennen), Louisville, KY
⌨ www.kentuckyderby.com
Memphis in May International Festival
Memphis, TN, ⌨ www.memphisinmay.org

Juni
CMA Music Festival, Nashville, TN
⌨ www.cmafest.com

Juli
Essence Music Festival, New Orleans, LA
⌨ www.essencemusicfestival.com
Newport Folk Festival Newport, RI
⌨ www.newportfolkfest.net
Cherry Festival, Traverse City, MI
⌨ visit.cherryfestival.org

August
Mountain Dance and Folk Festival,
Asheville, NC, ⌨ www.folkheritage.org
Burning Man (bis September)
Black Rock City, NV, ⌨ www.burningman.com

Augusta Festival of Appalachian Culture
Elkins, WV, ⌨ www.augustaheritage.com
Elvis Week (um den Todestag von Elvis herum)
Memphis, TN, ⌨ www.elvis.com
Satchmo Music Festival, New Orleans, LA
⌨ www.fqfi.org
Newport Jazz Festival, Newport, RI
⌨ www.newportjazzfest.net
Maine Lobster Festival, Rockland, ME
⌨ www.mainelobsterfestival.com

September
Moja Arts Festival (bis Oktober), Charleston, SC
⌨ www.mojafestival.com
Detroit International Jazz Festival, Detroit, MI
⌨ www.detroitjazzfest.com
Mississippi Delta Blues & Heritage Festival,
Greenville, MS, ⌨ www.deltablues.org
Southern Decadence, New Orleans, LA
⌨ www.southerndecadence.net
Festa di San Gennaro, New York, NY,
⌨ www.sangennaro.org
Southwest Louisiana Zydeco Festival,
Opelousas, LA, ⌨ www.zydeco.org

Oktober
Festivals Acadiens et Créoles, Lafayette, LA
⌨ www.festivalsacadiens.com

Frauen unterwegs

Allein reisende Frauen können sich in den USA ziemlich problemlos bewegen. Die Metropolen vermitteln ein größeres Sicherheitsgefühl als vielleicht erwartet. Trotzdem gelten dieselben Verhaltensregeln wie in jeder Stadt: Es ist nicht ratsam, durch unbeleuchtete Straßen zu gehen; wenn es keinen Bus oder keine U-Bahn gibt, besser ein Taxi nehmen.

In den Bars und Clubs der größeren Städte wird eine Frau ohne Begleitung normalerweise in Ruhe gelassen. In ländlichen Regionen fällt eine allein reisende Frau mehr auf. Die meisten Leute werden unweigerlich davon ausgehen, dass sie eine Autopanne oder sonstiges Pech hatte und Hilfe anbieten. Sollte der Wagen tatsächlich auf einem Highway liegen bleiben: am

besten im Auto sitzen bleiben und auf eine Poli-
zeistreife warten. Wer noch keines hat, sollte
sich für einen geringen Aufpreis mit dem Mietwagen gleich ein **Mobiltelefon** ausleihen.

Frauen sollten in den USA niemals **trampen**
oder Tramper mitnehmen. Wenn jemand am
Straßenrand ein vermeintliches Problem mit
einem liegen gebliebenen Fahrzeug hat und anderen Fahrzeugen signalisiert anzuhalten, sollte
man tunlichst weiterfahren und vielleicht die
Polizei verständigen, damit diese den Liegen-
gebliebenen hilft.

Wenig genutzte **öffentliche Verkehrsmittel**
sind nachts zu meiden. Menschenleere Bushaltestellen müssen zwar nicht unbedingt gefährlich sein, tragen aber auch nicht zu einem
Gefühl der Sicherheit bei. Es ist sinnvoll, sich mit
anderen Frauen zusammenzutun. Im Greyhound
sollten Frauen versuchen, nahe beim Fahrer zu
sitzen.

Sollte es wirklich zum Allerschlimmsten gekommen sein, gibt es in praktisch jeder Stadt
eine Vergewaltigungs-, Krisen- und **Beratungs-
stelle** *(Rape Counselling Service)*. Wenn nicht,
wird der örtliche Sheriff einen Bericht aufnehmen und die Frau notfalls ins Hotel begleiten
lassen. In Krisensituationen (Vergewaltigung)
hilft auch die National Organization for Women,
✆ 202/628-8669, 🖳 www.now.org, eine zentrale
Organisation für Frauenangelegenheiten. NOW-
Filialen sind den örtlichen Telefonbüchern und
der Website zu entnehmen.

Veranstalter

Gutsy Women Travel, Glenside PA,
✆ 1-866/464-8879, 🖳 www.gutsywomentravel.
com. Internationale Agentur, die praktische
Hilfestellung gibt und Trips für allein reisende
Frauen organisiert.
Womanship, Annapolis, MD, ✆ 1-800/342-9295,
🖳 www.womanship.com. Segelturns und -kurse
für Frauen jeden Alters, z. B. zur Chesapeake
Bay, nach Florida und nach Mystic, Connecticut.
The Women's Travel Club, Bloomfield, NJ,
✆ 1-800/480-4448, 🖳 www.womenstravelclub.
com. Buchungen, Routenplanung und diverse
Aktivitäten für Frauen.

Geld

Währung und Banken

Landeswährung ist der US-Dollar. Es gibt **Scheine** zu $1, $5, $10, $20, $50 und $100. Ein Dollar
entspricht 100 Cents, die als **Münzen** im Wert
von 1¢ *(penny)*, 5¢ *(nickel)*, 10¢ *(dime)* und 25¢
(quarter) in Umlauf sind.

Die Schalter der **Banken** sind Mo–Do 9–17
und Fr 9–18 Uhr geöffnet. Große Banken sind
Wells Fargo, US Bank und Bank of America.

Reisekasse

Bargeld

Die Reisekasse in bar dabeizuhaben ist riskant,
da bei Diebstahl alles weg ist. Größere Mengen
transportiert man am besten in einem Bauchgurt
unter der Kleidung.

Reiseschecks

Am sichersten ist es, Reiseschecks mitzunehmen. In Dollar ausgestellt, werden die gängigen
wie American Express oder Visa in den meisten
Läden wie Bargeld akzeptiert.

Geldautomaten

Geldautomaten sind überall zu finden. Wer eine
Bank oder Sparkassenkarte mit Cirrus- oder

Trinkgeld

Für die Kellner macht das Trinkgeld den Großteil
ihres Lohns aus, und hier zu knausern kommt einer Beleidigung gleich. In Bars und Restaurants
wird 15–20 % des Rechnungsbetrages (ohne
Steuer) auf dem Tisch liegen gelassen. Wer in
einer Bar an der Theke sitzt, sollte pro bestellter
Runde mind. einen Dollar für den Barkeeper liegen lassen; wenn die Bestellung mehr als zwei
Getränke umfasste, entsprechend mehr. Dem
Hotelpagen gibt man mind. $2 pro Gepäckstück;
wuchtet er mehrere schwere Koffer ins Obergeschoss, ist er entsprechend höher zu entlohnen.
Ein Taxifahrer erwartet 15 % Trinkgeld – und am
besten auf 50¢ oder einen Dollar aufrunden.

Wechselkurse	
1 € = US$1,40	1 US$ = 0,72 €
1 sFr = US$1,08	1 US$ = 0,93 sFr

Aktuelle Wechselkurse s. 🖵 www.xe.com/ucc/

Maestro-Symbol und Geheimzahl besitzt, kann an allen Automaten mit dem entsprechenden Symbol Geld abheben. Standorte unter 🖵 www.maestrokarte.de oder ☎ 1-800/424-7787. Wegen des zunehmenden Geldkartenbetrugs haben einige deutsche Banken allerdings kürzlich Abhebelimits für die Nutzung im Ausland eingeführt. Manche senkten es sogar auf Null. Die neuen V-Pay-Karten funktionieren bislang gar nicht. Man sollte sich unbedingt vor der Reise bei seinem Geldinstitut erkundigen und bei der Gelegenheit auch nach Gebühren und Partnerbanken fragen.

Kreditkarten

Kreditkarten sind das übliche Zahlungsmittel in Hotels, Restaurants und Geschäften, mit Ausnahme einiger kleinerer Läden, die keine Karten akzeptieren. Wer ein Auto oder Fahrrad mieten will, muss normalerweise eine Kreditkarte als Sicherheit vorlegen, auch beim Einchecken im Hotel wird darum gebeten. Bezahlen kann man später trotzdem auch in bar. Infos und Sperrnummern:

American Express, Karte sperren:
☎ +49/69/9797-200,
🖵 www.americanexpress.com/germany
Visa, Karte sperren: ☎ 1-800/847-2911
(gebührenfrei), 🖵 www.visa.de
MasterCard, Karte sperren: ☎ 1-800-627-8372,
🖵 www.mastercard.com

Es ist ratsam, eine bestimmte Summe als Guthaben auf dem Kreditkarten-Konto zu deponieren, denn sobald der vorgegebene Kreditrahmen überzogen ist, wird die Karte gesperrt. Auf vielen Kreditkarten-Konten werden sogar Zinsen gezahlt, die gar nicht unattraktiv sind.

Verlust oder Diebstahl sind sofort zu melden, damit die Karte gesperrt werden kann. Bei Mietwagen oder Flügen, die mit der Karte bezahlt werden, kann je nach Kreditkartenvertrag eine Unfallversicherung inklusive sein.

Gesundheit

Im Notfall ist ärztliche Hilfe sofort zur Stelle – bezahlt wird später. Die landesweite **Notrufnummer**, unter der auch ein Krankenwagen angefordert werden kann, ist ☎ **911**.

Ärzte stehen in den Gelben Seiten unter „Clinics" oder „Physicians and Surgeons". Das einfache Beratungshonorar beträgt $50–100 und muss im Voraus bezahlt werden. Weitere Leistungen wie medizinische Tests oder Röntgenuntersuchungen kosten wesentlich mehr. Medikamente *(medications)* sind ebenfalls sehr teuer – alle Quittungen unbedingt für die Rückerstattung durch die Auslandskrankenversicherung aufheben (S. 68).

Bei kleineren Problemen hilft auch ein *drugstore* weiter, eine Mischung aus Drogerie und **Apotheke** *(pharmacy)*. Allerdings braucht man für die meisten Medikamente – etwa Schmerzmittel auf Codeinbasis – ein ärztliches Rezept.

USA-Reisende schlagen sich in der Regel nur mit harmlosen Problemen herum, zum Beispiel dem **Zeitunterschied**. Da bei Ankunft in den USA ein um fünf bis neun Stunden verlängerter Tag durchlebt wird, gerät der körpereigene Rhythmus aus dem Takt. Man sollte sich für die ersten zwei bis drei Tage nicht allzu viel vornehmen. Wer regelmäßig Medikamente einnehmen muss, sollte sich bei seinem Hausarzt darüber infor-

Reisemedizinische Infos

CDC
🖵 www.cdc.gov/travel
Die offizielle Seite der US-Regierung zum Thema Reisemedizin.
Centrum für Reisemedizin
🖵 www.crm.de
International Society for Travel Medicine
🖵 www.istm.org.
Listet Kliniken, die auf Reisemedizin spezialisiert sind.
Reisemedizinisches Zentrum am Tropeninstitut Hamburg
🖵 www.gesundes-reisen.de
Robert-Koch-Institut
🖵 www.rki.de

mieren, wie der Einnahmerhythmus an die neue Zeitzone angepasst werden muss.

Für die Einreise in die USA sind keine **Impfungen** vorgeschrieben.

Informationen

Fremdenverkehrsämter

Jeder Bundesstaat besitzt ein eigenes **State Tourist Office**, das Besucher mit einer Vielzahl kostenloser Karten, Flyer und Broschüren versorgt – zu überlaufenen Touristenfallen ebenso wie zu unentdeckten Kleinoden. Man kann während der Reise nach den staatlichen **Welcome Centers** Ausschau halten, die sich normalerweise an den großen Highways in der Nähe der Bundesstaatsgrenzen befinden. Solche in viel besuchten Staaten vergeben nicht selten ganze Stapel interessanter Rabatt-Coupons für Unterkünfte und Gaststätten.

Zusätzlich hat fast jede Stadt ein oder mehrere **Visitor Centers** – oft Convention and Visitors Bureau oder abgekürzt CVB genannt –, in denen man sich gründlich über die Gegend informieren kann. Auch die Handelskammern (Chambers of Commerce) sind gute Anlaufstellen. Die Adressen sind in den jeweiligen Regionalteilen angegeben.

Telefonnummern und Websites

Alabama, USA ✆ 1-800/252-2262,
🖥 www.alabama.travel
Connecticut, USA ✆ 1-888/288-4748,
🖥 www.ctvisit.com

Regierungswebsites

Deutsches Auswärtiges Amt
🖥 www.auswaertiges-amt.de
Österreichisches Außenministerium
🖥 www.bmeia.gv.at
Eidgenössisches Departement für auswärtige Angelegenheiten
🖥 www.eda.admin.ch
US State Department
🖥 travel.state.gov

Delaware, USA ✆ 1-866/284-7483,
🖥 www.visitdelaware.com
Florida, USA ✆ 1-888/735-2872,
🖥 www.visitflorida.com
Georgia, USA ✆ 1-800/847-4842,
🖥 www.exploregeorgia.org
Illinois, USA ✆ 1-800/226-6632,
🖥 www.enjoyillinois.com
Indiana, USA ✆ 1-888/365-6946,
🖥 www.visitindiana.com
Kentucky, USA ✆ 1-800/225-8747,
🖥 www.kentuckytourism.com
Louisiana, USA ✆ 1-800/99-GUMBO,
🖥 www.louisianatravel.com
Maine, USA ✆ 1-888/624-6345,
🖥 www.visitmaine.com
Maryland, USA ✆ 1-800/634-7386,
🖥 www.visitmaryland.org
Massachusetts, USA ✆ 1-800/227-6277,
🖥 www.massvacation.com
Michigan, USA ✆ 1-888/784-7328,
🖥 www.michigan.org
Mississippi, USA ✆ 1-866/733-6477,
🖥 www.visitmississippi.org
New Hampshire, USA ✆ 1-800/386-4664,
🖥 www.visitnh.gov
New Jersey, USA ✆ 1-800/847-4865,
🖥 www.visitnj.org
New York, USA ✆ 1-800/I-LOVE-NY,
🖥 www.iloveny.com
North Carolina, USA ✆ 1-800/847-4862,
🖥 www.visitnc.com
Ohio, USA ✆ 1-800/BUCKEYE,
🖥 www.discoverohio.com
Pennsylvania, USA ✆ 1-800/847-4872,
🖥 www.visitpa.com

Rhode Island, USA ☎ 1-800/556-2484, 🖳 www.visitrhodeisland.com
South Carolina, USA ☎ 1-888/727-6453, 🖳 www.discoversouthcarolina.com
Tennessee, USA ☎ 1-800/462-8366, 🖳 www.tnvacation.com
Vermont, USA ☎ 1-800/VERMONT, 🖳 www.vermontvacation.com
Virginia, USA ☎ 1-800/847-4882, 🖳 www.virginia.org
Washington, D.C., USA ☎ 1-800/422-8644, 🖳 www.washington.org
West Virginia, USA ☎ 1-800/225-5982, 🖳 www.wvtourism.com
Wisconsin, USA ☎ 1-800/432-8747, 🖳 www.travelwisconsin.com

Landkarten

Von den State Tourist Offices und Welcome Centers erhält man kostenlos Landkarten, die als Orientierungshilfe und für die Routenplanung meist völlig ausreichen. Von **Rough Guides** gibt es reißfeste und wasserfeste Karten und Stadtpläne für zahlreiche Ziele, darunter New York und New England.

Empfehlenswert sind außerdem die Karten von Rand McNally für jeden Bundesstaat, zusammengefasst im **Rand McNally Road Atlas** (in Deutschland bei Hallwag erschienen). Preiswertere Bundesstaat- und Regionalkarten ($3–7) sind an jeder Highway-Tankstelle zu haben.

Die **American Automobile Association**, kurz AAA oder „Triple A", ☎ 1-877/244-9790, 🖳 www. aaa.com, stellt Mitgliedern internationaler Partnerclubs, dazu gehören auch der ADAC, ÖAMTC und der TCS, kostenloses Kartenmaterial zur Verfügung und leistet Hilfe rund ums Auto. Die nächstgelegene Filiale kann telefonisch erfragt werden; mitzubringen ist der Mitgliedsausweis oder zumindest eine Kopie des Ausweises inkl. Mitgliedsnummer.

Wer detaillierteres Kartenmaterial sucht, ist mit Thomas Guides, 🖳 www.thomasguidebooks.com, gut beraten ($20–40). Sehr genaue Park- und topografische Karten vergibt der **Forest Service**, 🖳 www.fs.fed.us/maps. Die beste Quelle für detaillierte, großformatige Atlanten

ist **Benchmark Maps**, 🖳 www.benchmarkmaps. com, in deren elegantem Design selbst entlegene Staubpisten hübsch aussehen.

Internet

Da inzwischen die meisten amerikanischen Haushalte vernetzt sind, sind **Internetcafés**, wo man für $3–6 pro Stunde online gehen kann, nicht mehr so verbreitet wie früher; dafür gibt es an vielen Orten WLAN. Hotels bieten manchmal kostenlosen Internetzugang, viele Cafés haben WLAN (aber keine Computer), und fast alle öffentlichen Bibliotheken bieten kostenlosen Internetzugang – hier muss man aber oft warten und die Nutzungsdauer ist begrenzt.

Auf der Webseite 🖳 www.kropla.com findet man jede Menge Infos zum Thema Kommunikation weltweit, etwa: Wie komme ich unterwegs mit meinem Laptop ins Internet?

Kinder

Kinder unter zwei Jahren fliegen auf Inlandstrecken kostenlos und auf internationalen **Flügen** für 10 % – allerdings ohne Anspruch auf einen Sitzplatz. Zwei- bis zwölfjährige Kinder bezahlen meist die Hälfte. In Bussen und Bahnen gelten gewöhnlich ähnliche Ermäßigungen.

Mietwagenfirmen stellen normalerweise für rund $10 pro Tag einen Kindersitz zur Verfügung – der im Übrigen für Kinder unter vier Jahren gesetzlich vorgeschrieben ist. Allerdings ist es ratsam, sich rechtzeitig zu vergewissern oder aber selbst einen mitzubringen, da die Nachfrage manchmal größer ist als das Angebot.

Toll für Familien sind **Wohnmobile** (RVs). Selbst die günstigsten **Motels** bieten Zimmer mit zwei Betten, sodass man also nicht für ein teures „Familienzimmer" oder gar ein zweites Zimmer zahlen muss.

Fast alle **Sehenswürdigkeiten** bieten ermäßigten Eintritt für Kinder. In den meisten größeren Städten gibt es ein Naturkundemuseum oder Aquarium, zum Teil auch spezielle Museen für

Kinder mit jeder Menge Möglichkeiten zur aktiven Betätigung. Auch die State und National Parks bieten Aktivitäten für Kinder an.

Alle Filialen der großen Restaurantketten sind mit Hochstühlen ausgestattet und bieten spezielle Gerichte für Kinder. Noblere familienfreundliche Restaurants halten oft Malstifte für die Kleinen bereit.

Ein **Verzeichnis** von Attraktionen, Geschäften und Aktivitäten für Kinder in den USA bietet die Website ⌨ gocitykids.parentsconnect.com.

Einreise

Kinder brauchen für die Einreise einen eigenen Reisepass, der Eintrag im Pass der Eltern reicht nicht aus. Kinderausweise oder Kinderreisepässe, die nach Oktober 2006 ausgestellt wurden, können nicht für die visafreie Einreise benutzt werden. Statt ein teures Visum zu beantragen, lohnt es aber, dem Kind einen regulären Reisepass ausstellen zu lassen.

Unabhängig vom Alter benötigen Kinder auch eine eigene Esta-Genehmigung (s. S. 69, Visa).

Maße und Elektrizität

Für europäische Touristen, die das metrische System gewohnt sind, ist das amerikanische System nur schwer zu durchschauen. 12 *inches* ergeben 1 *foot* und 3 *feet* sind 1 *yard*. 1 *mile* besteht aus genau 5280 *feet*, also 1760 *yards*. 1,2 miles bedeuten als Entfernungsangabe natürlich nicht 1 *mile* und 2 *yards*, sondern eben eins-komma-zwei Meilen.

Doch damit nicht genug, das Gewicht wird in *ounces* und *pounds* angegeben (1 *ounce* = 28,35 g, 1 *pound* 453 g), wobei 16 *ounces* 1 *pound* ergeben. Flüssigkeiten wiederum werden in *pints*, *quarts* und *gallons* abgemessen, wobei 2 *pints* 1 *quart* ergeben, 4 *quarts* = 1 *gallon* (1 *pint* = 0,47 l, 1 *quart* = 0,94 l, 1 *gallon* = 3,785 l). Jeder, der einmal versucht hat, den Benzinverbrauch seines Autos von *gallon/mile* auf Liter/100 km umzurechnen, wird das Dezimalsystem bis an sein Lebensende preisen! Auf vie-

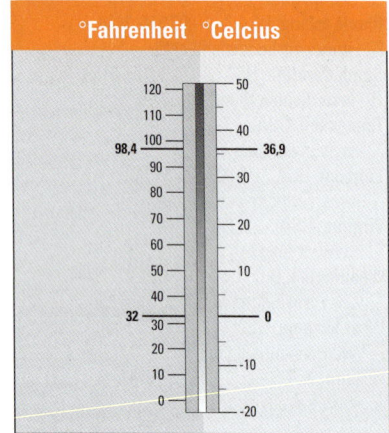

°Fahrenheit °Celcius

len Straßenkarten sind neben Meilen allerdings auch Kilometer angegeben.

Temperaturen werden stets in Fahrenheit angegeben, wobei der Fahrenheit-Nullpunkt bei -32 ° Celsius liegt und der Siedepunkt (100 °C) bei +212 °F. Wasser gefriert bei 32 °F (= 0 °C), 70 °F (21 °C) ist eine angenehme Temperatur, doch es kann im Sommer im Landesinneren oft heißer als 100 °F (38 °C) werden. Zur genaueren Bestimmung von Temperaturen gilt folgende Formel: (Grad Fahrenheit - 32) x 5 : 9 = Grad Celsius.

Längenmaße

0,39 *inches* (in)	=	1 Zentimeter (cm)
1 *inch* (in)	=	2,54 Zentimeter (cm)
3,28 *feet* (ft)	=	1 Meter (m)
1 *foot* (ft)	=	0,31 Meter (m)
1,09 *yards* (yd)	=	1 Meter (m)
1 *yard* (yd)	=	0,91 Meter (m)
0,62 *miles* (mi)	=	1 Kilometer (km)
1 *mile* (mi)	=	1,61 Kilometer (km)

Hohlmaße

8,45 *gills* (gl)	=	1 Liter (l)
1 *gill* (gl)	=	0,12 Liter (l)
2,11 *pints* (pt)	=	1 Liter (l)
1 *pint* (pt)	=	0,47 Liter (l)
1,06 *quarts* (qt)	=	1 Liter (l)
1 *quart* (qt)	=	0,95 Liter (l)
0,26 *gallons* (gal)	=	1 Liter (l)
1 *gallon* (gal)	=	3,79 Liter (l)

Flächenmaße

0,16 *square inches*	=	1 cm²
1 *square inch*	=	6,45 cm²
10,76 *square feet*	=	1 m²
1 *square foot*	=	0,09 m²
1,2 *square yards*	=	1 m²
1 *square yard*	=	0,84 m²
0,25 *acres*	=	1 m²
1 *acre*	=	4047 m²

Gewichte

0,04 *ounces* (oz)	=	1 Gramm (g)
1 *ounce* (oz)	=	28,35 Gramm (g)
2,20 *pounds* (lb)	=	1 Kilogramm (kg)
1 *pound* (lb)	=	0,45 Kilogramm (kg)
0,16 *stones* (st.)	=	1 Kilogramm (kg)
1 *stone* (st.)	=	6,35 Kilogramm (kg)
0,08 *quarters* (qt)	=	1 Kilogramm (kg)
1 *quarter* (qt)	=	11,4 Kilogramm (kg)

Kleider- und Schuhgrößen

Die USA sind ein Shoppingparadies – von den Luxusläden der Fifth Avenue in New York und der Magnificent Mile in Chicago bis zu kleinen Märkten, die neben Obst und Gemüse auch Kunsthandwerk und Kuriositäten anbieten.
Amerikanische Kleider- und Schuhgrößen unterscheiden sich von den deutschen. Für nahezu alle Käufe wird *sales tax* fällig (S. 34).

Damenkleidung

USA	10	12	14	16	18	20
D	38	40	42	44	46	48

Damenschuhe

USA	5	6	7	8	9	10	11
D	36	37	38	39	40	41	42

Hemden

USA	14	15	15,5	16	16,5	17	17,5	18
D	36	38	39	41	42	43	44	45

Herrenschuhe

USA	7	7,5	8	8,5	9,5	10	10,5	11
D	39	40	41	42	43	44	44	45

Herrenanzüge

USA	34	36	38	40	42	44	46	48
D	44	46	48	50	52	54	56	58

Elektrizität

Die **Stromspannung** in den Staaten beträgt 110 V. Außerdem sind die Stecker anders als in Europa. Einige der Adapter, die es in Europa zu kaufen gibt, passen trotz aller Versprechungen nicht.

National Parks und Outdoor-Aktivitäten

Die USA bieten großartige Landschaften und viel Wildnis mit dichten Wäldern, tiefen Schluchten und hohen Bergen. Sogar die dicht besiedelte Ostküste besitzt wilde, einsame Regionen, besonders entlang des Appalachian Trail, der auf rund 2000 Meilen vom Mount Katahdin in Maine bis in die südlichen Appalachen in Georgia durch unberührte Wälder führt. Der Küstenstreifen selbst ist allerdings oft unzugänglich, denn vieles ist leider Privateigentum.

National Parks und Monuments

Der **National Park Service** verwaltet sowohl die National Parks als auch die National Monuments. Seine Rangers leisten hervorragende Arbeit, versorgen Besucher mit Infos und Ratschlägen, unterhalten die Pfade und organisieren Aktivitäten wie kostenlose geführte Wanderungen und Vorträge am Lagerfeuer. Theoretisch schützt ein **National Park** ein landschaftlich besonders schönes Gebiet und umfasst vielgestaltiges Terrain mit herausragenden Beispielen bestimmter Landschaftsformen und einzigartiger Flora und Fauna. Ein **National Monument** hingegen ist viel kleiner und konzentriert sich manchmal nur um eine einzige archäologische Ausgrabungsstätte oder ein geologisches Phänomen. Insgesamt gibt es in den USA etwa 400 geschützte Gebiete, darunter weitere Kategorien wie National Seashores, Lakeshores, Battlefields und Historic Sites.

National Parks eignen sich normalerweise wunderbar zum **Wandern** – fast alle besitzen ein ausgedehntes Netz an Pfaden. Um sie aus-

Infos im Netz

Die Webseite des **National Park Service**, 🖥 www.nps.gov, informiert über die Hauptattraktionen der Nationalparks, aktuelle Öffnungszeiten, beste Besuchszeiten, Eintrittspreise, Wanderwege und Einrichtungen für Besucher.

schließlich zu Fuß zu erkunden sind sie jedoch viel zu weitläufig. Sogar in den seltenen Fällen, in denen ein Park mit öffentlichen Transportmitteln erreichbar ist, braucht man mit ziemlicher Sicherheit dennoch einen eigenen fahrbaren Untersatz, um in das Gelände vordringen zu können.

Die meisten Parks und Monuments verlangen Eintrittspreise von $5–25 für ein Fahrzeug inkl. sämtlicher Passagiere für eine Woche. Der **Inter-agency Annual Pass** – auch als „America the Beautiful Pass" bekannt – ($80) ist in allen Parks und Monuments oder über 🖥 store.usgs.gov/pass erhältlich. Da es im Osten der USA nur wenige gebührenpflichtige Parks gibt, lohnt der Kauf nicht.

Hotelähnliche Unterkünfte gibt es nur in den größeren Parks, aber jeder Park und jedes Monument hat in der Regel mindestens einen guten Campingplatz. Häufig findet man nahe den Parkgrenzen auch Motels. Mit einem kostenlosen Permit in der Tasche dürfen Backpacker normalerweise auch wild zelten, das heißt in Gegenden, zu denen keine Straße führt. In sehr gut besuchten Parks wird aber nur eine begrenzte Zahl an Permits vergeben.

Sonstiges staatliches Gelände

National Parks und Monuments sind oft von nicht mehr ganz ursprünglichen **National Forests** umgeben, die ebenfalls staatlicher Verwaltung unterstehen, aber längst nicht so streng geschützt werden. Zwar befinden sich auch hier oft einladende, ländliche Campingplätze, doch handelt es sich um „Land of Many Uses". Das bedeutet, dass in begrenztem Rahmen Holzeinschlag oder eine andere Art der Nutzung erlaubt ist, etwa als Skigebiet.

Verschiedene weitere Behörden verwalten eine ganze Reihe von Naturschutzgebieten, Flussregionen, Erholungsgebieten usw. Größter Teilhaber ist das **Bureau of Land Management** (BLM), eine Unterabteilung der US-Regierung. Umweltschützer streiten seit langem und ohne absehbares Ende mit Erschließungsunternehmen, Ranchern und der Förderindustrie über die Nutzung bzw. den angeblichen Missbrauch des bundeseigenen Lands.

Die dem jeweiligen Bundesstaat unterstehenden **State Parks** und **State Monuments** sind oft ausgesprochene Naherholungsgebiete – eingerichtet zum Schutz weniger aufsehenerregender Stätten – und verfügen daher über bessere Campingplätze als die Nationalparks.

Camping und Wandern

Die ideale Art, die sagenhaften Landschaften hautnah (und günstig) zu erleben, ist, mit dem Mietwagen herumzufahren und auf staatlichen oder bundesstaatlichen Campingplätzen zu übernachten. Ein Stellplatz auf einem typischen öffentlichen Campingplatz kostet kaum mehr als $20. Wenn es zu bestimmten Jahreszeiten kein Wasser gibt, ist das Übernachten oftmals sogar kostenlos. Kommerziell betriebene – meist weniger idyllische – Campingplätze, von denen es in der Nähe großer Städte geradezu wimmelt, verlangen meist $20–30. Sie gleichen allerdings eher Freilufthotels mit Läden, Restaurants usw. Wer in der Hochsaison zelten möchte, sollte entweder rechtzeitig buchen oder die begehrtesten Gegenden meiden.

Zelten im Hinterland der National Parks ist für gewöhnlich kostenlos, erfordert aber ein Permit. Bevor man in entlegene Gebiete aufbricht oder zu einer Tour, die länger als einen halben Tag dauert, sollte man einen Ranger über die Pläne informieren und sich nach dem Wetter und den örtlichen Gegebenheiten erkundigen. Ins Gepäck gehören ausreichend Essen und Trinken, um auch für Notfälle gewappnet zu sein, außerdem Kartenmaterial und eventuell Ausrüstung. Wichtig zu wissen: Ist Feuer machen erlaubt? Doch selbst wenn, ist ein Campingkocher immer die bessere Wahl. Wo möglich, sollte

Die Visitor Center sind eine gute Anlaufstelle für die erste Orientierung.

man auf schon benutzten Stellen campen. Gibt es keine Toiletten, sollten menschliche Fäkalien mindestens 30 m von der nächsten Wasserquelle entfernt vergraben werden.

Wanderer sollten niemals aus Flüssen oder Bächen trinken – man kann nie wissen, was weiter stromaufwärts ins Wasser gelangt ist. **Giardiasis** ist eine Infektion des Verdauungstrakts, ausgelöst von Parasiten, die über fäkal verunreinigtes Wasser oder Lebensmittel aufgenommen werden. Die Symptome treten ein bis zwei Wochen nach der Infektion auf: Durchfälle, Bauchkrämpfe, Blähungen, Müdigkeit, Gewichtsverlust und Erbrechen. Wasser, das nicht aus dem Hahn kommt, muss mindestens fünf Minuten abgekocht oder mit einem Entkeimer gereinigt werden, der auch gegen Giardia-Erreger wirksam ist.

Wandern in geringer Höhe sollte keine größeren Probleme verursachen, wenn auch die Schwärme von **Stechmücken** in Wassernähe ziemlich lästig sein können. Avon Skin-so-soft oder DEET-haltige Mittel sind eine wirksame Abwehr. Es ist ratsam, sich unterwegs regelmäßig auf **Zecken** *(ticks)* zu untersuchen. Diese unangenehmen Blutsauger, die sich gern auf Menschen herabfallen lassen, übertragen oft

Bakterien. Wer gebissen worden ist, kann einen Park Ranger um Rat fragen. Eine Zeckenart überträgt **Borreliose** (Lyme-Krankheit), eine ernste Erkrankung, die das Gehirn angreifen kann. Eine allabendliche Untersuchung der Haut ist wichtig.

Unangenehme Folgen hat der Kontakt mit dem im ganzen Land verbreiteten **Poison Ivy** (Giftefeu). Am besten beherzigt man bei beiden Pflanzen den allgemeinen Rat: „Finger weg von Pflanzen mit dreizähligen Blättern!"

In der Wüste ist unbedingt darauf zu achten, reichlich **Wasser** mitzunehmen – und zu trinken. Eine Wanderung unter typischen Sommerbedingungen erfordert eine enorm große Flüssigkeitsaufnahme. Es kann gefährlich sein, erst dann zu trinken, wenn man durstig ist. Appetitmangel und fehlender Durst können erste Symptome einer lebensbedrohlichen **Dehydrierung** sein, und wenn dazu noch Schwäche und Übelkeit auftreten und man nicht schwitzen kann, sollte dringend ein Arzt aufgesucht werden. Man sollte immer genau wissen, ob es auf der geplanten Strecke Wasser gibt; die Ranger wissen über den aktuellen Stand der Dinge Bescheid. Trotzdem muss man natürlich für alle Fälle ausreichend Wasser mitnehmen.

NATIONALPARKS

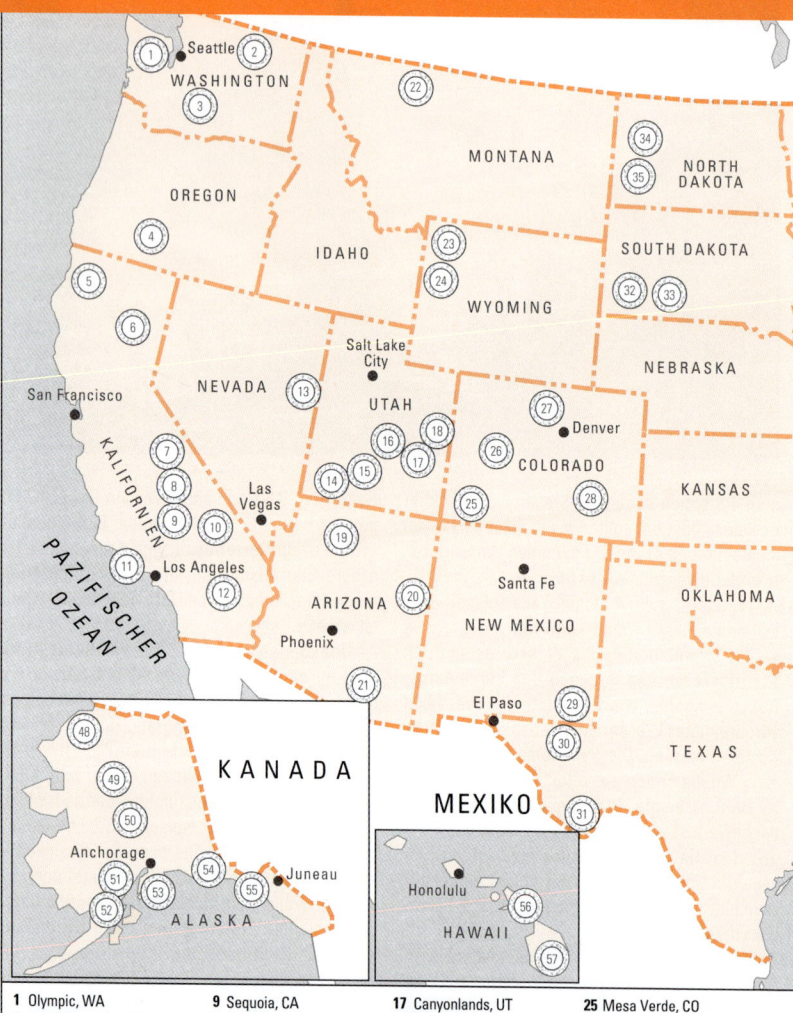

1 Olympic, WA
2 North Cascades, WA
3 Mount Rainier, WA
4 Crater Lake, OR
5 Redwood, CA
6 Lassen Volcanic, CA
7 Yosemite, CA
8 Kings Canyon, CA

9 Sequoia, CA
10 Death Valley, CA
11 Channel Islands, CA
12 Joshua Tree, CA
13 Great Basin, NV
14 Zion, UT
15 Bryce Canyon, UT
16 Capitol Reef, UT

17 Canyonlands, UT
18 Arches, UT
19 Grand Canyon, AZ
20 Petrified Forest, AZ
21 Saguaro, AZ
22 Glacier, MT
23 Yellowstone, WY
24 Grand Teton, WY

25 Mesa Verde, CO
26 Black Canyon of the
   Gunnison, CO
27 Rocky Mountain, CO
28 Great Sand Dunes, CO
29 Carlsbad Caverns, NM
30 Guadalupe Mtns, TX
31 Big Bend, TX
32 Wind Cave, SD

K A N A D A

KANADA

NEW HAMPSHIRE
VERMONT
MAINE

MINNESOTA
Lake Superior
Lake Huron

WISCONSIN
Lake Michigan

MICHIGAN
Detroit
Lake Erie

MASSACHUSETTS
Boston
NEW YORK
RHODE ISLAND
CONNECTICUT

IOWA
Chicago

ILLINOIS
INDIANA
OHIO

PENNSYLVANIA
New York City
NEW JERSEY
DELAWARE
MARYLAND

St. Louis
MISSOURI

KENTUCKY

Washington DC
WEST VIRGINIA
VIRGINIA

Nashville
TENNESSEE
Memphis

ARKANSAS
Little Rock

NORTH CAROLINA

SOUTH CAROLINA
Atlanta

MISSISSIPPI
ALABAMA
GEORGIA

A T L A N T I S C H E R
O Z E A N

LOUISIANA
New Orleans
Houston

FLORIDA

G o l f   v o n   M e x i k o

Miami

N
0   200 Meilen

Wer einen Ausflug mit dem **Auto** plant, sollte jede Menge Wasser und Leuchtsignale, einen Erste-Hilfe-Kasten, ein Schlangenbiss-Set, Streichhölzer und einen Kompass dabeihaben. Sinnvoll sind außerdem eine Schaufel, Reifenpumpe und ein Ersatzkanister mit Benzin. Einen überhitzten Motor schaltet man nicht aus, sondern stellt den Wagen mit der geöffneten Motorhaube in den Wind und gießt Wasser auf den Kühler. Dabei sollte die Klimaanlage abgeschaltet und die Heizung aufgedreht sein, damit sich der Motor schnell abkühlt. Im Notfall sollte man sich nicht vom Auto entfernen, denn es ist schwieriger, eine umherirrende Person als ein Auto zu finden.

Abenteuerurlaub

Die Möglichkeiten für Abenteuerurlaub in den USA sind endlos. Mit einer ausführlichen Auflistung könnte man einen zweiten Band füllen.

Einige Orte haben sich zu echten Abenteuerzielen entwickelt, wie etwa die White Mountains in New Hampshire (S. 254). In den Regionalkapiteln dieses Buches werden Guides, Ausrüster und Touranbieter empfohlen.

Wilde Tiere

Von den meisten Tieren, denen man auf Wanderungen begegnet, geht keine Gefahr aus. Nur **Bären** könnten Probleme bereiten. Deswegen ist es wichtig, einige Verhaltensregeln zu kennen.

Man begegnet ihnen höchstens innerhalb der Nationalparks. In diesem Fall darf man nicht schnell weglaufen, sondern sollte vorsichtig den Rückzug antreten. Es sind vor allem die Lebensmittel, die ihre Begierde wecken. Beim Zelten sollte alles Essbare in luftdichten Behältern aufbewahrt werden. Am besten hängt man Lebensmittel und Abfälle in einiger Entfernung vom Zeltplatz an einen hohen, kräftigen Ast. Niemals sollte man sich dazu hinreißen lassen, Bären zu füttern. Zwischen eine Mutter und ihr Junges zu geraten, ist ebenfalls absolut zu vermeiden. Die Jungtiere mögen niedlich sein, zornige Mütter sind es mit Sicherheit nicht.

Post

Die Schalter der Postämter haben meist Mo–Fr 9–17 Uhr und Sa 9–12 Uhr geöffnet. **Luftpost nach Europa** dauert etwa eine Woche und kostet 98¢ bis zu einer Unze (ca. 4 Blatt Papier oder 28 g).

Innerhalb der USA kosten Briefe bis zu einer Unze 44¢. Adressiert wird ein Brief in folgender Reihenfolge: Name, Straße (wobei die Hausnummer vor den Straßennamen kommt), Stadt und Abkürzung des Bundesstaates (Florida z. B. FL) und zum Schluss eine fünfstellige Zahl, der **zip code**. Diese amerikanische Variante der Postleitzahl ist sehr wichtig, denn jedes Postzustellamt hat einen anderen *zip code*. Den örtlichen *zip code* kann man dem Telefonbuch entnehmen oder im Internet auf der Seite des US Postal Service, 🖳 www.usps.com, finden.

Die Vorschriften für **Pakete** sind streng: Die Verpackung muss im Postamt gekauft und genau nach Anleitung verschlossen werden, Genaueres steht auf den ersten Seiten der Yellow Pages. Geht das Paket ins Ausland, muss eine grüne Zollerklärung ausgefüllt werden.

Reisende mit Behinderungen

Im internationalen Vergleich ist man in den USA bestens auf Rollstuhlfahrer und Körperbehinderte eingestellt. Alle öffentlichen Gebäude, einschließlich Hotels und Restaurants, sind barrierefrei und haben Behindertentoiletten. Fast alle Bürgersteige, zumindest in den Städten, sind an den Straßenecken abgeflacht, und viele öffentliche Transportmittel besitzen Einstiegshilfen – in den U-Bahnen gibt es Aufzüge und viele Busse können für Rollstuhlfahrer „in die Knie" gehen.

Informationen

Die meisten Fremdenverkehrsbüros bieten Informationen für Reisende mit Behinderungen.

SATH, die Society for Accessible Travel and Hospitality in New York, 📞 212/447-7284, www.sath.org, ist ein gemeinnütziges Netzwerk aus Reisebüros, Veranstaltern, Hotels und Fluglinien sowie Menschen mit Behinderungen. Anfragen werden an kompetente Stellen weitergeleitet, die Antwort kann aber dauern.

Mobility International USA in Eugene, Oregon, ℡ 503/343-1284, www.miusa.org, erteilt Infos und führt Austauschprogramme für Behinderte durch.

In Deutschland gibt die **Nationale Koordinationsstelle Tourismus für Alle** (NatKo), Kirchfeldstr. 149, 40215 Düsseldorf, ℡ 0211/336-8001, info@natko.de, www.natko.de, der sieben deutsche Behindertenverbände angehören, Informationen zu Behindertenreisen.

Transport

Der Americans with Disabilities Act von 1990 verpflichtet **Fluggesellschaften**, die Mehrzahl ihrer Leistungen behindertengerecht anzubieten. Wer auf ständige Hilfe angewiesen ist, kann normalerweise kostenlos eine Begleitperson mitbringen. Es ist ratsam, Sonderwünsche mindestens einen Tag im Voraus anzumelden.

Fast alle **Amtrak**-Züge haben besondere Abteile für Behinderte. Blinde, taube oder aus einem anderen Grund auf einen Begleithund angewiesene Reisende können diesen kostenlos mitnehmen; allerdings muss 24 Stunden vorher Bescheid gegeben werden. Besondere Zuginformationen für Schwerhörige gibt es unter ℡ 1-800/ 523-6590 (TTY/TDD).

Eine Fahrt mit **Greyhound** ist dagegen erheblich komplizierter. Hat man es tatsächlich geschafft, den Rollstuhl in einen Bus zu hieven, der dafür nicht ausgerüstet ist, fährt die Begleitperson allerdings umsonst mit, sofern man eine ärztliche Bescheinigung über die Notwendigkeit einer Begleitung vorweisen kann. Die Angestellten der Intercity-Busse sind gesetzlich dazu verpflichtet, Behinderten samt Rollstuhl beim Einsteigen zu helfen.

Die **American Public Transportation Association** in Washington DC, ℡ 202/496-4800, www.apta.com, hat aktuelle Informationen über behindertengerechten Nahverkehr in den Städten.

Die **American Automobile Association**, www.aaa.com (Telefonnummern für die einzelnen Staaten auf der Website nachschauen), gibt für behinderte Autofahrer die Broschüre *Handicapped Driver's Mobility Guide* heraus. Größere Autoverleihfirmen bieten ohne Aufpreis Mietwagen mit Handbedienung an (allerdings nur in der teuersten Kategorie). Sie müssen frühzeitig reserviert werden.

Schwule und Lesben

Die Gay-Szene konzentriert sich vor allem auf die Großstädte. San Francisco ist wahrscheinlich die größte Schwulen-/Lesbenstadt der Welt, gefolgt von New York, und allgemein genießen Homosexuelle beiderlei Geschlechts entlang der Ostküste eine Freizügigkeit, von der man anderswo kaum zu träumen wagt. In praktisch jeder großen Stadt gibt es ein schwul-lesbisches Viertel, im Regionalteil dieses Buches sind entsprechende Adressen angegeben. Je ländlicher allerdings die Region, desto weniger liberal sind die Ansichten, und homosexuelle Traveller tun gut daran, eine gewisse Zurückhaltung zu üben.

Überregionale **Szeneführer** gibt es in jedem guten Buchladen. Bob Damron in San Francisco, ℡ 415/255-0404 oder 1-800/462-6654, www.damron.com, macht die besten und verkauft sie sehr preiswert online. Dazu gehören der *Men's Travel Guide* ($22,95), ein Jahrbuch im Taschenbuchformat mit umfassenden Listen von Hotels, Bars, Clubs etc., *Women's Traveller* ($18,95) mit einer ähnlichen Auflistung für Lesben, der *Damron City Guide* ($22,95), der über Unterkünfte und Unterhaltung in den größeren Städten informiert und *Damron Accommodations* ($23,95) mit einer detaillierten Auflistung von mehr als 1000 Unterkünften weltweit für Lesben und Schwule.

Gayellow Pages in New York, ℡ 212/674-0120, www.gayellowpages.com, produziert ein nützliches Verzeichnis von Dienstleistungsunternehmen für Schwule in den USA und Kanada ($25, als CD-ROM $10) und Regionalverzeichnisse für New England, New York und die Südstaaten.

The Advocate, www.advocate.com, ist ein zweimonatliches US-weites Gay-Magazin

($3) mit Sitz in Los Angeles, das allgemeine Infos und Anzeigen bringt. Und zu guter Letzt: Die **International Gay & Lesbian Travel Association** in Fort Lauderdale, Florida, ✆ 1-954/776-2626, 🖥 www.iglta.org, bietet Schwulen und Lesben auf Reisen eine Fülle von Adressen, Tipps und Informationen.

Sicherheit

Niemand wird behaupten, in den USA gäbe es keine Kriminalität. Außerhalb der Metropolen wird man damit aber weniger in Berührung kommen als in den Großstädten. Aber auch der schlechte Ruf, den etwa Miami oder Detroit haben, ist mitunter übertrieben. Zumindest tagsüber ist man hier verhältnismäßig sicher, sofern man sich nicht in die falschen Viertel verirrt. Nachts hingegen gibt es durchaus Gegenden, die absolut gemieden werden sollten. Manchmal liegen sie nur einen Block von der Touristenmeile entfernt.

In den Städten sind alle größeren Touristenviertel und Gegenden für Nachtschwärmer hell beleuchtet und von reichlich Polizei überwacht. Mit umsichtiger Planung und einem wachsamen Auge auf die eigenen Habseligkeiten lassen sich in der Regel Probleme von vornherein vermeiden.

Sicher im Auto

Zu Übergriffen auf Touristen in **Mietwagen** kommt es zwar nicht mehr so häufig wie noch vor einiger Zeit, Vorsicht ist dennoch angebracht. In größeren Städten sollten sich am Wagen keinerlei Hinweise wie beispielsweise ein spezielles Nummernschild befinden, die

Dokumente online sichern

Alle wichtigen Reisedokumente zu Hause einscannen und an die eigene Mail-Adresse schicken, evtl. auch Geheimzahlen, Telefonnummern, Reiseschecknummern etc. So können sie im Notfall unterwegs abgerufen werden.

ihn leicht als Mietfahrzeug identifizieren. Unter keinen Umständen sollte man in der Stadt in unbeleuchteten oder scheinbar verlassenen Gegenden anhalten, vor allem nicht, wenn jemand auf einen vorgeblichen Schaden am Fahrzeug aufmerksam macht und zum Anhalten auffordert. Gleiches gilt im Falle eines Auffahrunfalls von hinten – keinesfalls sofort anhalten, sondern bis zur nächsten, gut beleuchteten, belebten Stelle fahren und ✆ 911 anrufen. Wertgegenstände sind außer Sichtweite, am besten im Kofferraum oder im Handschuhfach zu verstauen.

Verlust von Pass und Reiseschecks

Wertsachen sollten nicht im Zimmer, sondern im Hotelsafe verwahrt werden. Am schlimmsten ist der Verlust des **Reisepasses**; ohne ihn kommt man nicht nach Hause. In diesem Fall sollte man sich sofort an das nächste Konsulat wenden und um die Ausstellung eines **behelfsmäßigen Ausweises** bitten. Adressen s. S. 38.

Ein weiteres, häufig auftretendes Problem sind verloren gegangene **Reiseschecks**. Die Firma, die sie ausgestellt hat, muss sofort telefonisch benachrichtigt werden. Sofern kein Verdacht auf Betrug besteht, erhält man innerhalb von wenigen Tagen neue Schecks, manchmal sogar etwas Bargeld zur Überbrückung.

Ausweise

Ausweise sollte man immer dabeihaben. Führerscheine, Pässe und Kreditkarten werden in den USA allgemein als Ausweis akzeptiert. Wer ohne Führerschein beim Autofahren erwischt wird, wandert dafür ins Gefängnis.

Sport

Abgesehen vom Spaß, den man als Zuschauer bei einem Baseballspiel auf dem Wrigley Field in Chicago an einem Sommernachmittag oder bei einem Footballmatch der Steelers in Pittsburgh

Beim Besuch eines Baseball-Spiels sind große Emotionen garantiert.

haben wird, vermittelt der Besuch von Sportveranstaltungen ganz besondere Eindrücke einer Stadt und ihrer Bewohner. Die spektakulärsten Auftritte bleiben zwar fast immer den Profiteams vorbehalten, aber auch Begegnungen renommierter College-Mannschaften, Baseballspiele kleinerer Vereine und sogar freitagabends ausgetragene Footballspiele von Highschool-Teams bieten auf leichte und kurzweilige Weise Einblick in die Mentalität eines Orts.

Nähere Infos zu den wichtigsten Teams aller Sportarten sind in den Städtekapiteln zu finden oder auf den Websites der jeweiligen Ligen: www.mlb.com (Baseball), www.nba.com (Basketball), www.nfl.com (American Football), www.nhl.com (Eishockey) und www.mlsnet.com (Fußball).

Baseball

Angesichts der Fülle der in der Oberliga MLB (Major League Baseball) ausgetragenen Spiele – insgesamt 162 an der Zahl, und im Frühjahr und Sommer normalerweise mindestens fünf pro Woche –, ist Baseball der Sport, in dessen Genuss Reisende am leichtesten kommen. Sta-

dien wie Bostons historischer Fenway Park, New Yorks berühmtes Yankee Stadium oder Baltimores Camden Yards machen das Erlebnis perfekt. Daneben ist Baseball mit Eintrittspreisen ab $10 für einen Sitzplatz eines der preiswertesten Sportspektakel, und Karten sind in der Regel problemlos zu bekommen.

American Football

Ganz anders als beim Baseball ist es beim **Profi-Football**: Eintrittskarten sind horrend teuer, zudem fast unmöglich zu bekommen (sofern das Team nur einigermaßen gut ist), und die meisten Spiele werden in anonymen, bunkerartigen Stadien weit draußen in den Vororten ausgetragen. In einer Bar vor dem Fernseher hat man sicherlich mehr davon.

College-Football bietet weit mehr Spannung, Stimmung und billigere Preise. Allerdings sind Eintrittskarten in den footballverrückten Unistädten des Südens und des Mittleren Westens oft ebenfalls schwer zu bekommen. Wer Großveranstaltungen wie die Neujahrsspiele in der Orange Bowl live miterleben möchte, muss auf ein Wunder hoffen, um an Karten zu kommen.

Ist man gerade in der entsprechenden Gegend, lohnen große Spiele wie Michigan gegen Ohio State oder Notre Dame gegen ein beliebiges Team in jedem Fall.

Basketball

Große Emotionen entfesselt auch Basketball. Die nicht enden wollenden **Playoff-Runden** der Profis ziehen sich bis in den Juni hin. Das einmonatige College-Turnier, genannt „March Madness", gilt vielen als das aufregendste Sportspektakel des Landes und wird in vielen kleinen bis mittelgroßen Städten im ganzen Land ausgetragen.

Eishockey

Eishockey, meist einfach nur Hockey genannt, wurde lange Zeit nur in Kanada und im hohen Norden der USA gespielt. Aber jetzt hat das Hockeyfieber auch das übrige Land erfasst, besonders die Ostküste und die Region der Großen Seen. Karten, vor allem für Spiele der erfolgreicheren Mannschaften, sind begehrte Mangelware und teuer.

Fußball

Soccer hingegen ist immer noch eher ein Freizeitsport, vor allem für Kids. Wer sich für Fußball interessiert, sieht sich eher die Spiele internationaler Teams an, z. B. Englands Premier League. Die gute Nachricht für Touristen ist, dass es in jeder mittelgroßen Stadt mindestens eine Kneipe gibt, wo Spiele aus Europa und Lateinamerika übertragen werden. Adressen und Termine unter www.livesoccertv.com.

Golf

Einst die Domäne reicher Geschäftsleute, erfreut sich Golf seit einigen Jahren einer breiteren Anhängerschaft, dank berühmter Golfer wie Tiger Woods und dem Bau zahlreicher städtischer und öffentlicher Golfplätze. Hier bestehen auch die einfachsten Zugangsmöglichkeiten zu einem Platz; die Platzgebühren betragen je nach Zustand des *greens* zwischen $15 und $50. Auf privaten Golfplätzen ist es unterschiedlich geregelt, unter welchen Bedingungen Nicht-Mitglieder spielen dürfen (nachzulesen auf den Websites). Die Gebühren sind hier aber höher und können bei den Spitzenplätzen $100 p. P. betragen.

Skifahren

Man findet im ganzen Land hervorragende Skigebiete. Jene im Osten können sich aber kaum mit denen der Rockies wie Vail und Aspen in Colorado und der Sierra Nevada in Kalifornien messen. Liftkarten sind für $40–100 pro Tag zu haben, Ausrüstung gibt es ab $25 pro Tag zu mieten.

Eine preiswerte Alternative zum alpinen Skisport ist der **Langlauf**. In den Bergen entlang der Ostküste laden zahllose Lodges zu einem Aufenthalt ein. Neben Unterkunft in rustikalem Ambiente bieten sie Ausrüstung und Kurse ab $20 pro Tag inkl. Skier, Schuhe und Stöcke an, daneben auch Pauschaltouren inkl. aller Kosten am Wochenende für etwa $200.

Pferde- und Autorennen

Andere Sportevents von landesweitem Interesse haben entweder mit vier Beinen oder vier Rädern zu tun. Das wichtigste Ereignis für Pferdefans ist das **Kentucky Derby** (S. 467), das jedes Jahr am ersten Samstag im Mai in Louisville stattfindet. Ebenfalls im Mai findet **Indianapolis 500** (S. 315) statt, das größte Autorennen der Welt. Dann füllt sich die Stadt einen Monat lang mit Besuchern. Die Zeit bis zum großen Finale wird mit Probenrennen und allen möglichen Festveranstaltungen verbracht.

Telefon

In den USA gibt es mehr als 100 *area codes* – dreistellige regionale **Vorwahlnummern**, die der siebenstelligen Rufnummer vorausgehen, wenn

Transport

Die Entfernungen in den USA sind so groß, dass man sich sehr gut überlegen sollte, wie man sich von einem Ort zum andern bewegt. **Amtrak**, die Eisenbahngesellschaft, unterhält ein Schienennetz, das oft durch sehr reizvolle Regionen führt, und zwischen den größeren Städten gibt es in der Regel gute **Busverbindungen**. Aber auch in ländlichen Gegenden kann man mit guter Planung die interessantesten Orte relativ problemlos per Bus erreichen.

Am einfachsten reist es sich aber immer noch mit dem **Auto**. Viele lohnende Ziele liegen abseits der Zentren und auch wenn ein National Park irgendwie mit dem Bus zu erreichen ist, ist man ohne Auto vor Ort ziemlich eingeschränkt und lässt sich einen Teil des Vergnügens entgehen.

man aus dem Ausland anruft (dann zuerst 001) oder aus einem anderen Vorwahlbereich (dann vor dem *area code* immer eine 1 wählen). Verwirrend ist, dass innerhalb der Grenzen mancher Städte unterschiedliche Vorwahlnummern gelten. In diesem Buch findet sich daher zu jedem einzelnen Ort und ggf. zu jedem Stadtviertel der jeweilige *area code*. In einigen Städten müssen auch innerhalb des Vorwahlbereichs alle zehn Ziffern gewählt werden. Nummern, die mit 1-800 beginnen – sowie, weniger häufig, mit 1-888, 1-877 und 1-866 – sind gebührenfrei, können aber nur von innerhalb der USA angewählt werden.

Auslands- und **Ferngespräche** sind – sofern man nicht alle seine Telefonate über Skype, 🖥 www.skype.com, abwickelt – am preiswertesten mit einer Prepaid-Telefonkarte, die Zeitungsläden und Lebensmittelgeschäfte vor allem in den Städten verkaufen. Sie sind billiger als vergleichbare Karten der großen Telefongesellschaften wie AT&T. Die Tarife für Gespräche in die meisten europäischen Länder liegen nur bei ein paar Cent pro Minute. Mit der Karte kann man von jedem normalen Tastentelefon anrufen, an öffentlichen Telefonen wird es aber etwas teurer.

Wer sein eigenes **Handy** (nur Triband und Quadband) benutzen möchte, sollte sich vorab bei seiner Telefongesellschaft nach den Roaming-Gebühren erkundigen. Preiswerter ist es, eine amerikanische SIM-Karte einzusetzen, damit ändert sich aber natürlich die Telefonnummer.

Sollte das Handy *(cell phone)* in den USA nicht funktionieren, lässt sich auch eins mieten; siehe z. B. 🖥 www.triptel.com oder www.planetomni.com.

Eisenbahn

Mit den Zügen des nationalen Bahnunternehmens Amtrak, ☎ 1-800/872-7245, 🖥 www.amtrak.com, reist man zwar bequem, aber selten schnell, und das Netz ist recht lückenhaft. Die Ostküsten-Staaten nördlich von Virginia sind allerdings gut angebunden. Auf Fernstrecken verkehren ein oder höchstens zwei Züge am Tag, sodass in ganzen Landstrichen der einzige Zug des Tages morgens um drei oder vier durch-

Nostalgiezüge

Die glanzvolle Ära der Eisenbahn erleben – das kann man in einer Reihe von historischen Bahnen und Panoramazügen (mal sind es Dampfloks, mal Schmalspurbahnen) entlang alter Bergbaustrecken. Einige sind einfach nur pures Touristenvergnügen und drehen in ein bis zwei Stunden eine Runde durch schöne Landschaft, andere können einen tatsächlich in entlegenen Gebieten absetzen, die ansonsten nur schwer erreichbar sind. Die Preise richten sich nach der Fahrtdauer. Die reizvollsten Strecken sind in den entsprechenden Abschnitten in diesem Buch beschrieben, so etwa auf S. 155.

400 Meilen

0

N

ATLANTIK

KANADA

MEXIKO

PAZIFIK

Lake Superior

Lake Huron

Lake Michigan

Lake Erie

Boston
New York City
Atlantic City
Montréal
Niagara Falls
Philadelphia
Washington DC
Charleston
Savannah
Jacksonville
Miami
Orlando
Toronto
Pittsburgh
Cincinnati
Cleveland
Detroit
Louisville
Atlanta
Birmingham
Tampa
Nashville
Memphis
New Orleans
Milwaukee
Madison
Chicago
St. Louis
Duluth
Minneapolis-St. Paul
Omaha
Kansas City
Oklahoma City
Little Rock
Dallas
Houston
Fort Worth
San Antonio
MOUNT RUSHMORE
Denver
Santa Fe
Albuquerque
El Paso
BIG BEND
YELLOWSTONE
Salt Lake City
GRAND CANYON
Flagstaff
Tucson
Phoenix
Glacier Park
Seattle
Portland
Reno
Las Vegas
YOSEMITE
Oakland
Bakersfield
San Diego
Los Angeles
San Francisco

Amtrak-Bahnlinie

kommt. Die Amtrak-Haltestellen sind durch Nahverkehrszüge oder mit dem gut funktionierenden Thruway-Busdienst (ebenfalls von Amtrak betrieben) mit kleineren Orten verbunden, allerdings längst nicht flächendeckend.

Auf bestimmten Strecken kann eine Zugfahrt teurer sein als der Greyhound-Bus oder gar das Flugzeug. Der Normalpreis von New York nach Los Angeles liegt bei Vorausbuchung im Internet bei etwa $200 (einfach), allerdings gibt es auch Sonderangebote, besonders außerhalb der Hochsaison (Sep–Mai, Weihnachten ausgenommen). Dann kann man für rund $300–350 von Küste zu Küste und wieder zurück fahren. Daneben gibt es verschiedene Bahnpässe (s. Kasten S. 62).

Ob Pass oder nicht, man sollte auf jedem Fall reservieren – am besten so früh wie möglich. Denn alle Passagiere müssen einen Sitzplatz haben, und manche Züge, vor allem jene zwischen den großen Ostküstenstädten, sind oft ausgebucht. Schlafwagenabteile kosten für ein bis zwei Personen zusätzlich zum Fahrpreis ab $300 pro Nacht (drei volle Mahlzeiten inkl.). Aber auch die Standardwagen sind überraschend geräumig, und es gibt ja immer noch die Speise- und Lounge-Wagen, mit Bar und manchmal Panoramafenstern. Wer es eilig hat, nutzt die schnellen Acela-Verbindungen im Nordosten, die eine halbe bis eine Stunde Zeitersparnis bringen, dafür aber $25–100 teurer sind als gewöhnliche Amtrak-Züge.

Busse

Mit dem Bus reist man in Amerika am billigsten. Die größte Busgesellschaft **Greyhound**, ☎ 1-800/231-2222 oder ☎ 214/849-8100 (5–1 Uhr Central Standard Time), 🖥 www.greyhound.com, verbindet fast alle Städte nennenswerter Größe. In ländlichen Gegenden kann es vorkommen, dass der Bus nur einmal am Tag vorbeikommt – wenn überhaupt. Angehalten wird nur für kurze Essenspausen an Fastfood-Stationen oder für einen Fahrerwechsel.

Um unangenehme Situationen zu vermeiden, setzt man sich nicht zu weit vom Fahrer weg und sollte möglichst noch bei Tageslicht am Zielort

Adressen für Bahn und Bus

Amtrak, 🖥 www.amtrak.com
Greyhound, 🖥 www.greyhound.com
Green Tortoise, 🖥 www.greentortoise.com
Peter Pan, 🖥 www.peterpanbus.com
STA Travel, 🖥 www.statravel.com

ankommen. Viele Bushaltestellen liegen in ziemlich üblen Gegenden. Früher gab es in jedem Ort nennenswerter Größe eine eigene Greyhound-Haltestelle, inzwischen haben in manchen das Postamt oder eine Tankstelle diese Funktion samt Fahrkartenverkauf übernommen. Viele müssen ganz auf eine Busanbindung verzichten. Reservierungen, entweder persönlich am Busbahnhof, online oder über die kostenlose Telefonnummer, sind nicht obligatorisch, aber empfehlenswert. Merkwürdigerweise garantiert eine Reservierung aber keinen Sitzplatz, sodass man sich also früh in die Warteschlange einreihen sollte. Unter Umständen muss man auf den nächsten Bus warten, allerdings setzt Greyhound, wenn viele Leute warten, vielleicht einen zweiten Bus ein.

Die **Fahrpreise** für kürzere Entfernungen liegen durchschnittlich bei 25¢ pro Meile, auf

Green Tortoise

Auf Langstrecken gibt es Alternativen zum Greyhound: Green Tortoise. Die **Busse** sind mit Kojen, Kühlschränken und Stereoanlage ausgestattet, verkehren vor allem im Westen und Nordwesten des Landes, teilweise aber auch bis New Orleans, Washington DC und New York. Zu den Highlights zählen der California Cruiser (11 Tage; $421) und der USA Explorer von Küste zu Küste und wieder zurück (34 Tage; $1640); Essen und Nationalpark-Gebühren kosten extra.

Insgesamt werden 30 verlockende Routen angeboten, alle mit genug Zwischenaufenthalt zum Wandern, Raften oder Baden in heißen Quellen. Reservierungen im Zentralbüro, 494 Broadway, San Francisco, CA 94133, ☎ 415/956-7500 oder 1-800/867-8647, 🖥 www.greentortoise.com.

längeren Strecken werden häufig Rabatte eingeräumt. Infos über Ermäßigungen gibt es auf der Website. Wer seine Fahrkarte für die Strecke New York–San Francisco drei Wochen im Voraus übers Internet kauft, zahlt vielleicht nur $117.

Andere Busunternehmen sind z. B. Trailways, ☎ 1-800/776-7581, 🖥 www.trailways.com, das einige Landesteile mit einem feinmaschigeren Busnetz abdeckt, Megabus, ☎ 1-877/462-6342, 🖥 us.megabus.com, mit günstigen Verbindungen im Nordosten und Mittleren Westen, und Green Tortoise (s. Kasten S. 61).

Flugzeug

Trotz guter Billigairlines – allen voran Southwest und JetBlue – sind Inlandsflüge nicht mehr ganz so attraktiv wie vor einiger Zeit. Die Treibstoffpreise explodieren, Verbindungen werden gestrichen, Standardservice kostet extra und

Tickets sind durchgehend deutlich teurer geworden. Um einen wirklich günstigen Flug zu erwischen, muss man mindestens drei Wochen im Voraus reservieren, außerhalb der Hauptsaison fliegen und einen Tarif wählen, der non-refundable ist – Umbuchungen können dann $100 oder mehr kosten.

Mit etwas Planung ist Fliegen aber immer noch billiger als Zugfahren, wenn auch teurer als der Bus. Wo sich das Flugzeug für kurze Strecken anbietet, stehen entsprechende Infos im Regionalteil dieses Buches. Ansonsten kann man sich direkt bei den Fluggesellschaften (s. S. 37) über Flugpläne und Preise informieren.

Mietwagen

Für manchen ist die Vorstellung den Highway entlang zu rauschen – am liebsten im Cabrio mit aufgedrehtem Radio – der Hauptanreiz für

---

Geld sparen mit Pässen

Amtrak USA Rail Pass
Den USA Rail Pass, landesweit gültig für eine bestimmte Anzahl von Fahrten innerhalb eines bestimmten Zeitraumes, gibt es für 15 Tage/ 8 Fahrten ($389), 30 Tage/12 Fahrten ($579) und 45 Tage/18 Fahrten ($749). Der Pass kann über die Amtrak-Webseite 🖥 www.amtrak.com gekauft werden. Verkaufsstellen in Europa sind z. B. MESO Reisen, Wilmersdorfer Str. 94, 10629 Berlin, ☎ 030/212-3419-0,, 🖥 www.meso-berlin. de, und North America Travelhouse, CRD International, Stadthausbrücke 1–3, 20355 Hamburg, ☎ 040/300-6160, 🖥 www.crd.de.

Greyhound Discovery Pass
Ausländische Touristen, die auch abseits der Hauptrouten reisen wollen, können einen Greyhound Discovery Pass kaufen: entweder online (mindestens 14 Tage vor Abreise), bei jeder Greyhound-Agentur in den USA oder in Europa über STA Travel (Deutschland ☎ 069/ 743-03292, Österreich ☎ 01/401-486000, Schweiz ☎ 0900/450-402, 🖥 www.statravel.de). Mit dem Pass kann man während eines bestimmten

Zeitraumes unbegrenzt mit jedem Greyhound fahren: 7 Tage kosten $239, 15 Tage $339, 30 Tage $439 und 60 Tage $539. Verlängerungen sind nicht möglich. Vor jeder Fahrt muss der Pass am Fahrkartenschalter vorgelegt werden, um eine Bordkarte zu bekommen. Mehr Infos unter 🖥 www.greyhound.com.

Flugpässe
Bei mehreren Flügen innerhalb der USA kann sich ein Flugpass lohnen. Pässe müssen vor der Abreise gekauft werden und sind oft an die Gesellschaft, mit der man den Atlantik überquert, oder an einen Zusammenschluss von Fluglinien (wie Star Alliance) gebunden. Man kauft eine bestimmte Anzahl von Flügen, Meilen oder Coupons. Andere Angebote bringen ausländischen Reisenden Ermäßigungen auf US-Inlandsstrecken, auch dafür muss das Ticket schon zu Hause gekauft werden. Es lohnt sich, die Tarife verschiedener Fluggesellschaften zu vergleichen. In manchen Regionen ist das Fliegen allerdings auch mit Ermäßigung noch teuer, z. B. innerhalb Floridas.

Europäer dürfen mit ihrem gültigen Führerschein in den USA Auto fahren, es empfiehlt sich aber, einen internationalen **Führerschein** dabeizuhaben.

Entfernungen werden in Amerika in *miles* (Meilen) angegeben; eine Meile sind etwa 1,6 km. Unseren Autobahnen entsprechen die sechsspurigen **Interstate Highways**. Amerikaner wechseln gern und häufig die Spur, oft ohne zu blinken, und überholen rechts *und* links. Große Schilder über der Fahrbahn kündigen die Teilung einer Straße an. *Exits* (Abfahrten) sind ausgeschildert, in seltenen Fällen ist die Abfahrt auch auf der linken Spur. **State Highways** und **US Highways** sind etwas schmaler und ändern häufig ihren Namen, wenn sie durch Städte führen.

Für einige Straßen und Brücken werden Mautgebühren *(toll)* verlangt. In Wohngebieten sind die Straßen oft im rechtwinkligen Raster angelegt. Nicht nur in Wohngebieten kommt es vor, dass an einer **Kreuzung** oder Einmündung an jeder Straße ein „4-Way Stop"- oder „All-Way Stop"-Schild steht. Wer zuerst ankommt, fährt in diesem Fall auch zuerst weiter. Bei längeren Schlangen geht es auf diese Weise automatisch reihum. Im Zweifelsfall verständigt man sich durch Handzeichen. An einer roten Ampel darf man normalerweise rechts abbiegen, wenn kein Verkehr von links kommt, es sei denn, ein Schild „no turn on red" verbietet dies ausdrücklich.

Gesetzlich ist jeder gehalten, sich dem allgemeinen Verkehrsfluss anzupassen, dieser rauscht aber manchmal mit 80 mph dahin, obwohl das *speed limit* (**Höchstgeschwindigkeit**) je nach Staat 55–75 mph (88–121 km/h) beträgt. Falls man von der Polizei angehalten wird, sollte man im Wagen bleiben, die Hände auf dem Lenkrad lassen und nicht ins Handschuhfach oder in eine Tasche fassen, da die Polizisten glauben könnten, man greife nach einer Waffe.

Ordnungswidrigkeiten, für die man zur Kasse gebeten wird, sind etwa Halten an der Autobahn, Wenden an Stellen mit durchgezogener Linie, sich auf den Vordersitzen nicht anschnallen oder mit leerem Tank liegen bleiben. Beim Falschparken (z. B. neben rot markierten Randsteinen oder zu nahe an Hydranten – Mindestabstand 3 m) kann es vorkommen, dass man nicht nur einen Strafzettel bekommt, sondern das Auto abgeschleppt wird oder die Räder blockiert werden.

Im Interesse der eigenen **Sicherheit** empfiehlt es sich, vor allem nachts die belebten Highways nicht zu verlassen und unsichere Viertel zu meiden. Um sich vor Überfällen zu schützen, verriegeln Amerikaner im Stadtverkehr ihre Autos von innen. Es ist nicht ratsam, Tür oder Fenster zu öffnen, wenn sich jemand dem Wagen nähert, um (angeblich) nach dem Weg zu fragen. Wertsachen möglichst außer Sichtweite verstauen!

eine Reise in die Staaten. Das romantische Bild, das uns zahllose Road Movies vermitteln ist gar nicht so weit von der Wirklichkeit entfernt – wobei man auch ohne Alkohol, Drogen und Sex unterwegs viel Spaß haben kann. Mit einem Auto lässt sich eine ganz individuelle Route planen, und die kaum vorstellbare Weite der Landschaft wird ein unvergessliches Erlebnis bleiben.

Innerhalb der Städte steht nicht unbedingt der Spaßfaktor an oberster Stelle, aber auch hier ist ein Auto das praktischste Transportmittel, zumal der Nahverkehr außerhalb der großen Zentren nicht sehr gut ausgebaut ist. Viele urbane Regionen sind aufs Autofahren ausgelegt und

erstrecken sich meilenweit in alle Himmelsrichtungen, sodass die eigentlichen Sights womöglich 15 oder 20 Meilen vom Hotel entfernt sind – oder auch nur jenseits des Highways, den man zu Fuß nicht überqueren kann. In einigen Städten mit ausgeprägtem Zentrum – besonders im Nordosten und in Chicago – liegen die Sehenswürdigkeiten und wichtigsten Einrichtungen fußgängerfreundlich beieinander.

Um ein **Auto** zu **mieten**, muss man den Führerschein seit mindestens einem Jahr haben. Wer jünger als 25 ist, könnte Probleme bekommen oder wird eine höhere Versicherung bezahlen müssen. Autovermietungen erwarten in

Entfernungen in Meilen

Die Tabelle zeigt die Entfernungen in Meilen zwischen ausgewählten Städten im Osten der USA und Kanada an. Die Meilenangabe basiert auf der jeweils kürzesten Straßenverbindung.

	Atlanta, GA	Boston, MA	Chicago, IL	Great Smoky Mtns NP	Memphis, TN	Miami, FL	Nashville, TN	New Orleans, LA	New York, NY	Orlando, FL	St Louis, MO	Washington DC	Montreal, Kanada	Toronto, Kanada
Atlanta, GA														
Boston, MA	1108													
Chicago, IL	708	994												
Great Smoky Mtns NP	177	917	585											
Memphis, TN	382	1341	537	450										
Miami, FL	663	1520	1397	614	997									
Nashville, TN	246	1092	446	221	209	910								
New Orleans, LA	480	1507	919	622	414	860	532							
New York, NY	854	208	809	706	1102	1334	900	1335						
Orlando, FL	426	1301	1147	614	776	229	688	648	1092					
St Louis, MO	565	1207	289	522	283	1226	321	698	976	1004				
Washington DC	618	448	709	469	854	1057	659	1099	237	856	862			
Montreal, Kanada	1199	310	847	1035	1315	1649	1112	1651	382	1462	1101	607		
Toronto, Kanada	1011	609	515	807	956	1494	776	1307	516	1346	749	571	344	

der Regel eine Kreditkarte als Sicherheit. Einige wenige Firmen akzeptieren auch eine Kaution in bar, dann aber mindestens $500, worauf man sich aber nicht verlassen sollte.

Alle großen **Mietwagenfirmen** haben ein Büro am Flughafen, jedoch ist es oft billiger, ein Fahrzeug bei einer innerstädtischen Filiale zu mieten. Reservierungen laufen über eine Zentrale, sodass man online oder über die landesweiten gebührenfreien Telefonnummern gut die Tarife vergleichen kann. Die Konditionen können sehr unterschiedlich sein. Für manche Städte oder Bundesstaaten ist die Automiete durchgehend günstiger als für andere. Fly&Drive-Angebote sind immer ein guter Deal und bei den großen Mietwagenfirmen gibt es zum Teil bis zu 60 % Frühbucher-Rabatt. Wer reserviert, aber noch nicht bezahlt hat, sollte eine schriftliche Buchungsbestätigung mit Preisangabe dabeihaben. In der Nebensaison ist ein Kleinwagen *(subcompact)* manchmal schon für $150 pro Woche zu bekommen, üblich sind eher $35–40 pro Tag oder etwa $200 pro Woche inkl. Steuern.

Kleine lokale Autovermietungen haben oft günstigere Angebote, dabei kann man aber auch reinfallen – am besten so viele Infos wie möglich einholen. Auch bei den großen Firmen, deren Preise pro Woche meist $50–150 über denen der örtlichen Anbieter liegen, kann die Qualität der Wagen sehr unterschiedlich sein. Marktführer wie Alamo, Hertz und Avis haben neuere Autos mit niedrigerem Tachostand sowie zuverlässigere Pannenhilfen. Wichtig sind außerdem **unbegrenzte Freikilometer** und man sollte wissen, dass $200 oder mehr aufgeschlagen werden, wenn das Auto in einem anderen Bundesstaat wieder abgegeben wird.

Die einzige erforderliche **Versicherung** ist die Unfallversicherung (Collision Damage Waiver, manchmal auch Liability Damage Waiver, LDW). Damit ist das eigene Fahrzeug versichert (gegen damit verursachte Schäden an anderen Fahrzeugen ist es ohnehin in jedem Fall versichert). Die Beiträge zur Unfallversicherung schlagen mit $12–20 pro Tag zu Buche. Einige Kreditkartengesellschaften bieten dem Benutzer automatisch eine CDW, man sollte sich vorher erkundigen. Einen Schutz vor Unfallkosten bietet

Trampen

Trampen ist in den USA eine ganz schlechte Idee. Zum einen weiß man nie, an wen man gerät, zum anderen kann es stellenweise lebensgefährlich sein, dicht an der Fahrbahn herumzustehen. In vielen Bundesstaaten ist *hitchhiking* sogar illegal und man muss mit einer Geldstrafe rechnen – wenn nicht sogar mit einer Nacht hinter Gittern.

auch eine recht günstige Jahrespolice von Insurance4CarHire, 🖥 www.insurance4carhire.com.

Die **American Automobile Association (AAA)**, 📞 1-800/222-4357, 🖥 www.aaa.com, bietet kostenlose Landkarten und Hilfestellung bei **Autopannen** auch für Mitglieder einiger europäischer Automobilclubs wie des deutschen ADAC. Ansonsten steht für den Fall einer Panne eine Notrufnummer am Armaturenbrett. Wer kein Handy dabeihat, kann mit dem Auto eins mieten – oft zahlt man so gut wie nichts, wenn man das Telefon dann doch nicht braucht – und in größeren Städten gehören sie immer öfter zum Standard.

Mietwagenfirmen

Alamo, Deutschland 📞 01805/462-526,
USA 📞 1-800/462-5266, 🖥 www.alamo.de
Avis, Deutschland 📞 01805/217-702,
USA 📞 1-800/230-4898, 🖥 www.avis.de
Budget, Deutschland 📞 01805/244-388,
USA 📞 1-800/527-0700, 🖥 www.budget.de
Dollar, Deutschland 📞 0800/181-6427,
USA 📞 1-800/800-3665,
🖥 www.dollarrentacar.de
Enterprise, USA 📞 1-800/261-7331,
🖥 www.enterprise.com
Hertz, Deutschland 📞 01805/333-535,
USA 📞 1-800/654-3131, 🖥 www.hertz.de
Holiday Autos, Deutschland 📞 01805/179-191,
USA 📞 1-866/392-9288, 🖥 www.holidayautos.de
National, 📞 0800/464-7336,
USA 📞 1-800/227-7368, 🖥 www.national.de
Sixt, Deutschland 📞 01805/252525,
USA 📞 1-888/7498227 🖥 www.sixt.de
Thrifty, USA 📞 1-800/847-4389,
🖥 www.thrifty.com

Radfahren

In vielen Großstädten gibt es Radwege und Stadtbusse, in denen Fahrräder mitgenommen werden können. Reizvoller ist es aber in ländlichen Gebieten. Hier haben die Straßen breite Seitenstreifen und der Verkehr hält sich meist in Grenzen. Fahrräder können für $15–50 pro Tag oder zu günstigeren Wochenpreisen gemietet werden. Vermietungen findet man in Strand- und Universitätsnähe oder in Gebieten, die sich gut zum Radfahren eignen. In sehr touristischen Gegenden wird es teurer. Informationen geben die örtlichen Visitor Centers.

Die gemeinnützige Organisation **Adventure Cycling Association** in Missoula, Montana, ☏ 406/721-1776 oder 1-800/755-2453, 🖥 www.adventurecycling.org, verkauft Karten zu verschiedenen Langstreckenrouten, auf denen alles eingetragen ist, was ein Radler unterwegs braucht. Viele Bundesstaaten geben auch eigene Informationsbroschüren für Radfahrer heraus (Tourist Offices s. S. 46).

Wichtig sind gute Landkarten, etwas Werkzeug, ein Fahrradhelm (in vielen Staaten und Gemeinden gesetzlich vorgeschrieben) und eventuell eine Radlerhose.

Wer in die Pedale treten will, sollte die Interstates tunlichst meiden (dort macht's wirklich keinen Spaß und die meisten sind für Radfahrer ohnehin verboten) und sich an befestigte Landstraßen halten. Außerdem können Riesenbrummis wie Wohnmobile, gigantische Lkw (oft mit 18 Rädern) oder Langholztransporter beim Vorbeifahren einen solchen Sog auslösen, dass es den armen Radler unweigerlich in die Straßenmitte zieht.

Backroads Bicycle Tours, ☏ 1-800/462-2848, 🖥 www.backroads.com, und der Hostelverband HI-AYH (s. S. 68) organisieren mehrtägige Radtouren, mit Zelt oder Übernachtung in Landgasthöfen; örtliche Anbieter werden im Regionalteil dieses Buches genannt. Tipps zu Radreisen weltweit und eine Übersicht über Radreiseveranstalter bietet das Info-Portal 🖥 **www.radreise-service.de**.

Greyhound, Amtrak, und die großen Fluggesellschaften nehmen gegen Gebühr Fahrräder mit – demontiert und in einen Karton verpackt.

Übernachtung

Das Übernachten ist meist der größte Posten in der Reisekasse, besonders in den Städten. Aber egal, wo man unterwegs ist, ein gutes, bezahlbares Motel oder Hotel findet sich fast immer. Und wer ein paar Dollar mehr ausgibt, kann sich in traumhaften historischen Hotels und Lodges einquartieren.

Die Zimmerpreise der **Motels und Hotels** fangen bei etwa $50 an, in den großen Städten eher bei $85. In vielen Hotels kann man für $15–20 ein Zusatzbett für eine dritte Person bekommen.

Wer allein unterwegs ist, zahlt mehr, denn *Singles* (Einzelzimmer) sind in der Regel Doppelzimmer, die zu einem kaum niedrigeren oder gleich zum Doppelzimmerpreis angeboten werden. Ein **Dormbett** im Hostel kostet $18–29 pro Nacht, aber Sauberkeit und Sicherheit können zu wünschen übrig lassen. Die Ersparnis im Vergleich zum Motel ist oft nur minimal, es sei denn, man reist allein. In einigen Regionen ist **Camping** mit $10–25 pro Nacht eine preiswerte – und reizvolle – Alternative, s. „National Parks und Outdoor-Aktivitäten".

Es ist üblich, das Zimmer mit Kreditkarte im Voraus zu bezahlen, wenigstens für die erste Nacht. Einige Hotels akzeptieren auch noch Bargeld und Dollar-Reiseschecks. Reservierungen – in den Touristengebieten im Sommer ein Muss – werden bis 18 Uhr gehalten, im Fall einer vorher angekündigten späten Ankunft auch länger.

Hotels und Motels

Die meisten im Buch aufgeführten Unterkünfte sind als „Hotels" zu bezeichnen; Motels („Motor-Hotels") findet man vor allem an großen Ausfallstraßen, die Parkplätze meist direkt vor der Zimmertür, um den kürzesten Weg zwischen Kofferraum und Bett zu gewährleisten. Nur in der allerbilligsten Kategorie entsprechen die Zimmer nicht immer dem üblichen Standard von ein bis zwei Doppelbetten, Fernseher, Telefon, Bad mit Wanne oder Dusche und einem Stapel weißer Handtücher. An dieser Einrichtung ändert sich eigentlich wenig, ob man nun $55 oder $80 zahlt.

Bei mehr als $80 ist das Zimmer ein wenig größer und die Einrichtung umfangreicher, vielleicht gibt es einen Pool, Bügeleisen und Bügelbrett, eine Kaffeemaschine und Qualitäts-Kabel-TV (HBO etc.). Viele Hotels bieten inzwischen WLAN, vielleicht aber nur in der Lobby.

Am günstigsten sind meist die kleinen, unabhängigen Motels. Sie verschwinden zumindest in den Ballungszentren aber langsam. Entlang der großen Interstates spricht einiges dafür, ein paar Dollar mehr auszugeben und in den Ablegern der landesweiten **Motelketten** zu übernachten. Die Bandbreite reicht von den verlässlichen und billigen Super 8 und Motel 6 (❷–❹) über Days Inn und La Quinta (❸–❹) bis zum komfortableren Holiday Inn Express und Marriott (❺–❻).

In der Nebensaison sind viele Motels und Hotels nicht ausgelastet, sodass sich vielleicht ein besserer Preis aushandeln lässt. Auch wenn man länger als eine Nacht bleibt, lohnt es sich nachzufragen. In den Gratisbroschüren, die in Visitor Centers und in den Welcome Centers in der Nähe der Grenzen zwischen den Bundesstaaten ausliegen, finden sich zudem Discount Coupons, mit denen sich einiges sparen lässt – vorher das Kleingedruckte lesen!

Die wenigsten der billigen Hotels und Motels nehmen den Konkurrenzkampf mit den allgegenwärtigen Diners auf, die Frühstück servieren. Deshalb gibt es nur in wenigen ein **Frühstück**, obwohl in der Lobby (Rezeption) oft kostenlos Kaffee in Styropor-Bechern ausgeschenkt wird. Mit Glück bekommt man dazu Gebäck und Obst oder Müsli – das Ganze firmiert dann als *continental breakfast*.

Bed & Breakfast

Bed & Breakfast ist eine – manchmal luxuriöse – Alternative zu gewöhnlichen Hotels, die immer beliebter wird. Kleinere B&Bs bestehen oft nur aus einigen möblierten Zimmern bei einer Familie. Selbst die größten haben nicht mehr als zehn Zimmer, manchmal weder Fernseher noch Telefon, dafür jede Menge Plüsch und viktorianische Gemütlichkeit, für manch einen vielleicht zu anheimelnd.

Traveltipps von A bis Z

Preiskategorien

Wir haben die Hotels in folgende Kategorien eingeteilt. Die Preise gelten für ein **Doppelzimmer**, Steuern nicht eingeschlossen.
Die Saisonzeiten unterscheiden sich von Region zu Region, sodass sich mit etwas Planung Geld sparen lässt. Events wie Mardi Gras in New Orleans oder das National Cherry Blossom Festival in Washington DC lassen die Zimmerpreise ins Astronomische schießen.

❶	bis $40
❷	bis $60
❸	bis $80
❹	bis $100
❺	bis $130
❻	bis $160
❼	bis $200
❽	bis $300
❾	über $300

Wem diese gewollt niedliche Behaglichkeit zusagt, dem bieten sich im ganzen Land zahlreiche Unterkünfte dieser Art. Dabei sollten aber ein paar Dinge bedacht werden: In den B&Bs ist man kein anonymer Gast wie in einem Kettenhotel, sondern es wird vielleicht erwartet, dass man sich mit den Gastgebern und den anderen Gästen unterhält, besonders beim Frühstück. In einigen B&Bs gibt es außerdem Sperrstunden, sodass es entweder nicht möglich ist oder es auf wenig Begeisterung stößt, wenn die Gäste lange nach Mitternacht nicht mehr ganz nüchtern ins B&B zurückschwanken. Am besten schaut man sich vorher im Internet an, was die einzelnen B&Bs erlauben bzw. nicht erlauben – oft gibt es dafür eine längere Liste.

Im Preis für ein Doppelzimmer – je nach Lage und Saison zwischen $80 und $275 – ist immer ein Frühstück inbegriffen. Die entscheidende Frage ist: Hat das Zimmer ein eigenes Bad? Die meisten B&Bs bieten das, wenn auch das Flair alter Häuser durch moderne Einbauten oft leidet. Am oberen Ende des Spektrums besteht der Unterschied zwischen einem Hotel und einem B&B manchmal nur darin, dass das B&B keiner Kette angehört, sondern privat betrieben wird.

Straßen in größeren Städten sind meist raster-förmig angelegt und bilden regelmäßige Häuserblocks. Die Hausnummer wird vom Block, in dem das Haus steht, abgeleitet; jeder Block hat eine andere Anfangsnummer. Blocknummern beginnen bei 1, meist im Zentrum der Stadt. Entsprechend wäre „620 S Cedar Avenue" sechs Blocks südlich des Stadtzentrums. „Südlich" entnimmt man dem „S". Daher ist es sehr wichtig, sich solche Buchstaben wie „NW" oder „SE" genau zu merken, denn 3620 SW Washington Boulevard ist vom 3620 NE Washington Boulevard schrecklich weit entfernt.

Bed & Breakfast Inns sind oft monatelang im Voraus ausgebucht, es ist also sinnvoll, rechtzeitig zu reservieren. In manchen Regionen gibt es zentrale Reservierungsbüros.

Historische Hotels und Lodges

In allen Landesteilen gibt es historische Hotels, ob aus der Zeit des Eisenbahnbaus oder aus der Glanzzeit der Route 66 in den 40er- und 50er-Jahren. Wer nostalgisches Flair mag und auf modernste Ausstattung verzichten kann, findet hier echte Perlen. Die besseren verlangen $200 oder mehr, im Schnitt zahlt man eher $100–140 für ein Zimmer ohne Luxus, aber mit Atmosphäre und Retro-Einrichtung.

Einige Nationalparks haben traditionsreiche Hotels mit besonderer Architektur, **Lodges** genannt, die nicht übermäßig teuer sind. Nachteil: Sie sind meist lange im Voraus ausgebucht.

Hostels

Zwar sind Hostels in den USA dünner gesät als Jugendherbergen in Europa, doch Unterkünfte für Rucksackreisende und Budgettraveller sind auf dem Vormarsch. Sofern man zu zweit oder zu mehreren reist, schläft es sich hier allerdings kaum billiger als in einem Motel. Daher ist ein Hostel vor allem für diejenigen geeignet, die eine

Vorliebe für Jugendherbergsbetrieb und Gesel-ligkeit haben. Allerdings sind viele Hostels mit öffentlichen Transportmitteln nicht erreichbar, und in den Städten liegen sie oft weit von den Sehenswürdigkeiten entfernt. Dasselbe gilt erst recht für ländliche Gegenden, doch da kann die Abgeschiedenheit gerade den besonderen Reiz ausmachen.

Inzwischen sind die meisten Hostels unabhängig vom Netzwerk des HI-AYH (Hostelling International–American Youth Hostels). Viele sind nichts weiter als umfunktionierte Motels: Die „Dorms" sind muffige Zimmer, in die ein paar Stockbetten gestellt wurden und die bei Bedarf auch als Doppelzimmer vermietet werden. Normalerweise bringt man Laken oder einen Schlafsack mit. Ein Bett im Dorm kostet $18–29, ein Doppelzimmer $35–55; in den größeren Städten liegen die Preise eher am oberen Ende der Skala. Die wenigen HI-Hostels haben eine abendliche Sperrstunde und getrennte Räume für Jungs und Mädchen.

Jugendherbergswerke

Über die folgenden Jugendherbergswerke bekommt man nicht nur die **JH-Mitgliedschaft**, gültig in angegliederten Hostels weltweit, sondern auch den *International Youth Hostel Guide* mit einer umfassenden Auflistung von Hostels.
DJH Service GmbH, Bismarckstr. 8, 32756 Detmold, ✆ 05231/74010, 🖥 www.jugendherberge.de
Österreichisches Jugendherbergswerk, Helfersdorferstr. 4, 1010 Wien, ✆ 01/5331833, 🖥 www.jungehotels.at
Schweizer Jugendherbergen, Schaffhauser Str. 14, 8042 Zürich, ✆ 044/3601414, 🖥 www.youthhostel.ch
Hostelling International – American Youth Hostels, ✆ 301/495-1240, 🖥 www.hiusa.org

Versicherungen

Auslandskrankenversicherung

Eine Auslandskrankenversicherung gehört auf jeden Fall ins Gepäck. Nur wenige private Krankenkassen schließen den weltweiten Schutz im Krankheitsfall ein. Bei Krankheit – speziell Krankenhausaufenthalten – kann sehr schnell eine erhebliche Summe zusammenkommen, die aus eigener Tasche bezahlt werden müsste. Ist man versichert, kann man die Kosten gegen Vorlage der Rechnungen zu Hause geltend machen. Allerdings gibt es Einschränkungen, besonders bei Zahnbehandlungen (nur Notfallbehandlung) und chronischen Krankheiten (Bedingungen durchlesen).

Die **Rechnung**, die später bei der Versicherung einzureichen ist, sollte folgende Angaben enthalten:

- Name, Vorname, Geburtsdatum, Behandlungsort und -datum
- Diagnose
- erbrachte Leistungen in detaillierter Aufstellung (Beratung, Untersuchungen, Behandlungen, Medikamente, Injektionen, Laborkosten, Krankenhausaufenthalt)
- Unterschrift des behandelnden Arztes
- Stempel

Auslandskrankenversicherungen werden von fast allen großen Versicherern und einigen Kreditkartenorganisationen angeboten. Es gibt auch **Jahresverträge**, allerdings decken die meisten nur Reisen jeweils bis zu 42 Tagen, manche bis zu acht Wochen, ab.

Reiserücktrittskosten-versicherung

Bei einer Pauschalreise ist manchmal eine Reiserücktrittskostenversicherung im Preis inbegriffen (nachfragen). Wer individuell plant, muss sich selbst um die Absicherung des Risikos kümmern. Einige Reisebüros bieten Versicherungen an oder vermitteln den Abschluss. Viele Reiserücktrittskostenversicherungen müssen kurz nach der Buchung abgeschlossen werden (in der Regel bis 14 Tage danach). Auch bei Krankheit oder Tod eines Familienmitglieds oder Reisepartners ersetzt die Versicherung dann die Stornokosten der Reise. Eine Reiseunfähigkeit wegen Krankheit muss ärztlich nachgewiesen werden.

Reisegepäckversicherung

Viele Versicherungen bieten die Absicherung des Verlustes von Gepäck an, oft als Teil eines Pakets. Allen Versicherungen ist gemein, dass die Bedingungen, unter denen das Gepäck abhanden kommen „darf", sehr eng gefasst sind. Bei vielen Versicherungen ist etwa das Gepäck in unbewacht abgestellten Autos zu keinem Zeitpunkt versichert. Wer eine wertvolle Fotoausrüstung mitnimmt, kann eine Zusatzversicherung abschließen. Tritt ein Schadensfall ein, muss der Verlust sofort bei der Polizei gemeldet werden. Eine zuvor angefertigte **Checkliste**, auf der alle Gegenstände und ihr Wert eingetragen sind, ist dabei hilfreich.

Visa

Nach wie vor gilt für Staatsbürger zahlreicher Länder, darunter Deutsche, Österreicher und Schweizer, die Visa-Waiver-Regelung. Sie erlaubt die **visafreie Einreise** für einen Aufenthalt bis zu 90 Tagen.

Seit Januar 2009 muss dazu die **Einreisegenehmigung** schon **vor Abreise online** eingeholt werden, und zwar über das Electronic System for Travel Authorization (Esta). Besucher sollten ausschließlich die offizielle Esta-Webseite 🖥 https://esta.cbp.dhs.gov oder den Link auf der Botschaftsseite nutzen, 🖥 www.us-botschaft. de. Auch wenn das System die Genehmigung in der Regel sofort erteilt, wird empfohlen, den Antrag spätestens drei Tage vor der Reise zu stellen. Die Einreisegenehmigung (mit einer Genehmigungsnummer) ist zwei Jahre lang gültig oder – wenn dieser früher ungültig wird – bis zum Ablaufen des Reisepasses. In der Regel muss man bei der Ankunft in den USA nicht die Genehmigungsnummer angeben, es ist allerdings sicherer, sie sich zu notieren, besonders wenn irgendwelche Sicherheitswarnungen in Kraft sind.

Dagegen wird man bei der Einreise nach dem Ausreisedatum gefragt, nach dem Ticket für Rück- oder Weiterflug und nach einer ausreichend gefüllten Reisekasse. Eventuell muss man auch eine Adresse in den USA angeben – die Adresse der Unterkunft für die erste Nacht ist dabei ausreichend.

Jedem Reisenden steht außerdem die **US-VISIT-Prozedur** bevor: Dabei wird der Fingerabdruck digital erfasst und ein Porträtfoto geschossen. Die visafreie Einreise erfordert außerdem einen maschinenlesbaren (in Deutschland bordeauxroten) **Reisepass**. Wurde der Pass nach Oktober 2006 ausgestellt, muss er einen Chip mit biometrischen Daten enthalten (inzwischen Standard in fast allen Ländern). Kinderreisepässe haben diesen Chip nicht – ein vollwertiger Reisepass fürs Kind kostet aber immer noch weniger als das sonst erforderliche Visum.

Angehörige anderer Staaten sollten sich unter 🖳 travel.state.gov oder bei den US-Botschaften (S. 37) erkundigen, ob sie ein Visum brauchen. Wer vorbestraft ist oder angibt, Kommunist zu sein, hat keine Aussicht auf ein Visum.

Das Ausreisedatum, das bei der Einreise in den Pass gestempelt wird, sollte man immer beachten. Das Department of Homeland Security (DHS) hat die Kontrollen verschärft, und wer den Aufenthalt auch nur um wenige Tage **überzieht**, muss auf langwierige Befragungen gefasst sein. Es kann auch passieren, dass beim nächsten USA-Besuch die Einreise verweigert wird.

Einen Antrag auf **Verlängerung** des Aufenthalts stellt man rechtzeitig vor Ablauf im nächsten Büro des Department of Homeland Security. Adressen stehen unter den „Federal Government Offices" am Anfang des Telefonbuchs.Die Beamten gehen automatisch davon aus, dass man illegal in den Staaten arbeitet und erwarten, dass man ihnen das Gegenteil beweist, etwa indem man ausreichende finanzielle Mittel nachweist. Es kann helfen, einen unbescholtenen einheimischen Freund mitzubringen, der einen guten Leumund bescheinigen kann. Man wird auch erklären müssen, warum man nicht schon vorab entsprechend geplant hat.

Zeit und Kalender

Zeitzonen

Das Gebiet der USA erstreckt sich über vier Zeitzonen auf dem Kontinent:

Die **Eastern Standard Time** (EST) an der Ostküste liegt sechs Stunden hinter der MEZ. Um 10 Uhr in New York ist es in Berlin 16 Uhr (mit Ausnahme einer Woche, s. unten).

Die **Central Standard Time** (CST), deren Grenze von Chicago nach Süden verläuft und im Westen Texas sowie die Great Plains einschließt, liegt eine Stunde hinter der Ostküstenzeit (10 Uhr in New York ist 9 Uhr in Dallas).

Die **Mountain Standard Time** (MST) umfasst die Rocky Mountains und einen Großteil der südwestlichen Bundesstaaten. Sie liegt zwei Stunden hinter der Ostküstenzeit (10 Uhr in New York ist 8 Uhr in Denver).

Die **Pacific Standard Time** (PST) gilt an der Westküste (einschließlich Nevada), sie liegt drei Stunden hinter der Ostküstenzeit (10 Uhr im Big Apple ist 7 Uhr in San Francisco).

In den USA werden die Uhren am ersten Sonntag im April auf **Sommerzeit** umgestellt und am ersten Sonntag im November (jeweils eine Woche später als in Europa) wieder zurück.

Datum

Das Datum wird in den USA größtenteils anders geschrieben als in Europa: Der 1/8/12 ist der 8. Januar, *nicht* der 1. August 2012.

Geschichte

Steckbrief USA

Politisches System   Das politische System der USA beruht auf der **Gewaltenteilung**: Der Exekutive steht der Präsident vor, die Legislative setzt sich aus dem Senat und dem Repräsentantenhaus zusammen, und an der Spitze der Judikative steht der Supreme Court.

Hauptstadt   New York gilt zwar als kulturelles und wirtschaftliches Zentrum, aber die Hauptstadt heißt **Washington, DC**. Dabei gehört sie hinsichtlich der Einwohnerzahl nicht einmal zu den Top 20 (und ist offiziell keine Stadt, sondern ein Distrikt).

Bevölkerung   Die Bevölkerung der USA (rund **310 Mio.**) besitzt 200 Mio. Pkw und Lastwagen (d. h. auf drei Einwohner kommen zwei Fahrzeuge) – dafür stehen über 5,7 Mio. Meilen geteerter Straßen zur Verfügung.

Fläche   Mit einer Fläche von 9,6 Mio. km² sind die USA das **drittgrößte Land** der Welt (nach Russland und Kanada).

Klima   Nur in den USA sind alle **sechs Hauptklimazonen** vertreten: tropisch-feucht, trocken, gemäßigt, kontinental, polar und alpin.

Geografie   Da der Nullmeridian (Greenwich) die Aleuten durchschneidet, liegen sowohl der östlichste wie auch der westlichste Punkt der USA in Alaska. Dort befindet sich auch der **höchste Berg** der USA, der Mount McKinley (6153 m). Außerdem ist Alaska der flächenmäßig größte Bundesstaat (Rhode Island ist der kleinste).

Die Geschichte Nordamerikas umfasst wesentlich mehr als nur die der Vereinigten Staaten. Die folgenden Seiten beschränken sich wegen der gebotenen Kürze nur auf einen kurzen Abriss der Bevölkerungsentwicklung und politischen Geschichte jener ungleichen Regionen, aus denen sich die heutigen Vereinigten Staaten von Amerika zusammensetzen. Viele Einzelheiten der nachfolgend beschriebenen Ereignisse und Themen werden aber in den jeweiligen Regionalkapiteln behandelt.

Die ersten Bewohner

Die wahren Pioniere Nordamerikas, nomadische Jäger und Sammler aus Sibirien, setzten wahrscheinlich vor 14 000 Jahren erstmals ihren Fuß auf das Gebiet des heutigen **Alaska**. Während der letzten Eiszeit, als der Meeresspiegel fast 100 m niedriger lag, war der eurasische Kontinent vorübergehend durch eine „**Landbrücke**" (tatsächlich handelte es sich um eine riesige Ebene, die in Nord-Süd-Ausdehnung knapp 1000 km maß) mit Amerika verbunden.

Zu jener Zeit gehörte Alaska de facto eher zu Asien als zu Nordamerika, da es durch Gletscherfelder vom heutigen Kanada und den südlicheren Gebieten abgeschnitten war. Wie bei einer Luftschleuse war die Region zu unterschiedlichen Zeiten in verschiedenen Richtungen „geöffnet": Den ersten, aus dem Westen kommenden Migranten, die sich gar nicht darüber im Klaren waren, dass sie Asien verlassen hatten, war zunächst der Weg nach Osten versperrt. Im Anschluss war möglicherweise über mehrere Generationen die Verbindung zurück nach Asien blockiert, aber dafür hatte sich eine neue Passage in östlicher Richtung geöffnet. Mit der Eisschmelze wurde schließlich eine ganz neue Route nach Nordamerika frei, die aber nicht aus einem Korridor an der Pazifikküste bestand, sondern östlich der Rocky Mountains bis in die Great Plains verlief.

Die Motivation für die Migration nach Süden war sicherlich die Jagd auf große Säugetiere, insbesondere das **Mammut**, das in Eurasien schon so gut wie ausgestorben war. Die Neuankömmlinge stießen auf reiche Jagdgründe, denn

Amerikas indigene „**Megafauna**" bestand aus Mammuts, Mastodonten, Riesenfaultieren und Bisons mit gewaltig langen Hörnern, die bis dahin allesamt ihre Evolution durchlaufen hatten, ohne einen Angst- oder Schutzmechanismus gegen menschliche Jäger zu entwickeln.

Innerhalb von 1000 Jahren siedelten sich in Nord- und Südamerika insgesamt zehn Millionen Menschen an. Das hört sich zunächst nach einem phänomenalen Bevölkerungswachstum an; um jene Bevölkerungszahl zu erreichen, bedurfte es jedoch lediglich einer Gemeinde von 100 Menschen, die auf den neuen Kontinent ankam, sich dann 13 km pro Jahr vorarbeitete und dabei ein Bevölkerungswachstum von jährlich 1,1 % zu verzeichnen hatte. Das massenhafte **Aussterben** der amerikanischen Megafauna trifft zeitlich derart exakt mit dem Eintreffen der Einwanderer zusammen, dass der Mensch mit Sicherheit dafür verantwortlich gemacht werden kann. Die Neuankömmlinge löschten die riesigen Tiere an einem bestimmten Ort auf einen Schlag aus, um dann auf der Suche nach neuer Beute weiterzuziehen.

Durch das Aussterben der großen Landsäugetiere waren die zukünftigen amerikanischen Zivilisationen nicht in der Lage, diejenigen Tierarten zu domestizieren, denen in der „Alten Welt" eine entscheidende wirtschaftliche Bedeutung zukam. Ohne Rinder, Pferde, Schafe, Ziegen oder ähnliche Nutztiere fehlten ihnen die Mittel, große Siedlungen mit Nahrung und Kleidung zu versorgen, es mangelte ihnen an Zugtieren für Pflüge oder Fahrzeuge mit Rädern, und es fehlten Tiere für den Transport und damit auch das Potenzial für neue Eroberungen. Erschwerend kam hinzu, dass die meisten menschlichen Krankheiten, die später aus anderen Teilen der Welt nach Amerika eingeschleppt wurden, mit domestizierten Tieren in Verbindung standen und die amerikanischen Ureinwohner keine Möglichkeit hatten, Abwehrkräfte gegen jene Krankheiten zu entwickeln; auf der anderen Seite gab es auch keine indigenen Krankheiten, die den Invasoren etwas hätten anhaben können.

Mindestens drei verschiedene **Einwanderungswellen** schwappten über Alaska nach Nordamerika. Die Neuankömmlinge siedelten sich jeweils in einer weniger ertragreichen Umgebung an als ihre Vorgänger und passten sich den dortigen Bedingungen an. Die zweite ereignete sich vor etwa 5000 Jahren durch die „Na-Dené" oder Athapasken – die Vorfahren der Haida im Nordwesten sowie der Navajo und Apachen im Südwesten. Die dritte Einwanderungswelle fand ihre Nische weitere 2000 Jahre später im Eis des arktischen Nordens und bestand aus den Vorfahren der **Aleuten** und der **Inuit**.

Die erste bekannte Siedlung auf dem Gebiet der heutigen Vereinigten Staaten datiert 12 000 Jahre zurück und wurde bei Meadowcroft im Südwesten Pennsylvanias entdeckt. 500 Jahre später war im Südwesten des nordamerikanischen Kontinents eine Zivilisation vorherrschend, die als **Llanokultur** (früher Cloviskultur) bezeichnet wird. Zu den nachfolgenden Untergruppen gehören die Landwirtschaft betreibenden Algonquin im heutigen New England sowie Stämme wie die Chumash und Makah, die an den Küsten des Pazifischen Ozeans im amerikanischen Nordwesten Jagd auf Fische, Otter und sogar Wale machten.

Doch nirgendwo gab es eine Zivilisation, die sich in puncto Wohlstand und kultureller Entwicklung mit den großartigen Städten des alten Mexiko hätte messen können. Der Einfluss jener weit entfernten Kulturen färbte aber auch nach Norden ab. Der Anbau von Feldfrüchten wie Bohnen, Kürbissen und Mais begünstigte die Entstehung großer Gemeinden, und auch den religiösen Kulten des Nordens, einschließlich derer, die rituelle Menschenopfer forderten, werden Gemeinsamkeiten mit zentralamerikanischen Glaubensvorstellungen zugeschrieben. Die sogenannten **Moundbuilders** (Hügelbauer) aus dem Ohio- und dem Mississippi-Tal errichteten Stätten wie den Great Serpent Mound im heutigen Ohio und Poverty Point in Louisiana. Die auffälligste dieser frühen Zivilisationen, die heute als **Hopewell** bezeichnete Kultur, erlebte ihre Glanzzeit etwa in den ersten vier Jahrhunderten nach Christi Geburt. Später entwickelte sich die Stadt **Cahokia** vor den Toren des heutigen St. Louis zum größten präkolumbischen Zentrum Nordamerikas. Das Stadtzentrum Cahokias wurde von einem riesigen Hügel beherrscht, auf dem ein Tempel thronte; ihre absolute Blüte erlebte sie zwischen 1050 und 1250.

In den Wüsten des **Südwestens** hatte die Hohokam-Siedlung Snaketown in der Nähe des heutigen Phoenix bereits mit denselben Bewässerungsproblemen zu kämpfen, von denen die Region auch heute noch geplagt wird. In der Nähe führten die **Vorfahren der Pueblo-Indianer** eine Existenz als Korbmacher und entwickelten um 200 n. Chr. die Töpferkunst. Sie wohnten in eingefriedeten Dörfern (später als Pueblos bezeichnet), möglicherweise um sich vor der Bedrohung durch die zur Sprachfamilie der Athapasken zählenden Invasoren zu schützen, darunter auch die von Norden her vorstoßenden Apachen. Die „Städte" der Vorfahren der Pueblo-Indianer wie Pueblo Bonito in New Mexikos Chaco Canyon – ein ehemaliges Zentrum des Türkishandels mit den mächtigen Azteken – und der „Klippenpalast" bei Mesa Verde in Colorado zählen zu den beeindruckendsten Hinterlassenschaften der amerikanischen Ureinwohner. Auch wenn die Vorfahren der Pueblo-Indianer im 12. Jh. nach einer verheerenden Dürre in mehrere Untergruppen zersplitterten, werden viele der Siedlungen ihrer unmittelbaren Nachfahren auch heute noch genutzt. Selbst Jahrhunderte der Migration und Kriege vermochten die Wüstenfarmer in den **Hopi Mesas** von Arizona und die Bewohner der Pueblos **Taos** und **Acoma** in New Mexico nicht aus ihren Siedlungen zu vertreiben.

Die Schätzungen bezüglich der Gesamtbevölkerungszahl der amerikanischen Ureinwohner zum Zeitpunkt der Ankunft der Europäer gehen weit auseinander. Für den gesamten amerikanischen Kontinent kann ein mittlerer Wert von rund 50 Millionen Menschen zugrunde gelegt werden, wobei den vielleicht fünf Millionen in Nordamerika etwa 400 verschiedene Sprachen zugeschrieben werden.

Erste Kontakte mit Europäern

Das größte europäische Seefahrervolk des frühen Mittelalters, die **Wikinger**, gründeten um 982 eine Kolonie in Grönland, die unter der energischen Führerschaft von Erik dem Roten zur Ausgangsbasis für Seereisen entlang der geheimnisumwitterten Küste nach Westen wurde. **Leif Eriksson** alias „Leif der Glückliche" verbrachte den Winter 1001/1002 an einem Ort, der inzwischen als L'Anse aux Meadows im nördlichen Neufundland identifiziert wurde. Die klimatischen Verhältnisse mögen damals wesentlich günstiger gewesen sein als heute, aber es ist nach wie vor unklar, was es mit den „Trauben" auf sich hat, nach denen er das Land **Vinland** nannte. In den folgenden zwölf Jahren wurden weitere Expeditionen in Angriff genommen, die weiter nach Süden führten, möglicherweise sogar bis in das heutige Maine. Aber nach wiederholten Zusammenstößen mit dem Volk, das die Wikinger als **Skrälinge** oder „Wichte" bezeichneten – wahrscheinlich handelte es sich um Inuit, die zu jener Zeit ebenfalls Neuankömmlinge in diesen Breiten waren –, sahen sie sich veranlasst, ihre Pläne für eine dauerhafte Besiedlung aufzugeben.

Weitere fünf Jahrhunderte gingen ins Land, bis es am 12. Oktober 1492 zum entscheidenden Ereignis für den Kontakt Amerikas mit der Außenwelt kam: **Christoph Kolumbus** landete im Auftrag der spanischen Krone auf den Bahamas. Nur vier Jahre später „entdeckte" der englische Seefahrer John Cabot offiziell Neufundland, und schon bald errichteten besonders Fischer aus Großbritannien provisorische Lager in einer Region, die später als New England bekannt wurde, um dort im Winter ihren Fang zu räuchern.

Im Laufe der folgenden Jahre wurden diverse Expeditionen unternommen, um die amerikanische Ostküste zu kartografieren. So segelte 1524 der Italiener **Giovanni Verrazano** an der Küste Maines entlang, die er wegen des feindseligen und herablassenden Verhaltens seiner Ureinwohner als „Land der bösen Menschen" bezeichnete, und erreichte schließlich die Mündung des Flusses, der einmal den Namen Hudson River erhalten sollte. Anfangs bestand die große Hoffnung, von Nordosten her einen Seeweg zu finden, der nach China führt – die sagenumwobene **Nordwestpassage**. Der Franzose **Jacques Cartier** war der Ansicht, der St.-Lorenz-Strom könnte jene Passage sein, und erforschte ab den 1530er-Jahren in diversen Expeditionen die Region um die Großen Seen. Seinem Versuch, jenes Gebiet zu besiedeln, war kein Erfolg beschieden; einige unerschrockene Fallensteller

und Händler wagten sich aber sogar noch tiefer Richtung Westen vor.

Weiter südlich hatten sich die Spanier 1513 langsam von der Karibik Richtung Norden vorgearbeitet, bis eine von **Ponce de León** geleitete Expedition auf der Suche nach dem Jungbrunnen im heutigen Palm Beach landete und der Region den Namen **Florida** gab. Nach der lukrativen Eroberung Mexikos kehrten die Spanier 1528 unter Panfilo de Narváez zurück, erlitten allerdings im Golf von Mexiko Schiffbruch. Einer von Narváez' Unteroffizieren, **Cabeza de Vaca**, überlebte und verbrachte die folgenden sechs Jahre mit drei Schiffskameraden auf einer außergewöhnlichen Odyssee durch Texas und den Südwesten. Mal als Sklaven gehalten, mal als Propheten verehrt, gelangten sie schließlich 1534 wieder zurück nach Mexiko, wo sie von goldenen Städten tief in der Wüste berichteten, die als die **Sieben Städte von Cíbola** bekannt wurden.

Einer von Cabeza de Vacas Gefährten war ein schwarzafrikanischer Sklave namens **Estevanico der Mohr**, ein Riese von Gestalt. Um nicht wieder in die Sklaverei zurückkehren zu müssen, erklärte er sich dazu bereit, die Route für eine neue Expedition auszukundschaften. Nachdem er sich allein, nur von zwei kolossalen Windhunden begleitet, auf den Weg ins Landesinnere gemacht hatte, wurde er 1539 in Zuni Pueblo ermordet. Im darauf folgenden Jahr erbrachte **Francisco Vázquez de Coronado** mit einer kompletten Expeditionsmannschaft den enttäuschenden Beweis, dass die Sieben Städte von Cíbola gar nicht existierten. Sie erreichten den Grand Canyon und trafen unterwegs auf die Hopi. Hernán Cortés, der Eroberer des Aztekenreiches, hatte inzwischen den Umriss der Halbinsel Baja California vermessen, und 1542 segelte Juan Cabrillo die Küste Richtung Norden bis nach Kalifornien hinauf, verfehlte aber die Bucht von San Francisco wegen des dort vorherrschenden Nebels.

Auch wenn die in Nordamerika gefundenen Schätze nicht mit den geplünderten Reichtümern der Azteken und Inkas mithalten konnten, so kam es doch immer wieder zu weniger spektakulären Entdeckungen, die der Wirtschaft im alten Europa neuen Aufschwung brachten, darunter auch neuartige Nahrungsmittel wie die Kartoffel oder die reichen Kabeljaufischgründe im Nordatlantik. Die Spanier errichteten als erste europäische Nation eine dauerhafte Niederlassung in den heutigen Vereinigten Staaten, als sie 1565 an der Küste Floridas die Siedlung **St. Augustine** gründeten, die 1586 von Sir Francis Drake in Schutt und Asche gelegt wurde. 1598 gelang es den Spaniern, die Pueblo-Indianer zu unterwerfen und die Kolonie Nuevo México am Rio Grande zu gründen. Es handelte sich dabei eher um ein missionarisches als um ein militärisches Unternehmen, dessen Fortbestand stets gefährdet war, da die neue Kolonie durch riesige Wüstengebiete vom restlichen Mexiko getrennt war. Ungeachtet dessen wurde 1609 mit dem Bau der neuen Hauptstadt **Santa Fe** begonnen.

Das Wachstum der Kolonien

Die starke Rivalität zwischen England und Spanien im ausgehenden 16. Jh. erstreckte sich auf große Teile der Welt. Englische Abenteurer und Freibeuter forderten die spanische Vorherrschaft an beiden Küsten Nordamerikas immer wieder heraus. Sir Francis Drake sicherte sich 1579 sein Anrecht auf Kalifornien, fünf Jahre bevor **Sir Walter Raleigh** im Namen der jungfräulichen Königin Elizabeth I. die Kolonie **Virginia** an der Ostküste in Besitz nahm. Die 1585 von ihm abgesetzten Kolonisten gründeten die kurzlebige Siedlung **Roanoke**, die heute als geheimnisumwitterte „Verlorene Kolonie" in Erinnerung ist (s. S. 393).

Die amerikanischen Ureinwohner, denen die allerersten Siedler begegneten, waren anfangs nur selten feindselig gestimmt. Bis zu einem gewissen Punkt waren die europäischen Neuankömmlinge auch darauf angewiesen, Freundschaft mit den Einheimischen zu schließen. Die meisten hatten die Reise über den Atlantik gewagt, um religiöse Freiheit oder Wohlstand zu erlangen, hatten aber nicht die Fertigkeiten, sich eine Existenz auf der banalen Grundlage der Subsistenzwirtschaft aufzubauen. Die erste dauerhafte Siedlung in Virginia, **Jamestown**, wurde am 24. Mai 1607 von Captain John Smith gegründet, der sich beklagte: „Das Meer mag

voller Fische sein, die Luft voller Vögel, der Wald voller Tiere, doch sie sind so wild und ihre Reviere so groß, und wir sind so schwach und so unwissend, dass wir ihnen kaum etwas anhaben können." So kam es nicht überraschend, dass sechs von sieben Kolonisten das erste Jahr ihrer Ankunft in der Neuen Welt nicht überlebten.

Mit der Zeit lernten die Siedler jedoch die Methoden für einen erfolgreichen Anbau der seltsamen Feldfrüchte, die in diesen ungewohnten Breiten gediehen. Für die britische Regierung war die Gründung der Kolonien ein rein kommerzielles Unterfangen, das Pflanzen und Früchte hervorbringen sollte, die auch in der Heimat angebaut werden konnten; dass die Kolonisten auch persönliche Ziele verfolgen könnten, wurde gar nicht in Erwägung gezogen. Nach anfänglichen Misserfolgen mit Zucker und Reis fand Virginia schließlich seine Bestimmung: Im Jahr 1615 wurde die erste **Tabakernte** eingefahren (der dafür verantwortliche Großpflanzer John Rolfe ist heute besser als Ehemann von Pocahontas bekannt). Eine erfolgreiche Tabakplantage erforderte vor allem zwei Dinge im Übermaß: Land und Arbeitskräfte. Doch kein Engländer, der etwas auf sich hielt, ging nach Amerika, um für andere zu schuften. Und als 1619 das erste Schiff mit 20 afrikanischen **Sklaven** in Jamestown landete, konnte dessen Kapitän eine rege Nachfrage für seine Fracht verzeichnen. Zu jener Zeit arbeiteten in Südamerika bereits eine Million Sklaven für ihre weißen Herren.

Die als „**Pilgerväter**" in die Geschichte eingegangenen 102 **Puritaner** legten Ende 1620 mit ihrem Schiff *Mayflower* am Cape Cod vor der Küste des heutigen Boston an und gründeten schon bald eine eigene Kolonie in Plymouth (s. S. 221). Allein im ersten Winter starben 50 von ihnen, und möglicherweise hätte kein einziger überlebt, wäre es nicht zur zufälligen Begegnung mit dem außergewöhnlichen **Squanto** gekommen. Der amerikanische Ureinwohner war bereits zwei Mal entführt und nach Europa verschleppt worden, aber beide Male war ihm die Flucht zurück in die Heimat gelungen. Während seiner Streifzüge durch Europa hatte er vier Jahre lang als Kaufmann in London gearbeitet und zeitweilig auch in Spanien gelebt. Nachdem er erst vor kurzem wieder nach Hause gekommen war und feststellen musste, dass sein gesamter Stamm in der Zwischenzeit von den Pocken dahingerafft worden war, beschloss er, sich mit den Engländern zusammenzutun. Unter seiner Anleitung gelang es den Neuankömmlingen schließlich, ihre erste Ernte einzufahren, die entsprechend mit dem großen **Thanksgiving** (Erntedankfest) gefeiert wurde.

Von größerer Bedeutung für die Geschichte New Englands war jedoch 1630 die Gründung einer neuen Kolonie etwas weiter nördlich an der Küste namens Naumkeag (später Salem) durch die englische Handelsgesellschaft Massachusetts Bay Company. Ihr Gouverneur **John Winthrop** zog aber schon bald weiter, um auf der Halbinsel Shawmut eine neue Hauptstadt zu gründen, nämlich die Stadt **Boston** mit einer eigenen Universität, der University of Harvard. Seine Utopie von einer „Stadt auf einem Hügel" erstreckte sich allerdings nicht auf ein Teilen dieses Paradieses mit den Indianern; er argumentierte, die Ureinwohner hätten das Land nicht „unterworfen", und es handle sich daher um ein „Vakuum", über das auch die Puritaner nach ihren eigenen Vorstellung verfügen dürften. Der Glaube half so manchem Siedler, die anfänglichen Entbehrungen zu ertragen, doch der Kolonie als Ganzes gelang es nicht, ihre starke religiöse Identität zu bewahren. Die Hexenprozesse von Salem 1692 hatten erheblichen Anteil an der Abkehr von der Vorstellung, die Neue Welt wäre dem alten Europa moralisch überlegen. Erste Splittergruppen verließen schon bald darauf die Gegend, um weiter südwestlich die konkurrierenden Siedlungen Providence und Connecticut zu gründen.

Zwischen 1620 und 1642 verließen insgesamt 60 000 Emigranten ihre englische Heimat Richtung Amerika, das waren 1,5 % der Gesamtbevölkerung. Die Neuankömmlinge auf der Suche nach Arbeitsmöglichkeiten ließen sich meist in den schon etablierten Kolonien nieder, wo sie zu einer Verwässerung des religiösen Eifers der Puritaner beitrugen. Gruppen auf der Suche nach geistiger Freiheit tendierten hingegen zu einem gründlichen Neuanfang. So entstand **Maryland** 1632 als Zufluchtsort für Katholiken, und 50 Jahre später wurde **Pennsylvania** von den Quäkern gegründet.

Die Engländer waren jedoch nicht allein in Amerika. Nachdem Sir Henry Hudson 1609 erneut Manhattan entdeckt hatte, „kauften" die **Holländer** 1624 diesen Landstrich, wenngleich es sich bei den Indianern, die das Geld entgegennahmen, um nomadisierende Stämme handelte, die ebenso wenig Anspruch auf das Land hatten wie die Käufer. Die 1625 gegründete holländische Kolonie Neu-Amsterdam bestand gerade einmal 40 Jahre lang, bevor sie von den Engländern erobert und in **New York** umbenannt wurde. Zu jener Zeit hatten sich bereits viele Holländer am Unterlauf des Hudson River niedergelassen.

Unterdessen hatten die **Franzosen** 1673 von ihrer Ausgangsbasis an den Großen Seen die Entdecker Joliet und Marquette entsandt, um den Lauf des Mississippi zu erforschen. Sie kehrten zurück, nachdem sie sich davon überzeugt hatten, dass der Strom tatsächlich in den Golf von Mexiko mündete. Ihre Reise ebnete den Weg für die Gründung der ebenso riesigen wie unklar definierten Kolonie **Louisiana** 1699. Der Grundstein für die Stadt **New Orleans** an der Mündung des Mississippi wurde 1718 gelegt.

Während die Spanier sich in Florida etabliert hatten, liefen die Dinge im Südwesten nicht ganz so erfolgreich. Mit der blutigen **Pueblo-Revolte** von 1680 wurden die Spanier vollständig aus New Mexico vertrieben, kehrten jedoch zwölf Jahre später in umso stärkerer Zahl zurück. In der Folge begann sich eine seltsame religiöse und kulturelle Synthese aus traditionellen und hispanischen Elementen herauszubilden. Abgesehen von einigen Überfällen durch Stämme aus dem Norden war die Präsenz der Spanier zu jener Zeit nicht ernsthaft gefährdet.

Auch die Verhältnisse im „wilden" Hinterland veränderten sich. Die als *frontier* bezeichnete Siedlungsgrenze im Osten wurde stetig weiter nach Westen verschoben, indem die Kolonisten den Indianern das Land wegnahmen, sei es mit oder ohne Begründung durch einen „Aufstand" oder eine „Rebellion" zur Rechtfertigung des Blutvergießens. Der größte Todfeind der amerikanischen Urbevölkerung waren jedoch die **Pocken**, die sich schon lange vor den Europäern ihren Weg tief ins Innere des Kontinents gebahnt hatten.

Während die Bevölkerungszahl der Indianer immer weiter abnahm, kam es auch zu großen Wanderbewegungen. Die ursprünglichen Bewohner der Region waren sesshafte Bauern gewesen, die aber auch Büffel jagten, indem sie sie über steile Felsvorsprünge in die Tiefe stürzen ließen. Als die **Pferde**, die die indianischen Ureinwohner wahrscheinlich von den Spaniern erbeuteten, in den großen Ebenen Einzug hielten, entstand eine völlig neue, nomadische Lebensweise. Stämme wie die Cheyenne oder Apachen vertrieben ihre Feinde, rissen die Herrschaft über riesige Landgebiete an sich und bemächtigten sich mit Begeisterung der europäischen Feuerwaffen, als diese kurz darauf eingeführt wurden. Alle Faktoren zusammen sorgten für die Entstehung einer sehr dynamischen, aber durch und durch instabilen Kultur, die in immer stärkerem Maße auf den Handel mit Europäern angewiesen war.

Die Amerikanische Revolution

Im **18. Jh.** florierten die amerikanischen Kolonien. In den Städten Boston, New York und ganz besonders **Philadelphia** hatte sich eine wohlhabende, gebildete und eloquente Mittelklasse herausgebildet. Diese Gesellschaftsschicht war immer weniger gewillt, die Ungerechtigkeiten in der Beziehung zwischen den Kolonien und dem Mutterland widerspruchslos hinzunehmen. Den Amerikanern war es zwar gestattet, untereinander Handel zu treiben, doch darüber hinaus durften sie ihre Produkte nur an Großbritannien verkaufen, während der gesamte transatlantische Warenverkehr mit britischen Handelsschiffen abgewickelt werden musste.

Eine vollständige Unabhängigkeit wurde zwar erst gegen Ende des Jahrhunderts als ausdrückliches Ziel formuliert, doch der Hauptfaktor, der eine Autonomie in den Bereich des Möglichen rückte, waren die wirtschaftlichen Auswirkungen des innereuropäischen Konfliktes, der als der **Siebenjährige Krieg** in die Geschichte einging. Offiziell dauerte der Krieg in Europa von 1756–63, doch in Nordamerika waren die Kämpfe bereits etwas früher ausgebrochen.

Nachdem die Engländer 1755 massenhaft französische Siedler aus Akadien in Nova Scotia vertrieben hatten (die sich dann in einer monumentalen Wanderung nach Louisiana aufmachten, wo sie bis heute unter der Bezeichnung **Cajuns** leben), machten sich die Briten daran, ganz Kanada zu erobern. General Wolfe bereitete dem Krieg ein Ende, indem er 1759 die **Kapitulation von Québec** erzwungen hatte. Die Franzosen traten Louisiana aber lieber an Spanien ab, statt es in die Hände der Engländer fallen zu lassen. Gleichzeitig übernahm Großbritannien die Kontrolle über Florida, das aber kurze Zeit später wieder an Spanien zurückfallen sollte. Während alle europäischen Monarchen aufgrund angehäufter Schulden praktisch handlungsunfähig waren, wurde den Briten schließlich klar, dass sich der Kolonialismus in Amerika nicht so profitabel betreiben ließ wie in jenen Teilen der Welt, wo man die einheimische Urbevölkerung dazu zwingen konnte, für ihre Herren aus Übersee zu arbeiten.

Mitbestimmt wurde die Szenerie damals von einem Ernst zu nehmenden Widersacher, dem sogenannten **Irokesenbund**. Zeugnisse der Irokesenkultur, zu deren Kennzeichen unter anderem militärisches Expansionsstreben und sogar Menschenopfer zählten, finden sich in der Region um die Großen Seen seit etwa 1000 n. Chr. Die südlichen Irokesen befanden sich ständig im Konflikt mit den Algonquin und den Huron und hatten sich daher im 18. Jh. zu einer Liga aus fünf Stämmen oder Nationen zusammengeschlossen. Beteiligt waren die Seneca, die Cayuga, die Onondaga, die Oneida und die Mohawk, die allesamt im Norden des heutigen US-Bundesstaates New York beheimatet waren. Die sowohl von den Franzosen als auch von den Engländern umworbenen Irokesen verfolgten gegenüber beiden Nationen einen unabhängigen Kurs.

Benjamin Franklin, der Verhandlungen zwischen den Irokesen und den streitbaren Vertretern Pennsylvanias, Virginias und Marylands beiwohnte, schrieb 1751 sinngemäß, dass ungebildete Wilde wohl kaum in der Lage gewesen wären, eine derartige Union zu schmieden, die bereits seit Generationen Bestand habe und unauflöslich erscheine; und ebenso unwahrscheinlich wäre es wohl, dass sich eine ähnliche Union

In Lexington fiel der erste Schuss des Unabhängigkeitskrieges. Die Minuteman Statue erinnert an die Gefallenen.

zwischen zehn oder zwölf englischen Kolonien als impraktikabel erweisen würde.

1763 kam es zu einem erfolglosen Aufstand des von Häuptling **Pontiac** angeführten Stammes der Ottawa, der die geldknappen Engländer zu dem Schluss kommen ließ, dass Amerika dringend eine eigene stehende Armee benötigte und man von den Kolonisten ja wohl erwarten könnte, die notwendigen Mittel dafür aufzubringen.

1765 führten die Briten das sogenannte **Stempelsteuergesetz** ein, das eine direkte Abgabe an die britische Krone auf sämtliche juristische Dokumente und Druckerzeugnisse in den Kolonien vorsah. In der festen Überzeugung, es dürfe keine Besteuerung ohne politische Repräsentation geben („No taxation without representation"), trafen sich Delegierte aus neun Kolonien im Oktober 1765 zu einer Protestversammlung gegen die Stempelsteuer. Zu jenem Zeitpunkt war der für das Gesetz verantwortliche britische Premierminister jedoch bereits von König George III. entlassen worden, und das Gesetz wurde 1766 endgültig wieder aufgehoben.

Im Jahr 1767 versuchte sich der britische Schatzkanzler Townshend in der Heimat politisch zu profilieren, indem er unter der Ankündigung „Ich traue mich, Amerika zu besteuern!" ein Programm von Einfuhrzöllen auf bestimmte Waren in die Wege leitete. Daraufhin sahen sich die von **Samuel Adams** beeinflussten Kaufleute von Massachusetts zu einem Boykott gegen englische Produkte veranlasst, dem sich mit Ausnahme von New Hampshire alle anderen Kolonien anschlossen. Am 5. März 1770 wurden Townshends Gesetze durch den neuen Premierminister Lord North wieder außer Kraft gesetzt. Zufällig hatte am gleichen Tag eine mit Steinen werfende Menge das Zollhaus in Boston umstellt. Dabei kam es zum sogenannten **Bostoner Massaker**, als fünf Menschen durch Schüsse von Wachmännern getötet wurden. Dennoch nahmen die meisten Kolonien in der Folge den Handel mit Großbritannien wieder auf, sodass die große Krise noch einige Jahre Aufschub erhielt.

Im Mai 1773 entlastete Lord North mit dem **Teegesetz** die hoch verschuldete Ostindische Kompanie von ihren Zöllen auf Exporte nach Amerika, während die Amerikaner weiterhin Abgaben auf die Einfuhr von Tee zahlen mussten. Massachusetts rief die anderen Kolonien auf, sich gemeinsam zur Wehr zu setzen, und seine Bürger führten am 16. Dezember die sogenannte **Boston Tea Party** an, enterten drei mit Tee beladene Schiffe und warfen 342 Kisten mit der wertvollen Fracht ins Meer.

Das empörte britische Parlament machte sich daraufhin an die Verabschiedung mehrerer Gesetze, die in ihrer Gesamtheit von den Amerikanern als nicht hinnehmbare Zwangsmaßnahme empfunden wurden und die unter anderem die Schließung des Bostoner Hafens und die Auflösung der Regierung von Massachusetts vorsahen. **Thomas Jefferson** verurteilte das neue Gesetzespaket als den systematischen Versuch, Amerika in die Sklaverei zu zwingen. Als Reaktion darauf fand am 5. Mai 1774 in Philadelphia der **Erste Kontinentalkongress** statt, an dem Vertreter aller Kolonien außer Georgia teilnahmen.

Am 18. April 1775 kam es schließlich zum Ausbruch des Krieges, als General Gage, der Gouverneur von Massachusetts, 400 britische Soldaten entsandte, um das Waffendepot in **Concord** zu zerstören, damit das Arsenal nicht in die Hände der Rebellen fallen konnte. Der Silberschmied **Paul Revere** wurde von den Bostoner Bürgern auf seinen legendären Kurierritt nach Concord geschickt, um die dortigen Rebellen zu warnen. Die anrückenden Engländer wurden daraufhin bei Lexington von 77 amerikanischen Patrioten, den sogenannten „Minutemen", zu einem ersten Gefecht gestellt.

Der Kongress machte sich daran, in Boston eine Armee auf die Beine zu stellen und entschied sich um des Erhalts der Union willen für einen Oberbefehlshaber aus den Südstaaten namens **George Washington**. Während der Krieg wütete, bildeten alle Kolonien ihre eigenen Regierungen, erklärten sich zu eigenständigen Staaten und überließen ihren Politikern die Definition der Gesellschaft, die sie zu bilden beabsichtigten. Die Ideen des Druckschriftenverfassers Thomas Paine – ganz besonders das Pamphlet Common Sense (Gesunder Menschenverstand) – hatten, zusammen mit den Vorstellungen des Irokesenbundes, einen großen Einfluss auf die amerikanische **Unabhängigkeitserklärung**. Die von Thomas Jefferson verfasste Schrift wurde am 4. Juli 1776 vom Kontinentalkongress in Philadelphia angenommen. Die ursprünglich von Jefferson, der selbst Sklavenhalter war, eingearbeiteten Klauseln gegen die Sklaverei wurden mit Rücksicht auf die Südstaaten gestrichen; erhalten blieb dagegen ein Absatz, in dem die Geschäfte des Königs mit „unbarmherzigen indianischen Wilden" angeprangert wurden.

Für die Briten nahm der Amerikanische Unabhängigkeitskrieg zunächst einen recht erfolgreichen Verlauf. General Howe überquerte mit einer rund 20 000 Mann starken Armee den Atlantik, nahm New York und New Jersey ein und überwinterte von 1777 auf 1778 in Philadelphia. Das Lager von Washingtons Armee befand sich nicht weit entfernt in Valley Forge, wo seine Soldaten bei eisigen Temperaturen beinahe den Kältetod starben. Schon bald wurde jedoch eine bedeutende Tatsache offenkundig: Je länger es den Amerikanern gelang, eine große Entscheidungsschlacht zu vermeiden, desto wahrscheinlicher würden die Engländer ihre Linien auf dem Vormarsch durch den riesigen und fremden Kontinent auseinanderziehen müssen. So wurde beispielsweise der Expedition von General Burgoyne, die in Kanada aufgebrochen war, auf ihrem Marsch nach New England von den Rebellen per Guerillataktik derart zugesetzt, dass er sich im Oktober 1777 schließlich gezwungen sah, bei Saratoga zu kapitulieren.

Andere europäische Mächte eilten den Amerikanern mit Freude zu Hilfe. Benjamin Franklin führte eine äußerst erfolgreiche Delegation nach Frankreich an, um ausländische Unterstützung zu erbitten, und so bald wurde die junge amerikanische Flotte von den Franzosen und den Spaniern dabei unterstützt, die britischen Verbindungen auf dem Seeweg abzuschneiden. Das Ende der Auseinandersetzungen nahte, als Cornwallis, der Nachfolger Howes, den Befehl erhielt, sich bei Yorktown zu verschanzen, bis die Royal Navy ihm zu Hilfe kommen würde, doch die Franzosen riegelten die Chesapeake Bay komplett ab und verhinderten so das Eintreffen der Verstärkung. Cornwallis ergab sich der Kontinentalarmee am 17. Oktober 1781.

Der darauf folgende **Frieden von Paris** garantierte den Amerikanern ihre Unabhängigkeit zu großzügigen Konditionen. Die Engländer überließen ihre verbündeten amerikanischen Ureinwohner, einschließlich die Irokesen, der Rache der Sieger, und George Washington marschierte im November 1783 in New York ein, nachdem die Briten die Stadt verlassen hatten. Florida blieb weiterhin in spanischem Besitz.

Der Kongress der Vereinigten Staaten trat erstmals 1789 zusammen und läutete die spätere Tradition ein, den siegreichsten Generälen der Nation auch die politische Macht zu übertragen, indem er George Washington zum ersten Präsidenten wählte. Eine weitere Ehrung erhielt der erfolgreiche Befehlshaber durch die Benennung der neuen Hauptstadt **Washington DC**, deren Standort mit Absicht an der Grenze zwischen Nord- und Südstaaten gewählt wurde.

Das 19. Jahrhundert

Im ersten Jahrhundert ihres Bestehens expandierten sowohl die Fläche als auch die Einwohnerzahl der neuen **Vereinigten Staaten von Amerika** mit geradezu phänomenaler Geschwindigkeit. Die weiße Bevölkerung Nordamerikas betrug um 1800 etwa fünf Millionen, dazu kamen eine Million afrikanische Sklaven, von denen 30 000 im Norden lebten. Von jener Gesamtbevölkerung waren 86 % innerhalb eines 50 Meilen breiten Streifens an der Atlantikküste angesiedelt. Es gab aber keine Metropole in den USA, die es mit Mexiko-Stadt hätte aufnehmen können, das bereits knapp 100 000 Einwohner zählte. New York und Philadelphia erreichten jene Marke aber schon 20 Jahre später, und 50 Jahre darauf hatte New York schon die Millionengrenze überschritten.

Die Politik der Engländer war dahin gegangen, die Siedler davon abzuhalten, in Gebiete westlich der Appalachen vorzudringen, wo sie sich außerhalb britischer Kontrolle befänden. Abenteurer wie **Daniel Boone** machten sich jedoch ab den 70er-Jahren des 18. Jhs. an die Überquerung der Berge und drangen bis nach Tennessee und Kentucky vor. Schon bald fuhren auch die ersten behelfsmäßigen Flöße – gebaut aus den Brettern, die später zum Bau von Holzhütten dienten – den Ohio hinunter, den einzigen

Mit der 1787 unterzeichneten und ein Jahr später ratifizierten Verfassung der Vereinigten Staaten von Amerika wurde die folgende Regierungsform festgelegt:

Die gesamte **Legislative** wurde dem Kongress der Vereinigten Staaten übertragen. Die untere der beiden Kammern, das Repräsentantenhaus, sollte alle zwei Jahre neu gewählt werden. Seine Mitglieder setzten sich entsprechend der Bevölkerungszahl der „freien Bürger" eines jeden Einzelstaates plus „drei Fünftel aller anderen Bürger" (gemeint waren die Sklaven) zusammen. In das Oberhaus, den Senat, entsandte jeder Einzelstaat zwei Senatoren, die nicht direkt gewählt, sondern von den Legislativen der jeweiligen Einzelstaaten bestimmt wurden. Jeder Senator trat eine Amtszeit von sechs Jahren an, wobei alle zwei Jahre die Amtszeit eines Drittels der Senatoren ausläuft.

Die **Exekutive** oblag dem Präsidenten, der gleichzeitig als oberster Befehlshaber der Land- und Seestreitkräfte fungierte. Er sollte alle vier Jahre gewählt werden, und zwar von so vielen „Wahlmännern" aus jedem Einzelstaat, wie der Zahl der Senatoren und Repräsentanten jenes Staates entsprach. Jeder Einzelstaat durfte selbst entscheiden, auf welche Weise die Wahlmänner bestimmt wurden, wobei sich fast alle für direkte allgemeine Wahlen entschieden. Dennoch hält sich bis heute die Unterscheidung zwischen der Anzahl der „allgemeinen Stimmen", die ein Präsidentschaftskandidat im ganzen Land erzielt, und der Anzahl der in jedem Einzelstaat erzielten „Wahlmännerstimmen", die über das tatsächliche Ergebnis entscheidet.

Ursprünglich galt auch die Regelung, dass der Kandidat mit dem zweitbesten Ergebnis bei den Wahlen automatisch Vizepräsident wurde.

Der Präsident konnte gegen die Beschlüsse des Kongresses ein Veto einlegen, das jedoch seinerseits durch eine Zweidrittelmehrheit in beiden Häusern wieder überstimmt werden konnte. Das Repräsentantenhaus wurde ermächtigt, in Fällen von Verrat, Bestechung oder „anderen schweren Straftaten und Vergehen" ein Amtsenthebungsverfahren *(impeachment)* gegen den Präsidenten einzuleiten, woraufhin der Senat ihn mit Zweidrittelmehrheit des Amtes entheben konnte.

Die **Judikative** wurde einem Obersten Gerichtshof, dem sogenannten Supreme Court, übertragen, wobei der Kongress über die Anzahl der Gerichte untergeordneter Instanzen entscheiden konnte.

Die Verfassung wurde bis heute durch 27 Verfassungszusätze, die sogenannten Amendments, modifiziert. Für bedeutende Änderungen sorgten folgende Zusätze: Nr. 14 und 15, mit denen 1868 und 1870 Männer schwarzer Hautfarbe das Wahlrecht erhielten; Nr. 17, mit dem 1913 allgemeine und direkte Wahlen der Senatoren eingeführt wurden; Nr. 18, mit dem 1920 das Wahlrecht für Frauen eingeführt wurde; Nr. 22, mit dem 1951 die Präsidentschaft auf maximal zwei Amtszeiten beschränkt wurde; Nr. 24, mit dem 1964 die Einzelstaaten daran gehindert wurden, mittellose afroamerikanische Bürger durch eine Kopfsteuer an ihrem Wahlrecht zu hindern; und Nr. 26, mit dem das 1971 das Mindestalter für Wahlberechtigte auf 18 Jahre herabgesetzt wurde.

Richtung Westen fließenden Fluss auf dem nordamerikanischen Kontinent.

1801 gaben die Spanier Louisiana wieder an Frankreich zurück, allerdings unter der ausdrücklichen Zusicherung der Franzosen, das Land dauerhaft in Besitz zu halten. Doch Napoleon erkannte schon bald, dass er nicht genügend Soldaten für eine Verteidigung seiner amerikanischen Besitzungen aufbringen konnte und entschloss sich daher, das Territorium 1803 für

15 Millionen Dollar an die Vereinigten Staaten zu verkaufen. Die im Rahmen dieses **Louisiana Purchase** erworbenen Landgebiete erstreckten sich weit über die Grenzen des heutigen Louisiana hinaus, und Präsident Thomas Jefferson entsandte umgehend die Forscher **Lewis und Clark** zur Vermessung des Territoriums. Mit Hilfe von Sacagawea, ihrer angeheuerten Führerin vom Stamm der Schoschonen, folgten sie dem Lauf der Flüsse Missouri und Columbia bis

zum Pazifischen Ozean; in ihrem Gefolge kamen Fallensteller und Jäger, um in der Wildnis der Rocky Mountains ihr Glück zu versuchen. Die **Russen** hatten zu jener Zeit bereits die Pazifikküste im Nordwesten des amerikanischen Kontinents erreicht und mehrere befestigte Außenposten errichtet, wo sie mit Biber- und Otterfellen handelten.

Die Versuche der Engländer, eine transatlantische Handelsblockade zu verhängen, die ursprünglich als Schachzug gegen Napoleon gedacht war, eröffneten der aufstrebenden Nation die erste Gelegenheit, ihre militärischen Muskeln spielen zu lassen. Auch wenn es einem britischen Überfallkommando gelang, Washington DC einzunehmen und das Weiße Haus niederzubrennen, so bot der **Krieg von 1812** aber in erster Linie einen Vorwand, gegen die mit den Engländern verbündeten amerikanischen Ureinwohner vorzugehen. So wurde **Tecumseh**, Häuptling der Shawnee, in der Nähe von Detroit geschlagen, und **Andrew Jackson** rückte am südlichen Mississippi gegen die Creek vor.

Jacksons Feldzug gegen die Seminolen in Florida versetzte die USA in die Lage, die spanische Regierung zu stürzen und die Abtretung des Gebietes zu verlangen. Jackson wurde zur Belohnung zum ersten Gouverneur des neuen Staates ernannt und später zum Präsidenten der Vereinigten Staaten gewählt. Während seiner Amtszeit in den 30er-Jahren des 19. Jhs. ging Jackson sogar noch weiter und machte sich daran, die amerikanischen Ureinwohner aus allen Staaten östlich des Mississippi zu vertreiben. Die unfruchtbare Region, die später Oklahoma heißen sollte, wurde als „Indianerterritorium" ausgewiesen und zum neuen Siedlungsgebiet für die „Fünf zivilisierten Stämme" erklärt. Zu den Creek und den Seminolen sowie den Choctaw und den Chickasaw aus Mississippi kamen schließlich noch diejenigen Cherokee aus der unteren Appalachen-Region, die ihren vier grauenhafte Monate dauernden Zwangsmarsch, den sogenannten **Trail of Tears**, überlebt hatten.

Für die Bürger der jungen Republik war es nur ein kleiner Schritt von der Erkenntnis, ihr Land könnte sich irgendwann über den gesamten Kontinent ausdehnen, bis zu der Vorstellung, man habe eine quasi religiöse Verpflichtung,

jenes Land in Besitz zu nehmen. Vereinfacht lief diese Doktrin unter dem Schlagwort „**Manifest Destiny**" mehr oder weniger auf die Überzeugung „Macht geht vor Recht" hinaus, doch in der Praxis ließen sich unzählige Pioniere von der Vorstellung inspirieren, sie würden den Willen Gottes erfüllen, und machten sich auf den Weg über die großen Ebenen, um sich im Westen des Landes eine neue Existenz aufzubauen.

Inzwischen hatte Mexiko seine Unabhängigkeit von Spanien erlangt. Die spanischen Besitzungen im Südwesten des nordamerikanischen Kontinents hatten sich nie zu ausgewachsenen Kolonien entwickeln können, und so übernahmen nun die in immer größerer Zahl eintreffenden Amerikaner langsam die Vorherrschaft gegenüber den hispanischen Siedlern. In **Texas** rebellierten die Amerikaner 1833 unter Führung von General Sam Houston, und kurze Zeit nach der legendären Niederlage in der Schlacht von Fort **Alamo** im Jahre 1836 besiegten sie schließlich die von General Santa Anna angeführte mexikanische Armee. Texas wurde zur eigenständigen und unabhängigen Republik erklärt.

Der darauf folgende **Mexikanische Krieg** war von Seiten der Amerikaner ein Akt unverfrorener Aggression. In dem Konflikt kämpften die führenden Figuren des Amerikanischen Bürgerkriegs noch Seite an Seite für das gleiche Ziel. Der Krieg endete nicht nur mit der Annexion von Texas, sondern auch von Arizona, Utah, Colorado, Nevada, New Mexico und 1848 schließlich auch Kalifornien. Eine symbolische Zahlung der USA von 15 Millionen Dollar an die mexikanische Regierung wurde in Anlehnung an den Louisiana Purchase getätigt. Die Kontroverse um die Frage, ob die Sklaverei in den neuen Staaten für legal erklärt werden sollte, erübrigte sich durch die Nachricht aus Kalifornien, dass in der Sierra Nevada Gold gefunden worden war. Der folgende **Goldrausch** sorgte für die Entstehung der ersten größeren Stadt in Kalifornien, San Francisco, und für eine massive Einwanderung freier weißer Siedler in ein Land, das für eine auf Plantagen basierende Wirtschaft völlig ungeeignet war.

Die Befürworter von „Manifest Destiny" hatten ihre Aufmerksamkeit bis dahin kaum auf den

Pazifischen Nordwesten gerichtet, der auf dem Papier noch zu Britisch-Kanada gehörte. Doch als 1841 der Oregon Trail den Weg in diese Region bahnte, waren die Amerikaner gegenüber den englischen Siedlern schon bald in der Überzahl. 1846 wurde die Grenze in einem überraschend freundschaftlichen Vertrag entlang des 49. Breitengrads fixiert, wo sie im Osten Kanadas ebenfalls verlief, während die gesamte Insel Vancouver Island den Engländern überlassen wurde.

Der Amerikanische Bürgerkrieg

Die nationale Einheit der Vereinigten Staaten von Amerika stand von Anfang an auf wackligen Beinen. Es war sehr große Sorgfalt darauf verwandt worden, eine **Verfassung** zu schaffen, die gleichzeitig dem Bedürfnis nach einer starken Bundesregierung und dem Streben der Einzelstaaten nach größtmöglicher Autonomie gerecht werden sollte. Um dies zu erreichen, wurde der Kongress aus zwei Kammern zusammengesetzt – einem **Repräsentantenhaus**, in dem die Anzahl der Vertreter eines jeden Einzelstaates nach dessen Einwohnerzahl festgelegt wurde, und einem **Senat**, in dem jeder Einzelstaat, ungeachtet seiner Größe, zwei Mitglieder hatte.

So gelang es, auch wenn die Verfassung rein theoretisch keine Aussage zum Thema der **Sklaverei** machte, die Befürchtungen der weniger bevölkerungsstarken Staaten des Südens zu verringern, wo die Sklaven zwar kein Wahlrecht hatten, wo aber ein Sklave nur als Dreifünftel einer Person zählte, wenn es um die Festlegung der Anzahl der pro Einzelstaat gewählten Repräsentanten ging. In den Südstaaten ging nämlich die Angst um, die Wähler im Norden könnten sie zur Abschaffung ihrer *peculiar institution* („eigentümliche Institution"), wie die Sklaverei verharmlosend genannt wurde, zwingen und so ihre gesamte Wirtschaft in den Ruin treiben.

Dieses System konnte jedoch nur funktionieren, wenn es gleich viele „freie" Staaten wie Sklaven haltende Staaten gab. In der Praxis konnte dieses Gleichgewicht nur gewahrt werden, indem man jedes Mal, wenn ein neuer Staat in die Union aufgenommen wurde, noch einen weiteren Staat mit entgegengesetzter Einstellung zur Sklaverei aufnahm. Infolge dieser

Umstände bot die Aufnahme eines jeden neuen Staates stets Anlass für endlose Intrigenspiele. Der **Missouri-Kompromiss** von 1820, unter dem Missouri als Sklaven haltender und Maine als freier Staat aufgenommen wurden, war noch recht unkompliziert im Vergleich zu den Ausweichmanövern und taktischen Spielchen beim Gerangel um die Aufnahme von Texas, denn der Mexikanische Krieg wurde im Norden vielfach als bloße Landnahme zur Schaffung neuer Sklavenstaaten verurteilt.

Abolitionistische Ansichten waren aber bis Mitte des 19. Jhs. selbst im Norden nicht sehr weit verbreitet. Bestenfalls hegten die Nordstaatler, nachdem die Sklavenimporte aus Afrika 1808 beendet worden waren, vage Hoffnungen, dass sich die Sklaverei als Anachronismus erweisen und irgendwann von selbst verschwinden würde. Wie sich herausstellte, erfuhren die Plantagen im Süden einen enormen Rentabilitätsschub durch die Erfindung der Baumwollentkörnungsmaschine und die erhöhte Nachfrage nach fertig produzierten Baumwollerzeugnissen als Folge der **Industriellen Revolution**. Die Situation veränderte sich schließlich durch das schnelle Wachstum der Nation als Ganzes, wodurch es immer schwieriger wurde, die politische Balance zwischen Nord- und Südstaaten aufrechtzuerhalten.

1854 spitzte sich die Lage zu, als der **Kansas-Nebraska Act** Guerilla-Aktionen und Scharmützel zwischen rivalisierenden Siedlern auslöste, weil jenes Kompromissgesetz für beide Einzelstaatenkandidaten die Selbstbestimmung in der Sklavenfrage vorsah. Im gleichen Jahr wurde die **Republikanische Partei** gegründet, die es sich zum Ziel setzte, eine weitere Ausbreitung der Sklaverei zu verhindern. Entflohene ehemalige Sklaven wie Frederick Douglass lösten inzwischen mit ihren Berichten große moralische Entrüstung bei ihrer Zuhörerschaft im Norden aus, während der zu Herzen gehende, die Sklaverei anprangernde Roman *Onkel Toms Hütte* von Harriet Beecher Stowe eine bis dahin beispiellose Zahl von Lesern fand.

Im Oktober 1859 führte **John Brown**, ein weißbärtiger und furchtloser, aus den blutigsten Nahkämpfen von Kansas hervorgegangener Veteran, einen spektakulären Überfall auf ein

DIE ENTSTEHUNG DER USA

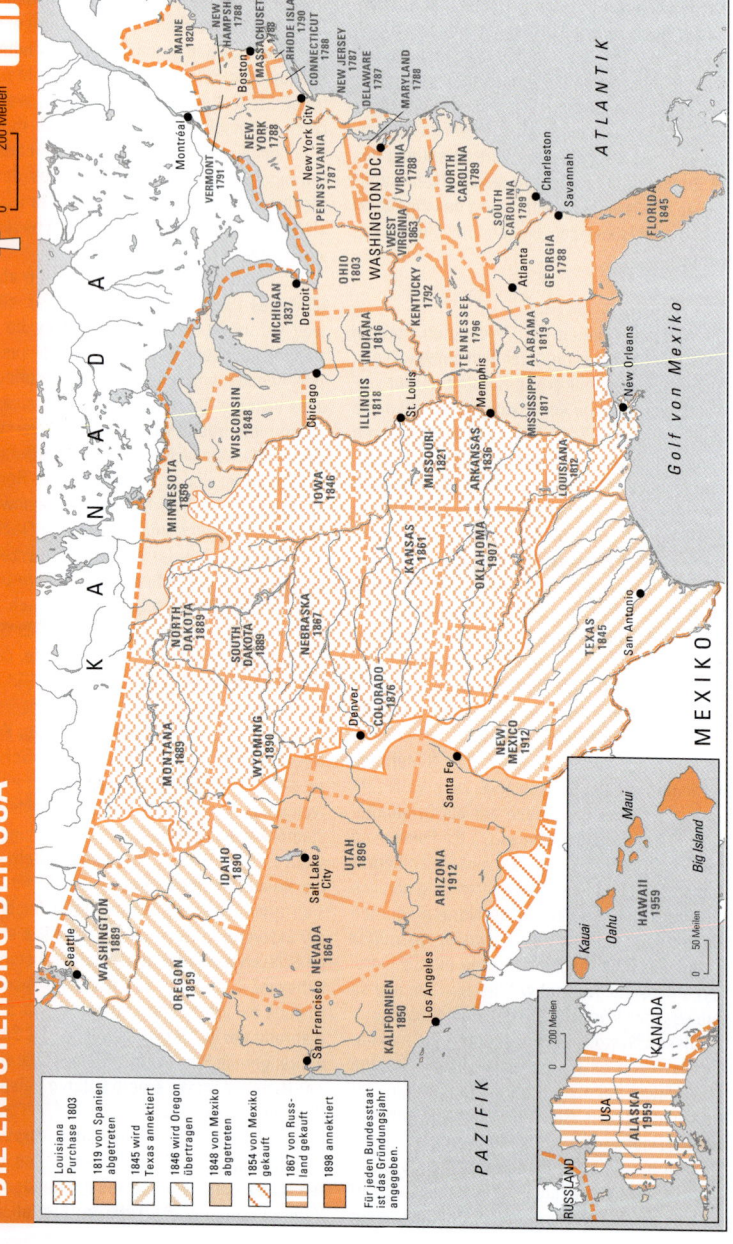

Legende:

- Louisiana Purchase 1803
- 1819 von Spanien abgetreten
- 1845 wird Texas annektiert
- 1846 wird Oregon übertragen
- 1848 von Mexiko abgetreten
- 1854 von Mexiko gekauft
- 1867 von Russland gekauft
- 1898 annektiert

Für jeden Bundesstaat ist das Gründungsjahr angegeben.

Staaten und Gründungsjahre (Auswahl):

MAINE, NEW HAMPSHIRE 1788, MASSACHUSETTS 1788, RHODE ISLAND 1790, CONNECTICUT 1788, NEW JERSEY 1787, DELAWARE 1787, MARYLAND 1788, VERMONT 1791, NEW YORK 1788, PENNSYLVANIA 1787, WASHINGTON DC, VIRGINIA 1788, NORTH CAROLINA 1789, SOUTH CAROLINA 1789, FLORIDA 1845, OHIO 1803, WEST VIRGINIA 1863, KENTUCKY 1792, TENNESSEE 1796, GEORGIA 1788, ALABAMA 1819, MICHIGAN 1837, INDIANA 1816, ILLINOIS 1818, MISSISSIPPI 1817, LOUISIANA 1812, WISCONSIN 1848, MINNESOTA 1858, IOWA 1846, MISSOURI 1821, ARKANSAS 1836, NORTH DAKOTA 1889, SOUTH DAKOTA 1889, NEBRASKA 1867, KANSAS 1861, OKLAHOMA 1907, TEXAS 1845, MONTANA 1889, WYOMING 1890, COLORADO 1876, NEW MEXICO 1912, IDAHO 1890, UTAH 1896, ARIZONA 1912, WASHINGTON 1889, OREGON 1859, NEVADA 1864, KALIFORNIEN 1850, HAWAII 1959, ALASKA 1959

Städte: Montréal, Boston, New York City, Charleston, Savannah, Detroit, Atlanta, Chicago, St. Louis, Memphis, New Orleans, Denver, Santa Fe, San Antonio, Seattle, Salt Lake City, San Francisco, Los Angeles

ATLANTIK, Golf von Mexiko, PAZIFIK, KANADA, MEXIKO, RUSSLAND

Maui, Big Island, Kauai, Oahu, HAWAII 1959

US-Waffenlager in Harpers Ferry (heute West Virginia) an, um Waffen für einen Sklavenaufstand zu beschaffen (s. S. 394). Er wurde jedoch schnell von den Streitkräften unter dem Kommando von Robert E. Lee gefasst und binnen weniger Wochen gehängt. Kurz vor seinem Tod sagte er noch: „Ich bin jetzt fest davon überzeugt, dass die Verbrechen dieses schuldigen Landes nie anders gesühnt werden können als mit Blut."

Der republikanische Präsidentschaftskandidat für die Wahlen von 1860 war der weitgehend unbekannte **Abraham Lincoln** aus Kentucky. Er gewann in keinem einzigen Südstaat, aber da die Demokraten in eine nördliche und eine südliche Fraktion gespalten waren, wurde er mit 39 % der Gesamtstimmen gewählt. Nur wenige Wochen später, am 20. Dezember, trat South Carolina als erster Staat aus der Union aus. Am 4. Februar 1861 wurden die **Konföderierten Staaten von Amerika** ausgerufen, denen sich Mississippi, Florida, Alabama, Georgia, Louisiana und Texas anschlossen. Ihr erster (und einziger) Präsident war der ebenfalls aus Kentucky stammende **Jefferson Davis**; bei der Amtseinführung bemerkte sein Vizepräsident, die neue Regierung sei „die erste in der Weltgeschichte, die auf der großen physischen und moralischen Wahrheit basiert, dass der Neger dem weißen Mann nicht ebenbürtig ist". Lincoln trat sein Amt im März 1861 an und verkündete: „Es ist nicht meine Absicht, direkt oder indirekt gegen die Institution der Sklaverei in den Staaten vorzugehen, wo sie bereits besteht. Ich glaube, dass ich kein Recht dazu habe, und ich habe auch kein entsprechendes Bedürfnis."

Nur wenige Wochen später brach der **Bürgerkrieg** (auch Sezessionskrieg genannt) aus. Die ersten Schüsse fielen am 12. April, als die Unionstruppen ihren Stützpunkt Fort Sumter vor Charleston (South Carolina) mit Nachschub versorgen wollten, dabei aber von den Konföderierten unter Beschuss genommen und schließlich zur Aufgabe gezwungen wurden. Lincolns unmittelbare Reaktion bestand darin, eine Armee gegen den Süden aufzustellen, woraufhin sich Virginia, Arkansas, Tennessee und North Carolina der Konföderation anschlossen. Innerhalb eines Jahres hatten beide Armeen insgesamt

600 000 Soldaten unter Waffen stehen. Robert E. Lee hatte das Kommando von beiden Seiten angeboten bekommen und entschied sich für die Konföderierten, während George McLellan erster Oberbefehlshaber der Unionstruppen wurde. Obwohl die beiden rivalisierenden Hauptstädte Washington DC und Richmond (Virginia) nur 100 Meilen voneinander entfernt lagen, erreichten die Kriegshandlungen während der folgenden vier Jahre fast alle Regionen südlich von Washington und östlich des Mississippi.

Verfolgt man das Auf und Ab der militärischen Feldzüge – von den Siegen der Konföderierten in den ersten Jahren über Grants erfolgreiche Belagerung von Vicksburg 1863 und Shermans verheerenden „Marsch zum Meer" 1864 bis zu Lees endgültiger Kapitulation in Appomattox im April 1865 –, so verliert man leicht die Tatsache aus den Augen, dass der Ausgang des Krieges nicht in erster Linie ein Ergebnis von Feldherrnkunst, sondern vielmehr von wirtschaftlicher (und militärischer) Stärke war. Der **Union** mit 23 Nordstaaten und mehr als 22 Millionen Menschen stand die **Konföderation** mit elf Südstaaten und nur neun Millionen Menschen gegenüber.

An potenziellen Kämpfern konnte der Norden anfangs auf 3,5 Millionen weiße Männer im Alter zwischen 18 und 45 Jahren zurückgreifen (später wurden auch Afroamerikaner rekrutiert), während der Süden nur rund eine Million potenzielle Soldaten aufbieten konnte. Letztlich kämpften rund 2,1 Millionen Männer für die Union und 900 000 für die Konföderierten. Von den 620 000 im Krieg gefallenen Soldaten kam ein überproportional großer Anteil aus 258 000 aus dem Süden. Das war ein Viertel der männlichen weißen Bevölkerung im wehrfähigen Alter.

Unterdessen war der Norden nicht nur in der Lage, seinen Handel mit den anderen Weltnationen fortzuführen, weil die industrielle und landwirtschaftliche Produktion aufrechterhalten werden konnte, sondern schnürte den Konföderierten auch noch mit einer vernichtenden **Seeblockade** die Luft ab. Die Südstaaten finanzierten ihre Kriegsanstrengungen in erster Linie durch den Neudruck von Papiergeld im Wert von 1,5 Milliarden Dollar, das aufgrund der Inflation praktisch seinen gesamten Wert verlor.

Trotz allem waren die Konföderierten einem Sieg zeitweise viel näher, als gemeinhin angenommen wird. Den Südstaatentruppen unter General **Robert E. Lee** gelang es wiederholt, den Gegner auszumanövrieren und auf Gebiete der Union vorzudringen; dadurch ergab sich in jedem der drei aufeinanderfolgenden Jahre von 1862–64 eine handfeste Möglichkeit, die Moral der Nordstaatentruppen zu brechen, wodurch dort möglicherweise Kriegsgegner an die Macht gekommen wären und einem Frieden zugestimmt hätten.

Der Amerikanische Unabhängigkeitskrieg hatte bereits gezeigt, wie ein solcher Konflikt gewonnen werden konnte: Die Union musste, wollte sie den Krieg für sich entscheiden, in den Süden einmarschieren, ihn besetzen und die Südstaatentruppen schlagen, während der Süden lediglich so lange hätte durchhalten müssen, bis der Norden der Kriegsanstrengungen überdrüssig geworden wäre.

Die unerschrockene Taktik der konföderierten Generäle Lee und Jackson, die ständig Gegenangriffe initiierten und den Feind in Gefechte verwickelten, hat letztlich wohl auch zur Niederlage des Südens beigetragen. Die unerbittliche und unnachgiebige Strategie des totalen Krieges der Unionsbefehlshaber Grant und Sherman sorgte letztlich für eine langsame Zermürbung des Widerstands im Süden. Eine besondere Ironie liegt in der Tatsache, dass die Konföderierten, hätten sie um Frieden ersucht, bevor Lee ihnen neue Hoffnung einflößte, auf dem Verhandlungsweg die Abschaffung der Sklaverei möglicherweise hätten verhindern können. Aber je länger der Krieg dauerte, desto mehr Sklaven flohen in die Nordstaaten, während schwarze Soldaten an der Front für die Union kämpften, sodass die Sklavenbefreiung schließlich unvermeidlich wurde. Lincoln traf die politische Entscheidung, die im Einklang mit seiner moralischen Überzeugung stand, 1862 mit der Verkündigung seiner **„Emanzipationserklärung"**. Der **13. Verfassungszusatz**, mit dem die Sklaverei endgültig abgeschafft wurde, ließ noch bis 1865 auf sich warten.

Abraham Lincoln fiel nur wenige Tage nach Beendigung des Krieges einem Attentat zum Opfer. Seine Ermordung war auch Ausdruck der tiefen Verbitterung weiter Teile der Bevölkerung, die einen erfolgreichen **Wiederaufbau** höchstwahrscheinlich auch dann verhindert hätte, wenn Lincoln am Leben geblieben wäre. Nachdem männliche Schwarze 1870 das Wahlrecht erhalten hatten, gab es eine kurze Periode, während der in den Südstaaten auch politische Vertreter mit schwarzer Hautfarbe gewählt wurden, doch da nicht ernsthaft versucht wurde, ehemaligen Sklaven den Erwerb von Grundbesitz zu ermöglichen, kam es zu einer raschen Verschlechterung der Rassenbeziehungen im Süden. Weiße Überlegenheit propagierende Organisationen wie der Ku-Klux-Klan, der nominell ein Geheimbund war, aber unverschämt öffentlich auftrat, sorgten dafür, dass den Afroamerikanern im Süden ihr Wahlrecht praktisch wieder genommen wurde. Wer aktiv an Reformen in den Südstaaten mitarbeitete, geriet entweder als *carpetbagger* (ein Opportunist aus dem Norden, der sich im Süden persönlich zu bereichern versuchte) oder als verräterischer *scalawag* (ein Kollaborateur aus dem Süden) in Verruf.

Die Nachwirkungen des Amerikanischen Bürgerkriegs dauerten alles in allem fast 100 Jahre. Während sich die Südstaaten selbst zu einem Jahrhundert rückständigen Provinzdaseins verdammten, brach für die übrigen wiedervereinten Staaten eine Periode der Expansion und des Wohlstands an.

Die Indianerkriege

Mit der Fertigstellung der transkontinentalen Eisenbahn 1867 wurde „Manifest Destiny" eine unbestreitbare Tatsache. Unter den ersten, die nach Westen zogen, befanden sich Soldaten der Bundesarmee, in der Veteranen der Union und der Konföderierten unter derselben Fahne gegen die noch verbliebenen amerikanischen Ureinwohner zu Felde zogen. Ein Vertrag nach dem anderen wurde abgeschlossen, nur um sofort wieder gebrochen zu werden, wenn es zweckdienlich erschien, was meistens bei der Entdeckung von Gold oder anderen Edelmetallen der Fall war.

Doch die Indianer waren durchaus in der Lage zurückzuschlagen, wenn die Weißen zu weit gingen oder sie regelrecht in die Verzweiflung trieben. Die Niederlage, die General **George**

Custer 1876 bei Little Bighorn von **Sitting Bull** und seinen Sioux- und Cheyenne-Kriegern beigebracht wurde, rief den geballten Zorn der Regierung hervor. Binnen weniger Jahre wurden Anführer wie **Crazy Horse** von den Oglala-Sioux und **Geronimo** von den Apachen zur Kapitulation gezwungen und ihr Volk in Reservate gesteckt. Ein letzter Akt des Widerstands war der visionäre und messianische Kult der **Geistertanzbewegung**, deren Anhänger von der Überzeugung beseelt waren, sie könnten durch die korrekte Einhaltung ihrer Rituale ihre verlorene Existenz zurückerlangen in einem Land, das auf wundersame Weise von den weißen Eindringlingen befreit war. Auch die Verfolgung derartiger Ziele wurde als feindseliger Akt interpretiert, und seinen Höhepunkt erreichte der militärische Kleinkrieg gegen die Bewegung 1890 im Massaker von **Wounded Knee** in South Dakota.

Eine bedeutende Strategie im Kampf gegen die Plains-Indianer bestand darin, sie auszuhungern, bis sie sich schließlich ergaben. Das erreichten die Weißen dadurch, dass sie die riesigen Büffelherden und damit die wichtigste Nahrungsquelle der Indianer vernichteten. General Philip Sheridan drückte es folgendermaßen aus: „Um eines dauerhaften Friedens willen (...) tötet, häutet und verkauft den Büffel, bis er ausgelöscht ist. Dann könnt ihr eure Prärien mit buntgescheckten Milchkühen und fröhlichen Cowboys besiedeln." Sehr viel tiefgreifendere Auswirkungen auf den Gang der Geschichte als die Aktivitäten der bis heute verklärten Cowboys zeitigten jedoch die hart schuftenden Bergarbeiter in den Minen und die immer weiter um sich greifenden Familienfarmen.

Industrialisierung und Einwanderung

Das ausgehende 19. Jh. stand im Zeichen massiver **Einwanderung** nach Nordamerika, wobei die Immigration aus Europa an der Ostküste in etwa derjenigen aus Asien an der Westküste entsprach. Wie in der Kolonialzeit neigten nationale Gruppierungen dazu, Enklaven in bestimmten Regionen zu bilden, beispielsweise Farmer aus Skandinavien in Minnesota und den nördlichen Ebenen, Schafhirten aus dem Baskenland in Idaho und Bergarbeiter aus dem englischen Cornwall in Colorado. Im Südwesten

zählte dagegen die harte Arbeit des Einzelnen weniger als die kollektive Anstrengung der Gemeinschaft.

Die **Mormonen** waren vor der religiösen Verfolgung bis nach Utah geflohen und wurden so die ersten weißen Siedler, die sich in der gnadenlosen Wüste durchzuschlagen versuchten.

Am schnellsten wuchsen die **Großstädte**, ganz besonders New York, Chicago und Boston. Aufgrund ihrer industriellen und wirtschaftlichen Stärke lockten die Metropolen nicht nur Einwanderer aus ganz Europa an, sondern auch aus dem Alten Süden – vor allem ehemalige Sklaven, die jetzt zumindest ihren Aufenthaltsort frei wählen durften.

Das Gebiet der USA reichte nun von Küste zu Küste und hatte damit beinahe die heutigen Ausmaße erreicht, vor allem als Außenminister William Seward 1867 zustimmte, der krisengeschüttelten russischen Regierung für 7,2 Millionen Dollar das Territorium **Alaska** abzukaufen. Der Kauf wurde zunächst als „Sewards Torheit" verspottet, doch es dauerte nicht lange, bis dort große Goldfunde gemacht wurden.

Die diversen US-Präsidenten jener Zeit ab dem siegreichen General Grant sind heute mehr oder weniger in der Anonymität verschwunden, wenn man sie mit den Großindustriellen und Financiers vergleicht, die in der amerikanischen Wirtschaftswelt die Fäden zogen. Zu jenen „**Räuberbaronen**" gehörten Männer wie John D. Rockefeller, der bereits 70 % der Ölvorkommen auf der Welt kontrollierte, bevor überhaupt jemand begriffen hatte, dass es lohnend war, sie zu kontrollieren; oder Andrew Carnegie, der ein Vermögen anhäufte, indem er das Bessemer-Verfahren in die Stahlproduktion einführte; oder auch J.P. Morgan, dem es um die grundlegendste aller Waren ging, nämlich um Geld. Der Erfolg jener Männer basierte auf der Bereitschaft der Regierung, beim Widerstand gegen die Entwicklung einer starken Arbeiterbewegung zu kooperieren. Streiks wie der Eisenbahnerstreik 1877, der Bergarbeiterstreik in Tennessee 1891 und der Stahlarbeiterstreik in den Hütten von Pittsburgh 1892 wurden gewaltsam niedergeschlagen.

Das 19. Jh. stand außerdem im Zeichen der Entwicklung einer eigenständigen amerikanischen Stimme in der **Literatur**, die es zunehmend überflüssig machte, dass Besucher aus England der Welt die Vereinigten Staaten „erklärten". Von den 1830er-Jahren an erschien eine ganze Reihe neuer Schriftsteller auf der Bildfläche, die ihre neue Welt aus einem eigenen Blickwinkel beschrieben. Die Ergebnisse waren sehr vielfältig und beinhalteten die selbstbeobachtenden Essays eines Henry Thoreau, die morbiden Visionen eines Edgar Allan Poe, die monumentalen Romane eines Herman Melville und die unbezähmbare Poesie eines Walt Whitman, dessen endlos überarbeitetes Hauptwerk *Grashalme* eine Lobeshymne auf die junge Republik darstellte.

Praktisch jede führende Persönlichkeit aus dem Amerikanischen Bürgerkrieg verfasste mindestens einen Band äußerst lesenswerter Memoiren, während so unterschiedliche Berühmtheiten wie Buffalo Bill Cody und der Schausteller P.T. Barnum ihre lebendigen Autobiografien veröffentlichten. Seine großartigste Ausdrucksform fand das schier grenzenlose nationale Selbstbewusstsein in der kraftvollen Alltagssprache von **Mark Twain**, dessen Schilderungen vom Leben an der Siedlungsgrenze in Romanen wie *Huckleberry Finn* dem Rest der Welt den vielleicht nachhaltigsten Eindruck des amerikanischen Charakters vermittelten.

Viele Amerikaner betrachteten den 1890 von der Zensusbehörde verkündeten offiziellen „Abschluss" der Besiedlung im Westen als gleichbedeutend mit dem Verlust ihrer göttlichen Bestimmung „Manifest Destiny" und machten sich daher auf die Suche nach neuen, noch weiter entfernten Grenzen. Ihren Höhepunkt erreichten jene **imperialistischen Unternehmungen** 1898 mit der Annexion des Königreiches von **Hawaii**, die selbst der damalige Präsident Cleveland mit den Worten „gänzlich ohne Berechtigung (...) nicht nur Unrecht, sondern eine Schande" verurteilte, sowie der Eroberung von Kuba und den Philippinen während des **Spanisch-Amerikanischen Krieges**, der **Theodore Roosevelt** in das Amt des Präsidenten verhalf. Sein Wahlspruch war zwar das afrikanische Sprichwort *Speak softly and carry a big stick* (Sprich leise, aber hab stets einen Knüppel zur Hand), doch war er, um der Wahrheit die Ehre zu geben, nicht gerade als Freund der leisen Töne bekannt.

Während seiner Präsidentschaft tat Roosevelt einiges, um die Spaltungen und Risse innerhalb der Nation zu kitten. Neue Gesetze, die für eine Eindämmung der schlimmsten Exzesse der Räuberbarone und des wuchernden Kapitalismus sorgten, linderten die Unzufriedenheit in der Bevölkerung, ohne die wirtschaftliche Basis ernsthaft zu gefährden oder der Arbeiterbewegung zu viel Macht zu verleihen. Das 20. Jh. war erst ein Jahrzehnt alt, da waren die Vereinigten Staaten endgültig davon überzeugt, das stärkste und reichste Land der Erde zu sein, auch wenn sich der Rest der Welt dessen noch nicht ganz bewusst war.

Das 20. Jahrhundert

Die ersten Jahre des 20. Jhs. brachten viele Neuerungen mit sich, die später typisch für das moderne Amerika sein sollten. Allein im Jahr 1903 gelang Wilbur und Orville Wright der erste erfolgreiche Flug mit einem motorisierten **Flugzeug**, und Henry Ford gründete seine Firma Ford Motor Company. Dank Fords enthusiastischer Übernahme des Fließbandes, der neuesten technischen Errungenschaft auf dem Gebiet der Massenproduktion, startete die Stadt Detroit mit Volldampf in die neue Ära der **Automobilindustrie**, die sich rasch zum bedeutendsten Wirtschaftzweig in Amerika entwickelte. Zu jener Zeit zogen die Musikrichtungen **Jazz** und **Blues** die Aufmerksamkeit der gesamten Nation auf sich. 1911 wurde in Hollywood das erste Studio zur Produktion von **Kinofilmen** eingerichtet, und der erste große Kassenschlager kam 1915 in Form einer schamlosen Verherrlichung des Ku-Klux-Klan mit dem Film *Die Geburt einer Nation* von D. W. Griffith.

Anfang des 20. Jhs., in einer Zeit des wachsenden **Radikalismus**, wurden die Nationale Vereinigung zur Förderung der farbigen Bevölkerung (National Association for the Advancement of Colored People, NAACP) und der sozialistische Arbeiterbund International Workers of the World (die sogenannten „Wobblies") ins Leben gerufen. Auch die Kampagne für das Frauenwahlrecht rückte in den Blickpunkt des öffentlichen Interesses. Schriftsteller wie Upton

Sinclair, dessen Roman *Der Dschungel* die Bedingungen auf den Schlachthöfen von Chicago beschreibt, und Jack London sprachen den Massen aus der Seele.

Obwohl Präsident Wilson es schaffte, die Vereinigten Staaten einige Jahre lang aus dem **Ersten Weltkrieg** herauszuhalten, war das schließliche Eingreifen der USA am Ende entscheidend. Nach den Wirren der Oktoberrevolution in Russland und dem Kriegsende engagierten sich die Vereinigten Staaten für die Überwachung des Friedens. Wilson hatte den Vorsitz bei den Nachkriegsverhandlungen, die 1919 zum Versailler Vertrag führten, doch aufgrund isolationistischer Tendenzen in der Heimat verzichteten die USA darauf, dem Völkerbund beizutreten, der auf Anregung Wilsons zur Wahrung des Weltfriedens gegründet worden war.

In den Vereinigten Staaten wurde 1920 der 18. Verfassungszusatz verabschiedet, der den Verkauf und die Verbreitung von Alkohol unter Strafe stellte, während die 19. Verfassungszusatz schließlich allen amerikanischen Frauen das Wahlrecht einräumte. Wie es überhaupt dazu kam, dass die **Prohibition** sich derart durchsetzen konnte, erscheint auch heute noch ein wenig rätselhaft, denn in den Metropolen der „Wilden Zwanziger" wurde sie alles andere als begeistert aufgenommen. Das Alkoholverbot führte zu keinem spürbaren Anstieg der Moral im Land. Stattdessen entwickelte sich insbesondere Chicago zu einem Zentrum der Bandenkriege zwischen Schwarzhändlern und Gangstern wie Al Capone und seinen Rivalen.

Die beiden auf Wilson folgenden republikanischen Präsidenten taten nicht viel mehr als sich zurückzulehnen und zuzuschauen, wie sich die „Wilden Zwanziger" entfalteten. Zumindest bis zu seinem frühen Tod erfreute sich **Warren Harding** außerordentlicher Beliebtheit, doch ging er schließlich als einer der unfähigsten US-Präsidenten in die Geschichte ein, auch weil sich seine engsten Mitarbeiter besonders durch Filz und Korruption hervortaten.

Ob **Calvin Coolidge** überhaupt irgendetwas getan hat, lässt sich auch nicht mehr mit Bestimmtheit sagen. Was in Erinnerung blieb, ist seine teilnahmslose Laissez-faire-Haltung, sein im Durchschnitt vierstündiger Arbeitstag und

ein Ausspruch, den er kurz nach seiner Amtseinführung von sich gab: „Vier Fünftel unserer Probleme würden sich von selbst erledigen, wenn wir uns einfach nur zurücklehnten und gar nichts täten."

Weltwirtschaftskrise und New Deal

Bis Mitte der 20er-Jahre hatten sich die Vereinigten Staaten zu einer industriellen Großmacht entwickelt, die für mehr als die Hälfte aller weltweit produzierten Waren verantwortlich zeichnete. Nachdem die Nation zunächst den Weg in eine neue Ära des Wohlstands gebahnt hatte, zog sie jedoch plötzlich den Rest der Welt mit in den Strudel des wirtschaftlichen Zusammenbruchs. Die Folgen der „Großen Depression" waren einfach zu weitreichend, um nur eine einzige Ursache gehabt zu haben. Zu den möglichen Faktoren zählen überzogene amerikanische Investitionen in die krisengeschüttelte europäische Wirtschaft nach dem Ersten Weltkrieg, in Verbindung mit hohen Zöllen auf Importe, die eine echte ökonomische Erholung in Europa verhinderten.

Konservative Kommentatoren jener Zeit interpretierten den katastrophalen **Börsencrash an der Wall Street** vom Oktober 1929 eher als Symptom einer bevorstehenden Wirtschaftskrise denn als eine ihrer Ursachen. Aber das bereits an Aberglauben grenzende Vertrauen in die Börse vor dem Zusammenbruch weist die typischen Merkmale klassischer Spekulationsbooms auf. Allein am „Schwarzen Freitag" kam es zu derartigen Massenverkäufen von Aktien, dass ein Gesamtverlust von zehn Milliarden Dollar zu verzeichnen war – das war mehr als die Hälfte der gesamten Geldmenge, die zu jener Zeit in den USA im Umlauf war. Innerhalb der folgenden drei Jahre schrumpfte die industrielle Produktion um 50 %, die Staatseinnahmen sanken um 38 % und die Zahl der Arbeitslosen stieg von 1,5 auf 13 Millionen.

Das nationale Selbstbewusstsein, auf welch wackligen Beinen es auch stehen mochte, spielt seit jeher eine entscheidende Rolle in der Geschichte der Vereinigten Staaten, und Präsident Hoover war nicht der Mann, der es hätte wiederherstellen können. Die Situation besserte sich erst 1932, als der aus einer Patrizierfamilie stammende **Franklin Delano Roosevelt** als Präsidentschaftskandidat für die Demokraten antrat und mit seiner Ankündigung eines umfassenden innenpolitischen Reformpakets einen überwältigenden Wahlsieg verzeichnen konnte. Bei seiner Amtseinführung Anfang 1933 stand das amerikanische Bankensystem vor dem totalen Kollaps. Roosevelt benötigte die inzwischen sprichwörtlichen „100 Tage", um die Stimmung im Land mit Hilfe strenger neuer Gesetze und Richtlinien grundlegend zu verändern.

Unter Ausnutzung der Vorteile des neuen Mediums Radio bediente sich Roosevelt der sogenannten „Fireside Chats" (Plaudereien am Kamin), um Amerika die Krise auszureden. Zu seinen ersten Einsichten zählte die Erkenntnis, dass die Zeit reif war für ein Bierchen, und somit erklärte er das Experiment der Prohibition für beendet. Seine Politik des **New Deal** hatte zahlreiche Ausprägungen, doch ein allgemeines Merkmal war der massiv zunehmende Einfluss der amerikanischen Bundesregierung.

Zu den Errungenschaften von Roosevelts Innenpolitik gehören die für die Einleitung des wirtschaftlichen Aufschwungs zuständige Behörde National Recovery Administration, die für die Schaffung von zwei Millionen neuer Arbeitsplätze verantwortlich war, die Einführung einer Arbeitslosenversicherung mit dem Social Security Act (den Roosevelt mit den Worten kommentierte „kein verdammter Politiker wird jemals mein Sozialprogramm kippen"), die Arbeitsbeschaffungsbehörde Public Works Administration, unter deren Federführung Staudämme und Highways im ganzen Land errichtet wurden, und die Bundeskörperschaft Tennessee Valley Authority, die als staatliches Stromerzeugungsunternehmen die wohl größte Annäherung an den institutionalisierten Sozialismus in der Geschichte der USA darstellt. Komplettiert wurde das Paket durch Maßnahmen zur Legitimierung der Rolle der Gewerkschaften und zur Revitalisierung der durch Erosion entstandenen und als „Dust Bowl" (Staubschüssel) bezeichneten Trockengebiete in den Great Plains.

Anfangs sah sich Roosevelt selbst als Populist, der in der Lage war, Unterstützung aus allen Bereichen der Gesellschaft zu mobilisieren. 1936 stellten aber selbst führende Arbeitgeber – und

der Oberste Gerichtshof – klar, dass er sogar in ihren Augen mehr als genug für die Ankurbelung der Wirtschaft getan hatte. Roosevelt brachte es insgesamt auf vier aufeinanderfolgende Amtszeiten, was zuvor noch keinem Präsidenten gelungen war, und zementierte im Laufe seiner politischen Karriere seinen Ruf als Anwalt für die Rechte des kleinen Mannes.

Nachdem die Arbeitsbeschaffungsmaßnahmen des New Deal gegriffen und Amerika wieder auf die Füße verholfen hatten, wurden die industrielle Produktion und das technologische Know-how im **Zweiten Weltkrieg** unter dem enormen Erfolgsdruck des Siegenmüssens in neue Sphären katapultiert. Auch diesmal hielten sich die USA zunächst aus dem Krieg heraus, bis sie schließlich quasi zur Teilnahme gezwungen wurden, nachdem Japan 1941 einen Präventivschlag auf den amerikanischen Marinestützpunkt Pearl Harbor auf Hawaii geführt hatte. Sowohl im Pazifik als auch in Europa sollten sich das Leistungspotenzial und die wirtschaftliche Stärke der Amerikaner schließlich durchsetzen. Roosevelt starb Anfang 1945, nachdem er auf der Jalta-Konferenz mit Stalin und Churchill das Fundament für die Nachkriegsaufteilung gelegt hatte. Daher war es seinem Nachfolger Harry Truman vorbehalten, die schicksalsschwere Entscheidung bezüglich des Abwurfs der neu entwickelten Atombombe auf Hiroshima und Nagasaki zu treffen.

Der Kalte Krieg

Nach dem siegreichen Ende des Krieges zeigte Amerika keine Bestrebungen, seine isolationistische Haltung aus den 30er-Jahren wieder aufzunehmen. Mit reichlich hoffnungsfroher Rhetorik beteiligte sich Truman am Aufbau der **Vereinten Nationen** und implementierte den **Marshallplan** zur Beschleunigung des europäischen Wiederaufbaus. Doch dann verkündete Winston Churchill 1946 in Missouri, dass Europa nunmehr von einem „**Eisernen Vorhang**" geteilt würde, und Josef Stalin wurde beinahe über Nacht vom Verbündeten zum Feind.

Der folgende Kalte Krieg sollte mehr als vier Jahrzehnte dauern und wurde zeitweise mit erbitterter Härte – wenngleich häufig in Stellvertreterkriegen – in den verschiedensten

Regionen der Erde ausgefochten, während in den Kampfpausen gigantische wirtschaftliche Ressourcen in die Anhäufung immer destruktiverer Waffenarsenale gepumpt wurden. Zu einer der schlimmsten Episoden kam es gleich in den Anfangsjahren, als Truman noch im Amt war, mit dem Ausbruch des **Koreakrieges** 1950. Der Streit über die willkürliche Aufteilung der koreanischen Halbinsel in die beiden getrennten Staaten Nord- und Südkorea führte schon bald zu einer Pattsituation zwischen den USA und China, während Russland auf seine Chance lauerte. Nach zwei Jahren endete das blutige Kräftemessen ohne zählbares Ergebnis, außer dass Truman inzwischen von dem genialen **Dwight D. Eisenhower** abgelöst worden war, dem bislang letzten Kriegsheld, der zum amerikanischen Präsidenten aufstieg.

Die Eisenhower-Jahre werden häufig als Ära inhaltsloser Selbstgefälligkeit betrachtet. Nach dem Senator **Joseph McCarthy**, der sowohl das US-Außenministerium als auch Hollywood als fanatische antikommunistische Geißel geplagt hatte, sich schließlich mit seinen Attacken gegen das Militär selbst diskreditiert hatte, schien das Amerika der Mittelklasse in den Vorstädten mit Absicht in einen tiefen Dämmerschlaf zu fallen. Dabei nahmen grundlegende gesellschaftliche Veränderungen langsam Gestalt an. Im Zweiten Weltkrieg hatten viele Frauen und Angehörige ethnischer Minderheiten Arbeitsstellen in Fabriken bekommen und sich an regelmäßige Lohneinnahmen gewöhnt. Zahlreiche Amerikaner aus ärmlichen Gegenden erkannten damit plötzlich, dass ein besserer Lebensstil in anderen Regionen ihres Landes für sie durchaus erreichbar war.

Dank des Ausbaus des **nationalen Highway-Netzes** und der enormen Zunahme privater Kraftfahrzeuge sahen sich viele US-Bürger ermutigt, den Amerikanischen Traum an einem Ort ihrer Wahl zu verwirklichen. In Kombination mit der zunehmenden Mechanisierung auf den Baumwollplantagen des Südens führte dies zu einer erneuten **Massenabwanderung** von Schwarzen aus den ländlichen Südstaaten in die urbanen Zentren des Nordens, und in geringerem Ausmaß auch Richtung Westen. In **Kalifornien** hatten die Städte ein rapides Wachstum

zu verzeichnen, wobei besonders die Luft- und Raumfahrtindustrie in Los Angeles tausende Arbeitswillige anlockte.

Ebenfalls in den 50er-Jahren erreichte das **Fernsehen** schließlich jeden Haushalt des Landes. Zusammen mit der Schallplatte sorgte es für die Entstehung einer Unterhaltungsindustrie, die sich schon bald als dazu in der Lage erwies, die Bedürfnisse von ganz unterschiedlichen Konsumenten zu befriedigen, die bis dahin kaum als solche identifiziert worden waren. Von 1954 an rückte dann die **Jugendkultur** immer mehr in den Blickpunkt der Öffentlichkeit: Elvis Presley nahm *That's Alright Mama* auf, Marlon Brando spielte eine übellaunige Hauptrolle in *Die Faust im Nacken*, und James Dean glänzte in *Denn sie wissen nicht, was sie tun*.

Die Bürgerrechtsbewegung

Die **Rassentrennung** in öffentlichen Einrichtungen, die im Süden des Landes auch nach Beendigung des Bürgerkriegs die Norm geblieben war, wurde schließlich 1954 vom Obersten Gerichtshof in dem Rechtsstreit Brown gegen die Schulbehörde von Topeka für illegal erklärt. Doch genau wie ein Jahrhundert zuvor betrachteten die Südstaaten das Thema eher als eine Angelegenheit der Staatenrechte und nicht der Menschenrechte, und wer das Gesetz einzuführen versuchte oder auch nur seine Stimme gegen die Nichteinführung erhob, hatte mit schwersten Repressalien zu rechnen.

Als sich die Afroamerikanerin Rosa Parks 1955 in einem Bus in Montgomery (Alabama) weigerte, ihren Sitzplatz einem weißen Mann zu überlassen, führte dies zu einem erfolgreichen Massenboykott und brachte den 27-jährigen Geistlichen **Martin Luther King** an die Spitze der Bürgerrechtsbewegung. Zu einer weiteren Konfrontation kam es 1957 an der Central High School in Little Rock (Arkansas), woraufhin sich der zögernde Präsident Eisenhower schließlich gezwungen sah, die Nationalgarde aufmarschieren zu lassen, um die die Aufhebung der schulischen Rassentrennung in einem unwilligen Einzelstaat gewaltsam durchzusetzen.

Die mit äußerst knappem Vorsprung ausgegangene Wahl von **John F. Kennedy** zum Präsidenten im Jahre 1960 markierte den Anfang

Das 20. Jahrhundert

großer Veränderungen in der amerikanischen Politik, auch wenn seine Maßnahmen im Nachhinein gar nicht so radikal erscheinen mögen. Mit 43 Jahren war er der jüngste amerikanische Präsident aller Zeiten, auch der erste katholische. Er war im wahrsten Sinne des Wortes bereit, nach den Sternen zu greifen. So setzte er alles daran, die USA beim Wettlauf ins All zum Sieg zu führen, nachdem man bis dahin beschämenderweise hinter der Sowjetunion hergehinkt war. Die beiden folgenden Jahrzehnte sollten jedoch insgesamt von Desillusionierung, Niederlagen und Verzweiflung gekennzeichnet sein. Waren die Jahre unter Eisenhower einfach nur langweilig gewesen, so sollten die 60er aufregender werden, als es den Amerikanern lieb war.

Der Glanz und Glamour ausstrahlende Kennedy war zu Lebzeiten zwar tatsächlich ein beliebter Präsident, doch nach seiner Ermordung wurden er und seine Regierungszeit praktisch mit einem eher ungerechtfertigten Heiligenschein versehen. Einen großen politischen Erfolg hatte er allerdings unbestritten zu verzeichnen, als es 1962 zur sogenannten **Kubakrise** kam. Nachdem das US-Militär russische Raketenstützpunkte auf der Karibikinsel glücklicherweise noch entdeckt hatte, bevor die Raketen abschussbereit waren, konnte Kennedy den russischen Ministerpräsidenten Chruschtschow schließlich dazu bewegen, die Raketen wieder abzuziehen. Das vorangegangene Jahr war dagegen für Kennedy weniger erfolgreich verlaufen, als er die gescheiterte Invasion Kubas in der **Schweinebucht** zu verantworten hatte und Amerika noch tiefer in den andauernden Kampf gegen den Kommunismus in Vietnam verstrickte, indem er immer mehr „Berater" nach Saigon entsandte.

Ein propagandistisch hervorragend vermarkteter Sympathiebekundungsanruf bei der Ehefrau von Martin Luther King, während ihr Mann eine seiner zahlreichen Freiheitsstrafen in den Gefängnissen der Südstaaten verbüßte, mag eine Rolle bei Kennedys Wahlerfolg gespielt haben. Ansonsten identifizierte sich der Präsident nicht unbedingt mit den **Bürgerrechtlern**. Dennoch konnte die Bewegung zunehmend Erfolge verbuchen, auch dank weltweiter Fernsehüber-

tragungen von Auswüchsen wie den Übergriffen der Polizei von Birmingham auf friedliche Demonstranten im Jahr 1963. Der große Moment der Bewegung kam im Spätsommer desselben Jahres, als Martin Luther King bei einer Großdemonstration in Washington seine elektrisierende Rede *I Have a Dream* („Ich habe einen Traum") hielt. King bekam später den Friedensnobelpreis, weil er sich stets bedingungslos für Mahatma Gandhis Prinzip des gewaltlosen Widerstands ausgesprochen und daran gehalten hatte.

Ein wohl gleichermaßen wichtiger Faktor hinsichtlich der Tatsache, dass auch die amerikanische Mittelschicht damals erkannte, etwas an der Rassendiskriminierung ändern zu müssen, war die radikalere und beunruhigendere Rhetorik des Bürgerrechtlers **Malcolm X**. Er vertrat die Meinung, dass auch Menschen schwarzer Hautfarbe sehr wohl das Recht besäßen, sich gegen jegliche Form von Übergriffen zu verteidigen.

Nachdem Kennedy im November 1963 einem Attentat zum Opfer gefallen war, brachte sein Nachfolger **Lyndon B. Johnson** einige Gesetze auf den Weg, die den entscheidenden Forderungen der Bürgerrechtsbewegung Rechnung trugen. Doch selbst zu jener Zeit ebbte der gewaltsame Widerstand der weißen Bevölkerung in den Südstaaten nicht ab. Nur über die langwierige, gewissenhafte und gefährliche Arbeit der Massenregistrierung schwarzer Wähler im Süden konnten die dortigen Politiker zum Nachgeben gebracht werden.

Bei den Wahlen von 1964 konnte Johnson einen erdrutschartigen Sieg verzeichnen, doch seiner Vision von einer „**Großen Gesellschaft**" sollte keine rosige Zukunft beschieden sein. Stattdessen hatte er mit den außenpolitischen Schwierigkeiten des Kriegs in **Vietnam** zu kämpfen, wo das Engagement der Vereinigten Staaten jedes vernünftige Maß überschritt und kaum noch zu kontrollieren war. Der Widerstand gegen den Krieg in der Bevölkerung wuchs umso stärker, je mehr amerikanische Todesopfer in Vietnam zu beklagen waren, und aufgrund der drohenden Einberufung zum Kriegsdienst nahm die rebellische Stimmung innerhalb der amerikanischen Jugend zu. Besonders in San Francisco hörte man gern auf das Motto des Psychedelicpropheten Timothy Leary *Turn On, Tune In, Drop Out* („Mach an, mach mit, brich aus"). Im „Summer of Love" 1967 verwandelten sich die einzelgängerischen Beatniks der 50er-Jahre auf wundersame Weise in eine ganz neue Generation von Hippies.

Schon lange hatte Martin Luther King immer wieder gepredigt, dass Gerechtigkeit innerhalb der Gesellschaft nur durch wirtschaftliche Gleichstellung zu erreichen sei. Diese Botschaft erhielt eine neue Dringlichkeit, als 1965 und 1967 in den Ghettos von Los Angeles und Detroit Rassenunruhen ausbrachen und die Black Panthers auf der Bildfläche erschienen, eine bewaffnete Widerstandstruppe in der Tradition des Zwischenzeit ermordeten Malcolm X. Während Martin Luther King den Vietnamkrieg verurteilte, musste Muhammad Ali seinen Titel als Schwergewichtsweltmeister im Profiboxen wieder abgeben, weil er sich mit den Worten „Mich hat noch kein Vietcong Nigger genannt" geweigert hatte, der Armee beizutreten.

1968 drohte das gesellschaftliche Gefüge in den Vereinigten Staaten vollends auseinander zu brechen. Kurz nachdem Johnson seine Kandidatur für die Wahlen Ende des Jahres wegen seiner rapide schwindenden Beliebtheit zurückziehen musste, wurde Martin Luther King in einem Motel in Memphis erschossen. Als nächstes fiel JFKs Bruder **Robert Kennedy** einem Attentat zum Opfer, nachdem er sich für die Benachteiligten des Landes stark gemacht und sich um die Präsidentschaftskandidatur der Demokraten beworben hatte. Es bedurfte keiner Verschwörungstheorien um zu erkennen, dass die vielen Toten einen dunklen Schatten auf die Seele Amerikas geworfen hatten.

Von Richard Nixon bis Jimmy Carter

Irgendwie – vielleicht weil die brutale Niederschlagung der Antikriegsdemonstrationen bei der Democratic Convention in Chicago das Schreckgespenst der Anarchie wieder hervorgebracht hatte – endete das von Trauer und Elend geprägte Jahr 1968 mit der Wahl des Republikaners **Richard Nixon** zum Präsidenten. Nixon war im Alter von noch nicht einmal 40 Jahren bereits Eisenhowers Vizepräsident gewesen und hatte nach seiner Niederlage bei den

Gouverneurswahlen in Kalifornien 1962 vor der Presse erklärt, sich aus dem politischen Leben zurückzuziehen.

Nun war er wieder da, und schon bald zeigte sich, dass er mit seinen unzähligen vermeintlichen Feinden noch Rechnungen zu begleichen hatte, vor allem mit einigen Medienvertretern. Dank seiner tadellosen konservativen Referenzen gelang es Nixon, harmonischere Beziehungen zwischen den USA und China herzustellen, doch der Krieg in Vietnam zog sich weiter hin und hatte bereits 57 000 Amerikaner das Leben gekostet.

Als die USA schließlich mit der geheimen und illegalen Bombardierung Kambodschas begannen, um den Sieg zu erzwingen, erreichte die Opposition in der Heimat einen neuen Höhepunkt, sodass es letztlich einfacher erschien, die ursprünglichen Ziele gegen einen „ehrenhaften Frieden" einzutauschen. Das Ende des Krieges kam 1972, als Henry Kissinger und Le Duc Tho der Nobelpreis für die Aushandlung eines Friedensvertrages verliehen wurde, wobei zumindest Le Duc Tho die Größe besaß, die Auszeichnung abzulehnen. 1975 zogen sich die Amerikaner schließlich endgültig aus Saigon zurück.

Während Nixons erster Amtszeit fanden sich viele US-Bürger aus allen möglichen Bevölkerungsschichten, die in den 60er-Jahren politisiert worden waren, in **gesellschaftlichen Bewegungen** zusammen. Feministinnen kämpften gemeinsam für das Recht auf Abtreibung und einen Verfassungszusatz zur Gleichberechtigung; homosexuelle Männer schlugen in der New Yorker Stonewall Bar zurück, nachdem die Polizei zum x-ten Male eine Razzia durchgeführt hatte; die amerikanischen Ureinwohner formierten sich zur Indianerbewegung American Indian Movement, und selbst Gefängnisinsassen versuchten sich zu organisieren, was in blutigen Fehlschlägen wie der Stürmung des Gefängnisses von Attica 1971 endete.

Nixon beauftragte diverse Bundesbehörden mit der Überwachung der neuen Radikalen, doch der größte Albtraum der Regierung waren nach wie vor die Antikriegsdemonstranten. Die zunehmend haarsträubenderen verdeckten Operationen gegen echte und potenzielle Widersacher kulminierten 1972 in dem verpfuschten Versuch eines Einbruchs in das Nationale Hauptquartier der Demokraten in dem Washingtoner Gebäudekomplex **Watergate**. Zwei Jahre dauerten die Ermittlungen, bis Nixons Rolle bei der nachfolgenden Vertuschung schließlich bewiesen werden konnte. 1974 erklärte er seinen **Rücktritt**, bevor der Senat ein Amtsenthebungsverfahren einleiten konnte. Nachfolger wurde **Gerald Ford**, der zuvor von Nixon zum Vizepräsidenten ernannt worden war.

Nachdem die Republikaner ihren Kredit zunächst verspielt hatten, wurde 1976, im Jahr des 200-jährigen Bestehens der Vereinigten Staaten, **Jimmy Carter**, der Gouverneur von Georgia, als rechtschaffener Außenseiter mit sauberer Vergangenheit zum neuen Präsidenten gewählt, auch dank der erst kürzlich mit dem Wahlrecht ausgestatteten schwarzen Bevölkerung des Südens. Doch Carters enthusiastische Versuche, seine baptistischen Prinzipien auf Themen wie globale Menschenrechte anzuwenden, wurden schon bald als naiv, wenn nicht gar als „unamerikanisch" verunglimpft.

Ein Unglück folgte auf das nächste: So hatte Carter die Nachricht zu überbringen, dass dem Land eine **Energiekrise** bevorstand. Noch schlimmer wirkte sich aus, dass nach dem Sturz des Schahs im Iran Mitarbeiter der US-Botschaft in Teheran von islamischen Revolutionären als Geiseln genommen wurden. Carters fehlgeschlagene Versuche zur Befreiung der Geiseln ließen seine Hoffnungen auf eine Wiederwahl 1980 praktisch auf den Nullpunkt sinken. Sein Nachfolger wurde eine völlig andere Persönlichkeit, nämlich der ehemalige Hollywood-Schauspieler **Ronald Reagan**.

Die Jahre von Reagan bis Clinton

Mit Reagan kam ein ganz neuer Präsidententyp ins Weiße Haus. Im Gegensatz zu seinem quasi arbeitssüchtigen Vorgänger machte er eine Tugend aus seinem lockeren Verständnis des Präsidentenamtes, getreu seinem scherzhaften Ausspruch: „Harte Arbeit soll ja noch niemanden umgebracht haben, aber warum soll ich das Risiko eingehen?" Jene Laissez-faire-Haltung wurde besonders in seiner inländischen Wirtschaftspolitik offenkundig, unter der die Menschen alle Freiheiten besaßen, so viele Reichtümer anzuhäufen, wie es eben ging.

Dank der allgemeinen Wahrnehmung, dass Reagan kaum mitbekam, was um ihn herum geschah, blieb seine Beliebtheit auch nach einer Reihe von Skandalen ungebrochen, darunter auch die komplizierte **Iran-Contra-Affäre**.

Reagans nachhaltigste Leistung datiert aus seiner zweiten Amtszeit, als ihm die Wählerschaft – nicht zuletzt wegen seiner Referenzen als überzeugter Kalter Krieger – größeren Spielraum einräumte, als ein demokratischer Präsident möglicherweise erhalten hätte, um eine Phase der **Entspannungspolitik** mit Michail Gorbatschow einzuleiten, dem neuen Staatspräsidenten der von Reagan zuvor als „Reich des Bösen" titulierten Sowjetunion.

Als erster direkt gewählter Vizepräsident seit 150 Jahren zog **George Bush** 1988 ins Weiße Haus ein. Trotz seiner großen Erfahrung in der Außenpolitik tat Bush nicht viel mehr, als voller Erstaunen mit anzusehen, wie sich die Domino-Theorie plötzlich in ihr Gegenteil verkehrte. In Osteuropa brach ein kommunistisches Regime nach dem anderen zusammen, bis schließlich sogar die große Sowjetunion in ihre Einzelteile zerfiel. Unter Bushs Führung wurden 1991 die irakischen Invasoren mit der **Operation Desert Storm** aus Kuwait vertrieben – einem Unternehmen, das nur 100 Stunden dauerte und so gut wie keine Menschenleben auf amerikanischer Seite kostete.

Allein die von den Wählern nach Beendigung des Wettrüstens sehnsüchtig erwartete „**Friedensdividende**", also das Freiwerden enormer finanzieller Mittel aus Rüstungsprojekten für zivile Zwecke, wurde niemals Wirklichkeit. Der Wahlkampf von 1992 konzentrierte sich eher auf innen- als auf außenpolitische Themen, und zwölf Jahre republikanischer Regierung endeten mit der Wahl des Gouverneurs von Arkansas, **Bill Clinton**.

Die ersten beiden Amtsjahre des neuen Präsidenten waren dadurch gekennzeichnet, dass es ihm nicht gelang, bestimmte Wahlversprechen einzulösen, allen voran die Reformierung des Gesundheitswesens. Das nutzten die Republikaner aus, um 1994 die Mehrheit im Kongress zu übernehmen, mit dem Ergebnis von zwei Jahren Stillstand in der Gesetzgebung. Dank seines feinen Gespürs für Stimmungen innerhalb der Bevölkerung gelang es Clinton, den Republikanern einen Großteil der Schuld an der Ineffektivität der Regierung in die Schuhe zu schieben, und so wurde er mit überraschender Leichtigkeit wiedergewählt.

1998 führte seine Affäre mit der Praktikantin Monica Lewinsky im Weißen Haus zur demütigenden **Amtsanklage** *(impeachment)*, die allerdings mit einem Freispruch endete, da dem Senat wahrscheinlich dämmerte, dass Clintons Verfehlungen von der amerikanischen Bevölkerung nicht als so gravierend angesehen wurden, um eine Amtsenthebung zu rechtfertigen.

Das 21. Jahrhundert

Als Clinton aus dem Präsidentenamt schied, boomte die Wirtschaft. Sein früherer Vizepräsident **Al Gore** schaffte es dennoch, die Präsidentschaftswahlen 2000 zu verlieren.

Sowohl Gore als auch der Kandidat der Republikaner, **George W. Bush**, setzten voll auf Clintons erfolgreiche Strategie der „**Triangulation**" – Elemente aus dem Programm des politischen Gegners übernehmen, um mehr Stimmen aus der politischen Mitte auf sich zu vereinigen –, sodass dabei nichts anderes als ein **Unentschieden** herauskommen konnte.

Die endgültige Entscheidung hing von einer Neuzählung der Stimmen in Florida ab, wo die Angelegenheit allerdings durch diverse Unregelmäßigkeiten und Fehler noch verkompliziert wurde, sodass die letztinstanzliche Entscheidung schließlich dem konservativen **Supreme Court** oblag. Der ernannte Bush zum Wahlsieger. Zu jener Zeit erwartete man, dass der Vorwurf einer „gestohlenen" Wahl seine Präsidentschaft ernsthaft beeinträchtigen würde. Auch der Oberste Gerichtshof verlor an Ansehen, weil seine Entscheidung vielerorts keineswegs als unvoreingenommen beurteilt wurde.

Doch binnen Jahresfrist sollte all dies vollkommen in den Hintergrund treten, als nämlich die grauenhaften Ereignisse vom **11. September 2001** der heimischen Wirtschaft und vor allem dem Nationalstolz der Amerikaner einen verhee-

renden Schlag versetzten. Fast 3000 Menschen starben bei dem schlimmsten **Terroranschlag** in der Geschichte der Vereinigten Staaten, als zwei entführte Flugzeuge in die Zwillingstürme des **World Trade Center** in New York City und ein weiteres in das Washingtoner **Pentagon** gesteuert wurden und explodierten. Die Angriffe wurden schnell als das Werk der Terrororganisation al-Kaida unter Führung des aus Saudi-Arabien stammenden Terroristen **Osama bin Laden** enttarnt, und wenige Wochen später erklärte Präsident Bush den zeitlich unbegrenzten Krieg gegen den Terrorismus.

Bush sah sich mit einer neuen, veränderten Welt konfrontiert und so machte er sich kurzerhand daran, das Regelwerk der Diplomatie und des internationalen Rechts umzuschreiben. 2002 erklärte er, dass die USA das Recht besäßen, **Präventivkriege** zu führen: „Wenn wir warten, bis Bedrohungen voll und ganz Gestalt annehmen, werden wir zu lange gewartet haben. [...] Wir müssen die Schlacht zum Feind bringen, seine Pläne durchkreuzen und den schlimmsten Bedrohungen begegnen, bevor sie auftreten."

2001 wurde nach einer von den USA angeführten Invasion die Kontrolle in **Afghanistan** übernommen. 2003 fiel ein ähnliches Kommando im **Irak** ein unter dem Vorwand, der irakische Diktator **Saddam Hussein** würde Massenvernichtungswaffen entwickeln. Saddam wurde gestürzt, später gefangen genommen und schließlich exekutiert. Mittlerweile hat sich herausgestellt, dass diese Waffen gar nicht existierten. Im Irak tobt nun ein Bürgerkrieg, dessen Ende nicht abzusehen ist. Außerdem wurde das Land zu einem Hauptrekrutierungsgebiet für die internationale Terroristenszene.

Trotz einer Welle von Finanzskandalen, allen voran der Zusammenbruch des mächtigen Energiemultis **Enron**, setzte sich Bush 2004 gegen den Senator von Massachusetts, John Kerry, durch und blieb für eine zweite Regierungsperiode im Amt. Seine Wiederwahl trug nicht dazu bei, die verhärteten Fronten in seinem Land aufzubrechen. Außerdem versagte die Bush-Regierung kläglich, als **Hurrikan Katrina** 2005 in New Orleans und entlang der Golfküste schwerste Schäden anrichtete.

Dass die Demokraten bei den Kongresswahlen 2006 nach zwölf Jahren Alleinherrschaft der Republikaner sowohl im Senat als auch im Repräsentantenhaus die Mehrheit erringen konnten, wurde vor allem als ein Statement des Volkes gegen den Irakkrieg gewertet. Auch der kometenhafte Aufstieg des Senators **Barack Obama** aus Illinois – und die Tatsache, dass er sich gegen Hillary Clinton als Präsidentschaftskandidat durchsetzen konnte – lag zu einem großen Teil daran, dass er einer der wenigen Politiker war, die sich klar gegen diesen Krieg aussprachen. Mit seinem optimistischen Credo vom möglichen Wandel, seinen rhetorischen Fähigkeiten und der klugen Nutzung neuer Medien im Wahlkampf schaffte er es, auch jüngere Wähler und Minderheiten zu mobilisieren.

Letztendlich war es wohl die Wucht der einsetzenden **Wirtschaftskrise**, die Obama bei den Wahlen im November 2008 zum Triumph über John McCain verhalf. Nach dem Bankrott der Investmentbank Lehman Brothers – der größten Pleite in der Geschichte der USA –

war abzusehen, dass keine Branche von den Folgen der faulen Immobilienkredite verschont bleiben würde. Die grenzenlose Begeisterung über den ersten schwarzen US-Präsidenten ist seit Obamas Amtsantritt einer gewissen Ernüchterung gewichen. Obwohl er zumindest Teile seiner Gesundheitsreform in die Praxis umsetzen konnte, sind viele der Kernpunkte seines Wahlprogramms bisher unerfüllt geblieben. Besonders das militärische Engagement der USA im Mittleren Osten hat sich inzwischen so lange dahingeschleppt, dass der Krieg in Afghanistan mittlerweile der längste militärische Konflikt der US-amerikanischen Geschichte ist. Außerdem wurde Obama – vielleicht unfairerweise – zu Lasten gelegt, dass er es nicht geschafft hat, die amerikanische Wirtschaft wieder auf die Beine zu bringen, und trotz seines Engagements für den Umweltschutz wird ihm angekreidet, dass er die Ölkatastrophe im Golf von Mexiko vom Mai 2010 nicht verhindern oder zumindest für eine schnelle Bekämpfung sorgen konnte.

New York 1 HIGHLIGHT

Stefan Loose Traveltipps

Ellis Island Die einstige Anlaufstelle für Millionen hoffnungsfroher Einwanderer ist heute ein fesselndes Museum. S. 100

The High Line Schöner Weg durch Chelsea und den Meatpacking District entlang einer ehemaligen Hochbahntrasse. S. 112

Empire State Building Das Panorama von der Spitze ist einfach nicht zu toppen. S. 113

Central Park New Yorks grüne Lunge, einer der großartigsten Stadtparks der USA. S. 116

Metropolitan Museum of Art Die gigantische Kunstammlung sorgt mühelos für mehrere Tage Beschäftigung. S. 117

Coney Island Über die Holzplanken der Strandpromenade schlendern, bei einer Achterbahnfahrt vor Angst und Vergnügen kreischen und Amerikas berühmteste Hotdogs probieren. S. 123

New Yorker Delis Das kulinarische Angebot der Stadt reicht von Bagels bis zu Haute Cuisine, aber Katz's und Zabar's Delis sind New York in Reinkultur. S. 128 und S. 143

Ein Abend der Kultur Oper in der Met, Theater am Broadway, Jazz in Harlem oder im West Village – Kulturfreunde haben abends in New York die Qual der Wahl. S. 135–140

New York, das Kultur- und Finanzzentrum der USA, wenn nicht gar der ganzen Welt, ist temporeich, geschichtsträchtig und voller romantischer Momente. Die Vergangenheit der Stadt zeigt sich in den verwinkelten Sträßchen um die Wall Street und in den Mietskasernen der Lower East Side, während Wolkenkratzer wie das Empire State Building vom Aufbruch in die Moderne zeugen. Tag und Nacht ist auf den Straßen der Stadt etwas los, und jedes Viertel zeigt ein anderes Gesicht. Atem holen können die Bewohner und Besucher am Wasser und in den städtischen Grünanlagen, vor allem dem Central Park Dicht drängen sich weltberühmte Ikonen New Yorker Kultur, von den bunten Neonreklamen des Times Square bis zu den Wandbildern des Rockefeller Center. In Sachen Energie, Dynamik und Vielfalt ist die Metropole nur schwer zu überbieten – keine andere Stadt der Welt ist mit New York vergleichbar.

Die größte Stadt der USA umfasst neben der zentralen Insel **Manhattan** die vier Außenbezirke **Brooklyn**, **Queens**, **Bronx** und **Staten Island**. Für die meisten Besucher ist Manhattan gleichbedeutend mit New York und sicherlich der Ort, an dem man seine Unterkunft wählt und die meiste Zeit verbringt. Manhattan lässt sich grob in drei Abschnitte einteilen: **Downtown** (südlich der 14th Street), **Midtown** (von 14th Street bis Central Park bzw. 59th Street) und **Uptown** (nördlich der 59th Street).

Auch wer sich mehrere Wochen lang in New York City aufhält, kann letztlich nur an der Oberfläche kratzen. Aber ein paar Klassiker gibt es natürlich, die unbedingt ins Besichtigungsprogramm gehören. Dazu zählen die unterschiedlichen ethnischen Viertel wie Chinatown und die eher künstlerisch geprägten wie Soho, East Village und West Village. Absolute Highlights sind ohne Frage die berühmten architektonischen Glanzlichter Midtown Manhattans und des Financial District sowie die vielen hervorragenden Museen – ganz oben das Metropolitan Museum und das Museum of Modern Art, daneben aber auch kleinere Häuser wie die Frick Collection und die Morgan Library.

Wenn es ums Essen geht, bietet New York zu jeder Tages- und Nachtzeit und in sämtlichen kulinarischen Stilrichtungen so gut wie alles, was das Herz begehrt. Auch Bars und Kneipen existieren in allen Schattierungen und Ausprägungen. Neben etlichen Underground-Kinos, die alle möglichen obskuren Filme zeigen, sind natürlich auch die etablierteren Künste wie Tanz, Theater und Musik hervorragend repräsentiert. Begeisterte Shopper erwartet der Dreh- und Angelpunkt des großen kapitalistischen Traums mit einem Angebot von schier betäubender Vielfalt.

Manhattan legt die Latte hoch, und so verblassen unvermeidlich auch die vor allem aus Wohngegenden bestehenden Außenbezirke, obwohl auch sie durchaus einiges zu bieten haben. **Brooklyn** wartet mit dem herben Charme von Coney Island, den hübschen Brownstone-Sandsteinhäusern von Brooklyn Heights und dem hippen Nachtleben von Williamsburg auf. **Long Island City** und **Astoria** (beide in Queens) bieten einige innovative Museen, und ein Besuch des **Bronx Zoo** und der benachbarten **Botanischen Gärten** lohnt sich immer. Zu guter Letzt sollte kein Besucher die erfrischende und aussichtsreiche kostenlose Fahrt mit der **Staten Island Ferry** verpassen, wenngleich Staten Island selbst wenig Sehenswertes bietet.

Geschichte

Der erste Europäer, der das von den Delaware-Indianern (auch Lenni Lenape) bewohnte Manhattan Island erblickte, war der italienische Seefahrer Giovanni da Verrazano im Jahr 1524. Genau 100 Jahre später errichteten holländische Kolonisten die Niederlassung **Neu-Amsterdam**. Ihr erster Gouverneur, Peter Minuit, hatte die ganze Insel für eine Hand voll wertlosen Plunders „gekauft". Es ist nicht ganz geklärt, wer die Insel eigentlich verkaufte (vermutlich ein nördlicher Zweig der Lenni Lenape), aber grundsätzlich war die Vorstellung, dass man Land „besitzen" könne, den amerikanischen Ureinwohnern völlig fremd – sie gedachten den Holländern wohl nur ein Nutzungsrecht an dem Gebiet einzuräumen. Als die Briten 1664 das Gebiet beanspruchten, waren die Einwohner das unerbittliche Regime von Gouverneur **Peter Stuyvesant** so leid, dass die Holländer sich ohne Gegenwehr ergaben.

Die Stadt wurde in **New York** umbenannt, wuchs und gedieh und zählte bei Ausbruch der Amerikanischen Revolution schon 33 000 Ein-

N

0   5 Meilen

NEW JERSEY

Van Cortlandt Park

New York Botanical Garden

THE BRONX

Long Island Sound

Pelham Bay Park

Bronx Zoo

Yankee Stadium

CITY ISLAND

SOUTH BRONX

LONG ISLAND

HARLEM

Hudson River

Central Park

LaGuardia Airport

ASTORIA

LONG ISLAND CITY

FLUSHING

JACKSON HEIGHTS

Flushing Meadows Corona Park

QUEENS

MANHATTAN

East River

WILLIAMSBURG

FOREST HILLS

JAMAICA

KEW GARDENS

Ellis Island

Freiheits-statue

Governors Island

BROOKLYN HEIGHTS

Brooklyn Botanic Garden

BROOKLYN

John F. Kennedy International Airport

Prospect Park

FLATBUSH

Marine Park

LONG ISLAND

ST. GEORGE

BAY RIDGE

JAMAICA BAY WILDLIFE REFUGE

STATEN ISLAND

BELT PARKWAY

CONEY ISLAND

New York Aquarium

Brighton Beach

Jacob Riis Park

The Rockaways

ATLANTIK

wohner. Durch die Eröffnung des **Erie-Kanals** im Jahr 1825 wurden Handelswege ins Landesinnere erschlossen. Dadurch stieg die Stadt zum Machtzentrum der Nation auf und wurde später Basis von Industriebossen wie Cornelius Van-

derbilt und Finanzgenies wie J. P. Morgan. 1886 kam die Freiheitsstatue aus Frankreich, ein Symbol des Neuanfangs für ganze Generationen von Einwanderern, und zu Beginn des 20. Jhs. schoss vor den Augen der erstaunten Weltöffentlichkeit plötzlich ein **Wolkenkratzer** nach dem anderen in Manhattan aus dem Boden, womit New York seinen Ruf als Stadt der Zukunft gewann.

Fast ein Jahrhundert später machte der Anschlag vom **11. September 2001** die Zwillingstürme des World Trade Center dem Erdboden gleich und erschütterte New York bis ins Mark. Doch ein groß angelegtes Sanierungsprogramm half dem Financial District wieder auf die Beine. Eine neue Ansammlung spektakulärer Wolkenkratzer, von denen einige schon fertiggestellt sind und andere gerade gebaut werden, wird Manhattans südlicher Skyline ein neues Aussehen verleihen.

Orientierung

Als erster Teil Manhattans wurde die heutige **Downtown** besiedelt. Das ist auch der Grund, warum die Straßen hier mit Namen (und nicht mit Zahlen) gekennzeichnet und etwas willkürlich angeordnet sind. Der Zusatz **West Side** oder **East Side** bei Ortsangaben bedeutet ganz einfach, dass das betreffende Objekt westlich bzw. östlich der Fifth Avenue liegt, die vom Washington Square Park nordwärts verläuft, an der Ostseite des Central Park entlang.

An der East Side nördlich der Houston Street („Hausten" gesprochen) und auf der West Side nördlich der 14th Street sind die Straßen in einem **Schachbrettmuster** angelegt und zählen Richtung Norden in Einerschritten aufwärts. Bei der Suche nach einer bestimmten **Adresse** ist zu beachten, dass die Hausnummern aufwärts zählen, je weiter man sich von der Fifth Avenue nach Osten und Westen entfernt. Auf den Avenues zählen die Hausnummern in nördlicher Richtung aufwärts.

Downtown Manhattan

Downtown Manhattan – das Mosaik aus Stadtvierteln unterhalb der 14th Street – bietet optisch die gesamte Palette: von cool glitzernden Wolkenkratzern aus Glas und Stahl über den Charme der Alten Welt. Downtown ist zweifellos eine der aufregendsten Gegenden der Stadt. Die Attraktionen beginnen eigentlich schon in New York Harbor mit den beiden obligatorischen Sehenswürdigkeiten **Freiheitsstatue** und **Ellis Island**.

Das südlichste Viertel auf dem Festland ist der **Financial District**, mit der Wall Street als Zentrum. Knapp eine halbe Meile weiter nördlich werden die Gebäude des **Civic Center** vom bunten Straßenleben der **Chinatown** abgelöst, die ihrerseits schon wieder in das sehr touristische **Little Italy** übergeht. Östlich von Chinatown und Little Italy markiert die **Lower East Side** den traditionellen Anlaufpunkt für viele unterschiedliche Gruppen von Einwanderern. Heute ist sie ein Trendviertel mit schicken Bars und Restaurants.

Westlich von Chinatown und Little Italy hat sich das ehemalige Industriegebiet **Soho** zu einem teuren Wohn- und Einkaufsviertel entwickelt. In den hübschen Häuserblocks des kleinen Viertels **Nolita** haben sich viele Boutiquen und angesagte Restaurants angesiedelt. Noch mehr los ist nördlich der Houston Street im **West Village** (auch als Greenwich Village bekannt) und **East Village**, beides ehemalige Künstlerenklaven. Obwohl sie immer vornehmer und bürgerlicher werden, haben beide nach wie vor einiges zu bieten: das West Village reizende Seitenstraßen und rotbraune Sandsteinhäuser, das East Village vor allem ein sehr aktives Nachtleben.

Statue of Liberty und Ellis Island

Die stolz aus dem New York Harbor aufragende **Freiheitsstatue**, 🖳 www.nps.gov/stli, verkörpert seit über einem Jahrhundert den amerikanischen Traum. Sie stellt die Freiheit dar, die ihre Fesseln abwirft und eine Fackel hochhält, um die Welt zu erleuchten. Der französische Bildhauer Frédéric Auguste Bartholdi schuf sie als Zeichen der Verbundenheit von Franzosen und Amerikanern; das Innengerüst konstruierte Gustave Eiffel, der Erbauer des Pariser Eiffelturms. Die Statue wurde 1874–1884 in Paris gebaut und am 28. Oktober 1886 von Präsident Grover Cleveland feierlich eingeweiht. Beim Kauf des Fährtickets muss man sich für eine von drei Tourvarianten entscheiden: Zugang zum Gelände ohne Betreten der Statue; Zutritt zum Museum im Sockel und zum Beobachtungsdeck auf dem Sockel (168 Stufen); oder zusätzlich noch Einlass in die Krone – hier hinauf sind es 354 Stufen; die letzte Variante kostet $3, die anderen beiden sind im Fährticketpreis enthalten, aber frühzeitig reservieren (siehe unten, Statue Cruises Ferry).

N

0   1 Meile

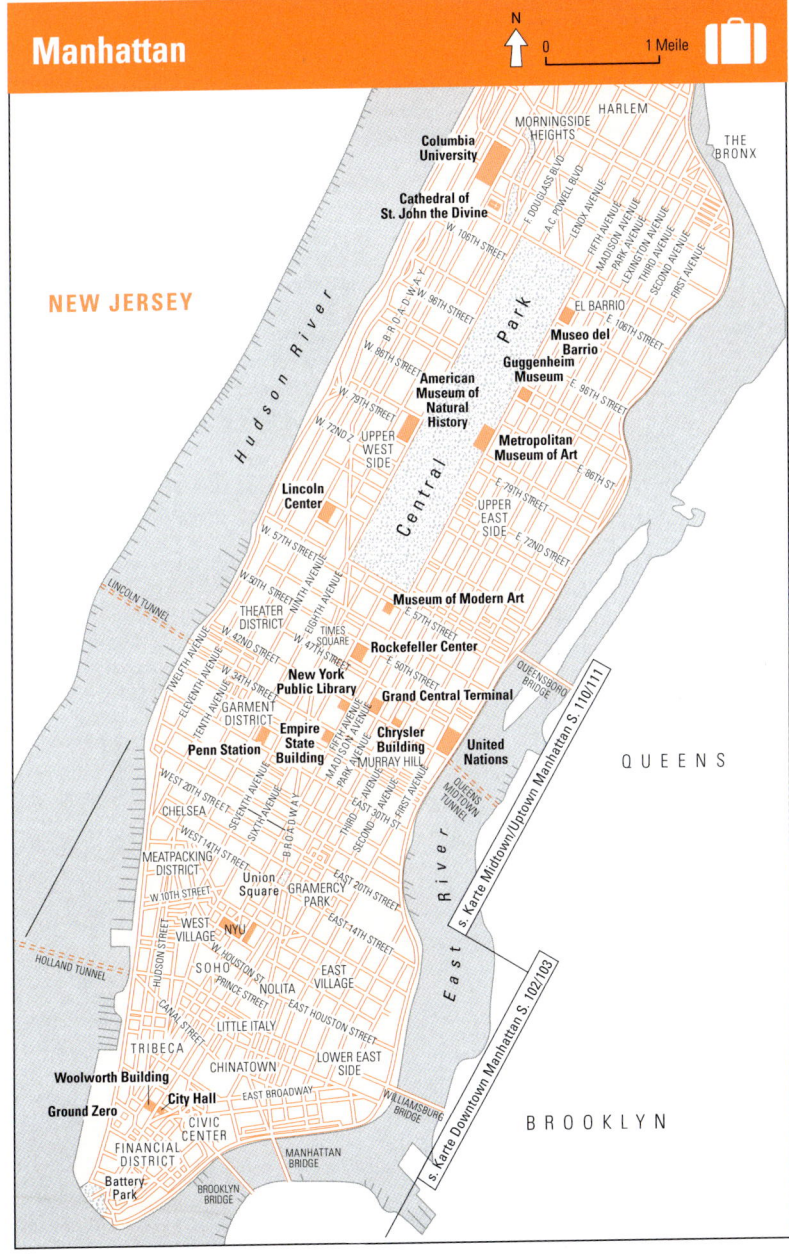

NEW JERSEY

HARLEM

MORNINGSIDE
HEIGHTS

Columbia
University

THE
BRONX

Cathedral of
St. John the Divine

W. 106TH STREET

E. DOUGLASS BLVD.
A.C. POWELL BLVD.
LENOX AVENUE
FIFTH AVENUE
MADISON AVENUE
PARK AVENUE
LEXINGTON AVENUE
THIRD AVENUE
SECOND AVENUE
FIRST AVENUE

Hudson River

B
R
O
A
D
W
A
Y

W. 96TH STREET

EL BARRIO

Museo del
Barrio

Guggenheim
Museum

E. 106TH STREET
E. 96TH STREET

W. 86TH STREET

American
Museum of
Natural
History

W. 78TH STREET

Central   Park

W. 72ND Z

Metropolitan
Museum of Art

E. 86TH ST.

UPPER
WEST
SIDE

E. 78TH STREET

Lincoln
Center

UPPER
EAST
SIDE

E. 72ND STREET

W. 57TH STREET

LINCOLN TUNNEL

W. 50TH STREET

NINTH AVENUE

EIGHTH AVENUE

Museum of Modern Art

THEATER
DISTRICT

W. 42ND STREET

TIMES
SQUARE
W. 47TH STREET

E. 57TH STREET

Rockefeller Center

TWELFTH AVENUE

ELEVENTH AVENUE

TENTH AVENUE

W. 34TH STREET

New York
Public Library

E. 50TH STREET

QUEENSBORO
BRIDGE

Grand Central Terminal

GARMENT
DISTRICT

Empire
State
Building

FIFTH AVENUE

MADISON AVENUE

Chrysler
Building

QUEENS
MIDTOWN
TUNNEL

Penn Station

MURRAY HILL

United
Nations

QUEENS

s. Karte Midtown/Uptown Manhattan S. 110/111

WEST 20TH STREET

SEVENTH AVENUE

SIXTH AVENUE

PARK AVENUE
THIRD AVENUE
SECOND AVENUE

E. 30TH ST.
FIRST AVENUE

CHELSEA

BROADWAY

WEST 14TH STREET

East   River

MEATPACKING
DISTRICT

Union
Square

GRAMERCY
PARK

EAST 20TH STREET

HOLLAND TUNNEL

WEST
VILLAGE

NYU

HUDSON STREET

W. HOUSTON ST.

EAST 14TH STREET

EAST
VILLAGE

SOHO

NOLITA

PRINCE STREET

EAST HOUSTON STREET

s. Karte Downtown Manhattan S. 102/103

CANAL STREET

LITTLE ITALY

TRIBECA

CHINATOWN

LOWER EAST
SIDE

WILLIAMSBURG
BRIDGE

Woolworth Building

City Hall

EAST BROADWAY

BROOKLYN

Ground Zero

FINANCIAL
DISTRICT

CIVIC
CENTER

MANHATTAN
BRIDGE

Battery
Park

BROOKLYN
BRIDGE

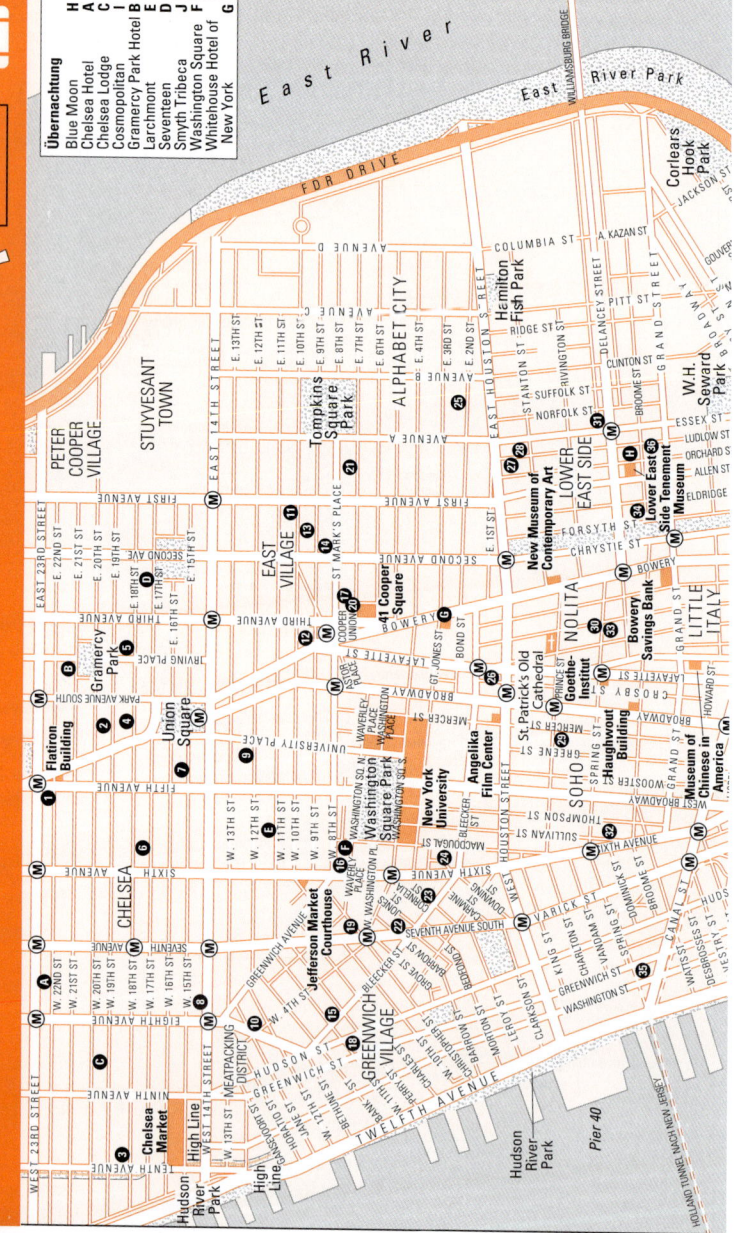

Übernachtung

Blue Moon	H
Chelsea Hotel	A
Chelsea Lodge	C
Cosmopolitan	I
Gramercy Park Hotel	E
Larchmont	B
Seventeen	D
Smyth Tribeca	J
Washington Square	F
Whitehouse Hotel of New York	G

East River

East River Park

WILLIAMSBURG BRIDGE

Corlears Hook Park

FDR DRIVE

STUYVESANT TOWN

PETER COOPER VILLAGE

ALPHABET CITY

Hemilton Fish Park

W.H. Seward Park

LOWER EAST SIDE

Tompkins Square Park

EAST VILLAGE

New Museum of Contemporary Art

Lower East Side Tenement Museum

41 Cooper Square

NOLITA

Bowery Savings Bank

St Patrick's Old Cathedral

Goethe-Institut

LITTLE ITALY

Flatiron Building

Gramercy Park

Union Square

CHELSEA

New York University

Angelika Film Center

Washington Square Park

Haughwout Building

SOHO

Museum of Chinese in America

Jefferson Market Courthouse

GREENWICH VILLAGE

MEATPACKING DISTRICT

Chelsea Market

High Line

High Line

Hudson River Park

Hudson River Park

Pier 40

HOLLAND TUNNEL NACH/TO NEW JERSEY

N

0   500 m

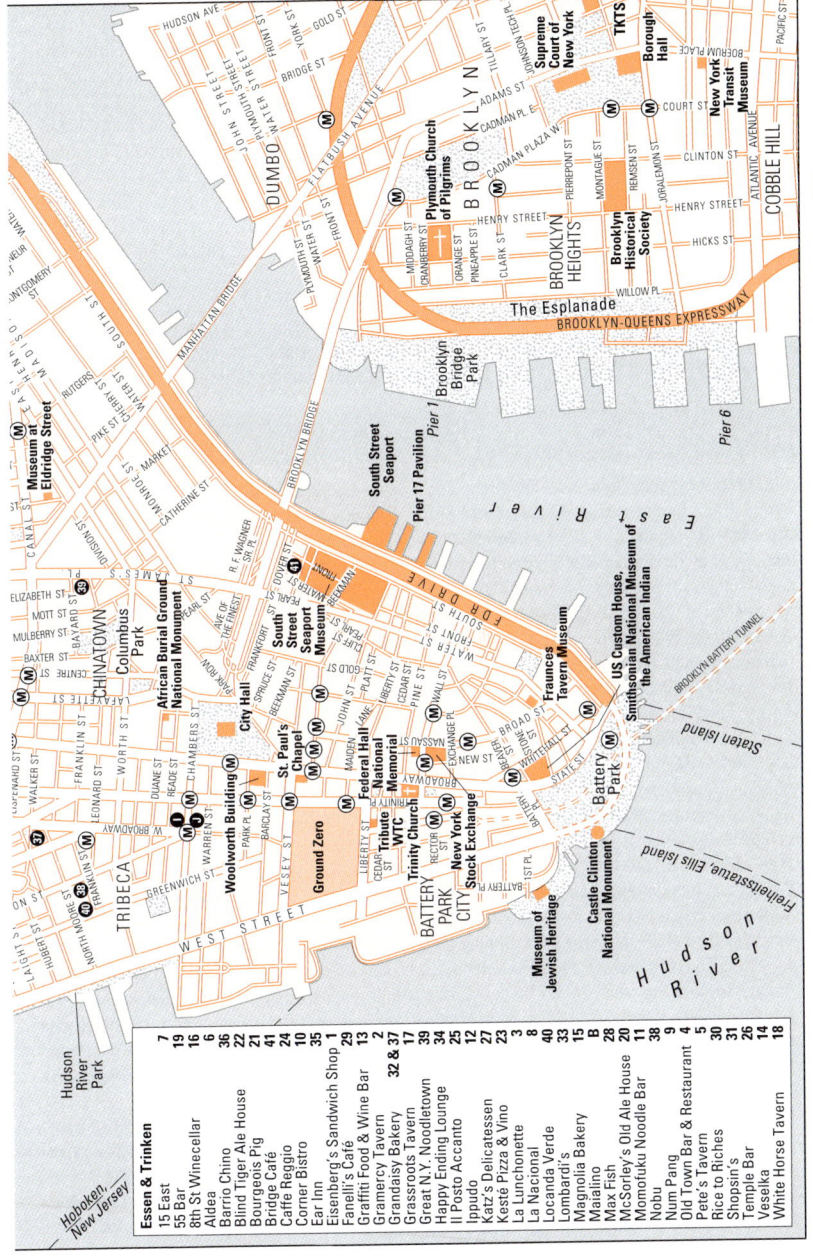

New York

TKTS

Borough Hall

Supreme Court of New York

New York Transit Museum

COBBLE HILL

Plymouth Church of Pilgrims

BROOKLYN

DUMBO

BROOKLYN HEIGHTS

Brooklyn Historical Society

The Esplanade

BROOKLYN-QUEENS EXPRESSWAY

Brooklyn Bridge Park

Pier 1

Pier 6

Museum at Eldridge Street

CHINATOWN

African Burial Ground National Monument

Columbus Park

South Street Seaport

Pier 17 Pavilion

South Street Seaport Museum

East River

City Hall

Woolworth Building

St. Paul's Chapel

Federal Hall National Memorial

Tribute WTC

Trinity Church

New York Stock Exchange

US Custom House, Smithsonian National Museum of the American Indian

Fraunces Tavern Museum

Staten Island

TRIBECA

Ground Zero

BATTERY PARK CITY

Battery Park

Castle Clinton National Monument

Museum of Jewish Heritage

Freiheitsstatue, Ellis Island

Hudson River

WEST STREET

Hudson River Park

Hoboken, New Jersey

Essen & Trinken

15 East	7
55 Bar	19
8th St Winecellar	16
Aldea	6
Barrio Chino	36
Blind Tiger Ale House	22
Bourgeois Pig	21
Bridge Café	41
Caffe Reggio	24
Corner Bistro	10
Ear Inn	35
Eisenberg's Sandwich Shop	1
Fanelli's Café	29
Graffiti Food & Wine Bar	13
Gramercy Tavern	2
Grandaisy Bakery	17
Grassroots Tavern	32 & 37
Great N.Y. Noodletown	39
Happy Ending Lounge	34
Il Posto Accanto	25
Ippudo	12
Katz's Delicatessen	27
Kesté Pizza & Vino	23
La Lunchonette	3
La Nacional	8
Locanda Verde	40
Lombardi's	33
Magnolia Bakery	15
Maialino	B
Max Fish	28
McSorley's Old Ale House	20
Momofuku Noodle Bar	11
Nobu	38
Num Pang	4
Old Town Bar & Restaurant	5
Pete's Tavern	30
Rice to Riches	31
Shopsin's	26
Temple Bar	14
Veselka	18
White Horse Tavern	

Nur eine kurze Bootsfahrt entfernt liegt **Ellis Island**, einst die erste Station für über zwölf Millionen Einwanderer. 1892 wurde hier ein Vorposten der Einwanderungsbehörde eingerichtet, der vor allem den gewaltigen Zustrom von Immigranten aus Süd- und Osteuropa bewältigen sollte und bis 1954 in Betrieb blieb. Heute vermittelt das **Ellis Island Immigration Museum**, ✆ 212/363-3200, 🖥 www.nps.gov/elis, im türmchengeschmückten Zentralgebäude den Geist dieses speziellen Ortes mit Objekten, Fotografien und Landkarten jener Zeit sowie Erfahrungsberichten von Einwanderern, die hier abgefertigt wurden. Im imposanten **Registry Room** im Obergeschoss, der so viel bange Erwartung, Hochstimmung und Verzweiflung erlebt hat, verlieren sich ein paar Schreibtische der Einreisekontrolleure und amerikanische Flaggen unter der Gewölbedecke. ◷ tgl. 9.30–17.15 Uhr, Eintritt frei.

Zur Freiheitsstatue und nach Ellis Island (der Eintritt zu beiden ist frei) verkehrt die **Statue Cruises Ferry**, ✆ 877/523-9849, 🖥 www.statuecruises.com, vom Anleger Battery Park tgl. 8.30–14.30 Uhr alle 30–45 Min., letzte Rückfahrt 18 Uhr, hin und zurück $13. Fahrkarten gibt es beim Castle Clinton im Battery Park. Die Fähre steuert zuerst Liberty Island an und fährt von dort weiter nach Ellis Island. Es ist ratsam, so früh wie möglich aufzubrechen, um lange Warteschlangen zu vermeiden und beide Inseln an einem Tag besu-

Der 11. September und sein Gedenken

Die 1973 fertiggestellten Zwillingstürme des World Trade Center waren ein markanter Bestandteil der legendären New Yorker Skyline und Symbol für den gesellschaftlichen und wirtschaftlichen Erfolg der Metropole. Doch am 11. September 2001, 8.46 Uhr Ortszeit, rammte ein entführtes Passagierflugzeug den Nordturm; 17 Minuten später krachte ein weiteres entführtes Flugzeug in den Südturm. Während Tausende von Augenzeugen und zig Millionen Fernsehzuschauer weltweit entsetzt zusahen, stürzte um 9.50 Uhr zuerst der Südturm, um 10.30 Uhr dann auch sein Zwilling. Insgesamt kamen beim Einsturz des World Trade Center und dem zeitgleichen Anschlag in Washington DC 2995 Menschen ums Leben.

2003 gewann der in Polen geborene amerikanische Architekt Daniel Libeskind einen Gestaltungswettbewerb für das neue World Trade Center. Um seine Pläne tobten jedoch von Anfang an heftige Kontroversen, und er war an der weiteren Entwicklung des Projekts kaum noch beteiligt. 2006 wurde schließlich ein abgewandelter Entwurf angenommen – unter Einbezug von Libeskinds **Freedom Tower** mit 541,32 m (1776 Fuß) Höhe. Die Bauarbeiten unter Leitung des Architekten David Childs sind inzwischen in vollem Gange. Das $12 Mrd. teure Gesamtprojekt soll bis 2014 oder 2015 abgeschlossen sein – allerdings wurde der Termin der Fertigstellung schon ein paar Mal verschoben. Teil des Projekts ist das **National September 11 Memorial and Museum**. Das Mahnmal besteht aus zwei quadratischen Becken, die auf der Grundfläche der ursprünglichen Zwillingstürme stehen und von unzähligen Eichen umgeben sind. Von allen vier Seiten rieselt Wasser in die Becken und bildet so eine Art dichten Vorhang rundherum. Das unterirdische Museum wird die Geschichte des 11. Septembers mit Erinnerungsstücken und Präsentationen veranschaulichen. Bis zu seiner Fertigstellung können Besucher stattdessen einen Blick auf die Baustelle am **Ground Zero** werfen und dem **Tribute WTC Visitor Center**, 120 Liberty St (zwischen Greenwich und Church St), ✆ 212/393-9160, 🖥 www.tributewtc.org, einen Besuch abstatten. ◷ Mo und Mi–Sa 10–18, Di 12–18, So 12–17 Uhr, Eintritt $10. Es besitzt fünf kleine Galerien, die an die Anschläge vom 11. September erinnern, u. a. mit einem Modell der Zwillingstürme und einer bewegenden Ausstellung über den verhängnisvollen Tag, zu der auch Video- und Audioberichte von Überlebenden gehören. Außerdem organisiert das Center täglich **Führungen** rund um das WTC-Gelände ($10).

Einen Besuch wert ist auch die 1766 erbaute **St. Paul's Chapel** an der Fulton Street, Ecke Broadway, mit der erschütternden Ausstellung „Unwavering Spirit" über den 11. September. ◷ Mo–Sa 10–18, So 7–15 Uhr, Eintritt frei.

chen zu können. Wer die letzte Fähre des Tages nimmt, schafft es nicht mehr bis Ellis Island. Für beide Inseln sind mindestens zwei Stunden zu veranschlagen.

Financial District
Der Financial District steht für Manhattan, wie man es sich allgemein vorstellt: eine imponierende Skyline aus mächtigen Wolkenkratzern als Symbol wirtschaftlicher Stärke. In New York City hatte sich bereits 1790 ein aktiver Wertpapiermarkt etabliert, doch die **New York Stock Exchange** gibt es offiziell erst seit 1817, als sich 28 Börsenmakler auf eine gemeinsame Satzung einigten. Seit jenen Tagen zählt die Institution zu den ganz großen Finanzzentren der Welt.

Wall Street und Umgebung
Die enge Schlucht der **Wall Street** hat ihren Namen von der Holzpalisade, die die Holländer in den 1650er-Jahren zum Schutz gegen die englischen Kolonien weiter nördlich errichteten. An der Ecke von Broad Street und Wall Street laufen heute hinter der klassizistischen Fassade der **New York Stock Exchange** die Fäden der Welt zusammen. Aufgrund von Sicherheitsbedenken werden leider keine Besucher mehr in das Börsengebäude gelassen, und der fieberhafte Handel auf dem Parkett bleibt unter sich.

Das **Federal Hall National Memorial**, 26 Wall St, ☎ 212/825-6888, 🖥 www.nps.gov/feha, im ehemaligen Zollamt zeigt eine kleine Ausstellung über die Vereidigung des amerikanischen Präsidenten George Washington an dieser Stelle im Jahr 1789. ⊙ Mo–Fr 9–17 Uhr, Eintritt frei. Am westlichen Ende der Wall Street, genauer am Broadway zwischen Rector und Church Street, steht die **Trinity Church** im neugotischen Stil, deren Friedhof vielen Koryphäen vergangener Tage als letzte Ruhestätte dient. 1846 erbaut, war sie 50 Jahre lang das höchste Bauwerk der Stadt. ⊙ Mo–Fr 7–18, Sa 8–16, So 7–16 Uhr, Eintritt frei.

Der Broadway endet am **Bowling Green Park**, wo das 1907 von Cass Gilbert errichtete **US Custom House** steht. Das frühere Zollamt beherbergt heute das ausgezeichnete **National Museum of the American Indian**, ☎ 212/514-3700, 🖥 www.nmai.si.edu, mit einer faszinierenden Sammlung von Stücken aus fast jedem indige-

nen Volksstamm des Doppelkontinents, u. a. großen Holzschnitt- und Steinmetzarbeiten aus dem Pazifischen Nordwesten und elegantem Federschmuck aus Amazonien. ⊙ tgl. 10–17, Do bis 20 Uhr, Eintritt frei.

Battery Park und Umgebung
Auf der dem Custom House gegenüber liegenden Seite der State Street endet Downtown Manhattan im Battery Park. Dort steht das aus dem 19. Jh. stammende **Castle Clinton**, ⊙ tgl. 8.30–17 Uhr, das einst der Verteidigung der Südspitze Manhattans diente und heute dem Verkauf von Tickets für die Fähre zur Freiheitsstatue und nach Ellis Island (S. 100). Im jüngst herausgeputzten Park, der sich über mehrere Blocks an der West Side nach Norden erstreckt, gibt es viele Piers und einige schön gestaltete Ecken.

Weiter Richtung Inselspitze und nur ein paar Schritte vom Hudson entfernt, steht im angrenzenden Robert F. Wagner Park das **Museum of Jewish Heritage**, 36 Battery Place, ☎ 646/437-4200, 🖥 www.mjhnyc.org. Das Museum ist im Wesentlichen eine Gedenkstätte an den Holocaust und besteht aus drei Stockwerken mit Exponaten zur jüdischen Geschichte des 20. Jhs. Die bewegende Sammlung beinhaltet neben multimedialen Präsentationen auch Gegenstände aus dem Alltagsleben osteuropäischer Juden, Gefängniskleidung von Überlebenden aus Konzentrationslagern sowie Fotografien und persönliches Hab und Gut. ⊙ So–Di und Do 10–17.45, Mi 10–20, Fr 10–17 Uhr, an jüdischen Feiertagen geschlossen, Eintritt $12, mit Audioguide $17.

South Street Seaport und Brooklyn Bridge
Vom Battery Park Richtung Norden gelangt man über die Water Street zur **Fraunces Tavern**, ☎ 212/425-1778, 🖥 www.frauncestavernmuseum. org, einem teilweise rekonstruierten Haus im georgianischen Stil an der Pearl, Ecke Broad Street. Nachdem die Briten endgültig geschlagen worden waren, verabschiedete sich hier am 4. Dezember 1783 ein zu Tränen gerührter George Washington von seinen Offizieren, um sich für den Rest seines Lebens dem Landleben in Virginia zu widmen. Heute gibt es im Obergeschoss ein kurioses Museum mit Revolutionssouvenirs,

darunter eine Haarlocke von Washington, die wie eine Reliquie gehütet wird. Im unteren Geschoss befindet sich ein Restaurant mit Bar. ⊙ Di–Sa 12–18 Uhr, Eintritt $10.

Am östlichen Ende der Fulton Street erstreckt sich der restaurierte **South Street Seaport Historic District**. Hier befand sich in der Großsegler-Ära New Yorks betriebsamer Seehafen; heute wimmelt es in der Gegend von Kneipen, Restaurants und Filialen bekannter Ladenketten. Pier 17 bietet außer einem touristischen Shoppingcenter und einer Ansammlung restaurierter Schiffe aus dem 19. Jh. vor allem eine traumhafte Aussicht über den East River.

Von fast überall im Seaport kann man die geliebte **Brooklyn Bridge** bewundern. Bei ihrer Eröffnung 1883 war sie die längste Hängebrücke der Welt. Die Schönheit des Bauwerks selbst und der spektakuläre Blick von der Brücke auf Manhattan machen den Spaziergang über ihre hölzernen Planken zur Pflichtübung für jeden New York-Besucher. Der Fußweg auf die Brücke beginnt am oberen Ende der Park Row, gegenüber der City Hall.

City Hall Park und Civic Center

Nördlich der St. Paul's Chapel umgrenzen Broadway und Park Row den City Hall Park, ein Dreieck voll bunter Blumenpracht, das seiner hübschen Umgebung gerecht wird. An der Adresse 233 Broadway ragt zwischen Barclay Street und Park Place das **Woolworth Building** in den Himmel. Viele halten dieses 1913 von Cass Gilbert errichtete Bauwerk für das Nonplusultra der Wolkenkratzer New Yorks. Mit seiner Five-and-dime-Ladenkette – alle Artikel kosteten entweder 5 oder 10 Cents – brachte es Frank Woolworth zu einem Vermögen. Seiner Philosophie treu bleibend, niemals Kredite aufzunehmen oder zu gewähren, bezahlte er seinen Wolkenkratzer in bar. Das Innere des Gebäudes ist allerdings nicht für die Öffentlichkeit zugänglich.

Am nördlichen Ende des Parks steht die 1812 fertiggestellte **City Hall**. Ihr Interieur ist eine elegante Kombination von Arroganz und Autorität. Über die majestätisch geschwungene Treppe gelangen die Besucher in den streng geometrischen Governor's Room. Gratisführungen (Mi 12 Uhr) sind die einzige Möglichkeit, das In-

nere zu besichtigen: Vorher beim NYC-Infokiosk gegenüber vom Woolworth Building anmelden. ⊙ Mo–Fr 9–18, Sa und So 10–17 Uhr.

Ein Stückchen weiter nördlich nimmt das **African Burial Ground National Monument** einen winzigen Teil eines Gräberfeldes ein, auf dem von den 1690er-Jahren bis 1794 Afrikaner begraben wurden – der Friedhof lag damals nämlich außerhalb der Stadtgrenzen. ⊙ tgl. 9–17 Uhr, Eintritt frei. Im Visitor Centre um die Ecke, 290 Broadway, wird die Geschichte anhand eines Films und einiger interaktiver Ausstellungsstücke nähergebracht. ⊙ Mo–Fr 9–17 Uhr, Eintritt frei.

Chinatown, Little Italy und Nolita

Nordöstlich der City Hall liegt Chinatown, das blühendste ethnische Viertel Manhattans. Seit einigen Jahren dehnt sich Chinatown mehr und mehr aus. Im Norden reicht das Viertel über die Canal Street bis nach Little Italy hinein; in Richtung Nordosten grenzt es inzwischen an die Lower East Side. Seine Anziehungskraft liegt nicht in bestimmten Sehenswürdigkeiten, sondern ganz einfach in seiner ungezügelten Energie, in den Menschenmassen, die den ganzen Tag lang über die Bürgersteige wuseln, und natürlich in den ausgezeichneten chinesischen Restaurants. Sehenswert ist neben einigen üppig ausgeschmückten Tempeln auch das schicke **Museum of Chinese in America**, 215 Centre St, 🖥 www.mocanyc.org, ⊙ Mo und Fr 11–17, Do 11–21, Sa und So 10–17 Uhr, Eintritt $7, Do frei.

Die belebteste Durchgangsstraße ist die **Mott Street**. In den umliegenden Straßen – Canal, Pell, Bayard, Doyers und Bowery – gibt es jede Menge Restaurants, Lebensmittel-, Reis- und Teeläden und Geschäfte, die alles Mögliche anbieten, von Schmuck bis zu Spielzeugrobotern. An der Nordseite der Canal Street ist **Little Italy** längst nicht mehr die geschlossene Enklave, die es einmal war. In dem Viertel, das im 19. Jh. von Scharen italienischer Einwanderer besiedelt wurde, wohnen heute gar nicht mehr so viele Italiener, und seine zahlreichen Restaurants sind größtenteils teuer und touristisch.

Einige der alten Delikatessenläden (*salumerias*) und Bäckereien haben die Jahre allerdings überdauert, sodass man immer noch einen guten Cappuccino mit leckerem Gebäck genießen kann.

Nördlich von Little Italy erstreckt sich zwischen Grand und Houston Street sowie Bowery und Lafayette Street das Viertel **Nolita**. Im Zentrum seiner Ansammlung schicker Boutiquen und Restaurants steht die **St. Patrick's Old Cathedral** (Mott, Ecke Prince St), einst das spirituelle Herz von Little Italy und die älteste katholische Kathedrale der Stadt.

Unbedingt einen Besuch wert ist das **New Museum of Contemporary Art**, 235 Bowery, Ecke Prince St, ✆ 212/219-1222, 🖳 www.newmuseum. org, ein kraftvolles Sinnbild für die Wiedererweckung der **Bowery**, die bis vor Kurzem noch ein völlig abgewracktes Viertel war. Das Bauwerk selbst, ein windschiefer Stapel aus sieben schimmernden Aluminiumkästen, die von einem japanischen Architekturbüro entworfen wurden, ist ebenso faszinierend wie die Avantgardekunst in seinem Inneren. ◷ Mi, Sa und So 12–18, Do und Fr 12–21 Uhr, Eintritt $12.

Lower East Side

Die Geschichte der Lower East Side – der Gegend unterhalb des östlichen Abschnitts der Houston Street – beginnt gegen Ende des 19. Jhs. als Elendsviertel für etwa eine halbe Million jüdischer Einwanderer. Seitdem hat es sich erheblich verändert; den Hispano-Amerikanern und Chinesen folgten in jüngerer Vergangenheit gut situierte Studenten, Künstler, Designer und verwandte Spezies. Diese Mischung verleiht dem Viertel eine gewisse Coolness und bildet die Klientel für trendbewusste Geschäfte, Bars und Restaurants. Das Zentrum dieses Viertels bilden **Stanton** und **Clinton Street**.

Die Läden verkaufen fast alles zu Niedrigpreisen. Besonders am Sonntagvormittag kann man an Verkaufsständen und in den Geschäften der **Orchard Street** Kleidung und Accessoires zu Schleuderpreisen erstehen. Nach dem Einkaufsbummel lohnt sich ein Besuch im ausgezeichneten **Lower East Side Tenement Museum**, 97 Orchard St, zwischen Broome und Delancey St, ✆ 212/431-0233, 🖳 www.tenement.org. Es befindet sich in einer ehemaligen Mietskaserne Baujahr 1863 und dokumentiert die von Armut und Einwanderern geprägte Geschichte des Viertels. Das Museum ist nur im Rahmen einer Führung zugänglich (tgl. 10.30–17 Uhr, $20), die beim Visitor Center, 108 Orchard St, beginnt und endet. ◷ tgl. 10–18 Uhr.

Ein Gefühl für die jüdischen Wurzeln der Gegend vermittelt das fesselnde **Museum at Eldridge Street**, 12 Elridge St, gleich südlich der Canal St, ✆ 212/219-0888, 🖳 www.eldridge street.org. Es wurde 1887 als New Yorks erster Synagogenbau der orthodoxen Juden aus Osteuropa errichtet und wird noch heute als Gotteshaus genutzt. Halbstündliche Führungen ins Haupttheiligtum im Obergeschoss informieren ausführlich über die Geschichte des Gebäudes. ◷ So–Do 10–17 Uhr, Eintritt $10.

Soho und Tribeca

In Soho, südlich (**So**uth) der **Ho**uston Street, dreht sich seit Anfang der 1980er-Jahre alles um modischen Chic, exklusives Shopping und internationale Kunstgalerien. Dabei war diese Gegend noch in der ersten Hälfte des 20. Jhs. ein Ödland aus Industriebetrieben und Lagerhäusern. Doch als sich in den 40er- und 50er-Jahren viele Künstler wegen steigender Mieten zur Abwanderung aus Greenwich Village gezwungen sahen, wurde Soho plötzlich „in".

In den 1960er-Jahren wurde Soho vor allem seiner herrlichen **Gusseisenarchitektur** wegen als „Historic District" unter Denkmalschutz gestellt. Danach bescherte die „Yuppifizierung" dem Viertel die schicken Boutiquen, hippen Restaurants und Touristenströme, die bis heute sein Markenzeichen sind. Im markanten ehemaligen Postamt an der Ecke Greene und Prince Street residiert heute der **Apple Store**. Das schönste Beispiel der Gusseisenarchitektur, das extravagante **Haughwout Building**, ist an der Nordostecke der Kreuzung von Broome Street und Broadway zu finden. Auch sehr sehenswert: das Gebäude 72-76 Greene Street, dessen überkandidelter korinthischer Säulenvorbau – komplett aus lackiertem Metall – sich über die ganzen fünf Stockwerke erstreckt, und die durchkomponierte Fassade des Schwesterbaus, Nr. 28-30.

Das südlich von Soho und westlich der City Hall gelegene Viertel **Tribeca** (das tri*angle* be*low* Ca*nal Street*) war früher vom Lebensmittelgroßhandel geprägt. Heute finden sich hier inmitten der geräumigen Loft-Apartments teure Restaurants, winzige Parks und hier und da eine Galerie.

West Village

Für viele Besucher ist das West Village (auch als Greenwich Village oder schlicht „The Village" bekannt) der beliebteste Anlaufpunkt in New York, wenngleich das Viertel sein radikales Image längst eingebüßt hat. Außerhalb von New York genießt es noch immer den Ruf eines Künstlerviertels und verfügt über viele Attraktionen, von denen die Szene sich auch damals schon angezogen fühlte. Im „Village" tobt das Leben bis spät in die Nacht, wenn anderswo in der Stadt bereits alle Lichter erloschen sind. Außerdem findet sich hier die höchste Restaurantdichte der Stadt.

Greenwich Village begann als ländliches Rückzugsgebiet für New Yorker, die der Hektik des damaligen Stadtkerns zu entfliehen suchten. Vornehme Bauten im Federal Style und Greek Revival lockten viele, die in New York Rang und Namen hatten. Später, zu Beginn des Ersten Weltkriegs, bot das Viertel mit niedrigen Mieten und einer wachsenden Zahl freigeistiger Bewohner ein fruchtbares Klima für finanzschwache Künstler und Intellektuelle. Nach dem Zweiten Weltkrieg florierte hier die Beatgeneration und ebnete den Weg für die rebellische Gegenkultur der 1960er-Jahre. Dazu gehörte vor allem die Folk-Musik, deren führender Vertreter Bob Dylan zu Beginn seiner Laufbahn in Greenwich Village wohnte.

Der **Washington Square Park** im Zentrum des Village ist nicht sehr elegant. Hier steht neben Reihenhäusern aus rotem Backstein der 1892 von Stanford White zum 100. Jahrestag der Amtseinführung George Washingtons erbaute Washington Arch. Sobald die Temperaturen es zulassen, herrscht Leben im Zentrum des Campus der **New York University**. Der Park dient dann zugleich als Sportplatz, Performance-Bühne, Versammlungsort für Protestkundgebungen und gesellschaftlicher Treffpunkt.

Vom unteren Teil des Parks führt die **Macdougal Street** in Richtung Süden zur belebten Hauptstraße von Greenwich Village, der von Geschäften, Bars und Restaurants gesäumten **Bleecker Street**. Wer nach rechts (Westen) in die Bleecker Street und dann noch mal rechts (nach Norden) in die Sixth Avenue einbiegt, sieht schon bald den unverkennbaren Uhrturm des schönen

Jefferson Market Courthouse, W 10th Street, vor dem meist dichtes Gedränge herrscht. Das imposante hochviktorianische Bauwerk diente zunächst als Markthalle, später als Feuerwache und schließlich als Gefängnis. Heute ist darin die öffentliche Leihbücherei zu finden.

Westlich von hier bilden die von rotbraunen Sandsteinhäusern gesäumten Seitenstraßen der Seventh Avenue eine der reizvollsten Wohngegenden der Stadt. Besonders hübsch ist die Bedford Street, in der das älteste Haus des Village – Haus Nr. 77 aus dem Jahr 1799 – steht. Das Haus 17 Grove Street, Baujahr 1822, ist New Yorks am besten erhaltene Holzrahmenkonstruktion.

Ganz in der Nähe trifft die Seventh Avenue auf die **Christopher Street**. Der **Sheridan Square**, die Kreuzung beider Straßen, war 1969 Schauplatz von Auseinandersetzungen zwischen der Polizei und zahlreichen Mitgliedern der Schwulenszene: Eine Razzia in der Schwulenbar Stonewall Inn führte zu einem fast einstündigen Tumult. An das Ereignis, einen Wendepunkt im Kampf um die Gleichberechtigung von Homosexuellen, erinnert alljährlich die **Gay Pride Parade**, die normalerweise am letzten Sonntag im Juni stattfindet. Sie beginnt in der Fifth Ave, Ecke 52nd St, und endet in der Nähe des Sheridan Square.

East Village

Erscheinungsbild und Atmosphäre des East Village, das sich östlich des Broadway zwischen 14th und Houston Street erstreckt – das Herz des Viertels schlägt allerdings östlich der Third Avenue –, unterscheiden sich deutlich von seinem Gegenstück Greenwich Village im Westen Manhattans. Wie die angrenzende Lower East Side war das Viertel einst Zufluchtsort für Einwanderer und fest in der Hand der Arbeiterklasse. Anfang des 20. Jhs. entwickelte es sich zu einem Schlupfwinkel für nonkonformistische Intellektuelle der New Yorker Gesellschaft. Viel später trafen sich in Allen Ginsbergs Haus in der East Seventh Street die Beats Kerouac, Burroughs, Ginsberg und andere zu Dichterlesungen. Danach debütierte Andy Warhol mit Velvet Underground. In einem winzigen Club namens **CBGB**, der im Oktober 2006 zumachte (jetzt logiert hier eine John-Varvatos-Modeboutique, deren Wän-

Schick und super zum Shoppen: Soho

de mit Erinnerungsstücken an die Zeit des Punks gespickt sind), erfanden Richard Hell, Patti Smith und die Ramones den New Yorker Punkrock.

Mit dem wirtschaftlichen Aufschwung, der Mitte der 80er-Jahre begann und sich auch in den 90ern fortsetzte, hat sich vieles geändert. Das East Village ist nicht mehr die rebellische Brutstätte der Kreativität von einst. Doch die 8th Street mit dem von Varietés beherrschten **St. Mark's Place** zählt als Hauptader des Viertels noch immer zu den lebendigsten Straßen von Downtown Manhattan, auch wenn die politischen Redner ebenso wie die Billigläden und Bettler aus dem Straßenbild verschwunden sind.

Weiter östlich die 8th Street entlang liegt zwischen den Avenues A und B sowie 7th und 10th Street der **Tompkins Square Park**, ein altbewährter Treffpunkt der East-Village-Bewohner und Schauplatz der berüchtigten Krawalle von 1988, die zur Inspirationsquelle für das Musical *Rent* wurden. Heute geht es hier viel entspannter zu, und die umgebenden Straßen locken mit einigen der ansprechendsten Bars und Restaurants der Stadt.

In der entgegengesetzten Richtung zieht am Cooper Square der siebenstöckige braune Block der **Cooper Union for the Advancement of Science and Art** die Aufmerksamkeit auf sich. 1860 begeisterte Abraham Lincoln die New Yorker hier mit einer berühmten Rede, dank der er sich die Nominierung als Präsidentschaftskandidat der Republikaner sicherte. Das eindrucksvolle, 2009 fertiggestellte neue Gebäude der Bildungsinstitution mit seiner aufgebrochenen Fassade am **41 Cooper Square** stellt das alte Gemäuer allerdings völlig in den Schatten.

Midtown Manhattan

Midtown Manhattan umfasst das gesamte Gebiet vom East River bis zum Hudson River zwischen 14th und 59th Street, der südlichen Begrenzung des Central Park. Mitten durch Midtown zieht sich die **Fifth Avenue**, New Yorks glanzvollste und teuerste Straße.

Meist westlich davon verläuft die von unzähligen Neonreklamen erleuchtete Theatermeile **Broadway**. Das Gesicht von Midtown ist östlich der Fifth ein völlig anderes als westlich der Sixth Avenue; und zwischen Fifth und Sixth, von Koreatown hinauf zum Rockefeller Center, herrscht wiederum eine ganz eigene Atmosphäre.

Midtown/Uptown Manhattan

A.1.2.3.4. The Cloisters, Columbia University, ▲ Cathedral of St. John the Divine, Studio Museum in Harlem ▲ B.5. Cooper-Hewitt Museum, Museo del Barrio, Conservatory Gardens

Roosevelt Island

0   500 m

N

Essen & Trinken

Africa Kine	2
Amy Ruth's	1
Aquavit	16
Barney Greengrass	6
Café Sabarsky	7
Campbell Apartment	23
Dead Poet	11
Ding Dong Lounge	4
El Quinto Pino	26
Heidelberg	8
Hungarian Pastry Shop	3
Jimmy's Corner	22
King Cole Bar	17
Metropolitan Museum of Art	10
Nectar	5
New York Kom Tang	25
Oyster Bar	24
Persephone	13
Prime Burger	19
Recipe	9
Rosa Mexicano	12
Rudy's Bar and Grill	20
Russian Vodka Room	18
Shake Shack	27
Subway Inn	14
Virgil's Real BBQ	21
Yakitori Totto	15

Carl Schurz Park

Gracie Mansion

EAST END AVENUE

FDR DRIVE

John Jay Park

YORK AVENUE

FIRST AVENUE

SECOND AVENUE

THIRD AVENUE

Roosevelt Island Tram

Guggenheim Museum

Neue Galerie

Metropolitan Museum of Art

Whitney Museum

The Frick Collection

Temple Emanu-El

Seventh Regiment Armory

FIFTH AVENUE

MADISON AVENUE

PARK AVENUE

LEXINGTON AVENUE

UPPER EAST SIDE

Jacqueline Onassis Reservoir

Great Lawn

Turtle Pond

Belvedere Castle

Delacorte Theater

New-York Historical Society

The Ramble

The Lake

Bow Bridge

Loeb Boathouse

Bethesda Fountain

Strawberry Fields

Sheep Meadow

Central Park

Zoo

Dairy

Wollman Rink/ Victoria Gardens

TRANSVERSE ROAD NO. 3

TRANSVERSE ROAD NO. 2

American Museum of Natural History

The Dakota

CENTRAL PARK WEST

COLUMBUS AVE

AMSTERDAM AVENUE

BROADWAY

UPPER WEST SIDE

Riverside Park

Lincoln Center

EIGHTH AVENUE

NINTH AVENUE

TENTH AVENUE

ELEVENTH AVENUE

FREEDOM PLACE

W 66TH ST

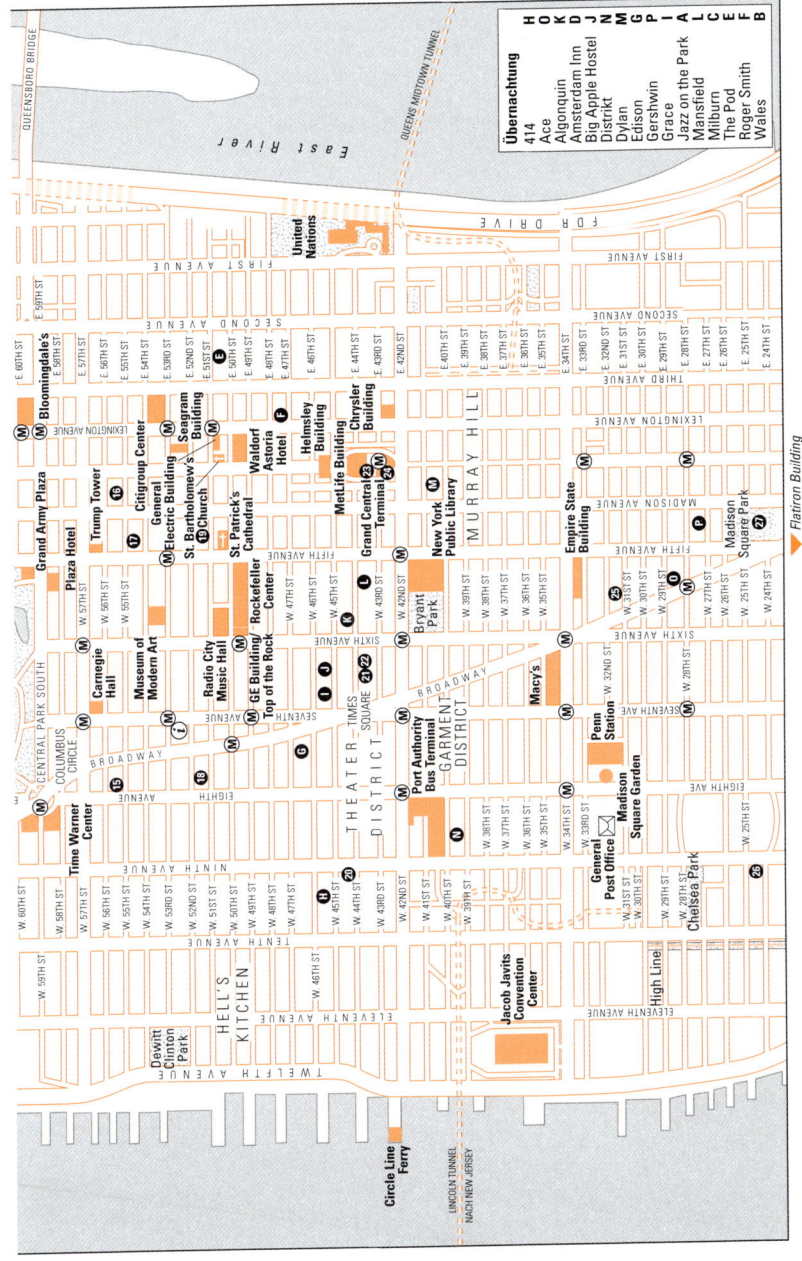

New York

Queensboro Bridge

East River

Queens Midtown Tunnel

F D R DRIVE

United Nations

▶ Flatiron Building

Bloomingdale's

Grand Army Plaza

Plaza Hotel

Carnegie Hall

Museum of Modern Art

Trump Tower

Citigroup Center

Seagram Building

Waldorf Astoria Hotel

Chrysler Building

Helmsley Building

MetLife Building

Grand Central Terminal

Seventh Avenue

Lexington Avenue

St. Patrick's Cathedral

St. Bartholomew's Church

General Electric Building

New York Public Library

Empire State Building

Madison Square Park

Radio City Music Hall

GE Building
Top of the Rock

Rockefeller Center

Bryant Park

Time Warner Center

Columbus Circle

Central Park South

Broadway

Theater District
Times Square

Garment District

Macy's

Penn Station

Madison Square Garden

Port Authority Bus Terminal

General Post Office

Hell's Kitchen

Dewitt Clinton Park

Jacob Javits Convention Center

Chelsea Park

High Line

Circle Line Ferry

Lincoln Tunnel
Nach New Jersey

Murray Hill

FIRST AVENUE
SECOND AVENUE
THIRD AVENUE
LEXINGTON AVENUE
MADISON AVENUE
FIFTH AVENUE
SIXTH AVENUE
SEVENTH AVENUE
BROADWAY
EIGHTH AVENUE
NINTH AVENUE
TENTH AVENUE
ELEVENTH AVENUE
TWELFTH AVENUE

Die Fifth Avenue selbst und der Bereich östlich davon ist die Domäne der Geschäftswelt, protziger Wolkenkratzer wie Empire State, Chrysler und Seagram und großartiger Bauwerke wie Grand Central Station und United Nations Building, aber auch der Wohnviertel Murray Hill und Gramercy Park. Unmittelbar südlich des Letzteren ist der belebte **Union Square** stets ein guter Posten zum Beobachten interessanter Leute.

Westlich der Sixth Avenue liegt **Chelsea** mit zahlreichen Kunstgalerien und dem neuen Park High Line; im nördlich angrenzenden winzigen Garment District gibt es dagegen nicht viel zu sehen. Der **Theater District** in der Umgebung der 42nd Street läutet ein fieberhaft-hektisches Unterhaltungsviertel ein, das von einer sündhaft teuren Sanierung profitierte und seinen Höhepunkt am **Times Square** findet. Westlich des Broadway, etwa zwischen der 40th und 55th Street, liegt das bunte Viertel **Hell's Kitchen**, in dem der Prozess der Gentrifizierung inzwischen fast flächendeckend abgeschlossen ist.

Union Square und Gramercy Park

Downtown Manhattan endet an der 14th Street, die vom Osten der Insel bis zu den Lagerhäusern am Ufer des Hudson im Westen verläuft. Auf halber Höhe der Straße liegt der **Union Square**, auf dessen flachen Stufen sich immer wieder Passanten niederlassen, um das bunte Durcheinander von Skateboardern, Bio-Supermarkt-Kunden und NYU-Studenten zu beobachten, während andere auf den schattigen, von Bäumen gesäumten Wegen und Rasenflächen spazieren gehen. Das Einkaufsparadies, das früher dem **Broadway** nördlich von hier den Beinamen „Ladies' Mile" eintrug, hat sich in die Fifth Avenue verlagert, die zwischen der 15th und 30th St praktisch nahtlos von bekannten Ladenketten gesäumt wird.

Weiter nordöstlich, zwischen 20th und 21st Street, wo Irving Place und Lexington Avenue aufeinandertreffen, wird der Wirrwarr Manhattans plötzlich von der ordentlichen Freifläche **Gramercy Park** abgelöst. Das ehemalige, 1831 trockengelegte Sumpfgebiet zählt heute zu den schönsten Grünanlagen der Stadt. Das Zentrum des Parks ist akkurat bepflanzt und tagsüber interessanterweise fast menschenleer – hauptsächlich weil er verschlossen ist und nur die gut

betuchten Anwohner einen Schlüssel für das Tor erhalten. (Gäste des Gramercy Park Hotel haben ebenfalls Zutritt zum Park, s. S. 125.)

Broadway und Fifth Avenue treffen sich am **Madison Square**, wo ein ruhiger und gepflegter Park für Entspannung sorgt und der Shake Shack (S. 130) die Kundschaft mit seinen berühmten Burgern beglückt. Von den umliegenden, eleganten Gebäuden verdient das **Flatiron Building**, 175 Fifth Ave, zwischen 22nd und 23rd St, an der Südseite des Squares besondere Erwähnung. Das 1902 errichtete Gebäude im Beaux-Arts-Stil verdankt seinen Namen dem markanten bügeleisenförmigen Grundriss.

Chelsea und Meatpacking District

Das Zentrum von Chelsea liegt westlich des Broadway zwischen 14th und 23rd Street. Es ist Heimat einer florierenden **Schwulengemeinde** und gilt dank seiner vielen renommierten **Kunstgalerien** (besonders in der W 24th Street zwischen Tenth und Eleventh Avenue) als Herz des New Yorker Kunstmarkts. Im 19. Jh. war dies New Yorks Theaterviertel. Daran erinnert heute nur noch das **Chelsea Hotel** (S. 125), in dem Schauspieler, Schriftsteller und Künstler zu Hause waren – ein New Yorker Wahrzeichen von äußerst eigenwilliger Pracht. Mark Twain und Tennessee Williams lebten hier, Dylan Thomas schwankte ein und aus, und Jack Kerouac tippte 1951 den ersten Entwurf seines Buchs *Unterwegs* in einem seiner Zimmer. Für Schlagzeilen sorgte im Oktober 1978 der Bassist der Sex Pistols, Sid Vicious, als er seine Freundin Nancy Spungen in ihrer gemeinsamen Suite erstach – wenige Monate, bevor er selbst an einer Überdosis Heroin starb.

Im Meatpacking District nimmt die **High Line** 🖥 www.thehighline.org, ihren Anfang: ein ehrgeiziges Stadterneuerungsprojekt und ein einzigartiger Park. Auf einer ehemaligen Hochbahntrasse zieht er sich quer durch die Hochhauslandschaft von West Chelsea. 🕐 Mitte März–Mitte Dez tgl. 7–22, Mitte Dez–Mitte März 7–20 Uhr.

Garment District

Im immer weiter schrumpfenden Garment District, der grob das Gebiet zwischen der 34th und der 42nd Street und den Avenues Sixth und

Eighth umfasst, wird ein großer Teil der gesamten Damen- und Kinderbekleidung der USA produziert. Die Erzeugnisse landen jedoch nicht auf den Ladentischen der umliegenden Geschäfte, sondern sind ausschließlich für den Großhandel bestimmt. Doch der Einzelhandel ist hier auch gut vertreten, beispielsweise mit **Macy's**, dem größten Kaufhaus der Welt. Es liegt am Herald Square, Ecke 34th Street und Seventh Avenue.

Weitere markante Wahrzeichen sind **Penn Station** und **Madison Square Garden**. Den Bahnhof im unteren Teil des Komplexes passieren täglich Millionen von Pendlern, während im darüberliegenden Madison Square Garden erstrangige Sportveranstaltungen stattfinden.

Empire State Building

Im unteren Abschnitt der Fifth Avenue steht das stattliche, 102 Stockwerke hohe Empire State Building, das seit seiner Fertigstellung 1931 als eines der großen Wahrzeichen New Yorks gilt. Das berühmte Gebäude, 34th St, Ecke Fifth Ave, ✆ 212/736-3100, 🖥 www.esbnyc.com, wurde nach den Terroranschlägen des 11. September 2001 ungewollt wieder zum höchsten der Stadt.

Ein Aufzug bringt Besucher in den 86. Stock, dem bis zur nachträglichen Installation des Funk- und Fernsehturms obersten Stockwerk. Der Blick von der Außengalerie ist atemberaubend. Wer will, kann für $15 zusätzlich bis zum winzigen Observatorium im 102. Stock hinauffahren, wo die Aussicht aber auch nicht viel anders ist. Am eindrucksvollsten präsentiert sich das Ganze bei Sonnenuntergang. Während der Hauptbesuchszeiten beträgt die Wartezeit für einen Platz im Fahrstuhl oft über eine Stunde. ☉ tgl. 8–2 Uhr, letzte Fahrt nach oben 1.15 Uhr, Eintritt $20.

42nd Street

An der Ecke 42nd Street und Fifth Avenue steht die **New York Public Library** im Beaux-Arts-Stil, ✆ 917/275-6975 oder 212/930-0800, 🖥 www.nypl. org, deren Bücherbestand zu den fünf größten der Welt zählt. Bei einer Führung lernen Besucher Lesesäle kennen, in denen schon viele kluge Köpfe gearbeitet haben. Eine Besichtigung lohnt auf jeden Fall, und sei es nur wegen der Ehrfurcht gebietenden, kirchenähnlichen Atmosphäre. ☉ Mo und Do–Sa 10–18, Di und Mi 10–21 Uhr.

Folgt man der 42nd Street in Richtung Osten, erreicht man an der Ecke Park Avenue den **Grand Central Terminal** aus dem Jahr 1913. Das Bahnhofsgebäude beeindruckt mit seiner Beaux-Arts-Fassade und seiner Größe, obwohl es inzwischen vom MetLife-Gebäude dahinter fast in den Schatten gestellt wird. Wie das Gewölbe einer barocken Kirche spannt sich ein gemalter Nachthimmel mit 2500 Sternen in 46 m Höhe über die 142 m lange Haupthalle. Der Grand Central lässt sich entweder auf eigene Faust erkunden oder im Rahmen einer der **Führungen**, die von der Municipal Arts Society, ✆ 212/935-3960, 🖥 mas. org (Mi 12.30 Uhr, empfohlene Spende $10), und von der Grand Central Partnership, ✆ 212/883-2420, 🖥 www.grandcentralpartnership.org (Fr 12.30 Uhr, kostenlos), veranstaltet werden.

Das **Chrysler Building** in der 405 Lexington Avenue stammt aus dem Jahr 1930, einer Zeit, in der sich die Architekten auf Renommierbauten von Stil und Eleganz verstanden. Es war für kurze Zeit das höchste Gebäude der Welt und zählt heute zu den meistgeliebten Wolkenkratzern Manhattans. Besucher können lediglich die Eingangshalle mit ihren zahlreichen Wandgemälden – einst Ausstellungsraum für Autos – und die mit Einlegearbeiten verzierten Fahrstühle besichtigen.

Am östlichen Ende der 42nd Street führt eine Treppe hinunter zum Komplex des **United Nations Building**, bestehend aus dem verglasten Secretariat, der geschwungenen General Assembly und dem sie verbindenden niedrigen Conference Wing. Es ist zu beachten, dass die in der gewaltigen Lobby des General-Assembly-Gebäudes beginnenden Führungen durch das UN-Gebäude je nach Nutzung der offiziellen Tagungsräume abgeändert werden können (Informationen unter ✆ 212/963-8687 oder 🖥 www. un.org). Führungen Mo–Fr 9.45–16.45 Uhr, Dauer 45 Min., Teilnahme $16, Ausweis erforderlich.

Times Square und Theater District

42nd Street und Broadway treffen sich am südlichen Rand des Times Square. Der Platz bildet das Zentrum des **Theater District** und zählt zu den größten Touristenattraktionen New Yorks. Doch der Times Square hat als traditioneller Schmelztiegel des ungezügelten Amüsements auch schon schlechtere Zeiten erlebt. In den 90er-Jahren wurde er schließlich einer groß angelegten Sanierung unterzogen und in eine praktisch keimfreie Konsumwelt verwandelt – mit aufpolierten Theatern und blinkenden Schildern, die man am besten bei Dunkelheit auf sich wirken lässt.

Nördlich des Times Square erreicht man über die Seventh Avenue eine weitere sehenswerte Institution, das weltberühmte Konzert- und Opernhaus **Carnegie Hall**, 154 W 57th St, allgemeine Informationen ✆ 212/903-9600, Führungen ✆ 212/903-9765, Tickets ✆ 212/247-7800, 🖳 www.carnegiehall.org. Mit ihm sind Namen wie Tschaikowski, Mahler, Rachmaninow und Toscanini verbunden. Frank Sinatra und Judy Garland sind hier aufgetreten. Wer nicht dazu kommt, hier eine Veranstaltung zu besuchen, kann das weitläufige Innere zumindest im Rahmen einer Führung bewundern. Führungen Sep–Juni Mo–Fr um 11.30, 14 und 15, Sa 11.30 und 12.30, So 12.30 Uhr, Teilnahme $10.

Fifth Avenue und Umgebung

Seit New York zu den bedeutendsten Metropolen der Erde gehört, genießt auch die Fifth Avenue nördlich der 42nd Street Weltruhm. Ihr Name steht für Wohlstand und Reichtum, denn sie zeigt alles, was die Welt an materiellen Reizen zu bieten hat. New Yorks Oberschicht und jeder, der sich dazu zählt, kauft hier ein. Die Fifth Avenue steht aber auch für architektonische Highlights.

Inmitten der Pracht erhebt sich das zwischen 1932 und 1940 von John D. Rockefeller Jr., dem Sohn des Ölmagnaten, errichtete **Rockefeller Center**, das zu den schönsten Beispielen städtischer Architektur überhaupt gehört. Es vereint Büroräume, Cafés und Theater, unterirdische Einkaufspassagen und Dachgärten auf äußerst intelligente Weise. Auch die Innenansicht des Rockefeller Centers ist beeindruckend. Die Wandgemälde *American Progress* und *Time* von José Maria Sert in der GE-Lobby sind zwar inzwischen etwas verblichen, harmonieren aber bestens mit dem Art-déco-Ambiente der 30er-Jahre. Am Empfangsschalter in der Eingangshalle ist eine Broschüre erhältlich, die einen Rundgang durch das Rockefeller Center beschreibt.

Vom 259 m hohen **GE Building** des Centers bietet die Aussichtsplattform „Top of the Rock", ✆ 212/698-2000, 🖳 www.topoftherocknyc.com, einen umwerfenden Blick auf Manhattans Skyline; ⏱ tgl. 8–24 Uhr, Einlass bis 23 Uhr, Eintritt $21. Das Untergeschoss **Lower Plaza** dient in den

Tag und Nacht belebt: der Times Square

Sommermonaten als Restaurant, während sich im Winter Schlittschuhläufer zu Füßen von Paul Manships goldener Prometheus-Figur tummeln.

Zu den zahlreichen im GE Building ansässigen Firmen gehören die **NBC Studios**, ✆ 212/664-3700. TV-Begeisterte können kostenlos bei der Aufzeichnung einer Fernsehshow dabei sein. Die Eintrittskarten gibt es in der Eingangshalle im Zwischengeschoss oder außerhalb des Gebäudes an der Straße. Die Karten für die beliebtesten Sendungen sind schon vor 9 Uhr vergriffen. Führungen Mo–Do 8.30–16.30, Fr und Sa 9.30–17.30, So 9.30–16.30 Uhr, Reservierung am NBC Experience Store Tour Desk, Teilnahme $19,25, Kinder von 6 bis 12 Jahren $16,25.

An der südwestlichen Ecke des Plaza in der 49th Street befindet sich das gläserne Studio der **Today Show**, einer täglich auf NBC laufenden Nachrichtensendung. Dort versammeln sich bereits am frühen Morgen Fans, die ihr Gesicht gern im TV sehen, und entsprechend pflichtgemäß schwenken die Kameras von Zeit zu Zeit durch die wartende Menge.

In der aufwendigen Pracht der 30er-Jahre präsentiert sich die **Radio City Music Hall**, 1260 Sixth Ave, Ecke 50th St, ✆ 212/307-7171 oder 212/247-4777, ⌨ www.radiocity.com. Die Treppe erstrahlt im majestätischen Glanz der größten Kronleuchter der Welt, der riesige Zuschauerraum gleicht einer Muschelschale. Führungen tgl. 11–15 Uhr, Dauer 1 Std., Teilnahme $18,50.

Dem Rockefeller Center schräg gegenüber erscheint an der Kreuzung von 50th Street und Fifth Avenue die **St. Patrick's Cathedral** wie die Summe aller gotischen Kathedralen Europas. Sie wurde 1888 von James Renwick erbaut.

Östlich der Fifth Avenue führt ein angenehmer Bummel über die **Madison Avenue** mit ihren teuren Galerien, Haute-Couture-Boutiquen und elegant gekleideten „Eastsiders". Schon 1929 hieß es von der **Park Avenue**, der nächsten Avenue in östlicher Richtung, dass hier „der Wohlstand aus allen Nähten platze". Daran hat sich bis heute nicht viel geändert. Gesäumt von den Zentralen großer Konzerne und 4-Sterne-Hotels, strebt die breite Straße auf das riesige New York Central Building, heute **Helmsley Building**, zu, das an der 46th Street buchstäblich auf der Park Avenue zu sitzen scheint.

Die Ausmaße der Wolkenkratzer zwischen 49th und 50th Street lassen sich an der byzantinisch beeinflussten **St. Bartholomew's Church** hinter dem im eleganten Art-déco-Stil glänzenden **Waldorf Astoria Hotel** in der Park Avenue ermessen. Das alles wird überstrahlt von der eigentlichen Hauptattraktion hier: dem **Museum of Modern Art**, 11 W 53rd St, zwischen Fifth und Sixth Ave, ✆ 212/708-9400, ⌨ www.moma.org, mit seiner weltweit einzigartigen Kunstsammlung aus dem späten 19. und dem 20. Jh. Ein Besuch im MoMA ist ein Muss. Zu den Highlights aus dem 19. Jh. zählen van Goghs *Sternennacht* und Munchs *Madonna*. Die Moderne ist mit Werken wie Picassos *Demoiselles d'Avignon*, Jasper Johns' *Flag* und Warhols Suppendosen vertreten. ⊙ Mo und Mi–So 10.30–17.30, Fr bis 20 Uhr, Eintritt $20, Senioren $16, Kinder bis 16 Jahre frei, Fr 16–20 Uhr frei; die Eintrittskarte gilt auch für einen Besuch des MoMA PS 1 in Queens innerhalb von 30 Tagen nach Erwerb.

Uptown Manhattan

Oberhalb der 59th Street beginnt Uptown Manhattan, wo der verschwenderische Luxus von Midtown der komfortablen Bürgerlichkeit der Upper East und Upper West Side weicht. Dazwischen liegt der **Central Park**, ein gelungenes Beispiel urbaner Parklandschaft. Besonders im Sommer zieht es die New Yorker in Scharen hierher, um zu joggen und der Hektik von Midtown zu entfliehen.

Über mehrere Häuserblocks unmittelbar östlich des Central Park zeigt sich die **Upper East Side** von ihrer respektabelsten Seite. In den stattlichen Villen residieren heute das Metropolitan und andere große Museen der „Museumsmeile", die sich entlang der Fifth Avenue zwischen 82nd und 104th Street erstreckt. Die **Upper West Side** ist etwas weniger kultiviert, obwohl es auch hier viele teure Stadthäuser und Apartmentgebäude gibt. Die riesige Cathedral of St. John the Divine und die Columbia University markieren die nördliche Grenze des Stadtbezirks. Nördlich und östlich von hier erlebt **Harlem**, die kulturelle Hauptstadt des schwarzen Amerika, gerade eine Renaissance. Noch weiter nördlich, im Viertel **Washington Heights**, steht eins der faszinierendsten Museen der Stadt – The Cloisters – mit einer Sammlung mittelalterlicher Kunst.

Central Park

Der 1876 vollendete Central Park erstreckt sich mitten in Manhattan von der 59th bis zur 110th Street und bietet Anwohnern und Touristen gleichermaßen Erholung vom großen Großstadtstress. Der Dichter und Zeitungsverleger William Cullen Bryant hatte 1844 die Idee zu einem öffentlichen Park und brauchte sieben Jahre, um die Stadtverwaltung zu überzeugen, sie in die Tat umzusetzen. Schließlich wurden 340 ha Sumpfland nördlich der Stadtgrenze zur Verfügung gestellt.

Die beiden mit dem Entwurf des Parks beauftragten Architekten, Frederick Law Olmsted und Calvert Vaux, hatten die Absicht, genau in der Mitte von Manhattan die vollkommene Illusion eines ländlichen Idylls zu schaffen. Trotz zahlreicher Veränderungen im und um den Park herum blieb der von ihnen gewünschte Eindruck einer gewachsenen Naturlandschaft weitgehend erhalten.

Die meisten Sehenswürdigkeiten liegen im südlichen Bereich des Parks. Der **Central Park Zoo**, 64th St, Ecke Fifth Ave, ✆ 212/439-6500, verzichtet soweit wie möglich auf Käfige. Besucher können die Tiere aus nächster Nähe betrachten. ☾ April–Okt Mo–Fr 10–17, Sa und So 10–17.30, Nov–März tgl. 10–16.30 Uhr, Eintritt $10, Kinder von 3–12 Jahren $5.

Wenige Meter weiter steht die **Dairy**, eine ehemalige Ranch und heute ein Visitor Center, ✆ 212/794-6564. Hier erhalten Besucher kostenlos Informationsmaterial und Übersichtskarten. Zudem finden Ausstellungen statt. ☾ Di–So 10–17 Uhr.

Auf dem zum Trump-Imperium gehörenden **Wollman Rink** (Höhe 63rd Street mitten im Park), ✆ 212/439-6900, 🖥 www.wollmanskatingrink. com, tummeln sich im Winter die Schlittschuhläufer, während sich das Ganze in den wärmeren Monaten in einen kleinen Freizeitpark verwandelt, die **Victoria Gardens**. ☾ zum Schlittschuhlaufen Nov–April Mo–Di 10–14.30, Mi–Do 10–22 Uhr, Eintritt $10,25, Fr–Sa 10–23, So 10–21 Uhr,

Unterwegs im Central Park

Am besten lässt sich der Park per Fahrrad erkunden. **Leihfahrräder** gibt es beim Loeb Boathouse, ☾ Radverleih April–Nov tgl. 10–18 Uhr, $9–15/Std., $45–50/Tag. Ansonsten kommt man auf den vielen Wegen, die kreuz und quer durch die Grünanlage verlaufen, auch sehr gut **zu Fuß** zurecht. Sich im Park zu verirren ist beinahe unmöglich. Hat man die Orientierung verloren, sucht man den nächsten Laternenpfahl: Die ersten beiden Ziffern geben die Nummer der nächstgelegenen Straße an. Nach Einbruch der Dunkelheit im Park spazieren zu gehen, ist definitiv zu gefährlich.

Eintritt $14,75. Westlich von hier befindet sich die Liegewiese **Sheep Meadow**, die in den 70er-Jahren noch eine trostlose Staubschüssel war, inzwischen aber wieder in sattem Grün erstrahlt.

Ein möglicher Spaziergang durch den Park führt in Richtung Norden die Mall entlang zu der Terrasse und dem mit Tierskulpturen geschmückten **Bethesda Fountain** weiter unten am Ufer von **The Lake**. Richtung Westen befindet sich die ruhige und schattige John-Lennon-Gedenkstätte **Strawberry Fields** mit dem **Imagine-Mosaik**, die von Lennons Witwe Yoko Ono gestiftet wurde – ganz in der Nähe der Stelle, wo Lennon 1980 ermordet wurde (S. 119).

Am Ostufer des Sees, zwischen 74th und 75th Street, vermietet das **Loeb Boathouse** Ruderboote, ✆ 212/517-2233, ☾ Bootsverleih wetterabhängig tgl. 10 Uhr bis Sonnenuntergang, Leihgebühr $12 für die 1. Std., danach $2,50/15 Min., $20 Pfand. Eine andere Möglichkeit, den See zu überqueren, bietet die elegante, gusseiserne **Bow Bridge**, von wo ein Weg durch die Wälder von The Ramble führt.

An der 81st Street, nahe der West Side, steht **Belvedere Castle** mit einem weiteren Besucherzentrum, das eine kleine Ausstellung zur Flora und Fauna im Park zeigt, und einer Terrasse mit tollem Blick auf den Park; ☾ Di–So 10–17 Uhr. Direkt nebenan befindet sich das **Delacorte Theater**, im Sommer Spielstätte für Aufführungen der Reihe **Shakespeare in the Park** (die Tickets sind kostenlos, aber sehr schnell vergriffen; Infos unter 🖳 www.publictheater.org). Begrenzt werden die Gebäude vom großflächigen **Great Lawn**, der bevorzugten Liegewiese vieler New Yorker.

Um das **Jacqueline Onassis Reservoir**, das in Höhe der 86th Street beginnt, verläuft eine äußerst beliebte Joggingstrecke. Im nördlichen Teil des Parks wartet der üppige **Conservatory Garden**, Höhe E 104th bis 106th St an der Fifth Ave, Eingang in der 105th St, auf Besucher; ⏲ tgl. 8 Uhr bis Sonnenuntergang.

Allgemeine Informationen zum Central Park unter ✆ 212/310-6600 oder 🖳 www.centralpark nyc.org.

Metropolitan Museum of Art

An der Ostseite des Central Park steht an der Ecke Fifth Avenue und 82nd Street das zumeist kurz als „Met" bezeichnete Metropolitan Museum of Art, ✆ 212/535-7710, 🖳 www.met museum.org. Es zählt zu den besten Kunstmuseen der Welt und verfügt über eine Sammlung von mehr als zwei Millionen Werken, die nicht nur aus Amerika und Europa stammen, sondern auch aus China, Afrika, Asien, aus der antiken und der islamischen Welt. Selbst Kunstliebhaber, die sich Wochen für das Museum Zeit nehmen, werden nicht alle Ausstellungen sehen können.

Wer dem Met nur ein paar Stunden widmen kann, sollte vor allem die **Europäische Gemäldesammlung** besichtigen. Die schönsten Werke der frühen **flämischen und niederländischen Malerei** (15. und 16. Jh.) sind die von Jan van Eyck, der als Wegbereiter des europäischen Realismus gilt. Die **italienische Renaissance** ist mit weniger spektakulären Gemälden vertreten, darunter eine frühe *Thronende Madonna mit Kind und Heiligen* von Raffael sowie Duccios erlesenes Meisterwerk *Madonna mit Kind*. Ausgesprochen sehenswert sind auch die **Spanischen Galerien** mit Goyas weltbekanntem Porträt *Don Manuel Osorio Manrique de Zuniga*, das einen Dreikäsehoch im roten Anzug zeigt, und einem Raum voller El-Greco-Gemälde von bizarrer Faszination.

Die **Galerien des 19. Jahrhunderts** zeigen ein stattliches Aufgebot impressionistischer und postimpressionistischer Kunst, Höhepunkte sind die Gemälde von Monet und Manet. Die kompakte Sammlung **moderner Kunst** umfasst neben Picassos Porträt von Getrude Stein und Gauguins meisterlicher *La Orana Maria* auch Werke von Klee, Hopper und Matisse. Nicht weniger umfangreich sind die **Mittelalterlichen Galerien** mit prachtvollen byzantinischen Metallarbeiten und

Skulpturensammlung im
Metropolitan Museum of Art

Schmuck, gestiftet von J. P. Morgan, während die **Galerien für asiatische Kunst** zahlreiche Wandgemälde, Skulpturen und Textilkunst aus Japan, China, Südost- und Zentralasien sowie Korea ausstellen. Weitere Highlights sind der imposante **Tempel von Dendur** in der Ägyptischen Abteilung und die **Griechischen** und **Römischen Skulpturengalerien**.

⏲ Di–Do und So 9.30–17.30 Uhr, Fr und Sa 9.30–21 Uhr, empfohlene Spende $20, Senioren $15, Studenten $10. Die Eintrittskarte gilt auch für einen Besuch des Cloisters-Museum (S.121) am selben Tag.

Upper East Side

Das charakteristischste Merkmal der etwa 5 km² großen Upper East Side ist Wohlstand – wie nicht anders zu erwarten, wenn man Woody Allens Filme kennt. Seit der Central Park die Carnegies, Astors und Whitneys in diesen Teil Manhattans lockte, erstrahlt die Fifth Avenue entlang des Parks im Glanz vornehmer Wohnhäuser. Hier zeigt sich Manhattan von der aristokratischen Seite. Einen Vorgeschmack liefert die Grand Army Plaza an der Kreuzung von Central Park South und Fifth Avenue mit dem protzigen Plaza Hotel. Auf dem Platz erhebt sich die Goldstatue des Bürgerkriegsgenerals William Tecumseh Sherman.

An der Ecke Fifth Avenue und 65th Street steht nüchtern die größte Reform-Synagoge Amerikas, der **Temple Emanu-El**, ✆ 212/744-1400, 🖥 www.emanuelnyc.org. Die romanisch-byzantinische Halle ist in Wirklichkeit viel größer als sie von außen aussieht. Beim Betreten des Gotteshauses scheint das Innere regelrecht mit der Dunkelheit zu verschmelzen, sodass man sich als Besucher äußerst klein vorkommt. ⏲ Museum So–Do 10–16.30 Uhr, Gottesdienstzeiten siehe Website, Eintritt frei.

An der Ecke 70th Street steht das hübsche und friedliche Anwesen von Henry Clay Frick mit der Kunstsammlung **Frick Collection**, ✆ 212/288-0700, 🖥 www.frick.org. Das Haus zählt zu den vielen prestigeträchtigen Museen in dieser Gegend und zu den attraktivsten New Yorker Galerien. Die Sammlung besteht aus Kunstschätzen, die Frick während seiner Jahre als wohl skrupelloseste Industriebaron New Yorks

anhäufte. Die Sammlung beinhaltet Gemälde von Rembrandt, Reynolds, Hogarth, Gainsborough *(St. James's Park)* und das Bild *Heiliger Franziskus* von Giovanni Bellini, eine Christus-Vision des Heiligen mit faszinierendem Ausdruck unter gleißendem Licht und einem gekrümmten Baum. Über dem *Heiligen Franziskus* mustert El Grecos *Heiliger Hieronymus* vorwurfsvoll die in seiner Umgebung angehäuften Reichtümer, den Blick Richtung South Hall gerichtet, wo ein früher Vermeer mit dem Titel *Offizier und lachendes Mädchen* hängt, ein wunderbares Spiel mit dem Licht. ⏲ Di–Sa 10–18, So 11–17 Uhr, Eintritt $18.

Nur wenige Blocks weiter nördlich hütet das **Whitney Museum of American Art**, Madison Ave, Ecke 75th St, ✆ 1-800/WHITNEY, 🖥 www.whitney.org, eine herausragende Sammlung nordamerikanischer Kunst des 20. Jhs. Alle zwei Jahre organisiert das Museum die mitunter recht umstrittene Whitney Biennial mit zeitgenössischer amerikanischer Kunst. Ansonsten bietet auch die Dauerausstellung reichlich Sehenswertes, von Hohepriestern des Abstrakten Expressionismus wie Pollock und de Kooning über Rothko und die Farbfeld-Maler bis zu Pop-Art-Werken von Warhol, Johns und Oldenburg. Besonders gut vertreten im Museum sind Hopper, O'Keeffe und Calder. ⏲ Mi, Do, Sa und So 11–18, Fr 13–21 Uhr, Eintritt $18, Fr 18–21 Uhr nach eigenem Ermessen.

Zehn Gehminuten nördlich des Whitney Museum folgt an der Kreuzung Fifth Avenue und 89th Street das **Guggenheim Museum**, ✆ 212/423-3500, 🖥 www.guggenheim.org. Es verdankt seine Berühmtheit vermutlich eher dem Bauwerk als seiner Kunstsammlung. Der von Frank Lloyd Wright entworfene Bau erregte bei seiner Eröffnung 1959 heftige Kontroversen. Die Spirale in der zentralen Rotunde führt Besucher an den Exponaten vorbei bis ganz nach oben. Ein Großteil des Museums wird für Wechselausstellungen genutzt. Zur ständigen Ausstellung zählen Werke von Chagall, Kandinsky, den großen Kubisten und eine Reihe weiterer Gemälde aus dem späten 19. und frühen 20. Jh., nicht zuletzt die exquisite *Tänzerinnen* von Degas, Modiglianis *Jeanne Hébuterne im gelben Pullover* und *Die Büglerin* von Picasso. ⏲ So–Mi und Fr 10–17.45,

Sa 10–19.45 Uhr, Eintritt $18, Sa 17.45–19.45 Uhr Eintrittspreis nach eigenem Belieben.

Zwei Blocks nördlich liegt an der Kreuzung Fifth Avenue und 91st Street das von der Smithsonian Institution geleitete **Cooper-Hewitt National Design Museum**, ✆ 212/849-8400, 🖥 www.cooperhewitt.org. Die wunderbare Einrichtung ist das einzige Museum in den USA, das sich ausschließlich dem historischen und zeitgenössischen Design verschrieben hat. Es wurde 1897 gegründet und ist in einer herrlichen Villa untergebracht, die einst Andrew Carnegie gehörte und heute auch als Forschungszentrum dient. ◷ Mo–Do 10–17, Fr 10–21, Sa 10–18, So 12–18 Uhr, Eintritt $15.

Weiter nördlich befindet sich das **Museo del Barrio**, 1230 Fifth Ave, Ecke 104th St, ✆ 212/831-7272, 🖥 www.elmuseo.org, mit lateinamerikanischer und karibischer Kunst und Kultur. Es ist nach dem Viertel El Barrio alias Spanish Harlem benannt, das hier hautnah mit dem Wohlstand der Upper East Side kollidiert. Das traditionelle Zentrum der großen puertoricanischen Bevölkerungsgruppe gehört zu den Bezirken Manhattans, in denen nach wie vor ein rauerer Wind bläst. ◷ Mi–So 11–18 Uhr, empfohlene Spende $6.

Eine halbe Stunde Fußweg entfernt steht am östlichen Ende der 88th Street **Gracie Mansion**, Baujahr 1799, ✆ 212/570-4751. Das Anwesen mit Blick auf den East River ist eines der besterhaltenen Kolonialgebäude der Stadt und offizielle Residenz des Bürgermeisters von New York City, seit sich Fiorello La Guardia – als erklärter „Mann des Volkes" – 1942 eher widerstrebend in der Villa einrichtete, wobei die Bezeichnung „Villa" ein wenig hochtrabend erscheint für das ziemlich beengte Holzhaus. ◷ Führungen Mi 10, 11, 13 und 14 Uhr, $7.

Upper West Side

Manhattans West Side ist oberhalb der 59th Street zunächst vom geschäftigen Treiben rund um den Columbus Circle und dann von der Pracht der Kultureinrichtungen des Lincoln Center geprägt, um dann in ein lebendiges Wohngebiet überzugehen. Dies ist die Upper West Side, zurzeit eine der gefragteren Adressen der Stadt, nachdem die Gegend schon lange von Künstlern und Intellektuellen favorisiert wurde.

Westlich vom Broadway erstreckt sich zwischen der 62th und der 66th Street das **Lincoln Center for the Performing Arts**, 🖥 new.lincolncenter.org. Die Ansammlung von marmornen Bauten steht auf einem Gelände, auf dem sich vor dem Bau des Lincoln Center in den frühen 1960er-Jahren einer der schlimmsten Slums der Stadt ausbreitete. Heute residieren hier die Metropolitan Opera, die New Yorker Philharmoniker, die renommierte Juilliard School und jede Menge weniger bekannter Orchester und Ensembles (S. 139). Ein Besuch lohnt auch, wenn man sich keine der zahlreichen Vorstellungen ansehen möchte. Führungen tgl. 10.30–16.30 Uhr, Treffpunkt im David Rubinstein Atrium, Broadway, zwischen 62nd und 63rd Street, Teilnahme $15. Telefonische Reservierung unter ✆ 212/875-5350.

Das **Metropolitan Opera House** im Zentrum des Komplexes ist ein eindrucksvolles Gebäude aus Marmor und Glas mit Wandgemälden von Marc Chagall hinter jedem der hohen Fenster an der Vorderseite.

Das bekannteste der monumentalen Apartmentgebäude am Central Park West ist das **Dakota Building** in der 72nd Street – ein grandioses Wohnhaus im Renaissance-Stil aus dem Jahr 1884. Zu seinen prominentesten Bewohnern zählten Lauren Bacall und Leonard Bernstein. Roman Polanski wählte das Haus als Schauplatz seines Films *Rosemary's Baby*. Die größten Schlagzeilen machte das Dakota Building als Haus, in dem John Lennon wohnte und vor dem er in der Nacht des 8. Dezember 1980 erschossen wurde. Seine Frau Yoko Ono, der mehrere Apartments im Haus gehören, wohnt immer noch dort.

Die **New York Historical Society**, Central Park West, Ecke 77th Street, ✆ 212/873-3400, 🖥 www.nyhistory.org, ist eher ein Museum amerikanischer als New Yorker Geschichte. Die Sammlung umfasst u. a. Aquarelle des Naturalisten James Audubon, eine breite Palette amerikanischer Porträtmalerei des 19. Jhs., Landschaftsgemälde der Hudson River School und eine Kollektion von schillerndem Tiffany-Glas. Das Museum wurde 2011 umfassend renoviert und im November wiedereröffnet; Näheres auf der Website. ◷ Di–Do und Sa 10–18, Fr 10–20, So 11–17.45 Uhr, Eintritt $12, Fr 18–20 Uhr frei.

Weiter nördlich steht an der Ecke Central Park West und 79th Street das **American Museum of Natural History**, 📞 212/769-5100, 🖥 www.amnh.org. Das massige Bauwerk in einem seltsamen Stilmix aus Neoklassizismus und Romanik ist das weltweit größte Museum seiner Art und umfasst vier Häuserzeilen. Das Museum präsentiert ausgezeichnete Natur-Dioramen und eine hervorragende anthropologische Sammlung. Zu den Hauptattraktionen gehören die Dinosaurierausstellung, die gewaltigen Totems in der Hall of African Peoples, die kunstvollen Tierpräparate in der Abteilung North American Mammals (darunter ein eindrucksvoll inszenierter Kampf zwischen zwei Elchbullen), und die 2000 Exponate der Hall of Meteorites. Die Hall of Ocean Life beherbergt neben zahlreichen anderen Meereslebewesen die Replik eines gut 28 m langen Blauwals.

Das Rose Center for Earth and Space mit der Hall of the Universe und dem Hayden Planetarium besticht durch allerneueste Technik und innovatives Design mit offener Bauweise, spiralförmigen Rampen und spektakulären Glaswänden auf drei Seiten des Bauwerks. Im Planetarium läuft der dramatische 30-minütige Film *Journey of the Stars* mit Whoopi Goldberg als Sprecherin; Vorführungen jede halbe Stunde 10.30–16.30 Uhr (Mi ab 11, am Wochenende bis 17 Uhr), $24, Kinder $14, Eintritt zum Museum inklusive.

🕐 tgl. 10–17.45 Uhr, Eintritt $16, Kinder von 2 bis 12 Jahren $9. IMAX-Filme, Hayden Planetarium und Sonderausstellungen kosten extra.

Die nach Central Park West zweitbeste Adresse der Upper West Side ist der **Riverside Drive**. Er verläuft von der 72nd Street am Westrand der Insel Manhattan, gesäumt von feudalen Wohnhäusern, die Anfang des 20. Jhs. erbaut wurden. An der anderen Straßenseite erstreckt sich der 1873 von Frederick Law Olmsted angelegte **Riverside Park**. Der Riverside Drive führt zum Gelände der **Columbia University**, deren Campus sich über sieben Blocks zwischen 114th und 121st Street sowie Amsterdam Avenue und Morningside Drive erstreckt. Gratisführungen über den Campus beginnen am Visitors Center, Zimmer 213 der majestätischen Low Library in der Mitte des Universitätsgeländes Mo–Fr um 13 Uhr.

An der Kreuzung Amsterdam Avenue und 112th Street ragt majestätisch die **Cathedral Church of St. John the Divine** in die Höhe. Die Bauarbeiten an der bis heute unvollendeten Kirche, einer seltsamen und etwas gespenstischen Mischung aus romanischen und gotischen Stilelementen, begannen 1892, wurden bei Kriegsausbruch 1939 unterbrochen und vom Ende der 1970er-Jahre bis zum Ende der 1990er-Jahre sporadisch wieder aufgenommen. Heute wird hier nicht mehr gebaut, obwohl erst zwei Drittel der Kathedrale fertiggestellt sind. 🕐 Mo–Sa 7–18, So 7–19 Uhr, Eintritt frei.

Harlem

Harlem, Wohnviertel einer wenn nicht materiell, so zumindest an Kultur und Geschichte reichen schwarzen Gemeinde, ist noch immer ein Brennpunkt afroamerikanischer Themen und unbedingt sehenswert. Bis vor kurzem war Harlem – wegen der fast völlig ausbleibenden finanziellen Unterstützung durch Stadt und Bund – noch eine auf sich selbst gestellte und nach innen gekehrte Gemeinde. Für viele Bewohner Downtown Manhattans, Weiße wie Schwarze, bedeutete die 125th Street eine physische und mentale Grenze, die man nicht freiwillig überschritt. Heute zeigen sich dagegen erste Erfolge gemeinsamer Anstrengungen von Wirtschaft, Bürgern und Stadtverwaltung in Form neuer Wohnungsbauprogramme, Ansiedlung von Geschäften und Gemeindeprojekten. Doch während sich der Verkehrswert der Sandsteinhäuser verdreifacht hat, sind in vielen Gegenden von Harlem Armut und Arbeitslosigkeit nach wie vor extrem sichtbar.

Die Sehenswürdigkeiten liegen weit auseinander, sodass sich mehrere Abstecher oder eine der Führungen (S. 144) lohnen. Das Zentrum von Harlem ist die **125th Street** zwischen Broadway und Fifth Avenue mit dem berühmten **Apollo Theater**, 253 W 125th St, 📞 212/531-5337, als Dreh- und Angelpunkt. Es war jahrelang *das* Zentrum schwarzer Unterhaltung im Nordosten der USA. Fast alle Jazz-, Soul- und Bluesgrößen haben hier auf der Bühne gestanden. Heute ist seine größte Attraktion die allen Interessierten offen stehende *Wednesday Amateur Night* (Mi 19.30 Uhr), Info unter 📞 212/531-5300, Eintritt

$17–27. ⊙ Führungen Mo, Di, Do und Fr 11, 13 und 15, Mi 11, Sa und So 11 und 13 Uhr, $16–18.

Hinter der Hausnummer 144 verbirgt sich das **Studio Museum of Harlem**, ✆ 212/864-4500, 🖳 www.studiomuseum.org, eine kleine, aber sehenswerte Sammlung afrikanischer und afroamerikanischer Kunst aller Epochen, ⊙ Mi–Fr und So 12–18, Sa 10–18 Uhr, Eintritt $7. Einen Avenue-Block östlich bietet das **Schomburg Center for Research in Black Culture**, 515 Malcolm X Blvd, Ecke 135th St, ✆ 212/491-2200, 🖳 www.nypl.org/research/sc, eine nachdenklich stimmende Ausstellung über die Geschichte der Schwarzen in den USA. In den Archiven des Instituts verbergen sich mehrere Millionen Artefakte, Manuskripte, Kunstgegenstände und Fotografien. ⊙ Ausstellungen Mo–Sa 10–18 Uhr, andere Abteilungen öffnen später, telefonisch nachfragen, Eintritt frei.

Die **Abyssinian Baptist Church** unmittelbar nördlich in der 132 West 138th Street ist berühmt für ihre sonntäglichen Gottesdienste im „Erweckungstil" und ihren mitreißenden Gospelchor. Überquert man in westlicher Richtung die 138th Street zwischen Powell Boulevard und Eighth Avenue, steht man vor der **Strivers' Row** mit den wohl schönsten Reihenhäusern Manhattans. Sie stammen aus der Zeit des Baubooms nach 1890 und tragen die Handschrift verschiedener Architekten. Zur Jahrhundertwende galt die Siedlung unter ehrgeizigen Mitgliedern der sich entwickelnden schwarzen Gemeinde als *die* Adresse in der Stadt. Daher der Name *Strivers' Row* – „Streberzeile".

Washington Heights und The Cloisters

Nördlich von Harlem breitet sich etwa ab der West 145th Street das Viertel Washington Heights aus, das Anfang des 20. Jhs. noch aus armseligem Ackerland bestand, sich dann aber rasch in sehr begehrte Baugrundstücke verwandelte. Heute ist das Viertel die Heimat der größten hispano-amerikanischen Gemeinde der Vereinigten Staaten. Seine Sehenswürdigkeiten können tagsüber gefahrlos besucht werden, aber nach Einbruch der Dunkelheit ist die Gegend unbedingt zu meiden.

Eine echte Überraschung ist das **Morris-Jumel Mansion** in der 160th Street, zwischen Amsterdam und Edgecombe Ave, ✆ 212/923-8008, 🖳 www.morrisjumel.org, das älteste Haus Manhattans. Die 1765 von Colonel Roger Morris als Landsitz im georgianischen Stil erbaute Villa war für kurze Zeit das Hauptquartier George Washingtons. Später kaufte der Weinhändler Stephen Jumel das Haus und ließ es für seine Frau Eliza, eine ehemalige Prostituierte, renovieren. Nach dem Tod Jumels 1832 heiratete Eliza den 20 Jahre älteren Ex-Vizepräsidenten Aaron Burr. Die Ehe dauerte nur sechs Monate. Am Tag der Scheidung verstarb Burr, Eliza erst 33 Jahre später. Im oberen Stockwerk der Villa finden Besucher ihren Nachruf, die dichterisch ausgeschmückte Bilanz eines „skandalösen" Lebens. ⊙ Mi–So 10–16 Uhr, Eintritt $5.

Ein lohnender Abstecher ist der Weg bis zu Manhattans Nordspitze hinauf, um **The Cloisters**, ✆ 212/923-3700, 🖳 www.metmuseum.org, zu besuchen. Die Rekonstruktion eines Klosterkomplexes im Fort Tryon Park beherbergt einen Großteil der mittelalterlichen Kunstsammlung des Metropolitan Museum (S. 117). Zu den größeren Exponaten gehören die gewaltige Romanische Halle mit französischen Gemäuerresten und eine freskengeschmückte spanische Kapelle aus Fuentidueña, beide aus dem 13. Jh., sowie die berühmten Einhorn-Gobelins. ⊙ Di–So, März–Okt 9.30–17.15, Nov–Feb 9.30–16.45 Uhr, empfohlene Spende $20, Studenten $10. Die Eintrittskarte gilt auch für einen Besuch des Metropolitan Museum am gleichen Tag. U-Bahn-Linie A bis 190th St/Fort Washington Ave.

Die Außenbezirke

Wer länger als nur ein paar Tage in New York bleibt, wird Gelegenheit haben, seine Entdeckungstouren über die Grenzen von Manhattan auszudehnen. Von den Außenbezirken verdient besonders **Brooklyn** Interesse. Die Hauptattraktionen dieses Stadtteils sind Brooklyn Heights am East River, der Prospect Park und der Botanische Garten sowie das Brooklyn Museum. Folgt man einer der U-Bahn-Linien bis zu ihrer Endstation, landet man in Coney Island oder Brighton Beach.

Nach **Queens** verirrt sich dagegen kaum ein Besucher, obwohl der Stadtteil mit dem quirligen

Griechenviertel Astoria, der neuerdings hippen Long Island City und dem Museum of the Moving Image aufwarten kann. Selbst die **Bronx**, vor allem für ihre desolaten südlichen Ausläufer bekannt, hat ihre Sehenswürdigkeiten: den größten Zoo der Stadt, das Yankee Stadium und einen herrlichen botanischen Garten. Die Schlafstadt **Staten Island** hat dagegen kaum Sehenswertes zu bieten (Staten Island Ferry: s. S. 145).

Brooklyn

Bis Anfang des 19. Jhs. bestand Brooklyn aus einer Ansammlung eigenständiger Kleinstädte und Dörfer, aber nach der Inbetriebnahme von Robert Fultons Fährlinie über den Fluss änderte sich das. Zunächst wurde Brooklyn Heights als lauschig grüner Vorort angelegt. Die Eröffnung der Brooklyn Bridge am 24. Mai 1883 forcierte die Entwicklung und die Wohnbebauung wucherte zügig landeinwärts, da der Wohnraum in Manhattan allmählich knapp wurde. Zur Jahrhundertwende hatte sich Brooklyn endgültig als Teil von New York City etabliert, und sein Schicksal als Manhattans ewiger kleiner Bruder war besiegelt.

Brooklyn Heights (zu erreichen mit den U-Bahn-Linien 2, 3, 4, 5, R bis Court St-Borough Hall oder ganz einfach zu Fuß von Manhattan über die Brooklyn Bridge) ist heute eins der schönsten Viertel von New York City, hat aber wenig gemein mit dem Rest von Brooklyn. Als Ausgangspunkt eines Rundgangs eignet sich am besten die sogenannte **Esplanade** – besser bekannt unter der Bezeichnung „The Promenade" – mit Blick über den Fluss auf Manhattan. Die beiden Hauptstraßen des Heights – **Pierrepont** und **Montague Street** – sind gespickt mit entzückenden Sandsteinhäusern, Restaurants, Bars und Geschäften. Unterhalb der Esplanade liegt der noch immer im Werden begriffene **Brooklyn Bridge Park**; auf den Piers 1 und 6 gibt es Spielplätze und Wasserparks. Nördlich schließt sich das kunstsinnige Viertel **DUMBO** an; hier sind die einstigen Fabriken in Apartments umgewandelt worden; Galerien, Veranstaltungsräume und ein hübscher Uferabschnitt laden zum Besuch ein.

Die Flatbush Avenue führt in das Innenleben von Brooklyn zur **Grand Army Plaza** (U-Bahn-Linie 2 oder 3 bis zur gleichnamigen Station), ei-

ner stattlichen Kreuzung, die Calvert Vaux (Mitgestalter des Central Park) im späten 19. Jh. anlegte. Der Triumphbogen **Soldiers' and Sailors' Memorial Arch** wurde 30 Jahre später in Erinnerung an den Sieg der Union im Bürgerkrieg errichtet. Hinter der Grand Army Plaza erstreckt sich der riesige, in den frühen 1890er-Jahren angelegte **Prospect Park** – ideal für Sport, Picknicks und Familientreffen. Tagsüber hat hier niemand etwas zu befürchten, doch nach Einbruch der Dunkelheit sollte man den Park lieber nicht mehr besuchen.

Der angrenzende **Brooklyn Botanic Garden**, ✆ 718/623-7200, 🖥 www.bbg.org, zählt zu den hübschesten Parkanlagen New York Citys. Seine Reize sind leichter zugänglich als die seines berühmteren und größeren Konkurrenten in der Bronx. Üppig, aber nicht überladen präsentieren sich Rose Garden, Japanese Garden, Shakespeare Garden und hübsch mit Trauerweiden und blühenden Büschen angelegte Rasenflächen. 🕐 März–Okt Di–Fr 8–18, Sa und So 10–18, Nov–Feb Di–Fr 8–16.30, Sa und So 10–16.30 Uhr, Eintritt $8, Di ganztägig und Sa bis 12 Uhr Eintritt frei.

Hinter dem Botanischen Garten befindet sich das **Brooklyn Museum**, 220 Eastern Parkway, ✆ 718/638-5000, 🖥 www.brooklynmuseum.org, das allein Grund genug für einen Abstecher nach Brooklyn wäre. Es gehört zu den bedeutendsten Museen New Yorks, steht aber von jeher im Schatten des Met. Für seine auf fünf Stockwerke verteilten Ausstellungen sollte man einen Nachmittag einplanen, muss dabei jedoch eine strenge Auswahl nach persönlichem Interesse treffen. Einige der Höhepunkte sind der dritte Stock mit Altertümern aus der Antike und Ägypten sowie *The Dinner Party* von Judy Chicago und die amerikanischen historischen Räume im vierten Stock. Im Stockwerk darüber sind in der Abteilung American Identities u. a. Charles Sheeler und Georgia O'Keeffe mit Werken vertreten. Ebenso faszinierend ist die Abteilung Visible Storage, in der Kunst- und andere Objekte aus dem Museumsfundus gezeigt werden, die gewöhnlich nicht ausgestellt werden. 🕐 Mi–Fr 10–17, Sa und So 11–18, erster Sa im Monat 11–23 Uhr, Eintritt $10, Studenten $6, U-Bahn-Linie 2 oder 3 bis Eastern Parkway.

New York

Die U-Bahn-Linien D, F, N und Q fahren von Manhattan (45 Min.–1 Std.) direkt nach **Coney Island**, 🖳 www.coneyislandusa.com, im äußersten Süden von Brooklyn, wo sich mehrere Generationen der New Yorker Arbeiterklasse von den Strapazen ihres Alltags erholten. Kultiges Wahrzeichen von Coney Island sind die Holzachterbahn **Cyclone** aus dem Jahr 1927 ($8) und das 90 Jahre alte Riesenrad **Wonder Wheel** ($6). Der breite Sandstrand ist sehr schön, an heißen Tagen aber häufig überlaufen, und das Wasser ist nicht unbedingt das sauberste. Ende Juni findet hier einer der skurrilsten und schrillsten Verkleidungsumzüge des ganzen Landes, die Mermaid Parade, ihren krönenden Abschluss.

Das **New York Aquarium**, ☎ 718/265-3474, 🖳 www.nyaquarium.com, an der Strandpromenade, wurde 1896 eröffnet und widmet sich bis heute den Fischen und Wirbellosen der Erde. Häufig finden unter freiem Himmel Vorführungen mit Meeressäugetieren statt. ⏱ 2. April–27. Mai und 6. Sep–6. Nov Mo–Fr 10–17, Sa und So 10–17.30, 28. Mai–5. Sep Mo–Fr 10–18, Sa und So 10–19, 7. Nov–30. März tgl. 10–16.30 Uhr, Eintritt $14,95, Kinder von 3 bis 12 Jahren $10,95.

Geht man die Strandpromenade weiter Richtung Osten, gelangt man nach **Brighton Beach** oder „Little Odessa", wo die größte russische Gemeinde der USA zu Hause ist. Auch Juden – mittlerweile vor allem ältere – stellen einen bedeutenden Teil der Bevölkerung von Brighton Beach.

Verglichen mit Coney Island ist Brighton Beach wesentlich lebendiger und wohlhabender. Das zeigt sich besonders entlang seiner Hauptstraße, der Brighton Beach Avenue, die mit ihrem Wirrwarr von Lebensmittelläden und einladenden Restaurants unterhalb der U-Bahn-Linie Q verläuft. Abends heizt sich die Stimmung in den Restaurants merklich auf und wird fast zur Parodie einer derben russischen „Sause" mit lauter Livemusik und Wodka-Saufgelage.

Queens

Queens – benannt nach der Frau König Charles II. von England – zählte zu den wenigen Orten, wo Nachkriegseinwanderer noch Häuser kaufen und ihre eigenen Gemeinden gründen konnten. In **Astoria** lebt beispielsweise die größte Konzentration von Griechen außerhalb Griechenlands.

Von den Einwanderervierteln abgesehen, ist die Hauptattraktion von Queens das **American Museum of the Moving Image**, 35th Ave, Ecke 36th St, ☎ 718/784-0077, 🖳 www.ammi.org, in Astorias altem Paramount-Komplex. Es widmet sich der Geschichte von Film, Fernsehen und Video und wurde gerade umfassend umgebaut und durch ein neues, dreistöckiges Gebäude nebenan mit Vorführungssaal und Bildungszentrum erweitert. Die Kernausstellung „Behind the Screen" umfasst mehr als 125 000 Objekte, darunter alte Filmkameras und Gerätschaften für Spezialeffekte, Fernseher aus der Frühzeit des Mediums, alle möglichen Kostüme und Requisiten (u. a. den Streitwagen aus *Ben Hur*), Fanmagazine, Plakate und *Star Wars*-Figuren. Besucher können kleine Trickfilme und Soundtracks erstellen und erleben, wie Live-Fernsehen gemacht wird. ⏱ Di–Do 10.30–17, Fr 10.30–20, Sa und So 10.30–19 Uhr, Eintritt $10, Kinder $5, Fr 16–20 Uhr frei, U-Bahn-Linie M oder R bis Steinway.

Ganz in der Nähe, in Long Island City, liegt das **MoMA PS1**, 22-25 Jackson Ave, Ecke 46th St, ☎ 718/784-2084, 🖳 www.ps1.org, eine der ältesten und größten Institutionen der USA, die sich ausschließlich zeitgenössischer Kunst widmen und junge aufstrebende Talente fördern. ⏱ Do–Mo 12–18 Uhr, Eintritt $5, mit einer vor höchstens 30 Tagen gekauften MoMA-Eintrittskarte frei.

Die Bronx

Die im äußersten Norden von New York City gelegene Bronx, der einzige Stadtteil auf dem Festland, galt lange Zeit als härtester Bezirk der Stadt mit der erschreckendsten Kriminalitätsstatistik. Heute unterscheidet sich die Bronx nicht mehr großartig von den anderen Außenbezirken, auch wenn sie geografisch mehr mit dem nördlich gelegenen Westchester County gemein hat als mit den Inselregionen von New York City: nämlich steile Hügel, tief eingeschnittene Täler und eine von Felsen durchsetzte Landschaft im Westen sowie sumpfiges Flachland am Long Island Sound im Osten.

Als Erster ließ sich der Schwede Jonas Bronk im 17. Jh. in der Gegend nieder. Wie

Brooklyn wurde auch die Bronx erst Ende des 19. Jhs. ein Stadtteil New Yorks. Die Hauptverkehrsstraße **Grand Concourse** war damals mit luxuriösen Apartmenthäusern im Art-déco-Stil gesäumt, von denen viele heute noch stehen, wenn auch in ziemlich verwahrlostem Zustand. Nicht weit vom Concourse entfernt hat das äußerst erfolgreiche Baseballteam der New York Yankees im **Yankee Stadium**, 161st St, Ecke River Ave, ☎ 718/293-4300, 🖥 newyork.yankees.mlb.com, eine neue Heimat.

Den **Bronx Zoo**, ☎ 718/220-5100, 🖥 www.bronxzoo.com, betritt man entweder durch das Haupttor an der Fordham Road oder durch einen zweiten Eingang an der Bronx Park South. Letzterer liegt der U-Bahn-Station an der E Tremont Avenue (Linie 2 oder 5) am nächsten, über die U-Bahnfahrer den Zoo erreichen. Dieser mit mehr als 4000 Tieren größte städtische Zoo der USA ist zugleich einer der besten. Ihm liegt die Erkenntnis zugrunde, dass sich Tiere im Freien erstens wohler fühlen und zweitens schöner anzusehen sind. In der annähernd 16 ha großen Wildnis von Wild Asia können sich Tiger, Elefanten und Rehe relativ frei bewegen. Von Mai bis Oktober führt eine Einschienenbahn die Besucher für $4 durch das Gelände.

Ebenso sehenswert sind die Stummelaffen und Paviane im innovativen Congo Gorilla Forest, die Himalayan Highlands, eine dem „Dach der Welt" nachempfundene Gebirgslandschaft mit vom Aussterben bedrohten Arten wie Pandabären und Schneeleoparden, und der Tiger Mountain, der die Gelegenheit eröffnet, aus nächster Nähe Bekanntschaft mit sibirischen Tigern zu machen. ☉ April–Okt Mo–Fr 10–17, Sa und So 10–17.30, Nov–März tgl. 10–16.30 Uhr, Eintritt $15, Kinder $11, Mi Eintritt nach eigenem Belieben.

Hinter dem Haupteingang des Zoos erstrecken sich die **New York Botanical Gardens**, ☎ 718/817-8700, 🖥 www.nybg.org, die teilweise so wild und romantisch sind wie manche Landschaft im Norden des Landes. Unbedingt sehenswert ist das Enid A. Haupt Conservatory, ein gewaltiges viktorianisches Gewächshaus mit einer 30 m hohen Kuppel, tropischen Pflanzen und jahreszeitlichen Ausstellungen. ☉ Di–So 10–18 Uhr, Eintritt $20, nur Gartenanlage $6.

Übernachtung

Die Unterkunftspreise in New York liegen generell deutlich über dem Landesdurchschnitt. Die meisten Hotels verlangen mehr als $200 pro Nacht, es gibt aber hier und da auch Schnäppchen für unter $100. Bei Herbergen mit mehr als vier Sternen kommt man selten unter $400 pro Nacht weg. Die meisten Hotels befinden sich in Midtown Manhattan, wenngleich immer mehr schicke Unterkünfte in Downtown entstehen.

Auch für Hotels gilt: **rechtzeitig reservieren**. Besonders im Mai, Juni, September und Oktober sowie in der Weihnachtszeit und um Neujahr herum steht man sonst vor ausgebuchten Häusern. Die Preissymbole oder -angaben am Ende der Einträge beziehen sich jeweils auf den Preis des billigsten Doppelzimmers in der Hauptsaison.

Hotels

Ace, 20 W 29th St, Ecke Broadway, ☎ 212/679-2222, 🖥 www.acehotel.com. U-Bahn-Linien N, Q, R bis 28th St. Das Ace Hotel ist beseelt vom Geist des alten New York, aber zugleich sehr modern. Verschiedenste Arten von Zimmern, z. B. ausgestattet mit Etagenbetten, altmodischen Kühlschränken, Gitarren und Kunstwerken. Wirkt teurer, als es ist. ❾ ($300)

Algonquin, 59 W 44th St, zwischen Fifth und Sixth Ave, ☎ 1/888-304-2047 oder 212/840-6800, 🖥 www.algonquinhotel.com. U-Bahn-Linien B, D, F, M bis 42nd St. New Yorks klassisches Literatenhotel hat sich seine altmodische Club-Atmosphäre bewahrt: Am Dekor hat sich seit den Tagen von Dorothy Parkers legendärem „Algonquin Round Table" kaum etwas geändert.

Kaffee im Garten

414, 414 W 46th St, zwischen Ninth und Tenth Ave, ☎ 1-866/414-HOTEL oder 212/399-0006, 🖥 www.414hotel.com. U-Bahn-Linien C, E bis 50th St. Einladendes Hotel etwas abseits vom Times Square mit überdurchschnittlich großen Zimmern in zwei Stadthäusern. Im schönen Garten lässt sich bestens der Morgenkaffee genießen. ❽

Die Gästezimmer wurden allerdings zwischenzeitlich aufgemöbelt und das Foyer renoviert. ❾ ($549)

Amsterdam Inn, 340 Amsterdam Ave, Ecke 76th St, ☎ 212/579-7500, 🖥 www.nyinns.com. U-Bahn-Linie 1 bis 79th St, B, C bis 81st St. Der Central Park, das Lincoln Center und das American Museum of Natural History sind vom Hotel aus leicht zu Fuß zu erreichen. Die Zimmer sind einfach, aber sauber. Freundliches Personal. ❻

Chelsea Hotel, 222 W 23rd St, zwischen Seventh und Eighth Ave, ☎ 212/243-3700, 🖥 www.hotel chelsea.com. U-Bahn-Linien 1, C, E bis 23rd St. Wegen seines betagten Gebäudes im neugotischen Stil eines der Wahrzeichen New Yorks mit berühmt-berüchtigter Vergangenheit. Die meisten der geräumigen Zimmer sind inzwischen renoviert worden, bieten aber nach wie vor Parkettböden, echte Kamine und viel Platz. ❼

Chelsea Lodge, 318 W 20th St, zwischen Eighth und Ninth Ave, ☎ 1-800/373-1116 oder 212/243-4499, 🖥 www.chelsealodge.com. U-Bahn-Linien C, E bis 23rd St. Umgebaute Pension in einer netten Straße. Die normalen Zimmer mit Dusche und Waschbecken (Gemeinschaftstoilette auf dem Gang) sind für 2 Pers. recht beengt, die wenigen Deluxe-Zimmer bieten aber ein tolles Preis-Leistungs-Verhältnis. ❺

Cosmopolitan, 95 W Broadway, Ecke Chambers St, ☎ 1-888/895-9400 oder 212/566-1900, 🖥 www. cosmohotel.com. U-Bahn-Linien 1, 2, 3, A, C bis Chambers St. Tolle Lage in Tribeca; schicke, gepflegte Zimmer und günstige Preise. ❼

Distrikt, 342 W 40th St, zwischen Eighth und Ninth Ave, ☎ 1-888/444-5610 oder 212/706-6100, 🖥 www.distrikthotel.com. U-Bahn-Linien A, C, E bis 42nd St/Port Authority. Einladendes Hotel mit geräumigen Zimmern in klassischen gedämpften Braun- und Beigetönen. Die besten Blicke bieten sich von den oberen Stockwerken. Die Straße, an der das Hotel liegt, ist allerdings weniger einladend. ❽

Dylan, 52 E 41st St, zwischen Park und Madison Ave, ☎ 212/338-0500 oder 1-866/55-DYLAN, 🖥 www.dylanhotel.com. U-Bahn-Linien 4, 5, 6, 7 bis Grand Central-42nd St. Exklusives und clever aufgezogenes Hotel mit liebevoll

Blue Moon, 100 Orchard St, zwischen Delancey und Broome St, ☎ 212/533-9080, 🖥 www.bluemoon-nyc.com. U-Bahn-Linie F bis Delancey St, J, Z bis Essex St. Luxuriöses Boutiquehotel in einem umgebauten Wohnblock an der Lower East Side; die Zimmer sind nach Promis der 1930er- und 1940er-Jahre benannt und zum Teil der Zeit entsprechend eingerichtet. Tolle Ausblicke über die Stadt von den Zimmern im 6., 7. und 8. Stock. ❽

New York

ausgestatteten Zimmern, die mit ihren hohen Decken recht groß wirken. Wer es sich leisten kann, sollte die Alchemy Suite buchen, eine einzigartige gotische Bettkammer mit gewölbter Decke und ungewöhnlichen Buntglasfenstern. ❾ ($459)

Edison, 228 W 47th St, zwischen Broadway und Eighth Ave, ☎ 212/840-5000, 🖥 www.edison hotelnyc.com. U-Bahn-Linien 1, C, E bis 50th St, N, Q, R bis 49th St. Auffälligstes Merkmal dieses irren 1000-Zimmer-Hotels ist das wunderschöne Art-déco-Foyer. Gutes Preis-Leistungs-Verhältnis für Midtown Manhattan. ❽

Grace, 125 W 45th St, zwischen Sixth und Seventh Ave, ☎ 212/354-2323, 🖥 www.room-matehotels.com. U-Bahn-Linien B, D, F, M bis 42nd St. Hotels wie dieses sind selten: Von der Lounge Bar blickt man auf einen gläsernen Pool, auf jeder Etage gibt es verschiedene coole Retro-Tapeten, und die Zimmer sind ultramodern und haustierfreundlich. ❾ ($399)

Gramercy Park Hotel, 2 Lexington Ave, Ecke E 21st St, ☎ 212/475-4320, 🖥 www.gramercypark hotel.com. U-Bahn-Linie 6 bis 23rd St. Das Hotel in hübscher Lage wurde durch Ian Schrager mit Hilfe von Julian Schnabel gewagt umgestaltet. Die Lobby ist gleichermaßen prächtig wie skurril, die Zimmer präsentieren sich originell und luxuriös. Gäste bekommen einen Schlüssel für den angrenzenden Privatpark (s. S. 112). ❾ ($495)

Larchmont, 27 W 11th St, zwischen Fifth und Sixth Ave, ☎ 212/989-9333, 🖥 www.larchmont hotel.com. U-Bahn-Linien F, L, M bis 14th St. Das Budgethotel in Toplage in einer Allee in

Greenwich Village bietet kleine, aber hübsche und saubere Zimmer zum supergünstigen Preis – allerdings nur mit Etagenbädern. ❺

Milburn, 242 W 76th St, zwischen Broadway und West End Ave, ☎ 1-800/833-9622 oder 212/ 362-1006, 🖥 www.milburnhotel.com. U-Bahn-Linie 1 bis 79th St. Freundliches und zentral gelegenes Hotel, das originell renoviert wurde. Hervorragend für Familien geeignet. ❽

The Pod, 230 E 51st St, zwischen Second und Third Ave, ☎ 212/355-0300, 🖥 www.thepod hotel.com. U-Bahn-Linie 6 bis 51st St. Das schicke Budgethotel gehört zu den besten Deals in Midtown Manhattan. Eher winzige, dafür aber extrem hippe DZ mit Bad hinter einer gläsernen Trennwand, EZ oder coole Etagenbetten mit Etagenbad (siehe Website). Dazu gibt's Gratis-WLAN, LCD-TV und – na klar – Docking Stations für den iPod. ❽

Roger Smith, 501 Lexington Ave, Ecke E 47th St, ☎ 212/755-1400, 🖥 www.rogersmith.com. U-Bahn-Linie 6 bis 51st St. Hotel mit viel Flair und individuell eingerichteten Zimmern, tollem Restaurant, hilfsbereitem Personal und Kunst in den Gemeinschaftsbereichen. Frühstück inkl. ❾ ($349)

Seventeen, 225 E 17th St, zwischen Second und Third Ave, ☎ 212/475-2845, 🖥 www.hotel17ny. com. U-Bahn-Linien 4, 5, 6, L, N, Q, R bis 14th St-Union Square. Einfach ausgestattete Zimmer, viele mit Gemeinschaftsbad. Sauber, freundlich und hübsch gelegen in einer netten Straße mit schattigen Bäumen nur wenige Minuten von Union Square und East Village entfernt. ❻

Smyth Tribeca, 85 West Broadway, zwischen Warren und Chambers St, ☎ 212/587-7000,

Wohlfühlhotel

Mansfield, 12 W 44th St, zwischen Fifth und Sixth Ave, ☎ 1-800/255-5167 oder 212/277-8700, 🖥 www.mansfieldhotel.com. U-Bahn-Linien B, D, F, M bis 42nd St. Eines der schönsten kleinen Hotels der Stadt, gleichermaßen prächtig wie persönlich. Gesellige Atmosphäre durch clubartige Bibliothekslounge und Live-Jazz unter der Woche. Kleines Frühstück und Cappuccinos inkl. ❾ ($399)

B&Bs, Guesthouses und Apartments

Wer lieber in etwas persönlicher Atmosphäre nächtigt, sollte erwägen, in einem B&B oder Guesthouse unterzukommen, einen Wohnungstausch zu organisieren oder ein Apartment zu mieten. B&B-Agenturen sind z. B. die britische Agentur **Colby International**, ☎ 0151/292-2910, 🖥 www.colbyinternational. com, sowie die New Yorker Agenturen **City-Sonnet**, ☎ 212/614-3034, 🖥 www.citysonnet. com, und **City Lights**, ☎ 212/737-7049, 🖥 www. citylightsbandb.com. Auf der Website von **VRBO**, 🖥 vrbo.com, bieten Eigentümer landesweit ihre Ferienapartments an; Ähnliches leistet **craigslist**, 🖥 newyork.craigslist.org, auch für kürzere Aufenthalte.

🖥 www.thompsonhotels.com. U-Bahn-Linien A, C, 1, 2, 3 bis Chambers St. Eines der neusten Boutiquehotels in diesem Teil der Stadt mit edlem modernem Design, hier und da mit einem Hauch Klassik oder Art déco sowie Hightec-Spielzeug. ❾ ($445)

Wales, 1295 Madison Ave, zwischen 92nd und 93rd St, ☎ 212/876-6000, 🖥 www.wales hotel.com. U-Bahn-Linie 6 bis 96th St. Wenige Gehminuten von der „Museum Mile" (S. 118). Attraktive Zimmer mit antiken Gegenständen und gut durchdachter Einrichtung, teils mit Blick auf den Central Park. ❾ ($345)

Washington Square, 103 Waverly Place, Ecke Washington Square Park, ☎ 212/777-9515, 🖥 www.washingtonsquarehotel.com. U-Bahn-Linien A, B, C, D, E, F, M bis W 4th St. Im Herzen von Greenwich Village, nur einen Steinwurf vom Campus der NYU entfernt. Man darf sich von der edlen Lobby nicht täuschen lassen: Die Zimmer sind erstaunlich schlicht für ihren Preis (die „Deluxe"-Zimmer haben etwas mehr Flair). ❽

Jugendherbergen und Hostels

Jugendherbergen und Hostels sind die günstigsten Unterkünfte, unterscheiden sich aber teilweise erheblich in punkto Qualität, Sicherheit und Service. Man ist gut beraten, sich weit im Voraus über die Bedingungen zu informieren, um Enttäuschungen bei der Ankunft zu vermeiden. Die Übernachtung in einem durchschnittlichen Hostel kostet $30–60. Soweit nicht anders angegeben, sind alle auf Karte S. 110/111 eingezeichnet.

Big Apple Hostel, 119 W 45th St, zwischen Sixth und Seventh Ave, ℘ 212/302-2603, 🖥 www.bigapplehostel.com. U-Bahn-Linien B, D, F, M, N, Q, R, 1, 2, 3 bis 42nd St. Unschlagbare Lage am Times Square. Sichere Gepäckaufbewahrung und sogar Terrasse zum Grillen. Alle Zimmer mit AC und Gemeinschaftsbad. Dorms $45, DZ ❺–❻

Gershwin, 7 E 27th St, zwischen 5th und Madison Ave, ℘ 212/545-8000, 🖥 www.gershwinhotel.com. U-Bahn-Linie N, R bis 28th St. Hostel und Hotel, auf junge Traveller ausgerichtet. Pop-Art-Dekor und 2-, 6- oder 10-Bett-Dorms (ab $40 pro Nacht), Privatzimmer ❻, Reservierung in beiden Fällen zu empfehlen.

Jazz on the Park, 36 W 106th St, Ecke Central Park West, ℘ 212/932-1600, 🖥 www.jazz hostels.com. U-Bahn-Linie B, C bis 103rd St. Abgefahrene Jugendherberge mit TV- und Spielezimmer, Café und vielen Angeboten wie Live-Jazz am Wochenende. Die Zimmer und Schlafsäle für bis 14 Personen sind sauber, hell und klimatisiert, Preise ab ca. $30 pro Nacht, DZ ❺. Mindestens eine Woche im Voraus reservieren.

Whitehouse Hotel of New York, 340 Bowery, ℘ 212/477-5623, 🖥 www.whitehousehotelofny.com. U-Bahn-Linie 6 bis Bleecker St, F bis Second Ave. Karte S. 102/103. Das einzige Hostel der Stadt mit EZ und DZ zu Dorm-Tarifen macht sich außerdem mit Annehmlichkeiten wie AC, Geldautomat, Kabel-TV und Bettzeug beliebt. Alle Zimmer mit Trennwänden rundum, aber nach oben offen. EZ ❶, DZ ❷

Es gibt wohl kein Gericht, das man in New York nicht bekommen könnte. Und New Yorker verbringen unglaublich viel Zeit damit, Erfahrungen mit verschiedenen Küchen, neuen Gerichten und Restaurants auszutauschen. In mehreren Stadtgebieten herrscht eine bestimmte Landesküche vor, besonders in

den Außenbezirken – doch im Allgemeinen findet man alles, was man sucht, überall und jederzeit.

Downtown Manhattan (unterhalb 14th Street)
Karte S. 102/103

Bridge Café, 279 Water St, Ecke Dover St, ℘ 212/227-3344. U-Bahn-Linien 4, 5, 6 bis Brooklyn Bridge. Das älteste noch bestehende Wirtshaus der Stadt (1847 eröffnet; das Gebäude ist noch 50 Jahre älter) ist heute ein gehobenes Restaurant. Besondere Highlights: die Krabbenküchlein und die große Bierauswahl von Mikrobrauereien. Hauptgerichte $23–34.

Caffè Reggio, 119 MacDougal St, zwischen Bleecker und W 3rd St, ℘ 212/475-9557. U-Bahn-Linien A, B, C, D, E, M bis W 4th St. Eins der ältesten Cafés im Village (Eröffnung 1927). Mit italienischen Antiquitäten und Gemälden geschmückt. Während man einen Espresso schlürft, kann man so tun, als sei der alte Geist der Bohème noch lebendig.

Corner Bistro, 331 W 4th St, Ecke Jane St, ℘ 212/242-9502. U-Bahn-Linien A, C, E, L bis 14th St. Die Burger ($6,75) und Pommes in dieser rustikalen Taverne zählen zu den besten der Stadt. Ausgezeichnete Adresse zum Entspannen und Auftanken in freundlicher Kiezatmosphäre, es kann aber recht voll werden.

Grandaisy Bakery, 250 W Broadway, Ecke Beach St, außerdem 73 Sullivan St, Nähe Spring St, und 176 W 72nd St, ℘ 212/334-9435. U-Bahn-Linie 1 bis Franklin St (Tribeca-Filiale). Der beste Kaffee in Tribeca, dazu köstliche vegetarische Pizza mit Blumenkohl, Kartoffeln, Tomaten und Zucchini sowie exzellente Backwaren.

Gelungene Mischung

Graffiti Food & Wine Bar, 244 E 10th St, zwischen First und Second Ave, ℘ 212/677-0695. U-Bahn-Linie 6 bis Astor Place. In diesem Bohème-Lokal mit nur vier Tischen kreiert Küchenchef Jehangir Mehta eine gelungene Mixtur aus chinesischen, amerikanischen und indischen Aromen, z. B. Rochen im Kichererbsenmantel und Kreuzkümmel-Auberginen-Brötchen (Gerichte von $7–15). ◷ Mo geschlossen.

New York

Köstliches aus Japan

Ippudo, 65 Fourth Ave, zwischen 9th und 10th St. U-Bahn-Linie 6 bis Astor Place. Das beliebte japanische *ramen*-Lokal bietet dampfende Nudelgerichte im klassischen *tonkotsu*-Stil für ca. $13–14, außerdem köstliche Teigtaschen mit Schweinefleisch sowie Häppchen aus gebratenem Huhn. Die Gäste sitzen in Sitznischen oder an Gemeinschaftstischen.

Great N.Y. Noodletown, 28 1/2 Bowery, Ecke Bayard St, ✆ 212/349-0923. U-Bahn-Linien B, D bis Grand St, 6 bis Canal St. Am besten während der Krebssaison (Mai–Aug), wenn die Schalentiere knusprig und salzig gekocht werden ($16). Ansonsten sind das ganze Jahr über die Gerichte mit anderem Seafood und mit gebratenem Fleisch zu empfehlen.

Il Posto Accanto, 190 E 2nd St, zwischen Avenue A und B. U-Bahn-Linie F bis Lower East Side-Second Ave. Kleine Weinbar mit einem riesigen Angebot an italienischen Rotweinen im Glas. Dazu gibt es hervorragende kleine Pastagerichte ($12–15), Panini ($8) und Ähnliches. Wie auch im beliebten dazugehörigen Restaurant nebenan, dem Il Bagatto, kann es hier voll werden.

Katz's Delicatessen, 205 E Houston St, Ecke Ludlow St, ✆ 212/254-2246. U-Bahn-Linie F bis Second Ave. Altehrwürdiger jüdischer Deli in der Lower East Side, bekannt durch die Orgasmus-Szene aus dem Film *Harry und Sally*. Serviert üppige Sandwiches mit Pastrami und Corned Beef (ca. $15).

Kesté Pizza & Vino, 271 Bleecker St, zwischen Jones und Cornelia St. U-Bahn-Linien A, B, C, D, F, M bis W 4th St. Die neueste Pizzeria des Viertels bietet neapolitanische Holzofenpizza wie die originelle Mast'nicola (Speck, Pecorino romano und Basilikum, $9) oder die köstliche Pizza de Papa (Kürbiscreme, geräucherte Mozzarella und Artischocken, $16).

Locanda Verde, 377 Greenwich St, Ecke N Moore St, ✆ 212/925-3797, 🖥 locandaverde nyc.com. U-Bahn-Linie 1 bis Franklin St. Die zwanglose italienische Taverne bildet die Bühne für die außergewöhnlichen Kreationen von Starkoch Andrew Carmellini. Zu empfehlen sind etwa das Porchetta-Sandwich ($17), die gefüllte Bergforelle ($26) oder die fantastischen Nudelgerichte ($17–19).

Lombardi's, 32 Spring St, zwischen Mott und Mulberry St, ✆ 212/941-7994. U-Bahn-Linie 6 bis Spring St. Die älteste Pizzeria Manhattans gehört zu den besten der Stadt (Pizza ab $19,50) und serviert eine umwerfende Venusmuschel-Pizza.

Magnolia Bakery, 401 Bleecker St, Ecke W 11th St, ✆ 212/462-2572. U-Bahn-Linie 1 bis Christopher St. Der Hauptrenner des umfangreichen Backwaren-Angebots sind die göttlichen, kunterbunten *cupcakes* (berühmt aus *Sex and the City* und *Saturday Night Live*) für $2,75 das Stück. Die Schlangen reichen manchmal bis um den Block herum.

Momofuku Noodle Bar, 171 First Ave, zwischen E 10th und E 11th St, ✆ 212/777-7773. U-Bahn-Linie 6 bis Astor Place. Das erste Restaurant von Starkoch David Chang; seine schlichtesten Kreationen sind immer noch die besten: seidenzarte Teigtaschen mit Schweinefleisch, Hoisin-Soße und Gewürzgurken ($9) oder dampfende Schüsseln voller *ramen*-Nudeln mit Hühnchen- und Schweinefleisch ($10).

Nobu, 105 Hudson St, Ecke Franklin St, ✆ 212/219-0500. U-Bahn-Linie 1 bis Franklin St. Das Nonplusultra der Japanküche mit Spezialitäten wie Kohlenfisch *(black cod)* mit Miso ($26) und eiskaltem Sake in Bambusrohrbechern. Reservierungen sind allerdings schwer zu ergattern. Eine Alternative ist das

Kennys kreative Küche

Shopsin's, Essex St Market, 120 Essex St (kein Telefon). U-Bahn-Linie F bis Delancey St, J, Z bis Essex St. Kenny Shopsin betrieb sein für gewisse Marotten berühmtes Lokal (keine Handys und keine Gruppen von mehr als 4 Pers.) lange Jahre erfolgreich im West Village, bevor er vor den hohen Mieten hierher ausweichen musste. Seine Kreationen mit Suchtpotenzial – z. B. die Pfannkuchen mit Erdnussbutterfüllung – haben ihm eine treue Fangemeinde gesichert. ⏰ So und Mo geschlossen.

etwas preiswertere *Next Door Nobu* – wie der Name schon sagt: gleich nebenan.

Num Pang, 21 E 12th St, Ecke University Place, ✆ 212/255-3271. U-Bahn-Linien 4, 5, 6, L, N, Q, R bis Union Square. Tolle, frisch getoastete kambodschanische Sandwiches aus Grießmehl mit Chili-Mayonnaise und hausgemachten Pickles; als Füllung gibt es z. B. Duroc-Schweinefleisch und Pfefferkorn-Katfisch. (beide $7,50).

Rice to Riches, 37 Spring St, zwischen Mott und Mulberry St, ✆ 212/274-0008. U-Bahn-Linie 6 bis Spring St. Der abgedrehte Takeaway kreiert Reispudding in hippen und absolut unwiderstehlichen Variationen – etwa mit Erdnussbutter und Schokostückchen oder Mango und Zimt – ab $6,75/Portion.

Veselka, 144 Second Ave, Ecke 9th St, ✆ 212/228-9682. U-Bahn-Linie 6 bis Astor Place. Das rund um die Uhr geöffnete osteuropäische Restaurant hilft mit vorzüglicher Kielbasa-Wurst vom Grill ($14,75), ukrainischen Piroggen ($6,75–10,50) und herzhaften Suppen ($3,50–4,75) gegen Hungerattacken um 4 Uhr morgens.

Midtown Manhattan (14th bis 59th Street)

Falls nicht anders angegeben, sind die folgenden Restaurants auf der Karte S. 110/111 verzeichnet.

15 East, 15 E 15th St, zwischen Fifth Ave und Broadway, ✆ 212/647-0015, 🖥 www.15east restaurant.com. U-Bahn-Linien 4, 5, 6, L, N, Q, R bis 14th St/Union Square. Karte S. 102/103. Stilvolles japanisches Restaurant, eines der besten der Stadt, mit warmen Gerichten wie langsam pochiertem Tintenfisch ($12) und Seeigel-Risotto ($24) sowie frischem Sushi und Sashimi (Auswahl des Küchenchefs jeweils $55), alles mit viel Liebe zum Detail zubereitet.

Aldea, 31 W 17th St, zwischen Fifth und Sixth Ave, ✆ 212/675-7223, 🖥 www.aldearestaurant. com. U-Bahn-Linien F, M bis 14th St. Karte S. 102/103. In einem coolen Speisesaal kommen toll zubereitete, geschmacksintensive Gerichte mit portugiesischem Einschlag auf den Teller wie Enten-Confit mit knuspriger Entenhaut und Chorizo oder Kabeljau mit geschmorten Kichererbsen. Hauptgerichte $24–29, 3-gängiges Mittagsmenü $24.

Maialino, im Gramercy Park Hotel, 2 Lexington Ave, ✆ 212/777-2410, 🖥 www.maialinonyc. com. U-Bahn-Linie 6 bis 23rd St. Karte S. 102/103. Danny Meiers attraktive römische Trattoria ist sowohl rustikal als auch edel. Einen zentralen Platz auf der Speisekarte nimmt das Schwein ein (dem das Restaurant seinen Namen verdankt) – im Angebot sind z. B. exzellente geräucherte *salumi* (Wurstwaren, $7–16), Innereien ($12), Pasta mit *guanciale* ($15) oder Spanferkelragout ($19), Schweinspfoten ($21) und als Spezialität geröstetes Spanferkel – alles toll zubereitet. Auch die Desserts sind super. Reservierung dringend zu empfehlen.

Aquavit, 65 E 55th St, zwischen Madison und Park Ave, ✆ 212/307-7311, 🖥 www.aquavit.org. U-Bahn-Linien E, M bis Fifth Ave/53rd St. Bekanntes skandinavisches Restaurant mit edlem Hauptspeiseraum und zwangloserem und erheblich billigerem Bistro. Wer seidigen Gravlax und Hering in allen möglichen Variationen probieren möchte, hat dazu die beste Gelegenheit beim sonntäglichen Smorgasbord ($48). Lange im Voraus reservieren.

Eisenberg's Sandwich Shop, 174 Fifth Ave, Ecke 22nd St. U-Bahn-Linien N, R bis 23rd St. Karte S. 102/103. Das bunte Mittagslokal bietet seit 1930 käselastige *Reuben Sandwiches*

Yakitori Totto, 251 W 55th St (1. OG), zwischen Broadway und Eighth Ave, ✆ 212/245-4555. U-Bahn-Linien 1, A, B, C, D bis 59th St/ Columbus Circle, N, Q, R bis 57th St oder B, D, E bis Seventh Ave. Das beliebte Lokal eignet sich bestens für einen kleinen Imbiss spät am Abend – die esoterischeren Angebote auf der Karte sind dann allerdings vielleicht schon nicht mehr zu haben. Am Spieß gegrillte Hühnerherzen, Bauchlappensteaks vom Rind, Hühnerschenkel mit Schalotten und dazu ein paar Beilagen sowie ein kühles Sapporo-Bier bilden eine nette Mahlzeit.

($8,50), tolle Thunfisch-Sandwiches ($7,25), Matze-suppe und altmodische Limonade. ◷ unter der Woche bis 20 Uhr, am Wochenende kürzer.

Gramercy Tavern, 42 E 20th St, zwischen Broadway und Park Ave, ✆ 212/477-0777. U-Bahn-Linie 6 bis 23rd St. Karte S. 102/103. Neokoloniale Einrichtung, exquisite neu-amerikanische Küche und perfekter Service sorgen für ein denkwürdiges kulinarisches Erlebnis in einem der besten und beliebtesten Restaurants der Stadt ($86–112). Der vordere Saal bietet sich für einen Drink oder eine weniger förmliche (und billigere) Mahlzeit an.

La Lunchonette, 130 Tenth Ave, Ecke W 18th St, ✆ 212/675-0342. U-Bahn-Linien A, C, E, L bis 14th St. Karte S. 102/103. Das echt französische Restaurant bietet Lammwurst mit sautierten Äpfeln ($15,50), Rochenflügel ($16,50) und steak au poivre ($24); die Spezialität des Hauses ist jedoch der langsam gegarte, aber nicht immer erhältliche Cassoulet.

La Nacional, 239 W 14th St, zwischen Seventh und Eighth Ave, ✆ 212/243-9308. U-Bahn-Linien 1, 2, 3, A, C, E, L bis 14th St. Karte S. 102/103. Das Zuhause der Spanish Benevolent Society verströmt nach wie vor die Atmosphäre eines Vereinshauses, steht aber allen Gästen offen. Zu empfehlen sind die croquetas ($8), die Garnelen mit Knoblauchsoße ($9) und die erstklassige Paella ($18).

New York Kom Tang, 32 W 32nd St, zwischen Broadway und Fifth Ave, ✆ 212/947-8482. U-Bahn-Linien B, D, F, M bis 34th St-Herald Square. Frisches Sushi und Sashimi ($22,95/$39,95) sowie exzellente Gerichte zum Selbergrillen (kalbi $24,99), die Highlights sind jedoch die reichhaltigen Suppen – alles von Ochsenschwanz ($13,95) bis zu Hühnchen mit Ginseng ($19,95). Gute Mittagsangebote. ◷ rund um die Uhr, So geschlossen.

Oyster Bar, untere Ebene der Grand Central Station, ✆ 212/490-6650. U-Bahn-Linien 4, 5, 6, 7 bis Grand Central-42nd St. Altes Restaurant mit wunderbarer Atmosphäre und unwerfender Speisekarte voll tagesfrischem Seafood – Krabbencremesuppe ($6,95), gedünsteter Hummer aus Maine (je nach Marktpreis) oder süße Kumamoto-Austern ($2,95 pro Stück).

Die Preise bewegen sich zwischen moderat und hoch, an der Bar ist es etwas billiger.

Prime Burger, 5 E 51st St, zwischen Madison und Fifth Ave. U-Bahn-Linien E, M bis Fifth Ave/53rd St. Klassischer Coffeeshop in praktischer Nähe zum MoMA und Rockefeller Center. Saftige Hamburger (ab $5,25) und gute Pasteten.

Shake Shack, Madison Square Park, ✆ 212/889-6600. U-Bahn-Linien 6, N, R bis 23rd St. Bei dem ungemein beliebten Imbiss steht die Kundschaft Schlange, um sich an perfekt gegrillten Burgern und cremigen frozen custard shakes zu laben und Bier und Wein vor der Tür zu süffeln. Gerichte um oder unter $7. ◷ im Winter bis 19, sonst bis 23 Uhr.

Virgil's Real BBQ, 152 W 44th St, zwischen Sixth und Seventh Ave, ✆ 212/921-9494. U-Bahn-Linien 1, 2, 3, 7, B, D, F, M, N, Q, R bis 42nd St. Ein Veteran des aktuellen New Yorker BBQ-Trends und eins der wenigen Lokale am Times Square, die nicht nur Touristen ködern. Alle klassischen Grilltraditionen – Rippchen aus Memphis ($24,95), Schwein aus Carolina ($20,50), Rinderbrust aus Texas ($22,50) und Schinken aus Maryland ($18,50) – sind hier gut vertreten. Wer richtig zuschlägt, kann sich das Frühstück am nächsten Morgen schenken.

Uptown Manhattan (nördlich der 59th Street)
Karte S. 110/111

Africa Kine, 256 W 116th St, zwischen Douglass und Powell Blvd, ✆ 212/666-9400. U-Bahn-Linien B, C bis 116th St. Das beste Restaurant in „Klein-Senegal" für authentische west-afrikanische und besonders senegalesische Gerichte wie Lammcurry, Lamm-Erdnussbutter-Eintopf und würzigen Fisch mit Okraschoten ($10–15). ◷ tgl. bis 2 Uhr.

Amy Ruth's, 113 W 116th St, zwischen Lenox und Seventh Ave, ✆ 212/280-8779. Allein das zu Ehren von Präsident Obama benannte Grillhähnchen ($13,25) ist Grund genug für einen Besuch in diesem ungezwungenen Familien-restaurant in Harlem.

Barney Greengrass, 541 Amsterdam Ave, zwischen 86th und 87th St. U-Bahn-Linie 1 bis 86th St. Seit Urzeiten an der Upper West Side beheimateter Deli (und Restaurant).

Ungarisches für Unileute

Hungarian Pastry Shop, 1030 Amsterdam Ave, zwischen W 110th und 111th St. U-Bahn-Linie 1 bis 110th St. Einfaches, schnörkelloses Kaffeehaus, besonders beliebt bei den Dozenten und Studenten der Columbia University. Wer möchte, kann hier den ganzen Tag bei einem Espresso sitzen und Proust lesen; das einzige Problem ist, sich zwischen all den hausgemachten Backwaren und Kuchen zu entscheiden.

Ein besonderer Genuss ist die Abteilung mit Räucherlachs.

Café Sabarsky in the Neue Galerie, 1048 Fifth Ave, Ecke E 86th St, ✆ 212/288-0665. U-Bahn-Linien 4, 5, 6 bis 86th St. Der feudale Salon der einstigen Vanderbilt-Villa fungiert heute als Wiener Kaffeehaus. Auf der Karte stehen deliziöse Backwaren wie Linzertorte und Strudel ($8) und kleine Sandwiches ($12), vor allem mit Aufschnitt.

Heidelberg, 1648 Second Ave, zwischen E 85th und 86th St, ✆ 212/628-2332. U-Bahn-Linien 4, 5, 6 bis 86th St. Eines der letzten deutschen Lokale von Yorkville. Leberknödelsuppe, Bauernfrühstück und Pfannkuchen, immer begleitet von einem Humpen Weißbier (Hauptgerichte $16,95–24,95).

Persephone, 115 E 60th St, zwischen Park und Lexington Ave, ✆ 212/339-8363. U-Bahn-Linien 4, 5, 6 bis 59th St. Eins der besten griechischen Restaurants der Stadt, mit salzigem gebackenem Schafskäse, Kanincheneintopf, Moussaka und Lamm vom Grill ($17–26). Sehr günstig ist das 3-gängige Mittagsmenü für $24,95.

Recipe, 425 Amsterdam Ave, zwischen 81st und 82nd St, ✆ 212/501-7755, 🖥 www.recipenyc.com. U-Bahn-Linie 1 bis 79th St. In dem kleinen Restaurant liegt der Schwerpunkt auf farmfrischen Zutaten aus der Umgebung. Vernünftige Preise (Hauptgerichte $17–24, tolles Mittagsgericht $11,95) und köstliche Speisen wie Gänseleberterrine ($10) und knusprig-zarte Ente ($22).

Rosa Mexicano, 61 Columbus Ave, zwischen W 62nd und 63rd St, ✆ 212/977-7700. U-Bahn-Linien 1, A, B, C, D bis 59th St-Columbus Circle. Direkt gegenüber vom Lincoln Center, daher perfekt für ein Essen nach der Oper. Empfehlenswert sind besonders die am Tisch zubereitete Guacamole ($14) und die Granatapfel-Margaritas ($11).

Außenbezirke

Agnanti Meze, 19–06 Ditmars Blvd, Astoria, Queens, ✆ 718/545-4554. U-Bahn-Linien N, Q bis Astoria-Ditmars Blvd. Das Restaurant am Astoria Park ist auf griechische *mezes* (Appetithäppchen) spezialisiert. Besonders interessant auf der Karte ist die Abteilung „Spezialitäten aus Konstantinopel" mit Leckereien wie *bekrimeze*, in Wein marinierten, zarten Fleischwürfeln. Filiale in Bay Ridge in Brooklyn.

Café Glechik, 3159 Coney Island Ave, zwischen Brighton Beach Ave und 10th St, ✆ 718/616-0494, 🖥 www.glechik.com. U-Bahn-Linien B, Q bis Brighton Beach. Eine nette Abwechslung zu den schickeren Läden im Viertel (wie dem Primorski oder dem Rasputin): Kitschig eingerichtetes ukrainisches Restaurant, das vor allem für seine Klöße – *pelmeni* und *vareniki* ($5–8) – sowie Borschtsch ($5), Eintöpfe ($9–15) und Kohlrouladen ($9) bekannt ist. Nur Barzahlung.

Frankies 457 Spuntino, 457 Court St, Ecke Luquer St, Carroll Gardens, Brooklyn; Filiale an der Lower East Side, ✆ 718/403-0033, 🖥 www.frankiesspuntino.com. U-Bahn-Linien F, G bis Carroll St. Wiederbelebte und verfeinerte italienisch-amerikanische Klassiker auf der Südseite der Carroll Gardens. Am besten ist die hausgemachte Pasta ($13–17), begleitet von einem frischen Salat und ein paar Crostini. Nur Barzahlung, keine Reservierungen außer für größere Gruppen.

Südstaatenküche

Pies and Thighs, 166 S 4th St, Ecke Driggs Ave, Williamsburg, Brooklyn, ✆ 347/529-6090. U-Bahn-Linien J, Z bis Marcy Ave. Helles Ecklokal mit Südstaatenküche: tolle *chicken biscuits* ($5), fachgerecht zubereitetes Brathähnchen ($11 mit Beilage) und wechselndes Angebot an Pasteten ($4,50 pro Stück; z. B. mit Limetten und Rhabarber).

Nathan's, 1310 Surf Ave, Ecke Schweiker's Walk, Coney Island, Brooklyn, ✆ 718/946-2202. U-Bahn-Linien D, F, N, Q bis Coney Island-Stillwell Ave. Serviert seit 1916 den „famous Coney Island hot dog". Wer nicht gerade Vegetarier ist, sollte einmal hier gewesen sein. Der alljährliche Hot Dog Eating Contest findet am 4. Juli statt.

Peter Luger Steak House, 178 Broadway, Ecke Driggs Ave, Williamsburg, Brooklyn, ✆ 718/387-7400. U-Bahn-Linien J, M, Z bis Marcy Ave. Hier gibt es seit 1887 große Fleischportionen. Das Restaurant zählt zu den besten Steakhäusern der Stadt. Das Personal ist mürrisch und die Einrichtung schlicht, doch dafür ist das Porterhouse-Steak – die einzige erhältliche Sorte – einfach göttlich (ca. $42,50 p. P. nur für das Fleisch). Akzeptiert nur Bargeld.

Bars

Die besten New Yorker Bars gibt es im Allgemeinen in Downtown Manhattan, besonders in den Vierteln West Village, East Village, Soho und Lower East Side, sowie in den Außenbezirken in Williamsburg, Red Hook und Long Island City. Die meisten hier aufgeführten Bars servieren kleine oder größere Mahlzeiten und haben während der Woche eine Happy Hour, die meist irgendwo zwischen 16 und 20 Uhr liegt. Weitere Bars s. S. 140, „New York für Lesben und Schwule".

Downtown Manhattan (unterhalb 14th Street)
Karte S. 102/103

55 Bar, 55 Christopher St, zwischen Sixth und Seventh Ave, ✆ 212/929-9883. U-Bahn-Linie 1 bis Christopher St. Dieses Juwel von Kellerkneipe existiert seit den Tagen der Prohibition. Mit toller Jukebox, netter Kundschaft und allabendlichem Live-Jazz.

8th St Winecellar, 28 W 8th St, zwischen Fifth Ave und MacDougal St, ✆ 212/260-9463. U-Bahn-Linien A, B, C, D, E, F, M bis W 4th St. Einfaches Lokal mit Holztischen und kenntnisreichem Thekenpersonal. Tolles Angebot an Weinen, meist $30–40 pro Flasche, 20 Sorten gibt's auch für ab $8 im Glas.

Barrio Chino, 253 Broome St, Ecke Orchard St, ✆ 212/228-6710. U-Bahn-Linien B, D bis Canal St. Die chinesischen Laternen und Getränkeschirmchen sollten einen nicht verwirren: Die Spezialität des Hauses ist mit etwa einem Dutzend verschiedener Sorten Tequila. Serviert werden die Schnäpse mit einem traditionellen *sangria chaser* aus Tomaten-, Orangen- und Limonensaft.

Blind Tiger Ale House, 281 Bleecker St, Ecke Jones St, ✆ 212/462-4682. U-Bahn-Linien A, B, C, D, E, F, M bis W 4th St, 1 bis Christopher St. Die holzgetäfelte Kneipe ist ein Schlaraffenland für echte Bierkenner mit 28 wechselweise angebotenen Fassbieren und einer Riesenauswahl an Flaschenbieren – als Stärkung gibt's Käseplatten von Murray's (S. 143). Meist gerammelt voll.

Bourgeois Pig, 111 E 7th St, zwischen First Ave und Ave A, ✆ 212/475-2246. U-Bahn-Linien L bis First Ave, 6 bis Astor Place. Extravagante Weinbar in dekadentem Versailles-Dekor mit Spiegelwänden, Kristalllüstern und purpurnen Satinsofas. Dazu passt die ellenlange Cocktailkarte – ausschließlich mit Wein-, Bier- und Sektmixgetränken.

Ear Inn, 326 Spring St, zwischen Washington und Greenwich St, ✆ 212/226-9060. U-Bahn-Linien C, E bis Spring St, 1 bis Houston St. Die traditionsreiche Kneipe nur einen Steinwurf vom Hudson River existiert seit 1890 (das Gebäude stammt aus dem Jahr 1817). Ihr altehrwürdiger und überaus gemütlicher Gastraum beglückt die Gäste mit verschiedenerlei Fassbier und solider amerikanischer Kost zu zivilen Preisen.

Fanelli's Café, 94 Prince St, Ecke Mercer St, ✆ 212/226-9412. U-Bahn-Linien N, R bis Prince St. Die 1922 eröffnete Kneipe (das Gebäude

Kellerkneipe mit Haustieren

Grassroots Tavern, 20 St Mark's Place, zwischen Second und Third Ave, Downtown, ✆ 212/475-9443. U-Bahn-Linie 6 bis Astor Place. Die ebenso geräumige wie wunderbare Kellerbar mit Holzdekor bietet eine lange Happy Hour, Popcorn für einen Dollar und Haustiere, die zu jeder Tageszeit durch die Kneipe streifen.

stammt von 1853) zählt zu den ältesten der Stadt. Ungezwungen und informell, besonders beliebt bei Berufstätigen nach Feierabend.

Happy Ending Lounge, 302 Broome St, zwischen Eldridge und Forsyth St, ✆ 212/334-9676. U-Bahn-Linien J, Z bis Bowery, B, D bis Grand St. Der ehemalige „Massagesalon" führt jetzt ein neues Leben als ausnehmend coole Bar mit Club. Die gekachelten Saunaräume im Untergeschoss wurden zu kuscheligen Sitznischen umfunktioniert. Getränke $8–12.

Max Fish, 178 Ludlow St, zwischen Houston und Stanton St, ✆ 212/529-3959. U-Bahn-Linie F bis Second Ave. Angesagte Kneipe mit unprätentiöser, aber kunstsinniger Atmosphäre, Flipper, Billardtisch und guter Jukebox.

McSorley's Old Ale House, 15 E 7th St, zwischen Second und Third Ave, ✆ 212/473-9148. U-Bahn-Linie 6 bis Astor Place. Zugegeben sehr touristisch und oft von studentischen Verbindungen bevölkert, aber dafür trinkt man hier Geschichte pur, denn die berühmte Kneipe zapfte ihr erstes Bier bereits 1854.

Temple Bar, 332 Lafayette St, zwischen Bleecker und Houston, ✆ 212/925-4242. U-Bahn-Linie 6 bis Bleecker St. Die edle und dunkle Lounge ist im Stil der 40er-Jahre eingerichtet und zählt zu den diskretesten und romantischsten Orten für einen Drink in der ganzen Stadt. Aus dem Martinis-Mixen wird hier beinahe eine Kulthandlung gemacht.

White Horse Tavern, 567 Hudson St, Ecke W 11th, ✆ 212/243-9260. U-Bahn-Linie 1 bis Christopher St. Die 1880 eröffnete Greenwich-Village-Institution schenkte Dylan Thomas seinen letzten Drink aus, bevor man ihn ins Krankenhaus karrte, und auch Norman Mailer und Hunter S. Thompson gehörten zur Stammkundschaft.

Midtown Manhattan (14th bis 59th Street)

Falls nicht anders angegeben, sind die folgenden Lokale auf der Karte auf S. 110/111 verzeichnet.

Campbell Apartment, Südwestbalkon, Grand Central Terminal, ✆ 212/953-0409. U-Bahn-Linien 4, 5, 6, 7 bis Grand Central-42nd St. Die einstige Wohnung des Geschäftsmanns John W. Campbell – nach dem Vorbild eines

Schicke Cocktailbar

King Cole Bar, 2 E 55th St, zwischen Fifth und Madison Ave, im St. Regis Hotel. U-Bahn-Linien E, M bis Fifth Ave/53rd St. Für einen Besuch in der angeblichen Heimat der Bloody Mary sollte man sich schick anziehen und genügend Geld einstecken – dafür kann man seinen Cocktail an der Bar unter einem Wandgemälde von Maxfield Parrish schlürfen.

florentinischen Palasts entworfen – beherbergt nach zackiger Umgestaltung durch die Innenarchitektin Nina Campbell heute eine der markantesten Cocktailbars von New York. Wichtig: Früh genug kommen, reichlich Cash mitbringen und bloß keine Turnschuhe anziehen.

El Quinto Pino, 401 W 24th St, Ecke Ninth Ave. U-Bahn-Linien C, E bis 23rd St. Elegante Tapasbar mit nur wenigen Sitzplätzen, also muss früh da sein, wer sich an knusprigem Schweinefleisch ($6) oder an einem etwas unheimlichen Seeigel-Sandwich ($15) laben möchte. Dazu werden spanische Weine gereicht.

Jimmy's Corner, 140 W 44th St, zwischen Broadway und Sixth Ave, ✆ 212/221-9510. U-Bahn-Linien 1, 2, 3, B, D, F, M, N, R, Q bis 42nd St. Der lange Schlauch von einer Bar strotzt nur so von Charakter und seine Wände sind eine regelrechte Ruhmesgalerie des Boxens, denn Inhaber dieser Kneipe ist Ex-Boxer und Trainer Jimmy Glenn.

Old Town Bar & Restaurant, 45 E 18th St, zwischen Broadway und Park Ave S, ✆ 212/529-6732. U-Bahn-Linien 4, 5, 6, L, N, Q, R bis 14th St/Union Square. Karte S. 102/103. Die stimmungsvolle Bar im Flatiron District ist Stammlokal von Verlagsleuten und Fotografen. Ein Großteil des altehrwürdigen Interieurs stammt noch aus dem Eröffnungsjahr 1892.

Pete's Tavern, 129 E 18th St, Ecke Irving Place, ✆ 212/473-7676. U-Bahn-Linien 4, 5, 6, L, N, Q, R bis 14th St/Union Square. Karte S. 102/103. Die ehemalige Mondscheinkneipe eröffnete 1864 und wirbt schamlos mit ihrer Geschichte: Sie bewirtete schon einige prominente Gäste wie John F. Kennedy Jr. und O. Henry. Unterhaltsame Spelunke Nähe Gramercy Park.

Rudy's Bar and Grill, 627 Ninth Ave, zwischen W 44th und 45th St, ℡ 212/974-9169. U-Bahn-Linien A, C, E bis 42nd St. Eine der freundlichsten und muntersten Bars in New York und besonders beliebt bei Schauspielern und Musikern. Kostenlose Hot Dogs, im Sommer toller Hinterhof und günstige *pitchers* (Krüge) Bier ($9).

Russian Vodka Room, 265 W 52nd St, zwischen Broadway und Eighth Ave, ℡ 212/307-5835. U-Bahn-Linien 1, C, E bis 50th St. Hier werden über 50 verschiedene Wodkasorten kredenzt, dazu noch hauseigene Kreationen mit Frucht- und – absolut genial – Knoblaucharoma. Die Frage nach Mixgetränken löst wahre Lachsalven aus.

Uptown Manhattan (nördlich der 59th Street)
Karte S. 110/111

Dead Poet, 450 Amsterdam Ave, zwischen 81st und 82nd St, Uptown, ℡ 212/595-5670. U-Bahn-Linie 1 bis 79th St. In dieser schnuckeligen Bar ist die Happy Hour ungewöhnlich lang, und das ist auch der beste Grund dafür, hier einzukehren. Im Hinterzimmer gibt es Sessel, Bücher und einen Billardtisch.

Ding Dong Lounge, 929 Columbus Ave, zwischen 105th und 106th St, ℡ 212/663-2600. U-Bahn-Linien B, C bis 103rd St. Die Punkbar mit DJ und gelegentlich auch Livebands lockt einen lebendigen Mix aus Studenten, Latinos aus der Nachbarschaft und versprengten Gästen der nahen Jugendherberge an.

Metropolitan Museum of Art, 1000 Fifth Ave, Ecke 82nd St, ℡ 212/535-7710. U-Bahn-Linien 4, 5, 6 bis 86th St. Einen romantischeren Ort, um den Abend mit einem Gläschen Wein einzuläuten, kann man sich kaum vorstellen, sei es im Roof Garden Café (◷ Mai–Okt), dessen Panoramablick zu den schönsten der Stadt gehört, oder in der Balcony Bar mit Blick auf die Great Hall (◷ nur Fr und Sa). ◷ Fr und Sa schließen die Bars um 20.30 Uhr.

Nectar, 2235 Frederick Douglass Blvd, Ecke 121st St, ℡ 212/961-9622. U-Bahn-Linien A, B, C, D bis 125th St. Harlems erste Weinbar ist schick und hell und bietet eine gute Auswahl

an Tröpfchen für $6–19 pro Glas; Happy Hour tgl. 17–19 Uhr.

Subway Inn, 143 E 60th St, Ecke Lexington Ave, ℡ 212/223-8929. U-Bahn-Linien 4, 5, 6 bis 59th St, N, R, Q bis Lexington Ave/59th St. Die Eckkneipe gegenüber von Bloomingdale's ist schon seit 1937 im Geschäft und auch heute noch ideal für ein Bierchen am späten Nachmittag.

Außenbezirke

Bohemian Hall and Beer Garden, 29-19 24th Ave, zwischen 29th und 30th St, Astoria, Queens, ℡ 718/274-4925. U-Bahn-Linien N, Q bis Astoria Blvd. Die alte tschechische Kneipe erfreut sich einer treuen Stammkundschaft und bietet neben einer guten Auswahl an Pilssorten auch Hamburger und Würstchen. Nach hinten raus großer Biergarten mit Picknicktischen, Baum und Musikbühne für Polka.

Brooklyn Brewery, 1 Brewers Row, 79 N 11th St, Williamsburg, Brooklyn, ℡ 718/486-7422. U-Bahn-Linie L bis Bedford Ave. New Yorks bekannteste Mikrobrauerei öffnet nur freitagabends (18–22 Uhr) zur Happy Hour (Bier $4).

Brooklyn Inn, 148 Hoyt St, Ecke Bergen St, Boerum Hill, Brooklyn, ℡ 718/522-2525. U-Bahn-Linien F, G bis Bergen St. In dieser fröhlichen Bar mit hohen Decken und freundlichen Barkeepern hängen Leute aus dem Viertel – und ihre Hunde – rum. Auch nett, um tagsüber etwas zu trinken oder im hinteren Raum eine Runde Billard zu spielen.

L.I.C. Bar, 45-58 Vernon Blvd, Ecke 46th Ave, Long Island City, ℡ 718/786-5400. U-Bahn-Linie 7 bis Vernon Blvd/Jackson Ave oder 45th Rd/Courthouse Square, G bis 21st St. Freundliche, stimmungsvolle Kneipe für ein Bier, einen Hamburger oder kostenlose Livemusik (Mo und Mi); schöne alte Holztheke und Gartenbereich.

Pete's Candy Store, 709 Lorimer St, zwischen Frost und Richardson St, Williamsburg, Brooklyn, ℡ 718/302-3770, ▢ www.petescandystore.com. U-Bahn-Linie L bis Lorimer St. Die hübsche kleine Kneipe war früher tatsächlich einmal ein Süßwarenladen. Jeden Abend Livemusik zum Nulltarif, Dichterlesungen, Scrabble-, Bingo- und Quiz-Abende sowie gut gemixte Cocktails.

Sunny's, 253 Conover St, zwischen Beard und Reed St, Red Hook, Brooklyn, ✆ 718/625-8211. U-Bahn-Linien F, G bis Smith-9th St, dann Bus B77. Red Hook liegt abseits des U-Bahnnetzes, eignet sich aber gut für eine abendliche Erkundungstour. Dabei sollte man sich mind. einen Drink in dieser altmodischen Kneipe am Fluss genehmigen: Flaschenbiere $4, treue Stammgäste, wechselnde Öffnungszeiten und spontane Jam Sessions. ☉ Mi, Fr und Sa 20–4 Uhr.

Wer sich in New York aufhält, kann jederzeit aus einem großen Programm unterhaltsamer und anspruchsvoller Kulturangebote wählen. Dabei spiegelt besonders die **Livemusik-Szene** die Vielfalt der Metropole wider: An jedem Abend der Woche finden Konzerte praktisch aller Musikrichtungen statt – von hämmerndem Hip-Hop über großartigen **Jazz** bis zu brachialem Punk. Daneben existieren zahlreiche **Clubs und Diskotheken**, in denen man zu pulsierenden House-Sounds oder Oldies aus den 70er- und 80er-Jahren tanzen kann.

Broadway, 42nd Street – die klangvollen Namen lassen erkennen, dass New York auch zu den Weltmetropolen zählt, wenn es um großes **Theater** geht. Die Spannweite der Produktionen reicht von üppig ausgestatteten Musicals bis zu experimentellen Inszenierungen in umgebauten Garagen. **Klassische Musik**, **Oper** und **Tanz** sind ebenfalls sehr gut repräsentiert. Wenn es um **Kino** geht, lässt die Auswahl keine Wünsche offen. Die Stadt hat mehrere große Independent-Kinos, etliche Retrospektiv- und Kunstkinos sowie unzählige Multiplex-Center für die bekannten Hollywood-Streifen. Zu guter Letzt hat NYC auch viele ausgezeichnete **Comedy-Clubs**.

Veranstaltungshinweise finden sich in den Magazinen *Time Out New York* (für $3,99 an Kiosken in der ganzen Stadt erhältlich) oder *The Village Voice* (liegt kostenlos in Zeitungs-kästen und an vielen anderen Orten der Stadt aus). Hilfreiche Websites sind z. B. 🖳 www.ohmyrockness.com (für Indie-Rock), 🖳 www.thelmagazine.com und 🖳 www.timeout.com (allgemeine Veranstaltungstipps und -termine).

New York verfügt über sehr viele großartige Orte für Livemusik – von winzigen Rockschuppen bis zu noblen Jazzclubs. Die **Eintrittspreise** für kleinere Veranstaltungsorte bewegen sich etwa zwischen $10 und $25. In den großen Hallen sind Preise von $25 bis $100 zu erwarten. Ist ein Konzert nicht ausverkauft, sind Tickets normalerweise an der Abendkasse am Eingang erhältlich. Wer sich eine Karte im Vorverkauf sichern möchte, kann sich an die Kartenstelle des jeweiligen Veranstaltungsorts oder an Agenturen wie **Ticketmaster**, ✆ 212/307-4100 oder, außerhalb von NY, 1-800/755-4000, 🖳 www.ticketmaster.com, oder **Ticketweb**, 🖳 www.ticketweb.com, wenden.

New Yorks Clubszene verändert sich ständig, daher ist es keine schlechte Idee, vor Ort die Veranstaltungshinweise in *The Village Voice* oder *Time Out* zu studieren, bevor man sich ins Nachtleben stürzt. Die Action ist breit gestreut: Lower East Side, East und West Village und sogar Brooklyn haben ebenso viele Party-adressen zu bieten wie der derzeit angesagte Meatpacking District. Die **Eintrittspreise** bewegen sich zwischen $15 und $50; bei den meisten Läden liegen sie um die $20. Es ist ratsam, immer einen **Lichtbildausweis** (Personalausweis oder Pass) dabeizuhaben.

Rock, Pop und Diverses

Arlene's Grocery, 95 Stanton St, zwischen Ludlow und Orchard St, ✆ 212/358-1633, 🖳 www.arlenesgrocery.net. U-Bahn-Linie F bis Second Ave. Intime, ehemalige Bodega, jetzt unter der Woche Auftrittsort hiesiger Indie-Talente. Montagabends können die Gäste unter dem Motto „Punk- und Heavy-Metal-Karaoke" zur Begleitung einer Liveband ihre Lieblings-songs mitgrölen (Eintritt frei). Eintritt gewöhn-lich $8–10.

The Bowery Ballroom, 6 Delancey St, Ecke Bowery, ✆ 212/533-2111, 🖳 www.boweryballroom.com. U-Bahn-Linien J, Z bis Bowery, B, D bis Grand St. Die friedfertige Stimmung, großartiger Sound und eine noch bessere Sicht auf die Bühne machen diesen Saal zu einem der beliebtesten Auftrittsorte für bekannte Indie-Rockbands. Tickets $15–50.

New York

Joe's Pub, im Public Theater, 425 Lafayette St, zwischen Astor Place und E 4th St, ☎ 212/539-8778, 🖥 www.publictheater.org. U-Bahn-Linie 6 bis Astor Place, N, R bis 8th St. Die Bezeichnung „Pub" passt überhaupt nicht auf diesen eleganten Veranstaltungsort mit seinem Riesenprogramm aus den Genres Musik und Cabaret. Eintritt je nach Veranstaltung.

The Knitting Factory, 361 Metropolitan Ave, Ecke Havemeyer St, Wiliamsburg, ☎ 347/529-6696, 🖥 bk.knittingfactory.com. U-Bahn-Linie L bis Bedford Ave, G, L bis Metropolitan Ave. Der intime Laden für Indie-Rock und Underground Hip-Hop ist 2009 nach Brooklyn umgezogen, hat sich aber seine treue Gefolgschaft bewahrt und bietet weiterhin ein erstklassiges Programm. Eintrittspreise meist $5–15.

Le Poisson Rouge, 158 Bleecker St, Ecke Thompson St, ☎ 212/505-3474, 🖥 lepoissonrouge.com. U-Bahn-Linien A, B, C, D, E, F, M bis W 4th St. Do um 19 Uhr Live-Rock, -Folk, -Pop und -Electronica ($10–15), Fr und Sa meist Tanzpartys (oft kostenlos).

Mercury Lounge, 217 E Houston St, zwischen Ludlow und Essex St, ☎ 212/260-4700, 🖥 www.mercuryloungenyc.com. U-Bahn-Linie F bis Second Ave. In der dunklen, mittelgroßen Halle gastieren lokale, nationale und internationale Pop- und Rockgruppen. Gehört den Betreibern des Bowery Ballroom, wo meistens die bekannteren Gruppen auftreten. Eintritt meist $8–15.

Music Hall of Williamsburg, 66 N 6th St, zwischen Wythe und Kent Ave, Williamsburg, Brooklyn, ☎ 718/486-5400, 🖥 www.musichallofwilliamsburg.com. U-Bahn-Linie L bis Bedford Ave. Geräumiger Konzertsaal mit ausgezeichneter Akustik in einer alten Fabrik. Ein weiteres Mitglied der Bowery-Ballroom-Familie mit ähnlichem Programm wie das Mutterhaus. Tickets $10–20.

SOB's, 204 Varick St, Ecke W Houston, ☎ 212/ 243-4940, 🖥 www.sobs.com. U-Bahn-Linie 1 bis Houston St. SOB steht für „Sounds of Brazil". Lebendiger Club mit Restaurant. Karibische Klänge, Salsa und World Music; zwei Gigs pro Abend. Eintritt je nach Gebotenem. Gäste mit Dinner-Reservierung vor 19 Uhr zahlen keinen Eintritt.

Southpaw, 125 Fifth Ave, zwischen Sterling Place und Douglass St, Park Slope, Brooklyn, ☎ 718/230-0236, 🖥 www.spsounds.com. U-Bahn-Linien 2, 3 bis Bergen St, R bis Union St. Brooklyn beste Liveadresse: Livemusiker und DJs fast aller Genres füllen die große Halle. Eintritt je nach Veranstaltung, aber selten mehr als $10–12. Ein Taxi aus Lower Manhattan kostet um $10–15.

Jazzclubs

Birdland, 315 W 44th St, zwischen Eighth und Ninth Ave, ☎ 212/501-3080, 🖥 www.birdlandjazz.com. U-Bahn-Linien A, C, E bis 42nd St. Zwar nicht der Originalschuppen, in dem Charlie Parker auftrat, aber dennoch ein alteingesessener Jazzclub mit bekannten Namen im Programm. Konzerte allabendlich um 21 und 23 Uhr. Eintritt $20–50, plus $10 Mindestverzehr am Tisch; an der Bar ist dagegen das erste Getränk im Eintritt enthalten.

Lenox Lounge, 288 Lenox Ave, Ecke 125th St, ☎ 212/427-0253, 🖥 www.lenoxlounge.com. U-Bahn-Linien 2, 3 bis 125th St. Die historische Lounge mit überkandidelter Art-déco-Einrichtung (Kostprobe: der Zebra Room) bietet seit den 30er-Jahren Jazz-Unterhaltung in Harlem. Man zahlt gleichermaßen für die

Erschwinglicher Jazz

Louis 649, 649 E 9th St, zwischen Ave B und C, ☎ 212/673-1190. U-Bahn-Linie L bis First Ave, 6 bis Astor Place. Mit freiem Eintritt und allabendlicher Livemusik ein Muss für alle Jazzfans. Munter ist es montags und donnerstags, und am Wochenende wird es richtig voll. Gutes Bier aus der Flasche und einige exzellente Weine, aber keine Cocktails.

St. Nick's Pub, 773 St. Nicholas Ave, Ecke 149th St, ☎ 212/690-7807, 🖥 www.stnicksjazzpub.net. U-Bahn-Linien A, B, C, D bis 145th St. Der kleine, einfache Kellerschuppen zählt seit den 1930er-Jahren zu den besten Jazzläden in Harlem; Livemusik sechsmal pro Woche ab 22 Uhr, am Wochenende ab 19 Uhr. Eintritt frei, ein Platz an einem Tisch kostet $3.

Atmosphäre wie für die Musik. Eintritt $25
sowie am Wochenende zwei Getränke
Mindest-verzehr.

Smoke, 2751 Broadway, Ecke 106th St, ☎ 212/
864-6662, 🖳 www.smokejazz.com. U-Bahn-
Linie 1 bis 103rd St. Ein absolutes Lieblingslokal
der Upper West Side. Konzerte um 21, 23 und
0.30 Uhr, Eintritt variabel.

Village Vanguard, 178 Seventh Ave, zwischen
W 11th und Perry St, ☎ 212/255-4037,
🖳 www.villagevanguard.com. U-Bahn-Linien 1,
2, 3 bis 14th St. 75 Jahre alter Meilenstein der
Jazzgeschichte, auf dessen Bühne sich noch
immer die Crème de la Crème einfindet. Eintritt
$35, plus $10 Mindestverzehr. Bezahlung nur
in bar.

Konzerthallen

Beacon Theatre, 2124 Broadway, Ecke 74th St,
☎ 212/496-7070. U-Bahn-Linien 1, 2, 3 bis 72nd
St. Das sehr schön restaurierte Theater
veranstaltet Konzerte für den etwas reiferen
Rock-Fan. Tickets $50–300.

Hammerstein Ballroom, 311 W 34th St,
zwischen Eighth und Ninth Ave, ☎ 212/564-4882,
🖳 www.mcstudios.com. U-Bahn-Linien A, C,
E bis 34th St. Dieses prächtige Gebäude von
1906 hat schon mehrere Wiedergeburten erlebt:
So war es Opernhaus, Varietétheater und Frei-
maurertempel, und heute treten hier Indie- und
Rockbands auf. Es gibt Platz für 3600 Besucher,
aber das Soundsystem und die Akustik sind
so gut, dass man von den meisten Plätzen gut
hört. Tickets ab $50.

Radio City Music Hall, 1260 Sixth Ave, Ecke 50th
St, ☎ 212/247-4777, 🖳 www.radiocity.com.
U-Bahn-Linien B, D, F, M bis 47–50th Sts-
Rockefeller Center. Hat als Veranstaltungsort
an Prestige verloren, obwohl das Gebäude an
sich schon ein Star ist (S. 115).

Clubs und Discos

Cielo, 18 Little W 12th St, zwischen Ninth Ave
und Washington St, ☎ 212/645-5700, 🖳 www.
cieloclub.com. U-Bahn-Linie L bis Eighth Ave,
A, C, E bis 14th St. Glamour trifft Underground;
besonders angesagt ist die montägliche
Reggae- und Dub-Party „Deep Space".
Eintritt $20.

Pacha, 618 W 46th St, ☎ 212/209-7500,
🖳 www.pachanyc.com. U-Bahn-Linien A, C,
E bis 42nd St. New Yorker Ableger der Ibiza-
Megaclub-Kette. Das Ganze erstreckt sich über
fast 2800 m² und ist mit markerschütterndem
Hightech-Soundsystem, drei Stockwerken,
Palmen und Mosaikspiegeln Tummelplatz für
ein vorwiegend auswärtiges Publikum. Eintritt
$30–40.

Sapphire Lounge, 249 Eldridge St, Ecke
Houston St, ☎ 212/777-5153, 🖳 www.sapphire
nyc.com. U-Bahn-Linie F bis Second Ave.
DJ-Bar und Lounge mit prickelnder Bohème-
Atmosphäre dank Schummerbeleuchtung und
melancholischem Stammpublikum von der
Lower East Side. Je nach Abend gibt es hier
fast alle Musikgenres zu hören – der Laden
hat sieben Tage die Woche geöffnet, und der
Eintrittspreis ist normalerweise minimal
(etwa $5).

Sullivan Room, 218 Sullivan St, Ecke Bleecker
St, ☎ 212/252-2151, 🖳 www.sullivanroom.
com. U-Bahn-Linien A, B, C, D, E, F, M bis
W 4th St. Kellerclub zum ernsthaften Abhotten.
Das einzige Manko: nur zwei Toiletten für den
ganzen Schuppen. ☉ Do–Sa 22–5 Uhr, Eintritt
$10–25.

Theater

Selbst wer sich nicht zu den ausgesprochenen
Theaterfreunden zählt, sollte bei einem
Aufenthalt in New York eine Ausnahme machen.
Die einzelnen Theater gehören entweder in die
Sparte Broadway, Off Broadway oder Off-Off
Broadway. Diese Einteilung gibt gleichzeitig
Aufschluss über die Höhe der Eintrittspreise,
die Ausgefeiltheit der Inszenierung und über
das Maß an Eleganz und Komfort des Theaters.
Die Kategorie **Broadway** umfasst in erster
Linie groß angelegte Musicals, Komödien und
Dramen mit Starbesetzung. Auch **Off-Broadway**-
Theater zeigen aufwendige Inszenierungen,
lassen aber mehr Raum für Experimente. **Off-Off
Broadway** schließlich bietet alternative und
avantgardistische Produktionen zum Sparpreis.
Die meisten Broadway-Theater befinden sich
östlich und westlich des Broadway zwischen
40th und 52nd Street, die restlichen verteilen
sich über ganz Manhattan.

New York

Von Musicals bis Off-Off-Produktionen: New York zählt auch in Sachen Theater zu den Weltmetropolen.

Das aktuelle Theaterprogramm ist in *Time Out New York* zu finden. Am Broadway betragen die **Eintrittspreise** $60–200, für ein Off-Broadway-Stück werden $25–75 verlangt, und für Off-Off-Broadway zahlt man ca. $12–20. Wer weiß, wie und wo er suchen muss, wird wesentlich preiswertere Karten finden. Sofern man bereit ist, sich anzustellen, sind am **TKTS-Schalter** am Times Square Theaterkarten am Tag der Vorstellung mit bis zu 50 % Ermäßigung erhältlich. Eine kleine Warnung ist an dieser Stelle allerdings angebracht: Es kann passieren, dass man bis zu zwei Stunden in der Warteschlange verbringt und die Vorstellung genau dann ausverkauft ist, wenn man es gerade bis nach vorn geschafft hat. ⏱ Mo, Do und Fr 15–20, Di 14–20, Mi und Sa 10–14 und 15–20, So 11–19 Uhr. Ticketschalter gibt es außerdem beim Seaport und in Downtown Brooklyn.

Wer bereit ist, den vollen Preis zu zahlen, kann direkt zur Kasse des jeweiligen Theaters gehen oder sich an **Telecharge**, ☎ 212/239-6200, außerhalb von NYC ☎ 1-800/432-7250, 🖥 www.telecharge.com, oder **Ticketmaster** wenden. Die genannten Agenturen verlangen einen Aufschlag von $7 pro Eintrittskarte.

Für Off-Broadway-Vorstellungen gibt es tgl. von 12–20 Uhr Karten bei **Ticket Central**, 416 W 42nd St, zwischen Ninth und Tenth Ave, ☎ 212/279-4200, 🖥 www.ticketcentral.com – entweder online oder vor Ort im Büro.

Kinos

Angelika Film Center, W Houston, Ecke Mercer St, ☎ 212/995-2000, 🖥 www.angelikafilmcenter.com. U-Bahn-Linien B, D, F, M bis Broadway-Lafayette. Um dieses Kino für Kunstfilme wird etwas zu viel Hype gemacht, aber es ist eine der wenigen verbliebenen Spielstätten für kleinere Filmproduktionen in der Stadt.

Film Forum, 209 W Houston St, zwischen Varick und Sixth Ave, ☎ 212/727-8110, 🖥 www.filmforum.org. U-Bahn-Linie 1 bis Houston St. Bietet die besten Unterhaltungs- und Dokumentarfilme unabhängiger Produzenten sowie Filmklassiker.

Landmark Sunshine Cinema, 143 E Houston St, Ecke First Ave, ☎ 212/330-8182, 🖥 www.land

marktheatres.com. U-Bahn-Linie F bis Second Ave. Die ehemalige Synagoge war früher ein Varietétheater und zählt heute zu den schicksten Kunstfilmkinos der Stadt. Besonders nett sind die Mitternachtsvorstellungen mit Kultklassikern.

Klassische Musik, Oper und Tanz

Die **Carnegie Hall** (S. 114) ist der zweitwichtigste Veranstaltungsort nach dem Lincoln Center. Hier tritt alles auf, was in der Musikwelt Rang und Namen hat.

Kulturzentrale Lincoln Center

Das **Lincoln Center** (S. 119), am Broadway zwischen W 62nd und W 66th St, ☎ 212/875-5456, 🖥 www.new.lincolncenter.org, ist New Yorks wichtigster Veranstaltungsort für klassische Kultur. Der Komplex umfasst rund 20 Säle und Bühnen, u. a.:

Avery Fisher Hall, ☎ 212/875-5030, 🖥 www.nyphil.org, Stammsitz der New Yorker Philharmoniker.

Metropolitan Opera House, New Yorks bedeutendstes Opernhaus, ☎ 212/362-6000, 🖥 www.metoperafamily.org. Von September bis April ist der gewaltige Saal Spielstätte der altehrwürdigen **Metropolitan Opera Company**, von Mai bis Juli Bühne des **American Ballet Theater**. Die Karten sind sündhaft teuer und schwer zu ergattern. Allerdings werden am Tag der Aufführung morgens 175 Stehplatzkarten ($20) verkauft.

Das **David H. Koch Theater**, ebenfalls im Lincoln Center, ☎ 212/870-5570, dient im Frühjahr dem **New York City Ballet** als Bühne, das viele für das beste Tanzensemble unserer Zeit halten. Eintrittskarten sind über die Website der Kompanie, 🖥 www.nycballet.com, oder bei Ticketmaster zu bekommen.

Außerdem spielt hier die **New York City Opera**, 🖥 www.nycopera.com, die „kleine Schwester" der Met. Ihre Sitzplätze kosten nicht mal halb so viel wie die der Met, und bei ausverkauften Vorstellungen gibt es immer noch Stehplatzkarten.

Auch bezüglich **Tanz** gehört das Lincoln Center zu den führenden Adressen, aber es gibt noch ein paar andere Orte.

Die **Brooklyn Academy Of Music** (BAM), 30 Lafayette Street, zwischen Ashland Place und St Felix St, Brooklyn, ☏ 718/636-4100, 🖥 www.bam.org, ist die älteste Akademie der darstellenden Künste in den USA. Ihre teils sehr progressiven Produktionen lohnen den Abstecher über den Fluss auf jeden Fall.

Im **New York City Center** in Manhattan, 131 W 55th St, zwischen Sixth und Seventh Ave, ☏ 212/581-1212, 🖥 www.citycenter.org, residieren einige der führenden Tanzkompanien des Landes, darunter das **Alvin Ailey American Dance Theater**, ☏ 212/405-9000, 🖥 www.alvin ailey.org, und die **Paul Taylor Dance Company**, ☏ 212/431-5562, 🖥 www.ptdc.org.

Das **Joyce Theater**, 175 Eighth Ave, Ecke 19th St, ☏ 212/242-0800, 🖥 www.joyce.org, ist das wichtigste Theater für kleine und mittelgroße Tanzensembles. Hier treten Gruppen aus der ganzen Welt auf. Es existiert noch ein kleiner Ableger in Downtown, das **Joyce SoHo**, 155 Mercer St, zwischen Houston und Prince St, ☏ 212/431-9233.

Comedy Clubs

Caroline's on Broadway, 1626 Broadway, zwischen W 49th und 50th St, ☏ 212/757-4100, 🖥 www.carolines.com. U-Bahn-Linie 1 bis 50th St, N, R bis 49th St. Einige der besten Comedians der Stadt (und Hollywoods) treten in diesem schillernden Club auf. Mindestverzehr zwei Getränke. Eintritt $15–40.

Gotham Comedy Club, 208 W 23rd St, zwischen Seventh und Eighth Ave, ☏ 212/367-9000, 🖥 www.gothamcomedyclub.com. U-Bahn-Linien 1, C, E bis 23rd St. Der elegante Club steht bei den New Yorker Medienleuten und Talentscouts hoch im Kurs. Eintritt $20–30, plus zwei Getränke Mindestverzehr.

Upright Citizens Brigade Theatre, 307 W 26th St, zwischen Eighth und Ninth Ave, ☏ 212/366-9176, 🖥 www.ucbtheatre.com. U-Bahn-Linien C, E bis 23rd St, 1 bis 28th St. Allabendlich durchgehend gute Sketch- und Stegreif-Comedy. Manchmal sind Mitglieder von *Saturday Night Live* im Ensemble. Eintritt $5–15.

Es gibt nur wenige Städte in Amerika, in denen sich die homosexuelle Kultur derart entfaltet wie in New York City. Dabei wurde das **West Village** als Zentrum der Schwulenszene inzwischen von **Chelsea** (Eighth Ave zwischen 14th und 23rd St), dem **East Village** und **Hell's Kitchen** abgelöst, wenngleich sich auch in der Umgebung der Christopher Street noch ein Fixpunkt befindet. Ein weiteres Zentrum der Szene ist **Park Slope** in Brooklyn, aber eher für Frauen als für Männer. Informationen über aktuelle Entwicklungen finden sich in den anregenden kostenlosen Zeitungen und Zeitschriften *Gay City News, Next* und *GO*, die wöchentlich erscheinen.

Informationen

Bluestockings, 172 Allen St, zwischen Stanton und Rivington St, ☏ 212/777-6028, 🖥 www.bluestockings.com. U-Bahn-Linie F bis Second Ave oder Delancey St. Kollektiv geführter radikaler Buchladen (mit Schwerpunkt auf homosexueller und feministischer Literatur) und Bio-Café in der Lower East Side.

Gay Men's Health Crisis (GMHC), 119 W 24th St, zwischen Sixth und Seventh Ave, ☏ 212/367-1000, 🖥 www.gmhc.org. Ungeachtet des Namens versorgt diese Organisation – die älteste und größte gemeinnützige Aids-Organisation der Welt – *alle* Ratsuchenden mit Informationen und Hilfsangeboten, unabhängig von Geschlecht und sexueller Orientierung.

Lesbian, Gay, Bisexual & Transgender Community Center, 208 W 13th St, Ecke Seventh Ave, ☏ 212/620-7310, 🖥 www.gaycenter.org. Das Gemeindezentrum vereinigt weit über 100 Gruppen und Organisationen unter einem Dach, finanziert Workshops, Partys, Filmabende, Gastredner, Jugendeinrichtungen, Elternprojekte u. v. m.

Bars und Clubs

Barracuda, 275 W 22nd St, zwischen Eighth und Ninth Ave, ☏ 212/645-8613. U-Bahn-Linien 1, C, E bis 23rd St. Ein Favorit der New Yorker Schwulenszene, aber ebenso unkompliziert und unprätentiös wie die Clubs in Chelsea. Happy Hour an Wochentagen 16–21 Uhr.

Wer eins der beiden New Yorker Baseballteams sehen will, muss in die Außenbezirke fahren. Die **Yankees** spielen in der Bronx, im neuen Yankee Stadium, zwischen 161st und 164th St und River Ave, ✆ 718/293-6000, 🖥 www.yankees.com. U-Bahn-Linien 4, B, und D bis zur Station 161st Street. Die **Mets** haben ihre Basis in Queens, im ebenfalls neuen Citi Field, 126th St, Ecke Roosevelt Ave, Willets Point, Queens, ✆ 718/507-8499, 🖥 mets.mlb.com, Bahnlinie 7 bis Willets Point. Tickets kosten zwischen $14 und $300.

New Yorks Footballteams – die **Jets** und die **Giants** – sind im New Meadowlands Stadium zu Hause, East Rutherford, New Jersey, ✆ 201/935-8500, 🖥 www.meadowlands.com. Busse fahren vom Port Authority Bus Terminal, 42nd Street, Ecke Eighth Ave. Tickets für beide Teams sind immer schon lange vor den Spielen offiziell ausverkauft, aber oft noch (legal) über Websites wie 🖥 www.ticketliquidator.com zu ergattern.

Die beiden Basketball-Profiteam. **Knicks**, 🖥 www.nba.com/knicks, und da enteam **Liberty**, 🖥 www.wnba.com/liberty. Beid spielen im Madison Square Garden, W 33rd St, Ecke Seventh Ave, ✆ 212/465-6741, 🖥 www.thegarden.com. Tickets für die Knicks sind sehr teuer und so begehrt, dass sie nur in begrenzter Stückzahl verkauft werden. Die Spiele der Frauen sind sehr sehenswert und mit $10 aufwärts erschwinglicher. Ein weiteres Team der Region, die **New Jersey Nets**, soll 2012 nach Brooklyn umziehen, spielt aber derzeit noch im Izod Center im Meadowlands Complex; Karten kosten $10 bis über $200, und sind relativ einfach zu bekommen. New Yorks Eishockeymannschaft, die **Rangers**, 🖥 rangers.nhl.com, spielt ebenfalls im Madison Square Garden; Tickets gibt es für $40–254. Die Fußballmannschaft der Region, die **New York Red Bulls**, ✆ 201/583-7000, 🖥 www.newyorkredbulls.com, ist in Harrison, New Jersey, zu sehen (Tickets $22–50).

Duplex, 61 Christopher St, Ecke Seventh Ave, ✆ 212/255-5438, 🖥 www.theduplex.com. U-Bahn-Linie 1 bis Christopher St-Sheridan Square. Das Varieté im Village ist besonders bei Schwulen sehr beliebt, aber offen und unterhaltsam für alle. Eintritt variabel, von $20 bis frei, zwei Getränke Mindestverzehr.

Ginger's, 363 Fifth Ave, zwischen 5th und 6th St, Park Slope, Brooklyn, ✆ 718/788-0924. U-Bahn-Linien F, G, R bis Fourth Ave/9th St. Die beste Lesbenbar in New York ist dunkel und relaxt und bietet neben einem Billardtisch und einem Außenbereich nette Gesellschaft.

Marie's Crisis, 59 Grove St, zwischen Seventh Ave S und Bleecker St. U-Bahn-Linie 1 bis Christopher St-Sheridan Square. Bekannte und bei Touristen wie Einheimischen gleichermaßen beliebte Varieté- und Pianobar. Jeden Abend altmodische Gesangssessions. Oft voll, immer ein Vergnügen.

Stonewall Inn, 53 Christopher St, zwischen Waverly Place und Seventh Ave, ✆ 212/488-2705. U-Bahn-Linie 1 bis Christopher St-Sheridan Square. Der Ort des denkwürdigen

Schwulenaufstands von 1969 schwenkt das Gay-Pride-Banner, als wäre es hier zu Hause – und eigentlich ist es das auch.

Einkaufen

New York ist die Welthauptstadt der Konsumgesellschaft. Das Angebot der Geschäfte wird jedem erdenklichen Geschmack gerecht. Einkaufen in New York kann außerordentlich billig sein, aber je weiter man in Richtung Uptown Manhattan kommt, auch Schwindel erregend teuer.

Midtown Manhattan repräsentiert mit seinen Kaufhäusern und exklusiven Designerläden den jeweils vorherrschenden Geschmack der Zeit, während in Downtown eine Vielzahl eher unkonventioneller Geschäfte zu finden ist. **Soho** ist wahrscheinlich das beliebteste, aber auch das kostspieligste Einkaufsviertel der Gegend. Erschwingliche Alternativen für junge, modebewusste Käufer bietet die **Lower East Side**. Hier gibt es auch gute Adressen für Secondhand-Mode, ebenso wie im East Village und in Williamsburg, Brooklyn.

...lliamsburg, ...ww.beacons ...s Bedford Ave. ...dies mit top- ...Klamotten. Filiale

...20 W 22nd St, Ecke ... -9200. U-Bahn-Linien C, E bis 23r... ...uckender Laden in Chelsea der japanisch... ...vantgarde-Modedesignerin Rei Kawakubo – auch sehenswert, wenn man nichts kaufen möchte.

Edith Machinist, 104 Rivington St, Ecke Ludlow St, ☎ 212/979-9992. U-Bahn-Linien J, Z bis Essex St, F bis Delancey St. Fundgrube für elegante Damenmode aus zweiter Hand, vor allem Schuhe und Leder – man muss sich allerdings durch das riesige Angebot wühlen.

Inven.tory Soho, 237 Lafayette St, Ecke Spring St, ☎ 212/226-5292. U-Bahn-Linie 6 bis Spring St. Verkauf von Designer-Musterstücken zu Schleuderpreisen.

Kirna Zabête, 96 Greene St, zwischen Prince und Spring St, ☎ 212/941-9656. U-Bahn-Linie R bis Prince St. Die beste Boutique in Downtown mit ausgewählten Highlights von Modeschöpfern und Labels wie Jason Wu, Rick Owens und Proenza Schouler.

Marc Jacobs, 163 Mercer St, zwischen Houston und Prince St, ☎ 212/343-1490. U-Bahn-Linie R bis Prince St. Marc Jacobs regiert die New Yorker Modewelt – hierher kommen Frauen, um ihr Erspartes für den letzten Schrei an Taschen oder Stiefeln auf den Kopf zu hauen.

Prada, 575 Broadway, Ecke Prince St, ☎ 212/334-8888. U-Bahn-Linie R bis Prince St. Der atemberaubende, von Rem Koolhaas entworfene Flagship-Store ist genauso sehenswert wie die zu Recht berühmten Klamotten von Miuccia Prada.

Bücher

Book Culture, 2915 Broadway, Ecke 114th St, ☎ 646/403-3000, ▭ www.booksite.com. U-Bahn-Linie 1 bis Cathedral Parkway (110th St). Die neue Hauptfiliale des größten unabhängigen Buchladens der Stadt (der ursprüngliche Book-Culture-Laden, 536 112th St, ist jetzt vornehmlich

wissenschaftlich ausgerichtet) bietet eine sehr gute Auswahl an Belletristik, besonders aus dem Ausland, dazu Kinderbücher u. v. m.

Books of Wonder, 18 W 18th St, zwischen Fifth und Sixth Ave, ☎ 212/989-3270. U-Bahn-Linie 1 bis 18th St, F, M bis 14th St, 4, 5, 6, N, Q, R bis Union Square. Himmlische Auswahl an Kinderbüchern.

Complete Traveller Antiquarian Bookstore, 199 Madison Ave, Ecke E 35th St, ☎ 212/685-9007. U-Bahn-Linie 6 bis 33rd St. Umfangreiches Angebot an seltener Reiseliteratur, u. a. Baedeker, WPA Guides, alte Bücher über NYC und massenweise Landkarten. Außerdem auch andere Erstausgaben und alte Kinderbücher.

Housing Works Used Books Café, 126 Crosby St, zwischen Houston und Prince St, ☎ 212/334-3324. U-Bahn-Linien B, D, F, M bis Broadway-Lafayette, N, R bis Prince St, 6 bis Bleecker St. In dem geräumigen und gemütlichen Café gibt es sehr preiswerte Bücher zu kaufen, wobei die Einnahmen verschiedenen Aids-Projekten zugutekommen.

Revolution Books, 146 W 26th St, zwischen Sixth und Seventh Ave, ☎ 212/691-3345, ▭ www.revolutionbooksnyc.org. U-Bahn-Linie 1 bis 28th St. Der größte linke Buchladen der Stadt, gleichzeitig Kontaktstelle, mit großem Angebot an Literatur und Zeitschriften zu Politik und Kultur. Fast jeden Abend nach Ladenschluss Veranstaltungen wie Filmvorführungen und Lesungen.

Strand Book Store, 828 Broadway, Ecke 12th St, ☎ 212/473-1452, ▭ www.strandbooks.com.

Paradies für Krimi-Fans

Partners & Crime, 44 Greenwich Ave, Ecke Charles, ☎ 212/243-0440, ▭ www.crimepays.com. U-Bahn-Linie 1 bis Christopher St. Vorzüglicher Laden mit fachmännischem Personal. Signierstunden mit Schriftstellern, Leihbücherei, verlässliche Empfehlungen durch das Personal und Hörspielaufnahmen fürs Radio (jeden 1. Sa im Monat, 18 und 20 Uhr, Eintritt $7) machen den Laden zu einer wahren Fundgrube für eingefleischte Krimi-Fans.

U-Bahn-Linien 4, 5, 6, L, N, Q, R bis Union Square. Mit einem Bestand von mehr als 2,5 Mio. Titeln die größte Buchhandlung in NYC. Rezensionsexemplare und einige neue Bücher zum halben Preis; ältere Secondhand-Schmöker ab $0,50.

Kaufhäuser

Barney's, 660 Madison Ave, Ecke 61st St, ✆ 212/826-8900, 💻 www.barneys.com. U-Bahn-Linien N, Q, R bis Fifth Ave/59th St. Das modisch aktuellste unter den großen Kaufhäusern in NYC.

Bergdorf Goodman, 754 und 745 Fifth Ave, Ecke 58th St, ✆ 212/753-7300, 💻 www.bergdorfgoodman.com. U-Bahn-Linien N, Q, R bis Fifth Ave/59th St. Das altehrwürdige Kaufhaus ist in einer früheren Vanderbilt-Villa untergebracht und zählt die reichsten New Yorker zu seinen Kunden. Selbst wenn man sich einen Einkauf nicht leisten kann, lohnt sich ein Bummel zum Stöbern und Träumen.

Bloomingdale's, 1000 Third Ave, zwischen 59th und 60th St, ✆ 212/705-2000, 💻 www.bloomingdales.com. U-Bahn-Linien 4, 5, 6, N, Q, R bis 59th St. Das vielleicht beliebteste Kaufhaus in Manhattan ist prall gefüllt mit exklusiver Designermode, Parfüms und dergleichen.

Century 21, 22 Cortlandt St, Ecke 61st St, ✆ 212/227-9092, 💻 www.c21stores.com. U-Bahn-Linie R bis Cortlandt St. Gehört zu einer Kette schicker Discount-Kaufhäuser mit Designermode zu stark reduzierten Preisen.

Macy's, 151 W 34th St, Ecke Broadway, ✆ 212/289-6229, 💻 www.macys.com. U-Bahn-Linien B, D, F, M, N, Q, R bis 34th St. Mit einer über zwei Gebäude und 10 Stockwerke verteilten Verkaufsfläche von knapp 200 000 m² das größte Kaufhaus der Welt. Ein Highlight ist die Haushaltswarenabteilung im Untergeschoss.

Lebensmittel

Chelsea Market, 75 Ninth Ave, zwischen 15th und 16th St, 💻 www.chelseamarket.com. U-Bahn-Linien A, C, E bis 14th St. Eine wunderbare Ansammlung von Lebensmittelgeschäften hat sich im Erdgeschoss des Lagerhauses einer ehemaligen Nabisco-Fabrik angesiedelt. Hier gibt es frische Lebensmittel, Hummer-

brötchen, leckere Brote, Küchengeräte und vieles mehr.

Mast Brothers Chocolate, 105A N 3rd St, Williamsburg, ✆ 718/388-2625. U-Bahn-Linie L bis Bedford Ave. Handgefertigte Schokolade mit hohem Suchtpotenzial. Die zarte dunkle Schokolade mit Mandeln und Meersalz ist eine echte Geschmacksbombe. Natürlich hat die Qualität ihren Preis: ca. $9 pro Riegel. ☺ Sa und So 12–20 Uhr.

Murray's Cheese Shop, 254 Bleecker St, zwischen Sixth und Seventh Ave, ✆ 212/243-3289, 💻 www.murrayscheese.com. U-Bahn-Linien A, B, C, D, E, F, M bis W 4th St, 1 bis Christopher St. Die beste Adresse der Stadt für Käseliebhaber. Hier lernt man etwas über die Herstellung und kann Kostproben machen oder ein gutes Sandwich essen.

Russ & Daughters, 179 E Houston St, zwischen Allen und Orchard St, ✆ 212/475-4880. U-Bahn-Linie F bis Second Ave. Der kleine Familienbetrieb verkauft seit 1914 jüdische Qualitätslebensmittel wie geräucherte Renke und Räucherlachs, geschnetzelte Leber und in Schmalz eingelegten Hering. Muss man gesehen haben!

Union Square Greenmarket, Union Square, Ecke 16th St. U-Bahn-Linien 4, 5, 6, N, Q, R bis Union Square. Der Markt unter freiem Himmel bringt einen Hauch von Landluft mitten in die Stadt. Angeboten werden saisonale Erzeugnisse aus der Umgebung und Naturprodukte von Bauern und Händlern aus der Region. ☺ Mo, Mi, Fr und Sa 8–18 Uhr.

Zabar's, 2245 Broadway, Ecke 80th St, ✆ 212/787-2000, www.zabars.com. U-Bahn-Linie 1 bis 79th St. Der unübertroffene Gourmettempel der Stadt mit einer unglaublichen Auswahl an Käse, Oliven, Brot, Bagelaufstrichen und fertigen Speisen.

Plattenläden

Generation Records, 210 Thompson St, zwischen Bleecker und W 3rd St, ✆ 212/254-1100. U-Bahn-Linien A, B, C, D, E, F, M bis W 4th St. Betonung auf Hardcore, Metal und Punk mit ein bisschen Indie dazwischen. Neue CDs und Vinyl-Platten im Obergeschoss, gebrauchte Scheiben unten.

Halcyon, 57 Pearl St, Dumbo, Brooklyn, ☏ 718/260-WAXY, 🖥 www.halcyonline.com. U-Bahn-Linie F bis York St. Eine gute Quelle für Tanzmusik, bietet aber auch alles Mögliche von Jazz bis Techno. Rundfunksendungen, Hörpartys und typisches Musikfreak-Ambiente.

Other Music, 15 E 4th St, zwischen Broadway und Lafayette St, ☏ 212/477-8150, 🖥 www.othermusic.com. U-Bahn-Linie 6 bis Astor Place. Dieser schlichte Laden ist eine exzellente Quelle für „alternative" CDs, die sonst nur schwer zu finden sind. Inzwischen weniger Indie-Musik auf Schallplatte als vorher, aber immer noch mit demselben freundlichen, kenntnisreichen Personal wie früher.

Sonstiges

Apple Store, 103 Prince St, Ecke Greene St. U-Bahn-Linie R bis Prince St. Im allerersten Apple-Laden in Manhattan kann es ziemlich voll werden. Hier gibt's die neuesten Produkte genauso günstig wie anderswo. Weitere Filialen: 767 Fifth Ave, 401 W 14th St und 1981 Broadway.

MoMA Design Store, 81 Spring St, zwischen Broadway und Crosby St, ☏ 646/613-1367. U-Bahn-Linie R bis Prince St, 6 bis Spring St. Der Museumsshop des Museum of Modern Art bietet superstilvolle Haushaltswaren, modischen Schnickschnack und zeitgenössische Kunstbücher.

Touren

Big Onion Walking Tours, ☏ 212/439-1090, 🖥 www.bigonion.com. Die Führer der Onion-Touren (allesamt Historiker) lassen die Stadtgeschichte lebendig werden. Die Spaziergänge kosten $15, für den kulinarischen Rundgang zahlt man $20.

Harlem Heritage Tours, ☏ 212/280-7888, 🖥 www.harlemheritage.com. Kulturelle Rundgänge durch Harlem, teils thematisch (z. B. Jazzclubs), für durchschnittlich $25–40. Am besten rechtzeitig reservieren (auch online möglich).

Wall Street Experience, 🖥 www.thewallstreet experience.com. Erhellende Rundgänge durch den Financial District (2 Std., Mo, Mi und Fr,

$30–45), geführt von Leuten, die sich an der Wall Street bestens auskennen.
Zahllose Gesellschaften und Privatpersonen bieten alle erdenklichen Sightseeingtouren an.

Big Apple Greeter, 1 Centre St, Suite 2035, ☏ 212/669-8159, 🖥 www.bigapplegreeter.org. Besonders originelle und reisekassenschonende Einblicke in die Stadt garantiert diese gemeinnützige Gruppe, die Interessenten einen ortsansässigen freiwilligen Begleiter vermittelt und den Weg zu Orten weist, die man besonders gern sehen möchte – und das kostenlos!

Gray Line, Büro im Port Authority Bus Terminal, ☏ 1-800/669-0051, 🖥 www.newyorksightseeing. com. Größter Veranstalter von Stadtrundfahrten in NYC. Touren in Doppeldeckerbussen für um die $45 zu den Hauptsehenswürdigkeiten von Manhattan mit der Möglichkeit, mehrmals aus- und wieder zuzusteigen. Wer mit seinem Reiseleiter unzufrieden ist (die Qualität schwankt), steigt einfach aus und wartet 15 Min. auf den nächsten Bus.

Circle Line Ferry, ☏ 212/563-3200, 🖥 www. circleline42.com. Die Fährfahrt rund um Manhattan (mit Livekommentar) legt am Pier 83, Ecke W 42nd St und 12th Ave, ab und eröffnet einen Superblick auf die Skyline. Die ganzjährig angebotenen Touren von 3 Std. Dauer kosten $34. Eine gute Alternative ist die kostenlose Fahrt mit der **Staten Island Ferry** (s. Kasten), tolles Skyline-Panorama inklusive.

Liberty Helicopter Tours, am Westende der 30th St, ☏ 212/967-6464, 🖥 www.liberty helicopters.com, bietet allen, die den Big Apple mal aus der Vogelperspektive besichtigen wollen, **Hubschrauberrundflüge** für ab ca. $135 (6–8 Min.) bis $230 (16–20 Min.) p. P.

Sonstiges

Informationen

NYC & Company, 810 Seventh Ave, Ecke 53rd St, ☏ 212/484-1222, 🖥 www.nycgo.com. Die beste Anlaufstelle für Broschüren über Kunst- und Kulturveranstaltungen, Bus-/U-Bahnpläne und Informationen zu Übernachtungsmöglichkeiten, auch wenn hier keine Reservierungen vorgenommen werden. ⊙ Mo–Fr 8.30–18, Sa und So 9–17 Uhr.

Goethe-Institut

11th Floor, 72 Spring St, ☎ 212/439-8700,
🖥 www.goethe.de/newyork.

Nahverkehr

Zwar gehört New York zu den Städten, die
Besucher am besten zu Fuß erobern, aber ganz
ohne öffentliche Verkehrsmittel kommt man
nicht aus. Pläne für das U-Bahn- und Busnetz
(besonders der U-Bahnplan ist sehr hilfreich)
gibt es in den U-Bahnhöfen, beim Touristen-
informationszentrum NYC & Company (s. o.),
am Schalter in der Haupthalle der Grand Central
Station oder online unter 🖥 www.mta.info.

U-Bahn

Das schnellste Fortbewegungsmittel in
Manhattan und den Außenbezirken ist die
rund um die Uhr verkehrende U-Bahn,
🖥 www.mta.info. Jede Linie und jeder Zug ist
mit einer Zahl oder einem Buchstaben gekennzeichnet. Jede Fahrt kostet $2,25, egal ob mit
einer **Expresslinie**, die nur in den größeren
U-Bahnhöfen hält, oder mit einem **Local**-Zug,
der an jeder Station Halt macht.
Jeder Fahrgast benötigt eine **MetroCard** –
zu erwerben an Schaltern in den Stationen oder
an Fahrkartenautomaten, die Kredit- und
Bankkarten akzeptieren. MetroCards gibt es im
Wert von $4,50 bis $80; ab einem Wert von $10
bekommt man einen Bonus von 7 %

Die Staten Island Ferry

Die **Staten Island Ferry**, ☎ 718/727-2508,
🖥 www.siferry.com, legt von einem modernen
Terminal an der Ostseite des Battery Park,
direkt über der U-Bahn-Station South Ferry,
ab. Sie verkehrt rund um die Uhr – wochentags
zur Berufsverkehrszeit (7–9 und 17–19 Uhr) alle
15–20 Min., nachts stdl. Die 25-minütige Fahrt
ist der beste Deal, den New York zu bieten
hat: eine Gratistour mit spektakulärem Blick
auf die Stadt und die Freiheitsstatue, der mit
zunehmender Entfernung noch gewinnt. Die
meisten Touristen schippern umgehend mit
der nächsten Fähre nach Manhattan zurück,
da Staten Island selbst nicht viel zu bieten hat.

gutgeschrieben (wer eine MetroCard für
$20 erwirbt, kann also insgesamt für $21,40
fahren). Mit dem 7-Tage-Ticket ($29) und dem
30-Tage-Ticket ($104) können U-Bahnen und
Stadtbusse innerhalb des jeweiligen Zeitraums
unbeschränkt genutzt werden.

Stadtbusse

New York hat ein gut funktionierendes Busnetz,
🖥 www.mta.info. Die Busse sind sauber und
verkehren häufig. Man sieht viel und kann so
gut wie überall aussteigen; allerdings können
die Busse extrem langsam sein; während der
Hauptverkehrszeiten geht es oft nur im
Schneckentempo voran. Der Bus ist oft das
beste Transportmittel, wenn es in Ost-West-
Richtung durch Manhattan gehen soll. Die Busse
fahren in einem Abstand von 5–10 Min. und
halten alle zwei oder drei Häuserblocks. Der
Fahrpreis in Höhe von $2,25 wird beim Einsteigen
mit der MetroCard (die auch für das U-Bahnnetz
gilt) oder mit passendem Kleingeld bezahlt.
Innerhalb eines Zeitraums von 2 Std. nach
Durchziehen der MetroCard ist das **Umsteigen**
für eine Fahrt in dieselbe Richtung kostenlos.

Taxis

Taxis sind als Transportmittel für Kurzstrecken
praktisch und einigermaßen erschwinglich
(Fahrpreis ab $2,50) und so gut wie überall zu
bekommen. Sie dürfen höchstens vier Fahrgäste
befördern. Es ist ratsam, nur die offiziellen
gelben Taxis zu benutzen.

Transport

Selbstfahrer

Für die Anfahrt mit dem eigenen Fahrzeug gibt
es verschiedene Möglichkeiten: **Route 495** führt
von New Jersey kommend durch den Lincoln
Tunnel ($6) und aus Richtung Osten durch den
Queens-Midtown Tunnel ($5,50) nach Midtown
Manhattan.
Aus Richtung Südwesten führen die Interstates
I-95 (New Jersey Turnpike) und **I-78** durch den
Holland Tunnel ($8) zur Canal Street bzw. Spring
Street in der Nähe von Soho.
Aus Richtung Norden erreichen der **I-87**
(New York State Thruway) und der **I-95** die
Ringstraßen Manhattans.

New York

Besonders an den Tunneln und Brücken kann es leicht zu **Staus** kommen. Je nach Viertel ergattert man mit Glück einen **Parkplatz** am Straßenrand; ansonsten bietet ⌨ nyc.best parking.com Lagepläne von Parkhäusern und Preisvergleiche. Parken in New York kann allerdings ein teures Vergnügen sein.

Busse
Der New Yorker Busbahnhof der Greyhound-Busse ist der **Port Authority Bus Terminal** in der 42nd St, Ecke Eighth Ave.

Eisenbahn
Amtrak-Züge kommen in der **Penn Station** an, Seventh Ave, Ecke 33rd St. Der Bahnhof Penn Station ist wie der Port Authority Bus Terminal ein Knotenpunkt für mehrere U-Bahn-Linien.

Flüge
Drei große Flughäfen verbinden New York mit dem Rest der Welt: JFK in Queens, La Guardia, ebenfalls in Queens, und Newark in New Jersey.
Eine **Taxifahrt** von einem der Flughäfen nach Downtown Manhattan ist eine kostspielige Angelegenheit: Von La Guardia sind $25–30 zu veranschlagen, vom JFK gilt ein Pauschaltarif von $45, und von Newark sind es $50–60. Dazu kommen dann noch die Kosten für Straßen- und Tunnelmaut (etwa $5) und 15–20 % Trinkgeld für den Fahrer. Es empfiehlt sich, nur die offiziellen gelben Taxis zu benutzen, die an den gekennzeichneten Taxiständen warten – einfach den Schildern vom Terminal aus folgen.

John F. Kennedy Airport
Vom John F. Kennedy Airport verkehren Busse des **New York Airport Service**, ✆ 212/875-8200, ⌨ www.nyairportservice.com, zum Grand Central Terminal, zum Port Authority Bus

Terminal und zur Penn Station (Abfahrt alle 15–20 Min. von 6.05–23.10 Uhr, Fahrzeit 45–60 Min., $15 einfache Fahrt, $27 hin und zurück).
Der **AirTrain**, ⌨ www.panynj.gov/airports/jfk-airtrain.html, pendelt tgl. rund um die Uhr zwischen JFK Airport und den U-Bahn-Stationen Jamaica und Howard Beach in Queens, Fahrpreis $5. Von der Jamaica-Station besteht Anschluss an die U-Bahn-Linien E, J und Z, von Howard Beach an die U-Bahn-Linie A nach Manhattan (Fahrzeit von beiden Stationen 1 Std., Fahrpreis $2,25).
Alternativ fahren Züge der **Long Island Railroad** von Jamaica zur Penn Station (Fahrzeit 20 Min., zur Hauptverkehrszeit $8, sonst $5,75).

La Guardia
Von La Guardia sind die Busse des **New York Airport Service** in 45 Min. am Grand Central und am Port Authority Bus Terminal (Abfahrt alle 15–30 Min. von 7.30–23 Uhr; $12 einfache Fahrt, $21 hin und zurück). Alternativ mit **Bus M60** für $2,25 zur 106th St in Manhattan fahren, von wo U-Bahn-Linien nach Downtown verkehren.

Newark
Von Newark fahren Busse des **Newark Airport Express**, ✆ 877/863-9275, ⌨ www.coachusa.com, zur Grand Central Station, zum Port Authority Bus Terminal und zur Penn Station (Abfahrt alle 20–30 Min. von 4.45–0.45 Uhr, $15 einfache Fahrt, $25 hin und zurück).
Eine Alternative ist die kostenlose **AirTrain-Verbindung** zwischen allen Terminals und Parkplätzen des Newark Airport und der Newark Airport Train Station; von dort fahren Züge der Bahngesellschaften NJ Transit und Amtrak zur New Yorker Penn Station (Abfahrt alle 20–30 Min. von 6–24 Uhr, Fahrzeit ca. 20 Min., $15 einfache Fahrt).

Mid-Atlantic

Stefan Loose Traveltipps

Die Adirondacks, NY   Wandern, Skifahren, Angeln und Klettern: Die Adirondacks sind ein Paradies für Sportler. S. 157

Finger Lakes, NY   Hübsche Region voller Seen, Hügel, Weingüter und Wasserfälle um die liebenswerte Universitätsstadt Ithaca herum. S. 158

2 **Niagara-Fälle, NY**   Eine Bootsfahrt mit der *Maid of the Mist* oder ein Besuch der Cave of the Winds, wo einem die Gischt dieser majestätischen Wasserfälle ins Gesicht sprüht. S. 164

Philadelphia, PA   In der „Stadt der brüderlichen Liebe" kann man auf den Spuren von Benjamin Franklin wandeln. S. 167

Pittsburgh, PA   Das Warhol Museum, die Cathedral of Learning und zwei Häuser von Frank Lloyd Wright verleihen der Stahlstadt ein überraschend kultiviertes Flair. S. 182

Cape May, NJ   Das schöne Seebad besticht durch viktorianische Architektur, idyllische B&Bs und feine Restaurants. S. 196

MID-ATLANTIC

N

0   100 Meilen

Montréal

K A N A D A

St. Lawrence River

Lake Champlain

Saranac Lake
Lake Placid

ADIRONDACK MOUNTAINS

VERMONT

Toronto

Lake Ontario

NEW YORK

81

Niagara Falls   Rochester   Syracuse

87

Saratoga Springs

90

Seneca Falls   Skaneateles

Buffalo

Lake Erie

Albany   MASSACHUSETTS

88

90

Erie

The Finger Lakes   Ithaca

Cooperstown

CATSKILL MOUNTAINS

Hudson River

90

91

6

Woodstock

Hyde Park   CONNECTICUT

79

ALLEGHENY NATIONAL FOREST

Williamsport

84

OHIO

Scranton

Tarrytown

80

95

76

P E N N S Y L V A N I A

81

Newark   Long Island

Fire Island

78

Pittsburgh

Harrisburg   Princeton   New York City

76

381

70

Lancaster   76   Philadelphia   Trenton

70

Ohiopyle   Gettysburg   30   Coatesville

NEW JERSEY

I95

Asbury Park

Baltimore   95

GARDEN STATE PARKWAY

WEST VIRGINIA

Atlantic City

WASHINGTON DC

DELAWARE

Cape May

81

VIRGINIA

ATLANTIK

MARYLAND

Die drei Mid-Atlantic-Staaten – **New York**, **Pennsylvania** und **New Jersey** – bilden das Herzstück des am dichtesten besiedelten und am stärksten industrialisierten Landstrichs der USA. Die meisten Leute stellen sich bei diesen Staaten eine Landschaft vor, die von den grauen Fabrikschlo-
ten New Jerseys und den Stahlwerken Pennsylvanias bestimmt wird. In Wirklichkeit umfassen diese Staaten Strände, Berge, Inseln, Seen, Wälder, grüne Hügellandschaften und zahlreiche freundliche Städte und Dörfer. Die Besiedlung durch Europäer begann in den Jahren nach 1620

mit den **Holländern**. Diese wurden im Laufe der Zeit systematisch von den **Engländern** verdrängt, die sich ihrerseits gegen Ende des 18. Jhs. gegen die Ansprüche der **Franzosen** zur Wehr setzen mussten. Die Ureinwohner – vor allem **Irokesen** und **Lenni Lenape** –, die sich mit den Franzosen gegen die Briten verbündet hatten, wurden schon bald in Reservate gesperrt oder nach Kanada abgedrängt.

Beruhte die Wirtschaft anfangs noch auf dem Pelzhandel, verhalfen englische **Quäker** gemeinsam mit den **Amish** und den deutschstämmigen **Mennoniten** um 1730 der Landwirtschaft zu großer Bedeutung und dehnten ihre Ländereien bald bis an die Westgrenzen der Region aus. Alle drei Staaten spielten während der **Revolution** eine Schlüsselrolle: Mehr als die Hälfte der Schlachten wurde hier geschlagen, darunter die siegreichen der amerikanischen Armee in **Trenton** und **Princeton**, New Jersey. Der Norden des Staates New York war geografisch von größter Wichtigkeit, denn den britischen Truppen lag an einer Kontrolle des Hudson River, um New England von den anderen Kolonien abzuspalten.

Nach der Revolution blühte die Industrie auf, und entlang der zahlreichen Flüsse entstanden **Mill Towns**. Um 1855 versorgten die ausgedehnten **Kohlefelder** von Nordost-Pennsylvania die rauchenden Stahlwerke Pittsburghs, und mit der Entdeckung von Rohöl im Jahr 1859 begann das Automobilzeitalter. Die Schwerindustrie spielt immer noch eine Rolle, besonders in der Umgebung von New York City, aber die treibende wirtschaftliche Kraft ist heute der Tourismus.

Die meisten Ostküsten-Urlauber kommen nicht über den Big Apple hinaus. Dabei bietet der Bundesstaat New York vielseitigste Attraktionen: von der Brandung **Long Islands** über die bewaldeten **Catskill Mountains** und die imposanten **Adirondack Mountains**, die ein Viertel des Staates bedecken, bis zu den **Finger Lakes**. Im Nordwesten des Bundesstaates, jenseits der Städte am **Erie Canal** entlang der I-90, liegen die gewaltigen **Niagara-Fälle** und das kunstorientierte, postindustrielle **Buffalo**, nahe der kanadischen Grenze.

Pennsylvania ist bekannt als das fruchtbare Land der Pennsylvania Dutch, der Nachfahren vornehmlich deutschsprachiger Einwanderer

aus dem 17. und 18. Jh.; seine berühmtesten Städte sind **Philadelphia** und **Pittsburgh**.

New Jersey, oft als riesige Industrie-Einöde verpönt, bietet entlang der Küste eine Vielzahl touristischer Attraktionen wie die Strandpromenade und die Kasinos in **Atlantic City** oder die idyllische Kleinstadt **Cape May**.

Transport

Ein weitverzweigtes Netz öffentlicher Verkehrsmittel durchzieht die Region, deren Hauptzugang die internationalen **Flughäfen** JFK in New York sowie Newark und Philadelphia in New Jersey bilden. Der inneramerikanische Flugverkehr wird über den New Yorker Flughafen La Guardia und Pittsburgh abgewickelt.

Züge von Amtrak verkehren auf den Northeast-Corridor-Strecken zwischen New York, New Jersey und Pennsylvania. Ergänzt wird ihr Service von New Jersey Transit, Metro-North und Long Island Railroad.

Busse von Greyhound fahren nicht nur auf den großen Interstates, sondern auch durch abgelegenere Gebiete. Die Ballungsräume verfügen über gute öffentliche Verkehrsnetze, die auch die Randgebiete an die Zentren anschließen, sodass eigentlich nur in den abgelegeneren Wald- und Bergregionen ein eigenes Fahrzeug vonnöten ist. Ein **Auto** zu mieten ist besonders in New York City teuer und sollte daher in einer der anderen Städte erfolgen.

New York State

Der weitläufige Staat New York steht immer im Schatten der meistgefeierten amerikanischen Stadt gleichen Namens. Bei „New York" denkt kaum jemand an die Strände von **Long Island** oder die 50 000 Quadratmeilen nördlich und westlich von New York City, die hügeliges Weideland, Kolonialdörfer, Seen, Wasserfälle und Gebirgslandschaften umfassen und den Bundesstaat New York ausmachen, sondern an Wolkenkratzer und enge Straßenschluchten.

Nur eine Autostunde nördlich von Manhattan laden das Tal des **Hudson River** und die

Catskill Mountains an dessen Westufer zu einer Ruhepause von den Strapazen der Großstadt ein. Viel rauer und zerklüfteter sind die Gipfel der gewaltigen **Adirondack Mountains** weiter nördlich. Westlich davon nehmen die schmalen **Finger Lakes** und ausgedehnte Weinberge sowie Kuhweiden den zentralen Teil des Staates ein. Unter den Großstädten bieten eigentlich nur **Buffalo** und **Rochester** einiges von Interesse, aber manche der Kleinstädte wie **Ithaca** oder der schicke Kurort **Saratoga Springs** sind durchaus anziehend.

Im 17. und 18. Jh. herrschten im Norden des Staates halbfeudale Dynastien holländischer Großgrundbesitzer über Zehntausende von Pächtern. Ihre Macht wurde kaum erschüttert, als die Kolonialgewalt von Holland an Großbritannien überging, und nicht einmal die amerikanische Unabhängigkeit brachte sie ins Wanken. Das Hinterland öffnete sich erst mit der Fertigstellung des Erie-Kanals, der seit 1825 New York City mit den Great Lakes verbindet. Durch die verbesserten Handelswege entwickelten sich Landwirtschaft und Industrie in am Kanal gelegenen Städten wie Syracuse, Rochester und vor allem Buffalo.

Long Island

Direkt östlich von New York City erstreckt sich Long Island, 125 Meilen fruchtbaren Ackerlands und breiter Sandstrände. Am besten erkundet man die Insel im Rahmen eines Ausflugs von der Großstadt. Im Westen von Long Island liegen die New Yorker Stadtteile Brooklyn und Queens; reist man weiter nach Osten, geht der Asphaltdschungel langsam in ländlichere Gebiete über, bis sich die Landschaft – in Anbetracht der relativen Nähe zur Metropole – erstaunlich abgelegen anfühlt.

Die Küsten von Long Island sind sehr unterschiedlich: Die Nordküste ist mit ihren Felsklippen, auf denen Villen und Herrenhäuser thronen, auf den ersten Blick anziehender. Die Südküste besteht fast durchgängig aus einem breiten Sandstreifen, unterbrochen von Ferienorten wie **Jones Beach** und **Fire Island**. Am Ende gabelt

sich Long Island: **North Fork** präsentiert sich deutlich ländlich, **South Fork** mit den **Hamptons** ist hingegen eine Enklave für die Haute Volée von New York.

Am schnellsten gelangt man nach Long Island mit der zuverlässigen **Long Island Railroad** ab Penn Station, ☏ 718/330-1234, 🖥 www.mta. info/lirr. Man kann auch die **Fähre** ab New England nehmen: Die Cross Sound Ferry fährt von New London, CT nach Orient Point, Long Island, ☏ 860/443-5281 in New England, ☏ 631/323-2525 auf Long Island, 🖥 www.longislandferry.com. Zahlreiche **Buslinien** (neben den bekannten Busgesellschaften verkehrt auch Hampton Jitney, ☏ 1-800/936-0440, 🖥 www.hamptonjitney. com) fahren zu den meisten Orten.

Autofahrer nehmen den Brooklyn–Queens Expressway (BQE) zum I-495 East. Für die meisten Strände von Long Island bekommen im Sommer nur Einwohner der Insel Parking Permits.

Die Preise für **Unterkünfte** schnellen in der Sommersaison – zwischen Memorial und Labor Day – förmlich in die Höhe, sodass man nach Möglichkeit einen anderen Reisezeitpunkt wählen sollte.

South Shore und Fire Island

Die flache, sandige Südküste säumt mit langen Stränden und Sanddünen den wilden Atlantik. Die beliebtesten Strände hier sind **Long Beach** und **Jones Beach**, insgesamt 50 Meilen lang und immer weniger dicht bevölkert, je weiter man nach Osten kommt. Der Ocean Parkway führt von Jones Beach nach **Captree**. Von dort gelangt man über den Robert Moses Causeway nach **Bay Shore** oder Richtung Süden zum unberührten **Robert Moses State Park** am Westende von Fire Island. Diese Route umgeht auch die weit in die Umgebung wuchernden Ortsteile von **Amityville**, das sich vor 1974 durch Spukgeschichten einen Namen machte. Das Haus, in dem eine rätselhafte übernatürliche Kraft die Bewohner tyrannisiert haben soll, steht noch immer als privates Wohnhaus an der 108 Ocean Avenue.

Fire Island, ein schmaler, parallel zum South Shore verlaufender Landstreifen, ist in vielerlei Hinsicht ein Mikrokosmos von New York.

An Sommerwochenenden scheint sich halb Manhattan in den kleinen Ortschaften niederzulassen, zu denen die Schwulen-Enklaven **Cherry Grove** und **The Pines** gehören, aber auch das quirlige **Ocean Beach**, das exklusive **Point O'Woods** sowie **Sunken Forest** (auch als „Sailor's Haven" bekannt), das ein gemischtes Publikum anzieht.

Übernachtung, Essen und Unterhaltung

Die Unterkunft sollte im Sommer unbedingt im Voraus gebucht werden. Zu dieser Zeit können die hier angegebenen Nebensaisonpreise um ein Vielfaches höher sein.

Grove Hotel, Bayview Walk, Ecke Holly Walk, Cherry Grove, ☎ 631/597-6600, 🖳 www.grove hotel.com. ❸

Cleggs Hotel, 478 Bayberry Walk, Ocean Beach, ☎ 631/583-5399, 🖳 www.cleggshotel.com. ☉ nur Mai–Okt. ❻

Fire Island Hotel & Resort, 25 Cayuga Walk, Ocean Bay Park, ☎ 631/583-8000, 🖳 www. fireislandhotel.com. ❽

Wer sich ein Essen im Restaurant gönnen möchte: **Matthew's**, 935 Bay Walk, Fire Island, ☎ 631/583-8016, hat tolle Fischgerichte der Saison für rund $30.

An Wochenenden geht auf den Tanzflächen im **Ice Palace** im Grove Hotel, ☎ 631/597-6600, und bei **Flynn's**, 1 Cayuga St, in Ocean Beach, ☎ 631/583-5000, die Post ab.

Transport

Es gibt mehrere **Fährverbindungen**, um die kein Gast herumkommt, da private Verkehrsmittel zwischen den Zugangsstraßen zu beiden Seiten der Insel lokalen Geschäftseigentümern vorbehalten sind. Der Fahrplan der Fähren ändert sich oft; Details bitte erfragen oder den jeweiligen Websites entnehmen.

Fire Island Ferries, ☎ 631/665-3600, 🖳 www. fireislandferries.com, fahren ab Bay Shore. Fahrzeit 30–45 Min., $9 einfach.

Sayville Ferry Service, ☎ 631/589-0810, 🖳 www. sayvilleferry.com, fahren ab Sayville. Fahrzeit 25–45 Min., $6,50–12 einfach.

Davis Park Ferries, ☎ 631/475-1665, 🖳 www. pagelinx.com/dpferry, legen in Patchogue ab. Fahrzeit 25–35 Min., $8,50 einfach.

North Shore und North Fork

An der wilderen Nordküste (North Shore) fällt Long Island mit einer Reihe von Felsklippen, geschützten Buchten und bewaldeten Landvorsprüngen zum Meer ab. Der Expressway ab Queens führt direkt zur superexklusiven **Gold Coast**, deren Ortschaft **Great Neck** F. Scott Fitzgerald in seinem Roman *Der große Gatsby* als West Egg, den Wohnsitz von Gatsby, verewigte.

Die **Old Westbury Gardens** in Old Westbury, 71 Old Westbury Rd, ☎ 516/333-0048, 🖳 www. oldwestburygardens.org, beherbergen ein Herrenhaus im georgianischen Stil mit einer schönen, gepflegten Parkanlage und einigen Kunstwerken, darunter ein paar Gainsboroughs. ☉ Ende April–Okt tgl. außer Di 10–17, Eintritt $10. Im touristischen **Sagamore Hill**, 12 Meilen nördlich von Old Westbury an der Küstenstraße nach Oyster Bay, ☎ 516/333-0048, befindet sich der frühere Landsitz von Teddy Roosevelt, auf dem er 30 Jahre lang lebte. Alle 23 Zimmer sind mit Jagdtrophäen geschmückt. ☉ in der Saison tgl., ansonsten Mi–So 10–17 Uhr; Führungen jede Stunde, Eintritt $5. Auf dem traumhaften Grundstück, in der Nähe des Parkplatzes, steht auch das Old Orchard Museum, das Teddy Roosevelts persönlichem und politischem Leben gewidmet ist. ☉ wie oben 9–17 Uhr, Eintritt frei.

Der nahe gelegene **Cold Spring Harbor**, ein ehemaliger Walfängerhafen, hat sich noch ein wenig von seinem alten Charakter bewahrt. Das Whaling Museum, ☎ 631/367-3418, 🖳 www.csh whalingmuseum.org, umfasst ein komplett ausgestattetes Walfangschiff, ☉ Di–So 11–17 Uhr, Eintritt $6.

Nach weiteren 50 Meilen vorbei an Steilufern und Parkanlagen erreicht man das viel weniger touristische **North Fork** – einst eine unabhängige Kolonie –, das typische Küstenlandschaft bietet. In **Greenport**, dem hübschesten Städtchen von allen, rahmt die breite Strandpromenade aus Holzplanken einen Bootshafen voller Segeljachten ein. Am westlichen Ende befindet sich das kleine East End Seaport Museum and Marine Foundation, ☎ 631/477-2100, 🖳 www.eastend seaport.org. ☉ Mitte Mai–Juni und Sep Sa und So 11–17, Juli und Aug Mo und Mi–Fr 11–17, Sa und So 9.30–17 Uhr, Eintritt $2.

Mid-Atlantic

Bartlett House Inn, 503 Front St, Greenport, ✆ 631/477-0371, 🖳 www.bartletthouseinn.com. Viktorianisches B&B mit 10 Gästezimmern. ❼
Im **Chowder Pot Pub**, 102 3rd St, gegenüber dem Fährhafen, ✆ 631/477-1345, kann man gut Meeresfrüchte essen.

Fähren fahren regelmäßig von North Fork (Greenport), ✆ 631/749-0139, 🖳 www.northferry.com, zur hübschen Insel SHELTER ISLAND, 🖳 www.shelter-island.org (einfache Fahrt $2 p. P., Fahrzeug und Fahrer $9 einfach, $13 hin und zurück) und weiter nach SOUTH FORK (North Haven), ✆ 631/749-1200, 🖳 www.southferry.com (einfache Fahrt $1 p. P., Fahrzeug inkl. Insassen $12 einfach, $15 hin und zurück).

South Fork

Im ganzen Land ist wohl keine größere Konzentration an Reichtum zu finden als in den kleinen Städtchen auf South Fork, Long Island, wo sich riesige Herrenhäuser hinter alten Bäumen verbergen oder sich deutlich sichtbar auf dem Land hinter den Dünen erheben. Nirgendwo wird dem Konsum so demonstrativ gehuldigt wie in den **Hamptons**. Schon seit langer Zeit ist **Southampton** eine Spielwiese der Reichen. In den Straßen reihen sich Galerien, Edelboutiquen und Juweliergeschäfte aneinander. Eine Liste teurer B&Bs in der Gegend gibt's bei der Chamber of Commerce, 76 Main St, ✆ 631/283-0402, 🖳 www.southamptonchamber.com, ⏲ Mo–Fr 10–16, Sa und So 11–15 Uhr. Der angesagteste Ort in den Hamptons ist **East Hampton**; hier haben einige Promis ihre Häuser. Was in den Hamptons gerade so los ist, steht auf der Website Dan's Hamptons, 🖳 www.danshamptons.com.

In seiner Blütezeit rangierte der historische Hafenort **Sag Harbor** gleich hinter dem New Yorker Hafen. George Washington ernannte ihn zum „Eingangstor ins Neue Land" (First Port of Entry to the New Country). Das Old Custom House, ✆ 631/692-4664, datiert aus jener Zeit. ⏲ Mai und Sep Sa und So 10–17, Juni–Aug Di–So 10–17 Uhr, Eintritt $5. Das Whaling Museum in der

Main Street, ✆ 631/725-0770, 🖳 www.sagharborwhalingmuseum.org, beschäftigt sich mit der kurzen Walfängerzeit des Hafenorts. ⏲ Mitte Mai–Okt Mo–Sa 10–17, So 13–17 Uhr, Eintritt $5.

Die Windmühle, in der John Steinbeck einst lebte, dient als Visitor Center, ✆ 631/725-0011, 🖳 www.sagharborchamber.com, ⏲ Mai–Juni und Sep–Okt Fr–So, Juli–Aug tgl. 10–16 Uhr.

Das windgepeitschte **Montauk**, am östlichsten Punkt von Long Island, ist weder schick noch adrett: Hier führen ganz normale Leute ein ganz normales Leben. Von hier gelangt man zum felsigen **Montauk Point**. Der Leuchtturm – 1796 errichtet und damit der älteste des Bundesstaates – bildet so etwas wie das symbolische Schlusszeichen für diesen Abschnitt der amerikanischen Küste.

South Hampton
Zahlreiche Restaurants bereiten gutes Seafood zu, darunter **Barrister's**, 36 Main St, ✆ 631/283-6206, sowie das Restaurant in der altehrwürdigen Kneipenbrauerei **Southampton Publick House**, 40 Bowden Square, ✆ 631/283-2800.

Sag Harbor
Eine luxuriöse Unterkunft ist **Baron's Cove Inn**, 31 W Water St, ✆ 631/725-2100, 🖳 www.baronscove.com, ❻. Das solide, edle **American Hotel**, Main St, ✆ 631/725-3535, 🖳 www.theamericanhotel.com, ❽, bietet neben guten Zimmern auch hervorragendes französisches Essen.
An der Main Street gibt es ein paar erschwingliche Restaurants, z. B. die ausgezeichnete Sushibar **Sen** in Nr. 23, ✆ 631/725-1774.

Montauk
Die Motels im Zentrum, darunter das **Sands Motel**, an der Rte-27, kurz hinter dem Ortseingang, ✆ 631/668-5100, 🖳 www.montauksands.com, ❸, haben erfreulich anständige Zimmerpreise. Teuer und edel ist hingegen **Gurney's Inn**, am Old Montauk Hwy, ✆ 631/668-2345, 🖳 www.gurneysinn.com; ❽. Das ultimative Restauranterlebnis in Montauk bietet **The Lobster Roll**, an der Rte-27 auf halbem Weg in Richtung East Hampton,

☎ 631/267-3740 – hier gibt es exzellentes frisches Seafood.

Weitere Lokale sind das preiswerte China-Restaurant **Shagwong** in der Main Street, ☎ 631/668-3050, und das **West Lake Clam & Chowder House**, ☎ 631/668-6252, das neben Chowder auch sehr gutes Sushi serviert.

Hudson Valley und die Catskills

Nur wenige Meilen nördlich von Manhattan zeigt sich der Hudson River von seiner romantischen Seite. Entlang der steilen und dicht bewaldeten Ufer im Hudson Valley stehen einige historische Villen. Folgt man dem Fluss weiter gen Norden, erreicht man die Wälder der Catskill Mountains, deren Laub im Herbst nicht weniger leuchtet als das der Wälder von New England. Nur wenige Städte am Hudson, darunter die große, aber eher langweilige Hauptstadt des Staates New York, **Albany**, sind für Reisende interessant, dafür aber viele der kleineren Orte wie das historische und kulinarische Mekka **Hyde Park**.

Am Ostufer des Hudson entlang

Das grüne Städtchen **Tarrytown** und das Dorf **Irvington**, 25 Meilen auf dem US-9 von Manhattan entfernt, waren die Originalschauplätze von Washington Irvings Erzählungen *Rip Van* Winkle und *Sleepy Hollow*. Der Autor baute ein kleines Bauernhaus an der West Sunnyside Lane (abgehend vom Broadway/US-9) um und nannte es **Sunnyside**, ☎ 914/591-8763, 🖥 www.hudsonvalley.org. Es kann heute besichtigt werden: ☉ April–Okt tgl. außer Di 10–17, Nov und Dez Sa und So 10–16 Uhr, Eintritt $12. Irvingtons Hudson Park ist ideal für ein Picknick am Ufer des Hudson River.

Die Stadt **Ossining**, etwa 10 Meilen nördlich von Tarrytown am US-9, hat zwei beeindruckende Bauten aus der Mitte der viktorianischen Ära aufzuweisen: zum einen eine gewaltige Brücke, die das Old Croton Aqueduct trägt, die der ers-

ten Wasserversorgung New York Citys diente; zum anderen das Gefängnis Sing Sing am Südrand der Stadt, wohin die Verbrecher von New York City seit über 150 Jahren geschickt werden.

Hyde Park

Rund 40 Meilen weiter nördlich befindet sich auf einem Plateau am Ostufer des Hudson Hyde Park mit den Häusern von Franklin D. und Eleanor Roosevelt. Die beiden Häuser sowie die Vanderbilt Mansion und einige kleinere Sehenswürdigkeiten gehören alle zum **Henry A. Wallace Visitor and Education Center**, ☉ April–Okt tgl. 8.45–18.30, Nov–März 8.45–17.30 Uhr, und sind ab dem US-9 gut ausgeschildert.

Das **Haus von Franklin D. Roosevelt**, in dem der Präsident des „New Deal" geboren wurde und den größten Teil seines Erwachsenenlebens verbrachte, steht in der 519 Albany Post Road. Zur Anlage gehören eine Bibliothek und ein gutes Museum mit einer umfangreichen Sammlung an Briefen, Fotos und anderen Erinnerungsstücken. ☎ 845/486-7770, 🖥 www.nps.gov/hofr. ☉ tgl. 9–17 Uhr, Eintritt ins Museum inkl. Führung durch das Haus $14.

Nach Roosevelts Tod im Jahr 1945 zog seine Witwe Eleanor nach **Val-Kill** um, ein nahe gelegenes Ferienhaus, das sie viele Jahre mit dem Aktivistenpaar Marion Dickerman und Nancy Cook geteilt hatte. Hier führte sie bis zu ihrem Tod im Jahr 1962 ihre Arbeit fort. 🖥 www.nps. gov/elro, ☉ Mai–Okt tgl. 9–17, Nov–April Do–Mo 9–17 Uhr. Führung $8. Ein 3 Meilen langer Pfad entlang den Klippen am Ufer des Hudson führt von den Roosevelt-Häusern zur **Vanderbilt Mansion**, 🖥 www.nps.gov/vama. Dieser Palast ist übrigens der kleinste der Familie Vanderbilt. ☉ tgl. 9–17 Uhr, Eintritt $8. Die Außenanlagen aller drei Häuser sind von Sonnenauf- bis Sonnenuntergang kostenlos zugänglich.

Hyde Park hat außerdem eine besondere Touristenattraktion zu bieten: die Restaurants und den faszinierenden Campus des **Culinary Institute of America**, der größten und ruhmreichsten Kochschule des Landes. Sie befindet sich am US-9, südlich von Hyde Park, am 1946 Campus Drive. Die hervorragenden Restaurants dieser Schule haben einige der besten Küchenchefs Amerikas hervorgebracht. Alle bieten

Mo–Sa Mittag- und Abendessen; Reservierungen unter ☎ 845/471-6608, ⌨ www.ciachef. edu. Daneben können Kochkurse und Campus-Führungen (Mo 10 und 16, Mi und Do nur 16 Uhr, $5) gebucht werden.

Eine günstige Unterkunft in Hyde Park ist das **Golden Manor Motel**, ☎ 845/229-2157, ⌨ www. goldenmanorhydepark.com, am US-9 praktisch gegenüber der Roosevelt-Gebäude, ❸.

Rhinebeck

6 Meilen nördlich von Hyde Park liegt Rhinebeck. An der Rte-9 befindet sich das **Beekman Arms**, ☎ 845/876-7077, ⌨ www.beekmandela materinn.com, ❻, Amerikas ältestes ständig betriebenes Hotel. In dem weißen Kolonialbau mit warmen, holzgetäfelten Zimmern werden Reisende schon seit 1766 beherbergt und verpflegt.

Gutes Essen bieten u. a. das italienisch und französisch beeinflusste **Calico Restaurant & Patisserie**, 6384 Mill St, ☎ 845/876-2749, ⊙ Mo und Di geschlossen, sowie die rein amerikanische **Foster's Coachhouse Tavern**, 6411 Montgomery St, ☎ 845/876-8052. Auch das esoterisch angehauchte **Omega Institute for Holistic Studies**, Lake Drive, ☎ 1-800/944-1001, ⌨ www. eomega.org, ist in Rhinebeck ansässig. Auf einem großen Campus östlich der Stadt bietet es Spas und ein breit gefächertes Angebot an Gesundheits- und Wellnessworkshops.

Das Westufer des Hudson und die Catskill Mountains

Die Gipfel der Catskill Mountains, die sich hinter dem Westufer des Hudson erheben, sind von ergreifender Schönheit. Im Herbst verwandeln Ahornbäume und Buchen sie in ein Farbenmeer aus Orange, Ocker und Gold. Die Ausläufer der Appalachen gelten als Paradies für Camper, Wanderer, Angler und ganz besonders für Wintersportler.

Woodstock

Rund 20 Meilen nordwestlich von Rhinebeck schlängelt sich der Hwy-28 auf der anderen Seite des Hudson in die Catskills. Am hübschen **Ashokan Reservoir** zweigt die Hwy-375 ab und

führt nach **Woodstock**. In Wirklichkeit war das Dorf inmitten üppiger Laubwälder gar nicht der Schauplatz des legendären Musikfestivals vom August 1969. Das fand im 60 Meilen südwestlich von Woodstock gelegenen Bethel statt. Wie dem auch sei – seit Gründung der Byrdcliffe Arts Colony 1903, ☎ 845/679-2079, ⌨ www.wood stockguild.org, genießt Woodstock den Ruf einer Künstlerkolonie. In den 1960er-Jahren tobten sich hier Bob Dylan, Jimi Hendrix und Van Morrison aus. Die Hippievergangenheit der Stadt ist nach wie vor präsent.

Die Galerien und Kunsthandwerksläden in Woodstock haben in der Region einen guten Ruf, und der Ort ist ein Zentrum der darstellenden Künste: bei den **Maverick Concerts** Ende Juni bis August, ☎ 845/679-8217, ⌨ www. maverickconcerts.org, treten seit 1906 einige der besten Kammermusiker der Welt auf; $25–40 pro Konzert, Studenten $5.

Woodstock ist ein hervorragender Ausgangspunkt zur Erkundung der Catskills. **Twin Gables Guest House**, 73 Tinker St, ☎ 845/679-9479, ⌨ www.twingableswood stockny.com. Bestes Haus am Platz und häufig ausgebucht. ❹
Getaway-on-the-Falls, 5 Waterfall Way ☎ 845/679-2568, ⌨ www.getawayonthefalls. com. Ähnlich zentral. ❻
Zwischen Woodstock und Saugerties 10 Meilen nordöstlich gibt es neben einer Reihe von Motels auch folgende Unterkünfte: **Bed by the Stream**, ☎ 845/246-2979, ⌨ www.bedbythe stream.com. Nettes, rustikales B&B. ❻
Die beiden Rip-Van-Winkle-**Campingplätze**, ☎ 845/246-8334, ⌨ www.ripvanwinklecamp grounds.com, sind ab der Rte-212 gut ausgeschildert, ab $35 pro Zeltplatz. ⊙ Mai–Okt.

Joshua's, 51 Tinker St, ☎ 845/679-5533. Das beliebteste Café in der Stadt.
New World Home Cooking Company, in Richtung Saugerties an der Rte-12 (Nr. 1411), ☎ 845/246-0900. Gerichte mit karibischem und kreolischem Einschlag für weniger als $20. ⊙ April–Okt.

Bear Café, 2 Meilen westlich von Woodstock an der Rte-212 im Weiler Bearsville gelegen, ☎ 845/679-5555, ⌨ bearcafe.com. Exzellentes französisches Bistro-Essen.

Informationen

Chamber of Commerce, Rock City Rd, ein Kiosk beim Village Green, ☎ 845/679-6234, ⌨ www.woodstockchamber.com.

Transport

Tgl. fahren mehrere Busse in 2 1/2 Std. vom Port Authority Bus Terminal in NEW YORK CITY nach Woodstock. Infos von **Adirondack Trailways**, ☎ 1-800/858-8555, ⌨ www.trail waysny.com.

Unterwegs im Catskill Park

Im Städtchen **Mount Tremper**, 7 Meilen westlich von Woodstock, befindet sich das Emerson Place Kaleidoscope, angeblich das größte Kaleidoskop der Welt. Ein Hippie-Künstler aus der Gegend hat hier ein etwa 20 m hohes Getreidesilo umgebaut. Den ganzen Tag über gibt es zehnminütige Sound and Light Shows. ☉ So–Do 10–17, Fr und Sa 10–19 Uhr, Eintritt $8. Das vornehme und stetig expandierende Emerson Place Resort & Spa, 146 Mt Pleasant Rd, ☎ 845/688-2828 oder 1-877/688-2828, ⌨ www.emersonplace.com, bietet geräumige Suiten und ein umfassendes Wellnessangebot, ➐.

Auf der Weiterfahrt bietet sich in einer Senke rechts des Hwy-28 das malerische Städtchen **Phoenicia** für eine Pause oder als Ausgangspunkt für Wanderungen in der Gegend an. Oder man lässt sich von der **Catskill Mountain Railroad**, ☎ 845/688-7400, ⌨ www.catskillmtrail road.com, Ende Mai–Ende Okt Sa, So und feiertags 11, 13 und 14.50 Uhr, hin und zurück $14, am schönen Esopus Creek entlang fahren. Das Phoenicia Belle, 73 Main St, ☎ 845/688-7226, ⌨ www.phoeniciabelle.com, ➎, ist eine preiswerte Lodge mit Frühstück gegen Aufpreis. Ein paar Häuser weiter befindet sich das beliebte Café Sweet Sue's, ☎ 845/688-7852. Eine gute Alternative ist der Phoenicia Diner am Hwy-28, ☎ 845/688-9957.

Wer eine landschaftlich reizvolle Schleife fahren möchte, fährt auf dem Hwy-49A weiter Richtung Westen und dann über den Hwy-23A und Hwy-23 zurück zum I-87. Dabei bietet sich ein atemberaubender Blick auf die tiefe Schlucht zwischen den Orten Hunter und Catskill. Die besten Skipisten der Gegend befinden sich am **Hunter Mountain**, ☎ 518/263-4223, ⌨ www.huntermtn.com; im Sommer lockt eine abenteuerliche Zipline (Seilrutsche). Während der Skisaison ziehen die Übernachtungspreise stark an: Die Scribner Hollow Lodge, eine halbe Meile vom Hunter Mountain am Hwy-23A, ☎ 518/263-4211, ⌨ www.scribnerhollow.com, bietet Luxuszimmer, ein edles Restaurant mit tollem Ausblick und eine Badegrotte mit mehreren Becken, ➑. Die Zimmer im Dorf Catskill, etwa im Red Ranch Motel, 4555 Rte-32, ☎ 518/678-3380 oder 1-800/962-4560, ⌨ www.redranchmotel.com, sind einfach, dafür aber erschwinglicher; ☉ April–Dez, ➌.

Albany

Durch die Kontrolle des Ost-West-Handels über den Erie-Kanal gelangte Albany zu Wohlstand und Ansehen. Bürokratie und Politik prägen den Charakter der sympathischen, aber eher langweiligen Hauptstadt des Staates New York. Ein guter Ausgangspunkt für eine Besichtigung ist das **Quackenbush House** am Fluss, das älteste Bauwerk von Albany. Es wurde 1736 errichtet und ist heute Teil des **Albany Urban Culture Parks**.

Weiter oben auf dem Hügel überragt Nelson A. Rockefellers unschöne **Empire State Plaza** das Zentrum. Einziges Highlight ist der Blick von der Aussichtsplattform im 41. Stock des **Corning Tower**. Er reicht über den Hudson River bis zu den Ausläufern der Adirondacks, den Catskills und den Berkshires in Massachusetts. ☉ tgl. 10–14.30 Uhr, Eintritt frei. Das benachbarte **Performing Arts Center**, ☎ 518/478-1845, ⌨ www.theegg.org, unter Einheimischen als „das Ei" bekannt, bereichert die strengen Formen der Plaza mit seinen schwungvollen Linien.

Das **New York State Museum**, ☎ 518/474-5877, ⌨ www.nysm.nysed.gov, zeigt in fantasievollen Ausstellungen alles, was man über den Staat in Erfahrung bringen möchte. ☉ tgl. 9.30–17 Uhr, Eintritt frei.

Der schönste Teil Albanys befindet sich einige Häuserblocks westlich der Plaza: ein Viertel alter viktorianischer Backsteinhäuser aus dem 19. Jh. Das **Albany Institute of History and Art**, 125 Washington Ave, ✆ 518/463-4478, 🖳 www.albanyinstitute.org, zeigt eine schöne Auswahl von Gemälden der Hudson River School. ⌚ Mi–Sa 10–17, So 12–17 Uhr, Eintritt $10.

In Sachen Unterkunft besteht in Albany die Wahl zwischen relativ günstigen Ketten-Motels am Stadtrand, die rund $60 kosten, und den teureren Downtown-Standards:
Hampton Inn & Suites, 25 Chapel St, ✆ 518/432-7000, 🖳 www.hamptoninn.com. ❺
Mansion Hill Inn, 115 Philip St, ✆ 518/465-2038 oder 1-888/299-0455, 🖳 www.mansionhill.com. Hübsches B&B mit mehr Atmosphäre und einem hervorragenden Restaurant. ❺

Einige Blocks westlich der Plaza gibt es in der Lark Street etliche gute Lokale. Dort trifft sich auch die Schwulenszene.
Justin's, 301 Lark St, ✆ 518/436-7008, und **Café Hollywood**, 275 Lark St, ✆ 518/472-9043, bieten moderne amerikanische Küche zu moderaten Preisen.
Mamoun's, 206 Washington Ave, ✆ 518/434-3901. Leckere, preiswerte Lamm-, Huhn- und Gemüsegerichte in netter Umgebung.

Zwei der beliebtesten Lokale für Nachtschwärmer:
Jillian's, 59 N Pearl St, ✆ 518/432-1997, 🖳 www.jilliansofalbany.com, mit Livemusik.
Tess' Lark Tavern, 453 Madison Ave, ✆ 518/463-7875, 🖳 www.larktavern.com, eine irische Bar, ebenfalls mit Livemusik.
Weitere Unterhaltungsangebote finden sich in der College-Stadt **Troy** auf der anderen Seite des Flusses.

Das moderne **Visitor Center**, Broadway, Ecke Clinton, ✆ 518/434-0405, 🖳 www.albany.org, vergibt kostenlose Pläne und erteilt Auskunft

über Führungen durch das imposante klassizistische Capitol oder die Innenstadt mit ihren vielen gut erhaltenen Häusern aus der Zeit des Unabhängigkeitskrieges. ⌚ Mo–Fr 9–16, Sa 10–15, So 11–15 Uhr.

Die **Busse** der Gesellschaften Greyhound und Adirondack Trailways (S. 155) fahren fast bis ins Zentrum von Albany. Der Amtrak-**Bahnhof** liegt 2 Meilen entfernt am anderen Flussufer. Busse fahren von hier in die Innenstadt.

Nach Norden durch die Adirondacks

Vor allem Bergsteiger, Skifahrer und Wanderer schätzen die Gegend zwischen Albany und der kanadischen Grenze. In der rauen Wildnis der **Adirondack Mountains** unterwegs zu sein ist sicher die Hauptattraktion, obwohl einige kleine Ferienorte – allen voran der ehemalige Austragungsort der Olympischen Winterspiele **Lake Placid** und der kleinere Nachbar **Saranac Lake** – auch ein paar Segnungen der Zivilisation bereithalten. Der elegante Kurort **Saratoga Springs** lädt zu einem Aufenthalt in der sanfteren Landschaft der südlichen Ausläufer ein.

Saratoga Springs

Über ein Jahrhundert lang trafen sich in Saratoga Springs, 42 Meilen nördlich von Albany am I-87, die Reichen und Schönen aus dem Nordosten des Staates. Anfangs waren die Heilquellen die Hauptattraktion, bis der irische Boxer John Morrisey um 1860 eine Pferderennbahn und ein Kasino eröffnete. Im August, der Zeit der Rennen, zeigt sich die Stadt von ihrer exklusiven Seite, ansonsten ist Saratoga Springs aber durchaus erschwinglich.

Am **Broadway** – der Hauptachse der Stadt – und östlich davon ist am meisten geboten. Im sorgsam gepflegten **Congress Park** sprudeln noch immer drei Mineralbrunnen; das Wasser kann am Hahn abgezapft werden. Hier befindet sich auch das **Kasino**, das ursprünglich Teil eines ganzen Häuserblocks war. Auf der **Pferderennbahn**, ☏ 518/584-6200, ⌨ www.nyra.com, hält man noch immer an den steifen, förmlichen Ritualen vergangener Zeiten fest, aber immerhin wurde die Kleiderordnung gelockert. ☉ Ende Juli bis Anfang September, Start 13 Uhr, Eintritt $3–5. An der nahe gelegenen **Trabrennbahn** an der Crescent Ave, auch unter dem Namen Equine Sports Center bekannt, ☏ 518/584-2110, geht es lockerer zu.

Wer sich eingehender mit dem Pferderennsport beschäftigen möchte, besucht das **National Museum of Racing and Hall of Fame** an der Union Ave, Ecke Ludlow St, ☏ 518/584-0400, ⌨ www.racingmuseum.org, ☉ Mi–Sa 10–16, April–Dez außerdem So 12–16 Uhr, Eintritt $7.

Am Südrand der Stadt bietet der **Saratoga Spa State Park**, ☏ 518/584-2000, ⌨ www.saratogaspastatepark.org, Gelegenheit zum Schwimmen in alten viktorianischen Wasserbecken, zum Spazierengehen oder zu Kurbehandlungen mit dem Heilwasser. ☉ tgl. Sonnenauf- bis Sonnenuntergang, Eintritt $8 pro Fahrzeug.

Unterkünfte gibt's reichlich. Problematisch wird es nur während der Rennsaison im August und wenn größere Veranstaltungen stattfinden – dann erhöhen sich die Preise auf mehr als das Doppelte. Das **Visitor Centre**, 97 Broadway, ☏ 518/584-3255, ⌨ www.saratoga.org, hat Unterkunftslisten.
Turf and Spa, 140 Broadway, ☏ 518/584-2550 oder 1-800/972-1229, ⌨ www.saratogaturfandspa.com. Gutes und zentral gelegenes Motel. ❷
Adelphi Hotel, 365 Broadway, ☏ 518/587-4688, ⌨ www.adelphihotel.com. Aufwendig restauriertes Wahrzeichen der Stadt. ❺
Gideon Putnam Hotel, im Saratoga Spa State Park, ☏ 518/584-3000, ⌨ www.gideonputnam.com. ❽

Hattie's, 45 Phila St, ☏ 518/584-4790. Das Lokal ist bekannt für sein Soul Food. Hauptgerichte kosten rund $15–18 (riesige Portionen).

Wheat Fields, 440 Broadway, ☏ 518/587-0588. Tischt in einem Patio im Freien leckere Salate und Pasta auf.
Beverly's, 47 Phila St, ☏ 518/583-2755. Tolles, aber teures Frühstück.

Saratoga Performing Arts Center (SPAC), ☏ 518/587-3330, ⌨ www.spac.org. Bringt im Juli das New York City Ballet und im August das Philadelphia Orchestra. Daneben viele andere Festivals von höchster Qualität. ☉ Juni bis Anfang Sep.
Parting Glass Pub, 40 Lake Ave, ☏ 518/583-1916. Meistens gute irische Musik.
9 Maple Avenue, natürlich in der 9 Maple Ave, ☏ 518/583-2582, ⌨ www.9mapleavenue.com. Live-Jazz und -Blues bis zum frühen Morgen.
Caffè Lena, 47 Phila St, ☏ 518/583-0022, ⌨ www.caffelena.org. Kulturzentrum mit Theater und Folk-Bühne, auf der Don McLean zum ersten Mal sein *American Pie* zum Besten gab.

Die Adirondacks

Die Schönheit der Adirondacks, größer als Connecticut und Rhode Island zusammen, lässt sich kaum noch übertreffen: 46 Berge ragen mehr als 1200 m in den Himmel. Im Sommer präsentieren sie sich in sattem Grün, und im Herbst bilden sie ein Kaleidoskop in allen erdenklichen Rottönen.

Auch wenn Busse der Adirondack Trailways in der Gegend verkehren, empfiehlt sich doch ein Auto. Informationen im Allgemeinen und über besondere Angebote erteilt das **Adirondack Region Tourist Office**, ☏ 1-800/487-6867, ⌨ www.visitadirondacks.com. Auskünfte zu Wanderungen und Campingplätzen gibt es beim **Adirondack Mountain Club**, ⌨ www.adk.org, und dem **Adirondack Interpretive Center**, ☏ 518/582-4551 ext. 104, ⌨ www.esf.edu/aic.

Lake Placid
Der zweimalige Austragungsort der Olympischen Winterspiele liegt 30 Meilen westlich des I-87 am Hwy-73 – im Winter *der* Ort für Wintersport. Das informative **Visitors' Bureau**, ☏ 518/523-2445 oder 1-800/447-5224, ⌨ www.

lakeplacid.com, soll in den Olympic Sports Complex umziehen.

Im **Olympic Center** gibt es vier Eisbahnen und das interessante Lake Placid Winter Olympic Museum, das sich um die Olympischen Spiele von 1932 und 1980 dreht, ⏱ tgl. 10–17 Uhr, Eintritt $5.

Auch im Sommer bieten sich viele sportliche Betätigungen an, etwa Wandern und Radfahren. **Mountainbikes** und Karten über die Trails sowie Touren bietet die High Peaks Cyclery, 2733 Main St, ✆ 518/523-3764.

In Lake Placid gibt es Unterkünfte jeder Preisklasse:

Mirror Lake Inn Resort & Spa, 77 Mirror Lake Drive, ✆ 518/523-2544, 🖥 www.mirrorlakeinn. com. Lässig elegantes Hotel mit mehr als 120 Zimmern – die teuersten sind Spitzenklasse – und einer Menge nützlicher Einrichtungen. ❽

Stagecoach Inn, 3 Stagecoach Way, ✆ 518/ 523-9698, 🖥 www.lakeplacidstagecoachinn. com. Einladende Unterkunft mit rustikalem Charme. ❻

Edelweiss Motel, 2806 Wilmington Rd, ✆ 518/ 523-3821. Veraltete, aber saubere Zimmer. ❹

Keene Valley Hostel, ca. 15 Meilen südöstlich in Keene Valley, ✆ 518/576-2030, 🖥 www. keenevalleyhostel.com. Tolle Ausgangsbasis für Wanderungen auf den besten Wanderwegen. Dorm-Bett $25, Camping $15.

Man kann in Lake Placid für vergleichsweise wenig Geld gut essen.

Blues Berry Bakery, 2436 Main St, ✆ 518/ 523-4539. Bekannt für den Apfelstrudel.

Hunan Oshaka, ✆ 518/523-1558, 2663 Main St. Chinesische, japanische und mexikanische Küche.

Station Street Bar & Grille im Osten der Stadt, 1 Station St, ✆ 518/523-9963. Zweifellos der beste Ort, um einen Abend mit Einheimischen zu verbringen und leckere Spareribs und andere Köstlichkeiten zu genießen.

Zig Zags Pub, in der Hauptstraße, ✆ 518/ 523-8221. Erste Adresse für Livemusik am Wochenende.

Saranac Lake

Eine kleinere, entspanntere und billigere Basis für die Erkundung der Region ist das zehn Meilen nordwestlich von Lake Placid gelegene Saranac Lake. Das ruhige Seeufer ist von hübschen Cottages gesäumt, die zumeist vom Ende des 19. Jhs. stammen, als der Ort bei der Mittelschicht als Erholungs- und Kurort beliebt war. **Robert Louis Stevenson** verbrachte den Winter des Jahres 1888 in einem kleinen Cottage auf der Ostseite des Ortes in der 44 Stevenson Lane; heute ist es ein **Museum**, ✆ 518/891-1462, 🖥 www.robertlouisstevensonmemorialcottage. org, ⏱ Juli–Sep Di–So 9.30–12 und 13–16.30 Uhr, sonst nach Vereinbarung, Eintritt $5.

Sehr viel mehr fürs Geld als vergleichbare Unterkünfte in Lake Placid bietet das ruhig gelegene und geräumige B&B **Saranac Club & Inn**, 371 Park Ave, ✆ 518/891-7212 oder 1-866/ 595-9800, ❺. Das **Hotel Saranac** im Zentrum, 100 Main St, ✆ 518/891-2200 oder 1-800/937-0211, 🖥 www.hotelsaranac.com, verfügt auch über eine freundliche Bar, ❸. **Eat-n-Meet**, 139 Broadway, ✆ 518/891-3149, ist ein uriges, zwangloses kleines Restaurant mit preisgünstiger Hausmannskost.

Die Finger Lakes

Im Herzen des Staates, südwestlich von Syracuse und von New York City aus jenseits der Catskills, liegen die elf **Finger Lakes**, enge, von Gletschern geformte Kanäle zwischen Drumlins, Steilhängen und zahlreichen Wasserfällen. Außer der modernen und wohlhabenden Stadt **Ithaca** und dem winzigen **Skaneateles** können die wenigsten Städte mit ihrer atemberaubenden Umgebung mithalten. Die Gegend ist ideal für Erholungssuchende und genießt einen zunehmend guten Ruf als **Weinanbaugebiet**.

Skaneateles

Skaneateles („Skinny-Atlas" gesprochen), das sich an den Kamm des Skaneateles Lake schmiegt, ist vielleicht die schönste und definitiv

Krebs 1899, 53 W Genesee St, ☎ 315/685-5714. Nobelrestaurant mit ausgezeichneter amerikanischer Hausmannskost vom Buffet (unter $50 p. P.) und einer Snackbar im oberen Stock.

die Badegast-freundlichste der Finger-Lakes-Städte. **Strand** (Sommer tgl.; $3) und Hafen, ☎ 315/685-5095, liegen nur einen Block vom Zentrum entfernt. Man kann Wassersport-Equipment leihen oder an einer der **Bootstouren** (50 Min., $11) von Mid-Lakes Navigation, ☎ 315/685-8500, 🖥 www.midlakesnav.com, teilnehmen.

Übernachtung

Colonial Motel, 1 Meile westlich am Hwy-20, ☎ 315/685-5751, 🖥 www.colonialmotelonline. com. Einfache Unterkunft. ❸
Lady of the Lake, 2 W Lake St, ☎ 1-888/685-7997, 🖥 www.ladyofthelake.net. Elegantes B&B von 1899 mit Blick auf den See. ❼
Sherwood Inn, 26 W Genesee St, ☎ 315/ 685-3405, 🖥 www.thesherwoodinn.com. Mit gutem Speiselokal und einer Taverne sowie ebenfalls Seeblick. ❺

Essen

Doug's Fish Fry, 8 Jordan St, ☎ 315/685-3288. Beliebtes Lokal mit günstigem und gutem Essen.

Seneca Falls

In Seneca Falls, westlich der Nordspitze des Cayuga Lake und etwa 15 Meilen westlich von Skaneateles, hielten Elizabeth Cady Stanton und einige ihrer Mitstreiterinnen 1848 die erste Frauenrechtskonvention ab, lange bevor die Frauen der USA 1920 das Wahlrecht erhielten. Am damaligen Tagungsort, der **Wesleyan Chapel**, 136 Fall Street, befindet sich der grandiose **Women's Rights National Historical Park**, ☎ 315/568-2991, 🖥 www.nps.gov/wori, der die heutige Frauenbewegung in ihren historischen Kontext rückt. ⊙ tgl. 9–17 Uhr. Einen Block weiter östlich ehrt die **National Women's Hall of**

Fame, 76 Fall St, ☎ 315/568-8060, 🖥 www.great women.org, rund 200 Frauen wie Emily Dickinson und Sojourner Truth. ⊙ Mai–Sep Mo–Sa 10–17, So 12–17, Okt–April Mi–Sa 11–17 Uhr, Jan geschlossen, Eintritt $3.

Übernachtung und Essen

Die beste Unterkunft in der Gegend ist das B&B **Hubbell House**, 42 Cayuga St, ☎ 315/568-9690, 🖥 www.hubbellhousebb.com. ❻
Neben einigen guten Lokalen wie dem **Jeremy's Café**, 77 Fall St, ☎ 315/568-1614, mit amerikanischen Standardspeisen, gibt es am Westufer des Sees zahlreiche Kleinkellereien – z. B. **Sheldrake Point**, 🖥 www.sheldrakepoint.com, und **Thirsty Owl**, 🖥 www.thirstyowl.com, die beide Weinproben ($1) anbieten. Der Hwy-89 zwischen Seneca Falls und Ithaca ist aus diesem Grund als **Cayuga Wine Trail** bekannt.

Ithaca

An der Südspitze des Cayuga Lake liegt das malerische Städtchen Ithaca, das wie eine San-Francisco-Miniatur über dem Seeufer thront und von den Türmen, ausladenden Rasenflächen und baumbewachsenen Parks der Elite-Uni **Cornell University** dominiert wird. Auf dem von Schluchten, Bächen und Seen begrenzten Campus liegt – gegenüber der **Suspension Bridge** – das **Herbert F. Johnson Museum of Art**, ☎ 607/255-6464, 🖥 www.museum.cornell.edu. Sein grandioser Ausblick übertrifft die eher moderate Sammlung zeitgenössischer asiatischer Kunst deutlich; ⊙ Di–So 10–17 Uhr, Eintritt frei.

An den Campus grenzen die von der Universität unterhaltenen botanischen Gärten und Baumschulen der **Cornell Plantations**, ☎ 607/ 255-2400, 🖥 www.plantations.cornell.edu.

Außerhalb der Stadt sind zahlreiche Wasserfälle zu bestaunen; zehn Meilen nördlich z. B. die 66 m hohen **Taughannock Falls** mit Badestrand. Zwei Meilen südlich entlang der Rte-13, gelangt man zum **Buttermilk Falls State Park** und nach weiteren drei Meilen zum **Robert H. Treman State Park** mit den bedrohlich wirkenden Lucifer Falls. Die Parkgebühr für alle drei beträgt pro Tag einmalig $7.

Cayuga Lake bietet ausgezeichnete Möglichkeiten zum **Bootfahren** und **Windsurfen** sowie zahlreiche Board- und Bootsverleihe.

Übernachtung

Inn on Columbia, 228 Columbia St, ✆ 607/272-0204, 🖳 www.columbiabb.com. Gutes B&B. ❹

Statler Hotel, East Ave, ✆ 1-800/541-2501, 🖳 www.statlerhotel.cornell.edu. Luxuriöse Unterkunft auf dem Campus. ❽

Halsey House, 2057 Trumansburg Rd, Trumansburg, ✆ 607/387-5977, 🖳 www.halseyhouse.com. B&B in ländlicher Umgebung in Spaziernähe zu den Taughannock Falls. ❼

Essen

Hier gibt es zwei Zonen: **Downtown** – rings um die autofreien Commons – und **Collegetown**. Größer und besser ist Downtown. Hier befindet sich die DeWitt Mall an der Cayuga, Ecke Seneca St, mit einigen Restaurants wie dem vegetarischen Top-Restaurant **Moosewood**, ✆ 607/273-9610. Die muntere Wein- und Tapasbar **Just a Taste**, 116 N Aurora St, ✆ 607/277-9463, ist nur einen Block entfernt.
Billiger ist hingegen Collegetown. **The Nines**, 311 College Ave, ✆ 607/272-1888, hat die beste Pfannenpizza der Gegend und bietet Livemusik.

Hazlenut Kitchen, 53 E Main St, Trumansburg, ✆ 607/387-4433, serviert köstliche und fantasievolle Gerichte, deren Zutaten frisch von der Farm kommen.

Unterhaltung

Aktuelle Infos zur belebten **Musikszene** sind der kostenlosen *Ithaca Times,* 🖳 www.ithaca times.com, zu entnehmen.
Einer der unterhaltsamsten Musikläden ist **The Haunt**, 702 Willow Ave, ✆ 607/275-3477, 🖳 www.thehaunt.com.

Sonstiges

Internet
Kostenlosen Internetzugang bietet die große, teils solarbetriebene **Bücherei** in der Cayuga Avenue, nahe Ithaca Commons.

Informationen

Visitor Center, 904 East Shore Drive, am Hwy-34 N, ✆ 607/272-1313 oder 1-800/284-8422, 🖳 www.visitithaca.com. ☉ Mo–Fr 9–17, Sa 10–17, So 10–16 Uhr, im Sommer länger.

Transport

Greyhound und andere **Busse** verkehren vom Busbahnhof, W State St, Ecke N Fulton St.

Die Städte am Erie Canal

Das fruchtbare Land am Erie Canal zwischen Albany am Oberlauf des Hudson und Buffalo am Lake Erie – die Stadt entwickelt sich langsam zu einem eigenständigen Touristenziel – bildet das landwirtschaftliche Kernland des Staates New York. Die östlichen Teile dieses Gebietes, wegen der schützenden „Lederstrümpfe", die die frühen europäischen Siedler trugen, auch **Central Leatherstocking** genannt, liegt weit abseits der konventionellen Touristenrouten, mit Ausnahme des hübschen Dorfes **Cooperstown**. In der Industrie- und Unistadt **Syracuse** lohnt nur das Erie Canal Museum, 318 E Erie Blvd, ✆ 315/471-0593, 🖳 www.eriecanalmuseum.org, in einer Wiegestation aus den 1850er-Jahren einen Besuch; ☉ Mo–Sa 10–17, So 10–15 Uhr, Eintritt frei. **Rochester** hingegen besitzt einige Sehenswürdigkeiten, und auf dem Weg nach Buffalo und Niagara verleiten urige Dörfer am Kanal und verlassene Strände am Lake Ontario zu diversen Abstechern.

Cooperstown

Cooperstown liegt 70 Meilen westlich von Albany an der Küste des beschaulichen Otsego Lake, dem James Fenimore Cooper – Romanautor und Sohn des Stadtgründers – den Namen Glimmerglass gab. Die **National Baseball Hall of Fame**, Main Street, ✆ 607/547-7200, 🖳 www.baseball halloffame.org, huldigt der beliebten Sportart, die auf dem hiesigen Doubleday Field ihren Ursprung haben soll, und ist auch für Nicht-Fans sehenswert. ⊙ tgl. 9–17, im Sommer 9–21 Uhr, Eintritt $16,50.

Im **Fenimore Art Museum**, nördlich der Stadt an der Lake Road, Ecke Rte-80, ☎ 1-888/547-1450, 🖥 www.fenimoreartmuseum.org, gibt es innovative Sonderausstellungen und tolle Volks- und nordamerikanische Indianerkunst. ⊙ April–Mitte Mai und Mitte Okt–Dez Di–So 10–16, Mitte Mai–Mitte Okt tgl. 10–17 Uhr, Eintritt $12.

Übernachtung

Im Sommer sind die Zimmerpreise recht hoch; vor allem für bessere Unterkünfte wie das **Inn At Cooperstown**, 16 Chestnut St, ☎ 607/547-5756, 🖥 www.innatcooperstown. com. ❺
Am Otsego Lake gibt es aber auch ein paar saubere Motels wie das **Lake 'N Pines**, Rte-80 Richtung Norden, ☎ 607/547-2790 oder 1-800/ 615-5253, 🖥 www.lakenpinesmotel.com, das in der Nebensaison ein ausgezeichnetes Preis-Leistungs-Verhältnis aufweist. ⊙ Dez–März geschlossen. ❸

Essen und Unterhaltung

Blue Mingo Grill, Rte-80 Richtung Norden, ☎ 607/547-7496. Jeden Abend wechselnde Fusionsküche und moderne amerikanische Gerichte machen dieses Restaurant zum besten und kreativsten der Gegend.
Cooperstown Diner, 136 1/2 Main St, ☎ 607/547-9201. Mit Frühstück und Burgern bis 14 Uhr, ideal für einen Snack abseits der Massen.
Im Sommer stehen **Klassikkonzerte** und die **Glimmerglass Opera** auf dem Programm des Alice Busch Opera Theater, Hwy-80 nach Norden, direkt am See, ☎ 607/547-5704, 🖥 www. glimmerglass.org.

Informationen

Das hilfreiche **Visitor Center** ist in der 31 Chestnut St, ☎ 607/547-9983, 🖥 www.cooperstown chamber.org. Die Internetseite ist ideal zum Buchen einer Unterkunft. ⊙ im Sommer tgl. 9–18, im Winter Mo–Sa 9–17 Uhr.

Transport

Man sollte hier – insbesondere im Sommer – von den kostenlosen Parkplätzen am Stadtrand Gebrauch machen und für eine Sightseeingtour den **Trolley** nehmen, ⊙ 8–21 Uhr; Tageskarte $3.

Rochester

Anders als die ausufernden Vororte, ist Downtown Rochester ein netter Ort mit zentralem Geschäftsviertel, tollen Villen und breiten Boulevards. Ungeachtet des allgemeinen Abwärtstrends floriert die örtliche Wirtschaft dank Hightech-Unternehmen wie Bausch & Lomb, Xerox oder auch Kodak. Die Spuren von Kodak (und seinem Gründer George Eastman) sind im ganzen Stadtgebiet anzutreffen: etwa der Kodak Park, das Eastman Theater und natürlich das **International Museum of Photography**, 900 East Ave, ☎ 585/271-3361, 🖥 www.eastmanhouse. org. Es befindet sich zwei Meilen von Downtown im Haus von George Eastmans und zeigt verschiedenste Exponate, von Bildern aus dem Bürgerkrieg bis zu moderner Experimentalfotografie. Es bietet außerdem Wechselausstellungen, ein Programmkino und herrlich gepflegte Gärten. ⊙ Di–Sa 10–17, Do 10–20, So 13–17 Uhr, Eintritt $10.

Das interaktive **Rochester Museum & Science Center**, 657 East Ave, ☎ 585/271-4320, 🖥 www.rmsc.org, widmet sich wissenschaftlichen, naturgeschichtlichen und heimatkundlichen Themen sowie den amerikanischen Ureinwohnern. ⊙ Mo–Sa 9–17, So 11–17 Uhr, Eintritt $12. Die nahe **Memorial Art Gallery**, 500 University Ave, ☎ 585/473-7720, 🖥 www. mag.rochester.edu, bietet eine überraschend umfangreiche Kunstsammlung, darunter drei Monets und ein Rembrandt. ⊙ Mi–So 11–17, Do 11–21 Uhr, Eintritt $10.

Das **Strong National Museum of Play**, Manhattan Square, ☎ 585/263-2700, 🖥 www.strong museum.org, zeigt das Erbe der stadtbekannten, leidenschaftlichen Sammlerin Margaret Woodbury Strong (1897–1969). Unter anderem erzählt es die Geschichte der Sesamstraße, verfügt

Mid-Atlantic

über ein voll funktionsfähiges Karussell aus den 20er-Jahren und einen verblüffenden Indoor-Schmetterlingsgarten. ⏱ Mo–Do 10–17, Fr und Sa 10–20, So 12–17 Uhr, Eintritt $11, Kinder $9. Auch das **Susan B. Anthony House**, 17 Madison St, ☎ 585/235-6124, 🖥 www.susanbanthony house.org, erinnert an eine Lokalberühmtheit, die von 1866 bis 1906 hier gelebt und sich für das Frauenwahlrecht eingesetzt hat; ⏱ Di–So 11–17 Uhr, Eintritt $6.

Mid-Atlantic

Übernachtung

428 Mt. Vernon B&B, am Eingang zum Highland Park, ☎ 716/271-0792 oder 1-800/836-3159, 🖥 www.428mtvernon.com. Wie alle Downtown-Unterkünfte recht teuer. ❻

Red Roof Inn, 4820 W Henrietta Rd, Ausfahrt 46 vom I-90, ☎ 585/359-1100, 🖥 www.redroof. com. Standard-Kettenmotel, eine von mehreren günstigen Optionen in der Südstadt. ❸

Essen

Aladdin's Natural Eatery, 646 Monroe Ave, ☎ 585/442-5000. Günstige Gerichte aus Nahost.

Nick Tahou Hots, 320 W Main St, ☎ 585/436-0184. Berühmt für seine „Garbage Plate" (Eintopf aus Fleisch, Eiern und Gemüse).

Esan, 696 Park Ave, ☎ 585/271-2271. Scharfe Thai-Gerichte; authentisch und günstig. In Uninähe.

Informationen

Visitor Center, 45 East Ave, ☎ 1-800/677-7282, 🖥 www.visitrochester.com. ⏱ Mo–Fr 8.30–17, Sa 10–15 Uhr.

Transport

Greyhound-Busse halten in Downtown an der Broad, Ecke Chestnut Street. Der **Amtrak**-Bahnhof, 320 Central Ave, liegt nördlich des

Blues und gutes Essen

Beale St Café, 689 South Ave, ☎ 585/271-4750. Leckere Südstaaten- und Cajun-Küche im angesagten South Wedge. Viermal die Woche gibt es Live-Blues.

inneren Rings der I-490 und wird von **Bussen** des Regional Transit Service (RTS), ☎ 585/288-1700, 🖥 www.rgrta.com, bedient.

Buffalo

Der I-90 führt in die zweitgrößte Stadt des Staates, Buffalo, das wie eine Miniaturausgabe von Manhattan am Lake Erie – mit Art-déco-Türmen und gläsernen Wolkenkratzern – aussieht. Vom Aufschwung der Stadt Anfang des 20. Jhs. zeugen noch heute architektonische Meisterleistungen wie die 1932 erbaute **City Hall** (kostenlose Aussichtsplattform auf dem Dach) und das dunkelrote Terracotta-Relief des von Louis Sullivan erbauten **Guaranty Building** in der Church Street.

Die riesigen, heute nicht mehr genutzten Getreidespeicher sind Teil eines Sanierungsprojekts für den **Hafen** am Erie Canal, an dem ein großes Unterhaltungs- und Einkaufsviertel entstehen soll.

Die Kultiviertheit der wohlhabenden Kaufleute Buffalos zeigt sich in der hervorragenden **Albright-Knox Art Gallery**, 1285 Elmwood Avenue, zwei Meilen nördlich von Downtown gelegen, ☎ 716/882-8700, 🖥 www.albrightknox.org. Besonders stark vertreten ist jüngere amerikanische und europäische Kunst, darunter Pollock, Rothko, Warhol und Rauschenberg. Auch die Sammlung von Werken früherer moderner Künstler wie Matisse, Picasso und Monet kann sich sehen lassen. ⏱ Di–So 12–17, Fr bis 22 Uhr, Eintritt $12.

Gegenüber präsentiert das neue **Burchfield Penney Art Center**, 1300 Elmwood Ave, ☎ 716/878-6011, 🖥 www.burchfieldpenney.org, Arbeiten ortsansässiger Künstler. ⏱ Di–Sa 10–17, Do bis 21, So 13–17 Uhr, Eintritt $9.

In der Umgebung des Delaware Park stehen mehrere von Frank Lloyd Wright entworfene Häuser, darunter der **Darwin D. Martin House Complex**, ☎ 716/947-9217, 🖥 www.darwinmartin house.org (verschiedene Führungen, $15–30). Zwischen hier und Downtown liegen **Elmwood Village** und **Allentown**, Buffalos Szeneviertel. Die **Theodore Roosevelt Inaugural National Historic Site**, 641 Delaware Ave, ☎ 716/884-0095, www.trsite.org, umfasst das Haus, in dem Teddy Roosevelt 1901 seinen Amtseid schwor, nachdem Präsident Mckinley ermordet worden war. ☉ Mo–Fr 9–17, So 12–17 Uhr, Eintritt $10.

Übernachtung

In Buffalo herrscht kein Mangel an guten Unterkünften, viele davon im Herzen von Downtown.

Beau Fleuve, 242 Linwood Ave, ✆ 716/882-6116 oder 1-800/278-0245, 🖳 www.beaufleuve.com. Urgemütliches, sehr komfortables B&B. Hervorragendes Frühstück. ➎

Comfort Inn & Suites, 601 Main St, ✆ 716/854-5500, 🖳 www.comfortsuites.com. Schicke, geräumige Suiten im Herzen der Innenstadt; Frühstück inkl. ➏

HI-Buffalo Hostel, 667 Main St, ✆ 716/852-5222, 🖳 www.hostelbuffalo.com. Sehr zentral gelegenes Hostel mit Betten für $25, außerdem einige Privatzimmer. Beste Budget-Option der Region Buffalo/Niagara. Keine Sperrstunde. ➋

Lenox Hotel & Suites, 140 North St, ✆ 716/884-1700 oder 1-800/825-3669, 🖳 www.lenox hotelandsuites.com. Ziemlich düsterer Backsteinbau, aber zentral gelegen und mit gutem Preis-Leistungs-Verhältnis hinsichtlich der einfacheren Zimmer. ➍

The Mansion on Delaware Avenue, 414 Delaware Ave, ✆ 716/886-3300, 🖳 www.mansionon delaware.com. Zentrale, komfortable Unterkunft mit modernsten Annehmlichkeiten und Gourmet-Frühstück. ➐

Essen

Das Zentrum von Buffalo bildet die Gegend um Chippewa und Main Street. Im alten **Broadway Market**, 999 Broadway, werden an den Marktständen und in den winzigen polnischen Cafés gute, billige Snacks verkauft. Buffalos **Nachtleben** spielt sich auf der Chippewa Street in Sportbars und Clubs ab, und die meisten Theater und Veranstaltungs-orte von Buffalos **Kulturszene** befinden sich praktischerweise in der Main Street.
In der Asbury Hall in Ani DiFrancos **Babeville**, 341 Delaware Ave, ✆ 716/852-3835, 🖳 www. babevillebuffalo.com, spielen u. a. Indie-Bands.

Aktuelles steht im kostenlosen Wochenblatt *Art Voice*, 🖳 www.artvoice.com; über die Schwulen- und Lesbenszene informiert *Outcome*, 🖳 www.outcomebuffalo.com.

Anchor Bar, 1047 Main St, ✆ 716/886-8920, 🖳 www.anchorbar.com. Die Bar gilt als Erfinder der *Buffalo wings,* die Spezialität der Stadt: pikante Hühnerflügel mit Roquefort-Dressing.

Bacchus Wine Bar & Restaurant, 54 W Chippewa St, ✆ 716/854-9463. Gutes, bis spät geöffnetes Lokal. Auch Musikveranstaltungen: Jazz, Blues, Folk und World Music.

Cole's, 1104 Elmwood Ave, ✆ 716/886-1449. Lokal im Imbiss-Stil. Leckere und günstige Snacks wie Salate, Burger, Wraps und Hühnchen und dazu gutes Bier.

India Gate, 1116 Elmwood Ave, ✆ 716/886-4000. Gutes, preiswertes indisches Restaurant; umfangreiches Mittagsbuffet.

Nietzsche's, 248 Allen St, ✆ 716/886-8539, 🖳 www.nietzsches.com. Bar; freundliche Bedienung und billige Getränke. Täglich Livemusik (verschiedene Stile), man kann auch tanzen.

Spot Coffee, 227 Delaware Ave, ✆ 716/856-2739; 765 Elmwood Ave, ✆ 716/332-5288. Die lebendigen und geschäftigen Zweigstellen des Cafés sind eine Institution; es gibt einfaches Essen und gute Getränke.

Informationen

Visitor Center, 617 Main St, ✆ 716/852-2356 oder 1-800/283-3256, 🖳 www.visitbuffalo niagara.com. ☉ Mo–Fr 9–17, Sa 10–14 Uhr.

Transport

Busse von Greyhound, Metro Bus und Metro Rail (beide Metros ✆ 716/855-7211, 🖳 www.nfta.com/metro), fahren am Terminal an der Ellicott St, Ecke N Division St, ab. Einige Linien steuern NIAGARA FALLS an. Amtrak-**Züge** halten in der Exchange St, im Vorort Depew, 8 Meilen vom Zentrum entfernt, aber in der Nähe des Flughafens.
Der **Flughafen** liegt im Vorort Depew, ✆ 716/630-6020, 🖳 www.buffaloairport.com. Ein Taxiunternehmen ist **Buffalo Taxi Cab**, ✆ 716/822-3030, 🖳 www.buffalotaxicab.com.

Die Niagara-Fälle

Mid-Atlantic

Pro Sekunde stürzen fast zwei Millionen Liter Wasser über die Felsen der Niagara-Fälle. Sie befinden sich direkt an der kanadischen Grenze, 20 Meilen nördlich von Buffalo am I-190. Im Winter gefriert das Wasser zu gigantischen Eiszapfen, abends wird es von Scheinwerfern in verschiedenen Farben angestrahlt. Vielen Besuchern ist der ganze Trubel um die Fälle herum sicher des Guten zu viel. Zumindest sorgt das Grün der öffentlichen Parkanlagen noch für etwas ländliche Idylle. Weder das Städtchen **Niagara Falls**, nach wie vor eine schäbige Industriestadt, noch **Niagara** auf der kanadischen Seite hauen einen vom Hocker. Wer die Fälle aus allen Perspektiven gesehen hat, fährt am besten zurück nach Buffalo.

Der Name „Niagara-Fälle" bezeichnet drei voneinander getrennte Wasserfälle. Die beiden höchsten sind die **American Falls** und die **Bridal Veil Falls** auf amerikanischer Seite. Sie stürzen knapp 55 m in die Tiefe. Die breiteren **Horseshoe Falls** liegen auf kanadischer Seite und wirken bedeutend majestätischer. Alle drei Wasserfälle entstanden vor 12 000 Jahren, als sich das Schmelzwasser der Gletscher im Lake Erie staute und in den nördlichen Ontario-See strömte. Damals befanden sich die Wasserfälle noch 7 Meilen flussabwärts. Durch Erosion haben sie sich bis zu ihrem heutigen Standort verlagert.

Den besten Blick auf die Fälle hat man vom Terrapin Point auf **Goat Island** und vom **Observation Tower**, tgl. 10–17 Uhr, Eintritt $1, im Winter frei. Der Seiltänzer Blondin überquerte die Niagara-Fälle im 19. Jh. mehrmals ungefähr auf der Höhe von Goat Island. Wer die geballte Kraft der Fälle aus der Nähe erleben will, tut das am besten an Bord der **Maid of the Mist**, 716/284-4233, www.maidofthemist.com. Die Ausflugsschiffe legen am Aussichtsturm ab und sind ein Muss für jeden Besucher. Betriebszeiten Mai–Okt alle 15 Min., tgl. 9.15–19.30 Uhr; $13,50, Kinder $7,85.

Auf der Tour **Cave of the Winds** von Goat Island nähert man sich den tosenden Wasser-

massen auf andere Weise: Ein Aufzug trägt Besucher fast in Reichweite des Wassers zu Füßen der Fälle, 716/278-1730, Mitte Mai–Ende Okt tgl. 9–17, Juli und Aug bis 21 Uhr, Eintritt $10, Kinder $7. Der „Discovery Pass" für diese und andere Attraktionen kostet $33 (Kinder $26), erhältlich beim Visitor Center. Ein **Hubschrauber-Rundflug** mit Rainbow Air Inc., 454 Main St, 716/284-2800, 9 Uhr bis Sonnenuntergang, ist als Erlebnis umwerfend, wenn auch kurz (ab $90).

Gegen eine Gebühr von $0,50 (hin und zurück) gelangt man – aber nur mit Reisepass – über die **Rainbow Bridge** auf die kanadische Seite mit besserem Blick auf die Fälle. Es lohnt nicht, mit dem Auto über die Brücke zu fahren, denn außer der Brückenmaut von $3,50 werden sehr hohe Parkgebühren fällig, und die verschärften Sicherheitschecks sorgen für erhebliche Wartezeiten.

Übernachtung

Ein Zimmer im Zentrum von Niagara kann recht teuer sein, wenn man nicht rechtzeitig bucht. Wegen der großen Konkurrenz bleiben die Preise aber im Rahmen. An US-62 (Niagara Falls Blvd), östlich des Hwy 190, stehen Dutzende billiger Unterkünfte zur Auswahl. **Crowne Plaza**, 300 3rd St, 716/285-3361 oder 1-800/953-2557, www.crowneplaza.com/niagarafalls. Typisches Exemplar der Kettenhotels, die es überall in der Innenstadt gibt und die zu Spitzenzeiten Spitzenpreise verlangen. ❺

HI-Niagara Falls, 1101 Ferry Ave, 716/282-3700, niagarahostel@gmail.com. Freundliches, gut geführtes Hostel mit Dormbetten ab $22, preisgünstigen EZ ab $25 und größeren Zimmern. Vorzugsweise HI-Mitglieder. Im Sommer unbedingt reservieren. ❷

Park Place B&B, 740 Park Place, 716/282-4626 oder 1-800/510-4626, www.parkplacebb.com. Angenehmes Haus nahe Downtown mit umfangreichem Frühstück und Konditoreiwaren am Nachmittag. Günstige Nebensaisonpreise. ❸

Red Coach Inn, 2 Buffalo Ave, 716/282-1459 oder 1-866/719-2070, www.redcoach.com. Beliebtes, gut ausgestattetes B&B im Tudorstil mit Aussicht auf die Wasserfälle. ❹

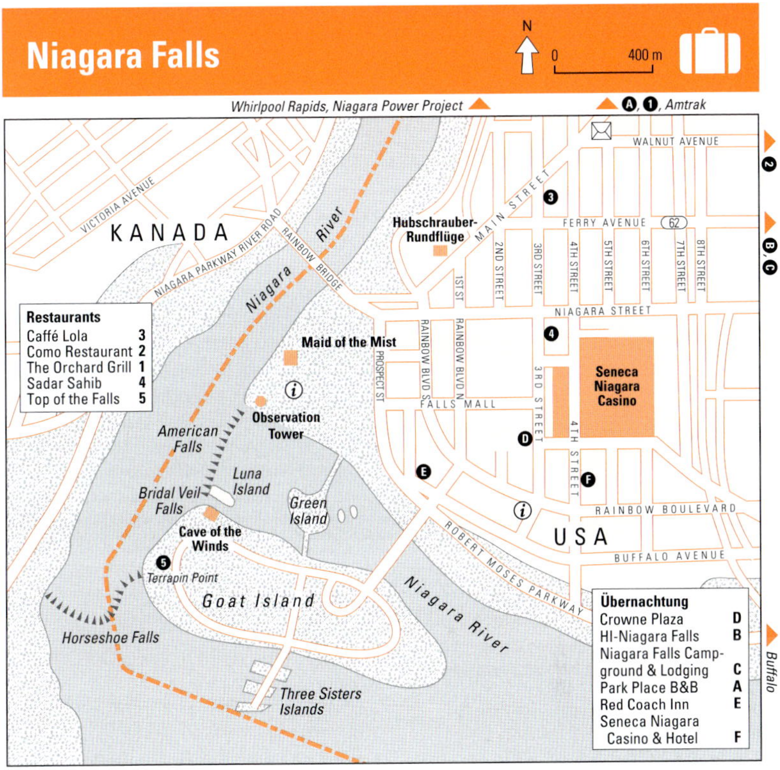

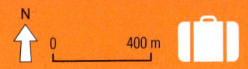

N
0   400 m

Whirlpool Rapids, Niagara Power Project ▲   ▲ ⒶⒸ, Amtrak

WALNUT AVENUE

K A N A D A

VICTORIA AVENUE

NIAGARA PARKWAY RIVER ROAD

RAINBOW BRIDGE

Niagara River

MAIN STREET

FERRY AVENUE (62)

1ST ST.
2ND STREET
3RD STREET
4TH STREET
5TH STREET
6TH STREET
7TH STREET
8TH STREET

NIAGARA STREET

Hubschrauber-Rundflüge

Restaurants
Caffé Lola   3
Como Restaurant   2
The Orchard Grill   1
Sadar Sahib   4
Top of the Falls   5

Maid of the Mist

RAINBOW BLVD NORTH
PROSPECT ST.
RAINBOW BLVD SOUTH
FALLS MALL

3RD STREET
4TH STREET

Seneca Niagara Casino

ⓓ

American Falls

Observation Tower

Luna Island

Bridal Veil Falls

Green Island

ⓔ   ⓕ

RAINBOW BOULEVARD

ⓘ

U S A

Cave of the Winds

ⓟ Terrapin Point

ROBERT MOSES PARKWAY

BUFFALO AVENUE

Goat Island

Horseshoe Falls

Niagara River

Three Sisters Islands

Übernachtung
Crowne Plaza   D
HI-Niagara Falls   B
Niagara Falls Camp-
 ground & Lodging   C
Park Place B&B   A
Red Coach Inn   E
Seneca Niagara
 Casino & Hotel   F

Mid-Atlantic

Buffalo

Seneca Niagara Casino & Hotel, 310 4th St, ✆ 716/299-1100 oder 1-877/873-6322, 🖥 www.senecaniagaracasino.com. Nobelherberge, deren Inneneinrichtung ebenso grell ist wie der neonbeleuchtete Eingang. Die Preise variieren sehr stark, deshalb im Internet nach Angeboten schauen. Mehrere noble Restaurants. ❼

Niagara Falls Campground & Lodging, 2405 Niagara Falls Blvd, ✆ 716/731-3434, 🖥 www.niagarafallscampground.net. Der nächstgelegene Campingplatz ist 6 Meilen östlich von Downtown. Zeltplatz ab $31. ◷ April–Okt.

Essen

Die Mehrzahl der Restaurants in Niagara Falls sind vom Typ „Schnellrestaurant", aber es gibt auch andere – die besseren auf kanadischer Seite.

Caffè Lola, 507 3rd St, ✆ 716/282-5652. Hippes neues Café mit Hauptgerichten wie Makkaroni mit Käse und Hummer für $12–17 und leckerem italienischem Eis.

Como Restaurant, 2200 Pine Ave, ✆ 716/285-9341. Schicker Italiener – riesige Portionen. Die Gerichte in der Deli-Abteilung sind billiger.

The Orchard Grill, 1217 Main St, ✆ 716/282-8079. Große Portionen aller amerikanischen Klassiker werden in schlichtem Ambiente serviert. Hübsche Terrasse.

Sadar Sahib, 431 3rd Street, ✆ 716/282-0444. Authentisches und günstiges indisches Restaurant mit Schwerpunkt auf Punjab-Küche.

Top of the Falls, Goat Island, Niagara Falls State Park, ✆ 716/278-0340. Durchschnittliches amerikanisches Essen – aber konkurrenzlose

Mittendrin statt nur dabei:
Auf der *Maid of the Mist* kommt
man den Niagara-Fällen schon
ziemlich nahe.

Lage. Fensterfronten garantieren allen Gästen eine atemberaubende Aussicht auf die Wasserfälle. ⏱ April–Okt.

Informationen

Auskünfte erteilen die **Niagara Tourism & Convention Corporation**, 10 Rainbow Blvd, ☎ 716/282-8992 oder 1-800/325-5787, 🖥 www.niagara-usa.com, und das **Niagara Falls State Park Visitors' Center**, ☎ 716/278-1796, 🖥 www.niagarafallsstatepark.com, in der Nähe der Wasserfälle.

Nahverkehr

Busse des **Metro Transit System**, ☎ 716/285-9319, 🖥 www.nfta.com, verkehren in der gesamten Stadt und fahren bis nach Buffalo. Grundpreis $1,75, pro Tarifzone $0,30 extra. Der bequeme, wenn auch kitschige **Niagara Scenic Trolley** ($2) verbindet alle Autoparkplätze und die wichtigsten Attraktionen im Niagara Falls State Park.

Transport

Wer mit dem **Auto** anreist, folgt den Hinweisschildern zu einem der Nationalpark-Parkplätze ($10, in der Nebensaison kostenlos).

Daneben gibt es auch einige Parkmöglichkeiten am Straßenrand.
Busse setzen ihre Passagiere bei Haus Nr. 303 am Rainbow Boulevard ab, von wo sie in 10 Min. zu den Wasserfällen laufen.
Amtrak-**Züge** zwischen NEW YORK und TORONTO halten 2 Meilen von Niagara Falls entfernt am Bahnhof in der 27th Street, Ecke Lockwood Road.

Pennsylvania

Anfang des 17. Jhs. machten Holländer sich daran, das heutige Pennsylvania zu erforschen. 40 Jahre später ließen sich Schweden dort nieder, und ab 1664 beanspruchten Briten das Gebiet. Da Charles II. von England in der Schuld der Familie Penn stand, übergab er 1682 einen Teil der Kolonie an den jungen **William Penn**, einen leidenschaftlichen Verfechter der Religionsfreiheit. Penn Junior nutzte das Land für ein „heiliges Experiment" brüderlicher Liebe und Toleranz. Er unterzeichnete einen Vertrag mit den Ureinwohnern Amerikas, der auf vorbildliche Weise ein friedliches Zusammenleben regelte. Die meisten der frühen Siedler waren Religionsflüchtlinge, Quäker wie Penn und Mennoniten aus Deutschland und der Schweiz, dazu kamen Katholiken aus Irland, die vor einer Hungersnot flohen.

Pennsylvania spielte in der Geschichte der USA eine Schlüsselrolle. In Philadelphia – der Heimat der Unabhängigkeitserklärung und Verfassung – formulierten Politiker und Philosophen wie Benjamin Franklin die Ideale der Revolution. Später markierte die Schlacht von Gettysburg im südlichen Pennsylvania einen Wendepunkt im Sezessionskrieg. Auch als Industriestandort kam Pennsylvania eine herausragende Bedeutung zu. Pittsburgh im Westen war während des 19. Jhs. der weltweit führende Stahlerzeuger. Noch immer wird der Bedarf des gesamten Landes an Anthrazitkohle fast ausschließlich von den Minen dieses Staates gedeckt.

Zwischen den beiden Großstädten **Philadelphia** und **Pittsburgh** liegen 300 Meilen Agrarland von einer landschaftlichen Vielfalt, die von grünen Hügeln im Osten bis zu ausgedehnten Wäldern im Westen reicht. Auch **Lancaster County**, wo die traditionsbewussten Amish zu Hause sind, das Bürgerkriegs-Schlachtfeld von **Gettysburg** und **Hershey** mitsamt seiner Schokoladenfabrik bei **Harrisburg**, der Hauptstadt von Pennsylvania, locken viele Besucher an. Den einzigen Zugang zum Wasser bietet der **Lake Erie** im Nordwesten des Staates mit der Stadt **Erie**.

Philadelphia

Philadelphia, die ursprüngliche Hauptstadt der USA, wurde 1682 von William Penn jr. gegründet und entstand aus einem rasterförmig angelegten Straßennetz, eine Struktur, die später den meisten amerikanischen Städten als Vorbild diente. Wenige Blocks vom Lärm der Stadt entfernt findet man schattige, gepflasterte Gassen, gesäumt von roten Backsteinhäusern im Kolonialstil, und den riesigen Fairmount Park, in dem man schnell vergisst, dass man sich in einer Metropole befindet.

Das von **Quäkern** besiedelte Philadelphia entwickelte sich bis Mitte des 18. Jhs. zur zweitgrößten Stadt im britischen Königreich. Seine aus einem florierenden Handel beruhende wirtschaftliche Macht förderte die Bereitschaft, sich gegen das Mutterland aufzulehnen. So wurde Philadelphia für die meiste Zeit des **Unabhängigkeitskrieges** zur Hauptstadt, in der der Kongress 1776 die **Unabhängigkeitserklärung** annahm. Zehn Jahre später folgte die Verfassung der Vereinigten Staaten. Von 1777–78 war die Stadt von britischen Truppen besetzt. Im Jahr 1800 gab Philadelphia seine Rolle als Hauptstadt an Washington DC ab, blieb aber eine Quelle neuer Ideen auf den Gebieten der Kunst und Wissenschaft. Als Symbolfigur dieser stimulierenden Stadt gilt der Wissenschaftler, Philosoph, Staatsmann, Erfinder und Drucker **Benjamin Franklin**.

Philadelphia, was auf Griechisch „Stadt der brüderlichen Liebe" bedeutet, zählt zu den amerikanischen Städten mit der größten **ethnischen Vielfalt**. Neben der mehrheitlich schwarzen Einwohnerschaft gibt es zahlenstarke italienische, irische, osteuropäische und asiatische Gemeinden. Viele der hier lebenden Schwarzen sind Nachkommen jener Generation befreiter Sklaven, die nach dem Sezessionskrieg in Massen nach Philadelphia strömten. Damals war die Stadt ein Inbegriff für Toleranz und Liberalität.

Bis in die Mitte der 1970er-Jahre wurde die Stadt gern mit dem Spitznamen „Filthydelphia" (*filthy* = verdreckt) belegt. Im Rahmen der Vorbereitungen für die 200-Jahrfeier der USA im Jahr 1976 machte Philadelphia jedoch eine bemerkenswerte Wandlung durch. Heutzutage liegt die Stärke der Stadt in ihrer Energie, die durch ihre Geschichte und die bedeutsamen kulturellen Einrichtungen ebenso gespeist wird wie durch die Lebendigkeit und Buntheit der zahlreichen ethnischen Stadtteile.

Independence National Historic Park

Jede Sightseeing-Tour durch Philadelphia sollte am Independence National Historic Park, kurz INHP, beginnen, ✆ 215/597-8974 oder 215/965-2305, 🖳 www.nps.gov/inde. Die „geschichtsträchtigste Quadratmeile der USA" erstreckt sich zwar nur über vier Häuserblocks zwischen Walnut und Arch Street westlich des

Philadelphia

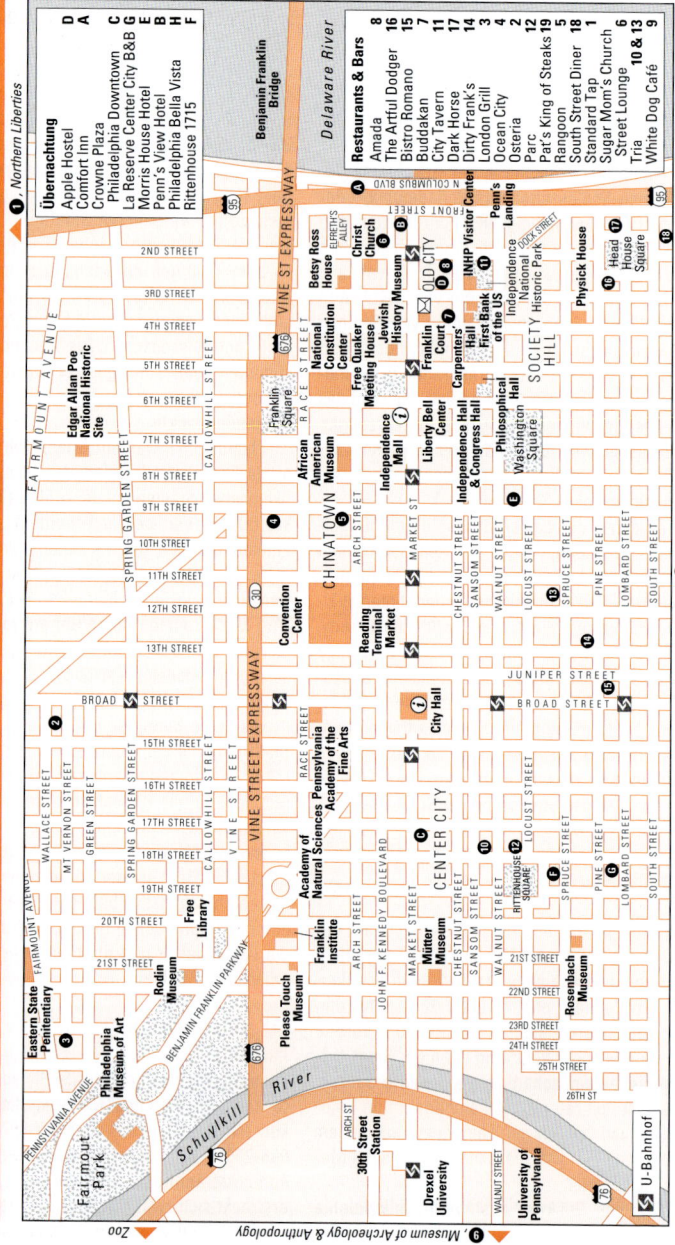

Übernachtung

Apple Hostel	D
Comfort Inn	A
Crowne Plaza	C
Philadelphia Downtown	E
La Reserve Center City B&B	G
Morris House Hotel	B
Penn's View Hotel	H
Philadelphia Bella Vista	F
Rittenhouse 1715	

Restaurants & Bars

Amada	8
The Artful Dodger	16
Bistro Romano	15
Buddakan	7
City Tavern	11
Dark Horse	17
Dirty Frank's	14
London Grill	3
Ocean City	2
Osteria	12
Parc	4
Pat's King of Steaks	19
Rangoon	5
South Street Diner	18
Standard Tap	1
Sugar Mom's Church	
Street Lounge	6
Tria	10 & 13
White Dog Café	9

Delaware, hat aber so viel Sehenswertes zu bieten, dass eine ausgiebige Besichtigung mehr als einen Tag in Anspruch nimmt.

Alle INHP-Stätten haben – soweit nicht anders angegeben – 365 Tage im Jahr geöffnet, normalerweise von 9–17 Uhr, im Sommer manchmal länger, der Eintritt ist frei. Gratisführungen beginnen am hinteren Teil des Ostflügels der **Independence Hall**, der mit Abstand bedeutendsten Sehenswürdigkeit. Den ganzen Tag über spielen an verschiedenen Stellen auf dem Gelände kostümierte Schauspieler kurze, aber informative Szenen aus der Geschichte vor. Genaueres ist der kostenlosen *Gazette* zu entnehmen. Wer dem größten Besucherandrang entgehen will, kommt am frühen Vormittag. Während der Hauptsaison muss man sich vorher ein (kostenloses) Ticket beim Independence Visitor Center besorgen. In der 1732 als Parlamentsgebäude des Staates Pennsylvania errichteten Independence Hall wurde die Unabhängigkeitserklärung verfasst, unterzeichnet und nach dem Läuten der Liberty Bell am 8. Juli 1776 öffentlich verkündet. Später erarbeitete und unterschrieb Thomas Jefferson hier die Verfassung der Vereinigten Staaten.

Die **Liberty Bell** hing seit 1753 in der Independence Hall und ertönte als Vorbote wichtiger Bekanntmachungen wie Siegen oder Niederlagen im Unabhängigkeitskrieg. Für die Entstehungsgeschichte des Sprungs in der Glocke existieren verschiedene Versionen. Fest steht, dass sie zum letzten Mal offiziell am Geburtstag von George Washington im Jahr 1846 läutete. Später im 19. Jh. erhielt die Glocke mit der Inschrift von Leviticus (in der Freiheit gefordert wird) den Namen Liberty Bell und wurde zum Symbol der Abolitionisten New Englands. Nach dem Sezessionskrieg verlud man die Glocke auf einen Zug und schickte sie als Zeichen der Freiheit und Versöhnung durch das Land. Heute ruht der Metallklumpen in einer Art Schrein im neuen, multimedialen **Liberty Bell Center** im INHP.

Neben der Independence Hall wurde 1787 an der Ecke von 6th St und Chestnut St die **Congress Hall** als Gerichtshof des Verwaltungsbezirks Philadelphia gebaut. Hier kam der neu gegründete United States Congress erstmals zusammen und erarbeitete die Grundlagen des heutigen Staates USA. Die **First Bank of the United States**, 3rd St, Ecke Chestnut St wurde 1797 gegründet, um die Währung des neuen Staatenbundes zu etablieren.

Die **Carpenter's Hall**, 320 Chestnut Street, stand 1774 den Delegierten des ersten Continental Congress, Vorläufer des US Congress, zur Verfügung. Dort machten sie ihrem Groll gegen den englischen König Luft. In der 313 Market Street befindet sich der **Franklin Court** zum Gedenken an Benjamin Franklin, dessen Haus hier einst stand. In einem unterirdischen Museum können sich Besucher prägnante Zitate Franklins und seiner Zeitgenossen zu Gemüte führen.

Old City

Nördlich des INHP liegt Old City, Philadelphias ältestes Geschäftsviertel. Die **Christ Church** an der 2nd St, gleich oberhalb der Market St, stammt aus dem Jahr 1727. Franklins Grab und die Gräber weiterer Unterzeichner der Unabhängigkeitserklärung befinden sich auf dem offiziellen Friedhof der Kirche, 5th St, Ecke Arch St; Führungen zu wechselnden Zeiten, ☎ 215/922-1695, 🖥 www.christchurchphila.org.

Von der **Elfreth's Alley** heißt es, sie sei die älteste Straße der Vereinigten Staaten. Die hübsche, kleine Kopfsteinpflasterstraße liegt im Schatten der Wolkenkratzer an der 2nd Street zwischen Arch und Race Street. Die 30 Häuser mit schmiedeeisernen Toren, Wasserpumpen und hölzernen Fensterläden wurden im späten 18. Jh. erbaut. In der Nr. 126, einem 1762 von dem Hammerschmied Jeremiah Elfreth errichteten Gebäude, ist das **Elfreth's Alley Museum** untergebracht, ☎ 215/574-0560, 🖥 www.elfrethsalley.org. ⏱ Di–Sa 10–17 Uhr, Eintritt $3, Führung $5.

In der nördlich der Market Street gelegenen Gegend gibt es drei ausgezeichnete Museen. Das unbedingt sehenswerte **National Constitution Center**, 525 Arch St, ☎ 1-866/917-1787 oder 215/409-6600, 🖥 www.constitutioncenter.org, ist ein modernes, interaktives und anregendes Museum, das sich dem berühmtesten Dokument der USA, der Verfassung, widmet. ⏱ Mo–Fr 9.30–17, Sa 9.30–18, So 12–17 Uhr, Eintritt $12. Das **National Museum of American Jewish History**, 101 S Independence Mall East, ☎ 215/923-3811, 🖥 www.nmajh.org, widmet sich in einem nagelneuen fünfstöckigen Gebäude den Erfahrungen der Juden in den USA. ☉ Di–Fr 10–17, Sa und So 10–17.30 Uhr, Eintritt $12. Das **African American Museum in Philadelphia**, 7th St, Ecke Arch Street, ☎ 215/574-0380, 🖥 www.aampmuseum.org, veranschaulicht in bewegender und politisch fundierter Weise die Lebensgeschichten von Tausenden von Schwarzen, die sich Ende des 19. und Anfang des 20. Jhs. in Philadelphia niederließen. ☉ Di–Sa 10–17, So 12–17 Uhr, Eintritt $10.

Penn's Landing

Östlich der Old City am Ufer des Delaware, dort wo William Penn 1682 an Land ging, erstreckt sich der gewaltige Industriehafen von Philadelphia. Im Rahmen des Entwicklungsprojektes Penn's Landing wurden die alten Kais im Südteil des Hafens restauriert. Interessantester Teil ist das **Independence Seaport Museum**, ☎ 215/925-5439, 🖥 www.phillyseaport.org, das auch Zutritt zu zwei historischen Schiffen gewährt: dem Flaggschiff *USS Olympia* und dem U-Boot *Becuna* aus dem Zweiten Weltkrieg. ☉ tgl. 10–17 Uhr, Eintritt $12, So 10–12 Uhr Spende.

Society Hill

Westlich des Delaware und im Süden des INHP breitet sich zwischen Walnut und Lombard Street das elegante Wohnviertel Society Hill aus. Nachdem es ziemlich heruntergekommen war, wurde der Hügel Anfang der 1970er-Jahre eingeebnet, um Platz für eine riesige Feriensiedlung am Wasser zu schaffen. Der übrige Stadtteil wurden jedoch restauriert und ist jetzt einer der malerischsten Bezirke der Stadt: Tadellos gepflegte Häuser im Kolonial-, Föderal- und im georgianischen Stil säumen die von Gaslaternen beleuchteten Pflasterstraßen. Überall stehen Schilder mit Hinweisen auf die reiche Geschichte.

Center City

Center City, das Wirtschafts- und Handelszentrum von Philadelphia, erstreckt sich von der 8th Street bis zum Schuylkill River („skuhl-kill" gesprochen). Das Bild dieses Stadtteils wird von der barocken **City Hall** beherrscht, die eine 11 m hohe Bronzestatue William Penns krönt. Im 30. Stock

befindet sich zu Füßen Penns eine Aussichtsplattform. ☉ Mo–Fr 9.30–16.30 Uhr, Eintritt $2. Einige Blocks weiter nördlich dokumentiert die **Pennsylvania Academy of the Fine Arts**, Broad St, Ecke Cherry Street, ☎ 215/972-7600, 🖥 www.pafa.org, 300 Jahre US-amerikanischer Kunst im prächtigen Ambiente eines Gebäudes von 1805. ☉ Di–Sa 10–17, So 11–17 Uhr, Eintritt $10.

Das gut 12 m hohe fernöstliche Friendship Gate an der Kreuzung von 10th St und Arch Street markiert die **Chinatown**, die eigentlich schon an der 8th St beginnt. Hier haben sich einige der besten Billigrestaurants der Stadt niedergelassen. Ein paar Blocks weiter an der 12th Street verkaufen Amischen-Bauern ihre Waren im 100 Jahre alten **Reading Terminal Market**, ☎ 215/922-2317, 🖥 www.readingterminalmarket.org. Dort geht es immer sehr lebhaft zu, und um die Mittagszeit findet sich garantiert etwas Preiswertes und Leckeres zum Essen.

Rittenhouse Square

Der Rittenhouse Square ist eine sehr vornehme Gegend. Auf der einen Seite grenzt der Platz an die schicke Walnut Street, auf der anderen an die soliden Sandsteinhäuser eines Wohnviertels. An Sommerabenden finden auf dem Rittenhouse Square kostenlose Jazz- und Rhythm-and-Blues-Konzerte statt. Unter den 30 000 seltenen Büchern und Schriften des **Rosenbach Museums**, 2010 Delancey Place, ☎ 215/732-1600, 🖥 www.rosenbach.org, befinden sich die handgeschriebenen Originalmanuskripte zu James Joyces *Ulysses*. ☉ Di und Fr 12–17, Mi und Do 12–20, Sa und So 12–18 Uhr, Eintritt $10, inkl. Führung durchs Haus.

Museum Row und Fairmount Park

Der Benjamin Franklin Parkway ist auch als „Museum Row" bekannt. Er führt von der City Hall zum kolossalen Museum of Art im **Fairmount Park**. Im 19. Jh. wurde hier eine Fläche von rund 3650 m² beiderseits des Schuylkill River der City einverleibt – nun ist er einer der größten Stadtparks der Welt, mit Jogging-, Rad- und Wanderwegen, alten amerikanischen Häusern, einem den schwarzen Soldaten des Bundesstaates gewidmeten Denkmal und einem Zoo (dem ersten des Landes) in der 3400 W

Girard Ave, ✆ 215/243-1100, 🖥 www.phillyzoo.
org. ☉ März–Nov 9.30–17 Uhr, Eintritt $18, Dez–
Feb 9.30–16 Uhr, Eintritt $13.

Das **Philadelphia Museum of Art**, 26th St,
Ecke Franklin Parkway, ✆ 215/763-8100, 🖥 www.
philamuseum.org, verfügt über eine der besten
Sammlungen Amerikas, u. a. mit Kunst der Renaissance und des Impressionismus, zahlreichen Werken von Marcel Duchamp, einem französischen Kreuzgang aus dem 12. Jh. u. v. m.
☉ Di–So 10–17, Fr bis 20.45 Uhr, Eintritt $16, am
1. Sonntag des Monats auf Spendenbasis.

Das **Rodin Museum**, Franklin Parkway, Ecke
22nd St, ✆ 215/763-8100, 🖥 www.rodinmuseum.
org, hat die umfangreichste Sammlung impressionistischer Skulpturen Rodins außerhalb von
Paris. ☉ Di–So 10–17 Uhr, $5 Spende erwünscht.

Im riesigen Gebäude des **Franklin Institute**
auf der gegenüberliegenden Straßenseite,
N 20th St, Ecke Benjamin Franklin Parkway,
✆ 215/448-1200, sind ein Planetarium, das Tuttle-
man IMAX Theater (Eintritt $9) und das Mandell
Futures Center untergebracht, das sich mit dem
technologischen Fortschritt beschäftigt. ☉ tgl.
9.30–17 Uhr, Eintritt $15,50 oder $21 inkl. einer
Filmvorführung.

In der nahen **Academy of Natural Science**,
1900 Benjamin Franklin Parkway, ✆ 215/299-
1000, 🖥 www.ansp.org, sind Dinosaurier, Mu-
mien und Edelsteine zu bestaunen. ☉ Mo–Fr
10–16.30, Sa und So 10–17 Uhr, Eintritt $12.

Zu den seltenen Stücken der **Free Library of
Philadelphia**, 19th St, Ecke Vine St, ✆ 215/686-
5322, 🖥 www.library.phila.gov, gehören 5000
Jahre alte Keilschrifttafeln, mittelalterliche
Handschriften sowie Erstausgaben von Dickens
und Poe. ☉ Mo–Mi 9–21, Do–Sa 9–17 Uhr, Führungen um 11 Uhr, Eintritt frei.

Eastern State Penitentiary

Nur einen kurzen Fußweg nordöstlich der Museen im Fairmount Park steht die neugotische
Festung des Eastern State Penitentiary, ✆ 215/
236-3300, 🖥 www.easternstate.org. Das Gefängnis nimmt zwei ganze Häuserblocks des Wohnviertels entlang der Fairmount Avenue, Ecke
22nd Street, ein und verkörpert fast die gesamte
historische Entwicklung der US-amerikanischen
Haltung zu Kriminalität und ihrer Bestrafung.

Auf eine Periode des Verfalls, die 1970 zur
Schließung führte, folgte die Restaurierung großer Gebäudeteile. ☉ tgl. 10–17 Uhr, letzter Einlass 16 Uhr, Eintritt $12. Im Verlauf informativer
Audiotouren werden die zahlreichen architektonischen Besonderheiten und die Zelle, in der
Al Capone untergebracht war, besichtigt.

West Philadelphia

In West Philadelphia, westlich des Schuylkill
River, befindet sich die University of Pennsylvania, eine Elite-Uni mit der von Franklin gegründeten ersten medizinischen Fakultät des Landes.
Das kompakte, sehr hübsche Universitätsviertel
verfügt über einige gute Museen: das kleine
Institute of Contemporary Art, 118 S 36th Street,
✆ 215/898-5911, 🖥 www.icaphila.org, mit
Wanderausstellungen, ☉ Mi–Fr 12–20, Sa und
So 11–17 Uhr, Eintritt frei, und die sehenswerte
Arthur Ross Gallery, 220 S 34th St, ✆ 215/898-
2083, 🖥 www.upenn.edu/ARG, in der wechselnde Ausstellungen gezeigt werden, insbesondere
sehr bunte und innovative internationale Werke.
☉ Di–Fr 10–17, Sa und So 12–17 Uhr, Eintritt frei.

Das **Museum of Archeology and Anthro-
pology**, 33rd St, Ecke Spruce Street, ✆ 215/
898-4000, 🖥 www.museum.upenn.edu, ist die
Hauptattraktion der Universität und gilt bei Experten als eines der weltbesten Wissenschaftsmuse-
en. Die Ausstellungen umfassen alle Kontinente
mit den wichtigsten Epochen: von nigerianischen
Bronzen bis zu chinesischen Kristallkugeln. Absolut umwerfend ist die unschätzbare, 12 t schwere Granitstatue der Sphinx von Ramses II. (circa
1293–1185 v. Chr.) in der Lower Egyptian Gallery.
☉ Di–Sa 10–16.30, So 13–17 Uhr, Eintritt $10.

South Philadelphia

South Philadelphia, seit dem Sezessionskrieg
das Zentrum der schwarzen Gemeinde der
Stadt, ist heute auch das Zuhause vieler italie-
nischstämmiger Einwohner. Zu den berühmten
Sprösslingen des italienischen Bezirks zählt
der Opernsänger Mario Lanza. Auf dem **Italian
Market**, der sich entlang der 9th Street, südlich
der Christian Street, erstreckt, gibt es an alten,
brechend vollen Holzständen neben den echten
cheesesteaks Secondhand-Jeans von Levis,
Seafood, Mozzarella und andere Köstlichkeiten.

Es handelt sich um einen der letzten innerstädtischen Märkte der USA.

South Street, die ursprüngliche Stadtgrenze, hat sich in eins von Philadelphias beliebtesten Ausgehvierteln verwandelt. Die wenigen Blocks westlich der Front Street säumen Dutzende von Cafés, Bars, Restaurants und Nachtclubs. Und davon abgesehen lässt es sich tagsüber oder abends herrlich in den tollen Buch-, Platten- und Klamottenläden stöbern.

Übernachtung

Alle Hotels von Downtown Philadelphia oder nahe der Altstadt sind unheimlich kostspielig. Viele bieten aber verbilligte Wochenendspecials an. Parkplätze kosten überall empfindlich viel Geld. Ein Preisvergleich im Visitor Center lohnt auf jeden Fall. B&Bs sind auch hier eine sinnvolle Alternative, müssen aber rechtzeitig reserviert werden.

Apple Hostel, 32 S Bank St, ☏ 215/922-0222, 🖥 www.applehostels.com. Freundliches Hostel zwischen Independence National Historic Park und Old City, mit Dorm-Betten ab $30, einigen Privatzimmern sowie Spielen und kostenlosem Tee und Kaffee. Keine Sperrzeiten. ❸

Comfort Inn, 100 N Columbus Blvd, ☏ 215/627-7900, 🖥 www.comfortinn.com. Hotel in der Nähe von Penn's Landing. Frühstück inkl. Teilweise gute Online-Angebote. ❻

Crowne Plaza Philadelphia Downtown, 1800 Market St, ☏ 215/561-7500 oder 1-877/227-6963, 🖥 www.crowneplaza.com. Eines der besten Businesshotels im Zentrum, mit guter Ausstattung. Neben der Empfangshalle liegt ein englischer Pub. ❼

Morris House Hotel, 225 S 8th St, ☏ 215/922-2446, 🖥 www.morrishousehotel.com. Luxuriöses Boutiquehotel in einer Villa von

Gutes B&B

La Reserve Center City B&B, 1804 Pine St, ☏ 1-800/354-8401, 🖥 www.lareservebandb.com. Schöne Zimmer – die beiden günstigsten ohne eigenes Bad – und exzellentes, wenn auch nicht üppiges Frühstück. Viele Infos vom freundlichen Besitzer. ❸

1787 in Society Hill mit hübscher Terrasse, das Ganze gekonnt renoviert, sodass das historische Flair erhalten geblieben ist. Großzügiges Frühstück inkl. ❼

Penn's View Hotel, Front St, Ecke Market St, ☏ 215/922-7600 oder 1-800/331-7634, 🖥 www.pennsviewhotel.com. Überdurchschnittlicher Service, saubere und gemütliche Zimmer in der Old City. Sehr gutes Preis-Leistungs-Verhältnis für Zentral-Philly. Vom Foyer geht´s in eine ausgezeichnete Weinbar. Kleines Frühstück inkl. ❻

Philadelphia Bella Vista, 752 S 10th St, ☏ 215/238-1270 oder 1-800/680-1270, 🖥 www.philadelphiabellavistabnb.com. Hübsch, klein und farbenfroh mit gemütlich-kompakten Zimmern, die zu den preiswertesten der Stadt zählen. Nahe Downtown und South Street. ❹

Rittenhouse 1715, 1715 Rittenhouse Square St, ☏ 215/546-6500 oder 1-877/791-6500, 🖥 www.rittenhouse1715.com. Zentral gelegenes B&B, das sich selbst als Boutiquehotel einstuft. Zimmer mit Marmorbad und ein paar feudale Suiten. ❽

Essen

Essen in Philadelphia ist ein Vergnügen: Überall werden an Straßenständen **Soft Pretzels** mit Senf für $0,50 verkauft; Chinatown und der Italian Market sind die besten Adressen für preiswertes ausländisches Essen, während man im Reading Terminal Market preiswert und vielseitig zu Mittag essen kann. South Street bietet zahlreiche Lokale, die von vielen Touristen aufgesucht werden. In der S 2nd Street in der Old City reihen sich einige hippere, teurere Restaurants aneinander. South Philly **Cheesesteak** ist die kulinarische Spezialität der Stadt: ein warmes Sandwich mit hauchdünnen Scheiben Roastbeef und geschmolzenem Käse. Es wird in unterschiedlicher Form in der ganzen Stadt verkauft.

Amada, 217 Chestnut St, ☏ 215/625-2450. Spanisch angehauchtes Lokal in der Altstadt mit über 60 Tapas-Gerichten (ca. $10), toller Paella und guter roter und weißer Sangria.

Bistro Romano, 120 Lombard St, ☏ 215/925-8880. Hochwertiges italienisches Essen, serviert in einem umgebauten Getreidespeicher aus dem

Cheesesteaks zum Dahinschmelzen

Pat's King of Steaks, 1237 E Passyunk Ave, ☎ 215/468-1546. Das Bestellen in diesem herrlich abgetakelten Cheesesteak-Schuppen ist eine Kunst: Wer's nicht richtig macht, muss sich wieder hinten anstellen. Die saftigen Cheesesteaks sind stadtbekannt. Man kann nur draußen sitzen. ⏱ tgl. rund um die Uhr.

18. Jh. Authentische Pastagerichte für rund $20. Fr und Sa abends Pianobar.

Buddakan, 325 Chestnut St, ☎ 215/574-9440. Leckere panasiatische Küche in modernem Ambiente mit Hauptgerichten weit über $20. Ein 3 m hoher Buddha sieht den Gästen beim Essen zu.

City Tavern, 138 S 2nd St, ☎ 215/413-1443. Rekonstruiertes Gasthaus von 1773 im INHP, zu dessen Stammgästen John Adams gehörte. Der Küchenchef Walter Staib kocht nach alter Schule, und kostümiertes Personal serviert die traditionellen Speisen zu den Klängen eines Cembalo. Hauptgerichte ab $20.

London Grill, 2301 Fairmount Ave, ☎ 215/978-4545. Elegantes Lokal im Museumsviertel. Köstliche amerikanische und europäische Küche zu fairen Preisen; z. B. Enten-Confit für $21.

Ocean City, 234-6 N 9th St, ☎ 215/829-0688. Riesiges Restaurant in Chinatown, das sich auf frische Meeresfrüchte, die in Becken präsentiert werden, spezialisiert hat. Bis 15 Uhr gibt es auch hervorragendes Dim Sum. Tolles Preis-Leistungs-Verhältnis.

Osteria, 640 N Broad St, ☎ 215/763-0920. Ausgezeichnetes italienisches Restaurant mit gutem Angebot an Pizza und Antipasti, Hauptgerichten für $25–30 und köstlichen Desserts.

Parc, 227 S 18th St, ☎ 215/545-2262. Tolles französisches Bistro direkt am schicken Rittenhouse Square. Hauptgerichte $20–30, dazu große Weinkarte, viele Flaschenbiere und Absinth.

Rangoon, 112 N 9th St, ☎ 215/829-8939. Das kleine freundliche Lokal serviert echt birmanische Currys, Reis- und Nudelgerichte für etwa $10–12. Günstiger Mittagstisch.

South Street Diner, 140 South St, ☎ 215/627-5258. Umfangreiche Speisekarte mit tollen, dreigängigen Dinner-Spezialitäten unter $10. ⏱ 24 Std.

White Dog Café, 3420 Sansom St, ☎ 215/386-9224. Unter Künstlern und Studenten beliebtes Restaurant mit kreativer Küche im Universitätsviertel. Hauptgerichte $13–16; abends etwa das Doppelte; Happy Hour So–Do 22–24 Uhr.

Unterhaltung
Bars und Kneipen

Die bevorzugten Gegenden für einen Kneipenbummel sind **South Street** und rund um die **2nd Street** in der Altstadt. Immer angesagter sind auch die trendigen Bars und Clubs im Viertel **Northern Liberties**, 8 Straßen weiter nördlich, jenseits der Hochstraßen.

Bier aus heimischen Brauereien ist beliebt und preiswert. Wer helles Bier mag, liegt mit einem Ale von Yards oder einem Lager von Yuengling immer richtig.

The Artful Dodger, 400 S 2nd St, ☎ 215/922-1790. Hier geht´s umso ausgelassener zu, je später der Abend – vor allem wenn ein Baseballspiel mit Phillies-Weltmeistermannschaft von 2008 übertragen wird. Außerdem gibt es günstige Ales und gute Musik.

Dark Horse, 421 S 2nd St, ☎ 215/928-9307. Schlichte Kneipe im englischen Pub-Stil mit großer Auswahl an gutem Bier und Fußballübertragungen für die europäischen Gäste.

Standard Tap, 901 N 2nd St, ☎ 215/922-0522. Beliebte Bar in schönem Haus in Northern Liberties, verschiedenste Biere von Regionalbrauereien wie Flying Fish und River Horse vom Fass, dazu sättigendes Kneipenessen.

Stilvolle Kneipe mit günstigem Bier

Dirty Frank's, 347 S 13th St, ☎ 215/732-5010. Ein Dauerbrenner, der bei den unterschiedlichsten Leuten beliebt ist. Die Kneipe wirbt für sich selbst mit dem Spruch: „Einer der wenigen Orte der Welt, wo man für $3 ein Pint Yuengling bekommt und wo Ölbilder bekannter Künstler an der Wand hängen." Wenn das nichts ist ...

Sugar Mom's Church Street Lounge, 225 Church St, ✆ 215/925-8219. Populäre Kellerkneipe mit einem Musikangebot, das von Tony Bennett bis Sonic Youth reicht, außerdem ein Dutzend internationale Biersorten vom Fass.

Tria, 123 S 18th St, ✆ 215/972-8742. Wie der Name schon andeutet, konzentriert sich dieses angesagte Café/Bar auf drei Dinge: Bier, Wein und Käse. Manchmal Lehrveranstaltungen. Filiale in der 1123 Spruce St.

Livemusik und Theater

An den „Sound of Philadelphia" der 1970er erinnert kaum noch etwas. Stattdessen bringt die Stadt nun Popstars wie Pink hervor, und Bands wie Bardo Pond und The Asteroid #4 charakterisieren die aktive Untergrundszene. Philadelphia bietet sich auch an, um Rockbands live zu erleben, denn die meisten, die in New York Beifall ernten, treten auch hier auf – und zwar zum halben Preis. Das weltbekannte **Philadelphia Orchestra** spielt im schicken, modernen Kimmel Center for the Performing Arts, ✆ 215/790-5800, 🖥 www.kimmel center.org.

Philadelphia hat aber auch eine beachtliche **Theaterszene** mit zahllosen kleinen Bühnen. Die Website der Theatre Alliance, 🖥 www. theatrealliance.org, stellt laufende Produktionen vor und bietet teils verbilligte Eintrittskarten. Veranstaltungshinweise sind den kostenlosen Infozeitungen *City Paper*, 🖥 www.citypaper.net, und *Philadelphia Weekly*, 🖥 www.philadelphia weekly.com, zu entnehmen.

Johnny Brendas, 1201 N Frankford Ave, ✆ 215/739-9684, 🖥 www.johnnybrendas.com. Hier spielen zumeist unbekannte Rock- und Indie-Bands aus der Stadt und dem ganzen Land. Eintritt bis $20, teilweise frei.

The Khyber, 56 S 2nd St, ✆ 215/238-5888, 🖥 www.thekhyber.com. Kleine Rockkneipe mit einer mit Wasserspeiern dekorierten Bar. Blues aus der Jukebox. Wenn Gruppen auftreten, meist um $10 Eintritt. Vorwiegend jüngeres Publikum. Die Bar oben kostet keinen Eintritt.

Painted Bride Art Center, 230 Vine St, ✆ 215/925-9914, 🖥 www.paintedbride.org. Kunstgalerie mit Live-Jazz, Tanz- und Theatervorstellungen nach Einbruch der Dunkelheit.

Theater of Living Arts, 334 South St, ✆ 215/922-1011, 🖥 www.thetla.com. Das umgebaute Kino ist einer der besten Orte, um aufstrebende Rockbands zu erleben.

Tin Angel, 20 S 2nd St, ✆ 215/928-0770, 🖥 www.tinangel.com. Gemütliche Bar und Kaffeehaus im Obergeschoss, in der lokale Topgruppen und landesweit bekannte Folk-, Jazz-, Blues- und Acoustic-Bands auftreten.

Trocadero, 1003 Arch St, ✆ 215/922-5483, 🖥 www.thetroc.com. Veranstaltungsbühne in umgebautem Theater von 1870 in Downtown, manchmal spielen hier bekannte Alternative-Bands. Unterschiedliche Eintrittspreise. Ausweis erforderlich.

Sonstiges

Festivals

Jedes Jahr im September findet in der Old City ein Festival für experimentelles Theater statt, das beliebte **Philadelphia Fringe Festival**, ✆ 215/413-9006, 🖥 www.pafringe.org.

Informationen

Independence Visitor Center, 6th St, Ecke Market St, ✆ 215/965-7676 oder 1-800/537-7676, 🖥 www.independencevisitorcenter.com. Das Visitor Center sollte der erste Anlaufpunkt bei einem Besuch der Stadt sein. Die Fülle an Informationen ist überwältigend. Dort gibt es auch den geldwerten **Philadelphia Pass**, 🖥 www.philadelphiapass.com, für den Besuch von bis zu 30 Sehenswürdigkeiten (1–5 Tage gültig, $49–103). ⏱ Ende Juni–Aug tgl. 8.30–19, sonst 8.30–17 Uhr.

In Downtown befindet sich ein weiteres, kleineres **Besucherzentrum**, City Hall, Zimmer 121, ✆ 215/686-2840. ⏱ Mo–Fr 9–17 Uhr.

Touren

In Philadelphia steht ein breites Spektrum von Touren mit verschiedenen Schwerpunkten zur Verfügung. Für einen ersten Überblick empfiehlt sich eine Hop-on/Hop-off-Tour in einem offenen Doppeldeckerbus oder Trolley von **Big Bus Company**, ✆ 215/389-8687, 🖥 www.phillytour.com, wobei die wichtigsten Sehenswürdigkeiten erläutert werden. Karte für 24 Std. $27.

Mid-Atlantic

Mural Arts Program, ☎ 215/389-8687, 🖥 www.muralarts.org. 2-stündige Trolleytouren, bei denen man die zahlreichen Wandgemälde besichtigt, die es in vielen Stadtvierteln gibt. April–Nov Sa und So 12.30 Uhr, Mai–Nov Mi 10 Uhr; $25.

Ghosts of Philadelphia, ☎ 215/413-1997, 🖥 www.ghosttour.com. Zwischen Ende März und November beginnt neben der Independence Hall diese angenehm-gruselige Geschichtstour. Genaue Zeiten bitte erfragen; $17, Kinder $8.

Nahverkehr

Septa, ☎ 215/580-7800, 🖥 www.septa.org, unterhält ein ausgedehntes Busnetz und eine **U-Bahn**. Die wichtigsten U-Bahn-Linien durchqueren die Stadt in Ost-West-Richtung (Market-Frankford Line) und in Nord-Süd-Richtung (Broad Street Line). Die für Besucher nützlichste Buslinie ist die **Nr. 76**, die von Penn's Landing und der Gegend der Independence Hall die Market Street entlang an der City Hall vorbei zu den Museen und zum Fairmount Park führt.

Fahrkarten für Bus und U-Bahn sind mit abgezähltem Kleingeld in Höhe von $2 oder mit Tokens (Jetons) zu bezahlen (Letztere sind in Packen von zwei oder mehr erhältlich, dann kosten sie nur $1,55). Tageskarten für unbegrenzt viele Busfahrten, auch zum oder vom Flughafen, kosten $7.

Die lilafarbenen **PHLASH-Busse**, ☎ 215/474-5274, 🖥 www.phillyphlash.com, drehen im Sommer, d. h. Juni–Okt, tgl. zwischen 10 und 20 Uhr ihre Runden durch die Innenstadt. Fahrkarte $2. Tageskarte $5.

Transport

Eisenbahn

Der imposante und geschäftige **Amtrak**-Bahnhof befindet sich im Universitätsviertel (kostenloser SEPTA-Bustransfer in die Innenstadt!).

SEPTA hat eine Anbindung zum **NJ Transit**. Mit all diesen Vorstadtzügen gelangen Fahrgäste für einen Bruchteil des Preises, der für die Fahrt in Amtrak-Zügen verlangt wird, zur Küste von NEW JERSEY, nach PRINCETON, in die städtischen Ballungszentren von PENNSYLVANIA und nach NEW YORK CITY.

Flüge

Philadelphias **International Airport**, ☎ 215/937-6800, 🖥 www.phl.org, liegt 7 Meilen südwestlich der Stadt am I-95. Eine Taxifahrt, etwa mit **YellowCab**, ☎ 215/829-4222, vom Flughafen in die Stadt kostet etwa $30. Von 4.30–23.30 Uhr verbinden die Züge von SEPTA den Flughafen im 30-Min.-Takt mit 5 verschiedenen Bahnhöfen in Downtown. Die einfache Fahrt kostet $7.

Zentral-Pennsylvania

Zentral-Pennsylvania, vom breiten **Susquehanna River** in Nord-Süd-Richtung durchschnitten, weist keine großen Städte auf. Jedoch ist die Hauptstadt des Bundesstaates, **Harrisburg**, eine sehr gute Basis für die Erkundung der Sehenswürdigkeiten der Umgebung wie des Schokoladenimperiums im benachbarten **Hershey** und der sanften Hügel des landwirtschaftlich geprägten **Lancaster County** weiter östlich. Das Bürgerkriegs-Schlachtfeld von **Gettysburg** liegt an der Südgrenze von Pennsylvania. Im Norden erstrecken sich um **Williamsport** herum einige ausgedehnte Wälder; ganz im Osten herrscht mit Städten wie **Scranton** industrielle Einöde.

Lancaster County

Das Lancaster County erstreckt sich über rund 45 Meilen zwischen dem 40 Meilen westlich von Philadelphia am US-30 gelegenen **Coatesville** und dem Susquehanna River. Obwohl die winzige Provinzstadt **Lancaster** im September 1777 für einen Tag als Hauptstadt der USA in die Geschichte einging, ist die Region besser bekannt als Heimat mehrerer Religionsgemeinschaften, die zusammenfassend **Pennsylvania Dutch** – eine nicht korrekte Ableitung von „Deutsch" – genannt werden.

Trotz des unaufhaltsamen Vordringens von Tourismus und Kommerz hat sich das Lancaster County seine natürliche Schönheit größtenteils bewahrt. Geprägt ist die Region von exzentrischen Ortsnamen wie **Intercourse** und sanfter,

Mid-Atlantic

fruchtbarer Ackerlandschaft. Überall sind Pferdewagen und Amischen-Kinder unterwegs, mustergültige Bauernhäuser mit bunten Blumenbeeten säumen den Weg.

Tatsächlich hat der Versuch, ein einfaches Leben weit weg von den Zwängen der modernen Welt zu führen, schon viele Angehörige der Pennsylvania Dutch überfordert. Einige, vorwiegend Mennoniten, haben sich damit bereits arrangiert und bieten Besuchern gegen Entgelt eine Fahrt in ihrer Kutsche oder eine Mahlzeit unter ihrem Dach. Strenggläubigere Mitglieder der Religionsgemeinschaften sind in die weniger vom Tourismus heimgesuchten Staaten des Mittleren Westens abgewandert. Sonntag ist für die Amischen ein Ruhetag, was sie auch strikt einhalten: Viele Sehenswürdigkeiten, Restaurants und andere Dienstleistungsbetriebe sind dann geschlossen.

Zu den Sehenswürdigkeiten gehört u. a. das **Ephrata Cloister**, 632 W Main St, ☎ 717/733-6600, 🖥 www.ephratacloister.org. Ephrata war im 18. Jh. das Domizil einer protestanti-

schen Bruderschaft aus Deutschland und diente auch als Verlagshaus und Druckerei. Es befindet sich an der Kreuzung von U-272 und 322. ⏱ Mai–Okt Mo–Sa 9–17, So 12–17 Uhr, sonst Mo geschl., Jan und Feb auch Di geschl., Eintritt $9.

Etwa drei Meilen nordöstlich von Lancaster befasst sich das **Landis Valley Museum**, 2451 Kissell Hill Rd, ☎ 717/569-0401, 🖥 www.landisvalleymuseum.org, mit der Geschichte des Landlebens. ⏱ Di–Sa 9–17, So 12–17 Uhr, Eintritt $12.

Das älteste Gebäude des Lancaster County, das **Hans Herr House**, 1849 Hans Herr Drive, ☎ 717/464-4438, 🖥 www.hansherr.org, befindet sich 5 Meilen südlich von Downtown Lancaster und ist über den US-222 zu erreichen. Die mennonitische Kirche mit seiner mittelalterlichen deutschen Fassade stammt aus dem Jahr 1719 und besitzt einen hübschen Garten. Im Innern ist eine Ausstellung über das Leben der ersten Bauern in der Region zu sehen. ⏱ April–Nov Mo–Sa 9–16 Uhr, Eintritt $5.

Die Pennsylvania Dutch

Die heute als Pennsylvania Dutch bekannten Menschen gehörten ursprünglich den im 16. Jh. von Menno Simons in der Schweiz gegründeten **Wiedertäufern** an. Da sie wegen ihres Eintretens für die Erwachsenentaufe und ihrer wörtlichen Auslegung der Bibel in Europa verfolgt wurden, nahmen sie die Einladung Penns an und ließen sich um 1720 in Lancaster County nieder. Zu den heute rund 20 Orden der Pennsylvania Dutch zählen die **Amischen** – ein strenger Orden, der sich 1693 von den Wiedertäufern abspaltete –, die liberaleren **Mennoniten** und verschiedene **lutherische Gemeinschaften** (die sich durch farbige runde Symbole auf ihren Scheunen voneinander unterscheiden).

Die „Amish People" sind die strengste und bekannteste Gemeinschaft. Sie folgen den ungeschriebenen Regeln der Amischen-Ordnung, die unter anderem absoluten Pazifismus gebietet. Die bärtigen Männer mit ihren breitkrempigen Strohhüten und die Frauen mit ihren Hauben

und einfachen, schmucklosen Kleidern und Schürzen leben auch heute noch ohne Strom, bewegen sich mit Pferdefuhrwerken statt in Autos fort und meiden jeden Kontakt mit der „verdorbenen" Außenwelt. Sie sind trotz ihrer Abgeschiedenheit sehr freundlich und hilfsbereit. Fremde sollten allerdings der Versuchung widerstehen, sie zu fotografieren, denn das Herstellen von „Götzenbildern" verletzt ihre Glaubensgrundsätze.

Die große Mehrheit der Amischen lebt nach wie vor von der **Landwirtschaft**. Auf ihren Feldern wachsen Mais, Alfalfa und Tabak. Sonntags, wenn die Läden geschlossen bleiben und die Arbeit auf den Feldern ruht, treffen sich Familien in ihren Einspännern in der Nähe einer Farm und halten Gottesdienste in deutschem Dialekt unter freiem Himmel ab. Vieles mag Besuchern hier wie Szenen aus einem Film erscheinen. Die handelnden Personen sind jedoch keine Schauspieler, sondern Teil einer sehr lebendigen Gemeinde.

Übernachtung

Die Übernachtungsmöglichkeiten im Pennsylvania Dutch Country reichen von erschwinglichen Hotels und B&Bs, die über eine Zentralagentur, ☎ 1-800/552-2632, 🖥 www.authentic bandb.com, reserviert werden können, über Campingplätze bis hin zu Bauernhöfen. Über Letztere informiert das Visitor Bureau (s. „Informationen").

Cameron Estate Inn & Restaurant, 1855 Mansion Lane, Mount Joy, ☎ 717/492-0111 oder 1-800/422-6376, 🖥 www.cameronestateinn.com. Ausgedehntes, abgelegenes Anwesen; blitzsaubere, komfortable Zimmer (eins mit Jacuzzi). Restaurant. Schwulenfreundlich; umfangreiches Frühstück inkl. ❻

Countryside Motel, 134 Hartman Bridge Rd, ☎ 717/687-8431. Kleines, sauberes Motel, 6 Meilen östlich von Lancaster am Hwy-896. ❸

Historic Strasburg Inn, 1400 Historic Dr, Strasburg, ☎ 717/687-7691 oder 1-800/872-0201, 🖥 www.historicinnofstrasburg.com. Über 100 luxuriöse Zimmer plus Whirlpool und Sauna auf einem 24 ha großen hügeligen Grundstück. Gutes Preis-Leistungs-Verhältnis. ❹

O'Flaherty's Dingeldein House, 1105 E King St, ☎ 717/293-1723 oder 1-800/779-7765, 🖥 www.dingeldeinhouse.com. Freundlich-rustikales B&B in der Nähe von Lancaster. Gewaltiges Landfrühstück inkl. ❹

Village Inn & Suites, 2695 Old Philadelphia Pike, Bird-in-Hand, ☎ 1-800/665-8780, 🖥 www.bird-in-hand.com/villageinn. Hervorragendes altes Inn mit moderner Ausstattung. Umfangreiches Frühstück, Patio und Rasenfläche. Im Preis inbegriffen ist eine 2-stündige Tour durch das Amish Country sowie die Benutzung des Pools im angrenzenden Motel. Reservierung empfohlen. ❻

White Oak Campground, 372 White Oak Rd, Quarryville, ☎ 717/687-6207, 🖥 www.whiteoak campground.com. 4 Meilen nördlich von Strasburg gelegener Campingplatz mit Blick über das Farmland; ab $26 pro Stellplatz.

Essen

Im Lancaster County wird ausgezeichnet und in Riesenportionen gekocht. Einflüsse aus der deutschen Küche sind unverkennbar.

Von Amischen geführte Restaurants gibt es nicht. Sie betreiben dafür Stände am Straßenrand, an denen sie hausgemachte Limonade, Marmelade, Brot und Kuchen verkaufen. Die pseudorustikalen *family-style*-Touristenrestaurants an den Highways US-30 und US-340 sehen zwar wenig einladend aus, bieten aber gutes Essen für unter $20. Man sitzt mit anderen Gästen an langen Tischen zusammen. Typische Speisen sind Brathähnchen, geräucherter Schinken, *schnitz und knepp* (Äpfel, Schinken und Klöße), Sauerkraut und Kuchen. Keines dieser Restaurants hat länger als bis 20 Uhr geöffnet, allerdings gibt es in verschiedenen Gebieten, wo mehr los ist, auch Diner, die länger geöffnet haben.

Central Market, Penn Square, Lancaster. In der Markthalle werden landwirtschaftliche Produkte verkauft, und es wird auch Mittagessen angeboten. ⏰ Di und Fr 6–16, Sa 6–14 Uhr.

Good 'n' Plenty, East Brook Rd, US-896, Smoketown, ☎ 717/394-7111. Das Beste der *family-style*-Restaurants. Zwar nicht von Amischen geführt, aber Amish-Frauen bereiten die Mahlzeiten zu. ⏰ Anfang Feb–Mitte Dez Mo–Sa.

Lapp's, 2270 Lincoln Highway East (US-30), nahe Lancaster, ☎ 717/394-1606. Dieser Diner bietet die familiäre Atmosphäre und die deutsch beeinflusste Küche in riesigen Portionen, die typisch für das Lancaster County sind. ⏰ tgl.

Plain and Fancy, 3121 Old Philadelphia Pike (Rte-340), Bird-in-Hand, ☎ 717/768-4400. Typisches *family-style*-Restaurant, das einzige der Gegend, das auch sonntags geöffnet ist.

Unterhaltung

Wie nicht anders zu erwarten, hat das ländliche Lancaster County, wo die Leute mit dem ersten Hahnenschrei aufstehen, kein erwähnenswertes Nachtleben zu bieten. In der Innenstadt von Lancaster gibt es aber einige sehr nette Bars.

The Fulton Opera House, 12 N Prince St, ☎ 717/394-7425, 🖥 www.fultontheatre.org. In dem restaurierten viktorianischen Theater werden Tanz, Schauspiel und andere Veranstaltungen geboten.

Mid-Atlantic

Lancaster Brewing Co, 302 N Plum St, Lancaster, ✆ 717/391-6258. Brewpub mit gutem Essen und 5 verschiedenen *microbrews*. Führungen Fr und Sa nach Anmeldung. ☺ tgl.

Lancaster Dispensing Co, 33-35 N Market St, Lancaster, ✆ 717/299-4602. Die modernste, freundlichste Bar von Downtown Lancaster. Am Wochenende Live-Jazz und -Blues sowie üppig gefüllte Sandwiches für etwa $7.

Molly's Pub, 253 E Chestnut St, Lancaster, ✆ 717/396-0225. Angenehme Atmosphäre, gute Hamburger. ☺ So geschlossen.

Sonstiges

Fahrräder

Zwar gelangt man auch mit dem Auto in entlegenere Gegenden, die saubere Luft kann man aber nur auf dem Fahrrad genießen, das außerdem besser zu den allgegenwärtigen Pferdefuhrwerken passt.

Lancaster Bicycle Club in Lancaster, 🖥 www.lancasterbikeclub.org, hat Routeninfos für Radler.

Informationen

Das äußerst rege **Pennsylvania Dutch Convention and Visitors Bureau**, 501 Greenfield Rd, Lancaster, praktisch direkt am US-30, ✆ 717/299-8901 oder 1-800/PADUTCH, 🖥 www.padutchcountry.com, ist gut zur Orientierung und gibt Auskunft zu Übernachtungsmöglichkeiten. ☺ tgl. 9–16, im Sommer bis 18 Uhr. Wer mehr über die Kultur der Pennsylvania Dutch erfahren möchte, wendet sich an das **Mennonite Information Center**, 2209 Millstream Rd in Lancaster, unweit des US-30, ✆ 717/299-0954 oder 1-800/858-8320, 🖥 www.mennoniteinfoctr.com, das einen Kurzfilm mit dem Titel *Who Are the Amish?* zeigt und für eine Unterbringung bei mennonitischen Familien sorgt. Wer sich mindestens 2 Std. vorher anmeldet, kann sich von einem Führer auf einer 2-stündigen Tour im eigenen Auto begleiten lassen ($44). ☺ April–Okt Mo–Sa 8–17, Nov–März Mo–Sa 8.30–16.30 Uhr.

Touren

The Amish Experience, am US-340 zwischen Intercourse und Bird-in-Hand auf der Plain & Fancy Farm, ✆ 717/768-3600 App. 210, 🖥 www.amishexperience.com, bietet u. a. 2-stündige Bustouren: Mo–Sa um 10.30 und 13.45, So um 11.30 Uhr; Teilnahme $29,95. Bei einigen Unterkünften ist eine ähnliche Tour im Übernachtungspreis inkl. (s. „Village Inn"). Für $12 kann man in einem Einspänner von **AAA Buggy Rides**, ✆ 717/989-2829, 🖥 www.aaabuggyrides.com, 4 Meilen durch die Landschaft zuckeln. Startpunkt ist das Kitchen Kettle Village in Intercourse.

Transport

Am besten fährt man auf dem von Ost nach West führenden US-30 durch die eng beieinanderliegenden Gemeinden der Amischen. Der **Amtrak**-Bahnhof befindet sich in Lancaster City, 53 McGovern Ave. Dort halten auch die Busse von **Capital Trailways**, ✆ 717/397-4861, und **Greyhound**.

Harrisburg und Hershey

Pennsylvanias Hauptstadt Harrisburg liegt etwa 30 Meilen nordwestlich von Lancaster am Susquehanna River. Mit Fensterläden geschmückte Kolonialbauten und die Nachbarschaft zur kitschigen Schokoladenstadt Hershey machen den Reiz des ansprechenden Hafenstädtchens aus. Bekannt wurde Harrisburg vor allem durch die Kernschmelze im Atomreaktor Three Mile Island in den 1970er-Jahren.

Harrisburg

Der Renaissance-Dom des reich verzierten italienischen **Capitol**, Third St, Ecke State St, ✆ 1-800/868-7672, 🖥 www.pacapitol.com, ist dem Petersdom in Rom nachempfunden. Kostenlose Führungen Mo–Fr 8.30–16, Sa und So um 9, 11, 13 und 15 Uhr. Zum selben Komplex gehört auch das vierstöckige **State Museum of Pennsylvania**, Third St, Ecke North St, ✆ 717/787-4980, 🖥 www.statemuseumpa.org, ein zylindrisches Gebäude, das archäologische und militärische Stücke, Kunstgewerbe, Werkzeuge und Maschinen ausstellt und ein Planetarium besitzt. ☺ Museum Do–Sa 9–17, So 12–17 Uhr, Planetarium nur Sa und So, Eintritt $5.

Hauptattraktion ist jedoch das **National Civil War Museum**, knapp zwei Meilen östlich von Downtown auf einer Anhöhe des hügeligen Reservoir Parks, ✆ 717/260-1861 oder 1-866/258-4729, 🖥 www.nationalcivilwarmuseum.org. Fast 730 000 Amerikaner sind im Bürgerkrieg getötet worden – mehr als in allen anderen Konflikten seit dem Unabhängigkeitskrieg zusammengenommen. Das Museum leistet eine intelligente Analyse der Ursachen und Folgen des Krieges. Besonders bewegend sind die fiktiven Monologe, die auf Videoleinwände in allen Galerien projiziert werden und die menschlichen Dramen in den Mittelpunkt rücken. ⊙ Mo–Sa 10–17, So 12–17, Mi bis 20 Uhr, Eintritt $9.

Hershey

Hershey liegt zehn Meilen weiter östlich und wurde 1903 vom Süßwaren-Magnaten Milton S. Hershey als Schokoladenfabrik gegründet. Hier tragen die Straßen Namen wie Chocolate oder Cocoa Avenue und haben Laternen in der Form von Schokoküssen. In **Hershey's Chocolate World**, ✆ 717/534-4900, 🖥 www.hershey schocolateworld.com, zuckelt eine kostenlose Bummelbahn durch die romantisierte Version einer Schokoladenfabrik, außerdem werden eine 3-D-Schokoshow ($5,95) und eine kitschige Musical-/Geschichtsfahrt durch die Stadt ($12,95) geboten. ⊙ tgl. 9–17 Uhr, im Sommer länger.

Der nahe **Hersheypark**, ✆ 717/534-3090 oder 1-800/437-7439, 🖥 www.hersheypark.com, ist ein überaus beliebter Vergnügungspark mit wilden Achterbahnen und verschiedensten Fahrgeschäften. An Halloween und Weihnachten gibt es günstigere Sonderveranstaltungen. ⊙ Mitte Mai–Sep, keine festen Zeiten, Eintritt $52,95. Das angrenzende **Hershey Story**, ✆ 717/534-3439, 🖥 www.hersheystory.org, hat eine Ausstellung über die Pennsylvania Dutch und erzählt die Geschichte Milton S. Hersheys. ⊙ tgl. 9–17 Uhr, im Sommer länger, Eintritt $10.

Übernachtung

Radisson Penn Harris, im grünen Camp Hill gegenüber von Harrisburg auf der anderen Seite des Flusses, ✆ 717/763-7117, 🖥 www.radisson. com. Preiswerte Zimmer und entspannte Atmosphäre. ❹

Howard Johnson Inn, 845 E Chocolate Ave, Hershey, ✆ 717/533-9157, 🖥 www.howard johnsonhershey.com. Hat ein ordentliches Hotelrestaurant. ❼

Hotel Hershey, Hotel Rd, ✆ 717/533-2171, 🖥 www.thehotelhershey.com. Luxuriöse Unterkunft; Wellnessbereich mit Schönheitskuren auf Schokobasis. ❽

Der beste Campingplatz der Region ist der **Hershey Highmeadow Campground**, 1200 Matlack Rd, Hummellstown, zwischen Harrisburg und Hershey, ✆ 717/534-8999 oder 1-800/437-7439, 🖥 www.hersheycamping.com. Stellplätze ab $35 in der Neben- und $41 in der Hauptsaison.

Essen

Fisaga's, Locust Ecke N Second St, ✆ 717/441-1556. Das beste von zahlreichen günstigen Restaurants in dieser Straße. Es serviert einfache Sandwiches und Pasta.

Scott's, 212 Locust St, ✆ 717/234-7599, Bar und Grill, an manchen Abenden mit Livemusik.

Informationen

Harrisburgs **Besucherzentrum**, ✆ 717/231-7788, 🖥 www.visithhc.com, ist nicht für Publikumsverkehr geöffnet, gibt aber hilfreiche Telefonauskünfte zu örtlichen und regionalen Themen.

Transport

Die **Züge** von Amtrak teilen sich den Hauptbahnhof, 4th St, Ecke Chestnut St, mit den **Bussen** von Greyhound, die auch bei 337 W Chocolate St, Hershey, halten.

Gettysburg

Gettysburg liegt 30 Meilen südlich von Harrisburg in der Nähe der Grenze zu Maryland. Die Kleinstadt erlangte im Juli 1863 durch eine verheerende Schlacht im Sezessionskrieg trarige Berühmtheit. In dem nur drei Tage dauernden Gefecht wurden 50 000 Soldaten getötet oder verwundet – mehr als in irgendeiner anderen US-amerikanischen Schlacht zuvor oder danach. Als sich das Blatt endgültig gegen den

Süden wendete, waren ganze Regimenter ausgelöscht.

Vier Monate später, am 19. November 1863, hielt Abraham Lincoln zur Einweihung des Nationalfriedhofs eine Rede, die als **Gettysburg Address** in die Geschichte einging. Seine zweiminütige Ansprache zum Gedenken an die gefallenen Soldaten gilt als eine der eindringlichsten Reden in der Geschichte der Vereinigten Staaten.

Das Schlachtfeld

Heute ist Gettysburg voll und ganz auf den Tourismus ausgerichtet. Glücklicherweise lässt sich der Rummel bei einem Spaziergang über die Hügel des Schlachtfeldes, das inzwischen zum **Gettysburg National Military Park**, 🖳 www.nps.gov/gett, erklärt wurde, mühelos umgehen. Eine ausgiebige Besichtigung des Warren Nationalparks dauert fast einen ganzen Tag lang. ⊙ tgl. 6–22 Uhr, Eintritt frei.

Das eindrucksvolle neue **Visitor Center**, 1175 Baltimore Pike, eine Meile südlich des Stadtzentrums, ✆ 717/334-1124, stellt Fotos, Gewehre, Uniformen, Zelte und Flaggen aus, bietet umfassende schriftliche Infos und konkurriert mit dem Museum von Harrisburg (S. 179) um den Rang als bestes Bürgerkriegsmuseum des Staates, vielleicht sogar des ganzen Landes. Fünf 10-minütige Videos in Endlosschleife zeigen die Chronik des Krieges sowie Sequenzen zur Museumsgeschichte. Das Glanzstück ist das bewegende, gut 100 m hohe **Cyclorama** (Rundgemälde) *Pickett's Charge*, das den selbstmörderischen Vorstoß der Konföderierten bei helllichtem Tag darstellt. Motorisierte Besucher erhalten Tipps für eine Rundfahrt in Eigenregie oder werden für $55 zwei Stunden lang von einem sachkundigen Führer begleitet. ⊙ tgl. im Sommer 8–19, sonst 8–18 Uhr.

Auf dem **Gettysburg National Cemetery** nahe dem Visitor Center wurden Tausende von Gräbern halbkreisförmig um das Soldiers' National Monument herum angelegt, an der Stelle, wo Lincoln seine Gettysburg Address hielt. Hunderte kleiner Marmorgrabsteine sind nur mit einer Zahl versehen. Nur wenige Schritte weiter besteht das Schlachtfeld heute aus goldenen Feldern, eine friedliche, an europäische Landschaften erinnernde Szenerie. Nur die Na-

men erinnern an die blutigen Kämpfe: **Valley of Death**, **Bloody Run**, **Cemetery Hill**. An einigen Stellen des ehemaligen Schlachtfeldes stehen Statuen einiger der Schlüsselfiguren des Bürgerkrieges und große Steindenkmäler zu Ehren verschiedener Regimenter.

Downtown

Die eindrucksvollste Sehenswürdigkeit im Stadtzentrum ist inzwischen das neue, knapp 75 m² große 3-D-Diorama der Schlacht im **Gettysburg History Center**, 241 Steinwehr Ave, ✆ 717/334-6408, 🖳 www.gettysburgdiorama.com; ⊙ So–Do 9–20, Fr und Sa 9–21, im Sommer bis 22 Uhr, Eintritt $5.

Ansonsten lohnt nur das **Jennie Wade House**, 528 Baltimore St, ✆ 717/334-4100, einen Besuch. Hier lebte die einzige in der Schlacht von Gettysburg getötete Zivilperson, die 20-jährige Jennie Wade. Sie backte gerade Brot für die Unionstruppen, als sie von einer verirrten Kugel getroffen wurde. ⊙ Juni–Aug tgl. 9–19, Sep–Nov und März–Mai 9–17 Uhr, Eintritt $7,25.

Zum Gedenken an Präsident Eisenhower, der sich in Gettysburg zur Ruhe setzte, hat man seine Villa westlich des Parks zur **Eisenhower National Historic Site**, ✆ 717/338-9114, 🖳 www.nps.gov/eise, erklärt. Sie ist nur im Rahmen einer Busrundfahrt vom Visitor Center des Nationalparks zugänglich. ⊙ tgl. 9–16 Uhr, Eintritt $7,50.

Standardmotel zwischen Downtown und dem Schlachtfeld. ❸

HI-Gardners, 1212 Pine Grove Rd, Gardners, ✆ 717/486-7575, 🖥 www.hiusa.org. Jugendherberge am Appalachian Trail im abgelegenen Pine Grove Furnace State Park, mehr als 20 Meilen entfernt. Während der Skisaison ist am meisten los. Dorm-Bett ab $15.

Historic Farnsworth House Inn, 401 Baltimore St, ✆ 717/334-8838, 🖥 www.farnsworthhouse inn.com. Das von Kugeln durchlöcherte Haus aus dem Jahr 1810 war während des Bürgerkrieges das Hauptquartier der Unionstruppen. 10 Zimmer, eine Gastwirtschaft und ein Theater. ❻

Ein zentral gelegener Campingplatz ist:

Artillery Ridge Resort, 610 Taneytown Rd, ✆ 717/334-1288, 🖥 www.artilleryridge.com. Stellplatz ab $34; ⏱ nur April–Okt.

Essen

Wenn sich die Reisebusse auf den Heimweg gemacht haben, wird es ruhig in Gettysburg. Es gibt aber ein paar gute Restaurants, einige davon in historischen Gebäuden.

Blue Parrot Bistro, 35 Chambersburg St, ✆ 717/337-3739. Pasta und Steaks mit einer großen Auswahl an Soßen. Wie in den meisten Restaurants der Stadt ist nach 20.30 Uhr nichts mehr los.

Dobbin House Tavern, 89 Steinwehr Ave, ✆ 717/334-2100. Restaurant im ältesten Haus der Stadt (1776 gebaut), das einst Sklaven als Versteck diente. Die Gerichte kosten mittags ab $10, ein Abendessen bei Kerzenschein ist teurer (Hauptgerichte dann ca. $25). Angeboten wird Pennsylvania-Dutch- sowie traditionelle und moderne amerikanische Kost.

Garryowen Irish Pub, 126 Chambersburg St, ✆ 717/337-2719. Munterste Kneipe der Stadt mit Livemusik und offener Bühne, manchmal auch traditionell irisch, wozu gut ein kühles Guinness passt.

Gettysbrew Restaurant & Brewery, 248 Hunterstown Rd, ✆ 717/337-1001, 🖥 www.gettysbrew. com. An historischer Stätte befindet sich eine Brauerei mit Pub. Im Angebot sind 5 Sorten Bier sowie *Root Beer* und Soda aus eigener Herstellung.

Mayflowers, 533 Steinwehr Ave, ✆ 717/ 337-3377. Riesiges, modernes Chinarestaurant, das abends ein erstklassiges Buffet für $9,99 und Sushi à la carte bietet.

Informationen

Das **Gettysburg Convention & Visitors Bureau**, 35 Carlisle St, ✆ 717/334-6274, 🖵 www. gettysburg.travel, ist direkt beim winzigen Bahnhof untergebracht, an dem Lincoln bei seiner Ankunft in Gettysburg im November 1863 aus dem Zug stieg. ⏱ tgl. 8.30–17 Uhr.

Touren

Alle 30 Min. starten in der 778 Baltimore Street die Doppeldecker-Busse der **Battlefield Bus Tours**, ✆ 717/334-6296, 🖵 www.gettysburg battlefieldtours.com, zu ihrer 2-stündigen Tour durch die Stadt und über das Schlachtfeld; bis zu 8 Touren tgl.; mit Audioguide $24,95; mit Führer $27,95.

Westliches Pennsylvania

Das westliche Pennsylvania war im 18. Jh. eine bedeutende Region für den Handel entlang der Siedlungsgrenze und ein wichtiges Durchgangsgebiet Richtung Westen. Daher bildete es im Siebenjährigen Krieg (1756–63), bei dem es um die koloniale Vorherrschaft zwischen Frankreich und Großbritannien ging, einen Schwerpunkt der Kämpfe. Im 19. Jh. wurden nach dem Bürgerkrieg die Kohle- und Ölvorkommen im westlichen Pennsylvania verstärkt ausgebeutet, wodurch die Region eine industrielle Vorreiterposition einzunehmen begann.

Heute konzentriert sich der Tourismus im westlichen Pennsylvania auf die Umgebung des überraschend reizvollen **Pittsburgh**. Südlich der Stadt steht in den **Laurel Highlands** Frank Lloyd Wrights unbedingt sehenswertes architektonisches Meisterwerk **Fallingwater**. Nicht weit entfernt befindet sich der **Ohiopyle State Park**. In der überwiegend ländlichen Nordwestecke des Staates lädt ein weiteres Wildnisgebiet zur Erkundung ein, der üppige **Allegheny National Forest**, der 20 Meilen nördlich des I-80 beginnt. Die einzig größere Stadt dieser Region, **Erie**, liegt am gleichnamigen Großen See und

wartet mit dem bewaldeten **Presque Isle State Park** auf, der mit seinen Sandstränden und Wanderwegen durchaus einen Abstecher wert ist.

Pittsburgh

Das Herz der Downtown von Pittsburgh bildet das **Golden Triangle** am Zusammenfluss von Monongahela, Allegheny und Ohio River. Das „Goldene Dreieck" war als Tor zum Westen hart umkämpft. 1754 errichteten hier die Franzosen das Fort Duquesne, das vier Jahre später von den Briten zerstört und durch das **Fort Pitt** ersetzt wurde. Anfang des 19. Jhs. entstanden Eisengießereien, die während des Bürgerkriegs bereits die Hälfte des Landesbedarfs produzierten und die Stadt zum weltgrößten Stahlerzeuger machten. Das war vor allem dem grundlegenden Modernisierungsprogramm von **Andrew Carnegie** zu verdanken, der 1870 als der reichste Mann der Welt galt. Seine kulturellen Hinterlassenschaften zieren Pittsburgh bis heute, zusammen mit den Bauten anderer reicher Ahnen, darunter die Bankiersfamilie Mellon, der Kohlenhändler Frick und die Lebensmittelfabrikanten Heinz.

In der Viktorianischen Zeit stand die Stadt für Schmutz und schlechte Luft, doch seit den 1960er-Jahren hat sie sich grundlegend gewandelt. Heute gilt sie als eine der US-Städte mit der höchsten Lebensqualität und ist ein begehrtes Reiseziel.

Downtown: das Goldene Dreieck

Fährt man über die Fort Pitt Bridge Richtung Downtown, beeindruckt der Anblick der Skyline des von Wasser und stählernen Brücken umgebenen **Golden Triangle**, eine Ansammlung von zeitgenössischer Architektur, neogotischen Kirchen und Lagerhallen aus Backstein. Zwischen Third und Fourth Avenue überragt der postmoderne, im neogotischen Stil errichtete Komplex des **PPG Place** den historischen **Market Square** und dessen Restaurants und Geschäfte. Besonders geschichtsträchtig ist die **Liberty Avenue**, die von Häusern mit verblichenen Fassaden im Stil der 1940er- und 50er-Jahre gesäumt wird.

Die Basis des Dreiecks wird von dem neuen Stahl-und-Glas-Gebäude des **Consol Energy**

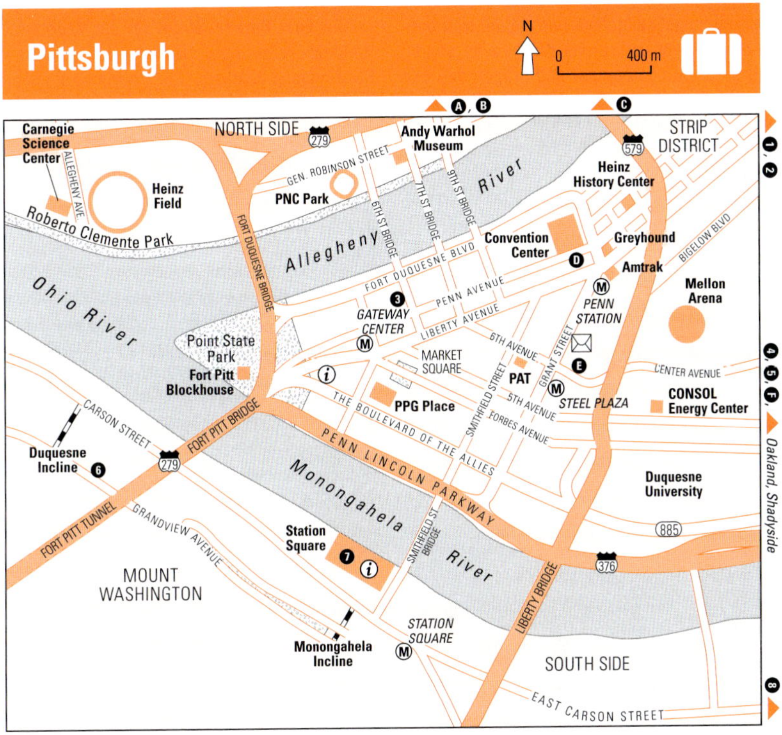

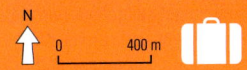
Mid-Atlantic

Map labels:

Carnegie Science Center
ALLEGHENY AVE
NORTH SIDE
279
Andy Warhol Museum
STRIP DISTRICT
579
Heinz History Center
Heinz Field
GEN. ROBINSON STREET
9TH ST BRIDGE
7TH ST BRIDGE
River
PNC Park
6TH ST BRIDGE
FORT DUQUESNE BRIDGE
Roberto Clemente Park
Allegheny
FORT DUQUESNE BLVD
Convention Center
Greyhound
BIGELOW BLVD
Amtrak
Mellon Arena
Ohio River
PENN AVENUE
PENN STATION
❸ GATEWAY CENTER
LIBERTY AVENUE
6TH AVENUE
GRANT STREET
Point State Park
MARKET SQUARE
PAT
STEEL PLAZA
LENTER AVENUE
Fort Pitt Blockhouse
PPG Place
5TH AVENUE
FORBES AVENUE
CONSOL Energy Center
CARSON STREET
THE BOULEVARD OF THE ALLIES
SMITHFIELD STREET
FORT PITT BRIDGE
Duquesne Incline ❻
279
PENN LINCOLN PARKWAY
Duquesne University
FORT PITT TUNNEL
GRANDVIEW AVENUE
Monongahela
River
885
Station Square ❼
SMITHFIELD ST BRIDGE
376
MOUNT WASHINGTON
STATION SQUARE
LIBERTY BRIDGE
SOUTH SIDE
Monongahela Incline
EAST CARSON STREET
Oakland, Shadyside

Legend:

Center eingenommen. Hier finden große Konzerte und Ausstellungen statt, und die Arena ist die Heimstätte des Eishockeyteams Pittsburgh Penguins. Eintrittskarten für Spiele unter ☎ 412/642-7367 oder 🖳 penguins.nhl.com.

An der Stelle des **Point State Parks** an der Spitze des „Goldenen Dreiecks" standen während des Franzosen- und Indianerkrieges fünf verschiedene Forts. Überdauert hat nur das **Fort Pitt Blockhouse** aus dem Jahre 1764, das älteste Gebäude der Stadt. Der Park mit seinem 45 m hohen Springbrunnen ist sehr schön, um romantische Sonnenuntergänge zu genießen, aber auch als Kulisse für Stadtfeste.

Am **Strip District**, entlang der Penn Avenue im Nordosten von Downtown, vorbei am riesigen neuen Convention Center, erstrecken sich ein farbenprächtiger Markt, günstige Geschäfte und Nachtlokale. Das siebenstöckige **Senator John Heinz Pittsburgh Regional History Center**, 1212 Smallman St, ☎ 412/454-6000, 🖳 www.pghhistory.org, erzählt die Geschichte der Emigranten der Stadt. ◷ tgl. 10–17 Uhr, Eintritt $10.

South Side

Die meisten Kohlebergwerke befanden sich im 19. Jh. am 120 m hohen **Mount Washington** jenseits des Monongahela River in South Side.

Sie sind längst stillgelegt, nun ziehen sich bunte Häuser und zahlreiche Kirchen an seinen begrünten Hängen empor und prägen das Bild der South Side. Die Standseilbahn **Duquesne Incline**, 1197 W Carson St bis 1220 Grandview Ave, ☎ 412/381-1665, 🖥 www.incline.cc, aus dem Jahr 1877 ist immer noch in Betrieb ($2 einfach). In ihrer Bergstation wurde ein kleines Museum zur Stadtgeschichte eingerichtet. Von der Aussichtsplattform hat man besonders am Abend einen schönen Blick auf das Golden Triangle und die Stadt.

Der beste Weg zur South Side führt über die 1883 erbaute blaue und cremefarbene **Smithfield Street Bridge**, die älteste der 15 Brücken in der Innenstadt und bemerkenswert dank ihres elliptischen „Fischaugen"-Gitters. Unmittelbar westlich der Brücke befindet sich der aus roten Ziegeln erbaute **Station Square**, ein Restaurant- und Einkaufskomplex in umgestalteten Bahnhofslagerhallen. Vor dem Komplex legt die **Bootstour** Just Ducky Tours ab, ☎ 412/402-3825, 🖥 www.justduckytours.com, eine vergnügliche, einstündige Flussfahrt mit Erläuterungen. April–Okt tgl., Nov Sa und So 10.30–18 Uhr, im Okt und Nov früher; Abfahrt alle 90 Min.; $19, Kinder $15.

Die **East Carson Street** ist die wichtigste Handelsstraße und verläuft am Monongahela River entlang Richtung Osten durch South Side. Zu den hier ansässigen Nachfahren polnischer und ukrainischer Stahlarbeiter haben sich nach und nach künstlerisch angehauchte Szenetypen gesellt – entsprechende Cafés und Bars ließen nicht lange auf sich warten, weshalb dies heute das bei Weitem lebendigste Ausgehviertel von Pittsburgh ist.

North Side

North Side besitzt eine unbestrittene Attraktion: das **Andy Warhol Museum**, ☎ 412/237-8300, 🖥 www.warhol.org. Es liegt in der 117 Sandusky St, von Downtown aus über die Seventh Street Bridge zu erreichen, und dokumentiert auf sieben Stockwerken das Leben und Schaffen des berühmtesten Sohnes der Stadt (s. Kasten). Zwar befindet sich die Mehrzahl der bekannten Werke Warhols in Privatbesitz, aber das Museum erfreut sich einer beeindruckenden Sammlung von mehr als 500 Kunstwerken. Besucher können sich auf einen von mehreren Rundgängen begeben, und es finden auch Workshops statt. Es gibt auch immer Werke von Künstlern zu sehen, die sich auf irgendeine Wei-

Insgesamt führen 15 Brücken in die Innenstadt von Pittsburg.

se auf Warhol und Warhol-Themen beziehen. Jeden Freitag, an den „Good Fridays", ist der Eintritt von 17 bis 22 Uhr ins Foyer frei. Dort gibt es eine Bar und oft Performances, Musik und dergleichen. ⏰ Di–So 10–17, Fr bis 22 Uhr, Eintritt $15, Fr 17–22 Uhr nur $7,50.

Ansonsten konzentriert sich das Geschehen auf der North Side um die Mexican War Streets nördlich der Allegheny Commons, ein grünes Viertel mit vielen restaurierten Reihenhäusern aus dem 19. Jh. Die hervorragende, ungewöhnliche **Mattress Factory**, 500 Sampsonia Way, ☎ 412/231-3169, 🖥 www.mattress.org, zeigt wechselnde Installationen verschiedener renommierter Künstler und ist ein absolutes Muss für jeden Besucher der Stadt. ⏰ Di–Sa 10–17, So 13–17 Uhr, Eintritt $10.

Im **National Aviary**, Allegheny Commons West, ☎ 412/323-7235, 🖥 www.aviary.org, leben mehr als 200 Vogelarten, darunter „fluchende" Papageien, unter einer 10 m hohen Glaskuppel. ⏰ Mo–Sa 10–17, So 12–17 Uhr, Eintritt $12. Nicht weit davon entfernt bietet das **Children's Museum of Pittsburgh**, 10 Children's Way, Allegheny Square, ☎ 412/322-5058, 🖥 www.pittsburghkids. org, viele Spiele, Sonderausstellungen und Veranstaltungen. ⏰ Mo–Sa 10–17, So 12–17 Uhr, Eintritt $11, Kinder $10.

Weiter südwestlich liegt direkt am Fluss das **Carnegie Science Center**, 1 Allegheny Ave, ☎ 412/237-3400, 🖥 www.carnegiesciencecenter. org, ein riesiges, bestens ausgestattetes Museum, das Naturwissenschaft und Technik gewidmet und vor allem für Kinder interessant ist. Es umfasst einen interaktiven „Ingenieurspielplatz", eine Modelleisenbahn und ein Planetarium sowie ein OMNIMAX-Kino ($8 für eine Vorstellung, $13 für zwei). ⏰ tgl. 10–17, Sa bis 19 Uhr, Eintritt $17,95, Kinder $9,95. Vor dem Gebäude lässt sich das U-Boot **USS Requin** von 1945 besichtigen (im Eintrittspreis inbegriffen).

Neben dem Science Center erhebt sich das gewaltige Sportstadion **Heinz Field**, die Heimstätte des Footballteams Pittsburgh Steelers, ☎ 412/432-7800, 🖥 www.steelers.com. Im **PNC Park**, dem anderen Stadion weiter flussabwärts in der Nähe der Seventh Street Bridge, ist das Baseballteam Pittsburgh Pirates, ☎ 1-800/289-2827, 🖥 www.pirates.com, beheimatet.

Von den meisten Sitzen dort bietet sich eine weite Aussicht auf den Allegheny River und die Downtown, und an einem milden Sommerabend einem Baseballspiel beizuwohnen ist ein besonderes Vergnügen, auch wenn das Team eine Lachnummer ist.

Oakland und der Osten

Oakland ist Pittsburghs Universitätsviertel und wird von dem Gelände der Carnegie-Mellon University, der University of Pittsburgh und anderer Colleges dominiert. Ein etwas anderes Universitätsgebäude ist die 42-stöckige neugotische **Cathedral of Learning**, Fifth Ave, Ecke Bigelow Blvd, ☎ 412/624-6000, 🖥 www.pitt. edu/~natrooms: Die 26 Nationality Rooms sind mit Antiquitäten und anderen Gegenständen ausgestattet, die von den verschiedenen Volksgruppen der Stadt gestiftet wurden. Bei 90-minütigen Führungen können die Räume besichtigt werden. ⏰ Mo–Sa 9–14.30, So 11–14.30 Uhr, Eintritt $3.

Im Carnegie-Komplex schräg gegenüber, 4400 Forbes Ave, befinden sich das **Museum of**

Natural History mit einer umfassenden Dinosaurierabteilung und das **Museum of Art**, ℡ 412/622-3131, 🖵 www.carnegiemuseums.org, ⏰ beide Museen Di–Sa 10–17, Do bis 20, So 12–17 Uhr, Eintritt $15. Im Schenley Park nebenan entfaltet sich die Blumenpracht des **Phipps Conservatory**, ℡ 412/622-6814, 🖵 www.phipps.conservatory.org, ⏰ tgl. 9.30–17, Fr bis 22 Uhr, Eintritt $12.

Die Fifth Avenue ist von der Cathedral of Learning bis hinauf nach **Shadyside** mit architektonisch interessanten Universitätsgebäuden, Gotteshäusern und alten Privatvillen früher Industrieller gesäumt. Im exklusiven Shadyside selbst mit seinen schicken Geschäften in der Walnut Street befindet sich das **Pittsburgh Center for the Arts**, 6300 Fifth Ave, am Rand des Mellon Parks, ℡ 412/361-0873, 🖵 www.pittsburgharts.org, das innovative Kunst aus Pittsburgh mit verschiedenen Medien präsentiert. ⏰ Di–Sa 10–17, Do bis 19, So 12–17 Uhr, empfohlene Spende $5.

Etwas weiter südwestlich liegt das lebendige **Squirrel Hill**, in dem Studenten mitten in der größten jüdischen Gemeinde der Stadt leben. Vor allem in der Murray und Forbes Avenue gibt es einige schöne Geschäfte und Restaurants. Weiter östlich steht das **Frick Art and Historical Center**, 7227 Reynolds St, ℡ 412/371-0600, 🖵 www.frickart.org. Der Komplex umfasst das **Frick Art Museum** mit italienischer, flämischer und französischer Kunst des 15.–19. Jhs. und zwei Stühlen von Marie Antoinette. ⏰ Di–So 10–17 Uhr, Eintritt frei.

3 Meilen nördlich erstreckt sich der tierisch schöne Highland Park mit **Pittsburgh Zoo and PPG Aquarium**, ℡ 412/665-3640, 🖵 www.zoo.pgh.pa.us, ⏰ im Sommer tgl. 9.30–18, Frühjahr und Herbst 9–17, Winter 9–16 Uhr, Eintritt April–Nov $13, Dez–März $9.

Die Hotels und die wenigen B&Bs in Pittsburgh sind in der Regel recht teuer. An Wochenenden senken einige der Luxushotels in Downtown ihre Preise auf etwas über $100 pro Zimmer. Eine Liste der B&Bs findet sich unter 🖵 www.pittsburghbnb.com.

Doubletree Hotel Pittsburgh City Center, One Bigelow Square, ℡ 412/281-5800 oder 1-800/225-5858, 🖵 www.doubletree.com. Dieses angenehme Wolkenkratzer-Hotel in Downtown bietet Suiten mit Küchenzeile. Am besten frühzeitig über das Internet buchen. ❼

The Inn on Negley, 703 S Negley Ave, Shadyside, ℡ 412/661-0631, 🖵 www.theinnsonnegley.com. Freundliches Oberklassehotel mit 8 elegant eingerichteten Zimmern und Suiten, einige mit Jacuzzi; inkl. Gourmet-Frühstück, Tee und Naschwaren, die zwischen 12 und 16 Uhr serviert werden. ❼

The Inn on the Mexican War Streets, 604 W North Ave, ℡ 412/231-6544, 🖵 www.innonthemexicanwarstreets.com. 8 geschmackvoll renovierte Zimmer in einer der angesagtesten Gegenden der North Side. Die günstigeren Zimmer sind ihr Geld absolut wert. ❻

The Priory – A City Inn, 614 Pressley St, ℡ 412/231-3338, 🖵 www.thepriory.com. Restauriertes, über 100 Jahre altes Inn, das hübschestes B&B von North Side. Der Preis schließt das Frühstück, ein Glas Wein am Abend und die Benutzung des Fitnessraums ein. Am Wochenende steht eine Limousine bereit. ❺

Valley Motel, 2571 Freeport Rd, Harmarville, ℡ 412/828-7100, 🖵 www.valleymotel.net. Einfaches, günstiges Motel 11 Meilen nordöstlich von Downtown. Eine gute Adresse für Motorisierte. ❷

The Westin Convention Center Pittsburgh, 1000 Penn Ave, ℡ 412/281-3700 oder 1-800/937-8461, 🖵 www.westin.com. Nobler Hotelturm in Downtown mit Pool und Fitnesscenter. ❽

In Downtown essen zu gehen kann teuer werden. Außerdem sind dort abends kaum noch Leute unterwegs. Empfehlenswerter sind der angrenzende Strip District oder die East Carson Street in South Side. Während sich die Restaurants am Station Square und auf dem Mount Washington an ein zahlungskräftiges Publikum wenden, findet man in Oakland viele preiswerte Studentenkneipen. In den anderen Vierteln in East End befinden sich ebenfalls einige gute Lokale der unteren und mittleren Preisklasse.

The Church Brew Works, 3525 Liberty Ave, ℘ 412/688-8200. Riesiges Lokal 2 Meilen östlich von Downtown, das amerikanische Küche und gutes Bier aus der hauseigenen Brauerei serviert. In der ehemaligen Kirche stehen anstelle der Orgel heute Fässer.

Grand Concourse, 1 Station Square, ℘ 412/261-1717. Teures und elegantes Seafood-Restaurant in herrlicher Lage. Delikatessen wie Shrimps in Kokosnuss-Makadamia-Kruste erleichtern die Geldbörse um mind. $50 p. P.

Grandview Saloon, 1212 Grandview Ave, ℘ 412/431-1400. Restaurant auf dem Mount Washington, mittags mit Hamburgern für $10 und abends sehr viel teurerer amerikanischer Küche. Nur wer früh kommt, findet noch einen Tisch mit Aussicht.

Kaya, 2000 Smallman St, ℘ 412/261-6565. Stilvolles karibisches Restaurant im Strip District mit guter Auswahl an vegetarischen Gerichten. Viele Biersorten, Rum und andere alkoholische Getränke.

La Feria, 5527 Walnut St, ℘ 412/682-4501. Das bunte peruanische Restaurant über dem Laden in Shadyside bietet eine Auswahl leckerer, günstiger Spezialitäten aus der Andenregion. Gäste können alkoholische Getränke mitbringen.

Mallorca, 2228 E Carson St, ℘ 412/488-1818. Adrettes South Side-Restaurant mit ausgezeichneter Paella, leckeren Mittelmeergerichten und Sangria. Tipp: Nach dem Ziegenfleisch in Rotwein fragen, das für weniger als $30 zwei Personen satt macht.

Yumwok/Lulu's Noodles, 400 S Craig St, Oakland, ℘ 412/687-7777. Serviert sättigende Nudelgerichte und andere asiatische Speisen zu Schnäppchenpreisen, sehr beliebt bei Studenten. Gäste können alkoholische Getränke mitbringen.

Lemon Grass Café, 124 6th St, ℘ 412/765-2222. Sehr gutes authentisches Thai-Restaurant mit Currys, Pfannengerichten und Salaten für unter $10. Eins der besten Speiselokale in Downtown. Alkohol selbst mitbringen!

Das Nachtleben von Pittsburgh hat einiges zu bieten, angefangen von Klassik bis zu Jazz und Alternative Rock. Über das Veranstaltungsprogramm informiert *City Paper*, ⌨ www.pghcitypaper.com; die kostenlose Wochenzeitung erscheint jeden Mittwoch.

Benedum Center for the Performing Arts, 719 Liberty Ave, ℘ 412/456–6666, ⌨ www.pgharts.org. Hier treten die städtischen Ballett-, Tanz- und Opernensembles auf.

Brillobox, 4104 Penn Ave, ℘ 412/621-4900, ⌨ www.brillobox.net. Zwei aus New York heimgekehrte Pittsburgher gründeten diese einzigartige Bar, die zwar sehr elegant, aber auch ein guter Ort ist, um Sport zu gucken. Im Keller gibt's eine tolle Jukebox und oben eine Bühne für meist schräge Künstler.

City Theatre, 1300 Bingham St, ℘ 412/431-4400, ⌨ www.citytheatrecompany.org. Das landesweit berühmte Theater präsentiert sich mit Aufsehen erregenden Stücken in einer umgebauten Kirche von South Side.

Club Café, 56-58 S 12th St, ℘ 412/431-4950, ⌨ www.clubcafelive.com. Der entspannte South-Side-Club bietet regelmäßig Livemusik (u. a. Rock, Folk und Salsa).

Heinz Hall, 600 Penn Ave, ℘ 412/392-4900, ⌨ www.pittsburghsymphony.org. Spielstätte des renommierten Pittsburgh Symphony Orchestra.

Kelly's, 6012 Penn Circle S, E Liberty, ℘ 412/363-6012. Östlich von Shadyside bietet diese beliebte Bar gutes Bier und einen wilden Musikmix.

Mr Small's Funhouse, 400 Lincoln Ave, Millvale, ℘ 1-800/594-8499, ⌨ www.mrsmalls.com. Einige Meilen nordöstlich von Downtown am US-28 treten in der ehemaligen Kirche kleinere amerikanische und ausländische Indie-Bands auf.

Piper's Pub, 1828 E Carson St, ℘ 412/431-6757, ⌨ www.piperspub.com. Eine der lebendigsten Bars an der South Side, in der Fußball, Rugby und Gaelic Football im Fernsehen läuft. Es gibt amerikanisches und ausländisches Bier und das Essen ist ganz anständig, vor allem das Frühstück.

Mid-Atlantic

Rex Theater, 1602 E Carson St, ✆ 412/381-6811, 🖳 www.rextheater.com. In diesem ehemaligen Kino finden vor allem Rockkonzerte statt, oft von national oder international bekannten Bands.

Sonstiges

Informationen
Welcome Center, Liberty Ave, neben dem Gateway Center, Downtown, ✆ 412/281-7711 oder 1-800/366-0093, 🖳 www.visitpittsburgh. com, ☉ Mo–Fr 8–16, Sa 9–17, So 10–15 Uhr. Das Visitor Center unterhält Zweigstellen am Flughafen und im Senator John Heinz Pittsburgh Regional History Center.

Taxis
Yellow Cab, ✆ 412/665-8100.

Nahverkehr

Das gute Angebot an Nahverkehrsmitteln besteht aus Stadtbussen (von kostenlos bis $2,75), den Seilbahnen **Monongahela Incline** und **Duquesne Heights Incline** ($1,75) sowie dem kleinen **U-Bahnnetz „T"** (in Downtown kostenlos; zu weiter entfernt gelegenen Bahnhöfen kostet die Fahrt bis zu $3,25). Im Büro der Verkehrsbehörde **PAT**, 534 Smithfield St, Downtown, ✆ 412/442-2000, 🖳 www.portauthority.org, gibt es Fahrpläne. ☉ Mo–Do 7.30–17.30, Fr 7.30–17 Uhr.

Transport

Busse
Die **Greyhound**-Station befindet sich in Downtown in der 55 11th St direkt gegenüber dem Bahnhof.

Eisenbahn
Der schöne **Amtrak**-Bahnhof liegt in der 1100 Liberty Ave.

Flüge
Vom 15 Meilen westlich von Downtown gelegenen, modernen **Pittsburgh International Airport**, ✆ 412/472-3525, 🖳 www.pitairport. com, fahren mehrere Shuttlebusgesellschaften nach Pittsburgh. Der ausgezeichnete PAT-Bus Nr. 28X ist aber wesentlich billiger und verkehrt öfter, tgl. zwischen 5 und 24 Uhr etwa alle 20 Min. zwischen dem Flughafen und 12 Haltestellen in Pittsburgh und Oakland, Ticket $2,25.

Die Umgebung von Pittsburgh

Die **Laurel Highlands**, eine Autostunde südöstlich von Pittsburgh, umfassen 70 Meilen sanft geschwungener, bewaldeter Berge und Täler. Der Hauptgrund, über den Hwy-381 hierher zu fahren, sind die vielfältigen Betätigungsmöglichkeiten in der Natur, die sich in der Umgebung des kleinen Städtchens **Ohiopyle** bieten, und ein Gebäude von Frank Lloyd Wright, eine seiner ungewöhnlichsten Schöpfungen: **Fallingwater**.

Fallingwater
Das von Wright entworfene Fallingwater, ✆ 724/329-8501, 🖳 www.fallingwater.org, ist keineswegs nur für Architekturfans interessant. Das Gebäude wurde Ende der 30er-Jahre für die Familie Kaufmann errichtet, die Besitzer von Pittsburghs wichtigstem Kaufhaus. Es befindet sich am Bear Run Creek inmitten eines herrlichen Laubwaldes im Naturschutzgebiet Bear Run Nature Reserve. Die Ausfahrt am Hwy-381, ca. 20 Meilen südlich des I-70, ist ausgeschildert. Es ist das einzige Gebäude von Wright, das noch immer genau so steht, wie er es entworfen hat.

Kein Wunder – es ist direkt in eine Felswand hineingebaut, an der sich Wasserfälle ergießen, und die einzelnen Etagen des Hauses „ergießen sich den Berg hinunter wie die Wasserfälle" – eine atemberaubende Konstruktion. Es ist bemerkenswert, wie gut die scharfen, rechteckigen Linien des Gebäudes mit der natürlichen Umgebung harmonieren. Einige der Besonderheiten sind die Abwesenheit tragender Wände, was dem Haus eine fantastische Weite verleiht, und die Oberlichter. ☉ Mitte März bis Ende Nov Do–Di 10–16, Dez und Anfang März Fr–So 11.30–15 Uhr, Führung $18.

Ohiopyle
Die kleine Ortschaft Ohiopyle, 5 Meilen südlich von Fallingwater, eignet sich bestens als Ausgangsbasis für einen Besuch des überwiegend

naturbelassenen **Ohiopyle State Park** oder für Unternehmungen wie Wildwasserfahrten auf dem **Youghiogheny River**. Der State Park erstreckt sich hinter der Ortschaft und dem Fluss und bietet ein riesiges Netz an Wander- und Radwegen sowie wie die **Cucumber Falls** und die **Ferncliff Peninsula**, die für ihre Wildblumen bekannt ist. Informationen sind in einem kleinen **Visitor Center** am Hwy-381, ☎ 724/329-8591, erhältlich. ⊙ tgl. 10–16.30 Uhr.

Beim nahe gelegenen **Ohiopyle House Café**, 144 Grant St, ☎ 724/329-1122, bekommt werden leckere Gerichte wie Hummerravioli und Karamellpudding zubereitet. Einen Schlafplatz bietet das **Yough Plaza Motel**, Sherman St, ☎ 1-800/992-7238, 🖳 www.youghplaza.com, ❹, mit Standardzimmern und Apartments. Naturfreunde schlagen vielleicht lieber im State Park, ☎ 1-888/727-2757, ein Zelt auf oder mieten dort eine Ferienhütte. **White Water Adventurers**, 6 Negley St, ☎ 1-800/992-7238, 🖳 www.wwaraft.com, ist einer von mehreren Veranstaltern, die Raftingausrüstung verleihen ($23) und Unterricht im Wildwasserfahren geben.

Allegheny National Forest

Der fast unberührte Allegheny National Forest umfasst mehr als zwei Millionen m^2 und erstreckt sich über vier Counties. Er bietet zahlreiche Möglichkeiten, aktiv zu sein – Wandern, Angeln, Snowmobilfahren. Das in vielen Rot- und Gelbtönen leuchtende Herbstlaub kann mit den herbstlichen Wäldern von New England mithalten. Im Norden finden sich einige Sehenswürdigkeiten, die leicht über den Hwy-6 zu erreichen sind. Nördlich des Highway lohnt der Ausblick vom **Kinzua Viaduct** einen Stopp. Diese Eisenbahnbrücke war bei ihrem Bau im Jahr 1882 die größte und höchste der Welt.

Den größten Teil des Nordens nimmt das **Kinzua Reservoir** ein. Beim Kinzua Beach und Kiasutha Beach kann man schwimmen, während sich der Rimrock Overlook oder Willow Bay im Norden gut für ein Picknick eignen. Das **Kinzua Point Information Center** am Hwy-59, ☎ 814/726-1291, erteilt Informationen über Wanderwege, private Hütten und Zeltplätze, ⊙ nur im Sommer.

Oder man übernachtet auf einem der 20 staatlichen **Campingplätze** im Wald, ☎ 1-877/444-6777, 🖳 www.reserveusa.com.

Erie

Die angenehme Stadt Erie bildet den Mittelpunkt des 40 Meilen langen Streifens am Lake Erie, der zu Pennsylvania gehört. Im Gegensatz zu Pittsburgh und Philadelphia gibt es hier keine Hochhäuser, und der ganze Ort ist sehr grün. Die kulturellen Sehenswürdigkeiten sind alle vom Town Square aus zu Fuß zu erreichen: das klassizistische **Court House** sowie einige der Kunst, Geschichte oder den Naturwissenschaften gewidmete Museen.

Das beste von allen ist das **Erie Maritime Museum**, 150 E Front St im Bayfront Historical District, ☎ 814/452-2744, 🖳 www.flagship niagara.org, mit seiner Ausstellung über die Entwicklung, Geologie und Ökologie der Großen Seen. Die Ausstellung befasst sich auch mit Kriegsschiffen aus verschiedenen Epochen; das elegante *US Flagship Niagara* liegt hier vor Anker und ist Teil des Museums. ⊙ April–Okt Mo–Sa 9–17, So 12–17 Uhr, Nov–März Mo–Mi geschlossen, Eintritt $8.

Die Hauptattraktion ist aber zweifellos die schmale, lang gestreckte Halbinsel des **Presque Isle State Park**, die 3 Meilen westlich der Downtown beginnt und sich in einem sanften Bogen nach Norden zieht, bis sie fast das Nordende der Stadt berührt. Der Park ist ein Naturreservat; hinter den breiten Sandstränden erstreckt sich dichter Wald, durch den einige Wanderwege führen.

Wer ein Auto hat, kann das **Wassertaxi** *Port of Erie*, ☎ 814/881-2502, 🖳 www.porterie.org, nehmen, das von Dobbins Landing abfährt. Ende Mai–Mitte Okt Mo 12–18, Di–So 10–18 Uhr, hin und zurück $6.

Übernachtung und Essen

Im Sommer verdoppeln sich die Preise der Unterkünfte oft.
Bayfront Inn, 2540 W 8th St, ☎ 814/838-2081, 🖳 www.bayfrontinnerie.com. In der Nebensaison sehr preisgünstig. ❷

Boothby Inn B&B, 311 W 6th St, ☎ 814/456-1888 oder 1-866/266-8429, 🖥 www.theboothbyinn.com. Elegant, schön, teuer und zentral gelegen. ❺

Den Peninsula Drive säumen viele funktionale Motels.

Sara's Campground, 50 Peninsula Drive, ☎ 814/833-4560, 🖥 www.sarascampground.com. Hübsche Lage am Ausgangspunkt von Presque Isle; ab $23.

Sally's Diner, neben dem Sara Coyne Plaza, ☎ 814/833-1957. Herzhaftes Frühstück und Essen.

The Pufferbelly, 414 French St, Downtown, ☎ 814/455-1557. Klassische Hauptgerichte wie Steak Madagascar.

Chinese Happy Garden, 418 State St, ☎ 814/452-4488. Billiges chinesisches Lokal.

Informationen

Allgemeine Informationen bekommt man bei **Visit Erie**, 208 E Bayfront Drive, ☎ 814/454-1000 oder 1-800/524-3743, 🖥 www.visiteriepa.com, ◷ Mo–Fr 8.30–17 Uhr.
Infos über die Halbinsel bietet **Stull Interpretive Center and Nature Shop**, ☎ 814/836-9107, 🖥 www.presqueisle.org. ◷ im Frühling und Herbst tgl. 10–16, Sommer 10–17 Uhr.

Transport

Greyhound-**Busse** bieten häufige Verbindungen nach PITTSBURGH, CLEVELAND und BUFFALO vom Intermodal Transit Terminal, 208 E Bayfront Drive.

New Jersey

Der schmale Küstenstaat New Jersey nahm seit der amerikanischen Revolution in der US-Geschichte eine zentrale Stellung ein. Eine Schlacht wurde in Princeton ausgetragen und George Washington verbrachte zwei düstere Winter in Morristown. Als der Sezessionskrieg ausbrach, schlug sich der Bundesstaat New Jersey trotz der Grenzlage an der Mason-Dixon-Linie wegen seiner günstigen Perspektive als Industriestandort auf die Seite der Unionstruppen.

In der jüngeren Geschichte hat sich New Jerseys industrielle Orientierung als zweischneidiges Schwert erwiesen. Die meisten Reisenden kennen den „Garden State", der wegen der zahlreichen Obst- und Gemüsegärten so genannt wird, nur von der Fahrt über den hässlichen New Jersey Turnpike, über den sich nicht enden wollende LKW-Kolonnen wälzen. Selbst Bruce Springsteen, der „Golden Boy" aus **Asbury Park**, porträtiert in seinen Liedern seinen Heimatstaat als einen desolaten Ort voller Bruchbuden, grauer Autobahnen und verlorener Träume. Raffinerien und Fabriken drängen sich jedoch nur in einem etwa 15 Meilen breiten Streifen entlang der Autobahn. Triste Städte wie **Newark**, wo sich New Jerseys wichtigster Flughafen befindet, und die wenig ansprechende Hauptstadt **Trenton** untermauern das negative Image.

Aber New Jersey hat mehr zu bieten als verschmutzte Industriegebiete. Im Nordwesten, in der Nähe des Delaware Water Gap, breiten sich Seen, Flüsse und Wälder aus. Im Süden strahlen die ehrwürdigen Universitätsgebäude von **Princeton** architektonische Eleganz aus. Und an der Atlantikküste findet man eine Reihe unterschiedlicher, geschäftiger Ferienorte, von der Spielerstadt **Atlantic City** mit ihrem leicht schäbigen, aber unwiderstehlichen Glitter bis hin zum geruhsamen **Cape May**.

Das Landesinnere

Die meisten Besucher zieht es von New York zum **Shoppen** in den Norden New Jerseys. Dort locken riesige Malls, Designer-Outlets und internationale Kaufhäuser wie Mitsuwa Marketplace, das japanische Einkaufszentrum in **Edgewater**, ☎ 201/941-9113, 🖥 www.mitsuwa.com. Sowohl Preise als auch Steuern sind günstiger als auf der anderen Seite des Hudson River. Die wohlhabenden Städte am Flussufer wie **Englewood** und **Rockleigh** haben einige gute italienische und asiatische Restaurants zu bieten, und Hoboken ist durch die Subkultur des nahen Manhattan beeinflusst.

Wer von der Küste oder NYC den Interstates nach Südwesten folgt, erlebt ein New Jersey, wie es dem Klischee entspricht: eine stark industrialisierte Kulturwüste mit heruntergewirtschafteten Städten wie Trenton, Paterson und Newark. Im Landesinneren ist allein die Elite-Universitätsstadt **Princeton** einen Besuch wert.

Princeton

Die viertälteste Universität der Vereinigten Staaten ist seit 1756 in Princeton beheimatet. Eine Woche nach dem Sieg Washingtons über die Briten bei Trenton markierte im Januar 1777 die **Schlacht von Princeton** südwestlich der Stadt einen weiteren Wendepunkt im Unabhängigkeitskrieg.

1783 tagte für vier Monate der **Continental Congress** in Princeton. Von da an blieb das gepflegte Städtchen sich und seinen akademischen Studien überlassen. Zu den Absolventen der **Princeton University** gehören der Schauspieler James Stewart, der Schriftsteller F. Scott Fitzgerald sowie die Präsidenten Woodrow Wilson und James Madison.

Stadt und Universität

Die **Mercer Street**, die sich in einem langen Bogen vom Campus nach Südwesten hin zur Nassau Street erstreckt, säumen viele alte, elegante Häuser im Kolonialstil. Im **Princeton Battlefield State Park**, 1,5 Meilen außerhalb der Stadt, steht das **Thomas Clarke House**. Die ehemalige Farm einer Quäkerfamilie diente während der Schlacht als Hospital. Näher zum Zentrum lebte in dem schlichten Haus 112 Mercer St **Albert Einstein**, als er am Institute of Advanced Study lehrte (kein Zutritt).

Auf dem ruhigen, schattigen Campus der Princeton University lässt es sich gut spazieren gehen. In der wuchtigen **Nassau Hall** hinter dem Haupteingang an der Nassau Street sind zahlreiche Porträts berühmter Absolventen und eines von König George II. zu sehen. Zur Zeit ihres Baus 1756 war die Nassau Hall das größte Steingebäude des Landes; während des Unabhängigkeitskrieges hielten die dicken Mauern den Geschützen von Briten und Amerikanern stand

und beherbergten kurz die Regierung, als diese ihren Sitz nach Princeton verlegte.

Das Vorbild für die 1925 erbaute **Kapelle** war eine Kapelle im Kings College der Cambridge University in England; auf den bemalten Fenstern sind Szenen aus Werken von Dante, Shakespeare und Milton sowie aus der Bibel dargestellt. **Prospect Gardens**, ein in der Form des Universitätsemblems gestaltetes Blumenbeet, leuchtet im Sommer in Orange. Die Sehenswürdigkeiten werden in einer kostenlosen – und etwas selbstgefälligen – von Studenten organisierten **Führung**, ✆ 609/258-1766, abgeklappert. Beginn ist zu Vorlesungszeiten immer Mo–Sa 10, 11, 13.30 und 15.30, So 13.30 und 15.30 Uhr (keine festen Zeiten in den Semesterferien) beim Frist Campus Center an der Washington Rd.

Ein Besuch des **University Art Museum**, ✆ 609/258-3788, 🖥 www.princetonartmuseum. org, in der Mitte des Campus lohnt wegen seiner Sammlung an Kunstwerken von der Renaissance bis zur Gegenwart (Modigliani, van Gogh, Warhol) sowie asiatischer und präkolumbischer Kunst auf jeden Fall einen Besuch. Vor dem Eingang befindet sich außerdem eine Skulptur von Picasso: *Kopf einer Frau.* ⏰ Di–Sa 10–17, So 13–17 Uhr, Eintritt frei.

Die einzigen Hotels im Zentrum von Princeton sind: **Nassau Inn**, Palmer Square, ✆ 609/921-7500 oder 1-800/862-7728, 🖥 www.nassauinn.com, im Pseudokolonialstil ❽, und **Peacock Inn**, 20 Bayard Lane, ✆ 609/924-1707, 🖥 www.peacockinn.com. Etwas ruhiger, ❽.
Billige Motels finden sich am US-1 und im Vorort Lawrenceville einige Meilen südlich, eines davon ist: **Red Roof Inn**, 3203 Brunswick Pike, Lawrenceville, ✆ 609/896-3388, 🖥 www.redroof.com. Schlicht, aber noch ausreichend. ❸

Obwohl durchaus wohlhabend, ist Princeton keineswegs die kulinarische Hauptstadt von New Jersey. An der **Witherspoon Street** finden sich etliche Lokale, in denen billiges Essen im Diner-Stil zu bekommen ist.

Teresa's, 19-23 Palmer Square East, ✆ 609/921-1974. Kreative italienische Gerichte zu reellen Preisen.
Elements, 163 Baynard Lane, ✆ 609/252-9680. Gute Fisch- und Fleischgerichte.

Unterhaltung

Das Nachtleben hält sich besonders während der Semesterferien in Grenzen.
Triumph Brewery, 138 Triumph St, ✆ 609/942-7855. Gute hausgebraute Biere und gemischtes Publikum.
Yankee Doodle Tap Room, Bar im Nassau Inn. Sehr beliebt bei älteren Semestern, die hier ihre Bierchen trinken, in Erinnerungen schwelgen und dabei dem Live-Jazz zuhören.

Sonstiges

Informationen
Frist Campus Center, auf dem Campus, ✆ 609/258-1766, 🖥 www.princeton.edu/frist.
Chamber of Commerce, 9 Vandeventer Ave, ✆ 609/924-1776, 🖥 www.princetonchamber.org, ⏰ Mo–Fr 8.30–17 Uhr.

Touren
Das **Historical Society Museum**, 158 Nassau St, ✆ 609/921-6748, 🖥 www.princetonhistory.org, ⏰ Di–So 12–16 Uhr, veranstaltet So um 14 Uhr Führungen durch die Stadt für $7 und stellt Stadtpläne für einen Stadtrundgang auf eigene Faust zur Verfügung.

Transport

Busse
Busse von **Coach USA** aus NEW YORK (dort ab Port Authority Bus Station), ✆ 1-800/222-0492, 🖥 www.suburbantransit.com, halten alle 30 Min. am Palmer Square.

Eisenbahn
Auf ihrer Route zwischen NEW YORK und PHILADELPHIA halten Züge von **Amtrak** und **NJ Transit** bei Princeton Junction, 3 Meilen südlich von Princeton. Von dort kommt man mit einer kleinen Zubringerbahn, dem „Dinky", zum Bahnhof von Princeton, der sich auf dem Campus befindet, University Place.

Flüge
Ein Shuttlebus, der **Olympic Airporter**, ✆ 609/587-6600, 🖥 olympic-limo.com, verbindet den Ort tgl. zu wechselnden Zeiten in 1 1/2 Std. mit dem Flughafen in Newark, $24–38.

Die Küste

New Jerseys Atlantikküste ist eine 130 Meilen lange, fast ununterbrochene Kette von teils heruntergekommenen, teils unerschlossenen, teils ruhigen Badeorten. In Ermangelung eines größeren Hafens ist die Region schon lange von Landwirtschaft und Tourismus abhängig. Die Strände sind zwar manchmal etwas überfüllt, aber sicher und sauber: sandig, breit und von den charakteristischen hölzernen Boardwalks begrenzt. Im Sommer wird stellenweise eine Gebühr für ihre Pflege erhoben. Die chaotisch-exzessive Glitzerwelt von **Atlantic City** ist wohl die bekannteste Attraktion der Küste, es gibt aber auch ruhigere Resorts wie **Spring Lake** oder das viktorianische **Cape May**.

Spring Lake und Asbury Park

Der elegant-viktorianische Badeort **Spring Lake**, 20 Meilen an der New Jersey-Küste nach Süden, ist eine der kleinsten und am wenigsten kommerziellen Gemeinden der Küste – eine Erholungspause auf dem Weg nach Atlantic City. Über den zwei Meilen langen Boardwalk geht es zum Strand (im Sommer gegen eine geringe Gebühr) oder an den Namen gebenden Spring Lake. Hölzerne Fußgängerbrücken, Schwäne, Gänse und die St. Catharine Roman Catholic Church verbreiten ein ländliches Ambiente,

Springsteens erste Gigs

Stone Pony, 913 Ocean Ave, ✆, 732/502-0600, 🖥 www.stoneponyonline.com. Hier gab Springsteen Mitte der 70er-Jahre Dutzende von Konzerten und kehrt seither gelegentlich zurück.

während sich die möglichen Aktivitäten auf die Third Avenue konzentrieren.

Die Stadt ist ein guter Ausgangspunkt für einen Besuch von **Asbury Park**, wo Bruce Springsteen viele Jahre lang gelebt und seine ersten Gigs gespielt hat. Die von ihm – in frühen Alben wie dem Debüt-Album *Greetings from Asbury Park* – besungenen Karussells und Arkaden sind aber fast alle verschwunden.

Billige Motels gibt es in Spring Lake nicht, und die B&Bs langen besonders im Sommer kräftig zu. Ein typisches Beispiel hierfür ist das **Chateau Inn**, 500 Warren Ave, ✆ 732/974-2000 oder 1-877/974-5253, ⌨ www.chateauinn. com. ❺
Lillagaard B&B, 5 Abbot Ave, ✆ 732/988-1216, ⌨ www.lillagaard.com, liegt direkt am Strand im an Asbury Park angrenzenden, viktorianischen **Ocean Grove**. ❺

Die meisten Restaurants von Spring Lake gehören zu den eleganten viktorianischen Strandhotels und können sehr teuer sein.
Who's On Third, 1300 Third Ave, ✆ 732/449-4233, ist ein unpersönliches Café, das Frühstück und Mittagessen serviert.
Whispers, 200 Monmouth Ave, ✆ 732/974-9755. Hervorragender Fisch und erstklassige Fleischgerichte zu entsprechenden Preisen.
Red Fusion, ✆ 732/75-1008), 660 Cookman Ave, Asbury Park. Asiatisch-amerikanische Fusionsküche in einmaligen Räumlichkeiten: einer Mischung aus Galerie und Sportbar.

Chamber of Commerce, 302 Washington Ave, ✆ 732/449-0577, ⌨ www.springlake.org, kann bei der Zimmersuche behilflich sein – vor allem für Sommerwochenenden. ⏰ Mo–Sa 11–15 Uhr.

Spring Lake ist vom New Jersey Turnpike über den US-34 erreichbar und wird vom **NJ Transit** ab New York angefahren.

Atlantic City

Seit ihrer Gründung 1854 durch Spekulanten aus Philadelphia ist Atlantic City an der Küste ein Touristenmagnet. Die Popularität der Spielerstadt erreichte 1909 ihren Höhepunkt. Damals schrieb Baedeker, die Geschmacklosigkeit von Atlantic City habe etwas Kolossales. Dieser Eigenschaft blieb die Stadt bis heute treu.

Zu den Highlights ihrer Kulturgeschichte zählt die erste Miss-America-Wahl im Jahr 1921 (erst 2006 wurde sie nach Las Vegas verlegt). In der Zeit von Prohibition und Depression war die Stadt mit zahllosen illegalen Spelunken und Spielhöllen ein Zentrum des Rumschmuggels. Als ihr Florida den Rang ablief, war Atlantic City vom sicheren Untergang bedroht, bis die verzweifelten Stadtväter 1976 beschlossen, das Glücksspiel zu legalisieren, von dem man hier mittlerweile lebt. Die Stadt hat übrigens einen hohen Bevölkerungsanteil an Latinos.

Sehenswertes

Der hölzerne **Boardwalk** wurde ursprünglich als provisorischer Fußgängersteg über dem Strand errichtet, damit Urlauber einen Strandspaziergang machen konnten, ohne Sand in die eleganten Hotels zu tragen. Neben aufdringlichen 99-Cents-Shops und Handlesern mit exotischen Namen erinnern einige der Abrissbirne entgangene viktorianische Bauten am Boardwalk an die vornehmere Vergangenheit von Atlantic City – auch wenn viele von ihnen nun Fastfood-Restaurants beherbergen. Beim **Central Pier** herrscht Jahrmarktstimmung mit Fahrgeschäften und altmodischen Buden. Ein anderer Pier, ein paar Blocks südlich, wurde zu einem Einkaufszentrum in Form eines Ozeandampfers umfunktioniert.

Beim kleinen **Atlantic City Arts Center**, ✆ 609/347-5837, ⌨ www.Acartcenter.org, am Garden Pier, dem ruhigen Nordende des Boardwalk, ist der Lack schon ziemlich ab. Die Sammlung besteht aus allerlei Erinnerungsstücken zum Thema Meer, es gibt eine Sonderabteilung zur Miss-America-Wahl und außerdem werden Wanderausstellungen gezeigt. ⏰ im Sommer tgl. 10–16 Uhr, in der Nebensaison Mo geschlossen, Eintritt frei. Einen Block vom Boardwalk entfernt

Jedes der zwölf Kasinos von Atlantic City dient gleichzeitig auch als Luxushotel, Konferenzzentrum und Konzerthalle und versucht sich durch seine Gestaltung und Atmosphäre von den anderen abzuheben. Allen gemein sind die opulent dekorierten Hallen, Kronleuchter, Spiegel, die „einarmigen Banditen", die unablässig blinkenden und gleißenden Lichter, der ständig hohe Geräuschpegel und das desorientierende Fehlen von Uhren und Fenstern. Die Kasinos sind in vier Bereiche unterteilt: die Spielzentren **Uptown**, **Midtown** und **Downtown** finden sich im nördlichen, mittleren bzw. südlichen Bereich des Boardwalks, während sich die Enklave **Marina** auf einer Landzunge im Nordwesten der Stadt erhebt.

Das bei weitem protzigste aller Kasinos ist Donald Trumps **Taj Mahal** am nördlichen Ende des Boardwalk gegenüber dem Steel Pier. Dieses gigantische Monument orientalischen Kitsches mit glitzernden Minaretten und Zwiebeltürmen in Uptown nimmt fast 80 000 m² ein und ragt mehr als 40 Stockwerke hoch in den Himmel. **Bally's** in Midtown ist mit seinem charmant-übertriebenen Wildwest-Thema auf eine sympathische Weise viel ausgefallener und bietet außerdem Zugang zu den Spieltischen und Mitgliedschaften des benachbarten **Caesars** im „römischen Stil", sowie zum kleineren **Showboat** und dem **Hilton** in Downtown. Das **Tropicana** ist allerdings das kurzweiligere der beiden Kasinos in diesem Bereich. Alle Kasinos sind rund um die Uhr geöffnet. Das Mindestalter für einen Kasinobesuch liegt bei 21 Jahren; jeder Gast muss sich ausweisen. Die Einarmigen Banditen nehmen neuerdings nur noch Scheine an (ab $5).

an der Pacific, Ecke Rhode Island Ave, mitten in einem der Elendsviertel, steht das **Absecon Lighthouse**, 🖥 www.abseconlighthouse.org. Der Leuchtturm war bis 1933 in Betrieb und wurde komplett restauriert. Von dem etwa 50 m hohen Turm bietet sich eine tolle Aussicht. ☉ Juli und Aug tgl. 10–17, sonst Do–Mo 11–16 Uhr, Eintritt $7.

Der Strand ist kostenlos, bei Familien beliebt und trotz seiner Nähe zum Boardwalk überraschend sauber. Der benachbarte **Ventnor Beach** ist ruhiger. An den Stränden von **Margate**, 3 Meilen südlich von Atlantic City, tummeln sich dagegen die Schönen von New Jersey (an beiden wird eine geringe Gebühr verlangt). Dort thront auch in der 9200 Atlantic Avenue **Lucy the Elephant**, ✆ 609/823-6473, 🖥 www.lucytheelephant.org. Das knapp 20 m hohe Gebilde aus Holz und Metall diente seit seiner Eröffnung 1881 als Restaurant und Hotel. Heute füllt ein Museum über die Geschichte von Atlantic City und Lucy den riesigen Elefantenbauch. ☉ Juni–Anfang Sep Mo–Sa 10–20, So 10–17 Uhr, Eintritt $5.

Übernachtung

In Atlantic City lassen sich bei den Unterkünften nicht dieselben Schnäppchen machen wie in Las Vegas, aber auch hier hat die Rezession die Preise in den Kasinos für die meiste Zeit des Jahres nach unten gedrückt. An Wochenenden und im Sommer ziehen die Tarife allerdings an. Bei Buchung im Voraus kann man manchmal sehr günstige Pauschalangebote ergattern ($200-Suiten zum halben Preis).

Billige Motels reihen sich an den wichtigsten Zufahrtsstraßen zur Stadt, wie dem US-30 in Absecon, 6 Meilen nordwestlich, aneinander. Im ruhigen Ferienort Ocean City, 10 Meilen südlich, ist es ebenfalls preiswerter.

Bally's Atlantic City, Park Place, Ecke Boardwalk, ✆ 609/340-2000, 🖥 www.harrahs.com. Eins der großen, themenorientierten Kasinos von Midtown. Es bietet Full-Service-Spa, 15 Restaurants und 4 Bars – gar nicht zu reden von all den Glücksspiel-Möglichkeiten unter einem Dach. ❹

EconoLodge Beach & Boardwalk, 3001 Pacific Ave, ✆ 609/344-2925, 🖥 www.econolodge.com. Standardmotel nahe dem Boardwalk und dem Kasino Trump Taj Mahal. ❸

The Irish Pub Inn, 164 St James Place, ✆ 609/344-9063, 🖥 www.theirishpub.com. Bietet einfache Zimmer über einer der besten Bars der Stadt. Günstige Einzelzimmer ab $25. Hotelbetrieb nur von Mai–Sep. ❷

Resorts Atlantic City Casino Hotel, 1133 Board-walk, ☎ 1-800/336-6378, 🖵 www.resortsac.com. Das angenehmste und preisgünstigste der großen Kasinohotels, mit Pool und Jacuzzi. ❷
Rodeway Inn, 124 S North Carolina Ave, ☎ 609/345-0155, 🖵 www.choicehotels.com. Einfache, saubere Zimmer zu akzeptablen Preisen in der Nähe des Boardwalk. ❸

Essen

Am Boardwalk stehen jede Menge Pizza-, Hamburger- und Sandwichläden. Die Restau-rants an Pacific und Atlantic Ave servieren Soul Food und günstiges Frühstück.
Alle großen Kasinos verfügen über mehrere Restaurants mit unterschiedlichen Preisen und Gerichten (ausnahmslos durchschnittlich) sowie Buffets: die meisten kosten mittags rund $15 und abends rund $20.
Wer nach einer Pechsträhne in den Kasinos etwas knapp bei Kasse ist, kann sich an die „Bargain Buffets" am Boardwalk halten, die etwa $5 kosten – aber entsprechend ist dann auch das Essen.
Dune, 9510 Ventnor Ave, Margate, ☎ 609/ 487-7450. Hauptgerichte mit Qualitätsfisch wie Zacken- oder Schwarzbarsch und Saibling kosten rund $25–30.
Hunan Chinese Restaurant, 2323 Atlantic Ave, ☎ 609/348-5946. Chinesische Küche zu vernünftigen Preisen, zwei Blocks vom Board-walk entfernt. Tellergerichte $8–12.
Los Amigos, 1926 Atlantic Ave, ☎ 609/344-2293. Angenehmer Durchschnittsmexikaner gegen-über dem Busbahnhof; gut für eine billige Mahl-zeit spät in der Nacht. ☉ Fr und Sa bis 3 Uhr.
Pappa T's Pizza, 445 Boardwalk, ☎ 609/348-5030. Einer der besseren Läden am Boardwalk, Pizza und Frühstück ab $5.
White House Sub Shop, 2301 Arctic Ave, ☎ 609/ 345-1564. Eine Institution in Atlantic City: Hier wurde das *Submarine Sandwich* erfunden. Hell und supereffizient; definitiv einen Besuch wert.

Unterhaltung

Atlantic City stellt sich als Stadt der turbulenten Nächte dar. Das Nachtleben konzentriert sich jedoch in erster Linie auf die Kasinos am Boardwalk. Wem die *slot machines* allmählich

langweilig werden, dem bleiben kaum Alternativen. Bekannte Entertainer treten regelmäßig in den Kasinos auf, aber Eintritts-karten gibt es selten für weniger als $100. In der kostenlosen Wochenzeitung *Atlantic City Weekly*, 🖵 www.acweekly.com, sind aktuelle Veranstaltungen aufgelistet.
Irish Pub (siehe „Übernachtung"). Der freund-liche und legere Pub bietet unglaublich billiges Essen und gelegentlich irische Livemusik.

Sonstiges
Fahrradverleih
Am Boardwalk vermieten Stände Fahrräder und rikschaähnliche **Rolling Chairs**, ☎ 609/347-7148.

Informationen
Boardwalk Visitors Center, 2314 Pacific Ave, in der Boardwalk Hall, ☎ 609/449-7130 oder 1-888/228-4748, 🖵 www.atlanticcitynj.com. ☉ im Sommer tgl. 9.30–17.30 Uhr, im Winter nur Do–Mo.

Nahverkehr

In Atlantic City kommt man prima zu Fuß zurecht, sollte sich aber nicht weiter vom 5 Meilen langen Boardwalk entfernen als bis zu dessen Parallelstraßen Pacific, Atlantic und Arctic Ave. Über die Atlantic Ave fahren Busse nach Ventnor und Margate im Süden von Absecon Island.
Jitneys, ☎ 609/344-8642, 🖵 www.jitneys.net, hellblaue Minibusse zum Superspartarif von $2,50 (passendes Kleingeld bereithalten) sind rund um die Uhr auf der gesamten Länge der Pacific Ave im Einsatz.
Einen zuverlässigen Taxiservice bietet **Atlantic City Cab Service**, ☎ 609/822-7900.

Transport
Busse
Busse von **Greyhound** und **NJ Transit** halten im Terminal an der Atlantic Ave, Ecke Michigan Ave.

Eisenbahn
Der Bahnhof für die Züge von **NJ Transit** befindet sich am 1 Miss America Way neben

Mid-Atlantic

dem Convention Center. Es gibt einen kostenlosen Shuttleservice zu allen Kasinos.

Flüge
Vom **Atlantic City International Airport** in
Pomona, ✆ 609/645-7895, 🖥 www.acairport.
com, fahren Direktzüge nach Philadelphia und
zu einigen weiter entfernten Zielen. Eine
Taxifahrt vom Flughafen in die Stadt kostet
um die $30.

Cape May

1620 gründete der holländische Kapitän Mey am
Südzipfel der Küste von New Jersey die Siedlung Cape May. Nach einer Zeit als Walfang-
station und Bauernsiedlung hielt der Tourismus
Einzug: Als die Presse in Philadelphia 1745 erstmals das gesunde Klima und die schicken Pensionen auf der Landzunge an der Delaware Bay
erwähnte, begann für Cape May eine Zeit des
Wohlstands, der in der viktorianischen Ära seinen Höhepunkt erreichte. Plantagenbesitzer aus
dem Süden strömten in Scharen in den noblen
Ferienort. 1878 fielen fast alle Gebäude einem
verheerenden Brand zum Opfer und wurden im
verspielten Zuckerbäckerstil wieder aufgebaut.

Die ganze Stadt ist heute ein National Historic Landmark mit über 600 viktorianischen Bauten, Alleen, gepflegten Gärten und einem lukrativen B&B-Gewerbe. Die Verbindung zwischen
Historie und schönen Stränden macht Cape May
zu einem angenehmen Reiseziel.

Die Erbauer der pastellfarbenen Häuser waren neureiche Viktorianer mit einer Abneigung
gegen alles Schlichte. Die mit Kuppeln, Erkern
und Balkonen überladenen Gebäude vereinen
die verschiedensten Stilelemente, die ihre Erbauer ohne Rücksicht auf die Regeln der Architektur zusammenwürfelten. Die viktorianische
Leidenschaft für den Orient zeigt sich in maurischen Bögen, Zwiebeltürmen und Erkern im
Zuckerbäckerstil.

Das **Emlen Physick Estate**, 1048 Washington St, ✆ 609/884-5404, 🖥 www.capemaymac.
org, wurde von dem Architekten Frank Furness
aus Philadelphia erbaut und in seinem Glanz
von 1879 wiederhergerichtet. Die Zimmer zieren

zahlreiche Originalmöbel. Öffnungszeiten bitte
erfragen, Eintritt $10. Wo sich westlich der Stadt
Delaware Bay und Atlantik treffen, steht seit
1859 das **Cape May Lighthouse**, ✆ 609/884-8656,
🖥 www.capemaymac.org. 199 Stufen führen zur
Galerie des Turms, von wo aus man einen Blick
über das Meer hat. ⊙ tgl. April–Nov, im Winter
nur am Wochenende, Öffnungszeiten bitte erfragen, Eintritt $7.

Über den US-9 gelangt man 3 Meilen nördlich
von Cape May zum **Historic Cold Spring Village**,
720 Rte-9, ✆ 609/898-2300, 🖥 www.hcsv.org. Das
Museumsdorf mit restaurierten Gebäuden aus
der Region stellt ein typisches Bauerndorf des
19. Jhs. dar. Zu sehen sind ein Gefängnis, eine
Schule, eine Herberge und mehrere Läden. Weiterhin finden Demonstrationen verschiedener
Handwerke und Sonderveranstaltungen statt.
⊙ Ende Mai bis Mitte Juni sowie Sep Sa und So
10–16.30, Juni–Aug Di–So 10–16.30 Uhr, Eintritt $8.

Die schönen **Strände** von Cape May schim-
mern aufgrund des hohen Quarzgehaltes in
der Sonne. Im Sommer müssen von 10–18 Uhr
Strandplaketten getragen werden. Sie kosten
$5 pro Tag oder $13 pro Woche (Saisonpass
$25; vor Memorial Day kaufen) und sind am
Strand, bei den offiziellen Verkäufern oder in der
City Hall, 643 Washington St, ✆ 609/884-9525,
🖥 www.capemaycity.com, erhältlich.

Übernachtung
Viele der viktorianischen Häuser wurden in
teure B&Bs oder Gästehäuser umgewandelt.
Der Besucherandrang ist besonders an
Sommerwochenenden so groß, dass sich die
Auswahl schnell auf ein Minimum reduziert.
Im Juli und Aug verlangen sogar alte Motor Inns
oft mehr als $100 pro Nacht; im Juni und Sep
liegen die Preise oft um die Hälfte niedriger.
Standardhotels befinden sich am Beach Drive
an der Küste.

Cape Harbor Motor Inn, 715 Pittsburgh Ave,
✆ 609/884-0018, 🖥 www.capeharbormotorinn.
com. Komfortables Motel in einer Wohngegend,
7 Blocks vom Strand entfernt; günstiger als
die meisten anderen Hotels, im Sommer
steigen auch hier die Preise. ❸–❼

The Chalfonte, 301 Howards St, ✆ 609/884-8409,
🖥 www.chalfonte.com. Das älteste durch-

Mid-Atlantic

gehend betriebene B&B in einer Villa von 1876 mit umlaufender Veranda, 3 Blocks vom Strand. ④–⑧

Inn of Cape May, 7 Ocean St, ☎ 609/884-5555 oder 1-800/582-5933, 🖳 www.innofcapemay. com. Das viktorianische Hotel hat nebenan ein paar Motelzimmer. Die billigsten Räume befinden sich im Hauptgebäude und besitzen Gemeinschaftsbäder und -toiletten. ☉ April–Okt tgl. Ab Ende Okt–Dez nur am Wochenende. ③–⑧

Queen Victoria, 102 Ocean St, ☎ 609/884-8702, 🖳 www.queenvictoria.com. Komplex aus 4 Gebäuden mit 21 Zimmern, darunter ein Cottage. Leihfahrräder und Strandliegen im Preis enthalten. Frühstück – nach Wunsch auf dem Zimmer – und Nachmittagstee inkl. ⑤–⑨

Summer Cottage Inn, 613 Columbia Ave, ☎ 609/884-4948 oder 1-866/392-5600, 🖳 www. summercottageinn.com. Gästehaus von 1867 mit Veranden. ④–⑧

Seashore Campsites, 720 Seashore Rd, ☎ 609/884-4010 oder 1-800/313-2267, 🖳 www. seashorecampsites.com. In der Hauptsaison ab $53 pro Stellplatz, in der Nebensaison ab $25.

Essen

An der Strandpromenade von Cape May fehlen die sonst üblichen Snackbars, aber man findet zahlreiche billige Lokale zum Mittagessen. Das Abendessen fällt weit teurer aus. Die Ausschankgesetze in Cape May sind recht streng, was zur Folge hat, dass es viele BYO-Restaurants gibt (BYO = *bring your own* – Gäste können ihr alkoholisches Getränk mitbringen).

Depot Market Café, 409 Elmira St, gegenüber dem Busbahnhof, ☎ 609/884-8030. Opulente Sandwiches, Salate und *hoagies* sowie Abendessen für um die $10.

Gecko's, Carpenter's Lane, ☎ 609/898-7750. Leckere Südwest-Küche und hervorragende Desserts. Man kann auch im Patio sitzen. Gut zum Mittagessen.

Le Verandah, 107 Grant St, ☎ 609/884-5868. Der französische Küchenchef sorgt dafür, dass seine Kreationen wie Gravlax mit Senf-Dill-Soße und Seafood-Bouillabaisse ($27) auch original französisch schmecken.

The Lemon Tree, 101 Liberty Way, ☎ 609/ 884-2704. Der billige, freundliche Deli bildet ein gutes Gegengewicht zu all den Coffeeshops in der Straße. Die Käsesteaks besitzen Philadelphia-Qualität.

Mad Batter, 19 Jackson St, ℡ 609/884-5970. Die Fleisch- und Fischgerichte werden bei Kerzenlicht im Garten gereicht. Mittagessen $10–15, Abendessen $20–30. Manchmal erklingt Live-Jazz oder -Blues.

Unterhaltung

Nach Einbruch der Dunkelheit ist Cape May ein friedlicher Ort. In Bars und Musikkneipen treffen sich Einheimische und Touristen. Wer ein bisschen lebendigeres Nachtleben sucht, besucht die Bars und Nachtclubs von Wildwood wie **H2O**.

Cabana's, 429 Beach Ave ℡ 609/884-4800. 2-stöckige Bar; unten wird Livemusik gespielt, oben befindet sich eine Cocktail Lounge.

Carney's, 401 Beach Ave, ℡ 609/884-4424. Geräumige irische Bar mit Livemusik.

Ugly Mug, im Einkaufszentrum, Washington St, Ecke Decatur St, ℡ 609/884-3459. Bei Einheimischen beliebte, freundliche Bar mit Fischsuppe, Sandwiches und Meeresfrüchten.

Sonstiges
Fahrradverleih

Cape May lässt sich gut zu Fuß erkunden. Für weitere Touren vermietet der **Village Bike Shop**, 609 Lafayette St, in der Nähe des Busterminals, ℡ 609/884-8500, Fahrräder für $5 pro Std. oder $15 pro Tag.

Informationen

Das **Welcome Center** beim Busbahnhof, ℡ 609/884-9562, 🖥 www.capemaynj.com, bietet Stadtpläne, Informationen und hilft bei der Buchung von Unterkünften. ☉ tgl. 9–16.30 Uhr.

Touren

Cape May Whale Watcher, Second Ave, Ecke Wilson Drive, ℡ 609/884-5445 oder 1-800/786-5445, 🖥 www.capemaywhalewatcher. com, veranstaltet zwischen März und Dez tgl. drei Rundfahrten um Cape May Point, zwei Delphinbeobachtungstouren (2 Std., Abfahrt um 10 und 18.30 Uhr, $28) und eine Fahrt zu Walen und Delphinen (3 Std., Abfahrt 13 Uhr, $38). Die Boote fahren von einer Bucht am Cape May Canal, hinter dem Wilson Drive, ab.

Transport
Busse

NJ Transit bietet einen Expressbusservice nach Cape May von PHILADELPHIA und der Südküste von New Jersey sowie Busse von NEW YORK und ATLANTIC CITY.

Greyhound-Busse halten am Busbahnhof, gegenüber der Ecke Lafayette und Ocean St.

Fähren

Ein Fährdienst verbindet Cape May mit LEWES, Delaware (S. 415). Fahrplan erfragen unter ℡ 1-800/643-3779, 🖥 www.capemaylewesferry. com. $8–10 p. P., $30–44 pro Auto.

New England  **3 HIGHLIGHT**

Stefan Loose Traveltipps

Boston, MA Amerikas geschichtsträchtigste Stadt: Hier wird die Vergangenheit lebendig. S. 202

Provincetown, MA Wilde Strände, blumengesäumte Straßen und alternatives Flair an der Spitze von Cape Cod. S. 226

Newport, RI Wo die oberen Zehntausend einander mit pompösen Sommervillen zu übertrumpfen versuchten. S. 241

White Mountains, NH Am Mount Washington oder Franconia Notch kann man herrlich Ski laufen, wandern oder einfach nur die schöne Landschaft genießen. S. 254

Montpelier, VT Vermonts hübsches, freundliches und von Touristen wenig besuchtes Hauptstädtchen liegt idyllisch zwischen Flüssen und Wald. S. 261

Acadia National Park, ME Abgeschiedene Berg- und Seenlandschaft mit schönen Stränden. Der Clou: Hier geht die Sonne früher auf als in allen anderen Gegenden der USA. S. 277

Die sechs neuenglischen Staaten **Massachusetts**, **Rhode Island**, **Connecticut**, **New Hampshire**, **Vermont** und **Maine** rufen bei Besuchern und Einheimischen Bilder von einer Landschaft voller altehrwürdiger Holzhäuser, Schlachtfelder aus dem Unabhängigkeitskrieg und weißer Kirchtürme inmitten grüner Hügel hervor. Die Tourismusbranche der Region schlachtet die nostalgisch verklärte Vergangenheit nach Kräften aus, aber dies ist in der Tat eines der geschichtsträchtigsten Gebiete der USA. Besonders Boston wird als Geburtsstätte der amerikanischen Unabhängigkeit gefeiert, da die Stadt Schauplatz zahlreicher entscheidender Ereignisse während des Unabhängigkeitskrieges war. Und die Region diente außerdem als Heimat und Inspirationsquelle für Berühmtheiten der amerikanischen Literatur von Mark Twain und Henry Thoreau bis zu Emily Dickinson und Jack Kerouac.

Die Elitehochschulen Harvard, Yale, Brown, Dartmouth usw. sind die ältesten des Landes und nach wie vor äußerst einflussreich. Sie dominieren ganze Städte wie Cambridge und Amherst, ziehen Scharen heller junger Köpfe aus aller Welt an und prägen den liberalen Grundton der Region. Auch wenn New Hampshire politisch etwas flatterhaft ist, hat New England insgesamt bei allen Präsidentschaftswahlen seit den 1980er-Jahren für die demokratischen Kandidaten votiert.

Die beste Zeit für eine Reise nach New England ist von Ende September bis Ende Oktober, wenn die herrliche **Färbung des Herbstlaubs** Horden von Besuchern anlockt. Der Herbst in New England, besonders farbenprächtig in Vermont, ist ein wunderschönes Naturschauspiel, das man nicht versäumen sollte; allerdings ziehen die Hotelpreise in dieser Zeit merklich an.

Im Osten der Region steht die Halbinsel **Cape Cod** wie ein angewinkelter Arm von **Massachusetts** ab. Die 300 Meilen Küste bieten mit ihren Dünenlandschaften zahllose Gelegenheiten zum Sonnenbaden. Im Westen des Bundesstaates warten die friedvollen **Berkshires** neben schönen Sommerfestivals auch mit faszinierenden Kunstmuseen auf. Die Sehenswürdigkeiten von **Connecticut** und **Rhode Island** sind eher urbaner Natur, aber abseits des I-95 finden sich zahlreiche stille Flecken, besonders Newport und Block Island, 50 Meilen südlich von Providence.

Boston ist eine lebendige und anregende Stadt und idealer Ausgangspunkt für die Reise nach Norden an der hier weniger dicht besiedelten Ostküste entlang (wo das Seafood umso besser wird, je weiter man nach Norden man kommt). Auch das übrige **Massachusetts** ist reich an historischen und literarischen Bezügen.

Im Landesinneren bieten die Seen und Berge von **Maine** und **New Hampshire** unberührte Natur – ideal zum Wandern, Skilaufen und anderen Betätigungen im Freien. Maine ist aber auch wegen seiner zerklüfteten Küste bekannt, die mit malerischen Leuchttürmen und wilden Blaubeerbüschen geschmückt ist. Abseits der reizenden Landstraßen von **Vermont** eröffnen sich schöne Möglichkeiten zum Wandern durch stille Wälder und ländliche Städtchen.

Transport

Das Herz von New England bildet Boston, Massachusetts, und von hier können sich Reisende in alle Richtungen per Flugzeug, Bahn oder Bus fortbewegen. Wer die Region genauer erkunden möchte, benötigt jedoch ein eigenes Fahrzeug, da das Netz an öffentlichen Verkehrsmitteln außerhalb der größeren Städte schnell dünner wird. Eine Ausnahme bildet lediglich Boston selbst, wo es eher ein Hindernis ist, mit dem Auto unterwegs zu sein.

Züge von Amtrak verbinden Boston regelmäßig mit Providence, Hartford, New York, Philadelphia und Washington DC, und der **Vermonter** fährt nach Vermont und Connecticut sowie (via Springfield) nach Chicago und Toronto. In Connecticut verkehren Züge von Metro North, ℡ 212/532-4900, von New Haven nach New York City. Der **Downeaster** befährt eine landschaftlich reizvolle Strecke von Boston nach Portland in Maine und hält unterwegs in den verschlafenen Städten Exeter, Durham und Dover.

Ab Boston herrscht reger **Busverkehr**, u. a. nach Cape Cod. In Rhode Island können Besucher mit öffentlichen Verkehrsmitteln umherreisen; die Busse und Fähren der staatlichen Verkehrsgesellschaft RIPTA, ℡ 401/781-9400, 🖳 www.ripta.com, verkehren z. B. zwischen Providence und Newport. In Connecticut steu-

NEW ENGLAND

N

0   50 Meilen

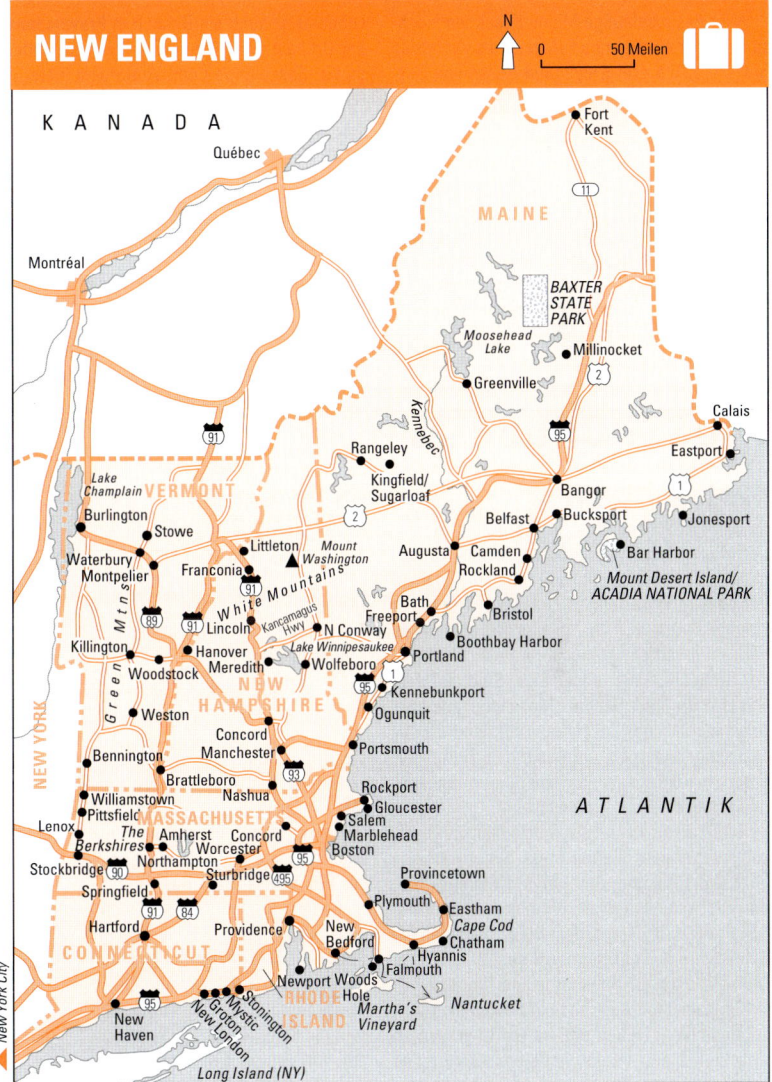

KANADA

Québec

Montréal

MAINE

Fort Kent

BAXTER STATE PARK

Moosehead Lake

Millinocket

Greenville

Calais

Eastport

Rangeley

Kennebec

Bangor

Lake Champlain

VERMONT

Kingfield/ Sugarloaf

Belfast

Bucksport

Jonesport

Burlington

Stowe

Littleton

Mount Washington

Augusta

Camden

Bar Harbor

Waterbury

Montpelier

Franconia

White Mountains

Rockland

Mount Desert Island/ ACADIA NATIONAL PARK

Kancamagus Hwy

N Conway

Bath

Freeport

Bristol

Lincoln

Lake Winnipesaukee

Boothbay Harbor

Killington

Hanover

Meredith

Wolfeboro

Portland

Green Mtns

Woodstock

NEW HAMPSHIRE

Kennebunkport

Weston

Ogunquit

NEW YORK

Concord

Manchester

Portsmouth

Bennington

Brattleboro

Nashua

Rockport

Williamstown

Gloucester

Lenox

Pittsfield

MASSACHUSETTS

Salem

Marblehead

ATLANTIK

The Berkshires

Amherst

Concord

Stockbridge

Northampton

Worcester

Boston

Springfield

Sturbridge

Provincetown

Hartford

Plymouth

Eastham

Cape Cod

Chatham

Providence

New Bedford

Hyannis

CONNECTICUT

Newport

Woods Hole

Falmouth

New York City

New Haven

Mystic

Groton

New London

Stonington

RHODE ISLAND

Martha's Vineyard

Nantucket

Long Island (NY)

ern die Busse von Greyhound und Peter Pan die meisten größeren Städte an; in New Hampshire existieren regelmäßige Busverbindungen entlang der Küste und zwischen Nashua und Concord, jedoch nur wenige Verbindungen mit Concord Coach Lines weiter Richtung Norden zur Lakes Region und in die White Mountains. In Vermont werden Städte wie Burlington, Montpelier und Brattleboro als Teil des nationalen Busnetzes von Greyhound bedient.

Wer das weitläufige Maine besuchen möchte, benötigt ein eigenes Fahrzeug, es verkehren jedoch täglich drei **Greyhound**-Busse von Boston nach Portland. Außerdem steuert Greyhound auch Bath, Rockland, Camden und Fort Kent und eine Reihe weiterer Städte im mittleren und nördlichen Maine an. **Concord Coach Lines**, ✆ 1-800/639-3317, 🖥 www.concordcoachlines.com, befährt die ganze Strecke nach Osten bis Bangor und unterhält generell die besten Verbindungen zur Küste. Die Busverbindungen von **CYR**, ✆ 207/827-2335, reichen über Bangor bis in den hohen Norden nach Fort Kent hinauf.

Massachusetts

Die Ankunft in der Nähe des heutigen Salem im Jahr 1629 bedeutete für die ersten Siedler der **Massachusetts Bay Colony** einen Wendepunkt in ihrer Geschichte. Puritaner, die England vor dem zu erwartenden Zusammenbruch des Landes durch die Wirren des Bürgerkrieges verlassen hatten, sahen ihre Bestimmung in der Gründung einer utopischen „**Stadt auf dem Hügel**". Ihre neue Kolonie Massachusetts sollte ein moralisches Leuchtfeuer für den Rest der Menschheit werden, ein Königreich Gottes auf Erden, mit einer soliden Regierung und gesunden geistigen Lebensgrundsätzen.

Die Klarheit ihres Denkens und ihr Durchsetzungsvermögen blieben stets gegenwärtig – dank der Gründung des Harvard College 1636, der intellektuellen Kraft, die hinter dem Unabhängigkeitskrieg stand, dem Kreuzzug gegen die Sklaverei und **Schriftstellern** des 19. Jhs. wie Melville, Emerson, Hawthorne und Thoreau.

Ein paar Tage Aufenthalt in **Boston** sind sehr zu empfehlen. Neben der vielerorts präsenten Geschichte gibt es ein vielfältiges kulturelles Leben, das zum Teil Cambridge zu verdanken ist, Heimat der Harvard University und des MIT (Massachusetts Institute of Technology), gleich auf der anderen Seite des Flusses. Mehrere historische Städte sind von Boston leicht zu erreichen: **Salem** im Norden, **Concord** und **Lexington** gleich landeinwärts und **Plymouth** im Süden.

Lohnend ist auch ein Besuch in **Provincetown**; der Ort liegt eine 90-minütige Fährfahrt entfernt an der Spitze Cape Cods. Außerdem bietet das Cape weitere alte Städte und hübsche Strände.

Boston

Seit seiner Gründung hat sich Boston beständig ausgedehnt und erstreckt sich heute von der **Massachusetts Bay** bis weit ins Landesinnere. Der Hafen aus dem 17. Jh. und das Straßengewirr um den Boston Common – die einstige Gemeinschaftsweide und Keimzelle der Stadt – heben sich nach wie vor von den rasterförmig angelegten Straßenzügen des modernen Boston ab.

Bis 1755 war Boston die größte Stadt Amerikas. Nirgendwo in der Kolonie waren die Menschen so direkt von den Launen der britischen Krone betroffen wie hier. Daher regte sich in Boston der Unwille gegen die Kolonialherren, der schließlich im amerikanischen Unabhängigkeitskrieg gipfelte, stärker als anderswo. Mit zahlreichen Gebäuden erinnert der **Freedom Trail** durch Downtown an jene Zeit. Der nach London und Bristol drittwichtigste Hafen des britischen Empire befand sich auf einer schmalen Halbinsel und war auf dem Landweg nur über die heutige Washington Street zu erreichen. Als die Briten Boston 1775 in Richtung Lexington verließen, bestiegen sie ihre Schiffe noch direkt am Boston Common. Während des 19. Jhs. schüttete man dann große Teile der Bucht zu und errichtete auf dem neu gewonnenen Land das Wohngebiet Back Bay.

Central Boston erstreckt sich heute etwas abseits der Küste. Bis vor Kurzem wurde die Stadt von dem unansehnlichen John Fitzgerald Expressway (I-93) geteilt, der mitten durch Downtown führte. Erst im Jahr 2006 entledigte sich die Stadt dieser „Schandmeile", indem sie den Verkehr unter die Erde verlegte – die Vollendung dieses „**Big Dig**" genannten Projekts nahm über zehn Jahre in Anspruch.

An Bostons englischstämmige Führungselite aus dem 19. Jh. erinnern bis heute die hochherrschaftlichen Backsteinbauten mit rotviolett verfärbten Fensterscheiben in den vornehmeren Vierteln der Stadt. Boston ist aber keineswegs ausschließlich eine Stadt der angelsächsischen Protestanten. Die Iren, die nach einer großen Hungersnot in den 1840er-Jahren in Scharen nach Amerika strömten, stellten in Boston schon 1885 einen Bürgermeister und nicht einmal 100 Jahre später mit John F. Kennedy den Präsidenten der Nation. Mehr als 100 Universitäten und Colleges trugen dazu bei, die liberale Tradition, die u. a. die Kennedys hervorbrachte, bis heute lebendig zu halten.

Die berühmteste dieser Ausbildungsstätten – die **Harvard University** – befindet sich eigentlich in der Stadt Cambridge am anderen Flussufer, ist aber dank einer guten U-Bahn-Verbindung schnell zu erreichen.

Die Auswirkungen der Weltwirtschaftskrise, die in Boston noch bis in die 1950er-Jahre zu spüren waren, sind längst überwunden. Mit seinen faszinierenden Museen, seinen prächtigen Bauten und der stets greifbaren Geschichte gehört das quirlige Boston ins Programm eines jeden New-England-Reisenden.

Orientierung

Boston ist um den **Boston Common** herum entstanden, eine zweckmäßige Grünfläche, die 1634 zur öffentlichen Nutzung und als „Weideland" angelegt wurde. Er ist einer von neun Parks, die sich über die Stadt verteilen, und ein guter Ausgangspunkt für eine Stadtbesichtigung.

Vom Visitor Center am Boston Common an der Tremont Street sieht man das **State House** in einiger Entfernung zur Linken, während das Haupteinkaufsviertel **Quincy Market** halb rechts in Richtung der Bucht liegt (gut 10 Minuten zu Fuß). Die moderne Betonlandschaft des **Government Center** erreicht man, wenn man die Tremont Street immer geradeaus geht. Dahinter liegt in Wassernähe das beliebte **North End** – ein zuerst irisches, dann jüdisches und mittlerweile ausgesprochen italienisches Stadtviertel. Auf dem Hügel hinter dem Visitor Center, dem **Beacon Hill**, erhebt sich das State House. Der benachbarte vornehme Stadtteil sieht noch genauso elegant aus wie damals, als Henry James die Mount Vernon Street als „die beste Adresse Amerikas" bezeichnete.

Folgt man der Tremont Street stadtauswärts, gelangt man bald nach **Chinatown** und zum **Theater District**, während sich elegante Boulevards wie die Commonwealth Avenue vom Public Garden nach Westen zur **Back Bay** erstrecken, wo die **Harvard Bridge**, die Boston mit Cambridge verbindet, den Charles River überspannt.

Freedom Trail

Der Freedom Trail (Freiheitspfad) vermittelt nicht nur einen Eindruck von der Rolle Bostons in der amerikanischen Geschichte, sondern dient zugleich der Orientierung in Downtown. Der Weg ist durch eine rote Linie auf dem Pflaster gekennzeichnet und ermöglicht es Besuchern, die City zu Fuß zu entdecken. Im Prinzip beginnt er am Visitor Information Center am Boston Common.

Zunächst führt er zum **Massachusetts State House**, das an seiner goldenen Kuppel zu erkennen ist. Das Gebäude wurde von Charles Bulfinch entworfen, 1798 fertiggestellt und dient bis heute als Sitz der Regierung Massachusetts. Sein bekanntestes Merkmal, ein geschnitzter Fisch – genannt der „Heilige Kabeljau" *(Sacred Cod)* – symbolisiert den Wohlstand, den Boston einst dem Seehandel verdankte. Gratisführungen Mo–Fr 10–15.30 Uhr.

Zwar ist die **Park Street Church**, Ecke Park und Tremont St, keineswegs „Amerikas interessanteste Anhäufung von Backsteinen und Mörtel", wie Henry James einst behauptete, aber sein reich verzierter weißer Kirchturm ist zweifellos beeindruckend. Hier rief der Redner William Lloyd Garrison am 4. Juli 1829 zum ersten Mal öffentlich zur landesweiten Abschaffung der Sklaverei auf. ⊙ Juli und Aug Di–Sa 8.30–15.30 Uhr, ansonsten nach Vereinbarung, Eintritt frei.

Gleich um die Ecke ruhen auf dem stimmungsvollen **Old Granary Burying Ground** die sterblichen Überreste der Revolutionäre Paul Revere, Samuel Adams und John Hancock. ⊙ tgl. 9–17 Uhr, Eintritt frei. Etwa einen Block weiter nördlich an der Tremont Street befindet sich der himmlische **King's Chapel Burying Ground**, die letzte Ruhestätte einiger der bedeutendsten Persönlichkeiten des 17. Jhs.: Hier liegen u. a. Mary Chilton – die erste Frau, die von der *Mayflower* ging – und der erste Gouverneur Bostons, John Winthrop, begraben. ⊙ Sommer Mo–Sa 10–16, Winter Sa bis 16 Uhr, Eintritt frei.

New England

Boston

Übernachtung

- **P** 40 Berkeley
- **Q** Back Bay Hotel
- **N** Beacon Hill Hotel
- **M** Charlesmark Hotel
- **G** Encore B&B
- **B** Green Turtle Floating B&B
- **A** Harborside Inn
- **F** Hotel 140
- **C** Hotel Commonwealth

- **J** HI-Boston
- **I** HI-Fenway Summer Hostel
- **H** Inn @ St. Botolph
- **L** Irving House
- **O** John Jeffries House
- **D** La Capella Suites
- **D** Liberty Hotel
- **K** Marriott Custom House
- **R** Omni Parker House

T U-Bahnstation

0   400 m

N

Logan Airport

Bunker Hill

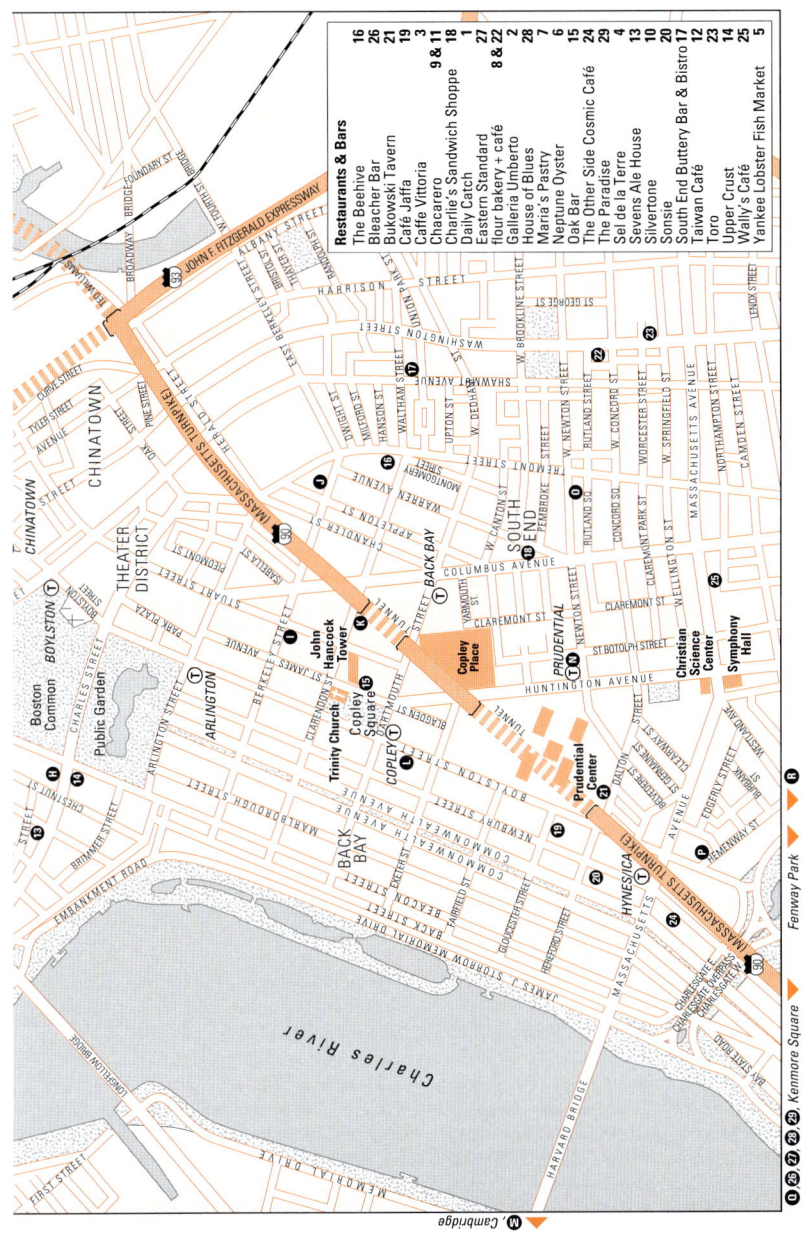

Restaurants & Bars

The Beehive	16
Bleacher Bar	26
Bukowski Tavern	21
Café Jaffa	19
Caffe Vittoria	3
Chacarero	9 & 11
Charlie's Sandwich Shoppe	18
Daily Catch	1
Eastern Standard	27
flour bakery + café	8 & 22
Galleria Umberto	2
House of Blues	28
Maria's Pastry	7
Neptune Oyster	6
Oak Bar	15
The Other Side Cosmic Café	24
The Paradise	29
Sel de la Terre	4
Sevens Ale House	13
Silvertone	10
Sonsie	20
South End Buttery Bar & Bistro	17
Taiwan Café	12
Toro	23
Upper Crust	14
Wally's Café	25
Yankee Lobster Fish Market	5

New England

Ganz in der Nähe kennzeichnet ein Standbild von Benjamin Franklin in der School Street den Standort der **Boston Latin School**, der ersten Public School Amerikas. Hier drückten sowohl Franklin (der die Schule vorzeitig verließ) als auch Samuel Adams die Schulbank. Malcolm X und Ho Chi Minh waren beide einst im **Omni Parker House** (liegt offiziell nicht am Trail) beschäftigt. Die Unterkunft ist das älteste Luxushotel des Landes, das ununterbrochen in Betrieb war.

Als Nächstes folgen zwei der auffälligsten und bedeutendsten Gebäude des Trails: Im **Old South Meeting House** verkündete Samuel Adams: „Diese Versammlung kann nichts mehr tun, um das Land zu retten". Das war das auslösende Signal für die Boston Tea Party am 16. Dezember 1773, den ersten größeren Akt der Rebellion vor Ausbruch des Unabhängigkeitskriegs. Bei diesem sorgfältig geplanten Ereignis schütteten 100 Männer – einige von ihnen in indianischer Tracht gekleidet – feierlich genügend britischen Tee in den Hafen, um 24 Millionen Tassen zu füllen. ☉ April–Okt tgl. 9.30–17, Nov–März 10–16 Uhr, Eintritt $6.

Das elegante **Old State House** aus dem Jahr 1712 war früher Sitz der Kolonialregierung. Von seinem Balkon wurde am 18. Juli 1876 die Unabhängigkeitserklärung verlesen; 200 Jahre später hielt Königin Elisabeth II. auf demselben Balkon eine Ansprache. Im Innern veranschaulicht ein nett gemachtes **Museum** die Geschichte von Boston. ☉ tgl. 9–17 Uhr, Eintritt $7,50.

Außerhalb des Gebäudes kennzeichnet auf der Verkehrsinsel an der Kreuzung von Devonshire und State Street ein Steinkreis die Stelle, an der sich das **Boston Massacre** ereignete: Am 5. März 1770 schossen britische Soldaten in eine Menschenmenge, die sie mit steingefüllten Schneebällen bewarf. Fünf Menschen starben.

Der lebendige **Quincy Market** und der **Faneuil Hall Marketplace**, zu Fuß fünf Minuten weiter nordöstlich, laden dazu ein, sich in Restaurants oder an Imbissständen zu stärken und in Souvenirshops einzukaufen. ☉ Mo–Sa 10–21, So 12–18 Uhr, Eintritt frei. Als Treffpunkt von

Black Heritage Trail

Nachdem Massachusetts im Jahr 1783 als erster Staat der USA die Sklaverei für unrechtmäßig erklärt hatte, entstand in North End und auf dem Beacon Hill in kürzester Zeit eine große Gemeinde aus freien Schwarzen und geflohenen Sklaven. Heute leben in diesen Vierteln nur noch sehr wenige Afroamerikaner, aber der Black Heritage Trail folgt den Spuren, die Beacon Hill in der lokalen und nationalen Geschichte der schwarzen Bevölkerung gespielt hat. Dieser Weg ist die vielleicht bedeutendste historische Stätte, die sich der afroamerikanischen Geschichte und Kultur vor dem Bürgerkrieg widmet.

Startpunkt des Trails ist das **Museum of Afro-American History** gleich neben der Abiel Smith School, 46 Joy Street, das sich anschaulich mit der historischen Bewegung zur Abschaffung der Sklaverei und der afroamerikanischen Geschichte befasst. ☉ Mo–Sa 10–16, Eintritt $5. Das Gebäude, das 1806 als erste afroamerikanische Kirche der Vereinigten Staaten er-

baut wurde, erlangte während des Kampfs zur Abschaffung der Sklaverei als „Black Faneuil Hall" einige Bedeutung. Hier rief Frederick Douglass die schwarze Bevölkerung im Sezessionskrieg zu den Waffen. Zu denen, die diesem Aufruf folgten, gehörten die Freiwilligen des Massachusetts 54th Regiment. An sie erinnert ein **Denkmal** am Rand des Boston Common, gegenüber der State Hall. Es stellt eine Szene aus dem Abschiedsmarsch des Regiments über die Beacon Street dar.

Vom Denkmal aus windet sich der Black Heritage Trail durch Beacon Hill, vorbei an einem interessanten Bauwerk – dem **Lewis and Harriet Hayden House** in der 66 Philipps Street. Letzteres war eine Station der berühmten Underground Railroad. Die Haydens beschützten Hunderte von entlaufenen Sklaven vor den Kopfgeldjägern, die ihnen auf den Fersen waren. Es ist kein Problem, den Trail auf eigene Faust zu begehen. Alternativ bietet der National Park Service **kostenlose Führungen** an (s. S. 216).

New England

Befürwortern der Unabhängigkeit und später von Gegnern der Sklaverei trug die Faneuil Hall einst den Beinamen „Wiege der Freiheit". ☉ tgl. 9–17 Uhr, Eintritt frei.

Nicht weit abseits des Freedom Trail ragen in der nahen Union Street die hohen, hohlen Glassäulen des **New England Holocaust Memorial** empor. Hier sind sechs Millionen Zahlen eingeritzt – zum Andenken an die Opfer des Holocaust, die von den Nazis tätowiert wurden. Besonders bemerkenswert ist das schornsteinähnliche Gebilde bei Nacht, wenn der aus den Säulen aufsteigende Dampf von innen erleuchtet wird.

Weiter geht es über den hübschen Grünstreifen des neuen Rose Kennedy Greenway mit Springbrunnen (früher eine riesige, überirdische Schnellstraße) nach North End zum **Paul Revere House**, 19 North Square, ☏ 617/523-2338, 🖳 www.paulreverehouse.org, Bostons letztem noch erhaltenen Haus aus dem 17. Jh. Es wurde nach dem Großbrand von 1676 erbaut. Hier lebte Paul Revere – Patriot, Silberschmied, Freimaurer und Vater von 16 Kindern – von 1770–1800. Am 18. April 1775 begab sich Revere auf seinen berühmten Ritt, um Samuel Adams und John Hancock (sowie die Einwohner von Lexington, MA) vor einem drohenden Angriff der Briten zu warnen. ☉ Mitte April–Okt tgl. 9.30–17.15, Nov–Mitte April tgl. 9.30–16.15 Uhr, Jan–März Mo geschl., Eintritt $3,50.

Zwei Laternen hingen am Glockenturm der **Old North Church**, 193 Salem St, ☏ 617/523-6676, 🖳 www.oldnorth.com, um Charlestown ein Zeichen zu geben, falls Revere in Gefangenschaft geraten sollte. ☉ Jan–Feb Di–So 10–16, März–Mai tgl. 9–17, Juni–Okt tgl. 9–18, Nov–Dez tgl. 10–17 Uhr, Eintritt frei.

Weiter geht es die Hull Street hinauf zum **Copp's Hill Burying Ground**. Von hier eröffnet sich ein Blick über den Hafen bis nach Charlestown. Das wussten auch die Briten, als sie dort ihre Artillerie für die Schlacht von Bunker Hill in Stellung brachten. ☉ tgl. 9–17 Uhr, Eintritt frei.

Beim Verlassen des Friedhofs lohnt ein Blick auf das **schmalste Haus** der Stadt: 44 Hull St, ein Wohnhaus von nur 3 m Breite.

Der Freedom Trail führt weiter über die Charlestown Bridge – ein ziemlich langer, aber durch schöne Aussichten versüßter Fußmarsch –

zu seinen letzten beiden Stationen, die alternativ auch mit den häufig verkehrenden **Fähren** von Long Wharf nach Charlestown Navy Yard zu erreichen sind (Mo–Fr alle 15–30 Min.) von 6.30–20 Uhr, Sa und So alle 15 Min. von 10–18 Uhr, einfache Fahrt $1,70.

Die berühmte **USS Constitution**, auch bekannt als *Old Ironsides*, ist das älteste noch seetüchtige Kriegsschiff der Welt. Es lief 1797 in Boston vom Stapel und verdiente sich seinen Spitznamen im Krieg von 1812, als herannahende Kanonenkugeln von ihrem Rumpf abprallten. Anschließend kam sie in 30 Schlachten zum Einsatz, von denen keine einzige verloren ging. Gratisführungen auf dem Schiff finden alle halbe Stunde statt. ☉ April–Okt Di–So 10–18 Uhr, Nov–März Do–So 10–16 Uhr.

Auf der anderen Seite des Wegs dokumentiert das **USS Constitution Museum** die Geschichte des Schiffs. Im Obergeschoss können Besucher ihre Fähigkeit testen, auf einem Schiffstau zu balancieren, oder mit damaligen Methoden feststellen, ob ihre Begleiter an Skorbut oder Gicht leiden. ☉ April–Okt tgl. 9–18, Nov–März tgl. 10–17 Uhr, Eintritt frei.

Dahinter ragt auf dem Breed's Hill das **Bunker Hill Monument** empor. Es erinnert an die Schlacht vom 17. Juni 1775, die auf diesem Hügel stattfand. Zwar gingen die Briten daraus noch als Sieger hervor, aber im Grunde stärkte die Schlacht bereits die Patrioten, die fast die Hälfte der britischen Truppen niederstreckten. Eine Wendeltreppe mit 294 Stufen führt hinauf zur Spitze, von wo aus sich ein weiter Blick bietet. ☉ Juli und Aug tgl. 9–17.30, sonst tgl. bis 16.30 Uhr, Eintritt frei. Ein neues **Museum** unten zeigt interessante Exponate zur Schlacht und zur Geschichte von Charlestown. ☉ Juli und Aug tgl. 9–18, sonst tgl. bis 17 Uhr, Eintritt frei.

Im Sommer ist auf dem Hügel meist ein Eiswagen stationiert, um die Gipfelstürmer zu erfrischen. Der Park bietet sich auch als nettes Picknickplätzchen an.

Uferbereich und Seaport District

Nach einer Reihe von Investitionen ist Bostons **Hafenviertel** seit kurzem wieder belebt: Mit neuen attraktiven Springbrunnen, gepflegten Grünflächen und historischen Beschilderungen eignet sich die Gegend nun bestens für einen Spaziergang. Der mit Glyzinien übersäte **Columbus Park**, ein hübscher Platz neben dem Marriott Long Wharf Hotel, lädt zum Picknicken und Faulenzen ein. Ursprünglich begann der **Long Wharf** an der Faneuil Hall. An diesem Kai, der einmal mehr als 600 m in den Hafen hinausragte, fand am 17. März 1776 der endgültige Rückzug der Briten statt. Später wurde Land aufgeschüttet und am Ende des Kais der **Custom House Tower**, 3 McKinley Square, ✆ 617/310-6300, Eintritt frei, einst der höchste Wolkenkratzer New Englands, errichtet. Durch weitere Landgewinnung steht auch dieser Turm heute nicht mehr am Wasser, aber von seiner Aussichtsplattform bietet sich ein atemberaubender Blick auf den Hafen.

Am Central Wharf, ganz in der Nähe, befindet sich das **New England Aquarium**, ✆ 617/973-5200, mit Seehunden in einem Becken draußen und einem gewaltigen, dreistöckigen Glaszylinder drinnen, in dem es von Haien, Muränen, Riesenschildkröten und anderen exotischen Meeresbewohnern nur so wimmelt. Taucher füttern die Fische fünfmal am Tag per Hand; daneben finden in einem schwimmenden Amphitheater Seelöwenshows statt. Das Aquarium veranstaltet auch ausgezeichnete **Walbeobachtungstouren** (April–Okt, s. S. 216). ◷ Juli und Aug So–Do 9–18, Fr und Sa 9–19 Uhr, Sep–Juni Mo–Fr 9–17, Sa und So 9–18 Uhr, Eintritt $21, Kinder $13.

Am anderen Ende der Brücke kennzeichnet eine 12 m hohe Milchflasche – mit integrierter Imbissbude – das vor Kurzem modernisierte **Boston Children's Museum**, 300 Congress St, ✆ 617/426-6500. Auf drei Stockwerken werden clever gestaltete Exponate gezeigt, die Kindern Lust aufs Lernen machen sollen. Hier werden zahlreiche Themen abgedeckt – von Musikwissenschaft bis hin zur Erzeugung einer gigantischen Blase. Vor dem Verlassen des Museums lohnt ein Besuch im Recycle Shop, in dem Industriereste in ansprechendes Kunsthandwerk verwandelt werden. ◷ tgl. 10–17, Fr bis 21 Uhr, Eintritt $12, Kinder $9, Fr 17–21 Uhr $1.

Wie ein gigantischer Eiswürfel thront das **Institute of Contemporary Art**, 100 Northern Ave, **T** Courthouse Station, ✆ 617/478-3100, 🖳 www.icaboston.org, im Seaport District über dem Bos-

ton Harbor und bietet schon von außen einen staunenswerten Anblick. Die spektakuläre freitragende Konstruktion, die gut 24 m aufs Wasser hinausragt, passt gut zur zeitgenössischen Kunst in ihrem Inneren. Der Ausleger beherbergt die „Founders Gallery" (Gründergalerie): Durch die Glaswand dieses lang gestreckten Raums der Besinnung blicken die Besucher geradewegs in die von Quallen wimmelnden Gewässer des Boston Harbor hinab. ◷ Di, Mi, Sa und So 10–17, Do und Fr 10–21 Uhr, Eintritt $15, Kinder frei; Do 17–21 Uhr frei; am letzten Sa im Monat freier Eintritt für Familien.

Museum of Science

Das Museum of Science, **T** Science Park, ✆ 617/723-2500, 🖳 www.mos.org, auf dem Gelände des Science Park am Charles River Dam, auf der anderen Seite der Halbinsel, versammelt auf mehreren Etagen interaktive Exponate, die grundlegende Prinzipien der Natur und der Physik erklären. Ein imposantes IMAX-Kino nimmt die ganze Höhe an einem Ende des Gebäudes ein. Das 3D-Theater des Museums bietet Gelegenheit, coole 3D-Brillen von Vorvorgestern aufzusetzen. ◷ Juli–Anfang Sep Sa–Do 9–19, Fr 9–21, Mitte Sep–Juni Sa–Do 9–17, Fr 9–21 Uhr, Eintritt $20, Kinder $17.

Back Bay und weiter

Je mehr Land dem Charles River seit 1857 abgerungen wurde, desto weiter dehnten sich die prächtigen Häuser und breiten Boulevards von Back Bay am Charles River aus. Ein Spaziergang von Ost nach West durch diesen Teil der Stadt kommt einer Lektion in viktorianischer Architekturgeschichte gleich.

Das herausragende Bauwerk des Viertels ist die romanische **Trinity Church** an der Clarendon Street. Ihr atemberaubender Innenraum wurde so erbaut, dass er den Besuchern das Gefühl vermittelt, sie hätten gerade „ein lebendes Gemälde betreten". ◷ Mo–Fr 9–17, So 13–18 Uhr, Eintritt $6. Sie steht im Schatten des unverwechselbaren **John Hancock Tower**, eines eleganten Wolkenkratzers von I.M. Pei. Die nahe gelegene **Newbury Street** ist eine stimmungsvolle, einladende Straße mit edlen Boutiquen, Cafés und Kunstgalerien.

New England

Trinity Church, Boston

Das **Christian Science Center** an der Huntington, Ecke Massachusetts Avenue, ist die Mutterkirche der Church of Christ Scientist und Herausgeber der Zeitung *Christian Science Monitor.* 1990 stattete Nelson Mandela der Zeitung einen Besuch ab, um ihr persönlich für ihre Unterstützung bei seiner Freilassung aus dem Gefängnis zu danken.

Eine Fußgängerbrücke führt quer durch die fantastische, gläserne Erdkugel **Mapparium**. Das Beste an dem Globus ist seine fehlende Schalldämmung: Leises Flüstern an einem Ende der Brücke ist leicht am anderen Ende zu hören. ⏰ Di–So 10–16 Uhr, Eintritt $6.

Südlich von Back Bay steht das **Museum of Fine Arts**, 465 Huntington Ave, ✆ 617/267-9300, 🖥 www.mfa.org, dessen umfangreiche Sammlungen – von asiatischer und früher ägyptischer Kunst bis zu moderner amerikanischer Malerei – Besucher problemlos einen ganzen Tag beschäftigen können. Aber Achtung: Das Museum wird derzeit von Grund auf saniert (und dabei u. a. um einen neuen Flügel und einen Innenhof erweitert); selbst die beliebtesten Ausstellungssäle können daher zeitweise geschlossen sein. Wer den langen Fußweg zum Museum scheut, nimmt einen mit „E" gekennzeichneten Zug der grünen U-Bahn-Linie. ⏰ Mo, Di, Sa und So 10–16.45, Mi–Fr 10–21.45 Uhr, Eintritt $20 inkl. eines zweiten Besuchs innerhalb von 30 Tagen, Mi nach 16 Uhr nur Spende.

Kleiner und exzentrischer ist die Gemäldesammlung des **Isabella Stewart Gardner Museum** in der Nachbarschaft, 280 The Fenway, ✆ 617/566-1401, 🖥 www.gardnermuseum. org. Die nach venezianischem Vorbild aus dem 15. Jh. erbaute Villa ist voll gepackt mit einem überwältigenden Mix an Artefakten, die „die Fantasie anheizen sollen". Am besten bekannt ist das Museum für seinen eindrucksvollen Hof. Seine größten Erfolge sind jedoch die hervorragenden Arbeiten von John Singer Sargent, u. a. ein Porträt von Isabella, einer lokalen Förderin der Künste, höchstpersönlich. ⏰ Di–So 11–17 Uhr, Eintritt $12, freier Eintritt für alle, die „Isabella" heißen. Von Januar bis Mai finden an manchen Freitagabenden und Sonntagnachmittagen Konzerte statt; Konzertkarten kosten $23 (inkl. Eintritt zum Museum).

Cambridge

Es lohnt sich, zumindest einen halben Tag in Cambridge auf der anderen Seite des Charles River zu verbringen. Die Züge der roten U-Bahn-

Linie fahren in 15 Minuten die Strecke von Park Street bis **Harvard Square**, an der Kreuzung von Massachusetts Avenue, JFK und Brattle Street. Auf dem Harvard Square – eher ein Gassengewirr als ein Platz, mit kleinen Einkaufszentren, Buchhandlungen und Cafés – sorgen Studenten der Harvard University und des Massachusetts Institute of Technology (MIT) für reges Treiben.

Der **Harvard Yard** auf dem Gelände der 1636 gegründeten Harvard University steht Besuchern offen. Die nach einem Opfer der *Titanic* benannte Universitätsbibliothek, die **Widener Library**, nennt eine Gutenberg-Bibel ihr Eigen. Nach einem fünfminütigen Spaziergang über die Brattle Street in Richtung Westen erreicht man das **Longfellow House**, ✆ 617/876-4491. Die eindrucksvolle Villa verdankt ihren Namen dem Autor der Erzählung *Hiawatha*, der hier bis 1882 lebte. Ihre Säle und Wände sind mit Longfellows Möbeln und seiner Kunstsammlung geschmückt. Zu den Highlights zählen die Werke aus Fernost. ◷ Mai Do–Sa 10–16 Uhr, Juni–Sep Mi–So 10–16.30 Uhr, Führungen stdl. 10.30–11.30 und 13–16 Uhr, Eintritt $3.

Cambridge besitzt eine Reihe erstklassiger Museen. Leider sind die Harvard University Art Museums derzeit zwecks gründlicher Renovierung geschlossen. Sie sollen 2013 als ein großes Museum wiedereröffnet werden. Dieses neue **Harvard Art Museum** wird dann über 150 000 Kunstwerke beherbergen, darunter Highlights aus Harvards umfangreicher Sammlung westlicher Kunst, eine kleine, aber exquisite Auswahl deutscher Expressionisten und Bauhaus-Arbeiten sowie sinnliche Buddhas und vergoldete Bodhisattwas aus der Sammlung asiatischer und islamischer Kunst.

Während der Renovierung ist eine Auswahl der Museumsbestände im ehemaligen Gebäude des **Arthur M. Sackler Museum**, 485 Broadway, ✆ 617/495-9400, zu besichtigen. ◷ Mo–Sa 10–17, So 13–17 Uhr, Eintritt $9.

Das geniale **Harvard Museum of Natural History**, 26 Oxford St, wiederum präsentiert eine Reihe unglaublich großer Dinosaurier-Fossilien sowie eine umwerfende Sammlung von Glasblumen. ◷ tgl. 9–17 Uhr, Eintritt $9.

Einige Meilen südöstlich des Harvard Square befindet sich das **Massachusetts Institute of Technology** (MIT), dessen supercooles **MIT Museum**, 265 Massachusetts Ave, ✆ 617/253-5927, mit faszinierenden Miniaturmaschinen vollgestopft ist, z. B. einer Art laufendem Gabelbein, das einen Haufen Drahträder hinter sich herzieht. ◷ tgl. 10–17 Uhr, Eintritt $7,50.

Gute und gleichzeitig preiswerte Unterkünfte sind in Boston Mangelware. Ein Hotelzimmer nahe Downtown für weniger als $200 ist schon ein großer Glücksfall. Die Zimmerpreise schwanken je nach Jahreszeit und Wochentag heftig – wer die hier angegebenen Preiskategorien zu happig findet, sollte ruhig mal anrufen, um den aktuellen Preis zu erfragen. Dafür wartet die Stadt mit einigen guten Hostels auf, und in der Umgebung gibt es ein paar günstige B&Bs.

Hotels, Motels und B&Bs

Back Bay Hotel, 350 Stuart St, ✆ 617/266-7200, 🖥 www.doylecollection.com; **T** Arlington. Modernes Hotel mit historischem irischem Einschlag (es befindet sich im ehemaligen Hauptgebäude der Bostoner Polizei) und stilvollen Zimmern mit WLAN und beheizten Handtuchhaltern; außerdem Fitnesscenter und der schicke Stanhope Grille. ➒
Beacon Hill Hotel, 25 Charles St, ✆ 617/723-7575 oder 1-888/959-BHHB, 🖥 www.beaconhillhotel.com; **T** Charles. Gediegener Luxus im Herzen von Beacon Hill. 13 Zimmer mit Flachbildfernsehern, Highspeed-Internet und WLAN und tollem Ausblick auf die Charles St. Das Hotel hat auch ein fantastisches Bistro und eine Kaminbar. ➑–➒

Charlesmark Hotel, 655 Boylston St, Back Bay, ✆ 617/247-1212, 🖥 www.charlesmarkhotel.com; **T** Copley. 40 eher kleine, moderne Zimmer mit gemütlichen Buchenholzmöbeln und moderner Ausstattung wie Lautsprechersystem (damit man unter der Dusche mitsingen kann) und WLAN. Annehmbares Preisniveau und eine gut besuchte Bar. ➎–➑

Encore B&B, 116 West Newton St, ✆ 617/
247-3425, 🖥 www.encorebandb.com; **T** Back
Bay. Beliebtes B&B in einer netten Seitenstraße
in South End. Die drei Zimmer erfreuen mit
moderner Einrichtung, WLAN und Sitzbereich
oder Balkon. ❻–❽

Green Turtle Floating B&B, Shipyard Quarters
Marina, 13th St, Charlestown, ✆ 617/337-0202,
🖥 www.greenturtlebb.com; **T** North Station.
Ganz besondere Unterkunft mit 2 gut ausgestatteten Zimmern in einem friedvollen Bootshafen im netten Charlestown. Zum Frühstück
gibt's frische Backwaren, die man auf der
eigenen Terrasse direkt am Wasser verzehren
kann. ❽

Harborside Inn, 185 State St, ✆ 617/723-7500,
🖥 www.harborsideinnboston.com; **T** Aquarium.
Luxuriöses Hotel mit nackten Ziegelwänden,
Holzböden und Kirschholzmöbeln in einem
umgebauten Lagerhaus aus den 1890er-Jahren
gegenüber Quincy Market und Custom House.
❺–❽

Hotel 140, 140 Clarendon St, ✆ 617/585-5600,
🖥 www.hotel140.com; **T** Back Bay. Ansprechende, erschwingliche Unterkunft im Herzen
von Back Bay. Die Einrichtungen des selbst
ernannten „Boutiquehotels" sind nicht
überragend, aber das Ganze hat einen gewissen
Stil, und die Preise sind für die Lage so gut wie
unschlagbar. ❼

Hotel Commonwealth, 500 Commonwealth Ave,
✆ 617/933-5000, 🖥 www.hotelcommonwealth.
com; **T** Kenmore. Das geräumige Hotel am
Kenmore Square hat für jeden etwas zu bieten:
stilvolle Einrichtung, Ausblicke auf den Fenway
Park, Bettwäsche aus Italien und schicke
Bademäntel, Flachbild-TVs mit digitalem Kabel-
anschluss und WLAN. Zum Hotel gehören die
fabelhafte Eastern Standard Bar und die ebenso
fabelhafte Foundation Lounge. ❽–❾

Irving House, 24 Irving St, Cambridge,
✆ 617/547-4600, 🖥 www.cambridgeinns.com;
T Harvard. Schnörkellose, freundliche Unter-
kunft in der Nähe des Harvard Square und
Waschküche (Münzbetrieb); Zimmer mit/ohne
Bad; leckeres Frühstück inkl. ❺–❼

The John Jeffries House, 14 David G. Mugar
Way, ✆ 617/367-1866, 🖥 www.johnjeffries
house.com; **T** Charles. Dieses Mittelklassehotel

Mit ganz eigenem Stil

Inn @ St. Botolph, 99 St. Botolph St, ✆ 617/236-
8099, 🖥 www.innatstbotolph.com; **T** Back Bay.
Stilvolle Unterkunft in einer ruhigen Seitenstraße am westlichen Rand von South End mit
16 übergroßen Suiten mit Kochnischen,
gewagten Hahnentrittmustern und schwarz-
braun gestreiften Möbeln, WLAN, Waschküche
und Fitnessraum; kleines Frühstück inkl. ❼

am Fuß von Beacon Hill ist ein richtiges kleines
Juwel mit Preisen, die in dieser Stadt ihres-
gleichen suchen, und sauberen, geschmackvoll
eingerichteten Zimmern. Viktorianisches Dekor,
Kabel-TV, WLAN und Kochnischen in den
meisten Zimmern. EZ im Sommer ab \$115.
❺–❼

La Cappella Suites, 290 North St, ✆ 617/
523-9020, 🖥 www.lacappellasuites.com;
T Haymarket. Ein reizendes neues Nachtquartier
im North End: drei anheimelnde, moderne
Zimmer mit tollem Ausblick, WLAN, Kabel-TV
und nettem gemeinschaftlichem Sitzbereich.
Zwei der Zimmer haben einen eigenen Balkon.
Einziger Wermutstropfen: 5 Stockwerke und
kein Aufzug. ❺–❽

Liberty Hotel, 215 Charles St, ✆ 617/224-4000,
🖥 www.libertyhotel.com; **T** Charles. Das Hotel
hat die verschachtelten Räumlichkeiten eines
Gefängnisbaus von 1851 in Beacon Hill übernommen und ist mit stilvoller Einrichtung und
luxuriösen Extras aufgemöbelt. Im Haus
residieren außerdem das Restaurant Scampo
und die Alibi Lounge, derzeit eine der Bostoner
Adressen zum Sehen und Gesehenwerden. ❾

Marriott Custom House, 3 McKinley Square,
✆ 617/310-6300, 🖥 www.marriott.com;
T Aquarium. Ist zwar nicht mehr der höchste
Wolkenkratzer von New England (das war er
im 19. Jh.), bietet aber immer noch traumhafte
Blicke auf den Hafen sowie historische,
elegante Zimmer, Highspeed-Internet und tollen
Service; außerdem fantastisch gelegen. ❾

Omni Parker House, 60 School St, ✆ 617/
227-8600 oder 1-800/843-6664, 🖥 www.omni
hotels.com; **T** Park. Das älteste durchgehend
betriebene Hotel der USA (seit 1855) und

Geburtsstätte der Boston cream pie bietet eine prachtvolle, goldverzierte Lobby, eher kleine, historisch ausstaffierte Zimmer mit modernem Komfort (einschließlich Highspeed-Internet) und eine umwerfend zentrale Lage. ❽–❾

Hostels

40 Berkeley, 40 Berkeley St, ☎ 617/375-2524, 🖥 www.40berkeley.com; **T** Back Bay. Günstige Lage in South End, saubere, schlichte Zimmer inkl. Frühstück. EZ für $58, DZ für $70 und 3-Bett-Zimmer für $105.

HI-Boston, 12 Hemenway St, ☎ 617/536-9455, 🖥 www.bostonhostel.org; **T** Hynes. In der Gegend von Fenway, in der Nähe des belebten Endes der Newbury Street. Eines der besseren Hostels in Boston. Internetzugang und sichere, saubere Umgebung. Dorm-Betten für $32–48. Im Sommer rechtzeitig buchen oder gleich morgens um 8 Uhr einchecken.

HI-Fenway Summer Hostel, 575 Commonwealth Ave, ☎ 617/267-8599, 🖥 www.boston hostel.org; **T** Kenmore. Das Studentenwohnheim fungiert nur im Sommer als Hostel. Geräumige Zimmer und hervorragende Lage; Nachtclubs und Fenway Park sind zu Fuß erreichbar. Nichtmitglieder $39–48. ⏰ 1. Juni–Mitte August.

Essen

Boston bietet viele kulinarische Optionen. An erster Stelle rangieren Fischgerichte und Meeresfrüchte – vor allem **Hummer** (im Ganzen oder in Form von Hummerbrötchen), *scrod* (ein Oberbegriff für jungen Fisch mit weißem Fleisch) und **Muscheln**, die gedünstet in Butter oder in einer sämigen Suppe serviert werden. **Austern**, angeblich die besten der Welt, kommen tgl. frisch aus Wellfleet und anderen Orten von Cape Cod.
In **Chinatown** sind die Restaurants bis 2 oder 3 Uhr geöffnet; das Viertel ist die beste Adresse, um spät abends essen zu gehen.

Boston

Cafe Jaffa, 48 Gloucester St, ☎ 617/536-0230; **T** Hynes. Eines der besten preiswerten Lokale in Back Bay, serviert hervorragende orientalische Gerichte in einladendem Ambiente. Bekannt für seine Falafel und

Lammkoteletts; aber hier schmeckt eigentlich alles.

Chacarero, 26 Province St, ☎ 617/367-1167, 101 Arch St, ☎ 617/542-0392; **T** Downtown Crossing. Ein chacarero ist ein köstliches, chilenisches Sandwich aus warmem, weichem Brot mit einer Füllung aus Avocado, Hühnchen, grünen Bohnen, Münsterkäse und scharfer Soße. Essen gibt's hier nur gegen Bares. ⏰ am Wochenende geschlossen.

Charlie's Sandwich Shoppe, 429 Columbus Ave, ☎ 617/536-7669; **T** Back Bay. Das kleine Lokal serviert seit 1927 z. B. tolle Eierspeisen und berühmtes Truthahnhackfleisch in wunderbar altmodischem Diner-Ambiente; nur Barzahlung, keine Toiletten. ⏰ Mo–Sa.

Daily Catch, 323 Hanover St, ☎ 617/523-8567; **T** Haymarket. Seafood frisch aus dem Ozean – in erster Linie Calamari und Schalentiere (auf sizilianische Art mit einer Riesenportion Knoblauch) – sorgt für großen Andrang in diesem winzigen Ladenlokal.

flour bakery + cafe, 1595 Washington St, ☎ 617/267-4300; **T** Back Bay; 12 Farnsworth St, ☎ 617/338-4333; **T** South Station; in Cambridge: 190 Massachusetts Ave, ☎ 617/225-2525; **T** Central. Beliebte Institution in South End, mittlerweile mit zwei Filialen; zwangloses Café mit fantastisch frischen Backwaren, Sandwiches und Salaten, am bekanntesten für tadellose BLTs (Sandwiches mit Bacon, Salat = *lettuce* und Tomaten) und hausgemachte Himbeerlimo. Die Filiale an der Farnsworth Street eignet sich bestens zum Verschnaufen nach einem Besuch im Children's Museum.

Galleria Umberto 289 Hanover St, Boston, ☎ 617/227-5709; **T** Haymarket. Ein Pizzaparadies in North End: Die Karte umfasst nicht mal zwölf Gerichte, dennoch stehen die Gäste stets bis zur

Tür Schlange, um sich an Umbertos perfekten Pizzastücken und *arancini* zu erfreuen. Nur Mittagessen; früh kommen, sonst ist hier alles ausverkauft. Nur Barzahlung; sehr preiswert.

Neptune Oyster, 63 Salem St, ✆ 617/742-3474; T Haymarket. Schicke, kleine *raw bar* (Bar mit Meeresfrüchten) voller treuer Fans, die von den Schalentieren schwärmen.

The Other Side Cosmic Café, 407 Newbury St, ✆ 617/536-8437; T Hynes. Extrem lässiger, angesagter Laden „auf der anderen Seite" der Newbury Street; bietet Gourmet-Sandwiches, leckere Salate und frische Säfte. Dazu wird krügeweise Bier ausgeschenkt. ☉ bis spät.

Sel de la Terre, 255 State St, ✆ 617/720-1300; T Aquarium; 774 Boylston St, ✆ 617/266-8800; T Copley. Rustikale provenzalische Gerichte wie herzhafte Bouillabaisse, Lammbraten, Auberginen – und die wohl besten Pommes frites der Stadt.

Silvertone, 69 Bromfield St, ✆ 617/338-7887; T Park. Diese gut besuchte Kellerkneipe mit Küche, die hervorragende Hausmannskost wie Hackbraten mit Stampfkartoffeln sowie einen sehr mächtigen Makkaroni-Käse-Auflauf raushaut, beschert Nostalgiegefühle. Gute Fassbiere. ☉ So geschlossen.

Sonsie, 327 Newbury St, ✆ 617/351-2500; T Hynes. Newbury-Street-Institution mit gutem, modernem Bistroessen; besonders zu empfehlen: die üppigen Sandwiches, die Backwaren und der Schokoladen-Brotpudding.

South End Buttery Bar & Bistro, 314 Shawmut Ave, ✆ 617/482-1015; T Back Bay. Unwiderstehliches Viertelcafé mit Eiersandwiches auf hausgemachten Keksen, frischen Suppen und Sandwiches und tollen Cupcakes. Außerdem neuerdings abends schicke Bistrokost.

Taiwan Café, 34 Oxford St, ✆ 617/426-8181; T Chinatown. Die Einheimischen schwärmen von diesem hektischen, authentischen taiwanesischen Lokal; hier gibt es Senfgemüse mit *edamame* (grünen Sojabohnen) und perfekt zubereitete *pork buns* (Dampfbrötchen mit Schweinefleischfüllung); nur Barzahlung. ☉ bis spät.

Toro, 1704 Washington St, ✆ 617/536-4300; T Back Bay. Hippe und sehr beliebte Tapas-Bar mit jeder Menge weißer und roter Sangria und

fantasievollen Tapas-Tellern. Kleine Auswahl: gegrillter Mais mit Limone und reifem Käse oder Thunfisch mit Zitrusfrucht und Soja. Wer abends nicht rechtzeitig da ist, riskiert eine lange Wartezeit.

Upper Crust, 20 Charles St, ✆ 617/723-9600; T Charles/MGH. Beliebte Pizzeria mit tollen Pizzen mit dünner Kruste; gewöhnlich gibt es ein Tagesangebot für ein Stück Pizza, z. B. mit Spinat, Pesto und Tomaten für $3. Weitere Filialen in der ganzen Stadt.

Yankee Lobster Fish Market, 300 Northern Ave, ✆ 617/345-9799; T World Trade Center. Die bescheidene Hummerbude im Seaport District, direkt am Wasser, verkauft frisches Seafood (u. a. herausragende Hummerbrötchen) zum Mitnehmen. Wer den strammen Fußmarsch von Downtown scheut, kann einen Silver-Line-Bus nehmen.

Cambridge

Darwin's Ltd, 148 Mt Auburn St, ✆ 617/354-5233 und 1629 Cambridge St, ✆ 617/491-2999; beide T Harvard. Zwei Standorte, beide mit fantastischen Delis, die einfallsreiche Sandwich-Kombinationen anbieten. Nur Barzahlung.

East Coast Grill, 1271 Cambridge St, Inman Square, ✆ 617/491-6568; T Harvard oder Central. Frisches Seafood mit karibischen Beilagen in Partyatmosphäre – erinnert ein bisschen an Miami Vice. Die sonntägliche Bloody-Mary-Bar mit Selbstbedienung ist schon Grund genug für einen Besuch.

Emma's Pizza, 40 Hampshire St, ✆ 617/864-8534; T Kendall. Die Pizzeria, die regelmäßig im Spitzenfeld einschlägiger Bostoner „Best of"-Listen auftaucht, zaubert köstliche, knusper-

---

Beste Burger in Cambridge

Mr Bartley's Burger Cottage 1246 Massachusetts Ave, ✆ 617/354-6559; T Harvard. Ein absolutes Muss in Cambridge. Serviert die vielleicht besten Burger des Planeten, dazu leckere Himbeer-Limonen-Rickeys (Longdrinks); das Ambiente ist im Americana-Stil gehalten. Auch gute Veggie-Burger. Nur Barzahlung. ☉ So geschl.

---

dünne Teigfladen mit ausgefallenen Belägen, wie z. B. gerösteten Süßkartoffeln und Ricotta.

Hungry Mother, 233 Cardinal Medeiros Ave, ☎ 617/499-0090; **T** Kendall. Tolles Restaurant für besondere Gelegenheiten, das für seine Südstaatenküche berühmt ist. Die Hauptgerichte wie Maismehl-Catfish mit „schmutzigem Reis" sind ein kulinarisches Gedicht, und spätestens nach dem Dessert liegt man der Mutter zu Füßen.

Eastern Standard, 528 Commonwealth Ave, ☎ 617/532-9100; **T** Kenmore. Bewährtes Stammlokal der Einheimischen in einem hinreißenden, geräumigen Speisesaal mit angenehm gemischtem Publikum verschiedener Altersstufen und Stilrichtungen. Die gut geschulten Barmixer kriegen einen pompösen Highball ebenso fix hin wie ein anständig gezapftes Bier, und für den Sommer gibt's eine nette Terrasse.

Nachtleben

Bostons munteres Nachtleben bietet das Beste von Alt und Neu. Hier gibt es bewährte Kneipen neben angesagten Lounges.
Die **Musikszene** wird sowohl von guten lokalen wie auswärtigen Indie-Bands beherrscht. Den besten Überblick bieten die kostenlosen Wochenblätter *Boston Phoenix*, 🖥 www.thephoenix.com, und *Boston's Weekly Dig*, 🖥 www.weeklydig.com.
Das musikalische Nachtleben spielt sich insbesondere in der **Lansdowne Street** ab, einem ganzen Block voller Nachtclubs in der Nähe vom Fenway Park, am **Boylston Place**, an der Südseite von Boston Common, und in der Gegend des **Central Square** in Cambridge. In den meisten der Lokale wird unnötig streng die Vorlage eines Ausweises verlangt.

Boston

The Beehive, 541 Tremont St, ☎ 617/423-0069; **T** Back Bay. Varieté-Atmosphäre mit Kristalllüstern, rotem Bühnenvorhang und im wahrsten Sinne des Wortes umwerfenden Cocktails. Dazu passend gibt's an den meisten Abenden Jazz, Cabaret oder Burlesque-Shows.
Bleacher Bar, 82A Landsdowne St, ☎ 617/262-2424; **T** Kenmore. Nostalgie-Kneipe im Baseballstadion Fenway Park (Zutritt ohne Eintrittskarte zum Stadion). Das Highlight ist ein Fenster, das einen direkten Blick aufs Spielfeld gestattet.
Bukowski Tavern, 50 Dalton St, ☎ 617/437-9999; **T** Hynes. Tolle, angesagte Parkhaus-Kneipe mit Blick auf den MassPike; die Bierauswahl ist so riesig, dass ein *wheel of indecision* her musste – die Kellner drehen am selbst

gemachten Rad, um den Gästen die Qual der Wahl zu erleichtern.
Caffe Vittoria, 296 Hanover St, ☎ 617/227-7606; **T** Haymarket. Eine Bostoner Institution; stimmungsvoller Originalteil mit dunklen Holzverkleidungen, Decken aus geprägtem Zinn und einer Wurlitzer-Musikbox, aus der Sinatras Stimme ertönt; North End-Klassiker. Im Untergeschoss lockt eine Zigarrenbar.
House of Blues, 15 Lansdowne St, ☎ 1-888/693-BLUE; **T** Kenmore. Die ehemalige Bostoner Institution findet sich jetzt an neuer Stelle direkt beim Fenway Park wieder und bietet u. a. Berühmtheiten wie Cyndi Lauper, BB King und She & Him eine Bühne.
Oak Bar, im Fairmont Copley Plaza, 138 St James Ave, ☎ 617/267-5300; **T** Copley. Reich verzierte Holztäfelung, hohe Decken und ausgezeichnete Martinis sind die Highlights dieser ultraschicken Bar in Back Bay.
The Paradise, 967-969 Commonwealth Ave, Allston, ☎ 617/562-8800; **T** Pleasant Street. Zählt zu den Klassikern unter Bostons Rockclubs (hier sind schon viele große Bands aufgetreten); nach 25 Jahren ist hier immer noch viel los.
Seven's Ale House, 77 Charles St, Beacon Hill, ☎ 617/523-9074; **T** Charles. Der Charme dieser zentralen Kneipe ist ihre Unscheinbarkeit; viel authentischer als der nahe gelegene Bull and Finch Pub.
Wally's Café, 427 Massachusetts Ave, ☎ 617/424-1408; **T** Massachusetts Ave. Einer der ältesten Jazzclubs der Stadt (Gründungsjahr 1947) und für manche Leute eines der absoluten Highlights von Boston.

Cambridge

Charlie's Kitchen, 10 Eliot St, ✆ 617/492-9646; **T** Harvard. Stimmungsvoller Treff im Herzen des Harvard Square mit roten Vinylbänken, Biergarten und tollen Cheeseburger-Specials. Die Bar oben ist genauso cool, besonders bei den Karaoke-Events am Dienstagabend.

Enormous Room, 567 Massachusetts Ave, ✆ 617/491-5550; **T** Central. Wer diese kleine, gemütliche Lounge betritt, fühlt sich, als sei er auf einer schicken Pyjamaparty gelandet – die Gäste fläzen sich auf den zahllosen Sofas oder wippen entpannt zur DJ-Musik.

Lily Pad, 1353 Cambridge St, ✆ 617/395-1393; **T** Central. In diesem schnörkellosen Laden erklingt das gesamte Musikspektrum: alles von frühem Jazz bis zu Rock und Kammermusik. Es finden hier sogar (sehr beliebte) Yogakurse statt.

Lizard Lounge, 1667 Massachusetts Ave, ✆ 617/547-0759; **T** Harvard oder Porter. Rock- und Jazzclub mit intimer Atmosphäre, zählt zu den besten in Boston. Ganz schön fetter Eintrittspreis.

Middle East, 472 Massachusetts Ave, ✆ 617/864-EAST; **T** Central. Institution in Cambridge; hier sind regelmäßig lokale und regionale Progressive-Rock-Acts zu bewundern. Größere Bands spielen unten, kleinere im winzigen Raum oben.

Miracle of Science, 321 Massachusetts Ave, ✆ 617/868-ATOM; **T** Central. Als MIT-Treff bekannt, dafür aber überraschend hip. Die Deko ist vom Periodensystem inspiriert und das Publikum entspannt und zwanglos. Die Barhocker erinnern an einen Chemiesaal.

Regattabar, im Charles Hotel, 1 Bennett St, ✆ 617/661-5000; **T** Harvard. Lockt nationale Jazz-Acts der Spitzenklasse an, auch wenn die Atmosphäre – wie der Standort im schicken Charles Hotel schon vermuten lässt – eher schläfrig ist. Schick anziehen und auf rund $25 Eintritt gefasst sein.

Shay's, 58 JFK St, T617/864-9161; **T** Harvard. Studenten der höheren Semester entspannen sich hier direkt am Harvard Square bei Wein und gutem Bier. Auch die Burger und Burritos sind nicht zu verachten.

T.T. the Bear's, 10 Brookline St, ✆ 617/492-BEAR; **T** Central. Renommierter, kleinerer Veranstaltungsort mit Konzerten angesagter Bands (zumeist Rock) 7 Tage die Woche.

Western Front, 343 Western Ave, ✆ 617/492-7772. Reggae Club, Fr und Sa Livemusik, preiswerte Getränke und wunderbar authentische jamaikanische Speisen am Wochenende.

Sonstiges
Fahrräder

In und um Boston gibt es viele Radwege. Fahrräder für ca. $30 pro Tag verleihen:

Urban AdvenTours, 103 Atlantic Ave, North End, ✆ 617/670-0637, ⌨ www.urbanadventours.com.

Community Bicycle Supply, 496 Tremont St, ✆ 617/542-8623, ⌨ www.communitybicycle.com.

Back Bay Bicycles, 366 Commonwealth Ave, ✆ 617/247-2336, ⌨ www.backbaybicycles.com.

Informationen

Visitor Information Center, am Boston Common an der Tremont St, Nähe **T** Park St,

---

Klassische Konzerte und Theater

Das **Boston Symphony Orchestra**, der Stolz der Stadt, spielt in der Symphony Hall, 301 Massachusetts Ave, ✆ 617/266-1200, ⌨ www.bso.org. Sie ist laut Strawinsky die beste Konzerthalle der Welt. Die Spielzeit der Bostoner Symphoniker fällt auf die Wintermonate, die Konzerte der **Boston Pops** finden in den Monaten Mai und Juni sowie am 4. Juli statt.

Die **Theaterszene** von Boston unterteilt sich in die konventionellen Häuser des Theater District – die häufig als Testbühnen für den Broadway dienen – und die experimentierfreudigeren Theater von Cambridge.

Die **BosTix-Kiosks**, ✆ 617/482-BTIX, ⌨ www.artsboston.org, an der Faneuil Hall und am Copley Square, verkaufen Eintrittskarten für alle größeren Veranstaltungen – einige davon am Tag der Vorstellung zum halben Preis (nur Barzahlung). G Di–Sa 10–18, So 11–16 Uhr, am Copley Square auch Mo 10–18 Uhr.

617/426-3115 oder 1-800/SEE-BOSTON, 🖥 www.bostonusa.com, 🕐 tgl. 9–17 Uhr. Gegenüber dem Old State House auf der anderen Straßenseite in der 15 State St befinden sich das ausgezeichnete Information Center des **National Park Service**, ✆ 617/242-5642, 🕐 tgl. 9–17 Uhr, sowie Toiletten und eine Buchhandlung.

Weitere Informationsschalter sind im Quincy Market und im Prudential Center, Back Bay, angesiedelt.

Die **Cambridge Visitor Information Booth**, ✆ 617/441-2884, direkt bei der U-Bahn-Station am Harvard Square, organisiert im Sommer sporadisch Stadtspaziergänge; hat auch Stadtpläne und Reiseführer von Cambridge im Angebot. 🕐 Mo–Sa 9–17.

Holyoke Center, 1350 Massachusetts Ave, ✆ 617/495-1573. Zusätzliche Infos über Harvard, kostenloser Internetzugang und von Studenten geführte Rundgänge. 🕐 Mo–Sa 9–17 Uhr.

Goethe-Institut

170 Beacon St, zwischen Berkeley und Clarendon St, **T** Copley, ✆ 617/262-6050, 🖥 www.goethe.de/boston. 🕐 Rezeption Mo–Do 9–13, 14–17.30, Fr 9–13, 14–16.30 Uhr.

Sport

Die legendären Red Sox spielen **Baseball** im Fenway Park (**T** Kenmore oder Fenway auf der grünen Linie). Infos über Spielzeiten unter ✆ 1-877/REDSOX9, Tickets ✆ 617/482-4769, 🖥 www.redsox.com. Tickets $12–325. Sehr beliebt und empfehlenswert sind die **Führungen** durch das 1912 erbaute Fenway-Park-Stadion, ✆ 617/226-6666, Teilnahme $12. Die **Basketballmannschaft** Celtics, ✆ 617/523-6050, und die **Hockeymannschaft** Bruins spielen beide im TD Banknorth Garden, 150 Causeway, nahe North Station, Kartenschalter 🕐 Mo–Fr 10–17 Uhr, Tickets ansonsten über Ticketmaster, ✆ 1-800/745-3000, oder online 🖥 www.tdbanknorthgarden.com. Eintritt für die Celtics $10–700, für die Bruins $10–176. Alljährlich im Oktober verlockt die **Ruderregatta** Head of the Charles, ✆ 617/868-6200, 🖥 www.hocr.org, Tausende jubelnder Fans zum Uferpicknick.

Der **Freedom Trail** (s. S. 203) ist eine gute Möglichkeit, Boston zu Fuß und auf eigene Faust zu erkunden.

Alternativ bietet der **National Park Service** kostenlose Führungen zu Highlights des Freedom Trail, ✆ 617/242-5642, 🖥 www.nps.gov/bost, und Rundgänge auf dem **Black Heritage Trail**, Juni–Aug Mo–Sa 10, 12 und 14 Uhr, sonst Mo–Sa 14 Uhr, zu reservieren unter ✆ 617/742-5415 oder 617/720-2991, 🖥 www.nps.gov/boaf.

North End Market Tours, ✆ 617/523-6032, 🖥 www.northendmarkettours.com. Kulinarische „Verkostungstouren" durch North End und Chinatown. Die Tickets für $50–65 müssen vorab reserviert werden.

Wer sich lieber gemütlich durch die Stadt chauffieren lässt: Überaus beliebt und unterhaltsam sind Touren zu Wasser und zu Lande in einem Amphibienfahrzeug mit **Boston Duck Tour**, ✆ 617/267-DUCK, 🖥 www.bostonducktours.com, Start am Prudential Center und am Museum of Science; März–Ende Nov. Erwachsene $31, Kinder von 3–11 Jahren $21, oder

Super Duck Tours, ✆ 1-877/34DUCKS, 🖥 www.superducktours.com, Start von Gate 1 des Charlestown Navy Yard; März–Ende Nov. Erwachsene zahlen $35, Kinder zwischen 3 und 11 Jahren $23.

Urban Adventours, ✆ 617/670-0637, 🖥 www.urbanadventours.com, veranstalten verschiedene unterhaltsame und informative Radtouren durch die Stadt.

Etwas konventionellere Alternativen sind Busfahrten nach Lexington, Concord, Salem und Plymouth mit **Brush Hill Tours/Gray Line**, ✆ 1-800/343-1328, 🖥 www.beantowntrolley.com oder www.grayline.com.

Außerdem verkehren vom Hafen **Fähren** nach **Provincetown** auf Cape Cod (s. S. 226), ✆ 617/227-4321, nach **Salem**, MA (s. S. 219), ✆ 978/741-0220, und zu den **Harbor Islands** (für Tagesausflüge u. a. zur Spectacle und George's Island), ✆ 617/223-8666 – alles sehr empfehlens-werte Abstecher.

Das **New England Aquarium**, Central Wharf, bietet ausgezeichnete **Waltouren** (Whale

Watching) an. Anfang April–Ende Okt, Zeiten telefonisch zu erfragen unter ☎ 617/973-5206, Dauer 3–4 Std., Erwachsene $40, Kinder $32.

Nahverkehr

Während man Boston sehr angenehm zu Fuß erkunden kann, wird das Autofahren hier zum Alptraum: Entweder verfährt man sich auf den Freeways, denn die Beschilderung ist miserabel, oder man irrt stundenlang durch das Einbahnstraßensystem. Hat man es dann endlich geschafft, findet man mit Sicherheit keinen Parkplatz. Bis zum Verlassen der Stadt gibt es also keinen Grund, in Boston ein Auto zu leihen – vor allem, da die öffentlichen Verkehrsmittel so gut und die einheimischen Autofahrer notorisch unberechenbar sind.

Stadtbusse

Eine Fahrt in einem der **MBTA-Stadtbusse** kostet $1,50 (abgezähltes Kleingeld oder CharlieTicket, mit CharlieCard $1,25). Auf längeren Strecken, wie nach Salem oder Marblehead, beträgt der einfache Fahrpreis $3,50.

U-Bahn

Die **Massachusetts Bay Transport Authority** (MBTA) betreibt mit dem 1897 in Betrieb genommenen Bostoner U-Bahn-Netz die älteste U-Bahn der USA. Die Stationen sind mit dem großen „**T**" gekennzeichnet.
Park Street, der erste Bahnhof, bildet bis heute das Zentrum des unterirdischen Schienennetzes. Alle als *inbound* gekennzeichneten Züge passieren diesen Bahnhof.
Die **vier U-Bahn-Linien** – „Red", „Green", „Blue" und „Orange" – verkehren tgl. ab 5 bis spätestens 0.30 Uhr. Die vier Linien werden durch eine Bus-Rapid-Transit-Linie (BRT) ergänzt, die **Silver Line**. Sie fährt oberirdisch die Washington Street entlang und schlängelt sich mitten durch South End; außerdem verkehrt sie zum Flughafen und zum Seaport District.
Obwohl an jedem Bahnhof Pläne aushängen, empfehlen sich die vielerorts erhältlichen **Transport Maps** (Netzpläne) als Orientierungshilfe. Die Züge sind schnell und, bis auf bestimmte Abschnitte der orangen Linie, auch nach Einbruch der Dunkelheit sicher.

Boston hat vor Kurzem ein neues und etwas verwirrendes Tarifsystem für die U-Bahn eingeführt. Innerhalb der Stadt beträgt der Fahrpreis einheitlich $2, zu entrichten durch den Kauf eines **CharlieTicket**. Diese gibt es an Fahrkartenautomaten in den Stationen. Wer eine **CharlieCard** (im Format einer Kreditkarte) beim Stationsschaffner erwirbt, fährt ab $1,70 pro Strecke. Am besten (und einfachsten) fährt man mit dem **LinkPass**, der alle U-Bahn- und innerstädtischen Buslinien abdeckt (sowie die Fähre nach Charlestown). Er kostet $9 pro Tag und $15 für eine Woche.
Weitere **Informationen** erteilt MBTA, ☎ 617/222-3200, 🖳 www.mbta.com. (Näheres über die MBTA-Vorortzüge s. „Transport")

Transport

Boston ist New Englands Verkehrsknotenpunkt. Viele Flugreisende aus Europa sammeln hier ihre ersten Eindrücke von Amerika. Dank effizienter Bahn- und Busverbindungen nach New York, Chicago und zu weiter entfernten Orten ist Boston ein guter Ausgangspunkt für die Reise.

Busse

Verschiedene Busunternehmen unterhalten Direktverbindungen zwischen Boston und dem restlichen New England.
Greyhound, ☎ 1-800/231-2222, 🖳 www.grey hound.com. Greyhounds landesweites Netz von Busverbindungen erstreckt sich u. a. bis ins westliche Massachusetts, in das Gebiet der White Mountains in New Hampshire sowie nach Vermont und Montréal.
Concord Coach, ☎ 1-800/639-3317, 🖳 www. concordcoachlines.com, bedient New Hampshire und die Küste von Maine und betreibt eine Shuttle-Verbindung zum Logan Airport.
Peter Pan Bus Lines, ☎ 1-800/343-9999, 🖳 www.peterpanbus.com, fährt nach Providence, Newport, Cape Cod, New York City und ins westliche Massachusetts.
Bolt Bus, ☎ 1-877/BOLTBUS, 🖳 www.boltbus. com, fährt von der South Station für ca. $20 nach Midtown Manhattan und bietet dabei sogar noch WLAN (sehr begehrte Verbindung, daher Platz im Voraus reservieren!).

Fung Wah Bus, ☎ 617/345-8000, 🖳 www.fung
wahbus.com, bietet eine stündliche Verbindung
zur Canal Street in New York City für nur $15
pro Fahrt.
Plymouth and Brockton Bus Co, ☎ 508/
746-0378, 🖳 www.p-b.com, fährt nach Cape
Cod und zu den Fähren nach Martha's Vineyard
und Nantucket; Abfahrt am Logan Airport und
an der South Station (s. u.).

Eisenbahn

Die Amtrak-Züge, ☎ 1-800/USA-RAIL,
🖳 www.amtrak.com, die Boston über den
Northeast Corridor mit Providence, New York
und Washington DC verbinden und über
Springfield nach Chicago oder Kanada fahren,
starten von der **South Station**, ☎ 617/222-3200,
Summer St, Ecke Atlantic Ave, einen kurzen
Fußmarsch von Downtown Boston. Der Bahnhof
hat einen Infoschalter und andere nützliche
Einrichtungen, aber keine Wechselstube.
Mit der roten U-Bahn-Linie bestehen Verbindungen vom Bahnhof ins Zentrum und nach
Cambridge.
Einige der Amtrak-Züge halten zusätzlich an
der **Back Bay Station**, 145 Dartmouth St,
☎ 617/348-0601. Dieser Bahnhof liegt an der
orangen U-Bahn-Linie, Nähe Copley Square.
Die **North Station** wird von den aus Richtung
Norden kommenden MBTA-Pendlerzügen und
vom reizvollen Downeaster benutzt, der Boston
mit Portland, Maine, verbindet, und unterwegs
einige Male in Maine und New Hampshire
anhält. Die North Station, ☎ 617/222-3200,
befindet sich an der Causeway Street unter
dem TD Banknorth Garden.

Flüge

Der geschäftige **Logan Airport**, ☎ 617/561-1800
oder 1-800/23-LOGAN, liegt nur 3 km außerhalb
von Downtown Boston.
Eine Fahrt mit dem Taxi in die Stadt kostet etwa
$35 und dauert 20–30 Min.
Von 4–1 Uhr verbinden kostenlose Zubringerbusse alle Terminals im Abstand von wenigen
Minuten mit der U-Bahn-Station am Flughafen.
Sie befindet sich an der blauen U-Bahn-Linie,
eine 15-minütige Fahrt vom Stadtzentrum
entfernt.

Lexington und Concord

Als Paul Revere in der Nacht des 18. April 1775
die heutige Massachusetts Avenue entlang
durch Cambridge und Arlington ritt, um seine
amerikanischen Landsleute in **Lexington**, 11 Meilen weiter westlich, vor einem Angriff der Briten
zu warnen, waren ihm mehr als 700 britische Soldaten dicht auf den Fersen. Sie hatten es auf die
Vorräte abgesehen, die die amerikanische Miliz
in Concord weiter im Norden versteckt hielt.

Der Weg, den Revere damals nahm, liegt
zwar längst unter dem Asphalt der Straßen begraben, die Schauplätze der ersten militärischen
Konfrontation des Unabhängigkeitskrieges
scheinen seit jener Nacht jedoch fast unverändert. Auf dem dreieckigen **Town Common** trafen
die Briten das erste Mal auf Widerstand. Haupt-
mann John Parker gab seinen 77 amerikanischen
Minutemen – auf Abruf bereitstehende Freiwil-
lige – den Befehl, nicht von der Stelle zu weichen
und nicht zu schießen, solange die Briten keinen
Schuss abgefeuert hätten. „Doch wenn die Briten Krieg wollen, dann soll er hier beginnen."
Niemand weiß, wer zuerst geschossen hat.

Die **Minuteman Statue** ist ein Denkmal für die
acht Amerikaner, die hier ihr Leben ließen. Führer in historischen Kostümen lotsen Besucher
durch die **Buckman Tavern**, ☎ 781/862-5598, in
der die Minutemen die Briten erwarteten; ◷ April–Okt tgl. 10–16 Uhr, Eintritt $6. Das eine Viertel-
meile weiter nördlich gelegene **Hancock-Clarke
House**, wo Samuel Adams und John Hancock
von Paul Revere aus dem Schlaf gerissen wurden, dient heute als Museum; ◷ April–Okt tgl.
10–16 Uhr.

Als die britischen Soldaten am Morgen nach
dem Aufeinandertreffen in Lexington auf Concord zumarschierten, waren die ganze Stadt
und die umliegenden Ortschaften bereits be-
waffnet und der Krieg in vollem Gange. Im Laufe
der Kämpfe in Lexington selbst und entlang der
zurück nach Boston führenden **Battle Road** starben während der folgenden zwei Tage 73 britische Soldaten und 49 Siedler. Die bedeutendsten Kriegsschauplätze wurden zum **Minuteman
National Historic Park** erklärt.

Ein Visitor Center befindet sich an der landschaftlich schönen North Bridge in **Concord**,

174 Liberty St, ☉ Ende März–Ende Okt tgl. 9–17, Ende Okt–Nov tgl. 9–16, Dez–März tgl. 11–15 Uhr, ein weiteres an der 250 North Great Road (Rte-2A) in Lincoln, ☏ 978/318-7832, ☉ Ende März–Ende Okt tgl. 9–17, Ende Okt–Nov tgl. 9–16 Uhr, Dez–März geschlossen.

Nachdem den ganzen Vormittag lang die britische Herrschaft des 18. Jhs. angeprangert wurde, ist es durchaus üblich, sich einem typisch britischen Zeitvertreib zu widmen – dem *High Tea* im historischen **Concord Inn**, ☏ 978/369-2373, ☉ Sa und So 15–17 Uhr, informellere Teesessions Mo–Fr, Reservierung empfohlen; $10,95–24,95.

Gleich außerhalb von Concord können Interessierte im **Orchard House**, 399 Lexington Rd, ☏ 978/369-4118, 🖥 www.louisamayalcott.org, in amerikanischer Literaturgeschichte schwelgen: Hier wohnte von 1858 bis 1877 Louisa May Alcott und schrieb ihren berühmten Neuengland-Roman *Little Women* (dt.: *Betty und ihre Schwestern*). ☉ April–Okt Mo–Sa 10–16.30, So 13–16.30 Uhr, Nov–März Mo–Fr 11–15, Sa 10–16.30, So 13–16.30 Uhr, 1.–15. Jan geschlossen; Zutritt nur mit Führung, $9.

Am **Walden Pond**, südlich von Concord an der Rte-126, zog sich Henry David Thoreau in Einsamkeit und Selbstgenügsamkeit zurück – ein Experiment, das er 1854 in seinem Buch *Walden* beschrieb. Steine markieren die Stelle, an der einst seine einfache Blockhütte stand. Thoreau liegt zusammen mit Ralph Waldo Emerson, Nathaniel Hawthorne und Louisa May Alcott auf einer Anhöhe im **Sleepy Hollow Cemetery** begraben, unmittelbar östlich der Innenstadt von Concord.

Abgesehen von organisierten Bustouren von Boston aus (s. S. 216) fahren **Busse** von der Alewife Station, der nördlichen Endstation der roten U-Bahn-Linie, nach Lexington (Fahrtdauer 15 Min.; $1,50) sowie Züge von der North Station in Boston nach Concord (Fahrtdauer 40–45 Min., $6,25). In der Gegend selbst bietet **Liberty Ride**, ☏ 781/862-0500, App. 702, 🖥 www.libertyride.us, betrieben vom Lexington Chamber of Commerce, tolle Bustouren zu den historischen und literaturhistorischen Highlights; ☉ Juni–Okt tgl. 10–16 Uhr, $25 inkl. Eintritt zu fast allen Sehenswürdigkeiten.

Die nördliche Küste

Nördlich von Boston führt die Fahrt durch eine Reihe kleiner, wohlhabender Hafenstädte, die inzwischen fast von den Vororten verschluckt wurden. Salem lädt zu einem interessanten Tagesausflug ein, und wer genug Zeit mitbringt, kann auch die alten Fischereihäfen Gloucester und Rockport, weiter draußen am Cape Ann, besuchen. Dies ist zugleich der beste Abschnitt der Ostküste für Walbeobachtungstouren. **Cape Ann Whale Watch**, ☏ 1-800/877-5110, 🖥 www.seethewhales.com, veranstaltet von Mai bis Oktober drei- bis vierstündige Touren ab Gloucester für $45.

Salem

Mit Salem sind heute nicht so sehr Erinnerungen an die erste Siedlerkolonie von Massachusetts verbunden, die hier mit den besten Vorsätzen gegründet wurde, sondern eine andere Seite der christlichen Geschichte: Das Städtchen versinnbildlicht die Selbstgerechtigkeit des Puritanismus, die 1692 mit den **Hexenprozessen** von Salem ihren Höhepunkt erreichte: Damals lösten die Fantasien einer Gruppe halbwüchsiger Mädchen eine wahre Hexenhysterie aus. Von der Gerichtsbarkeit ermutigt, zogen ihre Verleumdungen immer weitere Kreise und forderten das Leben von 19 Frauen, die als Hexen gehängt wurden. Nicht der offensichtliche Mangel an Glaubwürdigkeit setzte dem Schrecken schließlich ein Ende, sondern die Tatsache, dass die Mädchen zu weit gingen und schließlich die Frau des Gouverneurs beschuldigten. Die offizielle Rehabilitierung der Opfer erfolgte erst 20 Jahre später. Dass die dunkle Vergangenheit der Stadt nun als Grundlage für einen auf Kinder ausgerichteten Tourismus dient, macht Salem zu einem etwas makabren Ort. Von diesem künstlichen, hexenhaften Flair (und den Geschäften, die Korsetts und Feenkleider verkaufen) einmal abgesehen, ist ein Besuch in dieser hübschen historischen Stadt durchaus lohnend.

Das **Salem Witch Museum** am Washington Square, ☏ 978/744-1692, versucht Parallelen zu modernem Rassismus und politischer Verfolgung

Das *Haus mit den sieben Giebeln* ist Schauplatz des Romans von Nathaniel Hawthorne.

New England

zu ziehen, ist aber im Grunde nichts anderes als eine ziemlich billige Show mit illuminierten Dioramen und Begleitkommentaren vom Band, ohne authentische Relikte. ☉ Juli und Aug tgl. 10–19, Sep–Juni 10–17 Uhr, Eintritt $8,50.

Salems Kronjuwel ist das **Peabody Essex Museum**, 131 Essex St, ✆ 978/745-9500, dessen riesiger, moderner Komplex mehr als 30 Galerien umfasst. Hier finden sich viele bemerkenswerte Gegenstände, die Neuengländer von ihren Reisen mit nach Hause brachten. Das Museum wurde 1799 von einem Schiffskapitän gegründet und zeigt Exponate aus Asien und Ozeanien. Besonders bemerkenswert ist **Yin Yu Tang**, ein Kaufmannshaus mit 16 Räumen aus der Zeit der Qing-Dynastie, das in Salem wieder aufgebaut wurde ($5 zusätzlich). Dazu beherbergt das Museum Abteilungen mit zeitgenössischer Kunst und Fotografie. ☉ Di–So 10–17 Uhr, Eintritt $15.

Die Reste der ursprünglichen Hafenanlage von Salem stehen heute als **Salem Maritime National Historic Site** unter Denkmalschutz – samt dazugehörigem Visitors' Center in der 174 Derby St, ✆ 978/740-1650. Die Hauptsehenswürdigkeiten – das feudale **Derby House** und das imposante **Customs House**, in dem der Schriftsteller Nathaniel Hawthorne einst als

Zollbeamter arbeitete – sind nur im Rahmen von täglich angebotenen einstündigen Führungen zu besuchen ($5). Das nahe gelegene **House of Seven Gables**, 115 Derby St, ✆ 978/744-0991, eine alte Villa in herrlicher Lage am Meer, war Schauplatz von Hawthornes Roman *Das Haus mit den sieben Giebeln*. Die einstündigen Führungen durch den Komplex schließen auch die Geburtsstätte des Schriftstellers mit ein, die von ihrem ursprünglichen Standort in der Union Street hierher verlegt wurde. ☉ Juli–Okt 10–19, Nov–Juni 10–17 Uhr, in der ersten Januarhälfte geschlossen, Eintritt $12,50.

Übernachtung und Essen

Hawthorne Hotel, 18 Washington Square W, ✆ 978/744-4080, 🖥 www.hawthornehotel.com. Gut geführtes historisches Hotel im Mittelpunkt des Geschehens. ➏–➑

Morning Glory Bed and Breakfast, 22 Hardy St, ✆ 978/741-1703 oder 1-800/446-2995, 🖥 www.morninggglorybb.com. Bietet morgens hausgemachte Leckereien und dazu einen tollen Blick aufs Wasser. ➏–➐

A and J King Bakery, 48 Central St, ✆ 978/744-4881. Tolle Walnussbrötchen und reichhaltig belegte Sandwiches.

220 Salem

www.stefan-loose.de/usa

Sixty2 on Wharf, 62 Wharf St, ✆ 978/744-0062, edlere Trattoria mit hausgemachter Pasta und arancini (Hauptgerichte $22–24).

Salem Diner, 70 Loring Ave, ✆ 978/741-7918. Südlich der Stadt, an der Rte-1A, logiert dieses absolut sehenswerte Lokal in einem Sterling-Streamliner-Wagen von 1941, von dem in den USA nur noch vier Exemplare erhalten sind.

Transport

MBTA-Busse fahren alle halbe Stunde von Bostons Haymarket Square nach Salem, $3,50. Mit dem **Zug** ist Salem von der Bostoner North Station zu erreichen. Die Züge verkehren Mo–Fr 2–3x pro Std. an Wochenenden stdl., $5,25.

Die südliche Küste

Wer Boston in südlicher Richtung verlässt, braucht unter Umständen eine ganze Weile, bis er die Stadt tatsächlich hinter sich gelassen hat – besonders an Sommerwochenenden, wenn der Verkehr zum Cape Cod extrem dicht sein kann. Zwei historische Städte – eine nördlich und eine westlich des Cape – laden zu einer Erkundungstour ein: **Plymouth** und **New Bedford**.

Plymouth

Am südlichen Küstenabschnitt der Massachusetts Bay, etwa 40 Meilen südlich von Boston, liegt „Amerikas Heimatstadt" – das Städtchen Plymouth. Hier landeten im Dezember 1620 die Pilgerväter. Die Kleinstadt hat es sich zur Aufgabe gemacht, diesem Umstand in jeder erdenklichen Weise zu huldigen. Ein Tempel in pseudo-griechischem Stil umgibt den unscheinbaren **Plymouth Rock**, an dem die 102 Pilgerväter an Land gegangen sein sollen. Da der Fels jedoch erst 1741 erstmals erwähnt wurde und die *Pilgrims* schon zwei Monate auf Cape Cod verbracht hatten, bevor sie sich in Plymouth niederließen, kommt ihm wohl nur symbolische Bedeutung zu.

Zwei weitere Gedenkstätten erheben keinen Anspruch auf Echtheit, sondern sind Reproduktionen: die **Mayflower II** in Plymouth und die 3 Meilen südlich gelegene **Plimoth Plantation** – beide bevölkert von Darstellern, von denen jeder die Rolle eines bestimmten Pilgers, Indianers oder Seemanns übernimmt. Jedes Detail der Plimoth Plantation, bestehend aus einem Pilgerdorf von 1627 und einer Siedlung der Wampanoag-Indianer, wurde unter Anwendung traditioneller Techniken rekonstruiert, sodass sich der Besucher ins 17. Jh. zurückversetzt fühlt. ⏰ beide April–Nov tgl. 9–17 Uhr, Eintritt Mayflower II $10, Plantation $24, Kombi-Ticket $28; weitere Infos unter ✆ 508/746-1622 und 🖥 www.plimoth.org.

Übernachtung und Essen

Best Western Cold Spring, 188 Court St, ✆ 508/746-2222 oder 1-800/678-8667, 🖥 www.bwcold spring.com. Gutes Standard-Motel, sauber und komfortabel. ⏰ Ende Nov–Anfang März geschlossen. ⓖ

A White Swan B&B, 146 Manomet Pond Rd, ✆ 508/224-3759, 🖥 www.whiteswan.com. In 200 Jahre altem Farmhaus, einen schönen Spaziergang vom hübschen White Horse Beach entfernt. ⓖ – ⓰

Blue-Eyed Crab, 170 Water St, ✆ 508/747-6776. Frisches Seafood und tolle Cocktails auf sonniger Terrasse.

Informationen

Visitor Information Center, 130 Water St, am Hafen, ✆ 508/747-7525 oder 1-800/USA-1620, 🖥 www.visit-plymouth.com. ⏰ im Sommer 8–20 Uhr, im Winter 9–17 Uhr.

Transport

Plymouth and Brockton, ✆ 508/746-0378, 🖥 www.p-b.com, unterhält eine regelmäßige Busverbindung von und nach BOSTON, einfache Strecke $14, hin und zurück $25. Außerdem verkehren **Express-Fähren** zwischen Plymouth und PROVINCETOWN (s. dort, S. 229).

New Bedford

Im ehemaligen Walfanghafen New Bedford, 45 Meilen südlich von Boston, den Herman Melville in *Moby Dick* verewigte, ist bis heute eine bedeutende Fischereiflotte beheimatet.

New England

Ein großer Teil des Stadtzentrums und des Hafenviertels steht als **New Bedford Whaling National Historic Park** unter Denkmalschutz. Dazu gehört ein Visitor Center, 33 Williams St, ☎ 508/996-4095. ⊙ 9–17 Uhr.

Die Hauptattraktion ist das eindrucksvolle **New Bedford Whaling Museum**, 18 Johnny Cake Hill. Es zeigt u. a. ein 20 m langes Blauwalskelett, Sammlungen von Elfenbeinschnitzereien und Harpunen sowie einen Walfänger im Maßstab 1:2. ⊙ tgl. 9–17, jeden 2. Do im Monat bis 21 Uhr, Eintritt $10. Direkt gegenüber dem Museum steht Seamen's Bethel, die in *Moby Dick* beschriebene **Seemannskirche**, deren Kanzel tatsächlich Schiffsform hat (sie wurde allerdings nach einem Brand 1866 rekonstruiert).

Übernachtung und Essen

Orchard Street Manor, 139 Orchard St, ☎ 508/984-3475, 🖥 www.the-orchard-street-manor.com. Kapitänshaus aus dem 19. Jh. mit Marmorkaminen und zum Teil marokkanischen Einrichtungsgegenständen. ❺–❻

Antonio's, 267 Coggeshall St, ☎ 508/990-3636. Das portugiesische Restaurant ist bei den Einheimischen so beliebt, dass die Warteschlange oft bis auf die Straße reicht. Nur Barzahlung.

No Problemo, 813 Purchase St, beim Museum, ☎ 508/984-1081. Gigantische Burritos, köstliche taquitos und Sangria; nur Barzahlung, ⊙ bis spät.

Cape Cod und die Inseln

Cape Cod verdankt seinen Namen Bartholomew Gosnold, der die Halbinsel 1602 nach den Unmengen von Kabeljau *(cod)* benannte, die seine Mannschaft vor Provincetown aus dem Meer fischte. Weniger als 20 Jahre später landeten in der Nähe die Pilgerväter, die aber kurz darauf nach Plymouth umsiedelten. Heute gilt ein Großteil des Kaps, von seinen Salzmarschen bis zu den dahinschwindenden Dünen, als fragiles und gefährdetes Ökosystem.

Der geradezu legendäre Landzipfel besitzt gut 300 Meilen traumhafte Küstenlinie mit einigen der schönsten Strände von New England.

Da wundert es kaum, dass die beliebtesten Orte des Kaps im Sommer aus allen Nähten platzen. Wer im Juni oder August mit dem Auto zum Kap fahren möchte, sollte unter der Woche oder sonntagabends aufbrechen. Wochenendausflügler sollten Boston am Freitag vor 14 Uhr verlassen, um der Rushhour und den Sonnenhungrigen zuvorzukommen, die sich über das Nadelöhr Sagamore Bridge zwängen müssen. Am besten kommt man im Mai oder September zur Wochenmitte. Dann sind die Hotelpreise viel niedriger, die Menschenmenge ist noch überschaubar und das Wetter in der Regel sehr angenehm.

Erst wer weiter Richtung Norden zum **Outer Cape** fährt – an den spektakulären Dünen der **Cape Cod National Seashore** vorbei –, versteht, warum dieser schmale Landstreifen immer noch den Ruf einer wilden Küstenlandschaft genießt. **Provincetown** an der Nordspitze des Kaps ist ein beliebtes Reiseziel für Schwule und Lesben und eine bevorzugte Sommerfrische für Künstler und Vergnügungslustige, die von den guten Stränden, Galerien und der einladenden Atmosphäre angelockt werden.

Vor der Südküste von Cape Cod liegen die relativ unverschandelten Inseln **Martha's Vineyard** und **Nantucket**, die seit jeher zu den beliebtesten und nobelsten Urlaubsorten der USA gehören. Beide bieten eine entspannte, weltläufige Atmosphäre sowie einige der besten Restaurants und B&Bs der Ostküste. Nantucket gilt gemeinhin als das feudalere Ziel und wird ob der vorherrschenden Schnöseligkeit oft verspottet, ist jedoch trotzdem eine tolle Insel. Martha's Vineyard ist größer und entspannter und bekannt für seine prächtigen Pfefferkuchen-Villen, ein historisches Karussell und eine alteingesessene schwarze Bevölkerung.

Transport

Der Anfang des 20. Jhs. angelegte Cape Cod Canal schnitt die ursprüngliche Halbinsel vom Festland ab. Deshalb muss sich heute der gesamte Verkehr über zwei gewaltige **Brücken** drängeln, die eine bei Bourne (Hwy-28), die andere bei Sagamore (Hwy-6). Wer versucht, sie mit dem Auto an einem Freitag im Sommer in Richtung Kap oder am Sonntag wieder zurück zum Festland zu überqueren, dürfte es vermutlich bald bereuen.

N

0   10 Meilen

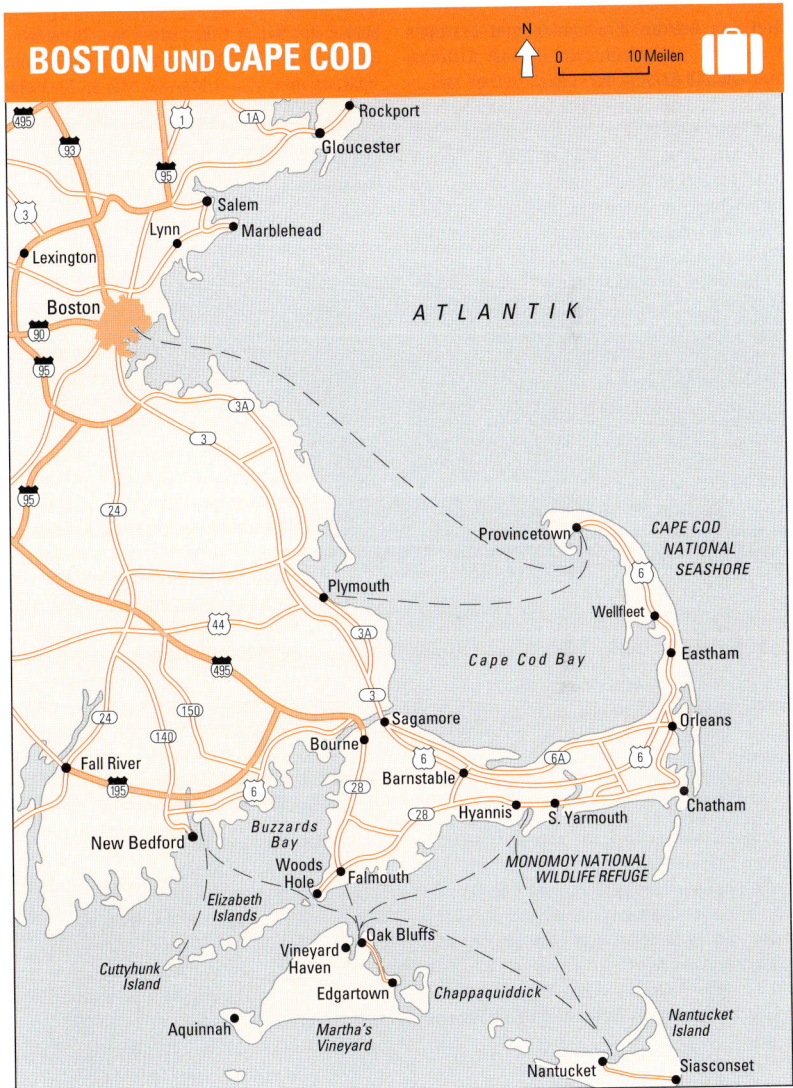

New England

Rockport
Gloucester
495
93
1
1A
95
Salem
Lynn
Marblehead
3
Lexington
Boston
90
95

ATLANTIK

3A
3
95
24
Provincetown
CAPE COD
NATIONAL
SEASHORE
6
Plymouth
44
3A
Wellfleet
495
Cape Cod Bay
Eastham
3
24
150
Sagamore
Orleans
140
Bourne
6
6A
6
Fall River
195
Barnstable
28
Chatham
6
Hyannis
S. Yarmouth
New Bedford
28
Buzzards Bay
Woods Hole
Falmouth
*MONOMOY NATIONAL
WILDLIFE REFUGE*
*Elizabeth
Islands*
Oak Bluffs
*Cuttyhunk
Island*
Vineyard
Haven
Edgartown
Chappaquiddick
*Nantucket
Island*
Aquinnah
*Martha's
Vineyard*
Nantucket
Siasconset

Eine Möglichkeit, den Verkehr zu umgehen, ist die Anreise per Flugzeug. **US Airways**, ☏ 1-800/428-4322, 🖥 www.usairways.com, verbindet Hyannis, Martha's Vineyard und Nantucket mit New York und Washington, DC. **Cape**

Air & Nantucket Airlines, ☏ 1-866/CAPEAIR, 🖥 www.capeair.com, fliegt mehrmals täglich von Boston nach Hyannis und Provincetown, außerdem von Hyannis, New Bedford und Providence, Rhode Island, nach Martha's Vineyard und von Boston, Providence und Martha's Vineyard nach Nantucket. **Island Airlines**, ☎ 1-800/248-7779, 🖥 www.islandair.net, fliegen das ganze Jahr über täglich zwischen Hyannis und Nantucket hin und her (im Sommer stündlich). **Jet Blue**, ☎ 1-800/538-2583, 🖥 www.jetblue.com, unterhält eine praktische Flugverbindung zwischen New York und Nantucket sowie Verbindungen von Boston nach Hyannis, Martha's Vineyard und Provincetown.

Bonanza, eine Tochtergesellschaft von Peter Pan Bus Lines, ☎ 1-888/751-8800, 🖥 www.peterpanbus.com, betreibt eine Buslinie von Boston (einfache Fahrt $27) und New York (einfache Fahrt $65) nach Falmouth und Woods Hole auf Cape Cod. **Plymouth & Brockton**, ☎ 508/746-0378, 🖥 www.p-b.com, steuert noch mehr Ziele auf dem Kap an (einfache Fahrt Boston–Hyannis $25, bis Provincetown $35).

Die Überfahrt mit der **Fähre** von Boston nach Provincetown (s. S. 229) dauert 1 1/2 Stunden. Schiffsverbindungen zu den Inseln s. S. 231

Südküste

Von der Bourne Bridge führt die **Rte-28** Richtung Süden nach Falmouth und dann am Nantucket Sound entlang, bis sie in Orleans auf die Route 6 und 6A trifft. Im netten **Falmouth** legen die Fähren nach Martha's Vineyard ab. Das weiter östlich gelegene **Hyannis**, das kommerzielle Zentrum des Kaps, widmet sich fast ganz dem geschäftlichen Treiben und dem Fährverkehr, bietet aber auch ein paar tolle Strände und Kneipen. Das wohlhabende **Chatham** (s. S. 225) an der südöstlichen Spitze der Halbinsel verzückt die Besucher mit seinen hübschen Pensionen, einem berühmten Pie Shop (Marion's) und dem wohltuend friedlichen **Monomoy National Wildlife Refuge**.

Falmouth und Woods Hole
Für eine Überfahrt auf die Inseln bietet sich der günstig gelegene Fährhafen Falmouth an. In **Woods Hole**, 6 km von Falmouth entfernt, gewährt das Ausstellungszentrum der Forschungseinrichtung **Woods Hole Oceanographic Institution**, 15 School St, nahe Little Harbor, ☎ 508/289-2663, 🖥 www.whoi.edu, einen Ein-

blick in ihre Arbeit. Dem Institut ist u. a. die sensationelle Entdeckung des Wracks der Titanic 1986 zu verdanken. ⏰ Mai–Okt Mo–Sa 10–16.30, Nov–Dez Di–Fr 10–16.30 Uhr, Eintritt $2. Im Sommer unternimmt **Ocean Quest**, ☎ 1-800/37-OCEAN, 🖥 www.oceanquest.org, informative Ozeantouren. Juli–Aug Mo–Fr 10, 12, 14 und 16, Sa 12 und 14 Uhr, $22.

Hyannis
Hyannis, der größte Hafen und gleichzeitig Handelszentrum von Cape Cod, ist nicht ganz so sympathisch wie Falmouth und Woods Hole, zehrt aber immer noch vom Glanz vergangener Tage, als es durch den Familiensitz der Kennedys bei Hyannisport in den Mittelpunkt des Weltinteresses rückte. Folgerichtig findet sich hier auch ein **John F. Kennedy Museum**, 397 Main St, ☎ 508/790-3077, das Fotos, Zeitungs- und Filmausschnitte aus den Tagen zeigt, die JFK auf Cape Cod verbrachte. ⏰ Mitte April–Mitte Mai Mo–Sa 10–16, So 12–16 Uhr, Mitte Mai–Ende Okt Mo–Sa 9–17, So 12–17 Uhr, Nov, Dez und Mitte Feb–Mitte April Do–Sa 10–16, So 12–16 Uhr, Eintritt $5.

Übernachtung
Falmouth
Inn on the Sound, 313 Grand Ave, ☎ 508/457-9666, 🖥 www.innonthesound.com. Klassisches Schindelhaus am Meer mit 10 stilvollen Zimmern mit Blick auf den Vineyard Sound. ❼–❾

Woods Hole Passage, 186 Woods Hole Rd, ☎ 508/548-9575, 🖥 www.woodsholepassage.com. Bunt gestrichene Zimmer mit WLAN. ❼
Sippewissett Campground & Cabins, ein paar Meilen außerhalb in der 836 Palmer Ave, ☎ 508/548-2542, 🖥 www.sippewissett.com. Zur Hochsaison $31, außerhalb der Saison $26, jeweils plus $10 pro zusätzlichem Camper; hier kann es recht voll werden, aber die Lage ist toll, Lagerfeuer sind erlaubt, und es gibt einen kostenlosen Shuttlebus zu den Fähren und Stränden.

Hyannis
Sea Beach Inn, 388 Sea St, ☎ 508/775-4612, 🖥 www.capecodtravel.com/seabeach. Freundlich, gepflegt und erschwinglich. ❹–❻

Sea Coast Inn, 33 Ocean St, ☎ 1-800/466-4100, 🖳 www.seacoastcapecod.com. Motelähnliche Zimmer mit Kochnischen; hilfsbereite Betreiber. **❺–❻**

HI-Hyannis, 111 Ocean St, ☎ 508/775-7990, 🖳 capecod.hiusa.org. Nagelneues Hostel gegenüber vom Fähranleger. Dorms $29–39.

Essen

Falmouth

Betsy's Diner, 457 Main St, ☎ 508/540-0060. Authentischer Diner aus den 50ern – mit dem Motto „eat heavy".

Woods Hole

Gutes Essen zu erschwinglichen Preisen findet man in den vielen Seafood-Lokalen am Wasser.

Fishmonger's Café, 56 Water St, ☎ 508/540-5376. Das Naturkost-Lokal serviert zum Frühstück Eier, Müsli u. Ä., zum Mittag- und Abendessen Seafood-Spezialitäten.

Hyannis

Brazilian Grill, 680 Main St, ☎ 508/771-0109. Paradies für Fleischfreunde: Das köstliche Fleisch kommt vom Spieß direkt auf den Teller.

Spanky's Clam Shack, 138 Ocean St, direkt beim Fähranleger, ☎ 508/771-2770, frisches Seafood.

Four Seas, 360 S Main St, Centerville, ☎ 508/775-1394. Serviert seit 1934 am Craigville Beach fantastisches Speiseeis.

Mid-Cape

Im mittleren Abschnitt von Cape Code liegen einige der schönsten und weniger touristischen Ortschaften. Dazu gehören die von Wind und Wetter gegerbten alten Fischerorte Wellfleet und Chatham. Die heute asphaltierte ehemalige Eisenbahnstrecke von Dennis nach Eastham, die mitten durch die Region führt, eignet sich bestens als Radwanderweg. Fahrradvermietungen befinden sich in allen größeren Orten.

Ein sehr angenehmer Zielort ist das weiß getünchte alte Fischerstädtchen **Chatham**, das an einer geschützten Bucht zwischen Nantucket Sound und dem offenen Atlantik versteckt liegt.

Man kann sich hier nachmittags am **Fish Pier** an der Shore Road herumtreiben und auf die Rückkehr der Fischerflotte warten oder auf dem Hwy-28 eine Meile Richtung Süden nach **Chatham Light** wandern, einem der zahlreichen Leuchttürme, die die Seeleute vor den tückischen Sandbänken warnen sollen. Wanderkarten sind am Informationskiosk, 533 Main St, ☎ 508/945-5199, 🖳 www.chathaminfo.com, erhältlich. ⏰ Mai–Okt Mo–Sa 10–17, So 12–17 Uhr.

Übernachtung

Captain's House Inn, 369-371 Old Harbor Rd, Chatham, ☎ 508/945-0127, 🖳 www.captainshouseinn.com. Prachtvolles altes Kapitänshaus mit weitläufigen Gärten. Nachmittagstee. **❽–❾**

Pleasant Bay Village Resort, 1191 Orleans Rd, Chatham ☎ 508/945-1133, 🖳 www.pleasantbayvillage.com. Hübsches Gelände und relativ erschwingliche Schlafplätze. **❼–❽**

Whalewalk Inn, 220 Bridge Rd, Eastham, ☎ 508/255-0617 oder 1-800/440-1281, 🖳 www.whalewalkinn.com. Die romantische Herberge ist Easthams schönste Unterkunft. B&B-Zimmer inkl. Nutzung der fabelhaften Wellness-Einrichtungen. **❽–❾**

Mid Cape American Youth Hostel, gleich um die Ecke, 75 Goody Hallet Drive, ☎ 508/255-2785. Ansammlung von Waldhütten; Dorm-Betten $32. ⏰ Mai–Sep. (Das Hostel weiter nördlich in Truro ist vielleicht schöner, s. u.)

Essen

Chatham Squire, 487 Main St, Chatham, ☎ 508/945-0945. Gutes Seafood und gute Stimmung.

Marion's Pie Shop, 2022 Main St (Rte-28), Chatham, ☎ 508/432-9439. Unbedingt hier vorbeischauen und einen der unvergesslichen *bumbleberry pies* probieren (Kuchen mit Beerenmischung).

Arnold's Lobster and Clam Bar, 3580 Rte-6, Eastham, ☎ 508/255-2575. Beliebtes Restaurant mit Biergarten, gutem Seafood und eingeschworener Fangemeinde, die geradezu süchtig nach seinen Zwiebelringen ist.

Sam's Deli, 100 Brackett Rd, Eastham, ☎ 508/255-9340, bietet übervoll belegte Sandwiches.

Cape Cod National Seashore

Die Cape Cod National Seashore bietet eine erfrischende Abwechslung vom Gewusel der Touristenorte des Kaps. Präsident Kennedy stellte die Küstenlandschaft unter Naturschutz und ersparte ihr damit das Schicksal des Küstenstreifens im Süden – zügellose Erschließung durch Baulöwen und Kommerz. Fast überall entlang der Straße kann man das Auto stehen lassen (stellenweise gegen Gebühr) und durch die Dünen oder über endlose Strände wandern.

Im **Salt Pond Visitor Center**, ✆ 508/255-3421, 🖵 www.nps.gov/caco, am US-6 unmittelbar nördlich von Eastham, sind Ausstellungsstücke und Filme zu sehen, die sich mit der Geologie und Geschichte des Kaps beschäftigen. ☉ tgl. 9–16.30 Uhr, im Sommer 9–17 Uhr.

Eine Straße sowie ein Fahrrad- und Wanderweg führen nach Osten zu den Sandstränden von **Coast Guard Beach** und **Nauset Light Beach**; an beiden kann man wunderbar schwimmen. Ein weiterer hübscher Strand ist **Head of the Meadow**, auf halbem Wege zwischen Truro und Provincetown an der nordöstlichen Küste (Parken am Strand kostet $15).

Das einladende **HI-Truro Hostel**, North Pamet Rd, Truro, ✆ 508/349-3889, 🖵 capecod.hiusa.org, bietet in einer ehemaligen Station der Küstenwache Dorm-Betten für $29–39; ☉ Ende Sep–Anfang Mai geschl.

Provincetown

Der hübsche Fischerort Provincetown oder „P-Town" ist einfach unwiderstehlich. Silbrig glänzende Schindelhäuser mit verwunschenen Gärten säumen seine schmalen Straßen. Schon früh fühlten sich Künstler und Bohemiens von dem Licht und den weiten Stränden angezogen. 1914 eröffnete Eugene O'Neill in einer kleinen Hütte das Provincetown Playhouse. Seit den Beatnikzeiten der 1950er-Jahre ist der Ort auch als Schwulen- und Lesbenzentrum bekannt. Heute verzehnfacht sich während der Sommermonate die Einwohnerzahl von 5000.

An der Straße mit dem passenden Namen Commercial Street findet man Geschäfte für Homosexuelle, Umweltschützer und Feministinnen ebenso wie Kunstgalerien, Restaurants und Bars. Der Kommerz ist zwar besonders in den Hauptstraßen nicht zu übersehen, hat aber Stil.

Strenge Bauvorschriften beschränken die Zahl der Neubauten auf ein Minimum. Obwohl sich in der Stadt von Juli bis September die Besucher auf die Füße treten, bleibt Provincetown ein Ort, an dem Geschichte, Naturschönheit und vor allem unterschiedliche Lebensweisen respektiert und hochgehalten werden.

Stadt und Strände

Die 3 Meilen der schmalen **Commercial Street** bilden das Zentrum von Provincetown. Etwa auf halber Höhe liegt die geschäftige MacMillan Wharf. Folgt man der Commercial Street, kommt man etwas abseits des Zentrums an hübschen Galerien vorbei und erreicht am Haus Nr. 460 die **Provincetown Art Association and Museum**, ✆ 508/487-1750, mit einer hübschen Ausstellung von Gemälden lokaler Künstler. ☉ Mitte Mai–Sep Mo–Do 11–20, Fr 11–22, Sa und So 11–17, Okt–Mitte Mai Do–So 12–17 Uhr, Eintritt $7.

Das im Zentrum von P-Town auf dem High Pole Hill aufragende **Pilgrim Monument & Provincetown Museum**, ✆ 508/487-1310, zeichnet in seiner Dauerausstellung ein ziemlich romantisiertes Bild der Pilgerväter und der weiteren Geschichte der Stadt. Sein 77 m hoher Granitturm mit Aussichtsplattform – nur über 116 Stufen zu erreichen – bietet einen wunderbaren Blick über das ganze Kap. ☉ April–Mitte Juni und Mitte Sep–Nov tgl. 9–17 Uhr, Mitte Juni–Mitte Sep tgl. 9–19 Uhr, Eintritt $7.

Etwas außerhalb von P-Town unterbrechen nur Dünen und ein paar alte Hütten die beinahe endlose Weite der Sandstrände. Den nicht übermäßig bevölkerten **Herring Cove Beach** im Westen erreicht man bequem per Fahrrad oder durch die Dünen.

Um die ausgedehnten Moore und Dünen von **Province Lands** an der Nordspitze des Kaps tost meist eine stürmische See, der schon gut 1000 Schiffe zum Opfer gefallen sind.

Das **Visitor Center** (s. S. 229) mitten in den Dünen an der Race Point Road informiert mit Videos und Ausstellungen über das extrem empfindliche Ökosystem der Gegend.

Übernachtung

Bei jedem zweiten der malerischen Cottages von P-Town scheint es sich um eine Pension zu handeln. Bis Mitte Juni halten sich die Preise in Grenzen, und außerhalb der Saison lassen sich wirklich günstige Unterkünfte finden.

Carpe Diem, 12 Johnson St, ☎ 508/487-4242, 🖥 www.carpediemguesthouse.com. Hübsches B&B in einer Nebenstraße mit tollen Gastgebern, schön eingerichteten Zimmern und Spa. Es werden auch Ausritte angeboten. ❽

Oxford Guesthouse, 8 Cottage St, ☎ 508/487-9103, 🖥 www.oxfordguesthouse.com. Edle Vorhänge und gemusterte Tapeten tragen zum viktorianischen Flair der sieben elegant gestylten Zimmer und Suiten bei. CDs, DVDs, WLAN, „kontinentales" Frühstück, Keksteller am Nachmittag und eine allabendliche Weinstunde runden das Angebot ab. ❼–❽

Secret Garden Inn, 300a Commercial St, ☎ 1-866/766-9646, 🖥 www.secretgardenptown.com. Geradezu ein Schnäppchen sind die sieben Zimmer in diesem urigen Kapitänshaus aus den 1830er-Jahren mit Veranda. Einrichtung im Landhausstil, schöner Garten. Preis inkl. üppigem Frühstück. ❻

White Horse Inn, 500 Commercial St, ☎ 508/487-1790. Originelle, bunte und kunstbeflissene Unterkunft mit Beatnik-Flair und Strandzugang. Einige Zimmer haben kein eigenes Bad; außerdem Familienapartments mit Küche. ❹–❻

Dunes' Edge Campground, am Hwy-6 unmittelbar östlich der Ampeln an der zentralen Straßenkreuzung, ☎ 508/487-9815, 🖥 www.dunes-edge.com. Sehr einladend; $30–40 für einen von Bäumen umgebenen Zeltplatz. ☉ Mai–Sep.

Essen

P-Town bietet zahlreiche Optionen, den Hunger zu stillen. Entlang der Commercial St gibt es jede Menge portugiesische Bäckereien – eine Hinterlassenschaft der Einwanderer.

Bubala's By the Bay, 183 Commercial St, ☎ 508/487-0773. Fröhliches Lokal am Wasser mit dem vielleicht besten Seafood in P-Town; auch gute Speisen ohne Fisch. ☉ den ganzen Tag.

Café Edwige, 333 Commercial St, ☎ 508/487-2008. Besonders zu empfehlen in diesem beliebten Lokal in der ersten Etage ist das Frühstück: unbedingt die dänischen Butterkekse und frischen Obstpfannkuchen probieren. Abends kreative Bistro-Kost. ☉ Di geschl.

Devon's, 40 1/2 Commercial St, ☎ 508/487-8200. Die niedliche Fischerhütte ist zu einem edlen Restaurant mit nur 37 Plätzen und offener Küche verwandelt worden. Französisch-amerikanische Küche und spektakuläre Desserts und Frühstücksvariationen.

Lobster Pot, 321 Commercial St, ☎ 508/487-0842. Sein Wahrzeichen – ein Neonschild – dient als „Leuchtsignal" für Gäste, die von weit her kommen, um die äußerst frischen Krustentiere zu verzehren. Erschwinglich und familienfreundlich, mit großer Terrasse. ☉ Dez–März geschl.

Napi's, 7 Freeman St, ☎ 508/487-1145. Zu den beliebten Spezialitäten dieses mit vielen Kunstwerken geschmückten Lokals zählen Pastagerichte und viel gepriesene Suppen wie üppiger portugiesischer Fischeintopf und Muschelsuppe (ab $5,95). Abends unter der Woche preiswerter.

Portuguese Bakery, 299 Commercial St, ☎ 508/487-1803. Dieser altbewährte Laden serviert günstige Backwaren; besonders zu empfehlen sind die leckeren, gebratenen *rabanada* (eine Art „Arme Ritter" zum Mitnehmen).

Nachtleben

An Wochenenden strömen die Nachtschwärmer in Scharen vom Festland nach P-Town, um sich in dessen berüchtigtes Nachtleben zu stürzen. Das Angebot ist besonders auf die schwule und lesbische Klientel zugeschnitten – es wimmelt nur so von Tanztees, Travestieshows und Videobars. Manche Lokale sind mit ihren Terrassen in traumhafter Uferlage ideal für einen Drink zum Sonnenuntergang.

The Atlantic House, 6 Masonic Place, hinter der Commercial St, ☎ 508/487-3821. Einst veranstalteten hier Tennessee Williams und Eugene O'Neill ihre Saufgelage. Heute ist das „A-House" ein trendiger Schwulenclub mit Bar.

Boatslip, 161 Commercial St, 3 508/487-1669. Beim legendären Tanztee (tgl. 16–19 Uhr) können die Gäste entweder auf der langen Holzterrasse mit Blick aufs Wasser oder drinnen

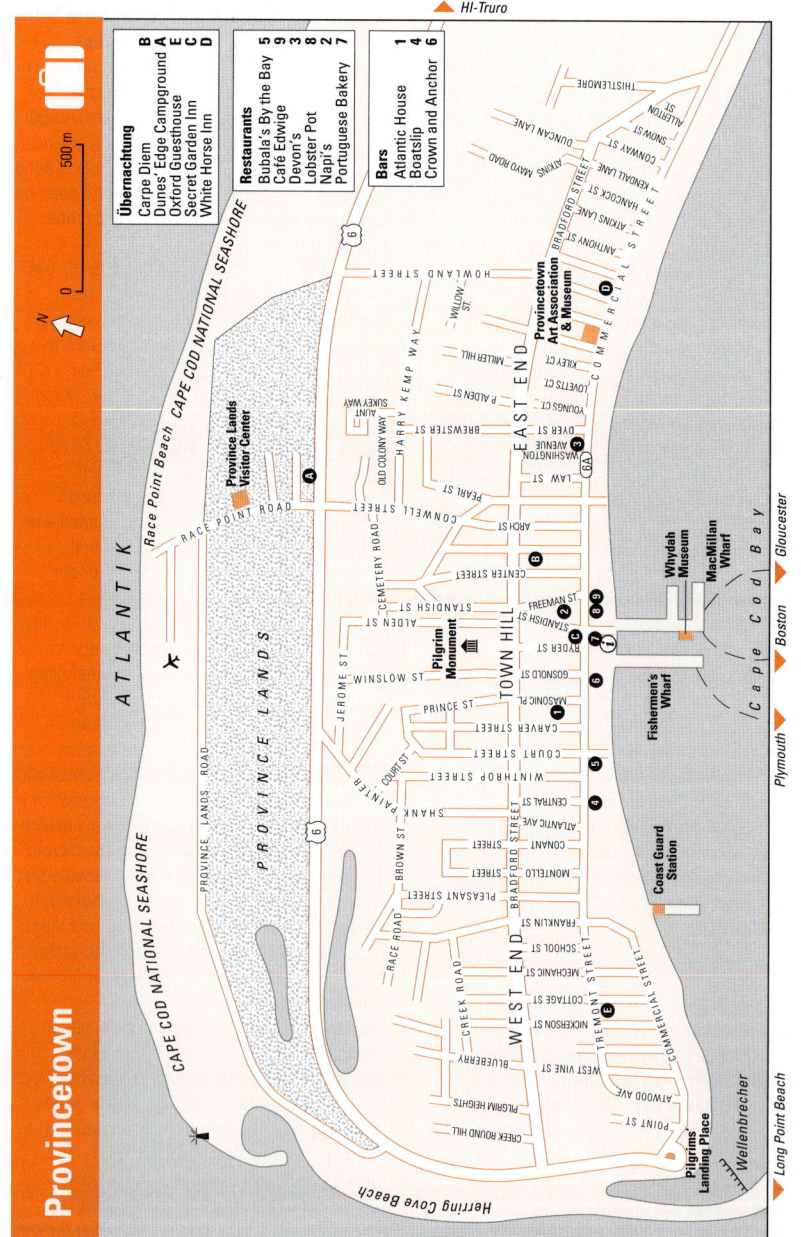

New England

Provincetown

HI-Truro

Übernachtung
Carpe Diem — B
Dunes' Edge Campground — A
Oxford Guesthouse — E
Secret Garden Inn — C
White Horse Inn — D

Restaurants
Bubala's By the Bay — 5
Café Edwige — 9
Devon's — 3
Lobster Pot — 8
Napi's — 2
Portuguese Bakery — 7

Bars
Atlantic House — 1
Boatslip — 4
Crown and Anchor — 6

ATLANTIK

CAPE COD NATIONAL SEASHORE

Race Point Beach

Province Lands Visitor Center

PROVINCE LANDS

CAPE COD NATIONAL SEASHORE

Pilgrim Monument

TOWN HILL

WEST END

EAST END

Provincetown Art Association & Museum

Whydah Museum

MacMillan Wharf

Fishermen's Wharf

Coast Guard Station

Pilgrims Landing Place

Cape Cod Bay

Long Point Beach

Herring Cove Beach

Wellenbrecher

Gloucester

Boston

Plymouth

www.stefan-loose.de/usa

unter Discokugel und Lichtblitzen das Tanzbein schwingen.

Crown and Anchor, 247 Commercial St, ✆ 508/487-1430, 🖳 www.onlyatthecrown.com. Großer Komplex mit mehreren Bars, darunter die Lederbar The Vault, die Karaokebar Wave und Paramount, der größte Nachtclub der Stadt.

Fahrräder

Nichts ist leichter, als das winzige Provincetown zu Fuß zu erkunden, aber viele Besucher ziehen es vor, durch die engen Straßen zu radeln. Radfahren kann man auch in den Anhöhen und auf dem hügeligen **Province Lands Bike Trail**, einem lohnenden, knapp 10 km langen Radweg mit tollen Aussichten. Räder vermietet z. B. **Provincetown Bikes**, 42 Bradford St, ✆ 508/487-8735, für $22 pro Tag.

Informationen

Im winzigen **Visitor Center**, 307 Commercial St, in der Chamber of Commerce, am Ende der MacMillan Wharf, ✆ 508/487-3424, 🖳 www.ptownchamber.com, gibt's reichlich Infos über Lohnendes in der Region. ☉ Mai–Okt tgl. 10–16, Nov–April Mo–Sa 10–15 Uhr.
Ein weiteres **Visitor Center**, ✆ 508/487-1256, befindet sich an der Race Point Rd, mitten in den Dünen. ☉ Mai–Okt tgl. 9–17 Uhr.

Touren

Zu den Dünen führen die **Art's Dune Tours**, Commercial St, Ecke Standish St, ✆ 508/487-1950 oder 1-800/894-1951, 🖳 www.artsdunetours.com, April–Okt ab 10 Uhr bis Sonnenuntergang, Dauer 1 Std $26.
Zwischen April und Ende Oktober können Besucher an einem Schiffsausflug zur **Walbeobachtung** teilnehmen. Die Schiffe legen an der MacMillan Wharf ab. Einer der Hauptanbieter ist:
Dolphin Fleet Whale Watch, ✆ 1-800/826-9300, 🖳 www.whalewatch.com. Touren für $39.

Flex-Route-Busse der **Cape Cod Regional Transit Authority**, ✆ 1-800/352-7155, 🖳 www.thebreeze.info, verkehren von 6 bis 20 Uhr in dichtem Takt zwischen Provincetown und Truro sowie anderen Orten auf Cape Cod. Einfach an den Straßenrand stellen, den Bus per Handzeichen anhalten (außer an der Rte-6) und $2 Fahrpreis berappen.

Die Entfernung zwischen Provincetown und Boston beträgt über Land 120 Meilen, auf dem Wasserweg dagegen weniger als 50 Meilen. Der Ort liegt am größten natürlichen Hafen der neuenglischen Küste. Die bei Weitem schönste Möglichkeit hier anzukommen, ist mit einer der Passagierfähren.

Busse

Eine langsamere Option als die Fähren ist der **Plymouth & Brockton Bus**, ✆ 508/746-0378, 🖳 www.p-b.com, der 4x tgl. von BOSTON über HYANNIS nach Provincetown fährt, Fahrtdauer 3 1/4 Std., einfache Fahrt von Boston $35; von Hyannis $25.

Fähren

Die **Bay State Cruise Company**, ✆ 1-877/783-3779, 🖳 www.baystatecruisecompany.com, betreibt im Sommer 3x tgl. eine Express-Fähre vom World Trade Center Pier in BOSTON nach Provincetown; Fahrtdauer 90 Min., hin und zurück $79. Samstags bietet sie zusätzlich noch eine langsamere Fährverbindung an; Fahrtdauer 3 Std., hin und zurück $44.
Die Express-Fähren von **Boston Harbor Cruises**, ✆ 617/227-4321, 🖳 www.bostonharborcruises.com, verkehren von Mai–Okt. von Bostons Long Wharf nach Provincetown; Fahrtdauer 90 Min., $79.
Unschlagbar günstig ist die Express-Fähre von PLYMOUTH nach Provincetown, ✆ 1-800/225-4000, 🖳 www.provincetownferry.com; Fahrtdauer 90 Min., hin und zurück $40.

Martha's Vineyard

Martha's Vineyard, die größte Insel vor der Küste New Englands, hat eine Länge von 20 Meilen. Sie ist landschaftlich vielfältiger als Nantucket. Ihre Hügel und Weiden bilden malerische

Kontraste zu den Stränden und wilden, windgepeitschten Mooren auf der separaten Insel **Chappaquiddick**.

Die vornehmste Stadt von Martha's Vineyard ist das propere, adrette **Edgartown** mit seinen leuchtend weiß gestrichenen, holzverschalten Häusern im Kolonialstil, einem Museum zur Inselgeschichte und penibel gepflegten Gärten. Der andere Hauptort der Insel, **Vineyard Haven**, ist kommerzieller und einer der beiden Fährhäfen der Insel. Zwischen diesen Orten liegt **Oak Bluffs** (der zweite Hafen) mit verwunschenen „Lebkuchenhäuschen" und guten Restaurants. Vorsicht – die Richtungsangaben auf der Insel sind etwas verwirrend: Wer „Up-Island" ansteuert, landet im Südwesten bei den Klippen von Aquinnah (früher „Gay Head" genannt); umgekehrt bezieht sich „Down-Island" auf das Triumvirat der oben genannten, östlich gelegenen Städte.

Die schönste Radtour (Mietfahrräder s. „Nahverkehr") führt durch den **State Beach Park** zwischen Oak Bluffs und Edgartown – vorbei an Dünen auf der einen und dem sumpfigen Senkontacket Pond auf der anderen Seite. Wer will, fährt weiter zur Jugendherberge in der West Tisbury Road in Edgartown.

An der Westseite der Insel reiht sich entlang der Hügel ein Eigenheim ans nächste, sodass man von der Straße aus nicht einmal einen kurzen Blick aufs Meer werfen kann – bis man schließlich zum **Leuchtturm von Aquinnah** gelangt. Die farbenprächtigen Lehmklippen hier waren einst der wichtigste Farblieferant für die Häuser der Insel – heute droht jedem, der dabei erwischt wird, eine Lehmschicht zu entfernen, eine saftige Geldstrafe. Der darunter liegende **Moshup Beach** bietet einen tollen Blick auf diese atemberaubende Felsformation.

Auf Martha's Vineyard wimmelt es von schönen Stränden. Zu den besten zählen der großartige, abgeschiedene **Wasque Beach** am Ende der Wasque Road auf Chappaquiddick sowie der **South Beach** am Ende der Katama Road südlich von Edgartown, der für seine „guten Wellen und schönen Körper" bekannt ist. Der **State Beach** zieht sich an der Beach Road zwischen Oak Bluffs und Edgartown entlang und ist mehr auf Familien ausgerichtet.

Übernachtung

Wenn alle Unterkünfte ausgebucht sind – womit zu rechnen ist –, versucht das Büro der **Chamber of Commerce**, 24 Beach Rd, Vineyard Haven, ℡ 508/693-0085, 🖳 www.mvy.com, zu helfen. ⊙ Mo–Fr 9–17, Sa 10–16 Uhr.

Crocker House Inn, 12 Crocker Ave, Vineyard Haven, ℡ 1-800/772-0206, 🖳 www.crockerhouseinn.com. Elegante, angenehme Unterkunft unweit der Geschäfte mit schönen Zimmern, kostenlosem WLAN und vielen hausgemachten Leckereien. ❾

HI-Martha's Vineyard, 525 Edgartown-West Tisbury Rd, ℡ 508/693-2665, 🖳 capecod.hiusa. org. Sehr hübsch am Waldrand, abseits des Ortes gelegen und direkt an der Buslinie. Kostenloses WLAN. In der Nähe verläuft auch die Hauptfahrradroute über die Insel. Dorm-Bett $29–39. ⊙ April–Mitte Nov.

Menemsha Inn & Cottages und **Beach Plum Inn**, North Road, Menemsha, ℡ 508/645-9454 oder 1-800/901-2087, 🖳 www.menemshainn. com und 🖳 www.beachpluminn.com. Zwei benachbarte, sehr gepflegte Anlagen in Laufweite zum Menemsha Beach; auch privater Strandzugang. ❾

Nashua House Hotel, 30 Kennebec Ave, Edgartown, ℡ 508/693-0043, 🖳 www.nashuahouse.com. Kleine Zimmer, teilweise ohne eigenes Bad, in freundlichem, zentral gelegenem Hotel nicht weit vom Fähranleger. Ab $69 in der Nebensaison und somit eine der günstigeren Unterkünfte auf der Insel. Kann abends und nachts laut werden. ❸–❽

Oak Bluffs Inn, 64 Circuit Ave, Oak Bluffs, ℡ 508/693-7171, 🖳 www.oakbluffsinn.com. Eins der sympathischsten Hotels der Insel: günstige Lage, gemütliche, saubere Zimmer im viktorianischen Stil, WLAN, große Veranda, Gratis-Kekse und supernetter Inhaber. ❽–❾

The Winnetu Inn & Resort, South Beach, Edgartown, ℡ 508/627-4747, 🖳 www.winnetu. com. Familienfreundliches Resort-Hotel nur einen kurzen Fußmarsch von einem Privatabschnitt des South Beach entfernt; wer hier wohnen will, braucht allerdings ein Auto. Sehr gut ausgestattete Zimmer, viele mit Kochnische. ❽–❾

Wenn nicht anders angegeben, verkehren alle genannten **Fähren** nach Martha's Vineyard mehrmals tgl. von Mitte Juni bis Mitte September. Von Mai bis Mitte Juni und Mitte September bis Oktober schränken die meisten Reedereien den Fährbetrieb ein, aber zumindest eine provisorische Verbindung zur Insel wird das ganze Jahr über aufrechterhalten – wenn auch nicht auf allen Strecken. Damit die Insel nicht im Stau erstickt, sind die Fährpreise für Autos während der Hauptsaison (Mitte Mai–Mitte Sep; nur die Fähre von Woods Hole) extrem hoch, während Fahrräder für lediglich $6 mitgenommen werden können. Unbedingt telefonisch reservieren.

Nach Martha's Vineyard

Von Falmouth nach Oak Bluffs (35 Min.): The Island Queen, ☏ 508/548-4800, 🖥 www.island queen.com. Nur Fußgänger, Fahrräder ($6) oder Kajaks ($12), hin und zurück $18, nur Barzahlung oder Scheck.

Von Falmouth nach Edgartown (1 Std.): Falmouth Ferry Service, ☏ 508/548-9400, 🖥 www.falmouth ferry.com. Nur Fußgänger, hin und zurück $50.

Von Falmouth nach Vineyard Haven (45 Min.): Falmouth Ferry Service, ☏ 508/548-9400, 🖥 www.falmouthferry.com. Nur Fußgänger, hin und zurück $25.

Von Hyannis nach Oak Bluffs (ca. 1 1/2 Std., Expressfähre 55 Min.): Hy-Line, ☏ 1-800/492-8082, 🖥 www.hy-linecruises.com. Nur Fußgänger, hin und zurück $43, Expressfähre $69.

Von New Bedford nach Oak Bluffs und Vineyard Haven (1 Std.): New England Fast Ferry, ☏ 1-866/683-3779, 🖥 www.nefastferry.com. Nur Fußgänger, hin und zurück $70.

Von Quonset Point, Rhode Island, nach Oak Bluff (1 1/2 Std.): Vineyard Fast Ferry, ☏ 401/295-4040, 🖥 www.vineyardfastferry.com. Nur Fußgänger, hin und zurück $69. Shuttle-Service zur Kingston Amtrak Station ($18) und zum Providence Airport ($15).

Von Woods Hole nach Vineyard Haven und Oak Bluffs (45 Min.): Steamship Authority, ☏ 508/447-8600, 🖥 www.steamshipauthority.com. Fußgänger hin und zurück $15, Autos Mai–Okt hin und zurück $135, außerhalb der Saison $85.

Nach Nantucket

Von Hyannis: Steamship Authority, ☏ 508/477-8600 Reservierungen für Autofahrer, ☏ 508/495-3278 für Fußgänger, 🖥 www.steamship authority.com. Fußgänger hin und zurück $33 (2 Std.) oder $65 (1 Std.); Autos Mai–Okt einfache Strecke $380, außerhalb der Saison $260. Fußgängern vorbehalten sind die Schiffe der Hy-Line, ☏ 1-800/492-8082, 🖥 www.hy-line cruises.com. Hin und zurück $43 (2 Std.) oder $75 (1 Std.).

Während der Sommermonate setzt die Hy-Line außerdem tgl. eine Passagierfähre, ☏ 1-800/492-8082, auf der Strecke **zwischen Oak Bluffs** auf Martha's Vineyard **und Nantucket** ein; einfache Fahrt $34 (ca. 1 1/4 Std.).

Ein **Campingplatz** befindet sich in Vineyard Haven, 569 Edgartown Rd, ☏ 508/693-3772, 🖥 www.campmv.com. Zelt-Stellplatz $48 pro Tag für 2 Pers. inkl. Wasser- und Stromanschluss. ◷ Mai–Okt.

Essen

Die Gastronomie ist eine der größten Attraktionen von Martha's Vineyard: Die Restaurants quellen über mit frischem Hummer, *quahogs* (Riesenvenusmuscheln) und fangfrischem Fisch. Nur in Oak Bluff und Edgartown kann man zum Essen alkoholische Getränke bestellen. Andernorts gilt: selbst mitbringen.

ArtCliff Diner, 39 Beach Rd, Vineyard Haven, ☏ 508/693-1224. Bestens geeignet für ein Abschiedsfrühstück vor dem Besteigen der Fähre mit *French Toast* (Arme Ritter) mit Mandelkruste und Sandwiches mit *chorizo* (spanischer Paprikawurst), Ei und Pfefferkäse. ◷ 7–14 Uhr, Mi geschlossen.

The Bite, 29 Basin Road, Menemsha, ☏ 508/645-9239. In dem winzigen Strandlokal am Straßenrand lockt das kulinarische Nirwana: So saftige gebratene *belly clams* (Sandklaffmuscheln – ab $13,95) kriegt man vielleicht nie wieder zu kosten, und auch die *chowder* (Muschelsuppe) ist lecker. Nur Barzahlung.

Bier und Kalorien

Offshore Ale Company, 30 Kennebec Ave, Oak Bluffs, ✆ 508/693-2626. Lokales Brauhaus mit Holzbänken, Erdnussschalen auf dem Boden und jeder Menge Liveshows. Wer abends hier ist, sollte unbedingt bei **Back Door Donuts** hinter Martha's Vineyard Gourmet Café, ✆ 508/693-3688, auf ein unvergessliches Apfelbeignet vorbeischauen oder einen warmen in Honig gestippten Donut – ein absolutes Muss. ⊙ tgl. 21–0.30 Uhr.

The Black Dog Bakery, 11 Water St, Vineyard Haven, ✆ 508/693-4786. Statt eines Besuchs in der benachbarten, überteuerten Black Dog Tavern sollte man besser hier köstliche Muffins und Brote für die Rückfahrt mit der Fähre einkaufen.

Chilmark Chocolates, 19 State Rd, Chilmark, ✆ 508/645-3013. Die Leute stehen Schlange, um in den Genuss der inseleigenen Beeren in unglaublich leckerer Bio-Schokolade zu kommen. ⊙ Mo–Mi geschlossen.

Chilmark Store, 7 State Rd, Chilmark, ✆ 508/645-3739. Noch eine Insel-Institution: Hier steht die Kundschaft zur Abwechslung für perfekt gebackene Pizzastücke ($3,95) an. Vier frisch zubereitete Varianten mit Belag auf Olivenöl- und Pesto-Basis – besonders gut ist die Weizenvollkorn-Pizza.

Détente, Nevin Square (Abzweigung von der Winter St zwischen N Water St und N Summer St), Edgartown, ✆ 508/627-8810. Eins der feudaleren Restaurants der Insel und der beste Tipp für ein grandioses Mahl. Jahreszeitlich wechselnde Karte mit lokalen Produkten, von Heilbutt bis Lammkeule.

Larsen's Fish Market, Mason Rd, Menemsha, ✆ 508/645-2680. Für ca. $20 können Gäste ihren eigenen Hummer auswählen und ihn anschließend mit Blick auf den Hafen verzehren. Außerdem gibt's hier gute Hummerbrötchen ($11).

Informationen

Chamber of Commerce, 24 Beach Rd, Vineyard Haven, ✆ 508/693-0085, 🖥 www.mvy.com. ⊙ Mo–Fr 9–17, Sa 10–16 Uhr.

Nahverkehr

Ein **Auto** mitzubringen, ist astronomisch teuer und ziemlich sinnlos, da die Insel im Sommer ein einziger Verkehrsstau ist.
Einfacher kommt man per Bus oder **Fahrrad** herum: Am Fähranleger wimmelt es nur so von Fahrradvermietern ($25/Tag).
Das Busnetz der Insel, ✆ 508/639-9440, 🖥 www.vineyardtransit.com, wird zusehends besser: Immer häufiger und zuverlässiger verkehren tgl. von etwa 7 bis 0.45 Uhr **Busse** zwischen den wichtigsten Städten und Orten. $1 pro Ort, Tagesticket $7.

Nantucket

Die zweistündige Überfahrt von Cape Cod zum 30 Meilen entfernten Nantucket ist noch kein Hochseetörn, aber die „Little Gray Lady" hebt sich schon deutlich von ihrer küstennäheren Schwesterinsel Martha's Vineyard ab. Die geringere Größe und die typische Architektur von Nantucket geben der Insel ihren ganz eigenen Charakter – die Bezeichnung „grau" bezieht sich nicht nur auf die Winternebel, sondern auch auf die grauen Holzfassaden der Gebäude.

Nantucket ist sowohl der Name der Insel als auch der Hafenstadt, einst eine der größten Städte von Massachusetts. In den engen Gassen mit den schönen, alten Häusern scheint die Zeit vor 150 Jahren stehen geblieben zu sein: Die Stadt kann im National Register of Historic Places mehr historische Bauten verzeichnen als Boston. Das Inselleben spielt sich überwiegend hier ab. Um den Fähranleger herum tummeln sich haufenweise Fahrradverleiher und Veranstalter von Sightseeing-Touren.

Der **Straight Wharf** führt direkt auf die von Geschäften und Restaurants gesäumte **Main Street**. Das hervorragende **Whaling Museum**, 13 Broad St, an der Spitze der Steamboat Wharf, ✆ 508/228-1894, 🖥 www.nha.org, zeigt eine ausgezeichnete Sammlung exotischer Seefahrerkunst, darunter eine Galerie mit faszinierenden Schnitzereien, und ein 14 m langes Pottwalskelett, das 1998 vom Meer angespült wurde. Zu beachten ist der verfaulte Zahn – man glaubt, das Ableben des Wals sei auf eine Zahninfektion zurückzuführen. ◷ Ende Mai–Mitte Okt tgl. 10–17 Uhr, Eintritt $17.

Außerhalb der Stadt bietet Nantucket eine immer noch erstaunlich wilde landschaftliche Mischung aus Heide-, Moor- und Marschland, doch seine Hauptattraktion sind nach wie vor die unverbauten **Sandstrände**. Einer der schönsten liegt rund elf fahrradfreundliche Kilometer östlich der Stadt, beim Dorf **Siaconset** („Sconset" ausgesprochen), dessen angejahrte Hütten von einer dicken Salzkruste überzogen sind. Für den Rückweg empfiehlt sich die **Polpis Road**, die sich durch Heide- und Moorlandschaft schlängelt.

Mit Ausnahme der Jugendherberge sind die Unterkünfte auf Nantucket teuer. Die meisten B&Bs und Pensionen verlangen im Sommer weit über $200 pro Nacht.

HI-Nantucket Surfside Beach, 31 Western Ave, ☎ 508/228-0433, 🖳 capecod.hiusa.org. Dorm-Betten für $29–39 am Surfside Beach, etwa 3 Meilen südlich der Stadt. ◷ nur Mitte Mai–Sep.

Martin House Inn, 61 Centre St, ☎ 508/228-0678, 🖳 www.martinhouseinn.com. Seefahrerhaus von 1803 mit 13 hübschen, preiswerten Zimmern (darunter einige EZ) in der Nähe der Geschäfte und Fähre. ❺–❾

Union Street Inn, 7 Union St, ☎ 888/517-0707, 🖳 www.unioninn.com. Das feudale B&B in zentraler Lage bietet herzhaftes Frühstück und hinreißende Zimmer mit stilvollen Teppichen und Vorhängen und gemusterten Tapeten. Die entsprechend gesalzenen Zimmerpreise werden außerhalb der Saison genießbarer. ❾

Veranda House, 3 Step Lane, ☎ 508/228-0695, 🖳 www.theverandahouse.com. Boutiquehotel mit erfrischender Neuinterpretation des viktorianischen Stils. Geschmackvoll gestaltete Zimmer mit luxuriöser Einrichtung und Gratis-WLAN, die meisten auch mit Hafenblick. ❾

Nantucket besitzt eine Fülle erstklassiger Restaurants, vorwiegend in Nantucket Town und Umgebung. Allerdings zahlt man hier für ein Hauptgericht locker $30–40. Billigere Sättigungsmöglichkeiten bieten die Imbisslokale in der Broad Street, in der Nähe der Steamboat Wharf.

Black Eyed Susan's, 10 India St, ☎ 508/325-0308. Beliebtes kleines Brunchlokal mit einfallsreichen Rühreiern und leckeren Buttermilchpfannkuchen. Früh da sein, sonst muss man lange warten. Nur Barzahlung.

Chicken Box, 16 Dave St, ☎ 508/228-9717. Im Sommer drängen sich allabendlich die unterschiedlichsten Gäste in die „Box", um in schlichtem Ambiente großartige Liveshows zu sehen. Auch Shuffleboard und Billardtische. Nur Barzahlung; drinnen gibt es einen Geldautomaten.

Downyflake, 18 Sparks Ave ☎ 508/228-4533. Der beste Diner der Insel liegt etwas außerhalb am Stadtrand, ist aber mit seiner Hausmannskost zu zivilen Preisen und frisch frittierten Donuts (auch zum Mitnehmen) den Weg unbedingt wert.

Juice Bar, 12 Broad St, ☎ 508/228-5799. Die frisch gepressten Säfte sind das Gesündeste, was der kleine Imbiss zu bieten hat, doch im Sommer lechzen lange Schlangen nach seiner leckeren hausgemachten Eiscreme (besonders lohnend: „Crantucket") in Bechern oder Riesenwaffeln ($3,30–4,50).

Sayle's Seafood, 99 Washington St Extension, ☎ 508/228-4599. Zwangloses Seafood-Lokal mit chowder (Muschelsuppe) für $3,25, frischem Hummer und gebratenen Muscheln (zu Marktpreisen) – als Picknick mitzunehmen oder vor Ort auf der Veranda zu schlemmen.

Something Natural, 50 Cliff Rd, ☎ 508/228-0504. Der charmante Feinkostladen bietet auf dem Weg zum Madaket Beach großzügig belegte Sandwiches und riesige Kekse. Oder man macht es sich draußen auf den zur Verfügung gestellten Picknickdecken bequem.

Das **Information Office**, ☎ 508/228-0925, 🖳 www.nantucket.net, in Nantucket Town, 25 Federal St, nahe der Main St, hat eine tagesaktuelle Liste mit freien Unterkünften, nimmt aber selbst keine Reservierungen vor. ◷ April–Dez 9–18 Uhr, Jan–März Mo–Sa 9–17 Uhr. Die **Chamber of Commerce**, Zero Main St, 1. Stock, ☎ 508/228-1700, 🖳 www.nantucket chamber.org, ist die beste Infoquelle der Insel. ◷ Mo–Fr 9–17 Uhr.

Fahrräder verleiht Young's Bicycle Shop, 6 Broad St, Nantucket Town, ✆ 508/228-1151, für ca. $25 pro Tag (können aber auch halbtageweise gemietet werden).

NRTA, ✆ 508/228-7025, betreibt von Ende Mai bis Anfang Okt einen **Shuttlebus** von Nantucket Town nach Siaconset; einfache Fahrt $2.

Zentrales und westliches Massachusetts

Entlang den 150 Meilen von Massachusetts, die sich von Boston landeinwärts nach Westen erstrecken, sind Urlaubern am ehesten die schönen Berkshires oder **Berkshire Hills** ein Begriff. Außer dem berühmten sommerlichen **Tanglewood**-Musikfestival locken hier Städtchen mit interessanten Museen wie **North Adams** und **Williamstown** – beide liegen in der äußersten Nordwestecke des Staates, am Ende des **Mohawk Trail**, der durch eine unglaublich schöne

Landschaft führt. Die reizvollen College-Städte **Amherst** und **Northampton** im grünen Pioneer Valley strotzen nur so vor Cafés, Restaurants und Buchläden.

Amherst und Northampton

Nördlich von Springfield bildet das vom Connecticut River gegrabene Pioneer Valley einen grünen Korridor. Hier liegen die College-Städte Amherst und Northampton, nette Orte für ein paar entspannte Tage mit ausgedehnten Caféaufenthalten und Streifzügen durch die Buchhandlungen einer der liberalsten und progressivsten Gegenden von New England.

Allen House Victorian Inn, 599 Main St, Amherst, ✆ 413/253-5000, 🖳 www.allenhouse. com. Der Inbegriff eines neuenglischen Gasthofs. ❹–❼

Sylvester's, 111 Pleasant St, Northampton, ✆ 413/586-5343. Generell leckeres Essen und tolles Frühstück mit Köstlichkeiten wie Bananenbrot-French toast und Waffeln.

Herrell's Ice Cream, 8 Old South St, Northampton, ✆ 413/586-9700. Hauptgeschäft einer kleinen Kette unwiderstehlicher Eisdielen.

Hangar Pub and Grill, 55 University Drive, Amherst, ✆ 413/549-9464, serviert in einer kleinen, unterhaltsamen College Bar die besten Hähnchenflügel.

Busse von **Peter Pan Trailways** halten in Northampton an der 1 Roundhouse Plaza, ✆ 1-800/343-9999, und in Amherst bei Amherst Books, 8 Main St, ✆ 1-800/343-9999.

Amtrak-Züge halten in Amherst am Bahnhof in der 13 Railroad St.

Die Berkshires

Ihr reiches Kulturerbe, ihre sommerlichen Kulturfestivals von Weltrang und ihre ländliche Idylle aus Wäldern und grünen Hügeln machen die Berkshires am äußersten Westrand von Massa-

---

Old Sturbridge Village

Auf halbem Wege zwischen Worcester und Springfield liegt am US-20, nahe der Abzweigung des I-84 vom I-90, das restaurierte und rekonstruierte Old Sturbridge Village, ✆ 508/347-3362 oder 1-800/SEE-1830, 🖳 www.osv. org. Das etwas idealisierte, aber sehr schnuckelige **Abbild einer neuenglischen Kleinstadt** der 1830er-Jahre besteht aus historischen Gebäuden, die aus der ganzen Region hierher versetzt wurden. Museumsangestellte in historischer Tracht arbeiten in den Schmieden, pflanzen und ernten Gemüse, melken Kühe usw. – und spielen ihre Rollen sehr überzeugend. Auf dem idyllischen, gut 80 ha großen Gelände mit altem Baumbestand, Teichen und ungepflasterten Fußwegen kann man ohne Weiteres einen halben Tag zubringen. ◷ April–Ende Okt tgl. 9.30–17 Uhr, Ende Okt–März Di–So 9.30–16 Uhr, Eintritt $20.

In der Nordwestecke der Region verläuft der Mohawk Trail durch North Adams und Williamstown. Auf dieser landschaftlich schönen Route wanderten einst die Indianer zwischen den Tälern von Connecticut River und Hudson hin und her.

North Adams ist Heimat des großartigen **Mass MoCA** (Massachusetts Museum of Contemporary Art), 1040 Mass MoCA Way, ✆ 413/662-2111, 🖳 www.massmoca.org. Das weitläufige, äußerst unterhaltsame Museum versammelt moderne Kunstinstallationen, zeitgenössische Videokunst und „kopfstehende" Bäume in einer faszinierenden alten Fabrikanlage. ⊙ Juli und August tgl. 10–18 Uhr, Sep–Juni Mo und Mi–So 11–17 Uhr, Eintritt $15.

Williamstown hat sogar zwei sehenswerte Kunstmuseen. Ein besonderes Highlight der umfangreichen Sammlung des **Sterling and Francine Clark Art Institute**, 225 South St, ✆ 413/458-2303, 🖳 www.clarkart.edu, sind seine 30 Renoir-Gemälde. ⊙ Sep–Juni Di–So 10–17 Uhr, Juli und Aug tgl. 10–17 Uhr, Eintritt Juni–Okt $12,50, Nov–Mai frei.

Das **Williams College Museum of Art**, 15 Lawrence Hall Drive, ✆ 413/597-2429, 🖳 www.wcma.org, zeigt interessante Ausstellungen mit altorientalischer und moderner amerikanischer Kunst in einem schönen neoklassizistischen Gebäude. ⊙ Di–Sa 10–17, So 13–17 Uhr, Eintritt frei.

Die **Übernachtungsadresse** der Gegend ist das ultramoderne Porches Inn, 231 River St, North Adams, gleich um die Ecke vom Mass MoCA, ✆ 413/664-0400, 🖳 www.porches.com, mit stilvollen Zimmern in einem umgebauten Arbeiterreihenhaus. ❼–❾

Das Topia Inn in Adams, 10 Pleasant St (gleich bei der Touristeninformation), ✆ 413/664-0400, 🖳 topiainn.com, bietet acht kunstvoll und nach ökologischen Kriterien eingerichtete Zimmer, von denen jedes von z. B. einem Künstler, Filmschaffenden oder Tänzer gestaltet wurde. ❼–❽

Gegen Hungergefühle hilft das Mezze, 16 Water St, in Williamstown, ✆ 413/458-0123), mit moderner amerikanischer Küche der Extraklasse in elegantem, luftigem Ambiente.

chusetts zum idealen Urlaubsgebiet vor allem für die warme Jahreszeit.

Die beste Informationsquelle der Region ist das ausgezeichnete **Berkshire Visitors Bureau**, 3 Hoosac St (Rte-8), in Adams, ✆ 413/743-4500, 🖳 www.berkshires.org; ⊙ Mo–Fr 8.30–17 Uhr.

Stockbridge

Stockbridge, gleich südlich des I-90 und 50 Meilen westlich von Springfield, wirkt wie das Urbild eines neuenglischen Städtchens – vor allem im Schnee. Dies verdankt es wahrscheinlich in großem Maße dem bekannten Maler und Illustrator Norman Rockwell, der hier 25 Jahre bis zu seinem Tod 1978 lebte. Das Städtchen erschien auf vielen seiner Titelbilder für die *Saturday Evening Post*, deren Tendenz zum Kitsch durch Rockwells treffenden Witz geprägt wurde.

Eine Sammlung dieser Titelbilder ist im **Norman Rockwell Museum**, 9 Rte-183, ✆ 413/

298-4100, 🖳 www.nrm.org, zu besichtigen. Einige Museumsangestellte wissen zu berichten, wie sie als Kinder für Rockwell Modell standen und er ihnen als Belohnung fürs Stillstehen alle paar Minuten eine Münze von einem Stapel 5-Cent-Stücke zusteckte. ⊙ Mai–Okt tgl. 10–17 Uhr, Nov–April Mo–Fr 10–16, Sa und So 10–17 Uhr, Eintritt $15.

In den Hügeln rund um Stockbridge stehen ein paar sehenswerte Prachtvillen. **Chesterwood**, 4 Williamsville Rd, rund 800 m südlich des Norman Rockwell Museum, ✆ 413/298-3579, 🖳 www.chesterwood.org, war Landvilla und Atelier des Bildhauers Daniel Chester French, der u. a. das Lincoln Memorial schuf. ⊙ Mai–Okt tgl. 10–17 Uhr, Eintritt $15. Das Anwesen **Naumkeag**, Prospect Hill Road, Rte-7, ✆ 413/298-3239, glänzte mit der ersten modernen Gartenanlage des Landes. ⊙ Ende Mai–Mitte Okt tgl. 10–17 Uhr, Eintritt $15.

New England

Red Lion Inn, ✆ 413/298-5545, ⌨ www.redlion inn.com. Das etwas plüschig-rüschige Hotel ist eins der hochherrschaftlicheren Gebäude in der Main Street. Die Zimmer (einige ohne eigenes Bad) sind hübsch altmodisch eingerichtet. ➎–➐

Das dazugehörige **Restaurant** serviert in einem charmanten alten Speisesaal mit Kamin verlässliche amerikanische Küche in stattlichen Portionen, u. a. hervorragende Burger und Steaks.

Lenox und Umgebung

Alljährlich strömen Scharen gut situierter Touristen nach Lenox, etwa 5 Meilen nördlich von Stockbridge am US-7, um die Sommerkonzerte des Boston Symphony Orchestra in **Tanglewood**, 297 West St, zu erleben; Ticketinfos unter ✆ 413/637-1666 oder ⌨ www.bso.org. Von Juli bis Ende August finden hier an den Wochenenden Orchesterkonzerte unter freiem Himmel statt, während an den anderen Tagen Kammermusik, Solokonzerte u. a. auf dem Programm stehen. Überdachte Sitzplätze sind teuer und schwer zu ergattern, aber gegen ein Eintrittsgeld von etwa $17 können Besucher nach Belieben auf dem Rasen sitzen und picknicken. Unter der Woche gibt es einige öffentliche Proben. Außerdem wird am Labor-Day-Wochenende (dem 1. Wochenende im September) ein **Jazzfestival** geboten.

Jacob's Pillow, an der Rte-20 zwischen Becket und Lee, ✆ 413/243-0745, ⌨ www.jacobs pillow.org, veranstaltet von Juni bis August eines der besten modernen Tanzfestivals des Landes.

Weiter nördlich am US-7 liegt Pittsfield mit **Arrowhead**, ✆ 413/442-1793, ⌨ www.mobydick. org, Herman Melvilles Wohnhaus zu der Zeit, als er *Moby Dick* schrieb. Da sich Melvilles Bücher zu seinen Lebzeiten kaum verkauften, war er nach 13 Jahren in den Berkshires gezwungen Arrowhead aufzugeben und in seine Geburtsstadt New York zurückzugehen. ◷ Ende Mai–Okt tgl. 9.30–16 Uhr, Eintritt $12.

Das **Hancock Shaker Village** 5 Meilen westlich von Pittsfield, ✆ 413/443-0188, ⌨ www. hancockshakervillage.org, war von 1783 bis 1960 ein aktives Shaker-Unternehmen. Zu den erhaltenen Bauten gehören u. a. das große Wohn-

gebäude, in dem fast 100 Menschen schliefen und aßen, und der runde, gemauerte Stall für das Vieh. ◷ April–Okt tgl. 10–17 Uhr, Eintritt $17.

Blantyre, Blantyre Road, Lenox, ✆ 413/ 637-3556, ⌨ www.blantyre.com. Eine der feudalsten (und teuersten) Hotelanlagen des Landes. ➒

Hampton Terrace, 91 Walker St, ✆ 1-800/ 203-0656, ⌨ www.hamptonterrace.com. Hier stand ursprünglich die Schmiede von Lenox; die Bewohner des Hauses im 20. Jh. tauchten dann im Roman The Age of Innocence (dt. Zeit der Unschuld) auf, da die Verfasserin, Edith Wharton, nebenan wohnte. Heute ist hier ein nobles B&B mit 14 Zimmern untergebracht. ➑

Church Street Café, 65 Church St, Lenox, ✆ 413/637-2745. Ausgezeichnete neuenglische Küche.

Bistro Zinc, 56 Church St, Lenox, ✆ 413/ 637-8800. Das stimmungsvolle Lokal ist der ideale Ort für einen entspannten Martini.

Berkshire Bagel, 18 Franklin St (Seitenstraße der Rte-7A), ✆ 413/637-1500. Eins der dünn gesäten Lokale für weniger Betuchte im Zentrum von Lenox. Große Auswahl an Bagels mit verschiedenem Belag ($2–5).

Rhode Island

Mit einer Länge von 48 Meilen und einer Breite von 37 Meilen ist Rhode Island der kleinste Staat der USA, nahm aber überproportional großen Einfluss auf die Geschicke der Nation: So erließ Rhode Island das erste Gesetz zur Abschaffung der Sklaverei in Nordamerika, erklärte als erste der 13 Kolonien die Unabhängigkeit von Großbritannien, förderte die nationale Tradition der Religionsfreiheit und war Ausgangspunkt der Industriellen Revolution in Amerika. Heute ist Rhode Island mit fast vier Dutzend **National Historic Landmarks** und 400 Meilen spektakulärer Küstenlinie ein äußerst beliebtes Touristenziel.

Der Bundesstaat umfasst über 30 Inseln und Inselchen mit Namen wie Hope („Hoffnung") und Despair ("Verzweiflung"). Die größte Insel der Narragansett Bay ist Rhode Island (auch unter ihrem indianischen Namen "Aquidneck" bekannt), nach der der ganze Staat benannt wurde. Die Bucht war von jeher ein entscheidender Faktor für Rhode Islands wirtschaftliche Entwicklung und strategische Bedeutung. Der Wohlstand des "Ocean State" stützte sich auf Seehandel, Walfang und Schmuggel, bevor im 19. Jh. die Fertigungsindustrie an Gewicht gewann. Heute sind die wichtigsten Reiseziele des Bundesstaats seine beiden alten Häfen: die vom Kolonialstil geprägte College-Stadt Providence und das wohlhabende Newport – Welthauptstadt der Segler – mit pompösen Villen und Traumstränden.

Providence

Als erste Siedlung von Rhode Island gründete Roger Williams 1636 die Stadt Providence "im Gedenken an Gottes Vorsehung". Das Land hatte er zuvor von den Narragansett-Indianern erhalten. Die Stadt auf den sieben Hügeln ist seit 1901 Hauptstadt des Staates Rhode Island.

Die Elite-Hochschule Brown University und die Rhode Island School of Design (RISD) verleihen der Stadt ein gewisses kulturelles Flair, während die vielen restaurierten Kolonialhäuser in der **Benefit Street** und rund um **College Hill** für historische Atmosphäre sorgen. Die ethnische Vielfalt von Providence zeigt sich westlich von Downtown auf dem **Federal Hill**. In diesem Viertel lebt eine große italienische Gemeinde.

Die City

Dreh- und Angelpunkt des Stadtzentrums (hier "Downcity" genannt) ist das Transportation Center an der Kennedy Plaza. Diese ist von modernen Neubauten umringt, mit einer bemerkenswerten Ausnahme: der **City Hall** von 1878 am Westrand der Plaza. Die nahe gelegene **Union Station**, 1898 im Beaux-Arts-Stil erbaut, dient heute nicht mehr als Bahnhof, ist aber ein weiteres Beispiel der hervorragend restaurierten historischen Bauten, die zu den besonderen Attraktionen der Stadt gehören. Ein paar Ecken weiter südlich befindet sich die nach wie vor

florierende **Westminster Arcade** aus dem Jahr 1828, das älteste Einkaufszentrum des Landes.

Nördlich von Downcity markiert das **Roger Williams National Memorial**, N Main, Ecke Smith St, den Standort der ursprünglichen Siedlung des Stadtgründers; ⏰ tgl. 9–16.30 Uhr, Eintritt frei. Im Westen, auf dem **Constitution Hill**, wartet das **Rhode Island State House** aus weißem Marmor, ☎ 401/222-3983, mit der angeblich viertgrößten Kuppel der Welt und dem Original der Rhode Island Charter von 1663 auf. Termine für Führungen sind telefonisch unter ☎ 401/222-3983 zu erfragen.

Direkt südlich des Stadtzentrums befindet sich im Jewelry District das **Providence Children's Museum**, 100 South St, ☎ 401/273-5437, 🖥 www.childrenmuseum.org. Zu seinen interaktiven Ausstellungen gehört eine abenteuerliche Zeitreise durch die Geschichte von Rhode Island. ⏰ April–Aug tgl. 9–18 Uhr, Sep–März Di–So 9–18 Uhr, Eintritt $8,50.

Weiter südlich, nahe der Stadtgrenze zu Cranston, informiert das **Culinary Arts Museum**, 315 Harborside Blvd, ☎ 401/598-2805, 🖥 www.culinary.org, umfassend über die Geschichte des Essens, u. a. mit historischen Küchengeräten und Rezepten. Es residiert auf dem Harborside-Campus der Johnson & Wales University, einer der führenden Gastronomie-Hochschulen des Landes. ⏰ Di–So 10–17 Uhr, Eintritt $7.

Zwei Meilen südlich von Downcity liegt im 174 ha großen **Roger Williams Park** der wunderbare **Roger Williams Zoo**, ☎ 401/785-3510, 🖥 www.rogerwilliamsparkzoo.org. Der drittälteste Tierpark der USA zeigt 130 Tierarten und einfallsreiche Ausstellungen. ⏰ tgl. 9–16 Uhr, Eintritt $12.

College Hill und Federal Hill

Der Fluss trennt Downcity vom entspannten College Hill, einem hübschen Viertel mit Museen und Kolonialgebäuden. Das weiße, schindelverkleidete **First Baptist Meeting House** am Fuß des Hügels, 75 N Main St, stammt aus dem Jahr 1638 und zeugt von den Anfängen des Bundesstaats als "lebendiges Experiment" in Sachen Religionsfreiheit.

Die nahe gelegene **Benefit Street** ist die "historische Meile" von Providence. An ihr reihen sich die wunderbar restaurierten einstigen Wohnhäuser von Kaufleuten und Kapitänen. Eines der wenigen für die Öffentlichkeit zugänglichen Häuser ist das elegante **John Brown House**, 52 Power St, Ecke Benefit St, ☎ 401/273-7507, das erste Haus, das auf dem College Hill erbaut wurde. Es gehörte dem gleichnamigen Patrioten und Unternehmer, der sein Geld dem Sklavenhandel und dem Handel mit China verdankte (er war der Onkel des Mannes, nach dem die Universität benannt ist). Termine für Führungen telefonisch erfragen, Eintritt $8.

Der grüne, historische Campus der Ivy League **Brown University** prägt das Flair dieses drei Jahrhunderte alten Viertels. Das Zulassungsbüro, 45 Prospect St, organisiert Gratisführungen, ☎ 401/863-2378, 🖳 www.brown.edu.

Ganz in der Nähe befindet sich auf dem kleineren Campus der Rhode Island School of Design (RISD) das **RISD Museum of Art**, 224 Benefit St, ☎ 401/454-6500, 🖳 www.risd.edu. Seine 45 Galerien zeigen u. a. hervorragendes europäisches und amerikanisches Kunstgewerbe und eine einzigartige Sammlung asiatischer Kunst mit über 600 japanischen Holzschnitten und einem Buddha aus der Heian-Zeit. ◷ Di–So 10–17 Uhr, Eintritt $10.

Das **Providence Athenaeum** im klassizistischen Stil, 251 Benefit St, ☎ 401/421-6970, 🖳 www.providenceathenaeum.org, ist eine der ältesten amerikanischen Bibliotheken. Hier warb schon Edgar Allan Poe um das Herz von Sarah Whitman. ◷ Mo–Do 9–19, Fr und Sa 9–17, So 13–17 Uhr, im Sommer So geschlossen, Eintritt frei.

Östlich und südlich des College Hill reihen sich in der **Thayer** und **Wickenden Street** zahlreiche Buchhandlungen und Cafés aneinander.

Federal Hill, westlich von Downcity, ist das **Little Italy** von Providence. Das Viertel um die Atwells Avenue ist eine der freundlichsten Gegenden der Stadt mit vielen Cafés, Delis, Bäckereien, Bars und dem **DePasquale Square**, einer belebten Piazza mit italienisch anmutendem Springbrunnen.

Übernachtung

In der Innenstadt von Providence gibt es nur wenige billige Zimmer, aber B&Bs sind einigermaßen erschwinglich. Motorisierte Besucher finden Motels der mittleren Preisklasse entlang des I-95 – nördlich Richtung Pawtucket und südlich in der Nähe des Flughafens in Warwick.

Annie Brownell House B&B, 400 Angell St, ☎ 401/454-2934, 🖳 www.anniebrownellhouse.com. Eine Handvoll Gästezimmer in einem Haus im Colonial Revival Style von 1899 in der Nähe der Thayer Street. Reichhaltiges, warmes Frühstück. ❺

Christopher Dodge House, 11 West Park St, ☎ 401/351-6111, 🖳 www.providence-hotel.com. Sonniges B&B mit 8 Zimmern und historisch angehauchtem Mobiliar sowie hausgemachten Keksen. 3 Etagen, kein Aufzug. Die Eigentümer betreiben auch das Mowry-Nicholson House gegenüber. ❻

Hotel Providence, 311 Westminster St, ☎ 401/861-8000 oder 1-800/861-8990, 🖳 www.hotelprovidence.com. 80 farbenfrohe Luxuszimmer und ein trendiges Restaurant im Haus. ❽

The Old Court, 144 Benefit St, ☎ 401/751-2002, 🖳 www.oldcourt.com. Ansprechendes B&B mit 10 Zimmern in einem alten Pfarrhaus in der Nähe der RISD. ❻–❽

Providence Biltmore, 11 Dorrance St, ☎ 401/421-0700 oder 1-800/294-7709, 🖳 www.providencebiltmore.com. Das Hotel im Herzen der Stadt ist seit seiner Eröffnung 1922 ein Wahrzeichen von Providence und von entsprechend gediegener Eleganz. Vornehm-

Block Island

Zwölf Meilen vor der Südküste von Rhode Island liegt das tolle Ausflugsziel Block Island. Irgendwie hat es dieses kleine Juwel geschafft, sich seinen melancholischen, verführerischen Charme zu erhalten. Auf der kleinen Insel mit ihren sanft gewellten Hügeln und weiten Moorlandschaften inmitten der manchmal sehr rauen See leben nur 900 Menschen. Im Sommer regiert der Tourismus, aber frei von jeglichem Trubel; es gibt jede Menge kostenlos zu nutzende Strände sowie 30 Meilen Wanderwege. Anfahrt mit der Fähre, ☎ 401/783-7996, 🖳 www.blockislandferry.com, vom Fort Adams State Park in Newport ($10,85, Fahrtdauer 2 Std.).

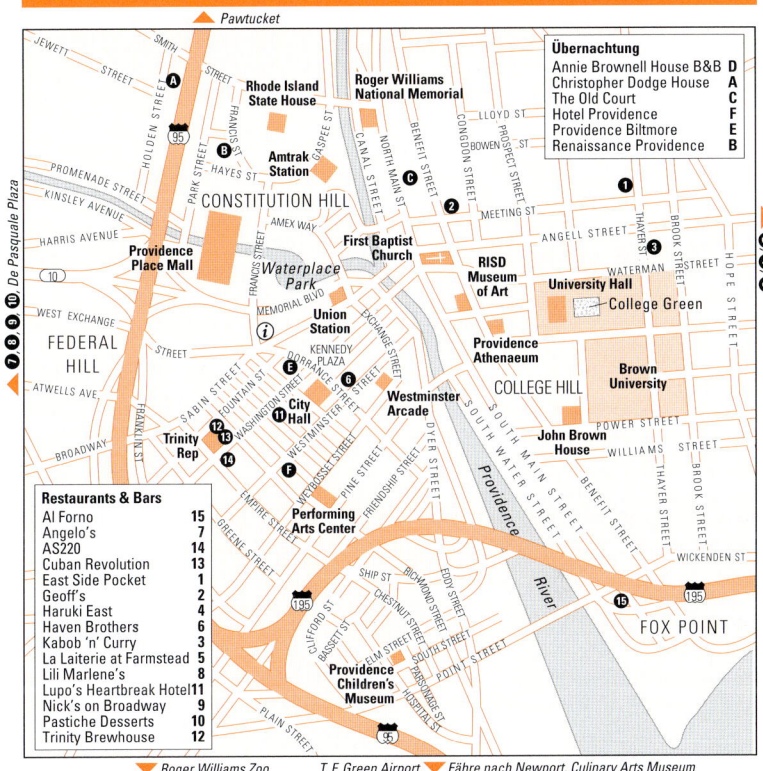

Providence

N
0   800 m

Pawtucket

Übernachtung
Annie Brownell House B&B **D**
Christopher Dodge House **A**
The Old Court **C**
Hotel Providence **F**
Providence Biltmore **E**
Renaissance Providence **B**

Rhode Island State House
Roger Williams National Memorial
Amtrak Station
CONSTITUTION HILL
First Baptist Church
RISD Museum of Art
University Hall
College Green
Providence Place Mall
Waterplace Park
Union Station
Providence Athenaeum
Brown University
FEDERAL HILL
City Hall
Westminster Arcade
COLLEGE HILL
Trinity Rep
John Brown House
Performing Arts Center
Providence Children's Museum
FOX POINT

Restaurants & Bars
Al Forno **15**
Angelo's **7**
AS220 **14**
Cuban Revolution **13**
East Side Pocket **1**
Geoff's **2**
Haruki East **4**
Haven Brothers **6**
Kabob 'n' Curry **3**
La Laiterie at Farmstead **5**
Lili Marlene's **8**
Lupo's Heartbreak Hotel **11**
Nick's on Broadway **9**
Pastiche Desserts **10**
Trinity Brewhouse **12**

Roger Williams Zoo   T. F. Green Airport,   Fähre nach Newport, Culinary Arts Museum

modern eingerichtete Zimmer, vor Kurzem renoviert. ❻

Renaissance Providence, 5 Avenue of the Arts, ✆ 401/919-5000, ⌨ www.marriott.com. Kein pomadiges Kettenhotel – dieses Marriott befindet sich in einem geräumigen Freimaurer-tempel von 1929 und bietet stilvoll eingerichtete Zimmer, ein Fitnesscenter und Restaurant sowie tolle Ausblicke auf das State House. ❼

Essen

In Providence kann man ausgezeichnet essen. In der Thayer Street drängeln sich viele preiswerte Lokale, die bei der studentischen Bevölkerung sehr beliebt sind. Die Wickenden Street ganz in der Nähe zieht ein etwas „reiferes" Publikum an. Tolle italienische Küche zu annehmbaren Preisen wird in Federal Hill aufgetischt. Zwei Spezialitäten aus Rhode Island sind *coffee milk*, mit Kaffeesirup versetzte Milch, und Del's Lemonade, eine geeiste Limonade.

Al Forno, 577 S Main St, ✆ 401/273-9760. Eins der besten Restaurants in Rhode Island mit weithin berühmter Pizza aus dem Holzofen, Fleischgerichten und vielen anderen Köstlich-keiten. Hauptgerichte um die $30. ⏱ Di–Sa abends.

New England

Angelo's, 141 Atwell Ave, ☎ 401/621-8171. Federal-Hill-Institution seit 1924. Solide italienische Kost ohne Schnickschnack zu erschwinglichen Preisen.

East Side Pocket, 278 Thayer St, ☎ 401/453-1100. Beliebter Studentenimbiss mit dicken Falafel-Sandwiches ($5) und anderem nahöstlichem Fastfood – alles heiß, frisch und billig.

Geoff's, 163 Benefit St, ☎ 401/751-2248. Uriger Sandwichladen mit riesiger Auswahl an fantasievollen Brot-Füllung-Kombinationen, z. B. „Chicken George" mit Hühnchensalat, Schinken, geschmolzenem Käse, Spinat und Soße ($7,49).

Haruki East, 172 Wayland Ave, ☎ 401/223-0332. Eins der besten japanischen Restaurants der Stadt, mit schön präsentierten Speisen in mittlerer Preislage.

Haven Brothers, Imbisslokal auf Rädern, das es schon seit 1893 gibt. In seiner derzeitigen Inkarnation parkt es tgl. von 16.30–5 Uhr vor der City Hall, um klassische Hotdogs, Burger und Pommes frites unters Volk zu bringen.

Kabob 'n' Curry, 261 Thayer St, ☎ 401/273-8844. Überdurchschnittliche indische Küche in der quirligen Thayer Street mit lustigen Eigenkreationen wie „Naninis" ($6–8).

La Laiterie at Farmstead, 184 Wayland Ave, ☎ 401/274-7177. Abendessen im Bistrostil aus Zutaten aus der Umgebung, in rustikalschickem kleinem Lokal neben einem tollen Käseladen.

Nick's on Broadway, 500 Broadway, ☎ 401/421-0286. Ziemlich abgelegen im West End, aber sehr beliebt bei Brunch-Freunden z. B. wegen der tollen schwarzen Bohnen mit Ei ($10) und dem French toast ($8). Auch mittags und abends geöffnet. ⊙ Mo und Di geschl.

Pastiche Desserts, 92 Spruce St, ☎ 401/861-5190. Exquisiter Kuchen und tolle Kekse und Backwaren in einem reizenden kleinen blauen Haus in Federal Hill.

Unterhaltung und Nachtleben

Providence hat eine abwechslungsreiche **Kinoszene** und ein breites Angebot an darstellender Kunst. Das komplette Veranstaltungsprogramm findet sich im wöchentlich erscheinenden Gratisheft *Providence Phoenix* und in der Donnerstagsausgabe des *Providence Journal*.

Avon Rep Cinema, 260 Thayer St, ☎ 401/421-3315. Indiefilme.

Cable Car Cinema, 204 S Main St, ☎ 401/272-3970. Kino mit netten Doppelsitzen, das ebenfalls Indie- und andere Filme zeigt, die nicht dem Mainstream entsprechen.

Trinity Rep, 201 Washington St, ☎ 401/351-4242, 🖥 www.trinityrep.com. Das Theater in Downcity gehört zu Amerikas führenden Regionalbühnen.

Providence Performing Arts Center, 220 Weybosset St, ☎ 401/421-2787, 🖥 www.ppacri.org. Musicalaufführungen in einem prachtvollen alten Art-déco-Kino.

Die **Gallery Night**, ☎ 401/490-2042, 🖥 www.gallerynight.info, findet von März bis November an jedem 3. Donnerstag im Monat von 17–21 Uhr statt. Dann fahren kostenlose „Art Buses" von der Regency Plaza (schräg gegenüber der Rückseite der Bibliothek) ab und halten an vielen Galerien und Museen der Stadt, die an diesem Abend freien Eintritt gewähren.

WaterFire, 🖥 www.waterfire.org. Dieses ungewöhnliche Schauspiel wird von Mai bis Oktober mehrmals im Monat geboten: Gondolieres entzünden bei Sonnenuntergang fast 100 kleine Feuer auf dem Providence River (ab Waterplace Park); das Ganze wird von mitreißender Musik begleitet.

Ansonsten tummeln sich die **Nachtschwärmer** der Stadt vor allem in und um Empire und Washington Street, südlich der Kennedy Plaza in Downcity, und während der Semesterzeiten entlang der **Thayer Street** in der Nähe der Brown University.

AS220, 115 Empire St, ☎ 401/831-9327. Das hippe, gut besuchte und betont unbürgerliche Lokal fungiert als Café, Bar und Galerie mit abwechslungsreichen Ausstellungen einheimischer Künstler und abendlichen Darbietungen verschiedenster Art.

Cuban Revolution, 50 Aborn St, ☎ 401/331-8829. Kubanisches Bier und tropische Cocktails inmitten von Kerzenlicht und revolutionären Plakaten. Den kleinen Hunger zwischendurch stillen Tapas, Sushi und Che-Fritten.

Lili Marlene's, 422 Atwells Ave, ✆ 401/751-4996. Die düstere, geräumige und doch intime Bar mit Sitznischen in rotem Leder, Billardtisch und Late-Night-Snacks versteckt sich abseits der üblichen Partymeilen in Federal Hill.

Lupo's Heartbreak Hotel, 79 Washington St, ✆ 401/272-5876. Bester Ort, um bekannte Bands rocken zu sehen. Tickets $10–40, im Vorverkauf billiger.

Trinity Brewhouse, 186 Fountain St, ✆ 401/453-2337. Das Innere dieser angesagten Brauereikneipe und Sportbar wirkt ein wenig wie der Speisesaal einer Harry-Potter-Schule: hohe Decken, übergroße Kronleuchter, Holzwände und Kirchenfenster. Toller Laden mit frischem Bier vom Fass und altmodischer Deko.

Sonstiges

Das gut ausgerüstete **Visitor Center** in der runden Lobby des Rhode Island Convention Center, One Sabin St, ✆ 401/751-1177 oder 1-800/233-1636, bietet Karten und Broschüren, ◷ Mo–Sa 9–17 Uhr.

Die **Rhode Island Historical Society**, 110 Benevolent St, ✆ 401/331-8575, ⌨ www.rihs.org, veranstaltet Stadtführungen.

Nahverkehr

Providence hat ein gut funktionierendes **Stadtbusnetz**, das von der Verkehrsgesellschaft **RIPTA**, ✆ 401/781-9400, ⌨ www.ripta.com, betrieben wird. Hauptverkehrsknotenpunkt ist die Kennedy Plaza. Fahrpreis $1,75; die Fahrscheine sind in den Bussen zu erwerben.

Transport

Haltestelle der Busse von **Greyhound**, ✆ 1-800/231-2222, und **Peter Pan**, ✆ 1-888/343-9999, ist die Kennedy Plaza im Zentrum. Vom Kuppelbau des **Amtrak**-Bahnhofs, 100 Gaspee St, ✆ 1-800/USA-RAIL, fahren u. a. Pendlerzüge nach BOSTON (Fahrtdauer 1 Std.), ✆ 617/222-3200.

Der **T. F. Green Airport** in Warwick, 9 Meilen südlich von Providence, bietet Flüge in alle größeren Städten der USA.

Newport

Newport, das nicht umsonst den Spitznamen „America's First Resort" trägt, ist ein Bilderbuchstädtchen mit hochglanzpolierter Yachtflotte und rosaroten Sonnenuntergängen. Hier tummelt sich traditionell die High Society: Die Kennedys wurden in Newport getraut (Jackie war eine Tochter der Stadt), und Präsident Eisenhower residierte im Sommer zeitweise im hiesigen Naval War College, dessen Uniformen noch heute die Straßen der Stadt beleben.

Die Touristen kommen heutzutage vor allem, um die prächtigen Fin-de-Siècle-Villen entlang der Bellevue Avenue zu bewundern – märchenhafte Paläste auf riesigen, baumbestandenen Grundstücken, die einst den Astors, Vanderbilts & Co. als Sommerhäuser dienten. Doch neben den extravaganten Fassaden gibt es noch viel mehr zu entdecken, nicht zuletzt die vielen Original-Wohnhäuser aus dem 18. Jh., die sich zwischen den Restaurants, Boutiquen und Geschäften der Innenstadt finden. Die wunderbare Uferlage der Stadt bietet häufig freien Blick aufs Meer, und wer sich an den Luxusvillen sattgesehen hat, findet nur eine kurze Autofahrt entfernt grandiose Sandstrände in schroffer Küstenlandschaft als willkommenes Kontrastprogramm.

Villen

Als der Soziologe Thorstein Veblen die Stadt Newport um die Wende zum 20. Jh. besuchte, war er von der hier herrschenden Extravaganz so schockiert, dass er den Ausdruck *conspicuous consumption* („demonstrativer Konsum") prägte. Newport diente der New Yorker Elite als Arena, in der die Großindustriellen und ihre Familien versuchten, einander mit immer fürstlicheren Anwesen zu übertrumpfen. Doch viele der Villen ereilte schon wenige Jahrzehnte später ein trauriger Niedergang.

Von dem runden Dutzend Häuser, die heute zur Besichtigung zugänglich sind, werden die meisten von der **Preservation Society of Newport County**, 424 Bellevue Ave, ✆ 401/847-1000, ⌨ www.newportmansions.org, unterhalten. ◷ Besichtigungen von April–Jan. „The Breakers" kostet $19 Eintritt, ein Kombiticket für diese und eine weitere Villa $24, ein Sammelticket für drei Anwesen inkl. einer „Hinter-den-Kulissen"-Tour mit Mittagessen $49. Für viele Häuser werden stdl. Führungen angeboten. Wenn man nicht gerade ein unersättlicher Villenfan ist, sollte der Besuch von ein oder zwei Häusern ausreichen, um sich einen Eindruck vom traditionellen Luxusleben zu verschaffen.

Jedes der Anwesen stellt seine eigene Version des exzessiven „Gilded Age", einer Art amerikanischer Gründerzeit, zur Schau: **Marble House** prunkt mit goldenem Ballsaal und chinesischem Teehaus, **Rosecliff** mit farbenprächtigem Rosengarten und herzförmigem Treppenaufgang, **The Elms** im üppigen französischen Stil und berühmter Gartenanlage. Der grandioseste all dieser Sommersitze ist Cornelius Vanderbilts **The Breakers**, ein italienischer Renaissancepalast mit Ozeanblick. Interessanter ist aber vielleicht die Besichtigung einiger früherer, kleinerer Häuser, wie des urigen neugotischen Cottage **Kingscote**.

Eine kostenlose Alternative ist ein Spaziergang über den **Cliff Walk** mit Blick auf die Gärten an der Hinterseite der Villen der Bellevue Avenue. Dieser Uferweg beginnt dort, wo der Memorial Boulevard auf den First (Easton) Beach trifft. Der spektakuläre 3,5 Meilen lange Weg besteht teils aus hübschen, von Jasmin und Heckenrosen gesäumten Abschnitten, teils aber auch aus schroffen Felspassagen.

Strände

Die Küste bei Newport lockt mit zahlreichen kleinen Buchten und sanft abfallenden Sandstränden. Der kleine **Gooseberry Beach** ist von hochherrschaftlichen Häusern eingerahmt. Der **First Beach** ist der belebte Stadtstrand am östlichen Ende des Memorial Boulevard. Weiter auswärts schließt sich der lange Sandstreifen des weniger überlaufenen **Second (Sachuest) Beach** an, während der **Third Beach** mit ruhigerem Wasser aufwartet. Im Sommer werden an den meisten Stränden Parkgebühren von $10–20 fällig. Wer die spektakuläre Aussicht genießen will, ohne nass zu werden, kann den mehrere Meilen langen Ocean Drive zum **Brenton Point State Park** entlangradeln, ⏱ tgl. Sonnenauf- bis Sonnenuntergang, Eintritt frei. Hier bietet sich besonders bei Sonnenuntergang ein herrlicher Panoramablick auf die Narragansett Bay.

Nachtquartiere in Newport – vorwiegend Pensionen und B&Bs – sind generell nicht billig, und im Sommer schießen die Preise in astronomische Höhen. **Motels** und **Campingplätze** sind ein paar Meilen weiter nördlich in Middletown und Portsmouth zu finden.

The Almondy, 25 Pelham St, ✆ 401/848-7202 oder 1-800/478-6155, 🖥 www.almondyinn.com. B&B aus den 1890er-Jahren mit Hafenblick, Whirlpool-Badewannen und Gourmet-Frühstück. ❽

Chart House Inn, 16 Clarke St, ✆ 401/846-5676, 🖥 www.charthouseinn.com. Das zentral gelegene B&B bietet 8 sonnige, luftige Zimmer, jedes mit eigenem Bad – teils allerdings auf dem Flur. ❼

Newport Beach Hotel & Suites, One Wave Ave, Middletown, ✆ 1-800/655-1778, 🖥 www.newportbeachhotelandsuites.com. Das kürzlich renovierte Hotel am Newport Beach verfügt über zwei große Häuser, ein nagelneues mit Luxussuiten und ein historisches mit kleineren Zimmern und niedrigeren Preisen. Toll für Familien; oft günstige Online-Angebote. ❻–❾

William Gyles Guesthouse, 16 Howard St, ✆ 401/369-0243, 🖥 www.newporthostel.com. Das einladende Hostel in zentraler Lage bietet Privatzimmer und Gemeinschaftsschlafräume. Dorm-Betten im Sommer $35–69/Nacht.

Hilltop Inn, 2 Kay St, ✆ 1-800/846-0392, 🖥 www.hilltopnewport.com. Historisches Verwöhn-B&B mit italienischer Bettwäsche, Bose-CD-Playern, Marmorduschen und Jacuzzis. ❽–❾

Ivy Lodge, 12 Clay St, ✆ 401/849-6865, 🖥 www.ivylodge.com. Dieses wunderhübsche B&B mit atemberaubender 10 m hoher neugotischer Eingangshalle bietet 8 Zimmer voller auf alt getrimmter Möbel und moderner Gerätschaften wie Flachbild-TVs und Whirlpools. In der Nebensaison sinken die Preise erheblich. ❾

Essen

Viele Restaurants von Newport sind über-
teuerte Touristenfallen, aber wer sich etwas
genauer umschaut, findet ein paar höchst
erfreuliche Ausnahmen. Achtung: Viele der hier
aufgelisteten Lokale haben je nach Saison
wechselnde Öffnungszeiten.

The Black Pearl, Bannisters Wharf, ✆ 401/
846-5264. Eine Institution von Newport, berühmt
für *clam chowder*, mit zwangloser Terrasse
und vornehmem Speisesaal.

Belle's Cafe, 1 Washington St, ✆ 401/619-0634.
Das Café mitten im Newport Shipyard (man geht
an einem Wachmann vorbei, um reinzukommen)
bietet Frühstück und Mittagessen im Diner-Stil,
am besten zu genießen an den Picknicktischen
draußen umgeben von einer beeindruckenden
Ansammlung eleganter Jachten.

Cafe Zelda, 528 Thames St, ✆ 401/849-4002.
Das Café im Herzen von Downtown bietet zu
angemessenen Preisen Salate, Sandwiches
und Steak mit Pommes sowie eine tolle
kleine Bar. ☉ tgl. abends, mittags nur am
Wochenende.

Flo's Clam Shack, 4 Wave Ave, Middletown,
✆ 401/847-8141. Der ungemein beliebte Laden
gegenüber vom First Beach ist berühmt für
preiswerte *chowder* (Muschelsuppe) und die
üblichen Muschel-Imbiss-Klassiker.

Mamma Luisa's, 673 Thames St, ✆ 401/
848-5257. Am ruhigen Ende der Thames St,
italienische Klassiker in gemütlich-elegantem
Speiseraum in einem urigen grünen Haus.
☉ nur abends.

Pasta Beach, 7 Memorial Blvd, ✆ 401/847-2222.
Unwiderstehliche und erschwingliche
authentische italienische Küche in lockerem
Ambiente. ☉ mittags und abends.

Salvation Café, 140 Broadway, ✆ 401/847-2620.
Flippiger Laden abseits der Touristenmeile
mit exotischen Kreationen wie Marokko-
Hühnchen und thailändischen Garnelenküchlein
zu annehmbaren Preisen. ☉ tgl. zum Abendessen.

Scales & Shells, 527 Thames St, ✆ 401/
846-3474. Zwangloses, aber teures Restaurant
mit leckerem, frischem Seafood – roh,
geschmort oder vom Mesquiteholz-Grill.
Nur Barzahlung. ☉ nur zum Abendessen.

Unterhaltung

In Newport ist immer was los, ganz besonders
im Sommer: Dann steigen hier u. a. das
Newport Folk Festival, ✆ 401/848-5055,
🖥 www.newportfolkfest.net, bei dem Bob Dylan
1963 seinen ersten großen Auftritt hatte, und
das bekannte **Jazz Festival**, 🖥 www.newport
jazzfest.net.

Beim **Newport Music Festival**, ✆ 401/849-0700,
🖥 www.newportmusic.org, wird klassische
Musik in den Villen der Stadt gespielt.

Das **Irish Waterfront Festival**, 🖥 www.newport
waterfrontevents.com, gehört zu den größten
irischen Festivitäten der Region.

Sonstiges
Fahrräder

Leihfahrräder gibt es bei **Ten Speed Spokes**,
18 Elm St, ✆ 401/847-5609, für $7/Std., $35/Tag.

Informationen

Das **Gateway Visitor Center**, 23 America's Cup
Ave, gleich nördlich des Stadtzentrums, ✆ 401/
845-9123 oder 1-800/976-5122, 🖥 www.gonew
port.com, ist die zentrale Informationsquelle.
☉ Juni-Anfang Sep tgl. 9–17, sonst tgl. 9–16 Uhr.

Touren

Die **Newport Historical Society** und **Newport
Restoration Foundation** veranstalten
Führungen durch die Innenstadt, ausgehend
vom Brick Market Museum, 127 Thames St,
✆ 401/841-8770, 🖥 www.newporthistorytours.
org, Teilnahme $12.
Wer nicht zu Fuß gehen möchte, kann auch
an einer der beliebten Touren von Segway of
Newport, ✆ 401/619-4010, 🖥 www.segwayof
newport.com, teilnehmen ($75).
Besonders schön und entspannt lässt sich
Newport auf verschiedenen Schiffsausflügen
besichtigen, z. B. mit dem romantischen
Schoner **Madeleine**, ✆ 401/847-0298,
🖥 www.cruisenewport.com, der im Sommer
zu 1 1/2-stündigen Törns von Bannister's Wharf
ablegt, Teilnahme $27.

Nahverkehr

Newport lässt sich leicht zu Fuß bewältigen.
Hauptdurchgangsstraße ist die Thames Street.

New England

Auf Aquidneck Island drängen sich drei Städte: **Portsmouth**, **Middletown** und **Newport**. Vom Festland (und dem I-95) gelangt man über den US-138 auf die Insel: Er führt über die **Jamestown Bridge** nach Jamestown und von dort über die **Newport Bridge** nach Newport. Newports **Gateway Visitor Center**, 23 America's Cup Ave, gleich nördlich des Stadtzentrums, dient zugleich als Terminal für die Busse von **Bonanza**, ✆ 401/846-1820, und **RIPTA** und für den **Flughafen-Shuttlebus**.

Connecticut

New Englands südlichster Bundesstaat, Connecticut, auf Indianisch *Quinnehtukqut*, trägt den Namen des „langen Flusses", der den Staat in zwei Hälften teilt, bevor er in den Long Island Sound mündet.

Connecticut, wo sich schon in den 1630er-Jahren die ersten weißen Siedler niederließen, war eine der ältesten Kolonien der Union und spielte sowohl im Unabhängigkeitskrieg (als „Nachschubstaat") als auch bei der Gründung der Nation eine entscheidende Rolle: Die Verfassung der Vereinigten Staaten lehnt sich eng an Connecticuts Gründungsurkunde von 1639 an, wodurch sich der Bundesstaat den Beinamen „**The Constitution State**" erwarb. Im 18. und 19. Jh. gedieh Connecticut durch stetige Industrialisierung und den lukrativen Walfang vor seiner Küste. Inzwischen sind viele der alten Industriezweige zusammengebrochen. Zurück blieben grüne Landstriche und pittoreske Dörfer, die sich perfekt in New Englands Image als ländliche Idylle einfügen.

Doch trotz seines vorwiegend ländlichen Charakters ist Connecticut entlang der Küste dicht bevölkert. Sein quicklebendiger Südwestzipfel kann es an Weltläufigkeit sogar mit dem benachbarten New York City aufnehmen. **New Haven**, Standort der Yale University, ist ein bedeutendes industrielles und intellektuelles Zentrum. Weiter östlich pflegen **Mystic** und **New London** bis heute ihre maritime Tradition, und ein Stück landeinwärts erinnern die Baudenkmäler von Connecticuts Hauptstadt **Hartford** an die glorreicheren Zeiten dieser Stadt.

Mystic

Das gleich am I-95 gelegene Mystic existiert als eigenständiger Ort eigentlich gar nicht. **Old Mystic** besteht nur aus ein paar malerischen Sträßchen nördlich des Highway. Die Touristen zieht es dagegen zu den maritimen Freizeitvergnügungen des **Mystic Seaport** etwa 2 Meilen weiter südlich und der betriebsamen Downtown am gegenüberliegenden Ufer des Mystic River. Die Zugbrücke nach Downtown wird immer noch stündlich und auf Anfrage für Großsegler geöffnet.

Größte Attraktion der Gegend ist das **Mystic Aquarium and Institute for Exploration** an der Ausfahrt des I-95, ✆ 860/572-5955, 🖥 www.mysticaquarium.org, mit über 12 000 Vertretern der wundersamen Meereswelt, von Pinguinen und Seelöwen über Piranhas bis zu den einzigen Belugawalen in New England. ◷ Dez–Feb tgl. 10–16, März 9–16, April–Okt 9–17, Nov 9–16 Uhr, Eintritt $28, Kinder von 3–17 Jahren $20.

Die zweite große Attraktion hier (die man je nach Geschmack für authentisch oder kitschig halten mag) ist **Mystic Seaport**, auch Museum of America and the Sea genannt, ✆ 860/572-5315, 🖥 www.mysticseaport.org. Hier veranschaulichen über 60 Gebäude mit alten Werkstätten und Läden das Leben in einem Küstendorf des 19. Jhs. Im **Preservation Shipyard** können Besucher bei der Restaurierung und Wartung der großen Sammlung alter Holzschiffe zusehen. Eins davon ist die *Charles W. Morgan* von 1841, der letzte hölzerne Walfänger der Welt. ◷ April–Okt 9–17, Nov 10–16 Uhr, Rest des Jahres geschlossen, Eintritt $24, Kinder $15.

Steamboat Inn, 73 Steamboat Wharf, ✆ 860/536-8300, 🖥 www.steamboatinnmystic.com. Elf elegante Zimmer im Herzen von Downtown gleich am Wasser. ❽
Hampton Inn & Suites Mystic, 6 Hendel Drive, ✆ 860/536-2536, tierfreundliches Kettenmotel in der Nähe des I-95. ❼

Harbour Inne & Cottage, 15 Edgemont St, ℰ 860/572-9253. Einfache, saubere, holzvertäfelte Zimmer direkt am Wasser, in Gehnähe zum Zentrum und Bahnhof. ❸–❻

Seaport Campground, an der Rte-184 in Old Mystic, ℰ 860/536-4044, ⌨ www.morganrv resorts.com. Campingplatz mit 130 Stellplätzen. $45/Platz.

Essen

Mystic besitzt eine Reihe ausgezeichneter Restaurants.

Bravo Bravo, 20 E Main St, ℰ 860/536-3228), serviert in unaufdringlichem Rahmen köstliche Pasta und wohlschmeckende italienische Klassiker.

S&P Oyster Company, 1 Holmes St, ℰ 860/536-2674. Leckeres Seafood mit Blick aufs Wasser.

Mystic Pizza, 56 W Main St, ℰ 860/536-3700). Der kleine Familienbetrieb tischt unbeeindruckt von seinem Status als Namensgeber eines Kinofilms (dt. *Pizza, Pizza*) mit Julia Roberts seine Riesenpizzen für $10–16 auf.

Informationen

Mystics **Information Office** befindet sich in der eher geschmacklosen Olde Mistick Village Shopping Mall, ℰ 860/536-1641. ◷ Mo–Sa 9–17, So 10–17 Uhr.
Außerdem gibt es noch eine kleinere Zweigstelle, ℰ 860/572-1102, ◷ tgl. 10–16 Uhr, am **Amtrak-Bahnhof**, ℰ 1-800/872-7245.

Stonington

Ein Stück südlich des I-95 liegt in der Nähe von Connecticuts Ostgrenze das hübsche alte Fischerdorf Stonington. Es wurde 1649 gegründet und verbreitet noch heute mit seinen weiß getünchten Häuschen und der friedlichen Uferstraße typisches New-England-Flair. Seine Hauptstraße, die **Water Street**, säumen einige Restaurants und Geschäfte.

Das **Old Lighthouse Museum**, 7 Water St, ℰ 860/535-1440, gewährt in seinen sechs kleinen Ausstellungsräumen detaillierte Einblicke in das Dorfleben vergangener Jahrhunderte. Vom Ein-

gang und von ganz oben reicht die Aussicht bei schönem Wetter in endlose Ferne. ◷ Mai–Okt tgl. 10–17 Uhr, Eintritt $8.

Im Eintrittspreis des Museums enthalten ist die Besichtigung des **Captain Nathaniel B. Palmer House** im italienisch beeinflussten Stil, 40 Palmer St, ℰ 860/535-8445. Das Haus am Nordrand des Ortes ist Stoningtons größtem Seefahrer gewidmet, der als einer der Ersten die Antarktis gesichtet haben soll. ◷ Mai–Okt Mi–So 13–17 Uhr, Eintritt $8.

Übernachtung und Essen

Orchard Street Inn, 41 Orchard St, ℰ 860/535-2681, ⌨ www.orchardstreetinn.com. Fünf Zimmer in einem ruhigen Cottage. ❼–❽

Cove Ledge Inn & Marina, im Nachbarort Pawcatuck an der Rte-1, Whewell Circle, ℰ 860/599-4130, ⌨ www.coveledginn.com, vermietet 20 Zimmer gleich am Wasser. ❹–❺

Noah's, 113 Water St, ℰ 860/535-3925. Beliebtes Restaurant mit zuverlässig guter Küche von koreanischen Pfannkuchen bis zum Tagesfang aus örtlichen Gewässern. ◷ Mo geschlossen.

Skipper's Dock, 66 Water St, ℰ 860/535-0111. Seafood-Gerichte der mittleren Preiskategorie mit fantastischem Blick aufs Wasser.

New London

New London, am Westufer des Thames River, nimmt eine Fläche von 15 km^2 ein und ist die bevölkerungsreichste Stadt an diesem Küstenabschnitt. Der seit 1646 besiedelte Ort war im 19. Jh. ein reicher Walfängerhafen.

Heute residiert hier die **US Coast Guard Academy**, 31 Mohegan Ave, ganz in der Nähe des I-95, auf einem attraktiven Hanggrundstück am Thames River. Das Zulassungsbüro in der Waesche Hall, ℰ 860/444-8500, vergibt Lagepläne für einen Rundgang auf eigene Faust. ◷ tgl. 9–16.30 Uhr, nur mit Ausweis, Eintritt frei.

Im selben Gebäude zeichnet das **US Coast Guard Museum**, ℰ 860/444-8511, die über 200-jährige Geschichte der Küstenwache nach. ◷ genaue Öffnungszeiten telefonisch erfragen, Eintritt frei. Außerdem ist hier der Windjammer

USS Eagle, ☎ 860/444-8595, zu besichtigen – wenn er nicht gerade auf hoher See ist.

Das Infozentrum bei der Trolley-Station am Eugene O'Neill Drive, ☎ 860/444-7264, versorgt Besucher mit Innenstadtplänen für Stadtbesichtigungen in Eigenregie. Die ehemals wohlhabende Huntington Street mit ihren Villen im griechischen Neoklassizismus ist auch unter dem Beinamen **Whale Oil Row** bekannt. Einige der historischen Wohnhäuser sind zu besichtigen, so etwa das **Shaw-Perkins Mansion**, 11 Blinman St, ☎ 860/443-1209, das 1756 für den schwerreichen Schiffseigner und Kaufmann Nathaniel Shaw gebaut wurde, ⏰ Mi–Fr 13–16, im Sommer auch Sa 10–16 Uhr, Eintritt $5, und das **Monte Cristo Cottage**, 325 Pequot Ave, ☎ 860/443-0051, wo der Bühnenautor und Literaturnobelpreisträger Eugene O'Neill die Sommer seiner Kindheit verbrachte, ⏰ Juni–Sep Di–Sa 10–17, So 13–15 Uhr, Eintritt $7. Das **Eugene O'Neill Theater Center** im nahen Waterford, 305 Great Neck Rd (Ausfahrt 82 des I-95), ☎ 860/443-5378, 🖥 www.oneill theatercenter.org, ist ein hoch angesehenes Forum für die ersten Gehversuche vielversprechender Nachwuchsautoren und -schauspieler.

Südlich der Innenstadt erstreckt sich der **Ocean Beach Park**, 1225 Ocean Ave, ☎ 860/447-3031, mit feinsandigem Strand und großem Salzwasser-Pool, hölzerner Uferpromenade, Minigolf und Vergnügungspavillon. ⏰ im Sommer tgl. bis zum späten Abend, Auto-Parkgebühr $14–18, zusätzliche Kosten für die diversen angebotenen Aktivitäten.

Am I-95 befinden sich mehrere **Motels**.
Mangetout, 140 State St, ☎ 860/444-2066. Französisches Café in zentraler Lage mit frisch zubereiteter Biokost und köstlichen Desserts. ⏰ Frühstück und Mittagessen.
Captain Scott's Lobster Dock, 80 Hamilton St, ☎ 860/439-1741, für warme Hummerbrötchen, gebratene Austern und Blicke aufs Wasser.

Informationen gibt es an der **Trolley Station**, Eugene O'Neill Drive, ☎ 860/444-7264. ⏰ Mai und Okt Fr–So 10–16, Juni–Sep tgl. 10–16 Uhr.

New London ist gut mit Greyhound-**Bussen** und Amtrak-**Zügen** zu erreichen. Außerdem verkehren **Fähren** vom Orient Point auf LONG ISLAND nach New London – zu buchen bei Cross Sound Ferry, 2 Ferry St, ☎ 860/443-5281, 🖥 www.longislandferry.com. Reservierung ratsam.

Hartford

Die Stadt, laut Mark Twain einst „die am besten gebaute und schmuckste, die ich je sah", ist heute kaum noch als solche erkennbar. Stattdessen ist Connecticuts Hauptstadt heute vor allem als das Versicherungszentrum der Vereinigten Staaten bekannt.

Doch auch wenn die Stadt schon bessere Zeiten gesehen hat, zeugen die verstreuten historischen Bauten von einer bedeutenden Vergangenheit. Besonders eindrucksvoll ist das **State Capitol** im Bushnell Park aus dem Jahr 1878, ein Mix aus Neugotik, Klassizismus und viktorianischem Second-Empire-Stil mit goldener Kuppel und der erhabenen Ausstrahlung einer Kathedrale. ⏰ kostenlose Führungen Mo–Fr 9.15–13.15 Uhr stdl., Juli und Aug zusätzlich um 14.15 Uhr, April–Okt. auch Sa 10.15–14.15 Uhr.

Außerdem dreht im Bushnell Park ein altehrwürdiges hölzernes Karussell von 1914 seine Runden – zum Spottpreis von $1. ⏰ Mitte Mai–Okt, Mo geschlossen.

Hartfords ganzer Stolz ist das **Wadsworth Atheneum**, 600 Main St, ☎ 860/278-2670, 🖥 www.wadsworthatheneum.org. Der klassizistische Bau beherbergt das älteste durchgehend geöffnete Kunstmuseum der Nation, 1842 von Daniel Wadsworth gegründet. Die Sammlung von Weltrang umspannt fünf Jahrtausende. Sie zeigt u. a. hervorragende amerikanische Gemälde und Skulpturen, Meisterwerke der Renaissance und des Barock und bedeutende Werke zeitgenössischer Kunst. ⏰ Mi–Fr 11–17, Sa und So 10–17 Uhr, Eintritt $10.

In einem Weiler namens Nook Farm auf einem Hügel eine Meile westlich der Innenstadt wohnten im 19. Jh. **Mark Twain** und **Harriet Beecher Stowe**. Die viktorianischen Wohnhäuser der beiden sind heute mit relativ originalgetreuer Einrichtung zur Besichtigung freigegeben. Twain lebte von 1874 bis 1891 in der 351 Farmington Ave, ℡ 860/247-0998, 🖥 www.marktwainhouse. org, einem extravaganten Bau mit kunstvollem Mauerwerk und Tiffany-Innenausstattung, wo er viele seiner Klassiker schrieb. ☉ April–Dez Mo–Sa 9.30–17.30, So 12–17.30 Uhr, Jan–März Di geschlossen, Eintritt $15.

Nebenan erinnert das **Harriet Beecher Stowe Center**, 77 Forest St, ℡ 860/522-9258, 🖥 www.harrietbeecherstowecenter.org, an einer der bedeutendsten amerikanischen Bürgerrechtlerinnen. Das weiße Haus im Stil der viktorianischen Neugotik ist ein schönes Beispiel für ein „Cottage" nach Vorstellung des 19. Jhs. – fließendem Übergang zur romantischen Villa. Hier ist u. a. Stowes Schreibtisch ausgestellt. ☉ Mai–Okt Mi–Sa 9.30–16.30, So 12–16.30 Uhr, Juni auch Di 9.30–16.30 Uhr, Eintritt $9.

Eine weitere Attraktion der Stadt ist der schöne Campus des **Trinity College**, 300 Summit St, auf einem 40 ha großen Gelände am höchsten Punkt der Stadt. Das 1823 gegründete College hat einiges an umwerfender neugotischer Architektur zu bieten, u. a. eine prachtvolle Kapelle. Weiter westlich erstreckt sich zwischen Prospect und Asylum Avenue der **Elizabeth Park**, 🖥 www.elizabethpark.org, der erste städtische Rosengarten des Landes. Am schönsten ist er im Juni, wenn die über 800 Rosensorten in voller Blüte stehen, aber darüber hinaus gibt es hier auch Felsgärten, Gewächshäuser und meilenlange Spazierwege. ☉ tgl. von Sonnenaufbis Sonnenuntergang, Eintritt frei.

Hartfords Auswahl an Unterkünften ist begrenzt. Eine Handvoll teurer Hotels im Zentrum ist vor allem auf Geschäftsreisende ausgerichtet, mit Sonderangeboten am Wochenende. Dazu gehört das:

Hartford Marriott Downtown, 200 Columbus Blvd, ℡ 860/249-8000. Kürzlich renoviertes 401-Betten-Hotel nicht weit vom Atheneum. ❻–❽

Billigere Motels reihen sich am I-91 eine halbe Meile von Downtown; diese Gegend ist jedoch ein bisschen zwielichtig, daher sollte man sich besser umsehen, bevor man ein Zimmer bucht.

Sympathischere Herbergen finden sich in Farmington, nur wenige Meilen außerhalb der Stadt, z. B.:

Farmington Inn, 827 Farmington Ave, Farmington, ℡ 860/677-2821, 🖥 www.farmingtoninn.com. Großzügig bemessene, elegante Zimmer. ❺–❻

Trumbull Kitchen, 150 Trumbull St, ℡ 860/493-7417. Multikulturelle Speisen in modernem Ambiente.

Firebox, 539 Broad St, ℡ 860/246-1222, köstliche moderne amerikanische Küche mit Zutaten aus der Umgebung. ☉ mittags und abends.

Peppercorn's Grill, 357 Main St, ℡ 860/547-1714. Moderne italienische Gerichte von hervorragender Qualität.

Abyssinian, 535 Farmington Ave, ℡ 860/218-2231. Für Freunde exotischer Gaumenfreuden gibt es hier authentische äthiopische Schmorgerichte, Salate, Fischgerichte und Brotsorten. Auch Vegetarier kommen nicht zu kurz.

Rein's Deli, 435 Hartford Turnpike, 11 Meilen nördlich von Hartford in Vernon (Ausfahrt 65 vom I-84), ℡ 860/875-1344. Einkehrmöglichkeit für Autofahrer seit 1973, z. B. gut belegte Pastrami-Sandwiches. ☉ bis 24 Uhr.

Greater Hartford Welcome Center, 45 Pratt St, ℡ 860/244-0253, 🖥 www.hartford.com. ☉ Mo–Fr 9–17 Uhr.

Hartford liegt an der Kreuzung von I-91 und I-84 und ist mit dem Auto leicht erreichbar.

Busse von Greyhound, Peter Pan und Bonanza sowie **Amtrak-Züge** halten an der Union Station, gleich nördlich des Bushnell Park.

Von Connecticuts **Bradley International Airport**, 12 Meilen nördlich von Hartford, ℡ 860/292-2000, 🖥 www.bradleyairport.com, verkehrt ein **Shuttlebus** ($1,25) des Unternehmens CT Transit zum Old State House im Stadtzentrum.

New Haven

New Haven wirkt auf den ersten Blick eher trist und abschreckend, doch zwischen seinen schmuddeligen Fabriken und gesichtslosen Bürobauten verstecken sich einige der besten Restaurants, interessantesten Nachtlokale und unterhaltsamsten Kulturangebote von ganz New England.

1638 gründete eine Gruppe wohlhabender Puritaner aus London die Siedlung New Haven, die 1716 Sitz der **Yale University** wurde – der drittältesten Hochschule der Vereinigten Staaten. Ihr baumbestandener Campus voll prachtvoller neugotischer Architektur strotzt von historischem Flair. Früher sorgte das Spannungsverhältnis zwischen den beiden ganz unterschiedlichen Facetten der Stadt (hektische Urbanität hier, akademisches Idyll dort) für eine etwas unbehagliche Atmosphäre, aber seit Anfang des neuen Jahrtausends hat sich eine angenehme Symbiose entwickelt. Das von New York leicht zu erreichende New Haven beherbergt eines der besten universitären Kunstmuseen der USA und ist außerdem ein Paradies für Pizzafreunde.

Die City

New Havens Stadtkern rund um das **Green** hat sich seine historische Atmosphäre bewahrt. Dies war der Ort der ursprünglichen Siedlung aus dem Jahr 1638 und diente zeitweise auch als Versammlungsort und Begräbnisstätte. In seinem Mittelpunkt steht die **Center Church**, ✆ 203/787-0121, von 1812. Die Gräber in ihrer Krypta gehen bis auf das Jahr 1687 zurück. Rund um die Grünanlage stehen einige stattliche Regierungsgebäude, darunter die viktorianische **City Hall** von 1861. Begrenzt wird das Green von College und Chapel Street, die von Studenten, Buchläden, Geschäften, Cafés und Bars nur so wimmeln.

Am anderen Ende des Green thront die **Connecticut Hall** der Yale University, Baujahr 1750, das älteste erhaltene Gebäude von New Haven. Es wird von einer Statue des Yale-Absolventen Nathan Hale bewacht, der ein Held des Unabhängigkeitskriegs war. Ganz in der Nähe gewährt das **Phelps Gate** von 1895 Zugang zu den gepflasterten Innenhöfen des **Old Campus** von Yale. Besucher können hier nach Lust und Laune

herumwandern; informativer sind aber die einstündigen Gratisführungen durch Studenten, die vom **Yale Visitor Information Center**, 149 Elm St, ✆ 203/432-2300, 🖳 www.yale.edu/visitor, starten, denn zu vielen Sehenswürdigkeiten haben Besucher sonst keinen Zutritt. Ein Höhepunkt der Tour ist die prunkvolle, neugotische **Sterling Memorial Library**, die größte Bibliothek der Universität. Führungen: Mo–Fr um 10.30 und 14, Sa und So um 13.30 Uhr.

Zu Yales sehenswerten Museen gehört das moderne **Yale Center for British Art**, 1080 Chapel St, ✆ 203/432-2800, mit der umfassendsten Sammlung britischer Kunst außerhalb der britischen Inseln. ⏰ Di–Sa 10–17, So 12–17 Uhr, Eintritt frei.

Gegenüber hütet die **Yale University Art Gallery**, 1111 Chapel St, ✆ 203/432-0600, die eindrucksvollste universitäre Kunstsammlung des Landes mit über 100 000 Exponaten aus aller Welt, von etruskischen Vasen und afrikanischen Masken bis zu Meisterwerken des Barock und der zeitgenössischen Kunst. ⏰ Di–Sa 10–17, So 13–18 Uhr, Eintritt frei.

Weiter nördlich zeigt das **Peabody Museum of Natural History**, 170 Whitney Avenue, ✆ 203/432-5050, 🖳 www.peabody.yale.edu, eine ansehnliche Zusammenstellung naturhistorischer Ausstellungsstücke, darunter ein Brontosaurus-Skelett. ⏰ Mo–Sa 10–17, So 12–17 Uhr, Eintritt $7.

Besonders stolz ist New Haven auch auf seinen **Italian District** südöstlich des Green, unterhalb der Crown Street. Der Wooster Square mit seinen gepflegten Sandsteinhäusern war das Zuhause der ersten Einwanderer aus Italien. Das Viertel beherbergt ein paar ungemein beliebte Restaurants, darunter Pepe's und Sally's Apizza, die sich seit 1938 um den Titel der besten Pizzeria der Stadt streiten.

New Haven verfügt über ein gutes Angebot an Unterkünften. Wer einen Aufenthalt während der Yale-Abschlussfeiern im Juni, zu Semesterbeginn Ende August oder während des Elternwochenendes im Oktober plant, sollte unbedingt frühzeitig reservieren.

Farnam Guesthouse, 616 Prospect St, ✆ 203/562-7121 oder 1-888/562-7121, 🖳 www.farnam

guesthouse.com. Sieben reizende Zimmer (auch EZ) in der Nähe der Yale Divinity School. ➍

Hotel Duncan, 1151 Chapel St, ☎ 203/787-1273. Reizendes altmodisches Gebäude von 1894 im Zentrum, die dunklen Zimmer schreien jedoch nach einer Renovierung. EZ $60, DZ $80. ➍

La Quinta Inn & Suites, 400 Sargent Drive, ☎ 203/562-1111, 🖥 www.lq.com. Einfache, aber ansprechende Zimmer inkl. Frühstück und WLAN in einer vom I-95 leicht zu erreichenden Gegend. Kostenloser Shuttle ins Zentrum. ➌–➍

New Haven Hotel, 229 George St, ☎ 203/498-3100, 🖥 www.newhavenhotel.com. Nette Zimmer im Zentrum, alle vor Kurzem renoviert. ➎

Omni New Haven Hotel at Yale, 155 Temple St, ☎ 203/772-6664, 🖥 www.omnihotels.com. Markante Nobelherberge im Zentrum von New Haven mit über 300 Luxusbetten. ➑–➒

Essen

New Haven erfreut Besucher mit einer ebenso üppigen wie abwechslungsreichen Auswahl an Restaurants. Besonders viele davon finden sich rund um das Green, in der Chapel und College Street. Es macht einfach Freude, in einem der vielen schönen Cafés im Stadtzentrum die intellektuelle Atmosphäre der Universitätsstadt auf sich wirken zu lassen, und keinesfalls sollte man die Stadt verlassen, ohne die Pizza der italienischen Familienrestaurants am Wooster Square gekostet zu haben.

Bei gutem Wetter ermöglichen an der Kreuzung von York und Cedar Street beim Yale-New Haven Hospital über 40 **Essenstände** eine kulinarische Weltreise.

Caseus, 93 Whitney Ave, ☎ 203/6CHEESE. Beliebter Käseladen und leicht teures Bistro mit Biofleisch und Salatgerichten, Käseplatten und feinen Wurstwaren. Schöne Terrasse und gute Weine und Biere.

Frank Pepe's Pizzeria, 157 Wooster St, ☎ 203/865-5762. Diese Wooster-Street-Institution (seit 1952 in Betrieb) lockt mit ihren Teigfladen aus dem Holzkohleofen ganze Scharen von Gästen an.

Ibiza, 39 High St, ☎ 203/865-1933. Gehobenes spanisches Restaurant mit traditionellen

Am Campus

Study at Yale, 1157 Chapel St, ☎ 203/503-3900. Ein willkommener Neuling im Zentrum mit guter Ausstattung wie schöner Bettwäsche, kostenlosem WLAN, einladendem Restaurant, tollem Kaffee und Lesematerial. Postkartenblicke auf den Yale-Campus von den Zimmern. ➐

Spezialitäten und guter spanischer Weinauswahl.

Louis' Lunch, 261 Crown St, ☎ 203/562-5507. Kleine Burger-Institution, die von sich behauptet, um 1895 den ersten Hamburger in den USA serviert zu haben. Kein Ketchup und keine Kreditkarten.

Mamoun's Falafel, 85 Howe St, ☎ 203/562-8444. Preisgünstiges, liebevoll zubereitetes Essen aus dem Nahen Osten (Falafel-Sandwich $3) in schnörkellosem Lokal vier Straßen vom Green. Nur Barzahlung. ◷ tgl. 11–3 Uhr.

Pacifico, 220 College St, ☎ 203/772-4002. Unterhaltsames Seafood-Restaurant mit Hummer-Ravioli und karamellisiertem Lachs. Außerdem wird hier ein kräftiger Mojito gemixt.

Pantry, 2 Mechanic St, ☎ 203/787-0392. Beliebtes Lokal zum Brunchen, daher muss man zumeist lange auf einen Tisch warten. Wer einmal drin ist, kann sich an Eggs Benedict und hausgemachten Fritten mit Schalotten erfreuen. Nur Barzahlung. ◷ Mo geschl.

Union League Café, 1032 Chapel St, ☎ 203/562-4299. Das teure französische Bistro gilt als eins der besten Restaurants weit und breit.

Unterhaltung und Nachtleben

Vor allem die Theater prägen die reiche Kulturlandschaft New Havens.

Das **Repertory Theater**, 1120 Chapel St, ☎ 203/432-1234, 🖥 www.yalerep.org, zu dessen illustrem Ensemble auch Jodie Foster und Meryl Streep gehörten, bietet während der Semesterzeiten zuverlässig gute Vorstellungen. Das **Shubert Performing Arts Center**, 247 College St, ☎ 203/562-5666, 🖥 www.shubert.com, ist für seine Musical-Aufführungen bekannt.

Wie in einer Universitätsstadt nicht anders zu erwarten, gibt es in New Haven jede Menge

New England

ausgezeichneter Bars und Clubs, vor allem in und um Chapel und College St. Ein ausführliches Veranstaltungsprogramm bietet der wöchentliche, kostenlose *New Haven Advocate*.

Anna Liffey's,17 Whitney Ave, ☎ 203/773-1776. Etwas abgelegene irische Kellerkneipe mit gemischtem Publikum und tollen Fish & Chips.

Bar, 254 Crown St, ☎ 203/495-8924. Hinter dem schlichten Namen verbirgt sich ein ganz und gar nicht schlichtes Lokal – es ist nämlich Pizzeria, Brauerei, Bar und Nachtclub in einem.

Café Nine, 250 State St, ☎ 203/789-8281. Gemütlicher Club mit allabendlicher Livemusik von Punk über Jazz bis zu R&B. Eintritt $5–10.

Owl Shop, 268 College St, ☎ 203/624-3250. Verrauchte altmodische Zigarrenbar von 1934 mit gutem Scotch und häufigen Jazzkonzerten.

Prime 16, 172 Temple St, ☎ 203/782-1616. Der Kulttreff kredenzt kreative Gourmet-Burger und zwei Dutzend Biersorten vom Fass.

Rudy's, 372 Elm St, ☎ 203/865-1242. Stammkneipe der Einheimischen mit toller Musikuntermalung und sagenhaften Pommes frites. Nur Barzahlung.

Toad's Place, 300 York St, ☎ 203/562-5589, 🖳 www.toadsplace.com. Mittelgroße Konzerthalle, in der schon Bruce Springsteen und die Stones gelegentlich zu spontanen Gigs vorbeischauten. Eintritt zu manchen Veranstaltungen erst ab 21 Jahren.

Ein Büro von **INFO New Haven** mit hilfsbereitem Personal befindet sich gleich neben dem Green, 1000 Chapel St, ☎ 203/773-9494, 🖳 www.infonewhaven.com. ⏰ Mo–Do 10–21, Fr und Sa 10–22, So 12–17 Uhr.

Connecticut Transit, 470 James St, ☎ 203/ 624-0151, 🖳 www.cttransit.com, betreibt die Stadtbusse der Stadt ($1,25 pro Fahrt) und tagsüber auch eine Shuttlebus-Verbindung zwischen Union Station und Temple Plaza in Downtown, gegenüber vom Omni Hotel.

New Haven liegt an der Gabelung der Interstates 91 und 95 und wird häufig von Greyhound-**Bussen** und Amtrak-**Zügen** angefahren.

Der Hauptbahnhof ist die **Union Station** an der Union Avenue, 6 Blocks südöstlich vom Yale Campus. Wer abends oder nachts ankommt, nimmt am besten ein Taxi zur Unterkunft – z. B. von **Metro Taxi**, ☎ 203/777-7777. Auf der Strecke von oder nach NEW YORK sind die Züge von **Metro-North Commuter Railroad**, ☎ 1-800/638-7646, günstiger als die von Amtrak.

New Hampshire

Als sich Seeleute, Fischer und Ackerbau treibende Siedler schon längst über die gesamte Küste New Englands ausgebreitet hatten, war das gebirgige, dicht bewaldete Landesinnere von New Hampshire noch immer ausschließlich den Abenaki-Indianern vorbehalten. Lediglich an New Hampshires wenige Meilen langem Küstenstreifen entstanden schon im 17. Jh. ansehnliche Gemeinden europäischer Siedler wie beispielsweise in **Portsmouth**. Auch als die Indianer zurückgedrängt waren, gelang es den Siedlern nicht, die steinigen Regionen dieses „granitenen Staates" urbar zu machen. Die hiesige Wirtschaft kam erst mit der Industriellen Revolution richtig in Schwung.

Eine Zeit lang schien es, als wollten Holzunternehmen schonungslos den gesamten **Wald** des nördlichen New Hampshire roden. Erst als sich abzeichnete, dass die ursprüngliche Landschaft der **White Mountains** das wertvollste Kapital des Staates sein könnte, gebot man ihnen Einhalt.

Die Zeit des Massentourismus begann gegen Ende des 19. Jhs., als zeitweise 50 Züge am Tag Reisende auf den Mount Washington brachten. Seit sich New Hampshire als erster amerikanischer Staat im Januar 1776 für unabhängig erklärte, geht es stolz seinen eigenen Weg. Getreu seiner Devise „Live free or die" erhebt der Bundesstaat weder Verkaufs- noch Einkommensteuern.

Neben den netten Küstenstädtchen Portsmouth sind die Haupttouristenziele hier **Lake Winnipesaukee**, **Conway**, **Lincoln** und **Franconia Notch** in den White Mountains.

Die Küste

New Hampshire hat von allen Küstenstaaten der USA die kürzeste Küstenlinie – sie misst nur mickrige 18 Meilen. Am besten schenkt man sich den verkitschten Familienferienort **Hampton Beach** und fährt auf der Rte-1A gleich durch bis ins wesentlich nettere **North Hampton Beach**. Hier tummelt sich weniger Volk am Strand und es gibt genügend (gebührenpflichtige) Parkplätze, auch wenn der Besucherstrom des Nachbarorts manchmal hierher überschwappt. Ein paar Meilen weiter nördlich liegt in Rye der bei Surfern und Familien gleichermaßen beliebte **Jenness State Beach**, ein langer, geschwungener Sandstreifen mit ziemlich knapp bemessenem Parkplatz ($1,50/Std.). Jenseits des Rye Harbor schließlich erstreckt sich der noch friedlichere **Wallis Sands State Beach** ($15/Auto), das beste Plätzchen zum Schwimmen und Sonnenbaden. Das an der Nordgrenze des Bundesstaats gelegene **Portsmouth**, nur durch den Piscataqua River von Maine getrennt, wartet mit einer gut beleumundeten Restaurantszene und einem munteren Straßenleben auf.

Portsmouth

Portsmouth bietet eine freundliche Kleinstadt-Atmosphäre mit einem Schuss moderner Urbanität. Die älteste Gemeinde New Hampshires war zwar wegen ihrer Lage an der Mündung des Piscataqua River schon immer ein wichtiger Hafenort und bis 1808 Hauptstadt des Staates, verströmt aber nach wie vor das Flair eines neuenglischen Dorfes. So ist die **North Church** am **Market Square** von 1854 im Zentrum von Portsmouth bis heute das höchste Gebäude der Kleinstadt. Heute zieht die Stadt neben Künstlern und Musikern auch Gourmetköche an, die inmitten schicker Boutiquen und Brauereigebäuden aus dem 19. Jh. in der **Market Street** einige erstklassige Restaurants eröffnet haben.

Portsmouth besitzt acht sorgsam restaurierte Wohngebäude aus der Kolonialzeit, die in den Sommermonaten zur Besichtigung geöffnet werden. Besonders markant ist das kastenförmige, gelb gestrichene **John Paul Jones House**, 43 Middle St, Ecke State St, ✆ 603/436-8420, mit Mansardendach aus dem Baujahr 1758. Es beherbergt das **Museum der Portsmouth Historical Society**, 🖳 www.portsmouthhistory.org. Jones, Amerikas erster großer Marinekommandant, wohnte hier 1777, während seine Schiffe im Hafen ausgerüstet wurden. ◔ Ende Mai–Mitte Okt tgl. 11–17 Uhr, Eintritt $6.

Einen Besuch wert ist auch das 1763 erbaute **Moffatt-Ladd House**, 154 Market St, 🖳 www.moffattladd.org, mit seiner bemerkenswerten Great Hall. ◔ Mitte Juni–Okt Mo–Sa 11–17, So 13–17 Uhr, Eintritt $6.

Strawbery Banke

Vereinzelte historische Gebäude stehen überall in Portsmouth verstreut. Einen umfassenderen Einblick in die amerikanische Architektur der vergangenen drei Jahrhunderte bietet das **Strawbery Banke Museum**, 64 Marcy St, ✆ 603/433-1100 🖳 www.strawberybanke.org. Auf dem abgezäunten, über 4 ha großen Gelände sind 40 penibel restaurierte und gepflegte alte Holzbauten zu besichtigen (einige allerdings nur von außen).

Das einstige Wohnviertel wohlhabender Schiffsbauer verkam im Laufe der Jahrhunderte zum Schlupfwinkel für Freibeuter und dann zum Rotlichtbezirk, bevor es wieder zum ehrbaren Vorort mutierte, der in den 1950er-Jahren allerdings erneut zu verfallen drohte. Mit der Sanierung des Viertels wurde 1958 begonnen, indem alle neueren Gebäude abgerissen wurden; das Museum öffnete 1965 seine Pforten.

Jedes Gebäude von Strawbery Banke präsentiert sich in der interessantesten seiner früheren Erscheinungsformen – ob dies nun 1695 oder 1955 war. In der **Pitt Tavern** aus dem Jahr 1766 trafen sich während des Unabhängigkeitskriegs Patrioten und Loyalisten. Traditionelles Handwerk ist im **Dinsmore Shop** zu sehen, wo ein unendlich geduldiger Böttcher mit dem Werkzeug und den Arbeitsmethoden des Jahres 1800 Fässer herstellt.

◔ Strawbery Banke Museum Mai–Okt tgl. 10–17 Uhr, im Nov nur mit Führung Sa und So 10–14 Uhr jeweils zur vollen Stunde, Eintritt $15, die Eintrittskarte gilt für zwei aufeinanderfolgende Tage.

Übernachtung

Die Unterkünfte im Zentrum beschränken sich auf die gehobene Kategorie.

Ale House Inn, 121 Bow St, ☏ 603/431-7760, 🖥 www.alehouseinn.com. Umgebaute ehemalige Brauerei am Wasser. ❼–❽

Inn at Strawbery Banke, 314 Court St, ☏ 603/436-7242 oder 1-800/428-3933, 🖥 www.innatstrawberybanke.com. 7 Zimmer im Zentrum, ruhig. ❼

Sise Inn, 40 Court St, ☏ 603/433-1200 oder 1-877/747-3466, 🖥 www.siseinn.com. Wunderbar erhaltenes Haus im Queen-Anne-Stil mit geräumigen Zimmern. ❼–❽

Preiswertere Motels findet man nahe dem Kreisverkehr, an dem sich I-95 und Rte-1 kreuzen, darunter:

Port Inn, Rte-1 Bypass South, ☏ 1-800/282-PORT, 🖥 www.theportinn.com. Gutes Preis-Leistungs-Verhältnis. ❺

Essen

Portsmouth preist sich als „kulinarische Hauptstadt von New England" an.

Friendly Toast, 121 Congress St, ☏ 603/430-2154. Preiswertes Frühstück und Mittagessen in üppigen Portionen.

Ristorante Massimo, 59 Penhallow St, ☏ 603/436-4000. Italienisches Feinschmecker-restaurant mit guter Weinkarte. Reservierung erforderlich.

Unterhaltung

Portsmouth Brewery, 56 Market St, ☏ 603/431-1115, 🖥 www.portsmouthbrewery.com. Hervorragendes Bier aus eigener Herstellung, abends gelegentlich Livemusik.

The Press Room, 77 Daniel St, ☏ 603/431-5186, 🖥 www.pressroomnh.com. Jeden Abend Jazz-, Blues-, Folk- oder Bluegrass-Konzerte.

Wem der Sinn eher nach Koffein als nach Alkohol steht, der ist im **Breaking New Grounds**, ☏ 603/436-9555, am Market Square richtig.

Köstliches aus dem Meer

Jumpin' Jay's Fish Café, 150 Congress St, ☏ 603/766-3474. Das beste Seafood der Stadt.

Sonstiges

Informationen

Visitor Center, 500 Market St, ☏ 603/436-1118, 🖥 www.portsmouthchamber.org, ca. 15 Min. Fußmarsch vom Market Square. ☉ Juni–Sep Mo–Fr 8.30–17, Sa und So 10–17 Uhr, Okt–Mai Mo–Fr 8.30–17 Uhr. Im Sommer gibt es am Market Square außerdem einen **Informations-kiosk**, ☉ Mai–Okt tgl. 9–17 Uhr.

Touren

Portsmouth Harbour Cruises, ☏ 603/436-8084 oder 1-800/776-0915, 🖥 www.portsmouthharbor.com, ist einer von mehreren Anbietern. Bootsausflüge ab $13.

Transport

Greyhound-Busse, ☏ 603/433-3210, verkehren 2x tgl. von BOSTON nach Portsmouth, wo sie vor der 55 Hanover St halten, nur einen kurzen Bummel vom Market Square entfernt.

Lakes Region

Im zentralen „Korridor" des Bundesstaats drängen sich Hunderte von Seen. Der bei Weitem größte davon ist der **Lake Winnipesaukee** im Mittelpunkt der urlauberfreundlichen Lakes Region. Lange Abschnitte seiner 300 Meilen langen Uferlinie sind dicht bewaldet, vor allem an der Ostseite. Nur Freizeitboote fahren über den See, in dem winzige Inselchen verstreut liegen. Der kultivierteste Ort am Seeufer ist **Wolfeboro**, der spaßorientierteste dürfte **Weirs Beach** sein.

Wer nicht die Möglichkeit hat, im eigenen Boot durch das Labyrinth der Kanäle und Inseln zu schippern, kann an einer **Schiffstour** an Bord der 70 m langen *M/S Mount Washington* teilnehmen, ☏ 603/366-5531 oder 1-888/843-6686, 🖥 www.cruisenh.com. Der Dampfer legt von Mitte Mai–Okt mehrmals tgl. vom zentralen Bootsanleger in Weirs Beach nach Wolfeboro am westlichen Seeufer ab (ab $25). Mehrmals pro Woche werden abendliche Vergnügungsfahrten inkl. Abendessen und Tanz ab $43 veranstaltet.

Dasselbe Unternehmen veranstaltet auch Rundfahrten ab Weirs Beach an Bord der kleineren *M/V Doris E* (tgl. Ende Juni–Anfang Sep, $15) oder des Postschiffs *M/V Sophie C* (Mitte Juni–Mitte Sep Mo–Sa, $22), das einige der vielen Inseln im See mit Post beliefert.

Wolfeboro

1768 baute Gouverneur Wentworth von New Hampshire sein Sommerhaus in der Nähe von Wolfeboro. Dies nimmt das Städtchen zwischen Lake Winnipesaukee und Lake Wentworth zum Anlass, sich als „ältester Sommerferienort Amerikas" zu bezeichnen. Jedenfalls ist es ein netter Ort für ein paar entspannte Stunden, besonders die kurze, aber belebte Hauptstraße neben dem Kai, an dem die *Mount Washington* (s. o.) anlegt.

Übernachtung

123 North Main B&B, 123 N Main St, ☎ 603/569-9191. Gemütliche und freundliche Unterkunft in Orts- und Seenähe. ❼
Wolfeboro Inn, 90 N Main St, ☎ 603/569-3016 oder 1-800/451-2389, 💻 www.wolfeboroinn.com. Das Haus von 1812 steht in herrlicher Lage am Seeufer, nur wenige Meter vom Zentrum entfernt. ❽

Wolfeboro Campground, 61 Haines Hill Rd, ☎ 603/569-9881, 💻 www.wolfeborocampground.com. Stellplatz $26–30, ⏱ Mitte Mai–Mitte Okt.

Essen

Bailey's Bubble, Railroad Avenue, ☎ 603/569-3612. Die köstliche Eiscreme aus heimischer Produktion geniesst man am besten am Kai.
Full Belli Deli, 15 Mill St, ☎ 603/569-1955. Große und köstliche Sandwiches in kleinem Kellerladen unmittelbar bei der Main Street.
Lydia's Café, 33 N Main St , ☎ 603/569-3991. Vegetarisch ausgerichtetes Lokal mit ausgezeichnetem Frühstück und Mittagessen. ⏱ tgl. bis 14.30 Uhr.

Weirs Beach

Im Sommer spielt sich das gesellschaftliche Leben der Region auf der kurzen Uferpromenade von Weirs Beach ab. Auf dem schmalen, hölzernen Landesteg drängen sich die Urlauber, in den Spielhallen klingeln die Kassen, und es gibt sogar einen kleinen sauberen Sandstrand.

Ein etwas geruhsameres Freizeitvergnügen verspricht die **Winnipesaukee Railroad**, ☎ 603/

New Hampshire hat zwar kaum Küste, dafür aber mehr als 1000 Seen, über die man mit dem Boot schippern kann.

279-5253, 🖥 www.hoborr.com, die reizvolle Fahrten entlang des Seeufers zwischen Weirs Beach und Meredith anbietet. Ende Mai–Anfang Juni und Sep–Okt nur an den Wochenenden; Mitte Juni–Aug tgl.; $13 für 1 Std., $14 für 2 Std.

Meredith

Der deutlich niveauvollere Ort in ruhiger Lage 4 Meilen nördlich von Weirs Beach bietet die besten Unterkünfte am Westufer des Sees.

Die Topadressen sind die **Inns at Mill Falls**, ein Zusammenschluss von vier separaten Hotels, 📞 1-800/622-6455, 🖥 www.millfalls.com, **The Inn at Mill Falls ❺** und das **Chase House ❽** thronen in Hügellage über dem See, während **Inn at Bay Point ❽** und das neue **Church Landing ❽–❾** am Wasser unschlagbaren Seeblick bieten.

Town Docks, am US-3 gleich südlich der Kreuzung mit der Rte.-25, 📞 603/279-3445, serviert solides Seafood.

White Mountains

Wegen ihrer guten Erreichbarkeit sowohl von Montréal im Norden als auch von Boston im Süden sind die White Mountains das ganze Jahr über Reiseziel vieler Touristen – gleichermaßen geschätzt von Wanderern im Sommer und Skifahrern im Winter.

Zwar hat auch hier die Kommerzialisierung Einzug gehalten, doch die Gebirgsmassive wirken majestätisch wie eh und je. Es heißt, auf dem **Mount Washington**, dem höchsten Gipfel im Nordosten, herrsche mit das rauste Wetter der Welt. Dementsprechend liegt die Baumgrenze nicht wie in den Rockies bei durchschnittlich 3000 m, sondern bei 1200 m.

Nur wenige Pässe (hier *notches* genannt) ziehen sich durch das Gebirge. Dank Straßen wie dem **Kancamagus Highway** zwischen Lincoln und Conway kann man die Bergwelt auch vom Auto aus genießen. Dabei sind *parking permits* (Parkausweise) obligatorisch; sie kosten $3 für einen Tag, $5 für eine Woche oder $20 für die gesamte Saison. Aber erst wer sich zu Fuß oder

auf Skiern in die immergrünen, von schneebedeckten Gipfeln umgebenen Wälder aufmacht, wird die White Mountains wirklich erleben.

Die besten Infoquellen der Region sind das **White Mountains Visitor Center** am I-93, Exit 32, in North Woodstock, 📞 630/745-8720 oder 1-800/FIND-MTS, 🖥 www.visitwhitemountains.com, 🕐 Juli–Sep 8.30–18 Uhr, Okt–Juni 8.30–17.30 Uhr, und das **Pinkham Notch Visitor Center** an der Rte.-16 nördlich von Jackson, 📞 630/466-2721, 🖥 www.outdoors.org, 🕐 tgl. 6.30–22 Uhr.

Franconia Notch

Etwa 10 Meilen außerhalb von Lincoln gehen der I-93 in Richtung nördliches Vermont und der gemächlichere US-3 für kurze Zeit ineinander über, um gemeinsam durch den Franconia Notch State Park zu führen.

Franconia Notch selbst ist ein schmales Tal zwischen steilen Felswänden. Vom **Flume Visitor Center**, 📞 603/745-8391, 🕐 Mai–Ende Okt tgl. 9–17 Uhr, führt ein 2 Meilen langer Naturlehrpfad über einen Holzsteg zum Pemigewasset River, der durch die enge Flume-Schlucht rauscht, Eintritt $13. Alternativ dazu können Besucher von Ende Mai bis Mitte Oktober tgl. zwischen 9 und 17 Uhr für $13 mit einer Drahtseilbahn, 📞 603/823-8800, 🖥 www.cannonmt.com, auf den **Cannon Mountain** fahren oder auf verschiedenen, gut markierten Pfaden zu Aussichtspunkten mit Gratis-Panorama gelangen. Eine Meile südlich von Franconia steht **Frost Place**, 📞 603/823-5510, 🖥 www.frostplace.org, das einstige Haus des Dichters Robert Frost. Es befindet sich an der Ridge Road und bietet einen atemberaubenden Blick über die unberührte Bergwelt. 🕐 Ende Mai–Anfang Juli Sa und So 13–17, Anfang Juli–Anfang Okt Mi–Mo 13–17 Uhr, empfohlene Spende $5.

Mount Washington

Vom gut 1916 m hohen Gipfel des Mount Washington reicht der Blick an klaren Tagen bis zum Atlantik und nach Kanada. Aber der eigentliche Reiz eines Aufstiegs besteht in dem außerordentlich rauen Wetter: Der Mount Washington

Ganz schön schräg: Die Mount Washington Cog Railway bewältigt auf ihrer Fahrt zum Gipfel ein Gefälle von bis zu 38 Prozent.

liegt im Durchzugsgebiet der großen Sturmtiefs und Luftmassen, die das Klima im Nordosten der USA bestimmen. An mehr als 100 Tagen im Jahr erreicht der Wind auf dem Gipfel Orkanstärke. 1934 wurde hier mit knapp 370 km/h die weltweit höchste jemals aufgezeichnete Windgeschwindigkeit gemessen. Viele der mit schweren Ketten verankerten Gebäude auf dem Gipfel haben dem Sturm im Laufe der Jahre nachgegeben.

Heute finden sich hier ein **Visitor Center**, ✆ 603/466-3347, ⏱ Mitte Mai–Mitte Okt 8.30–18 Uhr, das neue **Observatorium** mit einem kleinen **Museum**, ⏱, tgl. 9–18 Uhr, Eintritt $3, eine große Aussichtsplattform und das **Tip Top House**, ein ehemaliges Hotel für betuchte Reisende, das jetzt als Museum dient, ⏱ Juni–Okt tgl. 10–16 Uhr, Eintritt frei.

Der Aufstieg führt durch vier Klimazonen; in den unteren Lagen wachsen verkümmerte, jahrhundertealte Tannen, oben erreicht man die Vegetation der Tundra. Die Fahrt über die **Mount Washington Auto Road** ist – vielleicht mit Ausnahme einiger Haarnadelkurven – nicht so aufregend. ⏱ Anfang Mai–Ende Okt, je nach Wetterlage von 8 bis 16 Uhr. (Bitte vor der Fahrt unter ✆ 603/466-3988 den Wetterbericht erfragen oder sich im Internet unter 🖥 www.mtwashington

autoroad.com informieren!). Straßenmaut $23 pro Pkw und Fahrer plus $8 für jeden weiteren Erwachsenen und $6 für Kinder. Im Preis ist eine Audiokassette oder CD über die Geschichte der Straße enthalten. Alternativ werden Rundfahrten im Minibus mit sachkundiger Begleitung angeboten, tgl. 8.30–17 Uhr, Teilnahme $29.

Empfehlenswert ist die Fahrt mit der Dampfeisenbahn **Mount Washington Cog Railway**, ✆ 603/278-5404 oder 1-800/922-8825, 🖥 www.thecog.com, die auf einer 1869 fertiggestellten Schienenstrecke Gefälle von bis zu 38 % bewältigt. Sie ist ein besonderes Erlebnis, aber nicht billig: Die dreistündige Rundfahrt kostet $62 (Kinder $39). Die Bahn verkehrt, sofern es das Wetter erlaubt, im Mai nur am Wochenende und von Juni bis Anfang Nov tgl. jede Stunde, andere Zeiten bitte telefonisch erfragen. Die Station befindet sich 6 Meilen nordöstlich von Bretton Woods abseits der Rte-302. Reservierung ist ratsam.

North Conway

Einige Meilen südlich des Mount Washington erreichen der US-302 und der Hwy-16 das Städtchen North Conway. Doch zunächst passieren die beiden Straßen eine Reihe von Einkaufszentren, Fastfood-Läden und Themenparks für Kinder wie Story Land, ✆ 603/383-4186, Eintritt $27. Am nützlichsten ist die **White Mountain National Forest Saco Ranger Station**, 33 Kancamagus Hwy, nahe Rte-16 in Conway, ✆ 603/447-5448, ⊘ tgl. 8–16.30 Uhr. Hier gibt es Bücher, Karten und die obligatorischen Parkausweise für den National Forest ($3 für einen Tag, $5 für sieben aufeinanderfolgende Tage). Außerdem stellt sie tonnenweise Material zur Verfügung, mit dem sich eine Erkundung des Gebiets gut planen lässt, und organisiert die Vermietung von Cabins im Hinterland.

Kancamagus Highway

Eine sehr schöne – und die am wenigsten befahrene – Strecke durch die Berge ist der 34 Meilen lange Kancamagus Highway (Hwy-112), der North Conway und Lincoln verbindet. In den Wäldern gibt es zu beiden Seiten mehrere Campingplätze und ausgeschilderte Wanderwege.

Die Wanderung zu den **Sabbaday Falls**, weiter südlich, etwa auf der Hälfte der Strecke, ist eine halbe Meile lang und führt durch eine schmale Felsspalte hinauf zu einer Reihe idyllischer Wasserfälle. Wer ein Picknick plant, sollte Proviant mitbringen: Am Highway gibt es weder Lebensmittel noch Benzin.

Übernachtung

Da die White Mountains besonders unter jungen Hikern und Skifahrern beliebt sind, gibt es hier relativ viele **Billigunterkünfte**. Die Preise variieren sehr stark je nach Saison und sogar zwischen Werktag und Wochenende.
Der **Appalachian Mountain Club** (AMC) unterhält 8 **Berghütten** am Appalachian Trail. Sie sind nur zu Fuß zu erreichen und bieten im Sommer Kost und Logis für bis zu 90 Wanderer pro Nacht. Je nach gewünschter Privatsphäre, Komfort und Verpflegung (und einer evtl. AMC-Mitgliedschaft) bewegen sich die Übernachtungspreise zwischen $27 und $98. **Reservierungen** sind dringend zu empfehlen und werden unter ✆ 603/466-2727 oder 🖥 www.outdoors.org entgegengenommen. Der Übernachtungspreis ist schon bei der Reservierung komplett zu bezahlen.
Solange man die Natur mit dem nötigen Respekt behandeln, können **Camper** ihre Zelte im White Mountains National Forest überall unterhalb der Baumgrenze und abseits der Straßen aufschlagen – oder für $19–31 auf einem der

---

Wandern, Skilaufen und Radfahren in den White Mountains

Wandern in den White Mountains wird vom Appalachian Mountain Club (AMC), 🖥 www.outdoors.org, koordiniert. Der AMC unterhält am Appalachian Trail, der die Region von Nordost nach Südwest durchquert, eine Reihe von Informationsbüros, Jugendherbergen und Berghütten. Wer eine längere Wanderung plant, sollte zunächst unter ✆ 603/466-2721 Weg- und Wetterinfos erfragen.
Skifahrer informieren sich bei den diversen Resorts über die Abfahrtspisten und Loipen. Informationen gibt es auch beim Waterville Valley Resort, ✆ 603/236-8311 oder 1-800/468-2553, 🖥 www.waterville.com, und von Loon Mountain, ✆ 1-800/227-4191 oder 603/745-8111. Beide Gebiete liegen am I-93 und sind gutes Abfahrtsgelände. Jackson, ca. 15 Meilen nördlich von Conway an der Rte-16, ✆ 603/383-9355, 🖥 www.jacksonxc.org, besitzt einige der schönsten Langlaufloipen im Nordosten. Allgemeine Informationen über die Skigebiete erteilt **Ski NH**, ✆ 603/745-9396 oder 1-800/88SKI-NH, 🖥 www.skinh.com.
Im Sommer bieten sich die Langlaufloipen der White Mountains als herrliche, wenn auch anstrengende Pisten für **Mountainbiker** an. Man kann sich die Sache etwas erleichtern, indem man bergauf einen der Lifts nimmt. Bei den Skigebieten Waterville und Loon kann man für $32/Tag Fahrräder leihen. Loon bietet außerdem eine Zipline ($25), Ausritte ($50 p. P.) und einen Bereich mit Bungy-Trampolin und Kletterwand ($18).

zahlreichen Campingplätze, insbesondere
entlang dem Kancamagus Highway.

AMC-Lodges

Highland Center, US-302, Crawford Notch
📞 603/466-2727, 🖥 www.outdoors.org.
Das umweltfreundliche Gebäude in innovativem
Design bietet Dorm-Betten für $100 sowie
Privatzimmer ❽ inkl. Frühstück und Abendessen (Hauptsaisonpreise). ☺ ganzjährig.
Joe Dodge Lodge, Hwy-16, Pinkham Notch,
📞 603/466-2727, 🖥 www.outdoors.org. Lodge
und Hostel des AMC nahe dem Ausgangspunkt
der Mount Washington Auto Road. Dorm-Betten
($75) oder DZ ❹ mit Gemeinschaftsbad inkl.
Mahlzeiten. ☺ ganzjährig.

Motels, Hotels und B&Bs

Adair Country Inn, 80 Guider Lane, Bethlehem,
📞 603/444-2600 oder 1-888/444-2600, 🖥 www.
adairinn.com. Luxuriöse, mit Antiquitäten
eingerichtete Zimmer, herrliche Aussicht auf
das gepflegte Anwesen und exzellenter Service
zu entsprechenden Preisen. ❼–❽
Balsams, Dixville Notch, 📞 1-800/255-0800 in
NH oder 1-800/255-0600 außerhalb von NH,
🖥 www.thebalsams.com. Wie das Mount
Washington eines der letzten mondänen Hotels
der White Mountains. Öffnete seine Pforten in
den 1860er-Jahren (unter anderem Namen) und
wurde 1918 erweitert; bietet das ganze Jahr
über Aktivitäten (Skilaufen, Golf, Tennis, Bootfahren), außerdem helle, luftige Zimmer und
vorzügliches Essen (auch Kochkurse im
Angebot). ❾
Boulder Motor Court, 5 Harmony Hill Rd,
Rte-302 (Kreuzung mit US-3), Twin Mountain,
📞 603/846-5437, 🖥 www.bouldermotorcourt.
com. Preiswerte Hütten mit ein oder zwei
Schlafzimmern, Küche, Kamin und anderen
Annehmlichkeiten. ❸
Eagle Mountain House, 179 Carter Notch Rd,
Jackson, 📞 603/383-9111 oder 1-800/966-5779,
🖥 www.eaglemt.com. Renoviertes Haus mit
viel Atmosphäre hoch über North Conway.
❺–❼
Omni Mount Washington Resort, Rte-302,
Bretton Woods, 📞 603/278-1000 oder 1-800/
314-1752, 🖥 www.mountwashingtonresort.com.

Wunderschönes Hotel, 1902 erbaut, mit riesiger
Terrasse, grandioser Aussicht, Pool im Haus
und einem vielfältigen Angebot an Aktivitäten
(darunter Zipline, Golf, Reiten, Skifahren) und
Pauschalpaketen. Auf dem Gelände befindet
sich auch das weniger noble und etwas billigere
Bretton Arms, das ebenfalls geräumige Zimmer
hat. ❼–❽
Sugar Hill Inn, 116 Route 117, Sugar Hill,
📞 603/823-5621, 🖥 sugarhillinn.com. Schön in
der Nähe des Franconia Notch State Park
gelegenes charmantes B&B in 200 Jahre altem
Farmhaus mit gutem Restaurant. ❺–❽
Thayer's Inn, 111 Main St, Littleton 📞 603/
444-6469 oder 1-800/634-8179, 🖥 www.thayers
inn.com. Der altehrwürdige, aber komfortable
Gasthof ist seit 1850 in Betrieb und hat schon
General Ulysses S. Grant und Richard Nixon
beherbergt. ❹–❺

New England

Essen

Familienrestaurants und Fastfood-Lokale
säumen die Hauptstraßen größerer Ortschaften
wie North Woodstock und North Conway. Die
besten Restaurants liegen eher versteckt, sind
aber die Sucherei wert. Einige der Hotels und
B&Bs servieren auch Mahlzeiten.

Chef's Market of North Conway, 2724 Main St,
North Conway Village, 📞 603/356-4747. Feine
Picknickzutaten wie Medaillons vom Angusrind
oder Chicken Marsala, köstliche Suppen und
Sandwiches. ☺ bis 18 Uhr, Di geschl.
Beal House Inn, 2 W Main St, Littleton 📞 603/
444-2661. Gemütliches Bistro, das klassische
Gerichte mit zeitgenössischem Touch serviert,
etwa sautierten Hummer mit Nudeln und
Frühlingsgemüse.
Miller's Cafe and Bakery, 16 Mill St, Littleton,
📞 603/444-2146. Frisch zubereitete haus-
gemachte Suppen, Salate und Sandwiches auf
einer Terrasse am Ammonoosuc River.
Polly's Pancake Parlor, Rte-117, Sugar Hill,
(I-93 Exit 38), 📞 603/823-5575. Zwar sehr
abgelegen, aber in schöner Umgebung und
die Anreise wert – wenn man Pfannkuchen liebt
(3 Stück für $6,99). ☺ Anfang Mai–Okt 7–14, am
Wochenende bis 15 Uhr.
Thompson House Eatery, 193 Main St, Jackson,
📞 603/383-9341. In dem stimmungsvollen

alten Farmhaus gibt es mittags fantasievolle Salat- und Sandwichkreationen sowie abends gleichermaßen originelle Gerichte.

Nahverkehr

Der AMC betreibt von Juni–Mitte Sep tgl. (Ende Sep–Mitte Okt nur am Wochenende) zwei fahrplanmäßige **Shuttle-Van-Verbindungen** für Wanderer zwischen den Ausgangspunkten der Hauptwanderwege und den Lodges; Fahrpreis $19, Reservierung empfohlen, ℡ 603/466-2727.

Vermont

Mit seinen weißen Kirchen, roten Scheunen, überdachten Brücken, holzverschalten Häusern, verschneiten Wäldern und Ahornsirup in rauen Mengen kommt Vermont dem Image des kleinstädtischen Amerika näher als jeder andere neuenglische Staat. Die größte Stadt ist **Burlington**. Es heißt, der Name des Staates sei von den französischen *vert mont* abgeleitet und beziehe sich auf die vielen, von Wäldern bedeckten „grünen Berge". Nur ein relativ kleiner Teil des ländlichen Vermont wird landwirtschaftlich genutzt.

Vermont wurde im frühen 18. Jh. als letzte Region New Englands besiedelt. Der Anführer der Siedler, der inzwischen legendäre **Ethan Allen**, gründete im Jahr 1770 die Truppe der „**Green Mountain Boys**", die im Unabhängigkeitskrieg zum entscheidenden Sieg in der Schlacht von Bennington beitrug. Von 1777 an war Vermont eine unabhängige Republik, deren Verfassung als erste der Welt die Sklaverei offiziell verbot und das allgemeine Wahlrecht (für Männer) garantierte. 1791 trat Vermont als erster Staat nach den 13 ursprünglichen Gründungskolonien der Union bei. Eine etwas aktuellere Demonstration seiner **progressiven Gesinnung** lieferte der Staat im Jahr 2000, als der damalige Gouverneur Howard Dean ein Gesetz unterzeichnete, mit dem Vermont als erster Bundesstaat der USA gleichgeschlechtliche Lebenspartnerschaften anerkannte.

Große Sehenswürdigkeiten hat Vermont bis auf wenige Ausnahmen wie das hervorragende Shelburne Museum in der Nähe von Burlington nicht zu bieten. Es sind vor allem die Jahreszeiten, die den Reiz dieses Staates ausmachen. Wenn sich in den ersten beiden Oktoberwochen das **Herbstlaub** in den leuchtendsten Farben zeigt, und wenn im tiefsten Winter die Skigebiete von Killington und Stowe weiter nördlich zum Leben erwachen, dann zieht es die Besucher in Scharen hierher. Während der restlichen Zeit des Jahres gondelt man am besten einfach nach Belieben über die Landsträßchen von einem malerischen Dorf zum anderen.

Green Mountains

Die Green Mountains bilden sozusagen das Rückgrat von Vermont. Das Wetter ist hier nicht ganz so unwirtlich wie in den White Mountains von New Hampshire. Doch auch die Wälder, denen die Green Mountains ihren Namen verdanken, sind gewöhnlich fast den ganzen Winter über schneebedeckt, und die höher gelegenen Straßen sind oft lange gesperrt. Wer von Bennington oder Brattleboro den landschaftlich schönen **Hwy-100** nach Norden hinauffährt, wird mit herrlicher Aussicht auf unberührte Berglandschaft und urtümlicher neuenglischer Kleinstadt-Idylle belohnt.

Im Sommer machen sich viele Wanderer auf den Weg über den **Long Trail**. Der zwischen 1910 und 1930 angelegte Weg verläuft auf dem zentralen Gebirgskamm ab der Grenze zu Massachusetts über 273 Meilen weit bis zur Grenze nach Québec und teilt sich die ersten 100 Meilen mit dem Appalachian Trail. Er wird vom **Green Mountain Club** unterhalten, ℡ 802/244-7037, 🖵 www. greenmountainclub.org. Dieser gibt auch den unschätzbaren *Long Trail Guide* ($18,95) heraus.

Von Brattleboro nach Norden

Das Städtchen **Brattleboro** ist für seine aktive heimische Kunstszene und sein reges studentisches Nachtleben bekannt. Von hier führen die Rte-30 und Rte-35 als weniger befahrene Alternativstrecken ins Herz des Bundesstaats.

Kaum ein Ort verkörpert das Bilderbuch-Image des ländlichen New England so perfekt wie **Grafton**, ein wahrhaft hinreißendes Ensemble aus schneeweiß gestrichenen Holzhäusern und Schatten spendenden Bäumen mit einem plätschernden Bachlauf im Zentrum. Wer schon mal hier ist, sollte unbedingt bei der **Grafton Village Cheese Company** vorbeischauen, 55 Townshend Rd, ✆ 802/843-2221 oder 1-800/472-3866, 🖥 www.graftonvillagecheese.com, ⊙ tgl. 10–18 Uhr.

Weiter nördlich gibt es im verschlafenen **Chester** neben Vermonts urtypischen holzverschalten Häusern auch eine hübsche Ansammlung prunkvollerer viktorianischer Bauten zu bewundern – da, wo die Rte-11 an der schmalen Dorfwiese entlangläuft. Vom Chester Depot entführt der historische Zug **Green Mountain Flyer**, ✆ 1-800/707-3530, 🖥 www.rails-vt.com, Besucher auf eine zweistündige Sightseeingtour nach Bellows Falls und zurück. Mai–Mitte Okt Fr 11 Uhr, $21.

Übernachtung

Latchis Hotel, 50 Main St, Brattleboro, ✆ 802/254-6300, 🖥 www.latchis.com. Das beliebteste Quartier des Städtchens in einem Art-déco-Bau. ❺

Old Tavern, 92 Main St, Grafton, ✆ 1-800/843-1801, 🖥 www.old-tavern.com. Nobelherberge mit ausgezeichnetem Restaurant. ❽

Inn Victoria, 321 Main St, Chester, ✆ 802/875-4288 oder 1-800/732-4288, 🖥 www.innvictoria.com. Das charaktervolle B&B ist die beste Unterkunft in Chester. ❺–❾

Essen und Nachtleben

Ein paar empfehlenswerte Lokale in Brattleboro: **Riverview Café**, 36 Bridge St, ✆ 802/254-9841. Eine zuverlässige Adresse mit Blick auf den Connecticut River.

Flat Street Brew Pub, im Latchis Hotel, 6 Flat St, ✆ 802/257-1911, bietet das beste Bier.

Chelsea Royal Diner, etwas westlich des Ortes, 487 Marlboro Rd (Rte-9), ✆ 802/254-8399. Standardgerichte und Di–Sa abends authentisches mexikanisches Essen in einem Diner von 1938; ⊙ 6–21 Uhr.

Mocha Joe's Café, 82 Main St, ✆ 802/257-7794, beliebtes Café.

Weston

Einer der hübschesten Orte an der Rte-100 ist Weston, das rund um einen tadellos gepflegten Anger am Ufer eines Flüsschens liegt.

Der **Vermont Country Store** an der Hauptstraße (Hwy-100) südlich des Dorfangers ist größer, als die bescheidene Fassade vermuten lässt. Seine urige Erscheinung täuscht auch darüber hinweg, dass es sich um die Filiale einer Ladenkette handelt.

Authentischer – und auch billiger – ist der **Weston Village Store** gegenüber mit einer Auswahl mehr oder weniger ländlicher Artikel wie Ahornsirup und Käse aus der Region.

Übernachtung und Essen

Inn at Weston, Hwy-100, nahe dem Dorfplatz, ✆ 802/824-6789, 🖥 www.innweston.com. Westons schönste Unterkunft, mit hervorragendem Restaurant und gemütlichem Pub. ❼–❽

Colonial House, 287 Rte-100, ✆ 802/824-6286, 🖥 www.cohoinn.com. Einfache, aber ansprechende Unterkunft, sowohl Motel als auch B&B, reichhaltiges Frühstück inkl. ❹–❺.

Bryant House, neben dem Vermont Country Store, ✆ 802/824-6287. Besitzt eine mahagoniverkleidete, 1885 eingerichtete Bar mit einem wunderbaren alten Getränkespender. Auf der Mittagskarte stehen ländliche Spezialitäten wie johnnycakes aus Weizenbrot mit Melasse. ⊙ tgl. Mittag- und Abendessen.

Für die beste Unterhaltung sorgt das schöne **Weston Playhouse**, ✆ 802/824-5288, 🖥 www.westonplayhouse.org. Aufführungen im Sommer und Herbst, Tickets $24–52. ⊙ Di–So.

Killington

Der Skiort Killington, im Herzen der Green Mountains, 30 Meilen nördlich von Weston, ist seit 1958 geradezu sprunghaft gewachsen. Skiresort ✆ 802/422-6200, andere Reservierungen in der Gegend unter 1-800/621-6867, Skitourismus-Informationen vom Band rund um die Uhr unter ✆ 802/422-3261, 🖥 www.killington.com.

Das **Skigebiet** erstreckt sich über sieben Berge (für Skifahrer von mittlerem Können ist der Pico Mountain am besten) und ist für sein ausgelassenes Nachtleben bekannt. Für Wanderer interessant: Gleich nördlich von hier treffen sich die Wanderwege Long Trail und Appalachian Trail.

Auch im Sommer und Herbst kann man mit der **K-1 Gondola** (Drahtseilbahn) zur Aussichtsplattform mit Cafeteria auf dem Killington Peak (1292 m) hinauffahren; einfache Fahrt $10, hin und zurück $15. Den Weg nach unten kann man entweder zu Fuß oder mit dem Mountainbike antreten (Vermietung an der Talstation).

Die Killington Access Road vom US-4 nach Killington wird von Bars und Restaurants gesäumt, allerdings sind davon einige im Sommer geschlossen.

Übernachtung

Killington Motel, 1946 Rte-4, ✆ 802/773-9535, 🖥 www.lodgingkillington.com. In günstiger Lage zum Skigebiet, gemütlich und sauber, mit freundlichen Gastgebern und tollem Frühstück. ❹
Inn at Long Trail, Sherburne Pass, ✆ 802/775-7181 oder 1-800/325-2540, 🖥 www.innatlongtrail.com. In perfekter Lage für Wanderer des Long Trail. ❺

Essen und Unterhaltung

Wobbly Barn Steakhouse, ✆ 802/422-6171. Gutes Rindfleisch in allen Varianten, lebhafte Unterhaltung. ⊙ Nov–April.
Pickle Barrel, ✆ 802/422-3035. Raue Bar, in der es vor allem an Winterwochenenden hoch hergeht.

Woodstock

Einige Meilen westlich des Connecticut River am US-4 liegt der schöne Ort Woodstock – nicht zu verwechseln mit Woodstock, NY, dem Ort des legendären Musikfestivals.

Woodstock gehört seit seiner Besiedlung in der zweiten Hälfte des 18. Jhs. zu Vermonts vornehmeren Gemeinden. In vielen der stattlichen Häuser rund um den ovalen Dorfplatz haben

October Country Inn, 10 Meilen westlich von Woodstock, ✆ 802/672-3412, 🖥 www.vermontinns.net. Erstklassiges, überaus reizendes und behagliches B&B, besonders schön im Herbst. ❼

sich inzwischen Kunstgalerien und Teestuben einquartiert.

Eine Mischung aus modernem Milchbetrieb und Landwirtschaftsmuseum ist **Billings Farm and Museum**, Rte-12, Ecke River Rd, ✆ 802/457-2355, 🖥 www.billingsfarm.org. Besucher können hier Arbeitstechniken aus früheren Zeiten kennenlernen und einen interessanten Film über die Geschichte der Farm sehen. ⊙ Mai–Okt tgl. 10–17, Nov–Feb Sa und So 10–15.30 Uhr, Eintritt $12.

Die Wanderpfade, die im Zentrum beginnen, laden zu einem schönen Spaziergang ein, genauso wie die Waldwege des nahen **Marsh-Billings-Rockefeller National Historical Park**, ✆ 802/457-3368, 🖥 www.nps.gov/mabi, die im Winter auch für Skifahrer und Schneeschuhtouren präpariert werden (Einzelheiten dazu auf der sehr guten Karte des National Park Service). ⊙ Park ganzjährig, Visitor Center Ende Mai–Okt tgl. 10–17 Uhr, Zutritt zu den Wanderwegen frei, Führung durch das Haus $8, Kombiticket mit Billings Farm $17.

Übernachtung

Applebutter Inn, am US-4 in Taftsville, ✆ 802/457-4158, 🖥 www.applebutterinn.com. Gemütliche Unterkunft. ❹–❽
Shire Riverview, 46 Pleasant St, ✆ 802/457-2211, 🖥 www.shiremotel.com. Ansprechend renoviert. ❹–❼
Woodstock Inn and Resort, 14 The Green, US-4, ✆ 802/457-1100 oder 1-800/448-7900, 🖥 www.woodstockinn.com. Luxuriöse, kürzlich renovierte Hotelanlage im Dorfzentrum. ❾

Essen

Bentley's, 3 Elm St, ✆ 802/457-3232. Verschiedene Biersorten und ein anspruchsvolles Kneipenessen.

Osteria Pane e Salute, 61 Central St, ☎ 802/457-4882. Italienische Speisen und tolle Weine in schönem, romantischem Ambiente.
Mountain Creamery, 33 Central St, ☎ 802/457-1715. Frühstück und Mittagessen zum Wohlfühlen, außerdem Eiscreme. ⏰ tgl. 7–15 Uhr.
Wasp's Snack Bar, 57 Pleasant St, ☎ 802/457-3334. Altbewährtes Frühstückslokal mit solider Hausmannskost.

Das freundliche Personal des zentral gelegenen **Woodstock Welcome Center**, Mechanic St, ☎ 802/432-1100, 🖥 www.woodstockvt.com, gibt ausführliche Infos zu Unterkünften, Restaurants und Attraktionen der Gegend. ⏰ tgl. 9–17 Uhr.

Quechee

Sechs Meilen östlich von Woodstock liegt etwas abseits vom US-4 Quechee, teils altmodisches Vermonter Dorf, teils schicke Apartmentsiedlung. Die eigentliche Hauptattraktion ist aber der **Quechee Gorge State Park** direkt am US-4, der zum Schutz der prachtvollen Naturlandschaft der Quechee Gorge eingerichtet wurde. Eine zierliche Brücke überspannt die 50 m tiefe Schlucht des Ottauquechee River, und vom **Visitor Center**, ☎ 802/295-6852, ⏰ tgl. 9–17 Uhr, führen Wanderwege hinunter.

Der Fluss treibt auch die Turbinen der **Simon Pearce Glass Mill**, ☎ 802/295-2711, 🖥 www.simonpearce.com, an, die sich in einer ehemaligen Wollfabrik an Quechees Main Street niedergelassen hat. Von 10–17 Uhr können Besucher hier zusehen, wie Glasschüsseln und -teller geblasen werden, und anschließend im dazugehörigen erstklassigen **Restaurant**, ☎ 802/295-1470, zum Blick auf einen Wasserfall erlesene Fisch-, Fleisch- und vegetarische Gerichte genießen (Hauptgerichte abends $22–30, mittags um $15). Reservierung ist ratsam. ⏰ tgl. 10–21 Uhr.

Campingfreunde können auf dem Campingplatz des Quechee State Park nächtigen. ☎ 802/295-2990 oder 1-888/409-7579. $16–25/Nacht.

Etwas luxuriösere Unterkunft zum erschwinglichen Preis bietet das **Quality Inn** am US-4, zwischen der Schlucht und den Touristenläden des Quechee Gorge Village, ☎ 802/295-7600 oder 1-800/732-4376, 🖥 www.qualityinnquechee.com. ➏

Montpelier

Montpelier, rund 55 Meilen nördlich von Quechee am I-89, ist mit nicht mal 10 000 Einwohnern die kleinste Bundesstaatshauptstadt der Vereinigten Staaten. Eine Gratisführung durch das **State House**, ☎ 802/828-2228, mit goldener Kuppel inmitten eines baumreichen Parks lohnt sich schon allein, um die prächtigen Marmorfußböden und Freskenmalereien der Flure zu bewundern. ⏰ Mo–Fr 8–16 Uhr, Führungen jeweils zur vollen halben Stunde Juli–Mitte Okt Mo–Fr 10–15.30, Sa 11–14.30 Uhr.

Inn at Montpelier, 147 Main St, ☎ 802/223-2727, 🖥 www.innatmontpelier.com. Schöne Zimmer in zentraler und doch ruhiger Lage. ➏

Main St Grill & Bar, 118 Main St, ☎ 802/223-3188. Die Schüler des hier ansässigen New England Culinary Institute zaubern in diesem Lokal ausgezeichnete, kreative Spezialitäten aus aller Welt zu günstigen Preisen. ⏰ Mo geschl.
Coffee Corner, Main St, Ecke State St, ☎ 802/229-9060. Dieser Diner tischt schon seit über 60 Jahren spottbillige Standardgerichte auf.
Langdon Street Café, 4 Langdon St, ☎ 802/223-8667, 🖥 www.langdonstreetcafe.com. Gemütliche Kneipe mit allabendlicher Livemusik. Bier, Wein und Kaffee.
Black Door Bar and Bistro, 44 Main St, ☎ 802/223-7070, 🖥 www.blackdoorvt.com. Etwas schickere Musikkneipe mit Livejazz, -zydeco oder -comedy (Eintritt $3) und tollem Restaurant. ⏰ So geschlossen.

Erschöpfende Auskunft über Unterkünfte hier oder im übrigen Vermont gibt das **Capitol**

New England

Region Visitors Center, 134 State St, gegen-über vom State House, ☎ 802/828-5981 oder 1-800/VERMONT, 🖥 www.vermontvacation. com. ⏰ Mo–Fr 6–18, Sa und So 9–17 Uhr.

Waterbury

Bis 1985 interessierte sich kaum jemand für Waterbury – dann verlagerten Ben Cohen und Jerry Greenfield, die seit 1978 in einer umgebauten Tankstelle in Burlington hausgemachte Eiscreme produziert hatten, ihren Betrieb in den winzigen Ort. Heute ist die **Ben & Jerry's Ice Cream Factory**, ☎ 802/882-1240 oder 1-866/ BJ-TOURS, 🖥 www.benjerry.com, eine Meile nördlich vom I-89 an der Rte.-100 im Zentrum von Waterbury, Vermonts Touristenziel Nummer eins. Bei den halbstündigen Führungen bekommen die Besucher einen Kurzfilm gezeigt, können von einer Beobachtungsplattform bei der Produktion zusehen (nur an Werktagen) und eine Miniportion jener Eiscreme kosten, die das alles ermöglicht hat – mehr davon gibt's draußen an der Theke. ⏰ Führungen tgl. alle 30 Min. Juli–Mitte Aug 9–21, Ende Aug–Mitte Okt 9–19, Ende Okt–Juni 10–18 Uhr, Teilnahme $3, Kinder unter 12 Jahren frei.

Stowe

Der reizvolle Ortskern von Stowe rund um den zentralen Platz und das alte Gemeindehaus stammen noch aus dem 19. Jh. Da sich das Städtchen seit 100 Jahren dem Wintersport verschrieben hat, ist die Zufahrtsstraße zum Skigebiet allerdings mit Einkaufszentren, Ausrüstern und Ferienapartments zugebaut.

Die Lage von Stowe am Fuß des höchsten Berges von Vermont, des 1339 m hohen **Mount Mansfield**, bleibt dennoch traumhaft. Der Hwy-108, die sogenannte **Mountain Road**, führt zum **Stowe Mountain Resort**, 🖥 www.stowe.com, und dann durch den spektakulären Smugglers' Notch noch höher hinauf (im Winter gesperrt).

Das Smugglers' Notch Resort auf der anderen Seite von Smugglers' Notch, Informationen unter ☎ 1-800/451-8752, 🖥 www.smuggs.com,

Nobelherberge mit Tradition

Trapp Family Lodge, 700 Trapp Hill Rd, ☎ 802/253-8511 oder 1-800/826-7000, 🖥 www. trappfamily.com. Die traditionsreiche Nobelherberge wurde 1941 von der österreichischen Emigrantenfamilie von Trapp (berühmt durch den Heimatfilm *Die Trapp-Familie* und das Musical *The Sound of Music*) gegründet. Die Originallodge ist 1980 abgebrannt, aber an derselben Stelle wurde ein neues luxuriöses Gebäude errichtet. Fast 150 km präparierte Langlaufloipen und Wanderwege führen von der Lodge weg. ❾

ist eine weniger überlaufene, mehr auf Familien ausgerichtete Alternative zu Stowe.

Wenn das Wetter es erlaubt, erreicht man den Gipfel des Bergs entweder über die 4,5 Meilen lange Toll Road ($25 pro Auto), die nach 7 Meilen an der Mountain Road beginnt (⏰ Ende Mai–Mitte Okt tgl. 9–16 Uhr), oder man nimmt für $18 pro Person (und zurück $24) den **Gondola Skyride** zum Cliff House Restaurant auf 1115 m Höhe (nur Mittagessen). Betriebszeiten Mitte Juni–Mitte Okt tgl. 10–17 Uhr, ☎ 802/253-7311.

Übernachtung

Unterkünfte gibt es hier in Hülle und Fülle. **Stowe Mountain Lodge**, 7412 Mountain Rd, ☎ 1-888/478-6938 oder 802/253-3560, 🖥 www. stowemountainlodge.com. Eins der besten Hotels; liegt direkt am Skigebiet Spruce Peak. ❾ **Green Mountain Inn**, 18 Main St, ☎ 802/ 253-7301 oder 1-800/253-7302, 🖥 www.green mountaininn.com. Ausgezeichnetes historisches Gästehaus im Zentrum. ❻–❼ **Riverside Inn**, 1965 Mountain Rd, ☎ 802/ 253-4217 oder 1-800/966-4217, 🖥 www.rivinn. com. Billigere Zimmer. ❹ **Gold Brook Campground**, ☎ 802/253-7683. Campingplatz 2 Meilen südlich von Stowe am Hwy-100, Stellplatz $23.

Essen

Zahlreiche Lokale säumen die Mountain Road. **McCarthy's**, 2043 Mountain Rd, ☎ 802/253-8626. Das beste Frühstück des Ortes.

Shed Restaurant & Brew Pub, 1859 Mountain Rd, ✆ 802/253-4364. Einigermaßen preiswertes amerikanisches Essen und gutes Bier.
Piecasso, 1899 Mountain Rd, ✆ 802/253-5100. Das stets rappelvolle Lokal versorgt hungrige Mägen mit hervorragender Pizza und Pasta.
Blue Moon Café, 35 School St, im eigentlichen Dorf Stowe, ✆ 802/253-7006. Die richtige Adresse fürs vornehme Abendessen mit einfallsreichen Gerichten nach regionaler Art, etwa Kaninchen oder Wild, und guter Weinkarte.

Sonstiges
Fahrräder
Der **Skier Shop**, 580 Mountain Rd, ✆ 802/253-7919, 🖥 www.skiershop.com, vermietet Räder ($25/Tag) für den Recreation Path, einen befestigten Weg, der sich über 5,3 Meilen durch die Landschaft schlängelt.

Informationen
Visitor Center, Main St, nahe Ecke Mountain Rd, ✆ 802/253-7321 oder 1-800/GO-STOWE, 🖥 www.gostowe.com. Infos zu Unterkünften und Schneebedingungen. ⊙ Mo–Sa 9–20, So 9–17 Uhr.

Lake Champlain

Der Lake Champlain, 150 Meilen lang und nirgends breiter als 12 Meilen, bildet die Grenze zwischen Vermont und New York State und zieht sich bis über die Grenze nach Kanada.

Burlington

Burlington am Ufer des Lake Champlain ist mit fast 40 000 Einwohnern die größte „Stadt“ Vermonts und einer der angenehmsten Orte New Englands. Das hippe, bunte Städtchen, in dem der städtische Lebensstil mit den Werten des ländlichen Vermont verschmilzt, ist bekannt für seine hohe Lebensqualität und die Wertschätzung einer nachhaltigen Erschließung. Heute zeigt sich Burlington als junge, extrovertierte College- und Universitätsstadt mit vielen guten

Cafés und einer Downtown, die sich ohne Weiteres zu Fuß erkunden lässt.

Der autofreie **Church Street Marketplace** bildet das Geschäfts- und Kulturzentrum des historischen Burlington mit Cafés, im Frühjahr und Sommer einem Bauernmarkt und Straßenkünstlern.

Im Sommer genießen Einheimische und Touristen bei einem Bummel am Seeufer entlang die wunderbaren Ausblicke auf die Adirondack Mountains – und im Winter laufen sie vielleicht sogar auf dem See, da dieser im Februar oft zufriert. Besonders für Kinder lohnt ein Besuch des sehr interaktiv ausgerichteten **ECHO Lake Aquarium and Science Center**, am Seeufer, ✆ 802/864-1848 oder 1-877/864-6386, 🖥 www.echovermont.org. Beim alljährlich in der ersten Februarwoche stattfindenden **Winter Festival** sind fantastische, vor Ort geschaffene Eisskulpturen zu bestaunen. Vom Kai am Ende der College Street legt der Kreuzer **Spirit of Ethan Allen III**, ✆ 802/862-8300, 🖥 www.soea.com, zu verschiedenen Ausflugsfahrten auf dem Lake Champlain ab; kommentierte Tour $14,49, Rundfahrten mit Mittagessen und Themenabende mit Hummer-Dinner $19,25–47.

In der Umgebung laden jede Menge Radwege zu einer kleinen Tour ein. Der 12 km lange **Burlington Bike Path** folgt dem Seeufer und verbindet sechs größere Parks miteinander. Vom **Battery Park** am Ende der Battery Street kann man wunderbar die Sonne hinter den Adirondacks untergehen sehen. Zum Baden und Kajakfahren eignet sich am besten der schöne **North Beach**; ⊙ Mai–Anfang Sep, Parkgebühr $8/Fahrzeug 9–21 Uhr.

Weiter nördlich an der Rte.-127 bietet das **Ethan Allen Homestead**, ✆ 802/865-4556, 🖥 www.ethanallenhomestead.org, einen Einblick in das Leben und die Zeit des umstrittenen Gründungsvaters von Vermont sowie ein paar nette Spaziergänge. ⊙ Mai–Okt Do–Mo 10–16 Uhr, Eintritt $7.

Shelburne
In Shelburne am US-7, 3 Meilen südlich von Burlington, befindet sich das außergewöhnliche **Shelburne Museum**, ✆ 802/985-3346, 🖥 www.shelburnemuseum.org, mit historischen Gebäu-

den, Malerei und amerikanischer Volkskunst auf einem Areal von 20 ha. Es nimmt einen ganzen Tag in Anspruch – wenn nicht mehr. Mehr als 30 Gebäude umfasst das Museum, unter anderem einen General Store, eine Apotheke, einen Bahnhof und sogar den Schaufelraddampfer *Ticonderoga*. Jedes veranschaulicht einen Aspekt des täglichen Lebens im Amerika der letzten 200 Jahre. Im Mittelpunkt steht die Sammlung französischer Impressionisten der Zuckererbin Electra Webb. ⊙ Mai–Okt tgl. 10–17 Uhr, Eintritt $20. Die Eintrittskarten gelten für zwei aufeinanderfolgende Tage.

Etwas westlich des Shelburne Museum bietet das Umweltbildungszentrum **Shelburne Farms**, ✆ 802/985-8686, 🖥 www.shelburnefarms. org, neben netten Wanderwegen auch einen „Kinderbauernhof" (⊙ Anfang Mai–Mitte Okt), auf dem Kinder etwas über die Aufzucht von Farmtieren lernen und Kühe melken, Eier einsammeln und Kaninchen streicheln können.

Übernachtung

In Burlington herrscht kein Mangel an bezahlbaren Unterkünften, v. a. entlang der Shelburne Road zwischen Burlington und Shelburne.
Courtyard Burlington Harbor, 25 Cherry St, ✆ 802/864-4700, 🖥 www.marriott.com. Das beste Hotel im Zentrum, in traumhafter Uferlage mit neuen Luxuszimmern und allem Komfort, Frühstücksbuffet, Pool im Haus und LCD-Fernsehern. ❽
G.G.T. Tibet Inn, 1860 Shelburne Rd, South Burlington, ✆ 802/863-7110, 🖥 www.ggttibetinn. com. Das beliebte Motel wird von sympathischen Exil-Tibetern betrieben. Die Zimmer sind klein und schlicht, für den Preis aber bestens ausgestattet (inkl. Kabel-TV, Kühlschrank, Mikrowelle), doch es sind die liebevollen Details

Frühstück im Wintergarten

Willard Street Inn, 349 S Willard St, ✆ 802/651-8710 oder 1-800/577-8712, 🖥 www.willard streetinn.com. Einige Blocks südlich des Zentrums; wundervoll restaurierte Herberge mit erholsamem Garten; sättigendes Frühstück. ❼–❾

wie Kunst und Kunsthandwerk, eine tibetische Bibliothek und zahlreiche Gebetsfahnen, die diese Unterkunft so besonders machen. ❹
Howard Street Guest House, 153 Howard St, ✆ 802/864-4886, 🖥 www.howardstreetguest house.com. Zwei reizende Suiten, eine bunt, die andere mit Strandhausflair, ausgestattet mit WLAN, AC und Kochecken, das Ganze in ruhiger Lage eine Meile außerhalb der Stadt. ❼
North Beach Campground, Institute Rd, ✆ 802/862-0942 oder 1-800/571-1198. Campingplatz am See, knapp 2 Meilen nördlich von Burlington; $25–34.

Essen und Nachtleben

Seinen 10 000 Studenten verdankt Burlington eine Vielzahl von guten und günstigen Restaurants und ein paar Nachtlokale, in denen es ziemlich hoch hergeht.
American Flatbread, 115 St Paul St, ✆ 802/861-2999. Beliebtes Lokal; Pizza mit Bio-Zutaten von Farmen aus der Gegend.
Farmhouse Tap & Grill, 160 Bank St, ✆ 802/859-0888. Schöner Biergarten mit vor Ort gebrautem Bier und Restaurant mit Gourmet-Hamburgern und Kneipenessen aus Zutaten aus der Umgebung.
Leunig's Bistro, 115 Church St, ✆ 802/863-3759. Das authentische französische Bistro serviert den hungrigen Gästen Pariser Klassiker mit einem Vermonter Touch.
Muddy Waters, 184 Main St, ✆ 802/658-0466. Bunte Holzeinrichtung und interessante Gäste zeichnen dieses beliebte Café aus.
Penny Cluse Café, 169 Cherry St, ✆ 802/651-8834. Funkiges Café mit ganztägigem Frühstück mit z. B. berühmten Ingwerpfannkuchen und Mittagsspeisen wie Fischtacos im Bierteigmantel und warmem Orzo-Salat.
Trattoria Delia, 152 St. Paul St, ✆ 802/862-5253. Teure und feine italienische Küche in rustikalromantischem Ambiente, das an einen Schiffsbauch erinnert.

Sonstiges
Fahrräder
North Star Sports, 100 Main St, ✆ 802/863-3832, und **Skirack**, 85 Main St, ✆ 802/658-3313, vermieten Fahrräder ab $28/Tag.

Informationen

Allgemeine Informationen und Hilfe bei der Unterkunftssuche gibt es bei der **Lake Champlain Regional Chamber of Commerce**, 60 Main St, ✆ 802/863-3489 oder 1-877/686-5253, 🖥 www.vermont.org. ⏲ Juli–Sep 8.30–17, Sa und So 9–17 Uhr, Okt–Juni Mo–Fr 8.30–17 Uhr.

Nahverkehr

Das Nahverkehrsunternehmen **CCTA**, ✆ 802/864-2282, 🖥 www.cctaride.org, betreibt einen kostenlosen Shuttlebus-Service zwischen dem Universitätsgelände, der Innenstadt und der Uferpromenade, Mo–Fr 6.45–21.30, Sa 9–18.15 Uhr alle 15–30 Min., sonntags kein Shuttleservice.

Transport

Greyhound-Busse halten in Downtown Burlington in der 219 S Winsooki St.
Der **Bahnhof** liegt ziemlich ungünstig in der kleinen Gemeinde Essex Junction, 5 Meilen nördlich von Burlington (Busse ins Zentrum $1,25).
Der **Flughafen**, Vermonts größter, liegt 2 Meilen außerhalb der Stadt am US-2.

Maine

Maine ist von der Fläche her so groß wie die fünf übrigen Neuenglandstaaten zusammen, hat aber nicht einmal so viele Einwohner wie Rhode Island. Der sommerliche Touristenansturm konzentriert sich vor allem auf die südliche **Küstenregion**. Doch auch das Landesinnere mit seinen ausgedehnten Wäldern, Bergen und Seen und nur wenigen Straßen bietet ideale Bedingungen zum Wandern und Kanufahren – ganz besonders der **Baxter State Park** am nördlichen Ende des Appalachian Trail. Mit etwas Glück bereichert sogar ein Elch das Naturerlebnis.

In Maine entstanden die ersten auf landwirtschaftlicher Basis gegründeten **Kolonien** Nordamerikas: De Champlain ließ sich mit einer Gruppe französischer Protestanten 1604 in der Nähe der Mount Desert Island nieder, und drei Jahre später harrte eine Gruppe von Engländern einen Winter lang an der Mündung des Kennebec River aus.

Maine, ursprünglich Massachusetts zugerechnet, wurde erst 1820 durch den „Missouri-Kompromiss" (s. S. 830) ein unabhängiger Staat. Noch heute stützt sich die **Wirtschaft** des Staates vor allem auf das Meer. Insbesondere die boomende Hummerfischerei trotzt dank vorausschauender Planung allen düsteren Prognosen.

Das raue Klima Maines ist berüchtigt. Im Winter liegt der Staat häufig unter einer Schneedecke, durch die sich die Spuren von Skiern und knatternden Schneemobilen ziehen. Offiziell findet der kurze Sommer – Maines Hauptsaison – zwischen Memorial Day (dem letzten Montag im Mai) und Labor Day (dem ersten Montag im September) statt. Gegen Ende der warmen Jahreszeit werden die leckeren, wilden Blaubeeren gesammelt – 90 % der landesweiten Ernte stammen aus Maine. Die köstlichen Beeren tauchen dann überall auf – in Pfannkuchen ebenso wie in Geflügelgerichten. Gegen Ende September beginnen die leuchtenden **Herbstfarben** sich von Nord nach Süd auszubreiten. Im Gegensatz zu anderen Teilen New Englands gelten dann in Maine schon Nachsaison-Preise – und das kühle Pulloverwetter ist gerade richtig, um Äpfel zu pflücken, die bunte Herbstpracht zu genießen oder sich mit einer Decke und einem Buch gemütlich einzukuscheln.

Die Küste

Die Strände des südlichen Maine sind ausgesprochen schön, auch wenn das Wasser hier eher Frösteltemperatur hat. Außerdem gibt es jede Menge kleiner Hafenorte und felsiger Küstenpfade zu erkunden. Am meisten Trubel herrscht in **Portland** und **Bar Harbor** am Rand des **Acadia National Park**. Wer einen ruhigeren Stützpunkt sucht, hat die Wahl zwischen zahlreichen kleineren Küstenorten wie **Wiscasset** und **Blue Hill**. Die meisten Strände (und das wärmste Wasser) finden sich weiter südlich, z. B. bei **Ogunquit**.

Die Küste selbst lässt sich am besten vom **Schiff** aus bewundern: Selbst von den kleinsten Häfen legen Fähren und Ausflugsboote ab. Größere Schiffe verkehren von Portland und Bar Harbor bis nach Kanada, kleinere z. B. von Port Clyde, Boothbay Harbor und New Harbor zur Insel **Monhegan** und von Rockland nach **Vinalhaven**.

Südlich von Portland

Aus Portsmouth, NH (s. S. 251), kommend führt der I-95 in eine mit kleinen Gemeinden dicht besiedelte Region. In **Kittery**, 3 Meilen hinter der Staatsgrenze, befindet sich an der Kreuzung mit der Rte-1 ein Information Center, ☎ 207/439-1319, das für Besucher stapelweise Material über den Staat Maine bereithält. ⏰ Ende Mai–Anfang Sep Mo–Do 8–18, Fr und Sa 8–20, ansonsten tgl. 9–17.30 Uhr. Außerdem lädt der **Chauncey Creek Lobster Pier**, 16 Chauncey Creek Rd, Kittery Point, ☎ 207/439-1030, zum entspannten Fischdinner mit Blick aufs Wasser ein.

Folgt man ab Kittery der landschaftlich reizvolleren Rte-1 statt dem I-95 (beide führen nordwärts, die Rte-1 aber an der Küste entlang), spart man nicht nur die Autobahngebühren, sondern erreicht nach kurzer Zeit **York**, Ort, der bereits 1642 Stadtrechte erlangte. Das ehemalige Gefängnis aus dem 17. Jh., **Old Gaol**, dient heute als Museum und erinnert an die bewegte kriminelle Vergangenheit der Stadt. Außer historischen Attraktionen hat York auch mehrere schöne Strände, eine alte Spielhalle (die liebenswerte „Fun-O-Rama") und einige Wege für stramme Küstenwanderungen zu bieten. Eine schöne Strecke ist z. B. der Weg über Old York zum Nubble Light am Ende der Shore Road, die von der Rte-103 abzweigt. Hier steht auf einem Inselchen vor dem York Beach einer der malerischsten Leuchttürme von Maine; ein Felsvorsprung bietet einen ausgezeichneten Blick hinüber.

Gleich nördlich in **Cape Neddick**, an der Rte-1 gegenüber der Mountain Road, stehen die Leute Schlange, um bei **Flo's** (Mi geschlossen), seit 1959 eine Institution, einen Hotdog zu ergattern. Alternativ lockt der **Company Store** des Lebens-mittelherstellers Stonewall Kitchen, 2 Stonewall Lane, hinter der Chamber of Commerce, gleich neben der Rte-1, ☎ 207/351-2712, mit seinen berühmten Senfsorten, Marmeladen und Schokoladensoßen sowie frisch zubereiteten Hummersandwiches und Salaten fürs Strandpicknick.

Ogunquit und Umgebung

Die 3 Meilen lange Landzunge, die das schwulenfreundliche Ogunquit gegen die offene See abschirmt, gehört zu Maines herrlichsten Stränden: Der lange Sandstreifen mit zahmer Brandung ist ideal für besinnliche Spaziergänge. In der Sommersaison treten im **Ogunquit Playhouse**, ☎ 207/646-5511, gelegentlich bekannte Künstler auf. Der verstorbene Direktor des New Yorker Metropolitan Museum nannte das **Ogunquit Museum of American Art**, ☎ 207/646-4909, einmal „das schönste kleine Museum der Welt". Seine eindrucksvolle Sammlung von Meeresansichten spiegelt sich im prachtvollen Panorama vor den Fenstern des Museums. 🖥 www.ogunquitmuseum.org/findus.html, ⏰ Anfang Mai–Ende Okt tgl. 10–17 Uhr, Eintritt $8.

Vom Ortszentrum führt der empfehlenswerte Küstenpfad **Marginal Way** zur hübschen **Perkins Cove** eine Meile weiter südlich.

Übernachtung

Terrace by the Sea, 11 Wharf Lane, Ogunquit, ☎ 207/646-3232, 🖥 www.terracebythesea.com. Hervorragende Unterkunft gleich am Wasser mit reizendem Garten. ❺–❽

Beachmere Inn, Shore Rd, Ogunquit, ☎ 207/646-2021, 🖥 www.beachmereinn.com. Frisch renovierte Zimmer in einem urigen viktorianischen Holzbau mit Spitztürmchen und Meerblick. ❼–❾

Pinederosa, 128 North Village Rd, etwas nördlich von Ogunquit, ☎ 207/646-2492, 🖥 www.pinederosa.com, ist der nächstgelegene Campingplatz. Kostenloser Shuttleservice zum Ogunquit Beach im Juli und August. Stellplatz $30 für 2 Erwachsene. ⏰ Mai–Sep.

Essen

Barnacle Billy's, 50 Perkins Cove, ☎ 207/646-5575. Das Lokal könnte man wahrscheinlich als Touristenfalle bezeichnen, aber selbst die

Einheimischen zieht es immer wieder hierher, um die gradlinigen Seafood-Gerichte und den atemberaubenden Ausblick zu genießen.

Joshua's Restaurant, 1637 Rte-1, in Wells gleich nördlich von Ogunquit, ℡ 207/646-3355, serviert das beste Dinner weit und breit, mit vielen Zutaten von der eigenen Farm.

Kennebunkport

Es hat seine Gründe, dass die Ex-Präsidenten George Herbert Walker Bush und George „Dabbelju" Bush gern in diesem Ort den Sommer verbringen – er ist hübsch, geschichtsträchtig und voller Restaurants, an denen selbst Barbara Bush nichts zu meckern findet. Der beste **Strand** ist Goose Rocks etwa drei Meilen nördlich des Zentrums am King's Highway (zu erreichen über die Rte-9, dann die Dyke Rd). Den obligatorischen Parkausweis für den tollen Sandstrand gibt es bei der Polizei in Kennebunkport, ℡ 207/967-2454; $12/Tag, $50/Woche. Nach dem Sonnenbaden bietet die muntere Bar The Ramp (unter dem Pier 77 Restaurant, 77 Pier Rd, Cape Porpoise, ℡ 207/967-8500) mit schönem Blick aufs Meer und Schiffsflair Abwechslung.

Gutes **Seafood** in netter Atmosphäre servieren Alisson's, 8 Dock Square, im Ortszentrum, ℡ 207/967-4841, und das bescheidenere Clam Shack, ℡ 207/967-3321, gleich vor der Brücke in den Ort.

Für etwas Abwechslung vom Strandleben sorgt der kleine, angenehm duftende **Tom's of Maine-Outlet**, 52 Main St, Kennebunk, ℡ 207/467-4005 – hier gibt es unter anderem leicht zerbeulte Zahnpastatuben „zweiter Wahl" für nur $2; ℗ So–Mi geschl.

Portland

Portland, die größte Stadt Maines, wurde 1632 auf der Halbinsel Casco Bay gegründet. Es entwickelte sich durch den Schiffbau und den Export von Kiefernholz schnell zu einem blühenden Hafen. Eine lange Reihe hölzerner Kais säumte den Strand, während sich an den Hängen dahinter die Kaufleute ihre Häuser bauten.

Schon in frühester Zeit war Portland eine weltoffene Stadt. Mit dem Zeitalter der **Eisen-**bahn erreichte die Canada Trunk Line in den 1840er-Jahren die Stadt. Die Eisenbahngesellschaft wählte den Hafen von Portland als Endstation, um von hier aus Erzeugnisse aus Kanada und den Great Plains direkt nach Europa zu verschiffen. Der **Custom House Wharf** sieht heute vermutlich noch genauso aus wie 1861, als Anthony Trollope hier anlegte und sich fragte, ob er „jemals eine Stadt mit deutlicheren Zeichen des Wohlstands" gesehen habe.

Nach dem Abriss der Grand Trunk Station im Jahre 1966 drohte Downtown-Portland der Verfall. Schließlich übernahm eine Gruppe engagierter Bürger die Sanierung des Viertels, das heute als **Old Port** bekannt ist. Durch die Sanierung erwachte die Stadt zu neuem Leben und steht weiterhin im Mittelpunkt des gesellschaftlichen Lebens in Maine.

Die City

Vom alten Portland hat infolge der verschiedenen Feuersbrünste nicht allzu viel überdauert. Eines von mehreren prächtigen Herrenhäusern an Congress und Danforth Street ist das **Wadsworth-Longfellow-House (Maine Historical Society)**, 485–489 Congress Street, Portlands erstes Backsteinhaus. Es wurde 1785 von Peleg Wadsworth erbaut, verdankt seine Bekanntheit aber in erster Linie Pelegs Enkel, dem Dichter Henry Wadsworth Longfellow, der hier seine Kindheit verbrachte. Zu jeder vollen Stunde beginnt eine 45-minütige Führung durch das Gebäude. ℗ Mai–Okt Mo–Sa 10.30–16, So 12–16 Uhr, Eintritt $8 inkl. Besuch des Historical Society Museum gleich nebenan, das Wanderausstellungen zur Geschichte und Kunst des Bundesstaates zeigt, ℗ Mo–Sa 10–17, So 12–17 Uhr, Eintritt nur Museum $5.

Das 1988 erbaute **Portland Museum of Art**, 7 Congress Square, ℡ 207/775-6148, ⌨ www.portlandmuseum.org, bietet – neben einer herrlichen Aussicht auf die Bucht – Seefahrtskunst, darunter Winslow Homers *Weatherbeaten* und weitere maritime Motive. ℗ Di–Do, Sa und So 10–17, Fr 10–21, Juni–Mitte Okt Mo 10–17 Uhr, Eintritt $10, Fr 17–21 Uhr kostenlos.

In der Nähe des Hafens bietet der restaurierte **Old Port** Antiquitätengeschäfte, Buchhandlungen, Modeboutiquen (vor allem an der Exchange St) und allerlei Esoterisches. Am Wasser entlang geht es bis zum Ende der Halbinsel und zur **Eastern Promenade**, einem 2 Meilen langen Spazierweg, über den man den East End Beach unterhalb der Landspitze erreicht. Oberhalb der Promenade erhebt sich der Munjoy Hill mit dem **Portland Observatory** aus dem Jahr 1807, 138 Congress St, ✆ 207/774-5561, das aus luftiger Höhe (103 Stufen) einen traumhaften Blick über die Bucht ermöglicht. ◷ Juni–Mitte Okt tgl. 10–17 Uhr, Eintritt $8.

Übernachtung

Im Sommer und Herbst ist es dringend angeraten zu reservieren. Preiswerter als die Hotels im Zentrum sind die Billigmotels rund um die Ausfahrt 48 des I-95.

Hilton Garden Inn, 65 Commercial St, ✆ 207/780-0780, 🖳 www.hiltongardeninn.com. Fitnesscenter, Salzwasser-Pool und WLAN in flottem Ambiente mit Hafenblick. Etwas überteuert, aber dennoch eine gute Wahl. ❾

Inn at Park Spring, 135 Spring St, ✆ 207/774-1059 oder 1-800/437-8511, 🖳 www.innat parkspring.com. Charmantes B&B von 1835 im Künstlerviertel, günstig gelegen zu den Restaurants und Geschäften des Old Port. Freundliche Gastgeber und köstliches Frühstück. ❻–❼

Inn at St John, 939 Congress St, ✆ 207/773-6481 oder 1-800/636-9127, 🖳 www.innatstjohn.com. Elegantes viktorianisches Quartier, gleich neben Downtown in einer etwas zwielichtigen Gegend; gemütliche Zimmer zu angemessenen Preisen, einige davon mit Gemeinschaftsbädern. Kein Aufzug. ❺–❼

Marriott Residence Inn, 145 Fore St, ✆ 207/761-1660, 🖳 www.marriott.com. Schickes

Sympathisches B&B

The Chadwick, 140 Chadwick St, ✆ 207/774-5141, 🖳 www.thechadwick.com. Dieses sehr nette B&B versteckt sich in Portlands West End. Vier gemütliche Zimmer in warmen Farbtönen, herzlicher Zimmerwirt, ausgezeichnetes Frühstück, WLAN und rundum zufriedene Gäste. ❻–❼

Anheimelndes B&B

Morrill Mansion B&B, 249 Vaughan St, ✆ 207/774-6900, 🖳 www.morrillmansion.com. Gut ausgestattetes B&B im West End mit anheimelnden, stilvollen Zimmern, Kühlschränken, DVD-Playern, kostenlosem Internetzugang und einem hilfsbereiten, gut informierten Gastgeber. ❻–❽

nagelneues Marriott-Hotel in toller Lage am Wasser und mit 179 Suiten, ausgestattet mit Kühlschrank, Mikrowelle und Geschirrspüler. Andere Pluspunkte sind eine Waschküche und das kostenlose kleine Frühstück. ❽

Portland Harbor Hotel, 468 Fore St, ✆ 207/775-9090 oder 1-888/798-9090, 🖳 www.theportlandharborhotel.com. Hübsche Zimmer (mit besonders schönen Badezimmern) in toller Lage in Ufernähe; viele Zimmer mit Blick auf den englischen Garten. ❽–❾

Wassamki Springs, ✆ 207/839-4276. Der nächstgelegene Campingplatz befindet sich westlich von Portland in der Nähe der Rte-22 Richtung Westbrook. Stellplatz $41. ◷ nur Mai–Mitte Okt.

Essen

In Portland wimmelt es nur so von hervorragenden Restaurants, und auch die meisten Bars (s. S. 269) servieren gutes Essen.

Farmer's Market, am Monument Square. Der abwechslungsreiche Markt ist der ideale Ort, um einheimische Produkte zu probieren, ◷ Mai–Nov Mi 7–14 Uhr.

Bar Lola, 100 Congress St, ✆ 207/775-5652. Uriges Tapasjuwel, leicht abgelegen im East End von Portland, saisonal ausgerichtete Karte mit jeder Menge Zutaten aus der Umgebung und leichtem griechischem Touch. ◷ Mi–Sa, nur abends.

Becky's Diner, 390 Commercial St, ✆ 207/773-7070. Frühstückslokal in bester Maine-Tradition, nach Umbau jetzt mit großer Terrasse im Obergeschoss. Hier gibt es von 4 (für die Fischer) bis 21 Uhr herzhafte amerikanische Kost in üppigen Portionen, u. a. hausgemachte Muffins und Kuchen.

Flatbread Company, 72 Commercial St, ✆ 207/772-8777. Leckere Pizza mit Fladenbrotteig, hausgemachter Soße und ausschließlich Bio-Zutaten in einem hippen Uferlokal.

Market Street Eats, 36 Market St, ✆ 207/773-3135. Dieses Sandwich-Kellerlokal bietet keine prätentiösen Saftmixturen, dafür aber sensationelle mittägliche Sattmacher wie den Red Rooster Wrap (Hühnchen, Speck, Provolone, pikante Thai-Mayo und rote Zwiebel) für $6,75.

Miyake, 129 Spring St, ✆ 207/871-9170. Winziger Sushiladen im West End, gelobt für Gerichte wie frisches uni und scharf angebratenes Thunfisch-Sashimi mit Trüffelöl. Der äußerst engagierte Küchenchef und Betreiber sammelt seine Muscheln selbst. BYO (Getränkeladen nebenan).

Street and Co., 33 Wharf St, ✆ 207/775-0887. Großartiges Seafood-Lokal für besondere Gelegenheiten mit behaglichem, lärmigem Speisesaal. Außer perfekt gegrilltem oder gebratenem Fisch gibt es hier außerdem ein paar leckere Alternativen für Fischverschmäher. Reservierung empfohlen.

Walter's, 2 Portland Square (an der Union St), beim Old Port, 3 207/871-9258. New American Cuisine in einem eleganten Speisesaal mit hoher Decke. Hauptgerichte kosten $19–24, das Mittagessen ist etwas preiswerter, aber genauso gut.

Theater und Musik

Die Stadt bietet Kammermusikkonzerte, Opern, Tanzaufführungen und Gastauftritte von Theaterensembles, einige davon im Rahmen der Veranstaltungsreihe „PCA Great Performances",

Seafood mit Aussicht

Lobster Shack at Two Lights, 225 Two Lights Rd, Cape Elizabeth, ✆ 207/799-1677. Vielleicht das schönste Seafood-Erlebnis in ganz Maine – mit Blick auf den Leuchtturm zur Linken, den wilden Ozean zur Rechten und das unwiderstehliche Hummerbrötchen auf dem Teller direkt vor der Nase.

die im **Merrill Auditorium** des Rathauses stattfindet; Kartentelefon ✆ 207/842-0800, Informationen im Netz: 🖥 www.pcagreat performances.org.

Größere Produktionen der Portland Stage Company kommen bei der **Portland Stage Co.**, 25A Forest Ave, ✆ 207/774-0465, auf die Bühne.

Im Sommer finden mittags und abends an unterschiedlichen Veranstaltungsorten kostenlose **Jazz- und Blues-Konzerte** unter freiem Himmel statt. Sponsor ist Portland Parks and Recreation, ✆ 207/756-8275, 🖥 www.ci. portland.me.us.

Das wöchentlich erscheinende Gratisheft Portland Phoenix enthält ein umfassendes Veranstaltungsprogramm.

Pubs und Clubs

In Portlands Bars und Kneipen ist am Wochenende der Bär los.

Gritty McDuff's, 396 Fore St, ✆ 207/772-2739. Portlands erster Pub mit Brauerei. Hier fließt Portland Head Pale Ale und Black Fly Stout aus eigener Herstellung in Strömen. Essen, Folkmusik, lange Holzbänke und freundliche Atmosphäre; Sa geht es hier manchmal sehr laut zu.

Novare Res Bier Café, 4 Canal Plaza, Suite 1 (Eingang vom Gässchen am unteren Abschnitt der Exchange St, neben dem Keybank-Schild), ✆ 207/761-2437. Dieses Bierlokal im Old Port ist nicht ganz leicht zu finden. Über 200 Biervarianten, davon 15 vom Fass, Biertische drinnen und draußen und leckere Fleisch- und Käsestärkungen für zwischendurch.

The Port Hole, 20 Custom House Wharf, ✆ 207/780-6533. Der alteingesessene Laden gleich am Wasser hat außer Seebrise noch so einiges zu bieten, u. a. tgl. üppiges Frühstück und an Sommersonntagen tolle Reggae-Konzerte auf einer sonnigen Holzplattform im Hafen.

RiRa, 72 Commercial St, ✆ 207/761-4446. Lebendiger Irish Pub mit tollem Essen und einladender Lage am Ufer.

SPACE Gallery, 538 Congress St , ✆ 207/828-5600, 🖥 www.space538.org. Der coole Schuppen hat neben Ausstellungen zeitgenössischer Kunst noch jede Menge andere interessante Angebote auf Lager – Filme, Musik, Happenings, einheimische Bands usw.

Fahrräder

Cycle Mania, 59 Federal St, ☎ 207/774-2933, verleiht Räder für $25 pro Tag.

Informationen

Visitor Center, im Gateway Building, 94 Commercial St, ☎ 207/772-5800, 🖥 www.visitportland.com. Das freundliche Personal informiert gern darüber, was in Portland gerade los ist. ⏰ Mo–Sa 9–16 Uhr.

Touren

Mehrere Unternehmen veranstalten Schiffstouren:

Portland Schooner Co., ☎ 207/766-2500 oder 1-87/SCHOONER, 🖥 www.portlandschooner.com. Bietet Hafenrundfahrten und Ausflüge zu den Inseln und Leuchttürmen der Casco Bay auf zwei nostalgischen Segelschiffen an. Sie legen vom Maine State Pier neben Casco Bay Lines an der Commercial Street ab. Im Sommer tgl., 2-stündige Rundfahrt $35, Tour mit Übernachtung $240.

Lucky Catch Cruises, 170 Commercial St, ☎ 207/761-0941, 🖥 www.luckycatch.com. Wer seinen Hummer immer schon mal selbst aus dem Meer fischen wollte, kann hier mit Overall und Handschuhen ausstaffiert auf Hummerfangfahrt gehen. $25.

Das ganze Jahr über verbindet ein Postschiff der **Casco Bay Lines**, ☎ 207/774-7871, 🖥 www.cascobaylines.com, Portland 2x tgl. – im Sommer häufiger – mit 7 der zahllosen **Calendar Islands** in der Casco Bay. Hin und zurück zu einer der Inseln $7,70–11,55, Sightseeing-Rundfahrt $12,75–24. Der Anleger befindet sich in der 56 Commercial St, Ecke Franklin St. Auf den Inseln **Long** und **Peaks Island** gibt es Unterkünfte oder Campingmöglichkeiten.

Land & SeaTours bieten **Portland Discovery Land & Sea Tours**, 170 Commercial St, ☎ 207/774-0808, für $33, oder **Downeast Duck Adventures**, 94 Commercial St, ☎ 207/774-DUCK, im Amphibienfahrzeug für $24. Dabei wird die Kundschaft zunächst durch den historischen Old Port gefahren und dann durch die Casco Bay geschippert, um den Blick auf die Calendar Islands zu genießen.

In der Innenstadt von Portland verkehren **Busse**, einfache Fahrt $1,50, aber man kann Downtown lässig zu Fuß oder mit dem Fahrrad erkunden.

Einige Meilen vom Zentrum entfernt führen der I-95 und die Rte.-1 am Kap von Portland vorbei. Der I-295 verläuft dagegen mitten durch die Stadt bis nach Downtown. Hauptdurchgangsstraße ist die Congress Street; die hübschere Commercial Street führt am Hafen entlang.

Busse

Concord Coach Lines, ☎ 207/828-1151, 🖥 www.concordcoachlines.com, und **Greyhound** betreiben die meisten Busverbindungen entlang der Küste, mit häufigen Bussen nach BOSTON sowie Richtung Norden nach BANGOR und im Sommer nach BAR HARBOR.

Greyhound fährt auch nach MONTRÉAL, NEW HAMPSHIRE und VERMONT und zu diversen Zielen in Maine. Der Busbahnhof ist in der 950 Congress St, am Ostrand des Stadtzentrums.

Flüge

Der **Portland International Jetport** liegt am I-95 und ist über regelmäßig verkehrende Linienbusse mit Downtown verbunden.

Freeport

Die Küstenorte nördlich von Portland sind ebenso kommerziell wie die südlichen. Kurz hinter Brunswick zweigt der I-95 ins Landesinnere ab, während die Rte.-1 weiterhin der Küste folgt. Nun werden die Städtchen erheblich ruhiger, und die Preise sinken beträchtlich.

Freeport, 15 Meilen nördlich von Portland, verdankt seinen heutigen Wohlstand hauptsächlich Leon L. Bean, der 1912 einen kultigen Anglerstiefel mit Gummisohle erfand. Diese Originalstiefel werden hier immer noch verkauft (ein Riesenexemplar ziert den Eingang), aber **L. L. Bean** ist inzwischen zu einem multinationalen Outdoor-Bekleidungskonzern herangewachsen und betreibt ein gigantisches, rund um die Uhr geöffnetes Kaufhaus an Freeports Main Street. Diese Öffnungszeiten wurden ursprünglich eingeführt, damit die vor Morgengrauen aufbrechenden Jäger sich hier noch rasch mit allem Nötigen eindecken konnten. Der Laden verkauft und vermietet allen erdenklichen Outdoor-Bedarf und veranstaltet regelmäßig Workshops für Outdoor-Aktivitäten und Survival-Training. Heute scheinen die späten Öffnungszeiten allerdings besonders den Studenten entgegenzukommen, die versuchen, in den Zelten zu dösen, ohne vom Kaufhauspersonal erwischt zu werden. L. L. Bean ist inzwischen eher ein Modehaus (und Maines meistbesuchte Touristenattraktion). Freeport hat mittlerweile eine ganze Einkaufsmeile mit **Factory Outlets** bekannter Marken (wie Gap, Banana Republic und Cole Haan), die größtenteils nennenswerte Rabatte auf die normalen Einzelhandelspreise gewähren.

Weniger kommerzorientierte Unterhaltung verspricht der üppig grüne **Wolfe's Neck Woods State Park**, ☎ 207/865-4465, ein Stück südlich von Freeport (über die Rte-1 zu erreichen). Im Sommer können Besucher hier nach Herzenslust die Wander- und Naturlehrpfade der Landzunge erkunden. ⏱ tgl. 9 Uhr bis Sonnenuntergang, Eintritt $4,50.

Übernachtung

Freeport ist kein idealer Ort zum Übernachten – wenn die Shopper nach Hause gehen, werden die Bürgersteige hochgeklappt. Ein paar brauchbare Unterkünfte gibt es aber doch:
Harraseeket Inn, 162 Main St, ☎ 207/865-9377 oder 1-800/342-6423, 🖳 www.harraseeketinn.com. B&B-Hotel mit rund 80 Zimmern in einem schönen Holzgebäude. ❽–❾.
Applewood Inn, 8 Holbrook St, ☎ 207/865-9705, 🖳 www.applewoodusa.com. B&B mit elf Zimmern, verteilt auf zwei Häuser. ❼–❾.
Maine Idyll Motor Court, at 1411 Rte-1 N, ein paar Meilen nördlich von Freeport, ☎ 207/865-4201, 🖳 www.maineidyll.com. Wirklich nettes Motel mit schlichten, aber romantischen Hütten in hübscher Waldlage. ❸–❺

Essen

Conundrum Wine Bistro, 117 Rte-1 S, südlich des Orts, ☎ 207/865-0303. Zum Essen die beste Adresse von Freeport. Die meisten Gäste kommen der Martinis wegen und erliegen dann den Verlockungen der frischen, jahreszeitlich wechselnden Hauptgerichte, wie Kürbisravioli mit Salbei-Sahnesoße.
Mediterranean Grill, 10 School St, ☎ 207/865-1688. Köstliche, authentisch libanesische Küche (wie *gyro kebabs*) in zentraler Lage. ⏱ zum Mittag- und Abendessen.
Harraseeket Lunch & Lobster Co, 36 Main St in South Freeport, 1 Meile südlich von Freeport an der Rte-1, ☎ 207/865-4888. Das Lokal an einem Holzsteg in die ruhige Bucht ist ein tolles Plätzchen zum Lunch mit Blick auf den grünen Wolfe's Neck Woods State Park am anderen Ufer.

Bath

Acht Meilen weiter nordöstlich liegt das reizende Städtchen Bath mit langer Schiffsbautradition. Die kurzlebige Kolonie von Sir George Popham baute hier schon 1607 das erste Schiff, die *Virginia*. Die 1833 gegründete Werft **Bath Iron Works** ist bis heute in Betrieb – im Zweiten Weltkrieg wurden hier mehr Zerstörer gebaut als in ganz Japan.

Im genialen **Maine Maritime Museum**, 243 Washington St, ☎ 207/443-1316, können Besucher an einer Führung durch die Iron Works teilnehmen (Reservierung ratsam, Teilnahme $30), verschiedene historische Schiffe besichtigen und die faszinierende Sammlung von Gemälden, Fotos und Objekten rund um das Thema Schiffe bewundern. Kleine Freibeuter können derweil auf einem Miniatur-Piratenschiff herumklettern. ⏱ tgl. 9.30–17 Uhr, Eintritt $12 für 2 Tage.

Übernachtung

Inn at Bath, 969 Washington St, ☎ 207/443-4294 oder 1-800/423-0964, 🖳 www.innatbath.com. B&B mit 8 Zimmern und wunderschönem Garten und allem Komfort. ❼
Kismet Inn, 44 Summer St, ☎ 207/443-3399, 🖳 www.kismetinnmaine.com. Hier locken

fröhlich bunte Zimmer, tiefe Sitzbadewannen, Ganzkörperpeelings und Yogakurse die Gäste an. ⑧–⑨.

Essen

Solo Bistro Bistro, 128 Front St, ✆ 207/443-3373. Leckereien in modernem Ambiente. Freitags wird dazu abendlicher Livejazz geboten.

Beale Street Barbecue & Grill, 215 Water St, ✆ 207/442-9514. Südstaaten-Spezialitäten wie geräuchertes Huhn, pulled pork (gegrilltes, zerkleinertes Schweinefleisch) und Rippchen zum Mitnehmen oder Vor-Ort-Verzehren.

The Cabin, 552 Washington St, ✆ 207/443-6224. Leckere Pizza.

The Sea Basket, an der Rte-1 N in Wiscasset, ✆ 207/882-6581. Erstklassiges gebratenes Seafood.

Red's Eats, ✆ 207/882-6128, ein Stück weiter an der Rte-1 N (in Wiscasset). Hier steht sich die Kundschaft die Beine in den Bauch, um in den Genuss der weithin berühmten Hummerbrötchen zu kommen.

Boothbay Harbor

Am Südende des Hwy-27 liegt 12 Meilen südlich der Rte-1 ein überfüllter, aber zweifellos schöner Erholungsort direkt am Wasser: Boothbay Harbor. Von hier werden zahlreiche Bootsausflüge angeboten. **Balmy Days Cruises**, ✆ 207/633-2284 oder 1-800/298-2284, bietet ganztägige Ausflüge zur Monhegan Island für $32 und Hafenrundfahrten für $15 an.

In den **Coastal Maine Botanical Gardens**, Wegbeschreibung am besten telefonisch erfragen unter ✆ 207/633-4333, 🖥 www.mainegardens.org, schlängeln sich blumengesäumte Spazierwege am Sheepscot River entlang. ⏱ tgl. 9–17 Uhr, Eintritt $10.

Übernachtung und Essen

Topside Inn, 60 McKown St, ✆ 207/633-5404, 🖥 www.topsideinn.com. Stilvoll wohnen in den ansprechenden Zimmern einer alten Kapitänsvilla mit tollem Hafenblick oben auf einem Hügel. ⑤

Moody's Diner, an der Rte-1 N in Waldoboro, ca. 10 Meilen nördlich von Boothbay, ✆ 207/832-7785. Der legendäre Diner ist seit über 80 Jahren eine regelrechte Institution in Maine, mit langen Öffnungszeiten, authentischen Vinyl-Sitznischen und Nostalgiefeeling. Neben preiswerten Tagesgerichten werden hier 14 frisch gebackene Kuchenvarianten serviert – den Vier-Beeren-Kuchen muss man einfach probiert haben!

The Thistle Inn, 55 Oak St, ✆ 207/633-3541, 🖥 www.thethistleinn.com. Schöne Zimmer, vorzügliche New American Cuisine zum Abendessen. ⑥

The Lobster Dock, 49 Atlantic Ave, auf der anderen Seite der Fußgängerbrücke, ✆ 207/633-7120. Superfrische Hummerbrötchen und Seafood-Dinner für wenig Geld in einem Bier- und Picknicktisch-Ambiente.

Boathouse Bistro, 12 By-Way am Pier 1, ✆ 207/633-0400. Tischt auf der sonnigen Dachterrasse mit Bar ausgezeichnete Tapas auf.

Rockland

An der Stelle, wo die Rte-1 auf die Penobscot Bay trifft, liegt Rockland. Früher war die Stadt der größte Hummerlieferant von Maine, und bis heute ist ihr Hafen der betriebsamste des ganzen Staates.

In neuerer Zeit hat sich Rockland außerdem zu einem der hippsten und lebenswertesten Orte von Maine entwickelt. Die Stadt ist Schauplatz des jährlichen **Maine Lobster Festival** (erstes Augustwochenende, ✆ 1-800/LOB-CLAW, 🖥 www.mainelobsterfestival.com) und des **North Atlantic Blues Festival** (Mitte Juli, ✆ 207/596-6055, 🖥 www.northatlanticbluesfestival.com).

Kulturelles Highlight der Stadt ist das hervorragende **Farnsworth Art Museum**, 352 Main St, ✆ 207/596-6457, 🖥 www.farnsworthmuseum.org. Die Sammlung deckt zwei Jahrhunderte amerikanischer, großteils Maine-bezogener Kunst ab und erstreckt sich über mehrere Ge-

New England

bäude. ⊙ Ende Mai–Mitte Okt tgl. 10–17, sonst Di–So 10–17 Uhr, Eintritt $12.

Rocklands andere herausragende Attraktion ist das **Strand Theatre**, 345 Main St, ✆ 207/594-0070, 🖳 www.rocklandstrand.com, ein Gebäude im Art-déco-Stil. Hier werden Filmklassiker und zeitgenössische Indie-Streifen gezeigt. Karten $8,50.

LimeRock Inn, 96 Limerock St, ✆ 207/594-2257, 🖳 www.limerockinn.com. Tolle Unterkunft mit fantastischen Gastgebern, Flachbild-Kabel-TV und großer Veranda. ❻–❽

Ripples Inn, 16 Pleasant St, ✆ 207/594-5771, 🖳 www.ripplesinnattheharbor.com. Rundum angenehme kleine Herberge. ❻–❽

Miller's, Hwy-73, am Ufer der Wheeler's Bay in einer einsamen Bucht in Spruce Head, ✆ 207/594-7406. Eines der besten traditionellen Hummerlokale der Gegend. ⊙ in der Saison 10–19 Uhr.

Brass Compass Café, 305 Main St, ✆ 207/596-5960. Hervorragendes Frühstück und Mittagessen.

Café Miranda, 15 Oak St, gleich neben der Main St, ✆ 207/594-2034. Internationale Gerichte zu moderaten Preisen; flippig und stets überfüllt.

Primo, 2 S Main St, ✆ 207/596-0770. Exzellente Küche der gehobenen Preiskategorie in malerischem viktorianischem Ambiente.

Monhegan Island

Südlich von Rockland erstreckt sich die hübsche **St George Peninsula** mit dem Dorf Tenants Harbor, das die Schriftstellerin Sarah Orne Jewett zu ihrem klassischen Maine-Roman *Country of the Pointed Firs* (1896, dt. *Das Land der spitzen Tannen*) inspirierte. Vom Weiler Port Clyde an der Spitze der Halbinsel legen Schiffe zur kleinen **Monhegan Island** ab. Das Inselchen 11 Meilen vor der Küste mit nicht mal 100 Dauerbewohnern ist ein schönes Ziel für einen Tagesausflug fernab vom Touristentrubel des Festlands.

Wirtschaftlich dreht sich hier fast alles um den Hummerfang, obwohl die schroffe Felsenküste und die abgeschiedenen Buchten von jeher auch Künstler anlockten – u. a. den illustren Edward Hopper. 15 Meilen **Wanderwege** schlängeln sich durch die Wildnis und an einem prächtigen **Leuchtturm** von 1824 vorbei.

Die meisten Unterkünfte auf Monhegan Island gehen ziemlich ins Geld.

Island Inn, ✆ 207/596-0371, 🖳 www.islandinnmonhegan.com, in schöner Lage gleich am Fähranleger mit Hafenblick. ❻–❾

Trailing Yew, ✆ 207/596-0440, 🖳 www.trailingyew.com. Schlichte Gemütlichkeit zu weniger stolzen Preisen. ❺

Monhegan Boat Lines, ✆ 207/372-8848, 🖳 www.moneganboat.com, befördern Passagiere von PORT CLYDE nach Monhegan Island. Mai–Okt tgl., Nov–April Mo, Mi und Fr, im Sommer 3x tgl., sonst seltener, Fahrtdauer ca. 1 Std., hin und zurück $32.

Camden und Rockport

Die beiden Nachbargemeinden Camden und Rockport spalteten sich erst 1891 in zwei separate Orte auf, weil sie sich nicht einigen konnten, wer die neue Brücke über den Goose River zwischen den beiden Siedlungen bezahlen sollte. Rockport ist heute ein ruhiger Hafenort und zwar einer der hübschesten an der Küste von Maine, hat aber außer Hummerbooten und Ausflugsschiffen nicht viel zu bieten. Den Wettbewerb um die Touristenströme hat ganz klar das ebenfalls ganz charmante Camden gewonnen.

Das Hauptbesucherziel der Gegend ist der **Camden Hills State Park**, 2 Meilen nördlich von Camden. Von hier bietet ein auf Schusters Rappen oder mit dem Auto erreichbarer Aussichtsturm einen wunderbaren Panoramablick auf die Küstenlinie von Maine; an klaren Tagen kann man bis zum Acadia National Park sehen. Eintritt $4,50.

Ein weiterer Besuchermagnet sind die Belted-Galloway-Kühe der **Aldermere Farm**, Russell Avenue, Rockport, ✆ 207/236-2739, 🖳 www.aldermere.org. Die ebenso ungewöhnli-

New England

chen wie liebenswerten „Oreo Cookie Cows" (so benannt nach dem weißen Fellgürtel zwischen der schwarzen Vorder- und Hinterpartie, der an den Schoko-Doppelkeks mit Cremefüllung erinnert) amüsieren jeden, der des Wegs kommt. Die Farm bietet bislang kein Besucherprogramm an, aber die Kühe sind fast immer auf der Weide zu besichtigen.

Übernachtung

Camden Maine Stay Inn, 22 High St, Camden, ☎ 207/236-9636, 🖥 www.camdenmainestay. com. Gemütliche Unterkunft in einem reizenden weißen Holzhaus von 1813. ❼–❽
The Belmont Inn, 6 Belmont Ave, Camden, ☎ 1-800/238-8053, 🖥 www.thebelmontinn.com. Mit wunderschöner Terrasse und Gartenanlage und konservativ eleganter Einrichtung. ❼–❽
Ducktrap Motel, etwas weiter nördlich am Hwy-1 in Lincolnville, ☎ 207/789-5400 oder 1-877/977-5400. Eine hübsche Alternative für sparsamere Reisende. ❹

Essen

Camden Deli, 37 Main St, Camden, ☎ 207/236-8343). Üppig belegte Gourmet-Sandwiches und schöner Hafenblick von der Terrasse im Obergeschoss.
Francine, 55 Chestnut St, Camden, ☎ 207/230-0083. Ausgezeichnete französische Bistrokost in romantischer Atmosphäre mit schummrigem Kerzenlicht.
Lobster Pound Restaurant, Rte-1 N in Lincolnville, ☎ 207/789-5550. Das ungemein beliebte Uferrestaurant serviert ganze Berge von knallrotem Hummer.

Sonstiges

Informationen

Die **Touristeninformation** von Camden und Rockport ist am Hauptanleger (Public Landing), ☎ 207/236-4404, 🖥 www.camdenme.org.

Touren und Aktivitäten

Von Camden und Rockport stechen Ende Mai–Mitte Oktober regelmäßig echte Windjammer zu **Segeltörns** von bis zu 6 Tagen Dauer in See. Die Appledore, ☎ 207/236-8353, unternimmt 2-stündige Rundfahrten ab Camden für $35.

Bei der **Maine Windjammer Association**, ☎ 1-800/807-WIND, gibt es Infos und Segelpläne für drei- bis sechstägige Törns von diesem Küstenabschnitt.
Maine Sport Outfitters, Rockport, ☎ 207/236-7120, 🖥 www.mainesport.com, vermieten **Kajaks** und **Fahrräder**.

Blue Hill Peninsula

Früher war die Blue Hill Peninsula, die sich von Bucksport nach Süden erstreckt, eine verträumte Landschaft zu weit entfernt von den Hauptstraßen, um viel Beachtung zu finden. Doch allmählich spricht sich herum, dass sie ein wunderschöner Landstrich voll wilder Blaubeeren und rosaweißer Blütenteppiche ist, mit würdevollen Städtchen wie **Blue Hill** und alteingesessenen Fischerdörfern wie **Stonington** und **Deer Isle**.

Noch weiter abseits der Touristenpfade liegt die **Isle au Haut**, die nur per Postschiff erreichbar ist. Die Hauptattraktion dieser Gegend ist natürlich ihre Ruhe und Abgeschiedenheit. Es gibt zwar einiges zu erkunden, aber wer sich hierher verirrt, ist oft schon mit einem guten Buch, einem friedlichen Mittagsschläfchen und der Übernachtung in einem feudalen B&B zufrieden.

Blue Hill

Viele kommen nach Blue Hill, am Schnittpunkt der Routes 172, 176 und 15 gleich neben Blue Hill Harbor, um einfach mal in ruhiger Atmosphäre auszuspannen. Gelegenheit zum aktiveren Zeitvertreib bietet vor allem die rührige Musikszene des Städtchens. Blue Hill veranstaltet jeden Sommer ein sehr beliebtes Kammermusikfestival, 🖥 www.kneisel.org, und gilt allgemein als „Steel Drum Capital of Downeast Maine", 🖥 www.flashinthepans.org. Der günstigste Zeitpunkt für einen Besuch ist das Labor-Day-Wochenende (Anfang September): Dann steigt hier die **Blue Hill Fair**, 🖥 www.bluehillfair.com, mit Ochsengespann- und Hütehund-Wettbewerben, Feuerwerk und Kirmesvergnügungen; Eintritt $5. Die Veranstaltung diente schon als Vorlage für den Jahrmarkt in dem Kinderbuchklassiker *Charlotte's Web* (1952, dt. *Wilbur und Charlotte* alias *Schweinchen Wilbur und seine*

Das Bucksport Observatory

Bucksport wurde 1762 als Handelsposten angelegt und nach seinem Gründer Colonel Jonathan Buck benannt, der auf dem Bucksport Cemetery in der Nähe der Verona Bridge begraben liegt. Heute ist der Ort vor allem als Standort des **Penobscot Narrows Observatory**, ✆ 207/469-7719, bekannt, das in einen Pfeiler der Brücke der Rte-1 gegenüber von Bucksport integriert ist. Ein superschneller Aufzug befördert Besucher auf eine Aussichtsplattform in 130 m Höhe. An klaren Tagen kann man von hier bis zur Mount Desert Island und nach Katahdin sehen, und selbst bei diesigem Wetter ist es ganz schön eindrucksvoll, aus schwindelnder Höhe auf den Brückenverkehr tief unten hinabzuschauen. Eintrittskarten gibt es beim nahen Fort Knox an der Rte-174. ◷ tgl. 9–17, im Sommer bis 18 Uhr, Eintritt $5.

Freunde) von Elwyn Brooks White, der lange in der Gegend wohnte.

In einer halben bis Dreiviertelstunde lässt sich der **Blue Hill Mountain** erklimmen, von dem der Blick über die Blue Hill Bay bis zu den schroffen Felskämmen von Mount Desert Island reicht. Der Ausgangspunkt des Wegs zum Gipfel ist nicht schwer zu finden; er liegt auf halber Strecke der Mountain Road zwischen Rte-15 und Rte-172.

Weiter südlich an der Rte-175 bietet sich **Blue Hill Falls** als gutes Plätzchen an, um sich im Kajakfahren zu üben (Ausrüstung s. S. 276).

Stonington und Isle au Haut

Die **Deer Isle** gehört zu den schönsten Regionen dieses Staats, der ohnehin für seine landschaftliche Schönheit bekannt ist. Ganz am Ende der Rte-15 liegt in traumhafter Abgeschiedenheit der Küstenort **Stonington**, ein Fischerdorf, dessen Bewohner von jeher für ihr hervorragendes seemännisches Können berühmt waren (im späten 19. Jh. galt es als bevorzugter Unterschlupf für Piraten und Schmuggler). Im letzten Jahrhundert brachte der Ort es mit Ölsardinen-Produktion und Granitabbau zu hart erarbeitetem Wohlstand; in neuerer Zeit hat er sich auf Hummerfang

umgestellt. Kulturell wird im über hundertjährigen restaurierten **Opera House**, ✆ 207/367-2788, 💻 www.operahousearts.org, immer irgendetwas Interessantes geboten, ob Jazzfest, Shakespeare-Vorstellungen oder aktuelle Kinofilme.

Vom Anleger in Stonington verkehren mehrmals täglich Postschiffe, ✆ 207/367-5193, zur **Isle au Haut** („Eilaho" ausgesprochen); $18 einfach. Auf dieser einsamen Insel können Naturfreunde sich zwischen Felsküste, Sumpfgebieten und dichten Fichtenhainen den weniger besuchten Teil des **Acadia National Park** erwandern. Wer mehr Zeit auf der Insel verbringen möchte, findet hier nur eine Unterkunft (s. u.).

Übernachtung

Blue Hill Inn, 40 Union St, Blue Hill, ✆ 207/ 374-2844 oder 1-800/826-7415, 💻 www.bluehill inn.com. Romantisches Hotel von 1830 mit einladenden Zimmern und hübscher Einrichtung. Die Gäste dürfen sich aufs Gourmet-Frühstück und die abendliche Weinstunde freuen. ◷ Dez–April geschl. Im Winter wird ein kleines Apartment, das Cape House, für $185/Nacht vermietet; Mindestaufenthalt 2 Nächte. ❼–❽
Boyce's Motel, 44 Main St, Stonington, ✆ 207/367-2421 oder 1-800/224-2421. Zentrale Lage, schlichte, saubere Zimmer und ein supercooler Inhaber, der auch komplett ausgestattete Apartments mit Küche und Wohnzimmer vermietet. ❸–❺
Deer Isle Homestead Hostel, 65 Tennis Rd, Deer Isle, ✆ 207/348-2308, 💻 www.deerisle hostel.com. Das schöne Hostel zwischen Fichten und Öko-Garten wurde von Grund auf von den Betreibern selbst erbaut und bietet in schöner Lage einfache Unterkunft mit einem Holzofen zum Kochen, Solarduschen und Komposttoilette im Haus. Außerdem liegt es

Spleeniges Sommer-B&B

Pres du Port B&B, W Main St, Ecke Highland Ave, Stonington, ✆ 207/367-5007. Bunt tapeziertes und spleenig eingerichtetes B&B mit toller Aussicht von der Dachterrasse. Es gibt auch ein niedliches kleines Zimmer für nur $40. Keine Kreditkarten. Nur von Juni–Okt geöffnet. ❷–❺

günstig zu 3–4 Meilen langen Küstenwander-
wegen und geeigneten Stellen, um Kanus zu
Wasser zu lassen. Dorm-Betten $25/Nacht.
Inn at Isle au Haut, Isle au Haut, 2,5 Meilen
östlich des Fähranlegers, ✆ 207/335-5141,
🖥 www.innatisleauhaut.com. Das äußerst
anheimelnde B&B ist die einzige Unterkunft der
Insel und holt seine Gäste auf Wunsch vom
Fähranleger ab. Inkl. Mahlzeiten. ❾
Inn on the Harbor, Main St, Stonington,
✆ 1-800/942-2420. Stoningtons schickste (und
teuerste) Herberge lockt mit schönen Zimmern,
allem erdenklichen Komfort (WLAN, TV,
Ferngläser) und Toplage mit 1a-Hafenblick.
Frühstück im Preis inbegriffen. ❻–❽

Essen

Auf der Halbinsel gibt es viele gute Lokale
zu entdecken, aber nicht vergessen:
Die Entfernungen zwischen den Orten sind
oft größer, als man denkt.
Im Sommer findet samstagvormittags auf dem
Blue Hill Fairground (Rte-172) der attraktive
Blue Hill Farmer's Market statt.
El El Frijoles, 41 Caterpillar Hill Rd (Rte-15),
Sargentville, ✆ 207/359-2486. Der Name ist
eine spanische Verballhornung von „L. L.
Bean" (s. S. 271). Die zwanglose Taqueria im
Kalifornien-Stil tischt superleckere Tacos und
Burritos sowie hausgemachte *agua fresca*
(Fruchtsaftgetränke) auf. ☉ Mi–So 11–20 Uhr.
Fish Net, 162 Main St, Blue Hill, ✆ 207/374-5240.
Softeis und richtig gute Hummerbrötchen
mitten im Ortszentrum.
Lily's Café and Wine Bar, 450 Airport Rd, Ecke
Rte-15, Stonington, ✆ 207/367-5936. Ein sonniger
Garten voller Blumenpracht empfängt die
Gäste dieses bei Einheimischen beliebten Früh-
stücks- und Mittagslokals. Auf den aus alten
Fenstern gezimmerten Tischen landen frisch
zubereitete Sandwiches und hausgemachte
Suppen. ☉ am Wochenende geschlossen.

Sonstiges

Informationen
Wer Hilfe bei der Unterkunftssuche benötigt,
kann sich vertrauensvoll an die **Blue Hill
Peninsula Chamber of Commerce**, 28 Water St,
✆ 207/374-3242, wenden.

Touren und Aktivitäten

Der **Activity Shop** in Blue Hill, 61 Rte-172,
✆ 207/374-3600, 🖥 www.theactivityshop.com,
vermietet Kanus und Kajaks, die er auf Wunsch
sogar bis an die Haustür liefert; Reservierung
ratsam, Mietpreise ab $25/Tag.
Im Sommer veranstaltet das **Marine Environ-
mental Research Institute** (MERI), 55 Main St,
Blue Hill, ✆ 207/374-2135, vierstündige Insel-
touren (Erwachsene $60, Kinder $40), bei
denen man an menschenleeren Küsten Robben
beobachten oder Hummerfangkörbe inspizieren
kann.
Old Quarry Ocean Adventures in Stonington,
✆ 207/367-8977, 🖥 www.oldquarry.com,
organisiert außer diversen ausgezeichneten
Kajak-, Schiffs- und Campingtouren auch sehr
empfehlenswerte **Puffin Boat Trips** zur
Beobachtung von Papageientauchern.

Mount Desert Island

Jährlich strömen fünf Millionen Besucher nach
Mount Desert Island. Die Insel nennt nicht nur
den größten Teil des einzigen Nationalparks New
Englands ihr Eigen, sondern ebenso einen echten
Fjord und das höchste Vorgebirge der gesamten
Atlantikküste nördlich von Rio de Janeiro.

Trotz dieser Superlative ist Mount Desert
Island mit einer Fläche von 539 km² erstaunlich
klein. Seit 1836 verbindet eine Brücke die Insel
mit dem Festland und macht sie zur zugänglichs-
ten der zahllosen Felseninseln vor der zerklüfteten Küste Maines. Beschaulichere Gemeinden
verteilen sich über die ganze Insel.

Das gesellschaftliche Zentrum der Insel, **Bar
Harbor**, bietet für jede Brieftasche ein Quartier
und Restaurant. Kleinere und bescheidenere
Gemeinden findet man über die gesamte Insel
verstreut. Der **Acadia National Park**, der einen
Großteil der Insel einnimmt, bietet Gelegenheit
zum Campen, Radeln, Vögelbeobachten und
Kajakfahren.

Bar Harbor

Bar Harbor entstand als Sommerfrische der Vanderbilts und Astors. Im Oktober 1947 zerstörte
ein Feuer deren opulente „Cottages" und setzte

dem Wachstum der Stadt ein Ende. Inzwischen hat sich Bar Harbor auf den gehobenen Massentourismus eingestellt.

Im Hochsommer starten bis zu 21 Ausflugsdampfer tgl. zu verschiedenen Touren. Das Angebot reicht von Cocktailpartys bis zu Hochseefischen. Gefragt sind die Walbeobachtungsfahrten, Papageientaucher- und Seehundtouren der **Bar Harbor Whale Watch Company**, 1 West St, ℡ 207/288-2386, 🖳 www.barharborwhales.com, Juni–Okt mindestens zweimal tgl. Ebenfalls begehrt sind die zweistündigen Rundfahrten vom Bar Harbor Inn mit dem eindrucksvollen Viermaster *Margaret Todd*, ℡ 207/288-4585, 🖳 www.downeastwindjammer.com; Juni–Okt tgl.; $35.

Lulu Lobster Boat Rides, ℡ 207/963-2341, 🖳 www.lululobsterboat.com, nehmen Besucher mit auf authentische Hummerfangfahrt, bei der Captain John seine Hummerkörbe aus dem Wasser hievt und die Teilnehmer mit Seefahrergeschichten und Leuchtturm-Sichtungen unterhält; $30.

Das Erbe der Wabanaki-Indianer, der Ureinwohner der Insel, wird im **Abbe Museum**, 26 Mount Desert St, ℡ 207/288-3519, 🖳 abbemuseum.org, bewahrt. ⏰ Mitte Mai–Okt tgl. 10–18 Uhr, die übrige Jahr Do–Sa 10–16 Uhr, Eintritt $6. Am Standort Sieur de Monts Spring, gleich hinter der Park Loop Road, dokumentiert das frühere Museumsgebäude die Geschichte der Abbe-Sammlung; ⏰ Mitte Mai–Mitte Okt tgl. 9–16 Uhr, im Eintritt enthalten.

Acadia National Park

Der Acadia National Park erstreckt sich über einen Großteil von Mount Desert Island, die Schoodic Peninsula im Osten und die Isle au Haut im Süden. Seine Berge und Seen laden zu einsamen Wanderungen ein, außerdem bietet der Park eine reiche Tier- und Pflanzenwelt, darunter Seehunde, Biber und Weißkopf-Seeadler. Die beiden auffälligsten geografischen Merkmale sind der schmale Fjord **Somes Sound** und der nur 466 m hohe **Cadillac Mountain**, von dessen Gipfel man einen herrlichen Blick über das Meer hat. Man erreicht den Gipfel über einen gemäßigten Fußmarsch oder per Auto.

Durch den Park verkehrt der kostenlose Shuttlebus **Island Explorer**, 🖳 www.explore

acadia.com, nach Bar Harbor. Am schönsten ist eine Erkundung allerdings per Fahrrad, denn durch den Park führt ein 50 Meilen langes Netz von Kieswegen, das John D. Rockefeller aus Protest gegen die Zulassung der „teuflischen Verbrennungsmaschinen" auf der Insel 1917 für Kutschen anlegte. Da es im Park selbst nur sehr wenige Erfrischungsmöglichkeiten gibt, sollte man sich vor dem Aufbruch zu einer Radtour mit Trinkwasser eindecken.

Eintritt $20 pro Fahrzeug und $5 pro Motorrad oder Fahrrad; die Karte gilt für sieben Tage, ⏰ ganzjährig.

Der einzige etwas größere Strand, 5 Meilen südlich von Bar Harbor, ist einfach fantastisch: Er wird schlicht **Sand Beach** genannt und von zwei Landzungen eingerahmt; hier gibt es Toiletten, einen Parkplatz und auch ein paar kurze Wanderwege. Das Wasser ist leider meist arktisch kalt.

Der Hwy-3 nach Bar Harbor ist von preiswerten Motels gesäumt. Viele Unterkünfte sind nur von Mai bis Oktober geöffnet, und die Zimmerpreise steigen in den Monaten Juli und August drastisch. Wer ein Zimmer mit Blick aufs Meer möchte, muss erheblich tiefer in die Tasche greifen als anderswo. Rechtzeitige Reservierung ist grundsätzlich ratsam.

Hostels, B&Bs und Inns

Bar Harbor Hostel, 321 Main St, Bar Harbor, ℡ 207/288-5587, 🖳 www.barharborhostel.com. Sauberes, sicheres Hostel ganz in der Nähe des Zentrums. Dorm-Betten $25 (inkl. Bettwäsche), Privatzimmer ❹ und drei Zeltstellplätze für $15 p. P.

Ullikana B&B, 16 The Field, Bar Harbor, ℡ 207/288-9552, 🖳 www.ullikana.com. Die romantische Herberge in einer ruhigen Seitenstraße der Main Street verwöhnt ihre Gäste mit schönen Zimmern und üppigem Frühstück. Die Inhaber betreiben auch das **Yellow House** auf der anderen Straßenseite. ❼–❾

Coach Stop Inn, 715 Acadia Highway, Bar Harbor, ☎ 207/288-9886 oder 1-800/927-3097, 🖳 www.coachstopinn.com. Reizende Gastgeber, leicht altmodische Zimmer und vorzügliches Essen, u. a. *blueberry fritters* (Blaubeeren in Pfannkuchenteig). ❺–❻

Emery's Cottages on the Shore, Sand Point Rd, 5 Meilen nördlich von Bar Harbor, ☎ 207/288-3432 oder 1-888/240-3432, 🖳 www.emerys cottages.com. Niedliche kleine Cottages mit Küchenzeile (viele davon mit WLAN) auf einem privaten Kieselstrand, vom Hwy-3 abgehend. Während der Hochsaison kostet ein einwöchiger Aufenthalt hier ab $570. ❹

Lindenwood Inn, 118 Clark Point Rd, Southwest Harbor, ☎ 207/244-5335 oder 1-800/307-5335, 🖳 www.lindenwoodinn.com. Erstklassige Herberge mit geschmackvollen Zimmern und afrikanischen Akzenten in einem stilvollen Kapitänshaus, Baujahr 1904. ❻–❾

Camping

Blackwoods, 5 Meilen südlich von Bar Harbor an der Rte-3. Gut ausgestatteter Campingplatz in Meeresnähe. Ganzjährig geöffnet, im Winter nur mit notdürftigen Einrichtungen. Reservierung über den National Park Service, ☎ 1–800/365-2267 oder 🖳 www.reservations. nps.gov, Zeltplatz $20.

Seawall, 4 Meilen südlich von Southwest Harbor am Hwy-102A, ☎ 207/288-3338. Gut ausgestatteter, von Wald umgebener Campingplatz in Meeresnähe. Nur im Sommer geöffnet; Zeltplatz $14–20.

Essen

Die Spezialität der Küche von Mount Desert Island sind Hummer. Sie werden überall auf der Insel angeboten. In Bar Harbor befinden sich die interessantesten Restaurants in der Cottage St.

Beal's Lobster Pier, 182 Clark Point Rd, Southwest Harbor, ☎ 207/244-7178. Frisches Seafood für unter $10 auf einem klapperigen Holzpier. Hier können sich die Gäste aus dem Wassertank den gewünschten Hummer aussuchen oder andere Seafood-Spezialitäten von der kleinen Speisekarte wählen.

Café This Way, 14 Mt Desert St, Bar Harbor, ☎ 207/288-4483. Frische, kreative Frühstücksvarianten wie Café Monte Cristo (French Toast mit Eiern, Schinken, Cheddarkäse, dazu Sirup). Im Sommer sehr gut besucht. Auch Abendessen.

Jordan Pond, Park Loop Rd, Acadia National Park, ☎ 207/276-3316. Leichte Gerichte, Eis und popovers (Windbeutel). Im schönen Garten am See wird von 11.30–18 Uhr traditionell Tee serviert. Reservierung ratsam.

Lompoc Café & Brewpub, 36 Rodick St, Bar Harbor, ☎ 207/288-9392. Gesunde, nahöstliche Küche mit Gerichten für $14–20 und Biere aus der Gegend vom Fass. Hier kann man auch draußen unter Bäumen speisen und Boccia spielen. Jeden Freitag und Samstag Livemusik. ⊙ 11.30–1 Uhr.

Morning Glory Bakery, 39 Rodick St, Bar Harbor, ☎ 207/288-3041. Fabelhaftes, knusperfrisches Brot und Gebäck, Kaffee und gute Mittagsgerichte in einem Cottage mit lila Tür- und Fensterrahmen. ⊙ Mo–Sa.

XYZ Restaurant, 80 Seawall Rd (Rte 102-A), am Ende der Bennett Lane, Manset, ☎ 207/244-5221. Mexikanische Schlemmerküche in exotisch buntem Interieur, das Sehnsucht nach dem Süden weckt. Auch die Margaritas sind sehr lecker. Reservierung empfohlen. ⊙ Mo–Sa nur zum Abendessen.

Unterhaltung

Das Nachtleben von Mount Desert Island konzentriert sich in Bar Harbor. Am meisten los ist in der **Cottage Street**, die Hafengegend erweist sich als erstaunlich ruhig.

Criterion Theater, 35 Cottage St, Bar Harbor, ☎ 207/288-3441. Das Art-déco-Kino zeigt aktuelle Filme.

ImprovAcadia, 15 Cottage St, Obergeschoss, ☎ 207/288-2503. Im Sommer allabendliche Comedy-Vorstellungen. Eintritt $15.

Sonstiges
Fahrräder

In Bar Harbor vermieten drei Geschäfte Mountainbikes für weniger als $30 pro Tag:

Bar Harbor Bicycle Shop, 141 Cottage St, ☎ 207/288-3886, am Stadtrand.

Acadia Bike & Coastal Kayaking, 48 Cottage St, gegenüber dem Postamt, ✆ 207/288-9605 oder 1-800/526-8615.
Southwest Cycle, Main St in Southwest Harbor, ✆ 207/244-5856.
Alle Verleihfirmen geben ihren Kunden ausgezeichnetes Kartenmaterial mit auf den Weg.

Informationen

Das Hauptbüro der **Tourist Information**, ✆ 207/288-5103, von Bar Harbor befindet sich an der Rte-3 kurz vor der Brücke nach Mount Desert Island. Im Sommer ist zusätzlich ein Büro im Municipal Building, 93 Cottage St, geöffnet. In beiden sind zahlreiche kostenlose Karten der Gegend erhältlich.
Das **Visitor Center**, ✆ 207/288-3338, des ganzjährig geöffneten Nationalparks liegt in Hull's Cove, direkt an der Einfahrt zur Loop Rd, nördlich von Bar Harbor. ☉ Mitte April–Okt tgl. 8–16.30, Juli und Aug bis 18 Uhr.
Die **Park Headquarters**, ✆ 207/288-3338, befinden sich am Eagle Lake; ☉ tgl. 8–16.30 Uhr.

Touren

National Park Sea Kayak Tours, 39 Cottage St, ✆ 1-800/347-0940, 🖳 www.acadiakayak.com, veranstaltet von Mitte Mai–Mitte Okt 4-stündige Kajaktouren für $48.
Coastal Kayaking Tours, gleiche Adresse wie Acadia Bike, ✆ 207/288-9605 , 🖳 www.acadiafun.com, ebenfalls ein beliebter Touranbieter.

Nahverkehr

Am besten informiert man sich schon vor der Ankunft über den ausgezeichneten **Island Explorer**, ✆ 207/667-5796, 🖳 www.explore acadia.com/guide.html; er bietet u. a. kostenlose **Shuttlebusse** durch Acadia nach Bar Harbor und sogar bis zum Flughafen.

Transport

Mount Desert Island ist mit dem **Auto** leicht über den Hwy-3 zu erreichen, der von der Rte-1 abzweigt. Im Hochsommer sind die Straßen auf der Insel jedoch verstopft und die 55 Meilen von Belfast erscheinen viel länger.

Busse

Zwischen Bar Harbor und BANGOR verkehrt ein **Shuttlebus**, ✆ 207/479-5911. Fahrpreis ab $30, nur Barzahlung.

Flüge

Der nahe gelegene **Hancock County/Bar Harbor Airport**, ✆ 207/667-7329, wird von einigen wenigen Maschinen der Colgan Air bedient: Reservierungen durch US Airways, ✆ 1-800/428-4322.
Der **Bangor International Airport**, 45 Meilen entfernt, wird von Delta, US Airways und Allegiant Air angeflogen.

Das Landesinnere

Das Landesinnere von Maine erstreckt sich bis hinauf in den kalten hohen Norden hinauf. Die Landschaft besteht überwiegend aus immergrünen Nadelwäldern, durchsetzt mit verstreuten Beständen von Birken und Ahornbäumen, die im Herbst zur spektakulären Farbenpracht beitragen.

Hier sind erhebliche Entfernungen zurückzulegen: Von den beiden größten Städten – **Augusta** und **Bangor** – sind es rund 200 Straßenmeilen bis zur nördlichen Grenze bei **Fort Kent**. Zwischen den beiden Hauptzentren des Hinterlands, **Greenville** und **Rangeley**, ist man mit dem Auto mindestens drei Stunden unterwegs. Autofahrten durch die schöne Gebirgslandschaft (öffentliche Verkehrsmittel sind hier Fehlanzeige) können ein Vergnügen sein – es duftet überall nach Weihnachtsbäumen –, aber nördlich von Millinocket sind manche Strecken gebührenpflichtige Zufahrtsstraßen der Holzfirmen. Diese Schotterpisten sind bei schlechtem Wetter kaum passierbar.

Die Gegend ist ein großartiges **Wanderrevier**. Der letzte Abschnitt des 2000 Meilen langen **Appalachian Trail**, der weit südlich in Georgia beginnt, führt auf den Mount Katahdin hinauf. Im August trifft man hier oft Gipfelstürmer, die das Erreichen des Zielpunkts mit Schampus feiern. Als weitere Attraktion lockt Rafting auf dem **Allagash Wilderness Waterway**.

Vor allem in der Umgebung des **Baxter State Park** tummeln sich in den Wäldern Hirsche, Biber, ein paar Bären, einige neuerdings eingeführte Karibus – und jede Menge Elche. Diese liebenswert staksigen Geschöpfe mit dem extrem eingeschränkten Sehvermögen bekommt man am ehesten in der Morgen- oder Abenddämmerung an seichten Wasserstellen zu Gesicht. Sie sind aber auch eine ernst zu nehmende Verkehrsgefährdung, vor allem bei Dunkelheit: Jedes Jahr kommen mehrere Autofahrer (und Elche) bei Kollisionen ums Leben – am besten meidet man nach Sonnenuntergang die Straßen.

Baxter State Park und der hohe Norden

Von 1899–1900 errichtete die Great Northern Paper Company mitten in der Wildnis, etwa 70 Meilen von Bangor entfernt, das Städtchen **Millinocket**. Die 100-jährigen Fabriken produzieren noch immer fast 20 % des gesamten Zeitungspapiers, das in den USA hergestellt wird.

An den Ufern des **Millinocket Lake**, 10 Meilen nordwestlich, bietet das Big Moose Inn (s. „Übernachtung") stimmungsvolle Unterkunft. Das New England Outdoor Center, ℘ 1-800/634-7238, ⌨ www.neoc.com, organisiert Tagesausflüge auf Flößen und in Kanus, eine Elchsafari oder in der Saison auch eine Exkursion mit dem Schneemobil (auch Verleih).

Das eigentliche Ziel hier ist der weitläufige, unberührte Baxter State Park (80 000 ha) – Zufahrt $14 pro Auto. An klaren Tagen ist der Gipfel des 1606 m hohen **Mount Katahdin** – „größter Berg" in der Sprache der einheimischen Penobscot-Indianer – schon von Weitem zu sehen. Die örtliche **Chamber of Commerce** residiert in Millinocket in der 1029 Central Street (Rte-11/157), ℘ 207/723-4443, ⌨ www.katahdin maine.com. Die **Baxter State Park Authority** befindet sich am 64 Balsam Drive, gleich neben McDonald's, ℘ 207/723-5140.

Übernachtung und Essen

Baxter Park Inn, 935 Central St (Rte-11), ℘ 207/723-9777, ⌨ www.baxterparkinn.com. Solide Unterkunft mit verlockenden Whirlpools. ❹

Big Moose Inn, am Millinocket Lake, 10 Meilen nordwestlich von Millinocket, ℘ 207/723-8391, ⌨ www.bigmoosecabins.com. Wunderbare alte Unterkunft mit Hütten und Gästezimmern, großem Freizeitangebot und benachbartem Campingplatz ($10 p. P.). ❷

Gateway Inn, Rte-11/157, gleich hinter der Ausfahrt Medway vom I-95, ℘ 207/746-3193, ⌨ www.medwaygateway.com. Viele Zimmer haben Terrassen mit Blick auf Katahdin. ❸ Vor der Besichtigung des Parks können sich die Besucher im **Appalachian Trail Café**, 210 Penobscot Ave, ℘ 207/723-6720, mit einer warmen Mahlzeit stärken.

New York

Chicago

Washington DC

Great Lakes

Stefan Loose Traveltipps

4 **Cleveland, OH**   Von Rockabilly über Motown bis zu Punk – in der Rock and Roll Hall of Fame wird nichts ausgelassen. S. 286

Detroit, MI   Im Henry Ford Museum befindet sich der Wagen, in dem Kennedy unterwegs war, als er ermordet wurde. S. 303

Ann Arbor, MI   Unzählige Buchläden, Straßencafés und ein reges Kulturleben – Ann Arbor ist die ultimative Collegestadt. S. 307

5 **Chicago, IL**   Das vielfältige architektonische Erbe der Stadt lässt sich am besten bei einer Bootstour auf dem Chicago River oder einem Stadtrundgang erleben. S. 318

Madison, WI   Die vielleicht schönste Unistadt der USA wartet mit einem tollen Bauernmarkt, einem wunderschönen Unicampus und zahlreichen Musikkneipen auf. S. 346

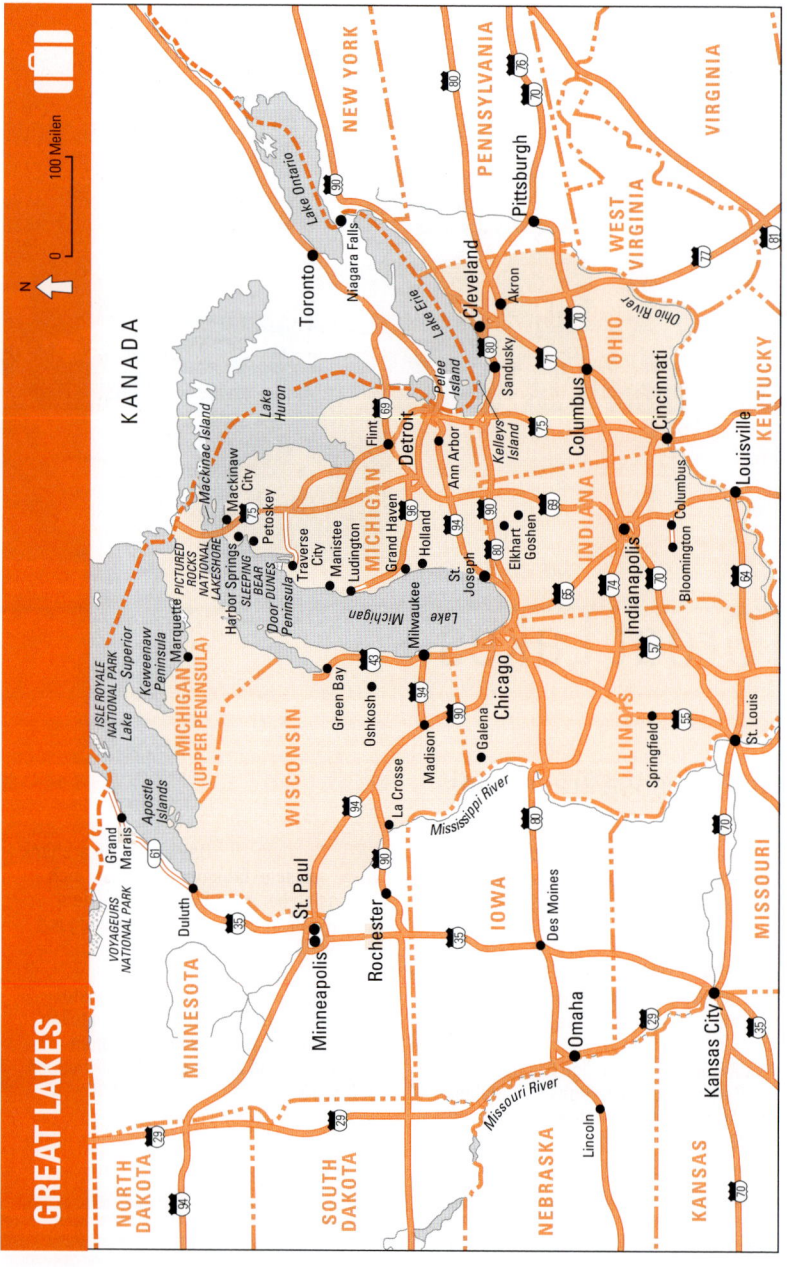

GREAT LAKES

100 Meilen

N

KANADA

NEW YORK

PENNSYLVANIA

VIRGINIA

Pittsburgh

WEST VIRGINIA

Lake Ontario

Toronto

Niagara Falls

Cleveland

Akron

OHIO

Ohio River

KENTUCKY

Lake Erie

Pelee Island

Sandusky

Columbus

Cincinnati

Louisville

Lake Huron

Kelleys Island

Mackinac Island

Flint

Detroit

Ann Arbor

MICHIGAN

Mackinaw City

Petoskey

Traverse City

Manistee

Ludington

Harbor Springs

SLEEPING BEAR DUNES

Door Peninsula

Grand Haven

Holland

St. Joseph

Elkhart

Goshen

Columbus

Bloomington

INDIANA

Indianapolis

ISLE ROYALE NATIONAL PARK

PICTURED ROCKS NATIONAL LAKESHORE

Marquette

Keweenaw Peninsula

MICHIGAN (UPPER PENINSULA)

Lake Superior

Apostle Islands

Grand Marais

VOYAGEURS NATIONAL PARK

Duluth

Green Bay

Oshkosh

Milwaukee

Lake Michigan

WISCONSIN

Madison

La Crosse

Galena

Chicago

ILLINOIS

Springfield

St. Louis

MISSOURI

Mississippi River

MINNESOTA

St. Paul

Rochester

Minneapolis

IOWA

Des Moines

NORTH DAKOTA

SOUTH DAKOTA

NEBRASKA

Lincoln

Omaha

Missouri River

Kansas City

KANSAS

www.stefan-loose.de/usa

Die fünf Großen Seen, die miteinander durch Wasserwege verbunden sind, bilden das größte Süßwassergebiet der Erde. Schon der Lake Superior allein hat eine Ost-West-Ausdehnung von mehr als 300 Meilen. Die Ufer dieser Seen können es mit jeder Küstenlandschaft aufnehmen: Lake Superior und der nördliche Abschnitt des Lake Michigan bieten felsige Halbinseln, zerklüftete Klippen, bewaldete Inseln, riesige Dünen und verlassene Strände. Anders sieht es über weite Strecken am Lake Erie und den Südufern der Seen Michigan und Huron aus: Hier dominieren große Städte und verfallende Häfen das Bild.

Die Staaten auf US-amerikanischer Seite der Seen – **Ohio**, **Michigan**, **Indiana**, **Illinois**, **Wisconsin** und Minnesota – sind in unterschiedlichem Maße von dieser Mischung aus natürlicher Schönheit und altersschwachen Industrieanlagen geprägt. Dabei fallen Städte wie **Chicago** und **Detroit** eher aus dem Rahmen. Chicago mit seiner großartigen Architektur, den ausgezeichneten Museen und Restaurants und einer lebendigen Musikszene ist natürlich ein lohnendes Ziel für jeden, der die Region bereist. Nordöstlich davon, in Wisconsin und Minnesota gibt es Natur pur: Schon etwa 100 Meilen vor den Ufern der Great Lakes übersäen Tausende von kleineren Seen und Flüssen die ungebändigte Landschaft. Weiter südlich beginnt der **Maisgürtel**, wo Straßen an endlosen Reihen kleiner Gemeinden, Getreidesilos und überdimensionalen Scheunen vorbei führen.

Geschichte

Als der französische Forschungsreisende Champlain 1603 als erster Europäer die Großen Seen erreichte, fand er die Region überwiegend von Huronen, Irokesen und Algonquin bewohnt. Es dauerte nicht lange, und Frankreich errichtete in der Region ein ganzes Netz von Forts, jesuitischen Missionen und Pelzhandelsniederlassungen. Der Pelzhandel machte es erforderlich, dass die Händler die Indianer eher als Verbündete denn als Untertanen behandelten.

Nachdem der **Franzosen- und Indianerkrieg** von 1754–61 über die rivalisierenden Gebietsansprüche von Franzosen und Briten entschieden hatte, sahen die siegreichen Briten keinen Grund, die Indianer ebenso fair zu behandeln.

Mit der zunehmenden Besiedlung durch Amerikaner nach dem Unabhängigkeitskrieg verschlechterte sich die Situation der Indianer weiter. Schließlich setzte der **Black Hawk War** von 1832 ihrem traditionellen Leben ein blutiges Ende.

Den Siedlern aus dem Osten folgten Ströme von **Skandinaviern** und **Deutschen** nach Wisconsin und Minnesota. In den südlichen Teilen von Illinois und Indiana ließen sich vor allem **Südstaatler** nieder, die die Sklaverei verteidigten und sich im Sezessionskrieg der Einberufung in die Unionstruppen widersetzten. Auch heute noch scheinen diese Gebiete mehr mit den Nachbarstaaten Kentucky und Tennessee gemein zu haben als mit ihren eigenen großen Städten.

Reiche Erz- und Brennstoffvorkommen sowie ein leistungsfähiges Verkehrsnetz begünstigten den durch den Sezessionskrieg ausgelösten industriellen **Aufschwung**. Mit den Städten an den Ufern der Großen Seen, wie Chicago, Detroit und Cleveland, wuchs auch die Zahl mittelloser **Schwarzer**, die auf der Suche nach Arbeit zu Hunderttausenden aus den Südstaaten migrierten. Unzulängliche Planung, schlechte Wohnverhältnisse und Massenentlassungen in Zeiten niedriger Nachfrage bereiteten letztlich den Boden für die Krawalle der späten 1960er-Jahre.

In den 70er-Jahren litt die Wirtschaft unter einer schweren Krise. Besonders betroffen war die **Autoindustrie** und damit viele andere Industriezweige. In dieser Zeit erwarb sich die Region den ungeliebten Beinamen „Rust Belt" (**Rostgürtel**). Seitdem konnten sich Städte wie **Cleveland** wieder etwas erholen, allerdings trifft die derzeitige Wirtschaftskrise die Region erneut besonders hart.

Transport

Ohne eigenes Fahrzeug kann das Reisen in der Region der Großen Seen zwar durchaus beschwerlich sein, ist aber mit ein wenig Planung dennoch machbar. Nach fast überallhin gibt es **Flugverbindungen**, wenn auch die Preise für Inlandsflüge in den USA in letzter Zeit angestiegen sind. Zwischen den größeren Städten verkehren außerdem regelmäßig **Busse** von Greyhound und Megabus, so zwischen Chicago, Milwaukee,

Indianapolis, Columbus und Madison. Viele größere Städte im Mittleren Westen sind zudem ans **Zugnetz** von Amtrak angeschlossen; allerdings gibt es oft nur eine Zugverbindung am Tag.

Die Liniennetze von Greyhound und Megabus decken den gesamten Staat **Ohio** ab. Zwei größere Flughäfen befinden sich in Cleveland und Cincinnati.

Wichtigster Interstate ist der I-71, der Cincinnati, Columbus und Cleveland verbindet. Der I-70 führt von West nach Ost durch den Staat und streift dabei auch Columbus.

Der Radfernweg Ohio to Erie Trail, 🖳 www. ohiotoerietrail.org, der 325 Meilen entlang still gelegter Bahngleise und Kanäle führen und die drei „C"-Städte miteinander verbinden soll, wird bald in ganzer Länge fertiggestellt sein.

Im Süden von **Michigan** verkehren viele Greyhound-Busse, in anderen Teilen des Staates sind die Verbindungen weniger günstig. Die wenigen Busse zur Upper Peninsula fahren nachts.

Aus Chicago kommende Amtrak-Züge halten in Detroit, Dearborn, Ann Arbor und Grand Rapids. Der wichtigste Flughafen liegt bei Detroit. Radfahren ist möglich und lohnend. Radwege sind in und um Traverse City reichlich vorhanden. Die League of Michigan Bicyclists in Lansing, ✆ 1-888/642-4537, 🖳 www.lmb.org, organisiert Touren und liefert Infos.

Neun nicht besonders aufregende, dafür schnelle Interstates führen durch **Indiana** – fünf davon durch Indianapolis. Auf diesen verkehren regelmäßig Busse von Greyhound und Megabus. Amtrak-Züge fahren auf drei verschiedenen Strecken durch Indiana; die wichtigsten Zielbahnhöfe befinden sich in Indianapolis, Michigan City und South Bend. Indianapolis wird von Fluggesellschaften aus den meisten Städten des Mittleren Westens und Ostens angeflogen.

In **Illinois** hat Chicago nicht nur die Flughäfen O'Hare und Midway, es ist auch Knotenpunkt des Streckennetzes von Amtrak. Züge und in geringerem Maße auch Greyhound- und Megabus-Busse verbinden alle größeren Städte von Illinois. Auch Radfahren ist auf dem flachen Terrain im Allgemeinen kein Problem. Von Chicago gehen ein halbes Dutzend Interstates aus, die in alle Ecken der Region der Großen Seen und darüber hinaus führen.

In **Wisconsin** lassen sich die abgelegenen Gebiete im Norden oder die Halbinsel Door County ohne Auto nur schwer erkunden. Im Süden dagegen kann man sich schon eher den öffentlichen Verkehrsmitteln anvertrauen. Madison wird von Greyhound, Megabus und dem Busunternehmen Van Galder Coach angefahren. Milwaukee und Chicago sind durch fünf Züge täglich (1 1/2 Std.) miteinander verbunden, ein weiterer durchquert das südliche Wisconsin auf dem Weg nach Seattle und führt über Columbus (bei Madison), Portage, Wisconsin Dells, Tomah und La Crosse.

Ohio

Ohio, der östlichste Staat im Gebiet der Großen Seen, schmiegt sich an das Südufer des Lake Erie und gilt als eine der am meisten industrialisierten Regionen der USA. Die Industriegebiete konzentrieren sich vornehmlich auf den Osten des Staates, unweit des Ohio River. Der bewaldete Süden ist weniger dicht besiedelt.

Als 1699 die Franzosen das Gebiet für sich beanspruchten, war es von den **Irokesen** bewohnt, in deren Sprache das Wort *Ohio* „etwas Großes" bedeutet. Im 18. Jh. wurde die Region wegen ihrer attraktiven Lage zwischen Lake Erie und dem Ohio River zum Gegenstand heftiger Auseinandersetzungen zwischen Franzosen und Briten. Als die Briten die Vorherrschaft über fast alle französisch beherrschten Gebiete östlich des Mississippi erhielten, gründeten Siedler aus New England entlang der Kriegspfade der Irokesen, sowohl am Ufer des Sees als auch am Ohio River, die ersten Gemeinden.

Rätselhafte Spuren der Ureinwohner Ohios sind im Great Serpent Mound zu finden, einem grasbewachsenen State Park 60 Meilen östlich von Cincinnati. Dort ist hoch über einem Fluss ein von Menschen bearbeiteter Hügel, der eine Riesenschlange darstellt, die ein Ei verschlingt. Es wird angenommen, dass dies das Werk der Adena-Indianer ist und um 800 v. Chr. entstand.

Im Sezessionskrieg kämpfte Ohio an vorderster Front für den Norden. Der Staat brachte zwei der bedeutendsten Generäle der Union hervor – **Ulysses Grant** und **William Tecumseh Sherman** –, und schickte mehr als das Doppelte seines Solls an Freiwilligen in den Krieg. Die anschließende Entwicklung folgte dem klassischen Muster: Bodenschätze und die günstige Lage des Staates dienten als gesunde Basis für eine schnelle Industrialisierung, gefolgt von einer Krise in den 70er-Jahren und einem langsamen, aber anhaltenden Aufschwung, der jetzt durch die globale Finanzkrise wieder zum Stillstand gekommen ist.

Obwohl der Staat von den drei großen „Cs" dominiert wird – den Städten **Cleveland**, **Columbus** und **Cincinnati** –, sind die **Lake Erie Islands** das meistbesuchte Reiseziel von Ohio: Tausende von Feierwilligen zieht es auf die Inseln. Mittlerweile haben sich auch Cleveland und Cincinnati umfangreichen Verschönerungsmaßnahmen unterzogen. Beide besitzen eine ausgeprägte Kulturlandschaft und sind erstaunlich reizvoll, ebenso die vergleichsweise bescheidene Hauptstadt des Bundesstaats, Columbus.

Cleveland

Obwohl die letzte Rezession Teile von Cleveland arg gebeutelt hat, strotzen Gegenden wie der **Warehouse District**, **East Fourth Street** und **University Circle** immer noch vor Energie. Es gibt eine geschmackvoll restaurierte Uferpromenade am Lake Erie und Cuyahoga River, ausgezeichnete Museen, eine wachsende Restaurantszene und moderne Superstadien. Rechnet man noch die mittlerweile glänzend etablierte **Rock and Roll Hall of Fame** dazu, ergibt sich das Bild einer quicklebendigen Stadt.

Cleveland wurde 1796 gegründet und profitierte 30 Jahre später von der Öffnung des **Ohio Canal** zwischen Lake Erie und dem Ohio River. Mit dem Sezessionskrieg begann für die Stadt eine Blütezeit, die bis in die 1920er-Jahre andauerte. In dieser Zeit entwickelte sie sich zu einem der weltweit bedeutendsten Zentren der **Stahlindustrie** und des Schiffbaus. **John D. Rockefeller** verdiente hier seine Milliarden, ebenso wie viele andere, deren restaurierte Villen die „Millionaires Row" säumen.

Downtown und Umgebung

Alle wichtigen Straßen Clevelands führen zum **Public Square** im Herzen von Downtown. Der Platz wurde im 19. Jh. im Beaux-Arts-Stil angelegt und wird heute vom **Terminal Tower** an seiner Südwestecke dominiert. Durch den Bau neuer Einkaufszentren wie **Avenue at Tower City** im Terminal Tower und **Arcade**, eine 1890 erbaute Halle, ist Downtown Cleveland zu neuem Leben erwacht.

Das **Playhouse Square** (s. S. 288), ein eindrucksvoller Komplex aus vier renovierten Theatern, befindet sich zwölf Blocks entfernt in der 1501 Euclid Avenue. Besondere Aufmerksamkeit verdient das prachtvolle Foyer des kleinen Ohio Theater, ℡ 216/241-6000, ⌨ www.playhouse square.com.

Unmittelbar südwestlich davon liegt der Gateway District. Hier umgeben neue Restaurants und Bars das Stadion **Progressive Field**, ℡ 216/420-4200, ⌨ www.indians.com – Heimstatt des Baseballteams Indians – und die gleichermaßen moderne **Quicken Loans Arena**, ℡ 216/420-2000, ⌨ www.theqarena.com, auch bekannt als „The Q", in der sowohl Spiele des Basketballclubs Cavaliers als auch andere wichtige Sport- und Unterhaltungsveranstaltungen stattfinden.

Nordwestlich von The Q gelangt man zum Ufer des Cuyahoga River, der noch immer einer der verkehrsreichsten Flüsse des Landes ist. Am Westufer findet man in einer abgefahrenen Industrielandschaft, den **Flats**, heute jede Menge Bars, Clubs und Restaurants und nicht weniger als 14 Brücken.

Kurz, aber steil ist der Weg vom Fluss zu den reizvollen Industriebauten des historischen **Warehouse District** aus dem 19. Jh. hinauf, der zwischen der West Third und West Ninth Street liegt. In den Häusern sind heute Geschäfte, Galerien, trendige Restaurants und Cafés.

Weiter nördlich, auf der anderen Seite des stark befahrenen Cleveland Memorial Shoreway (Hwy-2), laufen die Wellen des Lake Erie in den **North Coast Harbor** aus. Wer die Stadt vom Wasser aus sehen möchte, kann für $15 an einer zweistündigen Fahrt mit der *Goodtime III*, ℡ 216/861-5110, teilnehmen. Abfahrt am Dock des East Ninth St Pier, gleich hinter der **Rock**

Great Lakes

Die Rock and Roll Hall of Fame

Cleveland galt anfangs nicht gerade als aussichtsreichster Kandidat für den heiß umkämpften Standort der Rock and Roll Hall of Fame. Am Ende konnte es sich aber überzeugend gegen die Konkurrenz durchsetzen. Zu verdanken war das in erster Linie **Alan Freed**, einem hiesigen DJ, der 1951 den Begriff „Rock and Roll" geprägt hatte. Seitdem hat Cleveland allerdings kaum nennenswerte Rock-Ikonen hervorgebracht. Die bekanntesten sind Joe Walsh, Pere Ubu und Nine Inch Nails. Die Stadt ignorierte kritische Stimmen, die behaupteten, der Sieg sei schlicht der Tatsache zu verdanken, dass sie am meisten Geld locker machte. Stattdessen begeisterte sie sich für die Idee, ein Museum zu errichten, und heute zweifeln nur noch wenige an der Entscheidung.

Nach Vorstellung des 80-jährigen Architekten des Museums, **I. M. Pei**, sollte das Gebäude „die Energie des Rock and Roll" widerspiegeln. Zu diesem Zweck schuf er eine seiner typischen Pyramiden aus getöntem Glas (eine kleinere Version der Pei-Pyramide, die den Louvre schmückt). Das kühne, weiße Bauwerk aus Beton, Stahl und Glas präsentiert sich stolz am Ufer des Lake Erie – besonders bei Nacht, wenn es beleuchtet ist. Das Fundament der Pyramide geht in einen imposanten Eingangsvorplatz über, der die Form eines Plattentellers hat und mit einer „Abspielnadel" versehen ist.

Das Museum ist weit mehr als nur eine Sammlung von **Erinnerungsstücken** und Artefakten. Mit den beiden ausgezeichneten zwölfminütigen **Filmen** Mystery Train und Kick Out the Jams wird die Rockmusik gleich von Beginn an in einen Gesamtkontext gestellt. Die Ausstellungsstücke zeichnen die Entwicklung und den Fortschritt der Kunstform nach. Die Einflüsse, die berücksichtigt werden, reichen vom Delta-Blues bis hin zu den in den Appalachen beheimateten Hillbilly-Klängen. Der unterirdische Hauptausstellungsraum bietet einen tiefen Einblick in die sieben wichtigsten **Genres des Rocks**; sie sind ihren jeweiligen Geburtsstädten zugeordnet: Rockabilly (Memphis), R&B (New Orleans), Motown (Detroit), Psychedelia (San Francisco), Punk (London und New York), Hip-Hop (New York) und Grunge (Seattle). Reichlich Platz wird auch den Exponaten zu den – nach Auffassung des Museums – bedeutendsten Rock-Künstlern aller Zeiten eingeräumt, darunter Elvis Presley, die Beatles, Jimi Hendrix, die Rolling Stones und U2. Alle in der Ruhmeshalle Geehrten werden jedes Jahr von einer internationalen Jury von Rock-„Experten" ausgewählt; die Kandidaten müssen mindestens 25 Jahre vor ihrer Nominierung eine Platte veröffentlicht haben.

Rolltreppen führen hinauf zu einer weiteren Etage, die sich mit Freed und der **Studiotechnik** befasst. Außerdem befindet sich hier ein tolles **Archiv** mit seltenen Live-Aufnahmen, die über Kopfhörer zu hören sind. In der zweiten Etage befindet sich die **Hall of Fame** selbst. Stündlich flimmern hier Videos mit allen Neuzugängen über drei riesige Leinwände. In den oberen Stockwerken werden **wechselnde Ausstellungen** und ein 3-D-Film eines U2-Konzerts ($3 extra) gezeigt.

Das Museum liegt am North Coast Harbor, Reservierungen ☎ 216/781-7625 oder 1-800/493-7655, 🖳 www.rockhall.com. Von einem Besuch am Wochenende ist eher abzuraten, da es dann sehr voll wird. ⌚ tgl. 10–17.30, Mi und im Sommer Sa bis 21 Uhr, Eintritt $22.

---

and Roll Hall of Fame (s. Kasten). Neben der Rock Hall – wie die Clevelander sie nennen – befindet sich das riesige **Great Lakes Science Center**, ☎ 216/696-4941, 🖳 www.greatscience. com, eines der größten interaktiven Wissenschaftsmuseen Amerikas. Auf spannende Art und Weise präsentiert es die Zusammenhänge zwischen Wissenschaft, Technik und Umwelt.

Der Schwerpunkt liegt auf der Seenregion. ⊙ tgl. 10–17 Uhr, Eintritt $9,95 für das Museum, $14,95 für OMNIMAX und Museum zusammen.

Auf der anderen Straßenseite hat das Browns Pro Football Team seine Heimatbasis im futuristischen, 72 000 Menschen fassenden **Cleveland Browns Stadium**, ℡ 440/891-5000, 🖳 www.clevelandbrowns.com.

Das westlich des Flusses gelegene Ohio City ist eines der „In"-Viertel mit Trödelläden, internationalen Restaurants und viktorianischen Holzhäusern. An der Lorain Avenue, Ecke W 25th St, gibt es den **West Side Market**, auf dem die verschiedensten Lebensmittel und Gerichte angeboten werden. ⊙ Mo und Mi 7–16, Fr und Sa 7–18 Uhr, leicht zu erkennen am Glockenturm aus roten Ziegeln. Das nahe **Tremont** ist eine weitere Gegend, die im Kommen ist.

Außenbezirke

Vier Meilen östlich von Downtown drängen sich die mehr als 70 Kultureinrichtungen des University Circle. Die Ausstellungen des **Museum of Art**, 11150 East Blvd, ℡ 216/421-7340, 🖳 www.clevelandart.org, reichen von Terrakotta bis zu afrikanischer Kunst. Gutes Café. ⊙ Di, Do, und So 10–17, Mi und Fr 10–21 Uhr, Eintritt frei.

Das **Museum of Natural History**, Wade Oval, ℡ 1-800/317-9155, 🖳 www.cmnh.org, veranschaulicht u. a. die Kultur der Indianer. ⊙ Mo–Sa 10–17, So 12–17, Mi bis 22 Uhr, Eintritt $10, Planetarium $4.

Der **Cleveland Botanical Garden**, 11030 East Blvd, ℡ 1-888/853-7091, 🖳 www.cbgarden.org, umfasst ein Treibhaus mit einem Nebelwald, ein Wüsten-Ökosystem, frei laufende Chamäleons, Schmetterlinge, einen Wasserfall und einen Weg durch die Baumkronen. ⊙ Di–Sa 10–17, So 12–17, Mai–Sep Mi bis 21 Uhr, Eintritt April–Okt $8,50, Nov–März $7,50.

Über East und Martin Luther King Boulevard verteilen sich 24 kleine Kulturgärten, die den verschiedenen ethnischen Gemeinden Clevelands – wie Kroaten, Esten und Finnen – gewidmet sind und auch von ihnen gepflegt werden. An den University Circle grenzt **Murray Hill**, Clevelands reizvolles Little Italy mit kleinen Delis und Galerien. Dahinter schließt sich das schicke Wohnviertel **Coventry Village** an.

5 Meilen südwestlich der Innenstadt, erreichbar über den I-71 (Ausfahrt W 25th oder Fulton Rd), liegt der **Cleveland Metroparks Zoo**, 3900 Wildlife Way, ℡ 216/661-6500, 🖳 www.clemetzoo.com. Attraktionen sind das Wolfsgehege und das spektakuläre Regenwald-Gebäude mit rund 7000 Pflanzen- und 118 Tierarten, darunter Orang-Utans, amerikanische Krokodile und Madagaskar-Fauchschaben. Im Sommer unterhält der RTA eine Busverbindung vom Zentrum zum Zoo. ⊙ tgl. 10–17, im Sommer Sa und So 10–19 Uhr, Eintritt $10.

Nichtmotorisierte Besucher bevorzugen die **Hotels** in Downtown. Die normalen Zimmerpreise sind nicht gerade günstig, aber die meisten Hotels bieten Pauschalpakete an, die den Eintritt zur Rock and Roll Hall of Fame oder zu anderen Sehenswürdigkeiten einschließen. **B&Bs** können unter 🖳 www.positivelycleveland.com reserviert werden.

Cleveland Marriot Downtown at Key Center, 127 Public Square, ℡ 216/696-9200, 🖳 www.marriot.com. 25-stöckiges Hotel mit gemütlichen Zimmern, tollen Ausblicken und teilweise schicker Einrichtung sowie Pool, Fitnesscenter und prächtiger Lobby. ❽

Doubletree Cleveland Downtown, 1111 Lakeside Ave, ℡ 216/241-5100 oder 1-800/222-8733, 🖳 doubletree1.hilton.com. Beliebt wegen guter Online-Deals, toller Ausblicke auf den See und der Nähe zur Rock and Roll Hall of Fame. ❺

Glidden House, 1901 Ford Drive, ℡ 216/231-8900 oder 1-800/759-8358, 🖳 www.gliddenhouse.com. 60 Zimmer und Suiten in einer alten Villa unweit des University Circle. Großes Frühstück inkl. ❻

Hyatt Regency at The Arcade, 420 Superior Ave, University Circle, ℡ 216/575-1234, 🖳 www.cleveland.hyatt.com. Hinter der imposanten Fassade der Arcade, eines historischen Wahrzeichens; mit den üblichen Annehmlichkeiten eines Hotels der gehobenen Preisklasse. ❽

Wyndham Cleveland at Playhouse Square, 1260 Euclid Ave, ℡ 216/615-7500 oder 1-800/996-3426, 🖳 www.wyndham.com. Beste Luxusherberge im Theaterdistrikt – zu moderaten Preisen. ❺

Great Lakes

Gutes Steakhouse

Cleveland Chophouse and Brewery, 824 W St Clair, ☎ 216/623-0909. In dieser großen Brauerei mit Steakhouse sollte man unbedingt den Kartoffelbrei probieren – einfach fantastisch. Moderate Preise.

Essen

Die Stadt hat kulinarisch viel zu bieten. Der tolle **West Side Market** im Stadtteil Ohio City lockt mit preiswerten und ungewöhnlichen Snacks, ⏰ Mo und Di 7–16, Fr und Sa 7–18. Cleveland wartet außerdem mit einigen sehr guten Gourmetrestaurants auf. In Little Italy und dem schicken Coventry östlich vom University Circle gibt es interessante Lokale und Café-Bars.

Bistro on Lincoln Park, 2391 W 11th St, ☎ 216/862-2969. Reizendes Lokal im aufstrebenden Tremont mit einer Mischung aus französischer, italienischer und spanischer Küche sowie tollen Weinen und Bieren. Empfehlenswert: Schwein auf toskanische Art für $17.

The Blue Point Grille, 700 W St Clair Ave, ☎ 216/875-7827. Beliebtes Restaurant im Warehouse District mit dem besten Seafood der Stadt wie Nag's Head-Zackenbarsch mit Hummer-Kartoffelpüree ($32).

Pickwick & Frolic, 2035 E 4th St, ☎ 216/241-7425. Riesiges Restaurant mit Champagnerlounge und Martinibar. Umfassendes Angebot an Pizzas, rustikaler amerikanischer Küche und Ausgefallenem wie Cheddar-Ale-Suppe, dazu Varieté und Comedy.

Tommy's, 1824 Coventry Rd, ☎ 216/321-7757. Gutes, preiswertes Essen, viele orientalische

Gourmetküche am Flughafen

Amp 150, 4277 W 150th St, ☎ 216/706-8787. Die Fahrt hinaus zum Flughafenhotel Marriot lohnt sich für die wunderbar fantasievollen Kreationen des Meisterkochs Ellis Cooley wie Krautsalat mit weißen Trüffeln, Lammschmorbraten mit Artischocken sowie Chili-Weintrauben. 4-Gänge-Abendmenü $30.

vegetarische Gerichte, helle Räumlichkeiten, im belebten Coventry Village.

Unterhaltung

Die meisten Bars und Clubs konzentrieren sich im **Warehouse District** und entlang der **E 4th Street**; Eingeweihte bevorzugen allerdings das bohèmehafte **Tremont** am anderen Flussufer. Gute Kneipen und Veranstaltungsorte gibt es weniger als 5 Meilen weiter östlich im **University Circle** und im jungen **Coventry Village**. Etwas anspruchsvollere Unterhaltung bietet das **Playhouse Square**, ☎ 216/241-6000, 🖥 www.playhousesquare.com, Heimstätte des Cleveland Opera and Ballet. Auf dem Programm stehen außerdem Comedy, Musicals, Konzerte und das Great Lakes Theatre Festival.

Das respektable **Cleveland Orchestra**, ☎ 216/231-1111, 🖥 www.clevelandorchestra.com, spielt in der Severance Hall, 11001 Euclid Avenue, im University Circle, ganz in der Nähe des **Cleveland Play House**, ☎ 216/795-7000, 🖥 www.clevelandplayhouse.com.

Veranstaltungshinweise zu Alternative Music, Kino und mehr bietet das kostenlose Wochenblatt *Cleveland Scene*, 🖥 www.clevescene.com.

Beachland Ballroom, 15711 Waterloo Rd, ☎ 216/383-1124, 🖥 www.beachlandballroom.com. Lebendiger Laden mehr als 10 Meilen östlich von Downtown; beliebter Anlaufpunkt für erstklassige Indie- und Rockbands.

Great Lakes Brewing Co., 2516 Market Ave, Ohio City, ☎ 216/771-4404. Die gewaltige Mahagonitheke dieser berühmten Bar, Clevelands bestem Brauerei-Pub. weist Einschusslöcher von einer Schießerei in den 20ern auf, an der u. a. Sheriff Elliot Ness beteiligt war.

Grog Shop, 2785 Euclid Heights Blvd, Cleveland Heights, ☎ 216/321-5588. Gut besuchter Punk-Treff, überwiegend Studenten, nahe Coventry Village.

Mercury Lounge, 1392 W 6th St, ☎ 216/566-8840. Hippe Martini Lounge im Warehouse District, hier trifft sich Clevelands modebewusste Szene.

Prosperity Social Club, 1109 Starkweather Ave, ☎ 216/937-1938, 🖥 www.prosperitysocialclub.com. Hipper Laden in einem Ballsaal von 1938 in Tremont mit toller Jukebox, Livemusik und riesiger Bierauswahl.

Cleveland Downtown

N

0   800 m

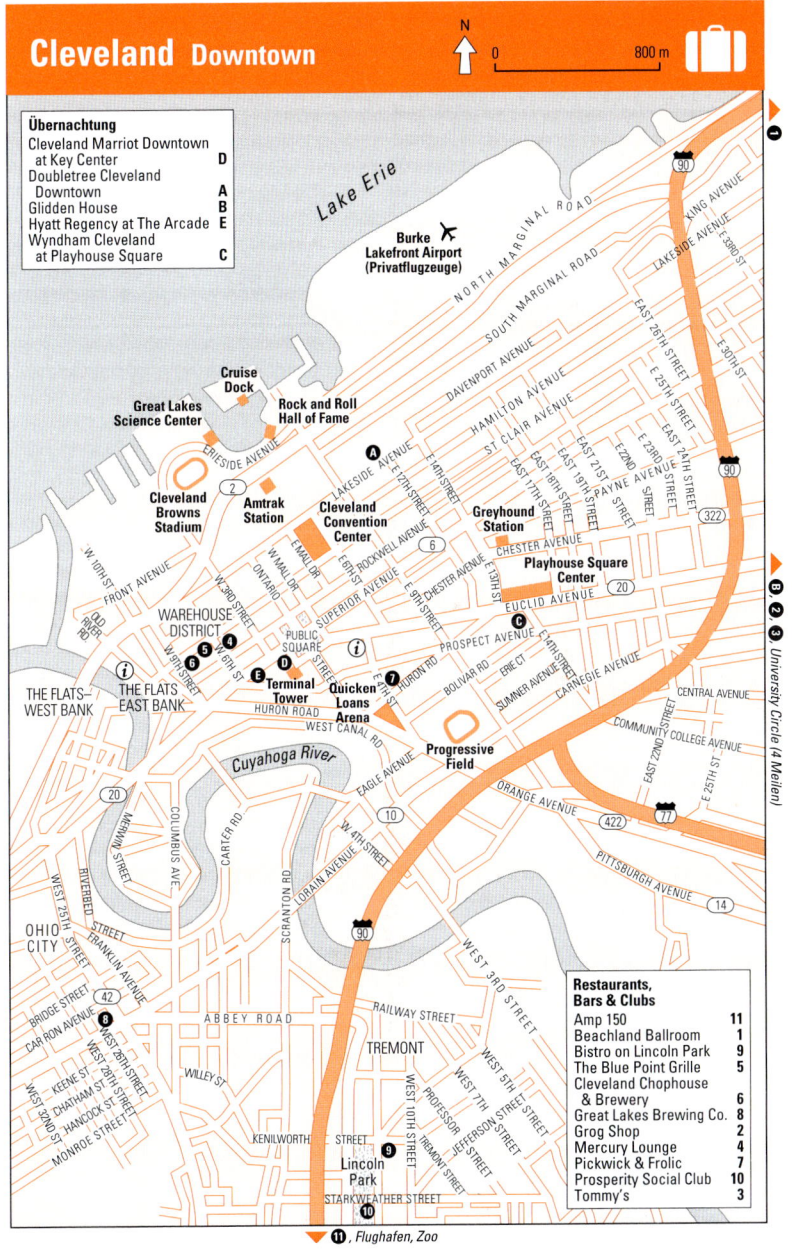

Lake Erie

Burke
Lakefront Airport
(Privatflugzeuge)

NORTH MARGINAL ROAD
SOUTH MARGINAL ROAD

Cruise
Dock

Great Lakes
Science Center

Rock and Roll
Hall of Fame

ERIESIDE AVENUE
DAVENPORT AVENUE
HAMILTON AVENUE
ST CLAIR AVENUE

LAKESIDE AVENUE

Cleveland
Browns
Stadium

Amtrak
Station

Cleveland
Convention
Center

Greyhound
Station

CHESTER AVENUE

Playhouse Square
Center

W MALL DR
E MALL DR

FRONT AVENUE
W 3RD STREET
ONTARIO
SUPERIOR AVENUE
ROCKWELL AVENUE
E 9TH STREET
E 6TH STREET

EUCLID AVENUE

W 10TH ST
OLD RIVER RD

WAREHOUSE
DISTRICT

PUBLIC
SQUARE

PROSPECT AVENUE

CARNEGIE AVENUE

THE FLATS-
WEST BANK

THE FLATS
EAST BANK

Terminal
Tower

Quicken
Loans
Arena

HURON AVENUE

HURON ROAD
WEST CANAL RD

BOLIVAR RD
ERIE CT
SUMNER AVENUE

COMMUNITY COLLEGE AVENUE
CENTRAL AVENUE

Cuyahoga River

EAGLE AVENUE

Progressive
Field

ORANGE AVENUE

COLUMBUS AVE
CARTER RD
MERWIN AVE

W 4TH STREET

PITTSBURGH AVENUE

OHIO
CITY

RIVERBED STREET
FRANKLIN AVENUE
WEST 25TH STREET

SCHANTON RD
LORAIN AVENUE

BRIDGE STREET
CARRON AVENUE
BRIDGE STREET

ABBEY ROAD

RAILWAY STREET

WEST 3RD STREET

KEENE ST
CHATHAM ST
HANCOCK ST
MONROE STREET
WEST 32ND STREET
WEST 28TH STREET
WEST 30TH STREET

WILLEY ST

TREMONT

WEST 7TH STREET
WEST 5TH STREET
PROFESSOR STREET
WEST TREMONT STREET
JEFFERSON STREET

KENILWORTH STREET

Lincoln
Park

WEST 10TH STREET

STARKWEATHER STREET

, Flughafen, Zoo

Great Lakes

University Circle (4 Meilen)

Informationen

Karten und Informationen können bestellt oder abgeholt werden bei **Positively Cleveland**, 334 Euclid Ave, ✆ 216/875-6680 oder 1-800/321-1001, 🖥 www.positivelycleveland.com. ⏲ im Sommer tgl. 9–17, sonst Mo–Fr 9–17 Uhr. Am Flughafen gibt es auf der Ebene der Gepäckausgabe einen Infoschalter. ⏲ variieren.

Nahverkehr

Cleveland gilt als sichere Stadt. Angesichts ihrer Größe ist ein **Auto** aber zu empfehlen. Die **Regional Transit Authority (RTA)**, ✆ 216/621-9500, 🖥 www.gcrta.org, unterhält ein gut ausgebautes Busnetz. Der zentrale Busbahnhof liegt gegenüber dem Terminal Tower, 2019 Ontario Avenue, einfache Fahrt $1,75, Tageskarte $3,50.
Eine Fahrt mit dem **Rapid** von RTA kostet pauschal $1,75, letzter Zug gegen 0.30 Uhr. Die **Waterfront Line**, eine Stadtbahn, verbindet den Terminal Tower, die Flats, die Rock and Roll Hall of Fame und andere Sehenswürdigkeiten in Downtown miteinander. Sie fährt im 15-Minuten-Takt zwischen 6.15 und 24 Uhr, einfache Fahrt $1,75.
Außerdem verkehren Mo–Fr 7–19 Uhr durch verschiedene Teile der Innenstadt zwei **kostenlose Trolleys**, die „B-Line" und die „E-Line".

Transport

Clevelands **Hopkins International Airport** liegt 10 Meilen südwestlich des Zentrums.
Die 20-minütige Taxifahrt in die Stadt kostet etwa $20. Preiswerter und nur 10 Min. länger ist die Fahrt mit der RTA-Bahn für nur $2,25.
Die **Greyhound**-Station ist in der 1465 Chester Ave, hinter dem Playhouse Square.
Der **Bahnhof** befindet sich am Ufer des Lake Erie, 200 Cleveland Memorial Shoreway NE.

Lake Erie Islands

Die Lake Erie Islands – **Kelleys Island** und die drei **Bass Islands** weiter nördlich – dienten den Irokesen auf ihrem Weg ins heutige Ontario als Zwischenstationen. Als die Franzosen in den 1640er-Jahren versuchten, die Inseln für sich zu beanspruchen, stießen sie auf erbitterten Widerstand. Bis 1813 blieben die Inseln unbehelligt, dann allerdings dehnten die Amerikaner ihre Kontrolle über die Großen Seen aus, nachdem sie in der **Schlacht auf dem Lake Erie** die gesamte britische Flotte zerstört hatten.

In den 1860er-Jahren brachte der **Weinanbau** den Inseln einigen Wohlstand. Allerdings wurde die Wirtschaft der Inseln durch die Prohibition, neue Weine aus Kalifornien, den Anbruch des Automobilzeitalters und schließlich durch die furchtbare Verschmutzung des Sees hart getroffen. Zum Glück zeitigten die Bemühungen zur Säuberung der Gewässer in den vergangenen Jahrzehnten einigen Erfolg.

Heute sind die Inseln im Sommer wieder ein beliebtes Ausflugsziel. Die Menschen kommen zum Angeln, Baden und Feiern. Die wichtigsten Tore zu den Lake Erie Islands sind **Sandusky** und das nahe **Port Clinton**.

Sandusky und Port Clinton

Der große Kohlehafen Sandusky, 50 Meilen westlich von Cleveland an der Rte-2, erhält von den Städten am See wahrscheinlich die meisten Besucher. Das verdankt die Stadt dem **Cedar Point Amusement Park**, 5 Meilen südöstlich der Stadt, ✆ 419/627-2350, 🖥 www.cedarpoint.com. Der größte Vergnügungspark der USA – viele halten ihn für den besten der Welt – kann mit sage und schreibe 17 Achterbahnen aufwarten. ⏲ Anfang Mai–Aug tgl. (wechselnde Zeiten), Sep–Anfang Nov nur am Wochenende, Eintritt $45,99.

Der benachbarte Wasserpark **Soak City**, mit Rutschen und einem Wellenbad, bietet auf über 70 000 m² reichlich Gelegenheit zum Abkühlen. ⏲ Juni–Aug tgl. 10–20 Uhr, Eintritt $29,99.

Freunde des kühlen Nass kommen auch im Winter auf ihre Kosten, und zwar ein paar Meilen weiter südöstlich im **Kalahari Waterpark**, ✆ 1-877/525-2477, 🖥 www.kalahariresorts.com, Amerikas größtem Hallenwasserpark. Hier gibt es sogar ein Brandungsbecken. ⏲ tgl. ab 10 Uhr, unterschiedliche Schließzeiten, Eintritt $39–42, nach 17 Uhr $29–32.

Der kleinere Ferienort Port Clinton, 12 Meilen Richtung Westen jenseits der Sandusky Bay

Bridge, ist ein weiterer Ausgangspunkt für einen Trip auf die Inseln. Das nette Seeufer säumen recht gute Cafés und Jetski-Verleiher.

Kelleys Island

Im westlichen Teil des Lake Erie, etwa 9 Meilen nördlich von Sandusky, liegt Kelleys Island, 🖥 www.kelleysisland.com. Mit einer Ausdehnung von bis zu 7 Meilen ist sie die größte US-Insel im See – und auch eine der malerischsten. Hier wohnen nur etwa 200 Menschen. Die gesamte Insel mit ihren vielen alten Gebäuden ist ein National Historic District. Zu den mehr als 70 archäologischen Stätten auf der Insel gehört auch der **Inscription Rock**, eine Kalksteinplatte, in die 400 Jahre alte Zeichnungen eingeritzt sind. Die Platte ist östlich des Schiffsanlegers am Südufer der Insel zu finden. Das **Glacial Grooves State Memorial** auf der Westseite der Insel ist ein 120 m breiter Kalksteingraben mit tiefen Furchen, die von dem Gletscher stammen, der die Großen Seen schuf.

Kelleys Island wurde in den 1830er-Jahren besiedelt und anfangs wirtschaftlich genutzt, durch Waldrodung, Weinanbau und später Kalksteingewinnung. Während Rodung und Weinanbau nicht mehr betrieben werden, wird Kalkstein immer noch abgebaut. Heute kommt außerdem der **Tourismus** als Erwerbszweig hinzu.

South Bass Island

South Bass Island ist die größte und südlichste Insel der Bass Islands. Die Inselkette liegt nordwestlich von Kelleys Island, 3 Meilen vom Festland entfernt. Sie verdankt ihren Namen der Tatsache, dass man in ihren Gewässern hervorragend Barsche angeln kann. South Bass Island, auch als **Put-in-Bay** bekannt (der Name des einzigen Dorfes), ist die meistbesuchte US-Insel im Lake Erie: Im Sommer verzehnfacht sich die Bevölkerungszahl, die normalerweise 450 Personen beträgt.

Nur ein Jahr, nachdem sich die ersten weißen Siedler auf der Insel niedergelassen hatten, besetzten während des Krieges von 1812 britische Truppen South Bass Island. An die Schlacht auf dem Lake Erie, die vor der Südostspitze der Insel stattfand, erinnert das **Perry's Victory and International Peace Memorial** in

einem 10 ha großen Park. Von einer Aussichtsplattform unterhalb der Spitze einer über 100 m hohen Steinsäule ist in der Ferne der Schauplatz der Schlacht zu sehen. ⊙ Mai–Okt tgl. 10–19 Uhr, Eintritt $3.

Die ganze Geschichte ist gut dokumentiert in der **Lake Erie Islands Historical Society**, 441 Catawba Ave, ✆ 419/285-2804, 🖥 www.leihs. org, mit Dutzenden von Schiffsmodellen sowie Ausstellungsstücken und Informationen über die Schifffahrt und Fischerei auf dem See. ⊙ Mai–Okt tgl. 10–17, Juli und Aug bis 18 Uhr, Eintritt $2.

Sandusky
In der Hochsaison schießen die Übernachtungspreise in Sandusky in die Höhe. An Wochenenden können einfache Motelzimmer dann mehr als $200 kosten.
Best Western Cedar Point, an der Hauptstraße Cleveland Road (US-6), Nr. 1530, ✆ 419/625-9234, 🖥 www.bestwestern.com. Pool. ❺
Camping ist möglich bei KOA, 2311 Cleveland Rd, ✆ 419/625-7906 oder 1-800/962-3786, 🖥 www.mhdcorp.com; ab $24,45.

Port Clinton
Sunnyside Tower, 3612 NW Catawba Rd, ✆ 419/797-9315 oder 1-888/831-1263, 🖥 www.sunnysidetower.com. B&B im viktorianischen Stil. ❹

Kelleys Island
Die Chamber of Commerce hilft bei der Unterkunftssuche.
The Inn on Kelleys Island, 317 W Lakeshore Drive, ✆ 1-866/878-2135, 🖥 www.kelleys island.com/theinn. Restauriertes viktorianisches Wohnhaus aus dem 19. Jh. mit tollem Seeblick und Privatstrand. ❹
Camper finden im **State Park** beim Strand an der Nordbucht für $18 ein Fleckchen für ihr Zelt – solange Platz ist.

South Bass Island
Am Wochenende und im Sommer sind freie Hotelzimmer Mangelware, und B&Bs verlangen dann oft, dass man mindestens zwei Nächte bleibt. Einige der besten Deals bieten:

Arbor Inn B&B, 511 Trenton Ave,
📞 419/285-2306, 🖥 www.arborinnpib.com. ❹
Commodore Resort, 272 Delaware Ave,
📞 419/285-3101, 🖥 www.commodoreresort.com.
Mit Pool. ❸
Für $18 kann man im **State Park** zelten;
außerdem für $30 auf dem Fox's Den Camp-
ground, an der Südküste, 📞 419/285-5001.

Essen und Unterhaltung

Sandusky
Gutes Essen und Livemusik in witziger
Umgebung (es gibt auch einen Wasserfall!)
bietet **Margaritaville** in Sandusky, an der
Kreuzung der Highways 6 und 2, 📞 419/
627-8903.

Kelleys Island
Village Pump, 103 W Lakeshore Drive,
📞 419/746-2281. Gute Hausmannskost und
Drinks bis 2 Uhr morgens.
Kelleys Island Brewery, 504 W Lakeshore Drive,
📞 419/746-2314. Auch vegetarische Gerichte.

South Bass Island
Auf der Insel essen zu gehen ist teuer.
The Boardwalk, 📞 419/285-3695. Teure gegrillte
Seafood-Sandwiches, aber dies ist das einzige
Restaurant im Zentrum direkt am Wasser.
🕐 nur im Sommer.
Frosty's, gegenüber, 📞 419/285-3278.
Gute Pizza.
Das berühmte wilde **Nachtleben** von Put-in-
Bay lockt Leute von den anderen Inseln und

vom Festland an. Zu den vielen Kneipen mit
Livemusik gehören der **Beer Barrel Saloon**,
📞 419/285-2337, 🖥 www.beerbarrelpib.com –
er soll die längste durchgehende Theke
der Welt haben, mit 160 Barhockern –, und
das treffend benannte **Round House**, 📞 419/
285-4595, 🖥 www.theroundhousebar.com.

Informationen

Sanduskys Visitors Center ist in der
4424 Milan Rd, 📞 419/625-2984 oder 1-800/
255-3743, 🖥 www.shoreislands.com.
🕐 im Sommer Mo–Fr 8–20, Sa 9–20,
So 10–16 Uhr, sonst Mo–Fr 8.30–17.30 Uhr.
Die **Kelleys Island Chamber of Commerce** ist in
der Division Street, gleich oberhalb des Boots-
anlegers, 📞 419/746-2360, 🖥 www.kelleysisland
chamber.com. 🕐 im Sommer tgl. 10–17 Uhr.
Das **Visitor Center der South Bass Island** am
Harbor Square, Put-in-Bay, liegt direkt beim
nördlichen Bootsanleger, 📞 419/285-2832,
🖥 www.visitputinbay.com. 🕐 im Sommer tgl.
9–18 Uhr, sonst wechselnde Zeiten.

Nahverkehr

Kelleys Island ist leicht zu erkunden:
Der Autoverkehr soll gering gehalten werden.
Die meisten Leute gehen zu Fuß, fahren Fahrrad
($3,50/Std. oder $15/Tag) oder Golfwagen
($15/Std. oder $80/Tag), die es bei Caddy Shack
Square gibt, Division St, 📞 419/746-2221.
Für **South Bass Island** mieten die meisten
Besucher entweder Golfwagen ($10–20/Std.)
von Baycarts Rental, Harbor Square, 📞 419/

Überfahrt zu den Inseln

Fähren nach Kelleys Island werden ganzjährig
betrieben von Kelleys Island Ferry Boat Line in
der Main Street in **Marblehead**, 📞 419/798-9763,
🖥 www.kelleysislandferry.com, je nach Wetter
bis zu halbstündlich zu den Stoßzeiten, einfach
$9, Fahrräder $4, Autos $15.
Jet Express, 📞 1-800/245-1538, 🖥 www.jet-
express.com, bietet im Sommer Katamaranver-
bindungen ab ihrem Anleger, 101 West Shoreline
Drive, **Sandusky**, nach Kelleys Island ($28 hin
und zurück) und South Bass Island ($36 hin und

zurück), außerdem nur nach South Bass Island
ab 5 N Jefferson St, **Port Clinton** ($28 hin und
zurück). Verbindungen nach South Bass Island
unterhält außerdem Miller Ferry, 📞 1-800/500-
2421, 🖥 www.millerferry.com, von Ende März
bis Ende Nov, $6,50 einfach, Fahrrad $2, Auto $15.
Griffing Flying Service, 📞 419/626-5161, 🖥 www.
griffingflyingservice.com, bietet täglich **Flüge**
ab Sandusky und Port Clinton nach Kelleys
Island und South Bass Island; sie kosten $50 pro
Strecke.

285-5785, oder Fahrräder ($10/Tag) von Island Bike Rental, an beiden Schiffsanlegern, ℡ 419/285-2016. Zwischen dem nördlichen Schiffsanleger und dem State Park verkehrt ein Pendelbus ($1).

Transport

Züge von Amtrak kommen auf ihrem Weg zwischen CHICAGO und der Ostküste einmal am Tag durch Sandusky. Der unbemannte Bahnhof, North Depot Ave und Hayes Ave, liegt in einer heruntergekommenen Gegend. Greyhound-**Busse** halten weit außerhalb in der 6513 Milan Rd (US-250).

Columbus

Die größte Stadt Ohios, freundliche Hauptstadt des Bundesstaats und Heimat der riesigen Ohio State University, liegt mitten im bäuerlichen Herzen des Staates. Nachdem Ohio 1803 zum Bundesstaat ernannt worden war, wurde 1812 das ehemalige Stück Farmland am Ostufer des Scioto River zum Sitz der Hauptstadt gewählt. Selbst heute noch verraten die breiten Durchgangsstraßen und Grünflächen, dass die Stadt am Reißbrett entstanden ist.

Obwohl Columbus mehr Einwohner als Cincinnati oder Cleveland hat, scheint es, was die öffentliche Anerkennung anbelangt, immer ein wenig hinterherzuhinken. Deshalb nimmt man den Ort am besten als das, was er ist: eine lebendige Universitätsstadt mit guten Museen, einigen wunderbaren Beispielen deutscher Architektur und einem außerordentlich regen Nachtleben, darunter Ohios aktivste Gay-Szene.

Downtown

Ein Stadtrundgang von Downtown könnte inmitten des Parks an der Kreuzung der beiden Hauptstraßen Broad Street und High Street beginnen, wo das **Ohio Statehouse**, ℡ 1-888/644-6123, 🖥 www.statehouse.state.oh.us, liegt. Höhepunkt dieses 1839 im Greek-Revival-Stil erbauten Gebäudes sind die Senate and House Chambers. ⊙ Mo–Fr 7–18, Sa und So 11–17 Uhr, Führungen stdl. Mo–Fr 10–15, Sa und So 12–15 Uhr, Eintritt frei.

Von hier liegen die meisten Sehenswürdigkeiten ein paar Straßen Richtung Osten und Westen an der Broad Street. **COSI**, in einem stromlinienförmigen Gebäude auf der anderen Seite des Flusses, 333 W Broad St, ℡ 614/228-2674 oder 1-877/257-2674, 🖥 www.cosi.org, bietet mehr als 27 000 m² Ausstellungsfläche, die vor allem dazu dient, Kindern die Naturwissenschaften näherzubringen. Außerdem werden Filme ($7,50) zu verwandten Themen und Live-Shows (zu unterschiedlichen Preisen) gezeigt. ⊙ Mo–Sa 10–17, So 12–18 Uhr, Eintritt $13,75, Kinder $8,75.

Eine wuchtige Henry-Moore-Skulptur ziert 1 Meile östlich den Eingang des interessanten **Columbus Museum of Art**, 480 E Broad St, ℡ 614/221-6801, 🖥 www.columbusmuseum.org. Im Inneren des luftigen Gebäudes befinden sich sehenswerte Sammlungen westlicher und modernistischer Kunstwerke. ⊙ Di–So 10–17.30, Do bis 20.30 Uhr, Eintritt $10, So frei.

Im sogenannten **Arena District**, in der Nordwestecke von Downtown um die imposante Nationwide Arena, ℡ 1-800/645-2637, 🖥 blue jackets.com, Heimstadion der Columbus Blue Jackets (NHL), haben sich eine Reihe von Restaurants und Bars angesiedelt. Gleich oberhalb davon steht links der High Street das restaurierte viktorianische Kaufhaus **North Market** (s. „Essen"). Zur Rechten präsentiert sich das auffällig dekonstruktivistische **Greater Columbus Convention Center**, eine Ansammlung verschiedeneckiger Gebäude nach einem Entwurf von Peter Eisenman, das 1993 fertig gestellt wurde.

German Village und Brewery District

Sechs Straßen südlich des Statehouse trennt der I-70 Downtown vom freundlichen German Village. Mitte des 19. Jhs. ließen sich tausende deutsche Einwanderer in diesem Viertel nieder und errichteten rote Backsteinhäuser, die elegantesten davon um den über 9 ha großen **Schiller Park**. Bis zum Beginn der 1950er-Jahre sank die Zahl der Deutschstämmigen hier beträchtlich und die Gegend verkam immer mehr, bis sie schließlich in das *National Register of Historic Places* aufgenommen wurde.

Um das Viertel zu erkunden, geht man am besten zum **German Village Meeting Haus**,

588 S Third St, ☎ 614/221-8888, 🖥 www.german village.com, ⏲ Mo–Fr 9–16, Sa 10–14 Uhr, dem Ausgangspunkt der beliebten Stadtführungen ($12), die von der German Village Society unternommen werden und mit einer 12-minütigen Videovorführung beginnen. Unter der Schirmherrschaft dieser Gesellschaft wird jedes Jahr Anfang September ein **Oktoberfest** gefeiert. Im Village befindet sich auch **Book Loft**, 631 S Third St, ☎ 614/464-1774, mit einem riesigen Angebot an oft verbilligten Büchern in 32 Zimmern eines prachtvollen Hauses. ⏲ tgl. 10–23 Uhr.

Auf der anderen Seite der High Street (US-23) liegen die Fabriken des Brewery District, in denen die deutschen Immigranten bis zur Prohibition auf traditionelle Art Bier brauten. Heute stellen nur noch einige wenige *microbreweries* Bier her. Die angeschlossenen Brauereikneipen sind typisch für das eher konventionelle **Nachtleben** der Gegend.

Nördlich von Downtown

Hinter dem Nationwide Boulevard am Nordrand von Downtown liegt der **Short North Arts District**, 🖥 www.shortnorth.org, ein ehemaliger Rotlichtbezirk und heute die lebendigste Ecke von Columbus. Zu beiden Seiten der High Street – der Hauptverkehrsader von Nord nach Süd – kennzeichnen die Eisentore von The Cap an der Union Station den Eingang zum Viertel.

Ein paar Straßen weiter nördlich, noch hinter der Kreuzung mit dem I-670, liegen etliche Galerien, Bars und Restaurants. Hier schlägt außerdem das Herz der Schwulenszene. Jeden ersten Samstag im Monat findet der **Gallery Hop** statt: Dann sind die Kunstgeschäfte geöffnet, und es gibt neben Kunst, Wein und Snacks manchmal Performances bis weit in den Abend hinein.

Nachdem die High Street nach etwas über 1 Meile den Uni-Campus hinter sich gelassen hat, tauchen plötzlich günstige Lokale und interessante Geschäfte auf. Billige Schallplatten gibt es bei Used Kids Records, 1980 N High St, ☎ 614/421-9455. Das **Wexner Center for the Arts** auf der anderen Straßenseite, N High St, Ecke 15th Avenue, ☎ 614/292-3535, 🖥 www.wexarts. org, ist wie das Convention Center (S. 346) ein Eisenman-Bau, nur noch verrückter. ⏲ Di, Mi und So 11–18, Do–Sa 11–20 Uhr, Eintritt frei.

Columbus bietet eine gute Auswahl an Unterkünften. Die Preise in Downtown sind absolut angemessen, noch günstiger ist es im German Village.
Drury Inn and Suites Convention Center, 88 E Nationwide Blvd, ☎ 614/221-7008, 🖥 www. druryhotels.com. Schickes und komfortables Kettenhotel mit gutem Frühstück und Happy Hour. In Gehnähe zu Downtown und Short North. ➏
German Village Inn, 920 S High St, ☎ 614/443-6506, 🖥 www.germanvillageinn.net. Von einer Familie betriebenes Motel am Südrand des German Village/Brewery District. Derzeit eine der besten Optionen. ➌
Short North B&B, 50 E Lincoln St, ☎ 614/299-5050 oder 1-800/516-9664, 🖥 www.columbusbed-breakfast.com. 7 Zimmer in prächtigem Haus in Short North; herzlicher Empfang und üppige Einrichtung. ➎
The Westin Great Southern, 310 S High St, ☎ 614/228-3800 oder 1-888/627-7088, 🖥 www. westincolumbus.com. Die Nobelherberge von Columbus, ein elegantes viktorianisches Hotel in Downtown, mit überraschend moderaten Preisen für einige der Zimmer. ➎

Short North und German Village bieten Lokale für jeden Geschmack und Geldbeutel.
North Market, 59 Spruce St, Downtown, ☎ 614/463-9664. Gute Auswahl an internationalen und Bio-Snacks, auch frische Lebensmittel. ⏲ Di–Fr 9–19, Sa 8–17, So 12–17 Uhr.
Haiku, 800 N High St, Short North, ☎ 614/294-8168. Ausgezeichnetes japanisches Restaurant mit einer Riesenauswahl an Sushi-, Nudel- und Reisgerichten für $10–15. Hier finden auch Kultur- und Unterhaltungsveranstaltungen statt.

The Lofts Hotel, 55 E Nationwide Blvd, ☎ 614/461-2663, 🖥 www.55lofts.com. Luxuriöse Lofts im New Yorker Stil; kurzer Fußweg zur Arena und nach Downtown. Sehr gute Online-Angebote. ➎

Wie im Wilden Westen

Surly Girl Saloon, 1126 N High St, Short North, ✆ 614/294-4900. In diesem urigen Laden, einer Kombination aus Western-Bordell und *Fluch der Karibik*, kommen bergeweise Tex-Mex-, Cajun- und andere Gerichte für nur etwa $10 auf den Teller. Später kann es hier dank der guten Fassbiere aus Kleinbrauereien etwas lauter werden.

Katzinger's, 475 S Third St, German Village, ✆ 614/228-3354. Köstliche Auswahl an Sandwiches, jüdischen Snacks und Käsekuchen, aber für einen Deli recht teuer.

Marcella's, 615 N High St, Short North, ✆ 614/223-2100. Lebendiges italienisches Restaurant mit quirliger Bar. Etwas teurere Pizzas, Pastagerichte, Salate und Fleischgerichte wie Saltimbocca ($21,95).

Schmidt's, 240 E Kossuth St, German Village, ✆ 614/444-6808. Seit 1886 serviert dieses Traditionslokal in den Räumen eines ehemaligen Schlachthauses verschiedene Wurstspezialitäten, Schnitzel und Strudel, serviert von Kellnerinnen in Dirndln.

Unterhaltung

Die Universitätsstadt hat eine Menge Bands hervorgebracht, von Country bis zu experimenteller Alternative Music. Veranstaltungshinweise gibt's in dem kostenlosen Blatt *The Other Paper,* 🖳 www.theotherpaper.com. Die Gay-Szene konzentriert sich im Short North und in ein paar Bars und Clubs der Innenstadt – eine komplette Auflistung enthält das wöchentlich erscheinende Magazin *Outlook,* 🖳 www.outlookweekly.net.

Axis Night Club, 775 N High St, ✆ 614/291-4008. Sehr beliebter Schwulenclub, in dem es später am Abend heiß hergeht, wenn die Gäste zu den neuesten Disco- und Trance-Beats tanzen.

Basement, 391 Neil Ave, Arena District, ✆ 614/461-5483. Einer der heißesten neuen Musikläden der Stadt. Hier spielen aufstrebende Bands verschiedener Richtungen. Gute Verstärkeranlage.

Oldfield's On High, 2590 N High St, ✆ 614/784-0477, 🖳 www.oldfieldsonhigh.com. Campuskneipe mit Livemusik verschiedenster Richtungen. Eintritt frei.

Short North Tavern, 674 N High St, Short North, ✆ 614/221-2432. Älteste Bar des Viertels, am Wochenende Live-Bands.

Skully's Music-Diner, 1151 N High St, Short North, ✆ 614/291-8856, 🖳 www.skullys.org. Klassischer Diner im Stil der 50er-Jahre mit Happy Hour von 16 bis 21 Uhr und danach oft coolen Indie-Bands.

Sloppy Donkey Sports Bar, 2040 N High St, ✆ 614/297-5000. Beliebte Studentenkneipe mit recht billigen Drinks, großen Bildschirmen und Kneipenspielen.

Informationen

Das zentralste **Visitor Center** liegt in der 90 N High St, ✆ 614/221-2489 oder 1-800/345-4386, 🖳 www.experiencecolumbus.com, ⏲ Mo–Fr 9–17 Uhr.

Nahverkehr

Das gute städtische Busnetz der **Central Ohio Transit Authority** (COTA), ✆ 614/228-1776, 🖳 www.cota.com, fährt alle Sehenswürdigkeiten an. Eine Tageskarte kostet $4.

Transport

Der **Port Columbus International Airport** liegt 7 Meilen nordöstlich von Downtown. Der COTA-Expressbus Nr. 52 fährt für $2,50 vom Flughafen in Zentrum, **Taxis** kosten etwa $25. **Greyhound**-Busse halten in der 111 E Town St.

Cincinnati

Die dynamische Metropole im Süden von Ohio, an der Grenze zu Kentucky, trägt unverkennbar europäische und südstaatliche Züge. Das gepflegte Zentrum bietet neben eindrucksvoller Architektur viel Kultur. Einen kurzen Spaziergang entfernt liegen das reizvolle **Ufer** des Ohio River, Richtung Norden das lebhafte Viertel **Over-the-Rhine** sowie das Künstlerviertel **Mount Adams**.

Cincinnati wurde 1788 gegründet, an einer Stelle, wo ein Handelsweg der Indianer über den

Ohio River führte. Die Stadt verdankt ihren Namen einer Gruppe von Veteranen des Unabhängigkeitskrieges, die Bewunderer des römischen Feldherrn Cincinnatus waren. Cincinnati entwickelte sich schnell zu einem wichtigen Vorratslager der Pioniere, die sich mit Booten und Flößen auf den Weg gen Westen machten. Mit dem Bau eines Hafens für Dampfschiffe am Ohio River im Jahre 1811 stieg die Bevölkerungszahl sprunghaft an. Nach 1830 strömten zehntausende **deutschstämmige Einwanderer** nach Cincinnati.

Der Sezessionskrieg spaltete die Stadt. Trotz des drohenden Verlustes einiger wichtiger Märkte schlug sie sich auf die Seite der Union. Im Laufe der ersten zehn Jahre nach dem Krieg florierten die Geschäfte wieder, und Cincinnati errichtete den Fountain Square. Außerdem wurde das erste professionelle Baseballteam der Nation gegründet, die **Reds**; auf die Reds ist die Stadt auch heute noch stolz, genauso wie auf ihre Footballmannschaft, die **Bengals**.

Downtown

Downtown Cincinnati erstreckt sich über das flache, von einer Hügelkette umgebene Becken um den Ohio River. Nachdem Schmutz, Krankheiten und Kriminalität den Mittelstand zu Beginn des industriellen Aufschwungs aus Downtown vertrieben hatten, prägen heute wieder schicke Geschäfte und Restaurants, Plätze und Parks das Bild. Das reiche architektonische Erbe lässt sich am besten zu Fuß erkunden. Ein Netz aus klimatisierten Passagen, der **Skywalk**, umspannt 16 Häuserblocks und verbindet Hotellobbys, Bürogebäude und Einkaufszentren.

Im geografischen Zentrum von Downtown symbolisieren Hunderte von Wasserfontänen des **Genius of the Waters** auf dem **Fountain Square** die Vielzahl der Handelsbeziehungen der Stadt. Der baumbestandene Platz liegt inmitten hoch aufragender Fassaden aus Stahl und Glas. Er ist ein beliebter Ort, um mittags einen Imbiss zu essen und dabei den Musikgruppen zu lauschen, die hier tagsüber spielen; außerdem findet hier Ende September das zweitgrößte **Oktoberfest** der Welt statt (nach München).

An der Fifth St, Ecke Vine St, überragt der 48-stöckige **Carew Tower** im Art-déco-Stil den Fountain Square und bietet vom obersten Stock ein herrliches Panorama über den sich windenden Ohio und die umliegenden Hügel. ☉ Mo–Do 9.30–17.30, Fr und Sa 9.30–21, So 11–17 Uhr, Eintritt $2.

Östlich des Fountain Square befindet sich der Hauptsitz des Waschmittelgiganten **Procter & Gamble**. William Procter, Kerzenmacher, und James Gamble, Seifenhersteller, schlossen sich 1837 zu dieser Gesellschaft zusammen: Sie wollten die Tierfette, die von den vielen Schlachthäusern der Stadt geliefert wurden – daher Cincinattis Spitzname „Porkopolis" – nutzbringend verwerten.

Ganz in der Nähe in einem wunderschönen neuen Gebäude, das von der aus dem Irak stammenden britischen Architektin Zaha Hadid entworfen wurde, zeigt das hervorragende **Contemporary Arts Center**, Ecke Sixth, Walnut Street ✆ 513/345-8400, ▢ www.contemporaryartscenter.org, Multimedia-Ausstellungen zum Thema moderne Kunst – ein ständiger Stein des Anstoßes für die konservativeren Bürger der Stadt. ☉ Mo 10–21, Mi–Fr 10–18, Sa und So 11–18 Uhr, Eintritt $7,50, Mo nach 17 Uhr frei.

Von unschätzbarem Wert ist die Sammlung des **Taft Museum**, 316 Pike St, im Osten von Downtown, ✆ 513/241-0343, ▢ www.taftmuseum.org. Zu sehen sind Werke von Rembrandt, Goya, Turner und Gainsborough. Die Villa im Federal Style stammt von 1820. ☉ Mi–So 11–17 Uhr, Eintritt $8, So frei.

In südlicher Richtung über dem I-71 präsentieren sich auf der Cincinnati-Seite des Ohio River zwei gigantische Zementbauten: das Paul Brown Stadium – Heimstätte der Bengals – und der Great American Ballpark der Reds. Zwischen den beiden Baseballstadien liegt das ergreifende **National Underground Railroad Freedom Museum**, ✆ 513/333-7500, ▢ www.freedomcenter.org. Sein heller, luftiger Ausstellungsraum widmet sich der Sklavenbefreiung und der Rolle, die die Stadt dabei spielte, und anderen Freiheitskämpfen auf der ganzen Welt. ☉ Di–Sa 11–17 Uhr, Eintritt $12.

Nördlich von Downtown

Etwas über 1 Meile nordöstlich von Downtown wird es plötzlich hügelig, und enge Straßen schmiegen sich an die Flanken des **Mount**

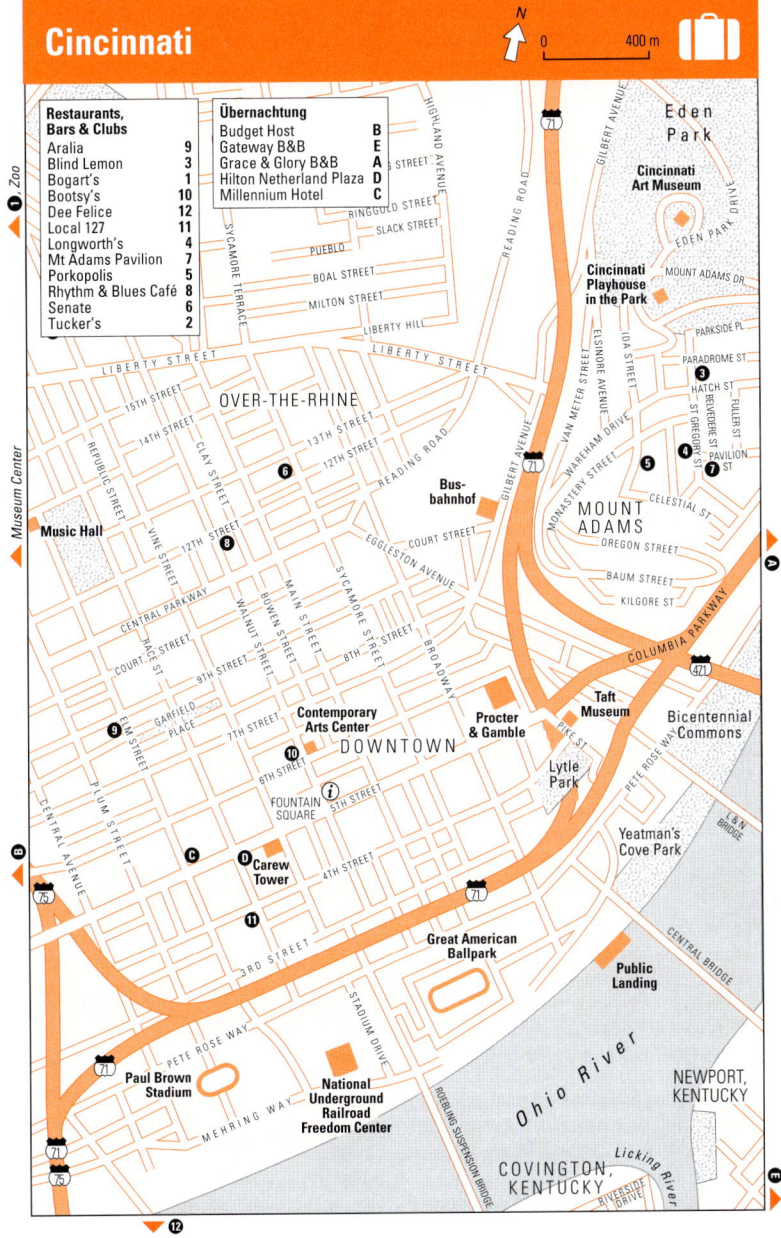

Cincinnati

N
0 _____ 400 m

**Restaurants,
Bars & Clubs**

Aralia	9
Blind Lemon	3
Bogart's	1
Bootsy's	10
Dee Felice	12
Local 127	11
Longworth's	4
Mt Adams Pavilion	7
Porkopolis	5
Rhythm & Blues Café	8
Senate	6
Tucker's	2

Übernachtung

Budget Host	B
Gateway B&B	E
Grace & Glory B&B	A
Hilton Netherland Plaza	D
Millennium Hotel	C

Zoo

Museum Center

Great Lakes

HIGHLAND AVENUE

GILBERT AVENUE

Eden Park

Cincinnati Art Museum

EDEN PARK DRIVE

READING ROAD

SYCAMORE TERRACE

RINGGOLD STREET

SLACK STREET

PUEBLO

BOAL STREET

MILTON STREET

LIBERTY HILL

LIBERTY STREET

LIBERTY STREET

OVER-THE-RHINE

15TH STREET

14TH STREET

13TH STREET

12TH STREET

Cincinnati Playhouse in the Park

MOUNT ADAMS DR

PARKSIDE PL

PARADROME ST

HATCH ST

BELVEDERE ST

FULLER ST

PAVILION ST

ST GREGORY ST

IDA STREET

ELSINORE AVENUE

VAN METER STREET

MONASTERY STREET

WAREHAM DRIVE

MOUNT ADAMS

CELESTIAL ST

OREGON STREET

BAUM STREET

KILGORE ST

Music Hall

REPUBLIC STREET

CLAY STREET

VINE STREET

12TH STREET

READING ROAD

Busbahnhof

COURT STREET

EGGLESTON AVENUE

CENTRAL PARKWAY

RACE STREET

COURT STREET

9TH STREET

GARFIELD PLACE

7TH STREET

WALNUT STREET

MAIN STREET

BOWEN STREET

SYCAMORE STREET

8TH STREET

BROADWAY

COLUMBIA PARKWAY

421

Taft Museum

PIKE ST

Bicentennial Commons

Contemporary Arts Center

DOWNTOWN

Procter & Gamble

Lytle Park

PETE ROSE WAY

ELM STREET

PLUM STREET

CENTRAL AVENUE

6TH STREET

FOUNTAIN SQUARE

5TH STREET

Carew Tower

4TH STREET

Yeatman's Cove Park

L & N BRIDGE

75

71

3RD STREET

STADIUM DRIVE

Great American Ballpark

Public Landing

CENTRAL BRIDGE

Paul Brown Stadium

PETE ROSE WAY

MEHRING WAY

National Underground Railroad Freedom Center

Ohio River

NEWPORT, KENTUCKY

ROEBLING SUSPENSION BRIDGE

RIVERSIDE DRIVE

Licking River

COVINGTON, KENTUCKY

71

75

Adams. 100 Jahre alte Häuser stehen neben Avantgarde-Galerien, schicken Boutiquen, internationalen Restaurants und angesagten Bars. Unschlagbar ist auch der Blick von hier auf den Fluss. Zu erreichen ist das Viertel von Downtown mit dem Taxi oder dem Bus der Linie 49.

An das dicht gedrängte Viertel grenzen die Rasenflächen, Wäldchen und schönen Aussichtspunkte des **Eden Park** mit einem reizenden Gewächshaus, dem Krohn Conservatory, 1501 Eden Park Drive, ☎ 513/421-5707, ⏲ tgl. 10–17 Uhr, Eintritt frei. Vom Westende führt eine Straße zum **Cincinnati Art Museum** am Art Museum Drive, ☎ 513/639-2984, 🖥 www.cincinnati artmuseum.org. Die 100 labyrinthähnlichen Galerien umfassen 5000 Jahre Kunstgeschichte, darunter eine herausragende Sammlung islamischer Kunst und amerikanischer und europäischer Malerei – vertreten durch Matisse, Monet, Picasso, Edward Hopper, Grant Wood u. a. ⏲ Di–So 11–17 Uhr, Eintritt frei.

Nordwestlich von Downtown befindet sich im wunderbaren Art-déco-Gebäude des **Union Terminal** Cincinnatis dreiteiliges **Museum Center**, ☎ 513/287-7000, 🖥 www.cincymuseum.org, zu erreichen über einen imposanten Driveway, der vom Ezzard Charles Drive abgeht. Die Highlights des **Museum of Natural History** sind Dioramen vom Cincinnati der Eiszeit und „The Cavern", in der eine echte Fledermauskolonie haust. In der **Historical Society** werden gut präsentierte Wanderausstellungen gezeigt, und im **Cinergy Children's Museum** gibt es ein zweistöckiges Baumhaus und acht weitere interaktive Ausstellungsräume. ⏲ Mo–Sa 10–17, So 11–18 Uhr, pro Museum $8,50, alle drei Museen $12,50, OMNIMAX $7,50, mit Museumsticket billiger.

Covington und Newport, KY

Covington in Kentucky, gleich auf der anderen Seite des Ohio River, wird als südlicher Teil von Cincinnati angesehen. Von Downtown Cincinnati ist die Stadt über die hellblaue, 325 m lange **John A. Roebling Suspension Bridge** am Ende der Walnut Street zu erreichen. Sie wurde 1867 gebaut und diente als Prototyp für die Brooklyn Bridge in New York.

Zehn Fußminuten südwestlich der Brücke erstrecken sich die hübschen engen und schat-

tigen Straßen des **MainStrasse Village** mit ihren Häusern aus dem 19. Jh. In diesem von deutschen Einwanderern geprägten Viertel mit Antiquitätenläden, Bars und Restaurants findet am dritten Wochenende im Mai das trubelige **Maifest** statt; außerdem bildet das Viertel den Mittelpunkt des **Oktoberfests**, das am Wochenende nach dem Labor Day die ganze Stadt in Partystimmung versetzt.

An der Ecke 6th Street und Philadelphia Street erhebt sich der neogotische **Carroll Chimes Bell Tower** mit Glockenspiel und 21 mechanischen Figuren. Weiter südlich befindet sich auf dem Weg zum Flughafen in der Nähe des I-275 eine der neuesten Attraktionen der Gegend, das mehrere Millionen Dollar teure **Creation Museum**, ☎ 1-888/582-4253, 🖥 www. creationmuseum.org. Dies ist ein Museum, wie es es vielleicht nur in Amerika geben kann: Die supermodernen Dioramen, die Videoshow und das Planetarium ($7) stehen ganz im Dienste der christlichen Schöpfungslehre und machen aus Darwin einen kleinen Teufel. ⏲ Mo–Fr 10–18 (im Sommer Fr bis 21), Sa 9–18, So 12–18 Uhr, Eintritt $21,95.

Auf der anderen Seite des Licking River von Covington hat die unscheinbare Stadt Newport dank der Eröffnung eines großen Einkaufszentrums und eines beeindruckenden Aquariums etwas Lebendigkeit dazugewonnen. Die verglasten Unterwassertunnel und durchsichtigen Böden im **Newport Aquarium**, One Aquarium Way, ☎ 859/261-7444 oder 1-800/406-3474, 🖥 www. newportaquarium.com, vermitteln einem das Gefühl, geradewegs durch Schwärme von Haien und schnappende Alligatoren zu spazieren. ⏲ tgl. 9–19 Uhr, Eintritt $22.

Für Großstadtverhältnisse liegen die Preise der guten Hotels im Rahmen. Budgetreisende werden Schwierigkeiten haben, in Downtown ein erschwingliches Zimmer zu finden. Die Motels in Uptown, etwa 2 Meilen nördlich, sind viel billiger, aber wer sich dort sicher bewegen möchte, braucht ein Auto.
Budget Host, 3356 Central Parkway, ☎ 513/ 559-1600 oder 1-800/283-4678, 🖥 www.budget host.com. Die preiswerteste Unterkunft in

Uptown, 3 Meilen von Downtown entfernt.
Große Preisunterschiede bei den DZ. ❷

Gateway B&B, 326 E 6th St, Newport, Kentucky,
✆ 859/581-6447, 🖥 www.gatewaybb.com.
Angenehme, erschwingliche Unterkunft in
viktorianischem Haus, 5 Min. von Downtown
Cincinnati und Covington, Kentucky. ❺

Grace & Glory B&B, 3539 Shaw Ave,
✆ 513/321-2824, 🖥 www.graceandglorybb.com.
Gemütliche kleine Herberge in einer sicheren
Gegend 5 Meilen östlich von Downtown;
gute Option für Reisende, die mit dem Auto
unterwegs sind. Das Zimmer im Anbau ist ein
Schnäppchen. ❷

Hilton Netherland Plaza, 35 W 5th St, ✆ 513/
421-9000 oder 1-800/445-8667, 🖥 www.hilton.
com. Eines der eleganteren Hilton-Hotels, in
einem denkmalgeschützten Gebäude mit
üppiger Art-déco-Lobby, Fitnesscenter und
gut ausgestatteten Zimmern. ❼

Millennium Hotel, 150 W 5th St, ✆ 513/352-2188,
🖥 www.millenniumhotels.com. Luxushotel
mitten in Downtown mit riesiger Lobby,
schicken Zimmern und tollen Ausblicken von
den oberen Etagen. ❻

Cincinnati bietet exzellente Restaurants und
ist außerdem berühmt für den Fastfood-Hit
Cincinnati chili, eine Kombination aus Spaghetti,
Fleisch, Käse, Zwiebeln und Kidneybohnen.
Serviert wird er in Ketten wie **Skyline Chili**,
von der es über 40 Filialen gibt, etwa in der Vine,
Ecke 7th Street in Downtown. ☉ von morgens
bis abends.

Aralia, 815 Elm St, ✆ 513/723-1217. Ausgezeichnete Sri-Lanka-Currys in Downtown, auch viele
vegetarische Gerichte.

Dee Felice, 529 Main St, Covington, Kentucky,
✆ 859/261-2365. Kleines, stimmungsvolles

Hotdogs und mehr

Senate, 1212 Vine St, ✆ 513/421-2020. Tolles
Lokal im Diner-Stil mit Gourmet-Hotdogs (z. B.
auf koreanische oder japanische Art), Austern,
Muscheln und anderen Köstlichkeiten für um
die $10. Außerdem gutes Bier vom Fass.

Restaurant, das auf Cajun-Küche spezialisiert
ist. Jede Menge frisches Seafood. Gleichzeitig
Jazzkneipe.

Local 127, 127 W 4th St, ✆ 513/721-1345.
Hervorragendes Restaurant mit Neuer
Amerikanischer Küche in schickem Ambiente,
z. B. Entenbrust mit Süßkartoffeln, Rucola und
Senffrüchten ($25). In der angeschlossenen Bar
gibt's Livemusik.

Longworth's, 1108 St Gregory St, Mt Adams,
✆ 513/651-2253. Gute, preiswerte Hamburger,
Sandwiches, Salate und Pizzas in hübschem
Gartenrestaurant. Die Küche ist den ganzen Tag
lang bis Mitternacht geöffnet, die Musik spielt
bis 2.30 Uhr.

Porkopolis, 1077 Celestial St, Mount Adams,
✆ 513/721-5456. Steaks und Sandwiches im
Gebäude von Cincinnatis einstiger berühmter
Töpferei.

Tucker's, 1637 Vine St, ✆ 513/721-7123, Filiale
in der 18 E 13th St, ✆ 513/241-3354, Over-the-
Rhine. Traditionelles oder Gourmet-Frühstück
in 50er-Jahre-Ambiente.

Am meisten los ist abends im Viertel **Over-
the-Rhine**, das von der Main St aus fächer-
förmig die 12th und 14th St umschließt. Aber
Vorsicht beim Parken und Herumwandern:
Das Viertel grenzt an einige gefährliche Ecken.
Ein bisschen weniger lebendig sind das
vornehmere **Mount Adams** und das studenti-
schere **Corryville**, 5 Autominuten nordwestlich
von Downtown.
Das Gratisheft *Cincinnati CityBeat*, ✆ 513/
744-3344, 🖥 www.cincinnatiarts.org, enthält
ein Veranstaltungsprogramm für die gesamte
Stadt.
Klassische Musik und Ähnliches bietet die
Music Hall, 1243 Elm St, ✆ 513/744-3344,
🖥 www.cincinnatiarts.org. Es heißt, sie habe
eine fast perfekte Akustik. In der Konzerthalle
mit Türmen, Rundbögen und Gesimsen – erbaut
in den 1870er-Jahren – sind die Oper und das
Symphony Orchestra von Cincinnati beheimatet.
Alljährlich im Mai findet hier das May Festival
der Chormusik statt.
Das **Cincinnati Playhouse in the Park**, ✆ 513/
421-3888, 🖥 www.cincyplay.com, im Eden Park,

Great Lakes

bringt das ganze Jahr über Schauspiele, Musicals und Komödien auf die Bühne.

Blind Lemon, 936 Hatch St, Mount Adams, ✆ 513/241-3885, 🖥 www.theblindlemon.com. Hinter der Bar sitzt man im gemütlichen Patio zusammen. Tgl. ab 21.30 Uhr meist akustische Livemusik.

Bogart's, 2621 Vine St, Corryville, ✆ 513/281-8400, 🖥 www.bogarts.com. In dieser mittelgroßen Kneipe ein paar Meilen nördlich von Downtown treten renommierte Indie-Bands auf.

Bootsy's, 631 Walnut St, ✆ 513/241-0707. Der Club über dem Restaurant gehört der Funklegende Bootsy Collins und bietet neben Erinnerungsstücken auch ein lebendiges Ambiente für einen Cocktail am späten Abend.

Mount Adams Pavilion, 949 Pavilion St, Mount Adams, ✆ 513/744-9200. Bar mit Terrasse und herrlichem Blick über die Stadt und den Ohio River. Erstklassige Bloody Marys.

Rhythm & Blues Café, 1142 Main St, Over-the-Rhine, ✆ 513/684-0080. Gutes Essen, tolle Atmosphäre. Mi–Sa Livemusik (Rock, Blues und andere Richtungen).

Informationen

Cincinnati Visitor Center, 511 Walnut St, am Fountain Square, ✆ 800/543-2613, 🖥 www.cincyusa.com/visitors, 🕐 Do–So 11–17 Uhr.
Infos per Telefon oder online außerdem beim **Cincinnati USA Regional Tourism Network**, ✆ 859/589-2260, 🖥 www.cincinnatiusa.com.

Nahverkehr

SORTA/Metro, ✆ 513/621-4455, 🖥 www.sorta.com, betreibt ein stadtweites Busnetz (Fahrpreis $1,75). Die Busse auf der Kentucky-Seite werden von **TANK**, ✆ 859/331-8265, 🖥 www.tankbus.org, betrieben; darunter sind auch Shuttlebusse, die nach Cincinnati fahren. Fahrpreis $1,50.

Transport

Der **Cincinnati-Northern Kentucky International Airport** liegt 12 Meilen südlich von Downtown in Covington, Kentucky. Eine Taxifahrt ins Zentrum kostet $32, ✆ 859/586-5236.

Die **Greyhound**-Station, 1005 Gilbert Ave, liegt am Ostrand von Downtown, in unmittelbarer Nähe des Broadway.

Amtrak-Züge laufen 1 Meile nordwestlich von Downtown im Union Terminal Museumskomplex ein. Zu erreichen mit einem SORTA/Metro-Stadtbus für $1,75.

Michigan

Mit dem Staat Michigan verbindet man im Allgemeinen die Autoindustrie und den Niedergang von Detroit. Wer schon einmal hier war, weiß jedoch auch, dass die 3200 Meilen lange Uferlinie seiner beiden in die Seen ragenden, sehr unterschiedlichen **Halbinseln** unzählige Strände, Dünen und Klippen bietet.

Im äußersten Südosten der **Lower Peninsula**, die wie ein Boxhandschuh geformt ist, liegt der Industriegigant **Detroit**. Die Stadt ist von einer Reihe Satellitenstädte umgeben, die fast ausschließlich von der Autoindustrie leben. Am nordwestlichen Ende der Lower Peninsula gruppieren sich mehrere hübsche Kleinstädte rund um **Traverse City**. Die urwüchsige Landschaft der dünn besiedelten **Upper Peninsula**, zwischen Wisconsin und den Seen Superior und Michigan, unterscheidet sich deutlich vom kosmopolitischen Süden des Staats.

Die ersten Weißen in Michigan waren **französische Forschungsreisende**. Sie knüpften Mitte des 17. Jhs. lukrative Handelsbeziehungen mit den Chippewa, Ontario und anderen Stämmen. Die **Briten**, die nach 1763 die Vorherrschaft über die Region gewannen, gingen mit den Indianern wesentlich brutaler um: Gouverneur Henry Hamilton, der „Haareinkäufer von Detroit", ließ die Ureinwohner lieber skalpieren, als Gefangene zu machen.

Michigans Wirtschaft entwickelte sich in mehreren Etappen. In der ersten Hälfte des 18. Jhs. erlebten nacheinander der Pelzhandel, die Holzwirtschaft und schließlich die Kupferförderung eine Blütezeit, bis sich der Staat schließlich dank seiner reichlich vorhandenen Rohstoffe, guten Verkehrsverbindungen und so geschäftstüchtigen Leuten wie **Henry Ford** an die vorderste Stelle der landesweiten Industrieproduktion katapultierte.

Heute, da sich die Automobilindustrie weiter im Niedergang befindet, versucht sich Michigan als „kreatives Zentrum" für neue Technologien neu zu erfinden.

Detroit

Trotz mehrerer Versuche, das negative Image abzulegen, steht Detroit sinnbildlich für den Niedergang amerikanischer Städte und entspricht angesichts des rauen Alltags diesem Bild zum Teil auch. Zwar hat es für eine Milliardensumme seine Downtown saniert, besitzt hypermoderne Motorenwerke, einige hervorragende Museen und eine der größten Kunstgalerien der USA. Doch das Interesse der Medien konzentriert sich seit den 1960er-Jahren vor allem auf verfallene Stadtlandschaften mit festungsartig gesicherten Pfandhäusern und abweisend wirkenden Lebensmittelläden. In letzter Zeit hat sich die Stadt jedoch wieder ein wenig aufgerappelt, und man versucht, mit dem Hinweis auf das abends muntere Greektown und das Motown Historical Museum eine Wiederbelebung auszumachen und so Unternehmen anzulocken.

Detroit wurde 1701 von **Antoine de Mothe Cadillac** als Handelsposten für Franzosen und Chippewa gegründet und war noch 200 Jahre später nichts weiter als eine mittelgroße Hafenstadt. Dann begannen **Henry Ford**, **Ransom Eli Olds**, die **Chevrolets** und die Gebrüder **Dodge** ihre Autoimperien zu errichten. Dank der Erfindung des Fließbands lief die Massenproduktion in den 1920er-Jahren auf Hochtouren. Die Autobarone förderten den Bau von nach Rassenkriterien getrennten Wohnsiedlungen für ihre Arbeiter und reagierten in Zeiten niedriger Nachfrage mit Massenentlassungen. Diese Firmenpolitik führte zur Bildung riesiger Gettos. Im Juli 1967 eskalierte die Situation, und es kam zu den blutigsten **Unruhen**, die die USA seit 50 Jahren erlebt hatten. Mehr als 40 Menschen starben und 1300 Gebäude wurden zerstört. Die **Innenstadt** von Detroit blieb sich selbst überlassen. Schließlich versetzten die Ölkrise und die Konkurrenz durch die Japaner der lebenswichtigen Autoindustrie einen schweren Schlag.

Trotzdem ist Detroit nicht so abgewrackt, wie manche es darstellen; das zeigt sich auch daran, dass die Bewohner der Vororte wieder in die Bars, Clubs und Restaurants der Stadt zurückkehren. Einen Besuch in Detroit sollte man nicht wie den einer großen Stadt, sondern wie den einer ganzen Region planen. Wer ein Auto hat, findet hier jede Menge Interessantes. Die Downtown bildet in dieser Riesenstadt bislang nicht den Mittelpunkt des kulturellen und gesellschaftlichen Geschehens, sondern ist nur ein Viertel unter anderen. Weitere interessante Anlaufpunkte sind das riesige **Cultural Center**, die Ford-Stadt **Dearborn**, das nahe **Windsor** im kanadischen Ontario und die Universitätsstadt **Ann Arbor**, nur eine kurze Autofahrt Richtung Westen.

Downtown

Futuristische Büroblocks und ein geschmackvoll aufpolierter Park säumen den grünen Detroit River. Ansonsten wirkt Downtown Detroit leer, selbst tagsüber. Das liegt zum Teil daran, dass die meisten Büros und Geschäfte in die sechs glitzernden, 73 Stockwerke hohen Türme des **Renaissance Center** gezwängt sind. Das RenCen, ein Geschäfts-, Konferenz- und Einzelhandelszentrum, war eines von vielen Baukomplexen, mit denen man im Zentrum nach den Unruhen von 1967 neue Akzente setzen wollte. Von seiner kostenlosen Aussichtsplattform eröffnet sich ein gewaltiger Blick über die Metropole; die Plattform ist im Rahmen von kostenlosen Führungen zugänglich, die beim PURE DETROIT/GM Collection Store beginnen (Mo–Fr 12 und 14 Uhr).

Eine der wenigen Grünanlagen erstreckt sich am Fluss im Schatten des RenCen – die **Hart Plaza** mit vielen Brunnen und Skulpturen. Hier finden mittags Gratiskonzerte und an Sommerwochenenden eine ganze Reihe gut besuchter Festivals statt, darunter das **Ford-Detroit International Jazz Festival** am Labor-Day-Wochenende, das sich inzwischen bis zum Campus-Martius-Platz ausbreitet.

Zehn Häuserblocks auf der Woodward Avenue nach Norden gelangt man zum **Theater District**, dem wichtigsten Vergnügungszentrum

Great Lakes

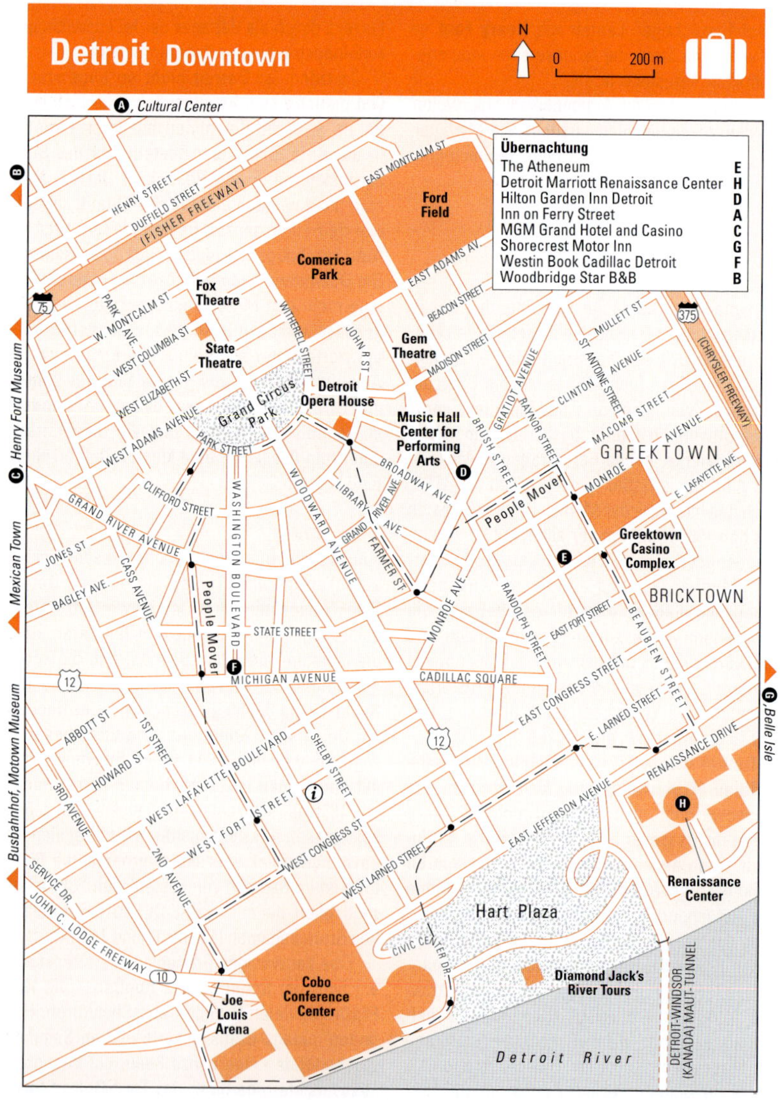

N

0 — 200 m

A, Cultural Center

B

Great Lakes

Henry Ford Museum

Mexican Town

Busbahnhof, Motown Museum

HENRY STREET

DUFFIELD STREET

(FISHER FREEWAY)

EAST MONTCALM STREET

Ford Field

75

W. MONTCALM AVE

PARK AVENUE

WEST COLUMBIA ST

WEST ELIZABETH ST

WEST ADAMS AVENUE

Comerica Park

Fox Theatre

State Theatre

WITHERELL STREET

JOHN R ST

Grand Circus Park

EAST ADAMS AV.

BEACON STREET

MADISON STREET

Gem Theatre

Detroit Opera House

Music Hall Center for Performing Arts

D

MULLETT ST

375

(CHRYSLER FREEWAY)

ST. ANTOINE AVENUE

CLINTON STREET

BRUSH STREET

BEAUBIEN STREET

MACOMB AVENUE

GREEKTOWN

E. LAFAYETTE AVE.

MONROE

Greektown Casino Complex

BRICKTOWN

GRATIOT AVENUE

RANDOLPH STREET

People Mover

E

CLIFFORD STREET

GRAND RIVER AVENUE

JONES ST

CASS AVENUE

BAGLEY AVE

WASHINGTON BOULEVARD

WOODWARD AVENUE

PARK STREET

LIBRARY

GRAND RIVER AVE

FARMER ST

BROADWAY AVE

MONROE AVE

People Mover

STATE STREET

MICHIGAN AVENUE

F

12

CADILLAC SQUARE

EAST CONGRESS STREET

EAST FORT STREET

E. LARNED STREET

RENAISSANCE DRIVE

G, Belle Isle

ABBOTT ST

HOWARD ST

3RD AVENUE

2ND AVENUE

1ST STREET

CASS AVENUE

SHELBY STREET

WEST LAFAYETTE BOULEVARD

WEST FORT STREET

WEST CONGRESS ST

WEST LARNED STREET

12

EAST JEFFERSON AVENUE

H

Renaissance Center

SERVICE DR

JOHN C. LODGE FREEWAY

10

Joe Louis Arena

Cobo Conference Center

CIVIC CENTER DR

Hart Plaza

Diamond Jack's River Tours

DETROIT-WINDSOR (KANADA) MAUT-TUNNEL

Detroit River

Übernachtung

The Atheneum	E
Detroit Marriott Renaissance Center	H
Hilton Garden Inn Detroit	D
Inn on Ferry Street	A
MGM Grand Hotel and Casino	C
Shorecrest Motor Inn	G
Westin Book Cadillac Detroit	F
Woodbridge Star B&B	B

von Downtown. Das Nachtleben konzentriert sich derzeit um das meisterhaft restaurierte siamesisch-byzantinische **Fox Theatre** (s. S. 307), ein riesiges altes Filmhaus, in dem die besten Konzerte und Theaterstücke gezeigt werden, die die Stadt zu bieten hat, und auf das benachbarte prächtige **State Theatre** im italienischen Renaissance-Stil. Diese Einrichtungen liegen im Herzen des umfangreichen Sanierungsprojekts **Columbia Street**, Heimat der Sportstadien Ford Field und Comerica Park sowie von Mini-Brauereien, Cafés und den klassischen Restaurantketten.

Drei Meilen östlich des RenCen liegt der Park **Belle Isle**. Diese Innenstadtoase mit 20 Meilen Spazierwegen und verschiedenen Sporteinrichtungen lockt mit einem Aquarium, einem Museum zu den Great Lakes und kunstvollen Gärten, Eintritt frei. Der Park ist mit einem DOT-Bus der Linie 25 bis MacArthur Bridge und von dort mit der Linie 12 zu erreichen. Eine Alternative ist eine 2-stündige Rundfahrt um Belle Isle mit **Diamond Jack's River Tours**, ✆ 313/843-9376, 🖳 www.diamondjack.com, für $17, von Anfang Juni bis Anfang Sep, Abfahrt an der Hart Plaza in Downtown.

Detroit Cultural Center

Drei Meilen nordwestlich von Downtown schließen sich an das Gelände der Wayne State University die besuchenswerten Museen des Detroit Cultural Center an. Sie liegen jeweils nur einen kurzen Spaziergang voneinander entfernt. Im Center kann man leicht einen ganzen Tag verbringen.

Die 100 Abteilungen des gewaltigen **Detroit Institute of Arts**, 5200 Woodward Ave, ✆ 313/833-7900, 🖳 www.dia.org, beschäftigen sich vor allem mit der Kulturgeschichte von China, Persien, Ägypten, Griechenland, dem alten Rom, Italien, Holland und Amerika. Zu den zahlreichen Meisterwerken gehören van Goghs Selbstporträt und Diego Riveras riesiges Wandgemälde *Detroit Industry* von 1932/33. Außerdem präsentiert das DIA jeden Freitag von 18 bis 22 Uhr Livemusik (im Eintritt enthalten). ◷ Mi und Do 10–16, Fr 10–22, Sa und So 10–17 Uhr, Eintritt $8.

Das beeindruckende **Charles H. Wright Museum of African American History**, 315 E Warren St, ✆ 313/494-5800, 🖳 www.maah-detroit.org, ist das größte afroamerikanische Museum der Welt. In acht Abteilungen werden über 600 Jahre Geschichte behandelt. ◷ Di–Sa 9–17, So 13–17 Uhr, Eintritt $8.

Das **Detroit Historical Museum**, 5401 Woodward Avenue, ✆ 313/833-1805, 🖳 www.detroithistorical.org, veranschaulicht die Stadtgeschichte mit der Ausstellung *Streets of Old Detroit.* ◷ Mi–Fr 9.30–15, Sa 10–17, So 12–17 Uhr, Eintritt $6.

Motown Museum

Im Gegensatz zu Städten wie Memphis, Nashville und New Orleans fehlen in Detroit die Bars, Clubs und Häuser der Musikhelden. So kommen die Fans des Motown Sound nur im Motown Museum, 2648 W Grand Blvd, ✆ 313/875-2264, 🖳 www.motownmuseum.com, auf ihre Kosten. Das nicht kommerzielle Museum ist in dem kleinen, weißblauen Holzhaus „Hitsville USA" untergebracht, das der berühmten Plattenfirma von 1959 bis 1972 als Aufnahmestudio diente.

Das Studio A im Erdgeschoss sieht noch genauso aus, wie es damals verlassen wurde: Lädierte Instrumente und ein abgewetzter Steinway-Flügel füllen fast den gesamten Raum aus. Im Stockwerk darüber befinden sich die ehemaligen Wohnräume des Firmengründers Berry Gordy, und im angrenzenden Haus sind unter anderem. goldene und Platinschallplatten sowie Memorabilien ausgestellt. ◷ Di–Sa 10–18 Uhr, Eintritt $10.

Henry Ford Museum und Greenfield Village

Das weitläufige **Henry Ford Museum**, 20900 Oakwood Blvd, Dearborn, ✆ 313/271-6001 oder 1-800/835-5237, 🖳 www.thehenryford.org, befindet sich 10 Meilen außerhalb von Downtown. Es würdigt seinen Stifter als uneingeschränkt brillanten Industriellen und edlen Menschenfreund. Das Erste trifft sicherlich zu. Der Held der „zweiten industriellen Revolution" und Erfinder des Fließbandes führte die 1903 von ihm gegründete Gesellschaft mit einem solchen Weitblick, dass sie schon innerhalb von zwei Jahrzehnten mehr als zwei Millionen Autos pro Jahr produzierte. Abgesehen von der groß angelegten Ausstellung The Automobile in American Life ähnelt das fast 5 ha große Museum eher einem gigantischen Kuriositätenladen. Zu sehen sind mehrere Flugzeuge und Eisenbahnen, Erfindungen für den Haushalt u. v. m. Zu den wirklichen Raritäten gehört der Stuhl, in dem Lincoln ermordet, und das Auto, in dem Kennedy erschossen wurde. Nicht ausgestellt ist das Eiserne Kreuz, dass Hitler 1938 dem berüchtigten Antisemiten Ford schenkte.

Ford war es auch, der die Häuser berühmter Amerikaner aus allen Landesteilen von ihrem ursprünglichen Standort in das **Greenfield Village** verpflanzte. Unter den 240 Gebäuden befinden sich Fords eigenes Geburtshaus, das Laboratorium von Edison und die Farm von Firestone. Kostümierte Angestellte demonstrieren alles, vom Webstuhl bis zur Pannenhilfe. ⏰ tgl. 9.30–17 Uhr, Eintritt Museum $15, Greenfield Village $22. Zu erreichen mit einem Smart-Bus der Linien 200 und 250.

Gleich neben dem Ford Museum steht die **Automotive Hall of Fame**, 21400 Oakwood Blvd, ☎ 313/240-4000, 💻 www.automotivehalloffame. org, die sich mit der weltweiten Automobilherstellung beschäftigt und in interaktiven Ausstellungen die Probleme veranschaulicht, mit denen Buick, Honda usw. konfrontiert waren. ⏰ Sep–April Mi–So 9–17, Mai–Okt Mo–So 9–17 Uhr, Eintritt $8.

Windsor, Ontario

Auf der anderen Seite des Detroit River liegt die kanadische Stadt Windsor, von der sich schöne Ausblicke auf die Skyline des großen Nachbarn bieten. Genau wie in Detroit ist auch in Windsor die Automobilindustrie der Haupterwerbszweig, die Stadt ist jedoch erheblich kleiner und relaxter und eignet sich gut zum Abhängen. Das kürzlich renovierte **Caesars Casino**, 💻 www. caesarswindsor.com, bringt Shows und einen Hauch von Las Vegas nach Windsor. Eine dem Alkohol geweihte Sehenswürdigkeit nicht weit von Downtown ist die **Hiram Walker Distillery**, Riverside Drive, Ecke Walker Rd, ☎ 519/ 255-9192, wo die Whiskymarke Canadian Club gebrannt wird; kostenlose Führungen und Verkostungen Mo–Sa 10–18 Uhr.

Zwischen dem Zentrum von Detroit und Windsor pendeln **Busse** von Transit Windsor, ☎ 519/944-4111, einfache Fahrt $2,75 – für den Grenzübertritt Pass mitnehmen! Mit dem Auto gelangt man durch den Windsor Tunnel oder über die Ambassador Bridge (jeweils $3,75 Maut) nach Windsor. Die Stadt besitzt zwei **Visitor Centers**, eins bei der Ambassador Bridge, 1235 Huron Church Rd, und eins in der 110 Park Street E im Zentrum, ☎ 519/973-1338 oder 1-800/ 265-3633, 💻 www.visitwindsor.com, ⏰ beide tgl. 8.30–16.30 Uhr.

Zahlungskräftige Reisende finden in Downtown Detroit problemlos ein Zimmer. Wer knapp bei Kasse ist, muss nach einer Unterkunft, die sowohl preisgünstig als auch sicher ist, länger suchen.

The Atheneum, 1000 Brush St, ☎ 313/962-2323 oder 1-800/772-2323, 💻 www.atheneumsuites. com. Schickes Hotel in Greektown mit Blick auf die Skyline von den Zimmern; luxuriöse Badewannen. ❻–❾

Detroit Marriott Renaissance Center, Renaissance Center, ☎ 313/568-8000 oder 1-800/228-9290, 💻 www.mariotthotels.com. Tolle Unterkunft mit fantastischem Blick über die Stadt und den Fluss – nach einem der Zimmer in den oberen Stockwerken fragen. ❻

Hilton Garden Inn Detroit, 351 Gratiot Ave, ☎ 313/967-0900, 💻 hiltongardeninn.hilton.com. Sicheres Hotel mitten in Downtown beim Commercial Park mit allen Annehmlichkeiten und kostenlosem Internetzugang. Herzliche und entspannte Atmosphäre, Haustiere willkommen. ❻

Inn on Ferry Street, 84 East Ferry St, ☎ 313/871-6000, 💻 innonferrystreet.com. Das schöne Hotel in Midtown verteilt sich auf vier viktorianische Wohnhäuser mit insgesamt 40 Gästezimmern. Ein netter Ort, um abseits von Downtown ein bisschen Zeit zu verbringen, außerdem in der Nähe des Detroit Institute of Arts und anderer Kultureinrichtungen. ❺

MGM Grand Hotel and Casino, 1777 Third St, ☎ 877/888-1212 oder 1-888/MGM-DETR, 💻 www.mgmgranddetroit.com. Dieses sehr schicke und luxuriöse neue Resorthotel wartet mit allerlei Einrichtungen auf, wirkt in seiner Umgebung aber ein bisschen fremd. ❻–❽

Shorecrest Motor Inn, 1316 E Jefferson Ave, ☎ 313/568-3000 oder 1-800/992-9616, 💻 www. shorecrestmi.com. Freundlicher Familienbetrieb im lebendigen, an Downtown grenzenden Viertel Rivertown. Saubere Zimmer und Sonderangebote für Greyhound-Passagiere. ❹

Westin Book Cadillac Detroit, 1114 Washington Blvd, ☎ 313/442-1600, 💻 www.bookcadillac westin.com. Das Book Hotel, im National

Great Lakes

Die Legende der Plattenfirma Tamla Motown nahm 1959 ihren Anfang. Damals lieh sich der Ford-Mitarbeiter und Teilzeit-Songschreiber **Berry Gordy Jr**. $800, um ein Studio zu gründen. Von seinem ersten Hit an – mit dem prophetischen Titel *Money (That's What I Want)* – plante er, einen Crossover-Stil zu entwickeln, der Weiße und Schwarze gleichermaßen anspricht.

Die frühen Motown-Hits folgten einem klaren **Schema**: Gordy schwächte die Blues-typischen Blue Notes ab, die einen Großteil der damaligen schwarzen Musik dominierten, und setzte stattdessen auf einen tanzbareren, poppigeren Beat mit vom **Gospel** beeinflusstem Gesang und Klatschen. Zu den Hauptvertretern dieses frühen Stils zählten reine Frauenbands wie die **Marvelettes** *(Needle in a Haystack)*, die **Supremes** *(Baby Love)* und **Martha Reeves and the Vandellas** *(Nowhere to Run)* sowie die reine Männerband **Miracles** *(Tracks of My Tears)*, die die anspruchsvollen Liebestexte ihres Sängers **Smokey Robinson** zum Besten gab. Gordys „Quality Control Department" prüfte jeden Beat; alle Aufnahmen wurden vor dem endgültigen Mix über die Lautsprecher billiger Transistorradios abgespielt.

Motown war eine intensive, eng zusammengeschweißte Gemeinschaft: **Marvin Gaye** heiratete Gordys Schwester, und „Little" **Stevie Wonder** galt als Baby der Familie. Dennoch hielt das Label mit der Zeit Schritt und machte sich Innovationen wie das Wah-Wah-Pedal und den Synthesizer zunutze.

Ende der 60er-Jahre hatte sich der Sound verändert – er war härter geworden. Höhepunkt dieser Entwicklung waren die Acid-Soul-Produktionen von Norman Whitfield, die von den vielseitigen **Temptations** interpretiert wurden. 1968 entwuchs die Organisation den Räumen in der Grand Avenue, und vier Jahre später wurde der Firmensitz von Detroit nach L.A. verlegt. Passend zum Geschmacks-Einheitsbrei der 70er-Jahre entwickelten sich der High-Society-Soul von **Diana Ross** und die Balladen der **Commodores** zu den Verkaufsschlagern. Viele Spitzenkünstler, die sich an Gordys ständiger Einmischung störten, verließen in der Folge das Label. Das erstklassige Songschreiber-Team Holland/Dozier/Holland, das für die meisten **Top-Four-Hits** sorgte, blieb allerdings in Detroit und produzierte die zukunftsträchtige Band **Chairmen of the Board** *(Gimme Just A Little More Time)* sowie **Aretha Franklin** und **Jackie Wilson**. Heute befindet sich Motown im Besitz der gigantischen Universal Music Group.

Great Lakes

Registry of Historic Places gelistet, wurde renoviert und von der Hotelkette Westin übernommen. Elegante Zimmer, alle Annehmlichkeiten. ❼ – ❾
Woodbridge Star Bed and Breakfast, 3985 Trumbull Ave, ✆ 313/831-9668. Freundliche, günstigere Unterkunft gleich westlich des Theater District mit gutem Preis-Leistungs-Verhältnis. ❹ – ❻

Die internationalen Restaurants tischen das beste (und billigste) Essen der Stadt auf. In **Greektown**, besonders an der Monroe Ave zwischen Beaubien St und St. Antoine St,

wimmelt es von griechischen Lokalen. Schlicht, aber ausgezeichnet, sind die Bäckereien, Bars und Cantinas von Mexican Town, 5 Min. westlich von Downtown. Royal Oak, 10 Meilen nördlich, der lebendigste Vorort dieser Riesenstadt, weist zahlreiche mehr oder weniger alternative Vollwertkostlokale auf.
Atwater Block Brewery, 237 Joseph Campau St, ✆ 313/393-2073. Geräumiger Rivertown-Brewpub, serviert ausgezeichneten Fisch in Bierteig, Pilze, Muscheln usw.
Golden Fleece, 525 Monroe St, Greektown, ✆ 313/962-7093. Lockeres griechisches Lokal mit dem authentischsten Gyros der Stadt. Vernünftige Preise.

Laut, lustig, lecker

Fishbone's Rhythm Kitchen Café, 400 Monroe Ave, Greektown, ✆ 313/965-4600. Lautes, lustiges, oft voll besetztes Cajun-Lokal mit Whiskey-Rippchen, Langusten, Gumbo (Eintopf mit Okraschoten), Sushi und vielem mehr.

Rattlesnake Club, 300 River Place, ✆ 313/567-4400. Besitzer ist der Detroiter Küchenchef Jimmy Schmidt, die Ausstattung ist so exquisit wie die Gerichte. Ein Abendessen kostet $30–40, Mittagsgerichte sind viel billiger. ⏲ Di–Sa.

SaltWater, im MGM Grand Hotel, ✆ 313/465-1777. Speisen in lockerer, schicker und ruhiger Atmosphäre, eine Oase inmitten des Kasinotrubels. Die Gerichte wie mit Miso glasierter Wolfsbarsch sind ein bisschen teuer, aber ihr Geld durchaus wert.

Slows Bar BQ, 2138 Michigan Ave, ✆ 313/962-9828. Lebendiges, erschwingliches Restaurant in Corktown mit Bar und Südstaatenküche. Die besten überbackenen Makkaroni (mac and cheese) der Stadt!

Xochimilco, 3409 Bagley Ave, Mexican Town, ✆ 313/843-0179. Bestes Restaurant in Detroits echt mexikanischem Viertel. Riesige Portionen, hervorragende Bedienung und supergünstige Preise. ⏲ bis 2 Uhr.

Unterhaltung

Bars und Clubs

Das Nachtleben von Detroit – der Stadt, die den Techno hervorbrachte – hat eine Menge zu bieten. Die Bars und Clubs des **Theater District** sind sehr beliebt. **Rivertown**, 1 Meile vom RenCen entfernt, ist für seine schicken Bistros und hippen Jazz- und Blues-Bars bekannt. Zum Ausgehen eignen sich auch das gediegene **Birmingham** und das überwiegend von Jugendlichen bevölkerte **Royal Oak**. Am nördlichen Stadtrand sind inzwischen im ehemals verlassenen **Pontiac** eine ganze Reihe gut besuchter Rock-Kneipen und Clubs entstanden. Auch das kanadische **Windsor** hat ein recht gutes Nachtleben; hier bekommen schon 19-Jährige Alkohol ausgeschenkt, in Michigan muss man dafür 21 Jahre alt sein. Veranstaltungshinweise für Detroit und Ann Arbor sind der kostenlosen, wöchentlich erscheinenden *Metro Times* zu entnehmen.

Baker's Keyboard Lounge, 20510 Livernois Ave, Royal Oak, ✆ 313/345-6300. Behauptet von sich, der älteste Jazz-Club der Welt zu sein. Hier jammen in erster Linie einheimische Jazz-Musiker. ⏲ Mo–Sa.

Gusoline Alley, 309 S Center St, Royal Oak, ✆ 248/545-2235. Eine Legende unter den Bars in Detroit mit Bieren aller Welt. Bunt zusammengewürfeltes Publikum, immer voll, schummrig, gut gefüllte Jukebox und ein Paradies für diejenigen, die gern Leute beobachten. Wer einen Sitzplatz bekommen möchte, sollte früh da sein.

Magic Stick, 4120 Woodward Ave, ✆ 313/833-9700, 🖳 www.majesticdetroit.com/stick. asp. Tolle Kneipe mit Billard, Livemusik und natürlich Alkohol. Teil des Majestic Theater Komplexes, wo große Rock-Shows und Techno-Nächte abgehalten werden.

Saint Andrew's Hall/Shelter, 431 E Congress St, Downtown, ✆ 313/961-6358. Kleiner Club, der Top-Bands aus der alternativen Szene auf die Bühne bringt. Frühzeitig eine Eintrittskarte besorgen. Eine Treppe tiefer befindet sich der Shelter Club, Auftritte weniger bekannter Bands, gefolgt von Musik zum Tanzen.

Tonic, 29 S Saginaw St, Pontiac, ✆ 248/334-7411, 🖳 www.tonicdetroit.com. Laut eigenen Angaben der beste Ort für eine After-Concert-Party: drei Ebenen mit Tanzflächen und jeder erdenklichen Art von Musik. Hipper Dresscode. ⏲ Fr–So bis 2 Uhr.

Klassische Musik, Theater und Oper

Die meisten der wichtigsten Bühnen Detroits liegen praktischerweise nicht weit voneinander entfernt im Nordwesten von Downtown.

Detroit Opera House, 1526 Broadway, ✆ 313/237-SING, 🖳 www.detroitoperahouse.com. Verschwenderisch gestaltetes Opernhaus.

Music Hall Center for Performing Arts, 350 Madison Ave, ✆ 313/887-8500, 🖳 www.musichall.org. Ganz in der Nähe, die erste Adresse für Tanz, bringt auch Rockkonzerte, Jugendtheater und Broadwayshows.

Fox Theater, 2211 Woodward Ave, ✆ 313/
983-6611, 🖥 www.olympiaentertainment.com.
Hauptanziehungspunkt im Theater District,
zeigt die ganz großen Broadwayshows.
Gem Theater, 333 Madison Ave, ✆ 313/
963-9800, 🖥 www.gemtheatre.com.
Gemütliches Haus mit nur 450 Plätzen, lohnt
einen Besuch.
Max M. Fisher Music Center, 3711 Woodward
Ave, ✆ 313/576-5111, 🖥 www.detroitsymphony.
com. Etwas weiter Richtung Cultural Center,
hier spielt das Detroit Symphony Orchestra.

Sonstiges

Informationen

Detroits größtes **Visitor Center** befindet sich
in der 211 W Fort St, 10. Stock, Downtown,
✆ 313/202-1800 oder 1-800/338-7648,
🖥 www.visitdetroit.com, ⊙ Mo–Fr 9–17 Uhr.

Post

Das **Hauptpostamt** steht in der 1401 W Fort St,
Ecke 8th St, ⊙ Mo–Fr 8.30–17, Sa 8–12 Uhr.

Nahverkehr

Der Nahverkehr ist in der Autostadt Detroit –
wen wundert's – vor allem auf das Auto
ausgerichtet.

Stadtbusse

SMART, ✆ 313/962-5515, 🖥 www.smartbus.org,
deckt die gesamte Metro-Region ab;
die **DDOT**-Busse, ✆ 313/933-1300, 🖥 www.
detroitmi.gov/ddot, bieten einen weniger
flächendeckenden innerstädtischen Service
(Fahrpreis $1,50).

Hochbahn

Die moderne Hochbahn **People Mover** hält in
Downtown an 13 verschiedenen Stationen.
Sie verkehrt Mo–Do 6.30–24, Fr 6.30–2, Sa 9–2,
So 12–24 Uhr, Fahrpreis $0,50.

Transport

Busse

Der Hauptterminal von **Greyhound** befindet
sich in der 1001 Howard Ave. Die Umgebung ist
vor allem abends und nachts zu unsicher für
längere Wege.

Eisenbahn

Auch der **Amtrak**-Bahnhof, 11 W Baltimore
Ave, liegt in einer nachts unsicheren Gegend.
Züge halten außerdem im 10 Meilen entfernten
Dearborn, 16121 Michigan Ave, ganz in der
Nähe des Henry-Ford-Museums und einiger
Mittelklasse-Motels, sowie an den Vorort-
bahnhöfen Birmingham, Pontiac und Royal Oak
(alle ohne Personal).

Flüge

Der **Detroit Metropolitan Wayne County
Airport** liegt 18 Meilen südwestlich von
Downtown in Romulus; eine Taxifahrt
kostet mindestens $41 (Metro Airport Taxi,
✆ 800/745-5191, $41, Checker Sedan Taxis,
✆ 800/351-5466, $55). SMART-Bus 125
verbindet den Smith-Terminal mit Downtown
($1,50).

Ann Arbor

Mit seinen gerade mal 114 000 Einwohnern hat
Ann Arbor, 45 Autominuten westlich von Detroit
am I-94, mehr Restaurants, Livemusik und Kultur
zu bieten als die meisten der zehnmal so großen
Metropolen. Entscheidenden Anteil an der Entwicklung, Wirtschaft und Atmosphäre der Stadt
hat die **University of Michigan**, die 1837 von Detroit hierher verlegt wurde.

Am schönsten ist ein Bummel durch Downtown und über den Campus. Beide grenzen an
der Kreuzung S State Street und Liberty Street
aneinander. Die zwölf Straßenblocks von Downtown bieten all das, was von einer Unistadt zu
erwarten ist – Cafés, 40 Buchhandlungen und
mehr als ein Dutzend Plattenläden.

Übernachtung und Essen

Es gibt Dutzende Ableger von Hotelketten und
einige gemütlichere Unterkünfte.
Campus Inn, mitten in Downtown, 615 E Huron
St, ✆ 734/769-2200 oder 1-800/666-8693,
🖥 www.campusinn.com. Beste Unterkunft der
Stadt. ➏
Burnt Toast Inn, 415 W William St,
✆ 734/669-6685, 🖥 www.burnttoastinn.com.
Gutes, zentrales B&B. ➍–➎

Eighth Street Trekkers' Lodge, 120 Eighth St, ✆ 734/369-3107, 🖥 www.ofglobalinterest.net. Echtes Schnäppchen, das von einem eingefleischten Trekkingfreak geleitet wird. ❸
The Original Cottage Inn, 512 E William St, ✆ 734/663-3379. Köstliche Pizza.
Zingerman's, 422 Detroit St, ✆ 734/663-DELI. Ausgezeichneter, aber teurer Deli.
Gandy Dancer, 401 E Depot St, ✆ 734/769-0592. Für anspruchsvollere Gaumen.

Unterhaltung

Die Musikszene von Ann Arbor genießt landesweit einen guten Ruf. Anders als viele amerikanische Unistädte verfällt Ann Arbor im Sommer nicht in Lethargie. Über die neuesten Konzerte informiert das monatliche Gratisheft *Current*.
The Blind Pig, 208 S First St, ✆ 734/996-8555, 🖥 www.blindpigmusic.com. Bester Veranstaltungsort für Rock, Alternative und Blues.
The Ark, 316 S Main St, ✆ 734/761-1451, 🖥 www.a2ark.org. Bedeutende Bühne für Folk, Acoustic und Roots.
Michigan Theater, 603 E Liberty St, ✆ 734/668-TIME, 🖥 www.michtheater.org. Wunderschöner Art-déco-Bau, in dem von Zeit zu Zeit auch Bands auftreten. Ansonsten toll zum Filmegucken.
Festivals sind für das kulturelle Leben in Ann Arbor ebenfalls wichtig. Das Summer Festival, 🖥 www.annarborsummerfestival.org, bietet im Juni jede Menge Kulturveranstaltungen. Im Juli werden die Ann Arbor Art Fairs mit Hunderten von Ständen abgehalten. Neu aufgelegt wurde das Ann Arbor Blues and Jazz Festival Mitte September.

Informationen

Visitor Center, 120 W Huron St, ✆ 734/995-7281 oder 1-800/888-9487, 🖥 www.annarbor.org, ① Mo–Fr 8.30–17 Uhr.

Transport

Greyhound verbindet Ann Arbor mit DETROIT. Die Busse halten in der 116 W Huron St.
Der **Amtrak**-Bahnhof, 325 Depot St, liegt am Nordrand von Downtown.

Lower Peninsula

Von Ann Arbor sind es auf dem I-94 etwas mehr als 150 Meilen Richtung Westen bis zum Lake Michigan und zur urigen Stadt St. Joseph, der ersten von vielen kleinen Hafenstädten an der 350 Meilen langen Ostküste des Sees. Nördlich von St. Joseph zieht der Nordwesten der Lower Peninsula entlang dem Hwy-31 vor allem Sportler und Reisenden aus dem gesamten Mittleren Westen an. Auf der unberührten **Leelanau Peninsula** finden sich die schönen **Sleeping Bear Dunes** sowie die reizenden Städte **Harbor Springs** und **Petoskey**, nicht gar so weit von der größeren **Traverse City**. Die wiederbelebte **Mackinaw City** an der Nordspitze der Lower Peninsula ist Ausgangspunkt für die größte Bustoursehenswürdigkeit des Staates, die altmodische **Mackinac Island**.

Am Lake Michigan entlang

St. Joseph liegt nur knapp 30 Meilen nördlich von Indiana und gleich nördlich des „Harbor Country", einer Reihe hübscher kleiner Orte mit guten Möglichkeiten zum Baden, Bootfahren und Angeln. Das propere und kompakte Zentrum von St. Joseph befindet sich auf einer Anhöhe, von der steile Straßen hinunter zum Sandstrand Silver Beach und zu zwei Leuchttürmen auf zwei Piers führen. Tolles **Essen** wie Nachos, Steaksalat und Pasta serviert am Wasser das Clementine's Too, 1235 Broad St, ✆ 269/983-0990. Gute Unterkünfte sind die Suiten des stattlichen Boulevard Inn am See, 521 Lake Blvd, ✆ 269/983-6600, 🖥 www.theboulevardinn.com, ❺, sowie das preisgünstige Holiday Inn Express, 3019 Lakeshore Drive, ✆ 269/982-0004, 🖥 www.hiexpress.com, ❸–❹. Allgemeine Informationen über die Gegend liefert das Welcome Center, bei der Ausfahrt 29 des I-94, ✆ 269/925-6301, ① Sommer Mo–Sa 9–17 Uhr, sonst Sa geschlossen.

Das 50 Meilen weiter nördlich gelegene **Holland** wurde 1847 von niederländischen Religionsflüchtlingen gegründet. Die heutigen Bewohner machen aus ihrer Herkunft keinen Hehl: Im Frühsommer verschönern Zehntausende Tulpen die Stadt, und das Holland-Museum, ein niederländisches Dorf, eine Holzschuhfabrik und die unvermeidliche Windmühle ziehen Besucher an. Übernachten kann man im Haworth Inn, 225 College Ave, ℡ 616/395-7200 oder 1-800/903-9142, 🖥 www.haworthinn.com, ❹, gutes Bier zapft man im The Curragh, 73 E 8th St, ℡ 616/393-6340, wo es auch Kneipenessen gibt. 20 Meilen weiter die Küste hinauf beeindruckt **Grand Haven** mit einem der längsten und schönsten Sandstrände an den Großen Seen; eine 2,5 km lange Uferpromenade lädt hier zu einem netten Bummel ein.

Knapp 100 Meilen weiter nördlich liegt eine Reihe netter kleiner Dörfer; das erste ist **Ludington** mit einem langen öffentlichen Strand. Acht Meilen nördlich via Hwy-116 befindet sich der Ludington State Park mit tollen Wandermöglichkeiten inmitten weiter Sanddünen und unberührter Kiefernwälder (Eintritt $8/Auto). Es gibt auch ein paar schöne Campingplätze ($29), jedoch sind diese im Sommer oft schon ein Jahr im Voraus belegt; ℡ 301/784-9090 oder 1-800/447-2757. Das Visitor Center liegt im Osten des Zentrums, 5827 US-10, ℡ 231/845-0324 oder 1-800/542-4600, 🖥 www.visitludington.com, ⏱ Mo–Fr 8–17 Uhr. Im Zentrum legt die **Lake Michigan Car Ferry** nach Manitowoc in Wisconsin ab, ℡ 231/845-5555 oder 1-800/841-4243, 🖥 www.ssbadger.com, $69/Erw., $59/Auto ohne Fahrer – auf diese Weise lässt sich das Verkehrschaos von Chicago umgehen. Ludington wartet mit zahllosen Unterkünften auf, von Kettenmotels bis zu Ferienhäusern; eine gute Wahl ist Snyder's Shoreline Inn, 903 W Ludington Ave, ℡ 231/845-1261 oder 1-800/843-2177, 🖥 www.snydersshoreinn.com, die einzige Unterkunft im Zentrum mit unverstelltem Blick aufs Seeufer, ⏱ Mai–Okt, ❹. Frühstück, Burger und Eiscreme serviert der chromlastige Diner House of Flavors, 402 W Ludington Ave, ℡ 231/845-5785.

Das von Wald umgebene **Manistee**, 32 Meilen nördlich, beeindruckt mit einem schönen viktorianischen Zentrum und einem eine Meile langen Boardwalk den Manistee River bis zum Lake Michigan entlang. Eine von mehreren schönen Ecken am See ist der Douglas Park mit gutem Sandstrand, kleinem Yachthafen und Picknickplatz. Die Chamber of Commerce ist in der 11 Cypress Street, ℡ 231/723-2575, 🖥 www.manistee.com, ⏱ Mo–Fr 9–17 Uhr.

Leelanau Peninsula

Das Südwestufer der stark bewaldeten Leelanau Peninsula wird von der **Sleeping Bear Dunes National Lakeshore**, 🖥 www.sleepingbeardunes.com, eingenommen, einem sich stets wandelnden Gebiet mit hohen Dünen und 120 m tiefen Abgründen (Eintritt $10/Auto). Ihren Namen erhielt die Gegend von den Chippewa, die die nebelverhangenen Inseln North und South Manitou Island für die Gräber zweier ertrunkener Bärenbabys und die gewaltige, mit dunklen Bäumen bewachsene Düne am Festland für ihre trauernde Mutter hielten. Die starken Winde, die vom Lake Michigan hereinwehen, bewirken, dass sich die Dünen ins Landesinnere fortbewegen und Bäume unter sich begraben, die Jahre später von sämtlichem Blattwerk befreit wieder auftauchen. Gleichzeitig werden die riesigen Sandbänke von den starken Wellen unterspült, sodass immer wieder große Stücke in den See stürzen. Atemberaubende Ausblicke gewährt die hügelige, neun Meilen lange Schleife des **Pierce Stocking Scenic Drive**, der vom Hwy-109 abzweigt. Vier Meilen weiter nördlich lässt sich beim anstrengenden, aber vergnüglichen **Dune Climb** am Hwy-109 eine Düne erklimmen.

Das **Visitor Center**, südlich der Dünen, 9922 Front St (Hwy-72) in Empire, ℡ 231/326-5134, 🖥 www.nps.gov/slbe, bietet Details über Wege, Campingplätze und Strände. ⏱ Sommer tgl. 8–18, sonst 8.15–16 Uhr.

Traverse City

Sanfte Strände und ein toller Blick auf die Bucht machen Traverse City für die Bewohner von Michigan zum beliebtesten Ferienziel im Staat. Das lebendige Städtchen (15 000 Einw.) entging dem Schicksal so vieler anderer Orte, die nach der Schließung der Sägemühlen stagnierten, weil sich das gerodete Land als ideal für den Obstanbau herausstellte. Heute hat der Anspruch der Gegend, die „**Cherry Capital of the World**" zu sein, durchaus seine Berechtigung: Tausende Hektar Kirschplantagen umgeben die Stadt, und jeden Mai entfalten die dünnen rosa Blüten ihre zarte Schönheit. Beim **National Cherry Festival**

in der ersten Juliwoche locken Umzüge, Feuerwerke und Konzerte zahlreiche Besucher an, die
außerdem jedes nur erdenkliche Kirschprodukt
probieren können.

Das gepflegte Zentrum von Traverse City erstreckt sich im Süden des Westarms der **Grand
Traverse Bay** unterhalb der Old Mission Peninsula. Diese schmale, 17 Meilen lange Halbinsel,
die die Bucht in zwei Teile zerschneidet, eignet
sich gut für eine schöne Autotour entlang schmaler Straßen mit tollen Aussichten auf die
Buchten auf beiden Seiten der Halbinsel. Im Ort
selbst gibt es fünf öffentliche Sandstrände und
einen kleinen Hafen. An mehreren Stellen können Boote, Windsurf-Ausrüstung, Jetskis und
Mountainbikes geliehen werden.

Great Lakes

Übernachtung

Im Sommer ziehen die Preise für ein Zimmer
im Zentrum stark an.

Sugar Beach Resort, 1773 US-31 North, ☎ 231-
938-0100, 🖥 www.tcresorts.com. Exzellente
Wahl für Leute, die die schönen Strände der
Umgebung genießen möchten. ❺

Grand Traverse Resort & Spa, 100 Grand
Traverse Village Blvd, ☎ 1-800/236-1577,
🖥 www.grandtraverseresort.com. Etwas
abseits gelegenes Wellnesshotel mit hervorragenden Restaurants. ❻

Old Mission Inn, 18599 Mission Rd, ☎ 231/
231-7770, 🖥 www.oldmissioninn.com. B&B in
schönem Gebäude von 1869. ❻

Möglichkeiten zum **Campen** gibt es für $27/
Nacht im Traverse City State Park etwas außerhalb der Stadt, 1132 US-31 N, ☎ 231/922-5270.

Essen

Günstige Lokale sind in Traverse City nicht
schwer zu finden.

Mabel's, 472 Munson Ave, ☎ 231/947-0252.
Große Frühstücksportionen mit selbst
gebackenem Brot.

Mode's Bum Steer, 125 E State St, ☎ 231/
947-9832. Für Rippchen.

Am besten aber fährt man abends Richtung
Norden auf die Old Mission Peninsula, wo
das **Boathouse**, 14039 Peninsula Drive, ☎ 231/
223-4030, direkt am See frisches Seafood,
Pasta und vegetarische Gerichte bietet.

North Peak Brewing Company, 400 W Front St,
☎ 231/941-7325. Gute Downtown-Bar, außerdem
tolle Hamburger und Lachsgerichte.

Informationen

Das **Visitor Center**, 101 Grandview Parkway,
Downtown, ☎ 231/947-1120 oder 1-800/872-8377,
🖥 www.visittraversecity.com, kann bei der
Suche nach einer Unterkunft behilflich sein.
⏲ Mo–Fr 9–17, Sa 9–15 Uhr.

Transport

Greyhound-Busse halten in der 3233 Cass Rd
nicht weit der Innenstadt.

Richtung Norden nach Mackinaw City

Auf seinem Weg von Traverse City Richtung
Norden führt der reizende Hwy-31 durch **Charlevoix** und andere nette Orte am Lake Michigan
entlang. An der Nordspitze der Halbinsel liegt
Mackinaw City, von wo aus Fähren Urlauber
hinüber zur stark beworbenen **Mackinac Island**
bringen.

Petoskey

In Petoskey, hoch über dem Lake Michigan 16
Meilen nördlich von Charlevoix via US-31, säumen stattliche viktorianische Häuser den schön
restaurierten **Gaslight District** der Stadt. Hier
verbrachte Ernest Hemingway als Teenager viele Sommer, und in seinem Roman *Die Sturmflu-
ten des Frühlings* spielt er auf die Stadt an. Das
Visitor Center ist in der 401 E Mitchell Street,
☎ 1-800/845-2828, 🖥 www.boynecountry.com,
⏲ Mo–Fr 8–17, Sa 10–16, im Sommer auch So
12–16 Uhr. Erschwingliche **Unterkünfte** sind das
Comfort Inn, 1314 US 31 North, ☎ 231/347-3220
oder 1-877/228-5150, 🖥 www.comfortinn.com/
hotel/mi412, ❺, und das altehrwürdige Stafford's
Perry Hotel, im Zentrum in der Bay Street, Ecke
Lewis Street, ☎ 231/347-4000 oder 1-800/737-
1899, 🖥 www.staffords.com, ❹; der angeschlossene Noggin Room Pub serviert gute Snacks
und Pizza. Eine weitere Verpflegungsmöglich-
keit ist das auch von Hemingway frequentierte
Jesperson's, 312 Howard St, ☎ 231/347-3601, das

immer noch tolle Pasteten und Sandwiches verkauft; ⊙ im Winter geschlossen. Roast & Toast Café & Coffee, 309 Lake St, ☎ 231/347-7767, serviert neben Suppen und Sandwiches auch hausgemachte *potpies* (Fleischpasteten).

Nach zwölf Meilen auf dem Hwy-119 erreicht man **Harbor Springs**, das besonders bei den gehobenen Gesellschaftsschichten des Mittleren Westens beliebt ist. Die charmante Main Street und der kleine schattige Strand dieses Ferienorts an der „Maisgürtel-Riviera" sind ohne Zweifel einnehmend. Die einzigen einigermaßen erschwinglichen Zimmer im Ort bietet das gemütliche Colonial Inn, 210 Artesian Ave, ☎ 231/526-2111, ➍–➎. Erheblich teurer ist das neue luxuriöse Hotel Janelle, 266 Main St, ☎ 231/526-2537, ⌨ www.hoteljanelle.com, ➒. Von Harbor Springs folgt eine reizende Autostrecke, der sogenannte „**Tunnel of Trees**", einem Abschnitt des Hwy-119 nach Mackinac City. Auf diesem schmalen, kurvenreichen „Baumtunnel" erlauben Lücken im Blattwerk der Bäume zuweilen Ausblicke auf den Lake Michigan und die Beaver Island.

Mackinaw City

Mackinaw City, 40 Meilen nordöstlich von Petoskey, lebt als Tor zur Mackinac Island schon seit Langem vom Tourismus, und obwohl die Straßen der Stadt nett gestaltet wurden und die Besucher in das Einkaufs- und Unterhaltungszentrum **Mackinaw Crossings** an der South Huron Street strömen, verdankt die Stadt ihre Existenz im Endeffekt ihrer Funktion als Durchgangsstation zur Insel und zur Upper Peninsula.

Das **Visitor Center** befindet sich am 10800 S US-23, ☎ 800/666-0160, ⌨ www.mackinawcity. com, ⊙ Mo–Fr 8–17 Uhr. Am Seeufer sind mehrere **Hotels** der mittleren Preisklasse gebaut worden, darunter das Best Western Dockside Waterfront, 505 S Huron Ave, ☎ 231/436-5001, ⌨ www. bestwestern.com, ➎. Eine andere Unterkunft ist das Clarion Hotel Beachfront, 905 S Huron, ☎ 231/436-5539, ⌨ www.clarionhotel.com, mit einem 100 m langen privaten Sandstrand, kostenlosem warmem Frühstücksbuffet und Zimmern mit Blick zur Mackinac Island; ➎–➏.

Überfahrten zur Mackinac Island mit schnellen Katamaranen ab dem Ferry Terminal in Ma-

ckinaw City bieten Arnold Transit, ☎ 906/847-3351 oder 1-800/542-8528, ⌨ www.arnoldline. com, Mai–Okt, unterschiedliche Zeiten, Fußgänger $26, Fahrräder $8, und Shepler's Ferry, ☎ 231/436-5023 oder 1-800/828-6157, ⌨ www. sheplersferry.com, Ende April–Mitte Okt, unterschiedliche Zeiten, Fußgänger $21, Fahrräder $8. Eine Reservierung ist bei beiden nicht erforderlich.

Mackinac Island

Der Blick vom Boot auf die bewaldete Kalksteininsel Mackinac Island (gesprochen wie Mackinaw), die sich plötzlich aus den wirbelnden Gewässern erhebt, ist unvergesslich. Wenn man sich dem Hafen nähert, tauchen langsam große viktorianische Häuser auf, die die Hänge mit weißen und pastellfarbenen Tupfern versehen. Das auffälligste Gebäude ist das eindrucksvolle, $300 pro Nacht teure Grand Hotel, ☎ 906/847-3331 oder 1-800/334-7263, ⌨ www. grandhotel.com, ➒, in dem allein der Zutritt zum Foyer $10 kostet. Am Hafen warten Pferdekutschen, da außer Rettungsfahrzeugen alle Motorfahrzeuge auf der Insel verboten sind. Neben dem Geruch frischen Pferdemists ist auch der Duft von Buttertoffees *(fudge)* überall auf der Insel präsent; sie werden als Mackinac-Delikatesse vermarktet.

Die geschäftige **Main Street** von Mackinac kann zuweilen etwas aufdringlich wirken, aber ein Besuch der Insel lohnt allein wegen der Überfahrt sowie der Möglichkeiten zum Radfahren auf den hügeligen Nebenstraßen der Insel. Unter dem ganzen touristischen Brimborium verbirgt sich eine reiche Geschichte. Im Winter 1670/71 gründeten französische Geistliche hier eine Missionsstation für die Huronen-Indianer. 1715 bauten die Franzosen ein Fort, mussten die Kontrolle über die Insel aber innerhalb von 50 Jahren an die Briten abtreten. Die US-Regierung erkannte die Schönheit der Insel und erklärte sie 1875, zwei Jahre nach dem Yellowstone, zum zweiten Nationalpark des Landes. 20 Jahre danach wurde sie dem Bundesstaat Michigan übereignet. Ein Gefühl für die Geschichte der Insel vermittelt das weiß getünchte

Fort Mackinac, bis 1890 ein Posten der US-Armee. Von den Festungsmauern bieten sich tolle Ausblicke auf das Dorf und den See; der Eintritt ist mit $10,50 jedoch recht hoch. ☉ Mai–Mitte Okt 9.30–16.30 Uhr.

Ein **Informationskiosk** an der Main Street, ✆ 906/847-3783, 🖥 www.mackinac.com, liefert Einzelheiten über Unterkünfte und andere Einrichtungen; ☉ tgl. 9–17 Uhr. Ein preisgünstiges **Hotel** ist das Murray Hotel, ✆ 906/847-3360 oder 1-800/462-2546, 🖥 www.4mackinac.com, ❺, mit großem kaltem Frühstücksbuffet. Auf der ganzen Insel finden sich schnörkellose **B&Bs**. Verpflegung bieten der muntere Pink Pony Bar & Grill, ✆ 906/847-3341, mit tollem Blick auf den Hafen, und Horn's Gaslight Bar, ✆ 906/847-6154, in der die Gäste jeden Abend Livemusik lauschen können.

Upper Peninsula

Bei einem Blick auf die Karte erschiene es logischer, wenn die **Upper Peninsula** von Michigan, die vom restlichen Bundesstaat durch die **Mackinac Straits** getrennt ist, zu Wisconsin gehören würde. Als sich Michigan 1837 der Union anschloss, verleibte es sich jedoch im Hinblick auf die enormen Bodenschätze auf der Halbinsel selbige in sein Staatsgebiet ein, bevor Wisconsin überhaupt existierte.

Zuvor hatte die „UP" („juhp" gesprochen), wie sie gemeinhin genannt wird, eine wichtige Rolle bei den Plänen der Franzosen gespielt, sich in Nordamerika im großen Stil festzusetzen. Jacques Marquette und andere Missionare schlossen mit den indianischen Ureinwohnern Frieden und gründeten Siedlungen, darunter 1688 den Hafen Sault Ste. Marie. Von hier wollten die Franzosen weiter nach Süden vordringen, jedoch fügten ihnen die Briten kurz hinter Detroit 1763 eine empfindliche Niederlage zu.

Die riesige, einsame und wilde Upper Peninsula steckt voller atemberaubender Landschaften wie der **Pictured Rocks National Lakeshore**. Der Osten der Halbinsel ist überwiegend von tief liegendem, teilweise sumpfigem Land inmitten sanft gewellter Kalksteinhügel geprägt. Am abgeschiedensten ist die für ihre harten Winter berüchtigte Nordwestecke der Halbinsel, besonders die raue, zerklüftete **Keweenaw Peninsula** und der 50 Meilen entfernte **Isle Royale National Park**. Die einzige wirkliche Stadt der „UP" ist **Marquette**, eine eher ruhige Unistadt und gute Ausgangsbasis für Erkundungen der Gegend. Bis 1957 konnte man vom übrigen Michigan nur mit der Fähre zur „UP" gelangen. Heute streckt sich die abends schön angestrahlte, fünf Meilen lange **Mackinac Bridge** (Maut $3,50) elegant über die schmalen Mackinac Straits.

Pictured Rocks National Lakeshore

Die 42 Meilen zwischen dem hübschen Fischerdorf Grand Marais und Munising bilden die **Pictured Rocks National Lakeshore**, ein tolles Sammelsurium aus bunten Klippen, welligen Dünen und abgeschiedenen Sandstränden. Regen, Wind, Eis und Sonne haben am Ufer Bögen, Säulen und Höhlen geformt, alles in unterschiedlichen Farbtönen. Oben auf den Klippen verlaufen Wanderwege, und der Hwy-58 bringt Autofahrer nahe ans Seeufer heran, aber von ihrer schönsten Seite zeigen sich die Klippen auf einer **Bootsfahrt**. Pictured Rocks Cruises, ✆ 906/387-3386, 🖥 www.picturedrocks.com, bietet ab dem City Pier in Munising eine dreistündige Tour mit Kommentar (Ende Mai–Anfang Okt 2–8x tgl., $34). Knapp eine Meile weiter am See entlang veranstaltet Shipwreck Tours, 1204 Commercial St, ✆ 906/387-4477, 🖥 www.shipwrecktours.com, zweistündige Bootstouren mit Kommentar in einem Glasbodenboot, mit überraschend klarem Blick auf drei Schiffswracks, eins davon intakt (Juni–Anfang Okt 2–3x tgl., $28).

Wer nicht so viel Zeit hat, kann sich vom **Miners Castle Overlook**, zwölf Meilen östlich von Munising, einen kleinen Überblick über die Klippen verschaffen, oder die **Munising Falls**, einen von einem halben Dutzend Wasserfällen in der Nähe, besuchen. Der Wasserfall befindet sich beim gut ausgeschilderten Visitors Bureau des Dorfes, ✆ 906/387-2138, 🖥 www.munising.org, ☉ Mo–Fr 9–17 Uhr. In Munising sind Scotty's Motel, 415 Cedar St, ✆ 906/387-2449, ❸, und das Munising Motel, 332 E Onota St, ✆ 906/387-3187, ❹, recht komfortable Unterkünfte. Das einzige Restaurant in Munising mit Blick auf den Lake Superior ist The Navigator, 101 E Munising Ave, ✆ 906/387-1555; hier gibt es neben Steaks, Seafood, Pizza und Burgern auch den ganzen Tag Frühstück.

Marquette

Vierzig Meilen westlich von Munising liegt die inoffizielle Hauptstadt der Upper Peninsula, die eher ruhige Unistadt Marquette, gleichzeitig Zentrum des umfassenden Erzbergbaus der Region. Das hilfsbereite **State Welcome Center**, gleich südlich der Stadt, 2201 US-41 S, ✆ 906/249-9066, 🖥 www.marquettecountry.org, bietet Rabattgutscheine für Hotels am Ort sowie zahlreiche Infos über Sehenswertes in Marquette. ◉ Sommer tgl. 9–18, sonst bis 17 Uhr. Sehenswert ist auf jeden Fall der zerklüftete **Presque Isle Park**, nördlich der Stadt am Lakeshore Boulevard, fast komplett vom Lake Superior eingeschlossen und mit atemberaubenden Ausblicken auf den See. Im Ort selbst wartet das **Marquette Maritime Museum**, East Ridge St, Ecke Lakeshore, ✆ 906/226-2006, 🖥 www.mqtmaritimemuseum.com, mit Ausstellungen zur Fisch- und Transportindustrie sowie einem Video über den berühmten Untergang der *Edmund Fitzgerald* auf. ◉ Mitte Mai–Ende Okt tgl. 10–17 Uhr, Eintritt $4. Die originellste Sehenswürdigkeit der Gegend ist der **Superior Dome**, auf dem Campus der Northern Michigan University, 1401 Presque Isle Ave, die größte Holzkuppel der Welt.

Die bei Weitem schönste **Unterkunft** ist das prächtige Landmark Inn, 230 N Front St, ✆ 906/228-2580, 🖥 www.thelandmarkinn.com, ❺, mit Zimmern mit Seeblick. Billigere Motels tummeln sich westlich der Stadt am US-41. **Zelten** kann man auf dem Tourist Park Campground, Sugarloaf Ave, ✆ 906/228-0465 ($15). JJ's Shamrock, in Downtown, 113 S Front St, ✆ 906/226-6734, serviert einfaches Kneipenessen und dazu gelegentlich Livemusik. Formeller geht es im Northwoods Supper Club zu, westlich der Stadt beim US-41, ✆ 906/228-4343; in rustikalem Ambiente gibt's hier bodenständige Fleischgerichte.

Eine beliebte Kneipe ist Remie's Bar, 111 Third St, ✆ 906/226-9133, wo sich laute Einheimische mittwochs Livemusik zu Gemüte führen.

Isle Royale National Park

Der 50 Meilen von der Upper Peninsula entfernt im Lake Superior gelegene **Isle Royale National Park**, ein 45 Meilen langer Streifen, liegt viel näher an Kanada als an den USA: Weiter kann man sich in Michigan nicht von Detroit entfernen, denn hier sind auch alle motorisierten Fahrzeuge verboten, und statt Freeways führen Wanderwege mit einer Gesamtlänge von 166 Meilen vorbei an vom Wind gebeutelten Bäumen, sumpfigen Seen und äsenden Elchen. Die einzigen menschlichen Spuren hier sind uralte Minen, teilweise vielleicht 2000 Jahre alt, außerdem Schuppen, die in den 1940er-Jahren von Fischern aufgegeben wurden, sowie ein paar Leuchttürme und Nationalparksgebäude. Die hauptsächlichen Beschäftigungen sind Wandern, Kanufahren, Angeln und Wracktauchen.

Der Nationalpark ist von Mitte Mai bis Ende September geöffnet. **Zelten** ist kostenlos, jedoch sollten Camper vor der Abreise vom Festland bei den **Park Headquarters** vorbeischauen, 800 E Lakeshore Drive in Houghton, ✆ 906/482-0984, 🖥 www.nps.gov/isro, um sich nach der Wasserqualität, der Mückensituation und den Temperaturen zu erkundigen, die sogar im Sommer weit unter den Gefrierpunkt fallen können. ◉ Mo–Fr 8–16.30 Uhr. Neben der Möglichkeit zu zelten kann man noch in einem Selbstversorger-Cottage oder einem Luxus-Lodgezimmer mit der Rock Harbor Lodge nächtigen, ✆ 906/337-4993, Okt–April ✆ 866/644-2003, 🖥 www.isleroyaleresort.com, ❻–❾. Die Lodge verleiht auch Kanus und Motorboote ($39 bzw. $76 pro Tag) und veranstaltet Bootstouren ($37,75).

Fähren fahren von Copper Harbor ($75 einfach, ✆ 906/289-4437, 🖥 www.isleroyale.com), Houghton ($60 einfach, ✆ 906/482-0984, 🖥 www.nps.gov/isro) und Grand Portage in Minnesota ($63 einfach, ✆ 715/392-2100, 🖥 www.grand-isle-royale.com). Wer es eilig hat, nimmt ein **Flugzeug**: Isle Royale Seaplane Service in Houghton, 🖥 www.royaleairservice.com.

Indiana

Seit der Einwanderung etlicher Südstaatler zu Beginn des 19. Jhs. weist der nördliche Bundesstaat Indiana viele Spuren des unbeschwerten Südens auf. Unter den ersten Siedlern befand sich die Familie von Abraham Lincoln, die 14 Jahre lang in der Nähe des heutigen Dorfes Santa Claus lebte, bevor sie nach Illinois zog. Im Gegensatz zu den abolitionistischen Lincolns brachten viele Siedler Sklaven mit, und Tausende rebellierten bei Ausbruch des Bürgerkrieges gegen den Einberufungsbefehl in die Armee der Union. Gegen Ende des 19. Jhs. begann in der Nordwestecke von Indiana die Industrialisierung und band den Staat in die Wirtschaft der Region ein.

Abgesehen von ein paar eindrucksvollen Sanddünen und hübschen Stränden am 50 Meilen langen **Seeufer**, prägen die rußenden Stahlwerke und armseligen Vororte von Städten wie Gary oder East Chicago das Bild. Im nördlichen Indiana befindet sich in und um Elkhart und Goshen eine der größten **Amischen-Siedlungen** des Landes. Die zentrale Ebene wird – lässt man die Hauptstadt **Indianapolis** beiseite – von kleinen Marktorten beherrscht. **Bloomington** ist der Sitz der Indiana University und die wichtigste Unistadt des Staates. Der bergige Süden Indianas bildet einen erfreulichen Kontrast zum zentralen Maisgürtel und ist im Herbst am schönsten.

Indianapolis

Der Grundstein für Indianapolis wurde 1821 gelegt, als ein Stück fast unbewohntes Sumpfland zum Sitz der Hauptstadt des Bundesstaats erklärt wurde. Die Lage inmitten des fruchtbaren Ackerlandes versprach gewaltige wirtschaftliche Vorteile. Da es aber keinen schiffbaren Fluss gab, auf dem große Lasten wie Kohle und Eisen hätten transportiert werden können, siedelte sich keine Schwerindustrie an. Heute bilden Nahrungsmittel-, Papier- und pharmazeutische Industrie die Grundlage des wirtschaftlichen Lebens der Stadt.

Obwohl die Stadt weiterhin auf den Sport als Besuchermagneten setzt – in den vergangenen Jahren wurden mehrere Weltklassestadien gebaut, darunter das **Conseco Fieldhouse** –, hat sie heute vielleicht mehr zu bieten als jemals zuvor: Neben neuen Hotels, guten Museen und sogar einem Zoo locken vor allem die alten Baudenkmäler im Zentrum als Kultur-, Shopping- und Restaurantkomplexe. Von daher stimmt es nicht mehr ganz, dass hier außer dem bekannten Autorennen Indianapolis 500 (jedes Jahr im Mai) nichts los sei.

Downtown

Das Herz der entspannten Innenstadt von Indianapolis ist das relativ geschmackvolle Einkaufs- und Vergnügungszentrum **Circle Centre**. Über der verkehrsreichen Kreuzung von Washington und Illinois Street „schwebt" der imposante **Indianapolis Artsgarden**, eine achtstöckige Glasrotunde, die von funkelnden Lichtern erleuchtet wird. Der Bau umfasst Theater- und Ausstellungsräume und ist über Fußgängerbrücken mit dem Circle Centre und einigen Hotels verbunden. Einen Block weiter nördlich gehen strahlenförmig Straßen vom **Monument Circle** ab, dem Ausgangspunkt zu einer ganzen Reihe von Denkmälern und Plätzen, die Veteranen gewidmet sind. Viele Besucher erklimmen die 330 Stufen des renovierten, 85 m hohen **Soldiers and Sailors Monument** – der winzige Aufzug kann nur selten mit dem Bedarf mithalten –, aber der Ausblick von oben auf die Stadt ist nicht umwerfend. ⏰ tgl. 10–19 Uhr, Eintritt frei, Aufzug $2.

Fünf Straßen östlich beginnt an der New York Street und East Street der schattige **Lockerbie Square Historic District**, eine malerische kleine Enklave. Kleine Holzhütten, in denen im 19. Jh. Handwerker wohnten, säumen die gepflasterten Straßen.

Das **Indiana State Museum**, 650 W Washington St (einige Blocks westlich des Monument Circle), 📞 317/232-1637, 🖥 www.indianamuseum.org, vermittelt mit einer Vielzahl von Ausstellungsstücken einen interessanten Einblick in die Geschichte des Bundesstaates. ⏰ Mo–Sa 9–17, So 11–17 Uhr, Eintritt $7.

Das nahe gelegene **Eiteljorg Museum of American Indian and Western Art** befindet sich in einem Gebäude aus Holz, Steinen und Ziegeln am Westrand von Downtown, 500 W Washington St, ☎ 317/636-9378, 💻 www.eiteljorg.org. Harrison Eiteljorg war ein Industrieller aus Indianapolis, der in den 1940er-Jahren nach Westen ging, um im Mineraliengeschäft zu spekulieren. Er war von der dortigen Kunst so begeistert, dass er so viele Kunstgegenstände wie nur möglich mit nach Hause brachte. Sie stammen in erster Linie aus Taos, New Mexico. Die ausgestellten Werke reichen von Georgia O'Keeffe über Frederic Remington bis zu Artefakten aus ganz Nordamerika. Auf dem Gelände steht ein 12 m hoher Haida-Totempfahl. Oft werden ausgezeichnete Wanderausstellungen gezeigt, und es gibt einen tollen Geschenkeladen. ⏲ Mo–Sa 10–17, So 12–17 Uhr, Führungen um 13 Uhr, Eintritt $8.

Das Eiteljorg Museum steht inmitten des ausgedehnten **White River State Park**, in dem sich auch der weitläufige **Indianapolis Zoo**, ☎ 317/630-2001, 💻 www.indyzoo.com, befindet. ⏲ im Sommer Mo–Do 9–17, Fr–So 9–18, ansonsten tgl. 9–16 Uhr, Eintritt $14,50. In der Südostecke des Parks steht das tolle **Victory Field**, das Heimstadion der Indianapolis Indians, ☎ 317/269-3545, des Baseball-Nachwuchsteams der Cincinnati Reds.

Außerhalb des Zentrums

Auf dem riesigen **Crown Hill Cemetery**, 38th St, Ecke Michigan Road, wurden sowohl Expräsident Benjamin Harrison als auch der Dichter James Whitcomb Riley begraben, doch die meisten Besucher zieht es zum Grab von John Dillinger, einem Bankräuber aus den 1930er-Jahren.

Dem Friedhof gegenüber liegt auf einem weitläufigen Gelände das **Indianapolis Museum of Art**, 1200 W 38th St, ☎ 317/923-1331, 💻 www.imamuseum.org. Das Hauptgebäude wird umgeben von einem See, einem Botanischen Garten, einem Skulpturenpark und einer Konzertterrasse. Zu den außergewöhnlichen Stücken im Innern gehören die umfangreichste William-Turner-Sammlung außerhalb Großbritanniens und verschiedene Gemälde und Drucke von Gauguins Pont-Aven-Schule. ⏲ Di, Mi und Sa 11–17, Do und Fr 11–21, So 12–17 Uhr, Eintritt frei.

Das **Children's Museum of Indianapolis**, 3000 N Meridian St (4 Meilen nördlich von Downtown an der I-65), ☎ 317/334-3322, 💻 www.childrensmuseum.org, zählt landesweit zu den besten und größten seiner Art. Seine beliebteste Ausstellung ist die „Dinosphere", in der Besucher nach echten Fossilien graben können. „All

Great Lakes

Indianapolis 500

Auf dem **Indianapolis Speedway**, 7 Meilen nordwestlich des Innenstadt, werden nur drei Rennen pro Jahr ausgetragen: das legendäre Indianapolis 500 am letzten Sonntag im Mai, das prestigeträchtige NASCAR Brickyard 400 im Juli und Red Bull Indianapolis GP im August.

Schon zwei Wochen vor dem Indy 500 finden Qualifikationsrennen statt. Von hunderten Fahrern bleiben nur 33 übrig – einer davon wird am Ende den millionenschweren Gewinn einstreichen. Die 2,5 Meilen lange Strecke wurde ursprünglich als Teststrecke für die Autoindustrie angelegt. Doch schon das erste 500-Meilen-Rennen, das 1911 stattfand, erwies sich als Riesenerfolg. Es bestätigte die Organisatoren in der Annahme, dass die Gesamtstrecke gerade noch kurz genug war, um

die Zuschauer stundenlang bei Laune zu halten. Mit einer Durchschnittsgeschwindigkeit von 74,6 Meilen pro Stunde machte Ray Harroun 1911 in 6 Std. und 42 Min. das Rennen. Heute liegt das Durchschnittstempo des Gewinners um mehr als 100 Meilen pro Stunde höher: Es werden Spitzengeschwindigkeiten von bis zu 235 mph gemessen.

Das Rennen zählt inzwischen amerikaweit zu den meistbesuchten Veranstaltungen. Auf den Tribünen drängen sich fast eine halbe Million Zuschauer. Platzkarten sind normalerweise lange im Voraus ausverkauft ($70–90; ☎ 1-800/822-4639, 💻 www.imstix.com). Manchmal ist noch ein Stehplatz auf dem Rasen frei ($20), aber dort geht es recht rau zu und man kann nicht viel sehen.

Aboard!" ist eine unterhaltsame Reise durch die Dampflokzeit. ☉ tgl. 10–17 Uhr, Ende Sep–Ende Feb Mo geschlossen, Eintritt $15,50, Kinder und Jugendliche $10,50.

Gute Unterkünfte gibt es viele, die günstigeren liegen etwa 5 Meilen von Downtown.
Im Mai, August und September, wenn die Rennen stattfinden, verdoppeln sich die Zimmerpreise.

Canterbury Hotel, 123 S Illinois St, ☎ 317/204-2569 oder 1-877/866-0837, 🖥 www.canterburyhotel.com. Bei weitem die nobelste Unterkunft in Downtown: Das sehenswerte Hotel wurde 1928 erneuert und bietet 100 teure, feudale Zimmer. ❼–❽

Crowne Plaza Union Station, 123 W Louisiana St, ☎ 317/631-2221 oder 1-877/227-6963, 🖥 www.crowneplaza.com/ind-downtown. Reguläre Hotelzimmer und einige wesentlich aufregendere Apartments in umgebauten Eisenbahnwaggons. ❻–❼

Indy Hostel, 4903 Winthrop Ave, ☎ 317/727-1696, 🖥 www.indyhostel.us. Ansprechendes kleines Hostel in einem ehemaligen Familienhaus in einer freundlichen Gegend 6 Meilen von Downtown entfernt. Dormbetten werktags $25, an Wochenenden $29; auch schlichte Privatzimmer und Fahrradverleih. ❷

Staybridge Suites, 535 S West St, ☎ 317/536-7500, 🖥 www.ichotelsgroup.com. Hotel direkt neben dem Lucas Oil Stadium mit kostenlosem warmem Frühstücksbuffet, wochentags einem nachmittäglichen Cocktailempfang und kostenlosem Wäscheservice. ❹

The Villa Inn, 1456 N Delaware St, ☎ 317/916-8500 oder 1-866/626-8500, 🖥 www.thevillainn.com. Schlossartiges Luxus-B&B mit 6 Zimmern und Hotelatmosphäre, 2 Meilen nördlich von Downtown; mit Spa und Restaurant. Die Besitzer betreiben noch 2 weitere B&Bs in der Stadt. ❽

Im Einkaufszentrum Circle Centre gibt es dutzende Lokale, aber die meisten gehören zu Restaurantketten. Interessanter sind die Lokale in Downtown oder im Broad Ripple Village

(Bus Nr. 17) an der College Avenue und 62nd Street, mit seinen vielen Bars, Cafés, Galerien und Geschäften.

3 Sisters Café, 334 N Guilford Ave, ☎ 317/257-5556. Lockere Atmosphäre und gesundes vegetarisches Essen.

Bazbeaux, 6360 Massachusetts Ave, Downtown, ☎ 317/636-7662, und 811 E Westfield Blvd, Broad Ripple Village, ☎ 317/255-5711. Beste Pizza der Stadt mit Knusperboden und einer Auswahl an exotischen Belägen.

Elbow Room, 605 N Pennsylvania St, ☎ 317/635-3354. Pub mit leckeren Sandwiches und vielen Importbieren.

H20 Sushi, 1912 Broad Ripple Ave, ☎ 317/254-0677. Restaurant und Sushi-Bar mit traditionellem Sushi und modernerem Angebot an herzhaften Gerichten. ☉ Di–Sa.

Shapiro's, 808 S Meridian St, ☎ 317/631-4041. Nur ein paar Straßen außerhalb von Downtown gelegener Deli mit altmodischer Cafeteria-Atmosphäre und großen Portionen Lachs, Zunge und anderen Spezialitäten für etwa $8. Platz für den Nachtisch lassen!

Yat's Cajun and Creole, 659 Massachusetts Ave, ☎ 317/686-6380; auch 5463 N College Ave, ☎ 317/253-8817. Äußerst beliebte Cafeteria mit zwei Standorten und Louisiana-Flair; wechselnde Karte mit preiswerten Spezialitäten des Tages (Gerichte $4,50–6,50).

Das Ausgehviertel von Downtown ist die Massachusetts Avenue. Hier befindet sich außer einigen guten Bars und Restaurants auch das **Murat Center**, 502 N New Jersey St, ☎ 317/231-0000, 🖥 www.murat.com, eine Bühne für alle möglichen Veranstaltungen und Broadway-Musicals mit mehr als 3000 Plätzen. Nachtschwärmer können auch nach Norden zum schicken Viertel Broad Ripple Village fahren.

Eine genaue Aufstellung der aktuellen Veranstaltungen ist dem kostenlosen Wochenblatt *NUVO*, 🖥 www.nuvo.net, zu entnehmen.

Chatterbox, 435 Massachusetts Ave, ☎ 317/636-0584, 🖥 www.chatterboxjazz.com. Gut besuchte Bar; jeden Abend Jazz seit nunmehr 25 Jahren.

Hilbert Circle Theater, 45 Monument Circle, ℡ 317/639-4300, 🖳 www.indyorch.org. Baujahr 1916. Hier gibt das Indianapolis Symphony Orchestra jede Woche ein Konzert.

Indiana Repertory Theater, 140 W Washington St, ℡ 317/635-5252, 🖳 www.irtlive.com. 1927 in spanischem Barock erbaut, hat zwischen Sep und Mai Theatervorstellungen auf dem Programm.

Madame Walker Theatre Center, 617 Indiana Ave, ℡ 317/236-2099, 🖳 www.walkertheatre. com. Ein Zentrum für schwarze Kultur. Jeden vierten Fr im Monat „Jazz on the Avenue", regelmäßig Tanz- und Theatervorstellungen, Konzerte.

Rathskeller Restaurant, 401 E Michigan St, ℡ 317/636-0396. Deutscher Bierkeller im Untergeschoss des anständigen Athenaeum-Gebäudes; es wird auch anständiges Essen serviert. Livemusik und Biergarten.

Slippery Noodle, 372 S Meridian St, ℡ 317/631-6968. Die älteste Bar von Indiana, 1850 eingerichtet, Nähe Union Station. Mo und Di billiges Bier; jeden Abend ab 20.15 Uhr Live-Blues.

Vogue, 6259 N College Ave, ℡ 317/259-7029, 🖳 www.thevogue.ws. Beliebter Rock- und Indie-Club in Broad Ripple Village in einem ehemaligen Kino; Retro-Abende.

Informationen

Hilfreiche **Visitor Center** gibt es in der 201 S Capitol St, neben dem RCA Dome, ℡ 1-800/323-4639, 🖳 www.indy.org. ⊙ Mo–Fr 8.30–17.30, und im Glaspavillon in der 100 W Washington St, ℡ 317/624-2563, ⊙ Mo–Sa 10–21, So 12–18 Uhr.

Transport

Der **Indianapolis International Airport** liegt 10 Meilen südwestlich der Innenstadt und ist mit dem IndyGo-Bus, ℡ 317/635-3344, zu erreichen (Nr. 8, $1,75).

Der Downtown/Airport Express der IndyGo Green Line bietet einen Non-Stop-Service vom Flughafen nach Downtown und zum Convention Center (tgl. 5–21 Uhr; $7).

Ein Taxi von Yellow Cabs, ℡ 317/487-7777, in die Stadt kostet etwa $35.

Greyhound-Busse und **Amtrak**-Züge halten in der 350 S Illinois St, ℡ 317/267-3071, nahe der recht zentral gelegenen Union Station.

Bloomington

Das College-Städtchen Bloomington, nur 45 Meilen südwestlich von Indianapolis am Hwy-37, ist die bei Weitem munterste Kleinstadt in Indiana. Das verdankt sie dem Hauptcampus der Indiana University östlich von Downtown. Das **Indiana University Art Museum** in der East Seventh Street, das von I. M. Pei entworfen wurde, zeigt eine schöne Sammlung von Gemälden und Skulpturen aus aller Welt. ⊙ Di–Sa 10–17, So 12–17 Uhr, Eintritt frei.

In der architektonisch reichen Innenstadt verführen zahlreiche gute Geschäfte zum Shoppen.

Übernachtung und Essen

Hampton Inn, 2100 N Walnut St, ℡ 812/ 334-2100. Freundlich, sauber und gut gelegen. ➍–➎

Grant Street Inn, 310 N Grant St, ℡ 812 /334-2353 oder 1-800/328-4350, 🖳 www.grant streetinn.com. Gemütlich, auch sehr zentral, aber mit mehr Komfort. ➏–➐

Studentenbars und Cafés säumen die Kirkwood Ave.

Laughing Planet, 322 E Kirkwood Ave, ℡ 812/323-2233. Vegetarisches Essen, bekannt für seine Burritos.

FARMbloomington, 108 E Kirkwood Ave, ℡ 812/323-0002. Hier kommen die Zutaten direkt von der Farm.

Brewpub at Lennie's, 1795 E Tenth St, ℡ 812/ 339-2256. Die lebendigste Kneipe weit und breit.

Informationen

Das freundliche **Visitor Center** von Bloomington befindet sich in der 2855 N Walnut St, ℡ 812/334-8900, 🖳 www.visitbloomington.com. ⊙ Mo–Fr 8.30–17, Sa 9–16 Uhr.

Transport

Bloomington Shuttle, 3200 Venture Blvd, ℡ 812/332-6004 oder 1-800/589-6004, bietet **Busse** nach INDIANAPOLIS.

Great Lakes

Illinois

Obwohl Illinois mehr zu bieten hat als bloß **Chicago**, definiert sich der Staat in kultureller und sozialer Hinsicht zum großen Teil über die Metropole an den Great Lakes. Die Stadt am Ufer des **Lake Michigan** hat eine fantastische Skyline und ein mitreißendes Kultur- und Nachtleben. Drei Viertel der zwölf Millionen Einwohner Illinois' wohnen in oder nahe bei Chicago. Der Kontrast zwischen der Großstadt und dem bäuerlichen Hinterland könnte nicht größer sein.

Die ersten Europäer, die sich hier niederließen, waren Franzosen. 1763 wurde das Gebiet des heutigen Illinois an die Engländer verkauft, die es als westlichen Ausläufer ihrer großen Kolonie in Virginia betrachteten. 1818 erlangte Illinois seinen Status als Bundesstaat, blieb aber dennoch eine abgelegene, dünnbesiedelte Region. Erst als Mitte der 1830er-Jahre nach mehreren Aufständen die indianischen **Sauk-Stämme** besiegt waren, kamen zunehmend weiße Siedler nach Illinois. Unter ihnen waren die ersten Anhänger von Joseph Smith, dem Begründer der Mormonenkirche, die eine große Gemeinde in Nauvoo am Mississippi River gründeten. Die **Mormonen** trafen auf Unverständnis und wurden verfolgt. Nachdem Smith 1844 vom Mob ermordet worden war, flüchteten sie westwärts nach Utah.

Zu den Einwanderern zählte auch **Abraham Lincoln**, der ab 1837 als Rechtsanwalt in der Kleinstadt Springfield – heute die Hauptstadt des Bundesstaates – tätig war. Neben seinem Grabmal gibt es hier inzwischen außerdem das neue Presidential Library and Museum. Und trotz konkurrierender Ansprüche anderer Bundesstaaten hält sich Illinois für das wahre „Land of Lincoln".

5 | HIGHLIGHT

Chicago

Chicago ist in vielerlei Hinsicht die letzte echte Großstadt der USA. Sarah Bernhardt nannte sie den „Puls Amerikas". Lange Zeit stand die mit acht Millionen Einwohnern drittgrößte Stadt der USA im Schatten ihrer Rivalen New York und Los Angeles. Doch Chicago bietet alle Annehmlichkeiten einer Weltstadt, ohne mit den infrastrukturellen Problemen der beiden Küstenmetropolen konfrontiert zu sein.

Die im frühen 19. Jh. gegründete Stadt hatte 1830 gerade mal 50 Einwohner. Maßgeblichen Anteil an ihrem Wachstum hatten zunächst die Eröffnung des Eriekanals 1825 und dann die Ankunft der ersten Lokomotive 1848. Bereits im Jahr 1860 war Chicago das größte Eisenbahnzentrum der Welt, ein Bindeglied zwischen den Städten an der Ostküste und dem Grenzland, das sich über 2000 Meilen Richtung Westen bis zum Pazifik erstreckte. Dieser Lage an der Grenze zwischen Zivilisation und Wildnis verdankt Chicago seine Innovationskraft. Viele Aspekte des modernen Lebens von Wolkenkratzern bis hin zum Phänomen der Vororte haben hier am Ufer des Lake Michigan ihren Ursprung und fanden hier vielleicht auch ihre vollkommene Umsetzung.

Nach dem großen Feuer von 1871, in dem Chicago bis auf die Grundmauern niedergebrannt war, erlebte die Stadt einen ungeheuren Boom: 1900 hatte sie mehr als zwei Millionen Einwohner, von denen viele auf überfüllten Schiffen aus Irland und Osteuropa gekommen waren. Zu Beginn des 20. Jhs. festigte sich Chicagos Ruf als Ort der unbegrenzten Möglichkeiten, ein Ort der massenhaft Jobs für jene bereithielt, die nichts gegen anstrengende und monotone Arbeit hatten. Am meisten fühlten sich von diesem Versprechen die **Schwarzen** aus dem Südstaaten angezogen. Zwischen 1900 und 1920 strömten Afroamerikaner in die Stadt – allein während der Kriegsjahre 1916–18 mehr als 75 000.

Während der *Roaring Twenties* erprobte ein neuer Unternehmer-Typ die große Freiheit Chicagos bis an die Grenzen des Erträglichen. Kriminelle Syndikate unter skrupellosen **Gangsterbossen** wie Bugsy Moran und Al Capone machten sich die Prohibition zunutze und verkauften schwarz gebrannten Alkohol. Feuergefechte zwischen Polizei und Gangstern waren zwar nicht so sehr an der Tagesordnung wie einschlägige Filme glauben machen, aber das System der Hinterzimmer-Geschäfte und der Kontrolle mit eiserner Faust funktionierte. Und

O'Hare Airport (6 Meilen)

90

94

FOSTER AVENUE

UPTOWN

LINCOLN SQUARE

41

Wrigley
Field

N. LINCOLN AVE.

IRVING PARK ROAD

ADDISON STREET

BELMONT AVENUE

Chicago River

LAKEVIEW

HALSTED ST.

N. MILWAUKEE AVENUE

FULLERTON AVENUE

FULLERTON PARKWAY

LINCOLN PARK

BUCKTOWN

OLD TOWN

Lincoln
Park

N. RIDGELAND AVENUE

CENTRAL AVENUE

CICERO AVENUE

NORTH AVENUE

GOLD COAST

GRAND AVENUE

WICKER PARK

NEAR NORTH

Lake
Michigan

HARLEM AVENUE

OAK PARK

CHICAGO AVENUE

RIVER NORTH

STATE ST.

GREEKTOWN

THE
LOOP

WASHINGTON STREET

Grant
Park

290

290

LITTLE ITALY

SOUTH
LOOP

ROOSEVELT ROAD

90

W. OGDEN AVENUE

CHINATOWN

PRAIRIE
AVENUE

PILSEN

CERMAK ROAD (22ND ST)

McCormick Place

OGDEN AVENUE

CENTRAL AVENUE

CICERO AVENUE

BRIDGEPORT

55

35TH STREET

U.S. Cellular Field

Sanitary & Ship Canal

S. ARCHER AVENUE

W. PERSHING ROAD

41

47TH STREET

KEDZIE AVENUE

AVE

DAMEN AVENUE

ASHLAND AVENUE

HALSTED STREET

MICHIGAN AVENUE

KENWOOD

LAKE SHORE DRIVE

55

WEST 55TH STREET

PULASKI ROAD

WESTERN AVENUE

W. GARFIELD BOULEVARD

HYDE
PARK

Midway
Airport

University
of Chicago

WEST 63RD STREET

90

Museum of
Science &
Industry

Great Lakes

es wurde später von Politikern wie dem Ex-
Bürgermeister **Richard Daley** kopiert und per-
fektioniert: Unerbittlich regierte er die Stadt von
den 50er-Jahren bis zu seinem Tod 1976. Heute
bemühen sich die Tourismusbehörden um eine
Verharmlosung der Gangsterära. Es gibt nur

noch wenige Spuren der Ganovenjahre – und
diese stammen eher aus Hollywood als aus dem
damaligen Chicago.

Die meisten Besucher sind sofort überwäl-
tigt von der grandiosen Skyline, einer Ansammlung **moderner Architektur**, die zur schönsten

N

0   800 m

▲ Old Town, Lincoln Park

Great Lakes

GOLD COAST

E. ELM ST
E. CEDAR ST
E. BELLEVUE PL.
E. OAK STREET
E. WALTON ST

Oak Street Beach

B John Hancock Center

900 N Michigan Avenue

E. CHESTNUT ST

Lake Michigan

Historic Water Tower

E. PEARSON ST

Museum of Contemporary Art

W. CHICAGO AVENUE

W. SUPERIOR STREET

E. SUPERIOR STREET

W. HURON STREET

W. ERIE STREET   **C**

W. ONTARIO STREET

W. OHIO STREET   **D**

W. GRAND AVENUE

W. ILLINOIS STREET   **E**

W. HUBBARD STREET

Tribune Tower

Wrigley Building

Merchandise Mart

W. KINZIE STREET

330 N.Wabash   **F**

E. NORTH WATER ST

333 West Wacker Drive

WEST WACKER DRIVE

Chicago River

Illinois Center

EAST WACKER DRIVE

Ohio Street Beach

LAKE STREET

E. RANDOLPH STREET

Chicago Cultural Center

Macy's

i

Cloud Gate

Crown Fountain

Jay Pritzker Pavilion

E. WASHINGTON ST

BP Pedestrian Bridge

Chicago Mercantile Exchange

E. MADISON STREET

Carson Pirie Scott Bldg.

Millennium Park

E. MONROE STREET

Art Institute

THE LOOP

Willis Tower

H

E. ADAMS STREET

Grant Park

Union Station (Amtrak)

The Rookery

E. JACKSON BOULEVARD

Board of Trade

VAN BUREN STREET

Manhattan Building

CONGRESS PARKWAY

I

Symphony Center

Auditorium Theater

Buckingham Fountain

Lake Michigan

Greyhound Terminal

W. HARRISON STREET

W. POLK STREET

E. BALBO DRIVE

W. TAYLOR ST

E. 8TH ST

E. 9TH ST

W. TAYLOR ST

E. 11TH ST

J

Chicago River

E. ROOSEVELT ROAD

John G. Shedd Aquarium

Field Museum of Natural History

MCFETRIDGE

Soldier Field

Navy Pier ▶

Adler Planetarium ▶

N. FRANKLIN STREET
N. WELLS STREET
N. LASALLE STREET
N. CLARK STREET
N. DEARBORN STREET
N. STATE STREET
N. MICHIGAN AVENUE
N. RUSH ST
N. WABASH
AVE
N. FAIRBANKS CT.
N. MCCLURG CT
N. LAKE SHORE DRIVE

N. LARRABEE STREET
N. ORLEANS STREET

MILWAUKEE AVENUE

Chicago River

Little Italy, Greek Town

S. JEFFERSON STREET
S. CLINTON STREET
S. CANAL STREET
S. WACKER DRIVE
S. FRANKLIN STREET
S. WELLS STREET
S. CLARK STREET
S. FEDERAL STREET
S. DEARBORN STREET
S. PLYMOUTH COURT
S. STATE STREET
S. WABASH AVENUE
S. MICHIGAN AVENUE
S. COLUMBUS DRIVE
S. LAKE SHORE DRIVE

A
B
C
D
E
F
G

41

290

Übernachtung

Allegro	**G**
Comfort Inn & Suites Downtown	**D**
The Drake	**B**
Gold Coast Guest House	**A**
Hampton Inn & Suites	**E**
HI-Chicago	**I**
Holiday Inn Express	
Mag Mile–Hotel Cass	**C**
Palmer House Hilton	**H**
Trump International Hotel	
& Tower	**F**
Wheeler Mansion	**J**

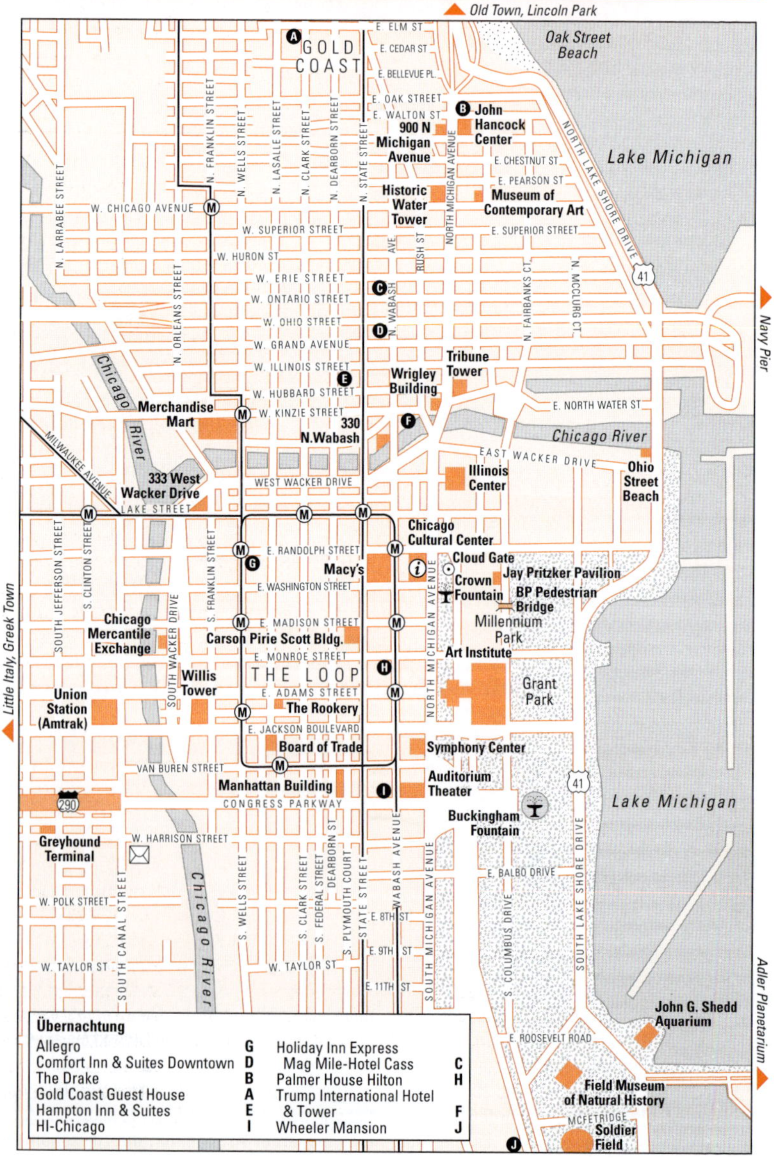

der Welt zählt. Darunter befinden sich Meisterwerke von Mies van der Rohe und der 110-stöckige **Willis Tower** (bekannter unter seinem alten Namen Sears Tower). Außerdem bietet die Stadt den wundervollen neuen **Millennium Park** und die außergewöhnlichen Schätze des **Art Institute of Chicago** sowie viele andere hervorragende Museen, ein aufregendes Nachtleben mit fantastischer Livemusik und ausgezeichnete Restaurants, die längst nicht so teuer sind wie vergleichbare Lokale in New York oder Kalifornien.

Orientierung

Chicagos Straßenraster wird von der **State Street** in West und Ost und von der **Madison Street** in Nord und Süd geteilt. Der **Lake Michigan**, dem die Stadt einige ihrer schönsten unbebauten Räume verdankt – innerhalb der Stadtgrenzen liegen 20 Meilen Seeufer –, bildet östlich von Downtown einen klaren Bezugspunkt. Hauptdurchgangsstraße ist die **Michigan Avenue**, die sich zwischen den Museen und Parks am See, den dicht an dicht stehenden Wolkenkratzern von Downtown und den verschiedenen Vierteln mit niedriger Bebauung im Norden und Süden erstreckt. Der **Chicago River**, der mitten durch Downtown fließt, trennt das Geschäftsviertel von den Einkaufs- und Unterhaltungsvierteln der North Side: den schicken Vierteln **Near North** und **Gold Coast**, **River North** mit seinen Künstlerlofts und Galerien, der einigermaßen netten Gegend **Old Town**, den Yuppie-Vierteln **Lincoln Park**, **Wrigleyville** und Lakeview sowie dem hippen **Wicker Park**.

Im Unterschied zur reichen und gedeihenden North Side wartet die **South Side** mit einigen krassen Gegensätzen zwischen sehr reich und extrem arm auf. Ein paar Ecken lohnen durchaus einen Abstecher, besonders der neugotische, schön angelegte Campus der **University of Chicago** in **Hyde Park**, wo sich auch das **Museum of Science and Industry** befindet. Abgesehen vom Vorort **Oak Park** im Westen, der das Kindheitszuhause von Ernest Hemingway sowie mehr als ein Dutzend gut erhaltener Beispiele der einflussreichen Architektur von **Frank Lloyd Wright** beherbergt, haben die Wohnbezirke der Stadt wenig zu bieten.

Millennium Park

Bis zum Ende der 1990er-Jahre war das Gebiet, auf dem sich heute der Millennium Park in Downtown erstreckt, eine öde Fläche in bester Lage. Dank eines höchst ambitionierten und äußerst kostspieligen Sanierungsprojekts (fast $500 Millionen), das erst vier Jahre nach Termin fertig wurde, ist er heute ein echtes Vorzeigeobjekt.

Seine beiden Prunkstücke sind gleichermaßen faszinierend: Die nahtlose Edelstahlskulptur mit dem offiziellen Namen **Cloud Gate** (Wolkentor), die gemeinhin nur *The Bean* (Bohne) genannt wird, stammt von dem in Indien geborenen und in Großbritannien ansässigen Künstler Anish Kapoor. Das Kunstwerk ist flüssigem Quecksilber nachempfunden. Es lädt dazu ein, es zu umrunden, an seiner Seite entlang und sogar unter ihm hindurch zu gehen und die Spiegelungen der Stadt und des Himmels zu bestaunen.

Der **Crown Fountain** ganz in der Nähe besteht aus zwei sich gegenüberstehenden Glassteintürmen, in deren Mitte sich ein schwarzer Granitplatz erstreckt. Auf beiden Türmen sind Videoprojektionen von Gesichtern gewöhnlicher Chicagoer zu sehen. Aus deren Mündern spritzt im Sommer in unregelmäßigen Abständen Wasser und bildet einen See, in dem meist Kinder plantschen. Weiter hinten steht der **Jay Pritzker Pavillon**, ein wundervolles Freiluftauditorium. Entworfen wurde er von Frank Gehry, der mächtige Stahlwindungen und -schnörkel verwendete, um die Akustik zu verbessern. Der Weg zum Seeufer führt über Gehrys spektakuläre, gewundene *BP Pedestrian Bridge* (Fußgängerbrücke) aus Holz und Stahl, die den Columbus Drive überspannt.

Downtown Chicago: The Loop

Die Innenstadt von Chicago bietet die großartigste Ansammlung moderner Architektur auf der ganzen Welt. Das fängt bei den typischen Wolkenkratzern der Jahrhundertwende an und führt über die Meisterwerke Mies van der Rohes bis hin zum 443 m hohen Willis Tower, dem zurzeit fünfthöchsten Gebäude der Welt.

Das kompakte Zentrum wird als „The Loop" bezeichnet, denn es wird von der „L" genannten Hochbahn der städtischen Verkehrsgesellschaft CTA umrundet. Wer sich in Downtown zurechtfinden will, sollte an einer der zahlreichen **Stadtführungen** teilnehmen (S. 335). Im Angebot sind Bootsfahrten auf dem Fluss, Fahrten mit dem „L" und Stadtspaziergänge. Alle Touren vermitteln einen Eindruck von den bedeutendsten architektonischen Sehenswürdigkeiten und den dazugehörigen Geschichten.

Wer die Stadt dagegen auf eigene Faust zu erkunden möchte, sollte zunächst beim **Chicago Cultural Center**, 77 E Randolph St, vorbeischauen. Es beherbergt nicht nur das zentrale Visitor Center, sondern ist auch an sich sehenswert: Der prächtige Beaux-Arts-Palast wurde 1897 ursprünglich als Chicago Public Library erbaut. Im Innern gibt es viele elegante Details zu entdecken, u. a. die fast 12 m hohe Tiffany-Kuppel im dritten Stock. Außerdem werden hier alle möglichen wechselnden Ausstellungen gezeigt.

Der Loop umfasst zwei der sehenswertesten Kaufhäuser aus der Zeit um 1900. Das augenfälligste ist das **Carson Pirie Scott** von 1899 in der 1 S State Street (das Geschäft wurde 2007 aufgegeben). Es besticht mit einer großartigen Eisenfassade, bei der botanische und geometrische Muster miteinander verwoben sind. Architekt Louis Sullivan gestaltete auch die prächtigen kugelförmigen Bronze-Uhren an den Ecken von **Macy's**, ✆ 312/781-1000, zwei Häuserblocks nördlich, an der Ecke State Street/ Washington Street. Hinter dem vergleichsweise schmucklosen Äußeren verbirgt sich eines der größten Kaufhäuser der Welt mit sieben Etagen voller Waren. Drinnen beeindruckt vor allem die raffinierte Tiffany-Decke mit über einer Million schillernden Glasstücken. ⊙ Mo–Sa 9–21, So 11–18 Uhr.

Die Hälfte der weltweiten Weizen- und Maisernte (und Schweinebauch-Futures) werden unter ohrenbetäubender Geräuschkulisse im **Chicago Board of Trade** umgeschlagen, die in einem prachtvollen Art-déco-Hochhaus untergebracht ist. Überragt wird die Börse passenderweise von einer knapp 10 m hohen Edelstahlstatue, die die römische Göttin des Getreides *Ceres* darstellt. Leider ist es nicht mehr möglich, das Treiben im Innern zu beobachten.

Wer allerdings Interesse daran hat, etwa über das ähnlich energiegeladene Spektakel zu erfahren, das sich in der **Chicago Mercantile Exchange** abspielt, drei Blocks weiter am 30 S Wacker Drive, kann sich im High-Tech-Besucherzentrum in der Lobby alles erklären lassen (⊙ Mo–Fr 8–16.30 Uhr, Eintritt frei). Hier werden Edelmetalle, Devisen, bewegliche und unbewegliche Güter im Wert von ungefähr 50 Milliarden Dollar pro Tag gehandelt.

The Rookery, 209 S LaSalle St, einen halben Block vom Board of Trade entfernt, zählt zu den berühmtesten und meistfotografierten Bauten der Stadt. Es wurde 1886 von Burnham und Root erbaut. Das drohende maurisch-gotische Äußere lässt nicht vermuten, dass sich im Inneren eine wunderbare, lichtdurchflutete Eingangshalle befindet. Die spiralförmige, freitragende Auslegertreppe, die vom 2. Stock nach oben führt, muss man mit eigenen Augen gesehen haben.

Ein paar Türen weiter Richtung Board of Trade, sollte man einen Blick in die Lobby der **Continental Illinois Bank** werfen, die mit 28 ionischen Marmorsäulen und herrlichen Wandgemälden geschmückt ist.

Das **Reliance Building**, 32 N State St, könnte während der Art-déco-Zeit in den 30er-Jahren entstanden sein, wurde aber schon 1895 nach einem Entwurf von Daniel Burnham fertig gestellt. Burnham bestimmte das Gesicht von Chicago ganz entschieden; sein **Fisher Building** mit maritim inspirierten Terrakottafiguren steht in der 343 S Dearborn St. Einen Block weiter südlich befindet sich das **Manhattan Building** aus dem Jahr 1890, das erste Gebäude der Welt mit durchgehender Stahlkonstruktion.

Von hier aus am Westufer des Flusses entlang erstreckt sich ein neu belebtes Stück Uferpromenade mit Straßencafés und Parks. Weiter südlich, zurück auf der Loop-Seite, am S Wacker Drive, Ecke Adams St, steht der 443 m hohe **Willis Tower** (früher Sears Tower), bis 1998 das höchste Gebäude der Welt, als die Petronas Towers in Malaysia ihn um eine Antennenlänge von der Spitze verdrängte. Beide Türme müssen inzwischen zu neuen Bauten in Südostasien, Taiwan und Dubai aufschauen. Im Willis Tower arbeiten verschiedene Unternehmen – Sears selbst ist Anfang der 1990er-Jahre ausgezogen. Der Tower verfügt über 100 Aufzüge. Zwei davon rasen in kaum mehr als einer Minute vom Einkaufszentrum im Erdgeschoss zum **Skydeck**

Auf einer Bootstour erlebt man die architektonischen Schätze der Stadt auf besondere Art.

Observatory in der 103. Etage, von wo aus man eine sagenhafte Aussicht hat: An klaren Tagen reicht sie bis weit nach Illinois, Michigan, Wisconsin und Indiana hinein. Außerdem kann man von einem der Glaskästen, die an den Seiten des Skydeck hängen, direkt nach unten auf die Stadt schauen. ⏱ Mai–Sep tgl. 10–22 Uhr, Okt–April tgl. 10–20 Uhr, Eintritt $15,95.

Der Chicago River

Der Loop endet zwar an der Hochbahn, aber die Häuserblocks außerhalb der „L" zu beiden Seiten des Chicago River enthalten noch sehr viel Sehenswertes. Der breite, auf zwei Ebenen angelegte **Wacker Drive** wurde 1909 von Daniel Burnham als Uferpromenade mit Bänken und Straßenlaternen angelegt. Der Entwurf wurde nie vollendet, doch trotz der ständigen Bauarbeiten lässt es sich hier schön entlangschlendern.

Der Lauf des Chicago River wurde mit einem aufwendigen Projekt, das arbeitsintensiver war als der Bau des Panama-Kanals, umgekehrt. Jetzt fließen die Industrieabwässer nicht in den Lake Michigan, sondern nach Süden Richtung Weizengürtel. Die Uferpromenade erstreckt sich beiderseits des Flusses. Mehr als 20 Zugbrücken wie die **State Street Bridge** überqueren

den Fluss. Das elegante **Jewelers Building** im Beaux-Arts-Stil am Südufer, 35 E Wacker Drive, das im 17. Stockwerk von einem Kuppeldach abgerundet wird, wurde 1926 errichtet. Darin befand sich damals Al Capones Lieblingskneipe.

Auf der anderen Seite des Flusses steht ein Gebäude, das allgemein als das absolute Meisterwerk des Architekten Mies van der Rohe angesehen wird, das **330 North Wabash Building** (früher bekannt als IBM Building) von 1971, 330 N Wabash Avenue. An seinem sanften Licht- und Schattenspiel zwischen Bronze und Rauchglas haben sich weltweit unzählige Architekten orientiert. Das Gebäude ist so gewaltig, dass es im Winter wie ein Trichter die gewaltigen Windmassen vom Lake Michigan anzieht, und manchmal müssen dicke Seile über die breite Plaza gespannt werden, damit die Passanten nicht weggeweht werden.

Das wahrscheinlich meistgerühmte Bauwerk Chicagos aus jüngster Zeit steht vier Häuserzeilen westlich: **333 W Wacker Drive**. Es erhebt sich hoch über einer breiten Flussbiegung, der es folgt, und in seiner grünen Glasfassade spiegelt sich das fast durchsichtige Grün des Flusses (der inzwischen nicht mehr „verseucht", sondern nur noch „sehr belastet" ist).

Art Institute of Chicago

Das Art Institute of Chicago, ✆ 312/443-3600, 🖳 www.artic.edu, zählt zu den großartigsten Kunstmuseen der Welt. Die fantastische Sammlung umfasst impressionistische und postimpressionistische Gemälde, asiatische Kunst, Fotografie, Architekturzeichnungen und vieles mehr.

Die neoklassizistische Fassade des Haupteingangs macht einen durchaus ehrwürdigen Eindruck. Die vielen angebauten Flügel können die Orientierung innerhalb des Gebäudes aber erschweren. 2009 wurde der neue Modern Wing des Stararchitekten Renzo Piano eröffnet. Die meisten Besucher eilen geradewegs die Treppe hinauf zu den impressionistischen Werken. An einer Wand leuchten die *Heuhaufen* von Monet in unterschiedlichem Licht; daneben macht Seurats pointilistisches Gemälde *Sonntagnachmittag auf La Grande Jatte* einen unmittelbar vertrauten Eindruck. Unweit davon reihen sich postimpressionistische Meisterwerke von Van Gogh, Gauguin und Matisse aneinander.

Besucher sollten mindestens einen halben Tag einkalkulieren, um einen Überblick über die Exponate zu bekommen. Zu den **Highlights** zählen das vielfach parodierte Bild *American Gothic* von Grant Woods, das einen Farmer mit Heugabel zeigt, El Grecos *Himmelfahrt der Jungfrau Maria* von 1577, Edward Hoppers einsame *Nighthawks*, Pablo Picassos melancholischer *Alter Gitarrist*, eines der unbestrittenen Meisterwerke seiner Blauen Periode, und das gequält wirkende *Selbstbildnis im Frack* von Max Beckmann – das letzte Bild, das der Künstler in Berlin malte, bevor er vor den Nazis fliehen musste. Weitere Glanzstücke sind die Leinwandgemälde von Jackson Pollock und Mark Rothko und einige Werke von Georgia O'Keeffe, darunter ein Bild vom *Shelton Hotel* in New York (1926), in dem die Künstlerin einst lebte.

Unbedingt anzusehen sind auch die wunderschönen präkolumbischen Keramiken aus dem heutigen Südwesten der USA und die entzückenden indonesischen Affenskulpturen aus dem 7. Jh. in der Südostasien-Sammlung, die um den McKinlock Court Garden herum angelegt ist. Er dient im Sommer als **Freiluftcafé**. Im grazilen Modern Wing sind neben zeitgenössischer Kunst auch europäische Meisterwerke des frühen 20. Jhs. untergerbacht wie Picassos *Alter Gitarrist*. Auch der Museumsladen des Art Institute lohnt einen Besuch, denn die Qualität des Angebots ist ähnlich klasse wie Kunst an den Wänden des Museums. ⏰ Mo–Mi und Fr 10.30–17, Do bis 20, Sa und So 10–17 Uhr, Eintritt $12, Do von 17–20 Uhr Eintritt frei.

Grant Park

Der Grant Park, eine städtische Oase zwischen Art Institute und Lake Michigan, wird inzwischen vom Millennium Park (s. S. 321) unmittelbar nordwestlich davon etwas in den Schatten gestellt. Beim Schlendern durch den Park sind einige verkehrsreiche Straßen zu überqueren, sodass das Ganze für Ruhesuchende vielleicht etwas frustrierend ist.

Die größten Sehenswürdigkeiten konzentrieren sich um die landschaftlich neu gestaltete Südhälfte, den sogenannten **Museum Campus**. Zehn Minuten sind es vom Art Institute zu Fuß nach Süden zum marmorverkleideten griechischen Tempel, entworfen von Daniel Burnham. Darin befindet sich das interessante **Field Museum of Natural History**, 1200 S Lake Shore Drive, Ecke Roosevelt Road, 🖳 www.fieldmuseum.org. Die Ausstellungsstücke reichen von einer Halle mit Dinosauriern – darunter „Sue", das besterhaltene T-Rex-Fossil, das je gefunden wurde – über ägyptische Grabmäler bis hin zu den menschenfressenden Löwen von Tsavo. Tipp für Kinder: die Ausstellung „Underground Adventure", die Besuchern anhand riesiger Spinnen, Krebse und anderem Getier den Eindruck vermittelt, sie seien auf ein Hundertstel ihrer Normalgröße geschrumpft. ⏰ Juni tgl. 8–17, Juli und Aug Mo–Do 8–17, Fr–So 7.30–17, Sep–Mai tgl. 9–17 Uhr; letzter Einlass tgl. 16 Uhr, Eintritt $15, plus Zuschlag für wechselnde Ausstellungen.

Auf der gegenüberliegenden Seite des verkehrsreichen Lake Shore Drive, am Ufer des Lake Michigan, befindet sich das **John G. Shedd Aquarium**, ✆ 312/939-2438, 🖳 www.sheddaquarium.org, angeblich das größte überdachte Aquarium der Welt. In dem umfangreichen, nachgebildeten Korallenriff tummeln sich sogar Haie. Das angeschlossene **Oceanarium** bildet einen enormen Kontrast dazu. In dem modernen Gebäude sind u. a. Meeressäugetiere wie Pazifik-Delphine und Weißwale untergebracht. Die Anlage soll eine Felsenküste in Alaska darstellen – ein aufwendiges Spektakel, bei dem die „natürlichen Verhaltensweisen" der Tiere – etwa nach Plastikringen zu schnappen – vorgeführt werden. Ansonsten dürfen Besucher die Meerestiere von Unterwassergalerien aus betrachten und ihrer eigenartigen Kommunikation lauschen. ⏰ erste drei Wochen im Juni tgl. 9–18, Ende Juni–Aug Mo–Mi und Fr 9–18, Do 9–22, Sep–Mai Mo–Fr 9–17, Sa und So 9–18 Uhr, Eintritt zu allen Abteilungen $26,95, Wassershow $2 extra.

An der Spitze der Museums-Halbinsel wartet das **Adler Planetarium**, ✆ 312/922-STAR, 🖵 www.adlerplanetarium.org, mit einem interaktiven 360-Grad-Kino auf, dazu mit einem der schönsten Ausblicke auf die Skyline der Stadt. ⏰ Ende Mai–Anfang Sep tgl. 9.30–18, ansonsten tgl. 9.30–16.30, am ersten Fr im Monat immer 9.30–22 Uhr, Eintritt $10–25 je nach Abteilungen, die man besuchen möchte.

Near North Side

Die Near North Side von Chicago hat zwar nur wenige Attraktionen, aber sie eignet sich super zum Herumschlendern. Als 1920 die Michigan Ave Bridge über den Chicago River gebaut wurde, veränderte sich das Lagerhausviertel am Nordufer des Flusses schnell in einen der mondänsten Stadtteile, der heutigen **Magnificent Mile** („Mag Mile"), die für ihre schicken Boutiquen und teuren Kaufhäuser bekannt ist. In den „Goldenen Zwanzigern" schoss an der Michigan Avenue ein funkelndes Hochhaus nach dem anderen aus dem Boden. Im Norden wurde das prunkvolle **Drake Hotel** am Lincoln Park errichtet, und im Süden das ebenso bombastische **Wrigley Building**, gleich am Fluss in der 400 N Michigan Avenue – die weiße Terrakottafassade des Kaugummikonzerngebäudes erinnert an eine Hochzeitstorte.

Kaum war das Wrigley Building fertiggestellt, bekam es auch schon ernsthafte Konkurrenz in Form des bekanntesten Bauwerks der Mag Mile, des **Tribune Tower**. Im 1925 eingeweihten Turm befinden sich noch immer die Redaktionsräume der gleichnamigen Morgenzeitung und die Stu-

dios des Radiosenders WGN. Mit seinen Strebebögen und gotischen Details unterscheidet es sich stark vom damals vorherrschenden Baustil.

Der Stahlturm des **John Hancock Center** in der 875 N Michigan Avenue markiert das Nordende. Auch wenn er nicht ganz so hoch ist wie der Willis Tower, ist das Panorama, das sich an klaren Tagen vom Skydeck Observatory im 94. Stock bietet, unvergesslich. Mit dem Fahrstuhl zur schicken Signature Lounge im 96. Stock hochzufahren kostet nichts, und mit dem gesparten Geld lässt sich die Aussicht mit einem Drink versüßen. Auf jeden Fall ist das Hancock Observatory besser und leerer als die Aussichtsplattform auf dem Willis Tower. ⏰ tgl. 9–23 Uhr, Eintritt $15.

Manche Kaufhäuser sind direkt von der Michigan Avenue her zu betreten, aber viele befinden sich innerhalb fantastisch ausgestatteter Einkaufszentren. Das älteste – und nach wie vor beste – ist das **Water Tower Place**, 835 N Michigan Ave, mit mehr als 100 Geschäften auf sieben Stockwerken sowie einem belebten Food-Court. In wesentlich großzügigerem Gewand kommt die **900 N Michigan Avenue** daher, in der es auch etwas anspruchsvollere Läden gibt, darunter Bloomingdale's.

Gegenüber dem Water Tower Place erhebt sich der **Historic Water Tower**. Das steinerne Schloss, überragt von einem 30 m hohen Turm, datiert aus dem Jahr 1869 und ist eines der ganz wenigen Gebäude, die das verheerende Feuer von 1871 überstanden haben. Drinnen im Water Tower versteckt sich eine winzige, aber faszinierende Galerie, in der Fotoausstellungen von Künstlern aus Chicago gezeigt werden.

Das **Museum of Contemporary Art**, 220 E Chicago Ave, einen Block östlich, ✆ 312/280-2660, 🖵 www.mcachicago.org, wurde vom Berliner Architekten Josef Paul Kleihues entworfen. Es zeigt zeitgenössische Malerei, Fotografie, Videokunst und Installationen. Die permanente Sammlung umfasst Werke von Calder, Warhol und anderen; an der Rückseite liegt ein Patio mit Seeblick, wo man im Wolfgang Puck Café das leckere Bistro-Essen genießen kann. ⏰ Di 10–20, Mi–So 10–17 Uhr, Eintritt $12, Di frei.

Seit der **Navy Pier**, East Illinois Street, 🖵 www.navypier.com, 1995 wieder für die Öffentlichkeit zugänglich gemacht wurde, hat sich das Gebiet entlang dem Fluss zwischen Michigan Avenue und See dramatisch verändert: Mehr als acht Millionen Besucher werden jährlich von seinen Geschäften, Restaurantketten, dem IMAX-Kino und dem 15-stöckigen Riesenrad angezogen. Einen Blick wert sind auch die einfallsreichen, interaktiven Ausstellungsstücke im **Chicago Children's Museum**, ☎ 312/527-1000, 🖥 www.chichildrensmuseum.org, 🕑 So–Mi und Fr 10–17, Do und Sa 10–20 Uhr, Mitte Juni–Aug Fr auch bis 20 Uhr, Eintritt $10, keine Ermäßigung für Kinder, Do 17–20 Uhr freier Eintritt. Im Sommer finden am Pier viele Konzerte und Wochenend-Festivals statt, und von hier starten verschiedene Bootstouren, darunter diejenigen von Shoreline Sightseeing.

Gold Coast und Old Town

Die Gold Coast, die sich von der Magnificent Mile in nördlicher Richtung am See erstreckt, ist einer der wohlhabendsten Stadtteile, auch weil sich hier der zentralste – und nobelste – Strand, der **Oak Street Beach**, befindet. Man erreicht ihn auf einem Fußweg, gegenüber dem Drake Hotel.

Lebendiger geht es in **Old Town**, westlich der LaSalle Street auf beiden Seiten der North Ave-

nue, zu. Die 1873 erbaute **St. Michaels Church** bildete ursprünglich den Mittelpunkt einer deutschen Gemeinde. Heute lebt hier ein buntes Völkergemisch. Außer dem populären Second City Club gibt es in Old Town ein paar tolle Kneipen, Geschäfte, Galerien und Barbecue-Lokale.

Lincoln Park und Wrigleyville

Im Sommer bietet der Lincoln Park, die größte Grünfläche Chicagos, Erholung vom Häusermeer. Im Gegensatz zum Grant Park gibt es hier jede Menge lauschige Ecken und darüber hinaus ein paar familienfreundliche Strände. In der Nähe des kleinen **Zoos** in der Mitte des Parks können Besucher Paddelboote und Fahrräder ausleihen. Bei schlechtem Wetter bietet sich das kostenlose **Conservatory**, 2400 N Stockton Drive, ein Gewächshaus mit saunaähnlichen Temperaturen, als Zuflucht an, 🕑 tgl. 9–17 Uhr. Oder man taucht im **Chicago History Museum**, am Südende des Parks in der 1601 N Clark St, ☎ 312/642-4600, 🖥 www.chicagohistory.org, in die Geschichte der Stadt ein. 🕑 Mo–Mi, Fr und Sa 9.30–16.30, Do 9.30–20, So 12–17 Uhr, Eintritt $14, Mo frei.

Vom Lake Michigan landeinwärts liegt das Viertel Lincoln Park: Es konzentriert sich ent-

Great Lakes

Moderne Kunst zeigt das Museum of Contemporary Art, gebaut vom Berliner Architekten Josef Paul Kleihues.

lang der **Lincoln Avenue** und der **Clark Street**. Die **Halsted Street**, an der viele Blues-Lokale und Nachtclubs liegen, verläuft in Nord-Süd-Richtung durch das Viertel. Jede dieser Hauptstraßen mit ihren zahlreichen Buch- und Plattenläden lohnt einen ausgedehnten Bummel. Wenn man schon mal hier ist, sollte man das **Biograph Theater**, 2433 N Lincoln Avenue, besuchen, früher Kino, heute Theater. 1934 wurde John Dillinger dort von FBI-Agenten umzingelt und erschossen, nachdem seine Geliebte, die legendäre *Lady in Red*, ihnen den heißen Tipp gegeben hatte.

Vom Lincoln Park zieht sich die Stadt Häuserblock um Häuserblock Richtung Norden. Viele dieser Häusern stammen vom Ende des 19. Jhs., als sich in dieser separaten Enklave mit dem Namen Lakeview Tausende deutscher Immigranten niederließen. Heute heißt das Gebiet **Wrigleyville**, zu Ehren des **Wrigley Field**, 1060 W Addison St, Ecke N Clark Street, des efeuberankten Stadions aus den 1920er-Jahren. Das Wrigley Field ist das Heimstadion des beliebten Baseballteams Cubs und eine der schönsten Spielstätten für diesen Sport – der Verein ist so traditionsbewusst, dass er sich bis 1988 gegen die Installation von Flutlicht wehrte. Es gibt kaum eine entspannendere Art, einen Nachmittag zu verbringen, als inmitten der treuen Fans der Cubs in der Sonne Bier zu trinken, Hotdogs zu essen und dem Spiel zuzuschauen; Informationen zu Eintrittskarten: ✆ 312/831-CUBS, 🖥 chicago.cubs.mlb.com. Von Mai bis September werden an bestimmten Tagen zwischen 10 und 16 Uhr halbstündlich zweistündige **Führungen** angeboten ($25).

Wicker Park und Bucktown

Wicker Park/Bucktown, 3 Meilen nordwestlich des Loop, ist das neueste Wohngebiet von Chicago. Einst lebten hier Polen und Deutsche (die Gegend trug den Spitznamen „Polish Gold Coast"). Heute ist es ein angesagtes Einkaufs- und Ausgehviertel, das von viktorianischen Häusern geprägt wird. Stilvolle Cafés mit Biokost, Galerien, Tattoostudios, verrauchte Clubs, Boutiquen und alternative Buchläden säumen die Damen Street Richtung Norden nach Bucktown.

West Side und Oak Park

An der West Side, westlich des Chicago River, brach die Feuersbrunst von 1871 aus. Das Feuer sprang rasch nach Osten über und verwandelte die aus Holz erbaute Stadt für drei Tage in ein Flammenmeer. In West Side fanden auch 1886 die **Haymarket Riots** statt: blutige Unruhen im Anschluss an eine friedliche Demonstration streikender Arbeiter, in deren Verlauf mehrere Polizisten und Arbeiter getötet wurden. Vier Gewerkschaftsführer wurden des Mordes für schuldig befunden und gehenkt – obwohl keiner von ihnen am Ort des Geschehens war. Die West Side ist nach wie vor von Armut und gesellschaftlichen Problemen geprägt; stabil hält sich dagegen Little Italy bei der University of Illinois at Chicago.

Neun Meilen westlich des Loop befindet sich der hübsche Vorort **Oak Park**. Er lässt sich gut mit der „L" erreichen: einfach die Green Line nach Westen bis zu Station Harlem Ave nehmen. Das Visitor Center, zwei Häuserblocks östlich des Bahnhofs, 158 N Forest Ave, ✆ 708/848-1500, 🖥 www.visitoakpark.com, gibt einen ausgezeichneten Plan zur Architektur aus. ⊙ tgl. 10–15.30 Uhr.

Ernest Hemingway wurde in Oak Park geboren. Sein Geburtshaus in der 339 N Oak Park Ave, in dem er bis zum Alter von sechs Jahren lebte, wird bis heute als Gedenkstätte bewahrt. Es gehört zu einem Museum zwei Blocks weiter südlich, 200 N Oak Park Ave, ✆ 708/848-2222, 🖥 www.ehfop.org, das sich dem Leben des Autors widmet. ⊙ So–Fr 13–17, Sa 10–17 Uhr, Eintritt $10.

1889, ein Jahrzehnt vor Hemingways Geburt, kam ein ehrgeiziger junger Architekt namens **Frank Lloyd Wright** nach Oak Park und erprobte hier 20 Jahre lang seine bahnbrechenden Gestaltungsideen. Die meisten der 25 Gebäude, die hier nach seinen Entwürfen entstanden, sind allerdings im konventionellen viktorianischen Stil gehalten, und nur ein paar davon darf man betreten. Die beste Einführung in Wrights Idealbild einer „organischen Struktur" stellt der **Unity Temple**, 875 Lake St, ✆ 708/383-8873, 🖥 www.unitytemple-utrf.org, dar. Sein Ausgangskonzept war das eines organischen Ganzen, im krassen Unterschied zur Zuckerbäcker-Architektur der damaligen Zeit. ⊙ Mo–Fr 10.30–16.30, Sa und So 13–16, Eintritt $8.

Das **Wohnhaus und Studio** des Architekten befindet sich ein kleines Stück vom Tempel entfernt in der 951 Chicago Avenue, Ecke Forest Avenue, ✆ 708/848-1976, 🖳 www.wrightplus.org. Wright errichtete es 1889 im Alter von 22 Jahren und gestaltete es während der darauf folgenden 20 Jahre immer wieder um. Es kann im Rahmen einer 45-minütigen Führung besichtigt werden: Mo–Fr um 11, 13 und 15 Uhr, Sa und So 11–15.30 Uhr alle 20 Min, Eintritt $15. Längere Audio-Führungen auf eigene Faust ($15) schließen ein Dutzend anderer von Wright entworfener Häuser im Umkreis zweier Häuserblocks ein.

South Side

Die South Side von Chicago ist schon immer ein hartes Pflaster gewesen, nicht zuletzt wegen der **Chicago Stockyards**, der Schlachthäuser, die hier bis in die 50er-Jahre hinein standen. An Teilen der South Side ist der Wirtschaftsboom der 1990er-Jahre vorbeigegangen, aber es gibt auch ein paar lebendigere Ecken: nicht nur Prairie Avenue und Hyde Park, sondern auch die von Menschen wimmelnde **Chinatown** in der Umgebung der Wentworth Avenue und 22nd Street; die vor allem mexikanisch geprägte Künstlergegend **Pilsen**, ein paar Häuserblocks Richtung Norden und Westen; und den vorwiegend irischen Arbeiterbezirk **Bridgeport**.

Hyde Park, 6 Meilen südlich, ist der attraktivste Teil von South Side und gleichzeitig eines der gemischtesten Viertel Chicagos. Heute erfährt es natürlich auch als ehemaliges Zuhause von US-Präsident Barack Obama viel Aufmerksamkeit. Die **University of Chicago**, 1892 von Rockefeller gestiftet, verleiht der Gegend eine lässig lockere Atmosphäre mit Buchläden und Cafés auf dem Campus, vor allem entlang der E 57th Street.

Der Washington Park schmiegt sich ans Südende des Universitätsgeländes und trifft schließlich auf den langen Grünstreifen des Midway, einst ein Zentrum der **World's Columbian Exposition**. Allein im Sommer 1893 zog diese Weltausstellung rund 30 Millionen Neugierige an, und der Midway war damals von nachgebauten Dörfern aus aller Welt übersät.

Das **Museum of Science and Industry**, 57th St, Ecke Lakeshore Drive, ✆ 773/684-1414, 🖳 www.msichicago.org, war *die* Attraktion Chicagos, bis ab 1991 Eintritt verlangt wurde. Neben spannenden Computeranimationen gibt es auch ein deutsches U-Boot zu sehen; außerdem kann man ins Innere einer Kohlenmine hinunterfahren und einen simulierten Space-Shuttle-Flug unternehmen. Eher für Kinder interessant. ⊙ Mo–Sa 9.30–16, So 11–16 Uhr, Eintritt $15. Der Komplex beherbergt auch ein gigantisches OMNIMAX, Eintritt $8 extra.

Östlich des Museums sticht der **Promontory Point** in den Lake Michigan und ermöglicht tolle Ausblicke auf die Chicagoer Skyline, unter anderem auf das erste von Mies van der Rohe ganz in der Nähe erbaute Hochhaus, die Promontory Apartments, 5530 S Lake Shore Drive.

Die meisten zentralen Unterkünfte sind eher auf Geschäftsleute als auf Touristen ausgerichtet. Dennoch gibt es inner- und außerhalb des Loop genügend Zimmer zu annehmbaren Preisen – ganz zu schweigen von den vielen Motels entlang der Interstates. Sogar die First-Class-Hotels in Downtown sind nicht so unerschwinglich wie anderswo. Auf jede Rechnung werden allerdings 15,4 % Steuern aufgeschlagen.

Für **Parken** über Nacht berechnen einfache Downtown-Hotels bis zu $25 und die etwas nobleren bis zu $45.

Wer allein nicht weiter kommt, kann sich an die Vermittlung **Hot Rooms**, ✆ 1-800/468 3500, 🖳 www.hotrooms.com, wenden. Sie bietet Hotelzimmer zu Discountpreisen an.

Bed and Breakfast ist in Chicago weniger verbreitet als in anderen Städten, aber es gibt Zimmer ab etwa $80 pro Nacht; die **Chicago B&B Association** verfügt über vollständige Verzeichnisse, 🖳 www.chicago-bed-breakfast.com.

Allegro, 179 W Randolph St, ✆ 312/236-0123 oder 1-866/643-1500, 🖳 www.allegrochicago.com. Sehr schönes Boutiquehotel in farbenfrohem Art-déco-Gebäude mit durchweg luxuriösen Einrichtungen. Nachmittags Weinempfang. ❽

HI-Chicago – The J. Ira & Nicki Harris Family Hostel, 24 E Congress St, ☎ 312/360-0300 oder 1-800-909-4776 code 244, ⌨ www.hichicago.org. Riesiges, sehr zentrales Hostel; die Betten in den sauberen, großzügigen Schlafsälen kosten $29–35 für Mitglieder und $32–38 für Nicht-mitglieder. Internetzugang; Küche und Wasch-maschinen vorhanden, kostenloses Frühstück. ⏱ 24 Std. ❶

Gold Coast Guest House, 113 W Elm St, ☎ 312/337-0361, ⌨ www.bbchicago.com. Unauffäl-liges, schön umgewandeltes Reihenhaus aus den 1870er-Jahren mit vier erstklassigen B&B-Zimmern mit Dusche/WC; die Atmosphäre ist sehr freundlich und man erhält jede Menge guter Ratschläge von der kundigen Gast-geberin. ❺

Trump International Hotel & Tower, 401 N Wa-bash Ave, ☎ 312/588-8000 oder 1-877/458-7867, ⌨ www.trumpchicagohotel.com. Der berühmt-berüchtigte New Yorker Immobilienmakler Donald Trump hat mit diesem 92-stöckigen Hotel in der Windy City ein Zeichen gesetzt. Jedes Zimmer hat Fenster, die bis zum Boden reichen, und ein paar Sachen für Kinder wie Videospiele und Kinderbademäntel. ❽

Chicago Getaway Hostel, 616 W Arlington Place, ☎ 773/929-5380 oder 1-800/467-8355, ⌨ www.getawayhostel.com. Lockere Herberge in der Nähe von Wrigley Field und jeder Menge guter Kneipen. Nach Geschlechtern getrennte Schlafsäle ($25–31) und Privatzimmer mit und ohne Bad. ⏱ 24 Std. ❶–❸

Comfort Inn & Suites Downtown, 15 E Ohio St, ☎ 312/894-0900 oder 1-888/775-9223, ⌨ www.chicagocomfortinn.com. Kettenhotel in einem Hochhaus mit beträchtlichem Charme dank restaurierter Art-déco-Lobby. Gut ausgestattete Zimmer, Fitnessraum und Sauna. Frühstück inkl. ❻

Days Inn Lincoln Park North, 644 W Diversey Parkway, Ecke Clark, ☎ 773/525-7010 oder 1-888/576-3287, ⌨ www.lpdaysinn.com. Gutes, freundliches Motel, beliebt bei durchreisenden Musikern, günstig gelegen fürs Nachtleben in North Side. Frühstück inkl. ❺

The Drake, 140 E Walton Place, ☎ 312/787-2200 oder 1-800/553-7256, ⌨ www.thedrakehotel.com. Altes Grandhotel an der Magnificent Mile, das trotz Renovierung nichts von seinem Charme verloren hat. Die gut ausgestatteten Zimmer haben alle einen schnellen Internet-zugang und Jacuzzi. Man kann auch einfach in der eleganten Palm Court Lounge einen Drink nehmen. ❽–❾

Hampton Inn & Suites, 33 W Illinois Ave, ☎ 312/832-0330, ⌨ www.hamptoninnchicago.com. Sauberes Kettenhotel in einem Hochhaus (Baujahr 1988, aber von Frank Lloyd Wright inspiriert); gute River-North-Lage, 4 Blocks östlich der Magnificent Mile. ❻

Holiday Inn Express Mag Mile-Hotel Cass, 640 N Wabash Ave, ☎ 312/787-4030 oder 1-800/799-4030, ⌨ www.casshotel.com. Budget-unterkunft mit Frühstücksbuffet und kosten-losem WLAN. Einfach, aber solide. ❺

House of Two Urns, 1239 N Greenview Ave, Wicker Park, ☎ 773/235-1408 oder 1-877/896-8767, ⌨ www.twourns.com. Verschachteltes B&B in Künstlerbesitz, das mit zeitgenössi-schen Gemälden gefüllt ist. 3 Blocks von der El entfernt und nahe dem Wicker Park; 5 Gästezimmer mit ausgefallenem Flair, aber einige teilen sich die Waschgelegenheiten; auch 3- und 4-Zimmer-Apartments. Zimmer ❹, Apartments ❼–❾

Palmer House Hilton, 17 E Monroe St, ☎ 312/726-7500 oder 1-800/445-8667, ⌨ www.chicagohilton.com/hotels_palmer.aspx. Eines der geschichtsträchtigsten Hotels der Stadt im Zentrum des Loop, perfekt zum Millennium Park und dem Art Institute of Chicago gelegen. ❻

Wheeler Mansion, 2020 S Calumet Ave, ☎ 312/945-2020, ⌨ www.wheelermansion.com. Äußerst prachtvolles Herrenhaus, das in ein vornehmes, etwas steifes, aber romantisches B&B umgewandelt wurde; besonders beliebt bei Geschäftsreisenden. Im Prairie Avenue Historic District, nahe dem Soldier Field, gelegen. ❽

Great Lakes

Chicagos kosmopolitisches Flair schlägt sich unzähligen Restaurants nieder. Ganz oben rangiert die italienische Küche, von der herzhaften *deep-dish*-Pizza (1943 in der Pizzeria Uno, 29 E Ohio St, kreiert) bis zu den fantasievollen Kompositionen, die in stilvollen Trattorias zelebriert werden.

In den vergangenen Jahren hat die New American Cuisine an Popularität gewonnen. Thai-Restaurants sind immer noch sehr beliebt, ebenso Lokale mit mediterranem Touch. Daneben gibt es jede Menge traditioneller Chicagoer Küchen – osteuropäisch, deutsch, mexikanisch, chinesisch, indisch und sogar birmanisch und äthiopisch. Und natürlich kann man in vielen Restaurants die guten altmodischen *ribs* vom Grill bekommen, eine Hinterlassenschaft aus der Zeit, als Chicago das Schlachthaus der Nation war.

Die meisten Restaurants findet man westlich und nördlich des **Loop**. Natürlich bieten sich auch **Greektown**, in der Umgebung der Halsted St, Ecke Jackson Blvd, und **Little Italy**, Taylor St und Umgebung, beide im Westen, zum Essengehen an. In **Near North** und **River North** gibt es viele schicke Lokale.

The Loop

Italian Village, 71 W Monroe St, Ecke Clark St, ✆ 312/332-7005. Drei italienische Lokale unter einem Dach: Das Village bietet traditionelles italienisch-amerikanisches Essen und erstklassige Weine; La Cantina serviert im Keller neben anderen Gerichten zu angemessenen Preisen „Chicken Vesuvio", eine Chicagoer Erfindung; das teure Vivere bietet eine spannende Speiseauswahl und eine ebensolche Weinkarte. Beliebt vor dem

Cheezborgers à la John Belushi

Billy Goat Tavern, 430 N Michigan Ave, Ecke Kinzie St, Downtown, ✆ 312/222-1525. Beliebter Treff der schichtarbeitenden Journalisten, serviert die durch John Belushis Komödie berühmt gewordenen *cheezborgers*. Sehr moderate Preise.

Theaterbesuch, daher kommt man besser erst nach 20 Uhr. Das Village ist tgl. geöffnet, die anderen beiden Lokale sind So geschlossen.

Lou Mitchell's, 565 W Jackson Ave, Ecke Clinton St, ✆ 312/939-3111, nahe Union Station. Lous gibt es schon seit 1923, es gibt den ganzen Tag über ausgezeichnete Omeletts, Waffeln und *hash browns*. Außerdem leckere Kekse mit Pecannüssen.

Russian Tea Time, 77 E Adams St, ✆ 312/360-0000. Kleiner Gruß aus dem Mittleren Westen in Richtung des New Yorker Russian Tea Room; bietet (teure) authentische Gerichte aus der ehemaligen Sowjetunion.

Trattoria No. 10, 10 N Dearborn St, ✆ 312/984-1718. In mehreren unterirdischen Räumen werden köstliche Ravioli, gegrillte Meeresschnecken und Risotto serviert. ⊙ Mo–Sa.

The West Side: Greektown und Little Italy

Francesca's on Taylor, 1400 W Taylor St, ✆ 312/829-2828. Über Chicago verteilt finden sich mehrere Francesca-Familienrestaurants. Diese relativ zurückhaltende Filiale serviert mit das beste italienische Essen der Stadt (zu moderaten Preisen) und ist praktisch den ganzen Tag über voll.

Parthenon, 314 S Halsted St, Ecke Jackson Blvd, ✆ 312/726-2407. Eines der ältesten Lokale, aber immer noch verdientermaßen beliebt: Hier wurde *saganaki* (gebackener Käse, mit Metaxa flambiert) erfunden.

Pegasus, 130 S Halsted St, Ecke Adams St, ✆ 312/226-3377. Lebendiges griechisches Restaurant mit hübschen Wandgemälden. Vom Dachgarten hat man einen tollen Blick über die Skyline des Loop.

Santorini, 800 W Adams St, Ecke Halsted St, ✆ 312/829-8820. Einladende Speisekarte; die Highlights sind gegrillter Oktopus und Lamm-*exohiko* (in Blätterteig gebacken).

South Loop und South Side

Gioco, 1312 S Wabash Ave, Ecke 13th St, ✆ 312/939-3870. Ungeheuer beliebtes (und ziemlich teures) Lokal, das mit seinen klassischen italienischen Gerichten ein hippes Publikum in den South Loop lockt.

The Medici, 1327 E 57th St, ☎ 773/667-7394. Eine Institution in der Nähe der University of Chicago in Hyde Park; Salate, Pizza, sehr gute Hamburger.

Opera, 1301 S Wabash Ave, Ecke 13th, ☎ 312/461-0161. Flippiges chinesisches Restaurant in einem ehemaligen Filmstudio in South Loop: erstklassig, gut konzeptioniert und sehr teuer; hat auch einige Séparées.

Near North Side und River North

Club Lago, 331 W Superior St, Ecke N Orleans, ☎ 312/337-9444. Ruhiges Restaurant in der Art, wie man sich nach dem Zweiten Weltkrieg in den USA Norditalien vorstellte. Schön für einen Drink oder einen Teller gebackene Venusmuscheln.

Frontera Grill & Topolobampo, 445 N Clark St, Ecke Illinois St, ☎ 312/661-1434. Tolle mexikanische Küche, gut besucht und laut; das Topolobampo ist feiner und teurer. ☉ Di–Sa.

Gino's East, 633 N Wells St, Ecke Ontario St, ☎ 312/943-1124. Trotz Umzug in ein größeres, eher betagtes Gebäude bleibt dieses Lokal ein Klassiker: riesige *deep-dish*-Pizzas und Graffiti-Wände. Lange Wartezeiten am Eingang und am Tisch (die Pizza braucht mindestens 40 Min.).

Le Colonial, 937 N Rush St, Ecke Walton St, ☎ 312/255-0088. Dieses Lokal beschwört mit seinen Palmen und Rattanmöbeln die Atmosphäre eines kolonialen Außenpostens in Indochina herauf; dazu gibt's hinreißende, französisch inspirierte vietnamesische Gerichte; die Preise sind okay; im Sommer Plätze draußen.

Pizzeria Uno, 29 E Ohio St, Ecke Wabash Ave, ☎ 312/321-1000. Hier wurde die *deep-dish*-Pizza erfunden.

Portillo's, 100 W Ontario St, Ecke La Salle St, ☎ 312/587-8930. Die beliebte einheimische Restaurant-Kette serviert gute Chicago-Hotdogs und das beste italienische Rindfleisch-Sandwich der Stadt.

Star of Siam, 11 E Illinois St, Ecke State St, ☎ 312/670-0100. Traumhaftes Thai-Essen in einladender Umgebung. Die Tom-Yum-Suppe, das Pad Thai und die Currys sind einfach erstklassig.

Lincoln Park und Old Town

Charlie Trotter's, 816 W Armitage Ave, Ecke Halsted St, ☎ 773/248-6228. Küchenchef Trotter ist ein Meister seines Fachs und schafft immer neue Gaumenfreuden wie mit Kaviar gefüllte Wachteleier oder Maine-Lachs mit Blutwurst. Die Preise sind entsprechend hoch; Gäste können lediglich zwischen zwei Menüs wählen – einem für $135 (vegetarisch) und einem für $165. ☉ Di–Sa.

Hema's Kitchen II, 2411 N Clark St, ☎ 773/529-1705. Quirliges indisches Restaurant, bekannt für sein Knoblauch-*nan*, seinen Curry-Fisch und sein *tandoori chicken*. Wer möchte, kann Bier oder Wein selbst mitbringen.

Old Jerusalem, 1411 N Wells St, Ecke Evergreen St, ☎ 312/944-3304. Altbewährtes Lokal mit ordentlicher Orientküche; gute Falafel. Bier oder Wein muss mitgebracht werden.

RJ Grunts, 2056 Lincoln Park W, Ecke Clark St, ☎ 773/929-5363. Fantastische Burger und ein ebensolches Salatbüffet – war angeblich das erste im Land; familienfreundliches Ambiente.

Wicker Park

Café Absinthe, 1954 W North Ave, Ecke Milwaukee Ave, ☎ 773/278-4488. Köstliche französische Speisen in romantischer Umgebung; eines der besten Lokale der Stadt mit entsprechenden Preisen.

Earwax Cafe, 1564 N Milwaukee Ave, Ecke North Ave, ☎ 773/772-4019. Gut besuchtes, preiswertes Café in einer lebendigen Gegend; reichhaltiges Angebot an leichten vegetarischen Gerichten und fleischhaltigen Sandwiches.

Hot Chocolate, 1747 N Damen Ave, Nähe St Paul, ☎ 773/489-1747. Süße und herzhafte Speisen, toller Brunch am Wochenende; die Schokoladendesserts sind kleine Meister- werke.

Irazu, 1865 N Milwaukee Ave, nahe Armitage Ave, ☎ 773/252-5687. Sehr preiswerter, wundervoller costa-ricanischer Diner, der gute Burritos und eine kleine Auswahl authentischer Hauptgerichte serviert. ⊙ Mo–Sa.

Ausgehen

In Chicago ist Alkohol noch nicht so verpönt, und es gibt **Bars** für fast jeden Geschmack. Fast alle haben bis 3, 4 oder sogar 5 Uhr geöffnet. Zu den Kneipenvierteln gehören die touristische Division Street, das gemischte Wrigleyville und ein paar Ecken im eher gesetzten Hyde Park. Eine richtige Szene- gegend ist der **Wicker Park**. Die Halsted St zwischen Belmont und Addison ist wegen ihrer Schwulenbars und -clubs auch als „**Boystown**" bekannt.

Die mehr als 100 **Cafés** in der Stadt haben die traditionellen Kneipen zwar noch nicht gänzlich verdrängt, aber sie bilden zunehmend eine Alternative.

Bars und Kneipen

Delilah's, 2771 N Lincoln Ave, ☎ 773/472-2771. Schummrige Bar, in der abends Underground- platten gespielt werden, von Alternative Country bis Rock. Gute Auswahl an Bieren und Whiskys.

Goose Island Brewing Co., 1800 N Clybourn Ave, Lincoln Park, ☎ 312/915-0071. 40 Helle und Lagerbiere, darunter das beliebte Honker's Ale, werden hier gebraut und können im angeschlossenen Lokal getestet werden. Gilt als bestes Brauhaus von Chicago.

Green Door Tavern, 678 N Orleans St, ☎ 312/ 664-5496. In der Nähe der Kunstgalerien von River North, ein historisches Gasthaus voll mit Chicago-Memorabilien: manches reiner Kitsch, anderes echt antik.

John Barleycorn, 658 W Belden Ave, ☎ 773/ 348-8899. Schummriger Pub in Lincoln Park, der bis auf das Jahr 1890 zurückgeht. Die ehe- malige „Flüsterkneipe" und Stammplatz von John Dillinger hat viele ihrer ursprünglichen maritimen Merkmale bewahrt. Im Sommer kann man im netten Garten sitzen.

Matchbox, 770 N Milwaukee Ave, ☎ 312/ 666-9292. Chicagoer aller Art zwängen sich in diese unglaublich enge Nachbarschaftskneipe auf der West Side.

Old Town Ale House, 219 W North Ave, ☎ 312/944-7020. In dieser Kneipe trifft sich eine bunte Mischung trinkfreudiger Stammgäste und Yuppies. Verfügt über Flipper und Taschenbuch-Bibliothek.

Rainbo Club, 1150 N Damen Ave, ☎ 773/ 489-5999. Beliebte Bar in Wicker Park, in der sich vor allem Indie-Rocker treffen.

Twin Anchors, 1655 N Sedgewick St, Ecke North St, ☎ 312/266-1616. Das Warten auf einen Sitzplatz in diesem Lokal, das für seine Rippchen berühmt ist, lohnt sich wegen des interessanten Publikums und der Bar im Stil der 50er.

Woodlawn Tap, 1172 E 55th St, Ecke Woodlawn, ☎ 773/643-5516. Diese Kneipe im Zentrum von Hyde Park lockt mit billigem kaltem Bier und Gesprächen, die zwischen den White Sox und Wittgenstein oszillieren.

Schwulen- und Lesbenbars

Big Chicks, 5024 N Sheridan Rd, Anderson- ville, ☎ 773/728-5511. Freundliches Lokal mit gemischtem Publikum und kostenloser Mu- sikbox; im Sommer an Sonntagen kostenloses BBQ hinterm Haus.

Gentry, 440 N State St, ☎ 773/836-0933. Kabarett und Piano-Bar; beliebt bei Geschäftsleuten, die hier gern nach der Arbeit vorbeischauen.

Sidetrack, 3349 N Halsted St, ☎ 773/477-9189. Eine der beliebtesten Bars am Gaystrip in Lin- coln Park.

Chicago ist seit jeher eine der Städte mit dem besten Nachtleben der Vereinigten Staaten. Blues-Fans, die Chicago als Geburtsort des **Urban Blues** von Muddy Waters verehren, werden enttäuscht sein, dass der einstige Hauptsitz von Chess Records in der 2120 S Michigan Ave (verewigt in einem Song der Rolling Stones, der vor Ort aufgenommen wurde) erst noch in ein Museum umgewandelt werden muss. Aber die Stadt ist nach wie vor stolz auf ihre Blues-Tradition und sorgt auch weiterhin für Innovationen in anderen Genres wie den energievollen **House-Beat** der 80er-Jahre und den bahnbrechenden Jazz des Art Ensemble of Chicago.

In der Stadt wimmelt es von **Nachtclubs**, besonders entlang der Halsted St, Lincoln Ave und Clark St in North Side. Das Uptown, an der Kreuzung von N Broadway und Lawrence, bietet exzellenten Jazz und Rock. Die besten **Schwulenclubs** findet man in Boystown, 1 Meile nördlich des Lincoln Park.

Auch für anspruchsvollere Unterhaltung ist gesorgt: Chicago bietet **klassische Musik**, **Tanz** und **Theater** von Weltrang.

Infos über Veranstaltungen entnimmt man am besten den kostenlosen Wochenzeitungen *The Chicago Reader* (erscheint donnerstagnachmittags, 🖳 www.chicagoreader.com), *New City* und dem Schwulen- und Lesbenblatt *Windy City Times*. Ausführliche Veranstaltungshinweise erscheinen darüber hinaus in der Freitagsausgabe der *Chicago Sun-Times* und der *Chicago Tribune*. In der *Time Out Chicago* werden das Kunst-, Musik-, Theater- und Kinoprogramm veröffentlicht.

Blues

B.L.U.E.S., 2519 N Halsted St, ✆ 773/528-1012, 🖳 www.chicagobluesbar.com. Auf der kleinen Bühne haben bereits alle Großen gestanden. Ziemlich touristisch.

Buddy Guy's Legends, 700 S Wabash Ave, ✆ 312/427-0333, 🖳 www.buddyguys.com. Club am South Loop, hat sich zum Ziel gesetzt, die besten regionalen und nationalen Musiker einzuladen. Tolle Akustik und Atmosphäre, nicht so touristisch wie andere Clubs in Downtown.

Kingston Mines, 2548 N Halsted St, ✆ 773/477-4646. Auf zwei Bühnen präsentieren sich regionale und nationale Spitzenstars; Partyatmosphäre, ein wenig zu laut und hektisch zum Zuhören.

Rosa's Lounge, 3420 W Armitage Ave, ✆ 773/342-0452, 🖳 www.rosaslounge.com. Der von „Mama Rosa" und Sohn geführte West-Side-Club ist die freundlichste Kneipe weit und breit, für echte Fans. ⊙ Di–Sa.

Jazz

Andy's, 11 E Hubbard St, ✆ 312/642-6805. Sehr beliebt nach Büroschluss; unprätentiös, moderate Preise.

Green Dolphin Street, 2200 N Ashland Ave, ✆ 773/395-0066, 🖳 www.jazzitup.com. Todschickes und teures Restaurant mit Jazz-Club und einer stattlichen Reihe guter Musiker, die regelmäßig auftreten.

The Green Mill, 4802 N Broadway, ✆ 773/878-5552. Kneipe mit wechselvoller Vergangenheit während der Prohibition; sie liegt zwar im etwas rauen Uptown, bietet aber die beste – und schönste – Umgebung für lokale und nationale Talente.

Jazz Showcase, 806 S Plymouth Court, ✆ 312/360-0234, 🖳 www.jazzshowcase.com. Bester moderner Jazz in Luxusumgebung. Entsprechende Kleidung wird erwartet.

Velvet Lounge, 67 E Cermak Rd, ✆ 312/791-9050. Avantgarde- und Free Jazz sind die normalen Sounds in diesem South-Side-Klassiker.

Rock

Double Door, 1572 N Milwaukee Ave, ✆ 773/489-3160, 🖳 www.doubledoor.com. Früher Biker-Bar, heute hip: Hier trifft sich die Szene vom Wicker Park/Bucktown-Bezirk. Fast jeden Abend spielt irgendeine Indie-Band.

Elbo Room, 2871 N Lincoln Ave, ✆ 773/549-5549, 🖳 www.elboroomchicago.com. Dieser lässige Laden präsentiert hauptsächlich Newcomer aus Indie, Pop, Funk oder Ska.

Empty Bottle, 1035 N Western Ave, ✆ 773/276-3600, 🖳 www.emptybottle.com. Kleiner, lauter Laden, in dem es so gut wie alles zu hören gibt: experimentellen Jazz, Alternativ, Hip-Hop, House, Dub und Progressive Country.

Great Lakes

Schubas Tavern, 3159 N Southport Ave, Lakeview, ℡ 773/525-2508, 🖥 www.schubas. com. Dieser fast perfekte Eckladen präsentiert eine ausgefallene Reihe aufstrebender Künstler: von Rock über Alternativ Country bis zu Roots.

Metro, 3730 N Clark St, ℡ 773/549-0203, 🖥 www.metrochicago.com. Nach Meinung vieler der beste Club der Stadt, Auftritte junger britischer Bands, auch DJ-Mix.

Folk, Country und World Music

Fitzgerald's, 6615 W Roosevelt, Berwyn, ℡ 708/788-2118, 🖥 www.fitzgeraldsnightclub. com. Ausgezeichnetes Lokal für Alternative Country, Americana, Cajun und Zydeco im westlichen Vorort Berwyn. Anfahrt mit der Blue Line der CTA.

Old Town School of Folk Music, 4544 N Lincoln Ave. Gibt es seit 1959, veranstaltet rund 80 Konzerte pro Jahr, darunter auch fast jede Art von Folk und World Music; bietet auch hervorragenden Unterricht.

Dance Clubs

Excalibur, 632 N Dearborn St, ℡ 312/266-1944. Eine Institution mit lautem Rock und R&B

auf mehreren Etagen und einem vornehmlich auswärtigen Publikum.

Funky Buddha Lounge, 728 W Grand Ave, ℡ 312/666-1695, 🖥 www.funkybuddha.com. Kleiner West-Side-Club, dessen hauseigene DJs eine junge Fangemeinde anziehen.

Smartbar, 3730 N Clark St, unter dem Metro, ℡ 773/549-0203, 🖥 www.smartbarchicago.com. Am Wochenende toller Techno und House in postindustrieller Wrigleyville-Umgebung. Unter der Woche Punk, Goth und Eighties. ⏰ bis spät, Fr und Sa bis 5 Uhr.

Theater und Comedy

Früher träumten die Chicagoer Schauspieler von einer Karriere in New York, aber inzwischen bleiben viele gern hier. Die Stadt subventioniert zahlreiche Theatergruppen, darunter nicht wenige mit landesweit gutem Ruf:

Steppenwolf, 1650 N Halsted St, ℡ 312/335-1888, 🖥 www.steppenwolf.org. Am berühmtesten von allen; hier waren schon John Malkovich und Gary Sinise zu sehen.

Court Theatre, 5535 S Ellis St, ℡ 773/753-4472, 🖥 www.courttheatre.org.

Goodman Theatre, 170 N Dearborn St, ℡ 312/443-3800, 🖥 www.goodman-theatre.org. Auch im Comedy-Bereich wird einiges geboten; besonders bekannt sind die Improvisationstalente in der **Second City**, die inzwischen drei Zuschauerräume hat; 1616 N Wells St, ℡ 312/337-3992, 🖥 www.secondcity.com.

Klassik, Oper und Tanz

Das weltbekannte **Chicago Symphony Orchestra** ist zwar im Symphony Center, 220 S Michigan Ave, ℡ 312/435-8122 oder 312/435-8172, 🖥 www.chicagosymphony.org, zu Hause, aber die einen Teil des Jahres auf Tour.

Der 186 Mitglieder umfassende **Symphony Chorus** führt zusammen mit dem CSO sowohl klassische als auch zeitgenössische Gesangsstücke auf, im Sommer auch unter freiem Himmel beim Ravinia Festival, 🖥 www.ravinia. org, 25 Meilen nördlich der Innenstadt von Chicago.

Die Spielstätte der **Lyric Opera of Chicago** ist das wunderschöne Civic Opera House, 20 N Wacker Drive, ℡ 312/332-2244,

Die besten Führungen durch Chicago veranstaltet die **Chicago Architecture Foundation** mit Sitz im Archicenter, Santa Fe Building, 224 S Michigan Ave, ☎ 312/922-3432, 🖥 www.architecture.org: Im Rahmen zahlreicher Touren zeigen kundige Führer die architektonischen Schätze der Stadt und erläutern die Rolle, die diese in der Geschichte und Entwicklung von Chicago gespielt haben.

Am beliebtesten sind die fantastischen Architecture River Cruises, 90-minütige **Bootsfahrten** über den Chicago River, die an der Michigan Avenue und am Lower Wacker Drive starten. Ende April bis Anfang Juni Mo–Fr 3 Fahrten, Sa und So 5 Fahrten; Anfang Juni bis September Mo–Fr 10 Fahrten, Sa und So 13 Fahrten; Okt Mo–Fr 5 Fahrten, Sa und So 6 Fahrten; Nov Fr–So 3 Fahrten; $32.

Die Foundation organisiert auch mehrere **Stadtspaziergänge** durch den Loop. Diese starten am Archicenter und richten sich nach einem komplizierten Zeitplan; das ganze Jahr über tgl. mindestens zwei unterschiedliche zweistündige Touren ($16 für eine Tour) und eine 45-minütige Tour um 12.15 Uhr ($5), die sich den Sehenswürdigkeiten von Downtown widmet.

Die längeren **Bustouren** der Gesellschaft werden hauptsächlich im Sommer angeboten und konzentrieren sich auf die Bauten von Frank Lloyd Wright ($52) und den „Bungalow Belt" ($40); die 3 1/3-stündige „Highlights"-Tour ($40) findet aber das ganze Jahr über statt (Abfahrt Sa und Mi 9.30 Uhr).

Im Rahmen des Programmes „**Chicago Greeter**", 🖥 www.chicagogreeter.com, werden tolle kostenlose, sehr persönliche Führungen angeboten. Die Touren beginnen in der Lobby des Chicago Cultural Center; Besucher können sich ihre Tour über die Website mehrere Wochen im Voraus aussuchen. Wer ohne Voranmeldung auftaucht, kann am „Instagreeter"-Programm teilnehmen. Die Führungen werden von einem ausgebildeten „Begrüßer" durchgeführt und behandeln eines der 25 verschiedenen Stadtviertel oder eines von 40 Themen wie „Ethnien in Chicago" oder „Kunst im öffentlichen Raum".

www.lyricopera.org. Die Opernsaison geht von Mitte Sep bis Anfang Feb; die meisten Vorstellungen finden vor ausverkauftem Haus statt.

Chicago hat auch zwei Tanzensembles von Weltrang zu bieten: das klassisch ausgerichtete **Joffrey Ballet**, 70 E Lake St, ☎ 312/739-0120, 🖥 www.joffrey.com, und das mehr zeitgenössische **Hubbard Street Dance Chicago**, 1147 W Jackson Blvd, ☎ 312/850-9744, 🖥 www.hubbardstreetdance.com.

Sonstiges

Fahrradverleih

Fahrräder werden im Fahrradparkhaus in der Nordostecke des Millennium Park, 239 E Randolph St, vermietet ($30/Tag).

Informationen

Chicago Office of Tourism, in der Eingangshalle des Chicago Cultural Center, 77 E Randolph St, ☎ 1-800/877-CHICAGO, 🖥 www.explore chicago.org, ⏰ Mo–Do 8–19, Fr 8–18, Sa 9–18, So 10–18 Uhr.

Historic Water Tower, 800 N Michigan Ave, an der Magnificent Mile, ⏰ Mo–Do 8a–19, Fr 8–18, Sa 9–18, So 10–18 Uhr.

Northwest Exelon Pavilion, Millennium Park, ⏰ tgl. 10–16 Uhr.

Post

Chicago besitzt das größte **Postamt** der Welt. Es steht in der 433 W Harrison St, ⏰ 24 Std. Eine Zweigstelle befindet sich Downtown in der 211 S Clark St, ⏰ Mo–Fr 7–18 Uhr.

Nahverkehr

Dank der rund um die Uhr verkehrenden Busse und der Hochbahn namens „L" der **Chicago Transit Authority**, kurz CTA, ☎ 312/836-7000, 🖥 www.transitchicago.com, kann man sich in Chicago rasch und problemlos fortbewegen. Eine CTA System Map ist an den meisten U-Bahnhöfen, in den Visitor Centers oder in der CTA-Zentrale, 567 W Lake St, westlich des Chicago River, erhältlich.

Die **Busse** verkehren während der Stoßzeiten alle 5–15 Min., ansonsten fast rund um die Uhr alle 8–20 Min.

Die Züge der **U-Bahn/Hochbahn** fahren tagsüber alle 5–15 Min. und die ganze Nacht hindurch alle 15–60 Min. Die Linien sind farbig gekennzeichnet und eher nach der jeweiligen Route als nach Endbahnhöfen benannt. Die Howard–Dan Ryan ist die Red Line; Lake Englewood–Jackson Park ist die Green Line; die O'Hare–Congress–Douglas ist die Blue Line; die Ravenswood ist die Brown Line (deren Züge den Loop umrunden); der Evanston Express ist die Purple Line; der Midway-Loop ist die Orange Line; die Skokie Swift ist die Yellow Line; und die Pink Line fährt vom Loop in den Vorort Cicero.

Für die CTA müssen die Fahrgäste eine **Chicago Card** erwerben (erhältlich in allen „L"-Bahnhöfen) und sie mit dem entsprechenden Wert aufladen. Eine Fahrt kostet $2,25, zwei weitere Fahrten innerhalb der nächsten 2 Std. nur $0,25. Pässe für einen ($5,75), drei ($14) oder sieben ($23) Tage gibt es an den Flughäfen O'Hare und Midway, der Union Station, im Visitor Center und an anderen Stellen. Sie gelten für Busse und die „L".

Die **Metra Commuter Trains** starten von verschiedenen Punkten in Downtown und haben die Vororte und weiter außerhalb liegende Gebiete zum Ziel, darunter Oak Park und Hyde Park. Eine Fahrt kostet $2,25.

Chicagos **Taxis** kosten $2,25 Grundgebühr plus $1,80 pro Meile. Im Loop und anderen zentralen Stadtteilen findet man zu jeder Zeit ein Taxi, ansonsten kann man eines bestellen: Yellow, ✆ 312/829-4222, oder Checker, ✆ 312/243-2537.

Transport

Selbstfahrer

Mit dem **Auto** nach Chicago zu kommen und an den schillernden Glastürmen des Loop vorbeizuflitzen, ist sicher ein Erlebnis. Allerdings bewegen sich die Fahrzeuge auf den Expressways von und zur Innenstadt während der Rushhour meist Stoßstange an Stoßstange. Auch das **Parken** kann problematisch sein.

Vor Kurzem hat die Stadt die Verwaltung der Parkuhren an ein Privatunternehmen gegeben; jetzt kann an den Parkuhren praktischerweise auch mit Kreditkarten bezahlt werden. Die Straßenschilder muss man sehr gründlich auf Parkverbote prüfen, denn Parksünder werden erbarmungslos verfolgt und die Fahrzeuge abgeschleppt. Der wahrscheinlich beste Platz, den Wagen abzustellen, ist die **Tiefgarage** unter dem Grant Park, Columbus Drive, Ecke Monroe Drive, nahe der östlichen Seite des Art Institute ($29 für 24 Std.).

Busse

Greyhound, ✆ 312/408-5800, und eine Anzahl regionaler Busgesellschaften fahren den großen, rund um die Uhr geöffneten Busbahnhof in der 630 W Harrison St, drei Blocks südwestlich der Union Station, an.

Eisenbahn

Chicago ist die Zentrale der landesweiten Eisenbahngesellschaft **Amtrak**, und fast jeder Überlandzug kommt durch die Union Station an der Canal St, Ecke Adam St.

Flüge

Der **O'Hare International Airport**, 🖥 www.ohare.com, Heimatflughafen von United, American und vielen anderen Fluggesellschaften, liegt 17 Meilen nordwestlich der Innenstadt. Er ist per CTA-Bahn (Blue Line) durchgehend mit dem Zentrum verbunden, die Züge fahren im Bahnhof unter Terminal 4 ab (ca. 40 Min., $2,25). Ein Taxi in die Stadt kostet $40 und braucht 30–60 Min.; es gibt auch Sammeltaxis für $22.

Der **Midway Airport** ist kleiner als O'Hare und wird überwiegend für Inlandflüge genutzt. Er befindet sich 11 Meilen südwestlich von Downtown, und gleich vor dem Terminal fahren die Midway-Züge (Orange Line) der OTA ab (30 Min., $2,25). Eine Taxifahrt kostet etwa $30 und dauert 20–40 Min.

Airport Express, ✆ 1-888/284-3826, 🖥 www.airportexpress.com, bietet einen Expressbus- und Minibus-Service zwischen den Flughäfen und den Hotels der Innenstadt für etwa $28 vom O'Hare und $23 vom Midway.

Von Chicago nach Süden

Die Interstates 55 und 57 führen von Chicago Richtung Süden und durchschneiden den „Maisgürtel" in der Mitte von Illinois. In Chicago begann einst die parallel zum I-55 verlaufende legendäre **Route 66**, die zunächst quer durch Illinois und dann bis hinüber zur Pazifikküste führte – hier und da sind noch Relikte zu erspähen, etwa einige altmodische Diner und andere uramerikanische Einrichtungen. Einen Stopp lohnt die Hauptstadt des Bundesstaates, **Springfield**, die von beiden Interstates bequem zu erreichen ist. Springfield widmet sich in besonderer Weise dem Andenken des US-Präsidenten und ehemaligen Bürgers der Stadt **Abraham Lincoln**. Auf dem Weg nach Süden bieten sich ansonsten nur die Unistädte **Bloomington-Normal** und **Champaign-Urbana** als nette Zwischenstopps an. Wer Richtung Westen unterwegs ist, sollte in der reizenden Bürgerkriegsstadt **Galena** eine Pause einlegen.

Springfield

Illinois' Hauptstadt, 200 Meilen südlich von Chicago, hat ein Straßennetz im Schachbrettmuster. In Springfield schärfte Abraham Lincoln seine juristischen und politischen Fertigkeiten, und die Besucher der Stadt zieht es zu den Orten, wo er wohnte, arbeitete und schließlich seine letzte Ruhe fand. Diese Erinnerungsstätten sind weder kitschig noch pompös, sie beleuchten nicht nur das Leben des 16. Präsidenten der Vereinigten Staaten, sondern auch das unsichere Schicksal einer Nation am Rande des Bürgerkriegs.

Die wichtigste Sehenswürdigkeit ist Lincolns Haus, das einzige, das er je besaß. Hier wohnte er gemeinsam mit seiner Frau Mary Todd von 1844–61. Tickets für eine kostenlose Führung gibt es im **Lincoln Home Visitor Center**, 426 S Seventh St, ✆ 217/492-4241, 🖥 www.nps.gov/liho. Verschiedene Schaukästen und ein kurzer Film verkürzen das Warten auf die nächste Führung. ⊙ tgl. 8.30–17 Uhr.

Vier Straßen weiter nördlich, in der 212 N Sixth Street, steht das moderne neue **Abraham Lincoln Presidential Library and Museum**, ✆ 217/782-5764, 🖥 www.alplm.org. Hier wird Lincolns Karriere mit Originaldokumenten, in-

teraktiven Exponaten und einigen einfachen Nachbauten, die sich vor allem an Kinder wenden, detailliert nachgezeichnet. ⊙ tgl. 9–17 Uhr, Bibliothek Eintritt frei, Museum $12.

Im restaurierten **Old State Capitol**, einem Gebäude im Greek-Revival-Stil ganz in der Nähe Ecke Sixth und Adams Street, ✆ 217/785-7960, wohnte Lincoln mindestens 240 Anhörungen des Obersten Gerichtshofes bei. Im gesamten Gebäude sind Gegenstände, Büsten und Dokumente zu finden, die mit Lincoln und dem Demokraten Stephen A. Douglas zu tun haben, den Lincoln bei den Präsidentschaftswahlen 1860 besiegte. ⊙ Mitte April–Aug tgl. 9–17, Sep–Mitte April Di–Sa 9–17 Uhr, Eintritt frei.

Im geschmackvoll renovierten **Lincoln Depot**, Ecke Tenth und Monroe Street, verabschiedete sich der frisch gewählte Präsident im Februar 1861 von Springfield und bestieg einen Zug nach Washington zu seiner Amtseinführung (ein Video dokumentiert die zwölftägige Fahrt). Erst Lincolns Leichnam kehrte nach Springfield zurück. ⊙ April–Aug tgl. 10–16 Uhr, Eintritt frei.

Lincolns Grabstätte im schönen Oak Ridge Cemetery auf der Nordseite der Stadt markiert ein 35 m hoher Obelisk. Die Gruft mit Büsten und kleinen Statuen ist für die Öffentlichkeit zugänglich. ⊙ März–April Di–Sa, Mai–Aug tgl. und Sep–Nov Di–Sa jeweils 9–17, Dez–Feb Di–Sa 9–16 Uhr, Eintritt frei.

Das **Illinois State Museum**, 502 South Spring, Ecke Edwards, auf der Südseite des gegenwärtigen Illinois State Capitol, widmet sich der Naturkunde sowie indianischer und zeitgenössischer Kunst. ⊙ Mo–Sa 8.30–17, So 12–17 Uhr, Eintritt frei.

Das **Dana-Thomas House** von 1904, 301 E Lawrence Ave, ✆ 217/782-6776, ist das am besten erhaltene und möblierte Exemplar der frühen sogenannten Präriehäuser von Frank Lloyd Wright, mit mehr als 400 Glasarbeiten, Originalkunstwerken und Lampen. ⊙ Führungen Mi–So 9–16 Uhr alle 20 Min., $5.

Etwas nördlich der Stadt hat Bill Shea in der 2075 Peoria Road über 50 Jahre hinweg im **Shea's Gas Station Museum** Unmengen von Straßenschildern, Zapfsäulen und Route-66-Andenken zusammengetragen – ein Paradies für Fotografen. ⊙ Di–Fr 7–16, Sa 8–12 Uhr, Eintritt frei.

Zu den besten Unterkünften gehören:

President Abraham Lincoln Hotel and Convention Center, 701 East Adams St, ☎ 217/544-8800 oder 1-866/7888-1860, 🖥 www.president abrahamlincolnhotel.com. ❹

The Inn at 835, 835 S Second St, ☎ 217/523-4466, 🖥 www.innat835.com. Charmantes 10-Zimmer-B&B in einem umgebauten Wohnhaus von 1909 in Downtown. ❺

In den Cafés von Springfield entstand der sogenannte **Horseshoe** (Hufeisen), ein Sandwich mit gebratenem Fleisch und Schmelzkäse überbacken. Sehr lecker!

D'Arcy's Pint Restaurant, 661 W Stanford Ave, ☎ 217/492-8800. Hier gibt es den ultimativen Horseshoe. Neulinge sollten sich zunächst an der kleineren Variante Ponyshoe ($6,50) versuchen.

Cozy Dog Drive-In, 2935 S Sixth St, ☎ 217/525-1992. Nimmt für sich in Anspruch, Erfinder des Cozy Dog zu sein (auch als *corn dog* bekannt), eines frittierten Hotdogs im Teigmantel am Stiel. ◷ Mo–Sa.

Augie's Front Burner, 109 S Fifth St, ☎ 217/544-6979. Am anderen Ende des Spektrums in Sachen gesundes Essen: Hier gibt's gute vegetarische Gerichte und Speisen im kalifornischen Stil.

Das **Convention and Visitors Bureau**, 109 N Seventh St, ☎ 217/789-2360 oder 1-800/545-7300, 🖥 www.visit-springfieldillinois. com, bietet Broschüren und Karten. ◷ Mo–Fr 8.30–17 Uhr.

Abraham Lincoln Capital Airport, ☎ 217/788-1060, 🖥 www.flyspi.com; gegenwärtig fliegen zwei der größeren Fluglinien Springfield an, United Airlines und American Airlines.

Amtrak-Züge aus CHICAGO kommen zu zivilen Zeiten in Downtown, Ecke Third und Washington Street, an.

Greyhound-Busse halten 2 Meilen östlich von Downtown am 2351 S Dirksen Parkway.

Galena

Das reizende Galena in der Nordwestecke von Illinois, nicht weit entfernt von Iowa und Wisconsin, hat sich seit seiner Blütezeit im 19. Jh. kaum verändert. Dank der geschützten Lage ein paar Meilen den Galena River hinauf war es ein wichtiger Hafen für die auf dem Mississippi verkehrenden Dampfschiffe. Heute sind hier zumeist Wochenendausflügler unterwegs, die sich auf der sanft gebogenen Main Street auf eine Zeitreise begeben. Die makellosen Backsteinfassaden und die grazile Skyline mit ihren Turmspitzen und Kreuzen machen die Stadt zu einer der schönsten Flussstädte in den USA.

Galena prahlt damit, im Bürgerkrieg neun Generäle zur Unionsarmee beigesteuert zu haben; der bekannteste war **Ulysses S. Grant**. Grant zog 1860 in die Stadt, wo er im Lederwarengeschäft seines Vaters arbeitete. Als der Krieg ausbrach, wurde er dank seiner Ausbildung in West Point zum Kommandeur des 21. Illinois-Infanterieregiments ernannt und zum Oberst befördert. Als er im August 1865 nach Hause zurückkehrte, war er Oberbefehlshaber der gesamten siegreichen Armee der Nordstaaten.

Die dankbaren Bürger von Galena schenkten Grant ein **Haus** an der Bouthillier Street auf der anderen Seite des Flusses; ☎ 815/777-0248, am besten vor der Ankunft anrufen; ◷ Mi–So 9–16.15 Uhr, empfohlene Spende $3. Hier erhielt Grant 1868 im Salon des Hauses die Nachricht, dass er zum Präsidenten gewählt worden war. Obwohl er zwei Amtszeiten absolvierte, gilt er allgemein als besserer General denn Präsident. Seine Präsidentschaft wurde von Skandalen erschüttert, und er verlor all sein Privatvermögen durch schlechte Investitionen. Der Wohlstand der Familie wurde erst kurz vor seinem Tode im Jahr 1885 wiederhergestellt, nachdem Mark Twain ihn davon überzeugt hatte, seine Memoiren zu schreiben und zu veröffentlichen.

Victorian Mansion, 301 High St, ☎ 815/777-0675, 🖥 www.victorianmansion.com. Elegantes B&B mit 8 Zimmern in einem schön restaurierten Haus aus den 1850er-Jahren; hier hielt Grant seine Abschiedsrede, bevor er ins Weiße Haus zog. ❺

Grant Hills Motel, eine Meile östlich am Hwy-20, ☏ 815/777-2116 oder 1-877/421-0924, 🖳 www.granthills.com. Preisgünstige Unterkunft. ❷

Railway Café, 100 Bouthillier St, ☏ 815/ 777-0047. Frühstück und Mittagessen aus Bio-Zutaten, außerdem Livemusik.

Backstreets Steak and Chophouse, 216 S Commerce St, ☏ 815/777-4800. Köstliche Fleischgerichte.

Fried Green Tomatoes, 213 N Main St, ☏ 815/777-3938. Verlässlich gute italienische Küche.

Informationen

Das Railroad Museum von 1857, vom Zentrum gesehen auf der anderen Seite des Flusses, 101 Bouthillier St, beherbergt das **Visitor Center**, ☏ 815/777-4390 oder 1-877/464-2536, 🖳 www.galena.org, ⏲ tgl. 9–17 Uhr.

Wisconsin

In Wisconsin gibt es fast genauso viele Kühe wie Menschen, nämlich mehr als fünf Millionen. Für beide Spezies ist in dem hügeligen, ungemein fruchtbaren Farmland gut gesorgt.

Allerdings besteht das selbst ernannte „Milchland" Nordamerikas nicht nur aus endloser Weide: Hinter den roten Scheunen und silbernen Silos liegen ausgedehnte Pinienwälder, rund 15 000 leuchtend blaue Seen, romantische Täler und gewaltige Schluchten. Der Name *Wisconsin* bedeutet in der Ojibway-Sprache „dort, wo sich die Wasser sammeln". Der Staat wird im Osten vom Lake Michigan, im Norden vom Lake Superior und im Westen von Mississippi und St Croix River begrenzt. Nur im Süden, nach Illinois hin, gibt es kein Gewässer.

Die **Geschichte** Wisconsins ist ein Paradebeispiel für die Besiedelung des Westens. Im 17. Jh. kamen französische und englische Pioniere, nahmen Handelsbeziehungen zu den Indianern auf, vertrieben diese aber bald darauf. Auf dem geraubten Land ließen sich anschließend europäische Einwanderer, vor allem Deut-

sche, Skandinavier und Polen, nieder. Im Allgemeinen ist man hier fortschrittlich und liberal gesinnt, und so wurden wichtige nationale Sozialprogramme in den USA zuerst in Wisconsin umgesetzt.

Die meisten Amerikaner assoziieren Wisconsin jedoch in erster Linie mit **Milch** und **Bier**. Die von riesigen Kuhherden produzierte Milch wird zu allen möglichen Käsesorten verarbeitet, während die Stadt **Milwaukee** für ihr Bier bekannt ist. Die meisten größeren Städte – abgesehen von Madison – sind ein bisschen langweilig, dafür aber sauber, sicher und ungemein gastfreundlich. Die kleineren Ortschaften besitzen oft einen ganz besonderen Reiz.

Milwaukee

Das nur 90 Meilen nördlich von Chicago gelegene, quirlige Milwaukee ist die größte Stadt in Wisconsin, eine Kombination aus ländlichem Mittlerem Westen und dessen moderner städtischer Gegenwelt. Es ist bekannt für seine schöne Lage am See, seine **Volksfeste** und seine riesigen **Brauereien** und bastelt gerade ein einem neuen Image. Besuchern präsentiert sich die Stadt als Mix aus eleganter Architektur, verstreuten viktorianischen Lagerhäusern und restaurierten Bauten am Wasser. Die grandiose Lage am Lake Michigan und am Zusammenfluss dreier Flüsse machte Milwaukee lange vor Ankunft der weißen Siedler zu einem beliebten Versammlungsort der Indianer der Region. Die reich verzierten Villen aus dem 19. Jh. am Fluss erinnern an die Industriebarone, die dazu beitrugen, dass die Stadt Wirtschafts- und Handelszentrum des Bundesstaates wurde. Um 1850, als Milwaukee gerade 20 000 Einwohner zählte, besaß es schon ein Dutzend Brauereien und 225 Saloons.

Die Stadt

Die Innenstadt von Milwaukee, die von Norden nach Süden vom **Milwaukee River** durchschnitten wird, ist nur eine Meile lang und wenige Häuserzeilen breit. Hübsche alte Gebäude und glänzende Stahl- und Glastürme werden auf drei Seiten von Freeways eingekreist und an der

Great Lakes

Kühne Architektur in Wisconsin: Das Milwaukee Art Museum kann mit den Flügeln schlagen.

vierten vom **Lake Michigan** begrenzt. Um das Gesicht der Innenstadt zu verschönern, wurden mit Erfolg Millionen in den Ausbau des **Riverwalk** gesteckt, inzwischen ein abendlicher Treff und Ort zahlreicher Veranstaltungen.

Das **Milwaukee Art Museum**, 700 N Art Museum Drive, östlich des Flusses am See, ✆ 414/224-3200, 🖥 www.mam.org, zeigt Arbeiten europäischer Meister und amerikanischer Maler des 20. Jhs. Ein ganzer Flügel ist der ausgezeichneten Sammlung postimpressionistischer Werke gewidmet. Eine Attraktion für sich ist der Anbau des Architekten Santiago Calatrava: Die weißen Flügel des Gebäudes werden dreimal täglich nach oben und unten geklappt, um Hitze und Sonnenstrahlung zu reduzieren. ⏰ Di, Mi und Fr–So 10–17, Do 10–20 Uhr, Eintritt $12.

Ganz in der Nähe bietet **Discovery World** am Pier Wisconsin, 500 N. Harbor Drive, ✆ 414/765-9966, 🖥 www.discoveryworld.org, interaktive Ausstellungsstücke und den Schoner *S/V Denis Sullivan*. ⏰ Di–So 9–17 Uhr, Eintritt $15,95.

Downtown in der 800 W Wells Street befindet sich das **Milwaukee Public Museum**, ✆ 414/278-2702 oder 1-888/700-9069, 🖥 www.mpm.edu, das mittels Dioramen wie „A Sense of Wonder" die ineinander verschlungene Geschichte von Erde, Natur und Menschheit darstellt. ⏰ Mo–Sa 9–17, So 10–18 Uhr, Eintritt $12. Außerdem ist hier das **Humphrey IMAX Dome Theater**, ✆ 414/319-4629, 🖥 www.mpm.edu/imax, mit einer riesigen Rundumleinwand, Eintritt $8–10, $17 für ein Kombiticket.

Die 37 Zimmer große **Pabst Mansion**, 2000 W Wisconsin Ave, westlich der Innenstadt, ✆ 414/931-0808, 🖥 www.pabstmansion.com, wurde 1893 für einen hiesigen Bierbaron gebaut und ist ein umwerfendes Beispiel verschwenderischer Architektur im Stil der flämischen Renaissance, mit kostbaren Hölzern, Glas- und Schmiedearbeiten. ⏰ Feb–Okt Mo–Sa 10–16, So 12–16 Uhr, Mitte Jan–Ende Feb Mo geschlossen, Eintritt $5–9.

Die Pabst Brewery wurde geschlossen, aber dafür bietet die **Miller Brewing Company**, 4251 W State St, 5 Meilen westlich von Downtown, ✆ 414/931-2467 oder 1-800/931-BEER, kostenlose Besichtigungen mit abschließendem Umtrunk für über 21-Jährige. ⏰ gewöhnlich Mo–Sa 10.30–15.30 Uhr, Buslinie 31.

Das nagelneue Museum, das für Milwaukees anderen legendären Markennamen – **Harley-Davidson** – verantwortlich ist, liegt in der 400 Canal St, ✆ 877/436-8738, 🖥 www.hdmuseum.com.

Es richtet sich in erster Linie direkt an Harley-Freaks. Wer sich mehr für die Harley-Mode interessiert, hat im Museumsshop oder in Milwaukee reichlich Gelegenheit, Merchandise-Artikel aller Art zu kaufen. ⏱ Mai–Okt Mo–Fr 9–18, Nov–April Mo–Fr 10–17, Sa und So 9–18 Uhr, Eintritt $16.

Übernachtung

Die Übernachtungsmöglichkeiten reichen von einfach bis superteuer. Wer ein paar Meilen außerhalb der Stadt unterkommt, zahlt erheblich weniger.

Aloft Hotel, 1230 N Old World Third St, ✆ 414/226-0122, 🖥 www.aloftmilwaukeedowntown.com. Gutes, modern eingerichtetes Hotel für Nachteulen in der Nähe einiger der geschichtsträchtigen Brewpubs der Stadt. ❺

Comfort Inn & Suites Downtown Lakeshore, 916 E State St, ✆ 414/276-8800 oder 1-800/328-7275, 🖥 www.confortinn.com. Saubere, sehr angenehme Zimmer in einer hübschen Ecke der Innenstadt. ❹

Hotel Metro, 411 East Madison St, ✆ 414/272-1937 oder 1-877/638-7620, 🖥 www.hotelmetro.com. Umweltfreundliches Hotel im Art-déco-Stil mit historischem Ambiente und modernem Touch. Die Zimmer mit Kamin und Whirlpool in der Mitte sind die Extrakosten durchaus wert. Wer etwas weiter im Voraus planen kann, hat Chancen auf ein günstigeres Pauschalpaket. ❼

The Pfister Hotel, 424 E Wisconsin Ave, ✆ 414/273-822, 🖥 www.pfisterhotel.com. Erhebt sich wie eine viktorianische Grande Dame im Herzen von Downtown, mit Wellness-Bereich und Martinibar im 23. Stock. Es gibt sogar eine viktorianische Kunstsammlung von Weltrang. Etwas teurer, aber oft gibt es günstige Pauschalangebote. ❼–❾

Essen

Die Deutschen, die ersten Einwohner von Milwaukee, haben die Küche der Stadt entscheidend geprägt mit Bratwurst, Schwarzbrot und Bier. Nachfolgende Einwanderer haben aber noch einiges hinzugefügt.

Der Lake Michigan ganz in der Nähe liefert frischen Fisch, die Portionen sind normalerweise groß und die Preise annehmbar.

Bacchus, 925 E Wells, ✆ 414/765-1166. Frisches Seafood und handgemachte Pasta im historischen Cudahy Tower; ein Restaurant mit viel Geschmack und Stil.

Carnevor, 724 N Milwaukee St, ✆ 414/223-2200. Schickes, modernes Steakhaus für gehobene Ansprüche. ⏱ Mo–Sa.

Eddie Martini's, 8612 W Watertown Plank Rd, ✆ 414/771-6680. Schwungvolle Atmosphäre und originelle Varianten der amerikanischen Klassiker.

Rudy's, 1122 N Edison St, ✆ 414/223-1122. Familienfreundlicher, erschwinglicher Mexikaner. Spezialität des Hauses sind die empfehlenswerten Kombo-Platten. ⏱ tgl. 11–23 Uhr.

Trocadero, 1758 N Water St, ✆ 414/272-0205. Eastside-Lokal im Pariser Stil mit kleinen Portionen und hervorragenden Gerichten wie gegrilltem Thunfisch und Safran-Garnelen.

Unterhaltung

Was an Nachtleben geboten wird, ist vom Stadtteil abhängig. **Brady Street**, im Osten der Stadt, war in den 1960er-Jahren eine Hochburg der Protestkultur. Heute gibt es hier vor allem italienische Restaurants und Bars. Die Polen treffen sich in ihren Lokalen im Süden der Stadt, während im nahe gelegenen **Walker's Point** alle möglichen Kneipen zu finden sind. Am Wochenende geht's in Downtown ab, besonders beiderseits des Flusses an der **Water Street** und **Old World Third Street** zwischen Juneau und State St.

Bars und Kneipen

Milwaukee Ale House, 233 N Water St, ✆ 414/226-BEER. Milwaukees einziger Brauerei-Pub im alten Stil serviert sättigende Mahlzeiten und selbstgebrautes Bier.

Old German Beer Hall, 1009 N Old World Third St, ✆ 414/226-2728. Beliebte Kneipe mit tollen warmen Brezeln und Würstchen; im Hinterzimmer können Gäste Nägel in einen Baumstumpf schlagen.

Safe House, 779 N Front St, ✆ 414/271-2007, 🖥 www.safe-house.com. Einzigartiger Nachtclub, einem Spionagefilm entsprungen. Eingang durch das Büro von International Exports Ltd.

Up and Under Pub, 1216 E Brady St, ✆ 414/276-2677. Milwaukees beste Blues-Bar.

Von Trier, 2235 N Farwell Ave, ✆ 414/272-1775. Schwarzwald-Dekor und zahlreiche importierte Biersorten.

Theater

Wichtigster Veranstaltungsort der Hochkultur ist das **Marcus Center for the Performing Arts**, 929 N Water St, ✆ 414/273-7206 oder 1-888/612-3500, 🖥 www.marcuscenter.org. Das luxuriöse, historische **Pabst Theater**, 144 E Wells St, ✆ 414/286-3663 und das **Riverside Theater**, 116 W Wisconsin Ave, ✆ 414/286-3663, sieht viele berühmte Ensembles.

Milwaukee Repertory Theater, 108 E Wells St, ✆ 414/224-9490, 🖥 www.milwaukeerep.com, ist bekannt für gewagte Produktionen und auch für Klassiker wie *A Christmas Carol*.

Der **Third Ward**, ein restauriertes Einkaufsviertel am Rand von Downtown voller Geschäfte und Cafés, lohnt ebenfalls eine Erkundung.

Informationen

Das **Visitor Center**, Discovery World, am Pier Wisconsin, ✆ 414/273-7222 oder 1-800/554-1448, 🖥 www.visitmilwaukee.org, erteilt Informationen zu Festen wie dem 11-tägigen **Sommerfest** (Ende Juni/Anfang Juli), auch bekannt als „The Big Gig", und der **Wisconsin State Fair** (Anfang Aug). ⏱ tgl. 8–17 Uhr.

Nahverkehr

In Milwaukee bewegt man sich mühelos und billig mit dem ausgedehnten öffentlichen Nahverkehrssystem, 24-Std.-Infos unter ✆ 414/344-6711, 🖥 www.ridemcts.com; einfache Fahrt $2,25.

Der **Milwaukee Loop** ist ein spezieller kostenloser Trolley-Dienst, der 25 Haltestellen im Zentrum miteinander verbindet (Juni–Aug Mi–Sa 11–22 Uhr).

Transport

Busse

Greyhound, ✆ 414/272-2156, und **Wisconsin Coach**, ✆ 262/542-8864, 🖥 www.wisconsincoach.com (bedient das südöstliche Wisconsin), teilen sich einen Busbahnhof am 606 N James Lovell Drive.

Badger Bus, ✆ 414/276-7490, 🖥 www.badgerbus.com, auf der anderen Straßenseite, Hausnummer 635, fährt 6x tgl. nach MADISON und zu Orten entlang der Strecke, hin und zurück $38.

Eisenbahn

Der **Amtrak**-Bahnhof befindet sich in der 433 W St Paul Ave.

Flüge

Zwischen dem **Mitchell International Airport**, 5300 Howell Ave, 8 Meilen südlich von Downtown, und der Innenstadt verkehrt Bus Nr. 80, einfache Fahrt $2,25; außerdem ein Kleinbus für $15 einfach. Ein Taxi kostet etwa $30.

Östliches Wisconsin

Das östliche Wisconsin nördlich von Milwaukee ist dank der Nähe zum **Lake Michigan** und zum kleineren **Lake Winnebago** geprägt von einem Mix aus Industrie und Schifffahrt. Die Stadt **Green Bay**, in der das legendäre Footballteam Packers zu Hause ist, ist das Tor zum idyllischen **Door County**.

Green Bay

Green Bay war ein wichtiger Stützpunkt der französischen Entdeckungsreisenden des 17. Jhs. In den vergangenen 90 Jahren ist die Stadt jedoch vor allem als Heimstatt der Green Bay Packers bekannt, eines der beliebtesten professionellen

Football-Teams der USA. **The Green Bay Packer Hall of Fame**, 1265 Lombardi Ave, ℡ 920/569-7500, würdigt in sehr anschaulicher Weise die Erfolgsgeschichte besonders der 1960er-Jahre sowie auch Football-Helden jüngerer Zeit. ⊙ tgl. 8–21 Uhr, Eintritt $10. Die Hall of Fame befindet sich im Stadion der Packers, dem **Lambeau Field**, 🖳 www.packers.com, das ebenfalls besichtigt werden kann. ⊙ unterschiedlich, Eintritt $11, mit Hall of Fame $19.

Das **Convention & Visitor's Bureau**, nahe Lombardi Ave, 1901 S Oneida St, ℡ 920/494-9507 oder 1-888/867-3342, 🖳 www.greenbay.com, liegt im Schatten des Stadions. Ganz in der Nähe bietet das Best Western Midway Hotel, 780 Armed Forces Drive, ℡ 920/499-3161 oder 1-800/528-1234, 🖳 www.bestwestern.com, ❹–❺, Standardzimmer und einen Pool. Die Titletown Brewing Company, 200 Dousman St, ℡ 920/437-2337, serviert ihre Produkte in einem schönen ehemaligen Eisenbahndepot. Südstaatenküche bietet das recht noble Brett Favre's Steakhouse, 1004 Brett Favre Pass, ℡ 920/499-MVP4, ein Familienrestaurant mit Sportbar.

Door County

Von Sturgeon Bay, 140 Meilen nördlich von Milwaukee, ragt das Door County wie eine langsam dünner werdende Kerze 42 Meilen weit in den Lake Michigan hinein. Das Gebiet umfasst neben hübschen Städtchen und winzigen Dörfern auch eine Insel. Seine 300 Meilen Seeufer erinnern mehr an New England als an den Mittleren Westen. Im Sommer kann es hier etwas teuer werden, aber man bekommt etwas fürs Geld: ein Amerika zumeist ohne reißerische Reklametafeln, vernachlässigte Diner, gesichtslose Motelketten und kitschige Vergnügungsangebote. Stattdessen laden hier Galerien und Kunstfestivals ein, außerdem kann man wunderbar wandern, angeln und Boot fahren.

Wer ein Fahrrad leiht, kann einem tollen **Radweg** folgen; die besten Räder hat Nor Door Cyclery in Fish Creek, ℡ 920/868-2275, 🖳 www. nordoorsports.com, am Hwy-42 etwas nördlich des Eingangs zum Peninsula State Park. Die Winter sind erheblich ruhiger; dann sind Eis-

fischen, Skilanglauf und Schneemobiltouren die beliebtesten Outdoor-Aktivitäten.

Straßen- und Wanderkarten gibt es im **Visitor Center** am Hwy-42/57 bei der Ortseinfahrt von Sturgeon Bay, ℡ 920/743-4456 oder 1-800/52-RELAX, 🖳 www.doorcounty.com. Vom Center aus können Unterkünfte am Ort kostenlos angerufen werden. ⊙ Lobby 24 Std., ansonsten wechselnde Öffnungszeiten.

Das Door County erkunden

Die einzige einigermaßen große Stadt im Door County ist das angenehme **Sturgeon Bay**, das vom Bootsbau lebt, aber eigentlich nicht viel zu bieten hat. 10 Meilen Richtung Norden den Hwy-57 entlang liegt einer von fünf State Parks, der **Whitefish Dunes State Park**, mit feinen Sanddünen und beliebtem langem Strand. Beim Nature Center im Park beginnt ein kurzer Weg zum felsigen **Cave Point County Park** (Eintritt frei). Die von Wind und Wellen geformten Höhlen sehen besonders im Winter sehr dramatisch aus. Im Allgemeinen sind die Strände auf dieser Seite der Halbinsel besser; baden kann man auch in mehreren stillen Seen im Landesinneren. ⊙ tgl., Eintritt $7 pro Fahrzeug, $10 für Fahrzeuge, die nicht aus Wisconsin kommen.

Auf der Westseite durchziehen Rad- und Wanderwege die dicht bewaldeten Hügel des **Peninsula State Park**. Er liegt zwischen dem winzigen Fish Creek und dem hübschen **Ephraim** mit seinen weißen Schindelhäusern. Der Peninsula Park ist einer der beliebtesten Parks in Wisconsin, und die Campingplätze für den Sommer sind zumeist schon im Januar ausgebucht. Gleich außerhalb des Parks steht am Hwy-42 das altmodische Autokino Skyway Drive-In, ℡ 920/854-9938, das Filmfreunden an einem warmen Sommerabend eine nette Art der Unterhaltung beschert. Nordöstlich von Ellsion Bay erstreckt sich bei der Spitze der Halbinsel der **Newport State Park**, einer der am wenigsten besuchten Parks in Wisconsin, mit Möglichkeiten zum Wandern, Mountainbiken, Skilanglaufen und Zelten.

Die vor der Nordspitze der Halbinsel gelegene **Washington Island** ist ein winziges Inselchen mit einer etwas anderen Tradition: Während der Prohibition überzeugten die hier ansässigen Isländer die Behörden, dass Magenbitter (mit 40 % Alkohol) ein uraltes Heilmittel gegen Rheuma und Verdauungsstörungen sei. Damit wurde das Getränk kistenweise herbeigeschafft, was sich als Tradition etabliert hat. Wer möchte, kann die bittere Medizin im historischen **Nelsen's Hall Bitters Pub and Restaurant**, ✆ 920/847-2496, etwa 2 Meilen vom Schiffsanleger Detroit Harbor, probieren. Es gibt Motelzimmer auf der Insel; auf der benachbarten, 385 ha großen **Rock Island** findet sich ein solcher Luxus nicht. Diese Insel gehörte einst einem Millionär und ist mit schmucklosen Steinhäusern übersät. Autos sind nicht erlaubt, die Insel kann nur zu Fuß oder mit dem Rad erkundet werden.

Die Inseln werden von der Washington Island Ferry, ✆ 920/847-2546 oder 1-800/223-2094, 🖳 www.wisferry.com, ab Northport an der Spitze der Halbinsel (tgl.; $11,50 hin und zurück, Autos $25, Fahrräder $4) und der Rock Island Ferry, ✆ 920/847-3322, ab Jackson Harbor (Mai bis Anfang Okt tgl.; $9 hin und zurück, keine Autos) angefahren.

Übernachtung

Das Door County bietet die ganze Palette an Unterkünften inklusive einiger überteuerter Resorthotels. Die Preise gelten für die Nebensaison – die beste Zeit, um hierherzukommen. Im Juli und August liegen die Preise der größeren Hotels bis zu 25 % höher, und auch am Wochenende ist es teurer.

Camping ist idyllisch. Die Plätze in den State Parks kosten zwischen $12 und $17 (plus $10 Reservierungsgebühr und $7 Eintritt am Tag bzw. $10 für Besucher von außerhalb Wisconsins, ✆ 1-888/947-2757. Zu den besten privaten Campingplätzen zählt der **Path of Pines**, County Road F abseits Hwy-42, nahe Fish Creek, ✆ 920/868-3332 oder 1-800/868-7802. 🕐 Mitte Mai–Mitte Okt, $20, Haustiere sind willkommen.

Brichwood Lodge, 337 Hwy-57, Sister Bay, ✆ 920/854-7195, 🖳 www.birchwoodlodge.com. Angenehme Lodge mit verschiedenen Zimmern, darunter Suiten im europäischen Stil mit modernem Touch. ❺–❼

French Country Inn, 3052 Spruce Lane, Ephraim, ✆ 920/854-4001. Dieses charmante B&B in Seenähe bietet im Sommer 7 Zimmer, davon 2 mit eigenem Bad, im Winter 4. Frühstück mit vielen Bio-Produkten aus der Region. ❸–❹

Settlement Courtyard Inn & Lavender Spa, 9126 Hwy-42, Fish Creek, ✆ 920/868-3524 oder 1-877/398-9308, 🖳 www.settlementinn.com. 80 ha großes Anwesen mit einem 4 Meilen langen Wegenetz zum Wandern, Radfahren und Skilanglauf. Sauber und komfortabel, Frühstück inkl. ❺

White Gull Inn, 4225 Main St, Fish Creek, ✆ 920/868-3517 oder 1-888/364-9542, 🖳 www.whitegullinn.com. Beste Unterkunft im County in einem eleganten alten Gasthaus von 1896 am reizenden Sunset Park. Die Zimmer sind mit antiken Möbeln ausgestattet, einige mit Kaminen und Doppel-Whirlpools. Gutes Restaurant (Frühstück inkl.), im Sommer jeden Abend *fish boil*. ❻–❾

Essen

Wer das Door County im Hochsommer besucht, kann alle möglichen Kirschprodukte probieren. Eine weitere traditionelle Gaumenfreude ist das köstliche **fish boil**, ein Kessel überm Holzfeuer, in dem Felchensteaks, Kartoffeln und Zwiebeln gekocht werden. Dazu gibt es Weißkohlsalat und Kirschtörtchen. Das Ganze kostet normalerweise zwischen $12 und $18.

C & C Supper Club, Hwy-42, Ecke Spruce und Main St, ✆ 920/868-3412. Speisen im Stil eines traditionellen Supper Club – Platz lassen für den köstlichen Apfelkuchen!

Schwedische Schmankerl

Al Johnson's Swedish Restaurant, Hwy-42, Sister Bay, ✆ 920/854-2626. Schwedische Pfannkuchen, Fleischklößchen und andere gute skandinavische Gerichte machen dieses Restaurant zu einem Muss für alle Freunde des Nordens. Bei der Ankunft unbedingt nach oben schauen: Auf dem Grasdach grasen Ziegen!

Square Rigger Galley, 6332 Hwy-57, Jackson-port, ✆ 920/823-2408 oder 1-866/439-4578. Cocktail-Lounge und Restaurant an einem privaten Sandstrand; hier gibt es mit das beste *fish boil* im County.

Nördliches Wisconsin

Im spärlich besiedelten Norden Wisconsins gibt es weder Großstädte noch wichtige Autobahnen. Die Region besteht zum größten Teil aus Wildnis mit Seen und riesigen Wäldern. Hier kann man Kanu fahren, angeln oder Ski laufen, ohne anderen Leuten dabei in die Quere zu kommen. Die interessantesten Reiseziele sind **Bayfield**, **Madeline Island** und die **Apostle Islands** im Nordwesten.

Apostle Islands

Nur eine der insgesamt 22 verstreut vor der **Bayfield Peninsula** im Lake Superior liegenden Apostle Islands gehört nicht zur geschützten Apostle Islands National Lakeshore.

Ausgangspunkt für den Besuch der Inseln ist das ehemals recht verträumte Fischerdorf **Bayfield**, das sich inzwischen zu einem durchaus erträglichen Touristenort ohne allzu viel Rummel gemausert hat.

Madeline Island ist derzeit die einzige kommerziell erschlossene Insel, aber noch immer ziemlich einfach. Die 180 ganzjährigen Bewohner von **La Pointe**, der einzigen Stadt der Insel, betreiben ein interessantes kleines Museum. ⏲ Mai–Okt tgl. 10–17 Uhr, Eintritt $7.

Die Sandstrände, Buchten, Aussichtspunkte und Waldgebiete der Insel sind auf teilweise unwegsamen Schotterstraßen zu erreichen.

Übernachtung und Essen
Bayfield
Old Rittenhouse Inn, 301 Rittenhouse Ave, ✆ 715/779-5111 oder 1-800/779-2129, 🖥 www.rittenhouseinn.com. Gut ausgestattete Zimmer und Gourmet-Restaurant. ❺ – ❻

Tree Top House, 225 N 4th St, ✆ 715/779-3293. Einfache, saubere Zimmer. ❷
Lodges und Cottages bilden das Herz des wundervollen **Rocky Run**, ✆ 715/373-2551, ein rund 12 ha großes Gelände am Seeufer; das Resort liegt etwa 11 Meilen südlich von Washburn. ❸

Madeline Island
Madeline Island Motel, ✆ 715/747-3000, ❹, und **The Island Inn**, ✆ 715/747-2000, ❺, beide in der Nähe des Hafens, sind vermutlich die günstigsten Unterkünfte in La Pointe.
Eine Holzbrücke führt von La Pointe über die Lagune zum **Big Bay State Park**, ✆ 1-888/947-2757, wo sich einige Campingplätze einen traumhaften meilenlangen Strand teilen. Außerdem gibt es auf der Klippe und nahe den Höhlen im Park Zeltplätze. Übernachtung $10–17 plus $10 Reservierungsgebühr und $7–10 für das Auto.
Zu den Einkehrmöglichkeiten gehört der Pub des Resorts **The Inn on Madeline Island**, ✆ 715/747-6315 oder 1-800/822-6315, 🖥 www.madisland.com. Hier werden auch Häuser, Cottages und Apartments vermietet, alle an einem Privatstrand gelegen. ❹ – ❻

Informationen
Bayfield
Visitor Center, 42 S Broad St, ✆ 715/779-3335 oder 1-800/447-4094, 🖥 www.bayfield.org. Wer auf den Inseln zelten möchte, braucht ein Permit (Gebühren erfragen) vom Visitor Center in der 415 Washington Ave, ✆ 715/779-3397, ⏲ im Sommer tgl. 10–17, im Winter Mo–Fr 10–16 Uhr.

Madeline Island
Ein **Visitor Center** in der Main St von La Pointe, ✆ 715/747-2801 oder 1-888/475-3386, 🖥 www.madelineisland.com, hilft bei der Zimmersuche.

Transport
Im Sommer verkehrt die **Madeline Island Ferry Line**, ✆ 715/747-2051, 🖥 www.madferry.com, alle halbe Stunde zwischen Bayfield und

La Pointe. Passagiere $5,75 einfache Fahrt, $11 hin und zurück, Pkws $12/24, Fahrräder $2,75/5,50. Das Fährunternehmen bietet auch 2-stündige Busrundfahrten über die Insel (Juli und Aug Mo–Sa 13.30 Uhr, $11).

Boote des **Apostle Island Cruise Service**, ✆ 715/779-3925, 🖥 www.apostleisland.com, laufen alle Inseln an, setzen Camper ab und holen sie auch wieder ab, einfache Fahrt $32,95.

Südliches Wisconsin

Highways und Nebenstraßen durchziehen die Hügel und Täler von Süd-Wisconsin, dem am dichtesten bevölkerten Teil des Bundesstaates. Die größte Stadt ist die freundliche Universitätsstadt **Madison**, zugleich die Hauptstadt von Wisconsin. In der Umgebung von Madison warten gemütliche kleine Orte wie New Glarus und Mount Horeb und historische Siedlungen wie Little Norway mit hübschen, fußgängerfreundlichen Zentren auf. Das weiter nördlich gelegene Wisconsin Dells ist ein Traum für Kinder, aber ansonsten nur für Leute erträglich, die sich an kitschigen Souvenirs und T-Shirt-Läden erfreuen. An der Westgrenze von Wisconsin schlängelt sich die landschaftlich reizvolle **Great River Road** am Mississippi entlang.

Madison

In den Geschichtsbüchern steht, dass hier 1836, als diese Stelle zum Sitz der Regierung ausgewählt wurde, nur ein moskitoverseuchter Sumpf lag. Kurz darauf wurde die University of Wisconsin gegründet, und heute breitet sich auf diesem Flecken eine junge, lebendige Großstadt aus, schön gelegen und mit diversen Museen, ausgezeichneten Restaurants und einem durch Studenten angeheizten Nachtleben.

Das **Zentrum** liegt zwischen den Seen Mendota und Monona. Mittendrin thront auf einem Hügel das **State Capitol**, ✆ 608/266-0382, umgeben von schattigen Bäumen, Rasenflächen und Parks. Führungen Mo–Sa 9–15 außer 12,

So 13–15 Uhr. Auf dem Capitol Square findet von Ende April bis Anfang November samstags zwischen 6 und 14 Uhr ein landesweit berühmter **Markt** statt.

Ganz in der Nähe präsentiert das brandneue, verglaste **Overture Center**, 201 State St, Ticketschalter ✆ 608/258-4141, 🖥 www.overturecenter.com, Musiker, Broadway-Stücke und andere kulturelle Veranstaltungen. Im Innern zeigt das **Madison Museum of Contemporary Art**, 227 State St, ✆ 608/257-0158, 🖥 www.mmoca.org, wechselnde Ausstellungen. ⏰ Di und Mi 11–17, Do und Fr 11–20, Sa 10–20, So 12–17 Uhr, Eintritt frei.

Frank Lloyd Wright entwarf das **Unitarian Meeting House**, 900 University Bay Drive, Ende der 1940er-Jahre. Die geschwungene, dramatisch gewölbte Decke ist äußerst sehenswert. ⏰ Mai–Okt Mo–Fr 10–16, Sa 9–12 Uhr, Eintritt $3.

Das am See gelegene **Monona Terrace Community and Convention Center**, 1 John Nolen Drive, ist ein jüngeres Beispiel für Wrights grandiose Vision. Überraschend heimelig und voller architektonischer Details spiegelt es mit seinen Kurven, Bögen und Kuppeln den Stil des ein paar Straßen entfernt gelegenen State Capitols wider. Führungen tgl. um 13 Uhr, $3.

Geistiges Zentrum von Madison ist die liberale **University of Wisconsin** mit etwa 46 000 Studenten. In der **Memorial Union**, 800 Langdon St, ✆ 608/262-1583, gibt es den Rathskeller, wo fast jeden Abend Livemusik geboten wird. Zwischen Capitol und Universität erstreckt sich die acht Blocks lange **State Street** mit etlichen Restaurants, Cafés, Bars und Läden.

Übernachtung

Unterkünfte finden sich überall in der Stadt; die Ableger der preiswerten Motelketten konzentrieren sich um den I-90 und I-94 im Osten.

Madison Concourse Hotel, 1 W Dayton St, ✆ 608/257-6000 oder 1-800/356-8293, 🖥 www.concoursehotel.com. Großzügige, gut ausgestattete Zimmer ein paar Schritte von der State Street entfernt. ❺–❻

The Best Western Inn on the Park, 22 S Carroll St, ✆ 608/257-8811 oder 1-800/279-8811. Gemütliche Zimmer direkt am Capitol Square. ❺

Mansion Hill Inn, 424 Pinckney St, ✆ 608
/255-0172 oder 1-800/798-9070, 💻 www.
mansionhillinn.com. Etwas relaxtere Unterkunft
in einer neoromanischen Villa von 1857 in
Campusnähe. ❽

Hostelling International, 141 S Butler St,
✆ 608/441-0144, 💻 www.madisonhostel.org.
28 Betten (Mitglieder $22/Nichtmitglieder $25),
5 Privatzimmer ($49/52) und die üblichen
Einrichtungen: Küche, Waschmaschine, Internet
und Gepäckaufbewahrung.

Die **State Street** bietet jede Menge Gelegenheiten zum Essen und Trinken; auch in den
Gegenden rund um den **Capitol Square** und die
King Street haben in den vergangenen Jahren
eine Reihe toller neuer Restaurants geöffnet.
Aktuelle Veranstaltungshinweise finden sich
im kostenlosen Heft *Isthmus*, 💻 www.
thedailypage.com, das immer donnerstags
erscheint.

Great Dane Pub & Brewing Co, 123 E Doty St,
✆ 608/284-0000. Einladende Kneipe mit Billard-
tischen und selbst gebrautem Bier; dazu gibt
es frische herzhafte Speisen.

Oceans Grille, 117 Martin Luther King, Jr. Blvd,
✆ 608/285-2582. Erstklassiges Seafood und
umfangreiche Weinkarte in ausgelassener
Atmosphäre.

The Old Fashioned, 23 N Pinckney St,
✆ 608/310-4545, 💻 www.theoldfashioned.com.
Gemütliches Lokal, benannt nach dem typischen
Brandy-Cocktail des Staates. Serviert werden
herzhafte Spezialitäten, für die Wisconsin
berühmt ist, wie z. B. frittierte *cheese-curds*
(Käsestückchen) und eine Killerversion des
gleichnamigen Cocktails.

Vollwertkost zum Frühstück

Marigold Kitchen, 118 S Pinckney St, ✆ 608/
661-5559. Charmantes, sonniges Lokal; serviert
köstliches, kreatives Frühstück und Mittagessen – u. a. Challah French Toast (Armer Ritter) und pochierte Chili-Eier; der Schwerpunkt
liegt dabei auf einheimischen Zutaten aus
biologischem Anbau.

Visitor Center, 21 N Park St, ✆ 608/262-4636,
💻 www.visitmadison.com, ⏱ Mo–Fr 9–16.30,
Sa 11–14 Uhr.

Greyhound unterhält regelmäßige Verbindungen
mit MILWAUKEE, GREEN BAY und Zielen
außerhalb Wisconsins.

Badger Coaches, ✆ 608/255-6771, 💻 www.
badgerbus.com, fährt 6x tgl. nach MILWAUKEE
(einfache Fahrt $19, hin und zurück $38).
Beide teilen sich einen Busbahnhof in der
2 S Bedford St.

Busse von **Van Galder/Coach USA**, ✆ 608/
752-5407 oder 1-800/747-0994, 💻 www.
coachusa.com/vangalder, fahren 10x tgl. für
$27 ab Memorial Union zum Chicagoer O'HARE
AIRPORT.

Madison hat auch einen kürzlich renovierten
Flughafen, ✆ 608/246-3380; von hier werden der
ganze Mittlere Westen und weiter entfernte
Ziele angeflogen.

Spring Green

Im Verlauf seiner 70 Jahre während Karriere
entwarf der aus Wisconsin stammende Architekt und Sozialphilosoph **Frank Lloyd Wright**
solch monumentale Bauwerke wie das Guggenheim Museum in New York und das erdbe-
bensichere Imperial Hotel in Tokio. Drei Meilen
südlich von Spring Green, welches wiederum
40 Meilen westlich von Madison am Hwy-14
liegt, stehen kleinere Beispiele seines Schaf-
fens: Sein ehemaliges Wohnhaus, **Taliesin**, und
die **Hillside Home School**. Seine Atelierräume
sind beeindruckend, und auf dem Anwesen gibt
es auch ein Theater. Es werden verschiedene
ausführliche Führungen durch das Haus und
die Schule angeboten (Mai–Okt tgl., Reservierung empfohlen, $16–75). Die Führungen be-
ginnen beim **Frank Lloyd Wright Visitor Center**,
✆ 608/588-7900 oder 1-877/588-7900, 💻 www.
taliesinpreservation.org, das Wright 1953 als
Restaurant entwarf. Heute sind hier Ausstellungen zu sehen und ein Café und ein Buchladen
untergebracht. Zu den zahlreichen von Wright

Great Lakes

beeinflussten Bauten in Spring Green zählen die Bank und die Apotheke.

Ab 1944 errichtete Alex Jordan auf einem 18 m hohen Felsen sechs Meilen südlich von Taliesin am Hwy-23 aus unerfindlichen Gründen das **House on the Rock**, ☎ 800/947-2799, 🖥 www.thehouseontherock.com. Er lebte hier nie, und sicher hatte er nie im Sinn, dass sich das Haus zur Touristenattraktion Nr. 1 in Wisconsin entwickeln sollte. Nur die erste Abteilung dieser auf mehrere Ebenen verteilten Anreihung von möblierten Nischen und Kammern hat eine gewisse Ähnlichkeit mit einem Haus. Mit den niedrigen Decken, der indirekten Beleuchtung, den Wasserbecken und -fällen, den Bäumen und dem dicken Teppichboden erinnert es eher an eine Kreuzung von Frank Lloyd Wright und Familie Feuerstein. Der Rest des Hauses ist ein unlogisches Labyrinth mit Jordans erstaunlichen Sammlungen an Antiquitäten, einem Karussell und Musikautomaten, Miniaturzirkussen, Puppen und Puppenhäusern, Seefahrtsutensilien, Rüstungen und Waffen. Das Ergebnis ist überwältigend und verwirrend sowie abwechselnd sehr vergnüglich und furchtbar. ⊙ Mitte März–Okt tgl. 9 Uhr bis Sonnenuntergang, Eintritt $12,50 pro Abteilung oder $28,50 für alle drei; Nov und Dez Weihnachtsführungen Do–Mo 9–17 Uhr, $19,95.

Übernachtung und Essen

Spring Green ist ein netter Ort für eine Übernachtung. Im Sommer kann es teuer werden.

Castle of Spring Green, 2247 State Rd 133 im nahen Blue River, ☎ 847/543-1452. Französisches Pseudo-Château auf 200 ha großem Gelände, mit üppiger Ausstattung und luxuriösen Zimmern. Wer möchte, kann auch das gesamte Schloss mieten. ❹–❽

The Shed, 123 N Lexington St im Zentrum von Spring Green, ☎ 608/588-9049. Lockerer Diner und Bar, beliebt bei den Einheimischen.

New York

Washington DC

Capital Region

Stefan Loose Traveltipps

6 **Washington DC**   Ein Besuch in der
Hauptstadt ist wie ein Schnellkurs in
Politik, Denkmalpflege und Architektur. S. 352

National Gallery of Art, Washington DC
In Sachen Kunst und Kultur gibt die National
Gallery of Art in Washington den Ton an.
S. 359

Georgetown, Washington DC   Dieses
Viertel aus dem 18. Jh. gehört zwar zu
Washington, ist aber viel älter als die Haupt-
stadt und begeistert Besucher heute durch
seine Architektur, Restaurants und Geschäfte.
S. 364

Colonial Williamsburg, VA   Originalgetreue
Nachbildung des kolonialen Amerikas –
auf jeden Fall einen Stopp wert. S. 382

7 **Monticello, VA**   Thomas Jeffersons
ehemaliges Wohnhaus ist sowohl
ein architektonisches Wahrzeichen als auch
ein Symbol für die Demokratie. S. 389

New River Gorge, WV   Die 300 m tiefe
Schlucht mit ihren steilen Felswänden ist
eines der großen Naturwunder des Landes.
S. 397

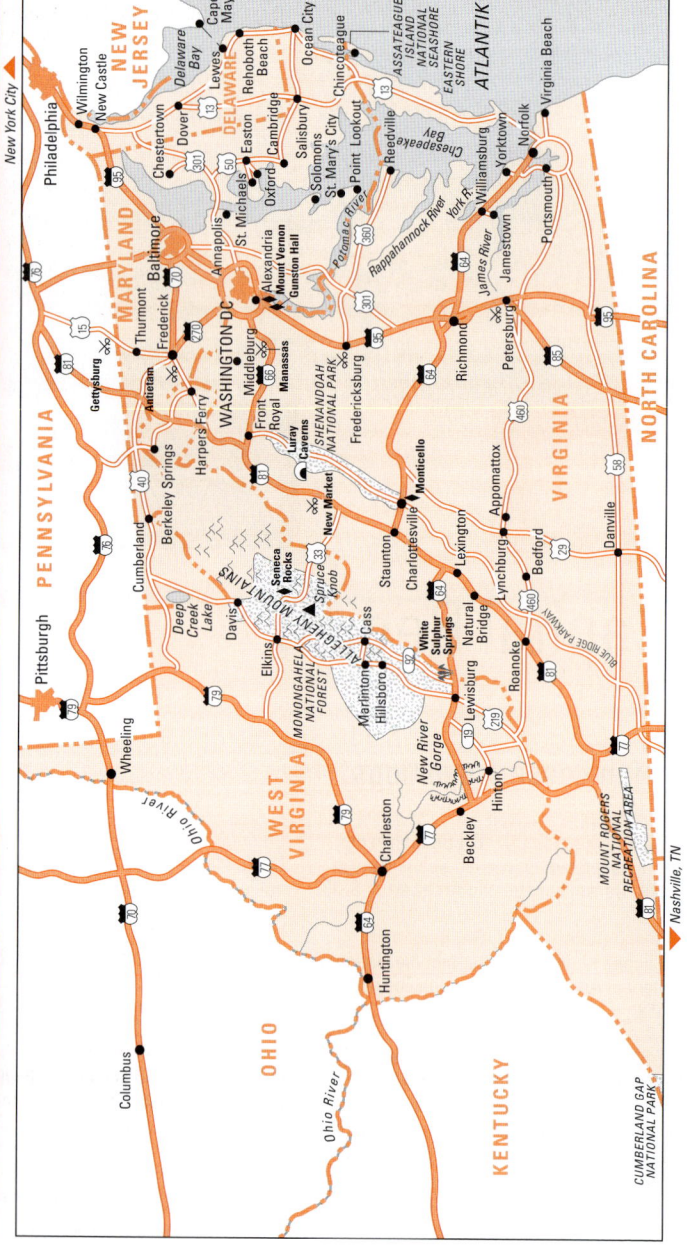

CAPITAL REGION

www.stefan-loose.de/usa

Die Stadt **Washington DC** im District of Columbia und die vier benachbarten Bundesstaaten **Virginia**, **West Virginia**, **Maryland** und **Delaware** sind gemeinhin als Capital Region bekannt. Seit den Tagen der ersten weißen Kolonien wurde hier die Geschichte der Vereinigten Staaten geschrieben, angefangen von den Jamestown-Siedlern, den Unabhängigkeitsbestrebungen und dem Bürgerkrieg bis hin zu den wegweisenden Bürgerrechtsbewegungen in den 1960ern und den Protesten zu Themen wie Abtreibung und Rechte für Homosexuelle.

Die ersten britischen Siedler ließen sich zu Beginn des 17. Jhs. in der fruchtbaren Umgebung der **Chesapeake Bay** nieder. Ihre Hoffnungen auf Gold erfüllten sich nicht, dafür machten sie ein Vermögen mit dem Anbau von Tabak. Am größten war Virginia. Gut die Hälfte der Bevölkerung bestand aus afrikanischen **Sklaven**, denen die Knochenarbeit des Tabakerntens oblag. Trotz ihrer zentralen Lage an der Ostküste liegt fast die gesamte Region unterhalb der Mason-Dixon-Linie – jener Grenze zwischen Nord und Süd, die 1763 gezogen wurde, um einen Grenzdisput zu schlichten, und dann zum Symbol für die Trennung zwischen Staaten mit und ohne Sklavenhaltung wurde. Das Capitol entstand mit Hilfe von Sklavenarbeit und bis zum Bürgerkrieg lag einer der betriebsamsten Sklavenmärkte des Landes nur zwei Blocks vom Weißen Haus entfernt.

Die Spannungen zwischen Nord und Süd entluden sich schließlich im Bürgerkrieg, dessen Spuren noch heute überall sichtbar sind. Vier lange Jahre hindurch waren die 100 Meilen zwischen der Unionshauptstadt – Washington DC – und der Hauptstadt der Konföderierten – Richmond, Virginia – ein ständiger, blutiger Kriegsschauplatz.

Wer die Capital Region bereist, wird **Washington DC** mit seiner monumentalen Architektur und seinen Museen von Weltrang sicher nicht auslassen. In **Virginia**, weiter südlich, gibt es Hunderte historischer Stätten – von den Anwesen früherer Revolutionsführer und Politiker bis hin zur Kolonialhauptstadt **Williamsburg** – und den dicht bewaldeten **Shenandoah National Park** am Rand der Blue Ridge Mountains. Noch mehr wildromantische Landschaften, reißende Flüsse und hinterwäldlerische Dörfer erwarten Besucher im wenig besuchten **West Virginia**.

Die meisten Touristen fahren wegen der maritimen Traditionen der Chesapeake Bay nach **Maryland**. **Baltimore** ist freundlich und liebenswert, wenn auch etwas baufällig. **Annapolis**, die hübsche Bundesstaatshauptstadt, verbindet eine Brücke und Fähre mit dem Ostufer. **New Castle**, jenseits der Grenze in **Delaware**, ist eine gut erhaltene Kolonialstadt; ansonsten hat dieser Staat noch einige der besten und einsamsten Strände der Ostküste zu bieten.

Transport

Das Herumreisen in der Capitol Region gestaltet sich je nach Bundesstaat unterschiedlich problemlos. Wer viel sehen möchte, für den ist ein **eigenes Fahrzeug** quasi unerlässlich. Strecken wie der atemberaubende Blue Ridge Parkway an den Appalachen entlang bieten Gelegenheit für wunderbare Autotouren mit zahlreichen netten Nebenstrecken. Im bergigen West Virginia mit seinen vielen Flussläufen gibt es so gut wie keine geraden, flachen Strecken, sodass hier viel Zeit für die gewundenen Bergstraßen eingeplant werden muss. In Delaware ist man ohne eigenes Fahrzeug so gut wie aufgeschmissen.

In Virginia durchziehen fünf **Amtrak-Zugstrecken** den mittleren und östlichen Teil des Staates von Nord nach Süd; kleinere Städte sind mit **Greyhound-Bussen** zu erreichen. Baltimore in Maryland liegt an der Hauptstrecke von Amtrak zwischen New York und Washington DC, ansonsten bestehen zwischen den Städten regelmäßige Busverbindungen. In West Virginia sieht es bezüglich der öffentlichen Transportmittel schlechter aus: Greyhound bedient vorwiegend die Westseite des Staats über den Hwy-77, während die *Cardinal Line* von Amtrak den südöstlichen Teil bedient und der *Capitol Limited* von Washington über Harpers Ferry zu den großen Seen fährt. In Delaware liegt Wilmington an den wichtigen Bahn- und Busstrecken der Ostküste; Greyhound hält nur in Wilmington und Dover.

Als alternatives Verkehrsmittel bietet sich in Maryland und Virginia das **Boot** an, nämlich auf der wunderschönen Chesapeake Bay. In der gesamten Region kann man vielerorts auch gut **Rad fahren**, sowohl auf stillen Landstraßen als auch in den Bergen, und natürlich kann man auch gut **wandern**, besonders an der Eastern Shore von Maryland und Virginia, wo die Straßen breite Randstreifen haben und wenig befahren sind.

Washington DC

Washington im District of Columbia – die Grenzen der beiden sind identisch – kann im Sommer unerträglich heiß und feucht, im Winter dagegen bitterkalt werden. Es wurde als Kompromiss zwischen den Nord- und Südstaaten zur **Hauptstadt** der frisch gegründeten Vereinigten Staaten von Amerika erkoren; außerdem wollte George Washington den Ort als Hauptstadt – er lag nur 16 Meilen flussaufwärts von seinem Anwesen Mount Vernon.

Der andere Teil von DC, mit einer mehrheitlich schwarzen Bevölkerung, wird wie eine Kolonie des Kongresses behandelt. Seine Einwohner besitzen nur einen einzigen, nicht stimmberechtigten Vertreter, und erst nachdem 1961 der 23. Zusatzartikel zur Verfassung gebilligt worden war, durften sie an den Präsidentschaftswahlen teilnehmen – auf dem Autokennzeichen der Stadt steht: „Taxation Without Representation" (Besteuerung ohne Vertretung).

Die ideale **Reisezeit** ist im April, wenn das National Cherry Blossom Festival stattfindet, und in den gemäßigten Monaten (Mai–Juni und September). Das Schaufenster der Nation hat seinen Besuchern eine ganze Menge zu bieten – und alle wichtigen Attraktionen an der **National Mall** sind kostenlos.

Die berühmtesten Sehenswürdigkeiten sammeln sich entlang der Mall, darunter das Weiße Haus, vier Denkmäler für bedeutende US-Präsidenten und die erstklassigen Museen der Smithsonian Institution. In den vergangenen Jahren erlebte selbst die einst heruntergekommene Gegend **Old Downtown** (nördlich des östlichen Endes der Mall) einen mächtigen Aufschwung, und im Viertel **Penn Quarter** um die 7th und

F Street herum ist ein aktiveres Nachtleben zu verzeichnen. Washington-Besucher verbringen ihre Abende dennoch eher in den Hotels und Restaurants der lebendigeren Bezirke: dem historischen **Georgetown**, dem Künstlerviertel **Dupont Circle** und dem hippen **Adams Morgan**.

Geschichte

Nachdem die Entscheidung gefallen war, wo die Hauptstadt der Vereinigten Staaten liegen sollte, traten Maryland und Virginia Anfang der 1790er-Jahre ihre Souveränität über ein diamantenförmiges Gebiet an die Bundesregierung ab. Aber schon ein halbes Jahrhundert später forderte Virginia sein Land zurück. Obwohl George Washingtons barocker, strahlenförmiger Stadtentwurf bereits 1791 entstand, wurden bis weit ins 19. Jh. hinein, von den Regierungsgebäuden abgesehen, nur wenige der Ideen realisiert. Charles Dickens konstatierte bei seinem Besuch 1842 „breite Alleen, die im Nichts beginnen und nirgendwo hin führen."

Nach dem Bürgerkrieg kamen Tausende ehemaliger **Sklaven** auf der Flucht vor rassistischen Repressalien in die Stadt, wo sie bis zu einem gewissen Grad Schutz fanden. In den 1870er-Jahren machten Afroamerikaner mehr als ein Drittel der 150 000 Einwohner aus. Als Armut und Elend immer schlimmere Ausmaße annahmen, wurde 1920 die **Rassentrennung** wieder eingeführt.

In den Jahren nach dem Zweiten Weltkrieg erlebte die Stadt einen Wirtschafts- und Bevölkerungsboom. Die Rassentrennung in öffentlichen Einrichtungen wurde in den 1950er-Jahren für gesetzeswidrig erklärt und im Jahr 1963 hielt Martin Luther King Jr. seine berühmte Rede auf den Stufen des Lincoln Memorial. Als King fünf Jahre später ermordet wurde, gingen große Teile der Washingtoner Ghettos in Flammen auf. Sie werden erst jetzt als bessere und teurere Viertel neu aufgebaut. In der wiederbelebten Downtown ziehen schicke Restaurants und Kultur- und Sportveranstaltungen heute wieder Besucher an Orte, die zuvor städtische Einöden waren.

Orientierung

Washington DC ist in vier **Viertel** aufgeteilt – Northeast, Northwest, Southeast und Southwest. Das Zentrum bildet der Capitol Hill. Dutzende breiter **Avenues**, nach Bundesstaaten benannt, durchkreuzen diagonal ein Netz kleinerer Straßen und treffen sich an riesigen Kreisverkehren.

Die wichtigsten Sehenswürdigkeiten liegen fast alle auf dem **Capitol Hill** oder entlang der breiten, zwei Meilen langen Parkanlage **National Mall**, die sich Richtung Westen erstreckt. Hier befinden sich die Denkmäler für die berühmten US-Präsidenten und das Weiße Haus, offizieller Sitz des amtierenden Präsidenten, und auch die meisten Museen der Stadt, wie die beispiellosen Sammlungen der **Smithsonian Institution**.

Zwischen der Mall und der **Pennsylvania Avenue** – der Paradestraße, die das Capitol mit dem Weißen Haus verbindet – liegen die klassizistischen Gebäude des **Federal Triangle**. Darin befinden sich die Behörden, die das Herz der amerikanischen Verwaltung bilden. Die **Old Downtown**, nördlich und östlich von hier, bietet neue Plazas, Galerien und Restaurants.

Westlich des Weißen Hauses liegt der Bezirk **Foggy Bottom**, ein weiterer Eckpfeiler der Verwaltung, und weiter nordwestlich das älteste Viertel der Stadt, **Georgetown**, dessen belebte Bars und Restaurants die M Street und Wisconsin Avenue oberhalb des **Potomac River** säumen.

Andere interessante Viertel sind, vor allem wenn's um Hotels, Restaurants und Bars geht, der **Dupont Circle** am Zusammentreffen der Massachusetts, Connecticut und New Hampshire Ave, und das Viertel **Adams Morgan**, ein angesagtes Wochenendziel für Partygänger. Besonders eifrige Besucher können sich auch mit der Red Line Metro zum vornehmen, etwas abgelegeneren Bezirk **Upper Northwest** aufmachen, in dem es einige interessante historische Viertel und den National Zoo zu sehen gibt. Eine kurze Metrofahrt führt von DC nach **Arlington** in Virginia zum National Cemetery, wo JFKs Grabstätte liegt.

Capitol Hill

In Washington DC gibt es zwar mehr als nur einen Hügel, aber wenn die Leute vom „Hill" reden, meinen sie stets den Capitol Hill – eine 27 m hohe Anhöhe, die von der riesigen weißen Kuppel des US Capitol gekrönt wird. Hier befinden sich die Legislative (der Kongress) und die Judikative (der Oberste Gerichtshof) und damit der Ort, an dem die Landesgesetze verabschiedet und ausgelegt werden. Außerdem stehen hier die angesehene Library of Congress und die Folger Shakespeare Library.

US Capitol

Das US Capitol, am östlichen Ende der National Mall zwischen Constitution und Independence Avenue, ☎ 202/226-8000, 🖥 www.visitthecapitol. gov, ist die auffallendste und wichtigste Sehenswürdigkeit der Hauptstadt. Im Rahmen einer Zeremonie mit reichlich Freimaurersymbolik legte George Washington 1793 den Grundstein für das Capitol. Zwar brannten die Briten das Gebäude während des Krieges von 1812 nieder, aber später wurde es wieder aufgebaut und im Lauf der folgenden Jahrhunderte wiederholte Male erweitert. Zehn Präsidenten – zuletzt Gerald Ford – waren in der beeindruckenden Rotunde aufgebahrt. Sie wird von einer 55 m hohen und 30 m breiten gusseisernen Kuppel überdacht und verbindet beiden Teile des Capitols miteinander: den Senat im Nordflügel und das Repräsentantenhaus im Süden. Wenn die „Tholos"-Laterne über der Kuppel leuchtet, tagt der Kongress. Die Rotunde ist mit riesigen Fresken und Gemälden von Nationalhelden geschmückt. Zu den anderen Sehenswürdigkeiten zählen die Gipsabgüsse berühmter Persönlichkeiten in der **National Statuary Hall**, die **historischen Kammern** des Senats und Obersten Gerichtshofs sowie die **Krypta**, in der George Washington ursprünglich bestattet werden sollte, die aber heute als Ausstellungssaal dient. **Führungen** durch das Gebäude und Besichtigungen des Repräsentantenhauses und des Senats müssen im Voraus arrangiert werden; US-Bürger können das über den für sie zuständigen Senator vornehmen, ausländische Besucher über ihre Botschaft.

Ihren ersten Blick ins Innere des Gebäudes erhaschen die meisten Besucher im kürzlich eröffneten **Capitol Visitor Center** (🕐 Mo–Sa 8.30–16.30 Uhr, Eintritt frei, keine Reservierung erforderlich), einem 600 Mill. Dollar teuren Schmuckstück, dessen Fertigstellung acht Jahre dauerte und das 46 500 m^2 an Fläche für Ausstellungen, Konferenzräume und Verpflegungseinrichtungen bietet.

Washington DC

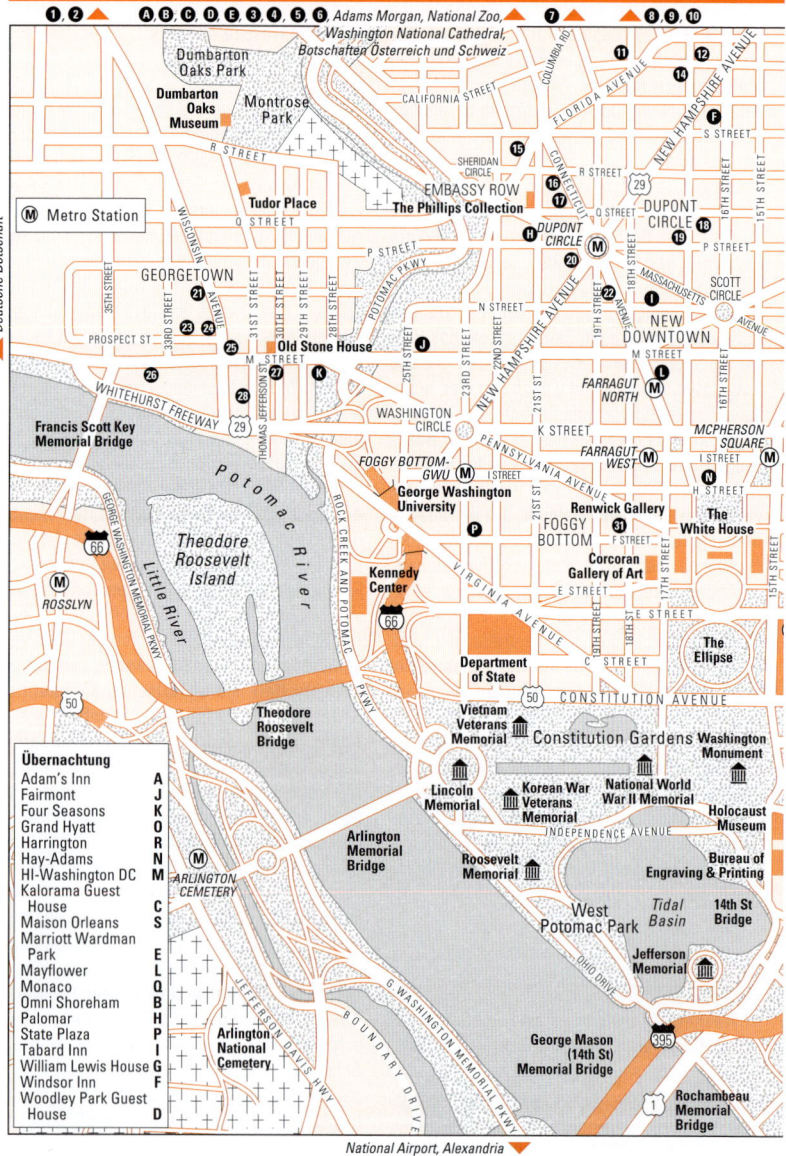

❶ ❷ ▲ 🅐 🅑 🅒 🅓 🅔 ❸ ❹ ❺ ❻ Adams Morgan, National Zoo, ▲ ❼ ▲ ▲ ❽ ❾ ⑩
Washington National Cathedral,
Botschaften Österreich und Schweiz

Capital Region

Deutsche Botschaft

Dumbarton Oaks Park

Dumbarton Oaks Museum

Montrose Park

CALIFORNIA STREET

Ⓜ Metro Station

Tudor Place

The Phillips Collection

EMBASSY ROW

SHERIDAN CIRCLE

DUPONT CIRCLE

GEORGETOWN

Old Stone House

NEW DOWNTOWN

SCOTT CIRCLE

MCPHERSON SQUARE

Francis Scott Key Memorial Bridge

Potomac River

Theodore Roosevelt Island

Little River

ROSSLYN

WASHINGTON CIRCLE

FARRAGUT NORTH

FARRAGUT WEST

FOGGY BOTTOM-GWU

George Washington University

Renwick Gallery

The White House

FOGGY BOTTOM

Corcoran Gallery of Art

Kennedy Center

Theodore Roosevelt Bridge

Department of State

CONSTITUTION AVENUE

The Ellipse

Vietnam Veterans Memorial

Constitution Gardens

Washington Monument

Lincoln Memorial

Korean War Veterans Memorial

National World War II Memorial

Holocaust Museum

Arlington Memorial Bridge

ARLINGTON CEMETERY

Roosevelt Memorial

INDEPENDENCE AVENUE

Bureau of Engraving & Printing

West Potomac Park

Tidal Basin

14th St Bridge

Jefferson Memorial

Übernachtung

Adam's Inn   A
Fairmont   J
Four Seasons   K
Grand Hyatt   O
Harrington   R
Hay-Adams   N
HI-Washington DC   M
Kalorama Guest House   C
Maison Orleans   S
Marriott Wardman Park   E
Mayflower   L
Monaco   Q
Omni Shoreham   B
Palomar   H
State Plaza   P
Tabard Inn   I
William Lewis House G
Windsor Inn   F
Woodley Park Guest House   D

Arlington National Cemetery

JEFFERSON DAVIS HWY

BOUNDARY DRIVE

George Mason (14th St) Memorial Bridge

Rochambeau Memorial Bridge

National Airport, Alexandria ▼

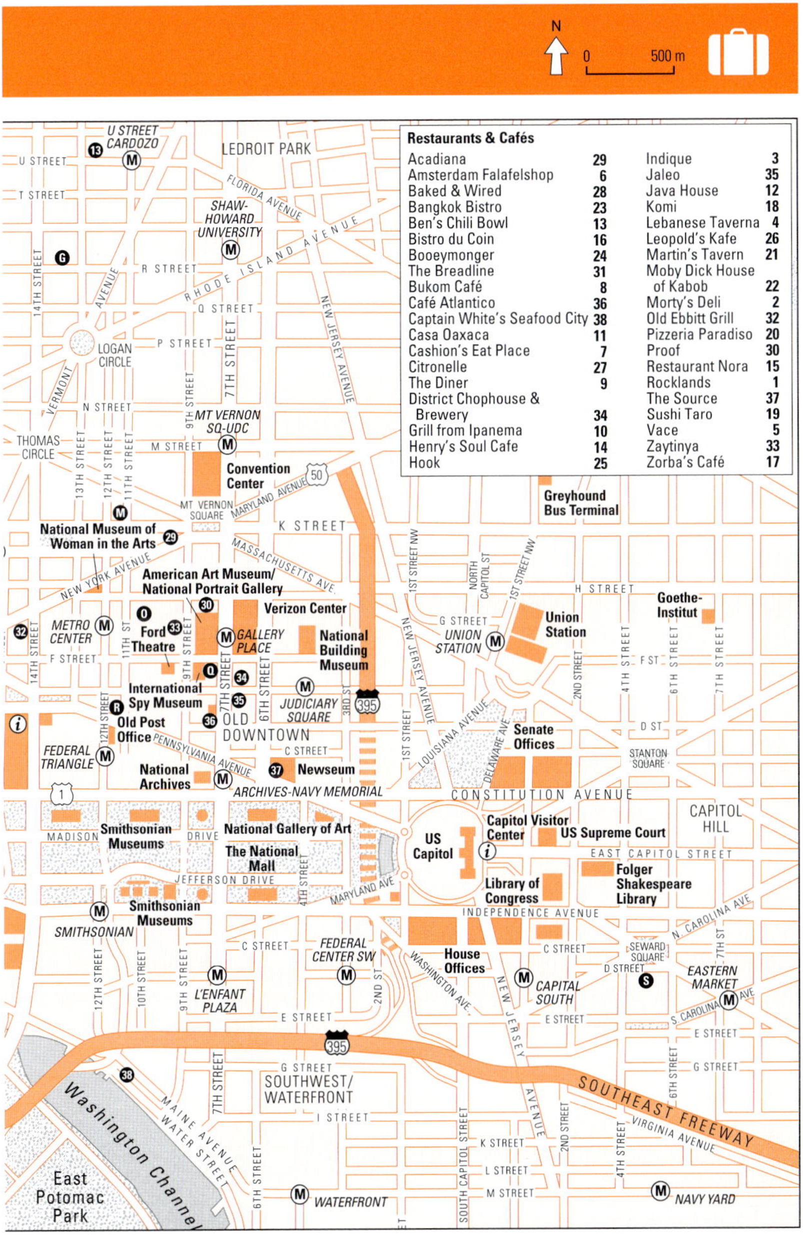

N
0   500 m

U STREET
CARDOZO 🔴13 Ⓜ
LEDROIT PARK

Restaurants & Cafés

Acadiana	29	Indique	3
Amsterdam Falafelshop	6	Jaleo	35
Baked & Wired	28	Java House	12
Bangkok Bistro	23	Komi	18
Ben's Chili Bowl	13	Lebanese Taverna	4
Bistro du Coin	16	Leopold's Kafe	26
Booeymonger	24	Martin's Tavern	21
The Breadline	31	Moby Dick House	
Bukom Café	8	of Kabob	22
Café Atlantico	36	Morty's Deli	2
Captain White's Seafood City	38	Old Ebbitt Grill	32
Casa Oaxaca	11	Pizzeria Paradiso	20
Cashion's Eat Place	7	Proof	30
Citronelle	27	Restaurant Nora	15
The Diner	9	Rocklands	1
District Chophouse &		The Source	37
Brewery	34	Sushi Taro	19
Grill from Ipanema	10	Vace	5
Henry's Soul Cafe	14	Zaytinya	33
Hook	25	Zorba's Café	17

U STREET
T STREET
FLORIDA AVENUE
SHAW-
HOWARD
UNIVERSITY
R STREET
RHODE ISLAND AVENUE
Ⓖ
Q STREET
14TH STREET
P STREET
LOGAN
CIRCLE
VERMONT   AVENUE
NEW JERSEY AVENUE
7TH STREET
N STREET
9TH STREET
MT VERNON
SQ-UDC Ⓜ
THOMAS
CIRCLE
13TH STREET
12TH STREET
11TH STREET
M STREET
Convention
Center
50
MT VERNON
SQUARE
MARYLAND AVENUE
National Museum of 🔴29 Ⓜ
Woman in the Arts
K STREET
Greyhound
Bus Terminal
MASSACHUSETTS AVE.
NEW YORK AVENUE
1ST STREET NW
NORTH
CAPITOL ST
1ST STREET NW
H STREET
Goethe-
Institut
American Art Museum/
National Portrait Gallery
Verizon Center
🔴30
3RD ST NW
G STREET
Union
Station
METRO Ⓜ Ⓞ
CENTER
32 Ford 🔴33
Theatre
Ⓜ GALLERY
PLACE
National
Building
Museum
UNION
STATION Ⓜ
2ND STREET
4TH STREET
5TH STREET
6TH STREET
7TH STREET
F STREET
14TH STREET
11TH STREET
9TH STREET
F ST
International Ⓡ
Spy Museum
🔴34
🔴35 Ⓜ
JUDICIARY
SQUARE
Old Post
Office
🔴36
OLD
395
D ST
FEDERAL
TRIANGLE
12TH STREET
PENNSYLVANIA AVENUE
DOWNTOWN
C STREET
1ST STREET
LOUISIANA AVENUE
DELAWARE AVE
Senate
Offices
STANTON
SQUARE
ⓘ
1
National
Archives Ⓜ
ARCHIVES-NAVY MEMORIAL
🔴37 Newseum
CONSTITUTION   AVENUE
CAPITOL
HILL
MADISON   DRIVE
Smithsonian
Museums
National Gallery of Art
The National
Mall
4TH STREET
US
Capitol
ⓘ
Capitol Visitor
Center
US Supreme Court
EAST CAPITOL STREET
Folger
Shakespeare
Library
JEFFERSON DRIVE
Library of
Congress
N. CAROLINA AVE
Ⓜ
Smithsonian
Museums
INDEPENDENCE AVENUE
SMITHSONIAN
C STREET
FEDERAL
CENTER SW Ⓜ
House
Offices
C STREET
SEWARD
SQUARE
D STREET
EASTERN
MARKET
7TH ST
N. CAROLINA AVE
12TH STREET
10TH STREET
9TH STREET
Ⓜ L'ENFANT
PLAZA
2ND ST
WASHINGTON AVE
Ⓜ CAPITAL
SOUTH
Ⓢ
S. CAROLINA AVE
Ⓜ
E STREET
E STREET
NEW   JERSEY
E STREET
E STREET
395
🔴38
MAINE AVENUE
WATER STREET
7TH STREET
SOUTHWEST/
WATERFRONT
G STREET
I STREET
SOUTH CAPITOL STREET
K STREET
SOUTHEAST FREEWAY
VIRGINIA AVENUE
G STREET
6TH STREET
East
Potomac
Park
Washington Channel
6TH STREET
Ⓜ WATERFRONT
L STREET
M STREET
4TH STREET
2ND STREET
Ⓜ NAVY YARD

Capital Region

Das Center erlaubt nicht nur den Zugang zum Kapitol, sondern beherbergt außerdem die riesige **Emancipation Hall** mit u. a. einem Gipsabguss der Statue of Freedom – das Original krönt die Kuppel des Kapitols –, zwei Dachfenstern für einen erhabenen Ausblick auf die Kuppel sowie rund zwei Dutzend Statuen, Schenkungen anderer Staaten an die National Statuary Hall, die aber aus Platzgründen hier gelandet sind. In der **Exhibition Hall** können sich Besucher über das Gebäude selbst informieren; hier gibt es z. B. ein 3,35 m hohes Modell der Kuppel, und es wird erläutert, welche Rolle das Gebäude in der politischen Geschichte des Landes gespielt hat, u. a. anhand von Informationen über einige der Schlüsselfiguren in der Geschichte des Kongresses.

Library of Congress

Mit 140 Millionen Büchern, Manuskripten, Mikrofilmen und Fotos ist die Library of Congress, ☎ 202/707-8000, 🖥 www.loc.gov, die größte Bibliothek der Welt. Ihre Bestände füllen Regale mit einer Gesamtlänge von 530 Meilen. Die Bibliothek, eingerichtet für die 1800 Mitglieder des Kongresses, ist heute östlich des Capitol in den Gebäuden Jefferson, Madison und John Adams untergebracht (zwischen 1st und 3rd Streets SE sowie E Capitol und C Streets SE). Seit 1870 wird hier von jedem neu erschienenen Buch ein Exemplar aufgenommen, so dass der ursprüngliche Bau irgendwann zu klein wurde.

1897 eröffnete das reich verzierte **Thomas Jefferson Building**, ausgestattet mit einem überwölbten achteckigen **Lesesaal** sowie Hunderten von Mosaiken, Wandgemälden und Skulpturen in der sehenswerten Great Hall. Kostproben aus dem gewaltigen Bestand der Bibliothek sind in der **Hauptgalerie** im 2. Stock zu sehen, die regelmäßig Ausstellungen zu verschiedensten Inhalten veranstaltet. Wer in den nicht ausleihbaren Beständen forschen möchte, muss sich zunächst anmelden. Kostenlose Führungen Mo–Sa um 10.30, 11.30, 13.30 und 14.30, Mo–Fr auch 15.30 Uhr. ⏰ unterschiedlich, oft Mo–Sa 8.30–16.30 oder 21.30 Uhr, Eintritt frei.

Supreme Court

Der **Oberste Gerichtshof**, 1st St NE, Ecke Maryland Ave NE, ☎ 202/479-3211, 🖥 www.supreme

courtus.gov, liegt gegenüber dem Capitol und ist die letzte Instanz in Gesetzesfragen. Er wurde 1787 ins Leben gerufen, erhielt aber erst 1935 ein eigenes Gebäude, als Cass Gilbert – der Architekt des Woolworth Building in New York – dieses Meisterwerk im klassizistischen Stil schuf.

Der Gerichtshof tagt von Oktober bis Juni. Verhandlungen finden zwischen Anfang Oktober und Ende April montags, dienstags und mittwochs von 10–12 und manchmal auch von 13–15 Uhr statt. Sie sind **öffentlich** und dauern meist eine Stunde. Die 150 Plätze können nicht reserviert werden. Wer einen ergattern will, sollte spätestens um 8.30 Uhr da sein. ⏰ Mo–Fr 9–16.30 Uhr, Eintritt frei.

Folger Shakespeare Library

Die berühmte Folger Shakespeare Library, 201 E Capitol St, 🖥 www.folger.edu, an der Südseite des Obersten Gerichtshofs gelegen, wurde 1932 gegründet und umfasst heute mehr als 600 000 Bücher, Manuskripte, Gemälde und Kupferstiche, die sich mit Shakespeares Leben und Arbeit befassen – die allermeisten sind allerdings nur für Forscher zugänglich. Die Great Hall in dunklem Eichenholz – mit ihren geschnitzten Stürzen, Tudor-Rosen und stuckverzierten Decken – zeigt wechselnde Ausstellungen zu dem Dramatiker und zu anderen Themen aus der elisabethanischen Zeit.

Das nachempfundene Elizabethan Theater veranstaltet Vorträge und Lesungen sowie Konzerte mit Musik aus dem Mittelalter und der Renaissance. Außerdem gedeihen in einem elisabethanischen Garten auf der Ostseite Kräuter und Blumen, die im 16. Jh. weit verbreitet waren. ⏰ Mo–Sa 10–17 Uhr, Führungen Mo–Fr 11 und 15, Sa 11 und 13 Uhr, Eintritt frei.

Die National Mall – Monumente

Die elegante, 2 Meilen lange National Mall erstreckt sich vom Capitol bis zum Lincoln Memorial und ist die beliebteste Grünfläche der Stadt. Sie dient im Sommer zum Softballspielen und am 4. Juli als Konzertbühne. Auch wenn im großen Rahmen protestiert werden soll, ist die Mall *der*

Ort dafür. Am bekanntesten ist die Mall jedoch für ihr Quartett von **Präsidenten-Denkmälern**, das Weiße Haus und die eindrucksvollen **Gedenkstätten** für die Veteranen der verschiedenen Kriege im 20. Jh.

Washington Monument

Wahrzeichen der Mall ist das Washington Monument, 15th St NW, Ecke Constitution Ave, ✆ 202/426-6841, 🖳 www.nps.gov/wamo, ein schmuckloser, 167 m hoher **Marmorobelisk**, erbaut zur Erinnerung an den ersten US-Präsidenten. Wer das Monument besichtigen möchte, holt sich am Kiosk in der 15th St (Madison Drive, südlich der Constitution Ave, ⏱ 8–16.30 Uhr) eine Eintrittskarte. Sie berechtigt zum Besuch des Monuments zu einer bestimmten Zeit am gleichen Tag.

Da nur eine begrenzte Zahl von Tickets ausgegeben wird und diese in der Hochsaison schnell vergriffen sind, sollte man entweder früh da sein oder beim National Park Service, ✆ 1-800/444-6777, eine Eintrittskarte reservieren ($1,50). Vorbei an den Gedenksteinen im (abgesperrten) Treppenhaus katapultiert ein **Aufzug** die Besucher in 72 Sekunden zur Panorama-Etage mit einer großartigen Aussicht. ⏱ tgl. 9–17, im Sommer bis 22 Uhr, Eintritt frei.

White House

Seit mehr als 200 Jahren ist das White House, 1600 Pennsylvania Ave NW, Wohn- und Amtssitz des Präsidenten der Vereinigten Staaten. Es befindet sich am Ende des Parks, nördlich des Washington Monuments. Das klassizistische Gebäude wurde von dem irischen Einwanderer James Hoban nach dem Vorbild der georgianischen Villen in Dublin entworfen und 1800 fertig gestellt.

Die Sicherheitsmaßnahmen am Weißen Haus, ✆ 202/456-7041, 🖳 www.whitehouse.gov, sind nach wie vor sehr streng, aber nicht mehr so rigoros wie zur Ära Bush. Wer an einer der kostenlosen Besichtigungstouren teilnehmen möchte, sollte sich rechtzeitig einen Platz sichern, indem er mindestens einen Monat im Voraus seinen Kongressabgeordneten kontaktiert (ausländische Besucher können Verbindung zu ihren Botschaften oder Konsulaten aufnehmen).

⏱ Besichtigung Di–Do 7.30–11, Fr 7.30–12, Sa 7.30–13 Uhr.

Wer sich für die Geschichte und die Bewohner des Hauses interessiert, marschiert ein paar Blocks in südöstliche Richtung zum **Visitor Center**, 1450 Pennsylvania Ave, ✆ 202/208-1631, 🖳 www.nps.gov/whho, ⏱ tgl. 7.30–16 Uhr.

Lincoln Memorial

Am Westende der Mall steht das Lincoln Memorial, 🖳 www.nps.gov/linc, ein gebührendes Andenken an Abraham Lincoln, den 16. Präsidenten der USA. Er war es, der während des Bürgerkriegs den Zusammenhalt der Union sicherte. Und im Jahr 1863 machte er mit seiner Emancipation Proclamation (Emanzipationserklärung) den ersten Schritt zur Abschaffung der Sklaverei in den USA. Beim Marsch der Bürgerrechtler auf Washington 1963 hielt Martin Luther King Jr. hier seine berühmte Rede „I Have a Dream". ⏱ tgl. 24 Std., beaufsichtigt 9.30–23.30 Uhr, Eintritt frei.

Andere Monumente und Denkmäler

Das **National World War II Memorial**, 17th St SW, Ecke Independence Ave, ✆ 202/426-6841, 🖳 www.nps.gov/nwwm, gleich westlich des Washington Monument, besteht aus einem Springbrunnen, der von insgesamt 56 Steinsäulen gesäumt ist, die zwei Bögen bilden und mit Bronzekränzen geschmückt sind (sie stehen für die 56 US-Bundesstaaten und -gebiete, die es zur Zeit des Krieges gab). In die Wände sind Zitate von Roosevelt und Eisenhower eingemeißelt, und eine konkav gebogene Wand mit 4000 goldenen Sternen erinnert an die 400 000 gefallenen US-Soldaten. ⏱ tgl. 24 Std., beaufsichtigt 9.30–23.30 Uhr, Eintritt frei.

Noch bewegender ist das langgestreckte, schlichte **Vietnam Veterans Memorial** auf der Mall, Constitution Ave, nahe 21st St, 🖳 www.nps. gov/vive, das an die 58 000 US-Soldaten erinnert, die im Vietnamkrieg fielen. Ein immer tiefer werdender, klaffender Riss in der Grasnarbe symbolisiert eindrucksvoll das zunehmende Engagement der US-Streitkräfte in diesem Krieg. In die glänzende Oberfläche an der Längsseite sind in chronologischer Reihenfolge die Namen der von 1959–75 gefallenen Soldaten eingraviert. ⏱ tgl. 24 Std., beaufsichtigt 9.30–23.30 Uhr, Eintritt frei.

Capital Region

Das **Korean War Veterans Memorial**, gegenüber vom Vietnam Memorial und südöstlich des Lincoln Memorial, 🖥 www.nps.gov/kwvm, besteht in erster Linie aus dem **Field of Remembrance**, einem Schlachtfeld, auf dem 19 lebensgroße Soldaten aus Stahl stehen. ⏲ tgl. 24 Std., beaufsichtigt 8–23.45 Uhr, Eintritt frei.

Richtung Süden schließt sich eine Reihe von Denkmälern an, die an vergangene Präsidenten erinnern. Das erste, das **Jefferson Memorial** gleich südlich der Mall nahe 14th St SW und Ohio Drive, 🖥 www.nps.gov/thje, besteht aus einer flachen Kuppel über einer großen Bronzefigur des Vaters der Unabhängigkeitserklärung und dritten US-Präsidenten. ⏲ tgl. rund um die Uhr, beaufsichtigt 9.30–23.30 Uhr, Eintritt frei.

Das **Franklin Delano Roosevelt Memorial** neben dem Tidal Basin, am West Basin Drive SW, Ecke Ohio Drive, 🖥 www.nps.gov/fdrm, erstreckt sich über eine 2,8 ha große Fläche. Es besteht aus mehreren, durch Wege miteinander verbundenen Freiluftgalerien aus Granit – „Räume" genannt –, die von Wasserfällen, Skulpturen, Reliefs, Baumhainen, schattigen Nischen und Plazas durchzogen werden. ⏲ tgl. 24 Std., beaufsichtigt 9–23.30 Uhr, Eintritt frei.

Die National Mall – Museen

Während die westliche Hälfte der National Mall von Denkmälern übersät ist, wird ihre östliche Hälfte von Museen dominiert. Die meisten davon gehören zur eindrucksvollen **Smithsonian Institution**. Diese Einrichtung wurde 1846 von einem Engländer namens James Smithson gestiftet. Ihr ursprünglicher Sitz, das auf Mittelalter getrimmte The Castle von 1855, 1000 Jefferson Drive SW, befindet sich in der Mitte der Südseite der Mall und dient heute als wichtigstes Visitor Center, ☎ 202/633-1000, ⏲ tgl. 8.30–17.30 Uhr.

Sofern nicht anders angegeben, sind sämtliche Smithsonian-Museen und -Galerien das ganze Jahr über (außer am 25.12.) tgl. von 10–17.30, im Sommer bis 19.30 oder 20.30 Uhr, geöffnet. Der Eintritt ist frei. Infos zu aktuellen Ausstellungen und Veranstaltungen gibt es im Visitor Center oder unter 🖥 www.si.edu.

National Museum of American History

Das National Museum of American History, 14th St NW, Ecke Constitution Ave, ☎ 202/633-1000, 🖥 www.americanhistory.si.edu, wurde kürzlich

Das Lincoln Memorial, eines der berühmtesten Denkmäler in Washington DC

nach langer Renovierung unter großem Applaus wiedereröffnet. Ein großer Bereich neben der Lobby ist mit neuen „Artefakten-Wänden" versehen, an denen Teile des Museumsfundus gezeigt werden, die bisher nicht ausgestellt werden konnten: von 200 Jahre alten Kneipenschildern und Spielzeugkisten bis zu **John Bull**, der ältesten noch funktionierenden Dampflokomotive des Landes von 1831. Ansonsten zeigt das Museum vielfältige Exponate aus fast vier Jahrhunderten amerikanischer und präkolumbischer Geschichte. Hier finden sich George Washingtons Holzgebiss, Jackie Kennedys Designerkleider und Judy Garlands rubinrote Schuhe aus *Der Zauberer von Oz*.

Man kann mühelos einen ganzen Tag dort zubringen; 3–4 Stunden sind ein guter Kompromiss, aber man wird dann nicht alles sehen. Hauptattraktion ist die etwas ramponierte rot-weiß-blaue Flagge – keine geringere als **The Star-Spangled Banner** –, die als Inspiration für die amerikanische Nationalhymne diente. Im Krieg von 1812 überstand sie den britischen Bombenangriff auf Baltimore Harbor.

National Museum of Natural History

Weiter östlich in Richtung Capitol, an der Nordseite der Mall, liegt an der Ecke von 10th St NW und Constitution Ave die imposante, dreistöckige Eingangsrotunde des National Museum of Natural History, ℡ 202/633-1000, 🖥 www.mnh.si.edu, das die Evolution skizziert: von 4 Milliarden Jahre altem Plankton bis zu Dinosaurier-Eiern und weiter.

Am beliebtesten ist natürlich die Dinosaurier-Abteilung. Die ausgezeichnete Edelsteinsammlung zeigt den 45 Karat schweren Hope-Diamanten, der einmal Marie Antoinette gehörte, und die **Gem and Mineral Hall** bietet interaktive Ausstellungen. Die **Mammal Hall** zeigt rund 300 Tierarten, überwiegend Säugetiere; und die rund 250 m² große **Ocean Hall** dokumentiert mit Hunderten von Exponaten (darunter ein 15 m langes Walmodell) das Meeresleben. Natürlich ist dieses Museum gerade für Kinder faszinierend – man sollte also darauf eingestellt sein, sich die heiligen Hallen mit Hunderten von jungen Besuchern zu teilen.

National Gallery of Art – West Building

Die schöne National Gallery of Art, gleich östlich an der Constitution Ave, zwischen der Third St und der Seventh St NW, ℡ 202/737-4215, 🖥 www.nga.gov, ist eines der wichtigsten Museen der USA und gehört eigentlich nicht zur Smithsonian Institution. Die ursprüngliche klassizistische Galerie wird heute West Building genannt. Hier ist der Großteil der Dauerausstellung untergebracht.

Von der überwölbten zentralen Rotunde verläuft ein Gang über die gesamte Länge des Gebäudes. Die Ausstellungsräume westlich davon sind den Meistern der Früh- und Hochrenaissance und des Barock vorbehalten und nach Nationalitäten geordnet: **Niederländer** (Rembrandt), **Flamen** (Van Eyck und Rubens) und **Spanier** (El Greco, Velázquez und Goya). In der gewaltigen Abteilung **italienischer Meister** wird der einzige Leonardo des gesamten amerikanischen Kontinents gezeigt; außerdem Werke von Tizian und Raffael.

In der anderen Hälfte des West Building ist eine ausgezeichnete Zusammenstellung von Bildern des 19. Jhs. zu sehen: diverse Van Goghs, einige Studien von Monet über die Kathedrale in Rouen und Wasserlilien, Stillleben von Cézanne etc. Die **britische Kunst** ist vertreten durch die Porträts von Gainsborough und Reynolds und die noch stimmungsvolleren Nebel- und Wasserlandschaften von J.M.W. Turner. Als Glanzstück gilt die mächtige Kriegsskulptur *Memorial to Robert Gould Shaw and the Massachusetts 54th Regiment* von Augustus St Gauden. ⊙ Mo–Sa 10–17, So 11–18 Uhr, Eintritt frei.

National Gallery of Art – East Building

Das östliche Gebäude der National Gallery (gleiche Öffnungszeiten) wurde 1978 eröffnet. Sein gewagtes Design stammt von I.M. Pei und wird von einem riesigen Atrium dominiert. Zu den **Highlights** der Dauerausstellung zählen Werke aus Picassos „Blauer Periode", daneben Arbeiten von Matisse und anderen.

Zu den bedeutenden Werken der **modernen amerikanischen Kunst** gehören Andy Warhols sehr vertraut wirkende Schöpfungen und die bemerkenswerten abstrakt-**expressionistischen**

Kunstwerke von Rothko, Newman und Jackson Pollock. Außerdem findet sich hier Robert Rauschenbergs „kombiniertes Gemälde" mit ausgestopfter Vogelskulptur und Farbspritzern, das als *Canyon* bekannt ist. Daneben zeigt das Museum Jasper Johns *Targets*, eine seiner einflussreichsten Arbeiten.

National Air and Space Museum

Das National Air and Space Museum, auf der anderen Seite der Mall zwischen Fourth und Seventh St SW, ✆ 202/633-1000, 🖥 www.nasm.si.edu, ist die beliebteste Attraktion der Stadt und übt besonders auf Familien eine magische Anziehungskraft aus. Es ist mit allen möglichen Flugmaschinen, Raketen, Satelliten und Luftfahrtutensilien vollgepackt. Highlight ist Charles Lindberghs Flugzeug Spirit of St Louis. Die Ausstellung **Space Race** dokumentiert die Entwicklung der Raumfahrt. Sie umfasst u. a. eine Reihe von Raumanzügen aus verschiedenen Zeiten. Unweit davon erläutert **Rocketry and Space Flight** die Geschichte der Raketentechnik.

Der Raum mit dem kuriosen Namen **Wright Cycle Co.** ist den Geschwistern Wright gewidmet, die als Pioniere der Luftfahrt gelten. Im Mittelpunkt der Ausstellung steht der selbst gebaute Wright Flyer. Mit ihm gelang den Brüdern im Dezember 1903 der erste Motorflug. Am beliebtesten und am meisten besucht ist der Raum **Apollo to the Moon**. Er befasst sich mit den Missionen Apollo 11 (1969) und Apollo 17 (1972), d. h. dem ersten und letzten Mondflug der Amerikaner.

Andere Museen an der Mall

Etwas östlich des Air and Space Museum, am Jefferson Drive beim Capitol Reflecting Pool, steht das **National Museum of the American Indian**, ✆ 202/633-1000, 🖥 www.nmai.si.edu. Zu erkennen ist es an seinen gewellten, lehmfarbenen Wänden. Die Sammlung umfasst knapp eine Million zum Teil jahrtausendealte Objekte von Völkern zwischen Kanada und Mexiko. Darunter sind Keramiken, Textilien und andere Artefakte verschiedener Zivilisationen, etwa der Olmeken, Maya und Inka.

Westlich des Air and Space Museum steht das **Hirshhorn Museum**, Independence Ave, Ecke 7th St SW, ✆ 202/633-4674, 🖥 www.hirshhorn.si.edu. Am sehenswertesten sind hier die modernen **Skulpturen** von Matisse, Picasso und Brancusi. Auch die moderne Gemäldesammlung hat eindeutige Stärken (de Kooning, Bacon): Sie

Nicht nur für Mondfahrer interessant: das National Air and Space Museum

spann den Bogen von figurativer Malerei des späten 19. und frühen 20. Jh. über Werke des abstrakten Expressionismus bis hin zu Pop Art.

Das **National Museum of African Art**, 950 Independence Ave SW, ℡ 202/633-4600, 🖥 www.nmafa.si.edu, beherbergt mehr als 6000 Skulpturen und andere Kunstgegenstände aus Schwarzafrika. Neben der sehr umfassenden Dauerausstellung gibt es viele Wechselausstellungen. Zu sehen sind z. B. Kopfstützen, verschiedene Schnupftabakdosen aus Elfenbein, geschnitzte Trinkhörner, Kämme, Pfeifen, Löffel, Körbe und Tassen.

Die beiden Gebäude weiter westlich, die zusammen das **National Museum of Asian Art** bilden, sind ebenfalls faszinierend. Die pyramidenförmige **Arthur M. Sackler Gallery**, 1050 Independence Ave SW, ℡ 202/633-4880, 🖥 www. asia.si.edu, zeigt 3000 Jahre alte chinesische Bronzearbeiten, raffinierte Jadeanhänger und kaiserliches Qing-Porzellan. Daneben gibt es etwa Tempelkunst aus Indien mit Darstellungen von Brahma, Vishnu und Shiva aus Bronze, Messing und Granit sowie einer fantastischen Steinskulptur des elefantenköpfigen Ganesha aus dem 13. Jh. Das zweite Museum, die **Freer Gallery**, Jefferson Drive, Ecke 12th St NW (Rest wie oben), zeigt ebenfalls schöne asiatische Kunst: chinesische Jade- und Bronzearbeiten, illuminierte Handschriften aus Byzanz, buddhistische Wandskulpturen und persische Metallkunst. Das Highlight der Sammlung bilden jedoch die über 1000 Drucke, Zeichnungen und Gemälde des amerikanischen Künstlers James McNeil Whistler, die größte Sammlung seines Werks überhaupt. Daneben sind noch Arbeiten seiner Zeitgenossen Winslow Homer und John Singer Sargent zu sehen.

Andere Sehenswürdigkeiten im Umkreis der Mall

Das große **United States Holocaust Memorial Museum**, 100 Raoul Wallenburg Place SW, südlich der Mall, ℡ 202/488-0400, 🖥 www.ushmm. org, gedenkt anhand von Einzelschicksalen der Ermordung und Verfolgung von sechs Millionen Juden durch die Nazis. Neben gewaltigen Zeitungsstapeln und Berichten über die Machenschaften der Nazis, von den frühen 1930er-Jahren bis zur „Endlösung", werden realitätsgetreue Nachbildungen und viele echte Gegenstände aus den Straßen des Warschauer Ghettos, Viehwaggons und Baracken aus Konzentrationslagern gezeigt. Man kann ab 10 Uhr kostenlos **Tickets** für eine bestimmte Zeit am selben Tag bekommen (am Eingang in der 14th Street); eine andere Möglichkeit ist, sich online ein Ticket zu reservieren. ◷ tgl. 10–18.30 Uhr, Eintritt frei.

Die **Corcoran Gallery of Art**, nördlich der Mall in der 17th St NW, Ecke New York Ave, ℡ 202/639-1700, 🖥 www.corcoran.org, ist eines der ältesten und renommiertesten Museen der USA. Der Schwerpunkt liegt auf amerikanischer Kunst von den Anfangsjahren bis heute. Außerdem sind z. B. Degas, Renoir, Monet, Sisley und Pissarro mit Werken vertreten. Im **Salon Doré** wurde das wunderschöne Innere einer Pariser Villa des 18. Jhs. mit handgeschnitzten Paneelen, Blattgold und Wandmalereien nachgebildet. ◷ Mi–So 10–17, Do bis 21 Uhr, Eintritt $10.

Downtown und Umgebung

Wer von den Massen auf der Mall genug hat, kann einen Abstecher nach **Downtown** machen. In den letzten 15 Jahren sind im **Penn Quarter** neue Boutiquen, Restaurants und Hotels entstanden. An Old Downtown grenzt das **Federal Triangle**, Sitz zahlreicher Behörden und der National Archives. Die nordwestlich gelegene **New Downtown** bietet schicke Geschäfte und Restaurants. Besonders bekannt ist sie für die K Street, in der es von Lobbyisten nur so wimmelt.

National Archives

Das Nationalarchiv, 700 Pennsylvania Ave NW, ℡ 202/501-5205, 🖥 www.archives.gov, verwahrt die drei kurzen Texte, die das Fundament der Vereinigten Staaten bilden: die **Declaration of Independence** (Unabhängigkeitserklärung), die **Constitution** (Verfassung) und die **Bill of Rights** (die ersten zehn Zusatzartikel der Verfassung). Das eindrucksvolle klassizistische Gebäude präsentiert außerdem interessante Wechselausstellungen. ◷ Sa–Di 9–17, Mi–Fr 9–21 Uhr, Eintritt frei.

National Portrait Gallery und American Art Museum

Im Zentrum des Penn Quarter befinden sich im **Old Patent Office** – ein klassizistisches Juwel aus dem Jahr 1836 – zwei der bedeutendsten Kunstmuseen der Stadt: die National Portrait Gallery und das American Art Museum. Beide gehören zur Smithsonian Institution. In der Portrait Gallery, ℡ 202/633-8300, 🖥 www.npg.si.edu, sind die Darstellungen von Persönlichkeiten aus **Film und Theater** zu sehen. Außerdem lohnt sich ein Blick auf die **Präsidentenporträts**.

Das andere bedeutende Museum im Gebäude des Old Patent Office ist das American Art Museum, ℡ 202/633-7970, 🖥 americanart.si.edu. Es zeigt fast 400 **Gemälde** von George Catlin. Zu den bedeutenden modernen Werken zählen Arbeiten von Motherwell, Kooning, Rauschenberg, Still, Kienholz und Jasper Johns. Das lebendigste von allen ist Nam June Paiks **Electronic Superhighway**, eine USA-Karte aus Neonröhren. ◷ beide tgl. 11.30–19 Uhr, Eintritt frei.

Ein Ableger des American Art Museum, die **Renwick Gallery**, befindet sich in der Nähe des Weißen Hauses an der Ecke von 17th St und Pennsylvania Ave, ℡ 202/633-2850. Hier gibt es jede Menge Platz für die Schätze des Museums und für Wechselausstellungen. ◷ tgl. 10–17.30 Uhr, Eintritt frei.

International Spy Museum

Das International Spy Museum, 800 F St NW, 🖥 www.spymuseum.org, ist eine der Hauptattraktionen von DC und in der Saison auf Tage hinaus ausgebucht. Es zelebriert alle Formen der Spionage: von den stillen, tödlichen Ninjas des feudalen Japans über die mit Kameras bewaffneten Überwachungstauben des Ersten Weltkriegs bis hin zu den berüchtigten CIA-Maulwürfen der Gegenwart wie Aldrich Ames.

Die Glanzstücke des Museums sind zweifellos die Objekte aus der Zeit, als der Kalte Krieg auf seinem Höhepunkt stand, darunter winzige, als Lippenstifthalter, Zigarettenetuis, Pfeifen oder Blitzlichter getarnte Pistolen, unsichtbare Tinten und Schuhtelefone. ◷ in der Regel im Sommer tgl. 9–19, sonst tgl. 10–18 Uhr, Eintritt $15.

Ford's Theatre National Historic Site

In diesem Theater, 511 Tenth St NW, ℡ 202/347-4833, 🖥 www.nps.gov/foth, wurde **Abraham Lincoln** am 14. April 1865 – nur fünf Tage nach Ende des Bürgerkriegs – von dem Schauspieler und Südstaaten-Partisanen John Wilkes Booth während einer Aufführung von *Our American Cousin* ermordet. Das Theater wurde inzwischen umfassend renoviert. Besucher haben die Möglichkeit, die Präsidentenloge zu besichtigen, in der Lincoln in seinem Schaukelstuhl saß, sowie eine Reihe von Gegenständen zu sehen, die mit dem Mord in Zusammenhang stehen. ◷ tgl. 9–17 Uhr, während der Proben und Matineen geschlossen, Eintritt frei. Für die Besichtigung muss man sich vorher ein Ticket reservieren, entweder morgens zur Öffnungszeit direkt vor Ort oder telefonisch unter ℡ 202/397-SEAT.

Der verwundete Präsident wurde über die Straße ins **Petersen House**, ℡ 202/426-6924, gebracht, wo er am nächsten Morgen starb. Auch dieses Haus ist für die Öffentlichkeit zugänglich. ◷ tgl. 9.30–17.30 Uhr, Eintritt frei.

Andere Sehenswürdigkeiten in Downtown

Das **National Museum of Women in the Arts**, 1250 New York Ave NW, ℡ 202/783-5000, 🖥 www.nmwa.org, ist das einzige große Museum des Landes, das sich ausschließlich mit Künstlerinnen beschäftigt. Die Sammlung ist chronologisch geordnet und beginnt mit Werken aus der Renaissance. Zu den Werken aus dem 20. Jh. zählen klassische Skulpturen von Camille Claudel, Gemälde von Georgia O'Keeffe und Tamara de Lempicka, Linolschnitte von Hannah Höch sowie ein Zyklus von Drucken von Käthe Kollwitz. ◷ Mo–Sa 10–17, So 12–17 Uhr, Eintritt $10.

Das nicht so schöne, aber viel populärere **Newseum**, 6th St, Ecke Pennsylvania Ave, 🖥 www.newseum.org, ist ein Koloss, der auf unterhaltsame Weise über das Nachrichtengeschäft informiert. Auf rund 2500 m² und sieben Etagen gibt es allerhand zu sehen: Exponate zu Themen wie Pressefreiheit, Recherche und Verbreitung von Nachrichten, Re-Inszenierungen entscheidender Momente des Journalismus und eine Darstellung der Geschichte der Nachrich-

ten, zusammengestellt von der News Corporation, Inhaber der umstrittenen *FOX News*; ☉ tgl.
9–17 Uhr, Eintritt $20.

Das **National Building Museum**, 401 F St NW,
🖥 www.nbm.org, ist ein faszinierendes Museum
für Architektur. Der schönste Teil des Museums
ist die majestätische **Great Hall**, einer der beeindruckendsten Innenräume in Washington.
Die acht tragenden Säulen haben am Boden einen Durchmesser von fast 2,50 m und sind 23 m
hoch, bestehen jeweils aus 70 000 Ziegelsteinen
und sind so gestaltet, dass sie Sieneser Marmor
ähneln. ☉ Mo–Sa 10–17, So 11–17 Uhr, Eintritt $5.

Dupont Circle bis Upper Northwest

Washingtons sonstige Attraktionen verteilen
sich auf verschiedene Stadtviertel. Dennoch
lohnt es sich, etwas Zeit für ihre Besichtigung
einzuplanen. Viele liegen nahe der Connecticut
Avenue, am Abschnitt, der sich vom schicken
Einkaufs- und Restaurantbezirk **Dupont Circle**
zum Nobelbezirk **Upper Northwest** zieht. Beide
Gegenden sind gut mit der U-Bahn zu erreichen.
Gleich nordöstlich davon, aber weniger güns-
tig, liegt das Szeneviertel **Adams Morgan**, das
Besucher mit seinen Restaurants, Clubs und
Bars anlockt.

Phillips Collection

Die Phillips Collection, 1600 21st St NW, ✆ 202/
387-2151, 🖥 www.phillipscollection.org, im ältesten Teil des Sandsteingebäudes im Georgian-
Revival-Stil, ist eines der wichtigsten Museen
von DC und hat in den letzten Jahren beträchtlich expandiert.

Zu den Highlights zählen Werke von Willem
de Kooning und Richard Diebenkorn, Picasso-
Bilder aus der „Blauen Periode", Gemälde von
Matisse, ein Stillleben von Cézanne und nicht
weniger als vier van Goghs. Die meiste Anerkennung erhält in der Regel aber Renoirs Bild
Frühstück der Bootsfahrer. ☉ Di–Sa 10–17, Do
10–20.30, So 11–18, im Sommer 12–17 Uhr, Eintritt an Wochentagen frei, am Wochenende $10,
Sonderausstellungen $12–15.

Embassy Row

Einzigartig in den amerikanischen Städten ist
die faszinierende Embassy Row, die ein paar
Schritte nordwestlich des Dupont Circle an der
Massachusetts Avenue beginnt. Hier residiert
die Indonesische Botschaft (Nr. 2020, für die
Öffentlichkeit geschlossen) in einem prächtigen
Jugendstilgebäude, dem Walsh-McLean House,
das 1903 für den Goldbaron Thomas Walsh errichtet wurde. Das tolle Bauwerk mit seiner Säu-
lenloggia und seinen reich verzierten Fenstern
war einst einer der angesagtesten Treffpunkte
der Washingtoner High Society.

Das **Anderson House** (Nr. 2118, ✆ 202/785-
2040), mit einer grauen Steinfassade und zwei
Bogeneingängen, schweren Holztüren und einem Säulenportikus, wurde im Jahr 1905 fertiggestellt. Im prächtigen Inneren des Gebäudes
gibt es einen großen Ballsaal, mächtige Kamine,
mit Einlegearbeiten verzierte Marmorböden,
flämische Tapisserien und verschiedene Wandgemälde. ☉ Führungen Di–Sa 13.15, 14.15 und
15.15 Uhr, Eintritt frei.

National Zoo

Ein ganzes Stück weiter nördlich, im hügeligen
Bezirk Upper Northwest in der 3001 Connecticut Ave NW (glücklicherweise nur einen kurzen
Fußmarsch von der Metro entfernt), liegt der
1889 gegründete National Zoo der Smithsonian
Institution, 🖥 www.natzoo.si.edu. **Amazonia** ist
die Nachbildung eines Tropenflusses und Re-
genwaldhabitats – komplett mit Piranhas. Das
Small Mammal House zeigt Publikumslieblinge wie Goldgelbe Löwenäffchen, Gürteltiere,
Meerkatzen und Stachelschweine. Ein Stück
weiter werden Orang-Utans dazu ermuntert, die
Begrenzungen des **Great Ape House** zu über-
klettern und den sogenannten Think Tank aufzu-
suchen, wo Wissenschaftler mit ihnen zu kom-
munizieren versuchen.

Und wer immer noch nicht zufrieden ist, kann
die **Großen Pandas** bestaunen, die seit ihrer Ankunft im Jahr 1972 Besucher in Entzücken versetzen. Der **Asia Trail** zeigt so seltsame Tiere wie
den Lippenbär, eine Fische fangende Katzenart,
den grotesken japanischen Riesensalamander
und den imposanten Nebelparder. ☉ Gebäude:

April–Okt tgl. 10–18, sonst 10–16.30 Uhr; Park: April–Okt tgl. 6–20, sonst 6–18 Uhr, Eintritt frei, Parkplatz $10.

Washington National Cathedral

Die Zwillingstürme der Washington National Cathedral, ⌨ www.cathedral.org/cathedral, der sechstgrößten Kathedrale der Welt, sind schon von weitem zu sehen. Die Kirche steht auf dem Mount St. Alban, einen ordentlichen Fußmarsch von der U-Bahn in Upper Northwest entfernt. Sie wurde im Stil der englischen Gotik errichtet. Insgesamt dauerte es 83 Jahre, bis die episkopale Kathedrale fertig war. Vom Westende des Mittelschiffs bis zum Hochaltar am gegenüberliegenden Ende misst sie mehr als 160 m.

Unter anderem finden sich hier der Sarkophag von **Woodrow Wilson**, dem einzigen Präsidenten, der in DC beerdigt wurde (Ford, Reagan und andere waren hier aufgebahrt), und das Buntglasfenster **Space Window**, das mit einem Splitter Mondgestein an den Flug der Apollo 11 erinnert. ⏰ Mo–Fr 10–17.30, Sa 10–16.30, So 8–17 Uhr, Eintritt in Form einer $5-Spende.

Georgetown

Obwohl Georgetown eine Meile von der nächsten U-Bahn-Station entfernt liegt (am besten nimmt man den DC Circulator, S. 372), ist es ein ganz typisches Washingtoner Viertel. Besonders lebhaft geht es auf der Hauptstraße – M Street – zu. Hier reihen sich 200 Jahre alte Gebäude aneinander, in denen sich heute schicke Restaurants und Boutiquen befinden. Der alte **C&O Canal**, ⌨ www.nps.gov/CHOH, der im Rahmen einer Bootsfahrt erkundet werden kann, verläuft parallel dazu im Süden.

Das **Old Stone House**, 3051 M St, ⌨ www.nps.gov/olst, ist das einzige noch erhaltene vorrevolutionäre Haus der Stadt. Es wurde 1765 von einem Zimmermann aus Pennsylvania erbaut und sieht noch immer so aus wie damals. ⏰ Mi–So 12–17 Uhr, Eintritt frei.

Im hügeligeren Teil des Bezirks laden zwei Orte zu einer Besichtigung ein: Tudor Place und Dumbarton Oaks. **Tudor Place**, 1644 31st St NW, ⌨ www.tudorplace.org, war früher das Anwesen von Martha Washingtons Enkeltochter. Es ist im Federal Style gebaut – mit klassischem, gewölbtem Säulengang – und seit seinem Baujahr 1816 praktisch unverändert geblieben. ⏰ Führungen Di–Sa 10–15, So 12–15 Uhr jeweils zur vollen Stunde, $8.

Dumbarton Oaks, R St NW, Ecke 31st St ⌨ www.doaks.org, ist ein wundervolles georgianisches Herrenhaus aus rotem Backstein, das von Gärten und Wäldern umgeben ist. 1944 fand hier ein Treffen statt, das im darauffolgenden Jahr zur Gründung der Vereinten Nationen führte. Sein ausgezeichnetes **Museum** (⏰ Di–So 14–17 Uhr, Eintritt frei) zeigt präkolumbische Gold- und Jadearbeiten, bunte Schnitzereien, Skulpturen, Anhänger, Zeremonialäxte, Schmuck aus Spondylus-Muscheln, Steinmasken mit unbekannter Bedeutung und scharfe Dechselklingen aus Jade, die möglicherweise für Menschenopfer verwendet wurden. ⏰ Gärten Mitte März–Okt Di–So 14–18, Nov–Anfang März 14–17 Uhr, Eintritt $8.

Arlington National Cemetery

Auf der anderen Seite des Potomac River, westlich der Mall in Virginia, erstreckt sich auf den Hängen des Arlington National Cemetery, ⌨ www.arlingtoncemetery.org, ein Meer aus identischen weißen Grabsteinen. Das Gelände und die Villa oben am Hang gehörten einst **Robert E. Lee**, dem Führer der Konföderierten im Bürgerkrieg. Fast 350 000 Soldaten und Zivilisten – von Präsidenten bis hin zu Richtern des Supreme Court – liegen heute hier begraben.

Eine ewige Flamme markiert das Grab von Präsident **John F. Kennedy**. Er liegt neben seiner Frau Jacqueline Kennedy Onassis und nicht weit entfernt von seinem Bruder Robert (das einzige Grab, auf dem ein schlichtes weißes Kreuz steht). Am „Grab des unbekannten Soldaten" **(Tomb of the Unknowns)** wird alle 30 Minuten (Okt–März nur jede Std.) eine Wachablösung zelebriert.

Wer weder gut zu Fuß ist noch viel Zeit hat, greift am besten auf ein Tourmobile (S. 372) zurück, das am Eingang des Visitor Center abfährt. Das Denkmal ist auch zu Fuß vom Lincoln

Arlington National Cemetery: Wachablösung am Grab des unbekannten Soldaten

Memorial über die Arlington Bridge oder mit der Blue Line der Metro zu erreichen. ◷ April–Sep tgl. 8–19, ansonsten tgl. 8–17 Uhr.

Außerhalb der Friedhofstore gibt es zwei bemerkenswerte Denkmäler. Das **Marine-Corps-Denkmal**, Arlington Boulevard, Ecke Meade Street, 🖳 www.nps.gov/gwmp/usmc.htm, bei der Iwo Jima Statue, erinnert an die blutige Schlacht im Zweiten Weltkrieg, die 6800 Menschenleben gekostet hat, ◷ tgl. 24 Std. Das **Air-Force-Denkmal**, Columbia Pike nahe Washington Boulevard, 🖳 www.airforcememorial. org, ist von weitem an seinen drei gigantischen Stahlbogen zu erkennen, die sich über 80 m hoch in den Himmel schwingen, ◷ April–Sep tgl. 8–23, Okt–März tgl. 8–21 Uhr.

Übernachtung

Washington DC zählt neben New York zu den Orten mit den höchsten Übernachtungspreisen in den USA. Die meisten Hotels sind auf Geschäftsreisende und Politiker ausgerichtet und wochentags sehr teuer. Am Wochenende geben die Preise bis zu 50 % nach. Günstigere Übernachtungsmöglichkeiten bieten die zahlreichen Kettenhotels in den auch gut mit der Metro zu erreichenden Vororten. Eine Liste freier Unterkünfte, einen Reservierungs- und allgemeinen Reisedienst bietet **WDCA Hotels**, ✆ 1-800/554-2220, 🖳 www.wdcahotels.com, an. Außerdem gibt es in Washington eine Reihe von **B&B-Agenturen**, die bequeme DZ ab $60 vermitteln, darunter **Capitol Reservations**, 🖳 www.capitolreservations.com, und **Bed & Breakfast Ltd**, ✆ 1-877/893-3233, 🖳 www. bedandbreakfastdc.com.

Nicht vergessen: Im Sommer ist es in DC feuchtheiß und eine Klimaanlage Voraussetzung für erholsamen Schlaf.

Adam's Inn, 1744 Lanier Place NW, ✆ 202/745-3600 oder 1-800/578-6807, 🖳 www.adams inn.com. Drei nebeneinander liegende viktorianische Wohnhäuser mit einfachen B&B-Zimmern in der Nähe des Zoos in Adams Morgan. Kein TV im Zimmer, aber kostenloses WLAN, Frühstück, Garten und Waschmaschine. Zimmer ohne Bad $30 billiger. ❺

Fairmont, 2401 M St NW, ✆ 202/429-2400, 🖳 www.fairmont.com. Stilvolles Nobelhotel mit komfortablen Zimmern, Pool, Fitnesscenter, Whirlpool und Garten. Gleich nördlich des Washington Circle auf halbem Wege zwischen Foggy Bottom und Georgetown. ❾

Four Seasons, 2800 Pennsylvania Ave NW, ✆ 202/342-0444, 🖳 www.fourseasons.com. Dieser moderne, rote Ziegelbau im östlichen Georgetown ist eines der luxuriösesten und teuersten Hotels von DC. Pool, Fitness- und Wellness-Center; der Service ist top. ❾

Grand Hyatt, 1000 H St NW, Downtown, ✆ 202/582-1234, 🖳 grandwashington.hyatt. com. Schickes Business-Hotel mit geschmackvollen Zimmern und einem sensationellen 12-stöckigen Atrium mit Lagune, Wasserfällen und Glasaufzügen. Außerdem Café, Restaurant und Sportsbar; Metrostation gleich nebenan. ❾

Harrington, 1100 E St NW, ✆ 202/628-8140 oder 1-800/424-8532, 🖳 www.hotel-harrington. com. Eins der alten und einfachen Downtown-Hotels (von 1914) in erstklassiger Lage nahe der Pennsylvania Avenue. Etwas abgenutzte Zimmer (EZ bis 4-Bett-Zimmer) mit AC und TV, doch die Preise sind für die Lage kaum zu unterbieten. ❺

HI-Washington DC, 1009 11th St NW, ✆ 202/737-2333, 🖳 www.hiwashingtondc.org. Großes, sauberes 270 Betten-Hostel in Downtown. Kostenloses kontinentales Frühstück und WLAN, Etagenbad. Küche, Lounge, Waschküche, Gepäckaufbewahrung und organisierte Aktivitäten. Dorm-Bett in der Nebensaison $29, in der Hauptsaison bis $45, teilweise auch mehr. ❶

Blick aufs Weiße Haus

Hay-Adams, 800 16th St NW, Foggy Bottom, ✆ 202/638-6600, 🖳 www.hayadams.com. Die Lobby ist mit Blattgold und Walnussholz verziert und auch die modernen Zimmer glänzen: Das Hay-Adams ist eins der besten Hotels in DC. Von den oberen Stockwerken haben die Gäste einen großartigen Blick auf das Weiße Haus am anderen Ende des Platzes. Das anständige Frühstück wird in einem der besseren Lokale des Bezirks serviert. ❾

Kalorama Guest House, 2700 Cathedral Ave NW, Woodley Park, ☎ 202/328-0860, ⊑ www.kaloramaguesthouse.com. Großzügige Unterkunft in Upper Northwest, angefüllt mit Antiquitäten und mit kostenlosem Frühstück und WLAN (aber ohne TV). Reservierung erforderlich – EZ z. T. ab $85, in der Saison deutlich teurer. ❺

Maison Orleans, 414 5th St SE, Capitol South Metro, ☎ 202/544-3694, ⊑ www.bbonline.com/dc/maisonorleans. Nettes B&B nicht zu weit vom Capitol in einem historischen Reihenhaus von 1902 mit WLAN und europäischem Frühstück, drei zweckmäßigen Zimmer, Hof mit Brunnen und kleinem Garten. ❻

Marriott Wardman Park, 2660 Woodley Rd NW, Woodley Park–Zoo Metro, ☎ 202/328-2000 oder 1-800/228-9290, ⊑ www.marriott.com. Dieses historische Bauwerk am Woodley Park ist das größte Hotel von DC, mit zwei Pools, Fitnesscenter und vornehmen Restaurants. Während des ganzen Jahres meist von Konferenzgästen belegt. ❾

Mayflower, 1127 Connecticut Ave NW, ☎ 202/347-3000, ⊑ www.renaissancehotels.com/WASSH. Luxuriöser Washington-Klassiker mit „Promenade" – einer riesigen, majestätischen Halle – und schönen Zimmern mit vornehmen, geschmackvollen Möbeln; das fantastische Restaurant Café Promenade ist sehr gefragt. ❾

Omni Shoreham, 2500 Calvert St NW, Upper Northwest, ☎ 202/234-0700, ⊑ www.omnihotels.com. Feudale Institution mit viel Geschichte und Aussicht auf den Rock Creek Park. Elegante, komfortable Zimmer, viele davon mit Parkblick; außerdem gibt es ein Schwimmbecken im Freien, Tennisplätze und Drinks in der Marquee Bar. $179, unter der Woche $80 teurer. ❼–❽

Palomar, 2121 P St NW, Dupont Circle, ☎ 202/293-3100, ⊑ www.hotelpalomardc.com. Ausgezeichnetes Boutiquehotel mit Flachbild-TV und CD-Player im Zimmer; Schwimmbecken, Fitnesscenter, stilvolle Lounge und Lage in der Nähe des Circle. ❽

State Plaza, 2117 E St NW, Foggy Bottom, ☎ 202/861-8200 oder 1-800/424-2859, ⊑ www.stateplaza.com. Geräumige Suiten mit voll ausgestatteter Küche und Essbereich;

Monaco, 700 F St NW, Downtown, ☎ 202/628-7177, ⊑ www.monaco-dc.com. In diesem grandiosen ehemaligen Postamt im klassizistischen Stil befindet sich heute eine ultraschicke Unterkunft. Anspruchsvolle moderne Zimmer, minimalistisches zeitgenössisches Dekor, öffentliche Bereiche mit Marmorböden, -säulen und tollen Wendeltreppen. $189, unter der Woche teilweise das Doppelte. ❼–❾

außerdem Dachterrasse, Fitnesscenter und ein gutes Café. In den Hauptzeiten 3 Nächte Mindestaufenthalt. ❺–❼

Tabard Inn, 1739 N St NW, ☎ 202/785-1277, ⊑ www.tabardinn.com. Drei umgewandelte viktorianische Stadthäuser unweit von Dupont Circle mit 40 einmaligen Zimmern voller Antiquitäten. Nicht gerade schick und modern ausgestattet (kein Fahrstuhl und TV), aber günstige Preise inkl. Frühstück und Ausweis fürs nahe gelegene YMCA. ❺, mit Bad ❻

William Lewis House, 1309 R St NW, ☎ 202/462-7574 oder 1-800/465-7574, ⊑ www.wlewishous.com. Elegant eingerichtetes, schwulenfreundliches B&B in zwei 100-jährigen Stadthäusern nördlich von Logan Circle. Alle 10 Zimmer sind mit Antiquitäten eingerichtet und haben Gemeinschaftsbäder und Internetzugang. Draußen gibt es eine große Veranda und einen Garten mit Whirlpool. Inkl. Frühstück. Unglaublich gutes Preis-Leistungs-Verhältnis, daher unbedingt reservieren. ❹

Windsor Inn, 1842 16th St NW, ☎ 202/667-0300 oder 1-800/423-9111, ⊑ www.windsor-inn-dc.com. Nicht allzu weit von Dupont Circle entfernt; Backstein-Doppelhaus aus den 1920ern mit kleinen Zimmern und großzügigen Suiten. Einige Räume haben Kühlschränke; WLAN gratis. Kostenloses kontinentales Frühstück. ❻

Woodley Park Guest House, 2647 Woodley Rd NW, Upper Northwest, ☎ 202/667-0218 oder 1-866/667-0218, ⊑ woodleyparkguesthouse.com. 16 gemütliche Zimmer (die billigsten mit Etagenbad), kostenloses kontinentales Frühstück. Nahe dem Zoo, der Metro und einiger guter Restaurants. DZ mit Bad $30 mehr. ❺

Capital Region

Die Restaurant-Szene in Washington DC ist kurzlebiger als in anderen vergleichbaren Städten der USA. Doch einige Gegenden wie die Connecticut Avenue am **Dupont Circle**, die 18th Street und die Columbia Road in **Adams Morgan**, die M Street in **Georgetown**, die **Seventh Street** in Downtown und die kleine **Chinatown** haben immer ein gutes Angebot. Essensstände gibt es in der Union Station und im Old Post Office.

Downtown

Acadiana, 901 New York Ave NW, ☎ 202/408-8848. Schickes Cajun-Restaurant, das mittags Muffaletta-Sandwiches, Poboys und Crawfish in mittlerer Preislage serviert und abends teurere Gerichte wie Jakobsmuscheln mit Schinken, Kalbsmedaillons und gegrillten Schwertfisch.

Café Atlantico, 405 8th St NW, Downtown, ☎ 202/393-0812. Gehobenes Nuevo-Latino-Lokal mit pikanten, traditionellen Leckerbissen. Als Highlight gilt aber die Minibar, ein Tresen mit sechs Hockern, der für seine subversiv abgewandelten Standardgerichte berühmt ist (einen Monat im Voraus reservieren und p. P. $120 einkalkulieren).

Captain White's Seafood City, 1100 Maine Ave SW, ☎ 202/484-2722, südlich von Downtown bei der Fish Wharf. Verkauft leckeren Wels, Austern, Krebse und andere Köstlichkeiten – entweder frisch zum Mitnehmen oder gebraten als Tellergericht oder Sandwich.

Jaleo, 480 7th St NW, ☎ 202/628-7949. Schicke Tapas-Bar mit verlockenden Leckereien wie sautierten Garnelen, Hühnchen-Bratlingen und *patatas bravas* sowie ausgezeichneter Paella. Lange Warteschlangen zu Stoßzeiten, da man nur wenige Tische reservieren kann.

Old Ebbitt Grill, 675 15th St NW, Downtown, ☎ 202/347-4801. Eines der renommiertesten Restaurants in Washington: Nachbildung einer Taverne aus dem 19. Jh. mit Mahagonibar (serviert einheimisches Bier), Gaskronleuchtern, Ledersitzecken und vergoldeten Spiegeln. Auf der Karte steht alles von Burgern bis Austern.

Proof, 775 G St NW, ☎ 202/737-7663. Gehobenes Restaurant mit einem breiten Spektrum leckerer Gerichte und Küchen plus umfangreicher Weinkarte. Als Vorspeise empfiehlt sich die Wurstplatte; danach hat man die Wahl zwischen Sashimi, Ceviche, Lachs und Säbelfisch.

The Source, 575 Pennsylvania Ave NW, ☎ 202/637-6100. Superkoch Wolfgang Puck aus L.A. mischt Washington mit diesem teuren Fusion-Restaurant auf und serviert Kuriositäten wie Schweinebauch-Klöße und „lackiertes" chinesisches Entlein. Unter den Gästen tummeln sich allerlei Promis, darunter auch Präsident Obama.

Zaytinya, 701 9th St NW, ☎ 202/638-0800. Küche aus der Türkei und dem Nahen Osten: verschiedene fantasievolle Vorspeisenteller wie libanesisches Tatar, Schweinswurst mit Orangenschale und Kalbsbacken. Außerdem guter Käse, und alles in der mittleren Preislage.

Dupont Circle

Bistro du Coin, 1738 Connecticut Ave NW, ☎ 202/234-6969. Klassisches Bistro mit toller Bar, ausgelassener Stimmung und authentischer französischer Küche; z. B. Salat mit Ziegenkäse, Gänsestopfleber, *tartines* (belegte Brote) und Kanincheneintopf.

Java House, 1645 Q St NW, ☎ 202/387-6622. Ein Favorit der Einheimischen mit dem besten Kaffee der Gegend. Ein nettes Plätzchen um zu schmökern, zu plaudern oder per WLAN zu surfen. Zur Stärkung gibt's Bagels, Salate, Sandwiches und Nachspeisen.

Moby Dick House of Kabob, 1300 Connecticut Ave NW, ☎ 202/833-9788. Köstliche, preisgünstige Gerichte aus dem Nahen Osten wie Kebab, Huhn- und Lamm-Sandwiches, Huhn

Überraschungsmenüs

Komi, 1509 17th St NW, ☎ 202/332-9200. Eines der besten Restaurants der Stadt – Tische müssen hier weit im Voraus reserviert werden. Teure, ständig wechselnde Festpreismenüs ($90 und $120) mit vielleicht Spanferkel, Pasta und Spanakopita; man weiß allerdings nie genau, was einen erwartet.

in Granatapfelsoße und geschmortes Rindfleisch mit Auberginen.

Pizzeria Paradiso, 2003 P St NW, ✆ 202/223-1245.
Exzellente Pizzeria mit allen möglichen Varianten
– z. B. die riesige Siciliana, die Kartoffel-Pesto,
die Genuese und die sehr scharfe Atomica. Mit
Warteschlangen rechnen.

Restaurant Nora, 2132 Florida Ave NW,
✆ 202/462-5143. Erstklassiges Restaurant mit
entsprechenden Preisen. Spanischer Tintenfisch, Schweinebraten und Ossobuco, und
alles Bio.

Sushi Taro, 1503 17th St NW, ✆ 202/462-8999.
Eine große Auswahl hervorragende Sushi,
Sashimi, Tempura und Teriyaki-Gerichte in
mittlerer bis gehobener Preislage. Alternativ
auch Steaks und Koteletts.

Adams Morgan und Shaw

Ben's Chili Bowl, 1213 U St NW, ✆ 202/
667-0909. Etwas außerhalb von Adams Morgan
im Shaw-Viertel gelegen, aber den Weg wert:
sagenhafte Chili Dogs, Milchshakes und
Käsepommes – auch ein Lieblingslokal des
Präsidenten.

Bukom Café, 2442 18th St NW, Adams Morgan
✆ 202/265-4600. Gute westafrikanische Gerichte
wie scharfes „Bierfleisch", Ochsenschwanz-
oder Okra-Suppe, *egusi* (Brühe aus Ziegenfleisch mit zerriebenen Melonenkernen und
Spinat) und Chicken Yassa, gebacken mit
Zwiebeln und Gewürzen zu Preisen von $10
bis $12.

Casa Oaxaca, 2106 18th St NW, ✆ 202/387-2272.
Nicht so schick wie andere lateinamerikanische
Restaurants der Gegend, aber eins der besten,
mit einem tollen Angebot an *mole*-Gerichten,
gegrilltem Steak und sautierten Garnelen, alles
in mittlerer Preislage.

Cashion's Eat Place, 1819 Columbia Rd NW,
Adams Morgan, ✆ 202/797-1819. Hier werden
traditionelle Gerichte wie geräuchertes Lamm,
Kaninchenhackbraten, Maiskuchen, *grits*,
Süßkartoffeln, Obst- und Nusskuchen in
unvergessliche Gaumenfreuden verwandelt –
mittelteuer bis teuer, mittags kostet alles etwa
die Hälfte.

Grill from Ipanema, 1858 Columbia Rd NW,
Adams Morgan, ✆ 202/986-0757. Brasilianische

Amsterdam Falafelshop, 2425 18th St NW,
✆ 202/234-1969. Einer der besten Falafel-
Läden im ganzen Land: köstliche Falafel mit
unterschiedlichsten Füllungen, außerdem gute
Brownies und Pommes.

Standardküche mit Highlights wie Fleisch-
eintöpfen, Shrimps-Gerichten und dem
leckeren Brunch am Wochenende.

Henry's Soul Cafe, 1704 U St NW, Shaw,
✆ 202/265-3336. Authentisches Soulfood:
Frittierte Chickenwings, gebratene Forellen,
Hackbraten, Rippchen, Rinderleber und
Süßkartoffelpastete verbreiten das köstliche
Aroma des tiefen Südens zu Preisen um $10.

Georgetown

Baked & Wired, 1052 Thomas Jefferson St
NW, ✆ 202/333-2500. Eine der besten Bäcke-
reien der Stadt mit tollen Pasteten, Kuchen,
Brownies, Keksen und besonders leckeren
Cupcakes sowie einem guten Angebot an
Kaffee und Tee.

Bangkok Bistro, 3251 Prospect St NW,
✆ 202/337-2424. Im oft sehr vollen Speisesaal
dieses Top-Lokals mittlerer Preislage kommen
neben Klassikern (Tom Yum, Pad Thai, Krebsküchlein und Satay) Kokos-Shrimps, Nudeln
mit Ente, scharfe Curry-Gerichte und Chili-Fisch
auf den Tisch.

Booeymonger, 3265 Prospect St NW,
✆ 202/333-4810. Sehr gut besuchter Coffee-
shop; fantasievolle Sandwiches wie *Gatsby
Arrow* (Roastbeef und Brie) und *Patty Hearst*
(Truthahn und Schinken mit russischem
Dressing).

Citronelle, im Latham Hotel, 3000 M St,
✆ 202/625-2150. Ein großer Stern am
Restaurant-Himmel von DC mit französisch
inspirierter Küche und Menüs inkl. Wein ab
$350. Im Voraus reservieren; gut gekleidet und
mit Stil erscheinen.

Hook, 3241 M St NW, ✆ 202/625-4488. Den
Fang des Tages kann man wahrscheinlich
nirgendwo besser zubereiten als in diesem
zentral gelegenen Seafood-Restaurant.

Capital Region

Thunfisch, Porchetta und Lachs sind kaum zu übertreffen; die Höhe der Preise auch nicht.

Leopold's Kafe, 3315 M St NW, ☏ 202/965-6005. Europäisches Café der mittleren bis oberen Preisklasse mit Gerichten wie Zwiebelkuchen, Kalbsschnitzel, Bratwurst, Räucherfisch und köstlichen Nachspeisen und Backwaren. Insbesondere das Frühstück ist hier oft sehr gut.

Rocklands, 2418 Wisconsin Ave NW, ☏ 202/333-2558. Etwas nördlich des Zentrums gelegen, aber den Weg dorthin wert, da es eins der besten Barbecue-Restaurants von DC ist – und preisgünstig dazu.

Upper Northwest

Indique, 3512 Connecticut Ave NW, ☏ 202/244-6600. Elegantes, aber erschwingliches Restaurant, in dem Rezepte aus ganz Indien zum Einsatz kommen und einen modernen Touch erhalten. Unbedingt probieren sollte man Curry-Gerichte wie das Seafood Masala oder das pikante Lamm Vindaloo.

Lebanese Taverna, 2641 Connecticut Ave NW, ☏ 202/265-8681. Solides orientalisches Lokal mit einer guten Auswahl an Kebabs, Grillgerichten und Lammkeule. Gehört zu einer örtlichen Kette.

Morty's Deli, 4620 Wisconsin Ave NW, ☏ 202/686-1989. Jüdischer Deli-Diner, etwas abgelegen, aber durchaus den Weg wert für Corned Beef, *lox and bagels,* Fischplatten, Kohlrouladen, Pastrami, Hühner- und Matzesuppe etc.

Vace, 3315 Connecticut Ave NW, ☏ 202/363-1999, serviert köstliche Designer- oder traditionelle Pizza (mit die beste in DC), leckere belegte Baguettes und Focaccia oder Nudelgerichte; ideal, um für den Zoobesuch ein Picknick aus Wurst, Salaten und Oliven zusammenzustellen.

Unterhaltung und Kultur

Am meisten getrunken wird gleich nach Feierabend. Aber es gibt auch ein wachsendes Angebot von Möglichkeiten, später auszugehen: die Bars und Kneipen des studentischen **Georgetown** oder des Yuppie-Viertels **Dupont Circle** und im lebendigen **Adams Morgan** sind

nicht schlecht. Und in den Läden für Anzug- und Krawattenträger auf dem **Capitol Hill** wird man sogar den einen oder anderen Politiker erspähen. Aktuelle Veranstaltungshinweise zu Musik, Theater usw. stehen im kostenlosen Wochenblatt *City Paper,* ☐ www.washingtoncitypaper.com. Die Schwulen- und Lesbenszene ist in Dupont Circle am lebendigsten.

Theater und Konzerte

Kennedy Center, 2700 F St NW, ☏ 202/467-4600, ☐ www.kennedy-center.org. Hier finden die meisten anspruchsvolleren Kulturveranstaltungen statt (darunter Konzerte des National Symphony Orchestra und Aufführungen der Washington National Opera). Weitere bedeutende Kulturbühnen sind unten aufgeführt.

Arena Stage, im Mead Center for American Theater, 1101 Sixth St SW, Ecke Maine Ave, ☏ 202/488-3300, ☐ www.arenastage.org. Angesehene und oft experimentelle Bühne für modernes Theater.

Ford's Theatre, 511 Tenth St NW, Downtown, ☏ 202/347-4833, ☐ www.fordstheatre.org. Historisches, kürzlich renoviertes Haus mit familienfreundlichem Programm, viele Mainstream-Musicals und -Theaterstücke.

Shakespeare Theatre, 450 Seventh St NW, ☏ 202/547-1122, ☐ www.shakespearetheatre.org. Weithin bekanntes Theater, führt pro Jahr sechs Stücke von Shakespeare und anderen Dramatikern auf und gibt außerdem eine kostenlose Sommerveranstaltung im Rock Creek Park.

National Theatre, 1321 Pennsylvania Ave NW, ☏ 202/628-6161, ☐ www.nationaltheatre.org. Bietet berühmte Musicals und andere Publikumslieblinge.

Wolf Trap Farm Park, 1624 Trap Rd, Vienna, VA, ☏ 703/255-1868 oder 1900, ☐ www.wolftrap.org. Präsentiert amerikanische Musik aller Spielarten wie Bluegrass, Jazz, Ragtime, Cajun und Zydeco.

Woolly Mammoth Theatre, 641 D St NW, ☏ 202/289-2443, ☐ www.woollymammoth.net. Moderne und experimentelle Stücke, preiswert bis mittelteuer.

Capital Region

Bars

Birreria Paradiso, 2029 P St NW, ☎ 202/223-1245. Im Stockwerk unter der berühmten Pizzeria Paradiso (S. 369) am Dupont Circle liegt der Treff der Bierfreunde. Hier können sie amerikanische und europäische Marken testen, darunter ausgezeichnete belgische Biere.

Brickskeller, 1523 22nd St NW, Dupont Circle, ☎ 202/293-1885. Berühmte Kellerkneipe mit Backsteinwänden; bietet „die weltweit größte Auswahl an Bieren", die aber längst nicht alle jederzeit auf Lager sind. Ein Besuch lohnt aber schon wegen der geselligen Atmosphäre.

Bullfeathers, 410 First St SE, ☎ 202/543-5005. Politikbeobachter können in diesem alten Hill-Klassiker die eine oder andere Berühmtheit entdecken; dunkler, sympathischer Laden, erschwingliches Bier.

Capitol City Brewing Co, 2 Massachusetts Ave NE, ☎ 202/842-2337. Erstklassige Mikrobrauerei in der Nähe der Union Station mit einem guten Angebot an Bieren, aber nur akzeptablem Essen. Gehört zu einer kleinen örtlichen Kette.

Capitol Lounge, 231 Pennsylvania Ave SE, ☎ 202/547-2098. Im Saloon mit Backsteinwänden auf dem Hill trifft man sich zum Trinken und Feiern. Billardtische, billiges Bier und drei Bars auf zwei Etagen.

The Dubliner, 520 N Capitol St NW, im Phoenix Park Hotel, ☎ 202/737-3773. Irish Pub mit Holzgewölbe, Guinness vom Fass, ausgelassener Stimmung und irischer Livemusik. Die Veranda ist ein gediegener Sommertreff.

Fox and Hounds, 1537 17th St NW, Dupont Circle, ☎ 202/232-6307. Lässige Bar mit gemischtem Publikum, das die starken und billigen Drinks und die anständige Musikbox zu genießen weiß.

Hawk 'n' Dove, 329 Pennsylvania Ave SE, ☎ 202/543-3553. In die Jahre gekommener Pub mit Kultcharakter. Lockt Hill-Insider mit preiswertem Essen und Football.

Nanny O'Brien's, 3319 Connecticut Ave NW, Upper Northwest, ☎ 202/686-9189. Authentischer Irish Pub; an mehreren Tagen in der Woche Livemusik von (oder im Stil) der Grünen Insel.

RFD Washington, 810 7th St NW, ☎ 202/289-2030. Beste Mikrobrauerei in Downtown DC; hier gibt es Hunderte verschiedene Flaschenbiere und Dutzende einheimische Gebräue vom Fass. Zentrale Lage in der Nähe des Verizon Center – nach den Spielen ist mit starkem Andrang zu rechnen.

Clubs und Livemusik

9:30 Club, 815 V St NW, Shaw-Bezirk, ☎ 202/265-0930. In diesem großen, aber nicht unpersönlichen Club treten Top-Musiker auf, was ihn zu DCs bestem Veranstaltungsort für Liveacts gemacht hat (von Indie und Pop bis zu Reggae und Rap).

Blues Alley, 1073 Wisconsin Ave NW (Rückseite), ☎ 202/337-4141. Diese kleine, berühmte Jazz-Bar in Georgetown ist seit mehr als 40 Jahren in Betrieb und zieht Top-Namen an. Eintritt bis zu $45; reservieren.

Chief Ike's Mambo Room, 1725 Columbia Rd NW, Adams Morgan, ☎ 202/332-2211. Etwas heruntergekommene Studentenbar mit DJ-Abenden und Livebands (die Rock, Reggae oder R&B spielen).

Habana Village, 1834 Columbia Rd NW, ☎ 202/462-6310. Mitreißender Latin-Club (im Angebot auch Tango- und Salsakurse). In der guten Bar unten gibt's leckere Mojitos.

HR-57, 1610 14th St NW, Logan Circle, ☎ 202/667-3700. Kleiner aber authentischer Club, in dem hochkarätige Profis und Aufsteiger verschiedenste Jazz-Richtungen präsentieren: klassisch, Hardbop, Free Jazz etc. Eintritt gewöhnlich ca. $10.

IOTA, 2832 Wilson Blvd, Arlington, VA, ☎ 202/522-8340. Im netten Lagerhausambiente

„Böhmische Grotten"

Bohemian Caverns, 2003 11th St NW, Shaw-Bezirk, ☎ 202/299-0800. Legendärer Jazz-Supper-Club in einer Kellergrotte unter einem stilvollen Restaurant. Für Konzerte bekannterer Musiker gibt's eine begrenzte Anzahl von Tickets im Vorverkauf.

The Black Cat, 1811 14th St NW, Shaw-Bezirk, ☎ 202/667-7960. Eine der besten Livemusik-Adressen der Stadt und Indie-Institution. Mitinhaber ist Dave Grohl; hier treten Rock-, Punk- und Garage-Bands als auch altbekannte Alternative-Acts auf.

treten lokale und nationale Indie-, Folk- und Blues-Bands auf. Auch eine tolle Bar und ein angeschlossenes Restaurant.

Madam's Organ, 2461 18th St NW, ☎ 202/667-5370. Angesagter Laden mit einem guten Ruf für ein Spektrum von Bands, die Blues, Funk und gelegentlich Bluegrass spielen; herzhaftes Soulfood und großzügige Cocktails.

Rumba Café, 2443 18th St NW, Adams Morgan, ☎ 202/588-5501. Diese Café-Bar gilt als eine Latino-Oase; guter Ort, um abends eine Caipirinha zu trinken und zu Bossa Nova und afro-kubanische Rhythmen mit den Hüften zu wackeln.

Sonstiges

Goethe-Institut

812 Seventh Street NW, ☎ 202/289-1200, ☏ 202/289-3535, ✉ info@washington.goethe.org.

Informationen

DC Chamber of Commerce Visitor Center, 1213 K St NW, ☎ 1-866/324-7386, 🖥 www.dcchamber.org. Karten, Touren, Buchungen und Informationen. ⏰ Mo–Fr 9–16.30 Uhr.

White House Visitor Information Center, befindet sich nicht im Weißen Haus, sondern Downtown in der 1450 Pennsylvania Ave NW, ☎ 202/208-1631, 🖥 www.nps.gov/whho. Kostenlose Stadtpläne und Broschüren zu Museen und anderen Sehenswürdigkeiten. ⏰ tgl. 7.30–16 Uhr.

Post

Das **Benjamin Franklin Post Office**, 1200 Pennsylvania Ave NW, ☎ 202/842-1444, ist eines der zentralsten Postämter. ⏰ Mo–Fr 9–17, Sa 11–13 Uhr.

Touren

Tgl. von 8.30–16.30 Uhr verkehren seitlich offene **Tourmobiles**, ☎ 202/554-5100, 🖥 www.tourmobile.com, zwischen den wichtigsten Museen und Sehenswürdigkeiten. An jeder der 15 bis 20 Haltestellen kann man ein- oder aussteigen (Ticket $30–32).

Nahverkehr

Die Sehenswürdigkeiten in Downtown – Denkmäler, Museen und das Weiße Haus – liegen in Gehweite voneinander entfernt; mit den guten öffentlichen Verkehrsmitteln gelangen Besucher aber auch zu den abgelegeneren Sehenswürdigkeiten und Vierteln.

Die weit verzweigte **Metro Subway**, ☎ 202/637-7000, 🖥 www.wmata.com, ist sauber und effizient. Züge verkehren Mo–Do 5–24, Fr 5–3, Sa 7–3, So 7–24 Uhr. Einfache Fahrpreise beginnen bei $1,45; in den Stoßzeiten (5–9.30 und 15–19 Uhr) liegen sie bei $1,75. Wer in die Vororte will, bezahlt für die einfache Strecke bis zu $4,50. Eine Tageskarte kostet $8,30 und gilt werktags ab 9.30 Uhr; am Wochenende den ganzen Tag lang. Wochenkarten kosten $27,90. Sie gelten wochentags während der Hauptverkehrszeiten für Fahrten bis zu $2,65, außerhalb dieser Zeiten für alle Strecken.

Eine Fahrkarte für das weite **Busnetz** kostet $1,45 oder $3,20 für Schnellbusse. Selbst eine **Taxifahrt** ist eine erschwingliche Alternative: Innerhalb des Zentrums kostet sie meist um $10, und auch die meisten Fahrten quer durch die Stadt kosten nicht mehr als $20. Taxistände befinden sich bei den größeren Hotels und Bus-/Bahnhöfen wie der Union Station. Weitere Information erteilt die **DC Taxicab Commission** unter ☎ 202/645-6018 oder 🖥 wdctaxi.dc.gov.

Ein spezieller Shuttlebus, der „**DC Circulator**", ☎ 202/962-1423, 🖥 www.dccirculator.com, fährt auf fünf verschiedenen Routen die wichtigsten Sehenswürdigkeiten ab.

Transport

Wer mit dem Wagen nach Washington DC fährt, muss sich auf ein enormes Verkehrsgewimmel einstellen. Die I-95 und I-495, die als sogenannter „Beltway" um Washington herumführen, sind 18 Std. am Tag verstopft.

Busse

Greyhound und andere Busse halten am modernen **Busbahnhof**, 1005 First St NE, in einem ziemlich fiesen Teil der Stadt, ein paar Häuserblocks von der Innenstadt entfernt – besser ein Taxi nach Downtown nehmen, ganz besonders nach Einbruch der Dunkelheit.

Eisenbahn

Züge kommen an der glitzernden, klassizistischen **Union Station** an, 50 Massachusetts Ave NE, nur drei Straßen nördlich des Capitols; eigener U-Bahnhof.

Flüge

Washington DC besitzt drei große Flughäfen, zwei außerhalb und einen mitten in der Stadt. Am **Dulles International Airport**, 26 Meilen westlich in Nord-Virginia, IAD, ✆ 703/572-2700, 🖳 www.mwaa.com/dulles, und am **Baltimore-Washington International**, BWI, ✆ 410/859-7111, 🖳 www.bwiairport.com, auf halber Strecke zwischen DC und Baltimore, kommen die meisten internationalen Flüge an. Die Inlandsflüge starten und landen meist am **Ronald Reagan Washington National Airport**, DCA, am Potomac River unmittelbar westlich der Mall, ✆ 703/417-8000, 🖳 www.metwash airports.com.

Ein **Taxi** vom BWI oder Dulles in die City kostet $60. **SuperShuttle**, ✆ 1-800/BLUE-VAN, 🖳 www.supershuttle.com, bietet einen Tür-zu-Tür-Service vom Dulles (45 Min., $29) und vom National (15 Min., $12) an.

Billiger sind die **Express-Busse**, die alle 30 Min. von beiden Flughäfen zu nahe gelegenen Haltestellen der Metro Subway verkehren: Vom Dulles fährt der Washington Flyer Express Bus, ✆ 1-888/WASH-FLY, 🖳 www.washfly.com, zur Metrostation West Falls Church, von der man dann nach Downtown gelangen kann (30 Min., $10; hin und zurück $18), und vom BWI gibt es einen kostenlosen Shuttle zum BWI-Bahnterminal (10–15 Min.).

Am günstigsten ist die Penn Line in Richtung Süden des **Maryland Rail Commuter Service**,

MARC; ✆ 410/539-5000, 🖳 mta.maryland.gov; $6 einfach. Während der Stoßzeiten bietet sie häufige Verbindungen zum Washingtoner Bahnhof Union Station (40 Min.). Der Bahnhof ist vom Flughafen BWI außerdem mit den täglich verkehrenden und schnelleren **Amtrak**-Zügen, 🖳 www.amtrak.com, in ca. 30 Min. zu erreichen; regulär $14, Express $35–41.

Der National Airport hat seine eigene Subway-Haltestelle und liegt nur eine kurze Fahrt vom Zentrum entfernt. Ein Taxi vom National ins Zentrum kostet um $20.

Virginia

Virginia war die erste Kolonie in Nordamerika. Die offizielle Geschichtsschreibung Virginias beginnt im Jahre 1607 mit der Gründung von **Jamestown** an der Chesapeake Bay. Zwar fanden die Kolonisten kein Gold, dafür aber den **Tabak**. Da der Tabakanbau viel Land braucht, mussten die Indianer riesigen Plantagen weichen. Und da der Anbau sehr arbeitsintensiv ist, importierten die Plantagenbesitzer **Sklaven** aus Afrika.

Eine Reihe von Männern aus Virginia, darunter viele wohlhabende Plantagenbesitzer, hatten großen Einfluss auf die Frühgeschichte der Vereinigten Staaten, darunter Thomas Jefferson, George Washington und James Madison.

Als sich die Spannungen zwischen Nord und Süd immer mehr zuspitzten, sah sich Virginia geografisch wie ideologisch in der Klemme. Doch bei Ausbruch des **Bürgerkrieges** schloss sie sich dem Konföderierten an und stellte deren militärischen Anführer Robert E. Lee sowie deren Hauptstadt Richmond. Vier Jahre später war Virginia verwüstet, seine Landwirtschaft ruiniert und die meisten jungen Männer tot.

Richmond selbst wurde während des Krieges größtenteils zerstört. Heute bietet die Kleinstadt einige gute Museen, vor allem zur Landesgeschichte. Die meisten kolonialzeitlichen Sehenswürdigkeiten befinden sich gleich östlich im sogenannten **Historic Triangle**: Hier liegen die ursprüngliche Kolonie **Jamestown**, die restaurierte Kolonialhauptstadt **Williamsburg** und

Yorktown, Schauplatz der letzten Schlacht des Unabhängigkeitskriegs. Mit dem Auto sind die Orte nur eine halbe Stunde voneinander entfernt (am Colonial Parkway).

Charlottesville – ein weiteres historisches Zentrum und Standort von Thomas Jeffersons Anwesen „**Monticello**" – liegt am Fuß der fantastischen **Blue Ridge Mountains**, eine Stunde westlich von Richmond. Von hier sind auch der schöne **Shenandoah National Park** und die kleinen Städtchen in den westlichen Tälern leicht zu erreichen. Beliebte Tagesausflugsziele von Washington DC sind **Alexandria** mit restaurierten historischen Bauwerken und **Manassas**, Schauplatz zweier bedeutender Bürgerkriegsschlachten.

Der Norden

Trotz seiner konservativen Tradition entwickelt sich Nord-Virginia in den letzten Jahren zu einer großen Vorort-Enklave mit eindeutig liberaler Tendenz, da immer mehr Bewohner aus Washington DC sich hier ansiedeln. **Alexandria** hingegen, das unmittelbar jenseits der Hauptstadtgrenze am Potomac (aber noch innerhalb des Metronetzes) liegt, scheint dem modernen politischen Leben mindestens zwei Jahrhunderte hinterherzuhinken.

Jenseits davon dehnt sich das ländliche Herz Virginias. Diese Gegend hat einige gut erhaltene historische Anwesen, Kirchen, Scheunen und Tavernen zu bieten, die versteckt an ruhigen Nebenstraßen liegen.

Alexandria

Die Old Town von Alexandria, eine gute halbe Meile westlich des Potomac, benannt nach dem Pionier John Alexander, war ursprünglich ein wichtiger kolonialer Handelsposten und ein geschäftiger Hafen. 1800 gehörte Alexandria zum District of Columbia, doch 1846 forderte Virginia die Stadt und ihr Umland wieder zurück.

In früheren Zeiten pflegte auch George Washington enge Bande mit Alexandria, wo er Grundbesitz hatte und in der berühmten **Gadsby's Tavern**, 134 N Royal St, ☎ 703/838-4242, ☐ www.gadsbystavern.org, an Versammlungen teilnahm. Sie besteht aus zwei stattlichen georgianischen Gebäuden von 1792 und 1785. Unten gibt es ein betriebsames Restaurant mit Kolonialkost und Personal in historischer Tracht. ☉ Führungen April–Okt Di–Sa 10–17, Sonn und Mo 13–17; Nov–März Mi–Sa 11–16, So 13–16 Uhr, Eintritt $5.

Zu weiteren restaurierten und für die Öffentlichkeit zugänglichen Gebäuden gehören das **Carlyle House**, 121 N Fairfax St, ☎ 703/549-2997, ☐ www.carlylehouse.org, ☉ Führungen Di–Sa 10–16, So 12–16.30 Uhr, Eintritt $5, ein Herrenhaus von 1752, das fünf königlichen Gouverneuren als Wohnsitz diente, sowie das **Lee-Fendall House**, 614 Oronoco St, ☐ www.leefendallhouse.org, ☉ Mi–Sa 10–16, So 13–16 Uhr, Eintritt $5, eine prachtvolle Holzvilla, die 1785 von Phillip Fendall – einem Cousin von Robert E. Lees Vater – erbaut wurde.

Südlich der King Street befindet sich das **Lyceum**, 201 S Washington St, ☎ 703/838-4994, ☐ www.alexandriahistory.org, ein imposanter, klassizistischer Bau, der 1839 als kulturelles Zentrum der Stadt errichtet wurde. Heute findet sich darin das städtische Geschichtsmuseum. ☉ Mo–Sa 10–17, So 13–17 Uhr, Eintritt $2.

Eine weitere Augenweide ist der **Stabler-Leadbeater Apothecary Shop**, 105 S Fairfax St, ☎ 703/838-3852, ☐ www.apothecarymuseum.org. Die Apotheke stammt aus dem Jahr 1792 und war bis in die 1930er-Jahre geöffnet. Noch heute sind hier Kräuter, Tränke und medizinische Utensilien zu bewundern – insgesamt etwa 8000 Exponate. ☉ April–Okt Di–Sa 10–17, So und Mo 13–17; Nov–März Mi–Sa 11–16, So 13–16 Uhr, Eintritt $5.

Am Fluss befindet sich in einer ehemaligen Munitionsfabrik heute das **Torpedo Factory Art Center**, 105 N Union St, ☎ 703/838-4565, ☐ www.torpedofactory.org, wo man Künstlern in ihren Ateliers bei der Arbeit zusehen und in vielen Galerien stöbern kann. ☉ tgl. 10–17 Uhr, Eintritt frei. Im gleichen Gebäude informiert das **Alexandria Archaeology Museum**, ☎ 703/838-4399, ☐ www.alexandriaarchaeology.org, über verschiedene Aspekte der Stadtgeschichte und der prähistorischen Zeit. ☉ Di–Fr 10–15, Sa 10–17, So 13–17 Uhr, Eintritt frei.

Gleich neben der Amtrak-Haltestelle und der U-Bahn-Station King Street erhebt sich der rund 100 m hohe Obelisk des **George Washington National Masonic Memorial**, ✆ 703/683-2007, 🖳 www.gwmemorial.org. Im Innenraum gibt es eine gut 5 m hohe Bronzestatue des Gründungsvaters, verschiedene Memorabilien sowie Dioramen, die Ereignisse aus seinem Leben darstellen, zu sehen. ⏲ Mo–Sa 10–16, So 12–16 Uhr, Eintritt frei.

Übernachtung

Best Western Old Colony Inn, 1101 N Washington St, ✆ 703/739-2222, 🖳 www.bestwestern. com. Kostenloses Frühstück und Highspeed-Internet. ❻
Morrison House, 116 S Alfred St, ✆ 703/838-8000, 🖳 www.morrisonhouse.com. Ein Stadthaus im Federal Style (Baujahr 1985) mit modernem Komfort wie kostenlosem WLAN und Designer-Ausstattung. ❽
Hotel Monaco, 480 King St, ✆ 703/549-6080, 🖳 www.monaco-alexandria.com. Stilvolle Deko, kostenloses WLAN, Weinproben und noble Zimmer und Suiten, teils mit Sprudelbad, Flachbild-TV und Minibar. ❽

Essen

The Majestic, 911 King St, ✆ 703/837-9117. Noblerer Diner mit Chowder, Rippchen, Koteletts, Hackbraten und Kalbsleber.
Hard Times Café, 1404 King St, ✆ 703/837-0050. Vier Arten feuriger Chili-Gerichte von klassisch texanisch bis höllisch scharf, plus eine Version für Vegetarier. Gute Wings und Pommes sowie leckeres Bier aus Kleinbrauereien.

Informationen

Das freundliche **Visitor Center**, 221 King St, ✆ 703/746-3301, 🖳 www.funside.com, ist im Ramsay House, dem ältesten Haus von

Neue amerikanische Küche

Restaurant Eve, 110 S Pitt St, ✆ 703/706-0450. Ein Nouveau American Bistro mit Menüs aus einer wechselnden Karte mit Meeresfrüchten, Wild und Rindfleisch ($110–150).

Alexandria, untergebracht. Hier gibt's die üblichen Infos und Einzelheiten zu verschiedenen Stadtrundgängen. ⏲ tgl. 10–20, Jan–März bis 17 Uhr.

Transport

Alexandria ist von Washington DC aus in 25 Min. mit der **Metro** zu erreichen (gelbe und blaue Linie). Die Station für Old Town ist King Street, etwa 1 Meile von den meisten Sehenswürdigkeiten entfernt.
Alternativ gelangen Besucher auch mit dem örtlichen **DASH-Bus**, ✆ 703/746-DASH, 🖳 www.dashbus.com, hierher. Er fährt die King Street entlang und durch die gesamte Old Town. Wer lieber zu Fuß geht, braucht 20 Min. von der Station. Ticket $1,25.

Mount Vernon

Auf einem Felsvorsprung über dem Potomac River, etwa 8 Meilen südlich von Alexandria, liegt **Mount Vernon**, 3200 George Washington Memorial Parkway, ✆ 703/780-2000, 🖳 www.mount vernon.org, der ehemalige Landsitz von **George Washington**. Das 200 ha große Anwesen zeigt sich heute wieder so, wie es im Todesjahr Washingtons 1799 aussah. Da nur 15 Meilen von Downtown DC entfernt, lässt es sich im Rahmen eines Tagesausflugs mit den Tourmobiles ($30; S. 372) oder mit dem Fairfax Connector Bus Nr. 101 von der Metrostation Huntington besuchen (stdl., 🖳 www.fairfaxcounty.gov/connector, $1,45). Das Haus reflektiert Washingtons Vorliebe für einen einfachen und spartanischen Lebensstil.

Ganz in der Nähe befindet sich ein renoviertes **Sklavenquartier**, das erbaut wurde, um die 90 damals auf dem Gelände lebenden und arbeitenden Sklaven zu beherbergen. Washington und seine Frau Martha wurden in einem schlichten Grab südlich des Hauses beigesetzt. Über die Geschichte des Anwesens und Washingtons Familiengeschichte informiert auf dem Gelände der Plantage das moderne **Reynolds Museum** mit interaktiven Ausstellungen, Modellen von Washington und kurzen Filmen. Es zeigt außerdem Porzellangegenstände, Medaillen,

Capital Region

Nur einen Tagesausflug von DC entfernt: Mount Vernon, der ehemalige Landsitz von George Washington

Waffen und Silberwaren und eine Reihe beeindruckender Miniaturen. ☉ April–Aug tgl. 8–17, März, Sep und Okt 9–17, Nov–Feb 9–16 Uhr, Eintritt $15.

Manassas National Battlefield Park

Der Nationalpark erstreckt sich über die grünen Hügel am Westrand der Vororte von Washington DC, abseits der I-66. Hier fand am Morgen des 21. Juli 1861 die erste große Schlacht statt, im Norden bekannt als **Battle of Bull Run**. In Erwartung eines schnellen Sieges griffen 25 000 Unionssoldaten eine Konföderiertentruppe an, die eine wichtige Eisenbahnverbindung zum Shenandoah Valley kontrollierte. Die Rebellen erwiesen sich jedoch als ernstzunehmende Gegner, und ihre Kampfkraft brachte ihrem Kommandeur General Thomas Jackson den berühmten Spitznamen „Stonewall" ein. Jackson und General Lee fügten den Unionstruppen Ende August 1862 dann in der „Battle of Second Manassas" eine zweite, noch demoralisierendere Niederlage zu, mit der die Konföderierten kurz vor dem Höhepunkt ihrer Machtentfaltung standen.

Im kleinen **Visitor Center** am Eingang, 6511 Sudley Rd, ✆ 703/361-1339, 🖥 www.nps.gov/mana, wird in einer Ausstellung der Verlauf der Schlacht nachgezeichnet, außerdem erfährt man Einzelheiten über weitere Kämpfe, die hier ausgetragen wurden. ☉ tgl. 8.30–17 Uhr, Eintritt $3.

Richmond und das Historic Triangle

Im Herzen Virginias befinden sich einige der wichtigsten noch erhaltenen Stätten aus der Kolonialära und dem Bürgerkrieg. Die interessantesten Sehenswürdigkeiten liegen östlich von Richmond im faszinierenden **Historic Triangle** und im Norden in **Fredericksburg**, wo mehrere entscheidende Schlachten geschlagen wurden.

Fredericksburg

Fredericksburg zählt zu den schönsten Städten Virginias. Es liegt nur 1 Meile abseits des I-95, etwa auf halbem Weg von Washington DC nach

Richmond. An die elegante Innenstadt schließen sich ruhige Wohnviertel an, deren Häuser sich hinter weiß gestrichenen Gartenzäunen verbergen. In dutzenden frühamerikanischen Gebäuden am Ufer befinden sich heute Antiquitätengeschäfte und Boutiquen.

Das **Fredericksburg Area Museum** im Rathaus, 907 Princess Anne St, ✆ 540/371-3037, 🖥 www.famcc.org, enthält eine umfangreiche historische Sammlung von Stücken aus der Zeit amerikanischer Ureinwohner bis zur Bürgerkriegsära. ⊙ Mo und Do–Sa 12–17, So 13–17 Uhr, Eintritt $7.

Die **Rising Sun Tavern**, 1304 Caroline St, ✆ 540/373-1776, wurde 1760 von George Washingtons Bruder Charles als Wohnhaus erbaut. Inzwischen ist es ein Museum mit historischen Ausstattungsgegenständen. ⊙ März–Okt Mo–Sa 10–17, So 12–16, Nov–Feb Mo–Sa 11–16, So 12–16 Uhr, Eintritt $5.

Informationen über Dutzende anderer wichtiger historischer und kultureller Schätze in der Region gibt es auf der Website von **Preservation Virginia**, 🖥 www.apva.org.

Wegen seiner strategisch wichtigen Lage war Fredericksburg und Umgebung im Bürgerkrieg heiß umkämpft. Mehr als 100 000 Männer verloren in den großen Schlachten ihr Leben. Das **Visitor Center**, 702 Caroline St, ✆ 540/373-1776, 🖥 www.visitfred.com, ⊙ Sommer 10–18, sonst 10–17 Uhr, zeigt informative Ausstellungen zum Thema und weist den Weg zum **Fredericksburg and Spotsylvania National Battlefield Park** südlich der Stadt, 🖥 www.nps.gov/frsp, ⊙ unterschiedlich, oft Mo–Fr 9–17, Sa und So 9–18 Uhr, Eintritt frei. Informationen über die anderen bedeutenden Schlachtfelder (Wilderness und Chancellorsville, beide westlich der Stadt) und über verschiedene Herrenhäuser und Gedenkstätten der Gegend sind beim Visitor Center oder auf der obigen Website erhältlich.

Fredericksburg hat viele gute, altmodische B&Bs. **Richard Johnston Inn**, 711 Caroline St, ✆ 540/899-7606 oder 877/557-0770, 🖥 www.therichardjohnstoninn.com. Elegantes B&B mit Wurzeln im 18. Jh., feudalen Zimmern und einigen Sprudelwannen. ❻

Inn at the Olde Silk Mill, 1707 Princess Anne St, ✆ 540/371-5666, 🖥 innattheoldesilkmill.com. Angenehmes Motel mit Antiquitäten und kostenlosem WLAN. ❺

Sammy T's, 801 Caroline St, ✆ 540/371-2008. Beliebter Diner mit Bar, in dem man herzhafte Sandwiches, Salate, Wraps, Pasta und eine große Auswahl an Flaschenbieren bekommt.

Balisco, westlich vom Zentrum, 2577 Cowan Blvd, ✆ 540/370-0355. Toller italienischer Deli mit sättigenden Pizzas, Pastagerichten und Sandwiches.

Colonial Tavern, 406 Lafayette Blvd, ✆ 540/373-1313. Die richtige Adresse, um Essen, Musik und Bier aus Irland zu genießen.

Der **Amtrak**-Bahnhof liegt am 200 Lafayette Blvd, **Greyhound**-Busse halten am 1400 Jefferson Davis Hwy.

Richmond

Richmond wurde 1737 am abgelegensten schiffbaren Punkt des James River gegründet und blieb ein unbedeutender Außenposten, bis die nach Unabhängigkeit strebenden Virginier entdeckten, dass Williamsburg gegen einen Angriff der Briten nicht gewappnet war, und ihre Hauptstadt landeinwärts nach Richmond verlegten. Nach Kriegsausbruch wurde sie zur **Hauptstadt der Konföderation** gekürt.

Nach dem Krieg lag Richmond am Boden, die heutige Stadt wartet jedoch neben ihren Bürotürmen mit einer Vielzahl historisch bedeutender Gebäude auf. Nach wie vor ist Tabak das große Geschäft.

Downtown

Das Zentrum konzentriert sich am James River, beiderseits der Broad Street. Das auf einem sanften Hügel gelegene Viertel Court End gibt mit seinen gut erhaltenen Villen aus der Zeit vor dem Bürgerkrieg einen hübschen Rahmen für einige sehenswerte Museen und historische Stätten ab.

Das **Virginia State Capitol**, 910 Capitol St, ☎ 804/698-1788, 🖥 legis.state.va.us, beherbergt die älteste noch existierende gesetzgebende Körperschaft der USA; die Stätte war seit 1788 Regierungssitz des Bundesstaates und während des Bürgerkriegs für kurze Zeit Sitz der Konföderiertenregierung. An dem Entwurf war Thomas Jefferson beteiligt. In der zentralen Halle steht die einzige Marmorstatue von George Washington, die zu seinen Lebzeiten angefertigt wurde (von Meisterbildhauer Jean-Antoine Houdon). ⏲ Führungen Mo–Sa 9–16, So 13–16 Uhr, Eintritt frei.

Ebenfalls am Capitol Square befindet sich bei 901 E Grace St die **Governor's Mansion** von 1813 im Federal Style – wie das Capitol das älteste Gebäude seiner Art in den USA; ☎ 804/371-2642, ⏲ Di–Do 10–12 und 14–16 Uhr, Eintritt frei. Gegenüber vom Capitol Square erhebt sich der riesige neogotische Bau der 1894 errichteten **Old City Hall**, 1001 E Broad St. Geht man zwei Häuserblocks nördlich des Capitol die 12th Street hinauf, kommt man zum **Museum of the Confederacy**, 1201 E Clay St, 🖥 www.moc.org. Es erläutert anhand von Waffen, Uniformen und persönlichen Gegenständen die Geschichte des Bürgerkriegs. ⏲ Mo–Sa 10–17, So 12–17 Uhr, Eintritt $9.

Nebenan befindet sich das **White House of the Confederacy**, eine klassizistische Villa von 1818, die entsprechend ihrem Erscheinungsbild in den 1860er-Jahren restauriert wurde. Hier wohnte Jefferson Davis während seiner Amtszeit als Präsident der Konföderation. ⏲ Mo–Sa 10–17, So 12–17 Uhr, Eintritt $9, Kombiticket mit Museum $12.

Das 1812 erbaute Wickham House, zwei Blocks westlich des White House, ist Teil des **Valentine Richmond History Center**, 1015 E Clay St, ☎ 804/649-0711, 🖥 www.richmondhistory center.com. Der Schwerpunkt des kleinen Heimatmuseums liegt auf dem Leben der Arbeiterklasse und der schwarzen Einwohner der Stadt. ⏲ Di–Sa 10–17, So 12–17 Uhr, Eintritt $8.

Etwas weiter westlich, am Convention-Center-Komplex der Sixth Street, steht eine Reihe von Häusern aus dem frühen 19. Jh. Das Viertel trägt den Namen **Jackson Ward** und erstreckt sich über ein Dutzend Häuserblocks in der Um-

gebung von First und Clay Street. Es war schon lange vor dem Bürgerkrieg das Zentrum der afroamerikanischen Einwohner Richmonds. Damals gab es in keiner nordamerikanischen Stadt mehr freie Schwarze als hier. Das **Black History Museum**, 00 Clay St, 🖥 www.black historymuseum.org, beherbergt anschaulich präsentiertes Material zur Geschichte der Bürgerrechtsbewegung sowie Textilien von verschiedenen Völkern aus Afrika und Amerika. ⏲ Di–Sa 10–17 Uhr, Eintritt $5.

Canal Walk

Ein sehr schönes Beispiel für gelungene Stadtsanierung ist die Gestaltung des 1,25 Meilen langen Uferstreifens als Canal Walk, der sich von Downtown bis nach Shockoe Bottom zieht. Die schönen, gemächlichen **Bootsausflüge auf dem Canal** dauern eine halbe Stunde und starten in der Gegend der 14th und Virginia Street. Variierende Betriebszeiten, oft Fr und Sa 12–19, So 12–17 Uhr; ☎ 804/649-2800, $5.

Ganz in der Nähe ist das **Richmond Civil War Center**, 490 Tredegar St, ☎ 804/771-2145, 🖥 www.nps.gov/rich, in den renovierten **Tredegar Iron Works** untergebracht, die einst tonnenweise Munition für die Konföderierten produziert haben. Es bietet eine regelmäßige Diashow zur Geschichte des Bürgerkriegs und drei Stockwerke mit faszinierenden Exponaten. ⏲ tgl. 9–17 Uhr, Eintritt frei.

Tredegar ist auch das wichtigste Visitor Center für den **Richmond National Battlefield Park** und informiert über die dutzenden Bürgerkriegsschauplätze, die im Rahmen einer 80 Meilen langen Fahrt besichtigt werden können. Daneben gibt es noch vier weitere Visitor Center. Das interessanteste darunter ist das **Chimborazo Medical Museum**, ein paar Meilen weiter östlich in der 3215 E Broad St, ☎ 804/226-1981, mit allerlei medizinischen Geräten, die damals zur Verfügung standen (oder auch nicht), um verwundeten Soldaten zu helfen. ⏲ tgl. 9–17 Uhr, Eintritt frei.

Wer das Glück nicht auf seiner Seite hatte, fand seine letzte Ruhe gleich westlich von Tredegar auf dem **Hollywood Cemetery**, 412 S Cherry St, ☎ 804/648-8501, 🖥 www.hollywood cemetery.org. Dort erinnert eine fast 30 m hohe Granitpyramide an die 18 000 Soldaten der Konföderierten-Armee, die in der Nähe fielen. ☉ tgl. 8–17 Uhr, kostenlose Führungen April–Okt Mo–Sa 10 Uhr.

Shockoe Bottom, Poe Museum und Church Hill

In **Shockoe Bottom**, wo der Fluss regelmäßig über die Ufer tritt, befinden sich die Lagerhäuser und andere Zeugen der industriellen Vergangenheit der Stadt. Die Cary Street, die sich von der alten Werft **Shockoe Slip** ausgehend am Flussufer entlang nach Osten erstreckt, wird von den Backsteinlagerhallen der **Tobacco Row** gesäumt.

In der Nähe ist im ältesten Bauwerk der Stadt das **Edgar Allan Poe Museum**, 1914 E Main St, ✆ 804/648-5523, ⌨ www.poemuseum.org, eingerichtet worden. Poe wuchs in Richmond auf. ☉ Di–Sa 10–17, So 11–17 Uhr, Eintritt $6.

Church Hill, ein paar Häuserblocks nordöstlich, ist eines der ältesten erhaltenen Viertel Richmonds. In der 1741 erbauten **St. John's Church** im Herzen des Stadtteils, 2401 E Broad St, ⌨ www.historicstjohnschurch.org, fand im März 1775 die Debatte darüber statt, ob Virginia ein Heer gegen die Briten aufstellen sollte oder nicht. Damals sprach **Patrick Henry** die berühmten Worte: „Give me liberty or give me death". Diese Rede und die Diskussion werden im Sommer jeden Sonntag um 14 Uhr von Schauspielern nachgespielt. ☉ Führungen: Mo–Sa 10–15.30, So 13–15.30 Uhr, Eintritt $7.

Fan District

Der **Fan District**, der nach den in spitzen Winkeln fächerartig angelegten baumbestandenen Straßen benannt wurde, erstreckt sich von der Innenstadt nach Westen bis über die Belvedere Street (US-1) hinaus. Herzstück des Viertels ist die Villen aus der Zeit um 1900 gesäumte **Monument Avenue**.

Südlich der Monument Ave steht das **Virginia Museum of Fine Arts**, 2800 Grove Ave, ⌨ www.vmfa.museum, inzwischen prachtvoll-modern umgebaut. Neben einer umfangreichen Sammlung impressionistischer und postimpressionistischer Gemälde sind im Museum diverse Werke amerikanischer Künstler zu sehen, von Charles Willson Peales gefeierten Porträts über George Catlins romantische Bilder der Plains-Indianer bis zu Pop-Art-Kreationen von Roy Lichtenstein und Claes Oldenburg. Weitere Galerien zeigen Mobiliar von Frank Lloyd Wright, Lalique-Schmuck, hinduistische und buddhistische Skulpturen aus dem Himalaya und juwelenbesetzte Ostereier von Carl Fabergé, die in den 1890er-Jahren für die russischen Zaren angefertigt worden waren. ☉ tgl. 10–17 Uhr, Spende $5.

Übernachtung

The Berkeley, 1200 E Cary St, ✆ 804/780-1300 oder 1-888/780-4422, ⌨ www.berkeleyhotel.com. Elegantes kleines Hotel im historischen Shockoe Slip mit Elementen eines Boutique-hotels und Suiten mit eigener Terrasse. ❽

Grace Manor Inn, 1853 W Grace St, ✆ 804/353-4334, ⌨ www.thegracemanorinn.com. Stattliches B&B mit drei geschmackvollen Suiten in einem großartigen Gebäude von 1910. Zimmer mit vielen antiken Möbeln, einige davon mit Kamin und historischen Badewannen. Auch das Frühstück kann ziemlich gut sein. ❻

Henry Clay Inn, 114 N Railroad Ave, Ashland VA, ✆ 804/798-3100, ⌨ www.henryclayinn.com. Dieses nette B&B liegt zwar 11 Meilen außerhalb, bietet dafür aber 14 reich mit Antiquitäten bestückte Zimmer mit WLAN. Einige der Räume sind Suiten mit Whirlpool und Kühlschrank. ❹

Linden Row Inn, 100 E Franklin St, ✆ 804/783-7000 oder 1-800/348-7424, ⌨ www.lindenrowinn.com. Komfortables, modernes Hotel, das in einer Reihe historischer Backsteinhäuser untergebracht ist. Antikes Mobiliar und Highspeed-Internet. Abgesehen von den schicken Parlour Suites sind die Zimmer aber eher trist. ❺

Grandhotel mit Marmorbädern

The Jefferson, 101 W Franklin St, ✆ 804/788-8000 oder 1-800/424-8014, ⌨ www.jefferson hotel.com. Grandhotel mit einer Lobby mit Marmorsäulen, Marmorbädern, Highspeed-Internet und stilvollen Zimmern. Außerdem gibt es schicke große Suiten. ❽

William Catlin House, 2304 E Broad St, ℡ 804/780-3746. B&B im Church Hill District, nicht weit von Zentrum und Shockoe Slip. Aus der Zeit um 1845 mit sieben Vorkriegs- und viktorianischen Zimmern und Suiten. ❺

Richmond bietet eine gute Auswahl an Restaurants der unteren und oberen Preisklasse. Spezialitäten sind Barbecue und die teurere New-Southern-Küche.

The Black Sheep, 901 W Marshall St, nahe Jackson Ward, ℡ 804/648-1300. Tolles eklektisches Restaurant mit fantastischen Frühstücksspeisen sowie Gerichten wie *chicken and dumplings* (Huhn mit Klößen), Pilz-Bucatini und Lammkebabs – verschiedenste Aromen und Preise.

Border Chophouse, 1501 W Main St, ℡ 804/355-2907. Lokal der mittleren Preisklasse im Western-Stil; serviert Pasta-, Kalb- und Lammfleisch-Gerichte, die Spezialität des Hauses ist aber Barbecue – egal ob Ribs vom Rind, Schweinefleisch oder Hühnchen.

Julep's, 1719 E Franklin St, Shockoe Bottom, ℡ 804/377-3968. Neue Südstaatenküche vom Feinsten mit vielen tollen mittelteuren bis teuren Gerichten wie Lachs in Zwiebelkruste, Süßwasserkrebssuppe und Entenbrust mit Pancetta.

Millie's Diner, 2603 E Main St, ℡ 804/643-5512. Liegt hinter Shockoe Bottom, ist den weiten Weg aber wert: ziemlich teure, aber sehr gut Seafood- und Steak-Gerichte und Lammkarree – und dazu eine ansehnliche Bierauswahl.

Penny Lane Pub, 421 E Franklin St, Downtown, ℡ 804/780-1682. Britischer Pub mit deftigen

Toller Italiener

Mamma Zu, 501 S Pine St, südlich von Downtown, ℡ 804/788-4205. Italienisches Essen kann im Süden der USA z. T. schrecklich sein, aber dies ist eine große Ausnahme: Das fantastische, noble Restaurant serviert u. a. köstliche Austernsuppe, Kalbs in Marsala und Calamari.

Grillspeisen und anderer Kneipenkost; außerdem gibt es eine umfassende Auswahl an englischen und anderen Bieren sowie europäische Fußballspiele im Fernsehen.

Strawberry Street Café, 421 N Strawberry St, ℡ 804/353-6860. Einfaches, freundliches Café. Spezialitäten: preiswerte Quiche, Pasta und Salate sowie – etwas teurer – Jambalaya und Krebsküchlein; Salatbar in einer ausrangierten Badewanne.

Richmonds **Nachtleben** findet vor allem östlich der Innenstadt in Shockoe Slip und Shockoe Bottom statt.

Barksdale Theatre, 1601 Willow Lawn Drive, ℡ 804/282-2620, 🖳 www.barksdalerichmond.org. Gute klassische Stücke.

Chamberlayne Actors Theatre, 319 N Wilkinson Rd, ℡ 804/262-9760, 🖳 www.cattheatre.com. Modernere und gewagtere Fringe-Produktionen.

Das Angebot an Livemusik und anderen Veranstaltungen steht im kostenlosen Wochenblatt *Style Weekly* und auf der Internetseite 🖳 www.arts.Richmond.com.

Richmond lässt sich gut zu Fuß erkunden. Etwas abgelegenere Ziele kann man mit einem **GRTC-Bus** erreichen, ℡ 804/358-GRTC, 🖳 www.ridegrtc.com, Tickets $1,25, Express-Strecken $1,75.

Richmond ist mit dem **Auto** von Washington DC über den I-95 in etwa 2 Std. zu erreichen. **Amtrak**-Züge halten am Bahnhof in der 1500 E Main St. Weiter außerhalb liegt ein weiterer Bahnhof an der 7519 Staples Mill Rd.
Die Haltestelle von **Greyhound**, 2910 N Blvd, liegt ein gutes Stück vom Zentrum entfernt am I-64.
Der **Flughafen**, 10 Meilen östlich von Downtown, wird von einem halben Dutzend amerikanischer Airlines angeflogen. Hier gibt es auch ein kleines **Visitor Center**, ℡ 804/236-3260, 🖳 www.flyrichmond.com, ◷ Mo–Fr 9.30–16.30 Uhr.

Das Historic Triangle

Im Historischen Dreieck auf der Halbinsel südöstlich von Richmond, zwischen dem James
River und dem York River, liegen landesweit
neben Massachusetts die meisten Stätten aus
der Kolonialzeit. **Jamestown**, die erste Siedlung
in Virginia, wurde 1607 gegründet. Das heutige **Williamsburg** ist eine genaue Nachbildung
der Kolonialhauptstadt, und **Yorktown** war
der Schauplatz der letzten und entscheidenden Schlacht im Unabhängigkeitskrieg. Alle
drei liegen nur eine Autostunde von Richmond
entfernt. Williamsburg ist auch mit dem Zug zu
erreichen.

Die 50 Meilen zwischen Richmond und Williamsburg lassen sich am schnellsten auf dem
I-64 zurücklegen. Wesentlich schöner ist die
Fahrt entlang dem US-5. Er führt durch viele
Plantagen, einige der Herrenhäuser aus dem
18. Jh. sind zu besichtigen. Im Gebiet des Historic Triangle angekommen, sollte man den
Colonial Parkway nehmen. Er führt westlich
nach Jamestown und östlich nach Yorktown. Die
meisten der vielen Touristenattraktionen im Historischen Dreieck befinden sich in der Gegend
von Williamsburg.

Jamestown

Jamestown ist der Ort, an dem England in der
Neuen Welt zuerst Fuß gefasst hat, nachdem
andere Kolonisierungsversuche weiter südlich
gescheitert waren – ein Handels- und Militär-
posten, der auch 400 Jahre nach seiner Gründung noch legendär ist. Zumal nachdem archäologische Funde unlängst neue Erkenntnisse und
Perspektiven erschlossen haben. Es lohnt sich,
sowohl den ursprünglichen Standort als auch
den rekonstruierten besichtigen. Dafür bieten
sich der Colonial Parkway oder die Highways
5 und 31 von Williamsburg an. Das Einzige, was
vom alten Jamestown aus dem 17. Jh. noch
erhalten geblieben ist, steht in der **Jamestown
National Historic Site** auf Jamestown Island
unter Schutz: Es ist der 15 m hohe Turm der ersten Backsteinkirche, erbaut um 1650 (der Rest
wurde bei einem Feuer 1698 zerstört). Er zählt zu
den ältesten englischen Bauwerken in den USA.

Das Gebiet unterteilt sich grob in zwei Bereiche: Der erste ist die **New Towne**, wo die Kolonialisten von 1630 an hinzogen, um Geschäfte,
Wohnhäuser, Viehpferche usw. zu errichten. Ein
Großteil dessen, was heute zu sehen ist, sind
Nachbildungen der ursprünglichen Backstein-
grundmauern, die darunter begraben liegen
(zum Schutz vor Wetterschäden). Interessanter
ist die **Old Towne**. Hier stehen die Ruinen des
dreieckigen Forts von 1607. Außerdem lohnt ein
Besuch des **Archaearium**, wo einige der vielen
hier entdeckten Schätze ausgestellt sind – darunter Glaswaren, Geräte und auch das Skelett
eines Kolonialisten. Online-Infos unter ▭ www.
historicjamestowne.org.

Am Ende des Colonial Parkway vermittelt das
Visitor Center, ☏ 757/229-1733, ▭ www.nps.gov/
jame, anhand von Zeichnungen und Exponaten
ein Bild von der Vergangenheit. Etwas näher
am Parkeingang lassen sich Kunsthandwerker
dabei zusehen, wie sie traditionelle Glaswaren
herstellen. Ihre Kreationen werden auch ver-

Capital Region

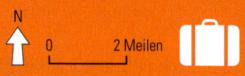
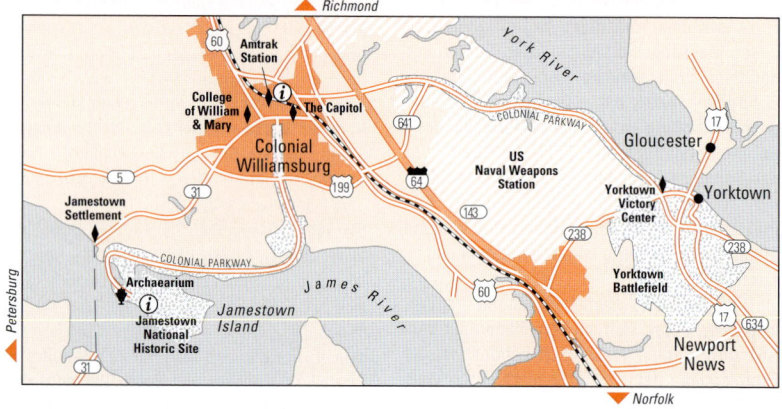

Capital Region

kauft. Außerdem sind hier die Backsteinreste eines Brennofens aus dem 17. Jh. zu bewundern. ⏱ tgl. 9–17 Uhr, Eintritt (gültig für sieben Tage) mit dem Auto $10 inkl. Schlachtfeld von Yorktown (S. 383).

Wer möchte, kann das benachbarte **Jamestown Settlement**, ☏ 757/253-4838, 🖥 www.historyisfun.org, besichtigen. Dieser familienfreundliche Komplex aus Museen und maßstabsgetreuen Nachbildungen erzählt anschaulich, wenn auch etwas vereinfachend, vom Leben in der Kolonie. Mitarbeiter in Kostümen führen Besucher durch die rekonstruierten Gebäude. Nachbauten der drei **Schiffe**, die die ersten Siedler hierher brachten, sind am Ufer des James River vertäut. ⏱ tgl. 9–17 Uhr, Eintritt $14 oder $19,25 inkl. Yorktown Victory Center.

Colonial Williamsburg

Wer sich für amerikanische Geschichte interessiert, sollte das nachgebaute koloniale Williamsburg nicht verpassen. Um das Innere der meisten restaurierten Gebäude zu sehen, muss man die teure Eintrittskarte lösen. Die gesamten Außenanlagen stehen Besuchern dagegen jederzeit offen.

Vom Wren Building auf dem William and Mary-Campus, heute durch ein pseudokolonia-

les Einkaufszentrum von Colonial Williamsburg getrennt, führt die **Duke of Gloucester Street** nach Osten durch den historischen Bezirk zum wiederaufgebauten Capitol. Folgt man ihr, gelangt man nach 100 m zum ersten Bauwerk aus dem 18. Jh., der **Episcopalian Bruton Parish Church**, die seit fast 300 Jahren als Gotteshaus dient. Dahinter erstreckt sich der breite **Palace Green** in nördlicher Richtung bis zum Governor's Palace. Westlich der Kirche stehen sich in der Mitte des Market Square das **Courthouse** von 1771 und das achteckige **Powder Magazine**, das von einem Wachhaus geschützt wird, gegenüber. Ein Stück weiter kommt man zur **Chowning's Tavern**, Rekonstruktion einer Ale-Taverne, die hier 1766 stand. Sie ist ein bewirtschafteter Pub mit lebendiger Unterhaltung.

Architektonisches Highlight ist das **Capitol** am Ostende der Duke of Gloucester Street. Das Gebäude aus den 40er-Jahren, eine Nachbildung des Originals von 1705, hat einen offenen Gewölbegang, der zwei Gebäudeteile verbindet: In dem einen Flügel war das **House of Burgesses** untergebracht, die gewählte gesetzgebende Körperschaft der Kolonialregierung, in dem anderen das Gericht, der **General Court**.

Die „Handelsgeschäfte" entlang der Duke of Gloucester Street sind als Apotheken, Kolonial-

warenläden, Poststelle und Schmiede aufge-
macht; das in den Läden beschäftigte Personal
ist sehr gut in der Geschichte des jeweiligen
Handwerks bewandert und demonstriert den
Besuchern die Herstellung von etwa Gewehr-
kugeln, Sätteln und Perücken. In der **Raleigh
Tavern** traf sich die nach Unabhängigkeit stre-
bende Kolonialregierung nach ihrer Absetzung
durch die loyalistischen Gouverneure 1769 und
noch einmal 1774. Das Original fiel 1859 einem
Brand zum Opfer. Sehenswert ist schließlich
noch der zweistöckige **Governor's Palace**. Er hat
einen imposanten Ballsaal und schmucke Möbel
und war ein Symbol für die königliche Macht.
Verstärkt wird diese Wirkung noch durch die
Schwerter, Musketen und anderen Waffen, die
die Wände des Foyers schmücken.

Yorktown

Am York River, an der Nordküste der Halbinsel,
fand die entscheidende letzte Schlacht des
Unabhängigkeitskrieges statt. Am 18. Oktober
1781 ergaben sich die geschlagenen britischen
und deutschen Truppen unter Cornwallis den
vereinten Streitkräften der Amerikaner und Franzosen unter George Washington.

Im Herzen des gleichnamigen **Schlachtfelds**,
das die Stadt umgibt, präsentiert das **Visitor
Center**, ☏ 757/898-2410, 🖳 www.nps.gov/yonb,
Infotafeln zum Geschehen, Militaria und ein
nachgebautes, begehbares Kampfschiff. Außerdem bietet es verschiedene Führungen durch die
Gegend an. (Neben den Erdwällen, die von den
Truppen gegraben wurden, sind auch noch ein
Dutzend Gebäude aus der damaligen Zeit zu sehen.) Vom **Siege Line Overlook**, am Visitor Center, hat man einen guten Blick auf die strategisch
wichtigen Punkte. Wer sich noch mehr in die
Materie vertiefen möchte, kann sich Landkarten
und einen Audioguide besorgen. ☉ tgl. 9–17 Uhr,
Eintritt $10 pro Auto (7-Tage-Pass, der auch für
die Jamestown National Historic Site gilt).

Die Regierung Virginias und der National
Park Service haben westlich des Schlachtfeldes am US-17 einen Mini-Themenpark anlegen
lassen – in diesem Fall ein nachempfundenes
Lager der Kontinentalarmee. Der Park ist Teil des
Yorktown Victory Centers, 🖳 www.historyisfun.
org, ☉ tgl. 9–17 Uhr, Eintritt $9,50, mit James-

town Settlement $19,25. Im Museum werden
beide Seiten des Konfliktes dokumentiert. Zwei
Freiluftmuseen zeigen das Farmleben und die
Zustände in einem Feldlager zur Zeit des Unabhängigkeitskrieges.

Die **Williamsburg Hotel/Motel Association**,
☏ 757/220-3330 oder 1-800/221-7165, 🖳 www.
gowilliamsburg.com, ist kostenlos bei der
Suche nach einem Bett behilflich. Westlich des
Zentrums reihen sich entlang dem US-60 etliche
Motels aneinander, und wenige Blocks östlich
des Capitols findet man diverse günstigere
Unterkünfte, darunter: **Bassett Motel**, 800 York
St, ☏ 757/229-5175, 🖳 www.bassettmotel.com.
Einfach, aber sauber und gut gelegen. ❷
Duke of York Motel, 508 E Water St, Yorktown,
☏ 757/898-3232, 🖳 www.dukeofyorkmotel.com.
Gute Quartiere am Ufer des York River, einige
davon mit Kochnische, Kühlschrank und
Whirlpool. ❻
Marriott's Manor Club at Ford's Colony,
101 St Andrews Drive, ☏ 757/258-5705, 🖳 www.
marriott.com, 6,5 km außerhalb der Stadt, bietet
etwas mehr Luxus mit teuren Chalets und
Apartments mit DVD-Player, offenem Kamin
und Innenhof. ❻
Zu guter Letzt gibt es am US-5 und US-60 westlich von Williamsburg noch mehrere **Campingplätze**, die $25–35 pro Zelt verlangen.

Die Restaurants und Tavernen entlang der
Duke of Gloucester Street in Colonial Williamsburg bieten gutes, aber überteuertes Pub-
Essen; für alle Lokale außer der Chowning's
Tavern benötigt man eine Reservierung,
☏ 1-800/HISTORY. Einige sind nur saisonal
geöffnet (oft April–Okt).

Cheese Shop, gegenüber vom Trellis Café,
☏ 757/220-0298. Hat vorzügliche Deli-Sandwiches – besonders zu empfehlen ist das
Virginia-Ham-Sandwich –, aber lange Schlangen zu Stoßzeiten.

Capital Region

Trellis Café, im Merchants Square-Einkaufszentrum westlich des historischen Areals, ☎ 757/229-8610. Exzellentes Lokal; serviert abends teure Seafood- und Steak-Gerichte, mittags jedoch erschwingliche Sandwiches und Burger.

Green Leafe Café, 765 Scotland St, ☎ 757/220-3405. Chili, Burger, Pizza, Pasta und Dutzende Biersorten vom Fass.

Yorktown glänzt nicht gerade als Feinschmeckerparadies; annehmbares Kneipenessen, Burger und Chowder bietet der **Yorktown Pub**, 540 Water St, ☎ 757/886-9964.

Nahverkehr

Der Colonial Parkway ist eine ausgezeichnete, reizvolle Radstrecke von Williamsburg nach Jamestown (19 km) oder Yorktown (22,5 km). **Bikes Unlimited**, 759 Scotland St, Williamsburg, ☎ 757/229-4620, 🖥 www.bikewilliamsburg.com, vermietet Räder für $15–20 pro Tag. In Colonial Williamsburg fahren **Shuttlebusse** am Visitor Center ab und halten an zentralen Stellen des historischen Viertels (tgl. 9–22 Uhr). Der kostenlose **Historic Triangle Shuttle** hält an allen wichtigen Attraktionen (Mitte März–Nov tgl. 9.30–16 Uhr alle 30 Min.).

Transport

Von den Orten des Historischen Dreiecks lässt sich nur Williamsburg ohne eigenen Wagen leicht erreichen. Amtrak-Züge und Greyhound-Busse halten zwei Häuserblocks vom Governor's Palace entfernt an der 468 Boundary St.

Die Atlantikküste

Norfolk, einer der wichtigsten Häfen an der Ostküste, liegt auf halbem Weg entlang der US-Küste an der Stelle, wo sich die Chesapeake Bay zum Atlantik hin öffnet. Die einzige echte Industriestadt in Virginia ist nicht gerade hübsch, wartet aber mit einem reichen Seefahrt- und Marineerbe sowie mit dem Chrysler Museum auf, einem der besten Kunstmuseen der Region. Das historische **Portsmouth** ist nur eine kurze Fährfahrt entfernt. Fünfzehn Meilen östlich von

Norfolk liegt am offenen Atlantik der beliebteste Badeort des Staates, **Virginia Beach**, der im Sommer die Sonnenanbeter in Scharen anlockt.

Der Rest der Atlantikküste Virginias befindet sich an der abgelegenen und nur dünn besiedelten **Eastern Shore**; hier dient die hübsche kleine Stadt **Chincoteague** als Hauptquartier für ein Tierschutzgebiet, das sich als Teil der Assateague Island National Seashore an der Grenze zu Maryland entlangzieht.

Norfolk

Zusammen mit Hampton Roads und Newport News am Nordufer des James River ist Norfolk der größte US-amerikanische Marinestützpunkt; regelmäßig schwimmen hier graue Stahlkolosse vorbei. Am Wasser liegt auch die wichtigste Sehenswürdigkeit von Norfolk, **Nauticus: The National Maritime Center**, ☎ 757/664-1000, 🖥 www.nauticus.org, mit Ausstellungen zur Ozeanografie, seichten Becken und größeren Aquarien mit allerlei Meeresgetier, Filmen, interaktiven Exponaten und einem Tiefsee-Mini-U-Boot. ◷ tgl. 10–17 Uhr, Eintritt $11. Im ersten Stock *(2nd floor)* dokumentiert das **Hampton Roads Naval Museum**, 🖥 www.hrnm.navy.mil, Marineoperationen der Vergangenheit in der Region. ◷ Di–Sa 10–17, So 12–17 Uhr, Eintritt frei. Gegenüber vom Museum liegt das Schlachtschiff **USS Wisconsin**; ◷ tgl. 10–16.45 Uhr, Eintritt im Nauticus-Ticket inbegriffen.

In einem kleinen Haus im Tudor-Stil, dem **Hermitage Foundation Museum**, am Lafayette River, 7637 N Shore Rd, ☎ 757/423-2052, 🖥 www. hermitagefoundation.org, ist eine außergewöhnliche Sammlung asiatischer Antiquitäten untergebracht, mit allem Möglichen von persischen Teppichen und alten chinesischen Zeremonialgefäßen bis zu christlichen Ikonen aus Europa und handgemaltem Buntglas. Besichtigung nur im Rahmen einer 45-minütigen Führung, ◷ Mo–Sa 10–17, So 13–17 Uhr, Eintritt $5. Es werden auch Führungen durch die Gartenanlagen ($6) und einige der Gebäude auf dem Gelände (nur im Sommer und mit Reservierung, $40) angeboten.

Die bekannteste Institution der Stadt, das **Chrysler Museum**, eine halbe Meile nördlich des

Hafens, 245 W Olney Rd, Ecke Mowbray Arch, ☎ 757/664-6200, 🖥 www.chrysler.org, besitzt die bunt zusammengewürfelte Sammlung des Automagnaten Walter Chrysler Jr., bestehend aus griechischen Statuen, Gemälden französischer Impressionisten, abstrakten Werken von Franz Klein und Grabbeigaben der Maya sowie erstklassigen Lalique- und Tiffany-Glaswaren. ⊙ Mi 10–21, Do–Sa 10–17, So 12–17 Uhr, Eintritt frei. Vom bürgerlichen Dasein um das Jahr 1800 herum zeugt das zum Museum gehörige **Moses Myers House**, Bank St, Ecke E Freemason St, einst das elegante Zuhause eines der prominentesten jüdischen Einwohner von Norfolk und, geschmückt mit Porträts von Gilbert Stuart und Thomas Sully, sorgfältig in den Zustand des frühen 19. Jhs. zurückversetzt. Kostenlose Führungen jeweils zur vollen Stunde Mi–Sa 10–15, So 13–15 Uhr, keine Führung um 14 Uhr. Das dem Chrysler Museum angeschlossene **Norfolk History Museum**, 601 E Freemason St, ☎ 757/441-1526, bietet die übliche Sammlung historischer Gegenstände und Antiquitäten; am interessantesten ist allerdings das georgianische Gebäude von 1794 selbst. Besichtigung nur im Rahmen einer kostenlosen Führung, jeweils zur vollen Stunde Mi–So 12 und 14 Uhr.

Übernachtung

Das nahe Virginia Beach bietet bessere Übernachtungsmöglichkeiten, sodass man nicht in einem der normalen Kettenhotels in Norfolk nächtigen muss. Zwei Ausnahmen sind: **Freemason Inn**, 411 W York St, ☎ 757/963-7000. Nettes B&B mit 4 Zimmern mit Kamin und Whirlpool sowie kostenlosem Wein und Käse. ➏ **Governor Dinwiddie**, 506 Dinwiddie St, Portsmouth, ☎ 757/392-1330, 🖥 www.governordinwiddiehotel.com. Preisgünstige Unterkunft mit Zimmern und Suiten, z. T. mit DVD-Player, Küche und/oder Bar. ➎

Essen und Unterhaltung

Bardo, 430 W 21st St, ☎ 757/622-7362. Günstiges Seafood mit asiatischem Touch – scharf angebratener Thunfisch, Ingwerklöße und gebratene Garnelen.

Wells Theater, 110 E Tazewell St, Downtown Norfolk, ☎ 757/627-1234, 🖥 www.vastage.com.

Drive-in

Doumar's, 1919 Monticello Ave, ☎ 757/627-4163. Günstiges, typisch amerikanisches Restaurant: ein Drive-in im Stil der 1950er-Jahre, wo das weißbehütete Personal das Essen zum Auto bringt. Toll für Grillgerichte, Hamburger und Eis.

Das reich verzierte Theater von 1913 zeigt Theaterstücke, Musicals und ab und zu eine Varieté-Show.

Informationen

Visitor Center, günstig gelegen bei der Ausfahrt 273 des I-64, 9401 Fourth View St, ☎ 757/441-1852, ⊙ tgl. 9–17 Uhr.

Nahverkehr

Kostenlose **NET-Busse**, 🖥 www.norfolk.gov/Visitors/net.asp, bringen Besucher zu den wichtigsten Sehenswürdigkeiten. ⊙ Mo–Fr 6.30–23, Sa 12–24, So 12–20 Uhr.

Transport

Norfolk Airport Shuttle, ☎ 757/963-0433, 🖥 www.onetransportationsolution.com, pendelt zwischen dem Zentrum von Norfolk und dem fünf Meilen nordöstlich gelegenen **Norfolk International Airport** ($21). Amtrak-**Busse** von Newport News am Nordufer des James River halten in der W Bute Street, Ecke York Street, Greyhound-Busse in der 701 Monticello Avenue.

Portsmouth

Eine kleine **Schaufelradfähre**, 🖥 www.hrtransit.org, pendelt vom Waterside Park in Norfolk hinüber ins historische Portsmouth (unterschiedliche Verkehrszeiten, oft wochentags 7.15–23.30, am Wochenende 10.15–23.45 Uhr, $1,50). Marine-Enthusiasten zieht es ans Wasser ins **Norfolk Naval Shipyard Museum**, 2 High St, ☎ 757/393-8591, 🖥 www.portsnavalmuseums.com. Hier kann man ein 100 Jahre altes **Feuerschiff** besichtigen (⊙ wie unten, jedoch Dez–Feb geschl.), das einst im Hafen als schwimmender Leuchtturm unterwegs war. ☉ Di–Sa 10–17, So 13–17 Uhr, Eintritt $3. Abseits der Docks sind die ziegelsteingepflasterten Straßen von Portsmouth von charmanten alten Häusern gesäumt. Im reizenden **Courthouse** von 1846 im Colonial-Revival-Stil, High St, Ecke Court St, 🖥 www.courthousegalleries.com, residiert jetzt ein Kunstmuseum. ☉ Di–Sa 9–17, So 11–17 Uhr, Eintritt $5.

Virginia Beach

Capital Region

Der riesige Badeort Virginia Beach hat sich zur größten Stadt in Virginia entwickelt, mit fast einer halben Million Einwohnern. Obwohl in Strandnähe der Urlauberkitsch regiert, verleitet die entspannte Atmosphäre manch einen dazu, hier länger zu bleiben als geplant.

Alles hier dreht sich um den von Hotels und Motels gesäumten langen **Sandstrand**, an dem sich eine Strandpromenade mit Bars, Restaurants und Nachtclubs entlangzieht. Außerdem ist Virginia Beach ein wichtiges Surferzentrum; hier werden Ende August alljährlich die **East Coast Surfing Championships**, 📞 1-800/861-SURF, 🖥 www.surfecsc.com, ausgetragen. Am Strand finden zudem jedes Jahr Dutzende ausgelassener **Festivals** statt, darunter am Labor Weekend Anfang September das **American Music Festival**, 📞 757/491-SUNN, 🖥 www.beachstreetusa.com, zu dem große Namen anreisen. Abseits vom Strand steht die Atlantic Avenue, die Hauptstraße, im Mittelpunkt des Geschehens.

Hightech-Exponate und ein IMAX-Kino bietet das **Virginia Aquarium and Marine Science Center**, 717 General Booth Blvd, 📞 757/385-FISH, 🖥 www.virginiaaquarium.com, das sich mit allem beschäftigt, was mit dem Meer zu tun hat. Neben Aquarien mit Haien, Rochen, Meeresschildkröten und Quallen gibt es auch einen netten kurzen Naturlehrpfad durch die Salzmarsch **Owls Creek** sowie ein Vogelhaus mit Dutzenden einheimischer Arten. Das Museum organisiert auch Bootstouren zur **Delphinbeobachtung** (April–Okt, $19, 1 1/2 Std.) und **Walbeobachtung** (Ende Dez–Mitte März, $28,

2 1/2 Std.), die jeweils im Voraus gebucht werden sollten. ☉ tgl. 9–17 Uhr, Eintritt $17, mit IMAX-Film $23.

Der bewaldete **First Landing State Park**, dessen Eingang fünf Meilen westlich des Hwy 60/Shore Drive liegt, markiert die Stelle, an der 1607 die ersten englischen Siedler zum ersten Mal das amerikanische Festland erreichten; von hier zogen sie dann weiter nach Jamestown. Der beliebteste State Park in Virginia eignet sich gut zum Boot- und Radfahren und zum Campen ($24, mit Strom $30, 📞 1-800/933-PARK); außerdem verfügt er über einen Strand an der Chesapeake Bay. Etwa acht Meilen landeinwärts vom Park befindet sich eines von mehreren historischen Zeugnissen der Stadt (Infos über die anderen erteilt das Visitor Center), das **Adam Thoroughgood House**, 1636 Parish Rd, 📞 757/460-7588, das untersetzte Backsteinhaus eines Mannes, der als Diener nach Amerika kam und als Anführer der Kolonisten und Angehöriger der Miliz endete. Seine Geschichte und die der gesamten Ära wird in diesem Haus von 1636 erzählt. ☉ Di–Sa 9–17, So 11–17 Uhr, Eintritt $4.

Ein paar Meilen die Küste hinauf und hinunter erstrecken sich einige schöne und friedliche Sandstrände. Richtung Süden liegt das 3600 ha große und vier Meilen lange **Back Bay National Wildlife Refuge**, 🖥 www.fws.gov/backbay, ein Vogelschutzgebiet für Schneegänse, Meeresschildkröten, Falken und Weißkopfseeadler, wo man spazieren gehen, Rad fahren und angeln, aber nicht baden kann. ☉ tgl. Sonnenauf- bis Sonnenuntergang, $5 pro Auto, $2 pro Fußgänger oder Radfahrer. Im Süden ist außerdem der **False Cape State Park**, eine 1 Meile breite Nehrung, die hinüber nach North Carolina reicht und eines der letzten unangetasteten Küstengebiete der Region ist. Zu erreichen ist der Park allerdings nur zu Fuß oder mit dem Rad oder Boot, denn Autos sind hier verboten, und die Campingmöglichkeiten sind eher primitiv ($11/Nacht, 📞 1-800/933-PARK).

Übernachtung

Virginia Beach bietet in den verschiedenen Preislagen gute Unterkünfte; eine Übernachtung in einem der Hotels am Meer kostet im Sommer gewöhnlich an die $200.

Terrapin, 3102 Holly Rd, ✆ 757/321-6688. Köstliche Spezialitäten wie Kalbshaxe, Makkaroni und Käse mit Trüffeln und pikant gewürzte Jakobsmuscheln zu moderaten bis gehobenen Preisen.

Barclay Cottage, 400 16th St, ✆ 757/422-1956, 🖥 www.barclaycottage.com. Geschmackvolles B&B in 100 Jahre altem Haus mit der üblichen viktorianischen Einrichtung; in einigen Zimmern gibt es einen Whirlpool. Je nach Saison ❹–❻

The Capes Ocean Resort, 2001 Atlantic Ave, ✆ 757/428-5421, 🖥 www.capeshotel.com. Verschiedenste Zimmer, aber alle mit Balkon zum Meer und Kühlschrank. ⊙ März–Okt. ❹–❻

Four Sails, 3301 Atlantic Ave, ✆ 757/491-8100, 🖥 foursails.com. Zentral gelegener Hotelturm am Meer mit Sauna, Pool und Sonnendeck und je nach Jahreszeit sehr unterschiedlichen Preisen. ❹–❽

Virginia Beach wartet mit einigen tollen **Restaurants** auf.

One Fish-Two Fish, 2109 W Great Neck Rd, ✆ 757/496-4350. Nobelrestaurant mit tollem Angebot an Seafood sowie Steak und Lammkarree.

An der Hauptstraße ist das Angebot eher durchwachsen, gut sind jedoch:

Catch 31, 3001 Atlantic Ave, ✆ 757/213-3472. Gute Hamburger, *surf-and-turf* (Meeresfrüchte und Fleisch) und den Blick aufs Wasser gibt's gratis dazu.

Baja Cantina, 206 23rd St, ✆ 757/437-2920. Freundliche Bar mit annehmbarem und billigem mexikanischem Essen.

Visitor Center, 2100 Parks Ave, ✆ 1-800/822-3224, 🖥 www.vbfun.com, am östlichen Ende des I-264, eine halbe Meile westlich vom Strand, Ecke 21st St, ⊙ tgl. 9–17, Sommer bis 19 Uhr.

Das praktischste Transportmittel vor Ort sind die Strand-**Trolleys** namens The Wave, ✆ 757/222-6100, 🖥 www.hrtransit.org (Mai–Sep tgl. 8–2 Uhr, $1,50 – Busse kosten dasselbe). Die nützlichste Strecke ist die Atlantic Avenue hoch und runter (Nr. 30).

Greyhound-Busse halten in der 1017 Laskin Road, Nähe 31st Street, die **Zubringerbusse** von Amtrak vom Bahnhof in Newport News in der 19th Street, Ecke Pacific Avenue.

Eastern Shore

Das längste und am wenigsten besuchte Stück Atlantikküste in Virginia, die Eastern Shore, liegt abgetrennt vom Rest des Staates auf der anderen Seite der Chesapeake Bay und hat sich mit seiner Fischer- und Bauernkultur über die Jahrhunderte recht unabhängig vom restlichen Virginia entwickelt. Nur der südlichste Abschnitt der sogenannten Delmarva Peninsula gehört zu Virginia; hier ist die Halbinsel nur noch eine flache sandige Landzunge, die durch eine Kette von niedrigen Inseln geschützt ist.

Der US-13, der in der Mitte der Halbinsel verläuft und eine praktische Verbindung von Philadelphia und anderen Städten weiter nördlich darstellt, über- und unterquert am Ende der Chesapeake Bay auf 17 Meilen die offene See mittels des **Chesapeake Bay Bridge-Tunnel**, 🖥 www.cbbt.com ($12 pro Auto einfach, $17 hin und zurück bei Rückfahrt innerhalb von 24 Std.). Der größte Teil der Gesamtstrecke von 23 Meilen verläuft nur wenige Meter über dem Wasser, taucht zweimal unter Wasser und erreicht auf halber Strecke zwischen Norfolk und Virginia Beach das Festland. Beiderseits des US-13 liegen an Nebenstraßen einige Dörfer und Fischerhäfen wie Nassawadox, Assawoman und Accomac.

Chincoteague und Assateague Island National Seashore

Chincoteague, das attraktivste Ziel an der Eastern Shore, liegt auf einer schönen, sieben Meilen langen Düneninsel etwas südlich der Grenze

Capital Region

zu Maryland. Der kleine Ort zieht neue Zuzügler an, bildet aber immer noch eine entspannte Basis für die Erkundung der **Assateague Island National Seashore**, ✆ 757/336-6577, 🖵 www.nps.gov/asis, die gute Gelegenheiten zur Vogelbeobachtung bietet und außerdem noch Tiere wie Fledermäuse und Otter sowie wilde Ponys beherbergt. Das **Visitor Center**, ✆ 757/336-6122, erteilt Informationen über die insgesamt 15 Meilen langen Wanderwege durch Dünen und Marschland. Bei **Tom's Cove** ist ein netter Strand. Wer am letzten Mittwoch und Donnerstag des Juli in Chincoteague ist, sollte sich den jährlichen **Pony Swim** nicht entgehen lassen, wenn die rund 150 wilden Ponys, die die nördlich gelegene Assateague Island bevölkern, zusammengetrieben werden und durch den Kanal zum Chincoteague Memorial Park schwimmen. Dort werden dann die Fohlen zur Unterstützung der örtlichen Einwohnerschaft versteigert. Die Staatsgrenze auf der Insel kann übrigens nur zu Fuß überquert werden – wer mit dem Auto hinüberfahren möchte, muss aufs Festland zurückkehren. ☉ unterschiedlich, oft 6–20 Uhr, Eintritt Fahrzeug $15 (gültig für eine Woche), $5 pro Tag, Fußgänger und Radfahrer frei.

Übernachtung

Island Manor House, 4160 Main St, ✆ 1-800/852-1505, 🖵 www.islandmanor.com. Schickes, mit antiken Möbeln eingerichtetes B&B mit 8 urigen Zimmern. ❺
Refuge Inn, 7058 Maddox Blvd, ✆ 757/336-5511, 🖵 www.refugeinn.com. Verschiedenste reizende Zimmer und Suiten mit Terrassen und Balkonen, außerdem Pool. Im Sommer verdoppeln sich die Preise. ❺
Cedar Gables Seaside Inn, 6095 Hopkins Lane, ✆ 1-888/491-2944, 🖵 www.cedargable.com. Heimeliges B&B mit 4 Suiten, jeweils mit Kamin, Whirlpool, CD-Player und Kühlschrank. Hervorragendes Frühstück. ❼

Essen

Bill's Seafood, 4040 Main St, ✆ 757/336-5831). Das beste der Fischrestaurants serviert zu moderaten Preisen köstliche Krebse, Austern, Venusmuscheln und Garnelen, außerdem Steaks und Koteletts.

Island Creamery, 6243 Maddox Blvd, ✆ 757/336-6236. Bekannt für die vielen verschiedenen Sorten an cremigem Eis.

Charlottesville und das Shenandoah Valley

Die dicht bewaldeten, aber nicht sehr hohen Berge der **Blue Ridge Mountains**, mit bis zu gut 2000 m Höhe dennoch die höchsten Berge an der Ostküste, bilden die Ostflanke der rund 650 km langen Kette der **Appalachian Mountains**. Im geografischen Zentrum des Staates liegt die freundliche Universitätsstadt **Charlottesville** mit zwei Denkmälern zur Erinnerung an Thomas Jefferson.

Im Westen erreicht der **Shenandoah National Park** seinen höchsten Punkt im 1746 m hohen Mount Rogers. Auf der anderen Seite der Berge erstreckt sich das üppige Shenandoah Valley, das einst – während des Bürgerkriegs – als wichtiges und heiß umkämpftes Schlachtfeld diente. Der I-81, die Hauptstrecke durch das Shenandoah Valley, ist im Norden von Washington DC über den I-66 und auf der Höhe Richmonds über den I-64 zu erreichen. Daneben gibt es noch viele andere reizvollere Routen, die zwar mehr Zeit in Anspruch nehmen, aber lohnender sind. Dazu gehören der **Skyline Drive** und der **Blue Ridge Parkway**. Beide folgen dem Gebirgskamm auf rund 1200 m Höhe. Um das Beste von der Region zu sehen, ist ein Auto erforderlich. Aber auch eine Radtour über die vielen Seitenstraßen ist durchaus empfehlenswert. Für Wanderer lohnt sich besonders der **Appalachian Trail**.

Charlottesville

Charlottesville, 70 Meilen westlich von Richmond, hat einige der schönsten Beispiele früher amerikanischer Architektur zu bieten. Die kompakte Innenstadt mit den niedrigen Häusern wird von mit Magnolienbäumen gesäumten Straßen durchzogen und eignet sich toll zum Spazierengehen, besonders die autofreien Häuserblocks der **Main Street**. Die größte Attraktion aber ist **Monticello**, das ehemalige Wohnhaus von Thomas Jefferson, das auf einem Hügel gleich östlich der Stadt steht. Von hier bietet sich ein toller Blick auf den wunderschönen Campus der University of Virginia.

The University of Virginia

Der Verfasser der Unabhängigkeitserklärung und dritte Präsident der USA war besonders stolz darauf, die Universität von Virginia ins Leben gerufen zu haben. Er entwarf nicht nur jedes Gebäude bis ins Detail, sondern stellte auch den Lehrplan für die jeweiligen Fakultäten auf. Den Mittelpunkt des Campus bildet die von einer weißen Kuppel gekrönte **Rotunde** aus Backstein, die 1826 nach dem Vorbild des Pantheon entstand, um die Universitätsbibliothek und Unterrichtsräume aufzunehmen.

Im Erdgeschoss informiert eine Ausstellung über die Geschichte der Universität. Im oberen Stockwerk verbindet eine ausladende Halle drei elliptische Unterrichtsräume miteinander. Eine Treppe windet sich nach oben zum **Dome Room**, wo zwei korinthische Säulen zu einem augenförmigen Oberlicht emporragen. Von der Rotunde – tgl. um 10, 11, 14, 15 und 16 Uhr Ausgangspunkt kostenloser 45-minütiger Führungen (außer in den Ferien) – ziehen sich Zwillingskolonnaden um den üppig begrünten viereckigen Kolleghof (**The Lawn**), die die Wohn- und Unterrichtsräume der Professoren mit den Studentenwohnheimen verbinden.

---

7 HIGHLIGHT

Monticello

Monticello, ℡ 757/984-9822, 🖥 www.monticello. org, ist eines der bekanntesten Bauwerke der Vereinigten Staaten, denn es ziert die Rückseite des Nickels (5-Cent-Münze). Das Haus mit symmetrischer Backsteinfassade und weißem dorischem Portikus liegt herrlich auf einem Hügel 3 Meilen südöstlich von Charlottesville am Hwy-53. Hier verbrachte Thomas Jefferson den größten Teil seines Lebens.

Von außen wirkt Monticello wie ein palladianischer Landsitz, aber schon in der **Eingangshalle** fallen einem die Schnitzereien, Felle, Fossilien und Geweihe auf und es zeigt sich eine andere Seite von Jefferson. Jefferson Vorliebe für Schickschnack und alle möglichen neumodischen Apparate, mit denen das Haus gefüllt ist, kennzeichnen ihn als wahres Universalgenie. Sein Bett stand in einem kleinen Durchgang zwischen dem **Ankleidezimmer** und dem **Arbeitszimmer**: Wollte er nachts noch ein paar Notizen machen, verließ er es zur Linken, wollte er sich anziehen, zur Rechten.

Das Anwesen kann man im Rahmen einer Reihe von **Führungen** besichtigen, die jeweils unterschiedliche Aspekte des Anwesens beleuchten; wer mehr als eine Führung mitmachen möchte, muss schon recht tief in die Tasche greifen. Angeboten werden Touren durchs Haus (30 Min., März–Okt $22, Nov–Feb $17), eine detailliertere Architekturführung (1 1/4 Std., $27) und die kinderfreundliche Familienführung (30 Min., $22). Die abendlichen „Signature"-Touren (1 Std., Mai–Anfang Sep, $45) bieten bei geringerer Teilnehmerzahl einen breiten Überblick. Für alle Führungen ist ein zeitlich festgelegtes Ticket erforderlich, das im Voraus gebucht werden muss. Führungen März–Nov tgl. zwischen 9 und 17, sonst tgl. zwischen 10 und 16 Uhr.

Im Preis für die Führungen ist der Zutritt zu den **Gärten** inbegriffen. Auf der Plantage befinden sich auch die Überreste der **Mulberry Row**, der Sklavenquartiere von Monticello. Obwohl Jefferson die Sklaverei als „scheußliches Verbrechen" brandmarkte, hielt er selbst fast 200 Sklaven und hatte neuesten Forschungen zufolge mit der Sklavin Sally Hemings eins oder mehrere Kinder. Am Südende der Mulberry Row liegt in einem Hain aus alten Bäumen das mit einem schlichten Obelisken verzierte Grab Jeffersons. Die Inschrift mit einer Liste seiner großen Verdienste erwähnt nicht, dass er einmal Präsident war.

Übernachtung

Charlottesville besitzt ein gutes Spektrum an Unterkünften. Die meisten Quartiere gehören zu irgendeiner Kette; wer einen besseren Schlafplatz sucht, sollte das **English Inn**,

2000 Morton Drive, ☎ 434/971-9900, 💻 www.englishinncharlottesville.com, aufsuchen, ein großes Motel im Tudor-Stil mit sauberen, zweckdienlichen Zimmern, einige davon mit Kühlschrank und Mikrowelle. Außerdem gibt's Pool, Sauna und Fitnessraum. ❺

Gute, preiswerte B&B-Zimmer stehen in den beiden renovierten und mit Antiquitäten ausgestatteten Häusern des **200 South Street Inn**, 200 South St, ☎ 434/979-0200, 💻 www.southstreetinn.com, zur Verfügung; manche der zwei Dutzend Zimmer haben Kamin und Whirlpool. ❼

Vergleichbaren Komfort bietet das schöne **Inn at Court Square**, 410 E Jefferson St, ☎ 434/295-2800, 💻 www.innatcourtsquare.com, mit 9 Zimmern in zwei Gebäuden und ausgezeichneter Southern-Küche. ❻

Eine Übernachtung in einem B&B kann auch über Guesthouses, ☎ 434/979-7264, 💻 www.va-guesthouses.com, organisiert werden.

Essen und Unterhaltung

Das beste Essen gibt es in der Umgebung der Universität und in der Downtown Mall.
Bluegrass Grill & Bakery, 313 2nd St SE, ☎ 434/295-9700. Gutes Frühstückslokal mit köstlichen Pfannkuchen, Kartoffelpuffern, Keksen und Blini.

C&O Restaurant, 515 E Water St, ☎ 434/971-7044. Ehemaliges Gebäude von Bahnbediensteten, bietet wechselnde edle New Southern Cuisine wie Kalbsschmorbraten und in der Pfanne gebratene Forelle.

Informationen

Visitor Center, 610 E Main St, Downtown, ☎ 434/293-6789 oder 1-877/386-1102, 💻 www.charlottesville.org. ⏱ tgl. 9–17.30 Uhr.

Gutes Essen und heimischer Wein

Tastings, 502 E Market St, gleich nördlich der Downtown-Mall, ☎ 434/293-3663. Gehobenes Lokal, bietet Steak, Frikassee, Krebs und Hummer sowie eine gute Weinauswahl – viele der leckeren Tropfen stammen von den hiesigen Weinbergen.

Transport

Die **Amtrak**-Züge aus DC halten in der 810 W Main St. Der Busbahnhof von **Greyhound** liegt in der 310 W Main St.

Appomattox Court House

Inmitten der sanft geschwungenen Hügel des zentralen Virginia liegt etwa 60 Meilen südlich von Charlottesville (zu erreichen über US-460 und Hwy-24) das Dorf Appomattox Court House, wo Ulysses S. Grant der konföderierten Armee unter Robert E. Lee den Rückzugsweg abschnitt und so am 9. April 1865 die Kapitulation erzwang, mit der das Ende des vier Jahre währenden blutigen Bürgerkriegs eingeläutet wurde. Unterzeichnet wurde die Kapitulationsurkunde im Haus der Familie McLean, die ironischerweise hierher umgezogen war, nachdem die erste große Schlacht des Krieges – Bull Run – auf ihrem Land in Manassas geschlagen worden war. Näheres über die Kapitulation erfährt man im **Appomattox Court House National Historical Park**, 💻 www.nps.gov/apco. Das Dorf ist schön restauriert worden, und das Haus der McLeans ist heute ein Museum. ⏱ tgl. 8.30–17 Uhr, Eintritt je nach Saison $3–5 p. P.

Shenandoah National Park

Die endlosen Wälder, felsigen Schluchten und hübschen Wasserfälle des Shenandoah National Parks waren keineswegs schon immer unberührte Wildnis. Der Park wurde erst während der Weltwirtschaftskrise geschaffen, als die Regierung Hunderte kleiner Farmen beschlagnahmte und der Natur überließ. Den Kamm der Blue Ridge Mountains entlang führt eine der reizvollsten Strecken der USA, der 105 Meilen lange **Skyline Drive**. Die Straße zweigt kurz vor der Stadt **Front Royal**, 75 Meilen westlich von DC, vom I-66 ab. Auf der Fahrt nach Süden hat man herrliche Ausblicke über den Piedmont im Osten und das liebliche Shenandoah Valley im Westen. Die Straße wurde jedoch nach den Erfordernissen der 1930er-Jahre angelegt und kann für moderne Fahrzeuge an verschiedenen

Stellen recht schmal sein. Außerdem gestaltet sich die Fahrt wegen der steilen Abhänge und wegen möglichen Wildwechsels zum Teil ein bisschen abenteuerlich, sodass auf der gesamten Strecke eine Geschwindigkeitsbegrenzung von 35 Meilen pro Stunde gilt.

Viele Touristen kommen im Herbst, wenn die Region besonders farbenprächtig ist. Aber auch zu anderen Jahreszeiten empfiehlt es sich, einem der vielen Wanderwege zu folgen, die vom Skyline Drive abgehen. Die meisten sind etwa 3 bis 10 km lang. Einer beginnt am Byrd Visitor Center und führt zu den **Dark Hollow Falls**. Ein weiterer zweigt am Meilenstein 45 vom Skyline Drive ab. Er windet sich über einen ziemlich gefährlichen Abhang hinauf zum Gipfel des **Old Rag Mountains**, von wo aus sich ein Rundblick über die Ebenen Virginias und die Allegheny Mountains im Westen eröffnet.

Der **Appalachian Trail** ist etwas für ambitionierte Wanderer oder Leute, die eine Nacht im Freien weitab der Zivilisation verbringen möchten. Nähere Informationen gibt es in den folgenden **Visitor Centers**: Dickey Ridge, Meile 4,7, Harry F. Byrd Sr, Meile 51, und Loft Mountain, Meile 79, ✆ 540/999-3500, 🖳 www.nps.gov/shen. ☉ tgl. 8.30–17 Uhr. Eine Woche lang gültige Park-Eintrittsgebühr: Auto $15, Fußgänger $8; im Winter $10/5.

Übernachtung und Essen

Zu den Parkunterkünften, ✆ 1-888/896-3833, 🖳 www.visitshenandoah.com, gehören: **Skyland Resort**, Meile 41,7. Hütten und Hotelzimmer ❻ sowie ein großes Restaurant mit toller Aussicht. **Big Meadows Lodge**, Meile 51,2. Ähnliche Einrichtungen. ❻ **Lewis Mountain Cabins**, Meile 57,5. Gemütliche, rustikale Unterkunft. ❹ Im Park gibt es außerdem fünf **Zeltplätze**, die $15–20 pro Nacht kosten und unter 🖳 www.recreation.gov oder ✆ 1-877/444-6777 reserviert werden können.

Shenandoah Valley

Viele der kleinen Orte im Shenandoah Valley unterhalb des Skyline Drive lagen nach dem Bürgerkrieg in Trümmern – die Region wechselte

70 Mal die Besatzer, was 100 000 Tote und Versehrte forderte –, sind aber inzwischen wieder in ihren ursprünglichen Zustand zurückversetzt worden. An den Nebenstraßen liegen zahlreiche Denkmäler und Friedhöfe, umgeben von Pferdefarmen und Apfelweiden. Hier sind acht größere Schlachtfelder zu finden, weswegen das Gebiet offiziell als **National Historic Area** ausgewiesen ist; Näheres zu militärgeschichtlichen Touren zu Fuß oder mit dem Auto unter 🖳 www.shenandoahatwar.org.

Das nördliche Shenandoah Valley birgt außerdem ein halbes Dutzend der vielen **Kalksteinhöhlen** Virginias, zumeist in privatem Besitz und daher touristisch ausgebeutet (Eintritt $15–25). Zu den größten zählen die **Luray Caverns**, zwölf Meilen östlich von New Market nicht weit vom Hwy-211, 🖳 www.luraycaverns.com, mit einer unterirdischen „Orgel" mit Stalagmiten als Pfeifen, zu sehen auf einer einstündigen Führung. ☉ unterschiedlich, oft tgl. 9–18 Uhr, Eintritt $22.

Weiter südlich, abseits des Hwy-250 nordwestlich der Stadt **Staunton**, zeigt das **Frontier Culture Museum**, 🖳 www.frontiermuseum.org, acht verschiedene Arten von Farmen von Einwanderern, wobei viele Gebäude aus Europa importiert wurden. Das Ganze ist mehr ein historischer Freizeitpark als eine kulturelle Einrichtung, lohnt aber den Besuch, um zu sehen, wie aufreibend das Landleben damals gewesen sein muss. ☉ Winter tgl. 10–16, sonst 9–17 Uhr, Eintritt $10. Die **Woodrow Wilson Presidential Library**, 18-24 N Coalter St, 🖳 www.woodrowwilson.org, erinnert an den 28. Präsidenten der USA und seine Führungsrolle im Ersten Weltkrieg und bei verschiedenen moralistischen Kreuzzügen. Zu sehen sind außerdem seine schicke Pierce-Arrow-Präsidentenlimousine und nebenan sein Geburtshaus. ☉ März–Okt tgl. 9–17, Nov–Feb 10–16, So ab 12 Uhr, Eintritt $12, Kinder $3.

Lexington

Das kleine Lexington mit seinen Pferdekutschen, die über ruhige Kopfsteinpflasterstraßen rumpeln, wartet mit einigen wichtigen historischen Stätten auf. Auf dem eindrucksvollen, von Säulengängen durchzogenen Campus der Washington and Lee University gleich nördlich des Stadtzentrums befindet sich die düstere **Lee Chapel mit Museum**, 🖥 chapelapps.wlu.edu. Der Konföderierten-General Robert E. Lee unterrichtete hier nach dem Krieg – als die Hochschule noch Washington University hieß – und liegt gemeinsam mit seiner Familie in der Krypta der Kapelle begraben. Sein berühmtes Pferd Traveler wurde direkt davor beerdigt. 🕐 Mo–Sa 9–17, So 13–17, im Winter bis 16 Uhr, Eintritt frei.

Östlich der Kapelle, auf der anderen Seite des Paradeplatzes des Virginia Military Institute, dokumentiert das **George C. Marshall Museum**, ✆ 540/463-7103, 🖥 www.marshallfoundation.org, das Leben des Weltkriegsgenerals und späteren Außenministers George C. Marshall, der den nach ihm benannten Plan zur Unterstützung des Wiederaufbaus Europas nach dem Zweiten Weltkrieg ins Leben rief. 🕐 Di–Sa 9–17, So 13–17 Uhr, Eintritt $5.

Im **Stonewall Jackson House**, im Stadtzentrum, 8 E Washington St, 🖥 www.stonewalljackson.org, lebte der gleichnamige Konföderierten-General und VMI-Professor, bevor er in den Krieg zog (er fiel in der Schlacht von Chancellorsville). Sein spartanisches Stadthaus aus Backstein von 1801 ist noch genauso eingerichtet wie damals. 🕐 März–Dez Mo–Sa 9–17, So 13–17 Uhr, Eintritt $8. Gemeinsam mit 144 weiteren Konföderierten liegt Jackson auf dem **Stonewall Jackson Memorial Cemetery** nahe der South Main Street begraben. 🕐 tgl. Sonnenaufgang bis Sonnenuntergang, Eintritt frei.

20 Meilen südlich von Lexington am US-11 erhebt sich die spektakuläre **Natural Bridge**, 🖥 www.naturalbridgeva.com, wo der Bach einen 65 m großen Kalksteinbogen geschaffen hat. Angeblich hat George Washington seine Initialen in den Felsen gemeißelt (nur mit Adleraugen zu erkennen). Thomas Jefferson war von der Landschaft so beeindruckt, dass er sie kaufte und für 50 Jahre besaß. 🕐 tgl. 8 Uhr bis Einbruch der Dunkelheit, Eintritt $18.

Übernachtung

Historic Country Inns, ✆ 1-877/283-9680, 🖥 www.lexingtonhistoricinns.com. Mit die beste Unterkunft der Gegend: 3 stattliche alte

Das beste Essen der Gegend

Sheridan Livery Inn, 35 N Main St, ✆ 540/464-1887, bietet das beste Essen der Gegend: von gegrillten Shrimps und Crabcake-Sandwiches bis zu köstlichen Steaks und mit Chili geschmorter Schweineschulter.

Häuser mit 31 Zimmern und 12 Suiten, einige davon mit Kamin, Whirlpool und Bar. ❹
1868 Magnolia House Inn, 501 S Main St, ✆ 540/463-2567, 🖥 www.magnoliahouseinn.com. Fünf komfortable Suiten mit geschmackvollen Möbeln und kostenlosem WLAN sowie schönem Garten. ❻
Hummingbird Inn, 30 Wood Lane, nur ein paar Meilen nördlich der Stadt, ✆ 540/997-9065, 🖥 www.hummingbirdinn.com. Vergleichbare Ausstattung; das renovierte Bauernhaus von etwa 1780 ist ein zusätzlicher Reiz; außerdem gutes Essen, Solarium, Veranda und WLAN. ❻

Essen

Southern Inn Restaurant, 37 S Main St, mitten im Zentrum, ✆ 540/463-3612. Gute Sandwiches, Steak- und Seafood-Gerichte zu erschwinglichen Preisen sowie teurere Kreationen der New-Southern-Küche wie Alsenrogen und geröstetes Perlhuhn.
Bistro on Main, 8 Main St, ✆ 540/464-4888. Köstliche Garnelen mit Maisgrütze, Katfisch und Entenbrust zu moderaten Preisen und von stets zuverlässiger Qualität.

Informationen

Ein Besuch in Lexington lohnt sich auch wegen seiner vielen schönen alten Häuser; eine Karte für Rundgänge ist im **Visitor Center** erhältlich, 106 E Washington St, ✆ 540/463-3777, 🖥 www.lexingtonvirginia.com.

Blue Ridge Parkway

Sobald der Skyline Drive den Shenandoah National Park verlässt, verwandelt er sich in den Blue Ridge Parkway. Dieser folgt dem Kamm der Appalachen durch herrliche Landschaft in Richtung

Südwesten. Schneller nach North Carolina und in die Great Smoky Mountains (S. 437 und S. 489) gelangt man allerdings auf dem **I-81**, der sich an der Seite der Berge entlangschlängelt.

Infos zu den **Visitor Center** und **Campingplätzen** ($16) am Parkway unter ☎ 828/271-4779 oder 🖥 www.nps.gov/blri. Von Mai bis November bieten die Rocky Knob Cabins, ☎ 540/593-3503, 🖥 www.blueridgeresort.com, Meile 174 eine unvergessliche Übernachtungsmöglichkeit in den idyllischen Meadows of Dan; die Cabins aus der Zeit der „Großen Depression" haben inzwischen Kochnischen und Kamine ❸. Eine weitere Unterkunft ist die Peaks of Otter Lodge, 20 Meilen nördlich von Roanoke, VA, Meile 86, ☎ 1-800/542-5927, 🖥 www.peaksofotter.com; ❺. Sie ist das ganze Jahr über geöffnet und bietet schlichte, saubere Zimmer mit Seeblick.

Roanoke

Roanoke, zwischen I-81 und Parkway, ist die größte Stadt im westlichen Virginia. Bekannt ist sie für ihren bis ins Jahr 1882 zurückreichenden **Bauernmarkt**, ☎ 540/342-2028, Campbell Ave, Ecke Market St, ⊙ Mo–Sa 8–17, So 10–16 Uhr, sowie für das neue Zuhause des **Taubman Museum**, 110 Salem Ave SE, ☎ 540/342-5760, 🖥 www.taubmanmuseum.org, dessen kühne ultramoderne Konstruktion aus Glas und Stahl von einem Mitarbeiter von Frank Gehry entworfen wurde. Die drinnen ausgestellte Kunst ist nicht minder interessant, von schräger Volkskunst und Werken einheimischer Künstler bis zu minimalistischer und Konzeptkunst. ⊙ Di–Sa 10–17, So 12–17 Uhr, Eintritt $10,50.

Mit der Besiedlungsgeschichte der Region befasst sich das **History Museum of Western**

Virginia, 1 Market Square, 🖥 www.history-museum.org; es zeigt alles Mögliche von viktorianischer Mode bis zu von Thomas Jefferson unterzeichneten Dokumenten und Kriegsrelikten. ⊙ Di–Fr 10–16, Sa 10–17, So 13–17 Uhr, Eintritt $3.

Das **Virginia Museum of Transportation**, 303 Norfolk Ave, 🖥 www.vmt.org, beherbergt die größte Sammlung des Südens von Diesellokomotiven sowie alte Kutschen, Busse und Feuerwehrfahrzeuge. ⊙ Mo–Sa 10–17, So 13–17 Uhr, Eintritt $8.

Einen weiten Ausblick über das Tal verschafft eine fünfzehnminütige Fahrt vom Bauernmarkt den Mill Mountain hinauf zum **Roanoke Star**, einem 27 m hohen neonbeleuchteten Stern von 1949, dem die Stadt ihren Beinamen „Star City" verdankt; eine genaue Wegbeschreibung gibt es im Visitor Center.

Capital Region

West Virginia

West Virginia ist im Großen und Ganzen ländlich und arm. Bekannt ist es für seine Holz- und Kohleindustrie, die dank der reichen Ressourcen floriert. Hier gibt es die längsten für Paddeltouren geeigneten Flüsse des Ostens, sodass sich „der Bergstaat" – wie West Virginia zu Recht genannt wird – zu einem beliebten Reiseziel für Outdoorfreaks entwickelt hat.

Als der Bundesstaat noch zu Virginia gehörte, hatte die kleinbäuerlich geprägte Landwirtschaft hier wenig mit den Sklavenhalterplantagen des östlichen Virginia gemein. Bei Ausbruch des Bürgerkriegs stimmten die Bauern dafür, eine Gegenregierung einzusetzen – eine, die der Union gegenüber loyal war. 1863 wurde West Virginia vom Kongress zum Bundesstaat erklärt, ein Status, der acht Jahre später vom Supreme Court bestätigt wurde.

In wirtschaftlicher Hinsicht ist der Staat vorwiegend als Bergbaugebiet bekannt, und hier wurde eine der stärksten Gewerkschaften Amerikas, die United Mine Workers, gegründet. Die Bergbauunternehmen sind für viele Umweltsünden verantwortlich; durch die neueste Art der Landschaftsverunstaltung, bei der Berggipfel abgetragen werden *(mountaintop removal)*, sind große Teile der majestätischen Naturräume in zerklüftete Mondlandschaften verwandelt worden.

Das beliebteste Reiseziel West Virginias befindet sich ganz am Rand des Bundesstaates: die restaurierte Stadt **Harpers Ferry**. Sie stammt aus den 1850er-Jahren und liegt an den breiten Flüssen, die die Grenze zu Maryland und Virginia bilden. Im Westen erstrecken sich über 150 Meilen die **Allegheny Mountains**. Ihre bunten Hartholzwälder machen im Herbst denen in New England durchaus Konkurrenz.

Harpers Ferry

Harpers Ferry ist eine Stadt aus dem 18. Jh., die nach der Restaurierung zum National Historic Park erklärt wurde. Sie schmiegt sich an die steilen Hänge, die über dem Zusammenfluss des Potomac und des Shenandoah River aufragen. Der bekannteste mit der Stadt identifizierte Name ist John Brown. Dieser eifrige Gegner der Sklaverei aus der Zeit vor dem Bürgerkrieg und mögliche Irre überfiel 1859 ein Bundesarsenal in der Hoffnung, eine ausgedehnte Sklavenrevolte zu entfachen. Das ganze Unternehmen scheiterte am Ende, da US-Truppen unter dem Kommando von niemand Geringerem als Robert E. Lee dem Spuk ein Ende bereiteten. In der Stadt erinnert noch vieles an diese Zeit und wird im Rahmen des Historic Park bewahrt.

Shuttlebusse setzen die Besucher am Ende der gasbeleuchteten Shenandoah Street im Herzen der restaurierten **Lower Town** (auch Old Town) ab. Neben einer Schmiedewerkstatt, Kurzwaren- und Bekleidungshändlern, einer Taverne und einer Pension findet sich hier das **Master Armorer's House**, in dem einst der wichtigste Waffenschmied des Arsenals wohnte.

Museen mit Ausstellungen zum Bürgerkrieg und zur afroamerikanischen Geschichte säumen beide Seiten der **High Street**, die sich vom Fluss wegzieht. Ganz in der Nähe führen ein paar Steinstufen durch das Wohngebiet hinauf zum **Harper House** von 1782, dem ältesten Haus der Stadt.

Übernachtung und Essen

Ledge House, 280 Henry Clay St, ✆ 304/582-2443, 🖥 www.theledgehouse.com. Einfache, ansprechende Zimmer mit Balkon; WLAN. **❺**

Laurel Lodge, 844 E Ridge St, ✆ 304/535-2886, 🖥 www.laurellodge.com. Gemütlicher rustikaler Bungalow mit nur 3 antik eingerichteten Zimmern mit WLAN. **❺**

Angler's Inn, 867 W Washington St, ✆ 340/535-1239, 🖥 www.theanglersinn.com. Bietet in einem Haus von 1880 den notwendigen B&B-Komfort und dazu die Gelegenheit, an einem ganztägigen Angeltrip auf den örtlichen Flüssen teilzunehmen (Kombipaket ab $540), $30 Ermäßigung an Wochentagen. **❻**

Harpers Ferry Hostel, 19123 Sandy Hook Rd, 7 Meilen östlich in Knoxville, Maryland, ✆ 301/834-7652, 🖥 www.harpersferryhostel.org. Dorm-Betten ab $21, Zimmer **❷**

Das Visitor Center des Parks und das **Jefferson County Tourist Bureau**, 37 Washington Court,

☎ 304/535-2627, 💻 www.hello-wv.com, liefern nähere Infos zu den **Campingmöglichkeiten** in der Gegend.

Das Angebot an Esslokalen im Ort ist begrenzt. Das **Canal House**, 1225 W Washington St, ☎ 304/535-2880, bietet guten Kaffee und Sandwiches.

Transport

Harpers Ferry ist ein beliebtes Ausflugsziel von Washington DC und wird täglich von mehreren Zügen des **Maryland Rail Commuter-Netzes**, ☎ 1-800/325-7245, 💻 www.mtamaryland.com, angefahren ($11 einfach); außerdem hält hier 1x tgl. der Amtrak-Zug **Capitol Limited**. Ansonsten ist der Ort nur mit dem Auto zu erreichen, wobei Parken in der Old Town praktisch unmöglich ist. Besucher gelangen auch mit Shuttlebussen dorthin; diese starten am großen Nationalpark-Visitor Center an der US-340, ☎ 304/535-6029, 💻 www.nps.gov/hafe. Eintritt $4 p. P. und $6 pro Auto. ⊙ Gelände und Center tgl. 8–17 Uhr.

Umgebung von Harpers Ferry

In **Charles Town**, vier Meilen südlich von Harpers Ferry am US-340, wurde John Brown der Prozess gemacht und hier wurde er auch gehängt. Das **Jefferson County Museum**, Washington St, Ecke Samuel St, ☎ 304/725-8628, 💻 jeffctywvmuseum.org, erzählt die Geschichte des Prozesses und der Verurteilung und Hinrichtung von Brown, die die Spannungen zwischen Norden und Süden noch verschärften und mit zum Bürgerkrieg führten. ⊙ März–Dez Di–Sa 11–16 Uhr, Eintritt $3. Der Prozess fand statt im schönen klassizistischen **Jefferson County Courthouse** von 1836, 100 E Washington St, ⊙ Mo–Fr 9–17 Uhr. Informationen über Rundgänge zu den hübschen alten Wohnhäusern der Stadt, von denen einige der Familie von George Washington gehörten, gibt es im Museum.

Shepherdstown, ein gemütliches Dorf am Potomac zehn Meilen weiter nördlich, bietet sich mit seinen urigen Geschäften und Cafés mit Blick über den Fluss auf das berüchtigte Schlachtfeld von Antietam (S. 407) in Maryland

noch schöner für einen Bummel an. In einem Backsteingebäude von 1786 mit vielerlei viktorianischer Einrichtung befindet sich das **Historic Shepherdstown Museum**, 129 E German St, 💻 www.historicshepherdstown.com. Es zeigt Relikte des Krieges sowie den Nachbau eines 1787 von James Rumsey als Prototyp entworfenen Dampfschiffes, zwei Jahrzehnte, bevor Robert Fulton offiziell als Erfinder gewürdigt wurde. ⊙ April–Okt Sa 11–17, So 13–16 Uhr, Eintritt $4.

Das etwas weiter entfernte **Berkeley Springs**, das auch unter dem Namen Bath bekannt ist, steht als Historic Park unter Schutz; es liegt 30 Meilen westlich von Harpers Ferry beim Hwy-9, sieben Meilen südlich des I-70, und war bei George Washington als Sommerfrische beliebt. Auch heute noch sind hier verschiedene Massagen und Dampfbadanwendungen erhältlich, z. B. in den seit 1815 genutzten **Roman Baths**, 2 S Washington St, 💻 www.berkeleyspringssp.com; das Quellwasser ist hier das ganze Jahr über 23 °C warm, wird aber für die Badegäste auf 39 °C erhitzt. ⊙ tgl. 10–18 Uhr, $25 für 30 Min. Baden oder $45 mit Massage, Reservierungen unter ☎ 304/258-2711. Vom schattigen Platz in der Ortsmitte gehen Pfade in alle Richtungen ab; einer davon führt hinauf zum mittelalterlich wirkenden **Berkeley Castle**, einer 1885 erbauten privaten Residenz. Zu den besseren B&Bs im Ort zählen das über vier Gebäude verteilte **Highlawn Inn**, 171 Market St, ☎ 304/258-5700 oder 1-888/290-4163, 💻 www.highlawninn.com, ❺, dessen Zimmer teilweise mit Whirlpools ausgestattet sind, die das gerühmte Quellwasser der Region nutzen, und das **Manor Inn**, 234 Fairfax St, ☎ 304/258-1552, 💻 www.bathmanorinn.com, ❹, mit drei einfachen, aber reizenden Zimmern zu erschwinglichen Preisen.

Allegheny Mountains

Bei den Allegheny Mountains, West Virginias Anteil an den Appalachen, handelt es sich um eine 140 Meilen lange Bergkette im Monongahela National Forest. Dieser umfasst zahlreiche State Parks mit sehr eindrucksvollen Sehenswürdigkeiten und verschiedenen Tieren wie Rotwild, Truthähnen, Bären und Ottern. Karten und detaillierte Infos gibt es beim **Monongahe-la National Forest Supervisor**, 200 Sycamore St, Elkins, West Virginia 26241, ☎ 304/636-1800, 🖳 www.fs.fed.us/r9/mnf, ⏱ Mo–Fr 8–16.45 Uhr.

Einige der schönsten Landstriche befinden sich im Norden des Bundesstaates, darunter die tosenden **Blackwater Falls** bei der Stadt Da-vis, und südlich davon das waldreiche **Canaan Valley**. Im Osten erhebt sich das Hochland der **Dolly Sods Wilderness**.

Am südlichen Ende des Canaan Valley über-ragt der höchste Berg West Virginias, der 1482 m hohe **Spruce Knob**, das Quellgebiet des Potomac River. Der Gipfel ist mit dem Auto zu erreichen, und oben steht ein Aussichtsturm. Noch besser ist die Aussicht von den zerklüfteten **Seneca Rocks**, 20 Meilen weiter nordöstlich, deren 300 m hohe, schroffe Felsen zurzeit als die größte Herausforderung für Bergsteiger an der Ostküs-te gelten. Weniger sportliche Besucher wäh-len den Wanderweg, der an der Rückseite des Nordgipfels hinaufführt.

In der Nähe liegt der äußerst sehenswerte **Smoke Hole Canyon**, eine fast 800 m lange Kluft. Es ist ein verwunschener Anblick, wenn Dunst und Nebel aus dem tief eingegrabenen Canyon aufsteigen. Für Hartgesottene empfiehlt sich der **North Fork Mountain Trail**, der sich 24 Meilen lang durch den Canyon zieht, und der Big Bend Campground, ☎ 304/257-4488 oder 1-877/444-6677, der von April–Okt ($16) geöffnet ist.

Smoke Hotel Resort, Seneca Rocks, 10 Min. nördlich der Felsen am Hwy-55, ☎ 1-800/828-8478, 🖳 www.smokehole.com. Moderne Blockhütten ❻, Cottages ❻ und Motelzimmer ❸.

Infos zu den Seneca Rocks erteilt das **Seneca Rocks Discovery Center** nahe der Kreuzung der Highways 33 und 55, ☎ 304/567-2827. ⏱ April–Okt tgl. 9–16.30 Uhr, Eintritt frei.

Southern Monongahela

Die Südhälfte des **Monongahela National Fo-rest** ist wie der größte Teil der Alleghenies eine bergige, zum Teil unzugängliche Region; zwei Straßen, der US-219 und der Hwy-92, winden sich von Norden nach Süden, verbunden durch einige Nebenstraßen, von denen sich wunder-schöne Ausblicke eröffnen. Das **Visitor Center** in Marlinton, 708 2nd Ave, ☎ 1-800/336-7009, 🖳 www.pocahontascountywv.com, hält Karten der Region und Informationen über Führer und Anbieter von Freizeitaktivitäten bereit.

Eine wichtige Sehenswürdigkeit ist die staat-liche **Cass Scenic Railroad**, ☎ 304/456-4300 oder 1-800/CALL-WVA, 🖳 www.cassrailroad.com, ei-ne restaurierte Forstwirtschafts-Dampfbahn von 1902, mit der Besucher nach fünf Stunden Fahrt den Gipfel des 1476 m hohen Bald Knob errei-chen (unterschiedliche Betriebszeiten, $24–27). Die Bahn startet in der ehemaligen Sägewerks-Fabrikstadt **Cass**, fünf Meilen westlich des Hwy-28 beim Ort Green Bank, die jetzt in Gän-ze als Historic Park unter Denkmalschutz steht. **Übernachten** kann man in einem der 13 zwei-stöckigen Bahnarbeiterhäuschen von 1902, die in Unterkünfte für Selbstversorger umgebaut wurden und vier bis zehn Personen aufnehmen; ☎ 1-800/CALL-WVA, je nach Saison ❹–❻. Au-ßerdem kann man noch einen alten Eisenbahn-waggon aus den 1920er-Jahren mit einfacher Ausstattung mieten, entweder für eine Fahrt den Berg hinauf ($85–119 p. P.) oder für eine Fahrt plus Übernachtung (❺ plus Bahnticket).

Eine zünftige Fünf-Meilen-Wanderung führt von Cass entlang der Schienen hinunter zum Beginn des auch für Mountainbikes geeigneten **Greenbrier River Trail**, 🖳 www.greenbrierriver trail.com, der Fluss und Eisenbahn auf einer Länge von 79 Meilen folgt und bei Lewisburg (S. 397) endet. Leihräder sowie Angel-, Fahrrad- und Skitouren bietet das Elk River Touring Cen-ter, ☎ 1-866/572-3771, 🖳 www.ertc.com, 15 Mei-len nördlich von Marlinton, abseits des US-219 im Dorf **Slatyfork**. Das Unternehmen bietet zudem einfache Unterkünfte in einem Inn ❹, Farmhaus ❸ und in vier Cabins mit besserer Ausstattung ❻; am Wochenende gilt ein Min-destaufenthalt von zwei Nächten.

Fünf Meilen westlich der Kreuzung der Cass Scenic Road mit dem schönen Highland Scenic Highway (Rte-150) liegt die **Cranberry Glades Botanical Area**. Hier führt ein eine halbe Meile langer Plankenweg über einen Torfmoorsumpf, einen von vier solcher Sümpfe mit einer Gesamt-fläche von 300 ha. Infos erteilt das Cranberry Mountain Nature Center, ☎ 304/653-4826, an der Kreuzung der Highways 39 und 55, ⊙ Ende April–Okt Do–Mo 9–16.30 Uhr. Eine geruhsame Erkundung lohnt wegen seiner schönen Ausblicke der 43 Meilen lange **Highland Scenic Highway** (⊙ nur April–Okt); hier befinden sich außerdem mehrere schöne Campingplätze, und Wanderwege mit einer Gesamtlänge von 150 Meilen gehen von ihm ab. Weitere Informationen erteilt der Marlinton Ranger District, ☎ 304/799-4334.

Lewisburg und Greenbrier Resort

Das südlich vom Monongahela National Forest am I-64 gelegene Lewisburg wartet mit einer Ansammlung schöner, mit Ziegeln verblendeter Häuser vom frühen 19. Jh. auf und bietet sich gut für einen Spaziergang an, besonders entlang der **Washington Street**. Bekannt ist der Ort außerdem für seine etwas touristischen **Lost World Caverns**, bei der Fairview Road außerhalb der Stadt, ▯ www.lostworldcaverns.com. Die dramatischen Höhlenformationen können Besucher auf einem 45-minütigen Rundgang selbst erkunden; für Wagemutigere gibt es vierstündige Touren in die dunkleren, engeren Ecken ($70). ⊙ unterschiedlich, oft tgl. 9–17 Uhr, Eintritt $12.

Das Hotel der Präsidenten

Das etwas östlich von Lewisburg gelegene White Sulphur Springs ist ein alter Badeort, der vor allem bekannt ist für das **Greenbrier Hotel and Resort**, 300 W Main St, ☎ 304/536-1110 oder 1-800/453-4858, ▯ www.greenbrier.com, das prächtigste Hotel in West Virginia, mit einer säulengeschmückten Eingangshalle, üppig begrünten, 2600 ha großen Außenanlagen, 850 Zimmern, Golfplätzen und erstklassigen Restaurants. Zwei Dutzend US-Präsidenten haben hier schon genächtigt, vielleicht auch wegen des großen, tief unter der Erde liegenden Bunkers aus der Zeit des Kalten Krieges, der jetzt nicht mehr in Gebrauch und somit für faszinierende 90-minütige Führungen geöffnet ist (☎ 304/536-7810, ⊙ unterschiedlich, Eintritt $30). ❽

Das **Visitor Center**, 540 N Jefferson St, ☎ 1-800/833-2068, ▯ www.greenbrierwv.com, bietet Karten für Rundgänge und Vorschläge für Autofahrten durch das Greenbrier Valley. Es vermittelt darüber hinaus auch verschiedene behagliche Hotels wie etwa das **General Lewis Inn**, 301 E Washington St, ☎ 304/645-2600 oder 1-800/628-4454, ▯ www.generallewisinn.com, das neben 24 gemütlichen viktorianischen Zimmern auch über ein sehr gutes Restaurant mit amerikanischer Küche zu moderaten Preisen verfügt ❻.

New River Gorge

New River Gorge, ▯ www.nps.gov/neri, eine der schönsten Schluchten von West Virginia, liegt 30 Meilen westlich der Ortschaft Lewisburg am I-64 und ist als Nationalpark geschützt. Die 300 m tiefe und über 50 Meilen lange Schlucht wurde vom New River aus dem Kalkstein gewaschen, der ironischer Weise einer der ältesten Flüsse Nordamerikas ist.

Abgesehen von der atemberaubenden Route des Amtrak-Zuges, der von Washington DC aus einmal täglich hier durchkommt, ist die Schlucht in ihrer vollen Länge nur auf dem Wasserweg zu erreichen. Als Ausgangsbasis eignet sich die kleine Stadt **Hinton** am Südende der Schlucht, ein nahezu perfekt erhaltener Ort (und eine weitere Amtrak-Haltestelle) in wunderschöner Lage mit Kopfsteinpflasterstraßen, die sich vom Fluss nach oben winden und von vielen imposanten Stadthäusern und langsam verfallenden Arbeiterunterkünften gesäumt werden. ⊙ tgl. rund um die Uhr, Eintritt frei.

Übernachtung

In Hinton gibt es die üblichen Billigmotels. Highlight ist die **New River Falls Lodge**, 110 Cliff Island Drive, ☎ 304/466-5710, ▯ www.newriverfallslodge.com. Einfache B&B-Zimmer ❹ sowie 4 Cottages mit 2 Schlafzimmern, Küche und Kamin. ❻

Informationen

Einen kleinen Stadtplan von Hinton mit Tipps für Rundgänge gibt's im **Visitor Center**, 206 Temple St, ☎ 304/466-5420, ▯ www.three

In voller Länge lässt sich die New River Gorge nur auf dem Wasserweg erkunden.

riverswv.com, das auch ein Eisenbahnmuseum beherbergt. ⏱ Di–Sa 10–14 Uhr.
Nähere Auskünfte zu Kletter-, Wander- und Raftingmöglichkeiten hat das **Sandstone Visitor Center**; es liegt an der Stelle, wo der Hwy-64 den Fluss überquert, ✆ 304/466-0417, 🖥 www.nps.gov/neri, ⏱ tgl. 9–17 Uhr, oder das **Canyon Rim Visitor Center**, 7 Meilen nördlich von Oak Hill am Hwy-19 in der Nähe der knapp 300 m hohen New River Gorge Bridge, ✆ 304/574-2115, ⏱ Juni–Aug 10–17 Uhr.

Charleston

Charleston, die Haupt- und größte Stadt West Virginias, hat nur wenige wichtige Sehenswürdigkeiten vorzuweisen, dafür aber einige schöne viktorianische Gebäude, die im Rahmen eines vom Visitor Center (s. u.) angebotenen Rundgangs zu sehen sind. Das am Wasser stehende **State Capitol**, 1900 Kanawha Blvd, ✆ 304/558-4839, wurde vom Architekten des Lincoln Memorial und des US Supreme Court, Cass Gilbert, entworfen und ist ein stattliches Neo-Renaissance-Bauwerk von 1932 mit einer beeindruckend großen goldenen Kuppel. ⏱ Mo–Fr 7–19, Sa und So 11–19 Uhr. Das

West Virginia Cultural Center, ✆ 304/558-0220, 🖥 www.wvculture.org, im selben Komplex, bietet interessante Ausstellungen zu Kohlebergbau, Geologie, Forstwirtschaft und Krieg sowie zur Geschichte des Bundesstaats. ⏱ Di–Sa 9–17, So 12–17 Uhr, Eintritt frei.

Viel umfassender ist allerdings das unerwartet moderne **Clay Center for the Arts & Sciences of West Virginia**, One Clay Square, ✆ 304/561-3570, 🖥 www.theclaycenter.org, ein riesiger Komplex mit auf Kinder abzielenden naturwissenschaftlichen Ausstellungssälen, einem Planetarium, Bühnen für Theater und Musik, einer Galerie für Kunst aus der Region und verschiedenen Cafés und Souvenirgeschäften. ⏱ Mi–Sa 10–17, So 12–17 Uhr, Eintritt $13,50. Am Memorial-Day-Wochenende Ende Mai findet in der Stadt alljährlich das **Vandalia Festival** statt, das größte Kunst- und Kunsthandwerksfest in den Appalachen inklusive Musikveranstaltungen und Lügengeschichtenwettbewerben.

Übernachtung und Essen

Brass Pineapple, 1611 Virginia St E, ✆ 304/344-0748, 🖥 brasspineapple.com. B&B im viktorianischen Stil mit jeder Menge Antiquitäten und blumigem Dekor. ❺

Die anderen Unterkünfte gehören Ketten an; am besten davon sind vielleicht die **Embassy Suites**, 300 Court St, ✆ 304/347-8700, 🖳 www. embassysuites.com, mit Fitnessraum, Pool und Business Center. ❻

Bluegrass Kitchen, 1600 Washington St E, ✆ 304/346-2871. Erstklassige New-Southern-Küche in mittlere Preislage, darunter Bourbon-Forelle mit Maisgrütze und Butternuss-Kürbis-Pasta.

Blossom Deli and Soda Fountain Cafe, 904 Quarrier St, ✆ 304/345-2233. Art-déco-Café mit köstlichen Sandwiches, Burgern und Eisbechern zum Mittagessen und teureren Steak-, Seafood- und regionalen Gerichten zum Abendessen.

Informationen

Visitor Center, 200 Civic Center Drive, ✆ 1-800/733-5469, 🖳 www.charlestonwv.com, ⏱ Mo–Fr 9–17 Uhr.

Maryland

Maryland war die einzige katholische Kolonie im ansonsten streng protestantischen Nordamerika und einer der umstrittensten Sklavenhalterstaaten in der Union. Auf nur 27 394 km^2 vereinigt Maryland zwei unterschiedliche Welten: hier die geschäftige Großstadt Baltimore und die vollen Strände von Ocean City, dort die verschlafenen Fischerdörfer der Chesapeake Bay und die kaum bekannten Dörfer der Eastern Shore. Ein Chesapeake-Highlight sind die legendären *blue crabs*, ein Gaumenschmaus, der in den Kolonialstädten der Bucht in Lokalen am Straßenrand angeboten wird.

Die größte Stadt im Bundesstaat ist **Baltimore**, eine betriebsame Metropole. West-Maryland erstreckt sich über 100 Meilen bis zu den Vorgebirgen der Appalachen. Besonders sehenswert ist das Bürgerkriegs-Schlachtfeld bei **Antietam**. Nur 20 Meilen südlich von Baltimore liegt die malerische Stadt **Annapolis**. Sie wurde 1649 gegründet und ist seit 1694 die Hauptstadt von Maryland. Am bekanntesten ist die Stadt als

Sitz der nationalen Marineakademie. Am Ostufer der Chesapeake Bay befinden sich einige interessante Reiseziele, zu erreichen über die Brücke des US-50, aber eine Welt für sich.

Baltimore

Die TV-Serie *The Wire* verkauft Baltimore als untergehende Stadt, deren glanzvolle Tage der Hafenindustrie längst der Vergangenheit angehören und in der sich unterschiedliche Verbrechergruppen erbitterte Überlebenskämpfe liefern. Doch obwohl es in der Tat Gegenden gibt, die man besser meiden sollte, zählt der Ort noch immer zu den lohnenden Stationen an der Ostküste. In den eng zusammengewachsenen Vierteln und historischen Stadtteilen kann man viel sehen, besonders im berühmten **Hafenviertel**, und erstklassige Museen besuchen. Außerdem lebten hier so unterschiedliche Schriftsteller wie Edgar Allan Poe und H. L. Mencken oder Bürgerrechtler wie Frederick Douglass und Thurgood Marshall.

Downtown

Die revitalisierte Innenstadt von Baltimore lädt zu einem Bummel entlang der von Backsteingebäuden gesäumten Uferpromenade ein und wartet mit reihenweise Attraktionen aus der Welt der Seefahrt und Wissenschaft auf. Die meisten Geschäfte, Restaurants und Cafés befinden sich westlich der **Charles Street** in Baltimores altem Einkaufsviertel. Hier steht auch eines der Wahrzeichen der Stadt, der 1783 etablierte **Lexington Market**, 400 W Lexington St, ✆ 410/685-6169, 🖳 www.lexingtonmarket.com, ⏱ Mo–Sa 8.30–18 Uhr. In der ältesten und geräuschvollsten Markthalle der Stadt gibt es rund 140 (!) Essenstände, darunter Faidley's (S. 404). Tagsüber ist die Gegend sicher, nach Einbruch der Dunkelheit aber eher riskant.

Die **Westminster Church**, 519 W Fayette St, unmittelbar südlich des Marktes wurde 1852 auf dem städtischen Hauptfriedhof erbaut. Zu den Berühmtheiten, die hier ruhen, ist **Edgar Allan Poe**. Er lebte während der 1830er drei Jahre lang in der Stadt, bevor er nach Richmond, Virginia, zog. Bei einem Besuch in Baltimore 1849 wurde Poe schwer krank und starb kurz darauf. 1875 wurden seine sterblichen Überreste aus einem Armengrab exhumiert und unter dem steinernen Denkmal an der Green Street nördlich der Kirche begraben.

Inner Harbor

Der Inner Harbor ist ein Muster der Stadtsanierung. Die zerfallenden Werften und Lagerhäuser aus den 1970er-Jahren wurden durch die Stahl-Glas-Konstruktion der **Harborplace** Shopping Mall, ✆ 410/332-4191, 🖳 www.harborplace.com, ersetzt – die darin befindlichen Geschäfte heben sich jedoch kaum von anderen ab. ◷ Mo–Sa 10–21, So 12–18 Uhr. Einen tollen Blick bietet die Aussichtsplattform Top of the World auf Baltimores **World Trade Center** am Nordpier, ✆ 410/837-VIEW, 🖳 www.viewbaltimore.org, ◷ unterschiedlich, oft Mi und Do 10–18, Fr und Sa 10–19, So 11–18 Uhr, Eintritt $5.

Um dem Inner Harbor einen Hauch von Authentizität zu verleihen, hat man eine Handvoll historischer Schiffe hierher gebracht; das ehemalige Baltimore Maritime Museum nennt sich nun **Historic Ships of Baltimore**, ✆ 410/539-1797, 🖳 www.historicships.org. Die vorhandenen Schiffe erscheinen etwas zusammengewürfelt – ein Kutter der Küstenwache, der Pearl Harbor überlebt hat, ein Chesapeake-Bay-Feuerschiff, ein Diesel-U-Boot aus dem Zweiten Weltkrieg –, Höhepunkt ist aber auf jeden Fall die elegante **USS Constellation**, die einzige noch intakte Fregatte aus der Zeit des Bürgerkriegs und das letzte von der Kriegsmarine gebaute Segelschiff, das allein durch Wind angetrieben wurde. Es stammt von 1854 und wurde 1999 restauriert. ◷ unterschiedlich, oft tgl. 10–16.30 oder 17.30 Uhr, Führungen: 1 Schiff $10, 2 Schiffe $14, alle 4 Schiffe $18.

Die weitaus größte Touristenattraktion ist das **National Aquarium**, 501 E Pratt St, ✆ 410/576-3800, 🖳 www.aqua.org. Unter anderem tummeln sich hier Quallen, Haie, Rochen und Meeresschildkröten vor den Besuchern in ihren abgeschlossenen Becken und machen das Aquarium zu einem Muss für Liebhaber dieser Meeresgeschöpfe. Das Aquarium ist zu gleichen Teilen Freizeitpark und wissenschaftliche Einrichtung, sodass in hiesigen **Dolphin Amphitheater** Delphine im Stil von SeaWorld die Besucher unterhalten. ◷ unterschiedlich, oft So–Do 9–17, Fr 9–20, Sa 9–18 Uhr, Eintritt $25, mit Delphinschau $28.

Federal Hill und Umgebung

Nur einen kurzen Fußmarsch südlich des Inner Harbor liegt der Federal Hill District, ein herrlicher Wohnbezirk abseits der Massen. Die mit interessanten Geschäften, Restaurants und Galerien gesäumte Hauptstraße, die Light Street, führt zum **Cross Street Market**, der 1875 seine Pforten öffnete. Hier gibt es ein paar ausgezeichnete Delis, Seafoodbars und Obststände. Der **Federal Hill Park** im Nordosten ist ein ruhiges Naherholungsziel mit schöner Aussicht auf den Hafen sowie die Skyline von Downtown.

Im nördlichen Teil des Viertels erhebt sich am Hafen der Glas-, Stahl- und Betonbau des **Maryland Science Center**, 601 Light St, ✆ 410/685-5225, 🖳 www.mdsci.org, das besonders Kinder faszinieren dürfte. Anhand von fantasievollen, interaktiven Ausstellungen werden die unterschiedlichsten Themen behandelt, angefangen von Dinosauriern bis zu Reisen im Weltraum. ◷ Mo–Fr 10–17, Sa 10–18, So 11–17 Uhr, Eintritt $15, Kinder $12, IMAX-Vorführung $8.

Interessanter ist das **American Visionary Art Museum** östlich des Federal Hill Park, 800 Key Hwy, ✆ 410/244-1900, 🖳 www.avam.org. Das Museum widmet sich den Werken ungeschulter Amateur-Künstler. Es zeigt Tausende Exponate, die amerikanische „Visionäre" aus allen erdenklichen Materialien wie Glas, Porzellan, Zahnstocher und Alufolie gefertigt haben. Zu den bemerkenswertesten Arbeiten gehören eine unglaublich komplizierte Plastik der Strandpromenade von Coney Island und schaurige, Bosch-ähnliche Bilder von Alien-Entführungen. ◷ Di–So 10–18 Uhr, Eintritt $16.

Mount Vernon

Das vornehme Herz der Stadt schlägt nördlich der Downtown auf der sanften Anhöhe Mount Vernon. Benannt ist das Viertel mit seinen Ziegelhäusern aus dem 18. Jh. nach der Villa von George Washington, dem zu Ehren auch das knapp 60 m hohe, marmorne **Washington Monument** errichtet wurde. Es steht in einem kleinen

Baltimore

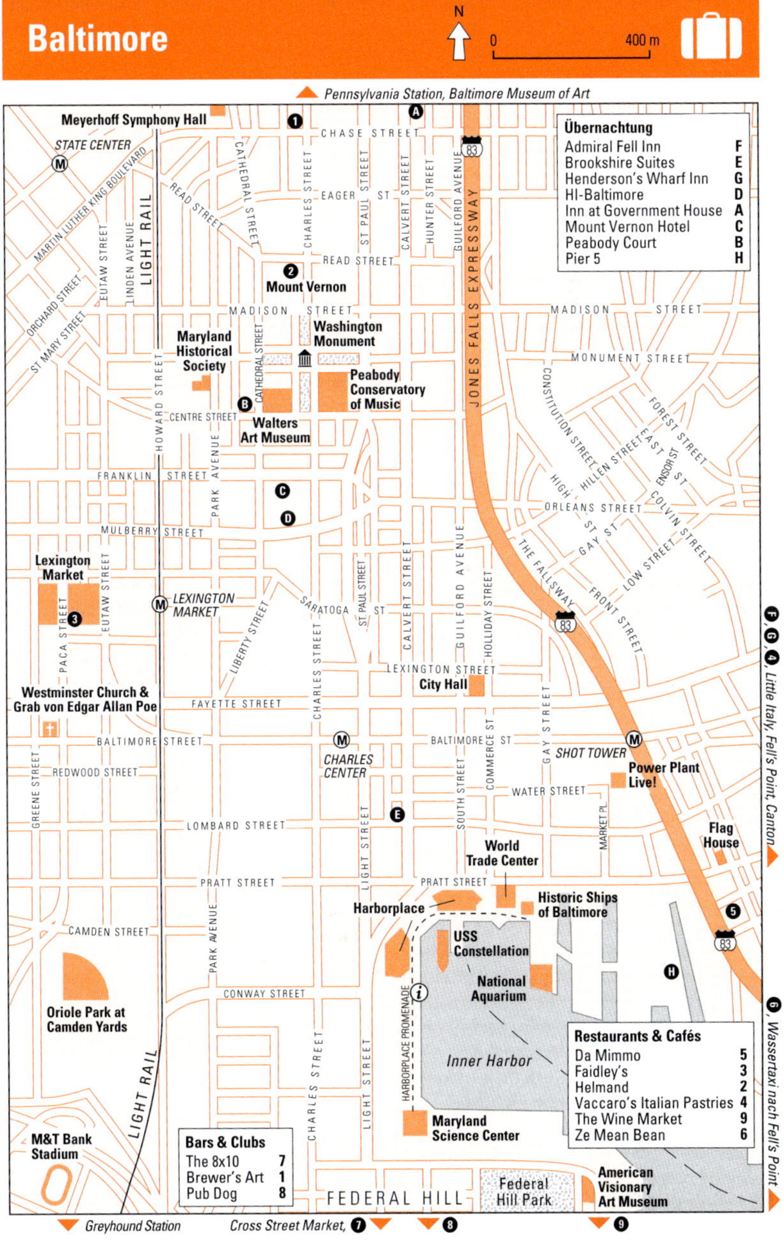

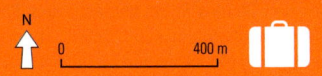

↑ Pennsylvania Station, Baltimore Museum of Art

Meyerhoff Symphony Hall

STATE CENTER Ⓜ

LIGHT RAIL

CHASE STREET Ⓐ

EAGER   ST

READ STREET

Übernachtung

Admiral Fell Inn	F
Brookshire Suites	E
Henderson's Wharf Inn	G
HI-Baltimore	D
Inn at Government House	A
Mount Vernon Hotel	C
Peabody Court	B
Pier 5	H

MARTIN LUTHER KING BOULEVARD

ORCHARD STREET

EUTAW STREET

LINDEN AVENUE

ST MARY STREET

READ STREET

CATHEDRAL STREET

CHARLES STREET

ST PAUL ST

CALVERT STREET

HUNTER STREET

GUILFORD AVENUE

JONES FALLS EXPRESSWAY

83

② **Mount Vernon**

MADISON   STREET

MADISON   STREET

Maryland Historical Society

Washington Monument

MONUMENT STREET

HOWARD STREET

CATHEDRAL STREET

PARK AVENUE

Peabody Conservatory of Music

CONSTITUTION STREET

HILLEN STREET

E. ST STREET

FOREST STREET

ENSOR ST

Ⓑ **Walters Art Museum**

CENTRE STREET

FRANKLIN   STREET

Ⓒ

Ⓓ

HIGH ST

GAY ST

LOW STREET

COLVIN STREET

ORLEANS STREET

MULBERRY STREET

Lexington Market

EUTAW STREET

PACA STREET

③

Ⓜ **LEXINGTON MARKET**

SARATOGA   ST

LIBERTY STREET

CHARLES STREET

ST PAUL ST

CALVERT STREET

GUILFORD AVENUE

HOLLIDAY STREET

THE FALLSWAY

FRONT STREET

83

Capital Region

LEXINGTON STREET

City Hall

Westminster Church & Grab von Edgar Allan Poe

FAYETTE STREET

BALTIMORE STREET

GREENE STREET

REDWOOD STREET

CHARLES CENTER

Ⓜ

BALTIMORE   STREET

COMMERCE   ST

SOUTH STREET

GAY ST

SHOT TOWER Ⓜ

Power Plant Live!

MARKET PL

Flag House

Ⓕ Ⓖ ④   Little Italy, Fell's Point, Canton,

WATER STREET

LOMBARD STREET

E

PRATT STREET

World Trade Center

Harborplace

PARK AVENUE

CAMDEN STREET

PRATT STREET

Historic Ships of Baltimore

USS Constellation

Ⓗ

83

⑤

Oriole Park at Camden Yards

CONWAY STREET

LIGHT RAIL

CHARLES STREET

LIGHT STREET

HARBORPLACE PROMENADE

ⓘ

National Aquarium

Inner Harbor

Restaurants & Cafés

Da Mimmo	5
Faidley's	3
Helmand	1
Vaccaro's Italian Pastries	4
The Wine Market	9
Ze Mean Bean	6

Ⓖ   Wassertaxi nach Fell's Point

M&T Bank Stadium

Maryland Science Center

American Visionary Art Museum

Bars & Clubs

The 8x10	7
Brewer's Art	1
Pub Dog	8

Federal Hill Park

▼ Greyhound Station   FEDERAL HILL   Cross Street Market, ⑦ ▼   ▼ ⑧   ▼ ⑨

Park in der Charles Street am Monument Place. In der Nähe befindet sich der Kirchturm der neogotischen Mount Vernon Methodist Church. Erklimmt man die 228 Stufen, kann man einen tollen Blick über die Stadt genießen. ⏲ Mi–Fr 10–16, Sa und So 10–17 Uhr, Eintritt $1.

Im zur Johns Hopkins University gehörenden Peabody Conservatory of Music am Fuß des Monuments befindet sich die herrliche **Peabody Library**, 17 E Mount Vernon Place, ✆ 410/659-8179, 🖥 www.peabody.jhu.edu/library. Sie ist ein viktorianisches Schmuckstück von 1878 mit vielen schmiedeeisernen Balkonen, Säulen und Dachfenstern aus Glas. Im Erdgeschoss sind verschiedene alte Bücher ausgestellt, darunter eine wunderbar illustrierte Ausgabe des *Decamerone* von 1555 und eine *Nürnberger Chronik*, die 1493 gedruckt wurde. ⏲ Mo–Do 8–22, Fr 8–18, Sa 10–17, So 13–22 Uhr, Eintritt frei.

Einen Block südlich des Washington Monuments, um einen Skulpturengarten im Stil eines italienischen Palazzo aus der Renaissance, liegt das **Walters Art Museum**, 600 N Charles Street, ✆ 410/547-9000, 🖥 www.thewalters.org. Es beherbergt ein nettes Sammelsurium von Stücken aus der ganzen Welt wie griechische und römische Antiquitäten, illuminierte Handschriften aus Europa, islamische Keramiken, byzantinisches Silber, präkolumbische Artefakte und Werke französischer Impressionisten. Außerdem gibt es christliche Ikonen aus Äthiopien, mittelalterliche Ritterrüstungen sowie Schmuck und Sarkophage aus Ägypten, darunter eine vollständige Mumie. ⏲ Mi–So 10–17, Eintritt frei.

Flag House und Star-Spangled Banner Museum

400 m östlich der Downtown und des Inner Harbor liegt das **Flag House and Star-Spangled Banner Museum**, 844 E Pratt St, ✆ 410/837-1793, 🖥 www.flaghouse.org, in dem Mary Pickersgill 1813 die große US-Flagge nähte, die während des Angriffs auf das Fort am Hafen wehte und Francis Scott Key zu der Hymne *The Star-Spangled Banner* inspirierte. Das Museum steckt voller patriotischer Erinnerungsstücke und allerlei Antiquitäten aus dieser Ära. ⏲ Di–Sa 10–16 Uhr, letzte Führung 15.30 Uhr, Eintritt $7. Das weniger interessante **War of 1812 Museum** (gleiche

Öffnungszeiten und Preise) dokumentiert den gleichnamigen Krieg anhand von Kostümen und militärischen Relikten.

Little Italy

In südlicher und östlicher Richtung von Downtown erstreckt sich das Straßengewirr von Little Italy. Abgesehen von etlichen, meist hervorragenden Restaurants und Cafés, findet man hier die für Baltimore typischen **Reihenhäuser**, oft mit blank polierten Marmortreppen.

Fell's Point, Canton und Fort McHenry

Südöstlich von Little Italy befindet sich Baltimores ältestes und lebendigstes Viertel, Fell's Point, einst das Zentrum des florierenden Schiffsbaus der Stadt. Die Werften sind längst verschwunden, aber viele alte Kneipen in oder zwischen ansprechenden Gebäuden aus dem 19. Jh. sind geblieben und formen heute eines der besseren Vergnügungsviertel der Ostküste.

Eine gute Adresse für einen Snack ist der **Broadway Market**, 610 S Broadway, ✆ 410/675-1466, ⏲ Mo–Sa 7–18 Uhr. Im **Visitor Center**, 808 South Ann St, ✆ 410/675-6750, ⏲ tgl. 12–16 Uhr, werden gute Karten für Rundgänge verteilt und Führungen durch das **Robert Long House** organisiert, Baltimores ältestes noch existierendes städtisches Wohnhaus aus dem Jahr 1765.

Canton, östlich von Fell's Point, ist ein weiterer Bezirk voller alter Reihenhäuser, von denen einige aus der Bürgerkriegszeit stammen. Auch dieser Stadtteil ist, was das Nachtleben angeht, inzwischen aus seinem Dornröschenschlaf erwacht. Eine Meile östlich liegt **Greektown**. Die griechische Gemeinde blüht seit nahezu einem Jahrhundert und bietet authentische Bäckereien, Diners und Lebensmittelgeschäfte.

Auf der anderen Seite des Hafens, von Fell's Point aus per Wassertaxi erreichbar, steht das sternenförmige **Fort McHenry National Monument**, 2400 E Fort Ave, ✆ 410/962-4290, 🖥 www.nps.gov/fomc, das während des Krieges von 1812 von den Briten bombardiert wurde. Sie versuchten, in den Hafen einzudringen, um Baltimore anzugreifen. Aber der Angriff scheiterte, und Francis Scott Key fühlte sich – als er sah, wie „die Bomben in der Luft explodierten" – veranlasst, *The Star-Spangled Banner* zu verfassen. Ursprünglich trug die US-Hymne den Titel *The Defense of Fort McHenry*. Ein Jahrhundert später diente das Fort als Strafanstalt für alliierte Soldaten und politische Gefangene. Heute kann man dort die alten Kasernen mit den Quartieren der Soldaten und Offiziere, Wachstuben, Waffen und Relikte unterschiedlicher Zeiten besichtigen. Die Fahne selbst wird übrigens im National Museum of American History (S. 358) in Washington DC aufbewahrt. ⊙ Sommer tgl. 8–20, sonst 8–17 Uhr, Wochenkarte $7.

Baltimore Museum of Art

Zwei Meilen nördlich von Downtown befindet sich Charles Village, ein Bezirk mit Reihenhäusern aus dem frühen 20 Jh. und gut begehbaren Straßen. Hier steht das **Baltimore Museum of Art**, 10 Art Museum Drive, ✆ 443/573-1700, 🖥 www.artbma.org. Neben großartigen italienischen und niederländischen Werken von Botticelli, Raffael, Rembrandt und van Dyck bietet das Museum auch eine reizvolle Sammlung weniger bekannter Arbeiten, darunter Bilder von Dürer und Goya. Highlight ist die **Cone Collection** mit Werken von Delacroix, Degas, Cézanne und Picasso sowie über 100 Zeichnungen und Gemälden von Matisse. ⊙ Mi–Fr 10–17, Sa und So 11–18 Uhr, Eintritt frei.

Übernachtung

In Baltimore gibt es die üblichen Hotelketten. Eine schöne Alternative sind die B&Bs rund um die historische Uferzone in Fell's Point. Bei der Reservierung hilft die **Convention and Visitors Association** (siehe „Informationen"). **Brookshire Suites**, 120 E Lombard St, ✆ 410/625-1300, 🖥 www.harbormagic.com. Künstlerisch angehauchte Zimmer in stilvollem Haus am Inner Harbor, modern eingerichtete Suiten, Business Center und schöner Blick aufs Wasser. Wer Durst hat, geht in den Cloud Club. ❼

Henderson's Wharf Inn, 1000 Fell St, ✆ 410/522-7087, 🖥 www.hendersonswharf.com. Bekannte Herberge am Ufer; Zimmer mit moderner Einrichtung, Kühlschränken und Internetzugang. Kontinentales Frühstück und Fitnessstudio im Haus. ❽

Schön alt

Admiral Fell Inn, 888 S Broadway, ✆ 410/522-7377 oder 1-866/583-4162, 🖥 www.harbor magic.com. Schickes altes Hotel, 7 Gebäude (einige davon stammen aus den 1770ern) im Zentrum von Fell's Point. Zimmer mit Kaminen und gewölbten Decken; einige haben auch Whirlpool und Balkon. Außerdem kostenloses WLAN. ❼

HI-Baltimore, 17 W Mulberry St, ✆ 410/576-8880, 🖥 www.baltimorehostel.org. Diese Unterkunft in einem massiven Sandsteinbau bietet 4 Dutzend Dorm-Betten, Antiquitäten, eine Veranda, kostenloses WLAN und eine Wäscherei. Außerdem Karaoke-Veranstaltungen und Filmvorführungen. Dorm-Bett $25, Zimmer ab $50. ❷

The Inn at Government House, 1125 N Calvert St, ✆ 410/539-0566. Von der Stadt Baltimore geführte Unterkunft in restaurierter viktorianischer Villa von 1889, etwas abgenutzte Zimmer voller Antiquitäten, tolle Musik- und Esszimmer; Frühstück und Parkplatz inkl. ❻

Mount Vernon Hotel, 24 W Franklin St, ✆ 410/727-2000 oder 1-800/245-5256, 🖥 www.mount vernonbaltimore.com. Sehr preisgünstiges Hotel in zentraler Lage mit sauberen Zimmern und kostenlosem Highspeed-Internet. Frühstück inkl. ❻

Peabody Court, 612 Cathedral St, ✆ 410/727-7101, 🖥 www.peabodycourthotel.com. Nobelherberge in einem historischen Viertel; die Zimmer des schönen Apartmenthauses von 1928 haben Marmorbäder, eine geschmackvolle Einrichtung und Internetzugang. Auch Haustiere sind willkommen. ❻

Pier 5, 711 Eastern Ave, ✆ 410/539-2000, 🖥 www.harbormagic.com. Zentrales Boutiquehotel mit Stil; moderne Zimmer mit CD-Playern und Suiten mit Kühlschränken, Mikrowellen und Bar. ❾

Essen

Baltimores Restaurants sind meist recht preisgünstig, mit zahlreichen Seafood-Optionen, darunter erstklassige **gedämpfte Krebse**.

Capital Region

Daneben gibt es auch die übliche Auswahl an Diners, und in Little Italy steht ein Familienrestaurant neben dem anderen. Eine noch größere Bandbreite – von irisch bis mexikanisch – bieten Canton und Mount Vernon. Fell's Point wartet mit zahlreichen vegetarischen und anderen Restaurants auf.

Bertha's, 734 S Broadway, Fell's Point, ℡ 410/327-5795. Klassisches, preiswertes Seafood-Restaurant, versteckt hinter einer winzigen Bar. Bekannt für seine köstlichen Muscheln und *crab cakes*; abends Liveblues, -Jazz und -Dixieland.

Black Olive, 814 S Bond St, Fell's Point, ℡ 410/276-7141. Teures, aber sehr gutes mediterranes Restaurant mit erschwinglichen Meze (Kleinigkeiten) wie Salat mit gegrilltem Oktopus und Calamari, außerdem Hauptgerichte wie Lamm, *crab cakes* und Hummerschwanz.

Da Mimmo, 217 S High St, ℡ 410/727-6876. Gemütliches, gehobeneres Café in Little Italy mit ausführlicher Speisekarte – darauf stehen Klassiker wie Venusmuscheln, Saltimbocca, Gnocchi und Hummer-Tettrazzini; Klaviermusik live und romantisches Ambiente.

Helmand, 806 N Charles St, ℡ 410/752-0311. Afghanisches Lokal der mittleren Preisklasse in Mount Vernon, nur zum Abendessen geöffnet. Auf der Karte stehen herzhafte Gerichte wie *aushak* (mit Lauch gefüllte vegetarische Teigtaschen), *koufta challow* (Hackbällchen aus Lamm- und Rindfleisch) sowie als Vorspeise leckeres *kaddo borawni*, gebratener Kürbis.

Matthew's Pizza, 3131 Eastern Ave, westlich von Greektown, ℡ 410/276-8755. Diese konservative Mini-Pizzeria backt reichlich belegte, gut gewürzte Pizzas mit knusprigem Boden und traditionellen Belägen oder z. B. mit Krebsfleisch und hausgemachten Frikadellen – und gilt als die beste der Stadt.

Obrycki's, 1727 E Pratt St, gleich nördlich von Fell's Point, ℡ 410/732-6399. Baltimores ältestes Seafood-Restaurant mit vorzüglichen gedämpften und gekochten Krebsen zu Spitzenpreisen und ausgezeichneten anderen Meeresfrüchten. ⏱ Im Winter geschlossen.

Peter's Inn, 504 S Ann St, Fell's Point, ℡ 410/675-7313. Spitzenklasse-Restaurant mit

wechselndem Speisenangebot. Die Hauptgerichte wie Maisgrütze mit Garnelen, Pilzrisotto oder Kalbsbacken sind mittelteuer bis teuer. Außerdem gibt es eine nette Bar.

Vaccaro's Italian Pastries, 222 Albemarle St, Little Italy, ℡ 410/685-4905. Großartiger Laden, um sich mit Käsekuchen, Cannoli, Keksen und anderen Süßigkeiten einzudecken und sich am vorzüglichen *gelato* zu erfreuen. Gehört zu einer örtlichen Kette.

The Wine Market, 921 E Fort Ave, südlich von Federal Hill, ℡ 410/244-6166. Innovative gehobene Küche mit einem merkwürdigen Sammelsurium an Gerichten wie koreanischen Rippchen mit Klößen, Makkaroni mit Käsesoße und gebratenen Austern.

Ze Mean Bean, 1739 Fleet St, Fell's Point, ℡ 410/675-5999. Sättigende slawische Speisen wie schwere, köstliche Kartoffelklöße, Piroggen, Gulasch und Hähnchenbrust nach Kiewer Art, zumeist zu erschwinglichen Preisen; jedoch lässt der Service zum Teil zu wünschen übrig.

Unterhaltung

Baltimore bietet zahlreiche Ausgehmöglichkeiten, die meisten davon wohl in **Fell's Point**. Eine Bar neben der anderen säumt den Broadway und die kleinen Nebenstraßen. Neben dem Inner Harbor vereint der Komplex **Power Plant Live!**, 34 Market Place, ℡ 410 727-LIVE, ⌨ www.powerplantlive.com, etliche Restaurants und Bars.

Theater und Konzerte

Die anspruchsvolleren Kulturveranstaltungen finden entlang der Mount Royal Avenue, in der Gegend nordwestlich des Zentrums, statt.

Meyerhoff Symphony Hall, 1212 Cathedral St, ℡ 410/783-8000, 🖥 www.bsomusic.com. Einen Überblick über die Veranstaltungen kann man sich im kostenlosen *City Paper*, 🖥 www.citypaper.com, verschaffen oder unter 🖥 www.Baltimore.org.

Bars

The 8x10, 10 E Cross St, Federal Hill, ℡ 410/625-2000. Vergnüglicher Musikclub mit gutem Angebot an Bier und Cocktails und einem Mix an Bands – von Jazz bis zu Indie-Rock und Electronic; oft $5–15 Eintritt (wie auch bei anderen Musikclubs der Stadt).

Cat's Eye Pub, 1730 Thames St, Fell's Point, ℡ 410/276-9085. Gemütliche Bar, 40 Biere vom Fass und jeden Abend Livemusik: Blues, Rock, Jazz, Bluegrass, Folk ...

Max's Taphouse, 735 S Broadway, Fell's Point, ℡ 410/675-6297. Riesige Eckkneipe mit sehr langem Tresen, schenkt etwa 500 verschiedene Flaschenbiere und bis zu 100 Biersorten vom Fass aus; es gibt auch Billardtische und oben eine ledergepolsterte Zigarrenlounge.

Pub Dog, 200 E Cross St, Federal Hill, ℡ 410/727-6077. Eine der besten der unzähligen Kneipen in Baltimore, mit toller Atmosphäre und verschiedenen Bieren wie dem Stout Black Dog und diversen fruchtigen Berry Dogs; außerdem gibt es annehmbare Burger und Pizza.

Sláinte, 1700 Thames St, Fell's Point, ℡ 410/563-6600. Irischer Pub mit Guinness und herzhafter traditioneller Küche.

Wharf Rat Bar, 801 S Ann St, Fell's Point, ℡ 410/276-9034. Nette Bar mit großer Auswahl englischer Ales, anderer europäischer Importbiere und regionaler Biere aus ortsansässigen Brauereien; trendiges Publikum.

Braukünstler

Brewer's Art, 1106 N Charles St, Mount Vernon, ℡ 410/547-9310. Der Ort für Leute, die Lust auf hiesiges Bier haben. Nur schwer zu toppen sind das Ozzy im belgischen Stil, das dunkle Proletary Ale und der gute alte Charm City Sour Cherry.

Informationen

Baltimore Area Convention and Visitors Association, 401 Light St, nahe dem Maryland Science Center, ℡ 410/837-7024 oder 1-877/BALTIMORE, 🖥 www.baltimore.org. Kostenlose Stadtpläne und Broschüren. 🕐 Mo–Fr 8.30–17 Uhr. Es gibt auch Schalter am Flughafen und am Bahnhof.

Nahverkehr

Die Innenstadt ist recht kompakt und kann größtenteils zu Fuß bewältigt werden.

MTA

Das städtische MTA-Netz, ℡ 410/539-5000, 🖥 www.mtamaryland.com, deckt mit seinen Bussen, U- und Straßenbahnen viele Ziele ab, wobei Letztere auf jeweils eine Hauptstrecke begrenzt sind, die sich am Lexington Market schneiden ($1,60 pro Fahrt, Tageskarte $3,50). Im Bus muss man passend zahlen.

Wassertaxis

Wassertaxis, ℡ 410/563-3901 oder 1-800/658-8947, 🖥 www.thewatertaxi.com, verkehren zwischen dem Inner Harbor und mehr als 16 Sehenswürdigkeiten in der Stadt, darunter das National Aquarium, Fell's Point und Fort McHenry. Keine festen Fahrpläne; gewöhnlich im Sommer tgl. 10–23, ansonsten tgl. 11–18 Uhr, Tageskarte $9.

Transport
Busse

Der **Greyhound**-Busbahnhof befindet sich südlich der Innenstadt in der 2110 Haines Street. Es ist ratsam, ein Taxi nach Downtown zu nehmen, da die Gegend hier nicht besonders freundlich ist.

Eisenbahn

Amtrak-Züge aus allen Richtungen, ℡ 1-800/USA-RAIL, halten an der restaurierten Pennsylvania Station, eine halbe Meile nördlich von Downtown, 1525 N Charles St. Das ist eine nicht ungefährliche Gegend, weswegen man ein Taxi oder den Penn-Camden-**S-Bahn-Shuttle** (Mo–Sa 6–23, So 11–19 Uhr; einfache Fahrt $1,60) nehmen sollte, um ins Zentrum zu gelangen.

Capital Region

Flüge

Der **Baltimore-Washington International Airport** (BWI) liegt 10 Meilen südlich der Innenstadt, ☎ 410/859-7111, 🖳 www.bwiairport.com, und dient gleichzeitig als wichtiger Flughafen für Washington DC. Die billigste Verbindung ($1,60; 25 Min.) vom Flughafen in die Stadt bieten die **MTA**-Pendlerzüge zur Pennsylvania Station, 0,5 Meilen nördlich von Downtown, 1515 N Charles St, ☎ 410/539-5000 oder 1-800/RIDE-MTA, 🖳 mta.maryland.gov. Es gibt auch Shuttlebusse nach Baltimore, darunter **Super Shuttle**, ☎ 1-800-/BLUE VAN, 🖳 www.super shuttle.com. Die Fahrt nach Downtown dauert 20 Min. und kostet $13–23.

Western Maryland

Western Maryland erstreckt sich über rund 200 Meilen von Ost nach West, ist aber in Nord-Süd-Richtung stellenweise nur zwei Meilen breit. Je weiter nach Westen man kommt, desto hügeliger und ländlicher wird es, ähnlich wie in West Virginia.

Außer dem Bürgerkriegsschlachtfeld von **Antietam** westlich der einzigen größeren Stadt, **Frederick**, ist der beste Grund für eine Reise hierher eine Wanderung oder Radtour auf dem Fußpfad entlang dem restaurierten **Chesapeake and Ohio Canal**, der sich von Washington DC auf der in Maryland gelegenen Seite des Potomac über 180 Meilen bis nach Cumberland in den Bergen im Westen erstreckt. Noch weiter westlich befindet sich der größte Süßwassersee des Bundesstaates, der **Deep Creek Lake**, der von mehr als 28 000 Hektar an öffentlichen Parks und Wäldern umgeben ist, in denen man teilweise sehr gut Skilanglauf machen kann.

Frederick

Eine der ältesten Städte im nordwestlichen Maryland ist Frederick, weniger als eine Autostunde westlich von Baltimore an der Kreuzung von I-70 und I-270. Die Stadt wurde 1745 von deutschen Bauern gegründet und ist der ideale Ausgangspunkt für Ausflüge nach Antietam (S. 407) und Harpers Ferry (S. 394).

Im **Visitor Center**, 19 E Church St, ☎ 301/600-2888 oder 1-800/999-3613, 🖳 www.frederick tourism.org, gibt es Stadtpläne, auf denen die sehenswertesten Gebäude eingezeichnet sind; dazu gehört das **Schifferstadt House** unweit des US-15, ☎ 301/668-6088, ein von einer Steinmauer umgebenes Bauernhaus, das 1753 erbaut und seitdem kaum verändert wurde. ◷ April–Mitte Dez Di–So 12–16 Uhr, Eintritt $3.

Auch das **Roger Taney House**, 121 S Bentz St, ☎ 301/663-1188, lohnt einen Blick. Es befand sich einst im Besitz des obersten Richters des US Supreme Court. Seine Bekanntheit verdankte dieser in erster Linie dem berüchtigten Dred Scott-Fall, der einer der Auslöser für den Bürgerkrieg war; ◷ Sa 10–16, So 13–16 Uhr, Eintritt $6.

Im winzigen **Barbara Fritchie House**, 154 W Patrick St (Führungen nach Absprache unter ☎ 301/698-8992), soll die 95-jährige Barbara Fritchie herausfordernd die US-Flagge geschwenkt haben, als Südstaaten-Soldaten an ihrem Heim vorbei marschierten. Auch wenn dies ein Mythos sein dürfte, ist das Haus ein gut erhaltenes Stück amerikanischer Geschichte. Seinen Giebel ziert noch heute eine historische Flagge. Etwas östlich liegt das **National Museum of Civil War Medicine**, 48 E Patrick St, 🖳 www.civilwarmed.org, mit eindrucksvollen Exponaten zur Militär-Heilkunde aus der Mitte des 19. Jhs., darunter grässliche Amputationswerkzeuge und eine Schlachtfeld-Triage. ◷ Mo–Sa 10–17, So 11–17 Uhr, Eintritt $7.

Nördlich von Frederick befinden sich der **Cunningham Falls State Park**, ◷ 8 Uhr bis Sonnenuntergang, und der **Catoctin Mountain Park**, ◷ von Sonnenauf- bis Sonnenuntergang, Eintritt frei, zwei ausgedehnte Waldgebiete – besonders farbenprächtig im Herbst – mit vielen denkmalgeschützten Relikten früher Siedler sowie alten Fabrikanlagen wie einer Sägemühle, einer Eisenhütte und einer Whiskeybrennerei. Infos über Wanderwege und Zeltmöglichkeiten gibt es beim großen **Visitor Center**, nahe Hwy-77, 2 Meilen westlich des US-15, ☎ 301/663-9330, 🖳 www. nps.gov/cato. ◷ Mo–Do 10–16, Fr 10–17, Sa und So 8.30–17 Uhr. Hier kann man auch campen ($20 pro Nacht) und unterschiedlich große Cabins mieten ($50–70).

Am I-70 und US-15 befinden sich **Motels**, besser sind jedoch die größeren **B&Bs** der Stadt.

Hill House, 12 W Third St, ☎ 301/682-4111, 🖳 www.hillhousefrederick.com. Kunstvoll im viktorianischen und frühamerikanischen Stil mit Antiquitäten eingerichtete Zimmer mit Balkon. ❺

Hollerstown Hill, 4 Clarke Place, ☎ 301/228-3630, 🖳 www.hollerstownhill.com. Vier nette Zimmer in historischen Gebäuden vom Ende des 19. Jhs. ❻

Jacob Rohrbach Inn, 138 W Main St, Sharpsburg, ☎ 301/432-5079, 🖳 www.jacob-rohrbach-inn.com. Liegt sehr praktisch für einen Besuch in Antietam. Hervorragendes Inn mit vier schön ausgestatteten Zimmern und Suiten und einem freistehenden Cottage, allesamt so eingerichtet, wie es sich für ein 200 Jahre altes Haus ziemt. ❻

Monocacy Crossing, 4424 Urbana Pike, ☎ 301/846-4204. Mittags gute Sandwiches und Seafood, abends etwas teure Rippchen, Krebsküchlein, Enten-Étouffée und andere Speisen der gehobenen Küche.

Barley & Hops, 5473 Urbana Pike, ☎ 301/668-5555. Günstigere Sandwiches und Hauptgerichte mit Fleisch und Seafood sowie gute Biere aus Kleinbrauereien.

Brewer's Alley, 124 N Market St, ☎ 301/631-0089. Schönes Angebot an Bieren wie einer Kölsch-Version und einem Hafer-Stout.

Antietam National Battlefield

Die blutigste Schlacht im Bürgerkrieg – bei der mehr Amerikaner starben als an irgendeinem anderen einzelnen Tag in der Geschichte der USA – fand auf dem Antietam National Battlefield bei Sharpsburg, 15 Meilen westlich von Frederick, statt. Am Morgen des 17. September 1862 traf eine Konföderiertentruppe von 40 000 Mann auf eine zahlenmäßig doppelt so starke Unionsarmee. Ein paar Stunden später waren insgesamt 23 000 Soldaten tot oder schwer verwundet.

Es gab zwar keinen ausgesprochenen Sieger, aber die fehlende Überlegenheit bei Antietam kostete die Konföderierten die Unterstützung des potenziellen Verbündeten Großbritannien, während das Durchhaltevermögen der Unionstruppen Lincoln zur Emancipation Proclamation inspirierte – dem ersten Schritt zur Befreiung der Sklaven.

Im **Visitor Center**, etwa 1 Meile nördlich von Sharpsburg abseits des Hwy-65, ☎ 301/432-5124, 🖳 www.nps.gov/anti, gibt es eine Broschüre und eine Karte zum Park. 🕐 keine festen Zeiten, gewöhnlich tgl. 8.30–17 Uhr, Eintritt $4 für drei Tage.

Cumberland und C&O Canal

Die einzige größere Stadt im extremen Westen von Maryland, eingezwängt zwischen West Virginia und Pennsylvania in einem nur acht Meilen breiten Streifen des Staates, liegt Cumberland, das in der Frühgeschichte der USA eine wichtige Rolle spielte. Der Ort erblickte am Ende des 18. Jhs. als Zentrum des Kohlebergbaus das Licht der Welt, bevor er der östliche Endpunkt der **National Road** wurde, einer der ersten ausgebauten modernen mautpflichtigen Fernstraßen *(turnpikes)*, zunächst für Pferdefuhrwerke. Später war Cumberland auch Endpunkt des **C&O (Chesapeake & Ohio) Canal**, eines beeindruckenden Zeugnisses der Ingenieurskunst, 1813 begonnen und 1850 fertig gestellt.

Am Kanal liegen sechs **Visitor Centers**, das westlichste in Cumberland, 13 Canal St, ☎ 301/722-8226, 🖳 www.nps.gov/choh, 🕐 tgl. 9–17 Uhr, Eintritt zum Nationalpark Fußgänger $3, Autos $5 für 3 Tage. Alle Besucherzentren bieten Informationen über Möglichkeiten zum Wandern, Radfahren, Kanufahren und Campen, was insbesondere interessant ist für Leute, die den **Treidelpfad** am Kanal in seiner gesamten Länge von 184,5 Meilen absolvieren möchten, der einen der längsten und schönsten ununterbrochenen Wege der USA darstellt. Im Sommer fahren die historischen Züge der **Western Maryland Scenic Railroad**, ☎ 301/759-4400 oder 1-800/872-4650, 🖳 www.wmsr.com, Richtung Westen in drei Stunden durch die umliegenden Berge nach Frostburg; unterschiedliche Betriebszeiten, $30.

Capital Region

Der Amtrak-**Bahnhof** von Cumberland ist in der E Harrison Street, Ecke Queen City Street. Die Auswahl an Unterkünften ist begrenzt; eine gute Wahl ist das **Bruce House Inn**, 201 Fayette St, ☎ 301/777-8860, 🖳 www.brucehouseinn. com, **❺**, ein reizendes Haus von 1840 mit vier B&B-Zimmern mit geschmackvoller moderner und frühamerikanischer Einrichtung, schnellem Internetzugang und gutem Frühstück.

Annapolis

Marylands Hauptstadt, Annapolis, hat sich über die Jahre kaum verändert. Ihre charmanten schmalen Straßen machen sie zu einer der angenehmeren Kleinstädte der USA. Das stattliche georgianische **Maryland State House**, ☎ 410/974-3400, im Zentrum wurde 1779 fertig gestellt und diente zwischen 1783 und 1784 sechs Monate lang als Sitz der frühen US-Zentralregierung. Es ist bis heute das älteste Parlamentsgebäude des Landes, das noch genutzt wird.

In der **Old Senate Chamber**, die von der großen Empfangshalle abgeht, wurde 1784 der Pariser Vertrag unterzeichnet und damit der Unabhängigkeitskrieg offiziell beendet. Eine Statue von George Washington steht hier an der Stelle, an der er drei Wochen vor Unterzeichnung des Vertrags als Oberbefehlshaber der Kontinentalarmee zurücktrat. ☉ Mo–Fr 9–17, Sa und So 10–16 Uhr, kostenlose Führungen auf Anfrage, ☎ 410/974-3400, Eintritt frei. Auf dem Gelände des State House steht auch das kleine, 1735 erbaute **Old Treasury Building**, in dem die Staatsreserven von Maryland aufbewahrt wurden.

Hübsche Backsteinhäuser aus der Zeit nach der Unabhängigkeit säumen die Straßen der Stadt. Das 1774 erbaute **Hammond-Harwood House**, 19 Maryland Ave, nahe King George St, zwei Häuserblocks westlich des State House, 🖳 www.hammondharwoodhouse.org, ist eine Backsteinvilla mit zwei Flügeln, die durch eine zentrale Halle miteinander verbunden sind. Sie ist vor allem wegen ihrer wunderbaren Holzschnitzereien sehenswert. ☉ April–Okt Di–So 12–17 Uhr, letzte Führung um 16 Uhr, Eintritt $6.

Ebenfalls sehenswert ist das **Chase-Lloyd House**, 22 Maryland Ave, ☎ 410/263-2723, ein dreistöckiges georgianisches Stadthaus aus Backstein mit einer prächtigen Treppe und ionischen Säulen im Innern. ☉ nach Vereinbarung, Spende erbeten. Und schließlich das **William Paca House** von 1765, 186 Prince George St, ☎ 410/267-7619, mit herrlichem Garten. Benannt ist es nach einem Staatsoberhaupt und Unterzeichner der Unabhängigkeitserklärung. ☉ unterschiedlich, Führungen oft stdl. 10.30–15.30 Uhr, Eintritt $8 inkl. Führung.

Neben diesen herausragenden Beispielen gibt es noch Dutzende von hölzernen Wohn- und Warenhäusern aus dem 18. Jh., die die schmalen Straßen Richtung Ufer säumen. Viele der Bauten können auf eigene Faust erkundet werden. Entsprechende Informationen gibt es bei der **Historic Annapolis Foundation**, 18 Pinkney St, ☎ 410/267-7619, 🖳 www.annapolis.org, in einer Taverne von ca. 1715.

Einen etwas anderen Einblick in Marylands Geschichte bietet das **Banneker-Douglass Museum**, 84 Franklin St, wenige Blocks nordöstlich des State House, ☎ 410/216-6180, 🖳 www.bdmuseum.com, Heimat der größten Sammlung des Staates an afroamerikanischer Kunst und Artefakten. ☉ Di–Sa 10–16 Uhr, Eintritt frei.

Uferpromenade und US Naval Academy

An der Uferpromenade an der Chesapeake Bay sind nur noch ein paar Gebäude erhalten geblieben. Dazu gehört das 1850 errichtete **Market House**, 🖳 www.annapolismarkethouse.com, ein ehemaliges koloniales Warenhaus, das einst der Revolutionsarmee diente, heute aber nur noch von einem traurigen Häuflein von Lebensmittelhändlern genutzt wird. ☉ Mo–Do 8–19, Fr und Sa 8–21, So 10–17 Uhr.

Zwischen Läden und Hafenkneipen erheben sich die grauen Mauern der **US Naval Academy**, aus denen die strenge Zucht spricht, der sich die mehr als 4000 Rekruten vier Jahre lang unterwerfen müssen, bevor ihre Marineoffizierslaufbahn freundlichere Seiten annimmt. Hervorragende Führungen beginnen am **Armel-Leftwich Visitor Center**, im Halsey Field House, zu betreten durch Gate 1 am Ende der King George Street, ☎ 410/293-8687, 🖳 www.navyonline.com, ☉ telefonisch erfragen, Führung $9,50.

Ein Zimmer für die Nacht zu finden ist kein
Problem. Die **B&Bs** spielen allerdings ihre Reize
aus und verlangen gesalzene Preise.
Flag House Inn, 26 Randall St, ✆ 410/280-2721
oder 1-800/437-4825, 🖵 www.flaghouseinn.com.
4 Zimmer und eine Suite mit dem besten Preis-
Leistungs-Verhältnis der Stadt. ❼
Royal Folly, 65 College Ave, ✆ 410/263-3999,
🖵 www.royalfolly.com. Großzügige, moderne
Suiten, mit Kamin, Whirlpool, Terrasse, Flachbild-
TV und/oder iPod-Dock. ❽
Annapolis Inn, 114 Prince George St, ✆ 410/
295-5200, 🖵 www.annapolisinn.com. 3 äußerst
elegante Suiten. ❾
Historic Inns of Annapolis, 58 State Circle,
✆ 410/263-2641, 🖵 www.historicinnsofannapolis.
com. Drei stilvolle Gebäude mit schicken Schlaf-
quartieren in klassischen, georgianischen
Bauten. ❻

Chick and Ruth's Delly, 165 Main St,
✆ 410/269-6737. Riesenfrühstück und Riesen-
sandwiches.
Sam's on the Waterfront, 2020 Chesapeake
Harbour Drive E, ✆ 410/263-3600. Tolles Restaurant am Wasser mit verschiedenen Köstlichkeiten wie Lammfilet, Reisnudeln mit Hummer
und Thunfisch-Tatar.
Wild Orchid Cafe, 909 Bay Ridge Ave, ✆ 410/
268-8009. Verlockendes Seafood-Angebot,
Lammkarree und Steak.

Visitor Center, 26 West St, ✆ 410/280-0445,
🖵 www.visit-annapolis.org. Stadtpläne und
Infos zu Stadtführungen, Bus- und Bootstouren.

Annapolis ist leicht zu erreichen.
Eine **Greyhound**-Station gibt es in der 308 Chin-
quapin Round Road; **Amtrak**- und **MARC**-Züge,
✆ 1-800/RIDE-MTA, 🖵 mta.maryland.gov,
halten am BWI Airport, zu erreichen über die
North Star (C-60) Route des ADOT-Busnetzes
von Annapolis, ✆ 410/263-7964, Fahrkarte $4.
Mit dem **Auto** sind es von Washington DC
(via US-50) oder Baltimore (via I-97) nur 30 Min.

Eastern Shore

Die verzweigten Nebenstraßen von Marylands
Eastern Shore erstrecken sich über die Hälfte
der breiten Halbinsel Delmarva (**Delaware**, **Maryland**, **Virginia**), durch die die Chesapeake Bay
vom offenen Atlantik getrennt ist. Diese kleinen
Landstraßen säumen vereinzelte hölzerne Farm-
häuser und verfallene Tabakschuppen. Die Ostküste Marylands ist über die Brücke des US-50
erreichbar, die Anfang der 1960er-Jahre über die
Bucht gebaut wurde. Auf dem Weg hinunter zum
Badeort **Ocean City** zweigen ruhige Landstraßen
zu 200 Jahre alten Orten wie **Chestertown** und
St. Michaels vom Highway ab.

Chestertown

Chestertown erstreckt sich vom Chester River
Richtung Westen an der High Street entlang und
war in den Kolonialzeiten ein wichtiger Hafen
an der Chesapeake Bay. Die Stadt wartet mit
schönen alten Häusern am Fluss und einem von
reich verzierten Holzcottages gesäumten Platz
am Gerichtsgebäude auf. Zwar ist Chestertown
mit zahlreichen historischen Gebäuden gesegnet wie dem prächtigen georgianischen Herrenhaus von 1769 **Widehall**, 101 N Water St; für
die Öffentlichkeit zugänglich ist jedoch nur das
aus der gleichen Zeit stammende **Geddes-Piper
House**, 101 Church Alley, ✆ 410/778-3499, ein
Backsteinbau im Federal Style mit einer guten
Sammlung an Küchenutensilien und Einrichtungsgegenständen aus dem 18. Jh.; ◷ Di–Fr
10–16 Uhr, Führungen Mai–Okt Sa 13–16 Uhr, $4.

Viele der alten Häuser sind in charmante
B&Bs verwandelt worden:
Widow's Walk Inn, 402 High St, ✆ 410/778-6455
oder 1-888/778-6455, 🖵 www.chestertown.com/
widow. 5 zierliche, recht kleine Zimmer. ❺
Great Oak Manor, 10568 Cliff Rd, ✆ 1-800/
504-3098, 🖵 www.greatoak.com. Elegantere,
aber auch teurere Zimmer, teilweise mit Kamin
und mit Antiquitäten eingerichtet. ❽
Imperial Hotel, 208 High St, ✆ 410/778-5000,
🖵 www.imperialchestertown.com. Zentral

Capital Region

gelegenes Hotel mit 11 Zimmern und 2 Suiten sowie WLAN, außerdem dem Restaurant **Front Room**, das gute Steak- und Seafoodgerichte auf den Teller bringt. ❻

Brooks Tavern, 870 High St, ☎ 410/810-0012. Tolle Krebsküchleinsandwiches plus teure Seafood-, Steak- und Entengerichte sowie Crêpes mit Grillfleisch.

Das **Visitor Center**, Hwy-213, Ecke Cross St, ☎ 410/778-9737, 🖥 www.chestertown.com, bietet Informationen über historisch Sehenswertes in der Stadt sowie Möglichkeiten für Wanderungen und Radtouren. ☉ Mo–Fr 9–17, Sa und So 10–16 Uhr (14 Uhr im Herbst und Winter). Außerdem wird eine zweistündige Rundfahrt auf der **Sultana** angeboten, dem Nachbau eines Schoners aus dem 18. Jh.; April–Sep, unterschiedliche Betriebszeiten, $30; ☎ 410/778-5954, 🖥 www.sultanaprojects.org.

St. Michaels

Der hübsche Hafen von St. Michaels, 12 Meilen westlich des US-50 am Hwy-33, ist einer der ältesten an der Chesapeake Bay. Mitte des 17. Jhs. gegründet, entwickelte sich der Ort zu einem der bedeutendsten Schiffsbauzentren Kolonialamerikas, Anfang der 60er-Jahre wurde er vom Tourismus entdeckt. In vielen der alten Gebäude befinden sich Kunstgalerien, Boutiquen oder einladende B&Bs.

St. Mary's Square, der alte Anger in der Altstadt, liegt einen Block östlich der Talbot Street an der Mulberry Street. Nördlich der Docks befindet sich das moderne, weitläufige **Chesapeake Bay Maritime Museum**, 🖥 www.cbmm. org, mit einer Reihe restaurierter alter Schiffe und Ausstellungen über Dampfschiffe, die

Seafood zum Spitzenpreis

Bistro St. Michaels, 403 S Talbot St, ☎ 410/745-9111. Hier gibt es gedämpfte Miesmuscheln, Lachs und Garnelen zu unschlagbaren Preisen.

Austernfischerei und das Arbeitsleben an der Bucht. Zum Komplex gehört außerdem ein auf Eisenstelzen stehender **Leuchtturm** von 1879, der auch besichtigt werden kann. ☉ unterschiedlich, oft tgl. 10–17 Uhr, Eintritt $13.

Der Ort wartet mit ein paar sehr hübschen B&Bs auf.

Parsonage Inn, ☎ 410/745-8383, 🖥 www. parsonage-inn.com. Das Gebäude wurde 1883 in viktorianischer Pracht erbaut. Die eleganten Zimmer sind im damaligen Stil eingerichtet und teils mit Kamin ausgestattet. ❼

Cherry Street Inn, 103 Cherry St, ☎ 410/745-6309, 🖥 www.cherrystreetinn.com. Zwei nette, schön eingerichtete Suiten plus köstliches Frühstück. ❼

Key Lime Cafe, 207 N Talbot St, ☎ 410/745-3158. Das Lokal ist berühmt für hervorragende Venusmuscheln, Austern, Entensalat und Rippchen, hat aber auch eine ordentliche Auswahl an Fisch.

Ocean City

Der mehr als 10 Meilen lange Atlantikstrand von Ocean City, dem beliebtesten Sommerbad von Maryland, zieht Horden von Besuchern an. Am Strand entlang zieht sich ein drei Meilen langer, munterer Boardwalk mit zahlreichen Fastfoodständen und Andenkenverkäufern sowie zwei Vergnügungsparks mit den üblichen Fahrgeschäften.

An Übernachtungsmöglichkeiten herrscht kein Mangel – höchstens an Sommerwochenenden. Außerhalb der Saison geben die Preise um mindestens die Hälfte nach.

Crystal Beach Hotel, 2500 N Baltimore Ave, ☎ 866/BEACH-21, 🖥 www.crystalbeachhotel. com. Zimmer mit WLAN, Kochnische und Balkon. ❼

Sea Hawk Motel, 12410 Coastal Hwy, ☎ 1-800/942-9042, 🖥 www.seahawkmotel.com.

Günstiger als das Crystal, aber mit sauberen Units, z. T. mit Kühlschrank und Mikrowelle. ❺ **Commander Hotel**, am Boardwalk in der 14th St, ✆ 410/289-6166, 🖥 www.commander hotel.com. Sehr breite Palette an Zimmern, Suiten und Apartments. ❼

Essen

Zu den besseren Lokalen inmitten der vielen Fastfood-Ketten zählen das **PGN Crab House**, 2906 Philadelphia Ave, ✆ 410/289-8380, das sich mit saftigen *crab cakes* hervortut, und **Shenanigan's**, 4th St, Ecke Boardwalk, ✆ 410/289-7181, ein Irish Pub mit einer ordentlichen Auswahl an Gerichten und Livemusik.

Informationen

Chamber of Commerce, bei der Einfahrt in den Ort am US-50, ✆ 410/213-0552, 🖥 www. oceancity.org. Ein weiteres **Visitor Center** liegt am Coastal Hwy Nr. 4001, ✆ 1-800/626-2326, 🖥 www.ococean.com. Beide Büros haben die üblichen Broschüren und helfen bei der Unterkunftssuche.

Transport

Die Busse von **Greyhound** halten am 12848 Ocean Gateway.

Delaware

Delaware liegt 16 km südlich von Philadelphia und wurde 1631 als Teil des Nachbarstaats Pennsylvania gegründet. 1776 wurde es unabhängig, und nur elf Jahre später erkannte es als erste ehemalige Kolonie die Verfassung an und wurde zu einem Bundesstaat. Seit dem Ende des 18. Jhs. liegt das Glück des Staates fast ausschließlich in den Händen der Familie du Pont, die aus dem revolutionsgeschüttelten Frankreich hierher floh und eine Schießpulverfabrik errichtete, die bis heute der US-Regierung den überwiegenden Teil der konventionellen Munition liefert. Außerdem herrschen in Delaware sehr liberale Wirtschaftsgesetze, sodass unzählige multinationale Konzerne ihren offiziellen Firmensitz im Staat haben.

Die Familie du Pont baute riesige Herrenhäuser im Brandywine Valley nördlich von Wilmington, nahe der perfekt erhaltenen Kolonialhauptstadt **New Castle** an der Delaware Bay, 5 Meilen südlich des I-95. Weiter südlich prägen die kleinen, freundlichen Badeorte **Lewes** und **Rehoboth Beach** den nördlichen Teil eines über 20 Meilen langen Abschnittes zumeist unberührter Atlantikstrände.

Wilmington und Umgebung

Das nette Wilmington bietet neben guten Kunstmuseen auch einige hübsche Parks am Wasser; das umliegende Brandywine Valley beherbergt die Herrenhäuser und Gärten (sowie Fabriken) der du Ponts. Vom Bahnhof und Busbahnhof in der French Street ziehen sich die beiden Hauptstraßen, die Market und die King Street, rund eine Meile Richtung Norden zum Brandywine River, der von Geschäften und anderen kommerziellen Einrichtungen sowie einer Handvoll restaurierter Gebäude aus dem 18. Jh. gesäumt ist. Darunter ist die **Old Town Hall**, 500 Market St, ✆ 302/655-7161, ein anmutiges Gebäude im Federal Style von 1798, das nur für besondere Veranstaltungen geöffnet ist. Ganz in der Nähe zeigt das **Delaware History Museum**, 504 Market St, 🖥 www.hsd.org/dhm.htm, auf drei Stockwerken Ausstellungen über die Geschichte, die Alltagskultur und die Volkskunst von Delaware. ☉ Mi–Fr 11–16, Sa 10–16 Uhr, Eintritt $4, Fr frei.

Ein kleines Stück nördlich des Geschäftsviertels liegt am Ende der Market Street der **Brandywine Park** mit begrasten Anhöhen an beiden Ufern des Brandywine River. Das nahe **Delaware Art Museum**, 2301 Kentmere Parkway, 🖥 www.delart.org, legt den Schwerpunkt auf Präraffaeliten wie Dante Rossetti und auf amerikanische Künstler des 19. und 20. Jhs. wie Frederic Church, Winslow Homer, Edward Hopper und Augustus Saint Gaudens. ☉ Mi–Sa 10–16, So 12–16 Uhr, Eintritt $12, So frei. Wer die Kunst lieber noch moderner und gleichzeitig etwas ironischer mag, dem bietet das **Delaware Center for the Contemporary Arts**, 200 S Madison

St, Downtown, 🖥 www.thedcca.org, jedes Jahr Dutzende wechselnder Ausstellungen regionaler und gesamtamerikanischer Künstler. ⏰ Di und Do–Sa 10–17, Mi und So 12–17 Uhr, Eintritt frei.

Die meisten Stätten aus der Kolonialzeit liegen versteckt inmitten des unübersichtlichen Hafengebiets östlich von Downtown. Dazu zählen das **Hendrickson House Museum**, 606 Church St, ein Wohnhaus aus Kiefernholz von etwa 1690 mit Einrichtungen aus verschiedenen Epochen, sowie die **Old Swedes Church**, eines der ältesten Gotteshäuser in den USA, erbaut 1698. ⏰ beide Mi–Sa 10–16 Uhr, Eintritt $2, 📞 302/652-5629.

Mehrere Meilen nördlich steht im Rockwood Park nahe des I-95 die neugotische **Rockwood Mansion**, 610 Shipley Rd, 🖥 www.rockwood. org, ein 1854 im Stil eines englischen Landsitzes erbautes Anwesen, dessen elegante Räume inzwischen wieder im Glanz des amerikanischen „Vergoldeten Zeitalters" *(Gilded Age)* erstrahlen. ⏰ Park und Gärten tgl. 6–22 Uhr, Führungen durchs Haus Mi–So 10–15 Uhr, Führung $5.

Hotel du Pont, 100 W 11th St, 📞 302/594-3100 oder 1-800/441-9019, 🖥 www.hoteldupont.com. Bei weitem die beste Unterkunft der Stadt: prächtiges Hotel von 1913 mit gut ausgestatteten Zimmern und Suiten. ❾
Inn at Wilmington, 300 Rocky Run Parkway, 📞 302/479-7900, 🖥 www.innatwilmington.com. Erschwingliche Zimmer und Suiten mit CD-Player und Mikrowelle. ❺

Gute Restaurants befinden sich in der angesagten Gegend um den Trolley Square nordwestlich von Downtown.
Moro, 1307 N Scott St, 📞 302/777-1800. Gehobene Küche mit Gerichten wie in Wein geschmortem Hasen, Kalbskotelett und in der Pfanne scharf angebratenen Jakobsmuscheln, außerdem mehreren Festpreismenüs.
Washington Street Ale House, 1206 Washington St, 📞 302/658-2537. Annehmbare Pasta- und Seafood-Gerichte, größter Magnet ist allerdings das riesige Angebot an Bieren aus Kleinbrauereien.

Das **Convention & Visitors Bureau**, 100 W 10th St, Downtown, 📞 1-800/489-6664, 🖥 www.visitwilmingtonde.com, bietet Karten für Rundgänge und Autotouren sowie praktische Informationen. ⏰ Mo–Fr 9–17 Uhr.

Das DART-**Busnetz**, 📞 1-800/652-3278, 🖥 www.dartfirststate.com, deckt den gesamten County ab; Tickets $1,15.

Der Amtrak-**Bahnhof** ist in der 100 S French St, Greyhound-**Busse** halten in der 101 N French St, beides in der eher unsicheren Südhälfte der Stadt.

Die Villen der Familie du Pont

Eine kurze Fahrt auf dem I-95 vom Rockwood Park entfernt liegt im **Bellevue State Park**, 800 Carr Rd, die erste der Villen der du Ponts. William du Pont Jr. ließ ein neugotisches Herrenhaus in seine eigene Version der klassizistischen Residenz von James Madison umbauen und nannte es **Bellevue Hall**. Das Haus selbst ist nicht für die Öffentlichkeit zugänglich, aber man kann die reizenden Außenanlagen mit Teichen, Wäldchen, Gärten und Tennisplätzen in Augenschein nehmen. ⏰ tgl. 8 Uhr bis Sonnenuntergang, Eintritt frei.

20 Minuten nordwestlich von Wilmington ließen Mitglieder des du-Pont-Klans im ländlichen Brandywine Valley opulente Residenzen bauen. Das **Hagley Museum**, 🖥 www.hagley. org, abseits des Hwy-141 etwas nördlich von Wilmington, erzählt davon, wie die Familie 1802 eine kleine, wassergetriebene Schießpulverfabrik gründete. Aus der kleinen Fabrik wurden im Laufe der Zeit größere, mit Wasserdampf und Elektrizität betriebene Anlagen, die zumeist noch funktionsfähig sind. Eine Besichtigung lohnt die luxuriöse Villa Eleutherian Mills, das Zentrum des 95 ha großen Anwesens. ⏰ Mitte März–Dez tgl. 9.30–16.30 Uhr, Eintritt $11.

Die nur eine Meile entfernte riesige staubigrosafarbene **Nemours Mansion**, 1600 Rockland Rd, 📞 1-800/651-6912, 🖥 www.nemoursmansion.

org, ließ Alfred du Pont 1910 errichten und benannte sie nach dem Familiensitz in Frankreich; das Haus ist von einem 120 ha großen Garten im französischen Stil umgeben. Die Villa birgt im Innern jede Menge üppig ausgestatteter Räume, darunter Fitness- und Bowling-Räume, sowie eine Sammlung von Automobilen vom frühen 20. Jh. ⏰ Führungen Di–Sa 9, 12 und 15, So 12 und 15 Uhr, Eintritt $15.

Zwei Meilen nordwestlich befindet sich abseits des Hwy-52 das ehemalige Anwesen der Familie du Pont **Winterthur**, 🖥 www.winterthur. org, in dem heute amerikanische ornamentale Kunst von 1640 bis 1860 gezeigt wird. In den 175 Räumen werden die unterschiedlichen Stile präsentiert, von einem einfachen Shaker-Cottage bis hin zu einer wunderschönen dreistöckigen elliptischen Treppe, die aus dem Herrenhaus einer Plantage in North Carolina stammt. In den Galerien des Anwesens sind Möbel, Textilien, Keramiken, Gemälde und Glasarbeiten ausgestellt. ⏰ März–Nov Di–So 10–17 Uhr, Führungen $18–40.

New Castle

Delawares ursprüngliche Hauptstadt am breiten Delaware River wurde um 1650 von Holländern gegründet und 1664 von den Briten übernommen. Das Kopfsteinpflaster und die Backsteinhäuser aus dem 18. Jh. verbreiten eine angenehme Atmosphäre. Das Herz der Stadt bildet der schattige **Town Green** östlich der Delaware Street. Über der Parkanlage thront der Turm der **Immanuel Episcopal Church** von 1703, in der Harmony St, Ecke The Strand.

An der Westecke des Green steht das 1732 erbaute **Old Court House**, 211 Delaware St, das erste Regierungsgebäude des Bundesstaates bis 1881. Von seiner anmutigen Kuppel aus wurde die bogenförmige Nordgrenze der Stadt festgelegt, als sich Delaware 1776 von Pennsylvania (und Großbritannien) abspaltete. ⏰ Mi–Sa 10–15.30 Uhr, Eintritt frei.

Die wenigen Häuserblocks in der Umgebung des Parks bestehen aus herrlichen Kolonialvillen; die größte ist das **George Read II House**, am

Fluss entlang zwei Häuserzeilen nach Süden, in 42 The Strand, 🖥 www.hsd.org/read.htm. Eine luxuriöse Nachbildung des Originalgebäudes von 1800, bietet Marmorkamine, aufwendige Holzschnitzereien, schöne Gipsverzierungen sowie großzügige, malerische Gärten. ⏰ Winter Sa 10–16 und So 11–16, sonst Di–Fr und So 11–16, Sa 10–16 Uhr, Eintritt $5.

Weitere schöne Gebäude stehen einige Blocks nördlich an der Third und Fourth Street: Das **Amstel House**, 2 E Fourth St, 🖥 www.new castlehistory.org, ist eine frühgeorgianische Villa von 1730, die von einer Reihe bedeutender Persönlichkeiten aus der Revolutionszeit besucht wurde. ⏰ April–Dez Mi–Sa 10–16, So 12–16 Uhr, Eintritt $4. Das sechseckige **Old Library Museum** aus Backstein, 40 E Third St, beherbergt die Sammlung der historischen Gesellschaft. ⏰ März–Dez Sa und So 13–16 Uhr, Eintritt frei. Und das **Dutch House**, 32 E Third St, ist ein einfaches Wohnhaus von ca. 1700 mit Einrichtung und Gegenständen wie einem Kirschholzschrank und Delfter Porzellan. ⏰ April–Dez Mi–Sa 10–16, So 12–16 Uhr, Eintritt $4.

Übernachtung

Es gibt nur noch ein B&B in New Castle: **Terry House**, 130 Delaware St, ✆ 302/322-2505, 🖥 www.terryhouse.com. Stattliches Stadthaus aus der Bürgerkriegszeit mit 4 einfachen, geschmackvoll eingerichteten Zimmern. ❶ Daneben warten noch die üblichen preisgünstigen und sauberen **Motels** auf Gäste.

Essen

Die besseren **Restaurants** servieren Gerichte wie in Kolonialzeiten, wie Krebse, Muscheln und Shepherd's Pie, z. B. die beliebte **Jessop's Tavern**, 114 Delaware St, ✆ 302/322-6111. **Arsenal at Old New Castle**, neben der Episkopalkirche, 30 Market St, ✆ 302/328-1290. Herzhafte Gerichte wie Estragon-Lachs und Lammkoteletts.

Informationen

Eine Karte für Stadtrundgänge gibt es im **Visitor Center**, 211 Delaware St, ✆ 302/323-4453, im Old Court House.

Dover

In der zumeist landwirtschaftlich geprägten Mitte von Delaware liegt etwas westlich des US-13 die Hauptstadt des Bundesstaates, Dover, eine kleine, von ausufernden Vororten umringte Stadt. Das **Old State House** von 1791, 25 The Green, ℡ 302/744-5055, südlich der Lockerman Street, der Hauptdurchgangsstraße durch die Stadt, war einst Sitz der Judikative und der Legislative des Staates und beherbergt jetzt ein Museum voller Antiquitäten aus der Frühzeit der USA. ⌚ Mi–Sa 9–16.30 Uhr, Eintritt frei. Westlich davon residieren in einigen der Gebäude aus dem 18. und 19. Jh. um den ovalen Stadtanger (The Green) herum heute Anwaltskanzleien und Firmen.

Im selben Gebäude wie das Visitor Center (s. u.) präsentiert das eindrucksvolle **Biggs Museum of American Art**, 🖥 www.biggsmuseum. org, eine reiche Sammlung an historischer und ornamentaler Kunst, darunter Möbel aus der Kolonialzeit, Gemälde von Künstlern wie Benjamin West und Gilbert Stuart, Silber- und Porzellanservice sowie heroische Landschaften von Albert Bierstadt und Thomas Cole. ⌚ Di–Sa 9–16.30, So 13.30–16.30 Uhr, Eintritt frei.

Im **First State Heritage Park**, 102 S State St, 🖥 www.destateparks.com, stehen nicht nur das derzeitige State Capitol und die State Archives, sondern auch einige Museen, die aber nur am ersten Samstag des Monats geöffnet oder zwecks Renovierung ganz geschlossen sind. Das **Welcome Center**, 🖥 history.delaware.gov, informiert über die Öffnungszeiten der Gebäude und mögliche Führungen und zeigt Ausstellungen zur Geschichte von Delaware. ⌚ Mo–Fr 8–16.30, So 13.30–16.30 Uhr.

Seit mehr als 50 Jahren findet in **Spence's Bazaar**, 550 S New St, ℡ 302/734-3441, ein **Flohmarkt** statt, zu dem die halbe Stadt ausschwärmt, darunter auch Dutzende **Amish**, die mit ihren alten Pferdegespannen anreisen – oft aus dem südöstlichen Pennsylvania –, um Obst und Gemüse zu verkaufen. ⌚ Di und Fr 7.30–18.30 Uhr, Eintritt frei.

Ein paar Meilen außerhalb der Stadt stellt kostümiertes Personal auf der gut 7 ha großen **John Dickinson Plantation**, abseits der Rte-9, 340 Kitts Hummock Rd, ℡ 302/739-3277, den Alltag der Kolonialzeit nach – Landwirtschaft, Kochen, Gartenarbeit, und es gibt auch Sklaven. Das Gelände der Plantage und das Backsteinherrenhaus von 1740 können im Rahmen verschiedener eineinhalb- bis zweistündiger Führungen besichtigt werden. ⌚ Mi–Sa 10–15.30 Uhr, Eintritt frei.

Little Creek Inn, 2623 N Little Creek Rd, abseits Hwy-8, ℡ 302/730-1300, 🖥 www.little creekinn.com. Attraktives Anwesen von 1860 mit fünf im Stil der Zeit eingerichteten Zimmern (teilweise mit Whirlpool), Pool, Fitnessraum und Bocciabahn. ❺

State Street Inn, 228 N State St, ℡ 302/734-2294, 🖥 www.statestreetinn.com. Zentraler gelegen, allerdings sind die Zimmer etwas kleiner. ❺

Franco's, 1708 E Lebanon Rd, ℡ 302/677-1946. Gute erschwingliche Pizza und Pasta.

Kirby and Holloway, 656 N Dupont Hwy, ℡ 302/734-7133. Weiter außerhalb gelegen und bekannt für seine sättigenden Steaks, Burger, Huhn mit Klößen und Truthahnteller, meist unter $10.

Visitor Center, Duke of York St, Ecke Federal St, neben dem Old State House, ℡ 302/739-4266, ⌚ Di–Sa 9–16.30, So 13.30–16.30 Uhr.

Greyhound-**Busse** halten in der 716 S Governors Ave.

Die Küste

Der 30 Meilen lange Küstenabschnitt des Bundesstaates Delaware ist eines der letzten Geheimnisse der Ostküste, mit Ausnahme des trubeligen Sommerbadeorts **Rehoboth Beach**. Der alte Fischerort **Lewes** ist ein netter Zwischenstopp, was jedoch diese Gegend so besonders macht, sind die langen einsamen Sandstrände.

Viel davon ist als unverbauter Landschaftsraum erhalten worden, am umfassendsten im **Delaware Seashore State Park**, der sich nach Süden Richtung Grenze mit Maryland zieht.

Lewes

Über den Hwy-1 erreichbar, ist Lewes ein guter erster Stopp an der Küste Delawares. Nachdem eine holländische Walfanggesellschaft hier 1631 eine winzige Siedlung errichtet hatte, zog der natürliche Hafen an der Mündung der Delaware Bay immer wieder Seefahrer an. Damit beschäftigt sich auch das **Zwaanendael Museum**, ℡ 302/645-1148, an der Kreuzung Savannah Road und Kings Highway. ◷ Di–Sa 10–16.30, So 13.30–16.30 Uhr, Eintritt frei.

Auch der **Lewes Historic Complex**, ℡ 302/645-7670, ⌨ www.historiclewes.org, drei Häuserblocks weiter nördlich, lohnt einen Besuch. Die zwölf Gebäude stammen aus der Zeit zwischen früher Kolonial- und später viktorianischer Epoche und umfassen ein einfaches Holzhaus, eine Arztpraxis, ein Geschäft und ein Bootshaus. ◷ Mitte Juni–Mitte Sep Mo–Sa 11–16 Uhr, Eintritt $5. Eine Reihe Kanonen ziert den **Memorial Park** in der Front Street und erinnert an den britischen Angriff von 1812, bei dem solche Waffen in der ganzen Stadt für Zerstörung gesorgt hatten.

An der Delaware Bay, zu Füßen der Stadt, erstreckt sich ein ausgedehnter und sehr beliebter Strandabschnitt. Im **Cape Henlopen State Park**, ℡ 302/645-8983, einer mehr als 1200 ha großen und 4 Meilen langen Landzunge, 1 Meile östlich des Zentrums, kann man am Fuß der höchsten Sanddünen nördlich Cape Hatteras zelten ($30–32 pro Nacht) und herrlich wandern. Einer der Pfade führt zu einem Beobachtungsturm aus dem Zweiten Weltkrieg. ◷ tgl. 8 Uhr bis Sonnenuntergang.

Ein schöner Tagesausflug lässt sich mit der Fähre, ℡ 1-800/64-FERRY, ⌨ www.cmlf.com, über die Delaware Bay zum **Cape May**, New Jersey, machen. Die 80-minütige Überfahrt kostet $7,50–10 p. P. und $30–44 pro Fahrzeug. Die Abfahrtszeiten variieren je nach Tag und Saison; Startpunkt ist der Terminal hinter dem State Park.

Wegen der Nähe zum Rehoboth Beach sind die Preise teils recht gesalzen. Billige Motels gibt es an der Savannah Rd, empfehlenswerter sind jedoch das Hotel Blue und das Blue Water House.

Hotel Blue, 110 Anglers Rd, ℡ 302/645-4880, ⌨ www.hotelblue.info. Moderne Zimmer und Suiten mit Flachbildschirm-TV, edler Einrichtung, Kamin und Internetzugang. Je nach Saison ❻–❽

Blue Water House, 407 E Market St, ℡ 302/645-7832, ⌨ www.lewes-beach.com, ab 2 Übernachtungen. 8 stilvolle Zimmer und eine Suite mit Internet. Das B&B verleiht Wassersport-Geräte. ❽

Cafe Azafran, 109 Market St, ℡ 302/644-4446. Breites Tapas-Angebot – u. a. mit Seafood – in unterschiedlichen Preislagen.

The Buttery, 2nd St, Ecke Savannah Rd, ℡ 302/645-7755. Gutes französisches Bistro, serviert mittags günstigere Krebsküchlein, Burger und Seafood-Sandwiches und abends teurere Steaks und Lammrippchen.

Fahrradverleih

Fast alle Sehenswürdigkeiten lassen sich zu Fuß erreichen. Fahrräder vermietet für $25 pro Tag **Lewes Cycle Sport**, 526 Savannah Rd, ℡ 302/645-4544.

Informationen

Im **Tourist Office**, ℡ 302/645-8073, ⌨ www.leweschamber.com, neben dem Zwaanendael Museum, in einem 1730 erbauten Haus, liegen Stadtpläne für Rundgänge aus. ◷ Mo–Fr 9–17, Sa 10–14 Uhr.

Rehoboth Beach

Zwischen Lewes und Rehoboth Beach, dem größten Badeort Delawares, säumt eine Reihe Motels und Einkaufszentren über 6 Meilen den Hwy-1. Der **Boardwalk** des Erholungsorts ist einer der letzten aus Holz errichteten an der Ost-

Capital Region

küste. Er erstreckt sich beiderseits der Rehoboth Avenue, kurz „The Avenue" genannt, am Atlantik entlang und bildet quasi die Hauptstraße. Mit seinen Nippesläden, Kirmesvergnügungen und verschiedenen Touristenfallen hat der Ort nichts wirklich Sehenswertes zu bieten, aber man kann sich hier nett unters Volk mischen und am Strand die Sonne genießen.

Südlich von Rehoboth erstreckt sich der **Delaware Seashore State Park**, ✆ 302/227-2800, 🖥 www.destateparks.com, meilenweit entlang einer schmalen, sandigen Halbinsel, die vom Hwy-1 zerschnitten wird, mit dem Ozean auf der einen und Süßwasser-Marschen auf der anderen Seite, gut zum Angeln und Surfen. ⏱ tgl. 8 Uhr bis Sonnenuntergang.

Übernachtung

Die Motels können hier im Juli und August sehr teuer werden.

Crosswinds, 312 Rehoboth Ave, drei Straßen vom Strand, ✆ 302/227-7997, 🖥 www.cross windsmotel.com. Das beste Motel in Rehoboth und im Sommer sehr teuer. Saubere Zimmer mit Kühlschrank und WLAN. ❸–❽

Corner Cupboard Inn, 50 Park Ave, ✆ 302/227-8553, 🖥 www.cornercupboardinn.com. B&B mit sauberen und geschmackvollen Zimmern. ❹–❽

Rehoboth Guest House, 40 Maryland Ave, ✆ 302/227-4117, 🖥 www.rehobothguesthouse.com. Schwulenfreundliches Haus mit Veranda und schattigem Hinterhof. Einfache Zimmer (gegen $35 Aufschlag mit Bad). ❹–❻

Essen und Unterhaltung

Die meisten Restaurants liegen am Boardwalk. Bessere Restaurants in Rehoboth sind:

Planet X Cafe, 35 Wilmington Ave, ✆ 302/226-1928. Teure asiatische Fusionsküche wie Ahi-Thunfischfilets, Garnelen mit Erdnusskruste und Krebsküchlein.

Dogfish Head Brewings & Eats, 320 Rehoboth Ave, ✆ 302/226-2739. Gutes Selbstgebrautes und Livemusik am Wochenende.

Informationen

Informationen zum Ort gibt das **Tourist Office**, 501 Rehoboth Ave, ✆ 302/227-2233 oder 1-800/441-1329, 🖥 www.beach-fun.com.

Washington DC
Memphis Atlanta Charleston
New Orleans

Der Süden

Stefan Loose Traveltipps

Blue Ridge Parkway, NC Diese grandiose Strecke führt durch die einsamen Berge im Nordwesten North Carolinas. S. 434

8 **Sweet Auburn, Atlanta, GA** In der dynamischsten Stadt des Südens kann man tolle Führungen durch das Geburtshaus von Martin Luther King unternehmen. S. 448

9 **Savannah, GA** Die romantische Hafenstadt mit ihren wild wuchernden Gärten und ihrer prächtigen Architektur ist dank ihrer Kunsthochschule zugleich jung und dynamisch. S. 456

10 **Memphis, TN** Beale Street, Sun Studio, Stax Museum, Al Greens Kirche und nicht zuletzt Graceland – Das verschlafene Memphis ist ein Muss für Musikfans. S. 471

11 **Country Music Hall of Fame, Nashville, TN** Eine Schatzkammer voller Erinnerungsstücke, darunter der goldene Cadillac von Elvis. S. 481

Mississippi-Delta, MS Die Geburtsstätte des Blues übt eine magische Anziehungskraft aus. Für viele ist Clarksdale der erste Anlaufpunkt. S. 499

Der Süden

Mississippi River

Kansas City

ILLINOIS

Indianapolis

70

55

KANSAS

70

MISSOURI

St. Louis

INDIANA

65

64

Louisville

44

Ohio River

57

OKLAHOMA

MAMMOTH CAVE
NATIONAL PARK

62

540

Eureka
Springs

155

24

Bowling
Green

65

Mountain View

Reelfoot
Lake

Nashville

40

ARKANSAS

55

51

40

TENNESSEE

Little Rock

40

Memphis

45

Shiloh

65

Chattanooga

24

Hot Springs

Helena

Holly
Springs

Huntsville

30

530

Clarksdale

Oxford

Tupelo

72

Pine Bluff

65

Mississippi River

78

59

MISSISSIPPI

55

Greenville

NATCHEZ TRACE PKWY

Shreveport

Birmingham

20

20

RIVER ROAD

ALABAMA

Vicksburg

20

MISSISSIPPI

Montgomery

Jackson

80

TEXAS

LOUISIANA

Selma

Tuskegee

Natchez

59

10

65

12

Biloxi

Mobile

Baton
Rouge

55

10

10

New Orleans

10

Golf   von   Mexiko

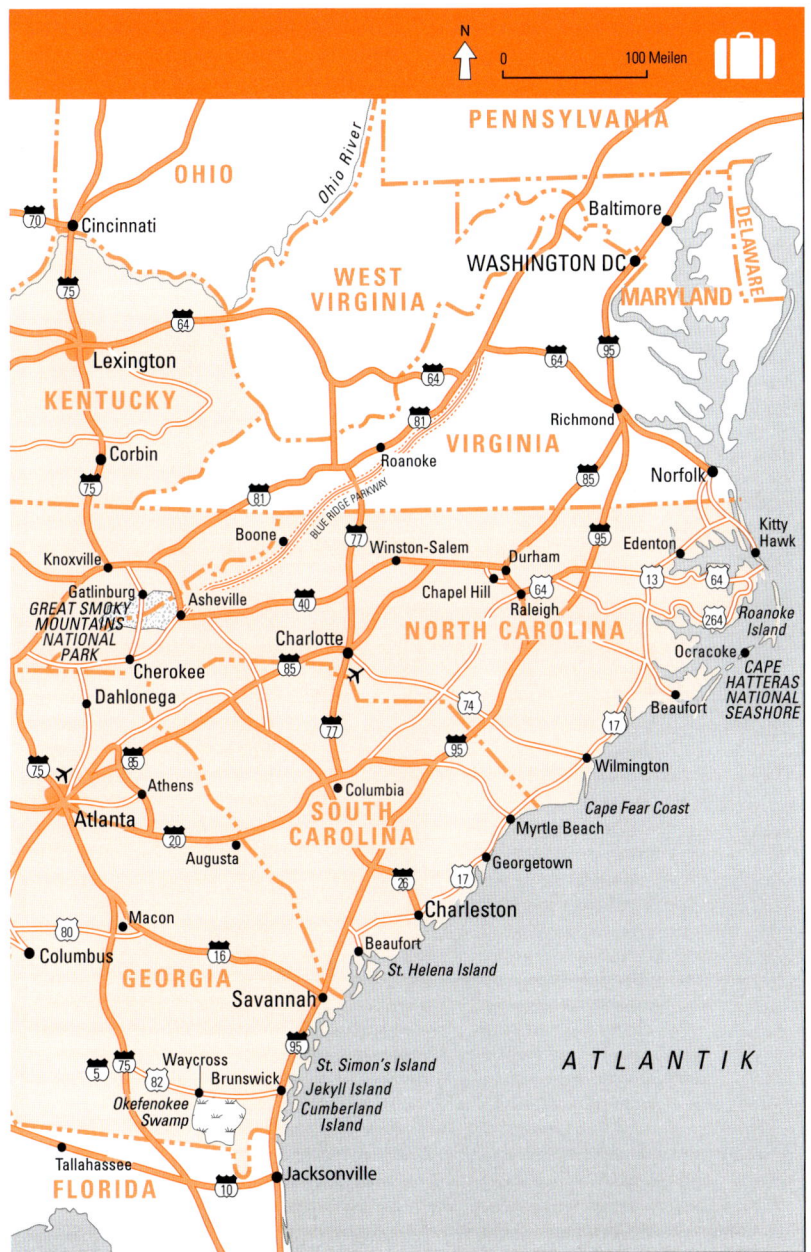

N

0   100 Meilen

OHIO

Ohio River

PENNSYLVANIA

Baltimore

DELAWARE

Cincinnati

WEST VIRGINIA

WASHINGTON DC

MARYLAND

Lexington

KENTUCKY

Richmond

VIRGINIA

Norfolk

Corbin

Roanoke

Kitty Hawk

Boone

Winston-Salem

Durham

Edenton

Knoxville

BLUE RIDGE PARKWAY

Chapel Hill

Raleigh

Roanoke Island

Gatlinburg

Asheville

GREAT SMOKY MOUNTAINS NATIONAL PARK

Cherokee

Charlotte

NORTH CAROLINA

Ocracoke

CAPE HATTERAS NATIONAL SEASHORE

Beaufort

Dahlonega

Wilmington

Atlanta

Athens

Columbia

SOUTH CAROLINA

Cape Fear Coast

Myrtle Beach

Augusta

Georgetown

Macon

Charleston

Columbus

Beaufort

St. Helena Island

GEORGIA

Savannah

A T L A N T I K

Waycross

St. Simon's Island

Brunswick

Jekyll Island

Cumberland Island

Okefenokee Swamp

Tallahassee

Jacksonville

FLORIDA

Der Süden

Im Jahr 1882 bemerkte Mark Twain treffend: „Anderswo bezieht sich die Zeitrechnung auf Christi Geburt, im Süden auf den [Bürger-] Krieg." Selbst heute, nach mehreren Generationen, ist das Erbe der Sklaverei und des „Krieges zwischen den Staaten" in **North Carolina**, **South Carolina**, **Georgia**, **Kentucky**, **Tennessee**, **Alabama** und **Mississippi** deutlich spürbar. Bei einer Reise durch die Region wird man immer wieder mit der Erinnerung an zwei monumentale Auseinandersetzungen konfrontiert, die ihr Schicksal geprägt haben: den Bürgerkrieg und die Bürgerrechtsbewegung der 50er- und 60er-Jahre.

Angesichts der Tatsache, dass sich immer noch viele weiße Südstaatler mit der Sache der Bürgerkriegs-Konföderierten identifizieren, lässt sich darüber streiten, ob der oft beschworene „Neue Süden" zumindest außerhalb der Großstädte tatsächlich existiert. Auf jeden Fall aber hat sich in den vergangenen Jahrzehnten ein deutlicher Wandel vollzogen. Die inspirierenden Wahlkampagnen, die letztendlich zur Wahlbeteiligung der Schwarzen im Süden führten, brachten nicht nur viele schwarze Führungspersönlichkeiten hervor, sondern auch liberale weiße Politiker wie Jimmy Carter oder Bill Clinton. In den letzten Jahrzehnten siedelte sich außerdem eine Menge High-Tech-Industrie an, was viele Zuzüge zur Folge hatte. Und nicht zuletzt florieren Zentren wie **Atlanta**, Geburtsort von Martin Luther King.

Zu stark verallgemeinernde Aussagen über „den Süden" verfehlen natürlich die vielschichtige und widersprüchliche Realität. So gab es während des Bürgerkriegs viele Regionen, insbesondere in den Bergen, die die Union unterstützten, und in dem darauf folgenden Jahrhundert der Segregation herrschte in manchen Staaten, allen voran in Mississippi und Alabama, eine wesentlich brutalere rassistische Unterdrückung als in anderen. Heutzutage ist die Ungleichheit zwischen den einzelnen Regionen des Südens (etwa zwischen dem industrialisierten „Sun Belt" in North Carolina und im Norden Alabamas und den oft bettelarmen, abgelegenen ländlichen Gegenden im Süden von Georgia, Mississippi und Tennessee) genauso stark ausgeprägt wie die zwischen den Südstaaten und dem Rest des Landes – und sie beruht weniger stark als früher auf rassischer Zugehörigkeit.

Für viele Reisende ist wahrscheinlich die **Musik** die Hauptattraktion einer Reise durch die Südstaaten. Fans pilgern in die Heimat von Elvis Presley, Hank Williams, Robert Johnson, Dolly Parton und Otis Redding, zu den Country- und Blues-Mekkas **Nashville** und **Memphis**, zu ländlichen Tänzen in den Appalachen oder in die Blueskneipen im Mississippi-Delta. Der Süden hat außerdem eine eigene **literarische Tradition** mit brillanten Schriftstellern wie William Faulkner, Carson McCullers, Margaret Mitchell und Harper Lee.

Außerhalb der Städte besteht ein großer Teil der Landschaft aus fruchtbarem Ackerland, auf das die glühende Sonne niederbrennt. Holzhütten und rostrote Scheunen verteilen sich über die Hügel, dazwischen liegen vereinzelte Wälder. Zur Landschaft des Südens gehören auch die dunstigen Berge von Kentucky, Tennessee und North Carolina, die subtropischen Strände und ruhigen Inseln entlang der Atlantik- und Golfküste von Georgia und South Carolina sowie die von Wasserläufen durchzogenen winzigen, von der Zeit vergessenen Ortschaften im Mississippi-Delta.

Im Juli und August ist es im Süden schwül, und die **Temperaturen** liegen knapp über 30 °C. Zwar besitzt so gut wie jedes öffentliche Gebäude eine Klimaanlage, aber trotzdem kann einem die feuchte Hitze ziemlich zu schaffen machen.

Im Mai und Juni ist das Klima erträglicher, außerdem finden dann viele Festivals statt, und im Oktober präsentiert sich das Herbstlaub in seinen schönsten Farben und steht dem in New England in nichts nach. Obendrein sind die Preise hier viel niedriger als weiter im Norden, und es gibt ausreichend Platz für alle.

Die Unterkunftsmöglichkeiten im Süden sind im Allgemeinen preiswert und die typischen Gerichte zumeist einfach, aber variantenreich.

Transport

Der **Flughafen** von Atlanta ist der größte Passagierflughafen der Welt; gute Verbindungen gibt es auch nach Savannah, jedoch sind die Flugpreise zwischen diesen beiden Städten hoch. Charlotte in North Carolina ist ein wichtiges Drehkreuz für direkte Transatlantikflüge. Andere bedeutende Flughäfen sind Charleston (SC), mit Verbindung zu den größeren Städten an der Ostküste, Memphis (TN) und Nashville (TN). Mit Ausnahme von Kentucky deckt **Amtrak** einen großen Teil der Region ab: In North Carolina werden Charlotte, Raleigh und Durham von der Bahn angefahren, ansonsten Charleston, Atlanta und Memphis, teilweise auf unterschiedlichen Strecken. In Alabama sind Birmingham und Mobile ans Bahnnetz angeschlossen; zwischen den beiden Städten verkehren Amtrak-Busse (via Montgomery). Im Allgemeinen kommt man in den ländlichen Gebieten mit **öffentlichen Verkehrsmitteln** nicht weit, daher bietet sich ein **Mietwagen** an, besonders wenn man abgelegenere Gebiete wie den Blue Ridge Parkway, die Outer Banks in North Carolina und das Mississippi-Delta erkunden möchte. Auf jeden Fall sollte man sich Zeit lassen – auch an den unwahrscheinlichsten Orten gibt es etwas zu sehen. Wer sich ausgemalt hat, den Süden per Mississippi-Dampfer zu bereisen, sollte wissen, dass es sich bei den Passagierschiffen auf dem Fluss heutzutage immer um Luxuspötte handelt.

Geschichte

Sowohl **Spanier** als auch **Franzosen** gründeten im 17. Jh. Siedlungen an der südlichen Küste Nordamerikas. Schon bald wurden sie jedoch von den **Briten** verdrängt, die ab dem 17. Jh. landwirtschaftliche Kolonien in North und South Carolina sowie in Georgia gründeten, die sich als immer erfolgreicher herausstellten. Klima und Boden begünstigten den Ackerbau, und es entstanden riesige, arbeitsintensive **Plantagen**. Vor der Unabhängigkeit wurde vornehmlich **Tabak** angebaut, danach zunehmend **Baumwolle**. Da kein Europäer, der etwas auf sich hielt, über den Atlantik kam, um seine Hände bei der Feldarbeit schmutzig zu machen, bedienten sich die Großgrundbesitzer der billigsten Arbeitskräfte auf dem Markt: der **Sklaven**. Millionen von Afrikanern wurden verschleppt und über den Atlantik transportiert; die meisten kamen im Hafen von Charleston an.

Bis Mitte des 19. Jhs. erlebte der Süden eine wirtschaftliche Blüte. Es gab keinen Anreiz zur Diversifizierung der Wirtschaft, und so lehnte man sich erst einmal behaglich zurück. Bald waren die Nordstaaten dem Süden sowohl auf dem landwirtschaftlichen Sektor als auch in der industriellen Entwicklung voraus. Im Süden baute man Feldfrüchte an, während die Fabriken im Norden das profitablere Monopol der industriellen Fertigung innehatten. Solange das Gleichgewicht zwischen „freien" und Sklaven-Staaten im Einklang war, fiel dem Süden in der Landespolitik eine zentrale Rolle zu, und die Bewegungen zur **Abschaffung der Sklaverei** konnten abgewehrt werden.

Je mehr jedoch die Vereinigten Staaten das oft beschworene, ihnen „verheißene Schicksal" (Manifest Destiny) erfüllten, sich von Küste zu Küste quer über den ganzen Kontinent auszubreiten, umso mehr Staaten schlossen sich der Union an, die für die Plantagenwirtschaft – und deshalb für die Sklaverei – nicht geeignet waren. Politiker und Plantagenbesitzer im Süden beschuldigten den Norden politischer und wirtschaftlicher Rücksichtslosigkeit – sie ahnten, dass sie im Land bald nichts mehr zu sagen haben würden.

1860 spitzte sich die Krise zu, nachdem **Abraham Lincoln**, ein langjähriger Kritiker der Sklaverei, zum Präsidenten gewählt worden war. Im Dezember 1860 erklärte South Carolina den Austritt aus der Union, schnell gefolgt von zehn weiteren Südstaaten. Am 18. Februar 1861 wurde Jefferson Davis als Präsident der **Konföderierten Staaten Amerikas** vereidigt. Stolz erklärte der Vizepräsident bei dieser Gelegenheit, man habe nun die erste Regierung der Weltgeschichte, die auf „der großen physischen und moralischen Wahrheit beruht..., dass der Neger dem weißen Mann nicht ebenbürtig ist."

Während des nun folgenden **Bürgerkriegs** wurde der Süden vom überlegenen Norden systematisch ausgeblutet. Die Konföderierten feuerten im April 1861 den ersten Schuss ab und errangen den ersten Sieg, als sich die Unionsgarnison von Fort Sumter vor den Toren von Charleston (South Carolina) ergab. Bis Mitte 1862 befand sich die Union in der Defensive, dann blockierte ihre Kriegsmarine die Küste von Georgia und den beiden Carolinas und besetzte mehrere wichtige Häfen. Im Westen schwärmten die Unionstruppen unter General Grant und General Sherman durch Tennessee, und Ende 1863 hatte der Norden Vicksburg, den letzten

Hafen der Konföderierten am Mississippi, eingenommen, ebenso die strategisch wichtige, von Bergen umschlossene Stadt Chattanooga an der Grenze zwischen Tennessee und Georgia.

Grand marschierte weiter nach Norden; Sherman nahm inzwischen den Verkehrsknotenpunkt Atlanta ein, bevor er die Truppe in einem grausamen Feldzug, bei dem kein Stein auf dem anderen blieb, zur Küste führte. Am 9. April 1865 ergab sich General Robert E. Lee in Appomattox, Virginia, nachdem 258 000 konföderierte Soldaten gefallen waren.

Am Ende des Krieges war der Süden ein ruiniertes Land. Jeder vierte erwachsene weiße Mann aus den Südstaaten war tot, zwei Drittel des Vermögens waren vernichtet. 1860 hatte der Süden etwa 30 % der Vermögenswerte der Nation kontrolliert, 1870 waren es nur noch 12 %. Und der Norden profitierte von der durch den Krieg angekurbelten Industrialisierung. Während der kurzen Periode der **Rekonstruktion** war der Süden von Unionstruppen besetzt. Die kurz zuvor freigelassenen Schwarzen besaßen das Wahlrecht, und schwarze Repräsentanten wurden auf Bundes- und Staatsebene in politische Ämter gewählt.

Die ehemaligen Konföderierten, noch immer dem alten Denken verhaftet und von aus dem Norden kommenden „Profiteuren" abgeschreckt, torpedierten jegliche Veränderung. Am Ende des Jahrhunderts hatten in den Südstaaten die weißen Demokraten das Heft wieder fest in der Hand. Apartheidgesetze (die sogenannten Jim Crow Laws) wurden verabschiedet, deren Wirksamkeit vom Terror des **Ku-Klux-Klan** unterstützt wurde, und Kopfsteuern, Alphabetisierungstests sowie ein mit dem Besitz von Eigentum verknüpftes Wahlrecht schlossen praktisch alle Schwarzen vom demokratischen Prozess aus. Als *sharecroppers* ging es ihnen nicht viel besser als früher den Sklaven: Fast der gesamte Erlös aus dem Anbau von Feldfrüchten musste als Pacht an die Grundbesitzer abgegeben werden, für sie selbst blieb kaum etwas zum Leben übrig. So kam es zu einer wahren Landflucht in Städte wie Memphis und Atlanta sowie in den Norden.

Bis der Supreme Court im Jahr 1954 in seinem bahnbrechenden Urteil die Rassentrennung in Schulen für ungesetzlich erklärte, gab es wenig Anzeichen dafür, dass sich die Bundesbehörden in Washington für die Rassendiskriminierung im Süden interessierten. Selbst nach dem Richterspruch weigerten sich einzelne Südstaaten vehement, die geforderten Veränderungen in die Wege zu leiten. Angesichts des institutionalisierten Widerstands der Weißen schlossen sich gewaltfreie schwarze Protestler in der **Bürgerrechtsbewegung** zusammen und brachen den Widerstand durch Massenproteste.

Mit Aktionen wie dem Busboykott in Montgomery und den Freedom Rides ging man zunächst gegen die Apartheid in öffentlichen Verkehrsmitteln vor; es folgten Demonstrationen gegen die Rassentrennung in Restaurants wie die Lunch-Counter-Sit-Ins, die in Greensboro ihren Höhepunkt erreichten, und schließlich gipfelte die Bewegung in der Kampagne zur Wiederherstellung der vollen Wählerregistrierung – und zahlreiche Aktivisten verloren im Verlauf der Kampagnen ihr Leben. Reisende, die sich für das Thema Bürgerrechtsbewegung interessieren, können den Spuren von **Martin Luther King** folgen – von seinem Geburtsort Atlanta über seine Kirche in Montgomery bis nach Memphis, wo er bei einem Attentat erschossen wurde.

Das Schicksal der **Indianer** ist ein oft vergessenes Kapitel der Südstaatengeschichte. Nach dem Unabhängigkeitskrieg wurden in den 30er-Jahren des 19. Jhs. die „fünf zivilisierten Stämme" – Cherokee, Creek, Choctaw, Chickasaw und Seminolen – auf Betreiben der Plantagenbesitzer und kleinen Farmer nach malariaverseuchte Oklahoma abgeschoben, sodass heute im Süden nur noch ein paar Tausend Indianer leben.

North Carolina

North Carolina hat die höchste Industrialisierungsrate der Südstaaten. Der Bundesstaat erstreckt sich über drei Regionen: von der Küstenebene über das Plateau des Piedmont bis zur Gebirgskette der Appalachen.

Für Besucher ist wahrscheinlich die **Küste** am interessantesten, denn sie bietet schöne

Strände, herrliche Landschaften und eine faszinierende Geschichte. Das Hinterland besteht zum größten Teil aus der weniger erschlossenen Albemarle Peninsula. Der **Piedmont** ist insgesamt weniger reizvoll, geprägt von Industriestädten und den akademischen Institutionen des prestigeträchtigen „Research Triangle": **Raleigh**, die Hauptstadt des Bundesstaats, ist Sitz der North Carolina State University, in **Durham** gibt es die Duke University, und die University of North Carolina hat ihren Sitz im trendigen **Chapel Hill**.

Winston-Salem ist die Tabakstadt und pflegt das Erbe der Herrnhuter Brüdergemeine, das boomende **Charlotte** fällt dagegen allenfalls durch die Skyline seiner Downtown auf. In den Appalachen eignet sich das alternativ angehauchte **Asheville** bestens für einen Zwischenstopp am herrlichen **Blue Ridge Parkway**. Der Great Smoky Mountains National Park reicht bis über die Grenze nach Tennessee.

Die Küste

North Carolinas Küste mit ihren Salzmarschen, Stränden, vorgelagerten Inselketten und Mündungsgebieten, hat die meisten der historisch interessanten Orte des Staates: **Roanoke Island** etwa, wo die ersten englischen Kolonisten des Kontinents 1590 spurlos verschwanden, oder **Kill Devil Hills**, wo die Gebrüdern Wright drei Jahrhunderte später der erste lenkbare Motorflug gelang. Landschaftlich reizvoll ist die Inselkette der **Outer Banks**, die sich bis Virginia hinzieht. Hier ist noch viel Ursprünglichkeit zu finden, auch wenn einige Orte schon ziemlich überrannt sind.

Edenton und die Halbinsel Albemarle

Die riesige **Albemarle Peninsula** ist touristisch noch mehr oder weniger unerschlossen. Die Orte auf der Halbinsel versuchen so gut wie möglich, ihre **Kolonialgeschichte** auszubeuten – nur leider ist von dieser oft nicht mehr viel zu sehen. Das Gebiet ist besonders für Leute interessant, die sich gerne abseits der ausgetretenen Pfade bewegen: Hier liegen inmitten landwirtschaftlich genutzter Gebiete und endloser Sümpfe verschlafene alte Städte und abgelegene Plantagen, bis das Ganze schließlich in einen Küstenstreifen voller Seen und Sunde übergeht.

Edenton

Edenton am majestätischen Albemarle Sound wurde 1722 als erste Hauptstadt von North Carolina gegründet und war während des Unabhängigkeitskrieges ein Zentrum der revolutionären Wirren. Heute ist die Stadt eine nette, friedliche kleine Basis für die Erkundung der Küste, mit einigen guten B&Bs und Restaurants und einem nostalgischen Kleinstadtflair.

An der Hauptstraße, der **Broad Street**, mit ihren viktorianischen Fassaden und altmodischen Geschäften befindet sich auch das **Visitor Centre**, 108 N Broad St, ☎ 252/482-2637, 🖥 www.nchistoricsites.org/iredell/, ⏰ Mo–Sa 9–17, So 13–17 Uhr. Ab hier werden geführte **Rundgänge** angeboten, die man mit Hilfe einer Karte auch auf eigene Faust unternehmen kann. Neben anderen wichtigen Persönlichkeiten war in Edenton auch **Harriet Jacobs** zu Hause, eine entlaufene Sklavin, die sich sieben Jahre lang auf dem Dachboden ihrer Großmutter versteckte. 1842 gelang ihr schließlich die Flucht in den Norden, u. a. verkleidet als Seemann; dort kam sie auch wieder mit ihren beiden Kindern zusammen, deren Vater ein Weißer aus Edenton war. Ihre Autobiografie, *Incidents in the Life of a Slave Girl*, ist eine der berühmtesten veröffentlichen Lebensgeschichten von Sklaven des 19. Jhs.

Zu den luxuriösen **B&Bs** am Ort gehört das friedliche Trestle House Inn, auf einem knapp 3 ha großen Gelände an einem See mit Blick auf ein Naturschutzgebiet, fünf Meilen südlich der Stadt abseits des Hwy-32, 632 Soundside Rd, ☎ 252/482-2282, 🖥 www.trestlehouseinn.com, ❺. In Edenton selbst bietet ein paar Schritte vom Wasser entfernt das freundliche Governor Eden Inn, 304 N Broad St, ☎ 252/482-2072, ❹, ansprechende Zimmer und eine große Veranda. Das bunte **Restaurant** Chero's, 112 W Water St, ☎ 252/482-5525, serviert mediterrane und regionale Küche; Seafood speist man am besten im Waterman's Grill, 427 S Broad St, ☎ 252/482-7733.

Die Halbinsel

Wie das Leben auf einer Plantage auf der Halbinsel aussah, wird bei einer der informativen und lehrreichen Führungen über **Hope** veranschaulicht, das Zuhause von David Stone, Gouverneur und Senator während der Revolution und danach. Die Plantage liegt in den verschlafenen Feldern des ländlichen Kerns der Halbinsel, abseits des Hwy-308, ein paar Meilen westlich von Windsor und etwa 25 Meilen südwestlich von Edenton. ⏱ Mo–Sa 10–16, So 14–17 Uhr, Eintritt $8; 🖥 www.hopeplantation.org.

In Creswell, 25 Meilen südöstlich von Edenton am US-64, entwirft die **Somerset Place State Historic Site**, 🖥 www.nchistoricsites. org/somerset, ein anschauliches Bild vom Dasein der Sklaven. Das Museum erzählt die Geschichte der Plantage von ihren Ursprüngen in den 1780er-Jahren bis zu ihrer Blüte als 800 ha großes Unternehmen 1860 und ihrem Ende nach dem Ersten Weltkrieg. Die Ausstellungen beleuchten den Arbeitsalltag der mehr als 300 afrikanischen Sklaven; auf dem weitläufigen Gelände mit seinen Feldern und riesigen Eichen findet sich ein Nachbau der Krankenstation der Plantage und zweier typischer Sklavenunterkünfte. ⏱ April–Okt Mo–Sa 9–17, So 13–17, Nov–März Di–Sa 10–16, So 13–16 Uhr, Eintritt frei.

Am Südufer der Albemarle Peninsula gibt es weniger zu sehen, aber die Landstraßen durch das Sumpfland bieten Gelegenheiten zu netten Autotouren. Das **Lake Mattamuskeet Wildlife Refuge**, 🖥 www.fws.gov/mattamuskeet, dient Tausenden von Schwänen aus Kanada als Winterquartier – ein atemberaubender Anblick. Der Zugang zum Naturschutzgebiet befindet sich am Hwy-94, etwa eine Meile nördlich der Kreuzung mit dem US-264. Südlich vom Lake Mattamuskeet fährt von **Swan Quarter** eine **Fähre** nach Ocracoke auf den Outer Banks (S. 426).

Die Outer Banks

Die Outer Banks sind eine Kette langgestreckter Barriereinseln, die sich als Überreste alter Sanddünen auf einer Länge von 180 Meilen von der Grenze zu Virginia bis zum Cape Lookout erstrecken und sich wunderbar zum Herumstreifen eignen. Es gibt einige herrlich wilde Strände, Feuchtgebiete mit einem beinahe unheimlichen Flair und attraktive Kleinstädte.

Wer auf dem US-158 von Norden anreist, sollte beim gut ausgestatteten Visitor Center des Cape Hatteras National Park Service anhalten, 🖥 www.nps.gov/caha, ⏱ Juni–Aug tgl. 9–18, Sep–Mai 9–17 Uhr. Entlang dem US-158 nach Süden und der parallel zum Meer verlaufenden Beach Road liegen die Küstenstädte **Kitty Hawk**, **Kill Devil Hills** und **Nags Head** unmittelbar nebeneinander. Motels, Restaurants und große Ferien-Cottages säumen die Strände. Bei der Anfahrt aus Westen über den Hwy-64 kann man beim informativen Visitor Center auf **Roanoke Island** vorbeischauen, ✆ 252/473-2138, 🖥 www. outerbanks.org, ⏱ tgl. 9–17 Uhr. Die Insel ist von historischem Interesse, denn hier befand sich die erste englische Siedlung in den USA, und ihr Dorf **Manteo** ist wohl das hübscheste der gesamten Outer Banks.

Kill Devil Hills und Nags Head

Im **Wright Brothers National Memorial**, 🖥 www.nps.gov/wrbr, an der Hauptstraße von Kill Devil Hills, erhebt sich auf einer 30 m hohen Sanddüne (dem eigentlichen Kill Devil Hill) das 20 m hohe Wright Brothers Monument. Es erinnert an den ersten motorisierten Flug der Geschichte. Am 17. Dezember 1903 erhob sich Orville Wright hier mit seinem Fluggerät für ungefähr zwölf Sekunden in die Lüfte. (Die meisten Geschichtsbücher sagen, der Flug habe im acht Meilen nördlich gelegenen Kitty Hawk stattgefunden, aber das war nur der Name des nächstgelegenen Postamtes.) Ein Felsbrocken links neben dem Visitor Center markiert die Stelle, an der die Maschine landete. Auch die Entfernungen dreier weiterer Flüge sind gekennzeichnet. Eine Ausstellung im Visitor Center schildert die Experimente der fliegenden Brüder. ⏱ Juni–Aug tgl. 9–18, sonst 9–17 Uhr, Eintritt $4.

Weiter südlich am Hwy-158 bei Meilenstein 12 erstrecken sich im **Jockey's Ridge State Park**, 🖥 www.jockeysridgestatepark.com, in Nags Head die größten Sanddünen der Ostküste. Der Park ist auch ein schöner Ort, um den Sonnenuntergang zu genießen.

Roanoke Island und Manteo

Roanoke Island zwischen dem Festland und Bodie Island ist über zwei Brücken erreichbar. 1585 wurde hier die erste Siedlung der Engländer in Nordamerika gegründet, und die Geschichte von Sir Walter Raleighs sogenannter „Lost Colony" wird hier ausgeschlachtet (s. Kasten).

Von der Siedlung Roanoke ist nichts Authentisches erhalten geblieben, aber 3 Meilen nördlich von Manteo, abgehend vom US-64, steht auf

---

Roanoke, die „Verlorene Kolonie"

Der erste Versuch der Engländer, sich in Nordamerika niederzulassen – Sir Walter Raleighs Kolonie auf **Roanoke Island** –, bleibt ein ungelöstes Rätsel: Die „Verlorene Kolonie" verschwand spurlos. Sir Walter selbst hat niemals Nordamerika besucht. Königin Elisabeth I. gab seinem Halbbruder Sir Humphrey Gilbert die Erlaubnis zur Gründung einer Kolonie, aber Gilbert starb 1883 nach einer missglückten Landung in Neufundland. Also übernahm Raleigh die Verantwortung für die Expedition und veranlasste weitere Forschungsreisen in südlicher Richtung. 1584 wurde Roanoke Island angesteuert, hinter den Outer Banks von North Carolina gelegen und daher vor den neugierigen Blicken der Spanier verborgen, die inzwischen von ihren Stützpunkten in Florida aus die Atlantikküste patrouillierten. Zu Ehren ihrer jungfräulichen Königin gaben die Engländer der Kolonie den Namen **Virginia**.

Eine 1585 von Ralph Lane geführte Expedition war mehr an Gold interessiert. Doch ihr Traum vom schnellem Reichtum platzte bald, und so segelten die Männer schon ein Jahr später mit Sir Francis Drake, der nach seiner Reise zu den Westindischen Inseln in Virginia Station machte, in die Heimat zurück. 1587 machten sich 117 weitere Kolonisten von England auf, um auf einem fruchtbaren Stück Land an der Chesapeake Bay Landwirtschaft zu betreiben. Aus Furcht vor einem spanischen Angriff setzte sie der Kapitän jedoch auf Roanoke Island ab. Ihr Führer war John White, der Monate später zur Beschaffung von Proviant nach England zurückkehren und infolge des Krieges zwischen Spanien und England länger als geplant in der Heimat verharren musste. 1590 konnte er schließlich einen Kapitän dazu überreden, ihn nach Roanoke zurückzubringen. Obwohl White die Insel verlassen antraf, gab es für ihn keinen Anlass zur

Beunruhigung, da von dem verabredeten Notsignal – ein geschnitztes Malteserkreuz – nichts zu sehen war. Stattdessen befand sich in einen Baumstamm das Wort **„Croatoan"** eingeritzt, was White als klare Botschaft deutete, dass die Siedler auf die gleichnamige Insel weiter südlich gezogen waren. Überprüfen konnte er dies nicht, denn auch sein Kapitän verweigerte aus Angst vor den Spaniern und der nahenden Hurrikansaison die Überfahrt.

Normalerweise endet die Geschichte an dieser Stelle: Die Kolonisten wurden nie wieder gesichtet. Während des nächsten Jahrzehnts erreichten jedoch mehrmals Gerüchte die bestehendere Kolonie Jamestown (im heutigen Virginia), dass englische Siedler als Sklaven unter den Indianerstämmen Nordamerikas lebten. Um ihre eigene Hilflosigkeit und Verwundbarkeit – die auf weitere potenzielle Siedler oder Investoren abschreckend wirken musste – nicht preiszugeben, strichen die Bewohner von Jamestown ihre Landsleute schlichtweg aus ihrem Gedächtnis und dem Geschichtsbuch.

In einer wenig bekannten Fußnote der Geschichte gewann und verlor Roanoke Island während des **Bürgerkriegs** noch einmal eine Kolonie. Nachdem Unionstruppen im Februar 1862 die Insel besetzt hatten, schlugen sich so viele freie und entlaufene Sklaven zwischen den Linien der Konföderierten zur Insel durch, dass die amerikanische Bundesregierung Roanoke offiziell zu einer **„Freedmen's Colony"** erklärte. Am Ende des Krieges lebten etwa 4000 Schwarze auf der Insel, viele davon kämpften in der Unionsarmee. Während der Rekonstruktionsperiode gab die Regierung das Land an die früheren Besitzer zurück, und die Kolonie wurde aufgelöst. Bis zum heutigen Tag hat Roanoke Island einen hohen schwarzen Bevölkerungsanteil.

dem Gelände der **Fort Raleigh National Historic Site** eine winzige Rekonstruktion des Forts der damaligen Siedler. Der Lehmbau beherbergt ein Museum, 🖥 www.nps.gov/fora, das sich mit der Geschichte der britischen Expeditionen und der Kolonialisierung beschäftigt. ☉ tgl. Juni–Aug 9–18, Sep–Mai 9–17 Uhr, Eintritt frei.

Neben dem Fort liegen die **Elizabethan Gardens**, 🖥 www.elizabethangardens.org, eine elegante Parkanlage mit gepflegten Wegen und Statuen. ☉ tgl., je nach Jahreszeit unterschiedlich, Eintritt $8. Im nahe gelegenen Amphitheater am Meer wird von Juni bis August das Theaterstück *The Lost Colony* über das Leben der ersten Siedler aufgeführt. ☉ Mo–Sa 20.30 Uhr, Eintritt $12–24, 🖥 www.thelostcolony.org.

Der **Roanoke Island Festival Park** in Manteo, 🖥 www.roanokeisland.com, bietet eine Reihe von Attraktionen. Zu den Highlights zählen das **Adventure Museum**, das anhand interaktiver Exponate die Geschichte der Outer Banks vermittelt, die **Settlement Site**, ein „lebendiges" Museum, in dem „elisabethanische" Soldaten und Handwerker umherwandern, und die **Elizabeth II**, der Nachbau eines englischen Schiffes aus dem 16. Jh. ☉ Ende Feb–Dez tgl. 9–17 Uhr, Eintritt $8 (die Karten sind an zwei aufeinanderfolgenden Tagen gültig).

Cape Hatteras National Seashore

Die Cape Hatteras National Seashore erstreckt sich von South Nags Head auf Bodie Island nach Südwesten bis zu den Inseln Hatteras und Ocracoke und besitzt auf der dem Meer zugewandten Seite 40 Meilen fast unberührter Strände. So lässt sich sogar in der Hochsaison ein ruhiges Plätzchen zwischen den Dünen finden. Die Salzpfannen an der Westseite sind sehenswert, und das **Pea Island National Wildlife Refuge**, 🖥 www.fws.gov/peaisland, im Norden der Insel Hatteras, bietet geführte Kanutouren (✆ 252/475-4180), Spazierwege und Aussichtsplattformen, von denen man Vögel beobachten kann.

Seit dem 16. Jh. haben etwa 1000 Schiffe an diesem heimtückischen Küstenabschnitt Schiffbruch erlitten. Am Südende von Hatteras Island zeigt ein Visitor Center (S. 428) eine Ausstellung zur maritimen Geschichte der Insel, ☉ im Som-

mer tgl. 9–18, sonst bis 17 Uhr, Eintritt frei. Ganz in der Nähe steht das über 60 m hohe – das entspricht etwa zwölf Stockwerken – **Cape Hatteras Lighthouse**, ein schwarzweiß gestreifter Leuchtturm aus dem frühen 19. Jh., den man besteigen kann (Mitte April–Mitte Okt, Eintritt $7).

Das **Native American Museum**, 🖥 www.nativeamericanmuseum.org, im weiter südlich gelegenen **Frisco** zeigt eine liebevoll zusammengestellte Sammlung indianischen Kunsthandwerks, darunter eine Trommel, die aus einer Hopi-*kiva* (Gebetskammer) stammt. Zum Museum gehören auch etliche Naturlehrpfade durch einen angrenzenden Wald. ☉ Di–So 11–17 Uhr, Eintritt $5.

In **Hatteras** liegt neben der Anlegestelle der Fähre von Ocracoke das **Graveyard of the Atlantic Museum**, 🖥 www.graveyardoftheatlantic.com, das die Geschichte zahlreicher Forscher, Piraten und Blockadebrecher aus dem Bürgerkrieg erzählt, die alle an diesem wilden Küstenabschnitt ertranken. ☉ Mo–Fr 10–16, Eintritt frei.

Ocracoke Island

Die friedliche Ocracoke Island, ein 16 Meilen langer Landstreifen, liegt 40 Fährminuten von Hatteras entfernt (s. Kasten). Trotz des Touristenandrangs im winzigen Ort **Ocracoke** hat sich die Südspitze der Insel ihren Charme bewahrt, und leicht findet man hier ein einsames Stück Strand.

Fähren von / nach Ocracoke

Außer den Fähren gibt es keinerlei öffentliche Verkehrsmittel.

Im Sommer pendeln kostenlose **Fähren zwischen Hatteras und Ocracoke** (40 Min.); Autobesitzer müssen eventuell warten, denn auf die Fähre passen nur 30 Wagen, und man kann nicht reservieren.

Weitere Fähren verkehren **von Ocracoke** Richtung Süden **nach Cedar Island** (2 Std. 40 Min., Auto $15, Fußgänger $1) und nach **Swan Quarter** auf der Albemarle Peninsula (2 1/2 Std., gleiche Preise). Beide Fähren sollte man im Sommer 1–2 Tage im Voraus **reservieren**. Weitere Auskünfte unter ✆ 1-800/BY-FERRY oder 🖥 www.ncferry.org.

Cape Lookout National Seashore

Zwischen Cedar Island und Beaufort erstreckt sich eine dünn besiedelte ländliche Region, die vom Tourismus kaum berührt wird. Hier gibt es keine Hotels, und einziger Grund dafür, hier durchzukommen, ist die Fahrt zur mehr oder weniger verlassenen Cape Lookout National Seashore, drei schmalen Düneninseln südlich von Ocracoke Island ohne Straßen und Besiedlung. Diese Sandstreifen sind nur mit der Fähre (Mitte März–Anfang Dez) oder mit privaten Booten zu erreichen; Besucher können sich dann auf den drei Inseln an 90 km Strand ein Fleckchen aussuchen. Das **Visitor Centre** liegt am östlichen Ortsrand der Siedlung **Harker's Island** auf dem Festland, ℡ 252/728-2250, 🖳 www.nps.gov/calo, ⏰ tgl. 9–17 Uhr.

An der Nordspitze der ersten Insel, **North Core Banks**, stehen die verwunschenen Ruinen des verlassenen Dorfes **Portsmouth** – die letzten beiden Bewohner machten sich 1971 davon. Hier kommen Fähren aus Ocracoke an (Austin Boat Tours, ℡ 252/928-4361). Die Fähre aus **Atlantic**, südlich von Cedar Island auf dem Festland (Morris Marina, ℡ 252/225-4261), steuert **Long Point** an, 17 Meilen südlich von Portsmouth und nur zu Fuß zu erreichen. Auf der Insel bietet Morris Marina **Cabins** für bis zu sechs Personen ab $100 pro Nacht; ansonsten gibt es nur primitive Zeltplätze.

Die Insel **South Core Banks** wird mit Privatfähren von **Davis**, südlich von Atlantic auf dem Festland, Beaufort und Harker's Island bedient; Näheres auf 🖳 www.nps.gov/calo/planyourvisit/ferry.htm.

Zur einsamen Insel **Shackleford Banks**, auf der sich seit dem frühen 16. Jh. wilde Mustangs tummeln, die sich von schiffbrüchigen Schiffen hierher gerettet haben sollen, fahren Fähren ab Beaufort (S. 428).

Beaufort (S. 428).

Nördlich des Oregon Inlet

Entlang der Strände findet man einige Motels. **First Colony Inn**, 6720 S Virginia Dare Trail, Nags Head, ℡ 252/441-2343, 🖳 www.first colonyinn.com. Luxuriöse Unterkunft in einem Strandhotel aus den 30er-Jahren mit umlaufenden Veranden und einem Pool. ❺

Roanoke

Outdoors Inn, 406 Uppowoc Ave, Manteo, ℡ 252/473-1356, 🖳 www.theoutdoorsinn.com. B&B mit 2 hellen, geschmackvoll eingerichteten Gästezimmern mit Bad in einem luftigen Haus. ❺

Hatteras

Hier gibt es Motels, Lebensmittelläden und Restaurants in den Orten entlang dem Hwy-12.

Cape Hatteras Motel, direkt am Strand in Buxton, 1 Meile vom Leuchtturm entfernt, ℡ 252/995-5611, 🖳 www.capehatteras motel.com. Einfache Zimmer zum Meer hin, Pool. ❹

Campingmöglichkeiten bieten die **Campingplätze des National Park Service**, 🖳 www.nps. gov/caha, bei Frisco und am Oregon Inlet auf Bodie Island (⏰ beide Anfang April–Mitte Okt) sowie am Cape Point in der Nähe von Buxton (⏰ Ende Mai–Sep), Zeltplatz $20, keine Reservierung.

Ocracoke

Die nicht gerade billigen Hotels und B&Bs im Ort sind im Sommer oft belegt. Wie überall auf den Outer Banks sinken im September gewöhnlich die Preise.

Edward's, 226 Old Beach Rd, ℡ 1-800/254-1359, 🖳 www.edwardsofocracoke.com. Einfache Zimmer und Cottages mit Außenbereich. ❸

Park Service Campground, ℡ 1-877/444-6777, 🖳 www.nps.gov/caha. Der Platz ist derjenige auf den Outer Banks, der sich am schnellsten füllt. Zeltplatz $23, Reservierung möglich. ⏰ April–Okt.

Nördlich des Oregon Inlet

Die Qualität der gebotenen Kochkunst schwankt erheblich.

Flying Fish Café, 2003 S Croatan Hwy, Kill Devil Hills, ℡ 252/441-6894. Gerichte mit mediterranem Einschlag. ⏰ nur abends.

Kill Devil Grill, 6720 S Virginia Dare Trail, Kill Devil Hills, ℡ 252/449-8181. Seafood, Burger und tolle Desserts. ⏰ Mo geschl.

Der Süden

Blue Moon Grill, in der Surf Side Plaza, bei Meile 13, Nags Head, ✆ 252/261-BLUE. Winziges, für Seafood und Pasta bekanntes Lokal. ⏰ Di–Sa.

Roanoke
Full Moon Café, Sir Walter Raleigh St, Ecke Queen Elizabeth St, Manteo, ✆ 252/473-6666. Fischsuppe, Gourmet-Sandwiches und mehr in zwangloser Atmosphäre.

Hatteras
Diamond Shoals, 46843 Hwy-12, Buxton, ✆ 252/995-5217. Gut zum Frühstücken; auch Seafood.

Ocracoke
Flying Melon, 804 Irvin Garrish Hwy, ✆ 252 /928-253. Köstlicher Südstaaten-Brunch und frisches Seafood mit kreolischem Einschlag. **Howard's Pub**, 1 Meile nördlich des Dorfs am Hwy-12, ✆ 252/928-4441. Bietet über 200 Biersorten.

Cape Hatteras National Park Service Visitor Center, US-158, direkt hinter der Brücke vom Festland, 🖥 www.nps.gov/caha, ⏰ Juni–Aug tgl. 9–18, Sep–Mai 9–17 Uhr. **Roanoke Island Visitor Center**, Hwy-64, ✆ 252/473-2138, 🖥 www.outerbanks.org, ⏰ tgl. 9–17 Uhr.

Beaufort und die Strände

Beaufort, 150 Meilen südöstlich von Raleigh, ist vielleicht das hübscheste Küstenstädtchen in North Carolina. Von hier aus kann man gut die umliegenden Strände erkunden, und abends ist an der Uferstraße jede Menge los. Als drittälteste Stadt North Carolinas hat Beaufort auch ein nettes **historisches Viertel** mitsamt Apotheke und Gefängnis, das sich in der Nähe des Wassers um die Turner Street erstreckt.

Die Strände
Südlich von Beaufort liegt 20 Meilen vor der Küste die Insel **Bogue Bank**, deren Strände

meistens ziemlich voll sind, vor allem der Atlantic Beach am östlichen Ende; etwas leerer ist Emerald Isle im Westen.

Die nächste Insel in Richtung Süden, **Bear Island**, ist von **Swansboro** per Taxiboot oder Fähre, 🖥 www.ncparks.gov, Mai–Sep Mi–So, April und Okt Fr–So, $5, zu erreichen. Die gesamte Insel mit ihren Sanddünen, Küstenwäldern und perfekten Stränden steht als **Hammocks Beach State Park** unter Schutz. Zum **Zelten** ($13) meldet man sich im kleinen Park Center an, ✆ 910/326-4881, ⏰ Sep–Mai tgl. 8–17, Juni–Aug 8–18 Uhr. Im März und April, wenn die **Karettschildkröten** ans Ufer kommen, um ihre Eier zu legen, ist Zelten nicht erlaubt.

In den Seitenstraßen der Turner St gibt es viele historische **B&Bs**.
Langdon House, 135 Craven St, ✆ 252/728-5499, 🖥 www.langdonhouse.com. Ungezwungen und mit köstlichem Frühstück. ➏
Inlet Inn, an der Uferstraße, Ecke 601 Front St, ✆ 252/728-3600, 🖥 www.inlet-inn.com. Große einfache Zimmer mit Balkon sowie Terrasse mit Schaukelstühlen. ➎

Am Wasser in Beaufort ist abends einiges los, Urlauber und Segler schlendern die Uferpromenade entlang oder gehen etwas trinken. Im **Dock House**, ✆ 252/728-4506, gibt es Livemusik. Die Bars und Restaurants direkt an der Promenade sind ganz okay und auch ein Stück abseits gibt es ein paar gute Läden.
Beaufort Grocery Co, 117 Queen St, ✆ 252/ 728-3899. Wirbt mit kreativer Südstaatenküche und superfrischen Zutaten. ⏰ Di geschl.
Aqua, 114 Middle Lane, ✆ 252/728-7777. Betriebsamer Laden mit modernen amerikanischen Tapas und Wein per Glas. ⏰ nur abends; So und Mo geschlossen.

Fähren (15 Min., $15) zu den beschaulichen **Shackleford Banks** (S. 427) werden betrieben von Island Ferry Adventures, 🖥 www. islandferryadventures.com, und vom Outer

Banks Ferry Service, 🖥 www.outerbanksferry.com, beide am Wasser.

Beaufort Inlet Watersports, 🖥 www.beaufortwatersports.com, bietet **Parasailing** ($50) und Kajaktouren.

Wilmington und die Strände

Wilmington, die größte Stadt an der Küste von North Carolina, etwas abseits der Küste am **Cape Fear River** und 50 Meilen vor der Südgrenze des Bundesstaats, ist ein entspannter, schöner Ort. Er diente als Kulisse für mehrere Kinofilme und Fernsehserien wie *Dawson's Creek* und *One Tree Hill* und trägt deshalb auch den Spitznamen „Wilmywood". Durch den Zuzug zahlreicher kreativer Menschen hebt sich die Stadt in ihrem sozialen Gefüge deutlich vom Rest der Küste ab. Besonders nach Einbruch der Dunkelheit ist hier einiges los: Dann strotzt die winzige Downtown am Fluss für eine solch relativ kleine Stadt geradezu vor Energie.

Die extravaganten Häuser, die reich geschmückte **City Hall** und das hübsche Theater **Thalian Hall** zeugen vom ehemaligen Wohlstand der Hafenstadt; anschaulich dargebracht wird die Stadtgeschichte im **Cape Fear Museum**, 814 Market St, ⊙ Sommer Mo–Sa 9–17, So 13–17 Uhr, sonst Mo geschl., Eintritt $6. Größter Besuchermagnet sind jedoch die drei oder vier parallel zum Fluss verlaufenden Straßen und besonders der vom Wetter gezeichnete **Flussuferstreifen** mit Boardwalk und vielen Bars und Restaurants. Ab dem kleinen **Riverfront Park** am Ende der Market Street beginnen **Kutschfahrten** ($12; 🖥 www.horsedrawntours.com), **Hafenrundfahrten** (ab $15; 🖥 www.cfrboats.com) und Fahrten mit dem **Wassertaxi** ($5 hin und zurück) zum Schlachtschiff USS *North Carolina,* das im Zweiten Weltkrieg an allen Marineoffensiven im Pazifik beteiligt war; ⊙ Sommer tgl. 8–20,

sonst 8–17 Uhr, Eintritt $12. Wilmington ist auch eine gute Basis für den Besuch einer Reihe von **Stränden**: Nur sechs Meilen östlich erstreckt sich der breite Wrightsville Beach; der zehn Meilen nördlich gelegene Carolina Beach eignet sich gut für Wanderungen; und der entspannte weiße Kure Beach ist besonders bei Anglern beliebt. Örtliche Promis und Starlets lassen es sich auf der reizenden **Bald Head Island** gut gehen, etwa eine Autostunde von Wilmington entfernt via Hwy-17.

Die Market St ist von Kettenmotels gesäumt.
Graystone Inn, Third St, Ecke Dock St, ✆ 910/763-2000, 🖥 www.graystoneinn.com. Eines der üppig ausgestatteten B&Bs am Ort – Romantik pur! ❼
Best Western Coastline Inn, 503 Nutt St, ✆ 1-800/617-7732, 🖥 www.coastlineinn.com. Tolle Lage am Fluss. Nichtraucher-Hotel. ❺

Unerwarteterweise ist Wilmington ein Schlemmerparadies. Stilvolle Restaurants säumen das Flussufer, wo besonders am Wochenende viel los ist.
Deluxe, 114 Market St, ✆ 910/251-0333. Bietet für rund $26 Hauptgerichte, die an die französische und die Pacific-Rim-Küche angelehnt sind.
Dock Street Oyster Bar, 12 Dock St, ✆ 910/762-2827. Rohe Austern, Krebsscheren und anderes Seafood.
Catalan, am Boardwalk, 224 S Water St, ✆ 910/815-0200. Wein und Leckereien in kleiner Café/Weinbar im französischen Stil. Veranstaltungshinweise enthält das kostenlose Wochenblatt *Encore,* 🖥 www.encorepub.com.
Soapbox, 255 N Front St, 🖥 www.thesoapboxlive.com. Indie-Bands, Comedy und Hip-Hop.
Barbary Coast, 116 S Front St, ✆ 910/762-8996. Winzige Bar mit gemütlicher Schäbigkeit.

Visitor Centre, im Old Courthouse, 24 N Third St, ✆ 1-877/406-2356, 🖥 www.capefearcoast.com,

Der Süden

⏰ Mo–Fr 8.30–17, Sa 9–16, So 10–16 Uhr. Außerdem gibt es einen Informationskiosk am Ende der Market Street beim Fluss.

Transport

Busbahnhof, 201 Harnett St, eine Meile nördlich von Downtown nahe Third St.

Das Piedmont-Plateau

In North Carolina ist der Piedmont von Textil- und Tabakindustrie geprägt, wobei es allerdings mit vielen Städten wirtschaftlich eher bergab geht. Die interessanteste Gegend ist das „Research Triangle" der drei Universitätsstädte: **Raleigh**, die Hauptstadt des Bundesstaats, das relaxte **Durham** mit seinem ausgeprägten afroamerikanischen Erbe und die coole Unistadt **Chapel Hill**. Nach **Winston-Salem**, berühmt für seine Tabakindustrie, kommen die meisten Besucher wegen des Museumsdorfs Old Salem. Viele Reisende aus Europa landen auf dem internationalen Flughafen von **Charlotte**.

Raleigh

Raleigh wurde 1792 als Hauptstadt von North Carolina gegründet. Am zentralen **Capitol Square** kann man sich im **North Carolina Museum of History**, 5 E Edenton St, 🖥 ncmuseumofhistory.org, in die Geschichte des Bundesstaates vertiefen. ⏰ Mo–Sa 9–17, So 12–17 Uhr, Eintritt frei.

Das **North Carolina Museum of Natural Sciences** gleich gegenüber, 11 W Jones St, 🖥 naturalsciences.org, hat die Geologie der Region und die Entwicklung der Tier- und Pflanzenwelt seit den Dinosauriern zum Thema. ⏰ und Eintritt wie oben. An der Kreuzung Blount und Martin Street südlich des Capitols beherbergt der **City Market** gute Läden und Restaurants. Tipp: Bei **Artspace**, 201 E Davie St, 🖥 www.artspacenc.org, kann man Künstlern bei der Arbeit zusehen. ⏰ Di–Sa 10–18 Uhr.

Über den I-40 gelangt man im Nordwesten der Stadt zum **North Carolina Museum of Art**,

🖥 ncartmuseum.org, das eine vielseitige Sammlung mit Werken aus der Antike und aus Afrika, Europa und den USA beherbergt sowie außerdem das schicke Restaurant Iris. ⏰ Di–Do, Sa und So 10–17, Fr 10–21 Uhr, Eintritt frei.

Übernachtung, Essen und Unterhaltung

In Flughafennähe und bei der Ausfahrt 10 des I-440 tummeln sich zahlreiche Kettenhotels.
Big Ed's, im City Market, 220 Wolfe St, ✆ 919/836-9909. Sehr reichhaltiges Frühstück mit Spezialitäten des Südens. ⏰ So geschlossen.
42nd St Oyster Bar, Downtown, 508 W Jones St, ✆ 919/831-2811. Der Laden ist seit den 1930er-Jahren sehr beliebt für seinen frischen Fisch und Schalentiere.
Die **Hillsborough Street** ist das Zentrum des studentischen Nachtlebens, hier reihen sich Bars und Restaurants aneinander.
Neomonde, 817 Beryl Rd, nicht weit von der Hillsborough St, ✆ 919/828-1628. Tolles orientalisches Restaurant mit zahlreichen vegetarischen Gerichten.
The Brewery, 3009 Hillsborough St, ✆ 919/838-6788, 🖥 www.brewerync.com. Hier spielen Rock- und Alternative-Bands aus der Region.

Informationen

Das **Visitor Center**, 500 Fayetteville S, ✆ 919/834-5900, 🖥 www.visitraleigh.com, vergibt die üblichen Karten und Broschüren. ⏰ Mo–Sa 9–17 Uhr.

Transport

Der **internationale Flughafen** Raleigh-Durham liegt am I-40, 15 Min. nordwestlich von Raleigh. Ein **Taxi** in die Stadt kostet um $30, ein langatmiger Shuttle-Service $25.
Mit **Amtrak** kommt man am Bahnhof in der 320 W Cabarrus St an. Das Fahrtziel von **Greyhound** liegt in einem ungemütlichen Teil der Stadt, 314 W Jones St.

Durham

Durham, 20 Meilen nordwestlich von Raleigh, ist ein Hauptort der amerikanischen Tabakindustrie. Alles begann, als der Tabakfarmer Washington

Duke aus dem Bürgerkrieg mit der Idee heimkehrte, Zigaretten herzustellen. 1890 gründete sein Sohn James Buchanan Duke die mächtige **American Tobacco Company** als Zusammenschluss vier einstiger Konkurrenten. Der **Duke Homestead Historical Site**, nördlich des I-85, 2828 Duke Homestead Rd, 🖳 www.nchistoric sites.org, veranschaulicht die Sozialgeschichte der Tabakindustrie, u. a. mit Vorführungen alter Anbautechniken und des Tabakdrehens. ⊙ Di–Sa 9–17 Uhr, Eintritt frei.

Eine Schenkung des Duke-Imperiums in Höhe von 40 Millionen Dollar ermöglichte es dem Trinity College ab 1924, als **Duke University** zu einer medizinischen Forschungseinrichtung von Weltruf zu expandieren. Die Sammlungen des **Nasher Museum of Art** auf dem Campus, 2001 Campus Drive, 🖳 www.nasher.duke.edu, umfassen Kunst der Antike und des Mittelalters sowie präkolumbische, afrikanische und asiatische Kunstwerke. ⊙ Di, Mi, Fr und Sa 10–17, Do 10–21, So 12–17 Uhr, Eintritt $5.

Sieben Meilen nördlich der Stadt, im ländlichen Treyburn Park, liegt das faszinierende **Historic Stagville**, 🖳 www.stagville.org, wo der Alltag auf einer Plantage im 19. Jh., vor allem das Leben der Sklaven, veranschaulicht wird. Hier arbeiteten rund 100 Sklaven; auf dem Gelände stehen noch die kleinen zweistöckigen Behausungen, in denen jeweils vier Sklavenfamilien lebten (eine pro Zimmer), das Wohnhaus der Plantagenbesitzer und eine große Scheune, die in Sklavenarbeit errichtet wurde. ⊙ stdl. Führungen Di–Sa 10–16 Uhr, Eintritt frei.

Arrowhead Inn, 106 Mason Rd, ✆ 919/477-8430, 🖳 www.arrowheadinn.com. Hübsche B&B-Zimmer in einem 1775 erbauten Haus, ein niedliches Cottage und eine rustikale Blockhütte im hübschen Garten. ❻
Essen gehen kann man am Brightleaf Square, einem Einkaufsviertel mit restaurierten Tabakspeichern um die Gregson und Main St herum:
Parker & Otis, 112 S Duke St, ✆ 919/683-3200, leckere Sandwiches und Salate sowie Frühstück, alles zubereitet mit Biozutaten aus der Gegend.

Anotherthyme, 109 N Gregson St, ✆ 919 /682-5225. Kreative Fischküche, asiatische Fusionsküche und Tapas. ⊙ nur abends.

Visitor Center, 101 E Morgan St, ✆ 919/ 687-0288, 🖳 www.durham-nc.com. ⊙ Mo–Fr 8.30–17, Sa 10–14 Uhr.

Greyhound-**Busse** halten an der 412 W Chapel Hill St.

Chapel Hill

Das hippe Chapel Hill südwestlich von Durham ist eine lockere kleine Unistadt mit einer äußerst lebendigen Musikszene. Von hier stammen Bands wie Southern Culture on the Skids und Archers of Loaf sowie Musiker wie Ben Folds, Ryan Adams und nicht zu vergessen James Taylor. Regelmäßig spielen hier Indie-Rockbands. Chapel Hill eignet sich bestens zum Herumbummeln und Abhängen in Cafés und Kneipen, besonders an der **Franklin Street**, die den Campus auf der Nordseite begrenzt. Die Straße führt weiter nach Westen ins benachbarte **Carrboro**, wo sie zur **Main Street** wird und die Kundschaft in den Bars und Restaurants dem Studi-Alter entwachsen ist.

Die **University of North Carolina** wurde 1789 als erste staatliche Hochschule des Landes gegründet. Das tolle **Morehead Planetarium**, in der E Franklin Street auf dem Campus, 🖳 www.moreheadplanetarium.org, diente als frühes Trainingszentrum der NASA; ⊙ Di–Do 10–15.30, Fr und Sa 10–15.30 und 18.30–21, So 13–16.30 Uhr, Eintritt $7,25. Das **Ackland Art Museum**, 101 S Columbia St, ebenfalls auf dem Campus, 🖳 www.ackland.org, zeigt vor allem gute asiatische und antike Kunst. ⊙ Mi, Fr und Sa 10–17, Do 10–20, So 13–17 Uhr, Eintritt frei.

Die Auswahl an Unterkünften im Zentrum ist begrenzt.
Carolina Inn, auf dem Campus, 211 Pittsboro St, ✆ 919/933-2001, 🖳 www.carolinainn.com.

Der Süden

Eine der beliebtesten Adressen, eine altehr-
würdige Unterkunft im Besitz der Universität. ❺
Am Stadtrand säumen Kettenmotels die
N Fordham und die E Franklin St.

Essen

Freunde des guten Essens und Vegetarier
können sich über das Angebot in Chapel Hill
freuen, besonders das an der W Franklin St.
Lantern, 423 W Franklin St, ☎ 919/969-8846.
Gehobenes Restaurant für asiatische und
Pacific-Rim-Küche. ◷ nur abends, So geschl.
Crooks Corner, 610 W Franklin St, ☎ 919/
929-7643. Stilvolle Südstaatenküche.
◷ Mo geschl.
Elmo's Diner, in der Carr Mill Mall in Carrboro,
200 N Greensboro St, ☎ 919/929-2909. Gutes
Frühstück, viele vegetarische Gerichte und
Mittagsangebote.

Unterhaltung

Das Nachtleben spielt sich in der Franklin und
Main St ab. Szeneinfo bringt das kostenlose
Independent Weekly, 🖥 www.indyweek.com.
Orange County Social Club, 108 E Main St,
Carrboro, ☎ 919/933-0669. Hippe, aber unange-
strengte Bar mit Retro-Optik, Billardtisch,
Musikbox und Garten.
Die meisten Konzertlocations haben ein
gemischtes Programm:
Local 506, 506 W Franklin St, ☎ 919/942-5506,
🖥 www.local506.com. Indie-Bands, offene
Bühne und Hip-Hop.
Cat's Cradle, 300 E Main St, in Carrboro, ☎ 919/
967-9053, 🖥 www.catscradle.com. Indie und
Hip-Hop aus der Gegend und dem ganzen Land.

Informationen

Visitor Bureau, 501 W Franklin,
☎ 1-888/968-2060, 🖥 www.chocvb.org.
◷ Mo–Fr 9–17, Sa 10–14 Uhr.

Ein Hauch von Marokko

Sandwhich, 407 W Franklin St, ☎ 919/929-2114.
Geschmackvolle, marokkanisch angehauchte
Südstaaten-Fusionsküche mit Gourmet-Sand-
wiches und Tajines. ◷ Mo geschl.

Winston-Salem

Die meisten Leute verbinden mit dieser Stadt,
80 Meilen westlich von Chapel Hill, in erster Linie Zigaretten, doch ihre touristische Attraktion
ist **Old Salem** südlich des Zentrums. Hier ließen
sich Mitte des 18. Jh. die ersten Siedler nieder,
Anhänger der **Herrnhuter Brüdergemeine** (engl.
Moravian Church, von „Mähren" abgeleitet).
Als protestantische Glaubensflüchtlinge waren
sie während der Gegenreformation aus Böh-
men in die Oberlausitz gekommen und hatten
von dort Missionare in alle Welt geschickt. In
Amerika knüpften sie Handelsbeziehungen zu
anderen Siedlern und gründeten Salem, das
vollständig von der Kirche verwaltet wurde und
nur Menschen ihres Glaubens das Wohnrecht
erteilte.

Der Nachfrage nach ihren Handwerks-
erzeugnissen verdankt die nahe gelegene Gemeinde Winston ihre Existenz. Sie gelangte
durch Tabak zu sagenhaftem Wohlstand und
überflügelte bald die ältere Gemeinde. 1913
schlossen beide sich zu Winston-Salem zusammen. Bis heute besteht hier eine der bedeutendsten Gemeinden der Brüderunität.

Old Salem ist ein lebendes Museum, in dem
kostümierte Handwerker in einer Reihe restaurierter Gebäude und Gärten alte Fertigkeiten
demonstrieren; ◷ Di–Sa 9.30–16.30, So 13–
16.30 Uhr, Eintritt $21 oder für zwei Tage $24,
zwei Gebäude nach Wahl $14. Ausgangspunkt
des Rundgangs ist das Visitor Center, 900 Old Salem Rd, ◷ Di–Sa 9–17, So 12.30–17 Uhr.

Die Eintrittskarte gilt außerdem für das **Museum of Early Southern Decorative Arts**, 924 S
Main St, ◷ Di–Sa 9.30–17, So 13–17 Uhr, Eintritt
nur Museum $10. Die Old Salem Tavern, 736 S
Main, Old Salem, ☎ 336/748-8585, serviert auf
der Terrasse große Portionen Essen, z. B. *Moravian chicken pie* und Hackbraten, sowie Bier.

Übernachtung und Essen

Brookstown Inn, neben dem Visitor Center,
☎ 336/725-1120, 🖥 www.brookstowninn.com.
Uriges kleines Hotel in einer ehemaligen
Textilfabrik. ❺
Das beste Restaurant am Ort ist das gemütliche
Fabian's, nordwestlich des Zentrums gelegen,

1100 Reynolda Rd, ℡ 336/723-7700. Köstliches 5-Gänge-Festpreismenü mit moderner amerikanischer Küche aus farmfrischen Zutaten; serviert wird Mi–Sa um 19.30 Uhr, Reservierung erforderlich.

Informationen

Visitor Center, 200 Brookstown Ave, drei Straßen von Old Salem entfernt, ℡ 336/728-4200, ⌨ www.visitwinstonsalem.com.

Charlotte

Das blühende Finanzzentrum Charlotte, die größte Stadt des Bundesstaats, liegt an der Kreuzung von I-77 und I-85, unweit der Grenze nach South Carolina. Charlotte ist ein wichtiger Verkehrsknotenpunkt und wird von Europa aus direkt angeflogen. Für die Leute, die hier ankommen oder umsteigen, gibt es zur Erbauung ein paar schöne Museen. Die Innenstadt, die hier *uptown* oder *center city* genannt wird, ist eine unansehnliche Ansammlung von Hochhäusern und Geschäften um die **Tryon Street** herum.

Das auf Kinder ausgerichtete Museum **Discovery Place**, 301 N Tryon St, ⌨ www.discovery place.org, umfasst ein Aquarium und ein IMAX-Kino; ⊙ Mo–Fr 9–17, Sa 10–18, So 12–17 Uhr, Eintritt $12. Das **Bechtler Museum**, 420 S Tryon St, ⌨ www.bechtler.org, bietet eine gute Sammlung an Kunst von der Mitte des 20. Jhs. mit Werken von Picasso, Warhol und Miró; ⊙ Mo und Mi–Sa 10–17, So 12–17 Uhr, Eintritt $8. Kunst, Kunsthandwerk und modernes Design zeigt das stilvolle neue **Mint Museum Uptown**, 500 S Tryon St, ⌨ www.mintmuseum.org, ⊙ Di 10–21, Mi–Sa 10–18, So 12–17 Uhr, Eintritt $10. Das **Gantt Center**, 551 S Tryon St, ⌨ www. ganttcenter.org, hat seinen Schwerpunkt auf afroamerikanischer Kunst und Fotografie. ⊙ Di–Sa 10–17, So 13–17 Uhr, Eintritt $8.

Ein paar Straßen weiter liegt das sehenswerte **Museum of the New South**, 200 E Seventh St, ⌨ www.museumofthenewsouth.org, das sich mit dem Wachstum der Region seit der Rekonstruktion beschäftigt. ⊙ Mo–Sa 10–17, So 12–17 Uhr, Eintritt $6.

Übernachtung

Dunhill Hotel, 237 N Tryon St, ℡ 704/332-4141, ⌨ www.dunhillhotel.com. Das Hotel von 1929 besitzt einen verblichenen altmodischen Charme. ❻

Essen und Unterhaltung

Bar-B-Q King, 2900 Wilkinson Blvd (Hwy-74), westlich der Stadt, ℡ 704/399-8344. Retro-Drive-in mit köstlichen Grillgerichten und Soul Food für ein Essen im Auto. ⊙ So und Mo geschl.

Informationen

Visitor Center, 330 S Tryon St, ℡ 704/331-2700, ⌨ www.charlottesgotalot.com, ⊙ Mo–Fr 8.30–17, Sa 9–15 Uhr. Kleinere Touristeninformationen gibt es im Museum of the New South und am Flughafen.
Aktuelle Veranstaltungshinweise enthält die kostenlose Wochenzeitung *Creative Loafing*, ⌨ charlotte.creativeloafing.com.

Transport

Der **Charlotte/Douglas International Airport** liegt 7 Meilen westlich der Stadt. Eine Taxifahrt ins Zentrum kostet etwa $25.
Der **Busbahnhof** von Greyhound liegt in der 601 W Trade St, der **Bahnhof** von Amtrak befindet sich in der 1914 N Tryon St.

Die Bergwelt von North Carolina

North Carolinas Gebirgslandschaft genießt man am besten auf einer Fahrt über den berühmten **Blue Ridge Parkway**, der von Virginia durch den Nordwesten des Staates zum **Great Smoky Mountains National Park** verläuft. Eine Tour durch die bewaldete, kaum besiedelte Hügellandschaft bietet eine erfrischende Abwechslung zu den hektischen Zentren der Ostküste.

Seit dem frühen 20. Jh. ist die Region bekannt für die Bluegrass-Musik, die man noch überall zu hören bekommt. Das entspannte Asheville ist ein guter Ort, um moderne Versionen des tradi-

Der Süden

tionellen Sounds (newgrass) zu hören. Informationen über einen Großteil der Gegend sind erhältlich in Boone beim hilfreichen Visitor Center, dem North Carolina High Country Host, 1700 Blowing Rock Rd, ☎ 1-800/438-7500, 🖥 www.mountainsofnc.com.

Blue Ridge Parkway

Die Hochsaison für den Blue Ridge Parkway ist im Oktober, wenn sich die Blätter der Bäume gelb, gold und rot färben. Doch die fantastische Gebirgsstraße, größtenteils in den 30er-Jahren von Freiwilligen von Präsident Roosevelts Civilian Conservation Corps erbaut, ist das ganze Jahr über ein lohnendes Ziel und lockt mit staatlichen Campingplätzen, kurzen Wanderwegen und gigantischen Aussichtspunkten. Zwar ist

Sport in den Bergen

Zu den angebotenen Aktivitäten entlang dem Blue Ridge Parkway gehören exzellente **Rafting- und Kanutouren**, die meisten davon auf dem Nolichucky River nahe der Grenze zu Tennessee, südlich von Johnson City, Tennessee, aber auch auf dem Watauga River und Wilson Creek. Touren dieser Art werden u. a. organisiert vom Nantahala Outdoor Center, ☎ 1-888/232-7238, 🖥 www.noc.com, und von High Mountain Expeditions, ☎ 1-800/262-9036, 🖥 www.highmountainexpeditions.com, die auch Fahrrad-, Wander- und Höhlentouren anbieten. Eine eintägige Raftingtour kostet rund $85 p. P.

Im Winter steht **Skifahren** an erster Stelle, besonders an den Hängen um Banner Elk, 12 Meilen südwestlich von Boone. Unterkünfte in den Resorts sind teuer, die Skipässe dagegen verhältnismäßig günstig. Appalachian Ski Mountain, 🖥 www.appskimtn.com, liegt nahe Blowing Rock, und Ski Beech, 🖥 www.skibeech.com, das höchstgelegene Skigebiet des Ostens, am Beech Mountain. Vollständige Listen sind in den **Visitor Centers** erhältlich oder unter 🖥 www.skithehighcountry.com einsehbar.

der Parkway für den Güterverkehr gesperrt, aber wegen der kurvigen Straße wird man sich nur selten dem Tempolimit von 45 mph annähern.

Boone

Nördlicher Ausgangspunkt für eine Erkundung der Gegend ist die freundliche Stadt Boone. Kitschige Familienattraktionen säumen den US-321, während reizvolle Nebenstraßen zu abgelegenen Siedlungen wie **Valle Crucis** (nahe dem US-194) führen, wo der kuriose Mast General Store von 1883, 🖥 www.mastgeneralstore.com, einen Besuch lohnt: Das bunte Warenangebot umfasst gusseisernes Kochgeschirr, frische Kaffeebohnen, rustikale Möbel und Outdoor-Ausrüstung. ◷ im Sommer Mo–Sa 7–18.30, So 12–18 Uhr, im Winter unterschiedliche Öffnungszeiten.

Boones **Visitor Center** befindet sich in Downtown, 208 Howard St, ☎ 828/262-3516, 🖥 www.visitboonenc.com. Saubere, gemütliche **Zimmer** bietet das wunderbar freundliche Hidden Valley Motel, westlich der Stadt, 8725 Hwy-105 S, ☎ 828/963-4372, 🖥 www.hiddenvalleymotel.com, ❷. Zu den guten B&Bs gehört das Lovill House Inn, 404 Old Bristol Rd, ☎ 1-800/849-9466, 🖥 www.lovillhouseinn.com, das auf einem bewaldeten Grundstück liegt ❺.

Etliche **Restaurants** und Kneipen liegen an der King Street. Das hübsche Vidalia, 831 King St, ☎ 828/263-9176, serviert pfiffige New-Southern-Küche mit frischen Zutaten aus der Gegend; im Hob Nob Farm Café, 506 King St, ☎ 828/262-5000, stammen die Zutaten der meisten Gerichte auf der langen, global ausgerichteten Karte aus biologischem Anbau und/oder aus der Umgebung. ◷ Mi–So.

Den Parkway entlang nach Süden

Acht Meilen südlich von Boone liegt **Blowing Rock**, ein angenehmes, wenngleich touristisches Resort etwas südlich des Blue Ridge Parkway. Der Blowing Rock selbst, eine hohe Felswand, an der hinuntergeworfene leichte Gegenstände wieder nach oben geweht werden, ist nicht im Geringsten so beeindruckend wie es die Bilder glauben machen.

Die drei Meilen lange Strecke der dampfgetriebenen **Tweetsie Railroad**, 🖥 www.tweetsie.com, heute das Zentrum eines Vergnügungsparks für Familien am Hwy-321, ist alles, was von der Bahnlinie übrig blieb, die einst quer durch die Berge nach Johnson City, Tennessee, verlief. ☺ tgl. Juni–Aug 9–18, Mai, Sep und Okt Fr–So 9–18 Uhr, Eintritt $32.

Blowing Rocks **Visitor Center**, ✆ 828/295-4636, 🖥 www.blowingrock.com, ☺ Mo–Sa 9–17 Uhr, liegt am 7738 Valley Boulevard. In der Main Street gibt es diverse **Motels**, darunter die gemütliche Boxwood Lodge, Nr. 671, ✆ 828/295-9984, 🖥 www.boxwoodlodge.com, ❺. Das Village Café (zu erreichen über einen Steinpfad hinter Nr. 1103), ✆ 828/295-3769, serviert in einem hübschen Garten köstliches Frühstück, Salate, Crêpes und Sandwiches; ☺ Mo geschlossen. Im **Restaurant Woodland's** an der Umgehungsstraße Hwy-321, ✆ 828/295-3651, kann man ein köstliches Schweinefleisch-Barbecue essen, ein Bier trinken und dem Live-Bluegrass lauschen.

Das Naturschutzgebiet am **Grandfather Mountain**, 🖥 www.grandfather.com, 15 Meilen südlich des Blowing Rock gelegen, ist in Privatbesitz und über einen Weg nahe Meilenstein 305 zugänglich, ☺ tgl. Frühling und Herbst 8–18, Sommer 8–19, Winter 9–17 Uhr, Eintritt $15. Hier gibt es Naturlehrpfade und Bergwanderwege sowie von Rangern geleitete Programme. Der Eintrittspreis mag hoch erscheinen, aber die Eigentümer unternehmen damit den Versuch, diese einzigartige Umgebung zu schützen.

Die **Rough Ridge**, nahe Meilenstein 301, bildet einen von mehreren Ausgangspunkten für den 13,5 Meilen langen **Tanawha Trail**, der oberhalb des Parkway am Bergkamm entlang von Beacon Heights nach Julian Price Park führt und herrliche Aussichten über die dichten Wälder im Osten offeriert.

Eine weitere schöne Wandertour führt durch die **Linville Gorge Wilderness**, nahe Meilenstein 316, wenige Meilen außerhalb der Ortschaft Linville Falls. Es gibt zwei Hauptwanderwege, darunter ein steiler, 2,5 km langer Rundwanderweg zum höchsten Punkt der beeindruckenden **Linville Falls**. Von beiden Seiten des Canyons bietet sich ein atemberaubender Blick auf den gut 600 m tiefer gelegenen **Linville River**. Ein leichterer Wanderweg führt hinunter zum Fuß der Fälle.

Alternativ dazu kann man auch die Berge **Hawksbill** oder **Table Rock** erklimmen, und zwar vom nächstgelegenen Forstweg, der südlich der Ortschaft Jonas Ridge vom Hwy-181 abzweigt (ausgeschildert ist „Gingercake Acres", und nur ein kleines Schild weist zum Table Rock). Die liebenswerte Ortschaft **Linville Falls** besitzt einen netten **Campingplatz**, ✆ 828/765-2681, 🖥 www.linvillefalls.com, $20 pro Nacht, sowie die friedliche Linville Falls Lodge, Hwy-221, ✆ 828/756-2658, 🖥 www.linvillefallslodge.com ❹. Der angeschlossene Spears Grill, ✆ 828/765-0026, bietet gutes Bier und ländliche Kost, darunter frische Forellen und Schwein vom Grill.

Die Panoramablicke vom Parkway im Gebiet des **Mount Mitchell State Park**, gen Süden Richtung Asheville, 🖥 www.ncparks.gov, sind schlichtweg gigantisch. Leider kommt diese Weitsicht in erster Linie nur zu Stande, weil ein Großteil der Bäume rund um den Gipfel des Mount Mitchell – mit 2037 m der höchste Punkt im Osten Amerikas – dem sauren Regen zum Opfer gefallen sind, eine Folge der Kohle verbrennenden Fabriken.

Asheville

Das relaxte Asheville liegt 100 Meilen südwestlich von Boone in hübscher Lage. Es ist ein Zentrum für Outdoorsportarten und wartet außerdem mit einer lebendigen Kulturszene auf, mit vielen Studenten und tollen Restaurants, Galerien, Musikkneipen und Secondhand-Läden. Der Ort besitzt noch einen netten Kern aus den 20er-Jahren mit schönen **Art-déco**-Bauten, und es macht Spaß, durch die Stadt zu bummeln und sich die wirklich interessanten Kunstgewerbeläden anzuschauen.

Woolworth Walk, 25 Haywood St, ist ein schräger Ort, hier sind mehr als 100 Künstler aus der Gegend in einem ehemaligen Woolworth-Kaufhaus ausgestellt. **Malaprop's Bookstore**, 55 Haywood St, hat ein gutes Buchsortiment. **Mast's**, 15 Biltmore Ave, ist ein altmodischer Eisenwarenladen aus den 1940er-Jahren, der sich seitdem kaum verändert hat. Die Busse von **LaZoom** starten in der 90 Biltmore Ave zu unterhaltsamen und informativen Stadtrundfahrten, 🖥 www.lazoomtours.com, Juni–Okt tgl., $22.

Der Schriftsteller Thomas Wolfe verewigte die Stadt in seinem autobiografischen Roman *Schau heimwärts, Engel,* der 1929 erschien. Wolfes Elternhaus war das Old Kentucky Home, das seine Mutter als Pension betrieb. Das gelbe viktorianische Gebäude ist heute als **Thomas Wolfe House** ein National Historic Landmark, 52 N Market St, 🖳 www.wolfememorial.com. ⏰ Führungen Di–Sa 9–17, So 13–17 Uhr, Eintritt $1.

Zwei Meilen südlich des Zentrums über die Biltmore Avenue gelangt man zum **Biltmore Estate**, 🖳 www.biltmore.com, dem größten privaten Anwesen der USA mit 250 Zimmern, einem monströsen Auswuchs neureicher Verspieltheit. Ende des 19. Jhs. wurde die Anlage von George Vanderbilt, dem jüngsten Sohn der superreichen Industriellenfamilie, nach dem Vorbild eines Loireschlosses erbaut. Man kann hier locker einen ganzen Tag zubringen, an einer Führung teilnehmen, eine Weinprobe machen, das ausgedehnte Gelände per Leihfahrrad erkunden, eine Fahrt mit einem Schlauchboot oder Kajak unternehmen und in einem der Restaurants essen – und im Inn on Biltmore Estate sogar übernachten, ✆ 1-800-411-3812 ❽ . ⏰ und Eintritt unterschiedlich, gewöhnlich So–Fr $50, Sa $55.

Übernachtung

Days Inn Asheville Mall, 201 Tunnel Rd, ✆ 828/252-4000, 🖳 www.daysinnashevillemall. com. Tolle Unterkunft mit kostenlosem Frühstücksbuffet, u. a. mit Lassi und gerösteten Süßkartoffeln. ❸

Campfire Lodgings, 116 Appalachian Village Rd, ✆ 828/658-8012, 🖳 www.campfirelodgings.com. 10 Automin. nördlich von Asheville in wunderschönem Wald gelegen. Stellplätze ($30), Cabins für bis 6 Pers. ($150) und luxuriöse **Jurten** (mind. 2 Nächte, ❺).

Essen

Asheville hat die besten Restaurants der Gegend, darunter viel Internationales und Bioküche, sowie im Zentrum eine muntere Cafészene.

Laughing Seed Café, 40 Wall St, ✆ 828/252-3445. Wirklich gute vegetarische Küche aus aller Welt. ⏰ in der Nebensaison Di geschlossen.

Zambra, 85 Walnut St, ✆ 828/232-1060. Hervorragende Mittelmeerküche und Tapas in gut besuchtem, gemütlichem Kellerlokal.

Doc Chey's, 37 Biltmore Ave, ✆ 828/252-8220. Frische asiatische Fusionsküche. ⏰ Mi geschl.

Unterhaltung

Auch das Nachtleben hat einiges zu bieten: zahlreiche Kneipen mit Bier aus Kleinbrauereien, viel Livemusik und sogar einige gute Schwulenbars.

Im **Jack of the Wood**, einer Bar zum Wohlfühlen, 95 Patton Ave, ✆ 828/252-5445, spielen regelmäßig Bands: Bluegrass, Folk und Newgrass.

Orange Peel, 101 Biltmore Ave, 🖳 www.theorangepeel.net. Bühne für die großen Live-Acts.

Informationen

Visitor Center, 36 Montford Ave, zu erreichen über Ausfahrt 4C vom I-240, ✆ 828/258-6101, 🖳 www.exploreasheville.com. ⏰ tgl. 9–17 Uhr. Veranstaltungen sind im *Mountain Xpress* gelistet, 🖳 www.mountainx.com.

Transport

Der **Greyhound**-Terminal liegt 2 Meilen außerhalb der Innenstadt, 2 Tunnel Rd.

Black Mountain und Chimney Rock

In Black Mountain, 14 Meilen östlich von Asheville über den I-40, findet Mitte Mai und im Oktober das **Leaf Festival** statt, 🖳 www.theleaf.org, das großen Spaß macht. Folkmusiker kommen aus der Region, aus Europa und Afrika, es gibt Kleinkunst und Kunsthandwerk. Ansonsten hat das friedliche Black Mountain keine großartigen Sehenswürdigkeiten, aber es wartet mit einigen guten **Musikkneipen** auf, z. B. dem Watershed, 207 W State St, ✆ 828/669-0777, und dem White Horse, 105 Montreat Rd, ✆ 828/669-0816, 🖳 www.whitehorseblackmountain.com. Dripolator, 221 W State St, ✆ 828/669-0999, bietet Kaffee, Süßes und kostenloses WLAN.

Über den US-64/74A gelangt man 25 Meilen südöstlich des Blueridge Parkway zum **Chimney Rock**, 🖳 www.chimneyrockpark.com. Der Monolith thront hoch über der Hickory Nut Gorge. Ein Fahrstuhl durch das Innere des Bergs bringt Besucher zu gesicherten Wegen entlang der eindrucksvollen Felshänge. Viele zentrale Szenen in *Der letzte Mohikaner* wurden hier gedreht. Wer der Film gesehen hat, erkennt vielleicht die **Hickory Nut Falls** wieder, die am westlichen Ende der Schlucht aus über 100 m Höhe in die Tiefe stürzen. ☉ unterschiedlich, Eintritt $14.

Great Smoky Mountains National Park

Westlich von Asheville erstreckt sich der Great Smoky Mountains National Park, der meistbesuchte Nationalpark der Vereinigten Staaten. Ein Teil des Parks liegt in Tennessee (S. 489). Das **Oconaluftee Visitor Center**, das Park-Hauptquartier auf der Seite North Carolinas, liegt 2 Meilen nördlich von Cherokee am US-441, ✆ 828/497-1904, ☉ Juni–Aug tgl. 8–18, Sep und Okt 8.30–18, Nov–April 8.30–16.30, Mai 8.30–17 Uhr.

Cherokee, die größte Ortschaft, eignet sich als Ausgangsbasis für einen Besuch im Park. Einigen wenigen Cherokee gelang es, hier unterzutauchen, als der Stamm 1838 auf dem *Trail of Tears* nach Oklahoma deportiert wurde. Heute leben die Nachkommen, die unter dem Namen *The Eastern Band of the Cherokee Nation* bekannt sind, in einem kleinen Reservat in einer Ecke des Parks, und ihre wichtigste Einkommensquelle ist der Tourismus. Das riesige Kasinoresort Harrah's dominiert mittlerweile den Ort und verdrängt zügig die ortsansässigen einfachen Motels, und es ist nach wie vor umstritten: Kleine Geschäftsleute und Stammesaktivisten wehren sich gegen die Belastung von Umwelt und Infrastruktur durch den stets wachsenden Kasinokomplex, der die Besucher vom Nationalpark weg und an die Spieltische lockt.

Ironischerweise macht das Kasino vielen der altmodischen, kitschigen Läden in Cherokee den Garaus, die normalerweise nichtindianischen Unternehmern gehörten, während einige der echten Cherokee-Attraktionen geblieben sind. Im eindrucksvollen **Museum of the Cherokee Indian**, Hwy-441, nahe Drama Rd, ☐ www.cherokeemuseum.org, sind archäologische Funde sowie Cherokee-Kunsthandwerk zu sehen, und man kann sich über Sprache und Geschichte dieses Stammes informieren, der 1821 als einziger in Nordamerika sein eigenes Alphabet entwickelte, um die mündliche Überlieferungskultur der Cherokee schriftlich festhalten zu können. ☉ Juni–Sep Mo–Sa 9–19, So 9–17, Okt–Mai tgl. 9–17 Uhr, Eintritt $10. Gegenüber dem Museum befindet sich **Qualla Arts and Crafts**, ✆ 828/497-3103, ☐ www.quallaartsandcrafts.com, eine von Cherokee geführte Kooperative, die traditionelles Kunsthandwerk von hoher Qualität verkauft.

Ganz in der Nähe liegt das **Oconaluftee Indian Village**, die Rekonstruktion eines Cherokee-Dorfes aus der Mitte des 18. Jhs. Hier wird gezeigt, wie man Kanus aus einem Baumstamm herstellt oder Körbe flicht. ☉ Mitte Mai–Okt tgl. 9–17.30, Eintritt $15.

Das **Visitor Center**, am Hwy-441, ✆ 1-800/438-1601, ☐ www.cherokee-nc.com, ☉ tgl. 8–17 Uhr, bietet zahlreiche Informationen über den National Park und den Parkway.

Das schön gelegene River's Edge Motel, 1026 Tsali Blvd, ✆ 828/497-7995, ☐ www.riversedgecherokee.com, ❷, bietet saubere **Zimmer** mit Balkon über dem Oconaluftee River; köstliches ländliches Frühstück und Mittagstellergerichte gibt es im nahen Peter's Pancakes, 1384 Tsali Blvd, ✆ 828/497-5116, einem alten **Diner**. Authentische Cherokee-Kultur zum **Kaffee** serviert das freundliche Café Tribal Grounds Coffee, 938 Tsalagi Rd, ✆ 828/497-0707, ein munterer Treffpunkt, in dem auch Livemusik geboten wird.

In der kleinen Ortschaft **Maggie Valley**, 15 Meilen weiter östlich, befinden sich einige Motels mit Ausblick auf das liebliche Tal, darunter das behagliche Valley Inn, 236 Soco Rd/Hwy-19, ✆ 1-800/948-6880, ☐ www.thevalleyinn.com, ❷, mit Zimmern an einem Flüsschen. Ende Juli findet in Maggie Valley das **International Folk Festival** statt, ☐ www.folkmootusa.org.

South Carolina

Der größte Teil des relativ kleinen Bundesstaates South Carolina zählt neben Mississippi zu den ärmsten und provinziellsten Regionen der USA – es gibt praktisch keine Großstädte. An der Küste entstanden zwar an einigen Stellen

Der Süden

exklusive Villenviertel mit Golfplätzen und Tennisclubs, aber dies sind abgeschirmte Enklaven, die keinen nennenswerten Einfluss auf den Staat und seine Wirtschaft haben. South Carolina ist konservativ und trat 1860 als erster Staat aus der Union aus. In kaum einer anderen Region des Südens ging der Ku-Klux-Klan so brutal vor und wurden die Jim Crow Laws so unerbittlich verfochten.

Die Hauptattraktionen von South Carolina sind seine subtropische Küste, auch **Low Country** genannt, und die vorgelagerten **Sea Islands** mit ihren Marschen, Palmenhainen und wilden Stränden. Hier haben sich Reste einer quasi unabhängigen schwarzen Kultur aus der Zeit nach der Massenflucht der Sklaven von den Plantagen auf dem Festland erhalten, u. a. die einzigartige Mundart Gullah. Entlang der Küste gibt es keine Interstates, sodass das Reisen etwas zeitaufwendiger ist, und auch das Leben verläuft in merklich langsameren Bahnen. Nördlich von **Charleston**, einer der elegantesten Städte der USA mit alten, pastellfarbenen Gebäuden, einer ansprechenden Hafengegend und karibischem Flair, erstreckt sich eine Reihe restaurierter Plantagen bis **Georgetown**. Dahinter liegt der kitschige **Myrtle Beach**. Piedmont und die flache Küstenebene sind für Touristen hingegen weniger interessant.

Myrtle Beach und die Nordküste

Myrtle Beach ist ein durch und durch kommerzialisierter Badeort, der sich von der Grenze zu North Carolina nach Süden erstreckt. Das Familienresort lebt ganz und gar von seinem Strand und ist während der Collegeferien von ausgelassenen Studenten bevölkert. Liebhaber von Minigolf, Spaßbädern, Factory Outlets und sportlichen Vergnügungen wie Parasailing kommen hier voll auf ihre Kosten. **North Myrtle Beach** besteht aus einer Kette kleiner Ortschaften, in deren Mittelpunkt Ocean Boulevard liegt.

Südlich von Myrtle Beach folgen **Murells Inlet**, ein Fischereihafen mit zahlreichen guten Fischrestaurants, und **Pawleys Island**, ein abgelegener Badeort, der früher von Plantagenbesitzern frequentiert wurde und heute etwas rückständiger ist als seine Nachbarn.

Georgetown

Die friedliche Uferpromenade von Georgetown, der ersten Stadt innerhalb von 40 Meilen südlich von Myrtle Beach, die mehr als nur ein Badeort ist, stellt einen angenehmen Kontrast zum Massenrummel dar – wenn der Wind allerdings aus der falschen Richtung weht, ist der Gestank von der gigantischen Papierfabrik am anderen Ufer wirklich widerlich. Im 18. Jh. war Georgetown das Zentrum der zahlreichen Reisplantagen im Low Country – in den 1940er-Jahren erzeugte die Gegend fast die Hälfte des in den USA angebauten Reises.

Die Front Street, die Hauptstraße, wirkt wie ein Relikt vom Ende der 1950er-Jahre, im ausgedehnten **historischen Bezirk** gibt es jedoch ein paar sehenswerte Gebäude aus dem 18. Jh. und der Zeit vor dem Bürgerkrieg. Sie sind in den Broschüren des **Visitor Center**, 531 Front St, ℡ 843/546-8436, ⌨ www.georgetownchamber. com, verzeichnet, ⊙ Mo–Sa 9–17 Uhr. Das **Rice Museum** im Uhrturm, 633 Front Street, ⌨ www. ricemuseum.org, informiert darüber, wie in den Zeiten der Sklaverei der Reisanbau an der Küste florierte. ⊙ Mo–Sa 10–16.30 Uhr, Eintritt $7.

Mit der *Carolina Rover* kann man an der Küste langschippern inklusive Zwischenstopp an einer nahen Düneninsel (Mo–Sa 3x tgl., 3 Std., $30; ⌨ www.rovertours.com). Ein gutes **Motel** mit Blick auf die Marschen ist das Jameson Inn, 120 Church St, ℡ 843/546-6090, ⌨ www. jamesoninns.com, ❸. An der Front Street befinden sich einige **Restaurants**, viele davon mit Terrassen mit Blick aufs Wasser. Eines der zwanglosesten ist Pita Rolz, Nr. 725, ℡ 843/485-4215, mit blumengeschmückter Terrasse und vegetarischen Wraps und Smoothies; das funkige Old Fish House, Nr. 807, ℡ 843/546-1045, ist auf frisches Seafood spezialisiert. Frühstück, leichte Mittagsgerichte und Backwaren bietet die Kudzu Bakery, 120 King St, ℡ 843/546-1847, ⊙ So geschl.

Plantagen zwischen Georgetown und Charleston

Zwölf Meilen südlich von Georgetown liegt am US-17 die **Hopsewee Plantation**, 🖥 www.hopsewee.com, das 1740 erbaute ehemalige Wohnhaus von Thomas Lynch, einem der Unterzeichner der Unabhängigkeitserklärung. ☉ Feb–Nov Di–Fr 10–16, Sa 12–16 Uhr, Eintritt $15.

Die südlicher gelegene **Hampton Plantation State Historic Site** am Hwy-857, zwei Meilen abseits des US-17, beschäftigt sich vor allem mit der Geschichte der Sklaverei. Bereits die Gartenanlage ist sehr hübsch, aber noch beeindruckender ist das Haus (☉ Führungen Sa–Di 13, 14 und 15 Uhr, $4), ein riesiges klassizistisches Bauwerk, das im 18. Jh. von Hugenotten erbaut wurde. Die Plantage liegt isoliert mitten im dichten **Francis Marion National Forest**. Diese Gegend besitzt einen hohen schwarzen Bevölkerungsanteil und ist bekannt für das *sweetgrass basket-weaving*, eine besondere Kunst des Korbflechtens, die die Sklaven aus Westafrika mitbrachten.

Charleston

Charleston ist eine der schönsten Städte in den gesamten Vereinigten Staaten. Die bezaubernde Stadt besitzt ein **historisches Viertel**, gesäumt von hohen, schmalen Häusern, von denen der farbenfrohe Stuck abblättert und die mit hölzernen Fensterläden und gusseisernen Balkonen geschmückt sind. Das tropische Klima, die Palmen und die lässige Atmosphäre verleihen dem Ganzen ein karibisches Ambiente. Die schönen, versteckten Gärten und üppig grünen Patios erinnern dagegen an New Orleans.

„Charles Towne" wurde 1670 von einer Gruppe englischer Aristokraten gegründet und entwickelte sich bald zu einem bedeutenden **Handelshafen**. Zur englischen Mehrheit gesellten sich französische, deutsche, jüdische, italienische und irische Einwanderer. Durch Charleston wurde ein Drittel der aus Afrika stammenden **Sklaven** Nordamerikas geschleust, die auf dem Markt am Fluss verkauft wurden und Fertigkeiten im Hausbau, in der Eisenverarbeitung

und der Landwirtschaft mitbrachten. Außerdem lebte in der Stadt eine relativ große Anzahl **freier Afrikaner**. Trotzdem kam es zu Sklavenaufständen, die 1823 in der erfolglosen Vesey-Revolte kulminierten. Als Antwort darauf wurden die Zitadelle und später die Militärakademie gebaut.

Im **Amerikanischen Bürgerkrieg**, der direkt vor den Toren der Stadt im Fort Sumter am Hafen seinen Anfang nahm, wurde Charleston fast völlig zerstört. 1861 legte eine Feuersbrunst große Teile der Stadt in Schutt und Asche; später folgte die unablässige Bombardierung durch die Unionstruppen, die im Februar 1865 schließlich in Charleston einmarschierten. Der Niedergang der Plantagenwirtschaft und das Sinken der Baumwollpreise nach dem Krieg bewirkten den wirtschaftlichen Zusammenbruch. 1886 wurde die Situation durch ein katastrophales Erdbeben weiter verschlimmert. Von diesen Rückschlägen erholte sich Charleston erst im Zweiten Weltkrieg dank seiner wichtigen Rolle als Hafen und Marinebasis.

Im Rahmen eines langfristigen und umfassenden Programms zur Stadtsanierung fand schließlich eine Akzentverschiebung in Richtung **Tourismus** statt. Charleston macht heute einen vornehmen Eindruck, besonders die Innenstadt, und ist relativ teuer. Doch konnte die Stadt ihre reizvolle Atmosphäre bewahren, ohne museal zu werden. Auch die Traditionen der Sea Islands sind sehr präsent: Auf dem Markt flechten die „Korbfrauen" weiterhin ihre Körbe, und viele Leute – Schwarze wie Weiße – sprechen den eigentümlichen Dialekt Gullah.

Die Stadt

Der **historische Stadtkern** wird im Norden von der Calhoun Street begrenzt und im Osten von der East Bay Street, die parallel zum Fluss verläuft. Es handelt sich in erster Linie um ein Wohngebiet mit verwitterten Anstrichen und romantischen, verborgenen Hinterhöfen. Die Gegend lässt sich am besten zu Fuß erkunden – wenn es im Sommer auch sehr heiß wird. Zur Mittagszeit kann man auf der wunderbar gestalteten Piazza des **Waterfront Park** an der Concord Street ausruhen oder sich in den **White**

Charleston: karibisches Flair und ein reizvolles historisches Viertel

Point Gardens an der Spitze der Halbinsel ein schattiges Plätzchen suchen.

Die meisten der herrlichen Gebäude sind Privathäuser und können nur von außen besichtigt werden, doch es gibt einige Ausnahmen. Eines der am reichsten ausgestatteten Gebäude ist das **Calhoun Mansion** aus dem späten 19. Jh., 16 Meeting St, 🖵 www.calhounmansion.net. ⏲ Führungen 11–17 Uhr alle 30 Min., $15.

Ganz in der Nähe steht das prächtige **Edmonston-Alston House**, 21 E Battery St, 🖵 www.middletonplace.org, aus der Antebellum-Periode, mit Blick auf den Hafen. Es wurde 1825 als eines der ersten Häuser an der Battery erbaut. ⏲ Di–Sa 10–16.30, So und Mo 13.30–16.30 Uhr, Eintritt $10. Das elegante klassizistische **Nathaniel-Russell House**, 51 Meeting St, 🖵 www.historiccharleston.org, besitzt eine außergewöhnliche freitragende Treppe über drei Stockwerke. ⏲ Mo–Sa 10–17, So 14–17 Uhr, Eintritt $10, mit Aiken-Rhett House $16.

Das Kombiticket des Charleston Museum ($22, s. u.), 🖵 charlestonmuseum.org, gilt auch für das hübsche klassizistische **Joseph Manigault House**, das 1803 von Nachkommen hugenottischer Siedler errichtet wurde, und das **Heyward-Washington House** an der Spitze der Halbinsel, 87 Church St. Dieses wurde 1772 von Thomas Heyward erbaut, einem Reisbaron und Unterzeichner der Unabhängigkeitserklärung. ⏲ Mo–Sa 10–17, So 13–17 Uhr. Einzeltickets für jedes Haus $10.

Nördlich von Downtown gibt es noch das **Aiken-Rhett House**, 48 Elizabeth St, 🖵 www.historiccharleston.org, ein Plantagenanwesen aus der Antebellum-Zeit mit Originaleinrichtung sowie Arbeitshof und Sklavenquartieren. ⏲ Mo–Sa 10–17, So 14–17 Uhr, Eintritt $10, mit Nathaniel-Russell House $16. Das **Old Exchange and Provost Dungeon**, 122 E Bay St, 🖵 www.oldexchange.com, wurde 1771 als Zollhaus erbaut, diente im Unabhängigkeitskrieg als Gefängnis und ist heute einer der bedeutenderen Kolonialbauten der gesamten USA. In den oberen Stockwerken ist eine Ausstellung zur Geschichte des Gebäudes und der Stadt zu sehen. In den klammen Gewölben darunter erzählen lebensgroße Figuren die Geschichten von Aufständischen und „Gentlemen-Piraten“. ⏲ tgl. 9–17 Uhr, Eintritt $8. Der nahe **Old Slave Mart**, 6 Chalmers St, wurde 1859 eigens zum Zweck des Verkaufs und Kaufs afrikanischer Sklaven gebaut; die ergreifende, leider finanziell schlecht ausgestattete Museumsstätte bietet zum Teil faszinierendes Material. ⊙ Mo–Sa 9–17 Uhr, Eintritt $7.

Der **Markt** von Charleston reicht von der Meeting Street bis zur East Bay Street und konzentriert sich um eine Reihe niedriger Schuppen aus dem 19. Jh. Die Gegend ist zweifellos ziemlich touristisch, aber eine der belebtesten Ecken der Stadt, und hier wird alles Mögliche verkauft, von handgeflochtenen Körben über Gewürze und kitschige T-Shirts bis zu Schmuck und Teppichen.

Zwei Straßen südlich des Marktes liegt das sehenswerte **Gibbes Museum of Art**, 135 Meeting St, ⌨ www.gibbesmuseum.org. Der Schwerpunkt liegt auf der Stadtgeschichte, die anhand von Kunstwerken präsentiert wird. ⊙ Di–Sa 10–17, So 13–17 Uhr, Eintritt $9.

Gegenüber dem ausgezeichneten Visitor Center liegt das **Charleston Museum**, 360 Meeting St, ⌨ www.charlestonmuseum.org, das über verschiedenste Aspekte der Stadtgeschichte informiert, angefangen von Videos über den Reisanbau bis hin zu einer Ausstellung über die Hugenotten. Empfehlenswert sind auch die Abteilungen über Architektur, Indianer und Bürgerkrieg. ⊙ Mo–Sa 9–17, So 13–17 Uhr, Eintritt $10, $16 als Kombiticket mit Joseph Manigault House oder Heyward-Washington House, $22 für alle drei.

Am Ende der Calhoun Street befindet sich am Hafen das hervorragende **Aquarium**, ⌨ www.scaquarium.org. Kernstück ist ein 13 m tiefes Becken, rundherum wurden verschiedene nachempfundene Habitate North Carolinas im und am Wasser angelegt. Auf der Terrasse mit ihren großen Schaukelstühlen lässt sich schön die Brise vom Fluss genießen; unten sind manchmal Delphine zu sehen. ⊙ März–Aug tgl. 9–17, Sep–Feb 9–16 Uhr, Eintritt $17,95.

Fort Sumter National Monument

Auf einer künstlichen Insel am Eingang zum Hafen von Charleston steht Fort Sumter, wo am 12. April 1861 die ersten Schüsse im amerikanischen Bürgerkrieg fielen. Nach dem Austritt der konföderierten Südstaaten aus der Union stand die Bundesregierung vor der Entscheidung, ob sie ihre Stützpunkte im Süden weiter mit Vorräten versorgen oder fallen lassen sollte. Nach

Fort Sumter wurden Unionstruppen geschickt, doch gleich nach deren Eintreffen verlangte der konföderierte General Pierre Beauregard ihre Kapitulation. Nach unaufhörlichem Beschuss ergab sich die Garnison am folgenden Tag.

Fort Sumter kann nur im Rahmen von **Bootstouren**, ✆ 843/722-BOAT, ⌨ www.fortsumtertours.com, besichtigt werden, die neben dem Aquarium starten (2–3x tgl., $16). Vom ursprünglichen Fort steht heute nur noch eines der drei Stockwerke, die anderen wurden während der Belagerung und Wiedereroberung durch die Unionstruppen am Karfreitag 1865 zerstört. Im Fort Sumter Visitor Center auf dem Festland, 340 Concord St, ⌨ www.nps.gov/fosu, berichten Ausstellungen über die Geschichte des Forts und der Stadt und über die Vorgeschichte des Konflikts. ⊙ tgl. 8.30–17 Uhr, Eintritt frei.

Übernachtung

Um die Schönheit von Charleston voll auskosten zu können, sollte man eine Unterkunft suchen, von der aus man zu Fuß ins Zentrum gehen kann. Zahlreiche Gebäude im historischen Viertel sind heute teure B&Bs. Motels befinden sich in der Umgebung des US-17 in West Ashley und Mount Pleasant sowie entlang dem I-26 in North Charleston.

Andrew Pinckney Inn, 40 Pinckney St, ✆ 843/937-8800, ⌨ www.andrewpinckneyinn.com. Boutiquehotel neben dem historischen Markt mit stilvollen, im karibischen Stil eingerichteten Zimmern. Das Frühstück wird auf der Dachterrasse serviert, die einen Ausblick über die ganze Stadt bietet. Kostenloses WLAN. ➎

Days Inn Historic District, 155 Meeting St, ⌨ www.the.daysinn.com. Das 2-stöckige

Bett ohne Frühstück

Merhaven Bed, no Breakfast, 16 Halsey St, ✆ 843/577-3053, ⌨ www.virtualcities.com/ons/sc/z/scz6801.htm. 2 einfache, elegante Zimmer mit Gemeinschaftsbad in einem Wohnhaus aus den 1920er-Jahren mit hübschem schattigem Innenhof; kein Frühstück (wie der Name schon sagt) und keine Kreditkarten. ➍

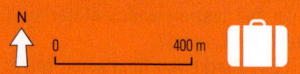

N
0   400 m

▲ *Aiken-Rhett House*

❶ Charleston
Museum

Aquarium

ⓘ

Joseph
Manigault House

Boote zum
Fort Sumter

❹
❷

MORRIS STREET

ASHLEY AVE
BEE ST
RUTLEDGE AVE
RADCLIFFE STREET

WARREN STREET

ANN ST
JOHN ST
HUTSON ST
MEETING STREET
CHARLOTTE ST
HENRIETTA ST
KING STREET

Marion
Square

VANDERHORST STREET

COMING STREET

CALHOUN STREET

LAURENS STREET

MILL STREET

CALHOUN STREET

BURNS LANE

GEORGE STREET

ANSON STREET

CONCORD STREET

Ⓒ
HALSEY STREET

SMITH STREET
PITT STREET
ST PHILIP ST
GREEN ST
LIBERTY
SOCIETY STREET

HASELL STREET

EAST BAY STREET

❸

❺ PINCKNEY STREET
Ⓑ

❹

City Marina

BENNETT STREET
BULL STREET
CANNON STREET
MONTAGUE STREET
RUTLEDGE AVENUE

WENTWORTH STREET

HAYNE ST
N. MARKET ST
S. MARKET ST

Charleston
Market

BARRE STREET
BEAUFAIN STREET

MARKET ST

❻

ARCHDALE STREET

MEETING STREET
STATE STREET

❼

Waterfront
Park

▲
MAGAZINE ST

LOGAN STREET

Gibbes
Museum
of Art

Ⓓ

CUMBERLAND ST

❽ Ⓑ

Colonial Lake

QUEEN STREET

FRANKLIN STREET

ASHLEY AVENUE
RUTLEDGE AVENUE

QUEEN STREET

KING STREET
Ⓕ

QUEEN STREET
CHALMERS ST

Old Slave
Mart

❾

BROAD STREET

ORANGE STREET
NEW STREET

SAVAGE STREET

LEGARE ST

Heyward-
Washington
House

Old Exchange and
Provost Dungeon

CHURCH STREET

EAST BAY STREET

CHISOLM ST

COLONIAL ST

TRADD STREET

LIMEHOUSE ST
LENWOOD ST

Nathaniel-
Russell
House

TRADD STREET

WATER ST

GIBBES'S STREET
COUNCIL STREET

GIBBES ST

SOUTH BATTERY

Edmonston-
Alston
House

A s h l e y
R i v e r

MURRAY BOULEVARD

Calhoun
Mansion

EAST BATTERY

C o o p e r
R i v e r

The Battery

Der Süden

```
→  Einbahnstraße
```

Übernachtung		Restaurants & Bars			
Andrew Pinckney Inn	B	Blind Tiger	9	Music Farm	1
Days Inn Historic District	D	Cru Café	4	Rooftop Bar at the Vendue Inn	E
Merhaven Bed no Breakfast	C	FIG	5	Slightly North of Broad	7
Mills House Hotel	F	The Griffon	8	Squeeze	6
Not So Hostel	A	Hominy Grill	2		
Vendue Suites	E	Jestine's Kitchen	3		

Motel besitzt nicht den Charme der B&Bs, aber die Zimmer mit attraktiven schmiedeeisernen Balkonen sind geräumig und komfortabel, und die Lage ist hervorragend. Weitere Pluspunkte sind ein Pool und kostenlose Parkplätze. ❹

Mills House Hotel, 115 Meeting St, ☎ 843/ 577-2400, 🖥 www.millshouse.com. Das große, elegante und sehr zentral gelegene Hotel ist seit 1853 in Betrieb. In den ansehnlichen Gästezimmern vereinen sich antike

Einrichtungsgegenstände mit modernem Komfort. ❻

Not So Hostel, 156 Spring St, ☎ 843/722-8383, 🖳 www.notsohostel.com. Ansprechendes, sehr freundliches Hostel am nördlichen Stadtrand in einem Haus von 1850 mit zwei Veranden. Dorm-Bett $23, inkl. Frühstück und WLAN. In einem weiteren Gebäude ein paar Straßen entfernt gibt es einfache Zimmer ab $60. ❶–❸

Vendue Suites, 30 Vendue Range, ☎ 843/723-2228, 🖳 www.venduesuites.com. Drei stilvolle, glänzend saubere Suiten in schönem, toll gelegenem Boutiquehotel mit freundlicher Atmosphäre. Inkl. Snacks und Frühstück auf dem Zimmer. ❻

Essen

Man sollte das elegante Ambiente der Stadt nutzen, um die erstklassige Nouvelle Southern Cuisine der originellen Restaurants auszuprobieren. Internationale Restaurants und Cafés säumen die Market St und die King St.

FIG, 232 Meeting St, ☎ 843/805-5900. Minimalistisch-schickes unprätentiöses Bistro mit Schwerpunkt auf frischen Zutaten der Region. Je nach Saison wechselnde Karte, gut sind aber immer die Fischeintöpfe, die Knoblauchsuppe und die Garnelen mit Polenta. Auch das frische Gemüse ist toll.

Hominy Grill, 207 Rutledge Ave, ☎ 843/937-0930. Das Restaurant ist auf Low-Country-Küche spezialisiert und genießt einen so guten Ruf, dass es fast unmöglich ist, mittags einen Platz zu bekommen. Wer auf den Abend ausweicht, kann *purloo*, eine Art Paella, *tomato pudding* oder Drückerfisch mit Hummus genießen. ⊘ So Abend geschl.

Jestine's Kitchen, 251 Meeting St, ☎ 843/722-7224. Schwarze Low-Country-Küche in einem schlichten Speisesaal im Herzen von Downtown, besonders bei Touristen beliebt. Es gibt z. B. hervorragendes Brathähnchen, Hackbraten, gebratene grüne Tomaten und zum Schluss vielleicht ein Stück Coca-Cola-Kuchen. ⊘ Mo geschlossen.

Slightly North of Broad, 192 E Bay St, ☎ 843/723-3424. Eines der schicken, munteren, auf neue Südstaatenküche spezialisierten

Klassisch modern

Cru Café 18 Pinckney St, ☎ 843/534-2434. Gemütliches, hübsches Restaurant in einem Haus aus dem 18. Jh. mit Veranda. Schön zubereitete, modern aufgepeppte lokale Klassiker wie in der Pfanne gerösteten Drückerfisch mit grünen Tomaten. ⊘ Di–Sa mittags und abends.

Bistros, für die Charleston bekannt ist. Besonders turbulent geht es Mo–Fr um die Mittagszeit zu, wenn ein Tagesmenü für $10 Gäste anlockt.

Unterhaltung

Charleston erfreut sich eines regen Nachtlebens, wenn in den Kneipen im Zentrum auch vor allem Touristen ihren Durst löschen. Die kostenlose Wochenzeitung *City Paper*, 🖳 www.charlestoncitypaper.com, informiert über das aktuelle Programm.

Das größte der vielen in der Stadt stattfindenden Festivals ist das **Spoleto Festival** Ende Mai/Anfang Juni, ☎ 843/722-2764, 🖳 www.spoletousa.org, ein großes internationales Kulturfestival.

Blind Tiger, 38 Broad St, ☎ 843/577-0342. Beliebte Bar in Downtown mit verstecktem Eingang, betriebsamer Terrasse, gutem Kneipenessen und Livemusik.

The Griffon, 18 Vendue Range, ☎ 843/723-1700. Gemütliche Kneipe mit gutem Bier und köstlichen Fish 'n' Chips.

Music Farm, 32 Ann St, 🖳 www.musicfarm.com. Dieses lagerhausähnliche Gebäude neben dem Visitor Center ist die beste Adresse in Charleston, um regionale und nationale Bands zu erleben.

Zum Absacker aufs Dach

Rooftop Bar, im Vendue Inn, 19 Vendue Range, ☎ 843/577-7970. Nette elegante Dachterrassen-Bar mit Restaurant und tollem Ausblick über den Hafen und die Altstadt. Tgl. Livemusik verschiedener Stilrichtungen.

Squeeze, 213 E Bay St, ☎ 843/837-6210. Winzige Bar mit unprätentiöser, freundlicher Atmosphäre.

Das riesige **Visitor Center**, 375 Meeting St, ☎ 843/853-8000, 🖥 www.explorecharleston. com, vergibt jede Menge Broschüren und Karten; außerdem bekommt man hier Buspässe und Coupons für verschiedene Vergünstigungen sowie Infos über Rundgänge zu verschiedenen Themen von Piraterie über Architektur bis zur Geschichte der Schwarzen.

Busse der Transportgesellschaft **CARTA**, 🖥 www.ridecarta.com, decken fast das gesamte Gebiet ab, darunter auch die nahe gelegenen Strände. Die Fahrkarten kosten $1,50. Die **Downtown Area Shuttles** (DASH) verkehren auf 4 Routen (Fahrkarte $1,50).
Es gibt auch Sammelfahrkarten für Busse und Shuttles: Tagespass $5, Dreitagespass $11, Zehnerticket $12.
Auf einer **Kutschfahrt** bekommt man ganz gemütlich einen Überblick über die Stadt. Ein Anbieter ist **Old South Carriage Co**, 🖥 www.oldsouth carriagetours.com, regelmäßige Abfahrten ab 14 Anston St, 1 Std., $21, Kinder $15.

Busse
Greyhound hält in der 3610 Dorchester Rd, außerhalb der Stadt in der Nähe des I-26. Die Haltestelle liegt in einer ungemütlichen Gegend.

Eisenbahn
Auch der **Amtrak**-Bahnhof, 4565 Gaynor Ave, liegt in einem unsicheren Viertel, 8 Meilen nördlich des Zentrums.

Flüge
Der **Charleston International Airport**, 🖥 www. chs-airport.com, befindet sich 12 Meilen nördlich der Innenstadt abseits des I-526. Eine Taxifahrt mit Yellow Cabs, ☎ 843/577-6565, kostet ca. $30, der Airport Shuttle, ☎ 843/767-1100, kostet $12.

Die Umgebung von Charleston

Die **River Road** (Hwy-61) führt von Charleston Richtung Westen am Ashley River entlang, vorbei an einigen stattlichen Plantagenanwesen. Charleston am nächsten liegt **Drayton Hall**, 3380 Ashley River Rd, 🖥 www.draytonhall.org, ein elegantes georgianisches Herrenhaus; die stündlich stattfindenden Führungen konzentrieren sich auf die Architektur des Hauses, Möbel gibt es nur wenige zu sehen. Die Vorträge um 11.15, 13.15 und 15.15 Uhr berichten anhand von Fotos und Gegenständen von der Rolle, die Afroamerikaner im Low Country gespielt haben, und erzählen mit Bezug zu Drayton Hall von Sklaverei und Befreiung. ☉ März–Okt tgl. 8.30–17, Nov–Feb 9.30–16 Uhr, Eintritt $15.

Die nicht weit entfernten **Magnolia Plantation and Gardens**, 🖥 www.magnoliaplantation. com, sind für ihre atemberaubenden Ziergärten berühmt, die sich besonders im Frühjahr, wenn die Azaleen blühen, von ihrer besten Seite zeigen. Mit dem Eintrittsgeld erhält man Zugang zu den Gärten mit tropischem Gewächshaus, Streichelzoo und Beobachtungsturm. Jeweils $7 extra kosten Führungen durchs Haus, die Führung „Slavery to Freedom", eine „nature train"-Tour übers Gelände und eine „nature boat"-Tour durch den Sumpf. Wer nur den **Audubon Swamp** ($7) mit seinen Alligatoren und seiner üppigen Vegetation erkunden möchte, braucht die allgemeine Eintrittsgebühr nicht zu zahlen. ☉ März–Okt tgl. 8.–17.30, Nov–Feb unterschiedlich, Eintritt $15.

Westlich der Ashley River Bridge liegt am Hwy-171 der 270 ha große State Park **Charles Towne Landing**, 🖥 www.charlestowne.org, wo englische Siedler 1670 die erste feste Siedlung in den Carolinas gründeten. Neben dem Landungsplatz gibt es hier einen Geschichtspark mit kostümiertem Personal, den Nachbau eines Handelsschiffs des 17. Jhs. und einen Zoo mit Tieren, die die Kolonisten hier bei ihrer Landung angetroffen haben: Pumas, Bisons, Alligatoren, Schwarzbären und Wölfe. ☉ tgl. 9–17 Uhr, Eintritt $7,50.

Am Wochenende zieht es viele Städter an die **Strände** östlich von Charleston, z. B. nach **Isle of Palms** und **Sullivan's Island**. Je weiter

Der Süden

man sich von der Stadt entfernt, desto größer ist die Chance, ein Fleckchen Strand ganz für sich allein zu haben. Auf der Isle of Palms serviert das luftige Sea Biscuit, 21 J. C. Long Blvd, ℡ 843/886-4079, tolles Frühstück und Mittagessen; ⏰ Mo geschlossen. Auf Sullivan's Island ist Poe's Tavern, 2210 Middle St, ℡ 843/883-0083, eine gute Anlaufstelle für Bier, Hamburger und Fischtacos.

Die Sea Islands von South Carolina

Der Küste südlich von Charleston Richtung Savannah sind kleine, sumpfige Inseln vorgelagert, die sich kaum voneinander unterscheiden. Südlich des US-17 am Hwy-174 liegt **Edisto Island** mit seinen leuchtend grünen Marschen und schönen Stränden. Motels gibt es hier nicht, aber einen Campingplatz ($19) neben einem tollen Strand im **Edisto Beach State Park**, 🖥 www.southcarolinaparks.com, ⏰ tgl. 8–18 Uhr. Die wenigen Cabins mit Klimaanlage ❹ sind schon Monate im Voraus ausgebucht.

Beaufort, die größte Stadt in der Gegend, wartet mit einer hübschen Altstadt auf. Hier herrscht eine eigenartige Stimmung mit unangenehm rassistischen Untertönen, noch verstärkt durch die Nachbarschaft der Parris Island US Marine Base. Stanley Kubricks *Full Metal Jacket* spielt hier.

Der Greyhound-Busbahnhof liegt zwei Meilen nördlich der Stadt am US-21. Das **Visitor Centre**, 713 Craven St, ℡ 843/525-8500, 🖥 www.beaufortsc.org, bietet Infos über Führungen sowie Rabattgutscheine für die Motels am US-21; ⏰ Mo–Sa 9–17, So 12–17 Uhr. Nette Zimmer mit altmodischem Flair bietet das **Best Western Sea Island Inn**, im Zentrum beim Wasser, 1015 Bay St, ℡ 843/522-2090, 🖥 www.bestwestern.com/seaislandinn, ❻. Ein luxuriöses B&B ist das **Beaufort Inn**, 809 Port Republic St, ℡ 1-888/522-0250, 🖥 www.beaufortinn.com, ❻. Gutes Frühstück und Mittagessen bietet der **Blackstone's Deli**, 205 Scott St, ℡ 843/524-4330; ein beliebtes Restaurant für Gegrilltes, Brathähnchen und Soul Food ist **Sgt. White's**, 1908 Boundary St, ℡ 843/522-2029, nur Barzahlung.

St. Helena Island und Hunting Island Beach

St. Helena Island liegt jenseits der Brücke südöstlich von Beaufort und ist eine der am wenigsten besuchten Inseln im Osten. Die Landschaft mit ihren Marschen und kleinen Fischerdörfern ist traumhaft. Die Bewohner sind überwiegend Gullah sprechende Schwarze, Nachkommen jener Sklaven, die 1865 von den Unionssoldaten befreit wurden und hier ein Stück Land erhielten.

Im **Penn Center Historic District** am US-21, 🖥 www.penncenter.com, ⏰ Mo–Sa 11–16 Uhr, ist ein **Gullah-Institut** untergebracht. Es beherbergt die Schule, die Charlotte Forten, eine schwarze Lehrerin aus Massachusetts, für befreite Sklaven einrichtete. Die Schule war in den 60er-Jahren ein wichtiger Schlupfwinkel für Führer der Bürgerrechtsbewegung. In der Nähe, ebenfalls am US-21, steht die Ruine der 1742 erbauten schwarzen **Chapel of Ease**, deren Wände im Innern mit Muscheln verziert sind.

Es gibt ein paar gute **Lokale**: Gullah Grub, 877 Sea Island Parkway, ℡ 843/838-3841, ⏰ 12–17 Uhr, und Ultimate Eating, 859 Sea Island Parkway, ℡ 843/838-1314, servieren Gerichte aus dem Low Country und Gullah-Küche, und am 1929 Sea Island Parkway, vor der Brücke nach Hunting Island, gibt es im winzigen Shrimp Shack, ℡ 843/838-2962, an Picknicktischen frisches Seafood, vor allem saftige Shrimp-Burger. ⏰ März–Dez Mo–Sa ab 11 Uhr.

Am **Strand** auf der Ostseite der kleineren Hunting Island, 🖥 www.huntingisland.com, kann es voll werden, aber er ist wirklich traumhaft, mit weichem weißem Sand und Palmen. Die ganze Insel ist als **Hunting Island State Park** geschützt. ⏰ tgl. vom Morgengrauen bis zur Abenddämmerung, Eintritt $5. Pelikane kommen besonders am frühen Morgen zur Fischjagd her und Schildkröten legen im Sand ihre Eier ab.

Übernachten kann man in einer vom Wetter gezeichneten Hütte beim Leuchtturm, die aber weit im Voraus reserviert werden muss, und zwar unter ℡ 843/838-2011, ❺.

Außerdem gibt es noch den größeren Campingplatz Hunting Island; wer hier nächtigen möchte, meldet sich im Parkbüro, ⏰ Mo–Fr 9–17, Sa und So 11–17 Uhr.

Georgia

Jenseits der Lichter seiner Hauptstadt Atlanta ist Georgia, der größte der Südstaaten, überwiegend ländlich geprägt. An der zerklüfteten Küste findet man einige Strände und Städtchen, aber der Großteil des Staates besteht aus geruhsamen Ortschaften, in denen das beste Vergnügen darin besteht, Eistee zu schlürfen und ein Schwätzchen auf der Veranda zu halten.

Die Besiedlung Georgias, 13. britische Kolonie und nach König George II. benannt, begann 1733 in **Savannah**. Es sollte ein streng christlicher Hafen für arme Briten werden; Alkohol und **Sklaverei** waren daher verboten. Auf Drängen der Pflanzer wurde die Sklaverei 1752 schließlich doch eingeführt, und bereits zu Beginn des **Bürgerkrieges** machten Schwarze fast die Hälfte der Bevölkerung aus. Zunächst wurden kaum Kämpfe auf dem Boden Georgias ausgetragen, doch dann marschierten die Truppen General Shermans von Tennessee ein, brannten Atlanta nieder und hinterließen auf ihrem *March to the Sea* eine Spur völliger Zerstörung.

Heute ist **Atlanta** die heimliche Hauptstadt der Südstaaten. Die Heimatstadt von **Martin Luther King** hat nur wenig mit den Klischees aus *Vom Winde verweht* gemein. Ihre Progressivität lässt sie vielmehr oft als Vorreiterin des „Neuen Südens" erscheinen.

In der Gunst der Touristen steht neben Atlanta noch die **Küste** Georgias. Sie erstreckt sich vom schönen alten Savannah in Richtung Süden an den Sea Islands vorbei bis zum halbtropischen Okefenokee Swamp in der Nähe der Grenze zu Florida. Die Ausläufer der **Appalachen** im Nordosten sind vor allem im Herbst reizvoll, und die Studentenstadt Athens ist bekannt als Heimat von Bands wie R.E.M. und den B-52s.

Atlanta

Atlanta ist relativ jung. Die Geburtsstunde der Stadt geht auf das Jahr 1837 zurück, als in einem Entwurf für den Bau einer Eisenbahnlinie mehr oder weniger zufällig ein Punkt auf die Landkarte gesetzt und „Terminus" genannt wurde.

Der Chattahoochee River ist hier nicht schiffbar und das Land nur schlecht landwirtschaftlich zu nutzen. Nach Fertigstellung der Eisenbahnlinie entwickelte sich der inzwischen Atlanta genannte Fleck in den Zeiten des Bürgerkriegs zu einem wichtigen Verkehrsknotenpunkt. 1864 legten Shermans Unionstruppen Atlanta in Schutt und Asche; das tragische Ereignis ist in Margaret Mitchells Klassiker *Vom Winde verweht* verewigt worden.

Der Wiederaufbau nach dem Krieg dauerte nur einige Jahre: Atlanta verkörperte geradezu den urbanen und industriellen „Neuen Süden", der Investoren anlockte. So brachten Medienkonzerne, Bankiers, Politiker und Stadtväter Geld herein, und Wirtschaftsriesen wie **Coca-Cola** ließen sich hier nieder. Auch viele Schwarze strömten nach Atlanta und bauten ein betriebsames Viertel in der Umgebung der Auburn Avenue auf, wo auch **Martin Luther King** geboren wurde.

Auf den ersten Blick ist das heutige Atlanta eine typische amerikanische Großstadt, die in besonders krassem Maße unter der Zersiedlung der Umgebung durch die Vororte leidet. Der Großraum Atlanta zählt inzwischen über fünf Millionen Einwohner. Bei näherem Hinsehen erkennt man das progressive Flair der Stadt, die keine Energie darauf verschwendet, dem verlorenen Südstaaten-Erbe hinterher zu trauern. Hier wurde 1974 Maynard Jackson zum ersten schwarzen Bürgermeister der USA gewählt, und seitdem ist Atlanta die wichtigste von Schwarzen geführte Stadt des Landes. Im Gegensatz zu den anonymen Vorstädten besitzen die einzelnen Stadtteile von Atlanta meist einen ganz eigenen Charakter: Das wohlhabende **Buckhead** ist nur einen Katzensprung vom alternativen **Little Five Points** entfernt, aber die beiden Viertel haben kaum etwas gemeinsam. Die Stadt hat viele Topattraktionen zu bieten, darunter diverse Sehenswürdigkeiten im Zusammenhang mit Martin Luther King und Institutionen wie das High Museum of Art und das Atlanta History Center.

Downtown

Downtown Atlanta konzentriert sich um den Kopfbahnhof, einst der Anlass für die Gründung der Stadt. Ende des 19. Jhs. wurde der ehemali-

Martin Luther King wurde am 15. Januar 1929 im Haus seiner Eltern und Großeltern in der Auburn Avenue Nr. 501 in Atlanta geboren. Sowohl der Vater seiner Mutter, Reverend A. D. Williams, als auch sein Vater, Martin Luther King Sr., waren Pastoren an der nahe gelegenen **Ebenezer Baptist Church**. Martin Jr. wurde mit 19 Jahren ordiniert und teilte sich dann das Pastorenamt an der Ebenezer Church mit seinem Vater, setzte jedoch zugleich seine Studien am Crozer Theological Seminary in Pennsylvania – wo er von der Lehre Mahatma Gandhis beeinflusst wurde – und danach an der Boston University fort.

Nach seiner Rückkehr in den Süden wurde King 1954 Pastor an der Dexter Avenue Baptist Church in **Montgomery**, Alabama, wo er ein Jahr später wegen seiner führenden Rolle bei einem Busboykott zu landesweiter Berühmtheit gelangte. Ein Besuch in Indien im Jahre 1957 bestärkte ihn in seinem Glauben an gewaltlosen Widerstand. 1960 kehrte King nach Atlanta zurück, wurde erneut Kopastor an der Ebenezer Church sowie Präsident der **Southern Christian Leadership Conference**. In dieser Eigenschaft avancierte er zur Leitfigur der Bürgerrechtsbewegung. Er ersann Strategien für zukünftige Kampagnen, flog zu jedem neuen Krisenherd und berichtete den Medien die neuesten Ent-

wicklungen. Seine berühmte Rede „I Have a Dream", die er im August 1963 beim March on Washington hielt, markierte einen Gipfelpunkt seiner Karriere. 1964 wurde ihm der Friedensnobelpreis verliehen.

Obwohl King ein leidenschaftlicher Verfechter des gewaltlosen Widerstands war, bezeichnete J. Edgar Hoovers **FBI** ihn als den „gefährlichsten und effektivsten Negerführer des Landes" und versuchte mit allen Mitteln, ihn in Verruf zu bringen. In seinen letzten Lebensjahren wurde King immer stärker politisiert. Durch die Streitbarkeit von Malcolm X und den Radikalismus der städtischen schwarzen Jugend herausgefordert, erkannte er, dass die Armut und das Elend in den Städten des Nordens gleichermaßen Schwarze und Weiße betraf und dass man beides nur dadurch bekämpfen konnte, indem man „die drei Grundübel Rassismus, extremer Materialismus und Militarismus" in Angriff nahm. Im Süden war er bislang immer in der Lage gewesen, an die Bundesregierung als einen oft widerstrebenden Verbündeten zu appellieren. Nachdem er sich jedoch gegen den Vietnamkrieg ausgesprochen hatte, wurde sein Kampf einsamer und noch schwieriger. Seine **Poor People's Campaign** hatte gerade begonnen, als King am 4. April 1968 in Memphis bei einem Attentat erschossen wurde.

ge Stadtkern praktisch unter Eisenbahnbrücken begraben. Die Geschäfte verlegten ihre Aktivitäten auf das neue Straßenniveau und nutzten ihre alten Gebäude als Keller. Das unterirdische Labyrinth aus Pflasterstraßen wird als Unterhaltungs-, Shopping- und Restaurantkomplex genutzt, aber **Underground Atlanta** ist letzten Endes doch bloß eine uninspirierte Mall.

Wesentlich ansprechender präsentiert sich der **Centennial Olympic Park**. Vor den Olympischen Spielen um 1996 wurden mehrere Straßenzeilen der Innenstadt abgerissen, um Platz für den Park zu schaffen. Kaum eröffnet, musste er nach dem Bombenanschlag, bei dem zwei Menschen ums Leben kamen, wieder geschlos-

sen werden. Inzwischen wurde der Park umgestaltet, und im Sommer ist er die beliebteste Freifläche der Stadt.

An der Nordseite des Parks steht das **Georgia Aquarium**, 225 Baker St, 🖳 www.georgia aquarium.org. Das hypermoderne Ding ist so populär, dass man sich Karten am besten im Voraus besorgt. Zu den Highlights gehört der größte Fischtank der Welt mit Haien und Mantarochen. ⏰ Sommer So–Do 9–18, Fr 9–22, Sa 9–21, sonst So–Fr 10–17, Sa 9–18 Uhr, Eintritt $26.

Unmittelbar östlich des Aquariums befindet sich die **World of Coca-Cola**, 🖳 www.wocc atlanta.com, eine typisches Beispiel für moderne amerikanische Unterhaltungskultur. Zu sehen

Der Süden

sind Hightech-Exponate zur Geschichte von Coca-Cola und es gibt die Möglichkeit, Colaprodukte aus aller Welt zu probieren – insgesamt ein faszinierender Einblick in die Wirkungsweisen genialer Vermarktungsstrategien. ⊙ Mo–Sa ab 9, So ab 10 Uhr, wechselnde Öffnungszeiten, $15.

Das **CNN Center**, 190 Marietta St, ist die Zentrale des größten Nachrichtensenders der Welt. Auf den spannenden Führungen (tgl. 9–17 Uhr, $12, vorher reservieren, ⌨ cnn.com/tour) begegnen die Besucher gehetzten Produzenten und Nachrichtensprechern mit Zahnpastagebiss.

8 HIGHLIGHT

Sweet Auburn

Die Auburn Avenue, eine halbe Meile östlich der Downtown, fungiert als Denkmal für Atlantas „schwarze" Vergangenheit. Zu Ehren des Friedensnobelpreisträgers wurden mehrere Häuserblocks zur **Martin Luther King Jr. National Historic Site** zusammengefasst, dieser kurze Straßenabschnitt gilt als die meistbesuchte Sehenswürdigkeit des Bundesstaates.

Zuerst begibt man sich ins Visitor Center, 450 Auburn Ave, ⌨ www.nps.gov/malu, mit Ausstellungen zu Kings Leben und Wirken; ⊙ tgl. Mitte Juni–Mitte Aug 9–18, sonst 9–17 Uhr. Dort sollte man sich gleich auf die Warteliste für eine der kostenlosen 30-minütigen Führungen durch Kings **Geburtshaus**, 501 Auburn Ave, setzen lassen. Da eine Gruppe max. 15 Personen umfasst und oft viele Schulklassen das Haus besuchen, muss man sich unter Umständen mit einer virtuellen Führung unter Zuhilfenahme der Computer im Visitor Center begnügen. Kings Geburtshaus umfasst 14 Zimmer im Queen-Anne-Stil und wurde so restauriert, wie es in den 30er-Jahren aussah. Hier lebte King, bis er 12 Jahre alt war. Das Haus blieb bis 1971 im Besitz seiner Familie. ⊙ wie Visitor Center.

Das von Kings Familie geführte **King Center**, 449 Auburn Ave NE, ⌨ www.thekingcenter.org, schräg gegenüber dem Visitor Center, ist vor allem ein Studienzentrum, zeigt jedoch auch einige persönliche Erinnerungsstücke von King

wie seine Bibeln und seinen Koffer. Außerdem sind winzige Räume Mahatma Gandhi und Rosa Parks gewidmet. ⊙ tgl. 9–17 Uhr.

Kings sterbliche Überreste befinden sich zusammen mit denen seiner 2006 verstorbenen Frau Coretta in einem schlichten weißen Marmorgrabmal, das die Inschrift *Free at last, free at last, thank God Almighty I'm free at last* trägt. Eine Tür weiter steht die **Ebenezer Baptist Church**, wo die Begräbnisfeierlichkeiten für King stattfanden – und wo seine Mutter 1974 beim Orgelspielen ermordet wurde. Die Kirche wird nur noch für besondere Gelegenheiten genutzt, soll aber eventuell als Museum wiedereröffnet werden. Die Kirchengemeinde fand eine neue Heimat in einer größeren Kirche neben dem Visitor Center.

Midtown

Midtown erstreckt sich von der Ponce de Leon Avenue bis zur 26th Street. Inmitten der gläsernen Wolkenkratzer ist das auffallende **Fox Theatre**, 660 Peachtree St NE, ⌨ www.foxtheatre.org, dessen Art-déco-Stil ganz erheblich von maurischen Elementen geprägt wird, einer der wenigen, aber dafür umso schöneren Überreste des alten Atlanta. Um Zutritt zu erhalten, muss man entweder eines der publikumswirksamen Theaterstücke besuchen oder sich einer offiziellen Führung anschließen (Mo, Mi und Do 10, Sa 10 und 11 Uhr, $10 p. P.).

Drei Straßen nördlich des Theaters steht auf der linken Seite der Peachtree Street ein unauffälliges Backsteinhaus mit der Nr. 990, das **Margaret Mitchell House**, ⌨ www.gwtw.org. Hier lebte die Schriftstellerin mit ihrem Mann während der zehn Jahre, in denen sie *Vom Winde verweht*, den größten Bestseller aller Zeiten, schrieb, in einer kleinen Wohnung. Nach der Veröffentlichung 1936 waren innerhalb von sechs Wochen so viele Ausgaben verkauft, dass der Bücherstapel 50-mal so hoch wie das Empire State Building gewesen wäre. Mit der Verfilmung 1939 wurde der Stoff unsterblich. Unterhaltsame Führungen erzählen die faszinierende Erfolgsgeschichte. ⊙ Mo–Sa 10–17.30, So 12–17.30 Uhr, Eintritt $13.

Ein Stück weiter befindet sich das tolle **High Museum of Art**, 1280 Peachtree St, ⌨ www.

Der Süden

high.org, in einem von Renzo Piano und Richard Meier entworfenen atemberaubenden Gebäude – ein echtes Weltklassemuseum. Ständig zu sehen sind z. B. amerikanische Volkskunst mit Werken eigenbrötlerischer Künstler wie Howard Finster und Mose Tolliver, fabelhafte amerikanische Möbel von der Mitte des 20. Jhs. sowie umfangreiche Galerien mit europäischer Kunst aus fünf Jahrhunderten, von der italienischen Renaissance bis zum französischen Impressionismus. ☉ Di, Mi, Fr und Sa 10–17, Do 10–20, So 12–17 Uhr, Eintritt $18.

Ein paar Straßen östlich der Peachtree Street liegt der **Piedmont Park** mit dem schön gestalteten **Atlanta Botanical Garden**, 🖳 www.atlantabotanicalgarden.org. Neben mehreren Gewächshäusern mit Tropen- und Wüstenpflanzen bietet der Garten den ganzen Sommer über Skulpturenausstellungen und Konzerte bekannter Künstler. ☉ April–Okt Di–Sa 9–19, Nov–März Di–Sa 9–17 Uhr, Eintritt $15.

Buckhead

Nördlich von Midtown, gleich an der Kreuzung von Peachtree Street und Paces Ferry Road, liegt der wohlhabende Stadtteil Buckhead, eine trendige Gegend mit schicken Malls und noblen Hotels, sehr teuren Restaurants und angesagten Clubs.

Wenig westlich vom Zentrum Buckheads befindet sich das **Atlanta History Center**, 130 W Paces Ferry Rd, 🖳 www.atlantahistorycenter.com. Eine hervorragende Abteilung dokumentiert das unaufhaltsame Wachstum von Atlanta, wobei auch Frauen und Schwarze angemessen gewürdigt werden. Die Ausstellung über den Bürgerkrieg präsentiert außergewöhnlich viele Artefakte, gestützt durch die Darstellung ergreifender menschlicher Schicksale – insgesamt eine gradlinige Geschichte des Krieges, wenn auch aus einer spürbaren Südstaaten-Perspektive. Auf dem Gelände können zwei Häuser besichtigt werden: das klassisch inspirierte Swan House aus den 1920er-Jahren und die Tullie Smith Farm aus der Periode vor dem Bürgerkrieg. ☉ Mo–Sa 10–17.30, So 12–17.30 Uhr, Eintritt $16,50.

West End

Das West End südwestlich von Downtown war schon immer eine schwarze Wohngegend und stellt heute das optimistischere Gegenstück zu Sweet Auburn dar.

Das **Wren's Nest**, 1050 R. D. Abernathy Blvd, 🖳 www.wrensnestonline.com, ist das einstige

Renzo Piano und Richard Meier bauten das High Museum of Art in Midtown.

Der Süden

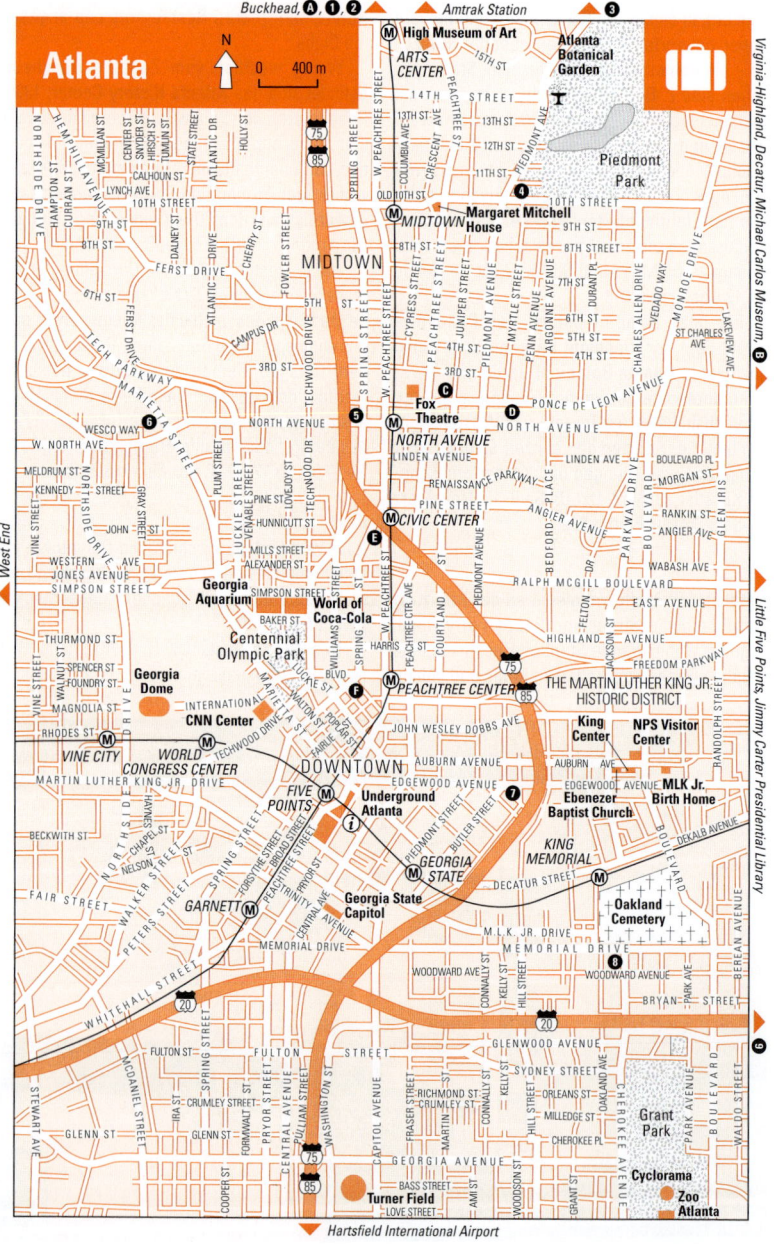

Atlanta

N
0   400 m

Virginia-Highland, Decatur, Michael Carlos Museum, **B**

M High Museum of Art
ARTS CENTER
15TH ST

Atlanta Botanical Garden

14TH STREET
13TH ST
12TH STREET
11TH STREET
Piedmont Park

M MIDTOWN
Margaret Mitchell House
4

MIDTOWN
10TH STREET
9TH STREET
8TH STREET
7TH STREET

5
C Fox Theatre
M NORTH AVENUE
D
PONCE DE LEON AVENUE
NORTH AVENUE

RENAISSANCE PARKWAY
M CIVIC CENTER
E

Georgia Aquarium
World of Coca-Cola
Centennial Olympic Park

RALPH McGILL BOULEVARD
FREEDOM PARKWAY

Little Five Points, Jimmy Carter Presidential Library

Der Süden   West End

Georgia Dome
CNN Center
M WORLD CONGRESS CENTER

VINE CITY
F
M PEACHTREE CENTER
THE MARTIN LUTHER KING JR. HISTORIC DISTRICT

King Center
NPS Visitor Center

6

DOWNTOWN
M FIVE POINTS
Underground Atlanta
i

Ebenezer Baptist Church
MLK Jr. Birth Home
7

GEORGIA STATE
Georgia State Capitol
M GARNETT

KING MEMORIAL
M
Oakland Cemetery

MEMORIAL DRIVE
8

20
20
9

Grant Park

Cyclorama
Zoo Atlanta

75
85
Turner Field

▼ Hartsfield International Airport

Wohnhaus von Joel Chandler Harris, dem weißen Autor der *Uncle Remus*-Geschichten um
den listigen „Br'er" (=Brother) Rabbit, die auf
schwarzen Überlieferungen beruhten. Das Haus
ist weitgehend so erhalten, wie Harris es bei seinem Tod 1908 zurückließ. Samstagnachmittags
ist im Garten Erzählstunde. ⊙ Di–Sa 10–14.30 Uhr,
Eintritt $8.

Grant Park

Eine Meile südlich der Downtown wartet der
Grant Park – benannt nach einem konföderierten
Verteidiger Atlantas und nicht nach dem General
der Unionisten – mit zwei Sehenswürdigkeiten
auf. Das **Cyclorama**, 🖳 www.atlantacyclorama.
org, ist ein riesiges Rundgemälde von 1885/86,
auf dem der Kampf um Atlanta dargestellt ist.
Das Publikum sitzt inmitten des Rundgemäldes,
während das gesamte Auditorium langsam gedreht wird – in der Zeit vor der Entstehung der
Filmtheater eine populäre Form der Unterhaltung. ⊙ Di–Sa 9.15–16.30, So 12.15–15.30 Uhr,
Eintritt $10. Die Ausstellung des begleitenden
Museums zeigt den Krieg aus der Sicht eines
gewöhnlichen Soldaten.

Im angrenzenden **Zoo Atlanta**, 🖳 www.zoo
atlanta.org, lebt ein Paar Riesenpandas aus
Chengdu, dazu Gorillas, einige Orang Utans und
viele andere Tiere in verschiedenen künstlich
angelegten Habitaten. ⊙ Mo–Fr 9.30–17.30, Sa
und So 9.30–18.30 Uhr, Eintritt $19,99.

Der in der Nähe liegende **Oakland Cemetery**,
🖳 www.oaklandcemetery.com, ist der größte
und älteste Friedhof der Stadt. Hier liegen einige
berühmte Einwohner der Stadt begraben, auch
Margaret Mitchell, und es werden Führungen
angeboten.

Übernachtung		Restaurants	
Artmore Hotel	A	Ann's Snack Bar	9
Atlanta International		Colonnade	2
Hostel	D	Fat Matt's Rib Shack	3
Georgian		Flying Biscuit	4
Terrace Hotel	C	R Thomas' Deluxe Grill	1
Hampton Inn and		Ria's Bluebird	8
Suites Downtown	F	Sweet Auburn	
Highland Inn	B	Curb Market	7
Twelve Centennial		Thelma's Kitchen	6
Park	E	The Varsity	5

Little Five Points und Emory University

Nordöstlich der Auburn Avenue erstreckt sich
um die Euclid und Moreland Avenues das junge, aber zunehmend gentrifizierte Viertel Little
Five Points, eine Ansammlung von Secondhand-Läden, Gebrauchtplatten-Läden, witzigen
Restaurants, Piercingstudios, Bars und Clubs.
Kontrastprogramm dazu ist die **Jimmy Carter
Presidential Library and Museum**, 441 Freedom
Parkway, 🖳 www.jimmycarterlibrary.org, nur
ein paar Straßen weiter, auf dem Hügel, von dem
aus General Sherman Atlanta brennen gesehen haben soll. Das Museum widmet sich dem
Leben Jimmy Carters, der vom Erdnussfarmer
zum Gouverneur von Georgia und schließlich
zum Präsidenten der USA aufstieg. ⊙ Mo–Sa
9–16.45, So 12–16.45 Uhr, Eintritt $8.

Noch weiter Richtung Nordosten liegt jenseits des yuppifizierten Restaurantviertels **Virginia-Highland** der Campus der **Emory University**. Der Weg hierher lohnt wegen des **Michael
C. Carlos Museum**, 571 S Kilgo Circle, 🖳 carlos.
emory.edu, das tolle Kunst und antike Gegenstände aus allen Erdteilen zeigt. ⊙ Di–Sa 10–16,
So 12–16 Uhr, Eintritt $8.

Übernachtung

Die preiswertesten Zimmer in der Innenstadt
bieten die bekannten Hotelketten, aber selbst
diese fallen nicht gerade billig aus. Am Wochenende bekommt man evtl. etwas günstigere
Preise, aber allein das Parken kostet mindestens
$18 pro Nacht (und manchmal das Doppelte,
wenn man sein Auto parken lässt). Midtown
ist oft weniger kostspielig und liegt näher am
Nachtleben.

Artmore Hotel, 1302 W Peachtree St, ✆ 404/
876-6100, 🖳 www.artmorehotel.com. Cooles
unabhängiges Hotel in restauriertem altem
Gebäude in der Nähe des High Museum mit
hübschem, kerzenbeschienenem Innenhof. ❺

Atlanta International Hostel, 223 Ponce de
Leon Ave, ✆ 404/875-9449, 🖳 www.hostel-
atlanta.com. Rund 100 Betten in Dorms
($27 p. P.), Gemeinschaftsküche, Waschküche,
Billard. In Central Midtown nahe MARTA-
Station North Ave. ❶

Georgian Terrace Hotel, 659 Peachtree St NE, ☎ 404/897-1991, 💻 www.thegeorgianterrace. com. Stilvolles, 100 Jahre altes Hotel in bester Midtown-Lage, gegenüber dem Fox Theatre, mit Schwimmbad auf dem Dach. Die Zimmer, einige mit wundervollem Ausblick, könnten eine Auffrischung vertragen, aber insgesamt trotzdem eine gute Wahl. ❺

Hampton Inn and Suites Downtown, 161 Spring St NW, ☎ 404/589-1111, 💻 hamptoninn.hilton. com. Dieses 6-stöckige Kettenhotel in Downtown sieht recht unspektakulär aus, aber alle Zimmer sind komfortabel. In puncto Preis-Leistungs-Verhältnis eine der besten Unterkünfte im Zentrum, Frühstück inkl. ❺

Highland Inn, 644 N Highland Ave, ☎ 404/874-5756, 💻 www.thehighlandinn.com. Funkiges, leicht mitgenommenes Hotel mit hipper Gästeschar in guter Lage nahe Little Five Points und Virginia Highlands. Oft Livemusik oder DJs, also nichts für Ruhebedürftige. ❹

Twelve Centennial Park, 4000 W Peachtree St, ☎ 404/418-1212, 💻 www.twelvehotels.com. Schön eingerichtete Lofts direkt bei der U-Bahn-Station Civic Center in Downtown. Riesige, moderne und gut ausgestattete Suiten mit Balkon. Gutes Sushi- und Steak-Restaurant namens Room und lebendige Bar unten. ❼

Essen

In Atlanta gibt es gute Restaurants in allen Preisklassen. Die meisten Downtown-Lokale schließen ziemlich früh und sind ziemlich teuer. Noch nobler ist Buckhead. Soul Food isst man am besten in der Umgebung der Auburn Ave.

Colonnade, 1879 Cheshire Bridge Rd NE, ☎ 404/874-5642. Das alteingesessene Südstaaten-Restaurant ist eine echte Institution und befindet sich unpassenderweise inmitten

von Girlie-Bars und Sexshops nordöstlich von Downtown. Die knusprigen Brathähnchen könnten nicht besser sein. Nur Barzahlung.

Flying Biscuit, 1001 Piedmont Ave, ☎ 404/874-8887. Der angenehme Café-Diner an einer belebten Kreuzung in Midtown ist vor allem wegen seines gesunden (auch Bio-) Frühstücks bekannt. Zum Mittag- und Abendessen wird zu vernünftigen Preisen New-American-Küche mit Südstaateneinschlag geboten. Vier Ableger in Atlanta.

R Thomas' Deluxe Grill, 1812 Peachtree St NW, ☎ 404/872-2942. Schräges Restaurant in Midtown. Alle Tische stehen draußen, geschützt von Rattanstellwänden, und die Gäste speisen inmitten von Blumen, Papageien und chinesischen Lampenschirmen. Die sehr vielfältige Karte reicht von Thai-Gerichten mit Quinoa-Reis bis zu Fisch-Tacos. Auch das üppig portionierte Frühstück ist köstlich. ⏱ 24 Std.

Ria's Bluebird, 421 Memorial Drive, ☎ 404/521-3737. Gemütlicher, freundlicher Diner gegenüber vom Oakland Cemetery mit herzhaftem und gesundem Frühstück sowie Mittagsangeboten – sehr beliebt.

Thelma's Kitchen, 302 Auburn Ave, ☎ 404/688-5855. Preiswerte Soul-Food-Institution in Sweet Auburn. Zu empfehlen sind z. B. Lachs mit Maisgrütze, die Grillteller, die Gemüsebeilagen und natürlich das Brathähnchen.

The Varsity, 61 North Ave NW, ☎ 404/881-1706. Das größte Drive-in-Restaurant der Welt am Rand von Downtown und Midtown. Hier kann man sich in die 50er-Jahre zurückversetzen lassen. Chilli Dogs und Apfeltaschen für unter $2.

Unterhaltung

Das Nachtleben konzentriert sich in **Virginia-Highland**, in **Little Five Points** und in **Midtown**, Treffpunkt der Schwulen- und Lesbenszene.

Mit gut gefülltem Portemonnaie kann man sich auch in **Buckhead** ausgezeichnet amüsieren.

Das aktuelle Veranstaltungsprogramm ist dem kostenlosen Wochenblatt *Creative Loafing,* 🖵 www.creativeloafing.com, zu entnehmen. Tickets für Veranstaltungen, teilweise zum halben Preis, verkauft **AtlanTIX**, im Visitor Center (s. u.), 🖵 www.atlantaperforms.com.

Blind Willie's, 828 N Highland Ave NE, Virginia-Highland, ✆ 404/873-2583, 🖵 www.blindwillies blues.com. Entspannter Bluesschuppen, einer der zwangloseren Läden in Virginia-Highland, mit Livemusik, starken Drinks und kleiner Tanz-fläche. Manchmal treten hier auch namhafte Künstler auf.

The Drunken Unicorn, 736 Ponce de Leon Ave NE, kein Telefon, 🖵 www.thedrunken unicorn.net. Im Untergeschoss versteckter Musikclub ohne Schild, Indie-Bands und Danceparty mit viel improvisierter Atmosphäre. ⊘ So geschl.

Manuel's Tavern, 602 N Highland Ave NE, ✆ 404/525-3447. An den Wänden prangen jede Menge Erinnerungsstücke. Manuel's Tavern im West End ist eine typische Stammkneipe, unter den Gästen sind viele Journalisten, Schrift-steller und Politiker. Jimmy Carter kündigte 1970 hier seine Kandidatur für den Gouverneurs-posten an. Hervorragendes Pubessen bis spät am Abend.

Star Community Bar, 437 Moreland Ave NE, ✆ 404/681-9108, 🖵 www.starbar.net. Nette, hippe Kneipe in einer ehemaligen Bank in Little Five Points, vollgestopft mit Elvis-Andenken; Mi–Sa Livemusik wie Funk, Ska und Rockabilly. Do kein Eintritt.

Kost und Kultur

Apache Café, 64 3rd St NW, ✆ 404/876-5436, 🖵 www.apachecafe.info. Das lebendige Café in Downtown serviert südamerikanische, karibische und Südwestküche, ist aber vor allem als Veranstaltungsort beliebt. Jeden Abend Konzerte und DJs aus den Bereichen R&B, Soul, Jazz, Funk und Hip-Hop, aber auch Spoken-Word-Veranstaltungen.

Sonstiges

Informationen

Atlanta Visitor Center in der Nähe von Underground Atlanta in Downtown, 65 Upper Alabama St, 🖵 www.atlanta.net, ⊙ Mo–Sa 10–18, So 12–18 Uhr.

Touren

Das **Atlanta Preservation Center**, 🖵 www. preserveatlanta.com, bietet unterhaltsame Rundgänge durch verschiedene Stadtteile an. 1 1/2 Std., $10 p. P.

Nahverkehr

Die **Metropolitan Area Rapid Transit Authority** (MARTA), 🖵 www.itsmarta.com, betreibt vier U-Bahn-Linien, zwei in Ost-West-Richtung und zwei in Nord-Süd-Richtung; sie kreuzen sich bei Five Points in Downtown. Die Bahnen verkehren tgl. 5–1 Uhr. Einzelfahrschein $2, Tageskarte $8. Taxis: **Checker Cab**, ✆ 404/351-1111.

Transport

Busse

Greyhound-Busse halten südl. der Innenstadt, 232 Forsyth St, nahe U-Bahn-Station Garnett.

Eisenbahn

Der **Amtrak**-Bahnhof ist in der 1688 Peachtree St NW, nördlich des Zentrums. Die nächste U-Bahn-Station namens Arts Center liegt knapp 1 Meile südlich.

Flüge

Der gewaltige **Hartsfield-Jackson International Airport**, 🖵 www.atlanta-airport.com, liegt 10 Meilen südlich der Innenstadt am I-285 („Perimeter"). Verbindungen nach Downtown mit der U-Bahn (15 Min.), den Shuttlebussen von Atlanta Link, ✆ 404/524-3400, 🖵 www.the atlantalink.com (tgl. 6–24 Uhr, alle 15 Min.), $16,50), oder per Taxi ($30).

Dahlonega und Umgebung

Auf der Suche nach spektakulären Bergpano-ramen in den **Appalachen** muss man von Atlan-ta aus nicht weit fahren – die ganze Region ist voller State Parks. Am schönsten ist das im Oktober, wenn das Laub sich rot und golden färbt. Kleine Straßen führen durch nicht enden wollende Haarnadelkurven und über enge Pässe; der Hwy-348 steigt an der Grenze zum White County zu einem besonders eindrucksvollen Pass hoch und kreuzt oben den **Appalachian Trail**. Von den Orten hier ist Dahlonega am besten als Ausgangsbasis geeignet. Der Rest wie das pseudobayrische Dorf **Helen** 35 Meilen nordöstlich ist ziemlich kitschig.

Das hübsche Städtchen Dahlonega in den Ausläufern der Appalachen, 50 Meilen nordöstlich von Atlanta über den US-19, verdankt seine Entstehung dem ersten **Goldrausch** der USA. 1828 entdeckte Benjamin Parks in Auraria, 6 Meilen weiter südlich, Gold. Fünf Jahre später wurde Dahlonega als Verwaltungssitz des Lumpkin County gegründet. Schon bald wurde genug Gold gefördert, um eine staatliche Münzanstalt einzurichten, die bis zu ihrer Schließung bei Ausbruch des Bürgerkriegs Goldmünzen im Wert von mehr als 6 Mio. Dollar prägte.

Die Geschichte des Goldrauschs wird im **Gold Museum** am Hauptplatz veranschaulicht; ⏰ Mo–Sa 9–17, So 10–17 Uhr, Eintritt $5. Im Sommer gibt es auf dem Museumsgelände samstagnachmittags Bluegrass-Sessions. Ende Juni findet in Dahlonega eines der größten **Bluegrass**-Festivals der Appalachen statt, und im Oktober die **Gold Rush Days** mit Tanz, Musik und Kunsthandwerk der Region.

Das Smith House, nicht weit vom Museum, 84 S Chestatee St, ✆ 706/867-7000, ist ein **Restaurant** mit traditioneller Küche des Südens in Form von günstigen *all-you-can-eat*-Angeboten. **Zimmer** bietet die Ökolodge Cedar House, ✆ 706/867-9446, 🖥 www.georgiamountaininn.com, wo man auch in Jurten nächtigen und ein köstliches vegetarisches Frühstück zu sich nehmen kann, ❹.

Westlich von Dahlonega führt der Hwy-52 nach 20 Meilen zum **Amicalola Falls State Park**, 🖥 www.gastateparks.org/Amicalola, mit einem beeindruckenden Wasserfall. ⏰ tgl. 7–22 Uhr, Eintritt $3 pro Auto, Zelten $25. Hinter dem Aussichtspunkt ist es noch eine halbe Meile zur modernen **Lodge**, ✆ 1-800/864-7275; 🖥 www.

amicalolafalls.com, mit gemütlichen Zimmern und einem Panoramarestaurant; ❹. Noch abgelegener ist das **Hike Inn**, ✆ 1-800/581-8032, 🖥 www.hike-inn.com, das mittels einer fünf Meilen langen Wanderung Richtung Startpunkt des **Appalachian Trail** und nur zu Fuß zu erreichen ist und einfache Zimmer inklusive Frühstück und Abendessen bietet (Reservierung erforderlich, ❸).

Athens

Das sympathische Athens, knapp 70 Meilen östlich von Atlanta, wird von den mehr als 30 000 Studenten der University of Georgia bevölkert und strahlt eine liberale Atmosphäre aus. Die kompakte Downtown nördlich des Campus ist voll von Clubs, Bars, Restaurants und Cafés – und natürlich Plattenläden. Vor allem entlang der **Broad Street** stehen viele Tische draußen.

Auch wenn Athens ein paar Sehenswürdigkeiten vorzuweisen hat, ist es vor allem als Heimat von Bands wie R.E.M., den B-52 und den Drive By Truckers bekannt. Athens bietet nach wie vor mit die wichtigste Musikszene der Unistädte der USA.

Übernachtung

Wenn gerade ein Football-Spiel oder andere größere Uni-Veranstaltungen stattfinden, kann es schwierig werden, ein Zimmer zu bekommen. In Downtown stehen u. a. zur Auswahl: **Holiday Inn**, 197 E Broad St, ✆ 706/549-4433, 🖥 www.holidayinn.com. Gutes Preis-Leistungs-Verhältnis. ❹
Indigo, 500 College Ave, ✆ 706/546-0430, 🖥 www.indigoathens.com. Hippe Unterkunft mit gemütlichen Zimmern. ❺

Essen

Echte R.E.M.-Fans steuern **Weaver D's** an: Den Slogan des Soulfood-Cafés „Automatic for the People" machte die Band zum Titel ihres Albums von 1992. Einen kurzen Spaziergang östlich der Downtown werden hier in der 1016 E Broad St, ✆ 706/353-7797, leckere Brathähnchen mit Gemüse aufgetischt.

The Grit, auch nicht weit von Downtown in der Nordwestecke, 199 Prince Ave, ✆ 706/543-6592. Vegetarische Küche aus der ganzen Welt.

Mama's Boy, gleich südlich von Downtown, 197 Oak St, ✆ 706/548-6249. Gutes Frühstück.

Unterhaltung

The Globe, 199 Lumpkin St, ✆ 706/353-4721. Freundliche alteingesessene Kneipe, die auch schmackhaftes Essen anbietet.

Georgia Bar, 159 W Clayton St, ✆ 706/546-9884. Klassische Kneipe mit gutem Bier, z. B. von der ortsansässigen Terrapin Brewery.

Natürlich lädt Athens besonders zu einem Besuch in einer der Musikkneipen ein.

R.E.M. fingen im **40 Watt Club** an, jetzt allerdings in der 285 W Washington St, ✆ 706/549-7871, 🖥 www.40watt.com, wo nach wie vor die unterschiedlichsten Musiker auftreten.

Ein kleinerer Laden für Americana- und Roots-Bands ist **Melting Point**, 295 E Dougherty St, ✆ 706/254-6909, 🖥 www.meltingpoint athens.com.

Eine der wichtigsten Konzertbühnen in Athens war bis 2009, als es durch ein Feuer zerstört wurde, das hübsche alte Filmtheater **Georgia Theatre**, 215 N Lumpkin St, 🖥 www.georgia theatre.com; es wird gerade wieder neu aufgebaut.

Newcomer-Bands spielen in der **Caledonia Lounge**, 256 W Clayton St, ✆ 706/549-5577, 🖥 www.caledonialounge.com, oder in **Tasty World**, 312 E Broad St, ✆ 706-543-0797.

Im dem kostenlosen Wochenblatt *Flagpole,* 🖥 www.flagpole.com, sind alle Termine gelistet.

Informationen

Das **Visitor Center**, in Campusnähe, 280 E Dougherty St, ✆ 706/353-1820, 🖥 www.athens welcomecenter.com, bietet Infos über Führungen zu allen möglichen Themen, von historischen Bauwerken bis zum musikalischen Erbe. ⊙ Mo–Sa 10–17, So 12–17 Uhr.

Transport

Greyhound-**Busse** aus Atlanta kommen zentral in der 220 W Broad St an.

Zentral-Georgia

Zentral-Georgia südlich von Atlanta ist mehr für aus der Gegend stammende Berühmtheiten als für seine Städte bekannt. **Otis Redding, James Brown, Little Richard** und die **Allman Brothers** wurden allesamt hier geboren oder wuchsen hier auf; der ehemalige US-Präsident Jimmy Carter stammt aus dem kleinen Plains, 120 Meilen südlich der Hauptstadt. Die größten Städte sind Columbus, ein langweiliges Militärzentrum, und das angenehme, auf nette Art altmodische **Macon**. In den kleinen Städtchen gibt es nur wenige herkömmliche Sehenswürdigkeiten. Im verschlafenen **Juliette**, 20 Meilen nördlich von Macon, serviert das Whistle Stop Café, ✆ 478/992-8886, in einem verwitterten Holzhaus an der alten Eisenbahntrasse die aus dem gleichnamigen Buch und Film – der hier gedreht wurde – bekannten köstlichen gebratenen grünen Tomaten; ⊙ So–Fr 11–16, Sa 11–20 Uhr.

Macon

Macon, 80 Meilen südöstlich von Atlanta am **Ocmulgee River**, ist ein netter Zwischenstopp auf dem Weg nach Savannah, vor allem wenn die 280 000 **Kirschbäume** in der Blüte stehen – was Ende März mit einem zehntägigen Fest gefeiert wird. Der Ort wurde 1823 gegründet und entwickelte sich bald zu einem bedeutenden Baumwollhafen.

Aus Macon stammen **Little Richard, Otis Redding** und die **Allman Brothers**, und in dem unscheinbaren Haus aus der Zeit vor dem Bürgerkrieg in der 830 Mulberry Street nahm James Brown seine erste Single auf, *Please Please Please,* die Musikgeschichte machte. Otis wird mit einer Bronzestatue an der Otis Redding Memorial Bridge geehrt. Nette Andenken verkauft der Laden Dreams to Remember, 339 Cotton Ave, ✆ 478/742-5737. Zwei der Allman Brothers, Duane Allman und Berry Oakley, kamen 1971 bzw. 1972 bei Motorradunfällen ums Leben und sind auf dem **Rose Hill Cemetery** am Riverside Drive begraben – der viele ihrer Songs inspiriert hatte. An all diese Musiker wird anhand

Der Süden

verschiedenster Materialien anschaulich in der **Georgia Music Hall of Fame** erinnert, 🖳 www. georgiamusic.org, 200 Martin Luther King Jr Blvd, 🕐 Di–Sa 9–17 Uhr, Eintritt $8.

Das **Tubman African American Museum**, 340 Walnut St, 🖳 www.tubmanmuseum.com, beschäftigt sich mit afroamerikanischer Kunst, Kultur und Geschichte. Harriet Tubman war Mitglied der Underground Railroad, einer geheimen Organisation, die entflohenen Sklaven auf dem Weg in die Freiheit half. Zu sehen sind etwa afrikanische Trommeln und Textilien sowie wütendere avantgardistische Arbeiten. 🕐 Mo–Fr 9–17, Sa 12–16 Uhr, Eintritt $6.

Übernachtung

Auch wenn die Kettenunterkünfte am Interstate billiger sind, nächtigt man netter im Zentrum. **1842 Inn**, 353 College St, ✆ 877/452-6599, 🖳 www.1842inn.com. Luxuriöse Unterkunft in historischem Haus, mitsamt reichhaltigem Südstaaten-Frühstück im hübschen Garten. ❼ **Macon Marriott City Center**, am anderen Flussufer gegenüber von Downtown, 200 Martin Luther King Jr Blvd, ✆ 478/621-5300, 🖳 www.marriott.com. Komfortabel und sauber. ❺

Essen

Die **Cherry Street**, die sich seit Otis Reddings Zeiten kaum verändert zu haben scheint, ist die Hauptgeschäftsstraße im Zentrum mit einigen Cafés.
H & H, 807 Forsyth St, ✆ 478/742-9810. Eine Institution: Hier wird in einer Backsteinhütte ohne Schild köstliches Soul Food gekocht, berühmt ist besonders das Brathähnchen.
Für den Süden typisches Barbecue gibt es nördlich der Stadt, 45 Min. über den US-23, bei **Fresh Air Barbecue**, nahe Jackson, ✆ 478 /775-3182. Die Bude am Straßenrand serviert Schweinefleisch, das langsam und schonend 24 Std. über Hickoryholz geräuchert wurde.

Informationen

Das freundliche **Visitor Center**, 450 Martin Luther King Jr Blvd, ✆ 478/743-1074, 🖳 www.maconga.org, erteilt Auskunft über alles Mögliche von verbilligtem Museumseintritt bis zu Busrundfahrten. 🕐 Mo–Sa 9–17.30 Uhr.

Transport

Die **Greyhound-Busse** halten an der 65 Spring St, wo Little Richard beim Tellerwaschen *Tutti Frutti* geschrieben hat.

9 **HIGHLIGHT**

Savannah

Schöner können amerikanische Städte kaum sein als Savannah am gleichnamigen Fluss, 17 Meilen von der Mündung entfernt. Das historische Viertel bildete früher das Herzstück der Stadt und weist nahezu jeden denkbaren Baustil auf, der im Verlauf des 18. und 19. Jh. Mode war. Die gepflasterte Uferpromenade am Savannah River überragen noch immer die alten Baumwolllagerhäuser.

Savannah wurde 1733 als erste Niederlassung der neuen britischen Kolonie Georgia gegründet. Nach der Ankunft von Siedlern aus North Carolina in den 50er-Jahren des 18. Jhs. gedieh hier die auf Sklaverei basierende Plantagenwirtschaft. Die Stadt, die am Ende einer der Haupteisenbahnstrecken lag, über die Baumwolle in alle Welt exportiert wurde, entwickelte sich zu einem wichtigen Exportzentrum. Nach dem Bürgerkrieg sanken die Baumwollpreise, und mit Savannah ging es bergab. Erst in den 60er-Jahren begannen die Einwohner der Stadt mit der im Großen und Ganzen gelungenen Restaurierung der Stadt.

In den letzten beiden Jahrzehnten hat das private **Savannah College of Art and Design** (SCAD) der Stadt mit seinen jungen Künstlern und dem Aufkauf einiger wunderbarer alter Gebäude in Downtown weiteren Schwung verliehen. Savannah ist heute wohlhabend und entspannt, flotter als Charleston, aber nicht so laut wie New Orleans; mit beiden Städten teilt es seine melancholische Schönheit. Berühmt-berüchtigt wurde Savannah Mitte der 1990er-Jahre, als es die Hauptrolle in John Berendts Bestseller *Mitternacht im Garten von Gut und Böse* spielte, einer Mischung aus Travestie, Voodoo und Mord, die diesen dekadenten, liebenswürdigen Ort auf den Punkt bringt.

Sehenswertes

Savannahs **historisches Viertel** wird im Norden vom Fluss begrenzt, im Westen vom Martin Luther King Jr Boulevard, im Süden von der Gaston Street und im Osten von der Broad Street – die schon vor Längerem von der Broughton Street als Hauptgeschäftsstraße abgelöst wurde. Einen Überblick über die Stadtgeschichte vermittelt das etwas altmodische **Savannah History Museum** in einem restaurierten Bahnhof, 303 Martin Luther King Jr Blvd, neben dem Visitor Center. ◷ Mo–Fr 8.30–17, Sa und So 9–17 Uhr, Eintritt $5.

Wer die Atmosphäre der Stadt aufsaugen möchte, wandert am besten durch die Straßen, die von Federal-, Regency- und Antebellum-Häusern gesäumt werden. Willkommene Schattenspender in der Sommerhitze sind die mit Louisianamoos überwucherten Lebenseichen, Hartriegelbäume, Azaleen und Magnolien an mehr als zwanzig **begrünten Plätzen**. Die subtropische Vegetation erobert sich außerdem die schmiedeeisernen Balkone, sprießt aus Rissen im Straßenpflaster, bietet kühlen Schatten und erfüllt die Luft mit warmen, sinnlichen Düften.

Die meisten Besucher sehen sich auch die eine oder andere alte Villa an. Das **Green-Meldrim House** am Madison Square ist ein Anwesen im neugotischen Stil, das General Sherman als Hauptquartier diente. Die original erhaltenen schmiedeeisernen Elemente besitzen Seltenheitswert – Eisen wurde in Savannah während des Bürgerkriegs eingeschmolzen. ◷ Di, Do und Fr 10–16, Sa 10–13 Uhr, Eintritt $7. Literaturfreunde zieht es ins **Flannery O'Connor Childhood Home**, 207 E Charlton St, wo die legendäre Southern-Gothic-Schriftstellerin von ihrer Geburt 1925 bis 1938 lebte. ◷ tgl. außer Do 10–16 Uhr, Eintritt $5.

Der englische Architekt William Jay schuf am Telfair Square ein Gebäude im Regency-Stil, die **Telfair Academy**, 121 Barnard St, 🖳 www.telfair.org, ◷ Mo 12–17, Di–Sa 10–17, So 13–17 Uhr; sie bildet den ursprünglichen Kern des altehrwürdigen **Telfair Museum of Art**, das sich inzwischen über drei Stätten erstreckt. Die Sammlung der Academy an amerikanischer und europäischer Kunst des 19. und 20. Jhs. lohnt aber kaum einen Besuch. Interessanter ist dagegen das **Jepson Center**, ebenfalls am Telfair Square, 207 W York St. In dem kühlen, hellen und luftigen modernen Gebäude werden unterschiedliche Wechselausstellungen präsentiert; ◷ Mo und Mi–Sa 10–17, Do 10–20, So 13–17 Uhr. Das dritte Gebäude des Museums ist das **Owens-Thomas House**, 124 Abercorn St, das von William Jay im Alter von 23 Jahren entworfen wurde. Bei den Führungen wird die Geschichte der Stadt anhand der Geschichte des Hauses erzählt, das außerdem faszinierende Einblicke in seine Struktur und Funktionsweise gestattet. ◷ wie die Academy. Eintritt zu allen drei Häusern $15.

Am südlichen Ende des historischen Bezirks liegt das **Massie Heritage Interpretation Center**, 207 E Gordon St, 🖳 www.massieschool.com, ein einfaches Museum, das verständlich über Architektur und Städtebau in Savannah informiert und Einflüsse aus London wie aus Ägypten dokumentiert. ◷ Mo–Fr 9–16 Uhr, Eintritt $5.

Der **Hafen** am Fuß eines kleinen, steilen Abhanges unterhalb der Bay Street, zu erreichen über verschiedene Steintreppen und Gassen, erinnert an einen europäischen Hafen des 18. Jhs. und lässt zugleich das frühe europäische Amerika lebendig werden. Die Hauptstraße, die River Street, ist mit dem Ballast ehemaliger Segelschiffe gepflastert und wird von hohen Backstein-Baumwolllagerhäusern gesäumt. Heute konzentrieren sich in dem betriebsamen Viertel Seafood-Restaurants und Fischerkneipen, in denen es am Samstagabend heiß hergeht.

Das kleine, aber faszinierende **Civil Rights Museum**, 460 Martin Luther King Jr Blvd, zwei Straßen südlich des Visitor Center, 🖳 www.savcivilrights.com, beleuchtet Savannahs bedeutende Rolle in der afroamerikanischen Geschichte: Savannah war stark in die Bürgerrechtsbewegung der 60er-Jahre involviert. Sit-Ins und „Wade-Ins" an den für Weiße reservierten Stränden von Tybee Island gehörten zur Tagesordnung; der 15 Monate währende Boykott des lokalen Kaufhauses Levy's war der längste seiner Art in der Geschichte der Bürgerrechtsbewegung. 1964 nannte Martin Luther King Savannah „die für Farbige lebenswerteste Stadt südlich der Mason-Dixon-Linie". ◷ Di–Sa 9–17 Uhr, Eintritt $8.

Der Süden

Um afroamerikanische Geschichte geht es auch in der 1775 gebauten **First African Baptist Church**, 23 Montgomery St, 🖳 www.theoldest blackchurch.org. Es ist die älteste schwarze Kirche Nordamerikas, von Sklaven erbaut. Bei den äußerst informativen Führungen werden den Besuchern z. B. die Stammesschnitzereien an den Seiten der Kirchenbänke auf der Empore erklärt. Die Löcher im Fußboden dienten der Belüftung unterirdischer Kammern, in denen sich Sklaven versteckten, bevor sie sich mit Hilfe der Underground Railroad auf dem Weg in die Freiheit machten. ⏱ Führungen Di–Sa 11 und 14 Uhr, $5. In der **Second African Baptist Church**, 123 Houston St, verlas General Sherman 1864 die Emanzipations-Proklamation, mit der die Lincoln-Regierung die Sklaverei abschaffte, und erließ die berühmte **Field Order No. 15**, die jedem ehemaligen Sklaven ein kleines Stück Land und ein Maultier zugestand.

Der Süden

Übernachtung

Im Historic District befinden sich zahlreiche wunderschöne B&Bs und einige sehr angenehme Hotels. Wer nicht so viel Geld ausgeben möchte, kann in einem der Kettenmotels in Nähe der Greyhound-Haltestelle oder weiter draußen in der Ogeechee Rd (US-17) übernachten.

1895 Inn, 126 E Oglethorpe Ave, ✆ 912/231-8822, 🖳 www.the1895inn.net. Luxuriöses 4-Zimmer-B&B voller Kunst und Antiquitäten im Herzen des historischen Viertels; die freundlichen Betreiber Bob und Ed verhindern, dass das Ganze angestaubt wirkt. Das Frühstück ist köstlich! ❼

Bed and Breakfast Inn, 117 W Gordon St, am Chatham Square, ✆ 912/238-0518, 🖳 www.

Reizendes B&B

Azalea Inn, 217 E Huntingdon St, ✆ 912/236-6080, 🖳 www.azaleainn.com. Reizendes, entspanntes B&B am Rande des historischen Viertels beim Forsyth Park, mit 10 hellen, bezaubernd eingerichteten Zimmern und einem willkommenen Pool. Jeden Tag gibt's ein formidables Südstaatenfrühstück. ❼

savannahbnb.com. Sehr preiswertes B&B mit unterschiedlichen Zimmern in einem Stadthaus von 1853 und mehreren Kutschenhäuschen. Kostenloses WLAN. ❻

Inn at Ellis Square, 201 W Bay St, ✆ 912/236-4440, 🖳 www.innatellissquare.com. Erschwingliches, zentral gelegenes Hotel der Kette Days Inn, nicht so viel Charakter wie die B&Bs, dafür mit Pool. ❹

Planter's Inn, 29 Abercorn St, ✆ 1-800/544-1187, 🖳 www.plantersinnsavannah.com. Formelles, einladendes Hotel in hübscher Lage am Reynolds Square im historischen Viertel. ❺

Thunderbird Motel, 611 W Oglethorpe Ave, ✆ 1-866/324-2661, 🖳 www.thethunderbirdinn.com. Uriges Retro-Motel mit entsprechender Einrichtung gegenüber vom Greyhound-Busbahnhof. Donuts und WLAN gibt's gratis. ❹

Essen

In Savannah gibt es jede Menge Restaurants. Die meisten Lokale am Wasser sind nichts Besonderes. Eine Ausnahme bildet das lebendige, noble **Vic's**, 26 E Bay St, ✆ 912/721-1000, das Südstaaten-Seafood mit modernem Touch serviert. Eine wesentlich bessere Adresse ist im Allgemeinen der **City Market**, ein Areal restaurierter Getreidespeicher nur wenige Straßen vom Fluss entfernt und das wichtigste Restaurant- und Vergnügungsviertel von Downtown. Die Restaurants an den alten Plätzen im historischen Viertel sind zumeist gehobenerer Preisklasse. Auch an der betriebsamen **Broughton Street** gibt es einige Restaurants, viele davon in schön restaurierten Art-déco-Gebäuden.

Back in the Day Bakery, 2403 Bull St, ✆ 912/495-9292. Bäckerei und Konditorei, alles frisch und hausgemacht, z. B. die saftigen „Red Velvet"-Cupcakes. Auch herzhafte Köstlichkeiten wie die „Jambon Royal"-Sandwiches, kleine Mittagsspeisen und Espresso. ⏱ Di–Fr 9–15, Sa 8–15 Uhr.

Garibaldi Café, 315 W Congress St, City Market, ✆ 912/232-7118. Das edle Restaurant hat Flair – mit Zinnplatten verschalte Decken und goldene Spiegel – und bietet ausgezeichnete norditalienische Pastagerichte und Seafood.

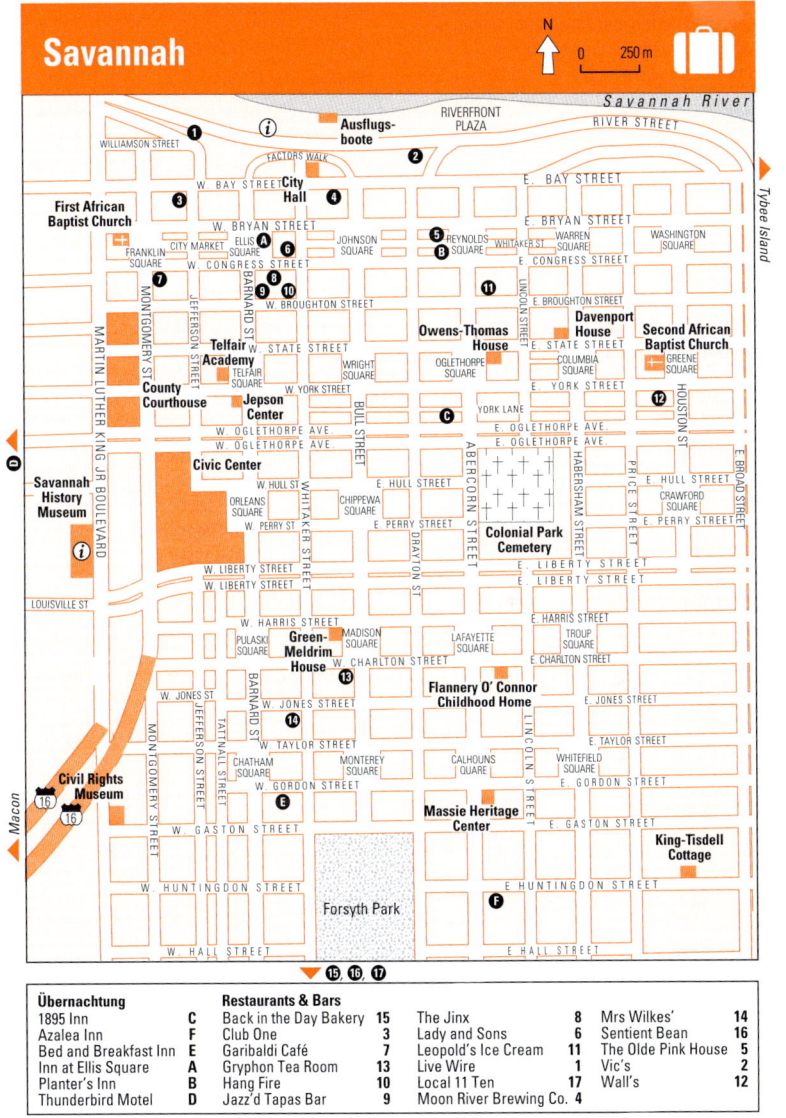

N
0   250 m

Savannah River

RIVERFRONT PLAZA
RIVER STREET
Tybee Island

WILLIAMSON STREET
Ausflugs-boote
FACTORS WALK
W. BAY STREET City Hall E. BAY STREET

First African Baptist Church
W. BRYAN STREET E. BRYAN STREET
ELLIS
FRANKLIN CITY MARKET SQUARE
JOHNSON SQUARE
REYNOLDS SQUARE WHITAKER ST WARREN SQUARE WASHINGTON SQUARE
FRANKLIN SQUARE
W. CONGRESS STREET E. CONGRESS STREET
W. BROUGHTON STREET E. BROUGHTON STREET

MARTIN LUTHER KING JR BOULEVARD
MONTGOMERY ST
JEFFERSON STREET
BARNARD ST
Telfair Academy
W. STATE STREET
Owens-Thomas House
E. STATE STREET
Davenport House
Second African Baptist Church
GREENE SQUARE

County Courthouse
Jepson Center
TELFAIR SQUARE
WRIGHT SQUARE
OGLETHORPE SQUARE
COLUMBIA SQUARE
HOUSTON ST

W. YORK STREET E. YORK STREET
YORK LANE

W. OGLETHORPE AVE. E. OGLETHORPE AVE.
W. OGLETHORPE AVE. E. OGLETHORPE AVE.

Civic Center
BULL STREET
ABERCORN ST
HABERSHAM STREET
PRICE ST
E. BROAD STREET

Savannah History Museum
W. HULL STREET E. HULL STREET
ORLEANS SQUARE CHIPPEWA SQUARE
CRAWFORD SQUARE
WHITAKER STREET
W. PERRY ST E. PERRY STREET
Colonial Park Cemetery
DRAYTON ST

LOUISVILLE ST
W. LIBERTY STREET E. LIBERTY STREET
W. LIBERTY STREET LIBERTY STREET

W. HARRIS STREET E. HARRIS STREET
PULASKI SQUARE MADISON SQUARE LAFAYETTE SQUARE TROUP SQUARE
Green-Meldrim House
W. CHARLTON STREET E. CHARLTON STREET
BARNARD ST
Flannery O' Connor Childhood Home
W. JONES ST W. JONES STREET E. JONES STREET
JEFFERSON STREET TATTNALL STREET
LINCOLN STREET

W. TAYLOR STREET E. TAYLOR STREET
Civil Rights Museum
CHATHAM SQUARE MONTEREY SQUARE CALHOUNS QUARE WHITEFIELD SQUARE
W. GORDON STREET E. GORDON STREET
MONTGOMERY STREET

Macon
W. GASTON STREET Massie Heritage Center E. GASTON STREET
King-Tisdell Cottage

W. HUNTINGDON STREET E. HUNTINGDON STREET
Forsyth Park
W. HALL STREET E. HALL STREET

Der Süden

Übernachtung		Restaurants & Bars	
1895 Inn	C	Back in the Day Bakery	15
Azalea Inn	F	Club One	3
Bed and Breakfast Inn	E	Garibaldi Café	7
Inn at Ellis Square	A	Gryphon Tea Room	13
Planter's Inn	B	Hang Fire	10
Thunderbird Motel	D	Jazz'd Tapas Bar	9

The Jinx	8	Mrs Wilkes'	14
Lady and Sons	6	Sentient Bean	16
Leopold's Ice Cream	11	The Olde Pink House	5
Live Wire	1	Vic's	2
Local 11 Ten	17	Wall's	12
Moon River Brewing Co.	4		

Gryphon Tea Room, 337 Bull St, ☎ 912/525-5880. Der hübsche Tearoom in einer ehemaligen Apotheke mit altem Ladentisch, Fliesen und vielen Spiegeln ist Treffpunkt einer bunten Mischung von Kunststudenten, Akademikern und Ladies, die sich mit ihrer Freundin zum Mittagessen treffen. Geboten werden Gourmet-Gerichte, Hunderte von Teesorten sowie

Kuchen und Torten, bei deren Anblick einem das Wasser im Mund zusammenläuft; von 16–18 Uhr gibt's High Tea. ☉ So geschl.
Lady and Sons, 102 W Congress St, ✆ 912/233-2600. Dank ausgiebiger Fernsehwerbung stehen die Gäste vor Paula Deens Südstaaten-restaurant täglich Schlange bis um den Block. Grund sind die Buffetspezialitäten wie Brathähnchen und Gemüse (mittags $13,99, abends $17,99) und die Gerichte von der Speise-karte. Eigentlich ist dies eine Massenspeisung, dafür ist das Essen aber überraschend gut. Keine Reservierung per Telefon; wer einen Tisch für denselben Tag möchte, muss früh da sein (ab 9.30 Uhr) und sich auf einer Liste eintragen.
Leopold's Ice Cream, 212 E Broughton St, ✆ 912/234-4442. Hollywood-Produzent Stratton Leopold (u. a. *Mission: Impossible III*) hat die von seinen Vorfahren gegründete Eisdiele wieder aufgemöbelt und verkauft hausgemachte Eiscreme, alle möglichen Sandwiches, Salate und Burger.
Local 11 Ten, 1110 Bull St, ✆ 912/790-9000. Die Rezepte für die Gerichte auf der kleinen, saisonal ausgerichteten Karte in diesem hippen, betriebsamen Lokal stammen aus dem Low Country, aus Italien und Frankreich, die Pasta ist hausgemacht. Es werden nur die frischesten Zutaten verwendet, und auch die Weinauswahl kann sich sehen lassen. ☉ tgl. abends.
Mrs Wilkes', 107 W Jones St, ✆ 912/232-5997. Eine Institution in Savannah mit authentischer Südstaatenküche (Buffet für $16). Man sitzt an großen Tischen und kann sich an Bergen von Brathähnchen, Süßkartoffeln, Spinat,

Rosa Schick

The Olde Pink House, 23 Abercorn St, ✆ 912/232-4286. Mit seiner rosa Regency-Fassade und seinem mühelos eleganten Speisesaal im Obergeschoss eignet sich das „Rosa Haus" perfekt zum entspannten Dinieren zur besonderen Gelegenheit. Die köstliche Low-Country-Küche kann man aber auch in der munteren Taverne unten bestellen. ☉ tgl. abends, Di–Sa auch mittags.

Klein, aber gut

Wall's, 515 E York Lane, ✆ 912/232-9754. Winzige, pieksaubere Grillhütte, versteckt an einer kleinen Gasse, mit köstlichen Krebsen, saftigen Rippchen, gezupftem Schweinefleisch usw., außerdem leichtere Sachen wie *red rice* und gedünstete Okraschoten. ☉ Do–Sa 11–21 Uhr.

Bohnen und eingelegter Roter Beete bedienen. Nicht ausgeschildert, keine Reservierung – früh da sein und sich anstellen! ☉ Mo–Fr 11–14 Uhr. Nur Barzahlung.
Sentient Bean, 13 E Park Ave, ✆ 912/232-4447. Großer, leicht abgewrackter alternativer Coffeeshop mit Blick auf den Forsyth Park und tollem vegetarischem Angebot sowie Fair-Trade-Kaffee. Außerdem gibt's regelmäßig Filmabende, offene Bühnen und Livemusik.

Unterhaltung

Das Nachtleben Savannahs ist entspannt und erhält durch die vielen Studenten ein bisschen Schwung. Im historischen Zentrum von Savannah darf man Alkohol auf der Straße trinken (aus Plastik- oder Pappbechern, nicht aus Gläsern oder Flaschen), was in den USA selten ist.
Über aktuelle Veranstaltungen informiert die kostenlose Wochenzeitung *Connect*, 🖥 www.connectsavannah.com.
Savannah hat einen sehr hohen irischen Bevölkerungsanteil, sodass der **St. Patrick's Day** am 17. März ein ganz besonderes Datum ist. Fast eine Million Iren und Möchtegern-Iren fallen dann in die Stadt ein und vertilgen Unmengen Guinness. Viele der Einwohner Savannahs suchen an diesem Tag das Weite.
Club One, 1 Jefferson St, ✆ 912/232-0200, 🖥 www.clubone-online.com. Schwulenclub, der auch Heteros offen steht und in dem auch Drag-Shows stattfinden.
Hang Fire, 37 Whitaker St, ✆ 912/443-9956. Freundliche kleine hippe Bar in Downtown. Voll bis spät in die Nacht; die gutgelaunten Gäste sind in den 20ern und 30ern. Manchmal legen DJs auf.

Jazz'd Tapas Bar, 52 Barnard St, ✆ 912/
236-7777, 🖥 www.jazzdsavannah.com. Muntere
Martini-Bar und Restaurant mit einem Stilmix
aus Industriedekor und bunter Volkskunst.
Serviert köstliche und preiswerte Tapas nach
Südstaatenart (also nicht unbedingt spanisch).
Jeden Abend außer Mo Jazz oder Blues live
und umsonst.

The Jinx, 127 W Congress St, ✆ 912/236-2281,
🖥 www.thejinx.net. Savannahs bekanntester
Rockclub liegt in City Market. Ab und zu legen
DJs auf, oder es gibt *rock'n'roll bingo* oder
Karaoke. Auf dem Schild draußen steht „Velvet
Elvis".

Live Wire, 307 W River St, ✆ 912/233-1192,
🖥 livewiremusichall.com. In diesem freundlichen Laden mit drei Bars und zwei Bühnen
spielen zumeist ortsansässige und Südstaaten-
Bands.

Moon River Brewing Co., 21 W Bay St,
✆ 912/447-0943. Beliebte Kleinbrauerei in der
Nähe des Flusses.

Sonstiges

Informationen

Visitor Center, 301 Martin Luther King Jr Blvd,
✆ 912/944-0455, 🖥 www.savannahvisit.com,
🕐 Mo–Fr 8.30–17, Sa und So 9–17 Uhr.
Ein weiteres kleines Informationsbüro befindet
sich am Fluss, River St, 🕐 tgl. 10–22 Uhr.

Touren

Das große Visitor Center informiert über
geführte Stadtspaziergänge und ist
Ausgangspunkt für Trolley-Touren (ab $20).
Gemächliche Fahrten mit der **Pferdekutsche**,
✆ 912/443-9333, 🖥 www.savannahcarriage.
com, beginnen am Hyatt Regency, neben der
City Hall, W Bay St ($20).
Tickets für die **Ausflugsboote**, 🖥 www.
savannahriverboat.com, gibt es in der 9 E River
St ($18,95).

Nahverkehr

Chatham Area Transit (CAT), 🖥 www.catch
acat.org, unterhält ein recht gutes Busnetz ($1)
und einen **CAT Shuttlebus** (kostenlos) zwischen
Innenstadt, Visitor Center, Fluss und City
Market;

Busse zu weiter außerhalb liegenden Zielen
kosten $1,50. Den historischen Bezirk kann
man gut zu Fuß erkunden.

Transport

Der **Flughafen** liegt 8 Meilen westlich der
Stadt. Eine Taxifahrt ins Zentrum kostet etwa
$28. Der **Greyhound-Terminal** liegt am Westrand
der Innenstadt, 610 W Oglethorpe Ave.
Der **Bahnhof** befindet sich ungefähr 3 Meilen
südwestlich, 2611 Seaboard Coastline Drive.

Strände in der Nähe von Savannah

Tybee Island, eine hübsche Ansiedlung bunter
Cottages 18 Meilen östlich von Savannah via US-
80, hat den besten **Strand** der Gegend und einen
50 m hohen **Leuchtturm** von 1736, 🕐 tgl. außer Di
9–17.30 Uhr, Eintritt $7. **Übernachten** kann man
im DeSoto Beach Hotel aus den 30er-Jahren,
direkt am Meer, 212 Butler Ave, ✆ 912/786-4542,
🖥 www.desotobeachhotel.com ❺.

   Bei **The Crab Shack** am Chimney Creek,
40 Estill Hammock Rd, ✆ 912/786-9857, gibt es
Küche des Low Country, frische Krebse und
Garnelen. Von der Hauptstraße am Strand geht
es etwa zwei Meilen vor der Abzweigung zum
Leuchtturm rechts ab.

   Fort Pulaski National Monument, am US-80 E
nach Tybee Island, 🖥 www.nps.gov/fopu, ist das
interessanteste von mehreren Forts und bietet
Gelegenheit zu einem schönen Spaziergang.
Die imposante Wehranlage der Konföderierten,
die auf einem eigenen idyllischen, wenn auch
insektengeplagten Inselchen liegt, umgeben von
einem Graben, in dem Alligatoren zu Hause sind,
wurde trotz allem von den Unionstruppen eingenommen; sie war die erste Festung, deren Stein-
mauern von den neuen Kanonen durchschlagen
wurden. 🕐 tgl. 9–17 Uhr, Eintritt $3.

   Der Küste von Georgia ist eine Kette kleiner
Inseln vorgelagert, die als **National Wildlife
Refuges** geschützt sind. Einen Abstecher über
die ruhigen Nebenstraßen lohnen **Blackbeard
Island**, **Wolf Island**, **Pinckney** oder **Wassaw**,
deren stille Sumpfgebiete eine reiche Vogelwelt
beherbergen und gute Angelreviere darstellen.

Der Süden

Brunswick und die Südküste

Brunswick, die einzig größere Stadt südlich von Savannah, ist das Tor zu den **Sea Islands** vor der Küste. Es ist eine Industriestadt; interessant ist lediglich, wenn die Garnelenfänge eingebracht werden. Das **Visitor Centre**, 4 Glynn Ave, ✆ 912/265-0620, 🖳 www.bgivb.com, hat ein Verzeichnis der **Motels** und **B&Bs**; ⏰ tgl. 8.30–17 Uhr. Eine ungewöhnlichere Übernachtungsmöglichkeit ist das **Hostel in the Forest**, ein paar Meilen westlich der Ausfahrt 6 vom I-95, zu erreichen über eine schlammige Zufahrtsstraße südlich des US-82, ✆ 912/264-9738, 🖳 www.foresthostel.com. Für $25 p. P. erhalten die Gäste hier ein rustikales Zimmer in einem von neun Baumhäusern sowie ein gemeinschaftliches vegetarisches Abendessen; dafür wird erwartet, dass man jeden Tag eine kleine Arbeit erledigt (max. 3 Nächte, keine Kreditkarten, ❶). Beim Räucherhaus **Georgia Pig**, einem Schuppen neben einer Tankstelle bei der Ausfahrt 29 des I-95, ✆ 912/264-6664, gibt es Gegrilltes, den Eintopf Brunswick Stew, Krautsalat und gebackene Bohnen mit Honiggeschmack.

Die Sea Islands von Georgia

Wie einige der Inseln in South Carolina wurden auch mehrere der Sea Islands in Georgia nach dem Bürgerkrieg unter befreiten Sklaven aufgeteilt. Jedoch blieben die Ansiedlungen immer arme, landwirtschaftlich ausgerichtete Gemeinschaften. Heute sind die Inseln mit ihren wenigen Touristenattraktionen praktische Alternativen zu den Stränden Floridas.

Jekyll Island

Am erschlossensten sind die **südlichen Inseln**, besonders **Jekyll Island** (zu erreichen über eine Mautstraße, $5), die 1887 in Privatbesitz geriet, um einer exklusiven Gruppe von Millionären wie den Rockefellers, Pulitzers, Macys und Vanderbilts als „Clubinsel" zu dienen. Ihre opulenten Residenzen, „Cottages" genannt, stehen auch heute noch, allerdings in unterschiedlich gutem

Erhaltungszustand. An der Dammstraße steht ein kleines **Welcome Center**, ✆ 912/635-3636, 🖳 www.jekyllisland.com, ⏰ tgl. 9–17 Uhr. Einen guten Überblick über die Geschichte der Insel bietet das **Jekyll Island Museum** in den alten Stallungen in der Stable Road; es werden auch – je nach Saison unterschiedliche – Touren angeboten (tgl. 11, 13 und 15 Uhr, $16); ⏰ tgl. 9–17 Uhr. Der historische Bezirk der Insel erstreckt sich um das alte Clubgebäude herum; hier bietet jetzt das **Jekyll Island Club Hotel**, ✆ 912/635-2600, 🖳 www.jekyllclub.com, elegante Zimmer, ❽. Ein Stück weiter nördlich befindet sich neben dem Nistplatz der Karettschildkröten ein **Campingplatz**, ✆ 912/635-3021, ab $23.

St. Simon's Island und Cumberland Island

Der größte Teil der **St. Simon's Island**, zu erreichen über eine Mautstraße, die durch grünes Sumpfland voller Watvögel führt, präsentiert sich nach wie vor als stimmungsvolle Landschaft mit Palmen und von Louisianamoos überwucherten Lebenseichen. Das Dorf ist angenehm ruhig, und am nahen Strand kann man schön spazieren gehen, jedoch ist Baden wegen der starken Strömungen gefährlich. Stattdessen sollte man sich zur Ostseite der Insel begeben, wo sich der Sand meilenweit erstreckt. Southeast Adventure Outfitters, 313 Mallory St, ✆ 912/638-6732, 🖳 www.southeastadventure.com, verleiht **Kajaks** und bietet Touren zur Vogel- und Delphinbeobachtung. Die Festung im **Fort Frederica National Monument**, sieben Meilen nördlich des Fahrdamms, 🖳 www.nps.gov/fofr, wurde 1736 von General Oglethorpe als größte britische Befestigungsanlage in Nordamerika errichtet; heute ist sie eine stimmungsvolle Ruine. ⏰ tgl. 9–17 Uhr, Eintritt $3. Ein recht preisgünstiges Hotel inmitten der Luxusresorts ist das **Saint Simon's Inn**, 609 Beachview Drive, eine Straße vom Strand beim Dorf, ✆ 912/638-1101, 🖳 www.stsimonsinn.com, ❺. Köstliche moderne Low-Country-Küche serviert der relaxte, beliebte **Blackwater Grill**, 260 Redfern Village, ✆ 912/634-6333.

Die südlich gelegene **Cumberland Island** ($4) ist ein atemberaubendes Naturschutzgebiet mit Feuchtgebieten, Stränden und subtropischem

Wald, bevölkert von Wildpferden und hier und da gespickt mit verlassenen Plantagenhäusern. Zu erreichen ist die Insel per Fähre vom Dorf **St. Mary's**, 🖳 www.stmaryswelcome.com, auf dem Festland nicht weit von der Grenze zu Florida (März–Nov tgl. 9 und 11.45 Uhr, Dez–Feb Do–Mo, 45 Min., $17 hin und zurück).

Okefenokee Swamp

Der dichte Okefenokee Swamp erstreckt sich von einem Punkt etwa 30 Meilen südwestlich von Brunswick über 30 Meilen hinunter nach Florida. In dem üppigst überwucherten Sumpfgebiet tummeln sich über 20 000 Alligatoren und mehr als 30 Schlangenarten sowie Bären und Pumas. Der Eingang liegt bei der Nordostspitze des Sumpfgebiets beim gemeinnützigen privaten **Okefenokee Swamp Park**, Hwy-177, abseits des US-23/1, 🖳 www.okeswamp.com. Mit der Eintrittsgebühr hat man Zugang zu einem Flora-und-Fauna-Infozentrum, einem Beobachtungsturm und zu rekonstruierten Pionierhäusern. Für weitere $12–30 sind Bootstouren durch den Sumpf erhältlich (nicht am Insektenschutzmittel sparen!). ⏱ tgl. 9–17.30 Uhr, Eintritt $15. Unterkünfte gibt es im nicht gerade schönen **Waycross** zehn Meilen nördlich, darunter das Best Western Bradbury Inn, 2570 Memorial Drive, ☎ 912/284-0095, ❸.

Kentucky

Die beiden rivalisierenden Präsidenten der Bürgerkriegszeit, Abraham Lincoln und Jefferson Davis, wurden in Kentucky geboren. Eine scharfe Trennlinie verlief zwischen den Sklaven haltenden Farmern und den Kaufleuten, die auf den Handel mit den nahe gelegenen Industriestädten im Norden angewiesen waren. Offiziell blieb der Bundesstaat neutral. In der Rekonstruktionsphase (1865–1877) nach dem Krieg stellte man sich aus Protest gegen die Politik der Nordstaaten auf die Seite der Südstaaten. Seither folgt Kentucky tendenziell der politischen Linie der Südstaaten.

Von seiner schönsten Seite zeigt sich Kentucky im gebirgigen Osten und in den kleinen historischen Orten der **Bluegrass Downs**, Heimat der Bluegrass-Musik, des Bourbon und der Vollblutpferde. Die meisten sind vom gediegenen **Lexington** aus gut zu erreichen, einem wichtigen Umschlagplatz für Zuchtpferde. Das hippere **Louisville**, Austragungsort des **Kentucky Derby**, liegt 80 Meilen westlich. Das westliche Kentucky, wo der Ohio River in den Mississippi mündet, ist flach, dicht bewaldet und im Allgemeinen weniger interessant.

Lexington, Bluegrass Country und östliches Kentucky

Die nur 80 Meilen breiten fruchtbaren **Bluegrass Downs** bilden die Kernlande des amerikanischen Pferderennsports, mit dem still prosperierenden Lexington als Herz. Der Name der Region ist vom einzigartigen Schimmer des knospenden Grases abgeleitet, der im April und Mai frühmorgens die Weiden stahlblau färbt. Die ersten weißen Pioniere Kentuckys, die in den 1770er-Jahren durch die 150 Meilen Wildnis, den heutigen **Daniel Boone National Forest**, hierher vordrangen, waren erstaunt darüber, ein „verlassenes Eden" vorzufinden, während die indianischen Ureinwohner gleichzeitig auf erheblich schlechterem Land lebten. Archäologen fanden später heraus, dass dies auf einen Mineralstoffmangel im Boden zurückzuführen war, der tödliche Knochenkrankheiten auslöste. Das Gebiet um Lexington herum birgt einige der ältesten Orte westlich der Alleghenies. Das östliche Kentucky leidet unter herber ländlicher Armut, trotz der natürlichen Schönheit der Landschaften um die **Natural Bridge** und die **Cumberland Gap** herum.

Lexington

Seit 1775 ist Lexington eine Handelsstadt, die allerdings durch das Fehlen eines schiffbaren Flusses benachteiligt ist. Als nach dem Ersten

Weltkrieg Zigarettenrauchen weltweit in Mode kam, stieg die Stadt ins Tabakgeschäft ein und entwickelte sich zum weltweit größten Umschlagplatz für Tabak. Heutzutage dreht sich vieles um den Pferdehandel – im näheren Umland gibt es rund 450 Gestüte.

Innenstadt

Das moderne Zentrum konzentriert sich um den **Triangle Park** mit seinen Springbrunnen. Zu den wenigen Sehenswürdigkeiten zählt das **University of Kentucky Art Museum**, 🖥 www.uky.edu/ArtMuseum, im Singletary Center for the Arts, Rose Street, Ecke Euclid Avenue. Das Museum zeigt eine Ausstellung zeitgenössischer amerikanischer Kunst und indianischer Artefakte. ⊙ Di–So 12–17, Fr bis 20 Uhr, Eintritt frei.

Gestüte

Paris Pike und **Iron Works Pike** führen Richtung Nordosten aus Lexington hinaus in eine ländliche Kentucky-Idylle, in der glänzende Vollblüter über die Bluegrass-Wiesen tollen, oft noch malerisch von strahlend weißen Bretterzäunen umgeben. Im Westen der Stadt kann man beim morgendlichen Training der Pferde auf der **Keeneland**-Rennbahn zusehen, ✆ 859/254-3412, 🖥 www.keeneland.com, ⊙ April–Okt tgl. Sonnenaufgang bis 10 Uhr, Eintritt $5. Pferderennen auf der ovalen, eine Meile langen Rennstrecke finden während drei Wochen im April (Mi–So 19.30 Uhr) und drei Wochen im Oktober statt (Mi–So 13 Uhr). Karten ohne Sitzplatz kosten $5, Sitzplätze $8–20. Außerdem gibt es hier eine tolle Cafeteria.

Wer gerne ein Gestüt besichtigen möchte, nimmt am besten einfach an einer Bustour ab Lexington teil: **Blue Grass Tours**, ✆ 859/252-5744, 🖥 www.bluegrasstours.com, bietet tgl. um 9 und 13.30 Uhr dreistündige Touren für $30, die einen Besuch in Keeneland und auch auf der **Old Friends Farm**, 🖥 www.oldfriendsequine.org, einschließen.

Einer der wenigen Höfe, die noch selbst Führungen anbieten, ist **Three Chimneys**, an der Old Frankfort Pike 15 Min. westlich der Innenstadt. Die Rundgänge kosten $10, Reservierung unter ✆ 859/873-7053, 🖥 www.threechimneys.com. Im **Thoroughbred Center**, 3380 Paris Pike,

✆ 859/293-1853, 🖥 www.thethoroughbredcenter.com, kann man Pferdetrainern bei der Arbeit zusehen. ⊙ April–Okt Mo–Sa 9, Nov–März Mo–Fr 9 Uhr, Eintritt $10.

Der unterhaltsame, etwas über 4 km² große **Kentucky Horse Park**, 🖥 www.kyhorsepark.com, ein Stück weiter außerhalb, 4089 Ironworks Parkway, ist ein noch aktives Gestüt, das zu einer Art Themenpark ausgeweitet wurde. Man kann hier 30 verschiedene Pferderassen kennen lernen, es gibt diverse Shows, Vorträge und Aktivitäten, z. B. geführte Ausritte ($22). Das interessante **International Museum of the Horse** verfolgt die Beziehung zwischen Mensch und Pferd im Lauf der Geschichte. ⊙ Mitte März–Okt tgl. 9–17, Nov–Mitte März Mi–So 9–17 Uhr, Eintritt $9–16.

Im **Whispering Woods** im nahen Georgetown können erfahrene Reiter ohne Begleitung ausreiten, Anfänger nur mit einem Guide, 🖥 www.whisperingwoodstrails.com, 1 Std. $25, ein ganzer Tag $90.

Im Zentrum gibt es nur wenige Übernachtungsmöglichkeiten in der Innenstadt, doch entlang dem I-75, etwas außerhalb, findet man preiswerte Motels.

Gratz Park Inn, 120 W Second St, ✆ 859/231-1777 oder 1-800/752-4166, 🖥 www.gratzparkinn.com. Das älteste und renommierteste Hotel in Downtown hat Zimmer im Stil des 19. Jhs. und ein Gourmetrestaurant. ❼

Holiday Inn North, 1950 Newtown Pike, nordöstlich von Downtown, ✆ 859/233-0512, 🖥 www.hilexingtonnorth.com. Riesiges und luxuriöses Hotel der Holiday-Inn-Kette; zur Anlage gehört der überdachte „Holidome" mit Pool, Sporthalle und Fitnessstudio. ❹

La Quinta, 1919 Stanton Way, ✆ 859/231-7551 oder 1-800/531-5900. Günstige Lage an der Kreuzung von I-64 und I-75, Ausfahrt 115. Die Motelzimmer sind bequem, der Preis inkl. Frühstück. ❸

Swann's Nest B&B 3463 Rosalie Lane, ✆ 859/226-0095, 🖥 www.swannsnest.com. Ansprechendes, ruhiges Landgasthaus mit 5 komfortablen Gästesuiten auf einer Vollblutpferdefarm. ❻

Der beste **Campingplatz** ist der im Horse Park, ☎ 859/233-4303, 🖥 www.kyhorsepark.com. Zeltplatz ab $15.

Essen und Unterhaltung

In den Straßen rund um die Kreuzung Broadway und Main St findet man einige sehr lebendige Bars wie das Horse & Barrel.

Alfalfa Restaurant, 141 E Main St, ☎ 859/253-0014. Hippie-Café mit einer großen Auswahl an internationalen Gerichten (zumeist für unter $10) und mit Schwerpunkt auf vegetarischer Küche, berühmt für seine Buchweizen-Pancakes. Regelmäßig Kunstausstellungen.

Atomic Café, 265 N Limestone St, ☎ 859/254-1969. Karibisches Ambiente, leckere, gut gewürzte Speisen (Hauptgerichte ca. $15), hochprozentige Cocktails, Fr und Sa Live-Reggae, außerdem eine nette Terrasse.

Le Deauville, 199 N Limestone St, ☎ 859/246-0999. Reizendes französisches Bistro mit Tischen draußen auf dem Bürgersteig. Die Gerichte wie die Bouillabaisse Marseillaise oder das Filet Mignon kosten etwa $30–35.

Ramsey's Diner, 496 E High St, ☎ 859/259-2708. Sehr beliebt, gute Atmosphäre, leckere Sandwiches, Hamburger und Hauptgerichte für $6–15; drei weitere Filialen in der Stadt. ⏱ bis 1 Uhr.

Informationen

Visitor Center, 301 E Vine St, ☎ 859/233-7299, 🖥 www.visitlex.com, ⏱ Mo–Fr 8.30–17, Sa 10–17, Mai–Aug auch So 12–17 Uhr. Hat praktische Landkarten für Spaziergänge und Touren mit dem Auto.

Die kostenlose Wochenzeitung *ACE Weekly*, 🖥 www.aceweekly.com, listet aktuelle Veranstaltungen auf.

Transport

Die **Greyhound**-Busse halten ungefähr 1 Meile nordöstlich des Zentrums in der 477 New Circle Rd. Gleich gegenüber liegt die Bushaltestelle für die Citybusse; Nr. 3 fährt ins Zentrum.

Der **Flughafen** von Lexington befindet sich 6 Meilen westlich der Stadt am US-60 W, nahe der Pferderennbahn Keeneland Racetrack.

Bluegrass Country

Abgesehen von den Pferdegestüten nördlich der Stadt befinden sich die meisten interessanteren Örtlichkeiten südlich von Lexington, darunter die schönen alten Städte Danville und Harrodsburg, das restaurierte **Shaker Village** in Pleasant Hill und das **Berea College**. Nach etwa 30 Meilen machen die Weiden den auffallenden **Knobs** Platz – wie zufällig über die Landschaft verstreuten klumpigen Anhöhen, überwölbt von Bäumen und zarten tief hängenden Wolken; es sind die erodierten Überreste des Pennyrile Plateau.

Das Shaker Village in Pleasant Hill

Die utopische Siedlung Pleasant Hill, versteckt in den Bluegrass-Hügeln bei Harrodsburg, 26 Meilen südwestlich von Lexington, ☎ 859/734-5411, 🖥 www.shakervillageky.org, wurde um 1805 von **Shaker-Missionaren** aus New England gegründet. Nach nur 20 Jahren produzierten hier fast 500 Dorfbewohner Samen, Werkzeuge und Stoffe, die bis nach New Orleans verkauft wurden. Während des Bürgerkriegs mussten die pazifistischen Shaker sowohl Unions- als auch konföderierte Truppen aufnehmen. Das Dorf schrumpfte, bis 1923 schließlich der letzte Bewohner starb; eine gemeinnützige Organisation hat das Dorf inzwischen in den Zustand des 19. Jhs. zurückversetzt.

Die Wertvorstellungen der Shaker – Enthaltsamkeit (Zuwachs erhielten sie durch Konvertierungen sowie Adoptionen von Waisenkindern), Hygiene, Einfachheit und Gemeinschaftsbesitz – zeigen sich auch in den 34 grauen und pastellfarbenen Gebäuden, die Männer und Frauen durch unterschiedliche Türen betraten. Heutige Besucher können sich Vorführungen traditioneller Handwerke wie Besenbinden und Weben anschauen.

⏱ April–Okt tgl. 10–17 Uhr, Eintritt $15, Nov–März tgl. 10–16.30 Uhr, Eintritt $7. Ein **Inn** auf dem Gelände bietet preisgünstige Zimmer und beherbergt ein hervorragendes **Restaurant**, in dem Kentucky-Klassiker wie Kochschinken und Zitronenkuchen auf den Tisch kommen. Sowohl Übernachtung als auch Essen sollten im Voraus reserviert werden. ➍

Berea

Berea, 30 Meilen südlich von Lexington am I-75 am Rande des Bluegrass Country einerseits und der Ausläufer der Appalachen andererseits, beherbergt das einzigartige **Berea College**, in dem rund 1500 zumeist aus der Umgebung stammende Studierende kostenlos Unterricht erhalten; dafür müssen sie sich handwerklich betätigen, etwa im Nähen oder der Eisenschmiedekunst. Das College wurde 1855 von Gegnern der Sklaverei als Berufsbildungsstätte für die jungen Leute des östlichen Kentucky gegründet – Weiße und Schwarze, sodass es 40 Jahre lang das einzige gemischte College im Süden war. Der Ruf des College hat viele private Kunstgewerbegalerien ins kleine Berea gelockt; Näheres über diese Läden erfährt man im **Kentucky Artisan Center**, bei der Ausfahrt 77 des I-75, 🖥 www.kentucky artisancenter.ky.gov, ⏰ tgl. 8–20 Uhr, Eintritt frei. Kostenlose Führungen über den Campus und zu den Handwerksstätten beginnen beim Boone Tavern Inn, einem von Studenten geführten Hotel und Restaurant, 100 Main St N, 📞 859/985-3700, 🖥 www.boonetavernhotel.com, ❺.

Östliches Kentucky

Fast die gesamte Ostseite von Kentucky wird von den steilen Hängen, engen Tälern und Sandsteinklippen des ursprünglichen **Daniel Boone National Forest** eingenommen. Nur wenige Amerikaner sind von einer so starken mythischen Aura umgeben wie **Daniel Boone**, der die Region 1767 zum ersten Mal erkundete und somit als einer der ersten Trapper-Pioniere Kentuckys gilt. Leider legalisierte Boone seine Landansprüche nicht und musste sich weiter Richtung Westen nach Missouri auf den Weg machen, wo er 1820 im Alter von 86 Jahren starb. Ein guter **Campingplatz** ist Twin Knobs, in Salt Lick am Nordende des Waldes, 📞 1-877/444-6777, ⏰ Mitte März–Okt, $16.

Das geologische Juwel **Red River Gorge**, 60 Meilen östlich von Lexington via Mountain Parkway, ist am besten zu erkunden, indem man vom **Natural Bridge State Resort Park**, 🖥 www. parks.ky.gov, am Hwy-77 beim Dorf Slade, eine 30-Meilen-Schleife fährt. Die Natural Bridge ist

ein großer Sandsteinbogen, umgeben von steilen Senken und ausgesetzten Klippen; wer keine Lust auf eine Halbmeilen-Klettertour hat, kann sich mit einem Sessellift ($7 hin und zurück) nach oben bringen lassen. Hier gibt es Wanderwege und Möglichkeiten zum Kanufahren, Angeln, Klettern und Zelten sowie Unterkunft in der abgelegenen Hemlock Lodge ❹; eine Übernachtung am Wochenende kann bis zu ein Jahr im Voraus reserviert werden.

Richtung Süden

1940 eröffnete „Colonel" Harland Sanders – den Titel trug er als Mitglied des Honorable Order of Kentucky Colonels – neben seinem Motel und seiner Tankstelle im winzigen **Corbin**, 90 Meilen südlich von Lexington am I-75, einen kleinen Diner, das Sanders Café. Seitdem hat sein **Kentucky Fried Chicken**-Imperium die ganze Welt erobert. Das ursprüngliche Restaurant mit 100 Plätzen, in der Nähe der Kreuzung von US-25 E und US-25 W, ist mit der Ausstattung der 1940er-Jahre restauriert worden, angefüllt mit zahllosen Erinnerungsstücken. Angeboten wird das übliche KFC-Essen, aber der Diner hat durchaus Atmosphäre.

Der **Cumberland Gap National Historic Park**, 🖥 www.nps.gov/cuga, am Dreistaateneck von Kentucky, Tennessee und Virginia, birgt eine natürliche Passage *(gap)*, die von Wild und Bisons auf ihren Wanderungen genutzt wird und auch Pionieren wie Boone als Tor zum Westen diente. In der Nähe des **Visitor Centre**, am US-25 E in Middlesboro, ⏰ tgl. 8–17 Uhr, eröffnet sich vom 300 m hohen **Pinnacle Overlook** ein Ausblick über die drei Staaten.

Louisville und Zentral-Kentucky

Das lebendige **Louisville** sticht mit seinem kulturellen und ethnischen Mix aus dem sehr ländlichen Kentucky hervor. Im südlichen Hinterland jedoch sind zahlreiche kleine Orte durch alte schattige Plätze und Häuser aus dem 19. Jh. geprägt – und durch ihren strengen Baptismus. Tausende Besucher zieht es in die endlosen Höhlen des **Mammoth Cave National Park**.

Louisville und Umgebung

Nordamerikaner assoziieren mit dem Namen Louisville sofort das millionenschwere **Kentucky Derby**. Das Pferderennen lockt jedes Jahr im Mai mehr als eine halbe Million Wettlustige in diese kosmopolitische Industriestadt, die noch immer Spuren der französischen Siedler aus New Orleans trägt. In Louisville wird ein Drittel des amerikanischen Bourbons produziert.

Neben einer blühenden Kunstszene und zahlreichen Festen bietet Louisville eine ganze Reihe von Parks, um die andere Städte es nur beneiden können. Einer der berühmtesten Söhne der Stadt, der diese Naherholungsgebiete zu nutzen wusste, war der Boxchampion Muhammad Ali, der im Chickasaw Park jeden Morgen seine Runden lief.

Zwischen der Fifth und Sixth Street liegt die **Riverfront Plaza**, ein herrlicher Aussichtspunkt über die natürlichen **Falls of the Ohio** auf der anderen Seite des Flusses. Von der nahe gelegenen Anlegestelle an der Ecke Fourth Street und River Road starten im Sommer zwei Raddampfer, die *Belle of Louisville* und die *Spirit of Jefferson,* zu mittäglichen und abendlichen Flussfahrten. Infos unter ⌨ www.belleoflouisville.org, unterschiedliche Betriebszeiten, Ticket $18.

Hauptattraktion der Stadt ist das ausgezeichnete **Muhammad Ali Center** am Fluss, 144 N Sixth St, ⌨ www.alicenter.org. Neben einer Multimedia-Chronik der Boxkarriere des gebürtigen Cassius Clay vermittelt die Ausstellung auch Einblicke in sein politisches Engagement und in den muslimischen Glauben des Weltklasseboxers, in einem erfrischend positiven Licht. ◷ Di–Sa 9.30–17, So 12–17 Uhr, Eintritt $9.

Auch wer kein Baseball-Fan ist, wird wahrscheinlich vom **Louisville Slugger Museum**, 800 W Main St, ⌨ www.sluggermuseum.com, begeistert sein. Das Museum befindet sich in der Fabrik des größten Baseballschläger-Herstellers der USA. Zum Schluss bekommen alle Besucher einen Minischläger als Souvenir. ◷ Mo–Sa 9–17, So 12–17 Uhr, Eintritt $10.

Auf dem Campus der Universität liegt das **Speed Art Museum**, 2035 S Third St, ⌨ www. speedmuseum.org. Es zeigt eine kleine Dauerausstellung von Gemälden und Skulpturen des Mittelalters bis zur Neuzeit, darunter Werke von Rembrandt, Monet, Rodin und Henry Moore, und es finden auch Wanderausstellungen statt. ◷ Mi, Do und Sa 10–17, Fr 10–21, So 12–17 Uhr, Eintritt $4.

Das Kentucky Derby

Das Kentucky Derby zählt zu den wichtigsten Pferderennen der Welt. Am ersten Samstag im Mai ist „Derby Day", der den Abschluss des zweiwöchigen **Kentucky Derby Festivals** bildet. Seit 1875 trifft sich alljährlich die High Society der Südstaaten auf den Luxustribünen in **Churchill Downs**, 3 Meilen südlich der Innenstadt, um ihr Geld für Wetten und Gaumenfreuden auszugeben. Zehntausende weniger begünstigte Biertrinker bevölkern zur selben Zeit den Rasen. Abgesehen von den Rasenplätzen für $40, von denen aus man praktisch nirgendwo gut sieht, sind die Plätze schon Monate im Voraus ausverkauft. Das Rennen selbst, dem normalerweise das Lied *My Old Kentucky Home* aus Tausenden alkoholfeuchter Kehlen vorangeht, führt über eine Länge von 1,25 Meilen, dauert kaum zwei Minuten und ist mit einem Preisgeld von ca. einer Million Dollar dotiert.

Das ausgezeichnete **Kentucky Derby Museum** bei Churchill Downs, 704 Central Ave, ⌨ www. derbymuseum.org, ist für Pferdenarren und Laien gleichermaßen interessant. Im Eintrittspreis ist der Besuch einer spannenden Filmvorführung enthalten, die die Atmosphäre beim Derby Day auf einem 360-Grad-Panoramabildschirm wiedergibt. ◷ Mitte März–Nov Mo–Sa 8–17, So 11–17, Dez–Mitte März Mo–Sa 9–17, So 11–17 Uhr, Eintritt $12, Führung über das Gelände $10 extra.

Übernachtung

In Louisville gibt es viele Übernachtungsmöglichkeiten; allerdings sind die Preise nicht
gerade günstig. Während des Derby Festivals
ist natürlich alles ausgebucht.

21C Museum Hotel, 700 West Main St, ✆ 502/
217-6300, 🖥 www.21chotel.com. Boutiquehotel mit Kunstmuseum und erstklassigem
Restaurant. Das gesamte Ensemble zieren rote
Pinguine. ➏

Central Park B&B, 1353 S Fourth St, ✆ 502/6
38-1505, 🖥 www.centralparkbandb.com. B&B
im viktorianischen Stil im Herzen des Historic
District mit 7 Gästezimmern. ➎

Econo Lodge, 401 S Second St, ✆ 502/583-2841,
🖥 www.econolodge.com. Viel billiger geht's
im Zentrum von Downtown nicht. Die meisten
Zimmer sind einfach, aber absolut ausreichend,
die teuersten haben Whirlpools. ➍

Hampton Inn Downtown Louisville, 101 E Jefferson St, ✆ 502/585-2200, 🖥 www.louisvilledown
town.hamptoninn.com. Komfortable Zimmer,
kostenloses Frühstücksbüffet, Hallenbad und
Fitnesscenter. ➎

Campen kann man auf der gegenüberliegenden
Flussseite in Clarksville, Indiana, auf dem
zentralen **KOA**, 900 Marriott Drive, ✆ 812/
282-4474, 🖥 www.koa.com.

Essen

Die Restaurants von Louisville bieten etwas
für jeden Geschmack, allerdings sind die Preise
im Zentrum ziemlich gepfeffert.

Cumberland Brews, 1576 Bardstown Rd,
✆ 502/458-8727. Einladende Kleinbrauerei, die
neben gutem Bier auch ordentliche Häppchen,
Salate und Sandwiches für unter $10 bietet.

Lynn's Paradise Café, 984 Barrett Ave, ✆ 502/
585-5966. Die landesweit bekannte Küchen-
chefin Lynn Winter serviert Hausmacherküche
in einem unkonventionellen, gastfreundlichen
Ambiente.

Mayan Café, 813 E Market St, ✆ 502/566-0651.
Traditionelle Maya-Gerichte für $15–20, z. B.
Kaninchen in Mais-Ingwer-Soße und Lachs an
cremiger mexikanischer Pilzsoße, alles serviert
in einem hellen Speisesaal.

Ramsi's Café on the World, 1293 Bardstown Rd,
✆ 502/451-0700. Das angenehme Café serviert

eine große Auswahl an Gerichten aus aller
Welt. ☉ jeden Abend bis spät. Eine Filiale in
Downtown, 215 S Fifth St, ist Mo–Fr zum
Mittagessen im Cafeteriastil geöffnet.

Unterhaltung

Kentucky Center for the Arts, 501 W Main St,
🖥 www.kentuckycenter.org. Wichtigste
Adresse für anspruchsvollere Kultur.

Actors' Theatre of Louisville, 316 W Main St,
🖥 www.actorstheatre.org, genießt landesweit
einen guten Ruf bezüglich seiner Neuinsze-
nierungen.

Wer sich mehr für feuchtfröhliche Abende und
Livemusik interessiert, findet im Umkreis von
Bardstown Rd und Baxter Ave jede Menge
Bars. Die besten Schwulenclubs befinden sich
am östlichen Rand von Downtown.

Connections, 130 S Floyd St. Das beste Schwulen-
lokal in Louisville. Am Wochenende treffen sich
in den riesigen Clubräumen (mit Gartenterrasse)
mehr als 2000 Leute.

Headliners, 1386 Lexington Rd, 🖥 www.head
linerslouisville.com. Der muntere Club veranstaltet Livekonzerte mit lokalen, nationalen und
sogar internationalen Indie-Bands.

Phoenix Hill Tavern, 644 Baxter Ave, 🖥 www.
phoenixhill.com. Große Bar mit 4 separaten
Räumen; ab und zu treten bekannte Künstler
auf.

Stevie Ray's, 230 E Main St, 🖥 www.stevierays
bluesbar.com. Laute, rockige Bluesbar.

Informationen

Visitor Center, Fourth St, Ecke Jefferson St,
✆ 502/379-6109, 🖥 www.gotolouisville.com.
Das Besucherzentrum offeriert Rabatte
für bestimmte Attraktionen. ☉ Mo–Sa 10–18,
So 12–17 Uhr.

Informationen über aktuelle Veranstaltungen
enthalten die kostenlosen Zeitungen *LEO (Louisville Eccentric Observer)*, 🖥 www.leoweekly.
com, und *Velocity*, 🖥 louisville.metromix.com.

Nahverkehr

In Downtown verkehren **Trolley-Busse**
von TARC, 🖥 www.ridetarc.org: wochentags
7.30–20 oder 22, Sa 7.30–18 Uhr, $0,50,
Juni–Aug kostenlos.

Alle größeren US-Fluggesellschaften fliegen den **Louisville International Airport** an, 5 Meilen südlich der Innenstadt am I-65. Ins Stadtzentrum kommt man mit einem Taxi ($18). **Greyhound** hält fast im Zentrum am 720 W Muhammad Ali Blvd.

Von Louisville nach Süden

Das **zentrale Kentucky**, südlich von Louisville in Richtung Tennessee, eignet sich perfekt für eine kleine Autotour. Seine Reize umfassen Kleinstadtcharme und köstlich gereiften Bourbon in **Bardstown** sowie Abraham Lincolns Geburtshaus bei **Hodgenville**. Die landschaftliche Top-Attraktion ist der enorme **Mammoth Cave National Park**, eines der größten unterirdischen Höhlensysteme der Welt.

Das legendäre **Fort Knox** erstreckt sich umgeben von Sicherheitszäunen, Maschinengewehrtürmen, Wachpatrouillen und riesigen Flutlichtanlagen über rund 400 km² zu beiden Seiten des US-31 W, 30 Meilen südwestlich von Louisville.

Bardstown und Bourbon Country

Vierzig Meilen südlich von Louisville über den US-31 E kommt man in das hübsche Bardstown. Es ist *der* Ort schlechthin, um mehr über Kentuckys **Bourbon-Whiskey** zu erfahren, der angeblich in den frühen Pioniertagen erfunden wurde, als der Baptisten-Pfarrer Elijah Craig Mais zum üblichen Roggen-Gersten-Gemisch gab. Nach dem Bourbon County nahe Lexington benannt, wurde der Whiskey aus Kentucky bald landesweit geschätzt, dank seines klaren, kalkhaltigen Wassers, strenger Gesetze zu Inhaltsstoffen und des Knowhows der kleinen Brennereien. Ironischerweise darf Bourbon in vielen Countys hier nicht verkauft werden, da diese „trocken" sind.

Zur Einstimmung kann man das **Oscar Getz Museum of Whiskey History** in Bardstown besuchen, Spalding Hall, 114 N Fifth St, 🖥 www. whiskeymuseum.com. ◷ Mai–Okt Mo–Fr 10–17, Sa 10–16, So 12–16, Nov–April Di–Sa 10–16, So 12–16 Uhr, Eintritt frei.

Vierzehn Meilen nordwestlich gibt es in **Clermont** den **Jim Beam American Outpost**, 🖥 www.jimbeam.com, mit einem informativen Museum sowie kostenlosen Führungen durch das Wohnhaus der Familie Beam mit anschließender Whiskeyprobe. ◷ Mo–Sa 9–16.30, So 13–16 Uhr, Eintritt frei.

Maker's Mark Distillery, 🖥 www.makers mark.com, 20 Meilen südlich von Bardstown über den Hwy-49 nahe **Loretto**, ist eine fast märchenhafte Ansammlung von wundervoll restaurierten schwarz-rot-grauen Holzhäusern, in denen Whiskey noch von Hand hergestellt wird. ◷ Mo–Sa 10.30–15.30, März–Dez auch So 13.30–15.30 Uhr, Eintritt frei.

Abraham Lincolns Geburtshaus

Am 12. Februar 1809 wurde **Abraham Lincoln** in einer Blockhütte in der Wildnis geboren, als Sohn des Farmers Thomas Lincoln und seiner – so heißt es – unehelich geborenen Frau Nancy Lincoln, einer einfachen Frau mit wenig Bildung. Drei Meilen südlich von Hodgenville, am US-31 E, steht im **National Historic Site**, 🖥 www. nps.gov/abli, ein monumentales klassizistisches Denkmal, in dessen Innern eine symbolische Blockhütte als Lincolns Geburtshaus aufgestellt wurde. Zum Denkmal führen 56 Stufen hinauf, eine für jedes Lebensjahr Lincolns. ◷ im Sommer tgl. 8–18.45, sonst 8–16.45 Uhr, Eintritt kostenlos. Übernachten kann man hier auch, in einer der drei einfachen Hütten des Nancy Lincoln Inn, ☎ 270/358-3845, ❸.

Die Familie zog 1811 in die Gegend um **Knob Creek**, 10 Meilen nordöstlich, wo Lincolns früheste Erinnerung das Bild von Sklaven ist, die die Straße entlanggetrieben werden. Auch hier kann man einen Nachbau seines Elternhauses besuchen. ◷ April–Okt tgl., wechselnde Zeiten, Eintritt frei.

Mammoth Cave National Park

90 Meilen südlich von Louisville liegt das gigantische Höhlensystem des **Mammoth Cave National Park**. Der erforschte Teil der unterirdischen Gänge, Kammern und Schächte hat eine Länge von über 500 km und im Schnitt werden jährlich 8 km neu entdeckt. Die fantastischen Gesteinsformationen entstanden durch leicht

saures Sickerwasser, das durch Risse im Fels eindrang, den Kalkstein herauslöste und schließlich Tropfsteine bildete: eine unglaubliche Vielfalt an Stalagmiten und Stalagtiten, eine riesige Sinterablagerung, die **Frozen Niagara** genannt wird, und der **Echo River**, 100 m tief unter der Erde, in dem der einzigartige Höhlenblindfisch vorkommt. Funde belegen, dass die Ureinwohner die Höhlen schon vor mehr als 4000 Jahren kannten. Später wurde hier Salpeter abgebaut und 1843 wurde ein Tuberkulose-Sanatorium eingerichtet, weil man annahm, dass die kühle Luft in der Höhle eine heilende Wirkung hätte.

Einige Bereiche der Höhle kann man auf eigene Faust besichtigen, aber viel interessanter ist es, sich einer der von Rangern begleiteten **Führungen** anzuschließen (2–6 Std., $5–48). Karten sind im **Visitor Center** erhältlich, 🖳 www. nps.gov/maca. ⏲ Mitte April–Nov tgl. 8–18.15, Dez–Mitte April 9–17 Uhr. Vor allem im Sommer sollte man Tickets besser reservieren unter 🖳 www.recreation.gov – und daran denken, dass in der Höhle konstante 12 °C herrschen.

Die Sehenswürdigkeiten des Parks liegen nicht alle unter der Erde. Die malerische Flusslandschaft des **Green River** mit hügeligen Wäldern und schroffen Kalksteinfelsen kann man auf Wanderwegen oder mit dem **Kanu** erkunden, zu mieten bei Green River Canoeing, ✆ 270/597-2031. **Zelten** im Hinterland ist umsonst, das Visitor Center vergibt die nötigen Permits. Das einfache **Mammoth Cave Hotel**, ✆ 270/758-2225, 🖳 www.mammothcavehotel.com, vermietet Cottages und Motelzimmer ❷.

Überall gibt es auch Höhlen in Privatbesitz, die man aber getrost ignorieren kann – wie auch die diversen Vergnügungsparks im nahen Cave City und Park City.

Tennessee

Tennessee, ein flaches Rechteck, das von Norden nach Süden nur 100 Meilen misst, erstreckt sich über 450 Meilen vom Mississippi bis zu den Appalachen. Das sumpfige westliche Drittel des Staates bedeckt ein niedriges Plateau, das sich

zum Mississippi hinunterzieht. Nur ganz im Südwesten sind die Felsen am Ufer hoch genug, um größere Siedlungen am Fluss zu ermöglichen, wie etwa die lebendige Hafenstadt **Memphis**, die Geburtsstätte des städtischen Blues und langjähriges Zuhause von Elvis Presley.

Im mittleren Tennessee zeigen Plantagenhäuser und langweilige, saubere Städte die angenehmen Seiten des Pionierdaseins. Genau im Zentrum liegt **Nashville**, noch immer das Mekka der Country-Musik. Der gebirgige Osten teilt sich seine größte Attraktion mit North Carolina – den **Great Smoky Mountains National Park**.

Die ersten weißen Siedler, zumeist britische Protestanten, kamen in den 70er-Jahren des 18. Jhs. über die Berge, um sich in den Appalachen niederzulassen. Anfangs lebten sie in friedlicher Nachbarschaft mit den Cherokee, aber die steigende Nachfrage der Weißen nach Land führte 1838 zur Vertreibung der Indianer auf den *Trail of Tears*. Als der Bürgerkrieg ausbrach, wurde Tennessee von den Plantagenbesitzern aus dem Westen gegen den Widerstand der Farmer im Süden, die keine Sklaven hielten, in die Reihen der Konföderierten manövriert. Tennessee war der letzte Bundesstaat, der sich abspaltete, und das größte Schlachtfeld des Krieges im Westen.

Trotz des beachtlichen Wirtschaftswachstums führten Bodenerosion und die Mechanisierung der Landwirtschaft in den Jahren vor dem Ersten Weltkrieg zu einer Massenflucht in die Städte. Die fundamentalistischen Glaubenssätze dieser verpflanzten Bergbewohner, deren Volks- und Geigenmusik die Country-Szene von Nashville speiste, hatten einen starken Einfluss auf die Prohibitionsbewegung, sodass Tennessee bis 1939 „knochentrocken" war, und auch heute gibt es hier noch viele „trockene" Countys, in denen kein Alkohol verkauft werden darf.

Der New Deal der 30er-Jahre brachte beachtliche Fortschritte. Die 1933 gegründete Tennessee Valley Authority (TVA), heute ein großer regionaler Stromproduzent, dämmte den ständig über die Ufer tretenden Tennessee River ein, schaffte dadurch dringend benötigte Arbeitsplätze und erzeugte billigen Strom. So erfolgte der Übergang von der Agrar- zur Industriegesellschaft.

Memphis

Memphis an den Ufern des Mississippi ist vielleicht das spannendste Reiseziel im gesamten Süden, besonders für Musikfreunde. Die Besucher strömen hierher, um der Stadt zu huldigen, die der Welt den Blues, Soul und Rock 'n' Roll schenkte, und um sich in der „Grillmetropole der Nation" den Bauch vollzuschlagen. Mit seinen verblassten Straßen im Zentrum mit ihren altmodischen Geschäften und Dinern und dem allabendlichen Sonnenuntergang über dem breiten Mississippi verströmt Memphis eine ganz besondere melancholische Atmosphäre, ist aber gleichzeitig sehr lebendig dank einiger toller Museen und fabelhafter Restaurants. Selbst wer die Stadt nur wegen **Elvis** besucht, wird nicht enttäuscht sein, auch wenn der „King" nur einen kleinen Teil des reichhaltigen musikalischen Erbes in der Heimat von Sun Studio und Stax Records repräsentiert.

Das Schicksal der 1819 gegründeten Stadt bestimmte die Baumwolle. Vor dem Bürgerkrieg war Memphis eine wichtige Hafen- und Handelsstadt, bis die Abschaffung der Sklaverei sie ins wirtschaftliche Chaos stürzte. Dank der günstigen Verkehrslage am Mississippi und dem Eisenbahnanschluss erholte sie sich jedoch bald. Zahlreiche schwarze Emigranten – größtenteils Farmer und *sharecroppers* aus dem Delta – blieben auf der Flucht vor der Armut hier hängen. Sie veränderten und prägten das Gesicht der Stadt.

In den 50er- und 60er-Jahren strahlte die lebendige Musikmetropole für eine Stadt ihrer Größe ein erstaunliches Selbstbewusstsein aus. Ihren Tiefpunkt erlebte sie, als **Martin Luther King** hier 1968 erschossen wurde. Noch zwei Jahrzehnte später taumelte Memphis am Rande des Abgrunds, die Downtown erlebte eine weiße Massenflucht. In den 1990er-Jahren steckte die Stadt eine Menge Geld in Tourismusprojekte wie **Mud Island** und die Edelstahlkonstruktion der **Pyramid**. Im neuen Jahrtausend eröffnete in der Innenstadt der gewaltige **Peabody-Place-Komplex** mit Shoppingcenter. Heute sind diese

wohlgemeinten Projekte für die Stadt ein Klotz am Bein, da das Land unter der Rezession leidet und die Touristen weg von der Stadt in die großen Kasinos am Mississippi strömen.

Ein hübsches Baseballstadion, eine große Veranstaltungshalle, das FedEx Forum, und der berühmte Blueskorridor der **Beale Street** verleihen dem Zentrum von Memphis jedoch mehr Leben, als in den meisten anderen Innenstädten im Land herrscht, und das **Rock 'n' Soul Museum**, das **Sun Studio** und das **Stax Museum** verwalten das umfassende musikalische Erbe der Stadt. Und dann ist da natürlich noch **Graceland**, eine warmherzige und geistreiche Huldigung, die ganz persönliche Einblicke ins Leben des berühmtesten Sohns der Stadt bietet.

Beale Street

Die Geschichte der Beale Street begann Mitte des 19. Jhs. als eine der exklusivsten Wohngegenden der Stadt. Doch innerhalb von 50 Jahren wurde der Geldadel durch Gelbfieberepidemien und die Zerstörungen des Bürgerkriegs aus der Gegend vertrieben. Die neuen Bewohner waren eine bunte Mischung aus Schwarzen, Griechen, Juden, Chinesen und Italienern, aber es waren vor allem die **Schwarzen**, die der Straße zu ihrer Berühmtheit verhalfen. In der Zeit der strikten Rassentrennung fungierte Beale als das Geschäftszentrum der Afroamerikaner. Hier wimmelte es in den 20er-Jahren von Varietés, Konzertbühnen, Bars und anderen verrufenen Etablissements, die dazu beitrugen, dass die Straße als Ort der Prostitution, des Spiels, des Voodoo und der Morde berühmt-berüchtigt wurde.

Obwohl es in den 40er-Jahren noch viele Leute in diese Gegend trieb, hatte die Abwanderung in die Vororte und – Ironie des Schicksals – die Einführung der Rassengleichheit das Ende der Straße nahezu besiegelt. In den späten 60er-Jahren rollten Bagger an und ließen nur das prächtige Orpheum Theatre (203 S Main St) und ein paar Läden zwischen der Second und Fourth Street stehen.

Inzwischen hat man die Beale Street zu einem hübschen **historischen Bezirk** umgemodelt, der mit seinen Fassaden und Neonschildern im Retro-Look durchaus authentisch wirkt. Jetzt gibt es wieder Läden, Clubs, Bars und Cafés,

Der Süden

und ein auf dem Bürgersteig markierter Walk of Fame ehrt Musikergrößen wie B. B. King und Howlin' Wolf.

Der **A. Schwab's Dry Goods Store** in Nr. 163 hat bei seiner Eröffnung 1876 wahrscheinlich nicht viel anders ausgesehen als heute. Der Laden ist eine echte Fundgrube, z. B. auch für alle möglichen Voodoo-Utensilien (So geschlossen). Etwas vom Geist des alten Memphis vermittelt auch die Hausnummer 352 weiter östlich, das winzige ehemalige Zuhause von **W. C. Handy**, das von seinem ursprünglichen Standort in Süd-Memphis hierher versetzt wurde. Handy veröffentlichte als Erster Bluesmelodien (auch wenn es sich oft nur dem Namen nach um Blues handelte, s. Kasten S. 501). ⏱ Juni–Aug Di–Sa 10–17, Sep–Mai 11–16 Uhr, Eintritt $3.

Einen Block südlich der Beale Street, auf dem Platz vor dem riesigen FedEx Forum, präsentiert das **Rock 'n' Soul Museum**, 🖥 www. memphisrocknsoul.org, das musikalische Erbe der Stadt nach Art eines Scrapbook-Albums und stellt Zusammenhänge zwischen Migration, Rassismus, Bürgerrechten und Jugendkultur her. Zu besichtigen sind auch zahlreiche Gegenstände wie Bühnenkostüme von Elvis, eine „Lucille"-Gitarre von B. B. King und eine Bibel, die Al Green gehörte. ⏱ tgl. 10–19, letzter Einlass 18.15 Uhr, Eintritt $10.

Das winzige **Center for Southern Folklore**, zwei Blocks nördlich der Beale St, 123 S Main St, 🖥 www.southernfolklore.com, feiert die Kultur des Südens mit einem Café, einem Laden mit Büchern, Volkskunst und CDs und einer Veranstaltungsbühne. ⏱ Mo–Fr 11–17, Sa und So 11–18 Uhr.

National Civil Rights Museum

Den umfassendsten Überblick über die lange und ereignisreiche Geschichte der **Bürgerrechtsbewegung** bietet das National Civil Rights Museum, 450 Mulberry St, einige Blocks südlich der Beale St, 🖥 www.civilrightsmuseum.org. Das Museum wurde um die Grundmauern des früheren Lorraine Motel erbaut, in dem **Martin Luther King** am 4. April 1968 einem Anschlag von James Earl Ray zum Opfer fiel. Zur Zeit der Rassentrennung war das Lorraine einer der wenigen Orte in Memphis, wo sich Schwarze und

Weiße treffen konnten. Der schwarze Sänger Eddie Floyd und der weiße Gitarrist Steve Cropper verfassten hier gemeinsam den Soulklassiker *Knock on Wood*, und Martin Luther King war ein regelmäßiger Gast.

Die Fassade des Motels sieht noch immer so ähnlich aus wie auf den Fotos, die bei Kings Tod gemacht wurden. Im Inneren befindet sich eine Reihe von Galerien, die die Meilensteine in der Geschichte der Bürgerrechtsbewegung aufzeigen. Am bewegendsten sind jedoch **Kings Zimmer** (Room 306), das genauso belassen wurde, wie es am 4. April 1968 aussah, und der Anblick der Stelle, wo er starb. Dem Museum hinzugefügt wurde die Herberge, in der sich James Earl May eingemietet hatte. Hinter Glas liegen das von May an diesem Tag gemietete Zimmer und das kleine Bad, wo der Mörder auf der Lauer lag. Die Familie von Martin Luther King bezweifelt allerdings, dass May auf eigene Initiative gehandelt hatte. Eine detaillierte Darlegung verschiedener Verschwörungstheorien findet man auf Wandtafeln. ⏱ Juni–Aug Mo und Mi–Sa 9–18, So 13–18, Sep–Mai bis 17 Uhr, Eintritt $13.

South Main Arts District

Einen Block westlich des National Civil Rights Museum wurde der heruntergekommenen South Main Street neues Leben eingehaucht. Etwa im Abschnitt zwischen Vance Avenue und St. Paul Avenue erstreckt sich heute der South Main Arts District, ein aufstrebendes Viertel mit Galerien, Läden und Restaurants, neuen Eigentumswohnungen und Lofts.

Ein besonderes Highlight ist der letzte Freitag im Monat. Dann verkehrt der kostenlose „Art Trolley" (18–21 Uhr) auf der Main Street, und die Geschäfte geben kostenlos Snacks und Getränke aus.

Sun Studio

Nur wenige Gehminuten östlich der Beale Street liegt das hippe kleine Sun Studio, 706 Union Ave, 🖥 www.sunstudio.com. Es ist nach Graceland (s. S. 475) der wichtigste Elvis-Schrein in Memphis. Hier tauchte 1953 der scheue, 18-jährige Trucker aus Tupelo mit seiner Gitarre auf und verkündete selbstbewusst: *I don't sound like*

Seit dem Beginn des 20. Jhs. ist Memphis Treffpunkt schwarzer Musiker aus dem Delta und von weiter entfernt. In den 1920er-Jahren erklang in den Kneipen und Clubs an den Straßenecken der Innenstadt der Blues. Eine Besonderheit waren die sogenannten **Jug-Bands**, bei denen ein Musiker mittels eines angeblasenen Kruges *(jug)* die Bassbegleitung für die Sänger lieferte. Mehrere Stücke von Gus Cannon's Jug Stompers – wie etwa *Walk Right In* – wurden während des Folk-Revivals in den 60ern zu Hits weißer Musiker. Bukka White, Memphis Slim und Gitarrist Memphis Minnie spielten in Lokalen wie Mitchell's Hotel und Pee Wee's Saloon, die es heute alle nicht mehr gibt. Nach dem Zweiten Weltkrieg experimentierten junge Musiker und Radio-Diskjockeys wie Bobby Bland und B. B. King mit der Vermischung von traditionellem Blues und Jazz und kreierten durch die Hinzufügung elektrischer Verstärkung den Rhythm 'n' Blues.

1953 gründete der weiße Musikpromoter Sam Phillips Sun Records und beschäftigte Ike Turner als Scout, der in den Clubs der Beale Street nach Talenten suchte. Zu denjenigen, denen er Plattenaufnahmen verschaffte, gehörten seine neue Freundin Annie Mae Bullock (die spätere Tina Turner), Howlin' Wolf und Little Junior Parker, dessen *Mystery Train* die erste bedeutende Platte von Sun war. 1953 mietete der 18-jährige Elvis Presley das Studio für die Aufnahme von *My Happiness*, angeblich als Geschenk für seine Mutter, und irgendetwas verleitete Phillips' Assistentin Marion Keisker dazu, seine Adresse zu archivieren. Im nächs-

ten Sommer holte Phillips Elvis zurück ins Studio, um *That's All Right* aufzunehmen und den ersten Schritt zur Erfüllung seiner eigenen Prophezeiung zu tun: „Wenn ich einen Weißen finden würde, der den Sound und das Gefühl der Schwarzen hat, könnte ich eine Milliarde Dollar machen." Phillips trennte sich recht schnell von seinen schwarzen Sängern und heuerte weiße Rockabilly-Interpreten wie Carl Perkins und Jerry Lee Lewis an, um in der Folge Klassiker wie *Blue Suede Shoes* und *Great Balls of Fire* zu produzieren. Elvis wurde bald für nur 35 000 Dollar an RCA weiterverkauft und nahm erst 1969 wieder in Memphis Musik auf, als er in Chips Momans American Studios das beste Material der Spätphase seiner Karriere aufnahm, darunter *Suspicious Minds*.

In den 60ern und frühen 70ern lieferte Stax Records in Memphis eine bodenständigere Alternative zum poppigeren Motown-Sound. Dieser rauere Soul des Südens wurde von Musikern unterschiedlicher ethnischer Abstammung kreiert; so untermalte Steve Croppers fließende Gitarre den Bläsersound der Memphis Horns. Der erste echte Erfolg des Labels war *Green Onions* von der Studioband Booker T and the MGs; weitere Hits folgten von Otis Redding *(Try A Little Tenderness)*, Wilson Pickett *(Midnight Hour)*, Sam and Dave *(Soul Man)* und Isaac Hayes *(Shaft)*. Das Label zerbrach schließlich im Streit; was das Fass für viele der alten Soulveteranen zum Überlaufen brachte, war, dass der britische Kinderstar Lena Zavaroni für eine Millionensumme unter Vertrag genommen wurde. Zum **Gospel** in Memphis s. S. 478.

nobody. Das Studio Sun Records, das nicht nur mit Elvis, sondern auch mit Musikern wie Jerry Lee Lewis und Carl Perkins den Rock 'n' Roll auf der ganzen Welt bekannt machte, zog 1959 aus, doch die Schallisolierung blieb über die Jahre hinweg intakt, sodass 1987 wieder ein Tonstudio eingerichtet werden konnte und die geheimnisvolle, fast spirituelle Aura des Ortes erhalten blieb.

Die 40-minütigen Führungen beginnen in einem Raum, der den Stuhl von B. B. King und das Abschlusszeugnis von Elvis enthält, und dann gelangt man in das winzige, ziemlich heruntergekommene Studio, wo die Guides Musik auflegen und Anekdoten zum Besten geben. Wer will, kann sich hinter dem Mikrofonständer von Elvis fotografieren lassen. ☉ Führungen stdl. zu jeder halben Stunde 10.30–17.30 Uhr, Eintritt $13.

Der Süden

Stax Museum of American Soul Music

1960 befand sich an einer der berühmtesten Adressen der Stadt, 926 E McLemore Ave, das Capitol Theatre, das Wahrzeichen eines Viertels, in dem damals mehr Schwarze wohnten als Weiße. Das Theater wurde später zum Sitz der Plattenfirma **Stax**, die in den folgenden 15 Jahren 237 Hits von Größen wie Otis Redding, Isaac Hayes, Albert King und den Staples Singers in die Top 100 der US-Hitparade brachte und 15 Nummer-Eins-Hits landete. Damals zählte das Studio zu den ersten Adressen für Funk- und Soulmusik. Zu Beginn des neuen Jahrtausends gab es Stax schon lange nicht mehr, und das Haus in einem nicht so tollen Viertel verfiel zu einer Ruine. Inzwischen wurde der Komplex größer als je zuvor wieder aufgebaut. Nun befindet sich darin neben dem fabelhaften Stax Museum of American Soul Music (auch Soulsville genannt), 🖵 www.staxmuseum.com, auch eine Musikakademie.

Der Besuch beginnt mit einem Video über die Geschichte der Plattenfirma. Anhand spektakulärer Aufnahmen werden sowohl die Erfolge als auch die Spannungen aufgezeigt, die der Status des Labels als so gut wie einzigartiges Joint Enterprise von Schwarzen und Weißen im segregierten Süden mit sich brachte. Nächste Station ist eine Episkopalkirche, die aus Mississippi hierher verfrachtet wurde, wohl um die in der Gospelmusik liegenden Wurzeln des Soul hervorzuheben.

Neben jeder Menge Film- und Tonaufnahmen gehört zu den weiteren Exponaten der goldverzierte blaue Cadillac von Isaac Hayes. Das eigentliche Stax-Studio wurde in Detailarbeit rekonstruiert. Zu besichtigen ist unter anderem das zweispurige Aufnahmegerät, mit dem Otis Redding *Mr. Pitiful* und *Respect* aufzeichnete. ⏰ April–Okt Mo–Sa 10–17, So 13–17 Uhr, Nov–März Mo geschl., Eintritt $12. Eine Karte des Viertels verdeutlicht, wie viele Talente hier lebten: Aretha Franklin wurde in der 406 Lucy Ave geboren, andere bekannte Künstler von hier sind Booker T, David Porter und Memphis Slim.

Der Uferbezirk

The Pyramid, 32 Stockwerke und knapp 100 m hoch, markiert die Nordgrenze von Downtown. Das beeindruckende, 1991 errichtete Bauwerk aus Glas und Stahl ist nur ein Drittel kleiner als die Cheopspyramide in Ägypten und soll Mem-

Stax Records hatte Soulgrößen wie Otis Redding und Isaac Hayes unter Vertrag. Heute ist hier das Stax Museum.

phis' Verbindung mit dem Nildelta symbolisieren. Nach anderthalb Jahrzehnten als Ort großer Ausstellungen und Veranstaltungen wurde es vom FedEx Forum in Downtown in den Schatten gestellt und steht seit 2005 leer. Es bleibt abzuwarten, was die Zukunft für dieses herrlich exzentrische Bauwerk bringt, dessen Symbolkraft und Schönheit unbestritten sind. Das Viertel, der historische **Pinch District**, ist nach den verarmten *(pinched)* irischen Einwanderern benannt, die sich Mitte des 19. Jhs. hier niederließen. Von 1949 bis 1953 lebte der junge Elvis Presley hier in der Nähe, und zwar in einem Apartment in der 185 Winchester Ave (heute Uptown Square). Man kann das Apartment für rund $250 pro Nacht mieten, außer während der Elvis Week im August, ✆ 901/523-8662, 🖥 www.lauderdale courts.com, ◉.

Vom Riverside Drive, der von der Pyramide Richtung Süden verläuft, geht es an der Adams Avenue per Monorail oder über eine Fußgängerbrücke nach **Mud Island**. Hier vermittelt das etwas altmodische anmutende, aber nette **Mississippi River Museum**, 🖥 www.mudisland. com, einen unterhaltsamen Einblick in die Geschichte des Flusses. ◷ Di–So April, Mai, Sep und Okt 10–17, Juni–Aug 10–18 Uhr, Eintritt $10 (inkl. Monorail), nur Monorail $4, der Zugang zum Park ist kostenlos.

Der **River Walk**, der zur Südspitze der Insel führt, ist eine verkleinerte Nachbildung des unteren Mississippi-Abschnitts. Am Ende werden Kanus und Kajaks für eine kleine Tour auf dem nahen „Golf von Mexiko" vermietet. Auf Mud Island finden verschiedene Konzerte und andere Veranstaltungen statt. Im Sommer können Besucher ihren Schlafsack mitbringen, um an regelrechten Camping-Partys teilzunehmen. Für Zelt, Abendessen, Frühstück und Unterhaltung ist gesorgt.

Auf dem „Festland" führt ein Spaziergang durch die am Fluss gelegenen Grünanlagen **Jefferson Davis Park** und **Confederate Park** zum **Tom Lee Park**, Schauplatz größerer Open-Air-Veranstaltungen, darunter das Festival Memphis in May zur Erinnerung an einen schwarzen Schiffer, der 1925 zweiunddreißig Menschen vor einem sinkenden Boot vor dem Ertrinken rettete, obwohl er selbst nicht schwimmen konnte.

Graceland

Als der 22 Jahre alte Elvis Presley im Jahr 1957 für 100 000 Dollar Graceland erstand, galt das Steinhaus Baujahr 1939 als eines der begehrtesten Anwesen der Stadt. Jetzt ist die Gegend längst nicht mehr so vornehm. Die Hauptdurchgangsstraße **Elvis Presley Boulevard** wird von Spirituosen-Discountern, alten Schönheitssalons, Gebrauchtwagenhändlern und überraschend wenigen Elvis-Souvenirshops gesäumt.

Ausgangspunkt der Touren ist **Graceland Plaza** auf der dem Haus gegenüberliegenden Straßenseite. Alle paar Minuten starten voll besetzte Minibusse zum Haus und durchfahren das berühmte, mit Noten und einer Elvis-Silhouette verzierte „Musiktor". Die Fahrzeuge halten nicht an der „Wall of Love", wo Zehntausende von Fans ihre Botschaften hinterlassen haben, aber sie kann nach Abschluss der Tour zu Fuß besichtigt werden.

Dank der Audioführungen, u. a. mit persönlich vorgetragenen Erinnerungen von Priscilla Presley und der Elvis-Tochter Lisa Marie und mitreißenden Gesangseinlagen des King, kann hier jeder so lange herumwandern, wie er mag. Die Zimmer im Obergeschoss sind allerdings für Besucher tabu. Das Innere des Hauses ist ganz im Stil der 70er gehalten, und die Zimmer repräsentieren die persönlichen Leidenschaften von Elvis. Besuchern zugänglich sind z. B. der **Jungle Room** im Hawaii-Stil mit einem Wasserfall und einem grünen Teppich an der Decke, wo Elvis *Moody Blue* und andere Glanzstücke seiner späten Jahre aufnahm, der **Pool Room**, dessen mit stark plissiertem Paisleystoff bezogenen Wände und Decke an eine bislang unbekannte psychedelische Phase denken lassen, und der **TV Room**, der mit Spiegeln und drei Fernsehern ausgestattet wurde, auf denen jetzt Fernsehklassiker aus den 1970er-Jahren und Elvis' Lieblingsfilme laufen.

Im **Trophäenhaus** wandert man an den Platin-, Gold- und Silberschallplatten vorbei, die Elvis gewann, und kann einige der wilderen Bühnenanzüge aus seiner Zeit in Las Vegas und einige faszinierende Zeitungsausschnitte, Fotos und Erinnerungsstücke bewundern. Die Besichtigung endet im **Racquetball-Gebäude**, wo er noch am Morgen seines Todestages spielte.

In der angrenzenden Lounge steht stumm das Klavier, an dem der King seinen letzten Song sang (es soll *Unchained Melody* gewesen sein). Während die Besucher seine glanzvollen, mit Edelsteinen verzierten Mäntel und Vegas-Overalls bestaunen, laufen auf einem riesigen Monitor Filmaufnahmen von einer Darbietung von *American Trilogy* aus den letzten Jahren. Hier ist, vielleicht mehr als irgendwo sonst, die außergewöhnliche Präsenz des Mannes zu spüren, der die Musiklandschaft für immer veränderte. Im **Meditationsgarten** neben dem Swimming Pool liegt Elvis (1935–77) zusammen mit seinen Eltern Gladys und Vernon und seiner Großmutter Minnie Mae begraben.

Die Graceland Plaza hat ein paar lohnenswerte Attraktionen zu bieten. In „Sincerely Elvis" erzählen Ausstellungen zu jedem seiner 31 Filme die traurige Geschichte, wie seine Versuche, ein ernstzunehmender Schauspieler zu werden, von den Studios hintertrieben wurden. Daneben sind seine Privatflugzeuge zu sehen, darunter die *Lisa Marie* mit einem Waschbecken aus 24-karätigem Gold. Das **Elvis Presley Automobile Museum**

Graceland: Besucherinfo

Graceland, 3734 Elvis Presley Blvd, ☎ 901/332-3322 oder 1-800/238-2000, 🖳 www.elvis.com, liegt 10 Meilen vom Zentrum entfernt. Öffnungszeiten von Haus und Graceland Plaza: März–Mai, Sep und Okt Mo–Sa 9–17, So 10–16, Juni–Aug Mo–Sa 9–17, So 9–16, Nov tgl. 10–16 Uhr. Dez–Feb: Haus Mi–Mo 10–16 Uhr, Graceland Plaza tgl. 10–16 Uhr. Der Ticketschalter öffnet 30 Min. vor der ersten Führung. Die letzte Führung beginnt zur Schließzeit des Schalters.

Ein **Kombiticket** zu allen Hauptattraktionen (wofür etwa drei Stunden zu veranschlagen sind) kostet $34, der Eintritt nur fürs Haus $30, Parken $10. Die VIP-Tour für $69 ist die Sache nicht wirklich wert: Sie gewährt lediglich Zugang zu einem zusätzlichen Zimmer mit ein paar persönlichen Gegenständen und verschafft einem das Recht, an den Schlangen vorbeizumarschieren. Eine **Reservierung** wird empfohlen, vor allem im August.

---

zeigt neben einem Harley-Davidson-Golfwagen und einem rosafarbenen Cadillac auch originell geschnittene actiongeladene Autosequenzen aus seinen Filmen. Die vielen **Souvenirgeschäfte** auf der Plaza verkaufen alle möglichen Andenken von Elvis-Zahnbürsten bis zu *blue suede shoes* (blaue Velourslederschuhe).

Graceland Crossing, das kleine Einkaufszentrum nebenan, bietet ebenfalls zwei Elvis-Attraktionen: das kleine, aber faszinierende **Fashion King**, das den unnachahmlichen Modestil des King abdeckt, und **Elvis 68**, das eigentlich nur eine Fortsetzung des Andenkenladens nebenan ist. In der Graceland Plaza gibt es mehrere **Diner**, besser speist man jedoch am Elvis Presley Boulevard: A&R, Nr. 1802, und Payne's, Nr. 1393, sind klassische Grillhütten; Piccadilly, Nr. 3968, ist ein altmodischer Südstaaten-Diner. In Graceland selbst kann man im Chrome Grill in einem Cadillac aus den 1950er-Jahren köstliche Grillgerichte vertilgen.

Midtown und East Memphis

Drei Meilen von der Innenstadt entfernt erstreckt sich an der Poplar Avenue der bewaldete **Overton Park**, zu erreichen mit Bus Nr. 50. Sein Herzstück ist der **Memphis Zoo**, 🖳 memphiszoo.org. Wer von den üblichen Zoobewohnern, wie Gorillas, Orang Utans und Giraffen, nicht sonderlich beeindruckt ist, kann für ein Paar Riesenpandas bewundern. ⊙ tgl. März–Okt 9–18, Nov–Feb 9–17 Uhr, letzter Einlass 1 Std. vor Schließung, Eintritt $15, Parken $5.

Im Overton Park befindet sich außerdem das beeindruckende **Memphis Brooks Museum of Art**, 🖳 www.brooksmuseum.org. Ein Schwerpunkt der Kunstsammlung sind Werke aus dem Mittelalter und der Renaissance. ⊙ Mi und Fr 10–16, Do 10–20, Sa 10–17, So 11–17 Uhr, Eintritt $7.

Etwa eine Meile südlich des Parks drängen sich um die Kreuzung von **Cooper** und **Young Street** eine Handvoll flippiger Restaurants und Klamottenläden sowie der hervorragende Buchladen **Burke's**, 936 S Cooper St, 🖳 www.burkesbooks.com. Das Feeling dieser quicklebendigen, aber entspannten Ecke der Stadt ist ganz anders als in Downtown, aber immer noch typisch Memphis: Hier existiert Blues harmonisch neben Barbecue, Autorenlesung neben Flohmarkt.

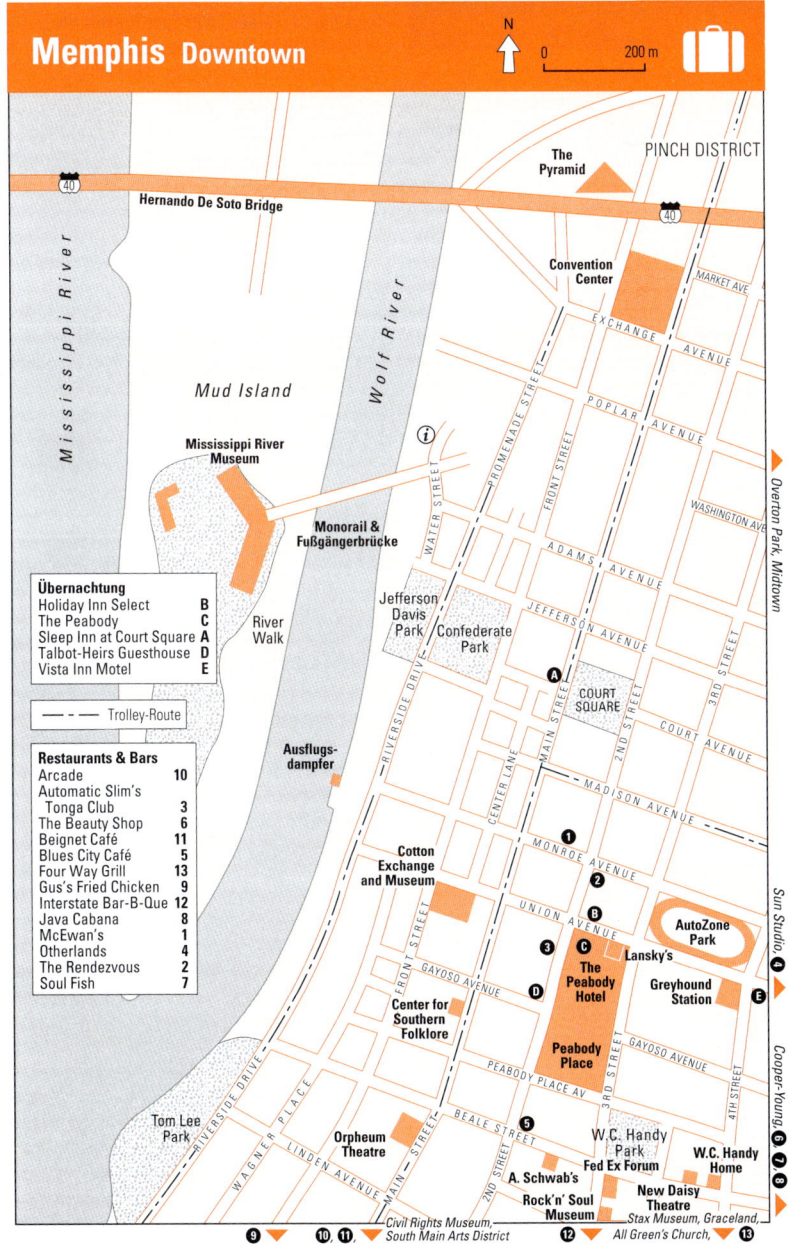

Memphis Downtown

N
0 — 200 m

PINCH DISTRICT

The Pyramid

Hernando De Soto Bridge

Convention Center

MARKET AVE

Mississippi River

Wolf River

Mud Island

Mississippi River Museum

ⓘ

Monorail & Fußgängerbrücke

EXCHANGE AVENUE

PROMENADE STREET

FRONT STREET

POPLAR AVENUE

WASHINGTON AVE

Overton Park, Midtown

Der Süden

WATER STREET

ADAMS AVENUE

Jefferson Davis Park

Confederate Park

JEFFERSON AVENUE

RIVERSIDE DRIVE

River Walk

Übernachtung
Holiday Inn Select	**B**
The Peabody	**C**
Sleep Inn at Court Square	**A**
Talbot-Heirs Guesthouse	**D**
Vista Inn Motel	**E**

– · – Trolley-Route

Restaurants & Bars
Arcade	10
Automatic Slim's Tonga Club	3
The Beauty Shop	6
Beignet Café	11
Blues City Café	5
Four Way Grill	13
Gus's Fried Chicken	9
Interstate Bar-B-Que	12
Java Cabana	8
McEwan's	1
Otherlands	4
The Rendezvous	2
Soul Fish	7

Ausflugs-dampfer

Cotton Exchange and Museum

Center for Southern Folklore

MAIN STREET

2ND STREET

3RD STREET

COURT AVENUE

Ⓐ COURT SQUARE

CENTER LANE

MADISON AVENUE

MONROE AVENUE

❶

❷

Ⓑ

UNION AVENUE

AutoZone Park

Sun Studio

Ⓐ

❸ Ⓒ Lansky's

Ⓓ **The Peabody Hotel**

Greyhound Station

Ⓔ

FRONT STREET

GAYOSO AVENUE

GAYOSO AVENUE

4TH STREET

Cooper-Young

Peabody Place

PEABODY PLACE AV.

Tom Lee Park

RIVERSIDE DRIVE

WAGNER PLACE

MAIN STREET

LINDEN AVENUE

BEALE STREET

Orpheum Theatre

❺

A. Schwab's

Rock 'n' Soul Museum

2ND STREET

3RD STREET

W.C. Handy Park

Fed Ex Forum

New Daisy Theatre

W.C. Handy Home

❾

❼ ❽

▸

❾ ▾

Civil Rights Museum, South Main Arts District

❿, ⓫ ▾

Stax Museum, Graceland, All Green's Church,

⓬ ▾

⓭ ▾

40 (Interstate shields)

Seit den 1930er-Jahren, als der Pastor Herbert Brewster **Mahalia Jacksons** *Move On Up a Little Higher* schrieb, ist Memphis für seine Gospel-Musik bekannt. Der eingefleischte Soulmusiker **Al Green**, der für **Hi Records** mit Stücken wie *Let's Stay Together* und *Tired of Being Alone* Hits landete, predigt seit den frühen 80ern infolge eines religiösen Erweckungserlebnisses in seinem eigenen **Full Gospel Tabernacle**, 787 Hale Rd, im grünen Vorort Whitehaven, ℡ 901/396-9192, ▯ www.algreen.com. Bei den Gottesdiensten sonntags um 11 Uhr sind Besucher willkommen; hinter Graceland eine Meile weiter Richtung Süden fahren, dann nach Westen abbiegen (am besten vorher anrufen und nachfragen, ob Al Green wirklich da ist). Die Gottesdienste sind tatsächlich Messen statt Konzerte, aber Green ist nach wie vor ein charismatischer Entertainer und singt auch, begleitet von einer schmachtenden Soulband. Weiteres über Musik in Memphis s. S. 473.

Ein paar Meilen südöstlich befindet sich in der 3050 Central Avenue die sehenswerte **Pink Palace**, ▯ www.memphismuseums.org, der sich um die Marmorvilla von Clarence Saunders konzentriert, der 1916 Piggly-Wiggly, die erste Selbstbedienungs-Supermarktkette in Amerika, gründete. Saunders ging 1923 Bankrott und lebte niemals hier. Das Gebäude ist heute ein liebenswert altmodisches Museum zur Stadtgeschichte. ◷ Mo–Sa 9–17, So 12–17 Uhr, Eintritt $8,75.

Übernachtung

Downtown, die angenehmste Gegend für eine Übernachtung, bietet eine gute Auswahl an historischen Hotels und besseren Ketten. Billigere Unterkünfte gibt's am Elvis Presley Blvd im Süden, nicht weit von Graceland entfernt. Wer möchte, kann sogar in Elvis' Zimmer schlafen, indem er das Apartment mietet, in dem Elvis als Teenager wohnte. Besonders um den Todestag von Elvis (16. August) und während des Festivals Memphis in May (S. 481) ist eine Reservierung von Vorteil.

Days Inn Graceland, 3839 Elvis Presley Blvd, ℡ 901/346-5500, ▯ www.daysinn.com. Gutes Hotel unweit von Graceland mit Elvis-Erinnerungsstücken und -Musik sowie einem abgefahrenen Pool in Gitarrenform! Kontinentales Frühstück im Preis enthalten. ➌

Elvis Presley's Heartbreak Hotel, 3691 Elvis Presley Blvd, ℡ 901/332-1000, ▯ www.elvis.com. Dieses Boutiquehotel neben Graceland ist die perfekte Wahl für Elvis-Fans: kleiner, herzförmiger Pool, kitschige Elvis-Deko und Erdnussbutter-Sandwiches in der Jungle Room Lounge. Die üppigen Suiten mit Elvis-Thema haben Platz für bis zu 8 Pers. (ab ca. $550 pro Nacht). Frühstück im Preis enthalten, kostenloser Shuttle nach Downtown. ➎

Holiday Inn Select, 160 Union Ave, ℡ 901/525-5491, ▯ www.hisdowntownmemphis.com. Gute Zimmer zu vernünftigen Preisen in unschlagbarer Lage gegenüber der Peabody Mall, mit Außenpool. ➎

The Peabody, 149 Union Ave, ℡ 901/529-4000, ▯ www.peabodymemphis.com. Dieses historische Luxushotel nahe Beale St ist berühmt für seine Maskottchen, fünf Gänse, die jeden Vormittag punkt 11 Uhr aus dem Aufzug watscheln, um den Tag im Brunnen der Lobby zu verbringen. Um 17 Uhr werden sie von einem „Duckmaster" wieder zu ihrem Domizil im Penthouse zurückbegleitet. Die Zimmer bestechen durch Komfort und Eleganz, das fabelhafte Foyer mit einer netten und entspannten Bar ist eine Attraktion für sich. ➑

Sleep Inn at Court Square, 40 N Front St, ℡ 901/522-9700, ▯ www.sleepinn.com. Gehobenes Motel mit gutem Preis-Leistungs-Verhältnis. Blick auf den Fluss und nach hinten raus zur Main St, wo der Trolley verkehrt. Kontinentales Frühstück und WLAN inkl. ➍

Talbot-Heirs Guesthouse, 99 S Second St, ℡ 901/527-9772, ▯ www.talbotheirs.com. Gastfreundliche und komfortable Unterkunft mit viel Charakter in der Nähe der Beale St. Die 8 thematisch unterschiedlich eingerichteten Suiten haben Kochnischen, CD-Player und Internetzugang. Kontinentales Frühstück inkl. ➏

Vista Inn Motel, 265 Union Ave, ℡ 901/527-4305, ▯ www.vistarez.com. Zentral gelegenes

Motel ganz in der Nähe der Beale St mit gepflegten einfachen Zimmern und günstigen Preisen. ❹

Essen

Die Einwohner von Memphis sind stolz auf ihre Küche und halten es für die Welthauptstadt des *pork barbecue*. Echte Enthusiasten reisen zum Festival Memphis in May (S. 481) an, wenn Hunderte von Teams sich beim World Championship Barbecue Contest wahre Grill-schlachten liefern. Auch Freunde des **Soul Food** kommen in der Stadt voll auf ihre Kosten. In **Downtown**, besonders an der Main St, gibt's jede Menge gute Restaurants, und auch einige der Clubs in der Beale St (s. Unterhaltung) servieren Essen. Für etwas Abwechslung empfiehlt sich Cooper-Young in Midtown.

Arcade, 540 S Main St, ☎ 901/526–5757. Dieser berühmte Diner im South Main District ist seit 1919 im Geschäft – sogar Elvis hat hier schon gegessen! Der Laden erscheint unter anderem im Film *Mystery Train* von Jim Jarmusch. Serviert werden Frühstück nach Südstaatenart (riesige Portionen), Pizza und Hausmannskost. ⊙ tgl. 8–15 Uhr.

Automatic Slim's Tonga Club, 83 S Second St, ☎ 901/525-7948. Diese Institution im Herzen von Downtown serviert modernisierte Südstaaten-Gerichte. Das Ambiente ist künstlerisch ange-haucht und auf angenehme Weise hip. Auch gut für ein Glas Wein und einfaches Kneipenessen. ⊙ bis spät.

Beignet Café, 124 G. E. Patterson Ave, ☎ 901/527-1551. Trostessen wie gebratene Makkaroni-Käse-Bällchen und Garnelen mit Maisgrütze sowie Gourmet-Sandwiches mit starkem New-Orleans-Einschlag in gemütlichem Restaurant in South Main. ⊙ Mo geschl., So nur Brunch.

The Beauty Shop, 966 S Cooper St, ☎ 901/272-7111. Die witzige Einrichtung (Trennwände aus Glasbausteinen, zusammengewürfeltes Geschirr, pastellfarbene Haartrocknerstühle) passt perfekt zum abgefahrenen Vintage-Flair von Cooper-Young. Die bunten Fusion-Gerichte sind lecker und einfallsreich. ⊙ mittags und abends, So Brunch.

Blues City Café, 138 Beale St, ☎ 901/526-3637, 🖳 www.bluescitycafe.com. Beliebtes BBQ-Lokal an der Beale St mit Retro-Einrichtung, dem zu erwartenden Angebot an Speisen und authentischer, munterer Atmosphäre. In der benachbarten Bar Band Box gibt's jeden Abend Livemusik. ⊙ tgl. 11–3 Uhr, am Wochenende bis 5 Uhr.

Four Way Grill, 998 Mississippi Blvd, ☎ 901/507-1519. Dieses kleine, makellos saubere Soulfood-Restaurant zählte zu den Lieblings-lokalen von Martin Luther King. Unschlagbar sind die unglaublich günstigen Blue-Plate-Tagesgerichte. In günstiger Lage zum Stax Museum. ⊙ Mo geschlossen.

Interstate Bar-B-Que, 2265 S Third St, ☎ 901/775-2304. Legendäres Barbecue-Restaurant in einem armen Gebiet südlich von Downtown (Ausfahrt 7 vom I-55) auf dem Weg zum Delta. Tipp: süßlich-rauchige Barbecue-Spaghetti. ⊙ So geschlossen.

Java Cabana, 2170 Young Ave, ☎ 901/272-7210. Nettes Szenecafé in Cooper-Young, ab und zu Lyriklesungen und Livemusik, außerdem werden alte Kleidung und Kunst verkauft. ⊙ Mo geschl.

McEwan's, 122 Monroe Ave, ☎ 901/527-7085. Mitten in Downtown, 4 Blocks nördlich der Beale Street. Die Atmosphäre in dem Raum mit Backsteinwänden gleicht einem gemütlichen Kiez-Bistro. Auf der Speisekarte stehen fantasie-volle und leckere Gerichte der modernen Südstaatenküche. Auch die entspannte Bar nebenan ist bei Leuten aus der Gegend sehr beliebt. ⊙ So geschl.

Otherlands, 641 S Cooper Ave, ☎ 901/278-4994. Das abgefahrene Szenecafé in Midtown ist eine gute Adresse für Espresso, Säfte, Frühstück und frische Sandwiches. In den labyrinth-artigen Räumen lümmelt sich ein lockeres Publikum auf alten, zusammengewürfelten Sofas, Lehnstühlen und sogar an Schreibtischen. Kostenloses

WLAN und manchmal Livemusik. ☉ Mo–Sa bis 20 Uhr, So bis 19 Uhr.

The Rendezvous, General Washburn Alley, 52 S Second St, ✆ 901/523-2746. Der touristische Schweinefleischgrill liegt versteckt in einer kleinen Seitenstraße. Das kolossale und immer sehr volle Restaurant ist bekannt für seine „trockenen" Kräuterrippchen.

Soul Fish, 562 S Cooper Ave, ✆ 901/725-0722. Großes, stilvoll-nüchternes Restaurant in Cooper-Young, das mühelos Tradition und Moderne vereint, mit tollen Fisch- und Gemüsegerichten für ein gemischtes, freundliches Publikum.

Unterhaltung

Die besten Bluesclubs liegen außerhalb von Downtown und haben meist nur am Wochenende geöffnet, aber ansonsten hat auch die touristische Beale St einiges zu bieten – besonders das **B. B. King's**, wo der Meister ein- oder zweimal im Jahr selbst auftritt, das sich im Besitz von Morgan Freeman befindliche **Ground Zero** oder das unauffälligere **Rum Boogie Café** (hier kann es am Wochenende allerdings sehr voll werden). Am anderen Ende des Spektrums steht die alternative Musikszene mit ihren Garagenbands, die in winzigen Läden auftreten; am hippsten ist die Szene in Midtown. Interessant ist auch das **Goner Records Festival** für Garagen- und Rockmusik im September, 🖳 www.goner-records.com. Und sonntags ist die Gospelmesse des **Reverend Al Green** (S. 478) ein echtes Erlebnis.

Die beste Quelle für Veranstaltungshinweise ist das kostenlose Wochenblatt *Memphis Flyer*,

🖳 www.memphisflyer.com. Bei **Shangri-La Records** (S. 481), dem Sun Studio, Stax oder dem **Center for Southern Folklore** (S. 472) kann man sich ebenfalls über Veranstaltungen informieren.

The Blue Worm, 1405 Airways Blvd, ✆ 901/327-7947, 🖳 www.freewebs.com/theblueworm. Riesiger alter Livemusikschuppen, in dem am Wochenende alternde Bluesmusiker – nicht versäumen: die Fieldstones – für ein begeistertes einheimisches Publikum spielen.

Buccaneer Lounge, 1368 Monroe Ave, ✆ 901/278-0909. Dieser fertige Laden in Midtown, eine Art wilder Kuriositätenladen mit Piratenthema, zählt zu den besten Clubs der Stadt für lokale Underground-Bands.

Executive Inn, 3222 Airways Blvd, ✆ 901/332-3800. Altmodische Lounge in altbackenem Motel beim Flughafen. Besonders interessant sind die sonntagabendlichen Auftritte des Schlagzeugers und Sängers Big Don Valentine, eines echten Entertainers im Memphis-Stil.

HiTone Café, 1913 Poplar Ave, ✆ 901/278-8663, 🖳 www.hitonememphis.com. Der Midtown Club bietet eine bunte Mischung aus Garage Bands, Indie-Rock bis hin zu Elvis-Darstellern. Reinschauen lohnt sich.

Hollywood Disco, 115 Vance Ave, ✆ 901/528-9313, 🖳 www.hollywooddisco.com. Auf jeden Fall eine Disko und kein Club: altmodischer Laden in Downtown mit von unten beleuchteter Tanzfläche, Trockeneis, Diskokugeln, großen Bieren und kostenlosem Limoservice – eine echte Institution in Memphis, wo die unterschiedlichsten Leute zu den funkigsten Tönen die Sau rauslassen.

New Daisy Theater, 330 Beale St, ✆ 901/525-8981, 🖳 www.newdaisy.com. In dem restaurierten Kino am Ostende der Beale St trifft sich eine junge Tattoo- und Piercing-Szene zu Punk-, Metal- und Rockkonzerten.

Wild Bill's, 1580 Vollintine Ave, ✆ 901/726-5473. In dieser Kneipe 3 Meilen nordöstlich von Downtown sind Besucher willkommen, sich an den langen Tischen zu den Einheimischen zu gesellen und dem Liveblues und -soul zu lauschen (Fr und Sa, Eintritt $10).

Young Avenue Deli, 2118 Young Ave, ✆ 901/278-0034, 🖳 www.youngavenuedeli.com.

Dieser beliebte Club mit dem irreführenden Namen in Cooper-Young veranstaltet Konzerte mit lokalen und landesweit bekannten Bands (Blues, Folk, Punk, Indie und mehr).

Sonstiges

Festivals

Die quicklebendige Konzertszene von Memphis lernt man am besten bei einem der zahlreichen Festivals kennen, etwa beim **Memphis in May**, 🖳 www.memphisinmay.org, wo prominente Musiker mit Grillwettbewerben um die Aufmerksamkeit der Besucher wetteifern, bei der **Elvis Tribute Week**, 🖳 www.elvisweek.com, im August, oder beim kostenlosen **Memphis Music and Heritage Festival**, das am Labor-Day-Wochenende in Downtown stattfindet.

Informationen

Tennessee Welcome Center, 119 N Riverside St, Ecke Adams Ave, Downtown, ℡ 901/543-5333, 🖳 www.memphistravel.com, ⏲ tgl. 24 Std.
Visitor Center, 3205 Elvis Presley Blvd, auf dem Weg nach Graceland.
Informationen über die neuesten Entwicklungen in der Musikszene von Memphis und über eher schrägere Attraktionen gibt es im wunderbaren Laden **Shangri-La Records**, einer echten Fundgrube für Musik aus der Stadt, in Midtown, 1916 Madison Ave, 🖳 www.shangri.com. Hier bekommt man auch den regelmäßig aktualisierten Führer *Kreature Komforts* ($5).

Touren

Fahrten mit der **Pferdekutsche** durch Downtown kosten im Schnitt etwa $50 pro halbe Stunde.
Sternwheelers, ℡ 901/527-2628, 🖳 www.memphisriverboats.net. Entspannt lässt sich Memphis während einer 90-minütigen Schiffsrundfahrt über den mächtigen Mississippi erleben. Abfahrt vom Ende der Monroe Ave, März–Okt tgl. 14.30, Mai–Aug Sa und So auch 16.30, Nov–März Sa und So 14.30 Uhr, Ticket $22.

Nahverkehr

Die **Memphis Area Transit Authority** (MATA), 🖳 www.matatransit.com, betreibt in der Main St und am Riverside Drive einen Trolley-Service, der die Beale St, das Civil Rights Museum und den South Main Arts District miteinander verbindet. Die **Tickets** kosten $1, Tageskarte $3,50, Dreitageskarte $8, in der Bahn erhältlich.
Das Sun Studio betreibt tgl. (10–18.30 Uhr, stdl.) einen **kostenlosen Shuttle** zwischen Graceland, dem Studio und dem Rock 'n' Soul Museum, 🖳 www.sunstudio.com. Wer mitfahren möchte, muss sich auch einer Führung durch das Sun Studio anschließen (S. 472), was aber wirklich kein Opfer ist.

Transport

Memphis liegt am I-40, der in Ost-West-Richtung verläuft, und am I-55, der aus Süden kommt. Beide treffen auf den I-240, der sich als Ring um die Stadt zieht und den Mississippi überquert.
Der **Memphis International Airport** liegt 12 Meilen südlich der Innenstadt. Mit dem Taxi dauert die Fahrt nach Downtown nur 15 Min. und kostet $30.
Greyhound-Busse halten an der 203 Union Ave im Zentrum. Der Amtrak-**Bahnhof** befindet sich in der 545 S Main St, am Südrand der Innenstadt.

 **HIGHLIGHT**

Nashville

Nashville am Cumberland River, eingebettet in das Hügel- und Ackerland von Zentral-Tennessee, zieht jährlich Millionen Besucher an. Ein Großteil davon kommt wegen der **Country-Musik** in die großflächige Stadt. Das abwechslungsreiche Angebot umfasst neben Großveranstaltungen in der Country Music Hall of Fame und der Grand Ole Opry auch viele kleinere Clubs, die sich über das ganze Stadtgebiet verteilten.

Hinter der glitzernden Showbiz-Fassade verbirgt sich eine konservative Stadt mit einer hart arbeitenden Bevölkerung, die für Besucher weniger leicht zu erschließen ist als die anderen großen Musikstädte Memphis und New Orleans. Seit der Gründung von **Fort Nashbo-**

rough im Jahr 1779 war Nashville die wichtigste Siedlung in Zentral-Tennessee. 1843 avancierte es zur Hauptstadt des Bundesstaates, und heute ist Nashville ein bedeutendes **Finanz- und Versicherungszentrum** und zugleich zutiefst religiös: In keiner anderen Stadt der USA gibt es pro Kopf vergleichbar viele Kirchen. Das rapide Wachstum seit dem Zweiten Weltkrieg verwandelte Nashville in eine wuchernde Metropole, deren Vorstädte durch hügelige Straßen (*pikes* genannt) mit dem Zentrum verbunden sind. Zwar gibt es auch einige hippe kleine Viertel, die einer Erkundung harren, jedoch stürzen sich die meisten Besucher direkt in die schrille Country-Musik-Szene von „Nash-Vegas".

Neben den typischen stattlichen Gebäuden einer Hauptstadt wie dem Capitol befindet sich im Zentrum die wichtigste Sehenswürdigkeit der Stadt: die **Country Music Hall of Fame**. Die **Music Row** in der Demonbreun Street, 1 Meile südwestlich von Downtown, ist der Mittelpunkt von Nashvilles Musikindustrie und Sitz bekannter Firmen wie Warner Bros., Mercury und Sony; für Touristen gibt es hier aber nur wenig zu sehen. Das **West End** ist ein angesagtes Viertel voller Studenten, aufstrebender Musiker und

Nashville Country

Es wird gemeinhin angenommen, dass **Country-Musik** aus einer Verschmelzung von britischer und irischer Volksmusik, die die ersten weißen Siedler nach Tennessee mitbrachten, mit anderen ethnischen Musikstilen entstand, darunter die Spirituals und Gospelhymnen der afroamerikanischen Sklaven und deren Nachkommen. Seine gegenwärtige Form fand die Country-Musik in den 1920er-Jahren, als Tausende Armutsflüchtlinge nach **Nashville** strömten. Als dann Radios und Plattenspieler immer stärkere Verbreitung fanden, begann der Boom der **Schallplattenindustrie**, und Nashville wurde zum Anlaufpunkt für die Musiker des mittleren Südens.

Am 5. Oktober 1925 nahm der örtliche Rundfunksender **WSM** – „We Shield Millions" (Wir schützen Millionen), der Werbeslogan des Sponsors, einer Versicherung – den Sendebetrieb auf und etablierte sich bald zum Wegbereiter des Country-Sounds. Zwei Jahre später verkündete der Ansager George D. Hay zu Beginn seiner Sendung *Barn Dance*: „In den letzten Stunden haben wir vorwiegend Musik der Grand Opera gehört, aber von nun an präsentieren wir **The Grand Ole Opry**." Dieser Slangausdruck wurde zum Namen der ältesten bestehenden Radiosendung Amerikas, die auch heute noch zwei bis dreimal pro Woche auf WSM-AM (650 kHz) läuft und Millionen von Zuhörern findet. Die Sendung entwuchs den WSM-Studios und zog 1943 in ein ehemaliges Gotteshaus um, das **Ryman Auditorium**. Sie entwickelte sich zu einer Art Bewährungsstelle für Talente: Aufstrebende Musiker hatten es nur dann geschafft, wenn sie auch bei der Opry bestanden hatten. Unter den Tausenden von hoffnungsfrohen Talenten, die in der Show auftreten wollten, war auch Elvis Presley, dem ein Angestellter der Opry 1954 riet, beim Lkw-Fahren zu bleiben. Beim ersten Auftritt von **Hank Williams** 1949 heimste dieser vorher nie dagewesene sechs Zugaben ein. Auf seinen Alkohol- und Drogentod vier Jahre später reagierte das Opry-Publikum, indem es als *I Saw the Light* anstimmte.

In der Wohlstandsphase nach dem Zweiten Weltkrieg erlebte die Country-Musik ihren ersten kommerziellen Boom. Aufnahmestudios, Musikverlage und Künstleragenturen schossen in Nashville wie Pilze aus dem Boden, und die großen Plattenfirmen erkannten, dass ein großer Teil der (weißen) Schallplattenkäufer nach etwas weniger Kantigem verlangten als Rockabilly. So entstand der seichtere **Nashville Sound**, mit Vorreitern wie Patsy Cline und Jim Reeves, dann fortgeführt von Musikerinnen und Musikern wie Barbara Mandrell und Kenny Rogers und schließlich noch weiter entnäselt von Shania Twain und Garth Brooks. Heute überlebt der Sound dank erfolgreicher Künstler wie Taylor Swift, Carrie Underwood und Lady Antebellum, die Millionen von CDs verkaufen. Der Nashville Sound ist das adrette Gesicht der Country-Musik, selbst wenn das Genre an sich nie seine derbere Seite vollends eingebüßt hat.

Yuppies mit einigen Touristenattraktionen. Auf der anderen Seiten des Flusses wird Nashville dann hipper, nämlich im nobler werdenden **East Nashville**, einem eher links ausgerichteten Viertel mit jungen Musikern und Familien, wo sich schräge Galerien mit Läden für alte Klamotten und angesagten Restaurants abwechseln.

Etwa 9 Meilen nordöstlich der Downtown versammeln sich weitere Sehenswürdigkeiten am **Music Valley Drive**, darunter die **Grand Ole Opry** – die noch immer ihre berühmte Livesendung ausstrahlt –, und viele weitere Attraktionen, die in irgendeiner Weise mit Country-Musik zu tun haben, dazu das gigantische Hotelresort **Opryland**.

Country Music Hall of Fame

Die Hauptsehenswürdigkeit von Nashville ist zweifellos die tolle Country Music Hall of Fame in der 222 5th Ave S, 🖳 www.countrymusichalloffame.org. Anhand von zahllosen Erinnerungsstücken zahlreicher Stars wie Bühnenkleidung, Gitarren und abgewetzten Lederstiefeln sowie dem goldenen Cadillac von Elvis, dazu Videoaufnahmen, Fotos und natürlich jeder Menge Musik, erhält man einen exzellenten Einblick in die Entwicklung des Genres von seinen Wurzeln bis heute. Oft geben aktuelle Musiker und Songwriter Konzerte und Workshops. ◷ tgl. 9–17 Uhr, Jan und Feb Di geschl., Eintritt $19,99, mit Eintritt zum Studio B $29,99.

Die Hall of Fame veranstaltet auch kurze **Bustouren** (10.30–14.30 Uhr) zum legendären **Studio B** von RCA an der Music Row, übrigens die einzige Besichtigungsmöglichkeit. Zwischen 1957 und 1977 wurden hier 40 Goldplatten geprägt, etwa Dolly Partons *Jolene,* zu Berühmtheit aber gelangte das Studio wegen der Elvis-Hits, die im Laufe von 13 Jahren hier aufgenommen wurden. Das restaurierte und mit neuer Technik ausgestattete Studio ist nun wieder in Betrieb, aber der Spaziergang durch die kahlen Räume wird wohl nur den fanatischsten Fans das Geld und den Zeitaufwand wert sein.

Downtown

Die am Cumberland River gelegene Downtown von Nashville unterscheidet sich nicht von anderen Stadtzentren, aber der sogenannte „District"

entlang dem **Broadway** zwischen 2nd und 5th Avenue ist mit seinen Kneipen, Bars, Restaurants und Souvenirläden reinstes Country-Musik-Territorium. Im knapp 130 Jahre alten **Hatch Show Print**, 316 Broadway, 🖳 www.hatchshowprint.com, werden Drucke und Poster mit Motiven aus der Anfangszeit des Rock 'n' Roll und der Country-Musik verkauft. ◷ Mo–Fr 9–17, Sa 10–17 Uhr. Gegenüber befindet sich eine weitere Institution: der **Ernest Tubb Record Shop**, 🖳 www.etrecordshop.com. Hier gibt es seit mehr als 60 Jahren alte Vinylplatten, Country- und Bluegrass-Raritäten, als Deko dienen Kostüme aus der Grand Ole Opry.

Das kirchenähnliche **Ryman Auditorium**, 116 5th Ave, 🖳 www.ryman.com, war die ursprüngliche Heimat der Grand Ole Opry. Das durch die Buntglasfenster einfallende Licht illuminiert die hölzernen Kirchenbänke, und kleine Ausstellungen beleuchten die Geschichte des Country. Das Gebäude bildet außerdem weiterhin einen tollen Rahmen für Konzerte und Musicalaufführungen. ◷ tgl. 9–16 Uhr, Eintritt $13.

Die Downtown besitzt auch ein paar Attraktionen, die nichts mit Musik zu tun haben. In einem wunderschönen Art-déco-Gebäude ist das **Frist Center for the Visual Arts**, 919 Broadway, 🖳 www.fristcenter.org, untergebracht, das alles Mögliche von Skulpturen und Fotografie bis zu antiker Kunst zeigt. ◷ Mo–Mi und Sa 10–17.30, Do und Fr 10–21, So 13–17.30 Uhr, Eintritt $8,50.

Der **Riverfront Park**, am anderen Ende des Broadway, fällt zum Cumberland River hin ab. Gleich nördlich davon erhebt sich ein Nachbau des hölzernen **Fort Nashborough**, das an die Gründung der Stadt im Jahr 1779 erinnert. Das einige Blocks nördlich gelegene **Tennessee State Museum**, 505 Deaderick St, 🖳 www.tnmuseum.org, zeigt unter anderem eine Ausstellung über den Bürgerkrieg, die die Entbehrungen hervorhebt, denen die Soldaten auf beiden Seiten ausgesetzt waren. Allein in der Schlacht von Shiloh verloren 23 000 von 77 000 Männern ihr Leben. ◷ Di–Sa 10–17, So 13–17 Uhr, Eintritt frei.

West End und Fisk University

1897 feierte Tennessee im **Centennial Park**, West End Ave, Ecke 25th Ave, 2 Meilen südwestlich von Downtown, seine Jahrhundertausstellung. Mit der Errichtung eines **Parthenon**-Nachbaus aus Holz und Stuck zollte Nashville seinem Beinamen „Athen des Südens" Tribut. Das Gebäude war so beliebt, dass es 1931 durch einen dauerhafteren Bau ersetzt wurde, in dem heute ein kleines **Museum** für amerikanische Kunst des 19. Jhs. untergebracht ist. Die obere Halle wird dominiert von einer vergoldeten, 14 m hohen Nachbildung einer Athene-Statue des Bildhauers Phidias – angeblich die größte in einem Gebäude aufgestellte Statue der westlichen Hemisphäre. ⊙ Di–Sa 9–16.30, Juni–Aug auch So 12.30–16.30 Uhr, Eintritt $6.

Östlich vom Centennial Park, auf der anderen Seite der West End Avenue, grenzt der Campus der **Vanderbilt University** an das bunte **Hillsboro Village**, das durch die 21st Avenue South zerschnitten wird und in dem es jede Menge Cafés, Restaurants und Antiquitätenläden gibt.

Die zwischen Downtown und dem West End gelegene **Fisk University** ist eines der ältesten schwarzen Colleges des Landes. Auf dem Campus liegt die ausgezeichnete **Van Vechten Gallery**, Jackson St, Ecke 18th Ave N, die u. a. Werke von Picasso, Cézanne und Georgia O'Keeffe zeigt. ⊙ Di–Sa 10–17 Uhr, Spende erwünscht.

Übernachtung

Nashville verfügt auf dem ganzen Stadtgebiet über zahlreiche Hotels bekannter Ketten.Die preiswertesten Motels liegen an den Interstates und am Briley Parkway im Music Valley. Während des CMA Music Festival im Juni schnellen die Preise nach oben. Die Hotelsteuer liegt in Nashville bei über 14 %.

Best Western Downtown/Convention Center, 711 Union St, ✆ 615/242-4311 oder 1-800/627-3297, ⌨ bestwestern.com/downtown

Heimisch fühlen in Nashville

The Big Bungalow, 618 Fatherland St, ✆ 615/256-8375, ⌨ www.thebigbungalow.com. Freundliches 3-Zimmer-B&B im Herzen des etwas flippigen East Nashville. Die Inhaberin bietet ihre Dienste als ausgebildete Massagetherapeutin an und lässt gelegentlich echte Nashville-Musiker jammen. ❹

conventioncenter. Einigermaßen preiswertes Motel nördlich von Downtown. Kontinentales Frühstück inklusive. ❹

GuestHouse International Inn & Suites Music Valley, 2420 Music Valley Drive, ✆ 615/885-4030, ⌨ www.guesthouseintl.com. Saubere, komfortable Unterkunft mit gutem Preis-Leistungs-Verhältnis nahe Grand Ole Opry. Kontinentales Frühstück im Preis enthalten. ❸

Holiday Inn Express, 920 Broadway, ✆ 615/244-0150, ⌨ www.holidayinnexpress.com. Gutes Hotel in Downtown mit Pool und kostenlosem Frühstücksbuffet. ❺

Hutton Hotel, 1808 West End Ave, ✆ 615/340-93333, ⌨ www.huttonhotel.com. Hippes unabhängiges Hotel in guter Lage zu den Restaurants und Bars des West End. ❻

Essen

Obwohl man in Downtown auch viele einfache und gemütliche Lokale findet, die Südstaatenküche servieren, gibt es im „District" selbst nur wenige gute Esslokale. Zum Restaurantviertel entwickelt sich dagegen langsam **East Nashville**; originelle, günstige Cafés finden sich vor allem im studentischen **Hillsboro Village** und an der Straße **Elliston Place** im **West End**. Auch in vielen der Musiklokale bekommt man etwas zu essen.

Arnold's, 605 8th Ave S, ✆ 615/256-4455. Klassische Südstaatenkantine südlich von Downtown. Leckeres *meat-and-three* (Fleisch, drei Gemüsesorten und Maisbrot). Die köstlichen Gerichte kosten um die $7. Sehr beliebt, also früh erscheinen. ⊙ Mo–Fr mittags.

Café Coco, 210 Louise Ave, West End, ✆ 615/321-2620. Uriges, heruntergekommenes altes Verbindungshaus beim Elliston Place mit schattigem Garten und jeder Menge Ecken, wo das gemischte, lockere Publikum Salate, Panini, Pasta und Desserts genießt. Frühstück gibt's den ganzen Tag, außerdem Happy Hours für Kaffee, auch alkoholische Getränke und an den meisten Abenden Livemusik. Kostenloses WLAN. ⊙ 24 Std.

Elliston Soda Shop, 2111 Elliston Place, West End, ✆ 615/327-1090. Die alte *soda fountain* mit Kunstlederbänken, Sitzplätzen an der Theke und Jukeboxen auf den Tischen sieht nicht nur

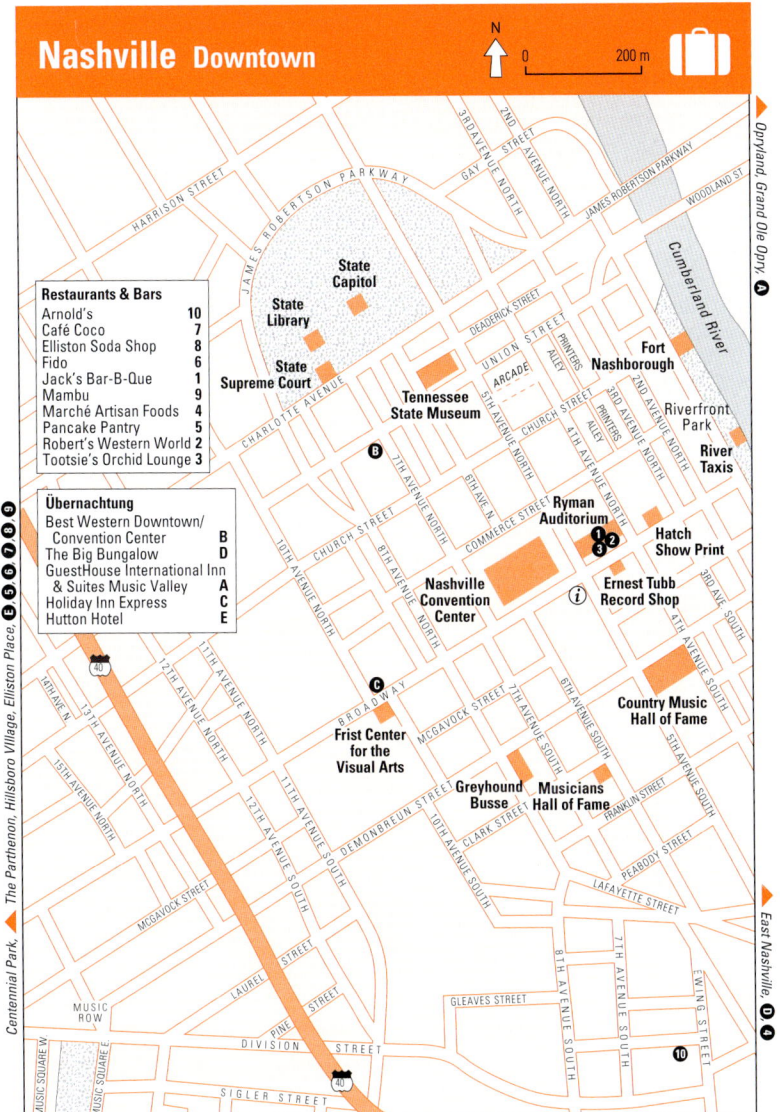

Nashville Downtown

N

0 — 200 m

Restaurants & Bars
Arnold's 10
Café Coco 7
Elliston Soda Shop 8
Fido 6
Jack's Bar-B-Que 1
Mambu 9
Marché Artisan Foods 4
Pancake Pantry 5
Robert's Western World 2
Tootsie's Orchid Lounge 3

Übernachtung
Best Western Downtown/
Convention Center B
The Big Bungalow D
GuestHouse International Inn
& Suites Music Valley A
Holiday Inn Express C
Hutton Hotel E

State Capitol
State Library
State Supreme Court
Tennessee State Museum
Fort Nashborough
Riverfront Park
River Taxis
Ryman Auditorium
Hatch Show Print
Nashville Convention Center
Ernest Tubb Record Shop
Frist Center for the Visual Arts
Country Music Hall of Fame
Greyhound Busse
Musicians Hall of Fame
Music Row

Centennial Park, ◀ *The Parthenon, Hillsboro Village, Elliston Place,*

Opryland, Grand Ole Opry, ▶

Der Süden

East Nashville, ▶

toll aus, sondern serviert auch köstliches Retro-
Essen wie reichhaltiges Südstaaten-Frühstück,
meat-and-three und hausgemachten Bananen-
kuchen. ⏱ Mo–Sa 7–15 Uhr.

Jack's Bar-B-Que, 416 Broadway St, ✆ 615/
254-5715, 🖥 www.jacksbarbque.com. In dem
Laden gleich gegenüber von Ernest Tubb's
Record Shop türmen freundliche Bedienungen

Marché Artisan Foods, 1000 Main St, East Nashville, ☎ 615/262-1111. Untadelig frische europäische Küche in modernen, luftigen Räumlichkeiten. Hausgemachte Brioches und Croissants laden zum leckeren Brunch. Außerdem gibt es hier traditionell hergestellte Fleischspezialitäten, verschiedene Käsesorten und Antipasti zum Mitnehmen. ⏱ Mo–Fr ganztägig, Sa und So nur Brunch. Dieselben Leute betreiben um die Ecke das noblere, gleichermaßen wunderbare Bistro Margot, 1017 Woodland St, ☎ 615/227-4668; ⏱ Di–Sa abends, So Brunch.

saftige Schweineschulter und Rippchen sowie Berge von Makkaroni-Käse-Auflauf auf die Styroporteller.

Loveless Café, 8400 Hwy-100, 20 Meilen südlich der Stadt, ☎ 615/646-9700. Dieses alte Rasthaus ist für seine Country-Küche bekannt. Das Brathähnchen ist klasse, und auch das Frühstück ist toll, mit stattlichen Schinkenscheiben samt Soße, Eiern, Toast und flauschigen Brötchen. Reservierung empfohlen.

Mambu, 1806 Hayes St, West End, ☎ 615/329-1293. Eine unerwartete kleine Oase in dieser Gegend voller noblerer Hotels, mit einer wechselnden Karte moderner amerikanischer und von der Mittelmeerküche beeinflusster Gerichte. Hübsches altes Haus mit Lichterketten und Retro-Nippes, locker, freundlich und entspannt. ⏱ nur abends.

Pancake Pantry, 1796 21st Ave, ☎ 615/383-9333. Dieses alteingesessene Café in Hillsboro Village ist angesagt zum Frühstück mit mehr als 20 Pancake-Varianten. Am Wochenende warten die Fans geduldig auf einen Tisch.

Live-Country kann man in Nashville auf zwei Arten erleben: Entweder man besucht eine der Kneipen im „District", oder man kauft ein Ticket für eine Show der **Grand Ole Opry**, 🖳 www.opry. com, mit einer Mischung von Stars und Neulingen (Do–Sa, manchmal auch Di). Bei einem etwas längeren Aufenthalt ist es sinnvoll, sich

in Lokalen wie dem Bluebird Café oder dem Station Inn neuere Talente oder progressivere Shows anzusehen. Außerdem lohnt es sich, ein Auge auf spezielle Veranstaltungen im **Ryman Auditorium** (S. 483) zu werfen, etwa Bluegrass-Konzerte. Im West End gibt es am studentisch geprägten kleinen **Elliston Place** vergleichsweise zahlreiche Ausgehmöglichkeiten, während **East Nashville** mit seinen vielen Musikern langsam eine starke eigene Szene ausbildet. Die zwielichtige Gegend **Printers Alley** nördlich vom Broadway mit ihren heruntergekommen Clubs und verlassenen Geschäften ist besser zu meiden. Veranstaltungshinweise sind der jede Woche donnerstags erscheinenden kostenlosen *Nashville Scene*, 🖳 www.nashvillescene.com, zu entnehmen.

Jedes Jahr Mitte Juni bietet das viertägige **CMA Music Festival**, eines der größten Events der Country-Szene, die Gelegenheit dazu, jede Menge Konzerte namhafter Musiker zu besuchen. Näheres unter 🖳 www.cma fest.com.

The Basement, 1604 8th Ave S, ☎ 615/254-8006, 🖳 www.thebasementnashville.com. Alternative Country, Rock und roher Indie-Rock ertönen in diesem winzigen rauen Laden südlich von Downtown.

Bluebird Café, 4104 Hillsboro Rd, ☎ 615/383-1461, 🖳 www.bluebirdcafe.com. Dieses gemütliche Café, 6 Meilen westlich der Innenstadt im Viertel Green Hills, war das Sprungbrett für Superstars wie Garth Brooks und Taylor Swift. Es ist *die* Adresse für brandheiße Country-Acts. Das erste der beiden abendlichen Konzerte wird gewöhnlich von Nachwuchsmusikern bestritten. Eintritt je nach Veranstaltung.

Douglas Corner Café, 2106 8th Ave S, ☎ 615/298-1688, 🖳 www.douglascorner.com. Der Hauptkonkurrent des Bluebird bietet 6x pro Woche Livemusik (Americana, Rock und Country), oft ohne Eintritt. Regelmäßig offene Bühnen.

Der Süden

Ernest Tubb Record Store Midnight Jamboree, Texas Troubadour Theatre, 2414 Music Valley Drive, 🖥 www.etrecordshop.com. Jeden Sa wird um 22 Uhr neben einer Filiale des Tubb Record Store im Music Valley auf einer Theaterbühne eine Radiosendung mit vielversprechenden Newcomern und Opry-Stars aufgezeichnet. Gesendet wird die Show dann von Mitternacht bis 1 Uhr. Eintritt frei.

Exit/In, 2208 Elliston Place, ✆ 615/321-3340, 🖥 www.exitin.com. Altehrwürdiger Club für Reggae, Rock und Country, hin und wieder ein großer Star.

Family Wash, 2038 Greenwood Ave, East Nashville, ✆ 615/226-6700, 🖥 www.familywash.com. Freundliches Viertellokal – teils Kneipe, teils Café, teils Musikbühne – mit sättigendem Essen und verschiedenster rein akustischer Musik von Bluegrass bis zu Folk und Jazz. ⊙ Di–Sa.

Robert's Western World, 416 Broadway, ✆ 615/244-9552, 🖥 www.robertswesternworld.com. In diesem Honky-Tonk gibt's wohl die beste Country-Musik am Broadway zu hören, auch Rockabilly und Western Swing; nebenbei ist das Lokal auch noch ein Laden für Cowboystiefel.

Station Inn, 402 12th Ave S, ✆ 615/255-3307, 🖥 www.stationinn.com. Alteingesessene Bluegrass- und Acoustic-Kneipe nahe Music Row. Tgl. Show um 21 Uhr, dienstags die Kultshow *Doyle and Debbie*, ✆ 615/887-5680, 🖥 doyleanddebbie.com, über zwei abgehalfterte Country-Stars – reservieren!

Tootsie's Orchid Lounge, 422 Broadway, ✆ 615/726-0463, 🖥 www.tootsies.net. Touristisches, aber vergnügliches Honky-Tonk in Downtown mit viel Atmosphäre und Künstlern, die eine starke Show abliefern.

Informationen

Visitor Center, Fifth Ave, Ecke Broadway, in Downtown, ✆ 615/259-4747, 🖥 www.visit musiccity.com. Beste Adresse für Infos über die Stadt, mit kostenlosem WLAN und Livemusik; für die Reiseplanung bietet sich die hervorragende Website an. ⊙ Mo–Sa 8–17.30, So 10–17 Uhr. Der Ableger in der 150 4th Ave N, ✆ 615/259-4730, ist auch gut, ⊙ Mo–Fr 8–17 Uhr.

Touren

Nash-Trash Tours, ✆ 615/226-7300, 🖥 www.nashtrash.com. Country-Musik und jede Menge derben Spaß garantieren die singenden Jugg Sisters an Bord des „Big Pink Bus" die mit ihrer 90-minütigen, tuntigen Show alle beliebten Stars ordentlich durch den Kakao ziehen: Mo–Sa, $29,50, ohne Reservierung – so weit im Voraus wie möglich – geht hier gar nichts.

Der **Nashville International Airport** liegt 8 Meilen südöstlich von Downtown. Eine Taxifahrt in die Stadt kostet $25. Der Shuttlebus von **Gray Line**, ✆ 615/275-1180, bietet Verbindungen zu den meisten Hotels in Downtown und verkehrt zwischen 5 und 23 Uhr alle 15–20 Min. ($12 einfach, $20 hin und zurück). Busse der **Metropolitan Transit Authority**, 🖥 www.nashvillemta.org, fahren stdl. in die Stadt ($1,35). Die **Greyhound**-Busse halten in einem schäbigen Teil von Downtown, 200 Eighth Ave South.

Lynchburg

Das veränderungsresistente Dörfchen Lynchburg, 75 Meilen südöstlich von Nashville, ist altbewährter Standort der **Jack Daniel's Distillery**, 🖥 www.jackdaniels.com. Das 1866 gegründete Unternehmen ist die älteste offiziell angemeldete Brennerei des Landes. **Führungen** machen Besucher mit jedem Schritt der Whiskey-Herstellung nach dem Sour-Mash-Verfahren vertraut. Dummerweise kann man den Whiskey aber nicht vor Ort probieren, weil Lynchburg in einem sogenannten *dry county* mit stark eingeschränktem Alkoholverkauf und -ausschank liegt. ⊙ tgl. 9–16.30 Uhr, Eintritt frei.

Lynchburgs Zentrum besteht aus einem adretten Dorfplatz mit einem Verwaltungsgebäude aus rotem Backstein und einigen altmodischen Geschäften. Miss Mary Bobo's Boarding House, hinter einem weißen Lattenzaun an der Main Street, ✆ 615/759-7394, versetzt seine Gäste geradewegs in die gute alte Zeit zurück – zum gewaltigen **Südstaaten-Lunch** (mit Brathähnchen, Stielmus und köstlichem, mit Jack Daniel's verfeinertem Apfelkompott) an Gruppentischen in einem Wohnhaus von 1805. Nur mit Reservierung und nur Barzahlung, ☉ So geschl.

Östliches Tennessee

Bis zur Schaffung der Tennessee Valley Authority, der Eröffnung des **Great Smoky Mountains National Park** und des Baus der Interstates hatte sich das Leben in den abgeschiedenen Bergen und Tälern des östlichen Tennessee seit der Ankunft der ersten Pioniere kaum verändert. Heute zieht die Gegend mit ihrer landschaftlichen Schönheit zahlreiche Besucher an, weswegen die Straßen in den Smokies besonders im Herbst oftmals verstopft sind. Die meisten Orte sind klein und entweder unerträglich touristisch oder einfach nur öde. Von den beiden größeren Städten, dem modernen **Knoxville** und **Chattanooga**, die beide von auf billigem Strom gegründetem industriellem Wachstum profitiert haben, ist nur Chattanooga für Besucher von Interesse.

Auf dem Weg in die Smoky Mountains

Die meisten Besucher, die sich den „Smokies" von Norden oder Westen nähern, verlassen 20 Meilen östlich von Knoxville bzw. 200 Meilen östlich von Nashville den I-40 und fahren auf dem **Hwy-66** und **US-441** zum Nationalpark. Auf einer Strecke von 25 Meilen reihen sich hier die sogenannten „Gateway Towns" aneinander. Die Gegend ist Tennessees größter Touristenmagnet und entsprechend kommerziell, mit etlichen Motels und teuren „Attraktionen", die auf Familien zugeschnitten sind.

Pigeon Forge und Gatlinburg

Im Städtchen Pigeon Forge werden zahlreiche **Attraktionen** angepriesen, von denen aber kaum eine über Kitschniveau hinauskommt, von Dollywood (S. 489) bis zum „Jurassic Jungle" und der „Black Bear Jamboree".

Übernachten kann man auf jeden Fall besser in Gatlinburg, 5 Meilen weiter südlich am US-441 in den Ausläufern der Smokies. Es ist minimal niveauvoller und kompakter, mit einem Stadtzentrum zum Bummeln, aber auch das strotzt von überteuerten, geschmacklosen Touristenattrak-

Der ewige Nebel verlieh den Smokies ihren Namen

Der Süden

Dolly Parton, 1946 geboren als eines von zwölf Kindern, wuchs in mehreren bescheidenen Häusern um Pigeon Forge herum auf; das abgelegenste davon war zwei Meilen vom nächsten Nachbarn und mehr als vier Meilen vom Briefkasten entfernt. Als Kind sang sie jede Woche im örtlichen Lokalsender; nach dem Schulabschluss ging sie schnurstracks nach Nashville. Ihre ersten Erfolge als Gesangspartnerin von Porter Wagoner endeten in den frühen 70er-Jahren im Streit, 1976 landete sie jedoch mit *Jolene* einen großen Country-Hit. Daraufhin wechselte sie in ein poppigeres Genre und wurde dank ihrer charismatischen Präsenz zu einer natürlichen Hollywood-Besetzung in Filmen wie *Warum eigentlich … bringen wir den Chef nicht um* und *Das schönste Freudenhaus in Texas*. Ihre Songs fanden Anerkennung dafür, dass in ihnen Themen wie die Armut auf dem Land aufgegriffen wurden, und als Frau, Sängerin und Songwriterin war Dolly Parton stets eine willensstarke und inspirierende Erscheinung. In Dollywood, Partons Vergnügungspark, 700 Dollywood Lane in Pigeon Forge, 🖳 www.dolly wood.com, werden eine Pseudo-Bergkultur und der Glamour des Stars vereint. Eine Abteilung widmet sich dem Kunsthandwerk der Appalachen, ein Museum informiert auf unterhaltsame Weise über Dolly Parton selbst, ständig laufen Musikshows, und weitere Unterhaltung für abenteuerlustige Erwachsene und Kinder bieten die verschiedenen Fahrgeschäfte. ◷ April–Dez zu unterschiedlichen Zeiten; Eintritt April–Okt $55,90, Kinder von 4–11 Jahren $44,70, im Nov und Dez günstiger. Nebenan ist der Wasserpark Dolly's Splash Country, 🖳 www.dollywoods splashcountry.com, ◷ Ende Mai–Mitte Sep; Eintritt $45,80, Kinder $40,25.

tionen. Außerdem fahren ein paar Sessellifte auf die Gipfel der Umgebung, u. a. zum ganzjährig geöffneten **Skiresort** und **Vergnügungspark** Ober Gatlinburg, 🖳 www.obergatlinburg.com.

Am Parkway/US-441 in Gatlinburg liegen drei **Visitor Center**, ✆ 1-800/588-1817, 🖳 www.gatlinburg.com, die Vergünstigungscoupons für die rivalisierenden Attraktionen bieten. Da der Ort am dichtesten am Park dran ist, sind seine **Unterkünfte** relativ teuer. Die vergleichsweise preiswerte altmodische Sidney James Mountain Lodge, 610 Historic Nature Trail, ✆ 1-800/876-6888, 🖳 www.sidneyjames.com, ❸ bietet etwas oberhalb des allgemeinen Trubels große komfortable Zimmer, teils mit Blick auf den Fluss, und zwei Pools. Zu den besten Restaurants am Ort zählt Dolce Uva Wine Bar, 463 Parkway/US-441, ✆ 865/277-7585, wo es Salate, Wraps und Pasta plus Wein per Glas gibt; ◷ Mi–So.

Townsend

Eine geruhsamere Möglichkeit, sich den Smokies zu nähern, ist die von Osten über den Foothills Parkway. Von ihm geht es dann über den US-321 die letzten 7 Meilen bis Townsend, 12 Meilen westlich von Pigeon Forge. Das ist eigentlich kein Städtchen, sondern bloß ein friedliches Stückchen Erde mit ruhigen Motels und sauberer Luft. Das **Highland Manor**, 7766 E Lamar Alexander Parkway, ✆ 865/448-2211, 🖳 www.highland manor.com ❸, liegt auf einem schönen Grundstück mit tollem Ausblick und Pool. Frische Forellen, Buntbarsch mit Maisbrei und Gourmet-Sandwiches serviert ganz in der Nähe **Miss Lily's Café**, 1116 Carr's Creek Rd, ✆ 865/448-9895.

Great Smoky Mountains National Park

Die nördliche Grenze des Great Smoky Mountains National Park, der sich 70 Meilen weit entlang der Staatsgrenze Tennessee–North Carolina erstreckt (s. auch S. 437), liegt nur 2 Meilen südlich von Gatlinburg am US-441. Hier ist aber nicht auf plötzliche Ruhe zu hoffen: Vor allem im Herbst drängeln sich die Autos auf den Straßen. Wer nicht in Gatlinburg übernachten will, nimmt am besten den Bypass (Umgehungsstraße), statt durch den Ort zu fahren.

Der Süden

N

0   5 Meilen

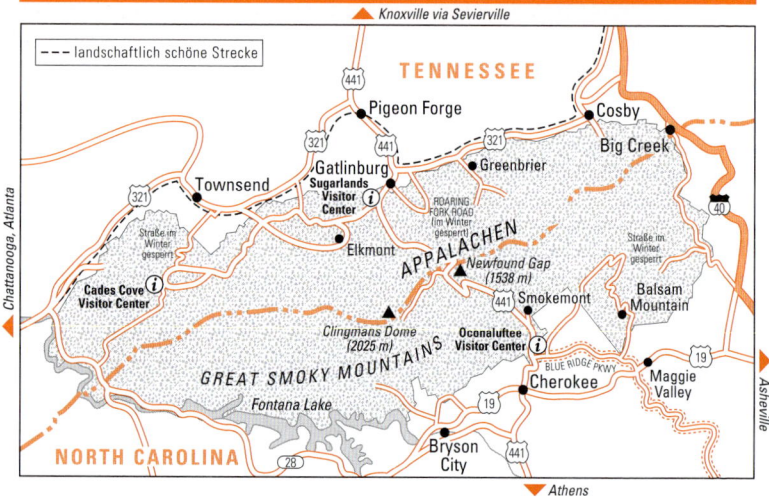

landschaftlich schöne Strecke

Knoxville via Sevierville

TENNESSEE

441

Pigeon Forge

Cosby

321   441   321   Greenbrier   Big Creek

Townsend   Gatlinburg

Sugarlands
Visitor Center (i)   ROARING FORK ROAD (im Winter gesperrt)   40

321   Straße im Winter gesperrt   APPALACHEN   Straße im Winter gesperrt

Elkmont   Newfound Gap (1538 m)   Balsam Mountain

Cades Cove (i) Visitor Center   441   Smokemont

Clingmans Dome (2025 m)   Oconaluftee Visitor Center   19

GREAT SMOKY MOUNTAINS   BLUE RIDGE PKWY   Maggie Valley

Fontana Lake   Cherokee

19

NORTH CAROLINA   28   Bryson City   441

Chattanooga, Atlanta

Asheville

Der Süden

Athens

Die Smokies liegen eine Tagesfahrt entfernt von den großen Ballungszentren der Ostküste und der Großen Seen – und somit von zwei Dritteln aller Bewohner der USA – und ziehen pro Jahr mehr als 10 Millionen Touristen an, mehr als doppelt so viele wie jeder andere Nationalpark. Ihren Namen bezogen diese Berge von dem **blauen Nebelschleier**, der über ihnen hängt. Erzeugt wird er von der Feuchtigkeit und den Kohlenwasserstoffen, die die üppige Vegetation freisetzt. Seit den 60er-Jahren sind wegen der **Luftverschmutzung** Sulfate hinzugekommen, die die Sichtweite um 30 % verringern. 16 knapp über bzw. unter 2000 m hohe Gipfel mit unterschiedlichen Vegetationszonen und entsprechend extremen Klimawechseln erheben sich in der Region.

Die Zeit zwischen Ende März und Mitte Mai, wenn die zarten Frühlingsblumen blühen, ist besonders schön für einen **Besuch**. Am vollsten ist es mitten im Sommer (Mitte Juni bis Mitte August) und besonders im Oktober, wenn sich die Blätter rot, gelb und bronzefarben verfärben. Im Juni und Juli blühen in der teilweise erstickenden Sommerhitze leuchtend die Rhododendren.

Am besten entkommt man den Massen, indem man sich auf das 800 Meilen umfassende **Wanderwegenetz** des Nationalparks begibt.

Das **Sugarlands Visitor Center**, gleich am Anfang des Parks am US-441, ☎ 865/436-1200, 🖥 www.nps.gov/grsm, versorgt Besucher mit nützlichen Infos über Wanderwege, Autorouten und die jeweils anstehenden Touren und Aktivitäten unter Führung von Rangern. ☼ März tgl. 8–17, April, Mai, Sep und Okt 8–18, Juni–Aug 8–19, Dez–Feb 8–16.30 Uhr, Öffnungszeiten im Winter telefonisch erfragen.

Viele Besucher beschränken sich allerdings darauf, auf dem **US-441**, der hier Newfound Gap Road heißt, quer durch den Park bis nach North Carolina zu fahren. Vom Newfound Gap, der nach 10 Straßenmeilen auf der Staatsgrenze liegt, windet sich eine 7 Meilen lange Bergstraße zum **Clingman's Dome** hinauf, dem mit rund 2025 m höchsten Gipfel von Tennessee. Über einen spiralförmigen Pfad erreicht man einen Aussichtspunkt, der an sich einen schönen, wenn auch dunstigen Blick über die Bergwelt bietet; allerdings leidet das Bild darunter, dass praktisch alle ausgewachsenen Balsamtannen der Gegend einer Schädlingsplage zum Opfer gefallen sind.

Für diejenigen, die länger im Park verweilen möchten: Im Mittelpunkt des Besucherinteresses steht die **Cades Cove**, zu erreichen entweder, indem man bei Sugarlands westwärts auf die landschaftlich schöne **Little River Road** abbiegt, oder direkt von Townsend über die **Rich Mountain Road** (im Winter geschlossen). Diese 11 Meilen lange Rundfahrt (Loop), auf der sich im Sommer und Herbst ein Wagen an den anderen reiht, führt an verlassenen Scheunen, Bauernhäusern, Mühlen und Kirchen vorbei. Sie erinnern an die Farmer, die ihren Grund und Boden 1934 aufgeben mussten, als das Gebiet zum Nationalpark erklärt wurde. Auf halbem Weg liegt ein weiteres Visitor Center. ◐ April–Aug tgl. 9–19, März, Sep und Okt 9–18, Nov und Feb 9–17, Dez und Jan 9–16.30 Uhr.

Samstags, im Sommer auch mittwochs, ist der Cades Cove Loop morgens **Radfahrern** vorbehalten. Fahrräder gibt es beim Cades Cove Campground, ✆ 865/448-9034, zu mieten. Weitere Informationen über Campingmöglichkeiten in den Smokies unter ▢ www.recreation.gov.

Chattanooga

Nur wenige Orte werden so stark mit einem einzigen Musikstück in Verbindung gebracht wie Chattanooga in der südöstlichen Ecke von Tennessee. Wenn auch Besucher, die hoffen, Tex Benekes und Glenn Millers *Chattanooga Choo-Choo* zu Gesicht zu bekommen, enttäuscht werden – die Stadt ist noch nicht einmal ans Amtrak-Netz angeschlossen –, hat Chattanooga doch einen gewissen Charme, nicht zuletzt dank der schönen Lage an einer tiefen Biegung des **Tennessee River**, auf drei Seiten umgeben von bewaldeten Plateaus. Diese Lage führte dazu, dass der von Schotten und Cherokee abstammende John Ross hier 1815 einen Handelsposten gründete, der aufgrund seiner strategischen Bedeutung im Bürgerkrieg heiß umkämpft war.

Den Mittelpunkt des 20 Meilen langen, dem Fluss abgerungenen Uferbereichs von Chattanooga bildet **Ross's Landing** (wie die Stadt ursprünglich hieß), ein Park am Ende der Broad

Street. Hier beleuchtet das fünfstöckige **Tennessee Aquarium**, ▢ www.tnaqua.org, die Flora und Fauna des Mississippi von seinen Zuflüssen in Tennessee bis zum Golf von Mexiko. ◐ tgl. 10–20 Uhr, letzter Einlass 18 Uhr, Eintritt $24,95. Das Aquarium bietet außerdem **Katamaranfahrten** in die Tennessee River Gorge (2–3 Std., $29); der Flussdampfer *Southern Belle,* ▢ www.chattanoogariverboat.com, legt am Pier 2 zu besinnlicheren Fahrten ab (ab $13,50).

Der **Bluff View Art District** oberhalb des Flusses, um die Kreuzung von High Street und Second Street herum, versammelt in hübschen alten Gebäuden einige Galerien, Museen und Cafés. Das **Hunter Museum of American Art**, ▢ www.huntermuseum.org, mit wechselnden Ausstellungen zu Fotografie, Malerei, Bildhauerei, Volkskunst und Kunsthandwerk vom 19. Jh. bis zur Gegenwart, ist durchaus einen Blick wert. ◐ Mo, Di, Fr und Sa 10–17, Mi und So 12–17, Do 10–20 Uhr, Eintritt $9,95. Stattliche, 100 Jahre alte Gebäude findet man im **Geschäftsviertel** der Stadt, darunter das Tivoli Theatre, 709 Broad St; im Allgemeinen wird die Stadt jedoch immer heruntergekommener, je weiter man sich vom Fluss entfernt. Für Leute, die tatsächlich einmal mit einem „Chattanooga Choo-Choo" fahren möchten, bietet die **Tennessee Valley Railroad**, ▢ www.tvrail.com, verschiedene Ausflüge mit ihren alten **Dampfeisenbahnen**, z. B. eine 55-minütige, 6 Meilen lange Fahrt über den Fluss, durch einen Tunnel und mit Umkehr auf einer riesigen Drehscheibe (ab $15).

Lookout Mountain und Rock City

Der Name Chattanooga stammt von einem Creek-Wort, das „Felsen, der sich zu einer Spitze hin erhebt" bedeutet. Der fragliche Fels ist der 675 m hohe **Lookout Mountain**, ▢ www.lookoutmountain.com, sechs Meilen südlich der Innenstadt. Durch eine schmale Lücke im Wald fährt ab der 3917 St. Elmo Avenue am Fuße des Berges eine **Standseilbahn** hoch auf den Berg und überwindet dabei Steigungen von bis zu 72,7 %. ◐ April, Mai, Sep und Okt tgl. 9–18, Juni–Aug 8.30–21.30, Nov–März 10–18 Uhr, $14 hin und zurück, Kombitickets erhältlich (s. u.).

Oben auf dem Berg führt ein kurzer, steiler Weg durch den **Point Park** zum **Point Lookout**, von dem sich Ausblicke über die Stadt und den Tennessee River eröffnen. Der Aussichtspunkt gehört zum **Chickamauga and Chattanooga National Military Park** mit weiteren Stätten in der Stadt und im nahen Chickamauga in Georgia, wo 1863 während des Bürgerkriegs heftige Kämpfe stattfanden. Zu den vielen Denkmälern im Point Park zählt das einzige **Standbild** im Land, auf dem Soldaten der Union und der Konföderation sich die Hände geben. Auf dem Lookout Mountain ist außerdem **Rock City**, 🖥 www. seerockcity.com, im Grunde nichts mehr als ein Wanderweg, bei dem man sich durch enge Felspassagen quetschen und schwankende Seilbrücken überqueren muss; außerdem gibt es die schrägen, in den Fels gehauenen **Fairyland Caverns**, die von grotesken Figuren bevölkert sind, zum Schrecken der Erwachsenen und zum Vergnügen der Kinder. Im Berg selbst ergießt sich der 45 m hohe Wasserfall **Ruby Falls**, zu dem man durch ein pseudomittelalterliches Burgtor gelangt; ein Hindernisparcours in den Baumwipfeln, 🖥 www.rubyfallszip.com, bereitet Nervenkitzel ($32). Eintritt Rock City $17,95, Ruby Falls $16,95, Kombiticket $31,90, Kombiticket mit Standseilbahn $44,90.

Motels säumen die Interstates.
Zentraler liegt das **Bluff View Inn**, 412 E 2nd St, ✆ 423/265-5033. Von einigen der unterschiedlichen Zimmer, die sich auf drei restaurierte Häuser im Bluff View Art District verteilen, bieten sich schöne Ausblicke. ❻

Easy Bistro, 203 Broad St, ✆ 423/266-1121. Nobleres Lokal mit von New Orleans beeinflusster Küche, die sich vor allem auf frische Zutaten und Seafood stützt. ⏲ tgl. abends, Sa und So Brunch.
Big River Grille & Brewing Works, 222 Broad St, ✆ 423/267-2739. Großer touristischer Brewpub mit Restaurant.

Visitor Centre, neben dem Aquarium, 2 Broad St, ✆ 1-800/322-3344, 🖥 www.chattanoogafun.com, ⏲ tgl. 8.30–17.30 Uhr.

Greyhound-Busse aus Nashville und Atlanta kommen an der Broad St in Downtown an.

Alabama

Alabama ist von Norden nach Süden genau 250 Meilen lang. Seine landschaftliche Vielfalt reicht von den reißenden Flüssen, Wasserfällen und Seen am Fuß der **Appalachen** bis zu den Bayous und Stränden der **Golfküste**. Die Industrie konzentriert sich im Norden um die Städte **Birmingham** und **Huntsville**, wo die ersten amerikanischen Raumfahrtprojekte entwickelt wurden. Die nüchterne Hauptstadt **Montgomery** liegt zwischen den Feldern von Zentral-Alabama. Abgesehen von dem französisch beeinflussten Küstenstreifen um die hübsche kleine Stadt **Mobile** herum haben hier streng protestantische Kräfte traditionell die politische Rechte unterstützt. Der berüchtigtste Vertreter dieser Linie war der viermalige Gouverneur **George Wallace**. Obwohl sich die Zeiten seit den Kämpfen der Bürgerrechtsbewegung in Montgomery, Birmingham und **Selma** geändert haben – die Errungenschaften der Bewegung werden heute mit Denkmälern und -schriften honoriert, und selbst Wallace hat seinen rassistischen Ansichten abgeschworen –, erinnert ein Besuch in Alabama in frappierender Weise daran, vor wie kurzer Zeit diese Auseinandersetzungen erst noch stattgefunden haben.

Nord-Alabama

Das nördliche Alabama mit den südlichen Ausläufern der Appalachen wird verschönert durch die Bergseen, Flüsse und Canyons des **Tennessee River Valley**. Die ersten weißen Siedler in der Region waren kleine Bauern, die mit den Plantagenbesitzern weiter südlich wenig gemein hatten und im Bürgerkrieg versuchten, sich von den Konföderierten loszusagen. Erhebliche Fun-

In den ersten Monaten des Jahres 1963 beschlossen die Anführer der Bürgerrechtsbewegung, in Birmingham Betriebe dazu zu zwingen, gemeinschaftliche Essräume für schwarze und weiße Angestellte und mehr Arbeitsplätze für Schwarze einzurichten. Ungeachtet der Drohung von Polizeichef **„Bull" Connor**, dass „man auf den Straßen von Birmingham in Blut waten würde", kam es zu Sit-ins, Protestmärschen und Massenfestnahmen. Über 2000 Demonstranten landeten im Gefängnis, darunter Martin Luther King, der hier seinen berühmten *Letter from a Birmingham Jail* verfasste, nachdem ihn ein hiesiger weißer Priester als Extremist gebrandmarkt hatte.

Als während der andauernden emotionsgeladenen Proteste Polizeichef Connor Wasserwerfer, Viehstöcken und Hunde gegen Demonstranten einsetzte, war der Siedepunkt erreicht. Fotos von Schäferhunden, die Schulkinder anfielen, gingen um die Welt, bis im Juni 1963 zwischen den Anführern der Bürgerrechtsbewegung und Geschäftsleuten der Stadt ein Kompromiss geschlossen wurde. Die in Birmingham erkämpften Erfolge führten dazu, dass der Funke auf 186 andere Städte übersprang, wo nun ebenfalls Demonstrationen stattfanden. Daraus resultierte schließlich der **Civil Rights Act** von 1964, der jegliche Form von Rassentrennung für gesetzwidrig erklärte.

Die Zentrale der Bürgerrechtsbewegung, die **Baptist Church** in der 16th Street, Ecke Sixth Ave, war das Ziel eines Bombenattentates des Ku-Klux-Klans, dem am 15. September 1963 vier schwarze Schülerinnen zum Opfer fielen. Zwei der drei Attentäter landeten 2000 endlich im Gefängnis.

Auf der anderen Straßenseite gibt es im heruntergekommenen Ingram Park, in dem in den 60er-Jahren zahlreiche große Demonstrationen stattfanden, einen Freedom Walk mit mehreren Skulpturen von Demonstrierenden, aber der Park wird hauptsächlich von Bettlern und Obdachlosen bevölkert. In der Nähe versucht das **Civil Rights Institute**, 520 16th St, 🖳 www.bcri.org, auf eindrucksvolle Weise zu verdeutlichen, welche Faktoren zu so viel Brutalität und Hass geführt haben. In den Ausstellungen wird der Alltag in einer von der Rassentrennung dominierten Stadt heraufbeschworen, komplett mit ausgebranntem Bus und ans Herz gehenden Aufnahmen von Busboykotten und dem Marsch auf Washington. ◐ Di–Sa 10–17, So 13–17 Uhr, Eintritt $12.

de an Bodenschätzen führten zu einem industriellen Boom, der in den frühen 1930er-Jahren seinen Höhepunkt erreichte.

Im Zweiten Weltkrieg bündelte die US-Armee ihre Raketenforschung in Huntsville, 100 Meilen südlich von Nashville, nicht weit von der Grenze zu Tennessee entfernt. Nach dem Krieg wurde die amerikanische Raketenforschung von **Wernher von Braun** und 118 anderen deutschen Wissenschaftlern geleitet, die nach einer rein symbolischen kurzen Phase der Rehabilitierung hierher kamen. Von Brauns Rolle in der Waffenforschung im Nazi-Regimes wird von der Stadt Huntsville ignoriert; stattdessen werden seine späteren Erfolge auf dem Gebiet der Raumfahrt gefeiert, darunter **Explorer I**, der erste Satellit des Landes, und die Mondrakete **Saturn V**, die im gigantischen **US Space and Rocket Centre**, fünf Meilen westlich von Downtown am I-565, 🖳 www.spacecamp.com/museum, zu sehen ist. ◐ tgl. 9–17 Uhr, Eintritt $20, mit IMAX-Film $25.

Birmingham

Die schnelle Verwandlung von Farmland in die Stadt Birmingham begann 1870. Eine Mischung aus Eisenerz, Kalk und Kohle, hervorragend geeignet für die Eisen- und Stahlproduktion, zog Spekulanten an. Der Ausbau der Schwerindustrie endete schließlich abrupt mit der Weltwirtschaftskrise. Heute leben nur noch ein paar Tausend Menschen von der Eisen- und Stahlproduktion.

Während der Zeit der Bürgerrechtsbewegung war Birmingham berüchtigt für die Brutalität seiner Polizeikräfte. Wendepunkt war eine intensive Kampagne 1963; von da an verbesserten sich die Beziehungen zwischen Schwarz und Weiß allmählich, und nach 1979 wandelte sich die Stadt unter den fünf Amtszeiten des schwarzen Bürgermeisters Richard Arrington zusehends. Heute erinnert das Civil Rights Institute nicht weit von Downtown an die turbulente Geschichte der ethnischen Beziehungen in der Stadt, aber selbst ein kurzer Spaziergang durch Birmingham vermittelt den Eindruck, dass auf dem Gebiet noch viel zu tun ist.

Das Zentrum von Birmingham erstreckt sich nördlich der Eisenbahnlinie von der Morris Avenue bis zur Tenth Avenue North und wird von der 15th und der 25th Street eingerahmt. Die interessantesten Sehenswürdigkeiten sind das eindrucksvolle **Civil Rights Institute** und die **16th St Baptist Church** (S. 493). Unbedingt besuchenswert ist auch das **Carver Theatre for the Performing Arts**, 1631 4th Ave N, wo die **Alabama Jazz Hall of Fame**, 🖥 www.jazzhall.com, an viele Legenden vom Boogie-Woogie-Maestro Clarence „Pinetop" Smith bis zum Avantgarde-Jazzer Sun Ra erinnert. ⏰ Di–Sa 10–17 Uhr, Eintritt $2.

Wesentlich lebendiger als in Downtown geht es in **Five Points South** etwa eine Meile südlich der Eisenbahnschienen an der 20th Street und 11th Street South zu. Dank der Universität haben sich in den schmalen Straßen und Gassen eine Menge Bars und Restaurants niedergelassen. Im Birmingham-Jefferson Civic Center an der 22nd Street, Ecke 10th Avenue North, nordwestlich von Downtown, ist die **Alabama Sports Hall of Fame**, 🖥 www.ashof.org, untergebracht. Sie ist Größen wie Jesse Owens, dem Olympiasieger von 1936, dem schwarzen Baseballstar Le Roy „Satchel" Paige und dem Boxer Joe Luis gewidmet. ⏰ Mo–Sa 9–17 Uhr, Eintritt $5.

An den weiß getünchten Gerichtsgebäuden vorbei gelangt man zum nahe gelegenen **Museum of Art**, 2000 Reverend Abraham Woods Jr Blvd, 🖥 artsbma.org, dessen Schwerpunkte auf amerikanischer Landschaftsmalerei, ornamentaler Kunst und afrikanischen und afroamerikanischen Werken liegen. ⏰ Di–Sa 10–17, So 12–17 Uhr, Eintritt frei. Östlich von Downtown

erheben sich die Schornsteine des ehemaligen Stahlwerks **Sloss Furnaces**, 1st Ave N, Ecke 32nd St, 🖥 www.slossfurnaces.com, die von 1882 bis 1971 rauchten und eine Reminiszenz an die industrielle Vergangenheit der Stadt darstellen. Bei einem Rundgang fällt es nicht schwer, die menschenunwürdigen Arbeitsbedingungen zu erahnen, unter denen hier ehemalige Sklaven, Gefangene und ungelernte Einwanderer schufteten. ⏰ Di–Sa 10–16, So 12–16 Uhr, Eintritt frei.

Übernachtung

Die Hotels in Downtown sind zwar teurer als die Motelketten am Highway, haben aber mehr Flair, und viele von ihnen haben günstige Wochenendangebote.

Hampton Inn Downtown – Tutwiler, 2021 Park Place N, ☎ 205/322-2100, 🖥 www.thetutwiler hotel.com. Luxuriöses restauriertes Hotel aus den 1920er-Jahren beim Civil Rights Institute. Jedes Zimmer ist anders geschnitten und bietet große Fenster. ❺

Hotel Highland at Five Points South, 1023 20th St S, ☎ 205/933-9555, 🖥 www.thehotelhigh land.com. Das moderne Boutiquehotel in fußläufiger Entfernung von Five Points South vermietet Luxussuiten inkl. Frühstück und Airport Shuttle. ❻

The Redmont Hotel, 2101 5th Ave N, ☎ 205/324-2101, 🖥 www.theredmont.com. Alterndes historisches Hotel mit 20er-Jahre-Flair und erschwinglichen Zimmern einige Blocks nordöstlich des Amtrak-Bahnhofs. ❹

Essen und Unterhaltung

In Birmingham gibt es ein paar ausgezeichnete **Barbecue**-Restaurants. Wer etwas Ausgefalleneres sucht, geht nach **Five Points South**.

Bottega, 2240 Highland Ave S, ☎ 205/939-1000. Elegantes Bekleidungsgeschäft aus den 20er-Jahren in Five Points South, heute eines der besten Restaurants der Stadt. Köstliche knoblauchlastige italienische Küche. Hauptgerichte um die $25, das dazugehörige Café ist billiger.

Bottle Tree Cafe, 3719 3rd Ave S, ☎ 205/533-6288, 🖥 www.thebottletree.com. Die aufregendsten Indie-Bands der Stadt sind in dieser Allround-Kombination aus Galerie/Club/Bar/Café zu hören, in der gemütliche Nostalgiesofas zum Verweilen einladen. ☉ So und Mo geschl.

Chez Fonfon, 2007 11th Ave S, ✆ 205/939-3211. Gutes französisch inspiriertes Essen in romantischem Bistro in Five Points South.

Dreamland Barbecue, 101 Tallapoosa St, ✆ 205/273-7427. Üppige Rippchen- und Schweinefleischteller mit Weißbrot und der berühmten hauseigenen Soße. Dazu gibt's jede Menge Bier vom Fass und manchmal auch Livemusik. Gehört zu einer kleinen örtlichen Kette.

Garage Cafe, 2304 10th Terrace S, ✆ 205/332-3220, 🖥 www.garagecafe.us. Abgedrehter, mit diversem Gerümpel dekorierter Nightspot in einer ehemaligen Autowerkstatt. Nur Barzahlung.

Informationen

Visitor Center, 2200 Ninth Ave N, abgehend vom I-20/59, ✆ 205/458-8000, 🖥 www.birmingham. org, ☉ Mo–Fr 8.30–17 Uhr. Es gibt zwei kostenlose Infoblätter: *The Birmingham Weekly*, 🖥 www.birmingham weekly.com, und die alle zwei Wochen erscheinende *Black and White*, 🖥 www. bwcitypaper.com.

Transport

Der **Birmingham Airport** liegt 4 Meilen von der Innenstadt entfernt. Ein Taxi (Yellow Cabs, ✆ 205/252-1131) kostet $22. Der **Greyhound-Terminal** befindet sich in der 19th St N, zwischen Sixth und Seventh Ave – ein gefährliches Pflaster. Der Amtrak-**Bahnhof** liegt in Downtown in der 1819 Morris Ave.

Südliches Zentral-Alabama

Das südliche Alabama – denkwürdig abgebildet in Harper Lees Darstellung des Rassenkonflikts aus der Sicht eines Kindes im Roman *Wer die Nachtigall stört* – besteht nach wie vor größtenteils aus kleinen, verschlafenen, gottesfürchtigen Landgemeinden. Nur die Hauptstadt des Bundes-

staats, **Montgomery**, ist eine echte Großstadt. Sie liegt im Herzen des **Black Belt** (schwarzer Gürtel), der seinen Namen ursprünglich dem schweren Lehmboden verdankt, sich heute aber vorwiegend auf die ethnische Zusammensetzung der Bevölkerung bezieht. Bis zur Baumwollkapselkäferplage von 1915 war Baumwolle der wichtigste Erwerbszweig; heute werden vor allem Sojabohnen, Mais und Erdnüsse gepflanzt.

Montgomery

Montgomery, 90 Meilen südlich von Birmingham und 160 Meilen westlich von Atlanta gelegen, war das politische Zentrum der reichen Plantagenbesitzer. 1846 wurde es Hauptstadt Alabamas und 15 Jahre später zeitweilig Hauptstadt der Konföderierten. Trotz ihrer stattlichen Gebäude ist es in der Innenstadt von Montgomery seltsam ruhig, da sich die Unternehmen überwiegend in die Vororte verzogen haben. Die meisten Viertel werden entweder nur von Weißen oder nur von Schwarzen bewohnt – eine Ironie der Geschichte in dieser Stadt, in der die Bürgerrechtsbewegung 1955 ihre ersten Erfolge erzielte.

Auch wenn 1993 endlich Alabamas Staatsflagge die Fahne der Konföderierten auf dem **State Capitol** am Ende der Dexter Avenue ablöste, erinnert im Zentrum noch einiges an die rassistische Vergangenheit. Im Capitol markiert ein Stern aus Bronze die Stelle, an der Jefferson Davis am 18. Februar 1861 seinen Eid als Präsident der Konföderierten ablegte. 100 Jahre später stand Gouverneur George Wallace auf den gleichen Stufen und proklamierte: „Rassentrennung für immer!" ☉ Mo–Fr 9–17, Sa 9–16 Uhr, Eintritt frei.

Anfang 1953 überschwemmten Trauergäste die Stadt, um dem 29 Jahre alten Country-Sänger Hank Williams das letzte Geleit zu geben, der Silvester 1952 auf dem Weg zu einem Konzert einen tödlichen Herzinfarkt erlitten hatte. Williams stammte aus dem Nest Mount Olive in Alabama und war berühmt für seinen alkohol- und drogengetränkten Lebensstil, aber auch für Klassiker wie *I'm So Lonesome I Could Cry*. Das **Hank Williams Memorial** überragt den Oakwood Cemetery Annex, 1304 Upper Wetumpka Rd, in der Nähe der Innenstadt. Auch ein ihm gewidmetes Museum darf nicht fehlen. Das **Hank Williams Museum**, 118 Commerce St, ⌨ www.thehankwilliamsmuseum.com, stellt den Cadillac aus dem Jahr 1952 aus, in dem er zu seiner letzten Ruhestätte gefahren wurde. ⏲ Mo–Fr 9–16.30, Sa 10–16, So 13–16 Uhr, Eintritt $8.

Im **Blount Cultural Park** am Woodmere Boulevard 10 Meilen südöstlich der City findet das renommierte **Alabama Shakespeare Festival** statt, ⌨ www.asf.net. Im schicken **Montgomery Museum of Fine Arts**, ⌨ www.mmfa.org,

bekommt man einen hervorragenden Überblick über mehr als 200 Jahre amerikanischer Malerei und kann eine beeindruckende Sammlung europäischer Meister bestaunen. ⏲ Di, Mi, Fr und Sa 10–17, Do 10–21, So 12–17 Uhr, Eintritt frei.

In Montgomery findet man neben den üblichen Motels an den Highways auch einige gemütliche B&Bs. Die Hotels in Downtown sind mit wenigen Ausnahmen recht heruntergekommen.

Bürgerrechte in Montgomery

Der Süden

In den 50er-Jahren herrschte in den Stadtbussen von Montgomery, so wie es im Süden üblich war, Rassentrennung: Schwarze mussten Weißen die Plätze freimachen. Wiederholte Proteste gegen diese Regelung gipfelten in einem Massenboykott der Nahverkehrsmittel, den der Women's Political Council (WPC) am 1. Dezember 1955 ausrief, nachdem die Näherin Rosa Parks verhaftet worden war, weil sie sich geweigert hatte, ihren Sitzplatz abzutreten. Farbige Arbeitnehmer wurden aufgefordert, zu Fuß zur Arbeit zu gehen, und dunkelhäutige Taxiunternehmer transportierten Farbige zum Bustarif selbst aus entlegenen Vororten zu ihrer Arbeitsstelle. Der Protest fand ein gewaltiges Echo. Derweil wurden die arbeitslosen weißen Busfahrer vorübergehend als Polizisten eingesetzt.

Die Montgomery Improvement Association (MIA), in deren Händen die Koordination der Aktivitäten lag, ernannte den damals 26-jährigen Pastor **Martin Luther King** zu ihrem Sprecher. Trotz zahlreicher Sanktionen und Gefangennahmen dauerte der Boykott ganze elf Monate, bis im November 1956 der Oberste Gerichtshof schließlich die Rassentrennung in öffentlichen Verkehrsmitteln aufhob. In der kleinen **Dexter Avenue King Memorial Baptist Church**, 454 Dexter Ave, ⌨ www.dexterkingmemorial.org, war Martin Luther King noch einige Jahre lang Pastor. Im Sanktuarium im Obergeschoss, das

seit seiner Amtszeit weitgehend unverändert blieb, ist seine ehemalige Kanzel zu besichtigen. Außerdem kann man im Rahmen einer Führung das Pfarrhaus sehen, in dem King mit seiner Familie bis zu ihrer Rückkehr nach Atlanta im Jahr 1960 lebte (Führungen zu buchen unter der obigen Website).

Einen Block weiter, an der Washington Avenue, Ecke Hull Street, steht das bewegende, von Maya Lin entworfene **Civil Rights Memorial**. Auf einer schwarzen Granittafel sind die Namen von 40 Menschen eingraviert, deren gewaltsamer Tod auf das Konto weißer Rassisten und Polizisten geht. Über die Tafel fließt langsam und gleichmäßig Wasser, und an der Wand dahinter, über die ebenfalls Wasser fließt, steht der Satz, den Dr. King so oft benutzte: „Wir werden uns nicht zufrieden geben, bis das Recht strömt wie Wasser und die Gerechtigkeit wie ein mächtiger Strom." Nebenan erzählt das **Civil Rights Memorial Center**, ⌨ www.splcenter.org, die Geschichte der Bürgerrechtsbewegung. ⏲ Mo–Fr 9–16.30, Sa 10–16 Uhr, Eintritt $2.

Das **Rosa Parks Museum**, 252 Montgomery St, einige Blocks weiter westlich, ⌨ montgomery.troy.edu/rosaparks/museum/, ist der „Mutter der Bürgerrechtsbewegung" gewidmet. Die Ausstellung informiert über ihr Leben und den Busboykott sowie über andere Führer der Bewegung. ⏲ Mo–Fr 9–17, Sa 9–15 Uhr, Eintritt $6.

Farmers' Market Café, 315 N McDonough St, beim Markt, ✆ 334/262-1970. Beste Adresse der Stadt für ein Frühstück im Südstaatenstil sowie ein Mittagessen mit *meat-and-three*. ⊙ Mo–Fr 5.30–14 Uhr.

Hampton Inn & Suites Downtown, 100 Commerce St, ✆ 334/265-1010, 🖥 hamptoninn hilton.com. Saubere, komfortable Zimmer und üppiges Frühstück in einem recht neuen Hotel in einem historischen Gebäude. ❹
Lattice Inn, 1414 S Hull St, ✆ 334/262-3388. Liebevoll restauriertes Haus von 1906 mit B&B-Zimmern, Pool, Whirlpool und hübschem Garten. Etwa 1 Meile südöstlich von Downtown im Vorort Cloverdale. ❹
Red Bluff Cottage, 551 Clay St, ✆ 334/264-0056, 🖥 www.redbluffcottage.com. Gastfreundliches B&B mit komfortablen Zimmern und einer großen Veranda. Köstliches Essen, nahe dem Capitol. ❺

Essen

Im Zentrum von Montgomery gibt es einige ziemlich gute Lokale, die vor allem Soul Food anbieten, aber abends ist die Innenstadt wie ausgestorben. Im Vorort **Cloverdale**, etwa 1 Meile südöstlich von Downtown, gibt es edlere Restaurants, auch Bars und Jazzclubs. Er ist die bessere Adresse, wenn man abends ausgehen möchte.
Derk's Filet and Vine, 431 Cloverdale Rd, ✆ 334/262-8463. Sehr beliebter Feinkost-, Lebensmittel- und Weinladen, der auch herzhaftes Mittagessen bietet, z. B. Fisch- oder Kartoffelauflauf, Deli-Sandwiches, Wraps und Salate.
Lek's Railroad Thai, 300b Water St, ✆ 334/ 269-0708. Das elegante Restaurant neben dem Visitor Center serviert Pad Thai, Sushi, Nudeln und Suppen sowie zahlreiche vegetarische Gerichte. ⊙ So geschl.
Martha's Place, 458 Sayre St, ✆ 334/263-9135. Hervorragendes Südstaatenessen. ⊙ Mo–Fr, nur Mittagessen.

Informationen

Visitor Center, 300 Water St, im alten Bahnhof, ✆ 334/262-0013, 🖥 www.visitingmontgomery. com. Bietet eine Audiotour zur Geschichte der Bürgerrechtsbewegung. ⊙ Mo–Sa 9–17, So 12–16 Uhr.

Transport

Der **Dannelly Field Airport** liegt 15 Meilen außerhalb der Innenstadt am US-80.
Der **Greyhound-Terminal** liegt am 950 W South Blvd.

Selma

Der Marktflecken Selma, 50 Meilen westlich von Montgomery, stand in den frühen 1960er-Jahren im Brennpunkt der Bürgerrechtsbewegung. Auf die Demonstrationen, Treffen und Versuche der Schwarzen, sich als Wähler registrieren zu lassen, reagierte die Polizei wiederholt mit Gewalt. Dann führte die Ermordung eines schwarzen Demonstranten durch einen Angehörigen der Nationalgarde zum denkwürdigen **Marsch von Selma nach Montgomery**, angeführt u. a. von **Martin Luther King**. Am „Blutigen Sonntag", dem 7. März 1965, machten sich 600 unbewaffnete Marschierer auf der steilen Auffahrt zur beeindruckenden engen **Edmund Pettus Bridge** auf den Weg. Als sie den Scheitelpunkt erreichten, feuerten Nationalgardisten ohne Vorwarnung Tränengas und prügelten auf die in Panik geratenen Marschierer mit ihren Schlagstöcken ein. Diese gewalttätige Konfrontation, die überall auf der Welt im Fernsehen zu sehen war, hatte – so wird angenommen – einen direkten Einfluss auf die Verabschiedung des **Voting Rights Act** (Wahlrechtsgesetz) im darauffolgenden Jahr. Die ganze Geschichte erzählt das **National Voting Rights Museum**, neben der Brücke, 1012 Water Ave, 🖥 www.nvrm.org, u. a. anhand zahlreicher persönlicher Zeugnisse. ⊙ Mo–Fr 9–17, Sa 10–15 Uhr, Eintritt $6.

Die Hauptdurchgangsstraße der Stadt ist die **Broad Street**, die in Flussnähe auf die breite **Water Avenue** mit ihren Geschäftsfassaden im Wildweststil trifft.

Der Süden

Das **Visitor Welcome Centre**, 132 Broad St, ☎ 1-800/45-SELMA, 🖥 www.selmaalabama.com, hat Infos zu einem Rundgang, der sich mit Martin Luther King beschäftigt. ◷ Mo–Fr 10–16, Sa 11–15 Uhr. Günstige Übernachtungsmöglichkeiten gibt es in Downtown nur wenige. Jesse James nächtigte im historischen **St. James Hotel**, bei der Pettus Bridge, 1200 Water Ave, ☎ 334/872-3234, 🖥 www.historichotels.org, das Zimmer mit Balkon und Flussblick bietet ❹. Das beste von mehreren Soulfood-Restaurants ist **Downtowner**, 1114 Selma Ave, ☎ 334/875-5933, ◷ Mo–Fr 7–14.30 Uhr.

Alabamas Golfküste

Alabamas kurzes Stückchen **Golfküste** lockt mit weißen Sandstränden und klarem, blauem Wasser. An einem tiefen Einschnitt der Küste liegt die alte Hafenstadt **Mobile**, in deren Zentrum majestätische Häuser aus der Zeit vor dem Bürgerkrieg zwischen schattigen Bäumen stehen. Etwas weiter landeinwärts gedeihen diverse landwirtschaftliche Produkte auf der sanft abfallenden Küstenebene, vor allem Pekannüsse, Pfirsiche und Wassermelonen.

Mobile

Mobile („mo-*biel*" ausgesprochen) geht auf eine französische Ansiedlung zurück, die 1702 von Jean-Baptiste Le Moyne gegründet wurde, dem späteren Gründervater von Biloxi und Nouvelle Orléans. Die ersten weißen Siedler brachten den **Mardi Gras** mit, der hier schon seit 1704 gefeiert wird – mehrere Jahre bevor New Orleans überhaupt aus dem Boden gestampft wurde. Mit ihren Gebäuden im spanisch beeinflussten Kolonialstil aus dem frühen 18. Jh., französischen Straßennamen und schmiedeeisernen Balkonen weist die Stadt viele Parallelen zu New Orleans auf. Besonders im Frühjahr, wenn die zarten Azaleen, Kamelien und Hartriegelbäume blühen, macht Mobile einen hübschen Eindruck, aber ansonsten ist hier nicht viel los.

Ein guter Ausgangspunkt für die Besichtigung ist **Fort Condé**, 150 S Royal St, die Rekonstruktion der französischen Stadtfestung von 1724 mit Dioramen zur örtlichen Geschichte. Interes-

sant sind auch die stimmungsvollen alten Fotos vom Karneval, der alten Stadt und afroamerikanischen Bewohnern. ◷ tgl. 8–17 Uhr, Eintritt frei.

Nördlich des Forts liegt der **Church Street Historic District** mit zahlreichen Gebäuden aus der Zeit vor dem Bürgerkrieg. Nicht auslassen sollte man das **Museum of Mobile**, 111 S Royal St, 🖥 www.museumofmobile.com, das die Geschichte der Stadt ab den frühesten Anfängen erzählt. ◷ Di–Sa 9–17, So 13–17 Uhr, Eintritt $5.

Das **Carnival Museum**, 355 Government St, 🖥 www.mobilecarnivalmuseum.com, wartet mit einigen schrägen Exponaten zu den obskuren Ritualen des Karnevals auf. ◷ Mo, Mi, Fr und Sa 9–16 Uhr, Eintritt $5. Zu besichtigen ist auch die **USS Alabama**, ein Kriegsschiff aus dem Zweiten Weltkrieg. ◷ April–Sep tgl. 8–18 Uhr, Okt–März 8–16 Uhr, Eintritt $12.

An der Ausfahrt 3 des I-65 drängt sich eine Ansammlung billiger **Motels**.
Malaga Inn, 359 Church St, ☎ 251/438-4701, 🖥 www.malagainn.com. Große Zimmer in zwei Stadthäusern um einen hübschen Hof herum. ❹

Wintzell's Oyster House, 605 Dauphin St, ☎ 251/432-4605. Frische Austern.
Wer zum Fischschmaus auch Wasserblick genießen möchte, sollte den Hwy-98 über die Brücke nehmen: Hier serviert das **Original Oyster House**, ☎ 251/626-2188, gleich an der Bucht köstliche gebratene Krebsscheren.
Dauphin Street Taqueria, 661Dauphin St. Gutes mexikanisches Restaurant.
OK Bicycle Shop, 661 Dauphin St. Relaxte Kneipe.
Grand Central, 256 Dauphin St, 🖥 grandcentraldauphin.com. Präsentiert verschiedenste Livebands.
Soul Kitchen, 219 Dauphin St, 🖥 www.soulkitchenmobile.com. Mit Liverock, -blues und -reggae an den Wochenenden.

Das **Visitor Center** von Mobile im Fort Condé (s. o.), ☎ 251/208-7569, 🖥 www.mobile.org, verteilt einige Rabattcoupons. ◷ tgl. 8–17 Uhr.

Lagniappe, 🖥 www.lagniappemobile.com,
ist ein kostenloses Wochenblatt mit
Veranstaltungstipps.

Transport

Downtown Mobile liegt im Schatten des I-10.
Der **Greyhound**-Busbahnhof, 2545 Government
St, befindet sich gleich im Zentrum.

Mississippi

Als der Baumwollboom auf seinem Höhepunkt
und die Sklavenhaltung noch unumstritten waren, galt Mississippi als der fünftreichste Bundesstaat. Nach dem Bürgerkrieg erwies sich die
totale Abhängigkeit von der Baumwolle dagegen
als verheerend, und seither ist Mississippi der
ärmste Staat der USA. Mehr als ein Jahrhundert
lang leistete das weiße Mississippi erbitterten
Widerstand gegen eine politische Mitbestim-
mung von Schwarzen. Die Brandanschläge auf
Kirchen und die massiven Gewaltakte gegen
Schwarze, die bis zu Morden reichten, endeten
erst in den 1970er-Jahren.

Die Legalisierung des Glücksspiels Anfang
der 1990er-Jahre hat der Wirtschaft Impulse
verliehen. Die riesigen **Kasinos** in Biloxi und
Tunica locken viele Besucher aus den Nachbarstaaten Tennessee und Alabama an. 2005
wurde der Küstenabschnitt am Golf von Mexiko
von Hurrikan Katrina so stark verwüstet, dass
zwar die Kasinos schnell wieder eröffneten, die
Küste aber immer noch im Wiederaufbaupro-
zess steckte, als sie von der Ölkatastrophe nach
der Explosion einer BP-Bohrinsel heimgesucht
wurde. Die verbreitete **Armut**, ob an ländlichen
Nebensträßchen versteckt oder direkt im Blick-
feld auf der anderen Seite der Eisenbahntrasse,
schockiert so manchen Besucher, jedoch übt
Mississippi gleichzeitig eine magische Anziehungskraft aus, besonders auf **Bluesfans**, die
es in verschlafene Deltastädtchen wie Alligator
oder Yazoo City zieht.

Clarksdale ist ein Paradies für Musikfreunde,
dem seine einfachen Kneipen, Festivals und
stimmungsvollen Unterkünfte eine in dieser Re-

gion seltene Lebendigkeit verleiht. Die größte
Stadt des Bundesstaates ist die Hauptstadt
Jackson, die aber kaum einen Aufenthalt lohnt.
Interessanter sind die historischen Flussstäd-
te **Vicksburg** und **Natchez**. Im Norden wartet
Oxford mit einer munteren Uniszene auf; Elvis-
Fans steuern sicher **Tupelo** mit dem einfachen
Geburtshaus des Meisters an.

Das Delta

Das sogenannte „Delta" ist eigentlich gar kein
Delta, sondern eine Schwemmlandebene mehrere Hundert Meilen vor der Mississippi-Mün-
dung. Der Name kommt von seiner Ähnlichkeit
mit dem fruchtbaren Nildelta (das ebenfalls
an einer Stadt namens Memphis begann). Der
Fluss lagert auf seinem gewundenen Weg nach
Vicksburg an seinen Ufern reichlich fruchtbaren
Mutterboden ab, der diese Region zu einem der
besten Baumwollanbaugebiete der Welt machte.

Das Delta ist ein Land der sengenden Sonne,
der verdorrten Erde, der über die Ufer tretenden
Flüsse und des knochentrockenen Gestrüpps;
von seiner besten Seite zeigt es sich bei Son-
nenauf- und bei Sonnenuntergang, wenn sich
die Sonne und das Laub des Ufers in der glatten
Oberfläche des Mississippi spiegeln.

Die Hauptverkehrsstraße Richtung Süden ist
der legendäre **Hwy-61**, doch am schönsten lässt
sich die Region auf Nebenstraßen erkunden,
die faszinierende Aussicht über das weite, leere Land bieten. Für etwas Abwechslung sorgen
hier nur vereinzelte Buden am Straßenrand, winzige Kirchen und die Klänge des Blues.

Clarksdale

Clarksdale, die erste größere Stadt südlich von
Memphis, darf sich mit Recht die Heimat des
Blues nennen. Im wunderbaren **Delta Blues Museum**, 1 Blues Alley, 🖥 www.deltabluesmuseum.
org, können Besucher die beeindruckende Liste berühmter Söhne der Stadt studieren. Sie
reicht von Son House, Muddy Waters, John
Lee Hooker, Howlin' Wolf und Robert Johnson

Der Süden

Plantagenflair

Shack Up Inn, ✆ 662/624-8329, 💻 www.shack
upinn.com. Die Herberge auf der **Hopson Plantation**, 2 Meilen südlich der Stadt am US-49, ist
die kurioseste Übernachtungsmöglichkeit in
der Umgebung von Clarksdale. Neben 6 alten
Pächterhütten mit Kochnische und Veranda
gibt es noch 10 etwas komfortablere Zimmer im
cotton gin (das Gebäude, wo die Entkörnungs-
maschine stand). Im gesamten Delta dürfte es
wohl kaum eine stimmungsvollere Unterkunft
geben. ❸

bis zu Ike Turner und Sam Cook. Das Museum
befindet sich im restaurierten Endbahnhof der
Illinois Central Railroad, von dem viele schwarze
Einwohner Mississippis auf der Flucht vor Dis-
kriminierung ihre lange Reise in die Städte des
Nordens antraten. ◷ März–Okt Mo–Sa 9–17,
Nov–Feb Mo–Sa 10–17 Uhr, Eintritt $7.

Ein Zentrum der örtlichen Bluesszene ist
Cat Head, 252 Delta Ave, 💻 www.cathead.biz,
wo Volkskunst, DVDs und Bücher verkauft und
CDs produziert werden. Hier kann man sich
auch nach Liveauftritten von Blues-Musikern
erkundigen. ◷ Mo–Sa 10–17 Uhr. Einen Besuch
lohnt auch das **Rock and Blues Museum**, 113 E
2nd St, 💻 www.blues2rock.com, eine Fundgrube
für seltene Blues- und Rock-Erinnerungsstücke.
◷ Do und So 13–17, Fr, Sa und Mo 11–17 Uhr,
Eintritt $5.

Ein Besuchermagnet sind auch die Musikfestivals der Stadt, darunter das kostenlose **Sunflower River Blues and Gospel Festival** im August, 💻 www.sunflowerfest.com, und das **Juke
Joint Festival** im April, 💻 www.jukejointfestival.
com; Unterkünfte müssen dann mehrere Monate
im Voraus gebucht werden.

Übernachtung und Essen

Clarksdale bietet einige sehr urige Unterkünfte.
Riverside Hotel, 615 Sunflower Ave, ✆ 662/
624-9163, 💻 www.cathead.biz/riverside.html.
Berühmtes Gästehaus mit einfachen, sauberen
Zimmern mit Gemeinschaftsbad in dem Krankenhaus, in dem Bessy Smith nach ihrem Autounfall
1937 starb. Der Betreiber, Lokallegende Frank

„Rat" Ratliff, Sohn des ursprünglichen Inhabers,
erzählt seinen Gästen gerne etwas über die
„wahre Geschichte des Blues". ❷
Big Pink Guest House, beim Bluesmuseum,
312 Yazoo Ave, ✆ 601/431-4961, 💻 www.bigpink
guesthouse.com. Noblere Unterkunft mit
riesigen, auf stilvolle Weise schäbigen Zimmern
in einem umgebauten Eishaus. ❺
Abe's, 616 S State St, ✆ 662/624-9947.
Berühmtes Grillrestaurant an der für den Blues
kultigen Kreuzung der Highways 61 und 49.
Madidi, 164 Delta Ave, ✆ 662/627-7770.
Südstaatenküche mit französischem Einfluss,
teuer. Morgan Freeman ist Mitinhaber dieses
Restaurants; dasselbe Konsortium betreibt
auch den Ground Zero Blues Club. ◷ So und
Mo geschlossen.

Unterhaltung

Ground Zero Blues Club, Blues Alley, ✆ 662
621-9009, 💻 www.groundzerobluesclub.com.
Ansonsten bleibt es dem Zufall überlassen,
ob man eine gute Band erwischt, denn die
alteingesessenen Musikkneipen können sich
gegen die mächtige Konkurrenz der Tunica-
Kasinos kaum behaupten. Die meisten Konzerte
finden am Wochenende statt. Das Delta Blues
Museum und Cat Head informieren über
einschlägige Konzerte in Lokalen wie **Sarah's
Kitchen**, 278 Sunflower Ave, ✆ 662/627-3239,
das Do–Sa mittags Soul Food serviert und
außerdem jungen Bluesbands eine Bühne
bietet, oder dem **Red's**, 395 Sunflower Ave,
Ecke MLK Drive, ✆ 662/627-3166.

Weitere Städte im Delta

Greenville, 70 Meilen südlich von Clarksdale, ist
die größte Stadt im Delta und ein bedeutender
Binnenhafen. Hier findet jedes Jahr Mitte September das **Mississippi Delta Blues Festival**
statt, 💻 www.deltablues.org.

Saubere, gemütliche Zimmer bietet das
Greenville Inn, 211 Walnut St, ✆ 662/332-6900,
❸. Zum Essen geht man am besten zu **Doe's
Eat Place**, 502 Nelson St, ✆ 662/334-3315, wo es
angeblich die leckerste Hausmannskost im ganzen Delta gibt – am besten sind die Steaks und

Noch 1900 bestand ein Großteil des Mississippi-Deltas aus einer undurchdringlichen Wildnis, die von Panthern und Bären durchstreift wurde und von Moskitos verseucht war. Stück für Stück wurde Land für Baumwollplantagen gerodet, aber obwohl das Land fruchtbar war, konnten keine weißen Arbeitskräfte für die Arbeit in dieser gottverlassenen Gegend gewonnen werden. Nach der Befreiung der Sklaven war die Baumwollwirtschaft auf schwarze *share-croppers* angewiesen, kleine Teilpächter, die ein Stück Land auf einer Plantage bearbeiteten und dafür einen – oft beschämend geringen – Teil der Ernte erhielten. In der Regel war diese Form der Bewirtschaftung durch anhaltende Armut und Verschuldung geprägt, unterbrochen von gelegentlichen guten Jahren; im Delta fielen die Gewinne jedoch höher aus als anderswo, sodass Schwarze aus ganz Mississippi hierher kamen.

1903 saß **W. C. Handy**, oft fälschlicherweise als „Vater des Blues" (s. S. 472) bezeichnet, 15 Meilen vor Clarksdale auf dem Bahnhof von Tutwiler fest, als sich irgendwann in der Nacht ein zerlumpter Schwarzer mit einer Gitarre zu ihm gesellte. Dieser begann etwas zu spielen, was Handy „die merkwürdigste Musik, die ich je gehört hatte", nannte. Das war der Delta-Blues, ein Zusammenspiel von Text und Musik, wobei die Gitarre nicht nur Begleitinstrument, sondern selbst Ausdrucksmittel ist. Der Blues vereinigt afrikanische Instrumental- und Vokaltechniken mit den *field hollers* – Feldgesängen – der Sklaven und Elementen amerikanischer Volkstänze und -lieder jener Zeit.

Der Blues begann als Musik der jungen Leute. Den Alten gefielen das Banjo und die Trommel, doch die Jungen waren verrückt nach den wilden Auftritten von Männern wie **Charley Patton**. Patton, im April 1891 geboren, war der Inbegriff des umherschweifenden Bluesmusikers, der von Plantage zu Plantage und Frau zu Frau zog und samstagabends zum Tanz aufspielte. Sein Repertoire reichte von ausgelassener Tanzmusik bis zu dokumentarischen Songs wie *High Water Everywhere* über das katastrophale Mississippi-Hochwasser vom April 1927. Von einem anderen Wegbereiter des Blues, dem rätselhaften **Robert Johnson**, wird behauptet, er habe seine Seele verkauft, damit es ihm vergönnt sei, innerhalb weniger Jahre Songs wie *Love in Vain* und *Stop Breakin' Down* zu schreiben. Sein *Crossroads Blues* erzählt von der nächtlichen Verlorenheit in der unwirtlichen Leere des Deltas – Themen, die er in *Hellhound on My Trail* und *Me and the Devil Blues* metaphysisch überhöht: „You may bury my body down by the highwayside / So my old evil spirit can catch a Greyhound bus and ride" („Begrabt meinen Körper am Straßenrand, damit mein böser alter Geist mit einem Greyhound-Bus davonfahren kann").

Sowohl Patton als auch Johnson starben in den 30er-Jahren. Dennoch gelangte der Blues dank Künstlern wie **Muddy Waters** und **Howlin' Wolf** in wenigen Jahren bis hinauf nach Chicago. Ihr elektronisch verstärkter, städtischer Blues bildete den unmittelbaren Vorgänger des Rock 'n' Roll. Für Bluesfans dürften außer Städten wie Clarksdale (s. S. 499) auch folgende Blues-Pilgerziele im Umland interessant sein:

Stovall Plantation, Stovall Road, 7 Meilen nordwestlich von Clarksdale. Da, wo die Musik des Traktorfahrers Muddy Waters zum ersten Mal aufgenommen wurde, stehen immer noch ein paar der ursprünglichen Hütten, auch wenn sich die von Muddy heute im Museum in Clarksdale befindet.

Das **Grab von Sonny Boy Williamson II**, außerhalb von Tutwiler, 13 Meilen südöstlich von Clarksdale.

Parchman Farm, Kreuzung US-49 W und Hwy-32. Das Mississippi State Penitentiary (Staatsgefängnis) gelangte durch den ehemaligen Insassen Bukka White zu Ruhm.

Dockery Plantation, am Hwy-8, zwischen Cleveland und Ruleville. Einer der wenigen Orte, an denen es Patton länger hielt, und auch zeitweiliges Zuhause von Howlin' Wolf und Roebuck „Pops" Staples.

Charley Pattons Grab, New Jerusalem Church, Holly Ridge, etwas abseits des US-82, 6 Meilen westlich von Indianola.

Robert Johnsons Grab, Payne Chapel in Quito, abseits des Hwy-7, rund 6 Meilen südwestlich von Greenwood, wo er vergiftet wurde.

Tamales. Die tolle Kneipe liegt allerdings in einer etwas durchwachsenen Gegend.

Indianola, 23 Meilen östlich von Greenville am US-82, veranstaltet jedes Jahr im Sommer ein „Home-Coming"-Fest für seinen berühmtesten Sohn, **B. B. King**, der dann hier zusammen mit örtlichen Bluesbands auftritt. Das **B. B. King Blues Museum**, 400 2nd St, 🖥 www.bbking museum.org, erzählt die Geschichte des Blues anhand von Kings 60-jähriger Karriere vom Kleinpächter in den Baumwollfeldern über seine Zeit in Memphis bis zum internationalen Erfolg. 🕐 Mo–Sa 10–18, So 13–17 Uhr, Eintritt $10. Das **Crown**, 12 Front St, ☎ 662/887-4522, serviert in einer Galerie köstliche moderne Südstaatenküche. Zu den freundlichen Musikkneipen am Ort gehören Kings **Club Ebony**, 404 Hannah Ave, ☎ 662/887-9915, und **308 Blues**, 308 Depot Ave, ☎ 662/887-7800, 🖥 www.milewis.com/blues.

40 Meilen östlich von Indianola liegt am schattigen Yazoo River das verschlafene Städtchen **Greenwood**. Es ist nach Memphis der zweitgrößte Baumwollhandelsplatz des Landes. Heute herrscht hier eine etwas merkwürdige Atmosphäre, die die riesigen aseptischen Anlagen des Küchengeräteherstellers Viking und das angeschlossene Resorthotel Alluvian eine Enklave des Wohlstands bilden, die nicht recht zum restlichen Delta passen will. Hier starb der legendäre Bluesmusiker Robert Johnson; mehr über ihn erfährt man im **Blues Heritage Museum**, 222 Howard St, 🖥 www.threedeuces.net. Im selben Gebäude bietet **Veronica's** köstliche Backwaren aus eigener Herstellung, während das freundliche **Blue Parrot Café**, ☎ 662/451-9430, lateinamerikanische Küche serviert.

Ein weiteres etwas ausgefallenes Delta-Erlebnis bietet die Italo-Cajun-Küche von **Lusco's**, auf der falschen Seite der Eisenbahntrasse, 722 Carrolton Ave, ☎ 662/453-5365. Die Tische dieses urigen alten Lokals stehen einzeln in kleinen Nischen mit Vorhängen – ein Überbleibsel aus den Zeiten der Prohibition, als sich die Baumwollbarone hier trafen, um schwarz gebrannten Stoff zu picheln; 🕐 So und Mo geschlossen. Übernachten kann man in einem von sechs auf schöne Art verfallenen, renovierten Delta-Häuschen bei **Tallahatchie Flats**, ☎ 662/453-1854, 🖥 www.tallahatchieflats.

com, ❸, 3 Meilen nördlich der Stadt an der County Road 518; von den Veranden bietet sich ein Blick auf den Fluss, und nichts stört die Stille außer dem Pfeifen der einsamen Eisenbahn. In Greenwood findet jedes Jahr das **Cotton Capital Blues Festival** statt.

Der Nordosten

Der I-55, der Mississippi in Nord-Süd-Richtung durchquert, markiert die Grenzlinie zwischen dem Delta und den üppigen Wäldern des Nordostens. Hier finden sich neben einigen kleinen altmodischen Städtchen als Highlights die Collegestadt **Oxford** sowie das Arbeiterstädtchen **Tupelo**, Geburtsort von Elvis Presley und John Lee Hooker.

Oxford

In der 12 000 Einwohner und 11 000 Studenten zählenden Stadt Oxford, einer reichen Enklave inmitten einer vorwiegend armen ländlichen Umgebung, vermischt sich der Charme des Landlebens mit einer lebendigen Kulturszene. Der Hauptplatz der Stadt repräsentiert das typische Kleinstadt-Amerika, aber die schattigen Straßen verströmen ein europäisch anmutendes Flair – der Ort nannte sich im Rahmen einer (erfolgreichen) Kampagne, die **University of Mississippi**, bekannt als „Ole Miss", dazu zu bewegen, hier ihren Hauptcampus anzusiedeln, nach der englischen Stadt.

Die ansprechende, idyllische kleine Stadt war 1962 Schauplatz einer der bittersten Manifestationen von Rassenhass in Mississippi – Bob Dylan reagierte auf die Vorgänge mit seinem verächtlichen *Oxford Town*. Nach 18 Monaten der juristischen und politischen Auseinandersetzung entschieden bundesamtliche Stellen, dass sich **James Meredith** als erster schwarzer Student an der Ole Miss einschreiben durfte. Die Nachricht, dass Meredith von staatlichen Truppen heimlich in die Uni gebracht worden sei, löste einen Aufruhr aus, der zu drei Toten und 160 Verletzten führte. Trotz ständiger Drohun-

Der Süden

gen machte Meredith im folgenden Jahr seinen Abschluss und trug bei der Abschlussfeier verkehrtherum einen Button mit der Aufschrift „Never" (niemals), dem Rassentrennungsslogan des Gouverneurs Ross Barnett. Im September 2002 wurde am 40. Jahrestag seiner Immatrikulation schließlich ein Denkmal zu seinen Ehren enthüllt. Vom Campus führt ein zehnminütiger Spaziergang durch die üppigen Bailey's Woods zum abgelegenen Haus **Rowan Oak**, in dem einst der Romanschriftsteller **William Faulkner** lebte; das Haus ist im selben Zustand wie zu seinem Tod im Juli 1962. ⏰ Di–Sa 10–16, So 13–16 Uhr, Eintritt $5. Die fiktionale Stadt Jefferson in Yoknapatawpha County im tiefen Süden der USA, in der Faulkner seine wichtigsten Werke ansiedelte, basiert zum großen Teil auf Oxford und Umgebung. Jedes Jahr im Juli veranstaltet die Universität eine **Faulkner and Yoknapatawpha Conference**, 🖥 faulknersociety.com. Östlich vom Campus spielt sich in der Stadt das Leben um den **Hauptplatz** herum ab. Hier befindet sich auch Neilson's, das älteste Warenhaus des Südens – kaum verändert seit 1897. Ansonsten kann man hier in einem der Andenkenläden vielleicht ein Stück Volkskunst aus Mississippi erstehen, sich ein Mittagessen gönnen oder sich auf dem friedlichen Balkon des tollen Buchladens **Square Books** zu den Kaffee trinkenden Studenten gesellen.

Downtown Oxford Inn, beim Hauptplatz, 400 N Lamar Blvd, ☎ 662/234-3031, 🖥 www.downtownoxfordinn.com. ❹

Am Hauptplatz bietet sich eine tolle Auswahl an Essmöglichkeiten:
Ajax Diner, ☎ 662/232-8880. Soul Food in riesigen Portionen. ⏰ So geschl.
Bottletree Bakery, beim Hauptplatz, 923 Van Buren Ave, ☎ 662/236-5000. Freundliches

City Grocery, ☎ 662/232-8080. Munteres Restaurant mit gehobenerer Südstaatenküche, Balkon und Bar im Obergeschoss.⏰ So geschl.

kleines Café mit gesunden Frühstücksoptionen, leckeren Backwaren sowie Suppen und Sandwiches. ⏰ Mo geschl.
Taylor's Grocery, 15 Autominn. südlich von Oxford am Hwy-338 im winzigen Taylor, ☎ 662/236-1716. Wackeliger alter Schuppen mit tollen Catfish-Gerichten.

Oxford wartet mit dem von einer progressiven Unistadt zu erwartenden munteren Nachtleben auf.
Rooster's Blues, am Hauptplatz, 🖥 roosters blueshouse.com. Am Wochenende Liveblues.
Proud Larry's, 211 S Lamar Blvd, ☎ 662/236-0050, 🖥 www.proudlarrys.com. Hier spielen Indie-, Rock- und Americana-Bands.

Das **Visitor Centre**, ☎ 662/232-2367, 🖥 www.oxfordcvb.com, hat Büros im Courthouse und nebenan in einem Cottage, am Hauptplatz, und bietet jeden Menge Infos zu William Faulkner und Veranstaltungen am Ort. ⏰ Mo–Fr 8–17, Sa 10–16, So 13–16 Uhr.

Tupelo

Am 8. Januar 1935 wurde in Tupelo, einer Industriestadt im nordöstlichen Mississippi, Elvis Presley geboren. Er wuchs in ärmlichen Verhältnissen auf und wurde schließlich Lastwagenfahrer. Seine Eltern, Gladys und Vernon Presley, die im armen weißen Ostteil von Tupelo wohnten, hatten größte Mühe, das Geld für den Unterhalt der Familie aufzubringen. Als man Elvis' Vater, der in seiner Verzweiflung Geld unterschlagen hatte, wegen Betrugs zu drei Jahren Gefängnis verurteilte, musste die Familie ihre Zwei-Zimmer-Wohnung räumen und zog 1948 nach Memphis.

Die Stadt macht um ihren legendären Sohn die meiste Zeit des Jahres aber keinen übertriebenen Rummel. Die Main Street ist eine lange, beschauliche Aneinanderreihung unscheinbarer Gebäude ohne einen Souvenirladen weit und breit. Das **CVB**, 399 Main St, ☎ 1-800/553-0611, 🖥 www.tupelo.net, ⏰ Mo–Fr 8–17 Uhr, bietet

Infos über das vergnügliche dreitägige Elvis Festival im Juni, wenn sich die Stadt mit Elvis-Imitatoren füllt.

Das Geburtshaus von Elvis, der **Elvis Presley Birthplace**, 306 Elvis Presley Drive, etwas östlich vom CVB, ✆ 662/690-6623, 🖳 www.elvis presleybirthplace.com, ist ein winziges, 1934 für $150 gebautes *shotgun house* mit nur zwei Zimmern, das wieder so hergerichtet wurde, wie es bei Elvis' Geburt aussah. Es ist sicher bewegend, in diesem Häuschen zu stehen, für das sich die Familie Presley so sehr veraus-gabte. Gleichermaßen eindrucksvoll ist die be-nachbarte Familienkirche, die hierher aus der Nähe versetzt wurde. Auf Leinwänden werden hier die eindringlichen Gottesdienste mit ihrer Gospel-Musik zum Leben erweckt, mit denen Elvis aufwuchs und die er nie vergaß. Außerdem gibt es ein faszinierendes kleines **Museum** mit Erinnerungsstücken und Gedichten über beson-ders die frühen Jahre des King, die schön in den Kontext des Daseins im Süden vor dem Zweiten Weltkrieg eingebettet werden. 🕓 Mai–Sep Mo–Sa 9–17.30, So 13–17, Okt–April Mo–Sa 9–17, So 13–17 Uhr, Haus $4, Museum $8, Kirche $6, Kombiticket $12.

Motels säumen die Gloster Street und den McCullough Boulevard nördlich der Main Street. Gut ist das Comfort Inn, 1190 Gloster St, ✆ 662/842-5100, 🖳 www.comfortinn.com ❸. Die Ein-heimischen verspeisen ihre Rippchen und Süd-staaten-Mittagsgerichte gern bei **BBQ by Jim**, beim CVB, 203 Commerce St, ✆ 662/840-8800, 🕓 So geschlossen.

Der Süden

Südlich des Deltas sind schroffe Lösshänge die Vorboten von üppig grünem Wald- und Wiesen-land. Hier liegen reizvolle historische Städtchen wie **Vicksburg** und **Natchez**. Es ist eine echtes Vergnügen, mit dem Auto durch diese Gegend zu fahren, vor allem auf dem **Natchez Trace Park-way**, wo keine Lastwagen, Gebäude und Neon-schilder die Aussicht versperren. Die Hauptstadt des Bundesstaats, Jackson, bietet wenig Anrei-ze für einen Besuch.

Vicksburg

Die historische Hafenstadt Vicksburg liegt 44 Meilen westlich von Jackson an einer Bie-gung des Mississippi. Während des Bürger-kriegs brachte Vicksburg wegen seiner strate-gisch guten Lage am Mississippi die Schifffahrt der Union zum Stillstand, weswegen Abraham Lincoln die Stadt als den „Schlüssel zu den Kon-föderierten") bezeichnete.

Im Frühjahr 1863 landeten Ulysses S. Grant und seine Unionstruppen im Süden, marschier-ten landeinwärts und griffen die Stadt von Osten her an. Die Konföderierten sahen sich von allen Seiten eingeschlossen. Trotzdem ergaben sie sich nicht. Nach 47 Tagen Belagerung wurde Vicksburg schließlich am 4. Juli 1863 eingenom-men – und weigerte sich die nächsten 100 Jahre lang, den Nationalfeiertag zu begehen.

Den Hauptschauplatz der Schlacht kann man im heutigen **Vicksburg National Military Park**, 🖳 www.nps.gov/vick, besichtigen. Der Eingang liegt am US-80 (Clay St) im Nordosten der Stadt. Ein 16 Meilen langer Rundfahrweg führt durch die grünen Hügel, an den Schützengräben der beiden gegnerischen Armeen vorbei, die mit Statuen, Kanonen oder einem von mehr als 1600 Denkmälern gekennzeichnet sind. Nahebei liegt der **Vicksburg National Cemetery** mit rund 17 000 Unionsgräbern, wovon auf 13 000 schlicht *Unknown* steht. 🕓 Sommer tgl. 8–19, sonst 8–17 Uhr, Eintritt $8 pro Fahrzeug.

Da der Mississippi seit den 1860er-Jahren seinen Lauf verändert hat, fließt heute der schmale, kanalisierte Yazoo River am Schlacht-feld und einem Großteil von Vicksburg vorbei. Das Zentrum mit seinen steilen Straßen und be-waldeten Schluchten selbst hat sich aber kaum verändert, wenngleich am Flussufer große **Kasi-nos** vertäut liegen.

Derzeit wird das gesamte Zentrum restauriert und nähert sich immer mehr seinem Erschei-nungsbild im späten 19. Jh. an, obwohl die meis-ten der schönen Herrenhäuser während der Belagerung im Bürgerkrieg zerstört wurden. Das faszinierende **Old Court House Museum**, 1008 Cherry St, 🖳 oldcourthouse.org, befasst sich vor allem mit der Zeit des Bürgerkriegs und verkauft sogar Original-Gewehrkugeln jener Zeit. Es gibt auch eine Ausstellung über die Nachkriegsjahre und die erste Siedlung an diesem Ort, das 1796 gegründete Nogales. ◷ im Sommer Mo–Sa 8.30–17, So 13.30–17, sonst bis 16.30 Uhr, Eintritt $5.

Ein kleines Museum der **Biedenharn Candy Company**, 1107 Washington St, ✆ www.bieden harncoca-colamuseum.com, markiert den Ort, an dem Coca-Cola erstmalig in Flaschen abge-füllt wurde. Die lebendig gestaltete Ausstellung berichtet von den Anfängen des Getränks, das heute weltweit nicht mehr wegzudenken ist. ◷ Mo–Sa 9–17, So 13.30–16.30 Uhr, Eintritt $3.

Deluxe Inn, 2751 I-20 Frontage Rd, ✆ 1-800/546-4167. Eins der Motels in der Nähe des Military Parks: Gemütlich-altmodische Unter-kunft mit sauberen, ruhigen Zimmern. ❸

Anchuca, 1010 First East St, ✆ 1-888/686-0111, 🖳 www.anchucamansion.com. Erstes Herren-haus der Stadt mit Säulen. Ansprechendes B&B mit Pool. Sehr gutes Restaurant mit Tischen im Freien. ❻

Walnut Hills, 1214 Adams St, ✆ 601/638-4910. Hervorragendes Mittagsbüffet (Brathähnchen und andere Südstaaten-Leckerbissen). Auch Gerichte à la carte. ◷ Mo–Sa 9–23, So 11–14 Uhr.

Hwy 61 Coffeehouse, in der Volkskunstgalerie **Attic** in Downtown, 1101 Washington St, ✆ 601/638-9221. Künstlerisch angehauchtes kleines Café. ◷ So geschl.

Mississippi Welcome Center, Exit 1A vom I-20, am Fluss, ◷ tgl. 8–18 Uhr.

Vicksburg Tourist Information Center, Clay St, nahe Exit 4 vom I-20, gegenüber dem Eingang zum Schlachtfeld, ✆ 601/636-9421, 🖳 www.visitvicksburg.com, ◷ tgl. im Sommer 8–17.30, im Winter 8–17 Uhr.

Natchez

Das 60 Meilen südlich von Vicksburg am Ende des hübschen Natchez Trace Parkway, des alten Indianerpfads von hier nach Nashville, gelege-

ne Städtchen Natchez ist die älteste dauerhafte Siedlung am Mississippi. Bevor hier 1798 erst-malig das Sternenbanner gehisst wurde, hatten an diesem Ort schon die Natchez-Indianer und deren Vorfahren sowie später französische, britische und spanische Kolonisten gelebt. Im Gegensatz zu seiner Rivalin Vicksburg blieb Nat-chez von den Verwüstungen des Bürgerkriegs weitgehend verschont. So stehen hier noch heute zahlreiche prächtige klassizistische Villen aus der Vorkriegszeit, umgeben von makellos gepflegten Gärten, und an breiten, schattigen Eichenalleen einfachere, aber nicht minder at-traktive Holzhäuser – Natchez ist eines der hüb-schesten Städtchen der Südstaaten.

Auf einer Fahrt mit der **Pferdekutsche** lässt sich das Zentrum gut erkunden. Einige Herren-häuser stehen Besuchern offen, unter anderem **Longwood**, 140 Lower Woodville Rd, ein unge-wöhnliches, achteckiges Gebäude mit strah-lend weißen Säulen und einer riesigen Kuppel. Im Rahmen der zweimal jährlich stattfindenden **Natchez Pilgrimage**, ✆ 601/446-6631, 🖳 www. natchezpilgrimage.com, kann man noch viele andere Herrenhäuser auf Führungen besich-tigen (März und Oktober, $10 pro Haus, $24 für 3 Häuser).

Der eigentliche Stadtkern von Natchez liegt ein gutes Stück oberhalb des Flusses. Am Fuß des Felsens befindet sich das kleine Viertel **Natchez Under-the-Hill**, einst auch „Sodom of the Mississippi" genannt. Heute gibt es hier einige nette Bars und Restaurants sowie das Schaufelraddampfer-Kasino Isle of Capri.

Natchez ist nach den **Indianern** benannt, deren Kultur als eine der bedeutendsten der Mississippi-Region gilt. Die Natchez behaupte-ten ihre Stellung bis 1729, als sie gegen die Fran-zosen rebellierten, die eines ihrer Dörfer durch eine Tabakplantage ersetzen wollten. Unterstützt von afrikanischen Sklaven brachten die Indianer 250 Kolonisten um, bevor die Franzosen und die mit ihnen verbündeten Choctaw-Indianer den Aufstand niederschlugen.

Im **Grand Village**, 400 Jefferson Davis Blvd, 🖳 www.nps.gov, dem ehemaligen spirituel-len Zentrum der Natchez und Heimstatt ihres verehrten Führers „Große Sonne", gibt es ein Visitor Center, rekonstruierte Häuser und eine

Der Süden

Parkanlage mit zwei Zeremonienhügeln. ① Mo–Sa 9–17, So 13.30–17 Uhr, Eintritt frei. Eine weitere Stätte, die an die Natchez-Indianer erinnert, ist der weit größere Zeremonienhügel **Emerald Mound**, abgehend vom Natchez Trace nordöstlich der Stadt. ① 24 Std., Eintritt frei.

Dem reichen afroamerikanischen Erbe von Natchez – Richard Wright, Autor von *Native Son,* wurde hier in der Nähe geboren und wohnte als Kind in der Stadt – ist eine kleine Ausstellung am **Forks of the Road Monument** gewidmet, eine Meile östlich von Downtown, Liberty Rd, Ecke St. Catherine St, 🖳 www.forksoftheroads.net; hier befand sich einst der zweitgrößte Sklavenmarkt des Südens.

Jedes Jahr im April werden beim **Natchez Bluff Blues Fest** die verschiedenen Bluesstile der Region zu Gehör gebracht.

Übernachtung

Stone House Music Room B&B, 804 Washington St, ☎ 601/445-7466, 🖳 www.josephstonehouse.com. Etwas anders als die anderen zahlreichen B&Bs am Ort: Das Haus gehört einem professionellen Musiker, der für seine Gäste kostenlose Klavierkonzerte gibt; außerdem findet sich hier ein Billardzimmer und ein Geschäft für alte Karten und Drucke. ❺

Natchez Eola, 110 N Pearl St, Downtown, ☎ 601/445-6000, 🖳 www.natchezeola.com. Altehrwürdiges Hotel mit verblichenem Charme. ❺

Essen

Pig Out Inn, 116 S Canal St, ☎ 601/422-8050. *Die* Adresse für gegrilltes Schweinefleisch.
Fat Mama's Tamales, 500 S Canal St, ☎ 601/442-4548. Tamales und Margaritas.
Cock of the Walk, 200 N Broadway, ☎ 601/446-8920. Touristisches, aber vergnügliches Catfish-Restaurant.
Marketplace Café, 613 Main St, ☎ 601/304-9399. Gutes Frühstück und Mittagessen sowie guter Kaffee. ① Mo geschlossen.
Biscuits and Blues, 315 Main St, ☎ 601/446-9922. Burger und Fleisch vom Grill; am Wochenende Liveblues.

Informationen

Visitor Reception Center, 640 S Canal St, ☎ 601/446-6345, 🖳 www.visitnatchez.com, ① Mo–Sa 8.30–17, So 9–16 Uhr.
Das Visitor Center liegt an der Brücke über den Mississippi und ist der Ausgangspunkt von Stadtrundfahrten per Trolley oder Bus und für **Kutschfahrten** (ca. $15).

Der Süden

Florida

Stefan Loose Traveltipps

12 **Miami** Internationale Cafés, alte
Straßenkreuzer und schöne Menschen
prägen das Bild des Ocean Drive, der Art-
déco-Vorzeigemeile von South Beach. S. 511

Florida Keys Traumhafte Inselkette zum
Tauchen, Schnorcheln oder Sonnenunter-
gänge angucken. Und auf keinen Fall Key
West vergessen, die gelassene Insel am
Ende der Kette. S. 524

Kennedy Space Center, Space Coast
Jede Menge Raumfahrttechnologie nur
einen Steinwurf vom Merritt Island National
Wildlife Refuge entfernt. S. 534

St. Augustine Die spanische Stadt aus
dem 16. Jahrhundert beeindruckt durch
historische Gebäude und ein herausragendes
Geschichtsmuseum. S. 537

13 **Walt Disney World** Unterhaltung pur,
durchgeplant bis ins Detail. S. 543

Tampa Die Stadt an der Golfküste hat eins
der besten Steakhouses des Landes und verströmt einen Hauch kubanischer Kultur. S. 551

14 **Everglades** Mit dem Fahrrad oder zu
Fuß durch die ausgedehnten Riedgras-
Ebenen des Nationalparks – oder mit dem
Kanu durch die Mangrovensümpfe, den
Lebensraum der Alligatoren. S. 560

Mit Fotos von sonnengebräunten Touristen, Palmen und Mickey Mouse vermittelt die Werbung ein ganz und gar einseitiges Bild des „Sunshine State". Zwar hat sich Florida tatsächlich dem Tourismus verschrieben, doch gehört es gleichzeitig zu den am meisten missverstandenen Regionen der USA. Von Wäldern und Flüssen, einsamen Stränden, urzeitlichen Sümpfen und lebendigen Städten ist in Reiseprospekten kaum die Rede. Außerdem sind die meisten Neu-Floridianer viel jünger und energiegeladener, als man nach Floridas verbreitetem Image als Rentnerparadies glauben sollte, und die spanischsprachigen Enklaven des Staats sorgen für enge Verbindungen zu Lateinamerika und in die Karibik.

Die bei Weitem wichtigste Station für Reisende ist das kosmopolitische und stark lateinamerikanisch geprägte **Miami**. Von hier führt eine kurze Fahrt nach Süden geradewegs auf die **Florida Keys**: Die 100 Meilen lange Inselkette ist berühmt als Urlaubsparadies für Sportfischer und Taucher, und ihre sinnenfreudige Stadt **Key West** lockt mit legendären Sonnenuntergängen und einer liberalen Grundeinstellung. Auf dem Festland westlich von Miami erstrecken sich die leicht zugänglichen **Everglades**, eine Sumpflandschaft voll wogendem Riedgras und Alligatoren – ein Symbol für den Bundesstaat, das auf jedem College-Campus als Maskottchen und auf unzähligen Reklamewänden zu finden ist.

Floridas Ostküste ist auf weiten Strecken zugebaut – ein gar nicht so kleiner Nebeneffekt der Einwanderung der sogenannten *sunbirds* (Menschen, die dem kalten Klima im Nordosten der USA entfliehen wollen). Der Würgegriff der Wohnbebauung lockert sich erst weiter nördlich, wo das **Kennedy Space Center** die NASA-Spaceshuttles ins All schießt. Noch weiter nördlich hält sich der historisch bedeutsame Ort **St. Augustine** als älteste durchgehend bewohnte europäische Siedlung der USA. Das städtische Zentrum und das dichte Straßennetz verleihen dem Ort ein leicht europäisches Flair.

Central Florida ist grün, aber keine ländliche Idylle. Das liegt vor allem an **Orlando** und **Walt Disney World**, die in die ländliche Umgebung wuchern. Von hier ist es nur noch ein Katzensprung zu den Städten und Stränden der **Westküste**. Ein ganzes Ende weiter nördlich liegen die Wälder des **Panhandle**, Floridas Verbindung mit den Südstaaten.

Es macht kaum einen Unterschied, welche **Reisezeit** man wählt: Warme Sonnenstrahlen und blauer Himmel sind hier etwas ganz Alltägliches. Allerdings besitzt Florida zwei unterschiedliche **Klimazonen** – der Süden ist subtropisch, der Norden gemäßigt. Südlich von Orlando sind die Winter (Okt–April) sehr mild, es herrschen wohlig warme Temperaturen und eine geringe Luftfeuchtigkeit. In dieser **touristischen Hochsaison** liegen die Preise am höchsten. Im Sommer (Mai–Sep) ist die Luftfeuchtigkeit im Süden dagegen extrem hoch, und nachmittags gibt es oft Gewitter. Dafür entschädigen sinkende Preise und niedrigere Touristenzahlen.

Nördlich von Orlando ist im Winter Nebensaison; im Panhandle kann zwar gelegentlich Schnee fallen, aber normalerweise herrschen tagsüber angenehm warme Temperaturen. Im nördlichen Florida ist der Sommer die Zeit des größten Besucheransturms, dann sind die Tage – und Nächte – heiß und sehr schwül. Von Juni bis November ist in Florida *hurricane season*, und starke Stürme sind im ganzen Bundesstaat keine Seltenheit.

Geschichte

Sechs Jahre nachdem Christoph Kolumbus die „Neue Welt" erreicht hatte, sichteten John und Sebastian Cabot vermutlich als erste Europäer 1498 das heutige Cape Florida in Miami. Damals lebten in Florida etwa 100 000 Angehörige verschiedener Indianerstämme: im Norden die Timucua, im Südwesten und am Lake Okeechobee die Calusa, im Panhandle die Apalachen und entlang der südöstlichen Küste die Tequesta.

1513 erblickte der Spanier **Juan Ponce de León** während der „Pascua Florida", dem spanischen Osterfest, die Küste Floridas und gab dem Land daher den Namen La Florida („Das Blühende"). Acht Jahre später kam er wieder, beflügelt von dem Gerücht, es gebe Goldschätze im Norden der Region. Als nach mehreren spanischen Erkundungsfeldzügen schließlich klar wurde, dass Florida keine umwerfenden Reichtümer verbarg, ließ das Interesse stark nach. Erst 1565 gründete der Konquistador Pedro Menéndez de

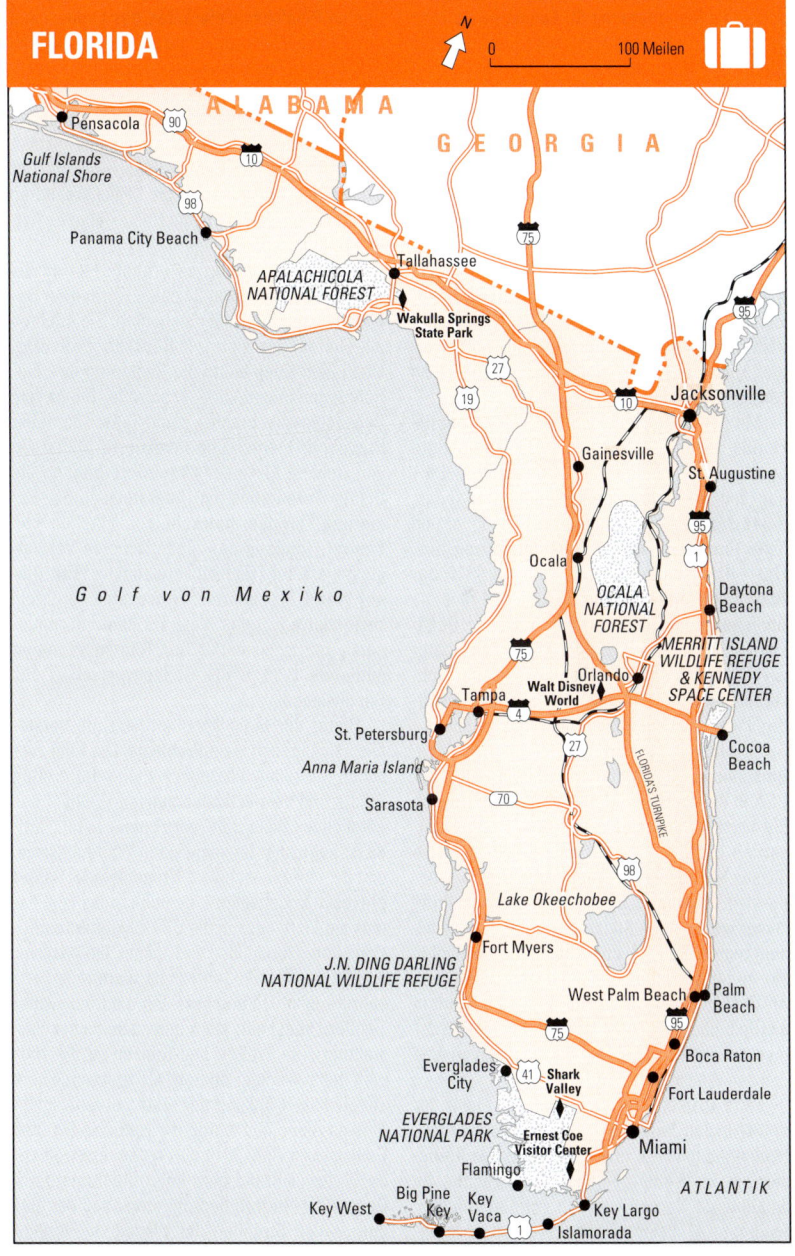

Florida

ALABAMA

GEORGIA

Pensacola

Gulf Islands
National Shore

Panama City Beach

APALACHICOLA
NATIONAL FOREST

Tallahassee

Wakulla Springs
State Park

Jacksonville

Gainesville

St. Augustine

Ocala

Golf von Mexiko

OCALA
NATIONAL
FOREST

Daytona
Beach

MERRITT ISLAND
WILDLIFE REFUGE
& KENNEDY
SPACE CENTER

Orlando

Walt Disney
World

Tampa

St. Petersburg

Anna Maria Island

Sarasota

FLORIDA'S TURNPIKE

Cocoa
Beach

Lake Okeechobee

J.N. DING DARLING
NATIONAL WILDLIFE REFUGE

Fort Myers

West Palm Beach

Palm
Beach

Boca Raton

Everglades
City

Shark
Valley

Fort Lauderdale

EVERGLADES
NATIONAL PARK

Ernest Coe
Visitor Center

Miami

Flamingo

Key West

Big Pine
Key

Key
Vaca

Key Largo

ATLANTIK

Islamorada

Avilés die Niederlassung **St. Augustine** – die am längsten durchgehend bewohnte europäische Siedlung in Nordamerika.

1586 legten die Geschütze der britischen Flotte unter Francis Drake St. Augustine in Schutt und Asche. Die folgenden blutigen Auseinandersetzungen um die Vorherrschaft in Nordamerika wurden erst beigelegt, als die Briten die für die Spanier äußerst wichtige Kolonie Havanna (Kuba) eroberten und gegen Florida eintauschten. In der Zwischenzeit hatten eingeschleppte Krankheiten den größten Teil der Ureinwohner Floridas ausgerottet. Andere Stämme, die unter dem Begriff **Seminolen** zusammengefasst werden, kamen aus dem Norden und ließen sich im Landesinneren Floridas nieder.

Mit der amerikanischen Unabhängigkeit fiel Florida wieder an Spanien. 1814 marschierte der US-General (und spätere Präsident) Andrew Jackson aus Tennessee kommend gen Süden, tötete dabei mehrere Hundert Ureinwohner und löste damit den **Ersten Seminolenkrieg** aus. Nach Kriegsende stimmte Spanien 1819 der **Abtretung Floridas an die USA** zu, während die Amerikaner im Gegenzug fünf Millionen Dollar spanische Schulden tilgten. Kurze Zeit später wurde Jackson als erster amerikanischer Gouverneur Floridas vereidigt, und Tallahassee wurde zum neuen Verwaltungszentrum ausgebaut.

Elf Jahre später verfügte man per Gesetz die **Umsiedlung aller Indianer** aus dem Osten der USA in Reservate im Mittleren Westen. Da sich die meisten Seminolen dieser Anordnung widersetzten, brach der zweite Seminolenkrieg aus, in dessen Verlauf die US-Truppen die Ureinwohner aus den fruchtbaren Gebieten im Landesinneren immer weiter nach Süden bis in die Everglades abdrängten. Schließlich willigten die Seminolen ein, in den südlichen Sumpfgebieten zu bleiben. Am 3. März 1845 wurde Florida als **27. Staat** in die Union aufgenommen und erlebte infolge der Inbetriebnahme der ersten Eisenbahnlinien eine Zeit des Wohlstands.

Erste Artikel über das heilsame Klima der Region in den USA ganzen Landes läuteten Anfang des 20. Jhs. den Beginn des **Tourismus** ein. Im Winter gediehen die Zitrusfrüchte, die im kühleren Norden verkauft werden konnten. Außerdem avancierte Florida zu einem der wichtigsten Rindfleischlieferanten des Landes. Auf den Ersten Weltkrieg folgte eine Hochkonjunktur. Charterzüge beförderten Tausende investitionsbereiter Amerikaner nach Florida, die dort ihr Geld überwiegend in Wertpapieren anlegten. Als die Zahlungen 1926 mehr und mehr ausblieben, schlitterten die Banken in den Konkurs. Der **Wall-Street-Crash** machte die Millionäre, deren Investitionen Florida auf die Beine geholfen hatten, zu Almosenempfängern.

Der **Zweite Weltkrieg** brachte Florida die Rettung: Tausende von Soldaten wurden zur Bewachung der Küste hier stationiert. Sie erlebten ein Florida, das viele zur Rückkehr verlockte. Nach dem Krieg baute die Regierung ihre Einrichtungen in und um Jacksonville, Tampa und Pensacola aus, brachte damit Tausende neuer Bewohner hierher und investierte Milliarden von Dollars. Mitte der 60er-Jahre begann die Disney Corporation mit Unterstützung der Regierung Floridas, beträchtliche Flächen von Central Florida in den gigantischsten Vergnügungspark auf Erden zu verwandeln: **Walt Disney World**. Sein enormer wirtschaftlicher Erfolg zementierte Floridas Platz auf dem internationalen Tourismusmarkt: Der Tourismus macht mittlerweile 20 % der Gesamtwirtschaft des Bundesstaates aus.

Hinter der optimistischen Fassade verstecken sich jedoch viele **Probleme**. Die Kluft zwischen der relativ liberalen Haltung der großen Städte und dem erzkonservativen Weltbild des nördlichen „Bible Belt" wird immer tiefer. Florida ist berüchtigt für seine laxen Waffengesetze, und der millionenschwere **Drogenhandel** floriert praktisch ungehemmt – es heißt, dass mindestens ein Viertel des in die USA eingeführten Kokains über Florida ins Land kommt. Ein positiver Aspekt des letzten Jahrzehnts waren die Fortschritte beim **Naturschutz**. Ein eindrucksvoller Teil der Landschaft steht unter staatlicher Verwaltung – im Großen und Ganzen ist die Tierwelt heute weniger bedroht als zu irgendeinem Zeitpunkt seit Ankunft der ersten europäischen Siedler. Allerdings wurde die Natur an Floridas Golfküste im April 2010 durch das ausströmende Öl der in Brand geratenen Ölbohrplattform Deepwater Horizon bedroht. Zwar soll das Baden an den Stränden der Westküste Floridas inzwischen wieder unbedenklich sein, aber laut Greenpeace kann nach Stürmen immer noch Öl an den Strand geschwemmt werden.

Transport

Reisen durch Florida sind ziemlich zeitaufwändig, auch mit dem Auto. Die Flüge zwischen größeren Städten sind teuer, und wer Florida mit öffentlichen Verkehrsmitteln bereisen will, muss sorgfältig im Voraus planen.

Greyhound-Busse verbinden alle größeren Städte. **Amtrak**-Züge fahren an der Ostküste entlang und Richtung Westen nach Orlando und Tampa. Ländliche Regionen und einige der schönsten Küsten sind jedoch mit öffentlichen Verkehrsmitteln nur schwer oder gar nicht zu erreichen.

Das **Fahrrad** eignet sich zwar nicht für die Städte, ist aber ein gutes Transportmittel, um große Teile Floridas kennenzulernen. Gut ausgebaute Radwege führen die Küsten entlang und durch das Landesinnere.

12 HIGHLIGHT

Miami

Wenn sich am Strand die Palmen im Wind wiegen und die berühmten Art-déco-Gebäude von South Beach in warmem Sonnenlicht strahlen, kann man sich kaum eine schönere Stadt vorstellen als Miami. In gebührendem Abstand zu den Stränden und Touristen ragen die glitzernden Wolkenkratzer in Downtown Miami stolz in die Höhe, viele davon sind die Lateinamerika-Zentralen US-amerikanischer Konzerne. Dennoch: Weder das Klima noch die Landschaft noch das viele Geld machen Miami so reizvoll, sondern vielmehr seine Bewohner. Zwei Drittel der mehr als zwei Millionen Einwohner sind Latinos, vor allem **Kubaner**. In den Cafés, in Cocktailbars und am Strand ist Spanisch die vorherrschende Sprache.

Vor über 100 Jahren war Miami noch ein sumpfiger Außenposten moskitoplagter Siedler. Henry Flaglers Eisenbahntrasse verschaffte

der Stadt 1896 ihre erste Landverbindung mit dem Rest des Kontinents und bereitete den Weg für den Immobilienboom der 1920er-Jahre und die darauffolgende Wirtschaftskrise nach 1924. In den 1950er-Jahren mauserte sich Miami Beach zum Urlaubsort der Prominenz; gleichzeitig trudelten Tausende von Kubanern ein, die Fidel Castros Regime den Rücken gekehrt hatten. In den 60er- und 70er-Jahren ging es dann wieder bergab. Miamis aus den 80er-Jahren stammender Ruf als gefährliches Pflaster kam nicht von ungefähr: Die Stadt hatte damals die höchste Mordrate der gesamten USA.

Dank der verstärkten Wirtschaftsbeziehungen mit Lateinamerika und dem vermehrten Zuzug von Besserverdienern nach South Beach – was Anfang der 90er-Jahre zu einer Wiederbelebung des Tourismus führte – genießt Miami inzwischen einen gewissen Wohlstand und gibt sich optimistisch.

Miamis **Bezirke** spiegeln die kulturelle, wirtschaftliche und soziale Vielfalt der Stadt. Am beliebtesten ist das durch die Biscayne Bay vom Festland getrennte **Miami Beach**, das größtenteils von den ausschweifenden Partys am **South Beach** geprägt wird. Außer dem verlockenden Strand finden sich hier viele der berühmten Artdéco-Gebäude der Stadt – ein Augenschmaus aus Pastelltönen, Neonlichtern und geschwungenen Linien.

Die **Downtown** auf dem Festland besitzt einige gute Museen, auch wenn sich das Gesicht des Stadtzentrums derzeit durch die enorme Konzentration von Wohnhochhäusern – eine der größten derartigen Ballungen in den ganzen USA – rasant verändert. Weiter nördlich ziehen die Galerien und Showrooms von **Wynwood** und dem **Design District** und sogar die karibische Enklave von **Little Haiti** immer mehr Besucher an.

Die besten Adressen fürs kubanische Mittagessen locken südwestlich der Downtown in **Little Havana**, das sich entlang der 8th Street (auch als Calle Ocho bekannt) erstreckt. Gleich südlich davon wirken die großzügigen Boulevards und prunkvollen öffentlichen Gebäude von **Coral Gables** heute noch so eindrucksvoll wie in den 1920er-Jahren, als der Distrikt neue städteplanerische Maßstäbe setzte. Sonnenanbeter sollten sich etwas Zeit für **Key Biscayne** neh-

Florida

men, eine exklusive, abgelegene Wohninsel mit ein paar wunderschönen Stränden, die über eine fünf Meilen lange Dammstraße zu erreichen ist. Mitten in diesem Gebiet befindet sich **Virginia Key**, die Heimat der legendären Bar Jimbo's (s. S. 522). Virginia Key nimmt in der Geschichte von Miami eine wichtige Rolle ein, da es hier in der Zeit der Rassentrennung einen Strand nur für Farbige gab. Für die Geschichte der hiesigen Afroamerikaner ist er ein bedeutender Ort. Mittlerweile wurde der Strand nach Jahrzehnten der Vernachlässigung wieder hergerichtet und beherbergt das größte Mangrovenfeuchtgebiet in ganz Florida.

Miami Beach

Als langer und schmaler Streifen Land schiebt sich Miami Beach 3 Meilen vom Festland entfernt zwischen die Biscayne Bay und den At-

Miamis Strände

12 Meilen ruhiges Meer, sauberer Sand, wiegende Palmen und bonbonfarbene Türme der Küstenwache – Miami bietet Strände für jeden Geschmack. Die Jungen und Schönen (und die ehemals Schönen) sonnen sich zwischen der 5th und 21st Street in günstiger Nähe der Saftbars und Cafés am Ocean Drive. Von der 6th bis zur 14th Street erstreckt sich der **Lummus Park**, dessen Sand zu einem Großteil per Schiff von den Bahamas herübergeschafft wurde. Er bildet den Mittelpunkt der Szene von South Beach, und in der Umgebung der 12th Street befindet sich ein inoffizieller Schwulenabschnitt. Nördlich der 21st Street lassen sich hier Familien nieder. Hier verläuft bis zur 46th Street eine **Promenade** zwischen dem Strand und den Hotels. Am **First Street Beach** und **South Pointe** im Süden tummeln sich vor allem kubanische Familien, und am Wochenende kann es eng werden. Wer **schwimmen** möchte, begibt sich am besten zur 85th Street, einem ruhigen Strandabschnitt, an dem normalerweise Rettungsschwimmer über die Sicherheit wachen.

lantischen Ozean. Seit fast einem Jahrhundert sorgt der exklusive Urlaubsort immer wieder für Schlagzeilen – von seiner Blütezeit als Zentrum der Art-déco-Architektur in den 20er-Jahren über eine an Las Vegas erinnernde Phase in den 50ern bis zum hedonistischen Trendsetter-Image der Gegenwart.

Bis Anfang des 20. Jhs. der Quäker und Besitzer dieses Landstrichs, John Collins, eine sonderbare Partnerschaft mit dem schillernden Geschäftsmann Carl Fisher einging, hatte es hier lediglich eine kränkelnde Obstplantage gegeben. Fisher besaß das nötige Kleingeld, um die Biscayne Bay auszubaggern, mit dem abgetragenen Schlamm Miami Beach aufzuschütten und die von wilder Vegetation überwucherte Insel in eine sorgfältig gestaltete Landschaft aus Palmen, Hotels und Tennisplätzen zu verwandeln.

Nachdem Miami (und besonders der Strand) 1926 von einem Hurrikan verwüstet worden war, ersetzte man die zerstörten Gebäude durch elegantere Bauten im neuen Art-déco-Stil, und es entstand das Miami Beach, wie es sich heute noch praktisch unverändert präsentiert. In den 90ern erlebte der Bezirk eine Renaissance, für die vor allem einige clevere Hoteliers und Miamis homosexuelle Gemeinde verantwortlich zeichnete.

South Beach

Der herrliche South Beach mit Hunderten von hübschen, pastellfarbenen Art-déco-Gebäuden aus den 20ern und 30ern nimmt die 3 südlichsten Meilen von Miami Beach ein. Tagsüber knallt die Sonne auf die brutzelnden Körper am Strand hinab, doch es lohnt sich auch, einmal ganz früh aufzustehen, um zu erleben, wie die Art-déco-Hotels bei Sonnenaufgang in ein reines, weißes Licht getaucht werden.

Wenn abends und nachts die Straßencafés sich auf den ausladenden Gehsteigen ausbreiten, Touristen und Einheimische in großer Zahl am Strand promenieren, erwachen die zehn Blocks des Ocean Drive zu einer der lebendigsten Gegenden Miamis. Der sogenannte **Deco District**, grob zwischen Fifth Street und 20th Street, Lenox Avenue und dem Meer gelegen, umfasst in Wirklichkeit sehr unterschiedliche Baustile. Im Rahmen eines der informativen

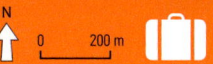

❶, Ⓐ, *Central Miami Beach*

Downtown Miami, Flughafen

Übernachtung

Albion Hotel	**F**
Cadet Hotel	**D**
Clay Hotel and Hostel	**G**
The Clifton Hotel	**H**
Daddy O Hotel	**A**
The Hotel	**K**
Miami Beach International Travelers Hostel	**I**
Pelican	**J**
The Shore Club	**B**
The Standard Miami	**E**
Townhouse Hotel	**C**

Restaurants, Bars & Clubs

The Abbey Brewing Company	6
Big Pink	14
David's Café	10
The Forge	1
Front Porch Café	8
Joe's Stone Crabs	15
La Sandwicherie	7
Mansion	9
Mynt Ultra Lounge	2
News Café	12
Nikki Beach	16
Pizza Rustica	5 & 11
Purdy Lounge	3
The Raleigh Bar	4
Sky Bar	B
Tap Tap	13

Downtown Miami, Flughafen

SUNSET DRIVE
N BAY ROAD
ALTON ROAD
N MERIDIAN AVENUE
PRAIRIE AVENUE
PARK AVE
23RD STREET
22ND STREET
21ST STREET
20TH STREET

Collins Park

W. 20TH ST.

DADE BOULEVARD

Holocaust Memorial

Bass Museum of Art

Ⓑ Ⓒ
❷
Ⓓ
❹

17TH ST

VENETIAN CAUSEWAY

Ⓔ
❸

LINCOLN ROAD
WASHINGTON AVE
JAMES AVE
COLLINS AVENUE
Ⓕ
❺
❻

16TH ST

PENNSYLVANIA AVE

15TH ST.

ESPANOLA WAY

Ⓖ ❼ ❽

Miami Beach Post Office

14TH ST

Flamingo Park

WEST AVENUE
ALTON ROAD
BAY ROAD
MICHIGAN AVENUE
LENOX AVENUE
JEFFERSON AVENUE
MERIDIAN AVENUE
EUCLID AVENUE

Ⓗ

World Erotic Art Museum

❾

11TH ST.

❿

Wolfsonian-FIU

10TH ST.

9TH ST.

ⓘ **Beach Patrol Station**

8TH ST.

Art Deco Welcome Center

⓫ ⓘ
Ⓚ ⓬ Ⓙ

7TH ST.

Lummus Park

6TH ST.

WASHINGTON AVE
COLLINS AVENUE
OCEAN DRIVE

5TH ST. ⓭

Miami Beach Bicycle Center

ATLANTIK

4TH ST.

3RD ST.

2ND ST.

Miami Beach Marina

⓮

First Street Beach

1ST ST
COMMERCE ST ⓯
BISCAYNE BOULEVARD
⓰

ALTON ROAD

Terminal Island

Causeway Island

MACARTHUR CAUSEWAY

Star Island

Biscayne Bay

South Pointe Park

Government Cut

Fisher Island

Florida

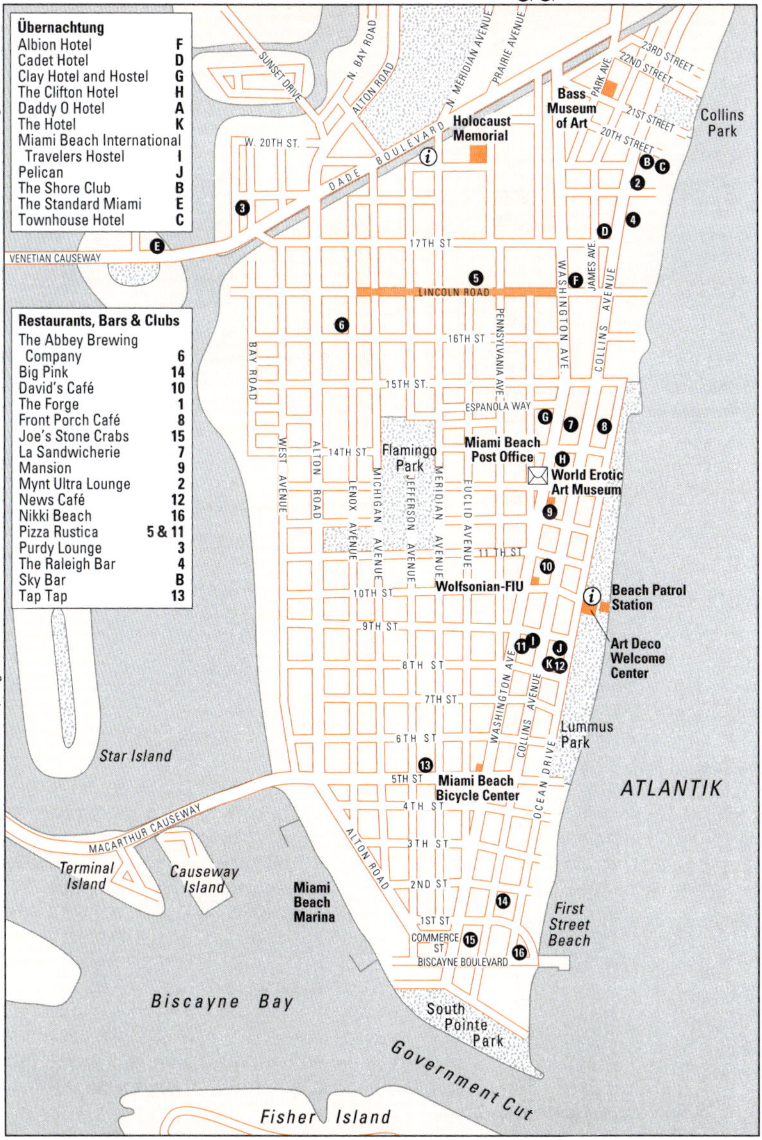

Miami Beach: Palmen, Art déco und Tennisplätze

Spaziergänge, die von der Miami Design Preservation League angeboten werden, kann man sich über die Unterschiede zwischen den architektonischen Stilen Streamline, Moderne, Florida Deco und Mediterranean Revival aufklären lassen.

Wem die Touristenmassen zu viel werden, der geht am besten einen Block in westliche Richtung zur **Collins Avenue**, die von weiteren Deco-Hotels und Modeketten gesäumt wird, oder weiter zur **Washington Avenue**, in der es eher unkonventionelle Gebrauchtwarenläden und coole Coffee Bars gibt. Die im Mediterranean-Revival-Stil errichtete **Wolfsonian-FIU**, 1001 Washington Ave, ✆ 305/531-1001, ⌨ www.wolfsonian.fiu.edu, zeigt eine beeindruckende Sammlung dekorativer Kunst vom Ende des 19. Jhs. bis 1945. ⊙ Mo, Di, Sa und So 12–18, Do und Fr 12–21 Uhr, Eintritt $7, Studenten und Kinder unter 12 Jahren $5, Fr nach 18 Uhr kostenlos.

Durch die Geschichte von Miami Beach zieht sich wie ein roter Faden die konstante Präsenz jüdischer Bewohner, darunter viele Überlebende des Holocaust und deren Familien. Unweit der Nordspitze von South Beach ragt in einem Seerosenteich das bewegende **Holocaust Memorial**, 1933-1945 Meridian Ave, ✆ 503/538-1663,

⌨ www.holocaustmmb.org, in Form eines Arms gen Himmel. ⊙ tgl. 9–21 Uhr, $2 Spende für die Broschüre.

Ein paar Straßen weiter nordöstlich steht das einzige Kunstmuseum von Miami Beach, das **Bass Museum of Art**, 2121 Park Ave, ✆ 305/673-7530, ⌨ www.bassmuseum.org. Es ist in einem Gebäude aus den 30er-Jahren untergebracht, das von dem Architekten Russell Pancoast entworfen wurde, dem Schwiegersohn des Strandpioniers John Collins. Der weiße Kasten, der dem Originalgebäude entlang der Park Avenue hinzugefügt wurde, basiert auf einem Entwurf des japanischen Architekten Isozaki. Die ständige Sammlung des Museums besteht aus schönen, wenngleich größtenteils relativ unbedeutenden europäischen Gemälden. Lohnender sind oft die Sonderausstellungen. ⊙ Di–Sa 10–17, So 11–17 Uhr, Eintritt $8.

Hinter einer eher harmlos aussehenden Fassade in der Washington Avenue befindet sich das **World Erotic Art Museum**, 1205 Washington Ave, ✆ 305/532-9336, ⌨ www.weam.com. Zu seiner Sammlung gehören Tausende von Postern, Statuen, Gemälden und Dekoartikeln, die die Traditionen der erotischen Kunst in Nordamerika dokumentieren. Unter den eher ungewöhnlichen Gegenständen befindet sich auch die Phallus-Skulptur aus dem Film *A Clockwork Orange*. Das Museum ist für das prüde Amerika erstaunlich und passt perfekt in das kulturelle Milieu von South Beach. ☉ Mo–Do 11–22 Uhr, Fr–So bis Mitternacht, Eintritt $15, Studenten zahlen $13,50.

Downtown

Das leicht chaotische, lateinamerikanisch anmutende Treiben, das Miamis Downtown in den letzten 50 Jahren beherrschte, ist heute größtenteils nur noch eine Erinnerung. Die ganze Gegend, von Brickell im Süden bis zur Omni Mall nördlich des I-395, wird durch einen der größten Baubooms der Vereinigten Staaten völlig umgekrempelt. Riesige schimmernde Hochhäuser aus Glas und Stahl säumen die Uferpromenade – ein Mix aus Büros, Hotels und vor allem sündhaft teuren Eigentumswohnungen. Zwar wird die Downtown im Kern ein Geschäftszentrum bleiben, aber die Umgebung dürfte sich in den nächsten Jahren in ein exklusives Wohnviertel verwandeln. Die letzte Finanzkrise hat diesen Prozess allerdings etwas verlangsamt. Vorerst gibt es hier kaum etwas, das Besucher länger in der Gegend hält. Ein Nachklang der turbulenten Blütezeit des Zentrums ist noch in der **Flagler Street** zu erleben, die heute von Elektronik- und Modediscountern und Schmuckgeschäften dominiert wird.

Am westlichen Ende der NE 1st Street befindet sich im **Metro-Dade Cultural Center** das **Historical Museum of Southern Florida**, ✆ 305/375-1492, 🖥 www.hmsf.org. Es bietet einen umfassenden Einblick in die Geschichte der Region. Zu sehen sind unter anderem zwei echte, erschütternd kleine Flüchtlingsflöße. ☉ Di–Fr 10–17, Sa und So 12–17 Uhr, jeden dritten Do im Monat 10–21 Uhr, Eintritt $8.

An der Ostseite des Platzes steht das **Miami Art Museum**, ✆ 305/375-3000, 🖥 www.miamiartmuseum.org, das eine ansprechend arrangierte Sammlung von Kunstwerken ab 1940 und herausragende internationale Wanderausstellungen zeigt. Das Museum soll Anfang 2013 in den neu gestalteten Museum Park, ein Gelände am

Wasser nahe dem I-395, umziehen (aktuelle Infos per Telefon oder auf der Website). ☉ Di–Fr 10–17, Sa und So 12–17, jeden dritten Do im Monat 10–21 Uhr, Eintritt $8, jeden 2. Sa im Monat Eintritt frei.

Die östliche Begrenzung Downtowns bildet der Biscayne Boulevard mit dem großen, pinkfarbenen Einkaufszentrum **Bayside Marketplace**, dessen Terrasse hübsche Aussicht aufs Wasser bietet – von hier starten auch Schiffsrundfahrten durch die Biscayne Bay (s. Kasten oben). Schräg gegenüber steht der imposante **Freedom Tower**, der 1925 nach dem Vorbild eines spanischen Glockenturms erbaut wurde und in dem in den 60er-Jahren das Cuban Refugee Center untergebracht war. Heute gehört er zum nahen Miami-Dade Community College. In den vergangenen Jahren gab es hier Sonderausstellungen über die Arbeiten kubanischer Künstler, die in Miami leben.

Wynwood und der Design District

Im **Wynwood Art District** nördlich von Downtown und 20th Street drängt sich eine der größten und dynamischsten Ansammlungen von **Kunstgalerien** im ganzen Land. Die Gegend ist tagsüber relativ sicher, nachts jedoch etwas heikler, und die Galerien liegen teils weit auseinander, weshalb man diesen Teil von Miami am besten mit dem Auto erkundet.

Zu den Highlights gehören **Locust Projects**, 155 NE 38th Street #100, ✆ 305/576-8570, 🖥 www.locustprojects.org, ein Lagerhaus voller faszinierender Multimedia-Installationen, ☉ Do–Sa 12–17 Uhr, und die **Rubell Collection**, 95 NW 29th St, ✆ 305/573-6090, 🖥 www.rfc. museum, eine ausufernde moderne Kunstsammlung, die ebenfalls in einem alten Lagerhaus untergebracht ist. ☉ Mi–Sa 10–18, jeden 2. Sa im Monat 10–22 Uhr, Eintritt $10.

Auch der **Design District**, 🖥 www.miami designdistrict.net, weiter nördlich, zwischen 36th und 41st St einerseits sowie Miami Avenue und Biscayne Boulevard andererseits, ist mit seinen vielen hippen Restaurants und Designermöbelläden einen Bummel wert.

Little Haiti

Von Downtown führt die NE 2nd Avenue in nördlicher Richtung nach Little Haiti, einem Einwandererviertel voller karibischer Farben, Klänge und Gerüche. In den Geschäften werden die Waren auf Englisch, Französisch und Kreolisch angepriesen. Neben Coconut Grove war dieses früher Lemon City genannte Viertel die älteste europäische Siedlung der Region. Heute findet man die reizvollste Atmosphäre in der 54th Street mit ihren als *botánicas* bezeichneten Geschäften, in denen Zubehör für die voodooähnliche, in der Karibik beheimatete Religion **Santería** verkauft wird.

Little Havana

Anfänglich ließen sich Miamis Kubaner ein paar Meilen westlich der Downtown im heutigen Little Havana nieder, dessen Parks, Geschäfte und Straßenstände die kubanische Lebensweise in ihrer ganzen Vielfalt widerspiegeln. Es geht hier jedoch wesentlich ruhiger zu als in South Beach (außer während des **Little Havana Festivals** Anfang März). Inzwischen ziehen viele erfolgreiche kubanischstämmige Amerikaner in andere Stadtviertel und überlassen ihren Platz neuen Einwanderern aus anderen zentralamerikanischen Ländern, insbesondere Nicaragua.

In Litte Havana sollte man unbedingt einmal mittags essen gehen – am besten in einem der vielen kleinen Restaurants in der SW 8th Street, auch Calle Ocho genannt, der Hauptstraße des Viertels. Sehenswert ist auch der **Cuban Memorial Boulevard**, der Abschnitt der SW 13th Avenue gleich südlich der Calle Ocho, wo diverse Denkmäler die Präsenz der kubanischen Gemeinde in Miami verkünden. Das schlichte **Brigade 2506 Memorial** erinnert an die Toten der gescheiterten Invasion einer Gruppe von in den USA zum Kampf ausgebildeten Exilkubanern am 17. April 1961 in der kubanischen Schweinebucht.

Coral Gables

Jeder Bezirk im Großraum Miami hat seinen eigenen Charakter entwickelt, aber kein Viertel besitzt eine so ausgeprägte Individualität wie das südwestlich von Little Havana gelegene Coral Gables. Seine 12 Quadratmeilen aus breiten Boulevards und baumbestandenen Nebenstraßen voll spanischer und italienischer Architektur bilden den kultivierten Rahmen für eine kultivierte Einwohnerschaft.

Der Baumeister von Coral Gables war ein aus Pennsylvania stammender Zugereister namens **George Merrick**, der Straßennamen aus einem spanischen Wörterbuch klaubte, um all diese Plazas, Springbrunnen und würdevoll gealterten Gebäude mit eleganten Stuckfassaden zu planen. Als Coral Gables Gestalt annahm, ging in Florida jedoch der Boom der 20er-Jahre ge-

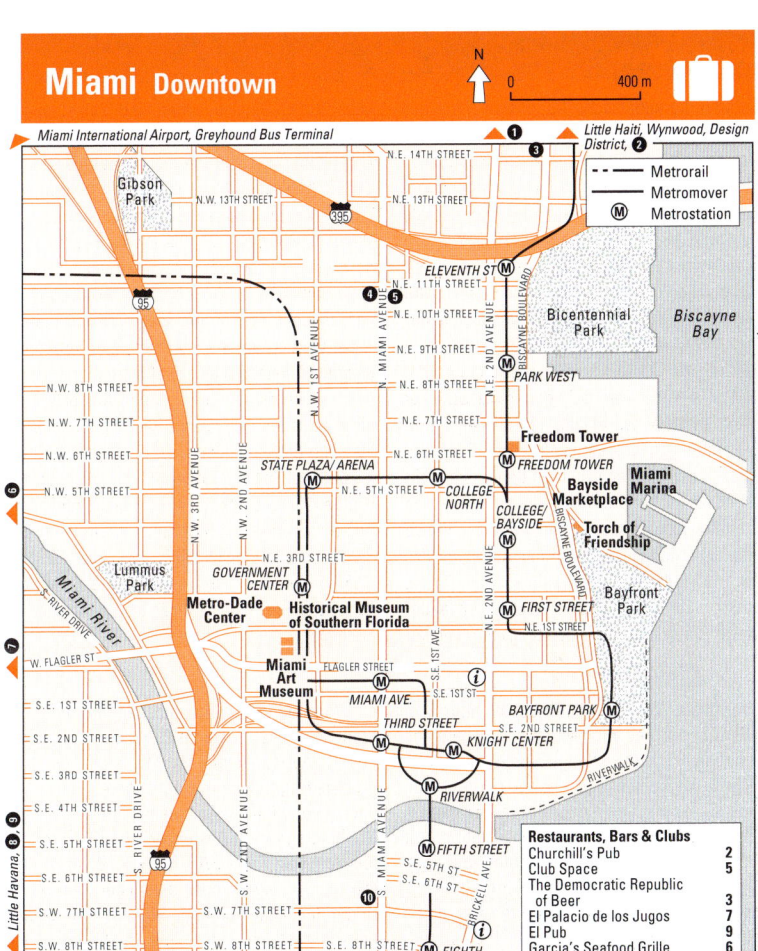

Miami Downtown

N

0   400 m

Miami International Airport, Greyhound Bus Terminal ❶
Little Haiti, Wynwood, Design District, ❷ ❸

- - - Metrorail
─── Metromover
Ⓜ Metrostation

Gibson Park

N.W. 13TH STREET — N.E. 14TH STREET

N.E. 13TH STREET

395

ELEVENTH ST Ⓜ

N.E. 11TH STREET ❹

N.E. 10TH STREET

N.E. 9TH STREET

Bicentennial Park

Biscayne Bay

N.W. 8TH STREET — N.E. 8TH STREET

N.W. 7TH STREET — N.E. 7TH STREET

PARK WEST Ⓜ

N.W. 6TH STREET — N.E. 6TH STREET

Freedom Tower

N.W. 5TH STREET — STATE PLAZA / ARENA Ⓜ — N.E. 5TH STREET — FREEDOM TOWER Ⓜ

COLLEGE NORTH

Bayside Marketplace

Miami Marina

N.E. 3RD STREET — COLLEGE / BAYSIDE Ⓜ

Torch of Friendship

GOVERNMENT CENTER Ⓜ

Lummus Park

Metro-Dade Center — Historical Museum of Southern Florida — FIRST STREET Ⓜ

Bayfront Park

Miami River

Miami Art Museum — FLAGLER STREET

W. FLAGLER ST — MIAMI AVE. Ⓜ — ⓘ

S.E. 1ST STREET

S.E. 1ST STREET — THIRD STREET Ⓜ — BAYFRONT PARK Ⓜ

S.E. 2ND STREET — S.E. 2ND STREET — KNIGHT CENTER Ⓜ

S.E. 3RD STREET

RIVERWALK

S.E. 4TH STREET — RIVERWALK Ⓜ

S.E. 5TH STREET — FIFTH STREET Ⓜ

S.W. 6TH STREET — S.E. 5TH ST

S.W. 7TH STREET — S.E. 6TH ST — ❿

S.W. 8TH STREET — S.E. 8TH STREET — EIGHTH STREET Ⓜ

S.W. 9TH STREET

S.W. 10TH STREET — TENTH STREET Ⓜ

S.W. 11TH STREET

95

N.W. 3RD AVENUE / N.W. 2ND AVENUE / N.W. 1ST AVENUE / MIAMI AVENUE / N.E. 1ST AVENUE / N.E. 2ND AVENUE / BISCAYNE BOULEVARD

S. RIVER DRIVE

BRICKELL AVE

RIVERWALK

Little Havana, ❽ ❾

Florida

MacArthur Causeway, Miami Beach, South Beach

Restaurants, Bars & Clubs	
Churchill's Pub	2
Club Space	5
The Democratic Republic of Beer	3
El Palacio de los Jugos	7
El Pub	9
Garcia's Seafood Grille	6
Hoy Como Ayer	8
Le Bouchon du Grove	12
Michael's Genuine Food	1
Nocturnal	4
Scotty's Landing	11
Tobacco Road	10

⓫, ⓬, Coral Gables, Coconut Grove, Vizcaya Museum

rade zu Ende. Damit war auch Merrick ruiniert – er starb 1942 als Postamtvorsteher von Miami. Aber Coral Gables hat sich seine Attraktivität bewahrt und ist noch heute eine äußerst sehenswerte Ecke der Stadt. Merrick wollte den Besuchern von vornherein klarmachen, dass sie hier einen besonderen Ort betraten. Deshalb wurden acht majestätische **Torbauten** auf den Hauptzufahrtsstraßen geplant (verwirklicht wurden allerdings nur vier). Drei davon stehen am westlichen Ende der Calle Ocho, von Little Havana kommend.

Als sich die kubanische Opposition Mitte der 50er-Jahre gegen die Diktatur Batistas durchzusetzen begann, trafen die ersten Kubaner in Miami ein und ließen sich im vorwiegend von Juden bewohnten Viertel nieder, das damals **Riverside** hieß. Nach der Machtübernahme Fidel Castros 1959 setzte schließlich eine wahre Fluchtwelle ein, und aus Riverside wurde **Little Havana**. Die Neuankömmlinge entstammten der wohlhabenden kubanischen Mittelschicht.

Der zweite große Flüchtlingsstrom im Mai 1980 aus Kuba war dagegen ganz anderer Natur. Diesmal waren die 125 000 Exilanten arm und ungebildet. Ein Fünftel kam direkt aus kubanischen Gefängnissen, in denen sie nicht wegen politischer Delikte, sondern aufgrund von Straftaten eingesessen hatten. Auf diese Weise entledigte sich Fidel Castro der Asozialen Kubas. Die Stadt geriet ein wenig aus den Fugen, erholte sich aber wieder von dieser Einwanderungswelle, die eine tiefe Spaltung innerhalb der kubanischen Gemeinde hinterließ. Selbst heute noch behaupten ältere kubanisch-stämmige Amerikaner, sie würden die **Marielitos** (nach dem kubanischen Flüchtlingshafen Mariel) an ihrer Sprache und ihrem Gang erkennen.

Wenn es allerdings um das Thema Fidel Castro geht, weicht diese Spaltung urplötzlich völligem Einvernehmen: Er wird von allen Exilkubanern verabscheut. Wiederholt sind in Miami Kubaner ermordet worden, die im bloßen Verdacht standen, für einen Dialog mit Castro einzutreten. Auch wenn es den kubanischen Amerikanern nicht gelungen ist, Castro zu entthronen, haben sie doch großen Einfluss auf die US-Regierung genommen. Seit den 1980er-Jahren unterstützen Floridas Kubaner lautstark die **Republikanische Partei** in diesem oft Wahl entscheidenden Staat – und haben damit massiv dazu beigetragen, dass das 1962 verhängte **US-Embargo gegen Kuba** nicht aufgehoben wurde, zumindest noch nicht.

Der beste Weg nach Coral Gables führt über die SW 22nd Street, auch **Miracle Mile** genannt. Nachdem die Straße lange von verstaubten No-Name-Damenmodegeschäften geprägt war, wurde sie inzwischen modernisiert, um interessantere, dynamischere Mieter anzuziehen. Auf die Bogengänge und Balkone achten und auch auf die Wendeltreppchen und Türmchen des **Westin Colonnade Hotel**, 180 Aragon Ave, einen Block weiter nördlich – es wurde 1926 erbaut, um George Merricks Büroräume unterzubringen.

Das **Merrick House**, weiter westlich am Coral Way, ✆ 305/460-5361, war Georges Zuhause in Jugendjahren. 1899, als er zwölf war, zog seine Familie aus New England hierher, um eine 65 ha große Farm zu bestellen. Darin war sie so erfolgreich, dass das Haus bald von einer hölzernen Hütte zu einem eleganten Anwesen aus Korallengestein mit spitzgiebligen Gaubenfenstern ausgebaut werden konnte (dem die heutige Stadt ihren Namen verdankt). ⏱ nur mit 45-minütigen Führungen So und Mi 13, 14 und 15 Uhr, Eintritt $5.

Während seine Zeitgenossen überall in der Stadt hässliche Löcher im Kalkstein hinterließen, besaß Merrick genügend Weitsicht, um sein größtes Baggerloch in ein elegantes Schwimmbad zu verwandeln. An einem schwülen Miami-Nachmittag ist ein Abstecher zum 1924 eröffneten **Venetian Pool**, 2701 De Soto Blvd, ✆ 305/460-5356, 🖳 www.venetianpool.com, ein Muss. Hinter den pastellfarbenen Mauern verbirgt sich eine fantastische, von einer Quelle gespeiste Lagune mit weinumrankten Lauben, Springbrunnen, Wasserfällen, Korallenhöhlen und viel Platz zum Schwimmen. ⏱ Juni–Aug Mo–Fr 11–19.30, April, Mai, Sep und Okt Di–Fr 11–17.30, Nov–März Di–Fr 10–16.30 Uhr sowie ganzjährig Sa und So 10–16.30 Uhr, Eintritt Mai–Sept $10,50, Okt–April $6,75.

Merricks Meisterwerk, dessen 26-stöckigen Turm man schon von Weitem sieht, ist das **Biltmore Hotel**, 1200 Anastasia Ave, ✆ 1-800/727-1926, 🖳 www.biltmorehotel.com. Im Biltmore ist alles vom Feinsten: 6 m hohe, von Fresken bedeckte Wände, gewölbte Decken, riesige Kami-

Florida

ne, nach Maß gefertigte Teppiche und ein großer Swimming Pool. Jeden So um 13.30, 14.30 und 15.30 Uhr werden kostenlose Führungen angeboten, Treffpunkt bei den Vogelkäfigen im Foyer. Außerdem wird im Foyer Nachmittagstee für $17 kredenzt: Mo–Fr jeweils um 14 und 16.30 Uhr.

Vizcaya Museum und Gärten

1914 ließ der Landmaschinenkönig James Deering für $15 Millionen mitten im Dschungel eine Villa im italienischen Stil des 16. Jhs. bauen. Unter dem Einsatz von 1000 Arbeitskräften wurde die Villa Vizcaya, südlich der Innenstadt, 3251 S Miami Ave, ✆ 305/250-9133, 🖳 www.vizcaya museum.org, innerhalb von nur zwei Jahren fertiggestellt. Sie sollte den Anschein erwecken, als sei sie seit 400 Jahren bewohnt. Weder am Bauwerk selbst noch an Deerings Kunstsammlung und den Brunnen und Skulpturen der Landschaftsgärten wurde an Pomp gespart. Alles strotzt nur so vor Stilelementen aus Renaissance, Rokoko, Barock und Neoklassizismus. ⊙ tgl. 9.30–16.30, Eintritt $15, kostenlose Führungen stdl. 11.30–14.30 Uhr, je nach Verfügbarkeit ehrenamtlicher Guide.

Key Biscayne

Die kleine, picobello gepflegte Inselgemeinde Key Biscayne, fünf Meilen vor Miamis Festlandküste, ist ein traumhafter Wohnort – für diejenigen, die das Wohnen hier leisten können. Der einzige Weg auf die Insel führt über den vier Meilen langen **Rickenbacker Causeway** ($1,50 Maut/einfache Strecke), der gleich südlich des Stadtzentrums von der SW 26th Road abzweigt.

Der Crandon Boulevard (die Verlängerung der Hauptstraße vom Causeway aus) passiert nach einer Meile den **Crandon Park Beach**, ✆ 305/361-5421, einen der am schönsten gestalteten Strände der Stadt, mit kristallklarem Wasser, Grillplätzen und Sportanlagen. Drei Meilen gelbbrauner Strand säumen den Park und gewähren Zugang zu einer Sandbank, auf der man noch weit vor dem Strand nur knietief im Wasser steht. ⊙ tgl. 8 Uhr bis Sonnenuntergang,

$5/Auto. Bevor man zum Crandon Park Beach geht, sollte man nach Jimbo's in der Duck Lake Road (s. S. 522) mit Bottichen voller Bier und geräuchertem Fisch Ausschau halten.

Der Crandon Boulevard endet am Eingang der **Bill Baggs Cape Florida State Recreation Area**, ✆ 305/361-5811. Das gut 160 ha große Waldgebiet bildet den Südzipfel von Key Biscayne. Ein ausgezeichneter Badestrand säumt die Atlantikseite des Parks, und ein Holzbohlenweg führt über die windgepeitschten Dünen zum Cape Florida Lighthouse aus den 1820er-Jahren. Der 29 m hohe Leuchtturm bietet einen unverfenden Blick auf die Insel und Miamis Downtown. Wer mehr erfahren möchte, kann an einer kostenlosen Führung durch Ranger teilnehmen (Do–Mo 10 und 13 Uhr) und die Exponate und Videovorführungen im nahen Häuschen des Leuchtturmwärters besichtigen. ⊙ tgl. 8 Uhr bis Sonnenuntergang, Eintritt $8/Auto, Fußgänger und Fahrradfahrer $2.

Florida

Übernachtung

Eine Unterkunft zu finden ist in Miami nur selten ein Problem. Allerdings ziehen die Preise am Wochenende, zu Feiertagen und in der Hauptsaison im Winter (Dez–April) kräftig an. Dann liegen sie bei $120–150 pro Nacht (in nobleren Quartieren auch über $250). Es kann zwar reizvoll sein, sich für eines der zahlreichen Art-déco-Hotels in **South Beach** zu entscheiden, doch sie entstammen einer anderen Epoche und haben teilweise recht kleine Zimmer. Die meisten Besucher wollen nah an der belebten Strandpromenade wohnen, aber gute Alternativen bieten auch die Hotels in der Nähe des Flughafens. Alle genannten Unterkünfte s. S. 513.

Stilvolle Ruheoase mit Garten

Cadet Hotel, 1701 James Ave, ✆ 305/672-6688, 🖳 www.cadethotel.com. Ruhiges Boutiquehotel im typischen South-Beach-Stil mit einem friedlichen Innenhof, der an einen Roman von Jane Austen denken lässt. Als nettes Extra warten zur Begrüßung frische Erdbeeren und Schokolade im Zimmer. ❺

Albion Hotel, 1650 James Ave, South Beach, ✆ 1-877/RUBELLS, 🖥 www.rubellhotels.com. Gelungen umgestaltetes Hotel in einem klassischen Art-déco-Gebäude mit nautischen Motiven, sehr gutes Preis-Leistungs-Verhältnis, moderne, aber einfache Zimmer mit dem gewissen Etwas; außerdem ein erhöhter Pool mit Bullaugen in den Beckenwänden. ❹

Clay Hotel and Hostel, 1438 Washington Ave, South Beach, ✆ 1-800/379-2529, 🖥 www.clay hotel.com. Das sehr schön umgebaute Kloster ist Billighotel und Jugendherberge in einem und zählt in seiner Preisklasse zu den besten der Stadt. Eigene Zimmer mit und ohne Bad; Dorm-Betten $22 (im Sommer nur $20). ❸

The Clifton Hotel, 801 Collins Ave, ✆ 305/455-1630, 🖥 www.cliftonsouthbeach.com. Mit seinen maßgeschneiderten Bambusmöbeln und dem „grünen" Feng-Shui-Design ist dieses Art-déco-Gebäude eine gute Adresse in der Collins Avenue. Im Clifton gibt es außerdem eine kleine, aber brauchbare Bar, an der die Gäste zusammenkommen können. ❻

Daddy O Hotel, 9660 East Bay Harbor Drive, ✆ 305/868-4141, 🖥 www.daddyohotel.com. Dieses Boutiquehotel hat es sich auf den relativ ruhigen Bay Harbor Islands, nördlich von Miami Beach, gemütlich gemacht und bietet eine

South Beach zum Wohlfühlen

The Hotel, 801 Collins Ave, ✆ 305/531-2222 oder 1-877/843-4683, 🖥 www.thehotelof southbeach.com. Designer Todd Oldham hat sich persönlich um alle Details der Renovierung gekümmert: Seine wohldurchdachte, farbenfrohe Umgestaltung verwandelte das Hotel in eine der attraktivsten Luxusherbergen am Strand. Sehenswert ist auch der Pool auf der Dachterrasse, dessen Kristallform daran erinnern soll, dass das Haus früher Tiffany hieß. ❻

Townhouse Hotel, 150 20th St, ✆ 1-877/534-3800, 🖥 www.townhousehotel.com. Kleine, aber stilvolle weiße Zimmer, hervorragendes Personal, Gratisfrühstück und weiche Wasserbetten auf dem Dach – und das alles zu einem Bruchteil des Preises der meisten anderen, individuellen und edlen Boutiquehotels. ❺

nette Abwechslung vom Trubel der Gegend um die Collins Avenue (A1A). Auch das Frühstück ist nicht zu verachten, und die Bagels sind unschlagbar. ❻

Miami Beach International Travelers Hostel, 236 9th St, South Beach, ✆ 305/534-0268, 🖥 www.hostelmiamibeach.com. Freundliches Hostel in zentraler Lage. Bett im 4-Bett-Zimmer ab $23, auch EZ (ab $99) und DZ ($49 p. P.; Doppelbelegung zwingend). Mit Gratis-Frühstück, Internetzugang, Küche, Waschküche, Film-Lounge und kostenlosen Englisch- und Spanischkursen einmal die Woche.

Pelican, 826 Ocean Drive, South Beach, ✆ 1-800/7-PELICAN, 🖥 www.pelicanhotel. com. Jedes Zimmer dieses schräg-kitschigen Hotels ist nach einem eigenen Motto eingerichtet, z. B. das „Flower Power"-Zimmer mit Anleihen von New Age und *Rosemary's Baby*. ❼

The Shore Club, 1901 Collins Ave, South Beach, ✆ 305/695-3100, 🖥 www.shoreclub.com. Durchgestyltes Hotel am Strand mit hellen und minimalistisch eingerichteten Zimmern; mehrere exklusive Bars und Restaurants, darunter auch die Sky Bar am Pool (s. S. 522). ❾

The Standard Miami, 40 Island Ave, South Beach, ✆ 305/673-1717, 🖥 www.standard hotels.com. Die Standard-Kette des hippen Hoteliers André Balazs hat aus dem desolaten Hotel auf Belle Isle eine einladende Wellness-Oase mit türkischem Bad und Yogacenter gemacht. ❻

Essen

Kubanische Küche ist die Stärke von Miami und nicht nur auf die Restaurants von Little Havana beschränkt. Die herzhaften Speisen – vor allem Reis mit Bohnen, gebratene Bananen und Sandwiches mit Schweinegeschnetzeltem – sind in allen Stadtteilen verbreitet. Natürlich ist auch der **kubanische Kaffee** ein Muss: Es besteht die Auswahl zwischen *café cubano* (stark, süß und schaumig, wird in einer winzigen Tasse mit einem Glas Wasser getrunken), *café con leche* (mit aufgeschäumter Milch, bevorzugt zum Frühstück mit *pan cubano*, einer dünnen Scheibe Toast mit Butter) und *café cortadito* (eine kleinere Variante des *café con leche*).

Florida

David's Café, 1058 Collins Ave. Hier genießt ein gemischtes Publikum, von Geschäftsleuten bis zu Teenagern, frittierte Leckerbissen und tgl. wechselnde kubanische Spezialitäten wie Huhn mit Reis und Bohnen ($6) an Tischen im Freien oder deckt sich am Takeout-Schalter mit Café Cubano ein ($0,95). Einen etwas förmlicheren Speiseraum besitzt die Filiale in 1654 Meridian Ave, ganz in der Nähe der Lincoln Road. Probierenswerte Klassiker sind z. B. die kubanischen Sandwiches ($7,95) und Schweinekoteletts ($12,45). ⏱ 24 Std.

Daneben gibt es Sushi-Bars, typisch amerikanische Diner, haitianische, italienische und andere internationale Restaurants und Lokale mit New-Floridian-Küche, bisweilen auch Floribbean genannt, eine Mischung aus karibischer Schärfe und fruchtigen Florida-Soßen.
Coral Gables, **South Beach** und der **Design District** sind die besten Adressen für exklusive Cafés und Restaurants. **Seafood** ist überall in großer Auswahl zu bekommen: saftiger Zackenbarsch *(grouper)*, Gelbflossenthunfisch und die einheimische Delikatesse *wahoo* sind nur einige der rund 500 Fischarten, die vor der Küste gefangen werden. Eine weitere Spezialität Südfloridas sind die Scheren der **Großen Steinkrabbe**, *stone crab claws*, die von Oktober bis Mai Saison haben.
Big Pink, 157 Collins Ave, South Beach. Großzügige Portionen beliebter einfacher Speisen wie Ribs oder Makkaroni, die an langen Gemeinschaftstischen serviert werden.
El Palacio de los Jugos, 5721 W Flagler Ave, Little Havana. Eine Hand voll Tische hinter einem kubanischen Obst- und Gemüsemarkt. Die Schweinefleisch-Sandwiches und Meeresfrüchtesuppe an diesem Stand sind die besten weit und breit. Es gibt auch erfrischende *jugos* (Säfte) ab $2.
El Pub, 1548 SW 8th St, Little Havana. Gemütliches kubanisches Restaurant, in dem riesige Tassen köstlichen Milchkaffees serviert werden. Wer sich hier niederlässt, sollte die

Garnelen mit Knoblauch oder den Schweinebraten probieren. Das Restaurant ist mit seiner bunten Hahnstatue davor nicht zu übersehen.
The Forge, 432 41st St, Miami Beach, ☏ 305/538-8533. Die Mischung aus herzhaften traditionellen Speisen und riesigem Weinkeller sorgt in diesem Nobelrestaurant für eine lebendige Atmosphäre und ein bunt gemischtes Publikum. Hauptgerichte $31–50.
Front Porch Café, 1418 Ocean Drive, South Beach. Trotz seiner Lage erfrischend unprätentiös. Die ebenso riesigen wie köstlichen *pancakes* sind ungemein sättigend.
Garcia's Seafood Grille, 398 NW N River Drive, Downtown, ☏ 305/375-0765. Wunderbares Café am Wasser mit klapprigen Holzbänken und vorzüglichen frischen Fischgerichten für ca. $15. ⏱ bis 21.30 Uhr.
Joe's Stone Crabs, 11 Washington Ave, South Beach, ☏ 305/673-0365. Spezialisiert auf die köstlichen Steinkrabben. Wer nicht warten möchte, holt sich die Leckerei kurzerhand zum Mitnehmen. Ebenfalls lecker sind die *crab cakes* (Krabbenküchlein, $19), der frische Fisch und die knusprig gebratenen Hähnchen ($10). ⏱ Okt–Mitte Mai.
La Sandwicherie, 229 W 14th St, South Beach. Gigantische Sandwiches, gefüllt mit leckerem Schinken und importiertem Käse ab $5,20. Am Wochenende bis 6 Uhr morgens geöffnet – gut, wenn man vom Tanzen ausgehungert ist!
Le Bouchon du Grove, 3430 Main Highway, Coconut Grove, ☏ 305/448-6060. In der von Bäumen gesäumten Hauptstraße von Coconut Grove. Hier wird zwar auch Mittag- und Abendessen serviert, aber eigentlich kommt man zum Frühstück und zum Leutebeobachten her. Das Cajun-Omelette ($11) ist sehr gut, und am Wochenende gibt's zum Frühstück einen Mimosa-Drink dazu.
Michael's Genuine Food, 130 NE 40th St, Design Destrict, ☏ 305/573-5550. Eines der angesagtesten Restaurants der Stadt. Der viel gepriesene Koch Michael Schwartz verwendet für seine ausgefallenen Kreationen regionale Zutaten der Saison. Es gibt verschiedene Portionen, von klein bis riesengroß (Hauptgericht mittel und groß $11–36). Zu den

Florida

Highlights zählen Pfeffersteak ($36) und Schweinebauch süß-sauer ($14).
News Café, 800 Ocean Drive, South Beach. Straßencafé, vorn mit Blick auf die South Beach Promenade, aber leider wenig überzeugendes Essen zu mittleren Preisen. ☉ 24 Std.
Pizza Rustica, 863 Washington Ave, South Beach. Superfrische und köstliche Pizza in großen Stücken zu $5. Eine Filiale ist in der 667 Lincoln Rd.
Scotty's Landing, 3381 Pan American Drive, Coconut Grove. Leckeres, preiswertes Seafood und Fish 'n' Chips an Picknicktischen im Jachthafen nahe der City Hall; etwas versteckt und nicht ganz leicht zu finden – Nachfragen hilft.
Tap Tap, 819 5th St, South Beach. Serviert ansprechend angerichtete haitianische Leckereien zu bezahlbaren Preisen. Die meisten Gerichte kosten unter $10 – absolut genial ist das Ziegenfleisch in pfefferiger Tomatenbrühe. ☉ nur abends.

Unterhaltung

Miamis Nachtleben ist nach wie vor unerreicht in Florida. Zu vielen Restaurants und Bars gehört auch eine Tanzfläche. In den großen **Clubs** dominieren House und Techno, gefolgt von Salsa und Merengue. Das Zentrum der Clubkultur ist South Beach; der **Eintritt** liegt bei $20. In den angesagten Läden herrscht strenge Gesichtskontrolle; die nachstehend angegebenen sind lockerer und mehr auf Vergnügen ausgerichtet. Einen Veranstaltungskalender sowie Tipps für Schwule und Lesben enthält das kostenlose Magazin *New Times*, das jeden Donnerstag erscheint.
Für alle, die sich für die hiesige Sportszene interessieren: Das Major-League-Baseballteam Marlins und Miamis Profi-Footballteam Dolphins spielen im **Dolphin Stadium**, 2269 Dan Marino Blvd, 16 Meilen nordwestlich vom Stadtzentrum, ✆ 305/623-6100, ⌨ www.dolphinstadium.com, zu erreichen mit Bus Nr. 27 vom Hauptbusbahnhof. 2012 sollen die Marlins in ein neues Stadion in Little Havana, 1400 NW 4th St, umziehen, Näheres auf der Website des Teams, ⌨ florida.marlins.mlb.com, unter dem Stichwort „New Ballpark".

Bars und Livemusik

Abbey Brewing Company, 1115 16th St, South Beach, ✆ 305/538-8110. Hier versammeln sich Bierliebhaber, um das beste Bier in South Beach zu trinken. Besonders zu empfehlen und am beliebtesten ist das weiche Oatmeal Stout. ☉ bis 5 Uhr.
Churchill's Pub, 5501 NE 2nd Ave, Little Haiti, ✆ 305/757-1807, ⌨ www.churchillspub.com. Ein Hauch von Großbritannien in Little Haiti mit Fußball und Rugby im TV, englischen Bieren vom Fass und Live-Rock. Das Programm ist der Website zu entnehmen.
The Democratic Republic of Beer, 255 NE 14th St, ✆ 305/372-4161, ⌨ www.drbmiami.com. Mit einem Angebot an über 400 Bieren ist das wirklich einer der besten Orte in Süd-Florida, um ein Glas Bier zu trinken. Obendrein ist es ein Nichtraucherlokal.
Hoy Como Ayer, 2212 SW 8th St, Little Havana, ✆ 305/541-2631, ⌨ www.hoycomoayer.us. Trotz der großen kubanischen Gemeinde ist dieser dunkle und verräucherte Schuppen praktisch der einzige Ort in Miami, wo man gute kubanische Musik zu hören bekommt. Programm der Website entnehmen.
Jimbo's, im Park am Virginia Key Beach, Virginia Key, ✆ 305/361-7026, ⌨ www.jimbos place.com. Bekannte, abgetakelte Bar, in der man sich das Bier aus einer mit Eis gefüllten Schubkarre holt. Guter Ort zum Plaudern mit Alteingesessenen.
Purdy Lounge, 1811 Purdy Ave, South Beach, ✆ 305/531-4622. Große Lounge am Strand – dank ihrer Lage an der Westseite von South Beach noch weitgehend unentdeckt. ☉ bis 5 Uhr.
Raleigh Bar, im Raleigh Hotel, 1775 Collins Ave, South Beach, ✆ 305/534-6300. Elegante, holzvertäfelte Hotelbar aus den 40ern, die die große Zeit der Cocktailkultur wieder aufleben lässt.
Sky Bar, im Shore Club Hotel, 1901 Collins Ave, South Beach, ✆ 786/276-6772. Weitläufige, um einen Pool angeordnete Hotelbar mit gemütlichen großen Sesseln. Wer nicht im Hotel wohnt, sollte sich schick anziehen. Die kleinere **Sand Bar** bietet Ausblicke auf Strand und Meer.

Tobacco Road, 626 S Miami Ave, Downtown, ✆ 305/374-1198, 🖥 www.tobacco-road.com. Miamis älteste Bar besteht seit 1912 und bietet Live-R&B vom Feinsten. Früh herkommen (nach 19 Uhr ist es hier proppenvoll); Veranstaltungshinweise auf der Website.

Clubs und Discos

Club Space, 34 NE 11th St, Downtown, ✆ 305/375-0001. Der Club-Pionier in Downtown. Die meisten Gäste kommen, wenn die anderen Läden schon geschlossen haben, um bis zum Morgengrauen weiterzutanzen. Nettes, eher junges Publikum und DJ-Größen.

Mansion, 1235 Washington Ave, South Beach, ✆ 305/531-5535, 🖥 www.mansionmiami.com. Weitläufiger Komplex mit 6 VIP-Bereichen, 9 Bars und 5 unterschiedlich bespielten Tanzflächen; am vollsten ist es dort, wo Hip-Hop gespielt wird.

Mynt Ultra Lounge, 1921 Collins Ave, South Beach, ✆ 786/276-6132, 🖥 www.myntlounge. com. In grünes Licht getauchte Mischung aus Lounge und Club mit riesiger Bar und großen schwarzen Ledersofas. Die Türsteher lassen nicht jeden rein.

Nikki Beach, 1 Ocean Drive, ✆ 305/538-1111, 🖥 www.nikkibeach.com/miami. Der riesige Club direkt am Strand verspricht mit seinen Liegestühlen, Betten und Palmen ein wirklich kultiges South-Beach-Erlebnis. Das Essen im Restaurant ist ganz in Ordnung, aber der eigentliche Grund, hierher zu kommen, ist die Musik, die von internationalen und heimischen DJs aufgelegt wird.

Nocturnal, 50 NE 11th St, Downtown, ✆ 305/576-6996, 🖥 www.nocturnalmiami.com. Eine Dröhnung der besonderen Art bietet die Dachterrasse, wo es zu psychedelischen 360-Grad-Projektionen eine Portion Deep House auf die Ohren gibt.

Sonstiges

Fahrradverleih

Miami Beach Bicycle Center, 601 5th St, South Beach, ✆ 305/674-0150, 🖥 www.bike miamibeach.com, verleiht Fahrräder für $8 pro Std. oder $24 pro Tag. ⊙ Mo–Sa 10–19, So 10–17 Uhr.

Informationen

Downtown Welcome Center, im Foyer des Olympia Theaters, 174 E Flagler St, ✆ 305/379-7070, 🖥 www.downtownmiami.com. ⊙ Mo 12–17, Di–Sa 10–17 Uhr.

Miami Beach Chamber of Commerce, 1920 Meridian Ave, South Beach, ✆ 305/672-1270, 🖥 www.miamibeachchamber. com. Jede Menge Broschüren und hilfsbereite Mitarbeiter. ⊙ Mo–So 10–16 Uhr.

Art Deco Welcome Center, 1001 Ocean Drive, South Beach, ✆ 305/672-2014, 🖥 www.mdpl. org. Bietet tolle Informationen zu den historischen Art-déco-Hotels in der Gegend und zu Stadtspaziergängen (s. u.), die von der Miami Design Preservation League angeboten werden.

Touren

Dr Paul George's Walking Tours, ✆ 305/375-1621, 🖥 www.hmsf.org, bietet ab $20 verschiedene Stadtrundgänge unter sachkundiger Leitung des Historical Museum of Southern Florida (Zeiten telefonisch erfragen, nicht im Juli und Aug).
Sehr zu empfehlen ist die 90-minütige **Art Deco Walking Tour** durch South Beach, ✆305/672-2014, die vom Art Deco Welcome Center startet; Mo–So 10.30, Do 18.30 Uhr, $20. Der Shop bietet auch Führungen mit Audioguides durch den District, tgl. 9.30–17 Uhr, Dauer 90 Min., $15.

Nahverkehr

Downtown und South Beach, die beiden wichtigsten touristischen Gegenden Miamis, lassen sich ohne Weiteres zu Fuß erkunden. Wer mehr von der Stadt sehen möchte, ist mit einem Auto am besten bedient.
Mit viel Zeit und Geduld erschließt sich Miami, zumindest tagsüber, auch mit öffentlichen Verkehrsmitteln von **Metro-Dade Transit**, ✆ 305/770-3131, 🖥 www.miamidade.gov/transit. Abends bestehen nur begrenzte Verbindungen.

Stadtbusse

Das Netz der **Metrobusse** ($2, Zuschlag für Transferticket 50¢) durchzieht zwar das gesamte Stadtgebiet, abends verkehren die Busse jedoch nur selten.

Florida

Metro

Auf nur einer Strecke verbinden die Züge von **Metrorail** ($2) die nördlichen Vororte mit South Miami.
Die kostenlose Magnetbahn **Metromover** fährt rund um Downtown Miami und bietet einen Blick aus der Vogelperspektive auf die Umgebung.

Taxis

Taxis, von denen es reichlich in Miami gibt, lassen sich an der Straße heranwinken oder telefonisch bestellen. Die Taxameter-Grundgebühr beträgt $2,50. Zwei zuverlässige Unternehmen sind **Central Cab**, ℡ 305/532-5555, und **Metro Taxi**, ℡ 305/888-8888.

Transport

Busse

Miamis **Greyhound**-Busbahnhof, 4111 NW 27th St, ℡ 305/871-1810, liegt nur eine kurze Taxifahrt ($10) vom Flughafen entfernt.

Eisenbahn

Der **Amtrak**-Bahnhof befindet sich 7 Meilen nordwestlich von Downtown Miami in der 8303 NW 37th Ave. Drei Blocks südlich liegt die **Tri-Rail Metrorail Station**, 1125 E 25 St (vom Amtrak-Bahnhof lieber ein Taxi nehmen, da die Gegend nicht die sicherste ist), die Anschluss an Metrorail-Verbindungen ins Stadtzentrum bietet. Außerdem hält hier auch die Buslinie L. Ab Ende 2011 sollen übrigens alle Züge und Busse auch das neue **Miami Intermodal Center**, 🖥 www.micdot.com, neben dem Flughafen anfahren. 2013 soll hier eine neue Central Station in Betrieb genommen werden.

Flüge

Der chaotische **Miami International Airport**, ℡ 305/876-7000, 🖥 www.miami-airport.com, liegt 6 Meilen westlich der Stadt. Eine Fahrt mit dem Taxi in die Stadt kostet je nach Fahrtziel $22–52. Rund um die Uhr fahren die Minibusse von SuperShuttle, ℡ 305/871-2000, 🖥 www. supershuttle.com, für $15–20 p. P. zu jeder beliebigen Adresse in Miami. Wer mit **öffentlichen Verkehrsmitteln** fahren möchte, nimmt

Metrobus Nr. 7 nach Downtown (alle 30 Min. in 40–50 Min. für $2) oder Metro-bus J nach Miami Beach und weiter (alle 20–40 Min. für $2). Außerdem verkehren vom Flughafen Shuttlebusse zur nahen **Tri-Rail Station**, ℡ 1-800/TRIRAIL, mit Anschluss an Verbindungen nach West Palm Beach.

Florida Keys

Filme und Legenden haben den Florida Keys – der 100 Meilen langen Inselkette, die sich von Floridas Südspitze bis 90 Meilen vor die kubanische Küste erstreckt – ein Image glamouröser Verruchtheit angehängt, das sie so nicht verdient haben, zumindest seit die Go-go-Ära der Kokain-Cowboys der 1980er-Jahre Schnee von vorgestern ist. Eigentlich sind die Keys einfach ein Paradies für Outdoor-Fans, das mit Aktivitäten wie Fischen, Schnorcheln und Tauchen lockt. Zu ihren herrlich unverdorbenen Naturlandschaften gehört das **Florida Reef**, ein langer Streifen lebender Korallen nur wenige Meilen vor der Küste. Für viele Touristen sind die Keys jedoch nur Durchgangsstationen auf dem Weg nach **Key West**. Die selbst ernannte *Conch Republic* lockt mit quicklebendigem, karibisch geprägtem Straßenleben und vielen spritzigen Bars, in denen man gründlich versacken und die spektakulären **Sonnenuntergänge** bestaunen kann.

Überall auf den Keys werden typische **Spezialitäten** serviert, meist in urigen kleinen Schuppen mit zwangloser Atmosphäre und unter Verwendung von knackfrischen Zutaten. **Conch**, das feste, schmackhafte Fleisch bestimmter Meeresschnecken, wird als Eintopf oder in Backteig frittiert aufgetischt. Eine weitere Spezialität ist **Key-Limepie**, eine delikate, cremige Kreation aus dem Saft der speziellen Limettensorte der Keys und Kondensmilch, die wenig Ähnlichkeit mit den giftgrünen Nachahmerprodukten hat, die den Kunden anderswo in den USA untergejubelt werden.

Die **Orientierung** auf den Keys ist denkbar einfach, vorausgesetzt, man hat ein Auto. Es gibt aber auch einen Greyhound-Shuttlebus, der dreimal täglich von den Flughäfen von Fort

Lauderdale und Miami den ganzen Weg nach Key West fährt. Der **Overseas Highway** US-1 führt von Insel zu Insel bis nach Key West. „Meilensteine" MM *(mile marker)* – angefangen bei MM127, unmittelbar südlich von Miami, bis zum MM0 in Key West – geben die Entfernungen an. Als grundlegende Adressangabe dient auf den Keys die Nummer des nächstgelegenen Meilenmarkers mit dem Zusatz „Oceanside" oder „Bayside", je nachdem, ob das gesuchte Objekt zur Atlantikseite oder zur Florida Bay hin liegt.

Key Largo

Ohne den **John Pennekamp Coral Reef State Park**, ✆ 305/451-1202, 🖥 www.pennekamppark. com, bei MM102.5-Oceanside, wäre Key Largo nicht nur die erste und größte, sondern auch die hässlichste der Inseln (Tankstellen, Einkaufszentren und Fastfood-Ketten). Die unter Naturschutz stehenden intakten Korallenriffe des 78 Quadratmeilen großen State Parks zählen zu den schönsten der Erde. ☉ tgl. 8 Uhr bis Sonnenuntergang, Eintritt $8/Auto mit bis zu 8 Passagieren, oder $4/Auto mit Fahrer; Fußgänger und Radfahrer $2.

Besonders empfehlenswert ist eine Schnorcheltour (um 9, 12, 15 Uhr, 2 1/2 Std., $29,95 plus $7 für Ausrüstung) oder ein geführter Tauchgang (9.30 und 13.30 Uhr, 1 1/2 Std., $60, Tauchschein erforderlich). Gemächlicher geht es bei Fahrten mit dem Glasbodenboot zu (9.15, 12.15 und 15 Uhr, 2 1/2 Std., $24). Infos zu allen Angeboten und Reservierungen unter ✆ 305/451-6300. Auf allen Ausflügen bekommen die Teilnehmer am Riff mit an Sicherheit grenzender Wahrscheinlichkeit Hummer, Engelfische, Aale und Quallen zu sehen, dazu ganze Schwärme silberner Elritzen auf der Flucht vor grimmig dreinblickenden Barrakudas.

Das Riff selbst ist ein empfindliches Ökosystem aus Millionen winziger Korallenpolypen, die dem Meerwasser Kalzium entziehen und so alle 1000 Jahre zwischen 30 cm und 5 m wachsen.

Übernachtung und Essen

Key Largo besitzt mit die größte Auswahl an günstigen Unterkünften auf den Keys. Viele Motels bieten Übernachtung und Tauchtouren im Paket an.

Ed & Ellen's Lodging, MM103.5-Oceanside, ✆ 1-888/333-5536, 🖥 www.ed-ellens-lodgings.com. Preiswert, schlicht und sauber. ❸–❹

Largo Lodge, MM101.5-Bayside, ✆ 1-800/468-4378, 🖥 www.largolodge.com. Herrlich exzentrische Unterkunft, nur für Erwachsene. ❺–❻

Kona Kai Resort, MM97.8-Bayside, ✆ 1-800/365-7829, 🖥 www.konakairesort.com. Luxuriöse, große und schick eingerichtete Bungalows. Dazu gehören ein hübsches Orchideenhaus und eine ziemlich einzigartige Kunstgalerie. ❾

Snapper's, 139 Seaside Ave, am Ende der Ocean View Ave, die bei MM94.5-Oceanside vom US-1 abzweigt, ✆ 305/852-5956. Köstlich frisches **Seafood** und Alligatorhappen, die wie Chicken Nuggets zubereitet werden.

Harriette's, MM95.7-Bayside, ✆ 305/852-8689. Gutes Frühstück. ☉ bis 14 Uhr.

Islamorada

Islamorada ist um einiges einladender als Key Largo. Es handelt sich um eine 20 Meilen lange Aneinanderreihung mehrerer Inseln, zu denen u. a. Plantation, Windley und die Upper und Lower Matecumbe Keys gehören. Die meisten Besucher kommen zum Fischen (die Werbung der Boots-Vercharterer den ganzen Highway entlang ist kaum zu übersehen), aber man kann hier auch den **Indian Key Historic State Park** erkunden, eine von vielen mangrovengesäumten Inseln nahe Lower Matecumbe Key.

Einst befand sich hier eine prächtig gedeihende Siedlung, die von dem Strandräuber Jacob Houseman gegründet wurde. Zu sehen sind jede Menge exotische Pflanzen und romantische Ruinen. Kajaks verleiht **Robbie's Marina**, MM78.5-Oceanside, ✆ 305/664-9814, für $20/Std., $50/Tag. Es gibt keine Fährverbindung.

Übernachtung und Essen

Key Lantern/Blue Fin Inn, MM82-Bayside, ✆ 305/664-4572, 🖥 www.keylantern.com. Sehr preiswertes Hotel; die Zimmer im Blue Fin sind besser, da unlängst renoviert. ❸

Casa Morada, MM82-Bayside, ☎ 1-888/881-3030, 🖥 www.casamorada.com. Ruhige Unterkunft. ❺

Hungry Tarpon, MM77.5-Bayside, ☎ 305/664-0535. Ausgezeichneter Fisch und leckeres Frühstück.

Islamorada Fish Company, MM81.5-Bayside, ☎ 1-800/258-2559. Ebenfalls gutes Seafood, aber oft proppenvoll und teurer.

Die Middle Keys

Jenseits der Long Key Bridge beginnen die Middle Keys. Beim gemeinnützigen **Dolphin Research Center**, MM59-Bayside, ☎ 305/289-1121, Reservierungen unter ☎ 305/289-0002, 🖥 www.dolphins.org, können Besucher für $189 mit Delphinen schwimmen. ◷ tgl. 9–16.30 Uhr.

Key Vaca ist die größte Insel der Middle Keys und beherbergt den Kern der größten Ansiedlung der Gegend, **Marathon**. Hier kann man hervorragend fischen und Wassersport treiben; außerdem gibt es ein paar kleine Strände. Der **Sombrero Beach**, an der Sombrero Beach Road (die bei MM50-Oceanside vom Overseas Highway abzweigt), bietet gute Möglichkeit zum Schwimmen und schattige Picknicktische.

Gegenüber der Abzweigung zum Strand befindet sich der Eingang zum gut 25 ha großen tropischen Waldgebiet von **Crane Point**, ☎ 305/743-9100, 🖥 www.cranepoint.net. Dazu gehört das **Museum of Natural History of the Florida Keys**, das eine ausgezeichnete Einführung in Geschichte und Ökologie der Gegend gibt. Auf dem 1,5 Meilen langen Naturlehrpfad passiert man einen Hammock Forest, eine für die Keys typische Waldform aus verschiedenen, dicht stehenden Hartholzbäumen, und gelangt schließlich zur 100 Jahre alten **Adderley House Historic Site**, die auf Siedler von den Bahamas zurückgeht. ◷ Mo–Sa 9–17, So 12–17 Uhr, Eintritt $12.

Übernachtung und Essen

Marathon hat mehrere gut ausgestattete Resorthotels.

Banana Bay, MM49.5-Bayside, ☎ 1-866/689-4217, 🖥 www.bananabay.com. Feudale Anlage mit Privatstrand. ❺

Flamingo Inn, MM59.3-Bayside, ☎ 1-800/439-1478, 🖥 www.theflamingoinn.com. Die beste Unterkunft für Sparsame ist dieses liebevoll gepflegte Retro-Motel mit großen Zimmern. ❹–❺

Castaway, 15th Street, in der Nähe der MM47.5-Oceanside, ☎ 305/743-6247. Fabulöses Seafood – z. B. saftige, in Bier geschmorte Garnelen.

Seven Mile Grill, bei der gleichnamigen Brücke, MM47.5-Bayside, ☎ 305/743-4481. Der winzige, relaxte Schuppen serviert köstliche *Conch Chowder* ($3,25) und cremige Key-Limepie an Einheimische, Jachtvolk und Touristen.

Taino's, MM53-Oceanside, ☎ 305/743-5247. Gute kubanische Kost für wenig Geld und frischer *snapper*.

Die Lower Keys

Die Lower Keys bilden einen deutlichen Kontrast zu ihren Nachbarn im Norden: Sie sind ruhig, mit dichter Vegetation bedeckt und vorwiegend von Wohnbebauung geprägt. Der Untergrund dieser Inseln besteht nicht aus Korallengestein, sondern aus Kalkstein, und sie besitzen eine ganz eigene Flora und Fauna, deren bemerkenswertester Vertreter der scheue Key-Weißwedelhirsch ist (s. S. 527).

Die erste erwähnenswerte Attraktion nach Überquerung der Seven Mile Bridge ist zugleich eins der hübschesten Plätzchen auf den ganzen Keys: Der **Bahia Honda State Park**, MM37-Oceanside, ☎ 305/872-2353, 🖥 www.bahiahonda-park.com. Der Park wartet mit dem schönsten Sandstrand der Keys und glasklarem Meer in zwei Blaunuancen auf, das zu entspannten Kajakfahrten ($10/Std., $30/Tag) einlädt. Wahlweise kann man von hier auch Schnorchelausflüge zum **Looe Key Marine Sanctuary**, ☎ 305/872-3210, unternehmen (tgl. um 9.30 und 13.30 Uhr, Schnorcheltour $29,95, Ausrüstung $7). Das geschützte Riff von fünf Quadratmeilen Größe kann ohne weiteres mit dem John Pennekamp Coral Reef State Park (s. S. 525) mithalten.

Wer mehr Zeit im Wasser zubringen möchte, kann nach **Ramrod Key** zum Looe Key Dive Center, ☎ 1-800/942-5397, 🖥 www.diveflakeys.com, weiterfahren, das tgl. 5-stündige Tauchtrips ($70) und Schnorcheltouren ($30) zum Sanctuary veranstaltet. ⏰ tgl. 8 Uhr bis Sonnenuntergang, Eintritt $8/Auto; Fußgänger und Fahrradfahrer zahlen $2.

Bezaubernd zutrauliche Key-Weißwedelhirsche bevölkern das **National Key Deer Refuge** auf Big Pine Key. Im Refuge Center, ☎ 305/872-2239, 🖥 nationalkeydeer.fws.gov, in einem Shoppingcenter am Key Deer Boulevard, gleich nördlich der Abzweigung vom US-1 bei MM30, sind Karten mit den besten Hirsch-Beobachtungsposten erhältlich. ⏰ Refuge Center Mo–Fr 8–17 Uhr, Park tgl. von Sonnenauf- bis Sonnenuntergang.

Übernachtung und Essen

Big Pine Key ist der Hauptort der Lower Keys. Hier finden sich auch die meisten Nachtlager der Gegend. Generell ist das Übernachtungsangebot begrenzter und teurer als auf den Middle und Upper Keys.
Looe Key Reef Resort, MM27.5-Oceanside, ☎ 1-800/942-5397, 🖥 www.diveflakeys.com. Der ideale Stützpunkt zum Besuch des Marine Sanctuary. ❹–❺
Little Palm Island, MM28.5-Oceanside, Little Torch Key, ☎ 1-800/343-8567, 🖥 www. littlepalmisland.com. Wer es sich mal rundum gut gehen lassen will, ist goldrichtig auf diesem idyllischen Privatinselchen mit romantischen, schilfgedeckten Cottages in einer traumhaften Grünanlage ein paar Schritte vom Strand. Ab 16 Jahren. ❾
No Name Pub, am Ende des North Watson Boulevard, der rund 1 Meile nördlich von MM30-Bayside vom Key Deer Blvd abzweigt, ☎ 305/872-9115. Die dollarscheingeschmückte Kneipe ist berühmt für ihre supergute Pizza mit ganz dünnem Boden.
Mangrove Mama's, ein Stück weiter am Overseas Highway, auf Sugarloaf Key, MM20-Bayside, ☎ 305/745-3030. Sagenhafte heimische Spezialitäten in einer fröhlichen Hütte mit tropischem Garten. Für Schweinefleischfans ist der Schweinebraten, den es immer samstags für $8,95 gibt, das absolute Highlight. ⏰ im Sep geschlossen.

Key West

Key West liegt geografisch näher an Kuba und unterscheidet sich auch kulturell vom übrigen nordamerikanischen Festland. Die 30 000 Insulaner, berühmt für ihre liberale Geisteshaltung und beschauliche Lebensart, scheinen sich von der Weite des Himmels und des Meeres treiben zu lassen. Trotz einer Million Touristen pro Jahr spürt man die typische Key-West-Atmosphäre schon beim ersten Spaziergang. Key West zeichnet sich durch einen entschlossenen Nonkonformismus aus, den besonders die Schwulenszene zu schätzen weiß. Obwohl Key West heute stark vom Tourismus geprägt ist, hat sich die Stadt ihren unkonventionellen Charakter bewahren können, besonders abseits der Hauptstraße.

Am besten erkundet man die engen Straßen der Altstadt – wirklich alles, was man sehen muss, befindet sich hier – zu Fuß. Das ist fast an einem Tag zu schaffen, allerdings kann man den Ort so nicht genießen, schon gar nicht bei der hohen Luftfeuchtigkeit.

Wer zuletzt vor 20 Jahren auf Key West war, wird die **Duval Street**, die eine Meile lange Hauptstraße in der Altstadt, kaum wiedererkennen. Sie präsentiert sich heute als Touristenboulevard mit Boutiquen, Bars und Beachwear-Shops. Ein absolutes Muss ist das **Bahamian Village** rings um die Thomas und Petronia Street. Diese relativ original erhaltene, untouristische Gegend wurde ursprünglich von Kubanern und Afrikanern von den Bahamas besiedelt und ist eine Ansammlung von einstöckigen Zigarrendreher-Hütten, kubanischen Lebensmittelgeschäften und halb zerfallenen alten Kirchen.

Viele Museen der Stadt haben es sich zur Aufgabe gemacht, die aus den Wracks von Handelsschiffen geborgenen Schätze auszustellen. Auf diesen Schiffen gründete der frühe Wohlstand von Key West. Das freundliche kleine **Wrecker's Museum**, 322 Duval St, ☎ 305/294-9502, im ältesten Haus der Stadt, beleuchtet den Alltag der „Strandräuber" und stellt sie als tapfere, in keiner Weise abgesicherte Helden dar, die ihr Leben riskierten, um Ladung, Schiffe und Leben zu retten. ⏰ tgl. 10–16 Uhr, Eintritt frei.

Das **San Carlos Institute**, 516 Duval St, ☎ 305/294-3887, ist seit seiner Eröffnung 1871 eine wichtige Adresse für Exilkubaner. Das heutige Gebäude wurde 1924 unter finanzieller Beteiligung der kubanischen Regierung errichtet. Der Entwurf des zweistöckigen Gebäudes geht auf den kubanischen Architekten Francisco Centurión zurück. Erde aus den sechs kubanischen Provinzen wurde eigens nach Key West geschafft, und ein Eckstein stammt vom Grabstein des kubanischen Freiheitskämpfers José Martí. In der hier erhältlichen kostenlosen Broschüre *Cuban Heritage Trail* sind Sehenswürdigkeiten der ganzen Stadt aufgeführt. ⏰ Fr–So 12–18 Uhr.

Den **südlichsten Punkt** von Key West und damit des nordamerikanischen Kontinents markiert eine Boje an der Whitehead, Ecke South Street. Hier tummeln sich ständig Touristen.

Anfang des 19. Jhs. wurden aus Schiffswracks gehobene Schätze in den Auktionshäusern am **Mallory Square** am nördlichen Ende der Duval Street versteigert. Abends wird hier normalerweise immer Livemusik gespielt, was eigentlich das einzig Reizvolle an dem Platz ist.

Interessanteres gibt es im nahen **Mel Fisher Maritime Heritage Society Museum**, 200 Greene St, ✆ 305/294-2633, 🖳 www.melfisher.org, zu sehen. Hier werden Diamanten, Perlen, Dolche, unzählige Vasen, ein beeindruckendes smaragdgrünes Kreuz und die obligatorische Kanone gezeigt, die Fisher in den 1980ern aus zwei Schiffswracks aus dem 17. Jh. barg. ⏰ Mo–Fr 8.30–17 Uhr, Eintritt $12.

Von allen Inselattraktionen zieht das **Ernest Hemingway Home and Museum**, 907 Whitehead St, ✆ 305/294-1136, 🖳 www.hemingwayhome.com, die meisten Besucher an. Ernest Hemingway besaß das maurisch beeinflusste Haus 30 Jahre lang und lebte knapp zehn Jahre darin, wovon er die meiste Zeit mit Angeln, Schreiben und Trinken verbrachte. Im Arbeitszimmer (dem Heuboden eines Kutschenhauses, zu dem der Autor über eine Art Hängebrücke gelangte) entstanden einige seiner berühmtesten Romane, darunter *In einem anderen Land* und *Haben und Nichthaben*. 1940 ließ Hemingway sich scheiden, verfrachtete seine Manuskripte in ein Hinterzimmer des ursprünglichen Sloppy Joe's (s. S. 530) und zog mit seiner neuen Frau, der Journalistin Martha Gellhorn, in ein Haus auf Kuba. Inzwischen streichen ungefähr 60 Katzen über das Gelände, viele davon mit sechs Zehen, wie sie traditionell als Schiffsmaskottchen mit auf See genommen wurden. Was immer die Fremdenführer auch erzählen mögen – Hemingway hielt seinen Katzenharem in Kuba und nicht in Key West, sodass die hiesigen Katzen aller Wahrscheinlichkeit nach nicht mit Hemingways Haustieren verwandt sind. ⏰ tgl. 9–17 Uhr, Eintritt $12. Führungen beginnen alle 10–30 Min. und dauern ungefähr eine halbe Stunde.

Im Winter geht ohne Reservierung in Key West gar nichts. Ebenfalls knapp werden Betten zum Fantasy Fest Ende Oktober. Im Sommer sinkt die Nachfrage und die Preise fallen bis zu 30 %.

Angelina Guest House, 302 Angela St, ✆ 1-888/303-4480, 🖳 www.angelinaguesthouse.com. Charmantes Gästehaus mit entspanntem Karibik-Ambiente, versteckt in den Seitenstraßen des Bahamian Village. Eine der günstigsten Unterkünfte in Key West, Zimmer wahlweise mit Gemeinschafts- oder eigenem Bad. ❸–❺

Big Ruby's, 409 Applerouth Lane, ✆ 1-800/477-7829, 🖳 www.bigrubys.com. Schwules Guesthouse mit schick eingerichteten Zimmern um einen Pool und eine Terrasse, auf der es sich herrlich relaxen lässt. ❼

Eden House, 1015 Fleming St, ✆ 305/296-6868, 🖳 www.edenhouse.com. Hinter dem grottigen Foyer verbirgt sich eines der besten Angebote der Stadt: große Zimmer, Gratisparkplätze, jeden Abend Happy Hour mit Getränken zum Nulltarif, schattiger Pool. Zimmer mit/ohne Bad. ❻–❼

Key West Hostel & Seashell Motel, 718 South St, ✆ 305/296-5719, 🖳 www.keywesthostel.com.

Tropischer Paradiesgarten

The Gardens Hotel, 526 Angela St, ✆ 1-800/526-2664, 🖳 www.gardenshotel.com. Eins der elegantesten Hotels der Stadt mit nur 17 Suiten im luftigen malaysischen Stil, alle mit Flachbild-TV, frischen Blumen und riesigen Betten. Der liebevoll gestaltete Garten mit dichtem Grün und prächtigen Orchideen schirmt die Anlage vor neugierigen Blicken ab. ❼–❾

Florida

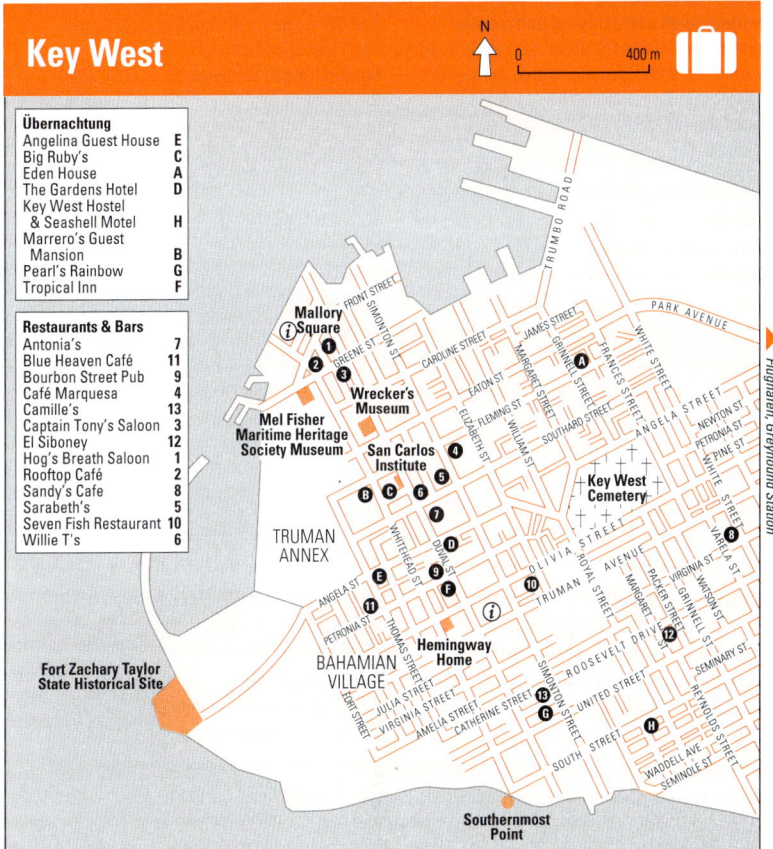

Key West

N

0 — 400 m

Florida

Flughafen, Greyhound Station

Übernachtung

Angelina Guest House	E
Big Ruby's	C
Eden House	A
The Gardens Hotel	D
Key West Hostel & Seashell Motel	H
Marrero's Guest Mansion	B
Pearl's Rainbow	G
Tropical Inn	F

Restaurants & Bars

Antonia's	7
Blue Heaven Café	11
Bourbon Street Pub	9
Café Marquesa	4
Camille's	13
Captain Tony's Saloon	3
El Siboney	12
Hog's Breath Saloon	1
Rooftop Café	2
Sandy's Cafe	8
Sarabeth's	5
Seven Fish Restaurant	10
Willie T's	6

Mallory Square

Wrecker's Museum

Mel Fisher Maritime Heritage Society Museum

San Carlos Institute

Key West Cemetery

TRUMAN ANNEX

Hemingway Home

BAHAMIAN VILLAGE

Fort Zachary Taylor State Historical Site

Southernmost Point

---

com. Das Hostel hat billige Dorm-Betten ($44), einen sonnigen Innenhof und keine Sperrstunde; das Motel bietet Standardzimmer ($75, Nebensaison) zu Niedrigstpreisen in diesem Viertel. ❸

Marrero's Guest Mansion, 410 Fleming St, ☎ 305/294-6977 oder 1-800/459-6212, 🖥 www.marreros.com. Mit jeder Menge Antiquitäten eingerichtete Villa, in der es spuken soll. In Zimmer 18 tragen sich angeblich die meisten übernatürlichen Aktivitäten zu. ❻–❼

Pearl's Rainbow, 525 United St, ☎ 1-800/749-6696, 🖥 www.pearlsrainbow.com. Das schöne Gebäude der ehemaligen Zigarrenfabrik

wurde zum einzigen Frauen-Guesthouse der Insel umgebaut. Frühstück, 2 Pools und 2 Whirlpools. ❺

Tropical Inn, 812 Duval St, ☎ 888/611-6510, 🖥 www.tropicalinn.com. Geräumige Zimmer in einem reizend restaurierten „Conch"-Haus im Zentrum. Die meisten Zimmer bieten Platz für 3 Pers., die teureren haben Balkone. ❻–❼

Essen

Key West leidet keinen Mangel an schicken Restaurants mit erlesener französischer, italienischer und asiatischer Küche. Wie zu erwarten, spielt allerdings auf den meisten Speisekarten frisches Seafood eine Hauptrolle. Außerdem sollten Besucher wenigstens einmal die Key-West-Spezialitäten **Key-Limepie** und **Conch Fritters** (Meeresschneckenfleisch in Backteig) probieren.

Antonia's, 615 Duval St, ℘ 305/294-6565. Teure, aber ausgezeichnete norditalienische Küche in formeller, aber freundlicher Atmosphäre. Vorn sitzt man schöner als im modernen charakterlosen Anbau hinten. ☺ mittags und abends.

Blue Heaven Café, Thomas St, Ecke Petronia St, ℘ 305/296-0867. In idyllischer Hofatmosphäre genießen die Gäste Gelbschwanz-Schnapper, mariniertes, knuspriges Huhn oder das fantastische Hummerfrühstück, während zwischen den Tischen munter Hühner picken.

Café Marquesa, im Marquesa Hotel, 600 Fleming St, ℘ 305/292-1244. Edelstes Restaurant von Key West mit viel Chichi um seine fantasievollen Gerichte aus der neuen amerikanischen Küche. Hauptgerichte $25–38.

Camille's, 1202 Simonton St, ℘ 305/296-4811. Hervorragendes Frühstück und Brunch zu erschwinglichen Preisen, etwa Mais-Cashewnusswaffeln und French Toast mit kunstvoller Godiva-Schokoladensoße. Das abendliche Angebot wechselt täglich, aber frischer Fisch und erstklassige Steaks sind fast immer dabei.

El Siboney, 900 Catherine St, ℘ 305/296-4184. Schlichter Diner mit einem großen Angebot an preiswerten und guten kubanischen Gerichten wie gegrilltem Schweinefilet ($14,95) und panierten Garnelen ($11,95).

Sandy's Cafe, in der M&M Laundry, 1026 White St, ℘ 305/295-0159. Das nicht mehr ganz frische Café bietet preiswerte kubanische Sandwiches

und den besten *café con leche* zwischen Key West und Miami.

Sarabeth's, 530 Simonton St, ℘ 305/293-8181. Sättigende amerikanische Klassiker, serviert in der gemütlichen Atmosphäre eines alten Schindelhauses. Zu den Highlights zählen der Lachssalat ($14,95) und der *chicken pot pie* ($19,50).

Seven Fish Restaurant, 632 Olivia St, ℘ 305/296-2777. Das leicht zu verfehlende, wenig bekannte Bistro in einem kleinen, weißen Eckhaus zählt zu den besten Restaurants in Key West. Besser reservieren, denn die Zahl der Tische ist begrenzt.

Das Nachtleben von Key West spielt sich hauptsächlich in ein paar geselligen Bars ab. Die besten – unprätentiös, oft bis 4 Uhr geöffnet, regelmäßig Livemusik – liegen dicht beieinander am nördlichen Ende der Duval St.

Bourbon Street Pub, 724 Duval St, ℘ 305/296-1992. Dieser riesige Kneipenkomplex umfasst diverse Schwulenlokale im Zentrum, dazu einen angenehmen Garten mit großem Jacuzzi.

Captain Tony's Saloon, 428 Greene St, ℘ 305/294-1838. Rustikaler Saloon und ehemalige Stammkneipe von Hemingway, damals hieß sie noch Sloppy Joe's (s. S. 528). Eine der besseren Adressen für Livemusik.

Hog's Breath Saloon, 400 Front St, ℘ 305/292-2032, 🖳 www.hogsbreath.com. Kneipe der derberen Sorte, aber eine der besten Adressen für Livemusik, meist gegen einen geringen Obolus.

Willie T's, 525 Duval St, ℘ 305/294-7674, 🖳 www.williets.com. Hier gibt es zwar auch Essen, aber was diese Kneipe in der Duval Street von den anderen unterscheidet, ist die große Auswahl an Mojitos (über 30 Sorten). Gut zum Leutebeobachten. Montags gibt es zwei Mojitos für $12.

Fahrradverleih

Adventure Scooter & Bicycle Rentals, 1 Duval St, ℘ 305/293-0441, und 601 Front St, ℘ 305/293-9955. Fahrrad $15 pro Tag.

Feste

Für Besucher am interessantesten sind die **Conch Republic Celebration** im April und das **Fantasy Fest** Ende Oktober, eine von der Schwulenszene beherrschte Mischung aus Mardi Gras und Halloween.

Informationen

Greater Key West Chamber of Commerce, im Zentrum Nähe Mallory Square, 402 Wall St, 🖥 www.keywestchamber.org. Die beste Adresse für Informationen in Key West, auch für die genauen Termine der jährlich stattfindenden Feste. ⏱ Mo–Fr 9–18, Sa und So 8.30–18 Uhr.
Eine gute Infoquelle für Schwule und Lesben ist die **Key West Business Guild**, 513 Truman Ave, ✆ 305/294-4603, 🖥 www.gaykeywestfl. com. ⏱ tgl. 9–17 Uhr.

Transport

Der **Key West International Airport**, ✆ 305/296-5439, liegt 4 Meilen östlich der Stadt. Der **Greyhound**-Terminal, ✆ 305/296-9072, befindet sich direkt an der Zufahrt zum Flughafen. Es gibt keine Shuttlebusse, ein Taxi, ✆ 305/296-6666, kostet etwa $16.

Die Ostküste

Floridas Ostküste ist stark zugebaut mit Hotels, Resorts, Strandpromenaden und jeder Menge anderer Bauten, die sich von Miami nordwärts bis nach St. Augustine erstrecken. Das heißt nicht, dass dieser Abschnitt von Florida keine Attraktionen hätte, aber die Atmosphäre ist hier bei Weitem nicht so locker wie an der Golfküste des Bundesstaats. **Fort Lauderdale** ist längst nicht mehr die heiße Partystadt vergangener Zeiten, sondern hat sich zu einem regen kulturellen Zentrum gemausert. Nördlich davon liegt die ruhige und exklusive Küstenstadt **Palm Beach**, deren mediterran anmutende Villen fast ausschließlich von Multimillionären bewohnt werden. Nördlich von Palm Beach ist die Küste weniger dicht bebaut. Selbst die **Space Coast** mit dem äußerst beliebten **Kennedy Space Center**

befindet sich mitten in einem Naturschutzgebiet. Weiter nördlich zieht **Daytona Beach** Fans von Auto- und Motorradrennen an.

Ganz im Norden schließlich liegt das bezaubernde **St. Augustine**, wo spanische Siedler einst die erste europäische Kolonie auf nordamerikanischem Boden gründeten.

Die schönste Strecke führt über den **Highway A1A**, der fast ununterbrochen der Küste folgt. An einigen Stellen schwenkt er landeinwärts und trifft auf den wesentlich weniger malerischen **US-1**. Die schnellste Strecke durch die Region ist der **I-95**, der rund 10 Meilen westlich der Küste verläuft. Aber er ist nur zu empfehlen, wenn man es wirklich eilig hat.

Fort Lauderdale

Die 1960er-Jahre mit exzessiven Teenager-Saufgelagen am 7 Meilen langen, palmenbestandenen Sandstrand von Fort Lauderdale sind lange vorbei. Heute ist die Stadt ein Treff für reiche Jachtbesitzer und Passagiere von Kreuzfahrtschiffen. Außerdem ist sie eine der am schnellsten wachsenden Wohngegenden des Landes und zählt seit Jahren zu den beliebtesten Urlaubsorten für Schwule in den USA.

Downtown

Die Downtown besteht aus ein paar Häuserzeilen zwischen dem E Broward Boulevard und dem E Las Olas Boulevard. Sie wurde durch Parks und Promenaden verschönert und eignet sich ausgezeichnet für einen Spaziergang, vor allem auf dem 1 Meile langen **Riverwalk** am Nordufer des New River in Richtung historisches Viertel. In der Einkaufsstraße, dem schicken **Las Olas Boulevard**, herrscht in Boutiquen, Galerien, Restaurants, Bars und jeder Menge Straßencafés Tag und Nacht Betrieb.

Hier befindet sich auch das **Museum of Art**, ✆ 954/525-5500, 🖥 www.moafl.org, 1 E Las Olas Blvd, dessen überwiegend moderne Sammlung ausdrucksstarke expressionistische Arbeiten der Künstlergruppe CoBrA – einer Mitte des 20. Jhs. aktiven Gruppe von Künstlern aus Kopenhagen, Brüssel und Amsterdam – zeigt. ⏱ tgl. 11–17 Uhr, Juni–Sep Mo geschlossen, Eintritt $10.

Nur wenig westlich beherbergt das **Museum of Discovery and Science**, 401 SW 2nd St, ☎ 954/467-6637, 🖥 www.mods.org, u. a. eines der größten lebenden atlantischen Korallenriffe in einem öffentlichen Raum und ein paar Flugzeugsimulatoren. ⏲ Mo–Sa 10–17, So 12–18 Uhr, Eintritt $11, $16 inkl. IMAX-Film.

Der Strand

Sicher hat die Innenstadt ihren Reiz, aber die meisten Besucher kommen wegen des breiten, sauberen und unbestreitbar schönen Strands. Zu erreichen ist er über die Intracoastal Waterway Bridge, auf dem Las Olas Boulevard etwa Meilen von Downtown. Auf dem **Fort Lauderdale Beach Boulevard** am Ufer tobte früher das wüste Spring-Break-Treiben, aber daran erinnern nur noch ein paar Strandbars. Die hübsche Uferpromenade lockt jetzt Jogger, Inlineskater und Radler an.

Übernachtung

Auch wenn Fort Lauderdale seine Nase von Jahr zu Jahr höher trägt, bieten viele **Motels** im Sommer immer noch Zimmer in Strandnähe für um die $45 an (im Winter eher um die $85).

Atlantic Resort & Spa, 601 North Fort Lauderdale Beach Blvd, ☎ 954/567-8020, 🖥 www.theatlantichotelfortlauderdale.com. Die erste einer geplanten Reihe von Luxusresidenzen am Ozean. Das Hotel im mediterranen Stil hat außer eleganten Zimmern und Suiten auch ein Wellnesscenter, einen Pool direkt am Strand und ein vorzügliches Restaurant. ❾

Backpackers Beach Hostel, 2115 N Ocean Blvd, ☎ 954/567-7275, 🖥 www.fortlauderdale hostel.com. Sauberes, gut eingerichtetes Hostel. Parkplätze, Internet und Ortsgespräche sind kostenlos. Dorm-Bett $20, Zimmer $55. ❸

Tropi Rock Resort, 2900 Belmar St, ☎ 1-800/987-9385, 🖥 www.tropirock.com. Unkonventionelles, von einer Familie betriebenes Hotel, eine Straße vom Strand entfernt. Im günstigen Preis eingeschlossen ist die Nutzung der eigenen Tennisplätze und eines kleinen Fitnessstudios. ❹–❺

Essen

Casablanca Cafe, 3049 Alhambra St, ☎ 954/764-3500. Amerikanische Pianobar mit marokkanischem Flair. Gute, gemischte Speisekarte mit mediterran beeinflusster Küche zu moderaten Preisen. Mi–So abends Livemusik.

The Floridian, 1410 E Las Olas Blvd, ☎ 954/463-4041. Retro-Look und hervorragende Diner-Speisen zu Niedrigstpreisen, besonders das Riesenfrühstück. ⏲ 24 Std.

Seasons 52, 2428 E Sunrise Blvd, in der Galleria Mall, ☎ 954/537-1052. Regionale Restaurantkette für Gesundheitsbewusste: Jedes der frischen, leckeren Gerichte hat weniger als 475 Kalorien.

Southport Raw Bar, 1536 Cordova Rd, ☎ 954/525-2526. Ausgelassene Kneipe südlich von Downtown nahe Port Everglades, in der es Schalentiere und lecker zubereiteten Fisch gibt.

Taverna Opa, 3051 NE 32nd St, ☎ 954/567-1630. Geselliges griechisches Restaurant, das seine Gäste mit leckerem Essen, jeder Menge Ouzo und Bauchtanz verwöhnt. ⏲ nur abends.

Informationen

Visitor Center, 100 E Broward Blvd, Suite 200, ☎ 1-800/22-SUNNY, 🖥 www.sunny.org, ⏲ Mo–Fr 8.30–17 Uhr.

Nahverkehr

Stadtbus Nr. 11 pendelt 2x stdl. zwischen Zentrum und Strand auf dem Las Olas Blvd. **Wassertaxis**, ☎ 954/467-6677, 🖥 www.water taxi.com, verkehren fast überall an der langen Küste von Fort Lauderdale; Tageskarte $15.

Transport

Der **Greyhound**-Terminal befindet sich in der 515 NE 3rd St, der **Amtrak**- und **Tri-Rail**-Bahnhof liegt 2 Meilen westlich, 200 SW 21st Terrace, ☎ 1-800/TRI-RAIL, 🖥 www.tri-rail.com. Vom Bahnhof fährt Bus Nr. 22 ($1,50) ins Zentrum.

Boca Raton

20 Meilen nördlich von Fort Lauderdale liegt Boca Raton (wörtl. „Rattenmaul"), das überwiegend wegen seiner üppigen Architektur des

Mediterranean Revival einen Besuch wert ist. Dieser Architekturstil, der hier seit den 1920er-Jahren vorherrscht, wurde durch strenge Bauvorschriften in Downtown am Leben erhalten. Neue Gebäude müssen soweit möglich mit Bogeneingängen, falschen Glockentürmen und Dächern aus roten Ziegeln errichtet werden. Dadurch wird ein einheitliches, charakteristisches Aussehen garantiert.

Dieses Bestreben nach architektonischem Design geht auf den Architekten Addison Mizner zurück, der 1925 auf dem Höhepunkt des Immobilienbooms in Florida nach Boca Raton kam. Mizner war von der mittelalterlichen Architektur beeinflusst, die er rund um das Mittelmeer gesehen hatte, und die wenigen öffentlichen Gebäude (neben annähernd 50 Privathäusern), die er fertigstellte, hinterließen in Boca Raton dauerhafte Spuren. Mizner hat auch das Aussehen des nahe gelegenen Palm Beach geprägt. Sein Millionen-Dollar teures Cloister Inn wurde in das heutige **Boca Raton Resort**, 501 E Camino Real, ✆ 1-888/491-BOCA, 🖥 www.bocaresort.com, verwandelt: Ein rosa Palast mit Marmorsäulen, Skulpturenbrunnen und gut erhaltenem alten Holz, ❼–❾. Mizners Geist lebt auch im **Mizner Park**, am US-1 zwischen Palmetto Park Road und Glades Road, weiter. Das stilvolle Open-Air-Einkaufszentrum ist mit Palmen und Wasserfällen verziert. Im Park befindet sich auch das **Boca Raton Museum of Art**, 501 Plaza Real, ✆ 561/392-2500, 🖥 www.bocamuseum.org, mit Gemälden von europäischen Meistern – Degas, Matisse und Picasso – und einer ausgezeichneten Sammlung an westafrikanischen Stammesmasken. ◷ Di–Fr 10–17, Sa und So 12–17 Uhr, Eintritt $8.

Eine Meile nördlich vom Hwy-798 (der Boca Raton mit dem Strand verbindet) befindet sich das **Gumbo Limbo Nature Center**, 1801 N Ocean Blvd/Hwy-A1A, ✆ 561/338-1473, 🖥 www.gumbolimbo.org, in dem auf einer 8 ha großen Fläche Fischadler, Braunpelikane und Meeresschildkröten leben. Für die nächtlichen Schildkröten-Führungen, die zwischen Mai und Juli angeboten werden, muss man im Voraus reservieren. ◷ Mo–Sa 9–16, So 12–16 Uhr, Eintritt $5 durch freiwillige Spende.

Ein paar Meilen nördlich von Downtown liegt Boca Ratons interessantester Strandabschnitt,

der **Spanish River Park**. Ein Großteil dieses 20 ha großen Gebiets mit üppiger Vegetation und Ziergrün zwischen den Wohnblocks ist nur über Wege durch schattiges Dickicht zu erreichen. ◷ tgl. 8 Uhr bis Sonnenuntergang, Eintritt $16/Auto wochentags, $18/Auto am Wochenende, Fußgänger und Radfahrer frei.

In Boca Raton gibt es zwei preiswerte Hotels: **Townplace Suites by Marriot**, 5110 NW 8th Ave, ✆ 561/994-7232, 🖥 www.townplacebocaraton.com. ❺
Ocean Lodge, 531 N Ocean Blvd, ✆ 561/395-7772, 🖥 www.oceanlodgeflorida.com. ❸
Max's Grill, 404 Plaza Real, Mizner Park, ✆ 561/368-0080. Das gehobene Restaurant serviert leckere amerikanische Gerichte mit asiatischem Einfluss.
Whale's Rib, 2033 NE 2nd St, ✆ 954/421-8880. Steingarnelen, rohe Austern und *Conch Chowder*.

Chamber of Commerce, 1800 N Dixie Hwy, ✆ 561/395-4433, 🖥 www.bocaratonchamber.com. ◷ Mo 9.30–17, Di–Fr 8.30–17 Uhr.

Nach Boca Raton fahren keine Greyhound-Busse. Der **Tri-Rail**-Bahnhof befindet sich am I-95, 680 Yamato Rd, ✆ 1-800/TRI-RAIL. Außerdem gibt es einen **Shuttlebus** ins Stadtzentrum.

Palm Beach

Mit seinen palastartigen Villen und parkähnlichen Gärten gilt Palm Beach als Synonym für neuen und alten Geldadel. Als nach 1890 die Angehörigen der „besseren Gesellschaft" zum Überwintern hierher kamen, folgte ihnen bald die Geld- und Promielite der Nation, eifrig darum bemüht, in die erlesene Gesellschaft von Palm Beach aufgenommen zu werden.

Designerläden und Kunstgalerien säumen die noble **Worth Avenue** am Südrand der Stadt. Kaum zu überbieten ist der Pomp der mit wei-

Florida

ßen, dorischen Säulen versehenen Whitehall alias **Henry Flagler Museum**, Cocoanut Row, ✆ 561/655-2833, 🖥 www.flagler.org, ein Vier-Millionen-Dollar-Hochzeitsgeschenk von Henry Flagler an seine dritte Frau, Mary Lily Kenan. Wie bei vielen von Floridas frühen Luxusvillen wurde der Stil der Inneneinrichtung aus der hochherrschaftlichen Architektur Europas entlehnt: Unter den 73 Zimmern des Gebäudes finden sich eine italienische Bibliothek, ein französischer Salon und ein Ballsaal im Louis-Quinze-Stil. ⏲ Di–Sa 10–17, So 12–17 Uhr, Eintritt $18.

Übernachtung

In Palm Beach zu übernachten ist teuer. Preise von $200 pro Nacht sind durchaus üblich (am günstigsten ist es zwischen Mai und Dez). **Chesterfield**, 363 Cocoanut Row, ✆ 561/659-5800, 🖥 www.chesterfieldpb.com. Ähnliche opulent und ebenfalls gut. ❼

Essen

Charley's Crab, 456 S Ocean Blvd, ✆ 561/659-1500. Die richtige Wahl für preiswertes Seafood.
Hamburger Heaven, 314 S County Rd, ✆ 561/655-5277. Serviert seit 1945 köstliche Burger. ⏲ So geschlossen.

Informationen

Convention and Visitors' Bureau, 1555 Palm Beach Lakes Blvd, Suite 800, ✆ 561/233-3000, 🖥 www.palmbeachfl.com. ⏲ Mo–Fr 9–17 Uhr.

Transport

Passend zur vornehmen Atmosphäre der Stadt sind die öffentlichen Verkehrsmittel begrenzt. Die Haltestellen von **Greyhound**, ✆ 561/833-8536, **West Palm Beach Amtrak**, ✆ 1-800/USA-RAIL, und **Tri-Rail**, ✆ 1-800/TRI-RAIL,

liegen allesamt in der 205 S Tamarind Ave in West Palm Beach weiter landeinwärts. Von dort fährt der PalmTran Bus, ✆ 561/841-4BUS, nach Palm Beach; $1,50. An der Endstation Quadrille Blvd besteht Anschluss an die Buslinien 41 und 42 (tgl. außer So).

Space Coast

An der sogenannten Space Coast, rund 200 Meilen nördlich von Palm Beach, schlägt das Herz der US-amerikanischen Raumfahrtindustrie. Größter Touristenmagnet ist das **Kennedy Space Center** auf einer flachen, sumpfigen Insel, die in den Atlantik ragt. Einen starken Kontrast dazu – und ebenfalls Teil der Insel – bietet das **Merritt Island National Wildlife Refuge**, ein Naturschutzgebiet, in dem man gut Tiere, insbesondere Vögel, beobachten kann.

Kennedy Space Center

Das Kennedy Space Center ist der Ort, an dem Raumfahrzeuge entwickelt, getestet und ins All geschickt werden. Seit 1964 steht **Merritt Island** im Mittelpunkt der NASA-Aktivitäten, nachdem die Abschussrampen im benachbarten US-Luftwaffenstützpunkt Cape Canaveral zu klein für die riesigen neuen Saturn-V-Raketen des Apolloprogramms geworden waren.

Die Anfahrt zum **Visitor Complex**, ✆ 321/449-4444, 🖥 www.kennedyspacecenter.com, führt über den I-95. Man nimmt die Ausfahrt 212 auf den Hwy-405 und folgt der Beschilderung. Eine Alternative für die Anfahrt ist der vom Hwy-A1A abzweigende Hwy-3. Die besten Besuchszeiten sind die Wochenenden und die Monate Mai und September, denn dann herrscht in der Regel kein allzu großer Andrang. Aber egal wann man kommt – um alles mitzunehmen, was das Space Center zu bieten hat, braucht man schon einen ganzen Tag. Außerdem ist es sinnvoll, die Wettervorhersage zu beachten, denn bei schweren Gewittern werden einige Attraktionen möglicherweise geschlossen. ⏲ tgl. 9–18 Uhr, Eintritt $38 für Erwachsene, $28 für Kinder.

Die Exponate im Visitor Complex – Raumkapseln, Raumanzüge, Mondfähren und ein nachgebautes Spaceshuttle-Deck – werden jeden, der sich auch nur am Rande für die Erforschung des Alls interessiert, einige Stunden beschäftigen. Faszinierend sind auch die beiden IMAX-Filme und ein Rundgang durch den **Rocket Garden**, in dem etliche Raketen aus den 1950er-Jahren stehen – die raffinierte Illumination vermittelt einen Eindruck davon, wie sie beim Abschuss aussahen. Die neueste Attraktion ist die **Shuttle Launch Experience**, eine Simulation, bei der die Passagiere erleben können, wie es ist, als Astronaut senkrecht ins All zu starten und an Bord des Space Shuttle um den Planeten zu kreisen.

Den Abschluss des Besuchs bildet eine zweistündige Bustour zur 52-stöckigen Montagehalle (in der die Space Shuttles für den Start vorbereitet werden) und zur Abschussrampe. Dort gibt's auch die Gelegenheit, eine Saturn-V-Rakete aus der Nähe zu inspizieren und einen simulierten Apollo-Countdown zu erleben. Termine **echter Raketenstarts** sind unter der Telefonnummer und Website des Visitor Complex zu bekommen.

In der Nähe des Space Center liegt am Hwy-405 in Titusville die **Astronaut Hall of Fame** (im Eintrittspreis des Space Center enthalten), eins der unterhaltsamsten interaktiven Museen in Florida. Hier können Besucher starke Beschleunigungskräfte am eigenen Leib erfahren und eine holprige Fahrt über die Marsoberfläche unternehmen.

Merritt Island National Wildlife Refuge

Die NASA teilt sich Merritt Island mit dem Merritt Island National Wildlife Refuge, wo in Nachbarschaft zu den ultimativen Hightech-Geräten Alligatoren, Gürteltiere, Waschbären, Rotluchse und unzählige Vögel ihren Lebensraum haben. Besonders lohnend ist ein Besuch zwischen Oktober und März, wenn die Zugvögel aus dem Norden hier ihr Winterquartier beziehen und von plagenden Moskitos weit und breit keine Spur ist. Letztere machen im Sommer dem Namen der hiesigen Mosquito Lagoon alle Ehre: Insektenschutz mitbringen!

Vom Exit 220 des I-95 erreicht die Hwy-406 nach 8 Meilen den 7 Meilen langen **Black Point Wildlife Drive**, der einen guten Einstieg in das Ökosystem der Insel bietet. An der Zufahrt gibt

es eine kostenlose Broschüre. Auch eine Wanderung sollte niemand auslassen, etwa auf dem 5 Meilen langen **Cruickshank Trail**, der vom Wildlife Drive dem Ufer des Indian River folgt. Am Hwy-402, der kurz vor dem Wildlife Drive vom Hwy-406 nach Osten abzweigt, liegt das **Visitor Centre**, ☉ Mo–Fr 8–16.30, Sa und So 9–17 Uhr (Nov–März So geschlossen), dessen Parkplatz Zugang zu zwei weiteren Pfaden bietet: dem eine Dreiviertelmeile langen **Oak Hammock Trail** und dem 2 Meilen langen **Palm Hammock Trail**, beide vom Parkplatz des Visitor Centre zu erreichen. ☉ tgl. Sonnenauf- bis Sonnenuntergang.

Entlang dem US-1 gibt es Motels (etwa in Titusville). Netter schläft es sich allerdings in **Cocoa Beach**, ein paar Meilen südlich: **Luna Sea**, 3185 N Atlantic Ave, ✆ 1-800/586-2732, 🖥 www.lunaseacocoabeach.com. ❹ **Days Inn**, 5500 N Atlantic Ave, ✆ 321/784-2550, 🖥 www.daysinncocoabeach.com. ❹ **Fawlty Towers**, 100 E Cocoa Beach Causeway, ✆ 321/784-3870, 🖥 www.fawltytowersresort. com. ❸–❹ **Sunset Café**, 500 W Cocoa Beach Causeway, ✆ 321/783-8485. Ausgezeichnete Austern und Flussblick. Früh kommen, denn es wird voll.

Daytona Beach

Floridas ultimative Sand-Sonne-Meer-Stadt mit all ihren T-Shirt-Läden, Spielsalon-Arkaden und Motels, wohin das Auge blickt, verdankt ihre Existenz einem 20 Meilen langen hellbraunen Sandstreifen. Daytona Beach war lange beliebtes Ziel für ausschweifende studentische Saufgelage in den Frühjahrs-Semesterferien, bemüht sich aber seit einigen Jahren um ein kultiviertes Image. Diese Bemühungen führten lediglich dazu, dass anstelle der feiernden Studenten jetzt noch mehr Biker und Autofans kommen.

In der Stadt finden jährlich drei große Veranstaltungen statt: Das legendäre Stockcar-Rennen **Daytona 500** im Februar, ✆ 877/306-RACE oder 🖥 www.daytonainternationalspeedway. com, Tickets ab $79, die **Bike Week** Anfang März, zu der Zehntausende von Bikern in Leder-

Florida

kluft aufkreuzen, und das relativ neue **Biketoberfest** im Oktober, eine etwas zahmere, familienfreundlichere Version der Bike Week.

Daytonas Kult um Rennwagen und Motorräder geht auf den Anfang des 20. Jhs. zurück. Damals kamen Pioniere der Automobiltechnik wie Louis Chevrolet, Ransom Olds und Henry Ford nach Daytona, um Fahrzeugprototypen auf dem festen Sandstrand um die Wette fahren zu lassen. Der britische Millionär Malcolm Campbell stellte hier sogar insgesamt fünf Land-Geschwindigkeitsweltrekorde auf. Bei immer höheren Geschwindigkeiten wurde der sandige Untergrund als Rennstrecke schließlich zu unsicher. Deshalb wurde 1959 der **Daytona International Speedway** eröffnet, eine ungeschlachte Konstruktion aus Beton und Stahl, die 150 000 Zuschauer fasst. Sie liegt drei Meilen vom Stadtzentrums am International Speedway Boulevard (mit den Buslinien 9, 10 und 60 zu erreichen). Den Busrundfahrten auf dem Speedway fehlt zwar die Aufregung des Renngeschehens, aber immerhin bringen sie die eindrucksvollen Steilwände dieser schnellsten Rennstrecke der Welt zum Greifen nah. Rundfahrten tgl. (außer an Renntagen) von 9.30–17.30 Uhr alle halbe Stunde, Teilnahme im Eintrittspreis zur Daytona 500 Experience (s. u.) enthalten.

In einem großen Gebäude neben dem Speedway ist die interaktive **Daytona 500 Experience**, ☎ 386/947-6800, 🖥 www.daytona500experience.com, untergebracht. Hier können Besucher z. B. Rennwagen beim Boxenstopp virtuell hochbocken oder sich als Rennkommentatoren versuchen. Ein fesselnder Breitwandfilm mit ausgezeichneten 3D-Effekten informiert erschöpfend über die NASCAR (National Association of Stock Car Auto Racing). ☉ tgl. 9–17 Uhr, Eintritt $24.

Ungeachtet aller Rennfaszination ist das Beste an Daytona sein schier endloser **Strand**: Er ist bei Niedrigwasser 150 m breit und verliert sich irgendwo im unwirklichen Hitzedunst. Au-

ßerdem ist dies einer der wenigen Strände in Florida, die man mit Autos und Motorrädern befahren darf – was allerdings ein für die Umwelt eher zweifelhaftes Vergnügen ist. Wer das tun möchte, muss lediglich an einer der Zufahrten $5 zahlen (nur von Feb–Nov) und sich an die angeschlagenen Regeln halten.

Informationen

Visitor Center, 126 E Orange Ave,
☏ 1-800/854-1234, 🖥 www.daytonabeach.com.
🕐 Mo–Fr 9–17 Uhr.

Transport

Der US-1 (der in der Stadt Ridgewood Avenue
heißt) verläuft durch den Festlandteil von
Daytona Beach und passiert dort u. a. den
Greyhound-Bahnhof, 138 S Ridgewood.
Trolleybusse (Fahrpreis $1,25) fahren von Mitte
Jan–Anfang Sep tgl. bis Mitternacht am
gesamten Strand entlang.

St. Augustine

40 Meilen nördlich von Daytona Beach verläuft
der US-1 durch das Herz des charmanten Städtchens St. Augustine. Mit seinem dichten Stadtzentrum, das sich gut zu Fuß erkunden lässt,
und einer Atmosphäre wie am Mittelmeer hebt
St. Augustine sich von den meist weitläufig
agelegten Ortschaften an der übrigen Ostküste
Floridas ab. Die älteste durchgehend bewohnte
Ortschaft der USA hat sich in ihren engen Sträßchen nicht nur einiges an Bausubstanz aus ihrer
Frühzeit bewahrt, sondern bietet außerdem auch
noch zwei verlockende Strände gleich auf der
anderen Seite der Matanzas Bay.

Bereits 1513 landete hier Ponce de León.
Die europäische Besiedlung nahm aber erst mit
der Ankunft von Pedro Menéndez de Avilés am
Sankt Augustinstag 1565 ihren Anfang. Später
entwickelte sich St. Augustine zu einem bedeutenden Verwaltungszentrum und sollte bald die
Hauptstadt von Ostflorida werden. Als man später Tallahassee zur neuen Hauptstadt machte,
war das Schicksal von St. Augustine besiegelt,
und der Wohlstand schwand. Da sich die Stadt
kaum vergrößerte, konnte man ein umfassendes Sanierungsprogramm verwirklichen, das
St. Augustine in ein anschauliches, lebendiges
Geschichtsmuseum verwandelte.

Old Town

St. Augustines Altstadt, im Westen von der St.
George Street und im Süden von der Plaza de
la Constitucion begrenzt, hütet die sorgsam ge-

Florida

Übernachtung		Restaurants, Cafés & Bars	
Carriage Way	A	95 Cordova	5
Casa Monica	C	A1A Aleworks	4
Casablanca Inn	D	Casa Maya 17	3
Kenwood Inn	E	Columbia	2
Pirate Haus Inn	F	Mill Top Tavern	1
The Saragossa Inn	B	The Oasis	6

pflegten Überbleibsel aus der spanischen Ära der Stadt. In diesem kleinen Altstadtkern gibt es eine Menge zu sehen. Wer sich früh genug aufmacht, d. h. gegen 9 Uhr morgens, gewinnt einen Vorsprung vor den Touristenhorden und kann die meisten lohnenden Sehenswürdigkeiten innerhalb eines Tages abklappern.

In Anbetracht des hervorragenden Zustands des **Castillo de San Marcos National Monument**, 🖳 www.nps.gov/casa, am Nordrand der Old Town fällt es schwer zu glauben, dass die Festung bereits im späten 17. Jh. gebaut wurde. Seine über 4 m dicken Mauern schützten es vor Angriffen. Im Innern wird eine Reihe toller Vorführungen geboten (z. B. von historischen Waffen). Von den gut 10 m hohen Schutzwällen aus bietet sich ein unvergleichbarer Blick über die Stadt und die Bucht. ◷ tgl. 8.45–16.45 Uhr, Eintritt $6.

Ein paar hundert Meter westlich der Festung markiert das **City Gate**, das Stadttor aus dem 18. Jh., den Eingang zur **St. George Street**. Die einstige Hauptstraße ist heute eine Fußgängerzone – von Touristenscharen heimgesucht, aber ansonsten unverfälscht historisch. In Haus Nr. 14 befindet sich eines der schönsten Gebäude: Das **Oldest Wooden Schoolhouse** ist ein restauriertes Holzhaus mit sprechenden Wachspuppen, die Schulkinder aus dem 19. Jh. darstellen. Das Ganze ist zwar etwas kitschig, aber unterhaltsam. ◷ tgl. 9–17 Uhr, Eintritt $3,50.

Weiter südlich liegt zwischen Tolomato Lane und Cuna Street das hervorragende **Colonial Spanish Quarter**, in dessen neun rekonstruierten Häusern und Werkstätten Männer und Frauen in Kostümen spanischer Siedler alltäglichen Beschäftigungen nachgehen. In der Taberna del Gallo, 35 St. George St, kann man sich anschließend ein Gläschen Bier gönnen. ◷ tgl. 9–17.30 Uhr, letzter Einlass um 16.45 Uhr, Eintritt $7.

Ein intimerer Blick in das Alltagsleben einer etwas späteren Periode eröffnet sich weiter südlich im **Peña Peck House**, 143 St. George St, ✆ 904/829-5064. Es soll ursprünglich um die Schatzkammer der Spanier gehandelt haben, aber nachdem die Engländer im Jahre 1763 die Macht übernommen hatten, wurde das Haus in der Folge von einem Arzt und seiner gesellligen Gattin bewohnt, die dort mit Vorliebe Empfänge für die vornehme Gesellschaft veranstaltete. ◷ Mo–Fr 10.30–17, So 12.30–17 Uhr, Spende erwünscht.

Im 16. Jh. verfügte der spanische König, dass alle Kolonialstädte um einen zentralen Platz gebaut werden müssten, so auch St. Augustine. Die St. George Street führt zum 1598 errichteten Marktplatz **Plaza de la Constitución**, dem die **Basilica Cathedral of St. Augustine** auf der Nordseite einen Hauch von Erhabenheit verleiht. Die Kathedrale aus dem späten 18. Jh. ist in den 1960er-Jahren größtenteils neu erbaut worden. ◷ tgl. 7–17 Uhr, Spende erwünscht.

Südlich der Plaza schließt sich ein Netz ruhiger, schmaler Straßen an, die genauso alt sind wie die St. George Street, aber deutlich weniger Touristen anziehen. Westlich der Plaza steht in der King Street gegenüber dem Flagler College das prachtvolle **Lightner Museum**, ✆ 904/824-2874, in dem man gut eine Stunde damit zubringen kann, sich geschliffenes viktorianisches Glas, Tiffanylampen u. Ä. anzusehen. ◷ tgl. 9–17 Uhr, letzter Einlass 16 Uhr, Eintritt $10. Es ist im ehemaligen Alcazar Hotel untergebracht, einem der berühmtesten Urlaubshotels des späten 19. Jhs.

Das älteste Haus der Stadt, das **Oldest House** aus dem frühen 18. Jh., steht zehn Minuten südwestlich in der 14 St. Francis St. Die Einrichtung zeigt, wie sich im Lauf der Zeit das Haus – und das Leben der Menschen – veränderte. ◷ tgl. 9–17 Uhr, letzter Einlass 16.30 Uhr, Eintritt $8.

Die Strände

Nur ein paar Meilen östlich von Old Town gelangt man zu einigen schönen Stränden. Der meiste Betrieb herrscht dort an Wochenenden. Auf der vorgelagerten Anastasia Island erstreckt sich die 4 km² große **Anastasia State Recreation Area**, ein Schutzgebiet aus Dünen, Sümpfen und Busch, das auf Naturlehrpfaden erkundet werden kann. ◷ tgl. 8 Uhr bis Sonnenuntergang. Eintritt mit Auto $8, Radfahrer und Fußgänger zahlen $2.

St. Augustine Beach, etwas weiter südlich, ist Familienterrain und bietet neben guten Restaurants auch einen Angelpier.

In der Old Town gibt es viele ausgezeichnet restaurierte B&Bs, preiswertere Hotelketten befinden sich außerhalb des Zentrums an der San Marco Ave und am Ponce de León Blvd. An Wochenenden steigen die Preise in der Regel um $20–60.

Carriage Way, 70 Cuna St, ℡ 1-800/908-9832, ⌨ www.carriageway.com. Baldachine und verzierte Bettpfosten, Nostalgie-Badewannen und Antiquitäten sorgen für das passende Ambiente in diesem Haus aus den 1880er-Jahren. ➎–➏

Casa Monica, 95 Cordova St, ℡ 1-800/648-1888, ⌨ www.casamonica.com. Elegantes, wunderschön renoviertes Hotel im spanischen Stil, in dem schon das spanische Königspaar genächtigt hat. Die Zimmer verfügen über schmiedeeiserne Betten und einen gewissen Küstencharme. ➐–➑

Casablanca Inn, 24 Avenida Menendez, ℡ 904/829-0928, ⌨ www.casablancainn.com. Dieses Gasthaus bietet viele Zimmer mit Whirlpool und eine gemütliche Bar mit Livemusik. Eine gute Wahl für alle, die mitten im Trubel sein wollen. ➏

Kenwood Inn, 38 Marine St, ℡ 904/824-2116, ⌨ www.thekenwoodinn.com. Das charmante B&B in idyllischer Lage nahe dem Wasser hat einen hübschen Pool und kostenlose Fahrräder für seine Gäste. ➎

Pirate Haus Inn, 32 Treasury St, ℡ 904/808-1999, ⌨ www.piratehaus.com. Die einzige Jugendherberge der Stadt befindet sich in der Nähe der Plaza und ist bei Rucksacktouristen entsprechend beliebt. Riesige Küche und Gemeinschaftsraum voller Reiseführer. Bett in klimatisiertem Dorm $20, außerdem 5 Privatzimmer ab $50. Mit All-you-can-eat-Pancake-Frühstück. ➋

The Saragossa Inn, 34 Saragossa St, ℡ 904/808-7384 oder 1-877/808-7384, ⌨ www.saragossainn.com. Das niedliche rosa Häuschen entstand 1924 als Sears-Craftsman-Fertighaus zur Eigenmontage. Heute bietet es 4 komfortable Gästezimmer und 2 Suiten ein kurzes Stück westlich des Touristenrummels. ➎–➏

In der Old Town essen zu gehen kann teuer werden. Viele der Cafés und Restaurants sind außerdem abends geschlossen. Von denjenigen, die geöffnet bleiben, fungieren einige auch als Kneipen, in manchen gibt es außerdem Livemusik.

A1A Aleworks, 1 King St, ℡ 904/829-2977. Nette Braustube mit gebratenem Hummer ($12) und Mango-Garnelen-Grillspießen ($15). Das Bier ist recht gut; das *A Strange Trout* und das *Porpoise Point Ale* sind beide unbedingt empfehlenswert.

95 Cordova, im Casa Monica Hotel, 95 Cordova St, ℡ 904/810-6810. Die Karte dieses Nobel-restaurants bietet teure, aber meisterliche, europäisch beeinflusste Nouvelle Cuisine. Hauptgerichte $19–33.

Casa Maya 17, 17 Hypolita St, ℡ 904/823-1739. Hier gibt es gutes und gesundes Essen, das von der Küche der Mayas beeinflusst wurde. Dazu gehören Mais-Tortilla-Mahi-Mahi-Tacos und ein ausgezeichneter Brunch.

Columbia, 98 St. George St, ℡ 904/824-3341. Paella, Tapas und andere traditionelle Gerichte der spanisch-kubanischen Küche in aufwendig gestaltetem Ambiente mit Springbrunnen und Kerzen.

Mill Top Tavern, 19 1/2 George St, ℡ 904/829-2329. Das obere Geschoss dieser Mühle aus dem 19. Jh. lädt in fantastischer Atmosphäre zu Livemusik und toller Aussicht auf das Castillo ein.

The Oasis, 4000 Ocean Trace Rd, St. Augustine Beach, ℡ 904/471-3424. Die Strandbar ist bekannt für erstklassige, reich belegte Burger.

Informationen

Visitor Center, 10 Castillo Drive, ℡ 1-800/653-2489, ⌨ www.visitoldcity.com. Filmvorführung über die Geschichte der Stadt, Empfehlungen für verschiedene Touren und Informationen über die lokalen Feste. ◷ tgl. 8.30–17.30 Uhr.

Taxis

Ancient City Cabs, ℡ 904/824-8161.

Florida

Touren

St. Augustine ist am besten zu Fuß zu erkunden. Eine Alternative für Fußlahme sind die **Sightseeing-Bimmelbahnen**, ✆ 1-800/226-6545, 🖥 www.redtrains.com, die tgl. von 8.30–17 Uhr die Hauptsehenswürdigkeiten abfahren. Fahrpreis $21,99 (3 Tage), Tickets gibt es online, beim Visitor Center und in vielen B&Bs und Hotels.

Scenic Cruise, ✆ 904/824-1806, veranstaltet Hafenrundfahrten, die 4–6x tgl. von der Municipal Marina, nicht weit vom Ostende der King Street, ablegen. Teilnahme $15,75.

Tour St. Augustine, ✆ 1-800/797-3778, bietet gut organisierte, informative Geschichtsrundgänge für $12 an. Die abendliche Stadtwanderung „A Ghostly Experience", ✆ 904/461-1009, führt zu verschiedenen „gespenstischen" Orten der Stadt, $12.

Old Town Trolley, ✆ 1-888/910-8687, 🖥 www.trolleytours.com/st-augustine, bietet eine Rundfahrt durch St. Augustine. Dabei wird den Touristen an 22 verschiedenen Stopps in der Stadt viel Wissenswertes berichtet. Die Passagiere können an jeder Haltestelle ein- und aussteigen. 3-Tage-Karte $23/Erw., $10/Kind, Rabatt bei Online-Kauf.

Nahverkehr

Es gibt keine öffentlichen Verkehrsmittel. Als Transportmittel zu den 2 Meilen entfernten Stränden bleiben somit nur **Taxis**. Innerhalb der Stadt bietet sich der **Old Town Trolley** an (s. „Touren").

Transport

Der **Greyhound**-Terminal, 1711 Dobbs Rd, liegt ein paar Meilen vom Zentrum entfernt.

Jacksonville

Jacksonville, das sich in den großen Doppelbogen des St. Johns River schmiegt, kämpft seit Jahren darum, sein altes Image als freudlose, industrielle Hafenstadt mit zutiefst konservativer Bevölkerung loszuwerden. In den 1990er-Jahren profilierte sich die Stadt allmählich als neues Zentrum der Dienstleistungsindustrie, was eine Flut von Bauprojekten und Hauskäufern in die Gegend lockte. Schon die schiere Größe der Stadt – mit 841 Quadratmeilen flächenmäßig die größte der USA – lässt kein richtig relaxtes Lebensgefühl aufkommen, und ohne Auto ist man hier aufgeschmissen.

Das bemerkenswerteste Gebäude der Downtown, die sich am Nordufer des St. Johns River erstreckt, ist das **Florida Theater**, 128 E Forsyth St, Kartenverkauf ✆ 904/355-2787, 🖥 www.floridatheatre.com. Der Innenraum des Theaters wurde restauriert – samt dem goldglänzenden Bühnenrahmen – und dient heute als Spielstätte für Darbietungen verschiedenster Art. ◷ Di, Mi, Fr und Sa 10–16, Do 10–20, So 12–16 Uhr, Eintritt $8, Mi 17–21 Uhr frei.

Fünf Gehminuten entfernt befindet sich das **Museum of Contemporary Art**, 333 N Laura St, ✆ 904/366-6911, 🖥 www.mocajacksonville.org, mit seiner erstaunlich vielfältigen und anspruchsvollen Sammlung von Gemälden, Skulpturen und Fotografien, zu der u. a. großformatige Gemälde von Ed Paschke und James Rosenquist gehören. ◷ Di–Mi und Fr–Sa 10–16, Do bis 20, So 12–16 Uhr, Eintritt $8.

Direkt südlich der Fuller Warren River Bridge (I-95) präsentiert das **Cummer Museum of Art and Gardens**, 829 Riverside Ave, ✆ 904/356-6857, 🖥 www.cummer.org, seine großzügigen Ausstellungssäle und skulpturengesäumten Korridore voller Werke bedeutender europäischer und amerikanischer Künstler und eine 0,8 ha große Gartenanlage, teils im italienischen, teils im englischen Stil mit Blick auf den Fluss. ◷ Di 10–21, Mi, Do und Fr 10–16, Sa 10–17, So 12–17 Uhr, Eintritt $10, Di ab 16 Uhr frei.

Die Strände

Wer von Jacksonville auf dem I-95 nach Süden und dann auf dem Hwy-202 Richtung Osten fährt, kommt zuerst zum **Ponte Vedra Beach**, der mit seinem spärlich bevölkerten Sandstrand und seinen millionenschweren Villen zu den exklusivsten Wohngebieten in Floridas Nordosten gehört. Ein paar Meilen weiter nördlich am Hwy-A1A liegt der viel weniger versnobte **Jacksonville Beach**.

Zwei Meilen nördlich des alten Piers von Jacksonville Beach geht der stärker kommerzialisierte **Neptune Beach** nahtlos in den praktisch identisch aufgemachten **Atlantic Beach** über. Beide sind mehr auf Familien ausgerichtet und hauptsächlich in puncto Essen und Geselligkeit zu empfehlen.

Übernachtung

Jacksonville

Die billigsten Unterkünfte sind die Ketten-hotels am Stadtrand, z. B. **Comfort Suites**, 1180 Airport Rd, ☏ 904/741-0505. ❺
Hyatt Regency Jacksonville Riverfront, 225 Coastline Drive, Downtown, ☏ 1-800/233-1234, 🖥 www.jacksonville.hyatt.com. In 1a-Lage am Fluss. ❼
Eine gute Alternative ist die Wohngegend Riverside-Avondale (in der Nähe des Cummer Museums) mit diversen netten B&Bs, z. B. **The House on Cherry Street**, 1844 Cherry St, ☏ 904/384-1999, 🖥 www.houseoncherry.com, am Flussufer. ❹–❺

Strände

Pelican Path Bed and Breakfast By the Sea, 11 19th Ave N, Jacksonville Beach, ☏ 904/249-1177, 🖥 www.pelicanpath.com. Hübsche Bleibe für ein paar Tage. ❼–❽
Sea Horse Oceanfront Inn, 120 Atlantic Blvd, Neptune Beach, ☏ 904/246-2175, 🖥 www.seahorseoceanfrontinn.com. Am Ende der Straße vom Pelican Path am Strand gelegen. ❺

Essen

Jacksonville

Für die schnelle Sättigung sorgen verschiedene Lokale in der Jacksonville Landing Mall in Jacksonvilles Downtown zwischen Water Street und Fluss.
River City Brewing Co., 835 Museum Circle, am Südufer, ☏ 904/398-2299. Hervorragende Steaks, Bier aus der hauseigenen Brauerei und Flusspanorama.
In Riverside-Avondale gibt es mehrere nette Cafés, z. B. **Biscotti's**, 3556 St. Johns Ave, ☏ 904/387-2060.

Strände

Ragtime Tavern Seafood Grill, 207 Atlantic Blvd, Atlantic Beach, ☏ 904/241-7877. Riesiges Seafood-Angebot.

Sun Dog Diner, 207 Atlantic Blvd, Neptune Beach, ☏ 904/241-8221. Gute Adresse fürs Abendessen mit überdurchschnittlicher, kreativer Küche.
Beach Hut Café, 1281 S 3rd St, Jacksonville Beach, ☏ 904/249-3516. Leckeres Frühstück in mehr als großzügigen Portionen.

Sonstiges

Informationen

Nur einen kurzen Bummel vom Busbahnhof entfernt befindet sich das **Convention and Visitors Bureau**, 550 Water St, Suite 1000, ☏ 904/798-9111 oder 1-800/733-2668, 🖥 www.visitjacksonville.com. ⏰ Mo–Fr 8–17 Uhr.

Taxis

Ein gutes örtliches Taxiunternehmen ist **Yellow Cab**, ☏ 904/355-8294.

Transport

Der **Greyhound**-Busbahnhof liegt zentral in der 10 N Pearl Street.
Der **Bahnhof**, 3570 Clifford Lane, ist äußerst ungünstig 6 Meilen nordwestlich des Zentrums angesiedelt.

Orlando und die Vergnügungsparks

Der Großteil von Zentralflorida, eine weite und fruchtbare Fläche zwischen der Ost- und der Westküste, war noch Acker- und Farmland, als der Ferienboom erstmals die Strände von Florida erreichte. Seit den 1970er-Jahren ist die friedli-che Idylle zerstört: Der moderne Tourismus hat sich auf kein Gebiet in Florida schlimmer aus-gewirkt als auf das Zentrum des Bundesstaa-tes. Das Ergebnis ist, dass der meistbesuchte Teil Floridas ziemlich hässlich aussieht. Eine Ansammlung von Highwaykreuzungen, Motels und Reklametafeln zieht sich um die ausge-dehnte Stadt **Orlando**, wo eine Jagd auf die Touristen-Dollar in Goldrauschmanie ausgelöst wurde, als Walt Disney World hier eröffnete – der größte und cleverste Vergnügungspark, der

Florida

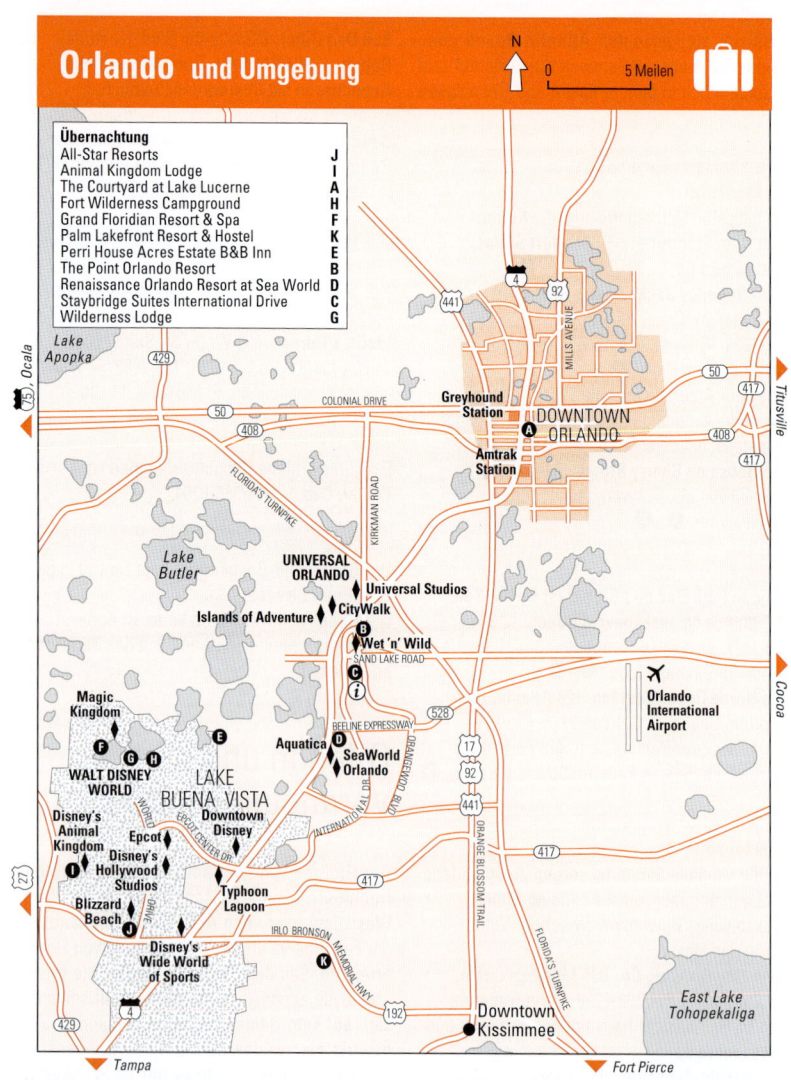

Orlando und Umgebung

N

0   5 Meilen

Übernachtung
All-Star Resorts	J
Animal Kingdom Lodge	I A
The Courtyard at Lake Lucerne	H
Fort Wilderness Campground	F
Grand Floridian Resort & Spa	K
Palm Lakefront Resort & Hostel	E
Perri House Acres Estate B&B Inn	B
The Point Orlando Resort	D
Renaissance Orlando Resort at Sea World	C
Staybridge Suites International Drive	G
Wilderness Lodge	

Florida

je errichtet wurde. Früher einmal war Orlando ein ruhiges Landstädtchen, heute ist es der Ort mit dem meisten Durchgangsverkehr in ganz Florida. Denn inzwischen ist hier nicht nur **Walt Disney World**, sondern auch **Universal Orlando**, **SeaWorld Orlando** und eine Reihe weiterer Attraktionen angesiedelt. Die meisten Hotels liegen am International Drive, Hwy-192 sowie in und um Disney World – alles nur wenige Meilen südlich von Downtown Orlando entfernt. Im Vergleich zu Orlando ist der Rest von Zentralflorida eher ruhig.

Walt Disney World

Dass Florida zu dem wurde, was es heute ist, dazu hat außer der Erfindung der Klimaanlage vor allem Walt Disney World ganz entscheidend beigetragen, indem es ein Stück Farmland in eins der lukrativsten Touristenziele der Welt verwandelte. Gleichzeitig revolutionierte das gigantische und perfekt durchgeplante Imperium auch das Medienimage des Staates: Vom abgehalfterten Mix aus Billigmotels, Seniorenwohnheimen und Alligatorenzoos avancierte Florida über Nacht zum modernen Aushängeschild des globalen Tourismus.

Disney World fungiert als Schrittmacher für die Vergnügungsparks der ganzen Welt. Selbst Walt Disneys erste 1955 in Anaheim (Kalifornien) eröffnete Traumwelt Disneyland bleibt hinter der technisch und psychologisch perfekt inszenierten Disney World weit zurück. Der Komplex umfasst ein Areal, das zweimal so groß ist wie Manhattan. Die vier großen Themenparks stellen unterschiedliche Einheiten dar, und für jeden sollte man sich einen ganzen Tag Zeit nehmen.

Das **Magic Kingdom** ist der Disneypark, an den die meisten zuerst denken – der Ort, wo Mickey Mouse sich unters Volk mischt. Dies ist in erster Linie ein Park für Kinder, obwohl seine Hightechperfektion selbst auf die unempfänglichsten Erwachsenen noch einen gewissen Reiz ausübt. **Epcot**, dessen Wahrzeichen – die Geosphäre – an einen riesigen Golfball erinnert, widmet sich Wissenschaft, Technik und den Kulturen der Welt; das weitläufige Gelände erfordert längere Fußmärsche und kann für kleinere Kinder schnell langweilig werden.

Die kleineren **Disney's Hollywood Studios** greifen Themen aus Kino, Fernsehen und Musik auf und sind mit diversen aufregenden Fahrgeschäften und Liveshows für Erwachsene und Kinder gleichermaßen interessant. Der neueste der vier ist der **Disney's Animal Kingdom Park**, der zahlreiche Vertreter der afrikanischen und asiatischen Tierwelt im Themenpark-Ambiente zeigt.

Zusätzlich zu den Hauptparks gibt es noch weitere Unterhaltungsmöglichkeiten, darunter die exzellenten Wasserparks **Blizzard Beach** und **Typhoon Lagoon**, der Sportkomplex **Disney's Wide World of Sports** und **Downtown Disney**, wo man essen, trinken und sich die Nacht um die Ohren schlagen kann.

Magic Kingdom

Wer schon einmal im kalifornischen Disneyland war, wird vieles im Magic Kingdom wiedererkennen. Über allem erhebt sich **Cinderella's Castle**, und wie sein Original bei Los Angeles ist auch dieser Themenpark in mehrere Bereiche unterteilt: **Tomorrowland**, **Frontierland**, **Fantasyland**, **Adventureland**, **Liberty Square** und **Mickey's Toontown Fair**. Fantasyland und Mickey's Toontown Fair sind ganz und gar auf Familien mit Kindern zugeschnitten, während die etwas wilderen Fahrten in den anderen Abschnitten zu finden sind, besonders in Tomorrowland und Frontierland.

Der **Space Mountain** in Tomorrowland ist im Grunde eine herkömmliche Achterbahn, kann mit seiner totalen Finsternis aber vor allem jüngere Besucher ziemlich in Panik versetzen. **Splash Mountain** gipfelt in einem atemberaubenden Todessturz von einem 15 m hohen Wasserfall (nasse Klamotten garantiert). In **Big Thunder Mountain Railroad** besteigt das Publikum eine Eisenbahn, die mit moderater Geschwindigkeit in drei Minuten durch das Kalifornien der Goldrauschära rumpelt.

Viele der größten Attraktionen im Park bedienen sich der beeindruckenden „Audio-Animatronics"-Figuren, einer Art sprechender Roboter aus der Disney-Schmiede. Einige der besten sind in **Stitch's Great Escape** zu erleben, wo ein fieses, chaotisches Monster für Aufregung sorgt und im Dunkeln ein Spektakel für Augen, Ohren und Nase (!) veranstaltet.

Diverse „Audio-Animatronics"-Gestalten bevölkern auch das **Haunted Mansion**, eine mäßig gruselige Geisterbahnfahrt mit spektakulären Hologrammen, die gemächliche **Jungle Cruise** auf dem Amazonas, Nil, Kongo und Mekong, vorbei an wilden Tieren und Kannibalen, und **Pirates of the Caribbean**, eine klassische Bootsfahrt um eine piratenverseuchte Karibik-

Florida

insel, die als Vorlage für die Fluch-der-Karibik-Filme diente.

Das Angebot in Fantasyland wirkt größtenteils recht veraltet, besitzt aber mit **Mickey's PhilharMagic** ein tolles und reizvolles Filmvergnügen in 3D mit Daffy Duck und anderen bekannten Disneyfiguren. Einen zauberhaften Anblick bietet auch das **Wishes**-Feuerwerk, das abgehalten wird, wenn der Park abends zumacht.

Epcot

Noch 1966 arbeitete Walt Disney an den Plänen zur Epcot (Experimental Prototype Community of Tomorrow), die auf den neuesten Erkenntnissen der US-Technologie basieren sollte. Die Idee entwickelte sich aber nicht ganz so, wie es Disney einst vorschwebte: Epcot eröffnete erst 1982, als die weltweite Rezession und wachsende Umweltsorgen dem Glauben an die Unfehlbarkeit der Wissenschaft längst einen Dämpfer aufgesetzt hatten. Ein erhebliches Manko des Parks ist ganz einfach seine enorme Größe: Er ist doppelt so groß wie das Magic Kingdom und sehr strapaziös für die Füße.

Das Epcot Center wird von einer 55 m hohen „Geosphäre" im Zentrum der **Future World** dominiert, die sich der Geschichte und Zukunft von Landwirtschaft, Kommunikation, Transportwesen und Energiegewinnung widmet. Der Bereich ist in mehrere Pavillons unterteilt (einer davon ist die Geosphäre mit ihrem vor Kurzem neu gestalteten Spaceship Earth Ride), die von Privatunternehmen gesponsert werden und jeweils über eigene Attraktionen, Filme, interaktive Exponate und Spiele verfügen. Hier lohnen besonders die folgenden Fahrgeschäfte das Schlangestehen:

Soarin', in dem neueste Flugsimulatoren und IMAX-Technik dazu verwendet werden, zu einem atemberaubenden Drachenflug über Kalifornien abzuheben; **Mission: SPACE**, eine bis hin zur Beschleunigungskraft beim Start realistisch gestaltete Mission zum Mars; **Test Track**, eine achterbahnähnliche Testfahrt in einem Hightech-Auto; und der **3D-Filmthriller** *Liebling, ich hab die Zuschauer geschrumpft.*

Die Abteilung **World Showcase**, die um einen See herum angeordnet ist, hat es sich zum Ziel gesetzt, die Geschichte, Architektur und Kultur elf verschiedener Nationen zu veranschaulichen. Die hiesigen Restaurants sind die besten von Disney World und ein toller Ort, um die allabendliche Sound- und Lightshow **Illumi-Nations: Reflections of Earth** zu bewundern.

Disney's Hollywood Studios

In den 1980er-Jahren schloss Disney mit Metro-Goldwyn-Mayer (MGM) einen Vertrag über die Ausschlachtung zahlreicher MGM-Filmklassiker ab und verfügte so auf einen Schlag über einen reichhaltigen Fundus an Bildern mit hohem Wiedererkennungswert, die sich zu Fahrgeschäften und anderen Attraktionen für Erwachsene und Kinder ummodeln ließen. Der Park wurde 1989 als Disney-MGM Studios eröffnet, doch seitdem sind so viele Attraktionen aus den Sparten Musik, Fernsehen und Theater dazugekommen, dass man sich entschloss, ihn in Disney's Hollywood Studios umzutaufen, um seinem erweiterten „Entertainment"-Thema besser gerecht zu werden.

Hier werden mehr Bühnenshows und Touren als Fahrattraktionen geboten, doch wer den Nervenkitzel sucht, findet diesen in Form eines praktisch freien Falls vom außergewöhnlichen **Twilight Zone Tower of Terror** oder in der etwas gewöhnlicheren Achterbahn **Rock 'n' Roller Coaster**. Keinesfalls auslassen sollte man die halbstündige **Backlot Tour** hinter die Kulissen der Filmproduktion und durch den Katastrophen-Canyon, die witzige **Muppet Vision 3D**-Show und **The Great Movie Ride**, bei dem Audio-Animatronics-Figuren mit Schauspielern aus Fleisch und Blut agieren.

Disney's Animal Kingdom Park

Im Mittelpunkt des 1998 eröffneten Themenparks Animal Kingdom steht der Tierschutz, natürlich ebenfalls von Disney gewohnt spektakulär in Szene gesetzt. Der Park ist in die sechs Bereiche **Afrika**, **Asien**, **Discovery Island**, **Camp Minnie-Mickey**, **DinoLand U.S.A.** und **Rafiki's Planet Watch** unterteilt. Am optisch eindrucksvollsten sind die Bereiche Afrika und Asien, die die Naturlandschaften und die exotische Atmosphäre dieser beiden Kontinente mit bewundernswerter Detailtreue nachbilden.

Magic Kingdom

Als der brillante Illustrator und Trickfilmzeichner Walt Disney in Kalifornien mit Disneyland den ersten Themenpark der Welt gründete, überließ er anderen die Leitung der Hotels und Restaurants auf dem Gelände. Diese verschlangen bald das gesamte Unternehmen und verhinderten Wachstum und Profit. Fest entschlossen, diesen Fehler nicht noch einmal zu begehen, kaufte die Disney Corporation in den späten 60er-Jahren 111 km² Ackerland in Central Florida – ein hundertmal größeres Areal als Disneyland. Wegen des gegebenen Versprechens, neue Arbeitsplätze für Florida zu schaffen, übertrugen Floridas Behörden der Corporation die Rechte einer selbständigen Gemeinde. So ist Disney World ermächtigt, Straßen zu bauen und das Gesetz mit einer eigenen Polizei zu vertreten.

Als erster Park von Disney World öffnete 1971 Magic Kingdom seine Tore und wurde ein Riesenerfolg. 1982 folgte Epcot. Hier brach man mit der Tradition der Comicfiguren und präsentierte ein rosarotes Land der Zukunft – mit mäßiger Resonanz. Teils aus diesem Grund und teils wegen einiger Fehlentscheidungen des Managements stand das Disney Empire – Walt Disney selbst starb 1966 – Mitte der 80er-Jahre am Rand des Bankrotts. Inzwischen hat sich das Unternehmen wieder erholt und fährt heute, auch wenn es 2004 Gegenstand eines (gescheiterten) feindlichen Übernahmeversuchs durch Comcast war, einen konsequenten und wettbewerbsfähigen Kurs. Die Geschäfte des Disney-Konzerns mögen sich ums Fantastische drehen. Aber wenn es ums Geld geht, steht das Unternehmen mit beiden Beinen fest auf dem Boden.

Die gelungenste Attraktion wartet im Themenbereich Afrika in Form der **Kilimanjaro Safaris**, bei der Besucher in einem Jeep eine sehr realistische afrikanische Safari unternehmen. Unterwegs begegnet man nicht nur Giraffen, Zebras, Elefanten, Löwen, Gazellen und Nashörnern, sondern auch bösen Wilderern. Zu empfehlen ist außerdem die Erkundung des ebenfalls zu Afrika gehörenden **Pangani Forest Exploration Trail** mit seinen Flachlandgorillas.

Im Themenland Asien können auf dem **Maharajah Jungle Trek** vor Kraft strotzende Tiger

Eintrittspreise

Der **Tagespass** für einen der vier großen Parks kostet $79 für Erwachsene und $68 für Kinder zwischen 3 und 9 Jahren. Wer mehrere Tage bleibt, kann mit einem **Magic Your Way** Ticket Geld sparen: Es berechtigt zum Besuch eines Parks pro Tag und ist als 2- bis 10-Tage-Ticket erhältlich (das 7-Tage-Ticket z. B. kostet $234 für Erwachsene, $201 für Kinder zwischen 3 und 9 Jahren). Wer an einem Tag mehrere Parks besuchen möchte, sollte das zusätzliche **Park Hopper**-Angebot wahrnehmen, das pauschal $60 extra kostet. Die Ticketoption **Water Park Fun & More** gestattet, abhängig von der Dauer des gekauften Magic Your Way Tickets, 2–10 Besuche der anderen Einrichtungen (Blizzard Beach, Typhoon Lagoon, DisneyQuest und Disney's Wide World of Sports). Es kostet $60.

Informationen

Ein Disney World Information ist unter ☎ 407/939-6244 zu erreichen oder im Internet unter 🖥 www.disneyworld.com.

Öffnungszeiten

Die Disney-Parks öffnen tgl. um 9 Uhr und schließen je nach Jahreszeit zwischen 18 und 22 Uhr (Ausnahme: Animal Kingdom Park schließt ganzjährig schon um 17 Uhr). Bei großem Andrang kann die Wartezeit an den beliebtesten Fahrgeschäften weit über eine Stunde betragen.

Am besten lassen sich die **Warteschlangen** mit dem FASTPASS-System umgehen. Dazu füttert man einen Automaten am Eingang zum Fahrgeschäft mit der normalen Eintrittskarte und bekommt sie mit einem weiteren Ticket zurück, auf dem eine Uhrzeit steht, zu der man an der Reihe ist, in der Regel rund zwei Stunden später. Zur angegebenen Zeit stellt man sich dann an der FASTPASS-Schlange der jeweiligen Attraktion an und kommt ohne lange Wartezeit an die Reihe.

Eine weitere gute Taktik besteht darin, sich nach der Ankunft direkt ans Ende zu begeben und die Parks in umgekehrter Reihenfolge abzuklappern oder unverzüglich die Star-Attraktionen anzusteuern, um sie vor dem Hauptandrang zu absolvieren. Man muss zu jeder Jahreszeit mit Warteschlangen rechnen, aber in den Ferien und an amerikanischen Feiertagen sind die Parks besonders voll.

Parken

Die Benutzung der Parkplätze kostet $14 pro Tag, für Gäste der Disney World Resorts ist sie kostenlos.

Wichtig: Es ist nicht gestattet, Lebensmittel in die Themenparks mitzubringen. Die besten Restaurants befinden sich in **Epcot's World Showcase** – empfehlenswert sind diejenigen in den Themenbereichen Frankreich und Mexiko.

---

aus nächster Nähe bestaunt werden. Etwas gemächlicher, aber immer noch wild genug, fährt man mit dem **Dinosaur** in DinoLand U.S.A. kleinere Gefälle hinunter und kommt zwischendurch zu einem abrupten Halt, während unheimliche Dinosaurier aus dem Nichts auftauchen.

Universal Orlando

Einige Jahre lang hatte es den Anschein, als würde die Film- und Fernsehindustrie von Kalifornien nach Florida übersiedeln, weil der Sunshine State mit niedrigeren Steuern und Lohn-

kosten als der günstigere Standort angesehen wurde. Die Eröffnung der Universal Studios 1990 schien diesen Trend zu bestätigen, doch bislang konnte sich Florida aus unterschiedlichen Gründen noch nicht als realistische Alternative erweisen. Immerhin existiert die Universal-Niederlassung nach wie vor und spielt inzwischen eine bedeutende Rolle in der Themenparklandschaft unter der Bezeichnung Universal Orlando, ☎ 1-407/363-8000, 🖥 www.uescape.com.

Zwar hat Disney World nach wie vor die höheren Besucherzahlen zu verzeichnen, aber auch Universal lockt mit seinen Attraktionen rund ums Thema Film und die aufregenden

Florida

Fahrgeschäfte der **Islands of Adventure** ein großes Publikum an. Und seit alle Nachtclubs von Disney dichtgemacht haben, hat sich **CityWalk** zum Hauptkonkurrenten von Downtown Orlando gemausert (s. „Unterhaltung und Nachtleben"). Darüber hinaus bietet Universal hervorragende Übernachtungsmöglichkeiten in Form von drei luxuriösen **Hotels** auf dem Gelände: Loews Portofino Bay, Hard Rock und Loews Royal Pacific Resort, gemeinsame Telefonnummer und Website ✆ 1-888/273-1311, ☐ www.uescape.com, ❼–❾. Universal Orlando liegt am I-4, eine halbe Meile nördlich der Ausfahrten 74B oder 75A. ⏱ tgl. ab 9 Uhr, variable Schließzeiten.

Der **Tagespass** für die Universal Studios oder Islands of Adventure kostet für Erwachsene $79, für Kinder zwischen 3 und 9 Jahren $69, Kinder unter 3 Jahren Eintritt frei, Tagespass mit Eintritt für beide Parks $109,99/99,99, Parkgebühr $12. Wer einen **Universal Express Plus** kauft (je nach Jahreszeit für $19,99–59,99), darf sich in beiden Parks überall und zu jeder Tageszeit in die Universal-Express-Schlange einreihen.

Universal Studios

Wie das Konkurrenzunternehmen Disney's Hollywood Studios werden auch die 162 ha großen Universal Studios tatsächlich als Filmproduktionsstätte genutzt. Die jüngste Attraktion, **The Simpsons Ride**, kombiniert hochmoderne Flugsimulatortechnik mit dem flapsigen Humor der Simpsons. Die einzige Achterbahn des Parks, **Revenge of the Mummy**, entführt die Besucher auf eine mittelschnelle Reise durch Szenen aus dem letzten Teil des Films *Die Mumie*.

Sehr unterhaltsam ist auch **Shrek 4-D**, eine Filmvorführung in 3D, die durch Spezialeffekte (und ein paar Wasserspritzer zu viel) noch gefühlsechter wird. Spannung verspricht außerdem **Disaster**: ein klaustrophobischer Zwei-Minuten-Terror, der das zweifelhafte Vergnügen simuliert, in einem U-Bahn-Waggon gefangen zu sitzen, während ein Erdbeben der Stärke 8 losbricht.

Islands of Adventure

Dieser Themenpark versammelt Orlandos Nonplusultra an Hightech-Attraktionen. Zwar werden auch diejenigen zufrieden gestellt, die weniger Nervenkitzel suchen, aber die große Mehrheit

wird speziell von diesen hochmodernen Fahrgeschäften angelockt. Der Vergnügungspark besteht aus sechs Miniparks: Marvel Super Hero Island, The Lost Continent, Jurassic Park, Toon Lagoon, Seuss Landing und **The Wizarding World of Harry Potter**. Letzterer hat erst im Juni 2010 eröffnet. Nach fünf Jahren Planung und Rücksprachen mit der Autorin J. K. Rowling über alle Elemente des Parks wurde hier ein eindrucksvolles Erlebnis geschaffen. Auf den Souvenirshops, die Postkarten mit Harry-Potter-Briefmarken, Zauberstäbe und schwarze Schulumhänge verkaufen, liegt immer Schnee. Die Besucher sollen eine reale Version der Welt erleben, wie man sie sich aus den Harry-Potter-Büchern vorstellt. Das i-Tüpfelchen in der Wizarding World sind jedoch die Fahrgeschäfte, die alle Erwartungen erfüllen. Die Dragon Challenge schickt zwei Hochgeschwindigkeitszüge kurz nacheinander los; The Flight of the Hippogriff ist eine eher gemächliche Achterbahn in Wagen, die dem magischen Hippogreif ähneln sollen. Wer gewillt ist, Schlange zu stehen, für den bietet Harry Potter and the Forbidden Journey ein Kaleidoskop an virtueller Realität und extrem fortschrittlicher Robotertechnologie rund um eine Nachbildung der Hogwarts-Schule. Während der Fahrt schießt man über steile Berge, trifft auf Riesenspinnen usw. Obwohl man die ganze Fahrt über in einem Achterbahnwagen für vier Personen sitzt, erlebt man alles sehr intensiv mit.

Bei **The Amazing Adventures of Spider-Man** (in der Marvel Super Hero Island), wo der Besucher durch alle möglichen 3D- und Simulationstricks hautnah miterlebt, was es heißt, als

Florida

Spiderman das Böse zu bekämpfen, sind die Schlangen etwas kürzer. Eine echte Höllenfahrt ist **Dueling Dragons**, wo zwei Achterbahnen („Fire" und „Ice") auf separaten Schienensträngen nur um Haaresbreite aneinander vorbeirasen, wobei die vorderen Sitzplätze besonders begehrt sind.

Das Angebot für Kinder umfasst **Dudley Do-Right's Ripsaw Falls**, **Popeye & Bluto's Bilge-Rat Barges** (wo man mit ziemlicher Sicherheit eine kräftige Dusche abbekommt), beide in der Toon Lagoon, und den gesamten Abschnitt **Seuss Landing**, wo sich alles um die Figuren aus den beliebten amerikanischen Kinderbüchern von Dr. Seuss dreht. Bei der den ganzen Tag laufenden **The Eighth Voyage of Sindbad Stunt Show** im Lost Continent sind Kulisse, Stunts und Pyrotechnik genauso gut wie die Witze schlecht sind.

SeaWorld Orlando und Discovery Cove

SeaWorld Orlando, am Sea Harbor Drive, unweit der Kreuzung von I-4 und Beeline Expressway, ✆ 407/351-3600, 🖥 www.seaworld.com, ist der beste der zahlreichen Meeresparks von Florida. Eine ausgiebige Besichtigung nimmt den ganzen Tag in Anspruch.

Das Hauptereignis ist die 30-minütige Show **Believe** mit verspielten Schwertwalen (Besucher in den vorderen 14 Reihen der Arena werden nass). Sehenswert ist auch das auf Kinder zugeschnittene Seelöwenspektakel **Clyde und Seamore Take Pirate Island**. Der Komplex **Wild Arctic**, der so naturgetreu wie möglich mit künstlichem Schnee und Eis versehen ist, führt in die Nähe von Belugawalen, Walrössern und Eisbären. Höhepunkt des Besuchs ist ein aufregender, simulierter Hubschrauberflug durch einen arktischen Schneesturm.

Das erste Fahrgeschäft im Park mit garantiert erhöhtem Adrenalinausstoß nennt sich **Journey to Atlantis** und ist eine Kombination aus Wasserrutsche und Achterbahn mit einer 20 m tiefen Sturzfahrt, bei dem die Fahrgäste klatschnass werden. Noch aufregender ist **Kraken**, eine Achterbahn mit einer Geschwindigkeit von mehr als 100 km/h, einigen Sekunden Schwerelosigkeit

und spektakulären, hohen Loopings. Die neueste Errungenschaft unter den Fahrgeschäften ist **Manta**, eine Achterbahn aus Stahl, die die Bewegungen eines Mantarochens nachahmt.

Außerdem gibt es etliche Aquarien und Ausstellungen zum Thema Unterwasserwelt. Zu den Höhepunkten gehören der **Penguin Encounter**, eine Antarktis-Kopie mit Eisberg und einer Hundertschaft watschelnder Vögel, **Manatee Rescue**, das bedrohte Seekühe zum Greifen nah bringt, und der **Shark Encounter**, wo ein Glastunnel den Blickkontakt mit Haien ermöglicht. ⏰ tgl. ab 9 Uhr, variable Schließzeiten, Eintritt Erwachsene $78,95, Kinder zwischen 3 und 9 Jahren $68,95.

Orlandos Wasserparks

Disney World betreibt zwei ausgezeichnete Wasserparks: In **Blizzard Beach**, ✆ 407/560-3400, am World Drive nördlich des All Star Resorts, dreht sich alles um einen skrupellosen Geschäftemacher, der in Florida ein Skigelände erschlossen hat, dessen Schnee zu schmelzen beginnt. Im Mittelpunkt der Schau steht der **Summit Plummet**, der Passagiere mit einer Geschwindigkeit von 85 km/h eine senkrechte, 36 m lange Bahn hinunter katapultiert. Wer es lieber etwas sanfter mag, kann sich in einen Slalomschlitten setzen. ⏰ tgl. 9–19 Uhr, Eintritt Erwachsene $46, Kinder zwischen 3 und 9 Jahren $40.

Gleich südlich von Downtown Disney lockt die **Typhoon Lagoon**, ✆ 407/560-4141, mit Riesenrutschen, großem Surfbecken und einem Riff, in dem man zwischen tropischen Fischen schnorcheln kann. ⏰ tgl. 9–19 Uhr, Eintritt Erwachsene $46, Kinder zwischen 3 und 9 Jahren $40.

Um auch ein Stück von diesem Kuchen abzubekommen, eröffnete SeaWorld Orlando **Aquatica**, gleich gegenüber von SeaWorld am International Drive, ✆ 1-888/800-5447, 🖥 www. aquaticabyseaworld.com, eine Kombination aus Attraktionen mit lebenden Tieren und Wellenpools, Wasserrutschen und Stränden. ⏰ tgl. 9–17 Uhr, im Sommer länger, Eintritt Erwachsene $47,95, Kinder von 3–9 Jahren $41,95.

Erstaunlich gut behauptet sich der Wasserpark **Wet 'n Wild**, 6200 International Drive,

1-800/992-9453, www.wetnwildorlando. com, gegen die starke Konkurrenz. Er bietet zahlreiche tolle Rutschen, darunter die fast senkrechte **Der Stuka**. tgl. 10–17 Uhr, im Sommer länger, Eintritt Erwachsene $47,95, Kinder zwischen 3 und 9 Jahren $41,95.

Übernachtung

In den Disney-Parks

Die fabelhaft gestalteten Resorthotels auf dem Gelände von Disney World sind wesentlich teurer als die Unterkünfte außerhalb. Doch die Vorteile (Superausstattung, kostenloser Flughafentransfer, Gratisparkplätze und früher Zutritt zu den Parks), sind nicht von der Hand zu weisen und vielleicht die Ausgabe wert. Reservierungen für alle unter 407/939-6244 oder www.disneyworld.com. Die Zimmer sollten besonders während der Hauptsaison so früh wie möglich, am besten 9 Monate im Voraus, reserviert werden.

Die günstigste Übernachtungsmöglichkeit bietet das **Fort Wilderness Campground** auf einem schönen, bewaldeten, 280 ha großen Gelände in der Nähe des Magic Kingdom. Hier kann man ab $44 einen Campervan parken, ein Zelt aufschlagen oder aber ein Blockhaus mit 6 Betten ab $270 mieten und doch die Privilegien genießen, ein Disney-Gast zu sein.

All-Star Resorts, 3 Themenhotels in der Nähe des Aquaparks Blizzard Beach mit den Schwerpunkten Sport, Musik und Film. Die preiswertesten Unterkünfte in Disney World. ❹

Animal Kingdom Lodge, spektakulärstes Luxushotel mit afrikanischen Wildtieren, die vor dem Fenster grasen. ❽

Grand Floridian Resort & Spa, Disneys elegantestes (und teuerstes) Hotel mit Giebeldächern, Veranden, Kristalllüstern und einem Wellness-Angebot, das keine Wünsche offen lässt. ❾

Wilderness Lodge, überzeugende Nachbildung einer Lodge aus dem Wilden Westen mit Holzfeuer im Foyer und behaglichen Zimmern. ❽

Außerhalb der Disney-Parks

Die Häuser der Hotelketten am **International Drive** liegen in der Nähe von Universal Orlando

und SeaWorld Orlando, außerdem sind zahlreiche Restaurants und Geschäfte in Laufweite. Auf Disney eigenem Grund verteilen sich in einem Gebiet mit Namen **Lake Buena Vista** diverse Hotels. Billigere Hotels – und sogar ein Hostel – säumen den **Hwy-192** (ebenfalls nicht weit von Disney). In **Downtown Orlando** gibt es eine Handvoll charmanter, privat geführter Hotels und B&Bs.

The Courtyard at Lake Lucerne, 211 N Lucerne Circle E, Downtown Orlando, 407/648-5188, www.orlandohistoricinn.com. Charmantes B&B in Downtown mit 4 historischen Gebäuden; Zimmer in viktorianischem und edwardianischem Stil, außerdem große Art-déco-Suiten. ❺

Palm Lakefront Resort & Hostel, 4840 W Hwy-192, 407/396-1759, www.orlandohostels. com. Ganz klar die erste Wahl für Backpacker ist dieses Hostel im Resort-Stil mit nach Geschlechtern getrennten 6-Bett-Zimmern ($19 pro Bett), Einzel-, Doppel- und Familienzimmern ($36) und Pool in hübscher Lage am See. ❷

Perri House Acres Estate B&B Inn, 10417 Vista Oaks Court, Lake Buena Vista, 1-800/ 780-4830, www.perrihouse.com. Das B&B mit nur 8 Zimmern verliert sich auf dem 1,5 ha großen Waldgrundstück und bildet den perfekten Kontrast zum 5 Meilen entfernten Magic Kingdom. ❺

The Point Orlando Resort, 7389 Universal Blvd, 1-866/994-6309, www.thepointorlando. com. In günstiger Lage zu den vielen Vergnügungsparks von Orlando und somit die ideale Lösung für Familien, die länger in der Gegend bleiben.

Renaissance Orlando Resort, 6677 Sea Harbor Drive, SeaWorld, 1-800/327-6677, www. renaissanceseaworldorlando.com. Hotel der gehobenen Klasse nicht weit vom International Drive direkt gegenüber von SeaWorld Orlando; geräumige Zimmer und ein schickes Atrium. ❼

Staybridge Suites International Drive, 8480 International Drive, 407/352-2400 oder 1-800/ 866-4549, www.sborlando.com. Freundliches und beliebtes Hotel im mittleren Abschnitt des I-Drive mit gut ausgestatteten Suiten, Gratis-Internet und Frühstücksbuffet. ❻

Essen

Die Mehrzahl der auch von Einheimischen frequentierten Essadressen liegt in Downtown und Umgebung. Die meisten Besucher steuern aber zum Essen den International Drive an, der sowohl Billiglokale mit ganztägigem Buffet als auch Gourmetrestaurants zu bieten hat. In die Themenparks darf man ausnahmslos kein Essen mitbringen, s. Kasten S. 546.

Downtown Orlando

Dexter's of Thornton Park, 808 E Washington St, ☎ 407/648-2777. Trendiges, aber ungezwungenes Lokal im hippen Downtown-Bezirk Thornton Park. Mittlere Preislage.

The Globe, 25 Wall St Plaza, ☎ 407/849-9904. Preiswerte Snacks und leichte Mahlzeiten mit asiatischer Note. Die Tische draußen sind ideal zum Leutegucken.

White Wolf Café, 1829 N Orange Ave, ☎ 407/895-5590. Die nüchterne Kombination aus Café und Antiquitätengeschäft ist bekannt für kreative Salate und Sandwiches.

International Drive

Bahama Breeze, 8849 International Drive, ☎ 407/248-2499. Gute karibische Küche ($15–20) und leckere Hummer- und Garnelen-Quesadillas. ☉ nur Abendessen.

Café Tu Tu Tango, 8625 International Drive, ☎ 407/248-2222. Fantasievolle internationale Gerichte wie Spicy Crab Chopsticks ($8) und Kürbispizza ($10).

New Punjab, 7451 International Drive, ☎ 407/352-7887. Vegetarische Currys zu vernünftigen Preisen ($10,95–18,95).

Roy's, 7760 W Sand Lake Rd, nahe International Drive, ☎ 407/352-4844. Auf hawaiianische Speisen spezialisiertes Restaurant. Unbedingt das 3-Gänge-Menü für $35 mit Gyoza (Teigtäschchen), Fleisch und Dessert probieren!

Von Dim Sum bis Sushi

Ming Court, 9188 International Drive, ☎ 407/351-9988. Hervorragende chinesische Küche mit Dim Sum zu erschwinglichen Preisen. Auch Sushi erhältlich.

Unterhaltung und Nachtleben

Nachdem 2008 sämtliche Nachtclubs in Disneys Shopping- und Unterhaltungskomplex **Downtown Disney** geschlossen wurden, kreist Orlandos Nachtleben jetzt um zwei Schwerpunkte mit recht unterschiedlicher Atmosphäre.

Universal Orlando

Ein wohlanständiges und etwas steriles Unterhaltungspaket bietet Universal Orlandos **CityWalk**, 6000 Universal Boulevard, ☎ 407/363-8000, 🖥 www.citywalkorlando.com. Dabei handelt es sich um ein 12 ha großes Areal zwischen den Universal Studios und Islands of Adventure mit Restaurants, Geschäften und Diskotheken. Eintritt $11,95 pro Abend für sämtliche Clubs, freies Parken nach 18 Uhr inkl.

Downtown Orlando

Abseits der Themenparks hat auch Downtown Orlando eine bunte (und wesentlich ansprechendere) Mischung an Bars, Lounges und Clubs. Das meiste Leben spielt sich in der Orange Avenue ab:

The Social, 54 Orange Ave. Hier gibt es Alternative Rock live aufs Ohr.

The Independent Bar, 68 Orange Ave. Danceclub/Bar mit bunter Musikmischung.

Pulse, 1912 Orange Ave, ca. 1 Meile südlich von Downtown. Beliebter Schwulenclub.

Sonstiges

Autovermietungen

Alle großen **Autovermieter** haben Niederlassungen im Flughafen oder ganz in der Nähe.

Informationen

Im **Official Visitor Center**, 8723 International Drive, ☎ 407/363-5872, 🖥 www.orlandoinfo.com, gibt es haufenweise Broschüren und Rabattcoupons. ☉ tgl. 8.30–18.30 Uhr.

Nahverkehr

Stadtbusse

Wer wild entschlossen ist, ohne Auto zu den Themenparks zu kommen, kann es schaffen: Vom Busbahnhof in Downtown Orlando, 455 N

Garland Ave, fahren **Lynx**-Busse, ☏ 407/8415969, 🖥 www.golynx.com, der Linie 50 unregelmäßig zur Disney World, während Linie 8 oder Express-busse der Linie 38 (mit weniger Stopps) zum International Drive fahren (jede Fahrt $2); dort verkehrt (u. a. zu SeaWorld Orlando) der **I-Ride Trolley**, ☏ 1-866/243-7483, 🖥 www.iridetrolley.com, tgl. 8–22.30 Uhr alle 20 Min., einfache Fahrt $1,25.

Taxis
Diamond Cab, ☏ 407/523-3333.

Transport

Busse
Greyhound-Busse halten in Downtown am 555 N John Young Parkway, ☏ 407/292-3424.

Eisenbahn
Der **Amtrak**-Bahnhof liegt ebenfalls in der Innenstadt, 1400 Sligh Blvd, ☏ 407/843-7611.

Flüge
Der internationale **Flughafen** liegt 9 Meilen südlich. Lynx-Busse verbinden ihn mit Down-town (Nr. 11 oder 51) und dem International Drive (Nr. 42). Alternativ bringen einen Shuttle-busse der Mears Transportation Group, ☏ 407/423-5566, für einen Festpreis zu jedem Hotel in Downtown ($16), am International Drive ($17) oder zum Hwy-192 ($19). Wer in den Disney-Parks übernachtet, kann den kosten-losen Flughafen-Transfer von **Disney's Magical Express Transportation**, ☏ 1-866/599-0951, nutzen. Ein Taxi zu den genannten Zielen kostet $30–60.

Die Westküste

Auf den 300 Meilen von der Südspitze des Bun-desstaats bis zum Beginn des Panhandle (S. 562) wartet Floridas Westküste mit allen Extremen auf. Dynamische junge Städte erheben sich hinter verschlafenen Fischerdörfern, von Men-schen wimmelnde Touristenmeilen liegen nur wenige Minuten von gottverlassenem Sumpfland entfernt, und Kunstsammlungen von Weltrang

konkurrieren mit glanzvoll aufgemotzten Vergnü-gungsparks. Überraschungen begegnet man hier auf Schritt und Tritt – die einzigen Konstanten sind der nahe Golf von Mexiko und die spektaku-lären Sonnenuntergänge, die sich vor denen der Florida Keys nicht zu verstecken brauchen.

Tampa, die größte Stadt an der Westküste, hat mehr zu bieten, als die Skyline vermuten lässt. Die meisten Besucher der Tampa Bay in-teressieren sich allerdings ausschließlich für die **St. Petersburg Beaches**, die mit See und Sand, soweit das Auge reicht, pures Urlaubsgefühl ga-rantieren. Südlich von Tampa zieht sich eine lan-ge Kette vorgelagerter Strandinseln die Golfküs-te hinunter, darunter die hübsche **Anna Maria Island**, und auch die Festlandstädte, die Zugang zu diesen Stränden bieten, wie **Sarasota** und **Fort Myers** lohnen einen Zwischenstopp. Weiter landeinwärts können Besucher die Wildnis der **Everglades** auf Wanderpfaden, mit dem Kanu oder Kajak erkunden und auf Campingplätzen übernachten.

Tampa

Die kleine, ansteckend heitere Stadt Tampa, das Wirtschaftszentrum der Westküste, ist durch-aus einen Besuch wert. Tampa gehört zu den Hauptnutznießern des Zustroms von Menschen und Geld nach Florida und glänzt mit einer ein-drucksvollen kulturellen Infrastruktur, von der viele größere Rivalen nur träumen können. Zu den Attraktionen zählt neben den **Museen** und dem Themenpark **Busch Gardens** nicht zuletzt das stark kubanisch geprägte Viertel **Ybor City**, das sich unmittelbar nordöstlich des Zentrums ausbreitet und wie kein anderer Ort an Floridas Westküste durch eine lebendige Szene und kul-turelle Vielfalt auszeichnet.

Tampas Geschichte beginnt als kleine Sied-lung neben einem Stützpunkt der US-Army, der um 1820 ein Auge auf die einheimischen Semi-nolen haben sollte. Durch den Anschluss an das Eisenbahnnetz nach 1880 und den neuen Tiefseehafen am Hillsborough River entwickelte sich Tampa zu einer florierenden Stadt. Gleich-zeitig lockte die Tabakindustrie Tausende von Kubanern von Key West in die Zigarrenfabriken des benachbarten Ybor City. Die Weltwirtschaftskrise stoppte zwar den wirtschaftlichen Aufschwung, der Hafen von Tampa blieb aber einer der geschäftigsten des Landes. Heute profitiert Tampa von seinen Universitäten, den historischen Sehenswürdigkeiten und einigen anderen Attraktionen.

Downtown

Das hoch geschätzte **Tampa Museum of Art**, 120 W Gasparilla Plaza Ave, ℡ 813/274-8130, 🖳 www.tampamuseum.org, zog im Herbst 2009 in ein neues Museumsgebäude im Curtis Hixon Waterfront Park mit gut 6130 m² Ausstellungsfläche und somit anderthalbmal so viel Platz wie der alte Bau. Das Museum widmet sich dem klassischen Altertum und der amerikanischen Kunst des 20. Jhs. und zeigt außerdem Wanderausstellungen wie berühmte Sammlungen von Werken amerikanischer Impressionisten. ⊙ Mo–Mi und Fr 11–19, Do 11–21, Sa und So 11–17 Uhr, Eintritt $10.

Vom Flussufer sind auf der anderen Seite die silbernen Türme und Kuppeln des Hauptgebäudes der **University of Tampa** zu sehen. Es war einst das Tampa Bay Hotel mit 500 Zimmern, das von dem Eisenbahn- und Dampfschiffeigner Henry B. Plant errichtet worden war. Um hierher zu gelangen, überquert man den Fluss am Kennedy Boulevard und steigt die Treppen zum Plant Park hinab. Das Bauwerk mit seinen neomaurischen Elementen wirkt heute noch genauso bizarr wie zu seiner Eröffnung im Jahr 1891. Seit dem Bürgerkrieg hatte Plant bankrotte Eisenbahngesellschaften aufgekauft und sich stetig einen Weg nach Florida gebahnt, um im Hafen von Tampa seine Dampfschiffe beim Entladen anzutreffen. Schließlich wurde er vermögend genug, seinen Wunschtraum, das luxuriöseste Hotel der Welt zu bauen, in die Tat umsetzen zu können. Versäumnisse bei der Instandhaltung und Plants Tod 1899 führten schließlich dazu, dass sich das Hotel von einer komfortablen Unterkunft in einen Haufen bröckelnder Steine verwandelte. 1904 kaufte die Stadt das Hotel und richtete 1933 die University of Tampa darin ein. In einem Flügel des Hauptgebäudes zeigt das **Henry B. Plant Museum**, 401 W Kennedy Blvd, ℡ 813/254-1891, 🖳 www.plantmuseum.com,

was von dem Hotelmobiliar übrig ist. ⊙ Di–Sa 10–16, So ab 12 Uhr, Eintritt $5.

Das **Florida Aquarium**, 701 Channelside Drive, ℡ 813/273-4000, 🖳 www.flaquarium.org, in der Hafengegend Tampas, etwa eine Meile südöstlich des Tampa Bay Hotel, zeigt eine sehenswerte Ausstellung über die Süß- und Salzwasserhabitate Floridas, von Quellen und Sümpfen bis zu Stränden und Korallenriffen. Zu den hier lebenden Tieren gehören Fische, Vögel, Otter, Schildkröten und Alligatoren. ⊙ tgl. 9.30–17 Uhr, Eintritt $19,95.

Ybor City

Nachdem Henry Plants Schiffe 1886 den regelmäßigen Nachschub von Tabak aus Havanna garantierten, rodete der Zigarrenmagnat Don Vicente Martínez Ybor 3 Meilen nordöstlich des heutigen Tampa ein Stück Land und legte damit die Grundlage für Ybor City. Ungefähr 20 000 Migranten, vor allem Kubaner, ließen sich dort nieder und schufen eine lateinamerikanische Enklave, in der die erstklassigen, handgerollten Zigarren produziert wurden, die Tampa für einige Zeit zur „**Cigar Capital of the World**" machten.

Doch die Massenproduktion, die wachsende Beliebtheit von Zigaretten und die Weltwirtschaftskrise erwiesen sich als ruinöse Kombination für die professionellen Zigarrendreher: Als die Arbeitslosigkeit immer weiter um sich griff, bildete sich um Ybor Citys verschachtelten Kern mit seinen gepflasterten Sträßchen und Backsteinhäusern ein Gürtel aus trostlosen Vierteln voll billiger Mietskasernen.

Heute wimmelt Ybor City nur so von Touristen, und das Nachtleben kann ziemlich wüste Formen annehmen, besonders an den Wochenenden. Das Viertel ist angesagt und kulturell vielfältig, aber die kubanischen Wurzeln sind noch heute deutlich zu erkennen. An vielen Gebäudefassaden erläutern informative Tafeln die historische Entwicklung. Das **Ybor City State Museum**, 1818 9th Ave, ℡ 813/247-1434, 🖳 www.ybormuseum.org, zeichnet die Geschichte der Stadt und ihrer multikulturellen Bewohner nach und veranstaltet daneben historische Führungen im Zigarrenrollen (Fr–So 11–13 Uhr) sowie historische Stadtspaziergänge (Sa 10.30 Uhr; $6). ⊙ tgl. 9–17 Uhr, Eintritt $4.

Busch Gardens

Zu den beliebtesten Themenparks Floridas gehört auch Busch Gardens, 3000 E Busch Blvd, ☏ 1-888/800-5447, 🖥 www.buschgardenstampabay.com, der 2 Meilen östlich des I-275 und 3 Meilen westlich des I-75 (Ausfahrt 54) pseudoafrikanisches Ambiente der Kolonialzeit kreiert. Ein Bummelzug mit Dampflokomotive oder eine Fahrt mit der Seilbahn ermöglichen den Blick auf eine Vielzahl afrikanischer Tiere. Aber die mit Abstand beliebtesten unter den rund 20 Fahrgeschäften sind die Achterbahnen. Sie gehören zu den schnellsten und nervenaufreibendsten des Landes.

SheiKra bietet eine Sturzfahrt aus 60 m Höhe, bei der sich einem der Magen umdreht, **Montu** lässt die Beine der Fahrgäste in der Luft baumeln, **Gwazi** ist eine riesige Achterbahn aus Holz, und **Kumba** hat etliche Spiralen und Loopings. Wer danach noch in der Lage ist, kann sich im Hospitality House zwei kostenlose Becher Bier abholen. ⊙ je nach Jahreszeit verschieden, in der Regel aber tgl. 10–18 Uhr, Eintritt Erwachsene $74,95, Kinder $64,95, Parken $11.

Übernachtung

Da es in Tampa an günstigen Unterkünften direkt in der Stadt mangelt, lohnt es sich, im preiswerteren St. Petersburg (S. 554) oder in Strandnähe zu übernachten. Alle Budgetmotels befinden sich nahe Busch Gardens und dem Flughafen.

Best Western All Suites, 301 University Center Drive, hinter Busch Gardens, ☏ 813/971-8930 oder 1-800/780-7234. Geeignete Ausgangsbasis für eine Besichtigung der Stadt mit dem Auto und so nah an Busch Gardens, dass sich die Papageien des Parks in den Hotelgarten verirren. Gratisfrühstück und jeden Nachmittag Happy Hour. ❺

Zu Gast beim Don

Don Vicente de Ybor Historic Inn, 1915 Avenida República de Cuba, ☏ 1-866/206-4545, 🖥 www. donvicenteinn.com. Luxuriöses B&B in Ybor City mit 16 wunderbar restaurierten Suiten und dienstäglichen Swing-Tanzabenden. ❻

Gram's Place, 3109 N Ola Ave, ☏ 813/221-0596, 🖥 www.grams-inn-tampa.com. Ausgefallenes Motel/Hostel mit Zimmern, die nach verschiedenen Musikstilen eingerichtet sind; außerdem recht abgewohnte Räume im Jugendherbergestil. Dorm-Bett $23, Zimmer $60. ❸

Sheraton Tampa Riverwalk, 200 N Ashley Drive, ☏ 813/223-2222, 🖥 www.sheratontampariverwalk.com. Sehr hübsch am Ufer des Hillsborough River in günstiger Downtown-Lage. ❼

Wingate by Wyndham, 3751 E Fowler Ave, ☏ 813/979-2828, 🖥 www.wingatetampa.com. Mit einem kostenlosen Shuttlebus zu den Busch Gardens (5 Min.), tollem kostenlosem Frühstück, sauberen Zimmern und hilfsbereitem Personal kann man hier nichts falsch machen. ❺–❻

Essen

Tampa hat eine große Auswahl an empfehlenswerten Lokalen. Eine besonders gute Mischung an vielbesuchten Restaurants bietet Ybor City.

Bernini, 1702 7th Ave, Ybor City, ☏ 813/248-0099. Das italienische Restaurant serviert Holzofenpizza und Pasta in dem reizenden Gebäude der ehemaligen Bank of Ybor City.

Bern's Steak House, 1208 S Howard Ave, ☏ 813/251-2421. Dieses erstklassige Steakhouse ist eine Institution in Tampa. Es verfügt über eine Farm, wo das hauseigene Gemüse, Obst und andere Sachen angebaut werden. Abgesehen davon gehört auch noch einer der weltgrößten Weinkeller dazu. Beim Abendessen und bei einer Führung durch die Küche ist der Gast König. Auch der einwandfreie Service und der Dessert Room im Obergeschoss sind ein Erlebnis für sich.

Café Dufrain, 707 Harbour Post Drive, Harbour Island, ☏ 813/275-9701. Tolles Lokal mit Blick aufs Wasser und abwechslungsreicher moderner Küche. Äußerst appetitliche Fleisch- und Seafoodgerichte zu moderaten Preisen, z. B. Thunfisch mit Ingwer ($25) oder Flat Iron Steak ($28).

La Creperia Café, 1729 E 7th Ave, Ybor City, ☏ 813/248-9700. Große Auswahl an leckeren süßen und pikanten Crêpes, außerdem kostenloser WLAN-Zugang.

Florida

Jamaika zum Anbeißen

Cephas, 1701 E 4th Ave, Ybor City, ✆ 813/247-9022. Ausgefallenes jamaikanisches Restaurant, das unter anderen *jerk chicken*, Ziegencurry, Huhn und Fischgerichte bietet.

Taco 913, 913 E Hillsborough Ave, ✆ 813/232-5889. Geparkter Bus, in dem 24 Stunden am Tag großartige Tacos aus frischen Zutaten zubereitet und serviert werden ($2,75–$7,50).

Unterhaltung

Das Nachtleben in **Ybor City** ist jünger und ausgelassener als in den anderen Szenegegenden der Stadt, etwa in **Channelside** (in Downtown neben dem Florida Aquarium) oder dem Komplex **International Plaza and Bay Street** nahe dem Flughafen an der Kreuzung von West Shore Blvd und Boy Scout Blvd. Veranstaltungshinweise gibt es im kostenlosen Wochenblatt *Weekly Planet*, 💻 www.weeklyplanet.com, und in der Freitagsausgabe der *Tampa Tribune*.

Green Iguana, 1708 E 7th Ave, Ybor City, ✆ 813/248-9555. Jeden Abend Rockbands live, zudem halten DJs das junge Publikum in Partylaune.

New World Brewery, 1313 E 8th Ave, Ybor City, ✆ 813/248-4969. Eine gute Auswahl an selbst gebrautem Bier, das die Gäste zusammen mit dem Sonnenuntergang auf der Veranda genießen können.

Side Splitters, 12938 N Dale Mabry Hwy, ✆ 813/960-1197. Einer der besten Comedy Clubs in Tampa.

Skipper's Smokehouse, 910 Skipper Rd, ✆ 813/971-0666. Familienorientierter Veranstaltungsort, vor allem für Blues und Reggae. Außerdem spielt hier regelmäßig eine Grateful-Dead-Tributeband.

Kinokult

Tampa Theatre, 711 Franklin St, ✆ 813/274-8981. Nostalgisches Kino aus den 20er-Jahren, das Kultfilme, Klassiker und fremdsprachige Filme zeigt. Eintritt $9.

Informationen

Visitor Information Center, 615 Channelside Dr, Suite 108A, ✆ 1-800/44-TAMPA, 💻 www.visittampabay.com. ◷ Mo–Fr 9.30–17 Uhr.

Ybor City Visitor Information Center, 1600 E 8th Ave, Suite B104, ✆ 813/241-8838, 💻 www.ybor.org. Hält nützliche Broschüren und Landkarten bereit. ◷ Mo–Fr 10–17, Sa 11–18, So 12–18 Uhr.

Nahverkehr

Downtown Tampa als auch Ybor City sind ohne weiteres zu Fuß zu bewältigen. Wer ohne Auto von einem Viertel zum anderen möchte, ist auf die **Stadtbusse** von HART angewiesen, ✆ 813/254-4278, 💻 www.hartline.org, Einzelfahrt $1,75, Tageskarte $3,75. Nützliche HART-Busse sind die Linien 8 nach Ybor City und 5 nach Busch Gardens.

Eine Alternative ist TECO Line, ✆ 813/254-4278, 💻 www.tecolinestreetcar.org, mit Nachbauten einer historischen **Straßenbahn**, die mehrmals stdl. zwischen Downtown und Ybor City verkehrt, $2,50.

Transport

Den 5 Meilen nordwestlich von Tampa gelegenen **Flughafen**, ✆ 813/870-8700, 💻 www.tampaairport.com, erreicht man am preiswertesten mit dem HART-Bus #30 ($1,75; s. „Nahverkehr"). Eine Taxifahrt, etwa mit United, ✆ 813/253-2424, nach Downtown oder zu den Motels am Busch Blvd kostet $28–52, nach St. Petersburg oder an die Strände $45–75.

Die Busse von **Greyhound** halten in Dowtown in der 610 Polk St, ✆ 813/229-2174.

Der **Bahnhof** befindet sich in der 601 N Nebraska Ave, ✆ 813/221-7600.

St. Petersburg

St. Petersburg liegt am östlichen Rand der Pinellas Peninsula, der breit ausladenden Halbinsel zwischen der Tampa Bay und dem Golf von Mexiko, und scheint von Tampa Welten entfernt, obwohl die beiden Städte tatsächlich nur 20 Meilen trennen. 1885 wurde St. Petersburg zum gesündesten Ort der Vereinigten Staaten erklärt. Von da an verlor das Städtchen am Ostrand der Halbinsel Pinellas keine Zeit, sich nach Kräften um Erholung suchende und ältere Menschen zu bemühen – u. a. wurden 5000 grüne Bänke an den Straßen aufgestellt, damit alle ihre müden Füße ausruhen können.

Mittlerweile hat sich St. Petersburg nicht zuletzt dank seiner vielfältigen Museums- und Galerienlandschaft zu einem der interessantesten kulturellen Zentren Floridas entwickelt. Das **Salvador Dalí Museum**, Bayshore Drive SE, Ecke 5th Ave SE, ✆ 727/823-3767, 🖳 www. salvadordalimuseum.org, ist in brandneuen Räumlichkeiten des berühmten Architekten Yann Weymouth untergebracht. Dieses beeindruckende Museum beherbergt mehr als 1000 Gemälde aus der Kunstsammlung des Industriellen A. Reynolds Morse aus Cleveland, der in den 40er-Jahren mit Dalí befreundet war. Einstündige Führungen durch die Ausstellung erläutern Dalís künstlerische Entwicklung von seinen ersten impressionistischen und kubistischen Ansätzen bis zu den Grundwerken des Surrealismus. ⊙ Mo–Mi ma Sa 9.30–17.30, Do 9.30–20, Fr 9.30–18.30, So 12–17.30 Uhr, Eintritt $17, Do nach 17 Uhr $5.

Der **Pier** am Ende der 2nd Ave North ist das Zentrum des gesellschaftlichen Lebens von St. Petersburg. Hier finden des Öfteren Kunstgewerbeausstellungen statt. Das fünfstöckige Gebäude am Ende des Piers, das an eine auf dem Kopf stehende Pyramide erinnert, beherbergt Restaurants, Geschäfte und Imbissstände. Am unteren Ende des Piers erzählt das **Museum of History**, 335 Second Ave NE, ✆ 727/894-1052, 🖳 www.spmoh.org, in einer kleinen Ausstellung von der Blütezeit der Stadt als Winterkurort zu Beginn des 20 Jhs. ⊙ Mi–Sa 10–17, So 13–16 Uhr, Eintritt $9.

Das nahe gelegene **Museum of Fine Arts**, 255 Beach Drive NE, ✆ 727/896-2667, 🖳 www.fine-arts.org, zeigt eine erstklassige Sammlung – von präkolumbischen Stücken über asiatische und afrikanische bis zu alten europäischen Meistern. Dazu kommen wechselnde Ausstellungen im luftigen, modernen Hazel-Hough-Flügel, der die Fläche des Museums mehr als verdoppelt hat. ⊙ Di–Sa 10–17, So 13–17 Uhr, Eintritt $12 inkl. Führung.

Die Unterkünfte in St. Petersburg sind oftmals günstiger als die in Strandnähe (s. S. 556). **Dickens House**, 335 8th Ave NE, ✆ 1-800/381-2022, 🖳 www.dickenshouse.com. Eines von vielen stilvollen B&Bs in St. Petersburg und Umgebung. ➏

Renaissance Vinoy Resort, 501 5th Ave NE, ✆ 1-888/303-4430, 🖳 www.renaissancehotels. com/tpasr. Purer Luxus. ➑

Moon Under Water, 332 Beach Drive NE, ✆ 727/896-6160. Preiswertes Lokal britischer Prägung mit Blick aufs Wasser, bekannt für seine Cocktails und Currys.

Tangelo's Grill, 226 1st Ave N, ✆ 727/894-1695. Herzhafte und preiswerte kubanische Küche, z. B. das kubanische Sandwich im Ybor-City-Stil.

Chamber of Commerce, 100 2nd Ave N, ✆ 727/821-4715, 🖳 www.stpete.com, ⊙ Mo–Fr 8–19, Sa 9–19 Uhr.

Die Station der **Greyhound**-Busse befindet sich Downtown in der 180 9th St N, ✆ 727/898-1496.

St. Petersburg Beaches

Der Golfseite der Halbinsel Pinellas ist ein 35 Meilen langer Inselgürtel vorgelagert. Dieser bildet die St. Petersburg Beaches, einen der belebtesten Küstenabschnitte Floridas. In dem Maße, in dem die Anziehungskraft der Resorthotels von Miami Beach in den 1970er-Jahren nachließ, nahm die Beliebtheit der St. Petersburg Beaches zu – zuerst kamen die Amerikaner, dann die europäischen Pauschaltouristen, die dieses Ziel inzwischen fest im Programm haben. Die Strände sind toll, das Meer ist warm, und die Sonnenuntergänge sind traumhaft.

Alle **Busse** zu den Stränden, ✆ 727/530-1900, 🖳 www.psta.net, fahren in St. Petersburg am Williams Park Terminal an der Kreuzung 1st Ave North und 3rd Street North ab und kosten $1,75. Über die Verbindungen informiert ein Schalter

Florida

In St. Petersburg spielt sich das Leben am Pier ab.

am Terminal. Linie 35 fährt täglich zum St. Pete Beach am Gulf Boulevard mit Anschluss zu allen Stränden in der Umgebung von St. Petersburg. Am St. Pete Beach kann man in den **Suncoast Beach Trolley** ($1,75) umsteigen, der Passe-a-Grille ganz im Süden mit Sand Key im Norden verbindet.

Die südlichen Strände

An der von Touristen wimmelnden Küste gibt es nur an der Südspitze der Inselkette eine echte Ortschaft: **Pass-a-Grille** – eine zwei Meilen lange Aneinanderreihung adretter Häuser, gepflegter Rasen, kleiner Geschäfte und einiger Bars und Restaurants. Unter der Woche ist der Ort himmlisch ruhig; an den Wochenenden kommen eingeweihte Einheimische hierher, um sich an einem der belebtesten Strände der Gegend zu vergnügen.

1,5 Meilen nördlich von Pass-a-Grille steht das luxuriöse **Don CeSar Hotel**, ein riesiges rosafarbenes Schloss aus dem Jahr 1928. In seiner kurzen Glamourära beherbergte es Gäste wie Scott und Zelda Fitzgerald. Zur Zeit der Weltwirtschaftskrise verkam es dann zum Lagerhaus; später wurde es als Frühjahrs-Trainingslager des New Yorker Baseballteams Yankees genutzt.

Die nördlichen Strände

Der Nordabschnitt von **Sand Key**, der längsten vorgelagerten Insel der St-Petersburg-Kette, ist zum überwiegenden Teil mit privaten Ferienhäusern übersät. An der Spitze der Insel liegt der schöne **Sand Key Park**, wo hohe Palmen traumhafte Strände säumen. Die nächste Insel nördlich des Clearwater Pass lockt mit einem weißen Sandstrand und dem Feriendorf **Clearwater Beach**, das allerdings durch den Apartment-Bauboom der letzten Zeit seine dörfliche Atmosphäre weitgehend eingebüßt hat. Bus Nr. 80 verkehrt regelmäßig über den zwei Meilen langen Damm nach Clearwater auf dem Festland.

Übernachtung

Die Hotels sind meist mit Pauschaltouristen belegt und teurer als die Motels entlang des Gulf Blvd. Aber auch die verlangen im Winter $80–110, im Sommer $ 15–20 weniger. Zimmer am Meer sind immer um $5–10 teurer.

Don Cesar Hotel, 3400 Gulf Blvd, 1,5 Meilen nördlich von Pass-a-Grille, ☏ 727/360-1881 oder 1-866/728-2206, ⌨ www.doncesar. com. 🟠

Lamara Motel, 520 73rd Ave, St. Petersburg Beach, ☏ 1-800/211-5108, ⌨ www.lamara.com.

Barefoot Bay Motel, 401 East Shore Drive, Clearwater Beach, ✆ 727/447-1016, 🖥 www. barefootbayresort.com. Familienbetrieb mit superfreundlicher Betreuung. Die Zimmer sind sauber und gepflegt, und zum Strand sind es zu Fuß nur 5 Minuten. ❹

Ruhige, gute und billige Unterkunft an den südlichen Stränden. ❸
Sheraton Sand Key, 1160 Gulf Blvd, Sand Key, ✆ 1-800/456-7263, 🖥 www.sheratonsandkey. com. Die beste Adresse an den nördlichen Stränden. ❽
Tortuga Inn and Beach Resort, 1325 Gulf Drive N, Bradenton Beach, ✆ 941/778-6611, 🖥 www.tortugainn.com. Ein paar Meilen die Straße runter am I-75; hübsche Zimmer, gepflegter Pool und guter Zugang zur Anna Maria Island.

In der Umgebung der Strände gibt es viele gute Lokale.
Hurricane, 807 Gulf Way, Pass-a-Grille, ✆ 727/360-9558. Preiswertes, knackfrisches Seafood.
Fetishes, 6690 Gulf Blvd, St. Pete Beach, ✆ 727/363-3700. Teure amerikanische Küche – die perfekte Wahl für ein romantisches Abendessen.
Frenchy's Café, 41 Baymont St, Clearwater Beach, ✆ 727/446-3607. Gute Barsch-Sandwiches und Seafood-Gumbo.

Sarasota

Auf einem sanften Hügel, 35 Meilen südlich von St. Petersburg, liegt die Stadt Sarasota an der gleichnamigen Bucht. Sie zählt zu den wohlhabenderen und attraktiveren Gemeinden Floridas und ist eines der führenden kulturellen Zentren des Bundesstaates. Sarasota ist nicht nur die Heimat zahlreicher Schriftsteller und Künstler, sondern auch mehrerer namhafter Ensembles aus dem Bereich der darstellenden Künste.

Die Stadt ist bei Weitem nicht so gesetzt, wie ihr Reichtum vermuten ließe. Im Gegenteil: Sarasota ist sehr lebendig mit etlichen Cafés, Bars, Restaurants und ausgezeichneten Buchläden rund um den bezaubernden St. Armand's Circle, gegenüber vom John Ringling Causeway.

Ringling Museum Complex

Unbedingt besuchen sollte man die Residenz und Kunstsammlung von **John Ringling**, einem Multimillionär, der den Kunstgeschmack von Sarasota entscheidend und nachhaltig prägte. Er war Mitbesitzer des erfolgreichen Ringling Brother Circus, der in den 1880er-Jahren durch die Staaten tingelte, und machte ein Vermögen, das auf $200 Millionen geschätzt wird.

Sein größtes Geschenk an die Stadt ist eine venezianische Villa im neogotischen Stil und eine unglaubliche Sammlung europäischer Barockgemälde. Der Ringling Museum Complex, ✆ 941/359-5700, 🖥 www.ringling.org, liegt 2 Meilen nördlich der Innenstadt neben dem US-41, 5401 Bay Shore Rd. Am besten beginnt man die Besichtigung mit einem Spaziergang durch die Gärten zur ehemaligen Winterresidenz von John und Mable Ringling. Das **Cà d'Zan** (venezianischer Dialekt für „Johns Haus") wurde 1926 für $1,5 Mio. errichtet und für weitere $400 000 mit Möbeln aus New Yorker Nachlassversteigerungen eingerichtet. Dieses traumhafte Gebäude in ruhiger Lage in der Bucht ist ein Meisterwerk des guten Geschmacks. Die Kunstwerke sind in einem geräumigen **Museum** untergebracht, das rund um einen nachgebauten italienischen Palazzo aus dem 15. Jh. errichtet wurde. Zu den Highlights zählen fünf riesige Gemälde von Rubens aus dem Jahr 1625 und sein *Portrait des Erzherzog Ferdinand*. Daneben gibt es jede Menge Werke führender europäischer Schulen von der Mitte des 16. bis zur Mitte des 18. Jhs. zu bestaunen. Am Eingang beginnen regelmäßig kostenlose Führungen. Wer einen der herrschaftlichen Wohnpaläste Floridas besichtigen möchte, sollte hierher kommen. ☉ tgl. 10–17 Uhr, Eintritt $25.

Die Strände

Die weißen Sandstrände von Sarasota werden in zunehmendem Maße von europäischen Pauschaltouristen bevölkert. Dennoch kann man

Florida

einen oder zwei vergnügliche Tage auf den beiden Inseln Lido Key und Siesta Key, wo sich die Strände befinden, verbringen. Sie sind durch Brücken mit dem Festland verbunden. Zwischen den beiden Inseln besteht keine Straßenverbindung. Eine dritte Insel, Longboat Key, ist vorwiegend Wohngebiet.

Der Ringling Causeway führt vom unteren Ende der Main Street über die Sarasota Bay, in der zahllose Jachten vor Anker liegen, nach **Lido Key** und zum **St. Armand's Circle**, der von teuren Geschäften und Restaurants gesäumt ist. Leicht zugänglich sind die Strände weiter im Süden vom Benjamin Franklin Drive aus, der nach 2 Meilen am attraktiven **South Lido Park** endet. Der Park, dessen Grünfläche ein blendend weißer Sandstrand säumt, ist täglich von 8 Uhr bis Sonnenuntergang geöffnet, Eintritt frei.

Zum Nordabschnitt von **Siesta Key** führt der Siesta Drive, der etwa fünf Meilen südlich von Sarasota vom US-41 abzweigt. Der feine Sand am hübschen, aber recht vollen **Siesta Key Beach** (gleich an der Beach Road) ist von zuckriger Beschaffenheit, weil er aus Quarz besteht (und nicht, wie hier sonst üblich, aus pulverisiertem Korallengestein). Wer den Massen entkommen will, fährt weiter südwärts am Crescent Beach vorbei und folgt der Midnight Pass Road bis zum sechs Meilen entfernten **Turtle Beach**, einem kleinen, abgelegenen Strandabschnitt.

Auf dem Festland gibt es jede Menge Motels am US-41 (N Tamiami Trail) zwischen dem Ringling-Anwesen und Sarasota. Sie verlangen $60–90. An den Stränden sind die Preise höher.
Best Western Midtown, 1425 S Tamiami Trail, ✆ 941/955-9841, 🖥 www.bwmidtown.com. ❸
Hampton Inn Sarasota, 5995 Cattleridge Blvd, Sarasota, ✆ 941/371-1900, 🖥 www.hamptoninn sarasota.com. Umweltfreundliche Unterkunft mit Recyclingprogramm, umweltschonenden Reinigungsmitteln etc. ❺

Main Bar Sandwich Shop, 1944 Main St, ✆ 941/955-8733. Sandwiches zu zivilen Preisen.
Two Señoritas, 1355 Main St, ✆ 941/366-1618. Köstliche Tex-Mex-Klassiker.

The Broken Egg, 140 Avenida Messina, Siesta Key, ✆ 941/346-2750. Uramerikanische Frühstücks- und Mittagsgerichte; sehr beliebt bei den Einheimischen.

Information and History Visitor Center, 701 N Tamiami Trail, ✆ 1-800/522-9799, 🖥 www.sarasotafl.org. Hier gibt es Rabatt-Coupons und Broschüren. ◷ Mo–Sa 10–16 Uhr.

Der **Amtrak-Bus** aus Tampa hält in der 1993 Main St. Der **Greyhound**-Busbahnhof, ✆ 941/955-5735, befindet sich nur ein paar Straßen westlich in der 1565 1st, Ecke Lemon St. Von hier fahren Busse zum Ringling-Anwesen und zu den Stränden ($0,75). In Downtown Sarasota halten die Greyhound-Busse am 575 N Washington Blvd.

Fort Myers

Fort Myers, 50 Meilen südlich von Sarasota, besitzt zwar nicht den Schwung seiner Nachbarstadt, ist aber eine der aufstrebenden Städte an Floridas Südwestküste. Glücklicherweise blieb das historische Zentrum südlich des breiten Caloosahatchee River, der die Stadt durchschneidet, relativ unberührt, da die meisten Neubauten nördlich davon errichtet wurden.

Südlich des Flusses verläuft der US-41 durch die **Downtown** von Fort Myers, die sich malerisch an das Wasser schmiegt. Das **Southwest Florida Museum of History**, 2300 Peck St, ✆ 239/332-5955, dokumentiert sehr ausführlich die Stadtgeschichte und präsentiert neben einem stattlichen 25 m langen Pullman-Waggon auch eine Reihe an Exponaten über die Calusa und Seminolen. ◷ Di–Sa 10–17, So 12–17 Uhr, Eintritt $12,50.

In Fort Myers befindet sich auch das **Edison Winter Estate**, 2350 McGregor Blvd, 1 Meile westlich von Downtown, ✆ 239/334-3614, 🖥 www.efwefla.org, das Wohnhaus von Thomas A. Edison, der sich 1885, sechs Jahre nach der Erfindung der Glühlampe, auf Anraten seines Arztes in diesen freundlich-warmen Gefilden niederließ. Der damals 37-Jährige kaufte das 5,5 ha große Grundstück am Ufer des Caloosahatchee, um dort seine restlichen Winter zu verbringen. Die Führungen beginnen im Garten, in dem so exotische Pflanzen wie der afrikanische Leberwurstbaum und wilde Orchideen wachsen. Ins Haus kann man zwar nur durch die Fenster schauen, aber die Einrichtung ist sowieso eher enttäuschend. Vielleicht ist sie deswegen so öde, weil Edison die meiste Zeit im **Labor** verbrachte, wo er versuchte, Gummi herzustellen. Sehr fesselnd ist das **Museum**: Hier wird die große Bedeutung von Edisons Erfindungen wirklich klar. Zu sehen sind ein paar Beispiele des Phonographen, den Edison 1877 erfand, sowie einige der schwerfälligen Kinoprojektoren, die aus Edisons Kinetoskop entwickelt wurden, das ihm ab 1907 jährlich $1 Mio. an Lizenzgebühren einbrachte. ⊙ tgl. 9–17.30 Uhr, Führungen jede halbe Stunde, Eintritt für Wohnhaus und Garten $20.

Das benachbarte **Ford Winter Estate** ist weniger interessant. Der enorme Banyanbaum vor dem Büro, in dem die Eintrittskarten verkauft werden, ist mit 120 m Umfang (sämtliches Nebengeäst mitgezählt) der größte seiner Art auf dem nordamerikanischen Festland.

Die Strände

Die Strände von Fort Myers auf **Estero Island**, 15 Meilen südlich der Stadt, unterscheiden sich wegen ihrer ungekünstelten Atmosphäre wohltuend von den Touristenzentren der Ostküste. Auf Estero Island gibt es beiderseits des 7 Meilen langen Estero Blvd, den man über den San Carlos Blvd erreicht, etliche Übernachtungsmöglichkeiten. Die meisten Aktivitäten konzentrieren sich um den winzigen Pier und den **Lynne Hall Memorial Park** am Nordende der Insel. Nach Süden hin nehmen die Eigenheime zu, bis der Estero Blvd schließlich in einen schmalen Dammweg übergeht, der zur **Lovers Key State Recreation Area** führt. ⊙ tgl. 8 Uhr bis Sonnenuntergang, Eintritt für Autos $8, für Fußgänger und Radfahrer $2.

Die nur über einen Damm ($6 Maut) zugänglichen Inseln **Sanibel** und **Captiva**, 25 Meilen südwestlich von Fort Myers, sind praktisch nur mit dem Auto zu erreichen. Wer einen Urlaubstag

erübrigen kann, findet hier ein Wildschutzgebiet, Mangrovenwälder und herrliche, mit Muscheln übersäte Strände. Im Gegensatz zu den sanften Strandabschnitten an der Golfseite von Sanibel besteht die gegenüberliegende Küste aus seichten Buchten, Bächen und dem Schutzgebiet **J.N. „Ding" Darling National Wildlife Refuge**, ✆ 239/472-1100.

Der Haupteingang und das Information Center liegen an der von Sanibel nach Captiva führenden Straße. Wer hier übernachten möchte, sollte sich vorher bei der Chamber of Commerce in Fort Myers über Unterkünfte informieren. Wer sich dafür entscheidet, wird mit Stränden belohnt, die sich von den meisten anderen in Florida unterscheiden: Sie sind nicht nur wunderschön, sondern vermitteln auch noch ein Gefühl der Abgeschiedenheit. ⊙ tgl. außer Fr 7.30 Uhr bis Sonnenuntergang, Eintritt Autos $5, Radfahrer und Fußgänger $1.

Zwischen Mai und Dezember kosten die Unterkünfte 30–60 % weniger als in der Hauptsaison. Dann gehen die Preise allerdings durch die Decke, und es ist kaum ein Zimmer zu bekommen.

The Sun and the Moon Inn, 3962 NW Pine Island Rd, Matlacha, 🖳 www.sunandmoon. net. Der Besitzer Curt Peer ist ein Unikum und sein B&B der perfekte Ort zum Entspannen und zum Kajakfahren in den nahe gelegenen Mangrovensümpfen.
An den Stränden schläft man in den Hotels am Estero Boulevard am preiswertesten:
Outrigger Beach Resort, 6200 Estero Blvd, ✆ 239/463-3131, 🖳 www.outriggerfmb. com. ❸
Casa Playa, 510 Estero Blvd, ✆ 1-800/569-4876, 🖳 www.casaplayaresort.com. ❹–❼
Der einzige Campingplatz am Strand ist
Red Coconut, 3001 Estero Blvd, ✆ 239/463-7200, 🖳 www.redcoconut.com. Stellplatz ab $40.

The Veranda, 2122 Second St, ✆ 239/332-2065. Authentisches Old-South-Feeling in zwei Häusern von 1902 und einem lauschigen Hof mit Mangobäumen.

Oasis Restaurant, 2260 Martin Luther King Jr Blvd, ℡ 239/334-1556. Reichhaltiges und billiges Frühstück, mittags Tageskarte.

Informationen

Chamber of Commerce, 2310 Edwards Drive, ℡ 1-800/366-3622, 🖥 www.fortmyers.org. 🕐 Mo–Fr 9–16.30 Uhr.

Transport

Die **Greyhound**-Busse steuern das Rosa Parks Transportation Center, 2250 Peck St, an. Tgl. halten **Amtrak-Busse** aus Tampa am 6050 Plaza Drive, etwa 6 Meilen östlich von Downtown.
Die Entfernungen innerhalb von Fort Myers und vom Zentrum zu den Stränden sind groß und ohne Wagen schwierig zu bewältigen. Die Strände lassen sich aber – wenn auch umständlich – mit den Regionalbussen von **LeeTran** ($1,25), ℡ 239/533-8726, 🖥 www.ride leetran.com, erreichen. Die meisten LeeTran-Busse halten am Greyhound-Busbahnhof.

14 HIGHLIGHT

Everglades National Park

Der Everglades National Park, eine der berühmtesten Naturlandschaften der USA, ist ein ausgedehntes, ruhiges Reservat von ganz eigenem, unaufdringlichem Zauber. Er steht in krassem Kontrast zu Amerikas schrofferen Nationalparks. Hier gibt es nichts Dramatischeres zu sehen als vereinzelte Baumgruppen inmitten des ganz und gar flachen Graslandes. Doch diese weite Ebene wimmelt von Leben und ist Teil eines bemerkenswerten, sich stetig wandelnden Ökosystems, das sich aus einer einmaligen Kombination von Klima, Vegetation und Tierwelt entwickelt hat.

Obwohl der Park so flach wie eine Tischplatte erscheint, fällt das Kalksteinplateau, das den Untergrund der Everglades bildet, in Wirklichkeit ganz leicht nach Südwesten ab. Seit Tausenden von Jahren fließen der Niederschlag sommerlicher Regengüsse und das Überlaufwasser des nahen Lake Okeechobee gemächlich durch die Everglades Richtung Küste ab. Das Wasser nährt das Riedgras, das auf einer dünnen Bodenschicht aus abgestorbener Vegetation gedeiht. Dazwischen wachsen Algen als Grundlage einer komplexen Nahrungskette, an deren Spitze schließlich die **Alligatoren** stehen.

Wenn das Flutwasser ins Meer abgeflossen, in den Untergrund versickert oder einfach verdunstet ist, fallen die Everglades trocken – bis auf das Wasser, das sich in den sogenannten „gator holes" sammelt. Sie entstehen da, wo ein Alligator Wasser wittert und die Bodenschicht darüber mit seinem Schwanz beiseite fegt. Diese Tümpel versorgen nicht nur die Alligatoren mit Wasser, sondern helfen auch anderen Tieren, bis zur nächsten sommerlichen Regenzeit zu überleben. Ein großer Teil der Everglades ist von Riedgras überwuchert, doch an Stellen, wo sich leicht erhöhte Stellen des Kalksteinplateaus mit Humus überziehen, entstehen Bauminseln – die sogenannten **Hammocks** – knapp oberhalb des Wasserspiegels.

Im 19. Jh. wurden die **Indianervölker** der Seminolen und Miccosukee in die Everglades getrieben, wo sie sich als Jäger und Sammler ernähren mussten. Sie sind bis heute in der Region ansässig. Gegen Ende des 19. Jhs. entstanden in der Gegend mehrere Ansiedlungen, deren Bewohner im Gegensatz zu den Indianern darauf aus waren, das Land wirtschaftlich zu nutzen. Als Floridas Bevölkerung immer weiter wuchs, nahm auch die Naturzerstörung durch Jagd, Straßenbau und Trockenlegung zu landwirtschaftlichen Zwecken zu. Als Reaktion darauf entstand eine bedeutende **Naturschutzbewegung**. 1947 wurde ein Teil der Everglades zum Nationalpark erklärt, der heute einen relativ kleinen Bereich an der Südspitze von Floridas Halbinsel schützt.

Die Grenzen der Everglades wurden im Laufe des letzten Jahrhunderts durch städtisches Wachstum immer weiter eingeengt, und die ungezügelte kommerzielle Nutzung nahe gelegener Gebiete stört den natürlichen Lebenszyklus der Region. Die 1200 Meilen langen Kanäle, die das Wasser, das die Everglades speist, zu Floridas wuchernden Städten umleiten ollen, die Vergiftung durch Agrarchemie von den Farmen der Umgebung und die unabsehbaren Veränderungen durch den globalen

Klimawandel könnten Floridas außergewöhn-
lichste Naturlandschaft eines Tages in tristes Ödland verwandeln.

Everglades City und Umgebung

Drei Meilen südlich des US-41 liegt an der
Route 29 **Everglades City**. Das Areal wurde in
den 1920er-Jahren von einem Tycoon der Wer-
bebranche erworben und getauft, dem wohl
eine subtropische Metropole vorschwebte.
Heute ist es eine Gemeinde von nicht einmal
500 Seelen, mit einigen Übernachtungsmöglichkeiten und Restaurants. Die meisten Besucher von Everglades City kommen, um zu
fischen oder einen Ausflug zu den **Ten Thousand
Islands** zu unternehmen. Diese Mangroven-
inseln säumen die Küste wie Teile eines Puzzle-
spiels und schützen die Everglades vor der
Brandung der Gezeiten.

Von der Nationalparkverwaltung unterstütz-
te **Bootstouren** beginnen auf dem Inselchen
Chokoloskee, einem indianischen Muschelberg
am südlichen Ende der Route 29. Anbieter sind
Everglades National Park Boat Tours, ✆ 239/695-
2591, ab $26,50, die beim Visitor Center beginnen,
und Everglades Rentals and Eco Adventures,
✆ 239/695-3299, 🖥 www.evergladesadventures.
com, im Ivey House (S. 562). Das **Gulf Coast Visitor Center**, am Dock von Chokoloskee ✆, 239/695-
3311, gibt Infos zu den Bootstouren und die hervorragenden, von Rangern geführten Kanutouren.
🕐 tgl. Mai–Okt 9–16.30, Nov–April 8–16.30 Uhr.

Shark Valley und
Miccosukee Indian Village

Rund 40 Meilen östlich von Everglades City liegt
Shark Valley, die perfekte Verkörperung des
Beinamens „Grasfluss" für die Everglades. Hier
erstreckt sich das wogende Riedgras, soweit
das Auge reicht, nur hier und da von kleinen
Bauminseln unterbrochen. 🕐 tgl. 8.30–18 Uhr.

Abgesehen von ein paar einfachen Spazierwegen in der Nähe des **Visitor Center**,
✆ 305/221-8776, 🕐 tgl. Mai–Okt 9.15–17.15, Nov–
April 8.45–17.15 Uhr, ist Shark Valley nur von einer 15 Meilen langen Rundstraße aus zu besichtigen – am besten per **Leihfahrrad** vom Visitor
Center ($6,50/Std., Rückgabe bis 16 Uhr). Außer-
dem werden täglich sehr informative **Rundfahr-**

ten in offenen Bussen angeboten, die zwar häufig anhalten, damit die Passagiere die Tierwelt
bewundern können, ihnen aber keine Möglichkeit bieten, länger an einem Platz zu verweilen.
$17,25, Reservierung unter ✆ 305/221-8455.

Überall am US-41 liegen Indianerdörfer. Die
meisten werden von **Miccosukee** bewohnt,
Nachkommen der Überlebenden des letzten Se-
minolenkriegs (1858). Heute verwaltet der Stamm
eine kleine, aber relativ wohlhabende Reser-
vation im Herzen der Everglades. Die Souvenirs
und Exponate des **Miccosukee Indian Village**,
✆ 305/223-8380, sind allerdings ziemlich kitschig
und gekünstelt – da versorgt man sich besser in
Billie's Restaurant ganz in der Nähe mit einem
hausgemachten Chili. 🕐 tgl. 9–17 Uhr, Eintritt $10.

Pine Island

Der als **Pine Island** bezeichnete Abschnitt des
Parks enthält praktisch alles, was die Everglades
am Leben erhält. Wer einen oder zwei Tage hier
verbringt, wird die Naturgesetze dieses Ökosystems verstehen lernen. **Route-9336** (die einzige
Straße in diesem Abschnitt) führt am sehr informativen Earnest Coe Visitor Center, ✆ 305/242-
7700, 🕐 tgl. Mai–Okt 9–17, Nov–April 8–17 Uhr,
vorbei zum Haupteingang. 1 Meile weiter folgt
das Royal Palm Visitor Center, 🕐 tgl. 24 Std. Es
bietet normalerweise Rangertouren und andere
Veranstaltungen an (aber kaum Informationen).

Die große Mehrzahl der Parkbesucher, die
nur einmal einen Alligator sehen wollen, ist
meist mit einem Spaziergang über den knapp
1 km langen **Anhinga Trail** zufrieden. Dort zeigen
sich die notorisch faulen Reptilien besonders
im Winter gern; oft lungern sie in der Nähe des
Wanderweges herum und sehen dabei aus wie
Requisiten aus Plastik. Auf der Wanderung begegnet man auch vielen Vogelarten, darunter
dem Schmuckreiher und dem bemerkenswerten
Schlangenhalsvogel, genannt Anhinga, einem
eleganten, schwarzen Vogel, der wie ein lang
gewachsener Kormoran aussieht.

Wer dem Andrang der Massen entgehen
möchte, sollte den Anhinga Trail möglichst früh
aufsuchen und kann danach noch den benachbarten, aber gänzlich anderen **Gumbo Limbo
Trail** inspizieren, einen erhöht liegenden Urwald
voller subtropischer Exotengewächse.

Florida

Übernachtung

Außerhalb des Nationalparks

Die Orte gleich außerhalb der Parkgrenzen bieten eine Handvoll brauchbarer Unterkünfte.

Ivey House, 107 Camellia St, Everglades City, ☎ 239/695-3299, 🖥 www.iveyhouse.com. Charmante und saubere Unterkunft, ⊙ Okt–Mai, Buchung empfohlen. ❹

Chokoloskee Island Resort, 5 Meilen südlich von Everglades City, ☎ 239/695-2881. Hier kann man für $69–89 ein Wohnmobil für die Übernachtung mieten.

10 Meilen östlich des Parks finden sich in Homestead und Florida City jede Menge **Motels** und das **Everglades International Hostel**, 20 SW 2nd Ave, Nähe Palm Drive, Florida City, ☎ 1-800/372-3874, 🖥 www.evergladeshostel. com, die beste Wahl für Reisende mit kleinem Geldbeutel, die nicht zelten wollen. Dorm-Bett $25–28, auch Privatzimmer (K2–3). Das Hostel vermietet Kanus ($30/Tag) und Fahrräder ($15/Tag). Ein Leihfahrrad inkl. Transport zum Parkeingang und anschließender Abholung gibt es für $30. Außerdem bietet das Hostel ausgezeichnete Touren an (Mindestteilnehmerzahl 4 Pers.; $80).

Im Nationalpark

Neben den gut ausgestatteten **Campingplätzen** in Long Pine Key und Eco Pond bei Flamingo (beide $16 pro Übernachtung, Reservierung ☎ 1-800/365-CAMP oder 🖥 www.nps.gov), 6 Meilen vom Coe-Eingang entfernt, gibt es entlang der längeren Wander- und Kanu-strecken weitere Campingplätze, die nur mit vorheriger Genehmigung genutzt werden dürfen ($10 plus $2 p. P., wird von den Visitor Centers ausgestellt).

Sonstiges
Eintritt

In Everglades City ist der Eintritt zum Park kostenlos, allerdings kann man von hier nur mit einem Boot oder Kanu hineinfahren. An den anderen Eingängen kostet der Eintritt $10 pro Auto und $5 für Radfahrer und Fußgänger. Die Eintrittskarten sind 7 Tage gültig.

Informationen

Bevor es raus in den Park geht, sollte man das hervorragende Buch *The Swamp: The Everglades, Florida, and the Politics of Paradise* von Michael Grunwald gelesen haben. Darin erfährt man alles über das mal mehr, mal weniger glückliche Zusammenspiel von Mensch und Natur in dieser einzigartigen Ecke der Welt.

Öffnungszeiten und Reisezeit

Der Park ist **ganzjährig geöffnet**, aber die beste Zeit für einen Besuch ist der Winter, wenn das schwindende Wasser die wilden Tiere dazu treibt, sich rund um die Alligatorenlöcher zu versammeln, die Ranger viele Aktivitäten anbieten und die Moskitos noch erträglich sind. Im Sommer können Nachmittagsstürme die Prärien überfluten, die Aktivitäten im Park sind dann deutlich reduziert, und die Moskitos können richtig nerven. Auch ein Besuch unmittelbar vor und nach der Hochsaison ist zu empfehlen.

Transport

Es gibt drei Eingänge zum Park: **Everglades City** im Nordwesten, **Shark Valley** im Nordosten und beim **Ernest Coe Visitor Center** in der Südostecke. Der **US-41** verläuft am Nordrand der Everglades entlang und bietet den einzigen Zugang zu den Parkeingängen in Everglades City und Shark Valley auf dem Landweg. Zu den verschiedenen Eingängen des Nationalparks und entlang des US-41 fahren **keine öffentlichen Verkehrsmittel**.

Der Panhandle

Der lange, schmale Panhandle grenzt im Westen an Alabama und im Norden an Georgia. Er hat viel mehr mit den Südstaaten gemein als mit dem übrigen Florida. Heute ist kaum noch zu glauben, dass sich bis vor einem guten Jahrhundert Floridas ganzes Geschehen praktisch nur im Panhandle abspielte. **Pensacola** an seinem Westende war schon ein geschäftiger Hafen, als Miamis Stadtgebiet noch aus Sumpf bestand.

Florida

Fruchtbarer Boden lockte reiche Plantagenbesitzer südwärts, wo sie **Tallahassee** zum Treffpunkt der High Society und zum Verwaltungszentrum machten – eine Rolle, die es als Bundesstaatshauptstadt heute noch spielt. Als dann aber die Nachfrage nach Baumwolle nachließ, zu viele Bäume abgeholzt worden waren und die Ostküsteneisenbahn kam, war der Panhandle abgemeldet. Große Teile des Landesinneren sind fast unberührt, und der **Apalachicola National Forest** ist vielleicht die beste Gegend in ganz Florida, um in die Wildnis abzutauchen. An der **Küste** findet man dagegen Hotels und Strandleben, aber auch kilometerlange, blendend weiße und menschenleere Sandstrände.

Tallahassee

Die Hauptstadt Floridas ist eine Provinzstadt, eingebettet zwischen sanften Hügeln, mit vielen Hinweisen auf die Gründerjahre des Bundesstaates. Das kleine Zentrum bestimmen die vertikalen Luftschächte des hohen **New Capitol Building** an der Kreuzung Apalachee Parkway und Monroe St. Früher drängte sich die Beamtenschar im hübscheren **Old Capitol Building** von 1845, das im Schatten seines Nachfolgers steht. ⊙ Mo–Fr 9–16.30, Sa ab 10, So ab 12 Uhr, Eintritt frei.

Nirgendwo sonst in Florida ist mehr über die Geschichte des Bundesstaates zu erfahren als im **Museum of Florida History**, 500 S Bronough St, ✆ 850/245-6400, ⌨ www.museumofflorida history.com. Angefangen bei detaillierten Informationen über paläo-indianische Siedlungen und die Bedeutung ihrer Grab- und Tempelhügel bis zu den kolonialen Kreuzzügen der Spanier

wird kaum ein Kapitel ausgelassen. Nur die Seminolenkriege des 19. Jhs. finden kaum Erwähnung. Ein Hauptaugenmerk liegt auch auf dem Eisenbahnbau, nicht weiter verwundert, wenn man dessen Rolle für die Entwicklung des Tourismus und den allgemeinen Aufschwung des Landes bedenkt. ⊙ Mo–Fr 9–16.30, Sa ab 10, So ab 12 Uhr, Eintritt frei.

Im Union Bank Building am Apalachee Parkway, das aus dem 19. Jh. stammt, befindet sich das **Black Archives Research Center and Museum**, ✆ 850/599-3020. Es präsentiert eine der landesweit umfangreichsten und wichtigsten Sammlungen afroamerikanischer Gegenstände und einige schauderhafte Exponate zum Thema Ku Klux Klan. ⊙ Mo–Fr 9–17 Uhr, Eintritt frei.

Die Hotels und Motels der N Monroe Street, etwa 3 Meilen von Downtown, sind viel billiger als die im Zentrum.
Comfort Suites, 1026 Apalachee Parkway, ✆ 850/224-3200, ⌨ www.comfortsuites.com. Gemütliches, blitzsauberes Motel mit himmlischen Betten in fußläufiger Entfernung zum Capitol. Das leckere kontinentale Frühstück ist im Preis enthalten. ❻
Super 8, 2801 N Monroe St, ✆ 850/386-8286. Preiswerte, einfache Zimmer mit Standardeinrichtung. ❸

Andrew's Capital Grill & Bar/Andrew's 228, 228 S Adams St, ✆ 850/222-3444. Die zwanglose Grill-Bar serviert den ganzen Tag über verschiedene Sandwiches und Burger; das schicke Andrew's 228, eine Treppe tiefer, zaubert Köstlichkeiten der modernen italienischen Küche wie Käsekuchen mit Gorgonzola und Zackenbarsch-*piccata*.
Barnacle Bill's, 1830 N Monroe St, ✆ 850/385-8734. Preiswerter frischer Fisch und Meeresfrüchte in ausgelassenem Ambiente.
La Fiesta, 2329 Apalachee Pkwy, ✆ 850/656-3392. Hier gibt's das absolut beste mexikanische Essen der Stadt.
Mom and Dad's, 4175 Apalachee Pkwy, ✆ 850/877-4518. Köstliche hausgemachte italienische Gerichte. ⊙ So und Mo geschlossen.

Florida

Po' Boys Creole Café, 224 E College Ave, ℡ 850/224-5400. Eine Auswahl leckerer kreolischer Gerichte, außerdem einer der besten Veranstaltungsorte in Tallahasse für Livemusik.

Informationen

Visitor Information Center, 106 E Jefferson St, ℡ 1-800/628-2866, 🖥 www.visittallahassee.com, hat jede Menge Infomaterial. ⏰ Mo–Fr 8–17, Sa 9–13 Uhr.

Transport

Der **Greyhound**-Busbahnhof, 112 W Tennessee St, ℡ 850/222-4249, ist zu Fuß vom Zentrum schnell zu erreichen.

Wakulla Springs State Park

15 Meilen südlich von Tallahassee liegt an der Route-267, die von der Route-61 abzweigt, der Wakulla Springs State Park, ℡ 850/926-0700, mit einer der wohl größten und tiefsten natürlichen Quellen der Welt. Sie pumpt pro Minute fast 2 Mio. Liter kristallklares, sauberes Wasser aus den Tiefen der Erde – was ihrer unbewegten Oberfläche nicht anzusehen ist. ⏰ tgl. 8 Uhr bis Sonnenuntergang, Autos $6, Fußgänger und Fahrradfahrer $2.

Der kühle Teich lädt zu einem erfrischenden **Bad** ein (in einem kleinen abgetrennten Bereich – der Rest ist Alligatorrevier!). Wer mehr über die Quelle wissen will, kann an einer 30-minütigen Rundfahrt mit einem **Glasbodenboot** ($8) teilnehmen, um auf die Fischschwärme und die Höhlenöffnung in 55 m Tiefe hinab zu sehen, durch die das Wasser austritt.

Bei 40-minütigen **Flusstouren** ($8) lässt sich der eine oder andere Blick auf einige der Parkbewohner erhaschen: Hirsche, Truthähne, Schildkröten, Reiher und natürlich Alligatoren. Neben der Quelle steht die **Wakulla Lodge**, ℡ 850/926-0700, ein hübscher Holzbau aus dem Jahr 1937. Zu dem ruhigen Hotel gehört ein hervorragendes Restaurant, das zum Frühstück, Mittag- und Abendessen solide ländliche Hausmannskost serviert. ➍–➎

Apalachicola National Forest

Im über 200 000 ha großen Apalachicola National Forest, der sich mit seinen im Wald verstreuten Sümpfen, Savannen und Quellen südwestlich von Tallahassee ausbreitet, zeigt das Landesinnere des Panhandle seine schönste, naturbelassene Seite. Mehrere Straßen führen durch einen nennenswerten Teil des Parks und an vielen netten Plätzchen für eine Picknickpause vorbei.

Wer tiefere Einblicke in den Wald erhalten will, muss etwas mehr Einsatz zeigen und einem der Wanderwege folgen, sich mit dem Kanu auf die Flüsse begeben oder einfach eine Nacht unterm Sternenhimmel auf einem der schlichten Campingplätze verbringen. Am Südrand des Waldes liegt der große, abweisende **Tate's Hell Swamp**, um den man besser einen großen Bogen macht, weil es hier von tödlichen Wassermokassinottern nur so wimmelt.

Die **Hauptzugänge** zum Wald (Eintritt frei) liegen am Hwy-20 und Hwy-319. Drei kleinere Straßen, die Routes 267, 375 und 65, führen als Querverbindungen zwischen den beiden Highways durch den Wald. Das **Unterkunftsangebot** beschränkt sich hier aufs Camping. Bis auf die Campgrounds am Camel Lake und Wright Lake ($10/Nacht, warme Duschen vorhanden) sind alle anderen Campingplätze kostenlos zu nutzen (abgesehen von einer Tagesgebühr von $3 pro Fahrzeug), dafür sind die Einrichtungen aber auch sehr spartanisch (ohne fließendes Wasser). Genauere Informationen gibt es bei den **Ranger Stations** in Apalachicola, ℡ 850/643-2282, oder Wakulla, ℡ 850/926-3561.

Panama City Beach

Mit einem Massenaufgebot an Motels, Go-Kart-Bahnen, Minigolfplätzen und Vergnügungsparks versucht Panama City Beach so viel Profit wie irgend möglich aus seinem knapp 45 km langen, weißen Sandstrand zu schlagen. Auf die Besucher warten Sport am Strand, Sonnenbräune und ein turbulentes Nachtleben. Alternativen zum Sonnenbaden bieten die Go-Kart-Bahn,

Vergnügungsparks oder Ausflugsboote. Außerdem liegen vor der Küste mehrere **Schiffswracks** auf Grund, zu denen man hinabtauchen kann. Über Einzelheiten informieren die diversen Tauchläden.

Übernachtung

Die Motels am Ostende des Strands sind etwas schicker und teurer als die im Zentrum. Am Westende befinden sich vorwiegend ruhige und familienfreundliche Unterkünfte.
Sugar Sands Motel, 20723 Front Beach Rd, ℡ 1-800/367-9221, ▭ www.sugarsands.com. Direkt am Meer abseits des Straßenlärms, ausgezeichnetes Preis-Leistungs-Verhältnis. ⑤ – ⑥

Essen

Die billigsten Sättigungsadressen sind die **Buffet-Restaurants** der Front Beach Road, wo man für $9–14 so viel essen kann, wie der Magen verkraftet.
Es gibt aber durchaus Alternativen, z. B.:
Shuckum's Oyster Pub & Seafood Grill, 15614 Front Beach Rd, ℡ 850/235-3214.
Mike's Diner, 17554 Front Beach Rd, ℡ 850/234-1942. ☉ vom Frühstück bis spätabends.
Boatyard, 5323 N Lagoon Drive, ℡ 850/249-9273. Hier speist es sich nett im Freien an einer Lagune.

Unterhaltung

Das Partyvolk zieht es abends zum **Club La Vela**, 8813 Thomas Drive, ℡ 850/235-1061, oder ins **Spinnaker**, 8795 Thomas Drive, ℡ 850/234-7892 – bei beiden tummelt sich ein junges Publikum in Dutzenden von Bars und mehreren Discos.

Pensacola

Ein Besuch in Pensacola, im äußersten Westen von Florida, 5 Meilen von den Stränden der Pensacola Bay entfernt, lohnt wegen der relativ unberührten Strände und des historischen Zentrums, das in den letzten Jahren eine Art Renaissance erlebt hat. Bereits 1559 ließen sich hier Spanier nieder. Die Vorherrschaft über die Stadt wechselte mehrfach zwischen Franzosen, Spaniern und Briten. 1821 ging Pensacola schließlich als der Ort in die Annalen ein, in dem Spanien Florida offiziell an die Vereinigten Staaten abtrat.

Schon im 19. Jh. war Pensacola eine florierende Hafenstadt. Die Öffnung des Panamakanals leistete einen weiteren Beitrag zum Wohlstand. Die reich verzierten Gebäude, die Anfang des 20 Jhs. im **Palafox District** rings um die südliche Palafox Street aus dem Boden schossen, spiegeln den Optimismus jener Tage wider. Wer es sich leisten konnte, bezog eines der Häuser am Ufer, die heute zusammen mit mehreren Museen das **Historic Pensacola Village** bilden, ℡ 850/595-5985, ▭ www.historicpensacola.org. ☉ Mo–Sa 10–16 Uhr, Eintritt zu allen Museen und ehemaligen Wohnhäusern der insgesamt vier Häuserblocks $6.

In den Gebäuden des US-Marinestützpunkts am Navy Boulevard, rund 8 Meilen südwestlich des Zentrums, befindet sich das **Museum of Naval Aviation**, ℡ 1-800/327-5002, ▭ www.navalaviationmuseum.org. Die Ausstellung von Flugzeugen der US Navy reicht vom ersten Wasserflugzeug in Leichtbauweise, das 1911 erworben wurde, bis zu modernen Phantom- und Hornet-Jets. ☉ tgl. 9–17 Uhr, Eintritt frei, IMAX-Kino $6,50.

Ein weiteres unbekanntes Juwel in der Gegend ist die **Gulf Islands National Seashore**, ▭ www.nps.gov/guis, mit historischen Festungen (Fort Pickens), jeder Menge weißer Sandstrände und vielen Möglichkeiten zum Beobachten wilder Tiere. Der Park erstreckt sich über die Bundesstaaten Alabama und Florida; den besten Zugang von Pensacola aus bietet der FL-292. Im Fort Barrancas Visitors Center, ☉ März–Okt 9.30–16.45 Uhr, Nov–Feb 8.30–15.45 Uhr, gibt es einen informativen Kurzfilm, einen Souvenirshop und kostenlose Broschüren über alles Sehenswerte in dieser Ecke des Parks. Eintritt $8/Auto.

Pensacola Beach

Auf der gegenüberliegenden (südlichen) Seite der Bucht säumen schimmernde Strände und windgepeitschte Dünen die 50 Meilen lange

Santa Rosa Island. Unmittelbar südlich von Pensacola bietet der Inselstrand Pensacola Beach alles, was zum Image eines Golfküstenstrands so dazugehört: feiner, weißer Sand, Vermieter für allerlei Wassersportausrüstung, ein viel genutzter Anglerpier und diverse Motels, Strandbars und Imbissbuden.

Übernachtung

Zahlreiche preiswerte Kettenhotels mit Übernachtungspreisen von $55–70 reihen sich am North Davis Boulevard und Pensacola Boulevard, den Haupteinfallsstraßen vom I-10.
Days Inn, 710 N Palafox St, ☎ 850/438-4922. Hotel im Zentrum. ❸
Noble Manor, 110 W Strong St, ☎ 850/434-9544, 🖥 www.noblemanor.com. Charmantes B&B. ❺
Paradise Inn, 21 Via De Luna Drive, ☎ 850/916-5087. Lustiges und manchmal lautes Hotel am Pensacola Beach (Bar mit täglicher Livemusik). ❼–❽

Essen

Fish House, 600 S Barracks St, ☎ 850/470-0003. Seafood, Sushi und Steaks.

Peg Leg Pete's, 1010 Fort Pickens Rd, ☎ 850/932-4139. Strandlokal mit Cajun-Küche und einem halben Dutzend verschiedener Austernvariationen ($5,99–12,99).

Informationen

Am stadteinwärts gelegenen Ende der 3 Meilen langen Pensacola Bay Bridge befindet sich das **Visitor Center**, 1401 E Gregory St, ☎ 1-800/874-1234, 🖥 www.visitpensacola.com. ☉ Mo–Fr 8–17, Sa 9–16, So 11–16 Uhr.

Nahverkehr

Stadtbusse
ECAT-Busse, ☎ 850/595-3228, 🖥 www.goecat. com, verkehren innerhalb der Stadt, Linie 61 fährt 2x tgl. zum Strand. Die Hauptbushaltestelle liegt am 1515 W Fairfield Drive.

Taxis
Yellow Cab, ☎ 850/433-3333.

Transport

Der **Greyhound**-Busbahnhof liegt 7 Meilen nördlich des Zentrums in der 505 W Burgess Rd, ☎ 850/476-8199. Die ECAT-Busse Nr. 50 und 45 ($1,75) fahren von dort in die Stadt.

Florida

Louisiana

Stefan Loose Traveltipps

14 **Sümpfe** Eine Fahrt durch die gespenstischen Bayous im Schatten von Spanischem Moos – argwöhnisch beäugt von reglosen Alligatoren. S. 602

15 **Mardi Gras** Vom urbanen Masken- und Tanzspektakel in New Orleans bis zu den Ritualen des Cajun Country – Louisianas „Fetter Dienstag" ist weltweit einzigartig. S. 573

16 **Mississippi, New Orleans** In Ruhe verfolgen, wie sich der Himmel über einem der größten Flüsse der Welt violett verfärbt – am besten von Bord eines Schaufelraddampfers aus. S. 578

Vaughan's on a Thursday, New Orleans Kermit Ruffins an der Trompete und zügellos feiernde Musikfans, die die Wände der baufälligen Kneipe zum Wackeln bringen. S. 591

Laura Plantation Der interessanteste Einblick ins kreolische Plantagenleben, den die River Road zu bieten hat. S. 596

Cajun- und kreolische Feste Hier wird alles gefeiert: von der Süßkartoffel bis zur Weltmusik. S. 597

Angola Prisoner Rodeo Ein unglaubliches Spektakel, bei dem die „Lebenslänglichen" des berüchtigten Hochsicherheitsgefängnisses Kopf und Kragen riskieren. S. 603

Piratengeschichten, Voodoo und Mardi Gras umgeben Louisiana mit einem geheimnisvollen Zauber. Seine Geschichte widerlegt all jene, die behaupten, die Vereinigten Staaten seien einzig das Werk der Pilgerväter. So andersartig wie der Bundesstaat sind auch seine Menschen. Dies ist das Land der französischsprachigen **Cajuns** – Nachkommen der Akadier, ihrerseits französisch-kanadische Flüchtlinge, die sich im 18. Jh. in den Prärien und Sümpfen im Südwesten des Staates ansiedelten – und der **Kreolen** aus dem jazzigen, lässigen New Orleans. Die Bezeichnung Kreolen wurde ursprünglich auf alle im Bundesstaat geborenen Abkömmlinge französischer oder spanischer Kolonisten angewandt – im 19. Jh. berühmt für ihre rauschenden Maskenbälle, ihren Dialekt und ihre einzigartige Kultur – sowie auf die im Land geborenen, französischsprachigen Sklaven. Mittlerweile sind damit jedoch alle Personen gemeint, die aus Louisiana stammen, insbesondere die schwarze Bevölkerung.

Elemente der verschiedenen Kulturen finden sich in der **Landesküche**, auf **Festen**, im melodischen Dialekt und vor allem in der **Musik** – Jazz, R&B, Cajun und sein schwarzes Gegenstück Zydeco. Seltsamerweise entspricht der protestantische Norden Louisianas mit seinen halb verfallenen alten Plantagen inmitten riesiger Baumwollfelder eher der Vorstellung vom „Tiefen Süden" als die sumpfigen Bayous im katholischen Deltagebiet.

Die ersten **Franzosen** ließen sich 1682 in Louisiana nieder und trotzten tückischen Sümpfen und Seuchen, um die überaus zahlreichen Zypressen abzuholzen. 1714 wurde die erste feste Niederlassung, der Handelsposten **Natchitoches**, gegründet, 1718 gefolgt von **New Orleans**. 1760 übergab Ludwig XV. New Orleans und alle französischen Territorien westlich des Mississippi klammheimlich seinem spanischen Vetter Karl III., um dem Expansionsdrang der Briten entgegenzuwirken. Die Vorherrschaft der **Spanier** endete 1801 mit der Abtretung Louisianas an Napoleon – unter der Prämisse, es solle nie wieder einen Machtwechsel geben. Doch schon zwei Jahre später ging Napoleon, das Geld für seine Schlachten gegen die Engländer in Europa brauchte, mit Präsident Thomas Jefferson einen im **Louisiana Purchase** festgeschriebenen Handel ein: Für nur $15 Millionen kauften die USA Napoleon alle französischen Gebiete zwischen Kanada und Mexiko ab.

Die anschließende „Amerikanisierung" Louisianas war einer der Meilensteine in der Geschichte dieses Staates. Dank ihrer Schlüsselposition nahe der Mündung des **Mississippi** entwickelte sich die Hafenstadt New Orleans zu einer der wohlhabendsten Städte Amerikas. Obwohl Louisiana 1861 aus der Union austrat und sich den Konföderierten anschloss, gab es Unterschiede zu den übrigen „Sklavenstaaten" des Südens. Der **Black Code**, ein von den Franzosen 1685 erlassener Gesetzeskodex für Saint-Domingue (das heutige Haiti), der 1724 auch in Louisiana eingeführt worden war, enthielt für damalige Zeiten beispiellose Zugeständnisse an die Sklaven. Er gab ihnen das Recht zu heiraten, räumte ihnen Versammlungsfreiheit und einen arbeitsfreien Sonntag ein. Vor allem die schwarze Einwohnerschaft von New Orleans galt als außergewöhnlich gebildet und kosmopolitisch; ihr gehörten auch viele **freie Farbige** an, die Geschäfte, Land und sogar Sklaven besaßen.

Der Sezessionskrieg wirkte sich auf die Wirtschaft und die Sozialstruktur von Louisiana verheerend aus, und in der Zeit des Wiederaufbaus ging es der Region nicht viel besser: Die ehemals großartige Stadt New Orleans erlebte eine Ära noch nie dagewesener Gesetzlosigkeit und Rassenausschreitungen. Mit der Zeit erholte sich zumindest die **Wirtschaft**, nicht zuletzt dank des mächtigen Mississippi und der Entdeckung von Erdölfeldern vor der Küste in den 1950er-Jahren. Im Laufe des 20. Jhs. verlegte sich Louisiana dann auf den Tourismus.

Im August 2005 fegte **Hurrikan Katrina** über die Küstengebiete hinweg, ließ die Dämme in New Orleans brechen und setzte weite Teile der Stadt unter Wasser. Zuerst sah es so aus, als sei die Stadt damit am Ende, doch langsam aber sicher erholte sie sich wieder, und im geschwächten Louisiana kehrte wieder so etwas wie Normalität ein – bis die von BP verursachte **Ölkatastrophe** der Region und ihrer außerordentlich wichtigen Seafoodindustrie im Mai 2010 einen weiteren Schlag versetzte.

Und auch wenn niemand das südliche Louisiana besuchen kann, ohne den Verlust zu spü-

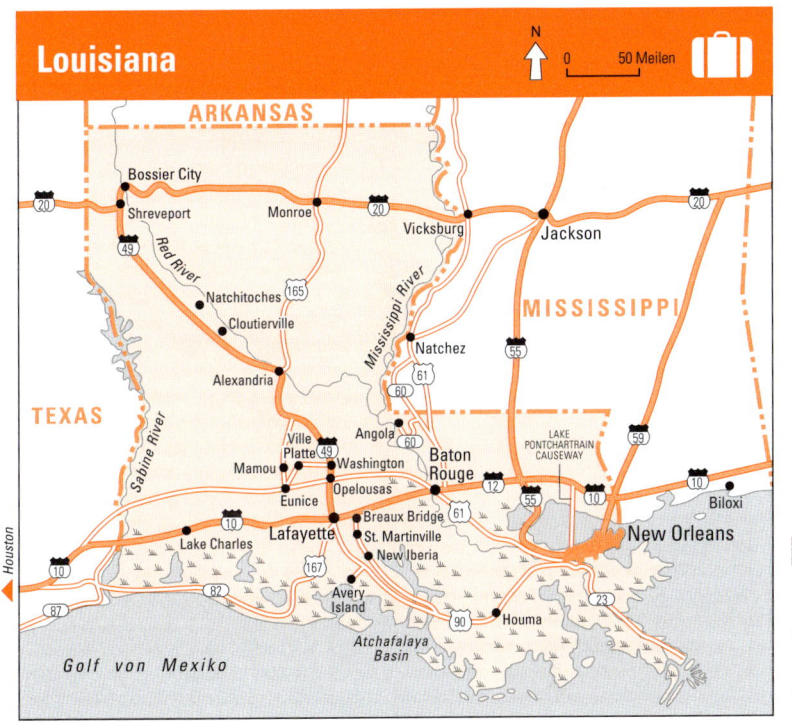

ren, hat der Staat doch enorm viel zu bieten. Ob während einer Bootstour auf einem von Zypressen gesäumten Bayou, beim Crawfish-Schlemmen in einer wackligen Kreolenhütte oder beim Tanz in einer warmen, sternenklaren Nacht zur besten Livemusik der Welt – Louisiana bleibt einzigartig. Dieser Bundesstaat geht einem unter die Haut und lässt einen nicht mehr los.

Transport

Zwei große **Interstates** verlaufen in westöstlicher Richtung durch Louisiana: der I-20 im Norden und der I-10 im Süden. Der Verkehrsknotenpunkt ist New Orleans, direkt am I-10 gelegen und über den I-55 und I-59 mit Mississippi verbunden. Der I-49 führt von Südosten nach Nordwesten quer durch den Staat und ist Cajun Countrys Verbindung in den Norden.

Der wichtigste internationale **Flughafen** befindet sich in New Orleans. Andere Teile des Staates sind über regionale Fluggesellschaften mit dem Rest des Landes verbunden.

Amtrak-Züge fahren von New Orleans nach New York, Chicago und Memphis sowie (über Lafayette) nach Los Angeles. Busse von **Greyhound** verbinden die größeren Städte mit dem übrigen Land und werden durch örtliche Linienbusse ergänzt.

New Orleans

Ein atemberaubender Mischmasch der Kulturen macht New Orleans zu einem bezaubernden Ort. Hier tanzen die Menschen auf Beerdigungen und veranstalten während Hurrikans Partys; Spitzen-Musiker verdienen sich mit Straßenmusik ihr tägliches Brot, und schmuddelige Lokale bringen ausgezeichnete kreolische Küche

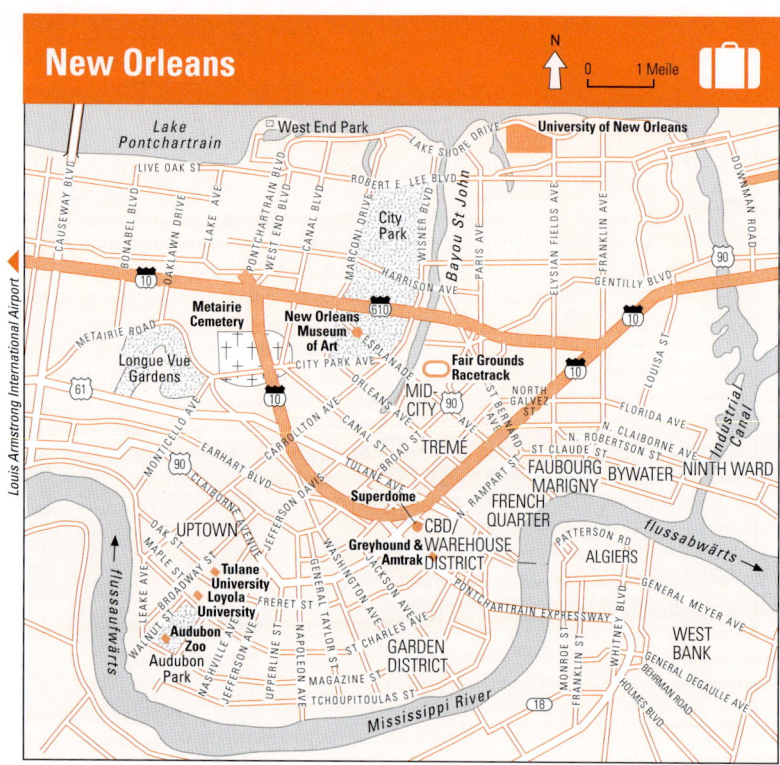

New Orleans

auf den Tisch. Neben der Lebensfreude, für die die Stadt so bekannt ist, herrscht hier auch eine gewisse Wehmut – nicht nur in dem von der Flut verwüsteten Viertel Ninth Ward, auch hinter den abblätternden Fassaden des alten French Quarter, seinen filigranen schmiedeeisernen Balkonen und auf den Friedhöfen, die von zerfallenen Marmorgräbern gesäumt sind. Die melancholische Schönheit von New Orleans (wie auch das überschäumende Temperament der Stadt) stand schon immer neben der Gewissheit, dass das Leben vergänglich ist.

Seit den Ereignissen vom August 2005 ist auch dem Rest der Welt klar, dass New Orleans viel mehr ist als nur die ewig feiernde Stadt, *The Big Easy*. Selbst zu seinen besten Zeiten war New Orleans eine Stadt der Widersprüche, in der immer wieder die krassen Unterschiede

zwischen Arm und Reich, Schwarz und Weiß zu sehen waren.

Jahre nach den Zerstörungen durch Katrina heilen zwar die emotionalen und physischen Wunden langsam, aber die Widersprüche bleiben. Zwar kann man im French Quarter und in Faubourg Marigny immer noch bis zum Sonnenaufgang feiern, zu toller Jazzmusik tanzen und sich an nach Knoblauch riechender kreolischer Küche gütlich tun. Aber nur 15 Minuten entfernt ringen ganze Viertel um ihren Wiederaufbau. Trotzdem darf man sich natürlich auch im heutigen New Orleans noch seines Lebens freuen. Obwohl die Stadt von der Natur ebenso stiefmütterlich behandelt wurde wie von Bundesregierung und Lokalverwaltung nach Katrina, erhält sie sich ihre Vitalität, ihren Mut und die unbeugsame Loyalität ihrer Bürger. Die Mischung aus

Als der **Hurrikan Katrina** 2005 zuschlug, sah es zuerst noch so aus, als sei New Orleans relativ glimpflich davongekommen – im Vergleich zu den verheerenden Schäden entlang der Küste von Mississippi. Doch am 29. August brachen die **Dämme** der Stadt, und in kürzester Zeit versanken 80 % von New Orleans im Hochwasser, das erhebliche Zerstörungen hinterließ. Die schlimmsten Verwüstungen entstanden in den Wohngebieten – von den Vororten am Seeufer, deren Bewohner größtenteils rechtzeitig geflüchtet waren, bis zu den weniger betuchten östlichen Vierteln wie dem **Neunten Bezirk** und **Gentilly**, wo Menschen, die zu arm, krank oder alt waren, um sich in Sicherheit zu bringen, tagelang in Dachgeschossen oder auf Dächern gefangen saßen. Das French Quarter, das als ältester Teil der Stadt auf dem höchsten Gelände steht, blieb durch die Flut zunächst unbeschädigt, doch der wirtschaftliche Folgeschaden – nicht zuletzt durch den Verlust zahlreicher Arbeitskräfte des Viertels – war gewaltig.

Die Zerstörung von New Orleans wurde zwar in erster Linie Katrina zugeschrieben, war aber eigentlich gar keine Naturkatastrophe: Im November 2009 verurteilte ein Bundesrichter das Corps of Engineers, die Regierungsbehörde, die für die Errichtung der Dämme von New Orleans verantwortlich ist, wegen **grober Fahrlässigkeit** und begründete das so: „Die Nachlässigkeit des Korps und sein Versagen bei der Erfüllung seiner Pflichten führten zu einem katastrophalen Verlust menschlichen Lebens und Besitzes in unvorhergesehenem Ausmaß … Weiterhin wusste das Korps nicht nur, sondern gab 1988 selbst zu, dass der Mr-Go (Mississippi River-Gulf Outlet Canal) Menschenleben bedrohte … und trotzdem tat das Korps nicht rechtzeitig etwas dagegen, diese Katastrophe zu verhindern". Das Korps hat das Urteil zwar angefochten, aber für die meisten Menschen steht fest, dass die größte bautechnische Katastrophe der amerikanischen Geschichte hätte verhindert werden können.

verschiedenen Kulturen verleiht New Orleans immer noch viel Charakter – es ist nicht mehr ganz so leicht und locker, aber trotzdem anders als der Rest der Staaten (oder der Welt).

Geschichte

New Orleans entstand 1718 als **französisch-kanadischer** Außenposten in einem ungesunden Sumpf, der sich jedoch in günstiger Lage an der Mündung des **Mississippi** befand. Die Einwohnerzahl wuchs rasch, und mit der Masseneinfuhr afrikanischer **Sklaven** ab 1720 nahm die einzigartige Bevölkerungsstruktur von New Orleans Gestalt an. Ungeachtet des anfänglichen Widerstands von Seiten ihrer frankophonen Einwohner profitierte die Stadt erheblich von ihrer Zeit als **spanische Kolonie** zwischen 1763 und 1800. Gegen Ende des 18. Jhs. war New Orleans eine florierende **Hafenstadt**, in der es von Schmugglern, Glücksspielern, Prostituierten und Piraten wimmelte. Angloamerikaner auf der Flucht vor der amerikanischen und französische Adlige auf der Flucht vor der französischen Re-

volution strömten in die Stadt. Auch Flüchtlinge aus dem von Sklavenaufständen geschüttelten Saint-Domingue (Haiti) trafen ein – Weiße und **freie Schwarze**, zusammen mit ihren Sklaven. Ebenso wie auf den Westindischen Inseln taten sich Spanier, Franzosen und freie Farbige zusammen und schufen eine eigenständige **kreolische Kultur**, charakterisiert durch eine besondere Tradition, Lebensart und Sprechweise sowie eine **Küche**, die Einflüsse aus Afrika, Europa und den Kolonien in sich vereinigt. So war New Orleans schon ein Hort der Vielfalt, bevor kurz hintereinander erst die Franzosen 1801 und zwei Jahre später die **Amerikaner** die Regierungsgewalt übernahmen.

Da die amerikanischen Neuankömmlinge in der Kreolenstadt – dem heutigen French Quarter – nicht willkommen waren, ließen sie sich gezwungenermaßen im heutigen **Central Business District** (CBD) und später im **Garden District** nieder.

Nun brach New Orleans' **Goldenes Zeitalter** an. Die Stadt boomte als wichtigster Hafen und

Louisiana

Finanzzentrum des Baumwolle produzierenden Südens, doch mit Ausbruch des Bürgerkriegs fand die Blütezeit ein abruptes Ende. Zu den verheerenden wirtschaftlichen Auswirkungen der lang andauernden Besatzung durch die Unionstruppen kamen die Repressalien in der Zeit des Wiederaufbaus hinzu. Für eine Stadt, die einst für ihre große, gebildete freie schwarze Bürgerschaft berühmt war, bedeutete dies eine Katastrophe.

Mit zunehmender Industrialisierung des Nordens und der Entstehung anderer Städte im Süden ging es mit New Orleans weiter bergab. Erst als um die Jahrhundertwende der **Jazz** die Bars und Bordelle eroberte und sich der **Mardi Gras** allmählich zur Touristenattraktion entwickelte, kam wieder neues Leben in die Stadt. Und obwohl die Weltwirtschaftskrise hier genauso erbarmungslos zuschlug wie im übrigen Land, brachte sie unter Federführung einer Anzahl heimischer Schriftsteller und Künstler eine Wiederbelebung des bis dato zum Slum verkommenen **French Quarter** mit sich. Das weniger romantische Duo von Öl und **Petrochemie** half New Orleans schließlich auch wirtschaftlich wieder auf die Beine, bis die Wirtschaftskrise der 1950er und die Ölkrise Anfang der 1980er-Jahre die Stadt erneut zurückwarfen. Damit einher gingen fast zwei Jahrzehnte, die von erschreckend hohen Kriminalitätsraten, Drogentoten und weit verbreiteter Korruption geprägt waren.

Um die Jahrtausendwende ließen sich die Dinge schon wieder besser an, bis **Hurrikan** Katrina und die darauffolgenden Überschwemmungen (s. Kasten S. 572) die Stadt auseinanderrissen.

2010 gewannen die Saints überraschend den **Superbowl** (s. S. 582). Dieser Sieg bewegte die Bewohner der Stadt so tief, dass die Wahl von **Mitch Landrieu,** dem ersten weißen Bürgermeister nach 30 Jahren in der von Farbigen dominierten Stadt, nicht einmal in den örtlichen Zeitungen viel Beachtung fand. Ein paar Monate später wurde die Hoffnung auf einen Neuanfang durch die schreckliche, von BP verursachte **Ölkatastrophe** im Golf von Mexiko und deren Langzeitfolgen für die Wirtschaft zerschlagen. Trotzdem: Wenn es eine Stadt gibt, die es versteht, weiterzumachen und zurückzuschlagen, dann ist es New Orleans.

Orientierung

New Orleans wird auch **The Crescent City** (Die Sichelstadt) genannt – wegen seiner Lage zwischen dem Südufer des Lake Pontchartrain und einer Biegung des Mississippi. Dadurch gestaltet sich die Anlage der Stadt etwas verwirrend: Straßen folgen zunächst der Bogenform des Flusses und zweigen dann in scharfen Winkeln landeinwärts ab. Himmelsrichtungen sind zur Orientierung wenig hilfreich, stattdessen beziehen sich die Einheimischen lieber auf **lakeside** (in See-Richtung) und **riverside** (in Fluss-Richtung) sowie **uptown** (flussaufwärts) und **downtown** (flussabwärts), wobei die Canal Street als Trennlinie zwischen letzteren fungiert.

French Quarter

Schön, aber auch deprimierend schäbig: Im French Quarter, wo New Orleans im Jahr 1718 seinen Anfang nahm, schlägt nach wie vor das Herz der Stadt. Die schmiedeeisernen Balkone, die versteckten Innenhöfe und die verblassten Stuckfassaden üben eine Faszination auf die Besucher aus, die auch schon vor langer Zeit die Phantasie der Künstler und Schriftsteller beflügelt hat. Es ist ein wunderbarer Ort, um einfach nur spazieren zu gehen. Wenn sich das schimmernde Morgenlicht im Fluss spiegelt, ist die beste Zeit für einen Streifzug.

Sicherheit

Das von zahllosen Touristen bevölkerte French Quarter ist zwar relativ sicher, doch wer versehentlich die Grenzen des Viertels überschreitet – und sei es nur um ein paar Häuserblocks – kann sich ernsthaft in Gefahr bringen. Zu Fuß vom French Quarter zum Faubourg Marigny zu bummeln, ist tagsüber normalerweise kein Problem, solange man sich in unmittelbarer Nähe der Hauptstraße Frenchmen Street hält. Vorsicht ist aber immer angesagt, und nachts sollte man für jede noch so kurze Strecke außerhalb des Quarter unbedingt ein Taxi nehmen.

Mardi Gras und mehr

New Orleans' **Karnevalsaison**, die am 6. Januar beginnt und etwa sechs Wochen bis Aschermittwoch dauert, ist weltweit einzigartig. Obwohl die Bezeichnung **Mardi Gras** (frz. für „Fetter Dienstag") auf die gesamte Saison angewandt wird, ist damit strenggenommen nur der Faschingsdienstag gemeint, Höhepunkt eines Reigens aus Umzügen, Partys, Straßenfesten und Maskenbällen, der quer durch alle Bevölkerungsschichten geht. Mardi Gras wurde in den 1740er-Jahren von **französischen Kolonisten** in New Orleans eingeführt und beruht auf dem mittelalterlichen europäischen Brauch, die nahende Fastenzeit mit Maskenumzügen und Festessen einzuläuten. Gleichzeitig feierten die Sklaven der Kolonisten ihre Feste nach **afrikanischer und karibischer Tradition** mit viel Musik, Masken und prächtigen Kostümen, und allmählich wuchsen diese drei Traditionen zusammen. Von Beginn an war der Karneval eine Zeit der Ausgelassenheit und zügellosen Trinkgelage – und daran hat sich wenig geändert. Obwohl zu dieser Zeit Millionen Touristen in die Stadt einfallen, ist und war Mardi Gras in erster Linie ein Ereignis, mit dem sich die Einwohner von New Orleans selbst feiern. Besucher sind herzlich willkommen und dürfen sich gern mit ins Getümmel stürzen, aber ohne sie würde der Karneval genauso hingebungsvoll begangen.

Der **offizielle Karneval** nahm seine heutige Gestalt 1857 an – mit einer eindrucksvollen Mondscheinprozession, die sich *Krewe of Comus, Merrie Monarch of Mirth* nannte. Das von einigen Angloamerikanern eingeführte Konzept geheimer Karnevalclubs, der sogenannten **Krewes**, wurde von den Aristokraten der Stadt begeistert aufgenommen. Darunter waren viele Weiße, die der Idee der weißen Vorherrschaft anhingen. Sie nutzten nach dem Ende des Bürgerkriegs ihre satirisch aufgemachten Karnevalswagen und den Schutz des Geheimbundes, um sich über den historischen Umbruch lustig zu machen und ihn zu unterminieren. Inzwischen gibt es etwa 50 offizielle *krewes*, die ihre farbenprächtigen Festwagen zu unterschiedlichen, meist mythischen Themen gestalten. Darunter sind *krewes* nur für Frauen und sogenannte *super krewes* für Neureiche, die zu den alteingesessenen *krewes* der Herrenclubnetzwerke keinen Zugang finden. Der bekannteste der *krewes* ausschließlich für Schwarze ist **Zulu**. Er entstand 1909, als ein Schwarzer den Karnevalskönig Rex verspottete, indem er mit einer Konservenbüchse auf dem Kopf hinter dessen Wagen her tanzte. Heute zählt der Zulu-Umzug am Vormittag des Mardi Gras zu den beliebtesten der Saison. Es gibt auch zahlreiche inoffizielle *krewes*, darunter den anarchischen **Krewe du Vieux** (hergeleitet von Vieux Carré, wie das French Quarter auch genannt wird), dessen frecher Umzug und „Faschingsball" (höfliche Umschreibung für eine wilde Party, die allen offen steht) ein Knaller sind. Die schwule Gemeinde spielt eine wichtige Rolle im Mardi Gras, besonders im French Quarter, wo es dann von herausgeputzten Drag Queens nur so wimmelt.

Schließlich gibt es noch die Parade des **Mystic Krewe of Barkus**, ein Umzug von Hunderten fantasievoll kostümierter Hunde, die durchs French Quarter ziehen.

Eher selten bekommt man als Tourist die **Mardi Gras Indians** zu sehen, afroamerikanische Gruppen, die sich innerhalb ihrer Nachbarschaft zu „Stämmen" zusammenfinden und am Morgen des Mardi Gras in fantastischen Perlen- und Federkostümen, die sie sich im vergangenen Jahr selbst genäht haben, um die Wette singen und tanzen. Da diese aus armen Schwarzen bestanden, von denen viele durch die Flutkatastrophe ihr Dach überm Kopf verloren haben, ist

Louisiana

diese Mardi-Gras-Gruppe diejenige, die durch Katrina am stärksten geschrumpft ist. Dass sie trotzdem weiter fortbesteht, zeigt, welche kulturelle Bedeutung sie hat und wie heilig ihr ihre Rituale sind. Um einen Blick auf die Indians zu erhaschen, kann man am Morgen von Faschingsdienstag zum Backstreet Cultural Museum in Tremé (s. S. 580) gehen. Hier treffen sich auch andere schwarze Mardi-Gras-Gruppen wie die **Skeleton**-Gangs, die blutige Schlachterschürzen anhaben und den Tag damit beginnen, mit Knochen zu trommeln. Die **Baby Dolls** sind erwachsene Frauen, die, mit Seidenmützen und Pumphosen bekleidet, fröhlich herumtoben.

Ein weiteres wichtiges Ritual beim Mardi Gras sind die **throws**, also Perlen, Becher und Spielzeuggoldmünzen mit den Insignien der jeweiligen *krewe*, die maskierte *krewe*-Mitglieder von den Festwagen in die jubelnde Menge werfen. Auch außerhalb der Paraden fangen Touristen schon mit diesem wahnsinnigen Perlen-Tauschhandel an, der zu dem berühmten Phänomen geführt hat, bei dem Frauen für Perlenketten unter tosendem Beifall der betrunkenen und gaffenden Menge ihre T-Shirts hochziehen. Jeder, der so etwas sehen möchte, sollte in die Bourbon Street gehen.

Die Prozessionen, Partys und Bälle beginnen schon zwei Wochen vor dem Mardi Gras, aber so richtig zum Kochen kommt die Stimmung erst an **Lundi Gras**, Rosenmontag. Dann treten beim kostenlosen Fest der Zulu im Woldenberg Park einige der besten Musiker der Stadt auf. Den absoluten Höhepunkt bildet die Ankunft des Königspaars, das um 17 Uhr per Boot zu seinen närrischen Untertanen stößt. Anschließend überreicht der Bürgermeister auf der **Plaza de España** im Rahmen einer seit über 100 Jahren unveränderten Zeremonie die Schlüssel der Stadt an Karnevalskönig Rex. Mit noch mehr Livemusik und Feuerwerk geht die Party weiter, danach zerstreut sich die Menge, um sich entweder den großen **Orpheus-Umzug** anzusehen oder durch die Kneipen zu ziehen. In den meisten Clubs dauert das lautstarke Treiben bis weit in den Morgen hinein.

Das Festgetümmel an Mardi Gras beginnt schon in aller Frühe, wenn **Karnevalclubs** durch die Uptown ziehen, begleitet von ohrenbetäubender Jazzmusik. Die Skeletons treffen sich in Tremé, und der große Umzug von Zulu geht theoretisch um 8.30 Uhr los (es kann auch bis zu zwei Stunden später sein), gefolgt von Rex. Die Indians versammeln sich zu ihren heiligen Mardi-Gras-Ritualen, während die künstlerisch angehauchte **St Ann Walking Parade** sich in Bywater formiert und gegen 11 Uhr Faubourg erreicht. Jeder darf mitlaufen, solange er etwas Kreatives und/oder Surreales anhat. Der schwule Kostümwettbewerb, die sogenannten **Bourbon Street Awards**, beginnt um 12 Uhr im Quarter, während es die Feiernden zurück nach Faubourg zieht, wo sich in der **Frenchmen Street** verrückt gekleidete Narren tummeln. Der Spaß geht weiter bis Mitternacht. Dann kündigt eine heulende Sirene die Ankunft eines berittenen Polizeitrupps an, der durch die Bourbon Street zieht und über Megafon das offizielle Ende des Mardi Gras verkündet. Wie alle tief katholischen Städte nimmt New Orleans den Karneval sehr ernst. Um Mitternacht geht die Fastenzeit los, und dann ist es an der Zeit, Buße zu tun.

Weitere Festivals

St Joseph's Day (19. März)
Mitten in der Fastenzeit gelegenes Fest zu Ehren des sizilianischen Heiligen. In Kirchen überall in der Stadt, einschließlich der St. Louis Cathedral, werden „Fressaltäre" errichtet, und es gibt einen Festumzug. Der Sonntag um St Joseph's („Super Sunday") ist, abgesehen von Mardi Gras, der einzige Zeitpunkt, an dem sich die Mardi Gras Indians (s. S. 573) auf den Straßen tummeln.

French Quarter Festival (Anfang April)
Großartiges, kostenloses 3-tägiges Musikfestival, das sich in puncto Qualität und Vielseitigkeit – und Essen – durchaus mit dem Jazz Fest messen kann. 🖳 www.fqfi.org.

Jazz Fest (an zwei Wochenenden, Fr–So und Do–So, Ende April/Anfang Mai)
Riesiges Festival auf dem Fairgrounds Race Track, Mid-City, mit Bühnen für Jazz, R&B, Gospel, Musik aus Afrika und der Karibik, Cajun, Blues und mehr. In Clubs überall in der Stadt werden abends Veranstaltungen geboten. Außerdem Kunsthandwerks- und sagenhafte Essensstände. 🖳 www.nojazzfest.com.

Satchmo Fest (Ende Juli/Anfang August)
Unterhaltsames, 3-tägiges Festival im Quarter zu Ehren Louis Armstrongs. Ansprachen, Liveauftritte hiesiger Jazz- und Brassgrößen, Imbissbuden und Bühnen für Secondline Bands sowie eine Jazzmesse in der St Augustine's Church. 🖳 www.fqfi.org.

Southern Decadence (an sechs Tagen rund um das Labor-Day-Wochenende)
Zu dieser abgefahrenen schwul-lesbischen Fete versammeln sich rund 100 000 Partylöwen und -innen im Quarter und in Faubourg. Am Sonntagnachmittag zieht eine Parade durch die Straßen. 🖳 www.southerndecadence.com.

Halloween (31. Oktober)
Dank seines Hangs zum Morbiden und der von fast allen Einwohnern geteilten Begeisterung für Kostüme bildet New Orleans mit seinen „Spukhäusern" eine unschlagbare Kulisse für Halloween. Zu diesem Anlass finden überall Verkleidungswettbewerbe, Gespenstertouren und Umzüge statt.

Voodoo Fest (Ende Oktober)
3-tägiges Rockfestival im City Park mit 150 Bands – von Eminem über The Pogues bis zu Duran Duran und den New York Dolls – und einer Bandbreite an einheimischen Gruppen, die vor einem gemischten, übermütigen Publikum in Halloween-Kostümen spielen. 🖳 www. thevoodooexperience.com.

Das Quarter wurde nach einem Rastermuster angelegt, das seit 1721 unverändert blieb. Mit seinen gerade mal 13 Häuserblocks ist es kleiner, als viele Besucher erwarten, und lässt sich leicht zu Fuß erkunden. Seine Grenzen bilden der Mississippi, die Rampart Street, die Canal Street und die Esplanade Avenue. Sein Herzstück ist der **Jackson Square**.

Der **Architekturstil** ist weniger französisch als vielmehr kolonialspanisch, mit einem starken karibischen Touch. Die meisten Gebäude datieren aus dem späten 18. Jh.; ein Großteil der ursprünglichen Bauten fiel den Bränden von 1788 und 1794 zum Opfer. Läden, Restaurants und Bars drängen sich zwischen der Decatur und der Bourbon Street. Hinter der Bourbon Street, in Richtung Rampart Street, sowie im Lower Quarter, flussabwärts vom Jackson Square, geht es weniger lebendig zu. Hier befinden sich Wohnhäuser, die neben der **Schwulengemeinde** des Quarter auch vornehme ältere Damen, Teilzeit-Eigenheimer und abgerissene Künstler beherbergen.

Jackson Square

Als der Jackson Square noch Place d'Armes hieß, fanden hier öffentliche Versammlungen und Hinrichtungen statt. Seitdem bildet der Platz das Herz des Quarter. Über allem thront eine **Reiterstatue**, übrigens die erste des Landes, 1856 von Clark Mills angefertigt. Sie stellt Andrew Jackson dar, den General, dessen Sieg in der **Schlacht von New Orleans** 1815 (die letzte Schlacht im Zweiten Unabhängigkeitskrieg) schließlich die amerikanische Vorherrschaft in den Staaten sicherte. Er wird hier ungewöhnlich fröhlich und mit seinem Hut winkend dargestellt. Jackson wurde später Präsident der Vereinigten Staaten von Amerika. Die Inschrift „The Union Must and Shall be Preserved" (Die Union muss und wird erhalten bleiben) wurde während der Besatzungszeit im Sezessionskrieg von Unionsgeneral „Beast" Butler angebracht.

Tagsüber kommt hier jeder irgendwann einmal vorbei und bahnt sich seinen Weg zwischen Straßenkünstlern, Hot Dog-Verkäufern, Wahrsagerinnen und chaotischen Blaskapellen. Den denkbar malerischsten Hintergrund für die Jackson-Statue bildet die **St. Louis Cathedral** von 1794, die älteste, durchgehend betriebene Kathedrale der Vereinigten Staaten. Dominiert von drei hohen Schiefertürmen wirkt die Fassade (eine Mischung aus der Symmetrie des neoklassischen Baustils und üppigen französischen Bögen) seltsam zweidimensional, wie eine kunstvolle Bühne für die Dramen, die sich darunter auf der Straße abspielen.

An der flussaufwärts gelegenen Seite der Kathedrale steht der **Cabildo**, der als Casa Capitular (Kapitelhaus) erbaut wurde und Sitz der spanischen Kolonialregierung war. Im Innern des Gebäudes, das mit Bogengängen, Fächerfenstern und schmiedeeisernen Balkonen beeindruckt, vermittelt ein ausgezeichnetes geschichtliches Museum einen Eindruck von den Kulturen, Klassen und Rassen, die Louisianas Geschichte prägten, angefangen bei den Ureinwohnern bis zum Ende der Rekonstruktionszeit. Die „schwarze" Geschichte wird ausführlich dokumentiert, wobei die Betonung gleichermaßen auf den freien Farbigen wie auch auf der Rolle der Stadt als größter Sklavenmarkt des Südens liegt. Eine düstere Abteilung des Museums widmet sich Krankheiten, Tod und Trauer. ⏲ Di–So 10–16.30 Uhr; $6.

Das passende Gegenstück zum Cabildo bildet das **Presbytère**, auf der anderen Seite der Kathedrale. Es wurde 1791 als Pfarrhaus geplant, diente nach seiner Fertigstellung als Gerichtsgebäude und beherbergt heute das **Mardi Gras Museum**, das den Karneval von allen erdenklichen Seiten beleuchtet. Das Gebäude steckt voller bizarrer Schätze – außer juwelenbesetzten Kostümen, primitiven Masken, Plakaten und bizarren Tanzkarten gibt es hier auch Videos, interaktive Räume zu verschiedenen Themen und Musikstationen. ⏲ Di–So 10–16.30 Uhr, Eintritt $6.

Decatur Street und Esplanade Avenue

Zwischen den schicken T-Shirtläden und Themenrestaurants an der Upper Decatur Street liegt, ein bisschen deplatziert, das **Jean Lafitte National Historical Park Visitor Center**, 419 Decatur St, 🖥 www.nps.gov/jela/index.htm. Es dient nicht nur als Ausgangspunkt für ausgezeichnete **Stadtführungen** (s. S. 593), sondern bietet auch eine hervorragende Einführung in

0   250 m

Backstreet Cultural Museum, St. Augustine's Church ▲

Louis Armstrong Park
St. Louis Cemetery No. 1
BASIN ST
CONGO SQUARE
Municipal Auditorium
TREMÉ
Our Lady of Guadalupe
N. RAMPART STREET
Voodoo Spiritual Temple
BURGUNDY STREET
DAUPHINE STREET
DAUPHINE STREET
CANAL STREET
IBERVILLE STREET
BIENVILLE STREET
CONTI STREET
TOULOUSE ST
ST PETER ST
ORLEANS STREET
ST ANN STREET
DUMAINE STREET
ST PHILIP STREET
GOV NICHOLLS STREET
BARRACKS ST
❶
Ⓐ
❷
Hermann-Grima House
St. Charles Straßenbahnhaltestele (nach Uptown) ❸
❹
BOURBON STREET
Historic New Orleans Collection
Preservation Hall
Historic Voodoo Museum
Ⓑ
❺
BOURBON ST
URSULINES ST
ST LOUIS STREET
Ⓒ
LaLaurie Home
St. Charles Straßenbahnhaltestele (von Uptown) ❻
Ⓓ
ROYAL STREET
Supreme Court
❽
St. Louis Cathedral
Madame John's Legacy
Gallier House
ROYAL STREET
Beauregard-Keyes House ❼
Ⓕ
EXCHANGE ALLEY
CHARTRES STREET
Cabildo
Presbytère
Mardi Gras Museum
CHARTRES STREET
ESPLANADE AVENUE
DORSIERE ST
❾
Pharmacy Museum
WILKINSON ROW
JACKSON SQ.
Ⓔ
Old Ursuline Convent
Jean Lafitte National Historic Park Visitor Center
Custom House/Insectarium
ⓘ
❿ 1850 House
⓫
MADISON ST
⓬⓭⓮
Old US Mint/Jazz Museum
DECATUR STREET
DECATUR STREET
FRENCH MARKET PL
Faubourg Marigny ▶
CLINTON ST
N. PETERS ST
⓯
French Market
Farmers Market
Flohmarkt
Jackson Brewery
MOONWALK
N. CLAY ST
Natchez Booth
P
P
P
New Orleans Jazz National Historical Park Visitor Center
Gov. Nicholls Wharf
P
Shops at CanalPlace
Natchez Steamboat
Toulouse Street Wharf
flussaufwärts
Mississippi River
flussabwärts
Woldenberg Park
Aquarium of the Americas und IMAX
PLAZA D'ESPANA
Canal Street Wharf

The Riverwalk Market Place, Southern Food and Beverage Museum, Convention Center

Louisiana

- - - Canal-Straßenbahn
—•— Riverfront-Straßenbahn
▬ Fußgängerpromenade

Bars		
Coop's	13	Napoleon House 9
French 75	4	Port of Call 2
Lafitte's Blacksmith Shop	5	Pravda 14
Molly's at the Market	12	Tujague's 11

ALGIERS

▼ Fähre nach Algiers

Übernachtung		Restaurants & Cafés			
Bourgoyne Guest		Olivier House A	Bayona 1	Galatoire's 3	Stanley 10
House B	Le Richelieu F	Bennachin 7	Green Goddess 8	Tujague's 11
Hotel Monteleone D	Ursuline Guest	Café du Monde 15	Mr B's 6	
Hotel Provincial E	House C	Coop's 13	Napoleon House 9	

die Deltaregion von Louisiana. Wandtafeln informieren über Geschichte, Architektur, Tradition, Küche und Ökologie. Außerdem kann man über Kopfhörer Einheimischen mit allen möglichen Akzenten zuhören, wie sie einige seltsame, in Louisiana gängige Ausdrücke erklären. Auf Touchscreen-Monitoren gibt es klassisches Filmmaterial, etwa von Louis Armstrong, Mahalia Jackson und Professor Longhair. ☉ tgl. 9–17 Uhr, Eintritt frei.

Flussabwärts führt die Decatur Street zu den Geschäften des restaurierten **French Market**, an

dessen Stelle sich vor Zeiten ein Handelsplatz der amerikanischen Ureinwohner befunden haben soll. Der Markt, dessen Geschäfte allerhand Souvenirs anbieten, existiert jedenfalls seit den 20er-Jahren des 18. Jhs. Marktstände gibt es auf dem alten **Farmers' Market**, unweit der Decatur an der N Peters Street, wo rund um die Uhr frische Lebensmittel, Gewürze, scharfe Soßen usw. zu haben sind. Auf einem Flohmarkt gleich nebenan gibt es allerlei Billigkram und Ausgefallenes zu Schnäppchenpreisen. Kuriositäten mit Altertumswert sind dagegen in den urigen

Louisiana

Der Mississippi

Der viel besungene, romantische Mississippi River ist Lebensader und Existenzgrund von New Orleans. In der Boomzeit des Hafens im 19. Jh. verlagerte sich der Stadtkern immer weiter vom Fluss weg, und zwischen den beiden entstand eine Barriere aus Lagerhäusern und Bahngleisen. Als der Hafen später seine Bedeutung als Umschlagplatz zu verlieren begann, wurden ein paar innerstädtische Parks, Plätze und Uferpromenaden angelegt, die sowohl vom French Quarter als auch vom CBD und von Uptown zugänglich sind und das Ufer, die sogenannte **Waterfront**, wieder belebten.

Wer vom Jackson Square die Decatur Street überquert, gelangt zum **Moonwalk**, einer Promenade, auf der Straßenmusiker ein Ständchen bringen, während man den Blick genüsslich übers Wasser schweifen lässt. Der weiter flussaufwärts gelegene **Woldenberg Park** eignet sich gut für ein kleines Picknick mit Blick auf den Verkehr des Flusses. Er ist auch Schauplatz mehrerer kostenloser Musikfestivals. Am äußersten Ende des Parks, nahe der Canal-Street-Werft, befindet sich das **Aquarium of the Americas**. Hier können Besucher – überwiegend herumtobende Kleinkinder – in einem riesigen gläsernen Tunnel beinahe auf Tuchfühlung mit Rochen und Sägefischen gehen. Zum Aquarium gehören auch ein Mississippi-Habitat (mit Spots, einem weißem Alligator), ein Amazonas-Regenwald und ein IMAX-Kino. ◷ Di–So 10–17 Uhr; $18, IMAX $9, Kombitickets mit dem Insectarium (s. S. 581) und dem Zoo (s. S. 583) erhältlich, ▭ www.audubon institute.org. Dahinter geht es über die **Plaza de España** zum touristischen Einkaufszentrum des **Riverwalk Marketplace**. Hier gibt es nicht nur eine eigene Uferpromenade im Freien, sondern auch das ausgezeichnete **Southern Food and Beverage Museum**, eine wunderbare Liebeserklärung an das alte New Orleans und seine eigentümlichen Lebensmittel. ◷ Mo–Sa 10–19 Uhr, So 12–18 Uhr, Eintritt $10, ▭ www. southernfood.org.

Secondhandläden auf der anderen Straßenseite an der Decatur zu finden.

Das **New Orleans Jazz National Historical Park Visitor Center**, 916 N Peters Street, ▭ www.nps.gov/jazz, zwischen dem French Market und dem Fluss, ist ein Muss für jeden Musikliebhaber. Hell und luftig bildet es einen angenehmen, informellen Rahmen für die regelmäßigen kostenlosen Jazzkonzerte, Vorträge, Filme und Workshops. Im Anschluss an eine Veranstaltung kann man sich die ausgestellten Fotos, Infobroschüren zu Stadtspaziergängen auf den Spuren des Jazz und den Buchladen anschauen. ◷ Di–Sa 10–17 Uhr, Eintritt frei.

Der Weg weiter flussabwärts führt zur äußersten Begrenzung des Quarter, der **Esplanade Avenue**. Der entzückende, mit Eichen bestandene Boulevard ist von windschiefen kreolischen Villen aus dem 19. Jh. gesäumt. Vor Katrina beherbergte die **Old US Mint**, 400 Esplanade Ave, in Flussnähe ein faszinierendes Jazz Museum mit alten Instrumenten, Notenblättern, Fotos und persönlichen Gegenständen, das 2013 wiedereröffnet werden soll. Bis dahin bietet das Mint Wanderausstellungen von geringerem Interesse. ◷ Di–So 10–16.30 Uhr, Eintritt $6.

Vom Quarter aus gesehen jenseits der Esplanade liegt der flippige **Faubourg Marigny**, ein bunt gemischtes Viertel voller kreolischer Cottages und sogenannter *Shotgun Houses*. Faubourg kommt zwar langsam in Mode und besitzt eine Reihe von Musikkneipen, Coffeeshops, Bars und Restaurants, doch sollte man sich unter keinen Umständen zu weit von den Blocks in der Umgebung der Frenchmen Street, der Hauptstraße des Viertels, entfernen. Selbst Elysian Fields, die Straße, in der Stanley und Stella in Tennessee Williams' Stück *Endstation Sehnsucht* wohnten, ist trotz ihres „himmlischen" Namens ziemlich fies.

Chartres und Royal Street

Das friedliche **Old Ursuline Convent**, 1112 Chartres St, wurde zwischen 1745 und 1750 errichtet und ist das einzige in der Stadt noch verbliebene, unveränderte Beispiel französischer Kolonialarchitektur und das wahrscheinlich älteste Bauwerk in der Mississippi-Tiefebene. Das von Nonnen aus Rouen erbaute Gebäude soll eines der vielen im Quarter sein, in denen es spukt. Angeblich schweben die Geister der *casket girls* durch seine Korridore; weißer Jungfrauen, die in den Anfangszeiten der Kolonie hierher verschifft und im Kloster gefangen gehalten wurden, bevor sie meistbietend als Ehefrauen verkauft wurden, um die zunehmenden Paarbildungen zwischen französischen Siedlern und afrikanischen oder indianischen Frauen zu unterbinden. Die leisen Räume im Innern beherbergen Texttafeln, die über die Klostergeschichte und das entbehrungsreiche Leben der Nonnen informieren. Doch am interessantesten sind die betagten Räume selbst und der reizvolle, noch bewirtschaftete Kräutergarten dahinter. ◷ Mo–Sa 10–16 Uhr, Eintritt $5.

In der 1132 Royal Street steht das hübsche **Gallier House** von 1857, ein faszinierendes kleines Museum, ▱ www.hgghh.org. Der berühmte Architekt James Gallier Jr. entwarf das Haus für sich selbst und vereinte hier klassische kreolische Merkmale – einen Gang, der in einen Innenhof führt – mit einer amerikanisierten Diele und einem Badezimmer im Obergeschoss. Zu den Neuheiten gehörten ein Kühlsystem und eine Toilette mit Spülung, und die filigranen, gusseisernen Balkone waren bald der letzte Schrei. Es werden sehr gute Führungen angeboten, die sich mit der Sozialgeschichte ebenso wie mit den eleganten Möbeln befassen. ◷ stdl. Führungen Mo–Fr 10–14, Sa 12–15 Uhr, Eintritt $10, $18 inkl. Hermann-Grima House, s. S. 580.

Ein seltenes Beispiel für den alten Architekturstil nach westindischem Vorbild stellt **Madame John's Legacy** dar, hinter der Royal Street in der 628 Dumaine Street. Das Gebäude wurde nach der Feuersbrunst von 1788 genauso wieder aufgebaut, wie sein Vorgänger um 1730 aussah. Es verfügt über eine charakteristische Galerie, die um das ganze Haus herumgeht und noch extra Platz zum Wohnen schuf, außerhalb der warmen und stickigen Zimmer im Innern.

Eine reale Madame John hat es übrigens nie gegeben – Washington Cable, ein Schriftsteller des 19. Jhs., gab dem Haus in seiner tragischen Kurzgeschichte *'tite Poulette* diesen Namen. Die Bezeichnung blieb hängen, zog Hunderte Touristen in die Stadt und ließ eine Reihe von Madame-John-Souvenirs entstehen. ◷ Di–So 10–16.30 Uhr, Eintritt frei.

Zwischen den Antiquitätenläden und flippigen Kunstgalerien erhebt sich stolz der Komplex der prächtigen **Historic New Orleans Collection**, 533 Royal St, ▱ www.hnoc.org. Der Eintritt zur Galerie, in der hervorragende Wechselausstellungen gezeigt werden, ist kostenlos, aber wer die eigentliche Sammlung sehen möchte, muss sich einer Führung anschließen, (Di–Sa 10, 11, 14 und 15 Uhr, $5). Diese umfasst die Galerien im Obergeschoss, wo faszinierende Ausstellungsstücke – darunter alte Landkarten, Zeichnungen und Reklameposter – eine ganze Reihe von Sälen füllen. Manchmal wird man auch ins benachbarte Williams House geführt. Die Williams waren in den 1930er-Jahren prominente Bürger der Stadt und hatten eine Vorliebe für ungewöhnliche, exotische Dinge. Ihr Haus ist ein Muss für jeden, der sich für Design und Innenarchitektur interessiert. ◷ Di–Sa 9.30–16.30, So 10.30–16.30 Uhr, Eintritt frei.

Das schrullige **Pharmacy Museum**, in einer alten Apotheke in der 514 Chartres Street, bietet einen spannenden Einblick in die Geschichte der Medizin. Riesige handgeschnitzte Rosenholzschränke sind gefüllt mit *gris-gris* (magischen Kräuterbeutelchen), verschiedenen kreolischen Wässerchen, die „alle Arten weiblicher Schwäche" kurieren, staubigen Flaschen mit Blutegeln und unerfreulich aussehenden Bohrern und Korkenziehern. Der 1. Stock widmet sich vor allem der Frauenheilkunde mit einem Krankenzimmer aus dem 19. Jh. ◷ theoretisch Di–Sa 10–17 Uhr, da die Öffnungszeiten sich ändern, informiert man sich besser auf der Website, ▱ www.hnoc.org, Eintritt $5.

Bourbon Street und Umgebung: Richtung Rampart Street

Es ist kaum zu glauben, doch die weltbekannte **Bourbon Street** besitzt zwei Gesichter. Das geschmacklose, touristische, alkohollastige Stück

Louisiana

umfasst die sieben üblen Blocks zwischen Canal Street und St Ann Street: ein lautstarkes Gewimmel von billigen Daiquiri-Buden, Tabakläden und lahmen Striplokalen. Dieser Abschnitt kommt nach Einbruch der Dunkelheit am besten zur Geltung. Dann herrscht ein unbeschreiblicher Trubel und ein paar der **Bars** und **Clubs** (keineswegs alle) lohnen einen Blick. Wer sich durch die Massen fröhlicher Zecher hindurchzwängt und es bis zur St Ann Street schafft, gelangt zu einer klaren Trennlinie (durch einige wüste Schwulenclubs markiert), hinter der sich die Bourbon Street in ein freundliches, überwiegend schwules Wohngebiet verwandelt.

Oberhalb der Bourbon Street sieht man weniger Touristen und mehr Einheimische, die joggen, ihre Hunde spazieren führen oder auf der Veranda ein Schwätzchen halten. Einen halben Block oberhalb der Bourbon Street, in der 820 St Louis Street, veranschaulicht das **Hermann-Grima House** von 1831 den Lebensstil mittelständischer Kreolen im New Orleans der Vorkriegszeit. ◷ stdl. Führungen Mo–Fr 10–14, Sa 12–15 Uhr, Eintritt $10, $18 inkl. Gallier House, 🖳 www.hgghh.org; s. S. 579. Ansonsten finden sich hier zwar einige der schönsten **alten Gebäude** des Quarter, aber nur wenige klassische Sehenswürdigkeiten.

Die **Rampart Street**, der heruntergekommene Grenzstreifen zwischen dem Quarter und Tremé, wird von Touristen selten überschritten. Zwar befindet sich hier ein toller kleiner Jazzclub (Donna's, s. S. 591), nur einen kurzen Fußmarsch vom Zentrum des Quarter entfernt, doch nachts ist dies eine ungute Ecke. Im **Louis Armstrong Park** ist es auch nicht ratsam, tagsüber allein herumzuspazieren. Dies gilt allerdings nicht für die gelegentlich stattfindenden **Musikfestivals**, von denen viele auf dem **Congo Square** veranstaltet werden, einem kleinen, asphaltierten Platz links des Eingangs, der auf eine lange schwarze Musik- und Festtradition zurückblickt.

Tremé und Mid-City

Im 19. Jh. war **Tremé**, das alte afroamerikanische Viertel, wo in den (längst verschwundenen) Bordellen von Storyville der Jazz geboren wurde, eine wohlhabende Gegend mit Geschäften, Büros und Wohnhäusern, die New Orleans' Gemeinde freier Schwarzer gehörten oder von ihr frequentiert wurden. Doch bis Ende des 20. Jhs. war der Stadtteil durch Vernachlässigung und Kriminalität so weit heruntergekommen, dass Normalbürger sich nicht mehr hineinwagten. Seine reiche Tradition in Sachen Musik, Jazz-Bestattungen und Second Lines (fröhliche Straßenumzüge, die von Blaskapellen angeführt wurden und tanzende Menschen *in zweiter Reihe* um sich sammelten) konnte er sich aber bewahren, und um die Jahrtausendwende schien sich eine Aufwertung des Viertels abzuzeichnen. Obwohl viele Häuser in dem Viertel nach Katrina immer noch in marodem Zustand sind, brachte die HBO-Serie *Tremé* von David *The Wire* Simon, die 2010 erstmals ausgestrahlt wurde, dem Viertel viel Aufmerksamkeit.

Die beste Möglichkeit, dieses finanziell schwache, aber kulturell reiche Viertel zu erleben, bietet die Teilnahme an einer Second Line. Wann und wo man eine finden kann, lässt sich im **Backstreet Cultural Museum**, untergebracht in einem alten Bestattungsinstitut in der 1116 St Claude Street, 🖳 www.backstreetmuseum.org, herausfinden. Diese engagierte Institution befasst sich mit der hiesigen Straßenkultur, wie Jazz-Bestattungszeremonien und den einzigartigen Mardi Gras Indians (s. S. 573). Außerdem ist sie eine Anlaufstelle für die vielen Festivals der Stadt. ◷ Di–Sa 10–17 Uhr, Eintritt $10.

Gleich auf der anderen Straßenseite steht die **St Augustine's Church**, 1210 Governor Nicholls St. Die älteste afroamerikanische Kirche der Staaten ist schon seit 1842 in Betrieb und von zentraler Bedeutung für die Gemeinde der Schwarzen. Als die Katholische Kirche nach Hurrikan Katrina in Geldnot geriet, gab sie 2006 die Schließung von St Augustine's bekannt. Die Proteste der Einheimischen – sie besetzten u. a. die Kirche – schafften es in die nationalen Medien. 2009 wurde schließlich beschlossen, dass die Kirche geöffnet bleiben darf. Touristen sind zu ihren gelegentlichen Jazz-Messen und Wohltätigkeitsveranstaltungen willkommen. Das gepflegte, lichtdurchflutete Innere mit seinen Buntglasfenstern, auf denen französische Heilige abgebildet sind, und Fahnen, bedruckt mit Wörtern wie Einigkeit, Kreativität, Selbstbestimmung auf Englisch und Swahili, ist ausgesprochen friedlich. Im Garten erinnert das ergreifende **Tomb of the Unknown Slave**, ein gekipptes Metallkreuz, das mit Ketten samt Eisenkugeln und Fußfesseln umwunden ist, an alle afrikanischen und indianischen Sklaven, die in anonymen Gräbern bestattet liegen.

Zum See hin, auf dem ausgedehnten Gebiet der sogenannten **Mid-City**, liegt der 6 km² große **City Park**. Dieser Stadtpark ist eine einladende Grünanlage mit vielen Teichen und Schatten spendenden, jahrhundertealten Eichen. Seine Hauptattraktion, das ausgezeichnete **New Orleans Museum of Art**, zeigt präkolumbische Stücke, afrikanische und asiatische Keramiken und Gemälde sowie zeitgenössische Kunst und Fotografie. ☉ Mi 12–20, Do–So 10–17 Uhr. Eintritt $16, ⌨ www.noma.org. Keinesfalls verpassen: den großen **Skulpturengarten** (Eintritt frei), dessen Kunstwerke – von Louise Bourgeois, Barbara Hepworth, Henry Moore u. a. – malerisch zwischen Eichen, Magnolien und Gladiolen verstreut stehen.

Faubourg Marigny, Bywater und Ninth Ward

Gegenüber vom French Quarter, auf der anderen Seite der Esplanade Avenue, liegt **Faubourg Marigny** (oder „the Faubourg"), ein angesagtes, durchmischtes Viertel mit billigen kreolischen Cottages und Shotguns (schmale, einstöckige Häuser), in denen Künstler, Musiker und andere Alternative wohnen. Die Hauptstraße des Viertels ist die **Frenchmen Street**, wo Nachtschwärmer v. a. am Wochenende und während Festivals auf die Straße strömen und Party machen. Momentan verfügt die Straße noch über einige der besten Clubs für Livemusik, aber nach und nach wird das Nachbarviertel **Bywater**, ein weiteres attraktives Wohnviertel für Künstler, immer angesagter. Bywater gehört offiziell zum **Ninth Ward**. Diese Gegend wurde von den Dammbrüchen und Überflutungen mit am schlimmsten heimgesucht und zu einem Synonym für die schrecklichen Folgen von Katrina. **Lower Ninth** – flussabwärts vom Industrial Ca-

nal – traf es besonders heftig. Das einst lebhafte Viertel, das hart dafür kämpft, wieder auf die Beine zu kommen, hat sich in einen gespenstisch surrealen Ort verwandelt, Je näher man dem See kommt, desto weiter weg scheint die Stadt zu sein. Die Stille ist greifbar: Das Gras wächst bis zu zwei Meter hoch, und darüber zieht sich blühendes Gestrüpp durch Betonbauten; Reiher stolzieren auf Zäunen, und Schildkröten kriechen an den kaputten und löchrigen Straßen entlang. Mittlerweile stehen neue Gebäude tapfer, wie als Zeichen der Hoffnung, in der zerstörten Landschaft – viele von ihnen wurden von hochkarätigen Nonprofit-Organisationen, wie der *Make It Right Foundation* von Brad Pitt, finanziert. Sonntagmorgens kann man manchmal die abgekämpfte, aber entschlossene Gemeinde hören, die sich auf Gartenstühlen auf bloßen Betonplatten zusammensetzt und hoffnungsvolle Gesänge anstimmt.

CBD und Warehouse District

Mark Twain hatte nicht unrecht, als er das klassizistische Innere mit den Worten „weniger ansprechend als ein Gasometer" kommentierte, doch das aus Granitstein erbaute **Custom House** im Central Business District – kurz CBD – in der 423 Canal Street ist das Kernstück des hochfliegenden Bauprogramms während New Orleans' Blütezeit und eine Ode an den Optimismus der Stadt. Sehr euphorisch wurde im Sommer 2008 – nach jahrzehntelanger Verzögerung – auch das **Insectarium** im Erdgeschoss eröffnet. Es ist vor allem auf Kinder ausgerichtet, erweckt jedoch auch generell reges Interesse – vor allem mit den einheimischen Arten und den seltenen Schönheiten im Schmetterlingshaus. ☉ Di–So 10–17 Uhr, Eintritt $15, Kombitickets mit dem Aquarium (s. S. 578) und dem Zoo (s. S. 583) erhältlich, ⌨ www.auduboninstitute.org

Der Richtung See liegende Außenbezirk des CBD, ein Gewirr aus grauen Highways, wird dominiert von der kolossalen Heimstatt der NFL-Mannschaft New Orleans Saints, dem **Superdome**. Mit 210 000 m² Gelände, 27 Geschossen und einem Durchmesser von 207 m gehört der Komplex zu den größten Gebäuden seiner

Art. Zum weltweiten Begriff wurde er, als hier im August und September 2005 über 30 000 Katrina-Flüchtlinge sechs Tage lang unter unvorstellbaren Bedingungen ausharren mussten. Auch wenn sich die Schauergeschichten von Vergewaltigungen, Morden und Selbstmorden später als falsch entpuppten, wurde der Superdome zum Synonym für die schockierende Verwahrlosung, das Chaos und die Menschenrechtsverletzungen, die New Orleans als Folge der Flutkatastrophe erlitt. Nach Katrina wachte das Stadion ein Jahr lang über den arg mitgenommenen CBD, bis es im Herbst 2006 mit einem Rockkonzert in Starbesetzung und einem triumphalen Sieg der Saints über die Atlanta Falcons wiedereröffnet wurde. Diese aufsehenerregende Veranstaltung stellte den Wendepunkt für den Glauben der Stadt an einen möglichen Aufschwung dar. Im Januar 2010 erreichten die Emotionen ihren Höhepunkt, als die Saints hier die Minnesota Vikings besiegten und zum ersten Mal in der Geschichte um den **Superbowl** kämpften. Nicht einmal der überraschende Sieg über die Indianapolis Colts und der damit gewonnene Superbowl – der für die höchsten TV-Einschaltquoten Amerikas sorgte – konnten diesen Moment übertreffen. Noch nie hatte ein Spiel, eine Mannschaft oder ein Stadion so viel bedeutet.

Warehouse District

Vom unteren Ende der Canal Street flussaufwärts erstreckt sich der neu belebte Warehouse District, Teil des CBD, mit einer Handvoll Sehenswürdigkeiten.

Die meisten davon sind im **Arts District** zu finden, einer Ansammlung von Galerien rund um Julia und Camp Street. Im Mittelpunkt der Szene steht das **Contemporary Arts Center**, 900 Camp St. ◷ Do–So 11–16 Uhr, Eintritt zu den Galerien im Erdgeschoss frei, Wanderausstellungen $5, 🖳 www.cacno.org.

Das wuchtige **National World War II Museum**, gleich um die Ecke in der 945 Magazine Street, öffnete seine Pforten am 6. Juni 2000, dem 56. Jahrestag des D-Day. Auch wenn es sich zum offiziellen nationalen Museum des Zweiten Weltkriegs entwickelt hat, konzent-

riert sich die Hauptsammlung immer noch auf die verschiedenen Küsten-Angriffe seitens der Alliierten bzw. der US-Truppen, die schließlich zur Niederlage Nazi-Deutschlands und Japans führten. Das Museum ist zwar beeindruckend, aber sein übereifriger Militarismus etwas nervig. Etwas unbehaglich wird es einem im Victory Theater, das den „4-D-Film" *Beyond All Boundaries* zeigt, eine Aneinanderreihung irritierender Supereffekte, kommentiert von Tom Hanks, der Propaganda als Geschichte verkleidet. ◷ tgl. 9–17 Uhr, Eintritt $16, $20 inkl. Victory Theater, 🖳 www.nationalww2museum.org.

Das nahe gelegene **Civil War Museum**, 929 Camp St, beim Lee Circle erzählt seine eigene, ähnlich voreingenommene Version der Geschichte. Das massige Gebäude wurde 1891 für Kriegsveteranen der Konföderierten erbaut, damit sie ihre Erinnerungsstücke ausstellen konnten. Diese sogenannte „Kriegsschlacht-Abtei des Südens" ist ein Relikt aus längst vergangenen Zeiten, voll mit bittersüßen Erinnerungen an konföderierte Generäle und deren vergessene Familien. ◷ Mo–Sa 10–16 Uhr, Eintritt $7, 🖳 www.confederatemuseum.com.

Welten entfernt und doch gleich nebenan, in der 925 Camp Street, liegt das prächtige **Ogden Museum of Southern Art**. Es zeigt den Süden in all seiner Komplexität, Exotik und melancholischer Schönheit. Seine beachtliche Sammlung reicht von äußerst seltenen Aquarellen aus dem 18. Jh. über selbst beigebrachte Kunst bis zu Fotografien und zeitgenössischen Skulpturen. ◷ Mi–So 10–17 Uhr, Do zusätzlich 18–20 Uhr mit Livemusik, Eintritt $10, 🖳 www.ogden museum.org.

Blaine Kern's Mardi Gras World, 1380 Port of New Orleans, hinter dem Convention Center, ist am besten mit einem kostenlosen Shuttle (alle 15 Min.) vom Fährterminal an der Canal Street zu erreichen. Besucher können hier den Künstlern zusehen, die die enormen Festwagen für die Mardi-Gras-Umzüge bauen, herrichten und bemalen. Es ist ein geradezu surreales Erlebnis, durch die riesigen Hallen zu schlendern, vorbei an staubigen, Grimassen schneidenden Figuren vergangener Paraden. ◷ tgl. 9.30–16.30 Uhr, Eintritt $17,50, 🖳 www.mardigrasworld.com.

Louisiana

Garden District und Uptown

Der Stolz der Uptown von New Orleans ist der **Garden District**, der sich auf einer Länge von 13 Blocks zwischen Magazine Street und St Charles, Louisiana und Jackson Avenue erstreckt, 2 Meilen flussaufwärts des French Quarter. Er wurde in den 1840er-Jahren von geschäftstüchtigen Angloamerikanern angelegt, die ihren wachsenden Reichtum aus Baumwolle und Handel auch nach außen hin sichtbar machen wollten: mit protzigen Villen in riesigen Gärten. Die von üppiger Vegetation beschatteten Häuser – manche makellose Vorzeigestücke, andere hinreißende Ruinen – lassen mit ihren Veranden, Säulen und Balkonen den alten „Tiefen Süden" wieder aufleben. Es bereitet sehr viel Vergnügen, einfach auf eigene Faust herumzuwandern – oder man lässt sich im Rahmen von Führungen detaillierte Hintergrundinfos über die einzelnen Häuser geben.

Die historische Straßenbahn **St Charles Streetcar** (s. S. 593) ist die netteste Möglichkeit, in den Garden District oder nach Uptown zu gelangen, denn sie bietet besten Blick auf „The Avenue", wie die St Charles Street bei Einheimischen heißt. Kurz bevor die Straßenbahn eine scharfe Biegung am Fluss macht, hält sie am friedlichen **Audubon Park**, ein einladender Ort mit von Spanischem Moos bewachsenen Bäumen. Seine Hauptattraktion ist der **Audubon Zoo**, zehn Minuten zu Fuß oder eine kurze Fahrt mit dem kostenlosen Shuttlebus (alle 20–30 Min.) vom Parkeingang an der St Charles Street entfernt. Er präsentiert neben anderen Habitaten die gelungene Nachbildung eines typischen Louisiana-Sumpfs samt Cajun-Hausbooten und Alligatoren (darunter die milchweißen, blauäugigen Alligatoren, die in den einheimischen Sümpfen gefunden wurden), sowie knubbeligen Zypressenstämmen, die aus dem smaragdgrünen Wasser ragen. ☉ Di–Fr 10–16, Sa und So 10–17 Uhr, Eintritt $13, Kombitickets mit dem Aquarium (s. S. 578) und dem Insectarium (s. S. 581) erhältlich, 🖥 www.auduboninstitute.org.

Man kommt auch über die **Magazine Street** zum Garden District und nach Uptown. Die knapp 10 km lange Straße verläuft parallel zur St Charles Street am Fluss entlang und ist voll mit ausgefallenen Galerien, Restaurants und Geschäften.

Übernachtung

New Orleans besitzt einige reizende Unterkünfte. Die Bandbreite reicht von altersschwachen Pensionen bis zu stilvollen Boutiquehotels. Billig ist eine Übernachtung hier nie (für weniger als $75 pro Nacht lässt sich kaum etwas Annehmbares finden). Und die **Preise** ziehen während Mardi Gras und dem Jazz Fest empfindlich an (bis zu 200 %); außerdem sind die meisten Betten dann schon Monate im Voraus reserviert.

Die meisten Besucher wählen eine Unterkunft im **French Quarter**, wo am meisten los ist. Dort gibt es viele charmante **Guesthouses** in alten kreolischen Wohnhäusern. Die Zimmer können allerdings sehr unterschiedlich sein; wer bestimmte Wünsche hat, sollte diese anmelden, und wer es ruhig haben will, keines in Straßennähe wählen. Außerhalb des Quarter, im **Lower Garden District**, gibt es ein paar preiswerte Unterkünfte; im **Faubourg Marigny** befinden sich die meisten B&Bs und im **Garden District** zwei wunderschöne alte Hotels. Im **CBD** haben sich die teuren Ketten- und Businesshotels angesiedelt.

French Quarter

Karte S. 577

Bourgoyne Guest House 839 Bourbon St, 📞 504/524-3621, 🖥 www.bourgoynehouse.com. Preiswertes Guesthouse in einem kreolischen Herrenhaus aus den 1830er-Jahren. 5 alte, aber gemütliche Studios um einen subtropischen Innenhof. Eine ausgefallenere Unterkunft bietet die reizende Green Suite, die über eine Treppe erreicht wird und über zwei Schlafzimmer, eine Küche, ein Wohnzimmer und einen Balkon mit Blick auf die Bourbon Street verfügt. ❹

Hotel Monteleone 214 Royal St, 📞 504/523-3341, 🖥 www.hotelmonteleone.com. Das schöne Gebäude und älteste Hotel der Stadt ist ein Wahrzeichen des French Quarter. Es wird seit 1886 von ein und derselben Familie geführt und beherbergte über die Jahre jede Menge

Olivier House 828 Toulouse St, ☏ 504/525-8456, 🖳 www.olivierhouse.com. Die stimmungsvolle und urtypische Pension ist stellenweise etwas düster, hat dafür aber authentischen Charakter. Die 42 Zimmer (alle mit Bad) sind sehr unterschiedlich, aber größtenteils mit urigem Antikmobiliar und großen Fenstern mit Fensterläden ausgestattet. Tropisch bepflanzter Innenhof und kleiner Pool. ❻

Schriftsteller und berühmte Persönlichkeiten. Mit 16 Stockwerken ein kleiner Riese in der vornehmen Royal Street; elegante Barockfassade, Marmorlobby, komfortable Zimmer, herrliche rotierende Bar und Dachgartenpool. ❼

Hotel Provincial 1024 Chartres St, ☏ 504/581-4995, 🖳 www.hotelprovincial.com. Weitläufige, aber doch irgendwie gemütliche Herberge in einem ruhigen Teil des Viertels. Die Zimmer (manche antik möbliert, andere schlichter) gehen auf 5 von Gaslaternen beleuchtete Innenhöfe. Außerdem gibt es 2 hübsche Pools im Freien, eine Bar und das schicke Restaurant Stella. ❹

Le Richelieu 1234 Chartres St, ☏ 504/529-2492, 🖳 www.lerichelieuhotel.com. Hübsches Hotel in einer restaurierten Fabrik mit angrenzendem Stadthaus. Komfortable und saubere Zimmer, die allerdings den Charme der Lobby vermissen lassen. Es gibt einen kleinen (unbeheizten) Pool im Freien, ein kleines Café und kostenlose Parkplätze am Hotel (einzigartig). WLAN-Zugang gratis. ❺

Ursuline Guest House 708 Ursulines St, ☏ 504-525-8509, 🖳 www.ursulineguesthouse.com. Das entspannte Ursuline ist sehr gesellig und manchmal etwas laut – dank der spontanen Partys im Innenhof. Die 16 Zimmer (alle mit Bad und ein billigeres mit Stockbetten) gehen auf eine Galerie oder den Innenhof hinaus. Dort gibt es einen Whirlpool, in dem wahlweise mit oder ohne Klamotten relaxt werden darf. Ein einfaches Frühstück sowie Wein und Käse am Abend sind im Preis enthalten. ❷–❺

AAE Bourbon House 1660 Annunciation St, ☏ 1-304/268-8981, 🖳 bourbon.aaeworldhotels.com. Dieses freundliche Hostel im Lower Garden District verfügt über gemischte und gleichgeschlechtliche Schlafsäle ($16) mit Platz für 1–8 Personen. Es ist zwar heruntergekommen, aber trotzdem recht sauber. Im Preis inbegriffen ist ein ganz ordentliches Pancake-Frühstück und tagsüber ein Shuttle zwischen Hotel und Bahn-/Bushaltestellen (per E-Mail ankündigen). Zu Hochzeiten wie Mardi Gras werden zusätzlich Luftmatratzen in die Schlafsäle gelegt ($42) und begrenzte Plätze zum Zelten angeboten ($35). Kostenloser WLAN-Zugang. ❶

Columns Hotel, 3811 St Charles Ave, ☏ 504/899-9308, 🖳 www.thecolumns.com. Herrlich stimmungsvolles Uptown-Hotel in einer herrschaftlichen Villa von 1883, direkt an der Straßenbahnlinie. Die Herberge trieft nur so von düsterem Rotlicht-Glamour; vor allem die alte viktorianische Bar (s. S. 589). Ihre Veranda mit den namengebenden Säulen ist einer der besten Plätze für einen Drink in der Stadt. Manche Zimmer haben Balkon, einige sind etwas verlottert, keines hat TV. Das Frühstück ist inklusive, aber nicht besonders toll. ❺

India House Hostel, 124 S Lopez St, ☏ 504/821-1904, 🖳 www.indiahousehostel.com. Die Lage dieses unkonventionellen, abgewohnten Hostels in Mid-City eignet sich hervorragend für Besuche des Jazz Fest und des Voodoo Fest. Auch die Canal-St-Straßenbahn ist ganz in der Nähe. Es ist das geselligste und trinkfreudigste Hostel mit gelegentlichen Jam-

Chimes B&B 1146 Constantinopel St, ☏ 504/899-2621, 🖳 www.chimesneworleans.com. Dieses friedliche und gemütliche, aber elegante B&B liegt in einer hübschen Ecke des Garden District. Jedes der 5 Zimmer – alle mit eigenem Eingang vom traumhaften Innenhof – ist hell und luftig und steckt voller faszinierender historischer Details. Das Frühstück ist köstlich. Kostenlose Parkplätze an der Straße. ❺

Louisiana

Sessions, Krebsessen und wilden Poolpartys. Es gibt Betten im Schlafsaal ($10–20) und ein paar einfache Zimmer, davon manche mit Bad. Nachts ist die Gegend nicht zu empfehlen. Kostenloser WLAN-Zugang. ❷

Royal Street Inn, 1431 Royal St, ✆ 504/948-7499, 🖥 www.royalstreetinn.com. Unterkunft in Faubourg Marigny über der R-Bar (gleiches Management, s. S. 590) nur einen Katzensprung von der Frenchmen Street entfernt. Eigentümliche Mischung aus typischem New-Orleans-Stil und großstädtischem Boutiquehotel. 5 Suiten mit nackten Fußböden, schmucklosen Ziegelwänden und Ledersofas; alle mit Bad, DVD-Playern, iPod-Docks und WLAN-Anschluss, z. T. mit Balkon. Die Gäste sind vor allem junge Leute, die gern die Bar bevölkern. Dafür kann es an den Wochenenden auch etwas laut sein, aber der Komfort, die Lage und die Preise sind unschlagbar. ❸

Essen

New Orleans ist ein Traum für Schlemmer. Die Restaurants hier sind weit mehr als nur Orte zum Essen – von den stolzesten Grandes Dames der kreolischen Küche bis hin zu Imbissbuden mit zusammengemischten belegten Baguettes – Restaurants in New Orleans werden als Wächter der Gemeinschaft, Kultur und deren Erbe in höchstem Maße geschätzt. Während viele Restaurants nach Katrina nicht mehr eröffneten, sind andere mit aller Macht zurückgekehrt und haben – angetrieben von der Leidenschaft für ihre Stadt – den Betrieb wieder aufgenommen. Im Vergleich zu anderen nordamerikanischen Städten bewegen sich die Preise hier eher im erschwinglichen Rahmen – selbst in Nobelrestaurants kann man ein 3-Gänge-Menü einschließlich Wein für $40 p. P. abstauben. Besonders in einem schicken Lokal kann ein Mittagessen wirklich preiswert sein.

French Quarter
Karte S. 577
Bayona, 430 Dauphine St, ✆ 504/525-4455. Fabelhaft romantisches und gehobenes Restaurant. Im reizenden Hof geht es deutlich entspannter zu als im förmlichen Speisesaal.

Hier werden regionaltypische Klassiker global verfeinert. Knoblauchsuppe, Bries und Lammgerichte sind fantastisch; dazu kommt eine Weinkarte mit mehr als 250 verschiedenen Sorten. Mittags speist es sich am günstigsten – da wäre etwa das gegrillte Sandwich mit Cashewbutter oder mit geräucherter Ente und Pfeffergelee für nur $11. Das Abendessen ist teurer, aber auch jeden Cent wert. Sonntags geschlossen.

Bennachin, 1212 Royal St, ✆ 504/522-1230. Historisch gesehen hat New Orleans Westafrika vieles zu verdanken, darunter auch einen großen Teil der traditionellen Küche. Kleines Familienrestaurant mit ursprünglichen kreolischen Speisen – frittierte Augenbohnen, Eintopf mit Erdnüssen, Grillfisch in Ingwersoße, Spinat mit Kochbananen; großzügige Portionen zu fairen Preisen. Der eisgekühlte Ingwer-Honig-Tee schmeckt in einer schwülen Nacht besonders gut. Alkoholische Getränke sind selbst mitzubringen; keine Kreditkarten; Mittagsangebote (vor 15 Uhr, um die $8).

Coop's 1109 Decatur St, ✆ 504/525-9053. Eine feuchtfröhliche Institution in der Kneipenszene des trinkfesten Partyviertels der Lower Decatur. Großartige Bar aus dunklem Holz mit überraschend guter Küche – echtes Gourmetessen zu Spottpreisen. Bestellt man den „Taste of Coop's", bekommt man Meeresfrüchte-Gumbo mit fetten Austern, kreolischen Garnelen, fantastischer Jambalaya, Roten

Feine Fusion-Küche

Green Goddess, 307 Exchange Alley ✆ 504/301-3347. In diesem traumhaften, winzigen Lokal gibt es leckere kreolische Küche, gemischt mit Köstlichkeiten vom südlichen Mittelmeerraum. Die Speisekarte, auf der nur Gerichte aus den frischsten Zutaten stehen, wechselt je nach Saison. Auf keinen Fall auslassen: die überwältigenden, nach Knoblauch riechenden, gegrillten Garnelen mit Grütze oder Süßkartoffelbiskuits mit *orange honey butter* (weiche Butter mit Honig und Orangenschalen). Man kann hier auch nur ein Glas Wein trinken oder einen Teller mit handgemachtem Käse essen.

Die Küche, gemeinhin als **kreolisch** bezeichnet, ist eine gut gewürzte, sättigende – und meist kalorienreiche – Mischung aus französischen, spanischen, afrikanischen und karibischen Einflüssen. Dazu gesellen sich Einflüsse anderer Küchen wie der indianischen, italienischen und deutschen. Einige der weniger üppigen Gerichte wie Reis mit Kidneybohnen weisen auf eine westindische Herkunft hin, während andere einen ausgesprochen französischen Einschlag haben und in sämigen Soßen, basierend auf **roux** (Mehlschwitze), sowie Kräutern gekocht werden. Viele Speisen erscheinen **étouffée** – in leckerer kreolischer Soße *(roux* mit Tomaten, Zwiebeln, Gewürzen) geschmort auf Reis.

Es gibt zwar ein paar Ausnahmen, aber was in der Stadt unter der Bezeichnung **Cajun Food** serviert wird, ist oft eine neuzeitliche Erfindung – lecker, aber nicht authentisch. Die „geschwärzten" Gerichte beispielsweise, mit viel Butter und Gewürzen zubereitet, sind eine Erfindung des Starkochs Paul Prudhomme.

Auf den meisten Speisekarten rangieren an oberster Stelle **Gumbo**, ein magenfüllender Suppentopf aus Seafood, Hühnchen und Gemüsen, und **Jambalaya**, eine Art Paella aus ähnlichen Zutaten. Weitere Spezialitäten sind **Po-boys**, mit Austern, Shrimps oder anderen Leckerbissen belegte Baguettes mit würziger Soße, und **Muffulettas**, die runde, italienische Version der *po-boys* mit viel Wurst und Käse sowie reichlich knoblauchhaltigem Oliven-Relish. Außer an **Garnelen** und **Krabben** kann sich der Besucher auch an hervorragenden **Austern** erfreuen; die Austernsaison dauert von September bis April. Der langustenähnliche **Crawfish** oder *mudbug* (am leckersten zwischen März und Oktober) wird vielseitig in Omeletts, Suppen und anderen Gerichten verarbeitet oder einfach nur in würziger Brühe gekocht.

Jeder sollte sich einen Café au Lait und ein **Beignet** (krapfenartiges Gepäck, in Puderzucker gehüllt) im **Café du Monde** im French Quarter gönnen. Dieses historische Kaffeehaus am Markt hat rund um die Uhr geöffnet und serviert nichts anderes. Ein weiterer nur in New Orleans erhältlicher Snack sind die überdimensionalen, Hotdog-ähnlichen **Lucky Dogs**, die an fahrbaren Straßenständen überall im Quarter verkauft werden. Seit sie in John Kennedy Tooles witzigem Roman *Ignaz oder Die Verschwörung der Idioten* angepriesen wurden, sind sie ein beliebtes Kultobjekt, dabei aber eigentlich gar nicht so überragend.

Bohnen auf Reis *und* würzigem knusprigem Hähnchen für unglaubliche $13. Bis 2 Uhr oder länger geöffnet.

Galatoire's, 209 Bourbon St, ℡ 504/525-2021. Dieses herrliche kreolische Lokal – Tennessee Williams' Lieblingsrestaurant – ist mit seinem verspiegelten Speisesaal ein Stück New-Orleans-Geschichte und alles andere als altbacken. Am besten isst es sich hier mittags, besonders am Freitag oder Sonntag, wenn sich die alte Garde der Stadt (Herren im Seersuckeranzug und Südstaatenschönheiten mit echten Perlen um den Hals) bei Schildkrötensuppe, Austern *en brochette*, hausgemachtem Krabbenfleisch und Filet Mignon die Ehre gibt. Da keine Tischreservierung möglich ist (außer für den weniger stimmungsvollen Raum im Obergeschoss), muss mit Wartezeiten gerechnet werden. Nach 17 Uhr und Sonntags sind Anzug und Krawatte Pflicht. Montags geschlossen.

Mr B's, 201 Royal St, ℡ 504/523-6727. Gut besuchtes kreolisches Bistro mit dunklen Holznischen und Ätzglas, legerem, geselligen Ambiente und spektakulärer Küche. Das Knoblauchhühnchen ist das köstlichste der ganzen Stadt; dasselbe gilt wahrscheinlich für die gegrillten Garnelen. Die Preise sind nicht ohne, aber das Mittagessen bietet ein ordentliches Preis-Leistungs-Verhältnis. Reservierung ist nicht zwingend. Schließt um 21 Uhr.

Stanley, 547 St Ann St ℡ 504/587-0093. Frisch und luftig mit riesigen Panoramafenstern zum Jackson Square hin und frischen Blumensträußen auf den Tischen aus Marmor und Eisen. Dieses moderne Lokal mit lockerer

Louisiana

Atmosphäre bietet eine einfache, aber kreative Speisekarte mit Frühstück und Brunch den ganzen Tag, Salaten und Sandwiches. Schließt um 19 Uhr.

Tujague's, 823 Decatur St, ✆ 504/25-8676. Die beliebte „Two Jacks", unprätentiös und elegant zugleich, prunkt mit einem der hübschesten Speisesäle der Stadt. Hier hat sich im Laufe der letzten 150 Jahre kaum etwas verändert, schon gar nicht das fünfgängige Menü zum Festpreis, zu dem von jeher Shrimp-Remoulade und zarte Rinderbrust gehören. Wer weniger anlegen will, bestellt sich einfach an der schönen alten Bartheke (s. S. 589) ein leckeres Hühnchen Bonne Femme (Brathuhn mit Knoblauch und Petersilie).

Außerhalb des French Quarter

Boucherie, 8115 Jeanette St ✆ 504/862-5514. Das Highlight hier ist der *Krispy Kreme*-Brotpudding, aber auch alle anderen kreativen südländischen Gerichte in diesem hübschen Cottage in Uptown sind genial: von Pulled Pork bis zu geräucherten Muscheln mit gedünsteten Grünen Bohnen. So und Mo geschlossen.

Casamento's, 4330 Magazine St, ✆ 504/895-9761. Die makellos saubere, altmodische Austernbar mit hübschen Fliesen bietet preiswerte, knackfrische Austern, frittierte Krebsscheren und üppig gefüllte Forellen-*loaves* (Sandwiches), allerdings nur gegen Barzahlung. So und Mo sowie Juni–Aug. geschlossen.

Cochon, 930 Tchoupitoulas St, ✆ 504/588-2123. Gehobenes, aber nicht abschreckendes Restaurant im CBD voller glücklicher Gäste – von Geschäftsmännern bis zu Jazzmusikern –, die das leckere, authentische Cajun-Food genießen: nicht scharf und schwer verdaulich, sondern geschmackvoll und vielseitig. Alles hier – von den köstlichen frittierten *boudin balls* (eine Wurstspezialität) bis zum würzigen Pudding aus Süßkartoffeln und Kuttelwurst – ist einfach lecker. So geschlossen.

Jacques Imo's, 8324 Oak St, ✆ 504/861-0886. Dieses gesellige, lärmige Uptown-Restaurant eignet sich gut als Stärkungsstopp vor einem Konzert im Maple Leaf (s. S. 592), lohnt aber auch sonst jederzeit einen Besuch. Die Einrichtung ist auf schrille Weise volks-

Café Reconcile, 1631 Oretha Castle Haley Blvd ✆ 504/568-1157. Das außergewöhnliche Café ist eine gemeinnützige Einrichtung einer Jesuitenkirche, die gefährdete Jugendliche für Jobs in der Gastronomie ausbildet. In dem sympathischen Lokal im heruntergekommenen – aber sich erholenden – Viertel Central City, nördlich des Lower Garden District, werden Leckereien wie Brathähnchen, Seewolf, Schmorfleisch, Bohnen und Reis zum Spottpreis zubereitet. Mo–Fr nur Frühstück und Mittagessen.

tümlich, und die Küche, eine köstliche Creole-Cajun-Interpretation des Soul Food, ist fürs Gebotene sehr preiswert – von Austern und Hühnerleber vom Grill bis hin zu köstlichem *alligator sausage cheesecake* (eine Art Quiche mit Alligatorwurst). Reserviert wird nur für Gruppen ab 5 Pers., sonst muss man halt eine Weile an der Bar warten. Nur Abendessen, So geschlossen.

The Joint, 801 Poland Ave, ✆ 504/949-3232. In diesem winzigen, gelben Schuppen in Bywater verbirgt sich ein erstaunliches Grilllokal mit eigener Räucherei. Bestellt man einen Combo-Teller, bekommt man drei Fleischsorten und eine köstliche hausgemachte Beilage für $15. Es gibt auch eine grandiose Jukebox. Man sollte sich auf Wartezeiten einstellen. So geschlossen, Mo und Di nur Mittagessen.

Mona's, 504 Frenchmen St, ✆ 504/949-4115. Die günstige Lage in Faubourg Marigny ist nur ein Vorteil dieses beliebten Orientrestaurants ohne großen Schnickschnack. Das Essen – Kebab, Fladenbrot-Pizza, Meze, rote Linsensuppe – ist frisch, gut gewürzt und preiswert. Auch Vegetarier müssen hier nicht darben. Alkoholische Getränke sind selbst mitzubringen.

Unterhaltung

New Orleans ist seit langem einer der besten Orte der Welt, um **Livemusik** zu hören. Von einsamen Straßenmusikern über fröhliche Blechbläser bis zu Namen von internationalem Rang wie Dr John und den Neville Brothers bleibt die Musik Herzschlag und Lebensnerv

Louisiana

der Crescent City. Die verheerenden Überschwemmungen im Gefolge von Katrina haben
viele Musiker – als Teil der weniger wohlhabenden Bevölkerungsschicht – besonders
hart getroffen. Aber die Stadt heilt ihre Wunden
weiterhin so, wie sie es gewohnt ist: Trauern,
Gedenken, Feiern und Überleben mit Hilfe der
Musik.

Im French Quarter gibt es eine ganze Reihe
Clubs und Bars, aber auch in anderen Stadtteilen geht einiges ab. Besucher, die in der
Hoffnung auf jede Menge cooler Jazz-Clubs in
der **Bourbon Street** vor den Kneipen Schlange
stehen, werden allerdings enttäuscht. Doch
selbst in dieser von Nepp geprägten Straße
finden sich ein paar gute Adressen für Live-
Jazz. Ein besserer Tipp ist aber die **Frenchmen
Street** im Faubourg: Hier reihen sich Bars und
Musikkneipen aneinander, die am Wochenende
aus allen Nähten platzen. Die meisten Bars
bieten mindestens an einem Abend in der
Woche Musik. In den Kneipen, die nachfolgend
unter „Bars" gelistet sind, wird meist keine
Livemusik gemacht. Aber viele der Lokale, die
unter „Livemusik" (s. S. 591) genannt werden,
sind gleichzeitig auch tolle Bars.

Bei der Suche nach dem passenden Ort hilft
das kostenlose, wöchentliche Veranstaltungs-
magazin *Gambit*, 🖳 www.bestofneworleans.
com, und das monatlich erscheinende Musik-
magazin *Offbeat* 🖳 www.offbeat.com. Flyer
gibt es in den **Plattenläden** des French Quarter,
wie Louisiana Music Factory, 210 Decatur St.
Und nicht zuletzt bringt der fabelhafte lokale
Radiosender WWOZ (90.7 FM) regelmäßig
Veranstaltungstipps.

Bars

Die Kneipenszene von New Orleans ist, wie die
Stadt selbst, weder prätentiös noch exklusiv.
Egal, ob man im goldenen Glanz einer Cocktail-
bar aus den 1930er-Jahren Sazeracs schlürft
oder in einer heruntergekommenen Absteige
im Morgengrauen ein Abita-Bier runterkippt,
man schält sich fast immer in Gesellschaft
einer übermütigen Menge unkonventioneller
Leute. Im Unterschied zu den meisten anderen
amerikanischen Städten darf hier auch im
Freien Alkohol getrunken werden, allerdings

weder aus einem Glas noch aus einer Flasche:
Man fragt einfach in irgendeiner Kneipe nach
einem Plastikbecher „to go" und führt ihn
mit sich. Vor dem Betreten einer anderen Bar
sollte der Becher allerdings ausgetrunken
werden.

French Quarter
Karte S. 577
French 75, im Arnaud's, 815 Bienville St.
Versteckt in einem der alten französisch-
kreolischen Restaurants der Stadt liegt diese
Bar, in der über Gott und die Welt gesprochen
wird. Mit ihren dunklen Mahagoniwänden,
kunstvollen Glastüren und Ätzglas-Lampen ist
sie der Inbegriff der Eleganz des alten New
Orleans: stilvoll, aber herzlich – einfach ein Ort,
an dem man sich schick anzieht, zurücklehnt
und an klassischen Drinks nippt.

Lafitte's Blacksmith Shop, 941 Bourbon St.
Schummerige alte Bar, die bei Touristen und
Einheimischen gleichermaßen beliebt ist.
Die ehemalige Schmiede diente einst dem
Piraten Lafitte als Tarnung für seine finsteren
Machenschaften. Das Gebäude wurde bis auf
eine Verschönerung der Fassade seit dem

18. Jh. praktisch nicht verändert; die hölzernen Dachbalken und die rußgeschwärzte Feuerstelle sind noch erhalten.

Molly's at the Market, 1107 Decatur St. Früher eine beliebte Anlaufstelle von Persönlichkeiten aus Politik und Medien, ist diese Kneipe eine Institution im French Quarter. Sie blieb trotz Katrina, Hochwasser und anschließender Evakuierung durchgehend geöffnet und zieht nach wie vor ein lautstarkes Publikum aus Einheimischen, Touristen, Kellnern im Feierabend und schrillen Punks an. Ein paar Türen weiter, in einer Gegend, die für ihre Spelunken bekannt ist, serviert **Coop's** ausgezeichnetes Essen (s. S. 585).

Port of Call, 838 Esplanade Ave. Die schlichte Kneipe mit Deko aus Seilen und Rettungsringen wird von lärmenden Massen aufgesucht, die rund um die Theke oder an den kleinen Tischen Weltverbesserungsreden schwingen. Serviert auch ausgezeichnete Burger mit Pilzen oder Käse und Ofenkartoffeln mit Butter.

Pravda, 1113 Decatur St. Obwohl die an Zarismus und Realsozialismus erinnernde Deko ein bisschen chaotisch ist, machen das gedämpfte Rotlicht, die kleinen Teppiche und die weichen Sitze diese Bar zu einer netten, entspannten Alternative zu den skrupellosen Decatur Bars in der Nähe, vor allem wenn man in Ruhe etwas trinken möchte. Es gibt einen sehr schönen Hinterhof und hochwertigen Absinth.

Tujague's, 823 Decatur St. Bewährtes Restaurant der alten Garde (s. S. 587) mit ebenso einladender Bar. Am Sonntagnachmittag besonders gut besucht, wenn sich hier die Stammgäste ein Stelldichein geben.

Außerhalb des French Quarter

Bacchanal, 600 Poland St, Bywater. Von der Atmosphäre her eine Mischung aus heruntergekommenem Gebrauchtwarenladen und Wohnzimmer – abblätternder Stuck, nackte Ziegelwände, Sitze aus Holzfässern und uralte, überfüllte Bücherregale –, aber eigentlich ist das Bacchanal eine sehr gute, freundliche Weinstube im Stil einer spanischen Bodega. Edle Weine im Glas, einfaches, aber köstliches Essen und ab und zu Livemusik im Innenhof.

Columns Hotel, 3811 St. Charles Ave. Bezaubernde Hotelbar im Garden District, die verblichenen Südstaatenglanz ausstrahlt; an warmen Abenden lockt die säulengestützte

Veranda mit Blick auf die alte Straßenbahnlinie. Näheres zum Hotel s. S. 584.

Ernie K-Doe's Mother-in-Law Lounge,
1500 N Claiborne Ave. Seit dem vorzeitigen Tod
der hiesigen R&B-Legende Ernie im Jahr 2001
und dem seiner eindrucksvollen Frau Antoinette
2009 führt Antoinettes Tochter die Lounge in
Tremé weiter wie eine Art Schrein für den
selbst ernannten „Kaiser des Universums" –
inklusive „Ernie-im-Himmel-Puppe". Einfach in
ein Taxi steigen und das gemischte Publikum
von Jazzmusikern und unbeeindruckten
Einheimischen genießen, das diese Bar so
einzigartig macht.

Mimi's, 2601 Royal St. Die coolsten Musiker
aus Faubourg/Bywater haben diese Bar in ihr
zweites Zuhause verwandelt – nicht nur wegen
der Drinks, DJs und Livemusik, sondern auch
wegen der billigen, leckeren Tapas.

R-Bar, 1431 Royal St. Hippe Kneipe in Faubourg
Marigny mit Billardtisch und großartiger Jukebox. Sehr angesagt bei jungen Leuten, nicht
zuletzt bei den Gästen des eine Treppe höher
befindlichen Guesthouse (s. S. 585).

Snake and Jake's, 7601 Oak St, Uptown.
Düster, verlottert und mit alter Christbaum-
beleuchtung ausstaffiert – ein für New Orleans
ganz typischer Schuppen mit ausgezeichneter
Jukebox, die eine Playlist von R&B aus
New Orleans bis zu klassischem Soul aufweist.
Ein Besuch lohnt erst zu später Stunde.

Jazz

Jazz, v. a. Trad Jazz (Traditional Jazz), ist in
New Orleans **Tanzmusik** – einfach, fröhlich und
sexy. Auch wenn einem vielleicht keine der
weltbekannten Jazzgrößen wie Allen Toussaint
oder die Trompetenspieler Terence Blanchard
und Nicholas Payton über den Weg laufen,
wird man eine erstaunliche Bandbreite an
einheimischen Talenten entdecken. Einer der
beliebtesten Künstler der Stadt ist der
Trompeter **Kermit Ruffins**, der immer eine gute
Show abliefert. Auf den Straßen im French
Quarter und in den Bars der Frenchmen Street
hat sich eine unterhaltsame **Indie Trad**-Szene
entwickelt, die eine übermütige Mischung aus
Straßenpunks und professionellen Musikern,
aus erfreuten Touristen und Lindy Hop
tanzenden Einheimischen anzieht. Sogar in
der **Preservation Hall**, dem Heiligen Gral der
Trad-Fans, sorgen Gastmusiker und eine sich
kontinuierlich weiterentwickelnde Besetzung
der bekannten Hausband für frischen Wind.
Über alldem stehen jedoch die **Brass Bands**.
Auch wenn Brass Bands schon seit dem

New Orleans Jazz

Der Jazz wurde in New Orleans geboren. Er
entstand Anfang des 20. Jhs. aus dem reichen
Erbe an afrikanischer und karibischer Skla-
venmusik, aus der Blasmusik des Sezessions-
kriegs, aus Spirituals, schwarzer Kirchenmusik
und Arbeiterliedern. Louis Armstrong und Joe
„King" Oliver gelten als Väter des Jazz. Als
1897 Prostitution, Glücksspiel und Alkohol außer Kontrolle gerieten, beschloss der Stadtrat
von New Orleans, Bordelle und Saloons auf
ein Areal zwischen Iberville und Lower Basin
Street einzugrenzen. Das nach dem Politiker
Storyville, der die entsprechende Anweisung
gab, benannte Viertel füllte sich schnell mit
ehemaligen Plantagenarbeitern, Seeleuten und
Spielern. Zwischen der stimmungsvollen Musik

in den Bordellen und der derben Musik der Saloons hatten die Musiker – besonders die Solo-
pianisten bekannt als „Professors" – genügend
Spielraum, um ihren eigenen Stil zu entwickeln.
1917, nach der Schließung von Storyville gingen
viele Musiker nach Chicago oder New York.
Noch mehr Jazzmusiker verließen New Orleans
oder gaben die Musik während der Depression
ganz auf. Erst in den 1950er-Jahren änderten
die Stadtväter ihre Meinung über den Jazz und
begannen, ihn als Touristenattraktion zu fördern.
Bis heute bleibt der Jazz eine organische, sich
ständig weiterentwickelnde Kunstform, die man
hier live erleben kann – ob bei Second Lines
(s. S. 580), den vielen Festivals der Stadt, in Musikkneipen oder vornehmen Lounges.

19. Jh. zur Kultur der Straßenmusik und der Umzüge von New Orleans gehören, traf ihre Wiederauferstehung in den 1990er-Jahren die einheimische Jazzszene mit voller Wucht. Die jungen Brass Bands bestanden aus einer bunt gemischten Gruppe an Musikern (viele von ihnen aus Tremé), die eine fröhliche, improvisierte Musik auf die Straßen brachten, zu der man auch tanzen konnte – eine Art selbst gemachte Partymusik, die in den Studentenkneipen genauso gut ankommt wie auf den Straßen. Zu den beliebtesten Bands gehören ReBirth, die Soul Rebels und die Stooges, die Elemente aus dem Trad Brass mit hartem Funk, Hip Hop, Karnevalsmusik und Reggae mischen. Die traditionelleren Bands, die typischerweise alte Herren und aufstrebende Jungs umfassen, machen Musik, zu der man genauso gut tanzen kann und die gleichermaßen beliebt ist. Obwohl die unten aufgeführten **Veranstaltungsorte** für ihren Jazz bekannt sind oder sich ausschließlich dem Jazz widmen, überschreitet die Musik in New Orleans alle Grenzen. Fast überall gibt es an einigen Abenden der Woche Jazzmusik irgendeiner Art.

Donna's, 800 N Rampart St, ☏ 504/596-6914. Der schmuddelige Barbecue-Laden am Rand des Quarter bringt eingängigen Jazz, Trad und Blues auf die Bühne. Er wirkt wie ein Stammlokal der Einheimischen, zieht aber auch einige treue Besucher von außerhalb an. Wechselnde Eintrittspreise; ein Getränk Mindestverzehr.

Le Bon Temps Roulé, 4801 Magazine St, ☏ 504/895-8117. Eine gesellige Runde trinkfreudiger Gäste fühlt sich in dieser Uptown-Kneipe wohl, in der auch Billardtische und leckeres Essen nicht fehlen. Allwöchentlich (Do) treten hier die Soul Rebels auf. Eintritt frei.

Preservation Hall, 726 St Peter St, French Quarter ☏ 504/522-2841. Die baufällige Spelunke – hier gibt's weder Bar, Klimaanlage noch Toiletten und nur ein paar harte Bänke zum Sitzen – gilt seit langem als beste Adresse in New Orleans für traditionellen Jazz. Die Musik ist beschwingt und wird im Lauf des Abends immer temperamentvoller. Schon bevor es losgeht bilden sich hier Warteschlangen. Do ist Brassband-Abend. 20–23 Uhr Auftritte alle 45 Min. Eintritt $10.

Vaughan's, 4229 Dauphine St, Bywater, ☏ 504/947-5562. Am Donnerstagabend, wenn die Kermit Ruffins auftreten, wird die wacklige kleine Eckkneipe brechend voll. Die Band sitzt praktisch im Publikum – Einheimische, Studenten, Freunde und Verwandte der Musiker. In den Pausen gibt's kostenlos Bohnen und Reis in Selbstbedienung. Für den Besuch unbedingt ein Taxi nehmen und sich auf ein magisches New Orleans-Erlebnis gefasst machen. Eintritt Do $10.

Snug Harbor, 626 Frenchmen St, ☏ 504/949-0696. Gehobener Jazz-Club in einem kleinen, zweigeschossigen Raum in Faubourg. Hier treten regelmäßig Astral Project, die coolen, modernen Jazz spielen, der Klarinettenmeister Dr. Michael White und die Pianistin Ellis Marsalis auf. Tgl. Vorstellungen um 20 und 22 Uhr, Eintritt $8–25.

Spotted Cat, 623 Frenchmen St, Faubourg Marigny ☏ 504/943-3887. Die „gefleckte Katze" ist – mit abendlicher Rootsmusik – inzwischen *der* Ort, um die New Orleans Cottonmouth Kings zu erleben, zu deren schmissigen Versionen von lebensfrohem Swing und Trad man unbedingt tanzen muss. Eintritt frei.

Andere Livemusik

New Orleans hat sich nicht ausschließlich dem Jazz verschrieben. Der **New Orleans Sound**, eine volltönende Mischung aus karnevaleskem Blues, Marschmusik und R&B, hatte seine Blütezeit zwar in den frühen 1960er-Jahren, doch viele seiner namhaften Vertreter sind immer noch aktiv, von Al „Carnival Time" Johnson bis zu Irma „It's Raining" Thomas. Ihre von heimischen Fans überlaufenen Auftritte sind *die* Gelegenheit, den Geist von New Orleans zu spüren.

Darüber hinaus ist die Stadt seit den 1960er-Jahren für ihre ureigene Spielart des **Funk** berühmt – zu den Topacts gehören Galactic und Dumpstaphunk. New Orleans' Version des Hip-Hop, der sogenannte **Bounce**, hat die Nation in den 1990er-Jahren im Sturm erobert.

Louisiana

Die **Cajun**-Musik wurde zwar gar nicht in dieser Stadt geboren, aber es gibt trotzdem ein paar fantastische Lokale, um den *fais-do-do* (den Cajun-Twostep) und zum **Zydeco**, dem derberen, schwarzen Verwandten des Cajun, zu tanzen. Blues-Fans sollten sich die Mischung aus **Blues und R&B** von Walter „Wolfman" Washington, dem Delta-Blues-Gitarristen John Mooney und Washboard Chaz (der die Indie-Fans mit seinem akustischen Waschbrett-Swing begeistert) anhören. Der **Rock** ist ebenfalls lebendig – und eigentümlich: Ausschau halten nach Quintron und Miss Pussycat vom Ninth Ward oder dem vielseitig talentierten Bandleader Clint Maedgen und seinem schrägen Kabarett *The New Orleans Bingo! Show*. Wenn es etwas ganz Ausgefallenes sein soll, lohnt die Suche nach einem Auftritt der **Mardi**

Hier spielt die Musik

Maple Leaf, 8316 Oak St, ✆ 504/866-9359. Legendäre Bar in Uptown mit gepressten Zinnwänden, großer Tanzfläche und Patio. Eine Lieblingsadresse der Einheimischen für echt guten Blues, R&B, Funk und Brass; die dienstäglichen Abendvorstellungen von ReBirth sind ein Muss. Schachbretter und Billardtisch sind auch vorhanden. Wechselnde Eintrittspreise.

Mid-City Lanes Rock 'n' Bowl, 3000 S Carrollton Ave ✆ 504/482-3133. Trotz der wenig aufregenden Lage in Mid City ist diese exzentrische Kombination aus Bowlingbahn und Konzertsaal eine Institution. Besonders gut besucht anlässlich der Zydeco Nights jeden Donnerstag, bringt aber auch ausgezeichnete hiesige R&B-, Blues- und Swing-Bands auf die Bühne – und das Publikum ist immer gut aufgelegt. Wechselnde Eintrittspreise.

One Eyed Jack's, 615 Toulouse St, French Quarter ✆ 504/569-8361. Die ursprüngliche Idee war wohl die einer dekadenten Cabaret-Lounge im Stil der alten Bourbon St; jedenfalls präsentiert die hippe Kombi aus Bar und Club ihrem sympathischen Publikum ein weit gefächertes Unterhaltungsangebot inkl. Varieté, Trad Jazz, Karaoke, Rap Battles, Indie-Rock und Punk. Wechselnde Eintrittspreise.

Gras Indians (s. S. 573), z. B. der Wild Magnolias, deren selten stattfindende Vorstellungen (am besten stehen die Chancen während Mardi Gras oder Jazz Fest) wahrscheinlich das Tollste sind, was New Orleans in dieser Hinsicht überhaupt zu bieten hat.

Chickie Wah Wah, 2828 Canal St, ✆ 504/304-4714. In diesem relativ edlen Club gibt es eine intelligente Auswahl an Folk, Blues, Brass und Jazz. Dazu spielt die Jukebox ausgezeichnete einheimische Musik. Die Einrichtung ist eine Mischung aus Volkskunst und Neon. Seltsamerweise beginnen viele Vorstellungen schon früh, um 19 oder 20 Uhr. Wechselnde Eintrittspreise.

Circle Bar, 1032 St Charles Ave, ✆ 504/588-2616. Ungemein angesagte Bar in einem halb verfallenen Haus am Lee Circle. Das hervorragende, breit gefächerte Liveprogramm reicht von alternativem Rock bis zu Bluegrass. Der Laden ist bekannt dafür, in Vergessenheit geratene R&B-Legenden wieder auf die Bühne zu bringen, und zieht eine Menge enthusiastischer Gäste an.

Hi-Ho Lounge, 2239 Claude Ave, ✆ 504/945-4446. Am Rande von Tremé, Faubourg und Bywater zieht dieses schräge Lokal – mit altmodischen Sitzecken, Dominospielen und Kickertisch – ein freundliches Publikum an. Musikalisch gibt es alles: Bluegrass-Jams, Burlesque, Hardcore Punk, Mardi Gras Indians und Old School-R&B. Wechselnde Eintrittspreise.

Tipitina's, 501 Napoleon Ave, ✆ 504/895-8477. Altehrwürdiger Musikschuppen in Uptown, benannt nach einem Song von Professor Longhair; durchweg hörenswerter Funk, R&B, Brass, Ska und Reggae. Lohnt auch einen Besuch zum Cajun *fais-do-do* (So 17–21 Uhr; kostenloser Unterricht). Eintritt $7–40.

Informationen

Am besten schon vor der Anreise die Website 🖥 www.neworleanscvb.com besuchen. Die beste Anlaufstelle vor Ort, wo auch Anregungen für Stadtspaziergänge, kostenlose Karten und *discount vouchers* erhältlich sind, ist das hilfreiche **Welcome Center** am Jackson Square in der 529 St Ann Street im French Quarter, ✆ 504/566-5031, ⏲ tgl. 9–17 Uhr.

Die **Walking Tours** sind in New Orleans besonders beliebt, da es hier wunderschöne, versteckte Hinterhöfen und unzählige architektonische Feinheiten gibt. Der **Jean Lafitte National Historic Park Service** bietet sehr informative Einblicke ins Quarter, tgl. 9.30 Uhr, 45 Min., Ticketverkauf um 9 Uhr am NPS Visitor Center 419 Decatur St, ☏ 504/ 589-2636.

Viele Besucher, vor allem solche mit Kindern im Schlepptau, unternehmen gern eine **Fahrt durchs Quarter** in einer der Maultierkutschen (1/2–3/4 Std., \$13–16 p. P.), die hinter dem Jackson Square in der Decatur stationiert sind. Die Fahrt als solche kann sehr nett sein; die „geschichtlichen" Informationen sind jedoch nicht ganz wörtlich zu nehmen.

Ein entspannter Nachmittag lässt sich auch angenehm im Rahmen einer **Flussrundfahrt** verbringen. Der Dampfer *Natchez* legt von der Toulouse Street Wharf hinter der Jackson Brewery Mall ab und tuckert ungefähr 7 Meilen flussabwärts, bevor er kehrtmacht. Es gibt fundierte Kommentare vom Kapitän und flotte Dixieland-Musik, die im Speisesaal aufspielt, tgl. 14.30 Uhr, zu Hochzeiten auch um 11.30 Uhr, 2 Std., \$24,50 oder \$34,50 mit Mittagessen, Abendfahrt 19 Uhr \$40 oder \$64,50 mit Abendessen. Infos unter ☏ 504/586-8777 oder 🖥 www.steamboatnatchez.com. Karten für sämtliche Bootsfahrten werden an Schaltern hinter der Jackson Brewery Mall und dem Aquarium verkauft.

Die **Sümpfe** in der Umgebung von New Orleans – viele davon Naturschutzgebiete, nur eine halbe Autostunde von der Innenstadt entfernt – sind Enklaven einer anderen Welt, die einen atemberaubenden Kontrast zum Stadtleben darstellt.

Dr. Wagner's Honey Island Swamp Tours, 10 Meilen nördlich vom Lake Pontchartrain, ☏ 985/641-1769, 🖥 www.honeyislandswamp. com, haben das Delta des Pearl River zum Ziel, eine Wildnis voller Biberratten, Schwarzbären und Alligatoren, Ibisse und Reiher. Besonders vielfältig ist die Tierwelt in den Monaten April bis Mai und September bis November, tgl., 2 Std., \$25, zzgl. Transport von Downtown.

Zwar lassen sich die meistbesuchten Viertel von New Orleans hervorragend zu Fuß erkunden, doch auf Schusters Rappen von einem zum anderen zu gelangen, ist nicht ganz so einfach. Und wer nach Einbruch der Dunkelheit in einer anderen Ecke der Stadt als dem Quarter unterwegs ist, sollte lieber ein Taxi nehmen (s. S. 572).

VisiTour Pässe für Busse und die Straßenbahn gibt's für einen Tag zu \$5, für drei zu \$12 und für 5 Tage zu \$20; Verkaufsstellen auf der Website von RTA.

Stadtbusse

Der innerstädtische **Bus- und Bahnverkehr** liegt in Händen der Regional Transit Authority (RTA), 🖥 www.norta.com. Der Fahrpreis in Höhe von \$1,25 muss immer passend gezahlt werden.

Zu den für Besucher nützlichsten **Buslinien** zählen „Magazine" (Nr. 11), die zwischen der Canal Street im CBD und dem Audubon Park in Uptown pendelt, und „Jackson-Esplanade" (Nr. 91), von der Rampart Street am Rande des Quarter zum City Park.

Straßenbahn

Viel romantischer als der Bus ist die hübsche, denkmalgeschützte, rund 100 Jahre alte, grüne **St Charles Streetcar**. Sie befährt normaler-weise eine 13 Meilen lange Rundstrecke von der Carondelet Street, Ecke Canal Street, über die St Charles Avenue im Garden District, am Audubon Park vorbei bis zur Carrollton in Uptown. Nach Einbruch der Dunkelheit fahren die Züge in größeren Abständen.

Daneben sind zwei **Canal Street Streetcars** unterwegs: Die City-Park-Linie (Nr. 48, „City Park/Museum) beginnt bei Harrah's Casino in der Canal Street, biegt bei der Carrollton Avenue ab und fährt dann bis zum City Park. Die Carrollton-Avenue-Linie (Nr. 47, „Cemeteries") fährt die ganze Canal Street entlang, bis sie auf die City Park Avenue trifft. Wer zum City Park will, muss an der Carrollton Avenue aussteigen und in die Linie 48 umsteigen.

Louisiana

Entlang des Flussufers verkehrt noch eine Straßenbahn, die **Riverfront Streetcar**, zwischen Convention Center und Esplanade Avenue.

Transport

Selbstfahrer

Wer mit dem Auto auf dem I-10 unterwegs ist, muss aufpassen, dass er nicht auf den I-610 gelangt, der an der Innenstadt komplett vorbeiführt. Um zum CBD zu kommen, nimmt man die Ausfahrt 234C und folgt den Schildern zum Superdome; zum French Quarter führt die Ausfahrt 235B (den Schildern zum Vieux Carré folgen); und wer in den Garden District will, nimmt die Ausfahrt St Charles Street. Über den I-12 kommt man auf den Lake Pontchartrain Causeway – mit knapp 37 km die längste Brücke der Welt –, der aus dem Nordwesten in die Stadt führt und auf den I-10 trifft.

Busse

Die Station der **Greyhound**-Busse, 1001 Loyola Ave, liegt in der Nähe des Superdome. Da diese Gegend unterhalb der Hochstraße des Pontchartrain Expressway nicht geheuer ist, sollte man sich vorab ein **Taxi** bestellen, das einen zur Unterkunft bringt. Am zuverlässigsten ist United Cabs, ✆ 504/522-9771.

Eisenbahn

Der Amtrak-Bahnhof **New Orleans Union Passenger Terminal**, ✆ 504/528-1610, befindet sich neben der Greyhound-Station.

Flüge

Der **Louis Armstrong New Orleans International Airport** (MSY), 🖳 www.flymsy.com, liegt 18 Meilen nordwestlich der Innenstadt am I-10. Im Bereich der Gepäckausgabe ist neben den kostenlosen Hotelreservierungstelefonen ein Infoschalter, 🕓 tgl. 8–16 Uhr. Eine Taxifahrt in die Stadt (20–30 Min.) kostet $33 für bis zu 2 Pers. oder ab 3 Pers. $14 p. P. Alle 10 Min. fahren Shuttlebusse, ✆ 504/522-3500, 🖳 www. airportshuttleneworleans.com, zu allen Hotels in der Innenstadt. Die Fahrkarten kosten $15 und sind von 8 bis 23 Uhr im Bereich der Gepäckausgabe, ansonsten direkt im Bus erhältlich; $20 in die Innenstadt, $38 hin und zurück.

Cajun Country

Cajun Country erstreckt sich über den Süden Louisianas, von Houma im Osten über Lafayette, den Verkehrsknotenpunkt der Region, bis nach Texas. Von ihrer schönsten Seite präsentiert sich diese Gegend abseits der großen Städte. Besuchern sei ein Abstecher in die zahlreichen altmodischen Weiler angeraten, die weitab der „Zivilisation" inmitten von Bayous, Sumpfland und Küstenmarschen liegen.

Die **Cajuns** sind Nachkommen der französischen Siedler aus Acadia, Teil des heutigen Nova Scotia in Kanada. Als die Briten Acadia 1713 übernahmen, lebten die katholischen Siedler dort seit mehr als einem Jahrhundert von Fischfang, Jagd und Landwirtschaft. Da sie sich weigerten, ihre Religion zu wechseln und dem englischen König Treue zu schwören, vertrieben die Briten sie 1755, wobei sie Familien auseinanderrissen und ganze Ortschaften in Brand steckten.

Etwa 2500 Flüchtlinge landeten in Französisch-Louisiana, wo man ihnen Land gab und damit die Möglichkeit, kleine Bauerndörfer zu gründen. So konnten sie ihr gewohntes Leben beibehalten und ihre Kultur bewahren. Sie lebten in relativer Isolation, bis in den 1940er-Jahren die ersten Fernstraßen ihre Dörfer erreichten, **Erdölvorkommen** Zuwanderer aus anderen Landesteilen in das Gebiet lockten, und die **Cajun-Musik** durch einheimische Musiker, wie Akkordeonspieler Iry Lejeune, zu landesweiter Popularität gelangte. Seither hatten es die Cajuns nicht leicht. Die fortschreitende Erosion der sumpfigen Küstengebiete stellt eine Bedrohung für ganze Ortschaften dar. Überdies wirkt sich die Verschlammung des Atchafalaya-Beckens nachteilig auf den Bestand an Fischen und Garnelen aus, und viele Küstenorte liegen nicht nur in der „Schusslinie" gefürchteter **Hurrikans** wie Katrina, die sich über dem Golf von Mexiko zusammenbrauen, sondern auch in der von schlimmen **Ölkatastrophen** wie jener von BP 2010. Nachdem die Roosevelt-Regierung 1916 Englisch als Amtssprache an den Schulen eingeführt hatte, überlebten die französische Sprache und der von den älteren Bewohnern gesprochene, stark afrikanisch geprägte Dialekt in Cajun Country in erster Linie dank der Musik. Die in den

Wer sich im Cajun Country langweilt, hat selbst Schuld. Vor allem am Wochenende, wenn traditionellerweise die *fais-do-dos* stattfinden, oder während der vielen Festivals (s. S. 597) geht's hier richtig ab. Dann ermuntern Akkordeon, Geige und Triangel zu einem Tänzchen, und jeder ist dabei. Country, Swing, Jazz und Blues haben Spuren in der **Cajun-Musik** hinterlassen. Der dem Blues wesentlich nähere **Zydeco** wird meist von schwarzen Kreolen-Musikern gespielt. Auch wenn die Lieder auf Französisch sind, weist der Dialekt, den man in beiden Musikrichtungen hört, nur eine vage Ähnlichkeit mit der Sprache auf. Überall, wo Musik gespielt wird, ist auch Platz zum Tanzen, und jeder kann mitmachen.

Abgesehen von den beliebten Restaurants Café des Amis und Prejean's (s. S. 600) finden in vielen Plattengeschäften, Anlegestellen am Fluss und auch direkt auf der Straße **Veranstaltungen** statt. Leider werden die altmodischen Zydeco-Tanzsäle immer weniger, aber ein paar halten noch die Stellung. Was wo geboten wird, steht in den kostenlosen, wöchentlichen Zeitschriften *Times of Acadiana*, 🖳 www.timesofacadiana. com, und *Independent*, 🖳 www.theind.com, oder unter 🖳 www.zydeconline.com. Man kann aber auch einfach nach Hinweisschildern Ausschau halten, auf denen so etwas wie *French dance here tonight* steht.

Angelle's Whiskey River Landing, 1365 Henderson Levee Rd, Henderson, Breaux Bridge, ✆ 337/228-2277, 🖳 www.whiskeyriverlanding. net. Wilde Live-Cajun und -Zydeco-Partys am Sonntagnachmittag (16 20 Uhr).

El Sid O's, 1523 N St Antoine St, Lafayette, ✆ 337/235-0647. Beliebtes, alteingesessenes Lokal mit Zydeco- und Blues-Bands (Fr und Sa).

Fred's Lounge, 420 6th St, Mamou, 10 Meilen nördlich von Eunice, ✆ 337/468-5411. Gastfreundliche Lounge unter der Obhut der entzückenden Tante Sue, mit Musik, Tanz und viel Alkohol; nur Sa 7 – 14 Uhr.

Grant Street Dancehall, 113 W Grant St, Lafayette, ✆ 337/237-8513, 🖳 www.grantstreetlive. com. Tanzlokal in Downtown Lafayette mit breit gefächertem Musikangebot, von Hip-Hop und Swamp Pop über New Orleans Jazz, Brass und Blues bis zu Cajun und Zydeco.

La Poussière, 1215 Grand Point Ave, Breaux Bridge, ✆ 337/332-1721, 🖳 www.lapoussiere. com. In dem herrlich altmodischen Tanzschuppen – in dem vorwiegend Französisch gesprochen wird – finden am Samstagabend und Sonntagnachmittag *fais-do-dos* statt.

McGee's Landing, 1337 Henderson Levee Rd, Breaux Bridge, ✆ 337/228-2384, 🖳 www.mc geeslanding.com. Eine Kombination aus Sumpftourveranstalter, Café und Musikkneipe mit Livemusik am Samstag- und Sonntagnachmittag.

Pat's Atchafalaya Club, 1008 Henderson Levee Rd, Henderson, Breaux Bridge, ✆ 337/228-7512, 🖳 www.patsfishermanswharf.com. Großer Tanzsaal am Uferdamm, unter einem Dach mit Pat's Seafood-Restaurant; hier treten Fr–So Cajun-, Zydeco- und Swamp-Pop-Bands auf.

Rendevous des Cajuns Liberty Center for Performing Arts, S 2nd St, Ecke Park Ave, Eunice, ✆ 337/457-7389, 🖳 www.eunice-la.com/liberty schedule.html. Sehr beliebte, familienorientierte Cajun/Zydeco-Livesendung für Radio und Fernsehen, zum großen Teil auf Französisch. Sa 18–19.30 Uhr, Eintritt $5.

Savoy Music Center, 4413 Hwy-190 E, 3 Meilen östlich von Eunice, ✆ 337/457-9563, 🖳 www. savoymusiccenter.com. Eigentlich ein Cajun-Plattenladen mit Akkordeon-Werkstatt. Seine kostenlosen Jamsessions (Sa 9–12 Uhr) sind eine Institution in der Gegend. Geschäft So und Mo geschlossen.

Slim's Y-Ki-Ki, 8393 Hwy-182 N, Opelousas, ✆ 337/942-6242. Bei älteren Einheimischen bekannter Veranstaltungsort für Zydeco-Musik und Tanz. Normalerweise Fr und Sa geöffnet, aber besser vorher anrufen.

1980er-Jahren ins Leben gerufene Organisation CODOFIL (Council for Development of French in Louisiana) hat sich die Erhaltung der indigenen **Sprache** und Kultur zum Ziel gesetzt, und heutzutage finden sich viele Wegweiser, Broschüren und Ladenschilder in französischer Sprache.

Der Zydeco und die sogenannten **fais-do-dos** – Tanzfeste mit Livebands, die zumeist am

Wochenende stattfinden – versprechen jede Menge Spaß, und die Besucher werden reichlich Gelegenheit zum Tanzen finden, sei es in einem Restaurant, einem Club oder bei einem der vielen **Festivals** (s. S. 757). **Baton Rouge**, die Hauptstadt von Louisiana, liegt zwar nicht direkt im Cajun Country. Aber die Anfahrt von New Orleans, vorbei an den Plantagen am Ufer des Mississippi, bietet einen Vorgeschmack.

Plantation Country

Am schnellsten gelangt man von New Orleans über die I-10 und US-61 nach Westen. Eine Alternative ist die **River Road**, die entlang den Ufern des Mississippi 70 Meilen flussauf bis Baton Rouge führt. Landschaftlich ist die Fahrt wenig abwechslungsreich – nichts als flaches Farmland. Doch zahlreiche Brücken und Fähren gestalten die Strecke interessant und unterwegs sind einige restaurierte **Plantation Homes** aus der Vorkriegszeit zu besichtigen. Sie waren einst das Herzstück der riesigen Plantagen. Ihre reichen Besitzer – bzw. deren Sklaven – verluden Baumwolle, Zucker und Indigo auf Dampfschiffe, die praktisch vor ihrer Haustür anlegten.

Die meisten **Führungen** – oft von Schönheiten im Abendkleid geleitet – halten sich mit Details zu den Anwesen und der im großen Stil betriebenen Sklavenhaltung sehr zurück und präsentieren sich lieber als Museen voll unbezahlbarer Antiquitäten. Eine Ausnahme ist die herausragende Laura Plantation. Zu viel von diesen großartigen Erinnerungen kann allerdings lähmend sein. Es ist besser, sich für eine oder zwei Führungen zu entscheiden. Viele der Häuser bieten auch luxuriöse **B&Bs**, die auch atmosphärisch mehr bieten als eine schlichte Besichtigungstour.

Um von New Orleans zur River Road zu gelangen nimmt man die I-10 in westlicher Richtung, biegt bei Ausfahrt 220 auf den I-310 und folgt diesem bis zum **Hwy-48** entlang dem Ostufer (auf der Karte oberhalb des Flusses). Dieser wird dann zum **Hwy-44**, d. h. der River Road. Zum Westufer (unterhalb des Flusses) überquert man die Destrehan Brücke zum **Hwy-18**, anstatt auf den Hwy-48 abzubiegen. Auf ganzer Länge versperrt ein Damm den Blick auf den Fluss. Und obwohl es die Tourismusprospekte kaum vermuten lassen, dominieren riesige Chemiewerke das Landschaftbild der River Road. Entlang der ländlicheren Abschnitte erstrecken sich weite Zuckerrohrfelder, die nur hier und da von einer moosbedeckten Hütte unterbrochen werden. Besonders schön ist die Umgebung der Kleinstadt **Convent** am Ostufer. Doch meist fährt man durch auseinander gezogene Ortschaften mit vernagelten Gemeinderäumen und Waschsalons, und dazwischen Müllhaufen und Schornsteine.

Von **Edgard**, nach 25 Meilen am Hwy-18, geht's über den Fluss zum **San Francisco House**, zwei Meilen stromauf von Reserve am Hwy-44. Die Geländer, Sonnensegel und Pfeiler dieses vom Romancier Frances Parkinson Keyes errichteten Baus sind einem Mississippi-Dampfer nachempfunden. Entsprechend der kunstvollen Fassade ist auch das Innere gestaltet: eine Flut von ländlichen Trompe-l'Œil-Bildern, Blumenmotiven und pausbäckigen Engeln. ☉ tgl. April–Okt 9.30–16.40 Uhr, Nov–März 10–16 Uhr, Eintritt $15, 🖥 www.sanfranciscoplantation.org.

Die Flussüberquerung bei **Lutcher**, der Siedlung wenige Meilen hinter San Francisco, bringt einen nach Vacherie zu der faszinierenden **Laura Plantation**. Statt antike Schätze zu hüten, zeichnet sie mit vielen historischen Dokumenten – von Sklavenabrechnungen und Fotos bis zu privaten Tagebüchern – ein lebendiges Alltagsbild des Plantagenlebens im multikulturellen Louisiana. ☉ tgl. 10–16 Uhr, Eintritt $18, 🖥 www.lauraplantation.com.

Neun Meilen flussaufwärts liegt **Oak Alley**, eine prächtige klassizistische Villa von 1839 und Inbegriff einer Plantagenresidenz der Vorkriegszeit. Die gewaltigen Eichen an der Zufahrt sind sogar noch 150 Jahre älter. ☉ Mo–Fr 10–16, Sa und So 10–17 Uhr, Eintritt $15, 🖥 www.oakalleyplantation.com. Es gibt auch nette B&Bs auf dem Gelände, ✆ 225/265-2151, ❻.

18 Meilen südlich von Baton Rouge liegt am Westufer **Nottoway** (1859). Das italienisch anmutende, weiße Plantagengebäude ist mit 64 Zimmern das größte des Südens. ☉ tgl. 9–16 Uhr, Eintritt $20, nur Gelände $8. Es umfasst schicke B&B-Zimmer, ✆ 225/545-2730, 🖥 www.nottoway.com, ❼.

Ebenfalls am westlichen Mississippi-Ufer, in der kleinen Stadt **Donaldsonville**, befindet sich das **River Road African American Museum**, 406 Charles St. Es zeigt eine unkonventionelle Darstellung der regionalen Geschichte. Schwerpunkte sind Küche, Musik, die Underground Railroad, Wiederaufbau und die Kultur der freien Farbigen. ⊙ Mi–Sa 10–17, So 13–17 Uhr, Eintritt $4.

Baton Rouge

Als 1699 die ersten französischen Forschungsreisenden in die Gegend des heutigen Baton Rouge kamen, stießen sie auf mit Tierblut bestrichene Stangen, mit denen die Houmas- und Bayougoulas-Indianer ihre Jagdreviere markierten. Daher erschien der relativ flache Landstrich auf französischen Landkarten unter dem Namen Baton Rouge ("Rote Stange"). Heute ist Baton

Cajun-Festivals

Fast jede Woche gibt es irgendwo ein Cajun-Festival – für Besucher eine besonders nette Möglichkeit, Küche und Musik der Region kennen zu lernen. Bei größeren Festen ist es sinnvoll, ein Zimmer zu reservieren. Nachstehend nur eine kleine Auswahl; eine Gesamtübersicht gibt es in jedem Touristenbüro.

Mardi Gras (Februar/März). Der Cajun Carnival unterscheidet sich von seinem städtischen Verwandten. Zwar finden auch hier private Bälle, Partys und offizielle Umzüge statt, aber alles in einem viel ländlicheren und sehr familienorientierten Rahmen. Es gibt natürlich jede Menge Musik und Tanz auf den Straßen, und in Dörfern wie Eunice, Church Point und Mamou findet der ausgelassene, etwas surreale *Courir du Mardi Gras* statt, ▱ www.lsue.edu/acadgate/mardmain.htm.

Catfish Festival, Washington, in der Nähe von Opelousas (Frühling; die genauen Termine ändern sich jährlich; Infos auf der Website). Ein lebendiges Wochenendfestival mit Kunst, Handwerk, Umzügen, Katzenwels-Kochwettbewerben und jeder Menge Zydeco. ▱ www.townof washingtonla.org/catfishfest.html.

World Championship Crawfish Étouffée Cookoff, Eunice (letzter Sonntag im März; dritter Sonntag, falls Ostern auf den letzten fällt). Der Ort, um die mit Abstand leckersten Crawfish (eine Art Languste) zu probieren. Zum heftigen Konkurrenzkampf zwischen Dutzenden von Kochteams wird tolle heimische Musik gespielt. ▱ eunice-la.com/cookoffpast.html.

Festival International de Louisiane, Lafayette (letzte Aprilwoche). Riesiges, eintrittsfreies 5-tägiges Festival, bei dem namhafte Teilnehmer aus allen Ecken der französischsprachigen Welt zu hiesiger Musik, Kultur und Küche zusammenkommen. ▱ www.festivalinternational.com.

Breaux Bridge Crawfish Festival, Breaux Bridge (erstes Maiwochenende Fr–So). Wettbewerbe im Crawfish-Essen, Étouffée-Kochwettbewerbe (eine kreolische Soße) und Crawfish-Rennen, dazu Musik, Kunsthandwerksstände und Tanz. ▱ www.bbcrawfest.com.

Opelousas Spice and Music Festival, Opelousas (Juni). 3-tägiges Festival mit Zydeco, Geigenkonzerten und Kochwettbewerben. ▱ www. OpelousasSpiceAndMusicFestival.com.

Southwest Louisiana Zydeco Music Festival, Plaisance bei Opelousas (Samstag vor Labor Day). Ein ganzer Monat mit Zydeco-Veranstaltungen; Höhepunkt ist ein Tag mit Spitzenmusikern, die rasante "schwarze kreolische" Musik spielen. Dazu werden typische Gerichte der Region, afroamerikanische Kunst und Kunsthandwerk, Gespräche, Tanz und Workshops geboten. ▱ www.zydeco.org.

Mamou Cajun Music Festival, Mamou (Fr und Sa Mitte oder Ende August). Traditionelle Livemusik, Essen, Kunsthandwerk, Wetttrinken und -essen. ▱ www.mamoucajunmusicfestival.com.

Festivals Acadiens et Créoles, Lafayette (Ende September oder Anfang Oktober). Bei dem 3-tägigen Festival spielen Cajun-, Zydeco- und traditionelle französische Bands; dazu gibt es einheimisches Kunsthandwerk und Essen. ▱ www.festivalacadiens.com.

Louisiana Yambilee, Opelousas (letzte Oktoberwoche). Opelousas feiert die Süßkartoffel ganz groß mit Straßenständen, Kartoffelauktionen, Zydeco, Wettkämpfen und der treffend benannten Wahl zur Lil' Miss Yum Yum. ▱ www. yambilee.com.

Louisiana

Rouge die Hauptstadt des Staates Louisiana und ein wichtiger Hafen, aber dennoch eine für ihre Größe außerordentlich beschauliche Stadt. Selbst die Tatsache, dass hier die größten **Universitäten** des Bundesstaates, die LSU und die Southern, ansässig sind, vermochte die Stadt nicht so recht aus ihrem Dornröschenschlaf zu wecken.

Das von weitläufigen Gärten umgebene **Louisiana State Capitol** im feinsten Art déco ist ein Denkmal für den ehemaligen populistischen, demokratischen Gouverneur von Louisiana, **Huey Long**, genannt der „Kingfish", der 1931 den Bau des Capitols in Auftrag gab und vier Jahre später innerhalb dieser Mauern ermordet wurde. ⊕ tgl. 8–16 Uhr, Eintritt frei. Von 1850–1932 diente das **Old State Capitol**, 100 North Blvd, als Regierungssitz. Mark Twain bezeichnete es als das „Monstrum am Mississippi". Der pseudogotische Zinnenturm auf einem Hügel am Fluss birgt das besuchenswerte **Museum of Political History**. Anhand von Videos, interaktiven Ausstellungen und einigen hervorragenden Aufnahmen der bewegenden Reden Longs wird die von Skandalen geprägte politische Geschichte Louisianas verdeutlicht. ⊕ Mo–Sa 9–16.30, So 12–16.30 Uhr, Eintritt frei. Das **LSU Rural Life Museum**, 4560 Essen Rd, unweit des I-10 südöstlich von Downtown, lässt mit seinen rekonstruierten Gebäuden – darunter ein Plantagenwohnhaus, Sklavenhütten und eine Getreidemühle – inmitten einer weitläufigen Grünanlage das vorindustrielle Louisiana wieder aufleben. ⊕ tgl. 8.30 – 17 Uhr, Eintritt $9, ⌨ www.rurallife.lsu.edu.

Kettenmotels gibt es am I-10 und in dessen Nähe.

Best Western Richmond Suites, nahe LSU, 5668 Hilton Ave, Baton Rouge, ☎ 225/924-6500, ⌨ www.bestwesternlouisiana.com, ist besser als die meisten in dieser Gegend; mit Pool, großen Zimmern und kostenl. Frühstück. ➎

Das einfache **Harrington's**, 329 Florida St, Downtown, Baton Rouge, ☎ 225/343-2626, serviert leckere, für Louisiana typische Mittagsgerichte (Mo–Fr); abends bietet sich das nahe gelegene **Capital City Grill**, 100 Lafayette St, ☎ 225/381-8140, an. Dieses edlere Restau-

rant hat sich auf Meeresfrüchte und Fisch spezialisiert.

Die meisten **Bars** und **Clubs** von Baton Rouge liegen nahe dem LSU-Campus.

Informationen für Touristen gibt es unter ⌨ www.visitbatonrouge.com; das **Convention and Visitors Bureau** in Downtown Baton Rouge, 359 3rd St, befindet sich drei Blocks vom Fluss entfernt. ⊕ tgl. 8–16.30 Uhr.

Die **Greyhound-** und die **Anschlussbusse** vom Amtrak-Bahnhof in New Orleans haben ihre Haltestellen in der 1253 Florida St, 15 Min. von Downtown entfernt. Wer ein Taxi braucht, ruft **Yellow Cab**, ☎ 225/926-6400.

Lafayette

135 Meilen nordwestlich von New Orleans, im geografischen Herzen des Cajun Country, liegt Lafayette, das Zentrum der Ölindustrie. Lafayette hieß ursprünglich Vermilionville, benannt nach dem nahe gelegenen, rötlichen Bayou, bis es 1844 zu Ehren des Marquis de Lafayette, des adligen französischen Helden der amerikanischen Revolution, umgetauft wurde. In der weitläufigen Stadt mit provinziellem Flair ist während des **Festival International de Louisiane** und den **Festivals Acadiens** (s. S. 597) besonders viel los. Dazwischen eignet sie sich als Ausgangspunkt für Ausflüge in die Sümpfe, Bayous und Tanzlokale der Umgebung. Zahlreiche, etwas kleinere und gemütlichere Orte liegen vor allem in und um **Breaux Bridge** (s. S. 600).

Im Zentrum, soweit von einem solchen die Rede sein kann, liegen die im romanischen Stil erbaute **Cathedral of St John the Evangelist**, 914 St John St, und der alte **Friedhof**, wo der Gründer der Stadt, Jean Mouton, begraben ist. Jeder Ast der 500 Jahre alten knorrigen **Cathedral Oak** gegenüber dem Friedhof wiegt 70 t; ihre Spannweite beträgt mehr als 60 m.

Drei Blocks nördlich, in der 1122 Lafayette Street, befindet sich das ehemalige „Sonntagshaus" von Jean Moutons Sohn Alexandre, dem ersten demokratischen Gouverneur von Louisiana. Seine Familie nutzte es nach der Sonntagsmesse, bevor sie wieder auf ihre Plantage zurückkehrte. Heute ist darin das kleine **Lafayette Museum** untergebracht, mit vielen, aus der Bürgerkriegszeit stammenden Erinnerungsstücken an die Familie Mouton sowie Mardi-Gras-Kostümen der Cajuns. ☉ Di–Sa 9–16.30, So 13–16 Uhr, Eintritt $3.

Lafayette besitzt zwei gelungene Rekonstruktionen früher Cajun-Siedlungen. **Vermilionville**, gegenüber dem Flughafen in der 300 Fisher Road, ist die bessere, wenn es um die Kultur der ersten Cajuns und der Kreolen geht. ☉ Di–Sa 10–16 Uhr, Eintritt $8. In dem Freilichtmuseum auf 93 000 hübschen Quadratmetern am Bayou Vermilion führen allerlei Handwerker in authentischen alten Gebäuden traditionelle Techniken vor. Ein großer Nachbau einer alten Baumwollscheune dient als **Theater**, wo lautstarke *fais-do-dos* und Festivals veranstaltet werden. Das **Restaurant** serviert mittags gutes Cajun-Essen, und es werden sogar Kochkurse angeboten.

Das unweit von Vermilionville in der 501 Fisher Road gelegene **Acadian Cultural Center** im **Jean Lafitte National Historical Park and Preserve** bietet gute Informationen über die Cajuns und regelmäßige Bootstouren durch die Bayous. ☉ tgl. 8–17 Uhr, Eintritt frei. Weiter südwestlich befindet sich das zweite, kleinere Museumsdorf von Lafayette: Das **Acadian Village**, 200 Greenleaf Drive, hat sich dem Cajun-Alltag des 19. Jhs. am Rand der Bayous verschrieben. ☉ Mo–Sa 10–16 Uhr, Eintritt $8.

Übernachtung

Hotelketten säumen den Evangeline Thruway südlich des I-10, den US-90 und den Highway 182 in Richtung New Iberia. Wer eine Herberge mit mehr Charakter sucht, muss weiter rausfahren. Auch der freundliche Weiler **Breaux Bridge**, nur 8 Meilen östlich von Lafayette, bietet sich als Übernachtungsmöglichkeit an. **Bayou Cabins**, 100 W Mills Ave, Ecke Hwy-94, Breaux Bridge, ☎ 337/332-6158, 🖳 www.bayoucabins.com. 13 rustikale Hütten, die meisten aus dem 19. Jh., direkt am Bayou Teche, einem 125 Meilen langen Wasserweg. Wird von den Besitzern des Bayou Boudin and Cracklin'

(s. u.) geführt; im Übernachtungspreis inbegriffen ist eine Probe ihrer fantastischen Cajun-Küche sowie Frühstück im Café nebenan. Vom nahen Highway kann Verkehrslärm rüberkommen. ❸

Blue Moon Guest House and Saloon, 215 E Convent St, Lafayette, ☎ 1-877/766-BLUE, 🖳 www.bluemoonhostel.com. Freundliches Hostel und Guesthouse an einer ruhigen Straße. Zentral gelegenes Gebäude aus dem 19. Jh. mit 2 Dorms ($18–21) und 4 Privatzimmern. Das Beste ist der Salon auf der Hinterveranda mit regelmäßigen Cajun-, Zydeco- und Bluegrass-Konzerten und einer vollen Bar. Zu Festivalzeiten, wenn sich hier die einheimischen Musiker versammeln, steigen die Preise. Kostenloser WLAN-Anschluss. ❶–❸

Juliet Hotel, 800 Jefferson St, Lafayette, ☎ 337/261-2225, 🖳 www.juliethotel.com. Dieses Hotel ist nicht unbedingt Cajun-typisch, befindet sich aber in guter Innenstadt-Lage und bietet etwas Luxus. Man kann das Frühstück auch ausfallen lassen und in die Innenstadt zum Essen gehen. Kostenloser WLAN-Anschluss ❺

Pear Tree Inn, 125 Alcide Dominique, Lafayette, ☎ 1-888/399-2151, 🖳 www.druryhotels.com. Komfortables, sauberes und freundliches Motel (gehört zur Drury-Kette) am I-10 und nahe der Innenstadt. Kostenlose Happy Hour und gutes Frühstücksbuffet. ❹

Essen

Cajun-Gerichte gehören zu den Hauptattraktionen bei einem Besuch dieser Region. Obwohl sie Ähnlichkeit mit der kreolischen Küche von New Orleans aufweisen – viel Seafood, Reis, sämige Soßen auf Tomatenbasis und Gumbos –, ist das Essen hier rustikaler, oft kräftig gewürzt, und Schweinefleisch spielt eine wichtige Rolle. Ein Leckerbissen zur Mittagszeit ist *boudin* (gut gewürzte, mit Reis zubereitete Würstchen). Gleiches gilt für die knusprigen Schweineschwarten *(pork cracklin')* und salzigen Presskopf *(hogshead cheese)*. **Bayou Boudin and Cracklin'**, 100 Mills Ave, Hwy 94, Breaux Bridge, Ausfahrt 109 vom I-10, ☎ 337/332-6158. Rustikales Cajun-Cottage am Bayou Teche. Fantastische hausgemachte

Prejean's, 3480 I-49 N, Lafayette, ☎ 337/896-3247. Riesiger, touristischer Schuppen mit leckerem Cajun-Essen – unbedingt den Mardi-Gras-Austern-Auflauf und die Gumbos probieren – sowie allabendlicher Livemusik (ab 19 Uhr) und Tanz.

Robin's, 1409 Henderson Hwy, Henderson, Breaux Bridge, ☎ 337/228-7594. Innovative Cajun-Küche unter großzügigem Einsatz höllisch scharfer Tabasco-Soße – sogar in der Eiscreme. Das *crawfish étouffé* ist genial.

boudins – auch mit Seafood –, Presskopf, gedünstetes Huhn, Krebsfleischbällchen, Gumbo und Beignets. Mo und Di geschlossen.

Blue Dog Café, 1211 W Pinhook Rd, Lafayette, ☎ 337/237-0005, 🖳 www.bluedogcafe.com. Beliebtes, touristisches Café mit Cajun-/kreolischen Gerichten (ausgezeichneter Krabbenfleischauflauf) auf dem Tisch und an den Wänden die charakteristischen Gemälde von blauen Hunden des Cajun-Künstlers George Rodrigue. Mo–Sa Mittagessen, Sa Abendessen, So Brunch mit Musik.

Café des Amis, 140 E Bridge St, Breaux Bridge, ☎ 337/332-5273, 🖳 www.cafedesamis.com. Das künstlerische Restaurant fungiert quasi als betriebsames Gemeindezentrum, und seine Cajun/Creole-Küche mit zahlreichen Crawfish-Kreationen ist sehr lecker. Livemusik am Mittwochabend und Zydeco-Frühstück am Sa von 8.30–11.30 Uhr, Mo geschlossen, Di und So nur Mittagessen.

Dwyer's, 323 Jefferson St, Lafayette, ☎ 337/235-9364. Diner in Downtown, berühmt für große, preiswerte Frühstücksportionen (unbedingt die Süßkartoffel-Pancakes probieren), Mittagsgerichte und hiesige Spezialitäten. Es wird vorwiegend Französisch gesprochen.

Earl's, 510 Verot School Rd, Lafayette, ☎ 337/237-5501. Auch wenn es in diesem Lebensmittelladen mit Metzgerei verschiedene leckere Mittagsgerichte zum Mitnehmen für $5 gibt, sollte man sich an die unglaublich leckeren *boudins* halten.

Die Website des Lafayette Parish **Visitor Center**, 1400 NW Evangeline Thruway, von der I-10 ist voller nützlicher Informationen über die Cajun-Kultur. ⏱ Mo–Fr 8.30–17, Sa und So 9–17 Uhr, ☎ 1-800/346-1958, 🖳 www.lafayettetravel.com.

Das öffentliche Busnetz ist nicht auf die Bedürfnisse von Besuchern ausgelegt. Am besten eignet sich ein **Mietwagen** zur Erkundung der Gegend, denn die Tanzlokale, Restaurants und Hotels sind alle ziemlich weit voneinander entfernt. **Taxis** gibt es bei Quality Cab, ☎ 337/235-8993.

Der **Greyhound**-Terminal liegt in der 315 Lee Ave, der **Amtrak**-Bahnhof wenige Blocks nördlich in der 133 E Grant St, Ecke Jefferson St. Der **Flughafen** befindet sich südlich der Stadt am Hwy-90.

Die Umgebung von Lafayette

Man kann durchaus durch das winzige, 8 Meilen östlich von Lafayette gelegene **Breaux Bridge** fahren, ohne es überhaupt zu merken – was aber jammerschade wäre. Abgesehen von der altmodischen Hauptstraße, der mit Flusskrebsen geschmückten Stahlbrücke über den Bayou Teche und einer Handvoll guter B&Bs, Restaurants und Musikkneipen ist der Ort auch eine angenehme Ausgangsbasis für **Swamp Tours** (s. S. 602) und einen Abstecher ins wunderbare **Lake Martin Nature Reserve**, 3 Meilen südlich am Hwy-31. Hier, wo das Land in Wasser übergeht, fühlt man sich wie am Rand der Welt, und eine Fahrt – oder ein Spaziergang – vorbei am Gewirr der mit Spanischem Moos bewachsenen Zypressen und über enge Straßen mit wucherndem Laub ist einfach traumhaft. Von Februar bis Juni nisten Zehntausende Vögel am See, und auch das restliche Jahr über wimmelt es von Vögeln, ganz zu schweigen von den geschäftigen Nutrias, die durchs Unterholz huschen, und den sonnenbadenden Alligatoren. Wer diese

Wildnis per Kanu erkunden möchte, wendet sich an Pack and Paddle (601 E Pinhook Rd, Lafayette, ☏ 337/232-5854, 🖥 www.packpaddle.com, So geschlossen).

Der Heimatschriftsteller Alan Lomax hat die nördlich von Lafayette gelegene **Cajun Prairie** als das „kulturelle Herzstück" des Cajun Country bezeichnet. Dieser Flickenteppich aus Reis- und Sojabohnenfeldern, durchsetzt von Crawfish-Zuchtteichen, bietet nur einige wenige Städtchen von Interesse.

Opelousas

Das verschlafene Opelousas, 20 Meilen nördlich von Lafayette am I-49, war während des Bürgerkriegs kurzzeitig Hauptstadt von Louisiana und ist heute aus mehreren Gründen berühmt: Dies war die Stadt, in der Jim Bowie, der texanische Revolutionsheld und Erfinder des Bowie-Messers, seine Kindheit verbrachte; der Geburtsort des renommierten Zydeco-Musikers Clifton Chenier und außerdem die Welthauptstadt der Süßkartoffel. Auch einige gute Festivals und Veranstaltungen mit Zydeco-Musik finden hier statt. Einzelheiten sind im **Opelousas Museum**, 315 N Main St, zu erfahren. Es zeigt so spannende Geschichtszeugnisse wie den Friseurstuhl, auf dem sich der Bandit Clyde Barrow das letzte Mal rasieren ließ, ehe er im Norden Louisianas vom FBI erschossen wurde. ⏰ Mo–Sa 9–17 Uhr, Eintritt frei, 🖥 www.cityofopelousas.com. Kettenhotels säumen den I-49; das **Comfort Inn**, ☏ 337/942-4900, 🖥 www.chiocehotels.com, ❹, südlich von Opelousas, ist eine gute Wahl. Das **Palace Café** am Hauptplatz von Opelousas, 135 W Landry Ave, ☏ 337/942-2124, serviert Shrimps, Crawfish und Gumbo in makellosem Diner-Ambiente.

Eunice

Um die Cajun-Prärie ein wenig kennenzulernen, eignet sich das freundliche Eunice, rund 20 Meilen westlich von Opelousas. Das **Prairie Acadian Cultural Center** im **Jean Lafitte National Historical Park**, 250 W Park Ave, zeigt eine fundierte Ausstellung über alle möglichen Aspekte des hiesigen Lebens. Außerdem werden hier Cajun-Konzerte und Kochvorführungen veranstaltet, und es dient als Bühne für Geschichtenerzähler. ⏰ Di–Fr 8–17, Sa 8–16 Uhr, Eintritt frei,

🖥 www.nps.gov. Noch mehr Musik gibt es in der **Cajun Music Hall of Fame**, 240 S C.C. Duson Drive. Zu den ausgestellten Erinnerungsstücken zählen Akkordeons, Gitarren, Geigen und Triangeln. ⏰ Sommer Di–Sa 9–17, Winter 8.30–16.30 Uhr, Eintritt frei. Wer wenig Zeit hat, sollte sich auf den Besuch der beiden o. g. Attraktionen beschränken, obwohl auch das **Eunice Museum**, neben der Hall of Fame, 220 S C.C. Duson Drive, seine Reize hat. Es handelt sich um ein ehemaliges Eisenbahndepot, vollgestopft mit Erinnerungsstücken aus der Region. ⏰ Di–Sa 8–12 und 13–17 Uhr, Eintritt frei.

Eine preiswerte, gastfreundliche Unterkunft ist **L'Acadie Inn**, ein paar Meilen östlich am Hwy-90, ☏ 337/457-5211, 🖥 www.hotboudin. com, ❸. **Allison's Hickory Pit**, 501 W Laurel Ave, ☏ 337/457-9218, veranstaltet wunderbare Barbecues, ⏰ Fr–So 11–14 Uhr; während **Ruby's**, Downtown, 221 W Walnut St, ☏ 337/550-7665, hausgemachte, traditionelle Küche in klassischem Ambiente serviert, ⏰ Mo–Sa.

Eunice bildet auch den Mittelpunkt der regionalen **Musikszene** (s. S. 597).

Ville Platte

20 Meilen nördlich von Eunice liegt Ville Platte. Hier ist der berühmte **Floyd's Music Store** beheimatet, 434 E Main St, 🖥 www.floydsrecords. com. Der Inhaber Floyd Soileau, weltgrößter Vertreiber von South Louisiana Music, hat wirklich alles in dieser Richtung auf Lager, von historischen Zydeco-Aufnahmen bis zu zeitgenössischem Swamp Pop. ⏰ Mo–Sa 8.30–16.30 Uhr. Ein paar Häuser weiter bietet das **Pig Stand**, 318 E Main St, ☏ 337/363-2883, gewaltige Portionen an Brathähnchen, Würstchen und Rippchen, die mit Bergen von köstlichen Beilagen der Südstaaten aufgetischt werden.

Südlich von Lafayette

Die Orte südlich von Lafayette wirken auf den ersten Blick nicht so einladend wie die in der Prärie, doch die Landschaft ist wunderschön: Dies ist **Bayou Country**, eine sumpfige Gegend mit zahllosen Flüssen und Seen, die vom gewaltigen Atchafalaya-Sumpf beherrscht wird,

Touren durch die Sümpfe

Louisiana

Von vielen Anlegestellen im Atchafalaya Basin starten Touren durch die Sümpfe. Es ist eine gespenstische Gegend. Mancherorts quert das gewaltige Asphaltband des I-10 die Sümpfe. Die meisten der alten Hausboote sind verlassen. Die besseren Touren führen weit hinaus. Auf jeden Fall bekommt man zahllose Fischerboote und viele Tiere, darunter sonnenbadende Alligatoren, zu Gesicht. Die nachstehenden Führungen werden von Cajuns veranstaltet, für die die Sümpfe viel mehr sind als nur eine Touristenattraktion. Sie können interessierten Besuchern viel Wissenswertes über ihren Lebensraum erzählen.

The Atchafalaya Experience, 338 N Sterling St, Lafayette, ✆ 337/277-4726, 🖥 www.theatcha falayaexperience.com. Das Vater-und-Sohn-Team veranstaltet umweltbewusste Touren. Der Sohn ist Geologe, und beide sind im Sumpf bestens zu Hause. Tgl. 3 1/2 Std. (davon 2 Std. im Sumpf), $50 p. P., für Termine und Reservierung anrufen.

Bryan Champagne Lake Martin Landing, Rookery Rd, Breaux Bridge, ✆ 337/230-4068, 🖥 www. champagnesswamptours.com. Champagne steuert einen kleinen Crawfish-Kahn durch den vogelreichen Cypress Island Swamp, in dem es Alligatoren zu sehen gibt. Tgl., Zeiten telefonisch erfragen, 2 Std., $20 p. P.

McGee's Swamp Tours, McGee's Landing, 1337 Henderson Levee Rd, bei Breaux Bridge, ✆ 337/228-2384, 🖥 www.mcgeeslanding. com. Die ruhige Anlegestelle bietet außer gemächlichen Vergnügungsfahrten durch das Atchafalaya Basin auch Livemusik. Touren tgl. 10, 13 und 15 Uhr; andere Touren nach Vereinbarung; 1 1/2 Std., $20 p. P. Außerdem Kajak- und Kanuverleih.

dessen dunkelgrünes Morastwasser bis an die Straßenränder reicht.

Die Wirtschaft basiert in erster Linie auf Fischfang und Krabbenzucht, zu einem gewissen Teil auch auf Zuckerrohranbau und Jagd in den Wäldern. Doch längst hat auch die Industrie Einzug gehalten, mit einem Netz zumeist unterirdisch verlaufender Ölpipelines sowie Raffinerien und Wellblechbuden Seite an Seite mit schmucken, weiß getünchten katholischen Kirchen. Die interessanteste Stadt ist **St Martin-ville**, abseits des US-90 und 18 Meilen südlich von Lafayette. Die 1765 errichtete Siedlung am Bayou Teche war eine der wichtigsten Anlaufstellen der heimatvertriebenen Akadier. Das **Museum of the Acadian Memorial** ist den Tausenden zwischen 1764 und 1788 von Kanada nach Louisiana Geflüchteten gewidmet ist. ⏱ tgl. 10–16 Uhr, Eintritt $3, 🖥 www.acadianmemorial. org. Das in der gleichen Anlage beheimatete **African-American Museum** beschäftigt sich mit den versklavten Afrikanern, die im 18. Jh. ins südwestliche Louisiana verschleppt wurden, der Herausbildung einer freien Farbigengemeinde und den Ausschreitungen während der Rekonstruktion. Das **Old Castillo**, 220 Evangeline Blvd, am Bayou, ☏ 318/394-4010, 🖥 www.oldcastillo. com, ist ein B&B mit riesigen Zimmern ❹. Das **Le Petit Paris Café**, 116 S Main St, ☏ 337/342-2606, serviert einfaches Mittagessen.

Der Norden

Der **Norden Louisianas** liegt im Herzen der sogenannten Ark-La-Tex-Region (**Ark**ansas, **L**ouisiana und **Tex**as), wo die Charakteristika des Tiefen Südens – Baumwollfelder, Bible-Belt-Mentalität und eine weiche, schleppende Aussprache – mit den Ranches, dem Öl und der Country-Musik von Texas und den bewaldeten Hügeln von Arkansas verschmelzen. Die Region, in der sich nach Abschluss des Louisiana Purchase Schotten und Iren niederließen, ist stärker vom Baptismus und weniger von der Lebenslust des südlichen Louisiana geprägt. Doch hier werden genauso viele Feste gefeiert.

Angola Prison

Am gottverlassenen Ende des langen, einsamen Hwy-60, eingerahmt von den Ausläufern der Tunica-Berge und dem Mississippi, rund 60 Meilen nordwestlich von Baton Rouge, liegt **Angola**, auch bekannt als „The Farm". Es ist das berüchtigtste Hochsicherheitsgefängnis der Vereinigten Staaten. Sein Name steht als Synonym

für Brutalität und Verzweiflung. Ein bekannter Häftling war der Bluessänger Leadbelly, der hier in den 1930er-Jahren unter seinem bürgerlichen Namen Huddy Ledbetter einsaß. Heute beherbergt das Gefängnis etwa 5000 Gefangene, 77 % von ihnen sind schwarz. Die meisten der Männer sind zu einer lebenslänglichen Haftstrafe verurteilt, rund 100 von ihnen warten auf die Vollstreckung der Todesstrafe.

Das vor dem Hauptgefängnistor gelegene **Angola Museum** erlaubt einen faszinierenden, wenn auch unangenehmen Blick hinter die Mauern dieses komplexen Ortes. Verblichene Fotos und Zeitungsausschnitte enthüllen barbarische Haftbedingungen, und die Knüppel und Gürtel, mit denen die Häftlinge geprügelt wurden, ergänzen das Bild. ⏱ Di–Fr 8–16.30, Sa 9–17 Uhr, Eintritt frei. Seit 1970 findet in Angola jeden Sonntag im Oktober ein **Gefängnis-Rodeo** statt, ein Gladiatorenspektakel, das Tausende von Zuschauern anzieht (außerdem gibt es noch ein zweitägiges Rodeo im April), Eintritt jeweils $10; Anmeldung erforderlich, 🖥 www.angola rodeo.com. Es ist immer wieder ein bizarres Schauspiel: Die Menge tobt, während sich die „Lebenslänglichen" im Streben nach Ruhm oder einfach nur Abwechslung vom öden Gefängnisalltag herumschleudern, aufspießen und in den Staub trampeln lassen.

Natchitoches und Umgebung

Das winzige Natchitoches (sprich „Nakitisch") zwischen Baumwollfeldern am Cane River ist die älteste von Europäern gegründete Siedlung in Louisiana. Sie entwickelte sich um einen 1714 von Franzosen errichteten Handelsposten. Mit liebevoll restaurierter, kreolischer Architektur erinnert die **Front Street** am Fluss an das French Quarter von New Orleans. Zwischen Häusern mit schmiedeeisernen Balkonen, Wendeltreppen und Innenhöfen mit Kopfsteinpflaster stehen Geschäfte alten Stils. Lilien auf dem **St Denis Walk of Honor** huldigt den Berühmtheiten, deren Leben mit Natchitoches verbunden ist, darunter John Wayne, Clementine Hunter (s. S. 604) und die Darsteller des Films *Magnolien aus Stahl*, der hier 1988 gedreht wurde.

Die **Cane River National Heritage Area**, 🖥 www.caneriverheritage.org, bestehend aus restaurierten Plantagenhäusern, Kirchen und Forts, erstreckt sich über ein weites Gebiet südlich von Natchitoches. Als erste Anlaufstelle empfiehlt sich die faszinierende **Melrose Plantation** am Hwy-119. Im Jahr 1794 erhielt Marie Therese Coincoin, eine befreite Sklavin, die Plantage von Thomas Metoyer, ihrem ehemaligen Besitzer und Vater von zehn ihrer 14 Kinder. Coincoin erweiterte den ursprünglichen Besitz zu einer gut 3 km² großen Plantage und konnte später zwei ihrer Kinder und eines ihrer Enkelkinder freikaufen. Um 1900 gehörte Melrose der rührigen „Miss Cammie" Henry. Sie verwandelte das heruntergekommene Anwesen in eine Künstlergemeinde für Maler und Schriftsteller, zu deren Besuchern auch John Steinbeck und William Faulkner gehörten. In den 1940er-Jahren begann die schwarze Köchin von Melrose, Clementine Hunter, lebhafte Bilder vom Leben auf der Plantage und in ihrer Umgebung zu malen.

Heute werden ihre Werke, von denen viele auch hier ausgestellt sind, als wertvolle Volkskunst geschätzt. 🕐 tgl. 12–16 Uhr, Eintritt $8.

Übernachtung und Essen

Die Gegend wartet mit vielen **B&Bs** auf: **Jefferson House**, 229 Second St am Cane River Lake, ✆ 318/352-5834, 🖥 www.jefferson housebandb.com, ist von Downtown aus zu Fuß erreichbar. ❹

Lasyone's, 622 Second St, ✆ 318/352-3353. Das beste Lokal der Stadt hat sich auf köstliche Fleischpasteten, Cremetorten, Kidneybohnen mit Würstchen und frisches, knuspriges Roggenbrot spezialisiert.

Informationen

Visitor Center, 781 Front St, ✆ 1-800/259-1714, 🖥 www.historicnatchitoches.com, hat Informationsbroschüren zu Stadtspaziergängen durch die historische Altstadt. 🕐 tgl. 9–17 Uhr.

Louisiana

Anhang

Bücher

Es würde den Rahmen des Reiseführers sprengen, an dieser Stelle einen umfassenden Überblick über die amerikanische Literatur geben zu wollen. Die folgende Liste kann daher nur eine subjektive Auswahl von Büchern sein und ist als Orientierungshilfe für interessierte Leser zu verstehen. Mit * gekennzeichnete Bücher sind besonders empfehlenswert.

Geschichte und Gesellschaft

Willi Paul Adams / Peter Lösche (Hrsg.) *Länderbericht USA*. Detaillierter Überblick über amerikanische Geschichte, Politik, Geografie, Wirtschaft, Gesellschaft und Kultur.

*W.E.B. DuBois *The Souls of Black Folk*. Die herausragende Sammlung der zum größten Teil autobiografischen Aufsätze untersucht die Rassentrennung in der amerikanischen Gesellschaft zu Beginn des 20. Jhs. Englisch.

Norbert Finzsch / James O. Horton / Lois Horton *Von Benin nach Baltimore. Die Geschichte der African Americans*. Ausgezeichnete Gesamtdarstellung zur Geschichte der Afroamerikaner.

David Halberstam *Die Elite*. Die nach wie vor relevante und erschütternde Analyse zeigt, wie es dazu kam, dass die gebildete Creme der amerikanischen Gesellschaft ihr Land in den ersten Krieg stürzte, den es auf katastrophale Weise verlor.

Wolfgang Hälbich u. a. (Hrsg.) *Briefe aus Amerika. Deutsche Auswanderer schreiben aus der Neuen Welt 1830–1930*. Hervorragend kommentierte Auswahl von Briefen deutscher Auswanderer.

Hans Läng *Kulturgeschichte der Indianer Nordamerikas*. Ausführliche und lesenswerte kulturhistorische Gesamtdarstellung.

Magnus Magnusson *Die Wikinger. Geschichte und Legende*. Wer noch immer glaubt, die Geschichten über die Wikinger als erste Europäer auf dem amerikanischen Kontinent seien nichts als Legenden, wird hier mittels einer minutiösen Aufarbeitung von Einzelheiten eines Besseren belehrt.

James M. McPherson *Für die Freiheit sterben. Die Geschichte des amerikanischen Bürgerkrieges*. Äußerst lesenswerte und präzise Darstellung des amerikanischen Bürgerkriegs unter Einbeziehung und Erläuterung der komplexen gesellschaftlichen, wirtschaftlichen, politischen und militärischen Faktoren.

Perry Miller *Errand into the Wilderness*. Etwas akademisch, aber immer noch ein überaus wichtiger Text, um die Kultur, Gesellschaft und Politik der Puritaner im Amerika des 17. Jhs. zu verstehen. Englisch.

Edmund Morgan *American Slavery, American Freedom*. Komplexe historische Darstellung der raffinierten Methoden, mit denen Virginias reiche Plantagenbesitzer durch die Ausweitung der Sklaverei Konflikte mit der weißen Arbeiterklasse vermieden. Englisch.

David Reynolds *Waking Giant: America in the Age of Jackson*. Mitreißendes neues Porträt Amerikas in der ersten Hälfte des 19. Jhs., vom plumpen Versuch, Kanada im Krieg von 1812 an sich zu reißen, bis zur erfolgreicheren mexikanischen Landnahme drei Jahrzehnte später – alles rund um Andrew Jackson als zentrale Gestalt dieser Periode. Englisch.

*Billy Sothern *Down in New Orleans: Reflections from a Drowned City*. Bewegender Erfahrungsbericht des engagierten Rechtsanwalts Billy Sothern über den Hurrikan Katrina; am schockierendsten ist die kompromisslose Darstellung der schmutzigen Geheimnisse, die durch die Überschwemmungen ans Tageslicht gespült wurden. Jedoch gelingt es dem Autor, dem Schrecken auch Menschlichkeit und Hoffnung entgegenzusetzen. Englisch.

Henry David Thoreau Wenige moderne Autoren können es an Bedeutung mit diesem Urgestein des 19. Jhs. aufnehmen, der mit *Walden oder Leben in den Wäldern* die Umweltbewegung 100 Jahre vorwegnahm und mit *Über die Pflicht zum Ungehorsam gegen den Staat (Civil Disobedience)* die Vorlage für ein bis heute unentbehrliches Instrument der Aktivisten und Bürgerrechtler lieferte.

*Mark Twain *Durch dick und dünn, Leben auf dem Mississippi* und viele andere. Mark Twain ist der bei weitem witzigste und lebhafteste amerikanische Chronist des 19. Jhs. In *Durch dick und dünn* beschreibt er auf absolut unwiderstehlich komische Art seine frühen Reisen durch den Kontinent, die ihn schließlich sogar bis nach Hawaii führten.

Bob Woodward und Carl Bernstein *Die Watergate-Affäre* und *Amerikanischer Alptraum*. Auch wenn Woodward immer noch am laufenden Band interessante Enthüllungen über Washingtoner Zustände herausbringt: Am faszinierendsten bleiben seine Klassiker aus der Nixon-Ära, in denen er schildert, wie eifrige Jungjournalisten einen korrupten Präsidenten zu Fall brachten und in welch unvorstellbare Manie sich dieser Präsident hineingesteigert hatte.

Biografien und Oral History

Muhammad Ali *Lebensweisheiten einer Legende*. Die mitreißende und unterhaltsame Autobiografie des Jungen aus Louisville (Kentucky), der es bis zum Schwergewichtsweltmeister im Profiboxen brachte. Mit Hilfe seiner dritten Tochter Hana Yasmeen Ali beschreibt er seine Karriere und seine Konvertierung zum Sufismus.

Paul Auster (Hrsg.) *Mohr Sieb – wahre Geschichten aus Amerika*. Eine Sammlung authentischer Geschichten, die Auster für ein öffentliches nationales Radioprojekt zugeschickt bekam. Die thematisch geordnete Anthologie lässt sich am besten quer lesen; zwischen den vielen rührseligen und banalen Geschichten verstecken sich auch immer viele schrullige, bewegende oder schlichtweg durchgeknallte Storys, die das Buch durchaus lesenswert machen.

Bill Clinton *Mein Leben*. Ausführliche und etwas langatmige Autobiografie des letzten US-Präsidenten des 20. Jhs. An der Person Clinton faszinieren vor allem die unbändige Energie und Leidenschaft, mit der er sich seiner politischen Karriere widmete.

Taylor Branch *America in the King Years*. Brillantes dreibändiges Werk über die enormen und längst überfälligen Veränderungen, die Amerika während der Bürgerrechtsbewegung in den 1950er- und 1960er-Jahre durchmachte – geschildert aus der Sicht von Martin Luther King Jr. Englisch.

Frederick Douglass et al *The Classic Slave Narratives*. Sammlung von Autobiografien ehemaliger Sklaven, von Olaudah Equíanos Entführung aus Afrika und seiner Odyssee um die halbe Welt bis zu Frederick Douglass, der auf seine sprachgewandte Art die Sklaverei anprangert. Enthalten ist auch die Geschichte der Flucht von Harriet Jacobs aus Edenton in North Carolina (s. S. 423). Englisch.

Jill Ker Conway (Hrsg.) *Written by Herself*. Vorzügliche Zusammenstellung weiblicher Autobiografien aus der Mitte der 19. Jhs., u. a. von Afroamerikanerinnen, Wissenschaftlerinnen, Künstlerinnen und Pionierinnen. Englisch.

*U.S. Grant *Personal Memoirs*. Von Mark Twain ermutigt, verfasste der Nordstaatengeneral und spätere Präsident die Autobiografie noch kurz vor seinem Tod, um seine horrenden Schulden wettzumachen (was ihm auch gelang). Zunächst wirkt das Buch seltsam undramatisch, doch mit zunehmender Dauer setzt sich die nüchterne Bescheidenheit des Autors auf überzeugende Weise durch. Englisch.

*Malcolm X, mit Alex Haley *Malcolm X*. Die bewegend ehrliche und packende Lebensgeschichte des radikalen schwarzen Bürgerrechtlers und seines Aufstiegs vom Straßengangster zum politischen Führer. Das Buch entstand im Laufe mehrerer Jahre auf Reisen und porträtiert auch die Entwicklung seines Denkens vor, während und nach seiner Trennung von der Nation of Islam. Extrem quälend ist der Schlussteil, in dem Malcolm X über seine bevorstehende Ermordung schreibt.

Ron Powers *Mark Twain*. Maßgebliche neuere Biografie über einen der faszinierendsten Autoren Amerikas. Englisch.

Luc Sante *Low Life*. Die rasante Schilderung der New Yorker Unterwelt des 19. Jhs. macht deutlich, wie Gangster, Prostituierte, Politbosse und Schlägertypen das Ihre zum Gepräge und Charakter der Stadt beitrugen, im Guten wie im Schlechten. Englisch.

Studs Terkel *American Dreams Lost and Found*. Die Interviews mit ganz normalen Durchschnittsbürgern sorgen für einen Einblick in das amerikanische Leben, wie er aufschlussreicher kaum sein könnte. Englisch.

Gary Younge *Stranger In A Strange Land* und *No Place Like Home*. Der schwarze, britische Journalist Gary Younge ist ein sehr genauer

Beobachter des heutigen Amerika. Seine Erfahrungen im selbsternannten „neuen Süden" dokumentiert er spannend in *No Place Like Home*. Englisch.

Unterhaltung und Kultur

Joshua Berrett (Hrsg.) *The Louis Armstrong Companion: Eight Decades of Commentary*. Umfangreiche Sammlungen von Aufsätzen, Interviews, Briefen, Kritiken und autobiografischen Details, die den einflussreichsten Musiker der Welt in seiner ganzen Komplexität beleuchten. Das Buch ist eine gute Einführung in das Thema und bietet massenhaft zuvor unveröffentlichtes Material. Zu den Höhepunkten zählt Armstrongs Klagelied auf den Defätismus und die negative Einstellung der männlichen schwarzen Bevölkerung Amerikas. Nur in englischer Sprache.

*Thomas Brothers *Louis Armstrong's New Orleans*. Das beste Buch über Louis Armstrong: ein lebendiger Bericht über den wahnsinnig begabten Trompeter und seine Zeitgenossen sowie den kulturellen Kontext, in dem sie agierten. Brillant wird die kreative Szene im New Orleans des frühen 20. Jhs. heraufbeschworen. Englisch.

Bob Dylan *Chronicles: Volume One*. Als einer der einflussreichsten Musiker und Lyriker war und ist Bob Dylan zweifellos eine der zentralen Figuren der amerikanischen Kultur. Mit seiner langerwarteten Autobiografie entfernt er sich weit von dem ungeordneten, assoziativen Schreibfluss seiner früheren Werke. Dabei legt er den Fokus auf drei Zeitabschnitte seines Lebens, die er in fast mikroskopischer Detailgenauigkeit schildert, darunter Greenwich Village in den 60ern und New Orleans in den 80er-Jahren.

Charlotte Greig *Will You Still Love Me Tomorrow*. Mädchenbands von den 50ern bis heute. Enthusiastischer Bericht aus feministischem Blickwinkel auf (überwiegend amerikanische) Girl-Groups von den Chantels und den Crystals der 50er-Jahre bis zu den Rap-Stars der 80er wie Salt 'n' Pepa. Inzwischen logischerweise etwas veraltet, doch die zahlreichen Fotos und persönlichen Erinnerungen sorgen auch heute noch für großen Lesespaß.

*Peter Guralnick *Lost Highways, Feel Like Going Home* und *Sweet Soul Music*. Die gründlich recherchierten und persönlichen Geschichten aus der Welt der schwarzen Popmusik sind gespickt mit Informationen und Fakten zu den großen Künstlern. In seinen neueren Elvis-Presley-Biografien, *Last Train to Memphis* und *Careless Love*, zeichnet der Autor ohne Sensationsgier, aber in einer dennoch fesselnden dokumentarischen Art den Aufstieg und Fall des „King" nach und setzt sich als einer von Wenigen auch ernsthaft mit Elvis als Musiker auseinander. Englisch.

Gerri Hershey *Nowhere to Run: The History of Soul Music*. Überzeugende Darstellung der Entwicklung der Soul-Musik von der Blüte des Gospel in den 40er-Jahren über die Musikszenen von Memphis, Motown und Philly bis zu den Black Sounds der frühen 80er. Eine besondere Stärke ist der gesellschaftliche und politische Kontext, den die Autorin auch mit zahlreichen Anekdoten und Interviews beleuchtet. Englisch.

Greil Marcus *Die Legende lebt*. Ungemein unterhaltsame Sammlung der vielen Legenden über Elvis Presley, wenn auch etwas voreilig zusammengeschustert aus bereits zuvor veröffentlichten Artikeln. Das Buch *Mystery Train* des gleichen Autors ist eine intelligente und fesselnde Darstellung der amerikanischen Popmusik, von Robert Johnson über Elvis Presley bis Randy Newman.

Michael Ondaatje *Buddy Bolden Blues*. Außergewöhnliche, traumartige Umsetzung des Lebens von Jazz-Musiker Buddy Bolden in Romanform. Das Buch über den gegen Ende in geistige Umnachtung verfallenen Kornettisten aus New Orleans ist in einem Stil geschrieben, der in Rhythmus und Tempo an Jazz-Improvisationen erinnert. Ondaatje ist übrigens der Autor von *Der englische Patient*.

*Geoffrey C. Ward, Ken Burns et al *Jazz: A History of America's Music*. Die Geschichte endet kurz nach der Periode des Bebop, doch der äußerst lesenswerte Band (es existiert auch eine entsprechende TV-Serie) zeichnet mit mehreren Hundert Illustrationen und seltenen Fotografien, Berichten aus erster Hand und lebendigen Artikeln ein wunderschönes Porträt von Amerikas ureigener Musik und ihren wichtigsten Protagonisten. Englisch.

Reiseberichte

Alistair Cooke *Alistair Cooke's America*. Der tiefschürfende, eloquente Überblick über Amerikas Leben und Bräuche vermittelt einen guten Eindruck von der Komplexität seiner Kultur und Politik. Auch in Cookes andere Amerika-Bücher lohnt es sich hineinzuschauen. Englisch.

Charles Dickens *Aufzeichnungen aus Amerika*. Satirischer USA-Kommentar aus der Perspektive des desillusionierten Briten und um einiges leichter im Ton als Dickens' späterer Roman *Martin Chuzzlewit*.

Jack Kerouac *Unterwegs*. Der ultimative Roman über die transkontinentalen Streifzüge der Beatniks liest sich heute wie ein seltsam veraltetes Historienstück, ist aber nicht so schwer verständlich, wie manchmal behauptet wird.

James A. MacMahon (Hrsg.) *Audubon Society Nature Guides*. Attraktiv aufgemachte, vollständig illustrierte und einfach zu benutzende Naturführer zur Flora und Fauna von sieben verschiedenen regionalen Ökosystemen in den USA, die sich von Küste zu Küste über das ganze Land erstrecken und vom Grasland bis zum Gletscher reichen.

John McPhee *Encounters with the Arch Druid*. In drei miteinander verwobenen Geschichten kämpft David Brower, der verstorbene Umweltaktivist und Gründer von Friends of the Earth, gegen Baufirmen, Bergbauunternehmen und Staudammprojekte bei seinem Versuch, drei unterschiedliche amerikanische Wildnisgebiete zu schützen, nämlich die Atlantikküste, den Grand Canyon und die Kaskadenkette im Pazifischen Nordwesten. Englisch.

Edmund White *States of Desire: Travels in Gay America*. Ein offenherziger Bericht über das Leben in den Schwulengemeinden Amerikas mit besonderem Schwerpunkt auf San Francisco und New York. Englisch.

Belletristik

Amerika allgemein

*Raymond Carver *Würdest du bitte endlich still sein, bitte?* Geschichten aus der amerikanischen Arbeiterklasse, geschrieben in einem auffällig kargen, fast schon trockenen Stil, der möglicherweise von Hemingway inspiriert ist und ganz sicher unzählige moderne amerikanische Schriftsteller beeinflusst hat. Die Geschichten dienten auch als Grundlage für den Film *Short Cuts* von Robert Altman.

Don DeLillo *Weißes Rauschen* und *Spieler*. Der erstgenannte Titel ist das beste Buch des Autors, eine lustige und scharfsinnige Forschungsreise durch die Popkultur. *Spieler* zählt dagegen zu den in den meisten Fällen fehlgeschlagenen Versuchen, das amerikanische Leben des 20. Jhs. in einem einzigen großen Roman zu verpacken, ist aber dennoch lesenswert.

*John Dos Passos *USA*. Ungemein ambitionierter Roman (ursprünglich eine Trilogie), der sich aus allen möglichen Blickwinkeln mit den USA in den ersten Jahrzehnten des 20. Jhs. beschäftigt. Fesselnde Geschichten über Menschen aus einer betont politischen und historischen Perspektive.

William Kennedy *Wolfsmilch*. Eine knappe und rührende Geschichte über ein vom Glück verlassenes Alkoholikerpärchen, das von den Geistern seiner bewegten Vergangenheit heimgesucht wird. Die ausgezeichnete Studie über das Amerika der 30er-Jahre des 20. Jhs. ist in der Arbeiterklasse von Albany im Bundesstaat New York angesiedelt.

*Herman Melville *Moby Dick*. Der umfangreiche und spannende Roman zum Thema Walfang im 19. Jh. steckt voller Details über das damalige Leben in Amerika zwischen Neuengland und Pazifik.

Annie Proulx *Das grüne Akkordeon*. Das Meisterwerk kommt dem sagenumwobenen „großen amerikanischen Roman" so nah, wie es nur geht. Als Leitmotiv für die faszinierende Geschichte von Einwanderern in allen Teilen Nordamerikas dient ein ramponiertes sizilianisches Akkordeon.

New York City

Paul Auster *Die New York Trilogie*. Drei an Borges erinnernde Studien der Geheimnisse und Verrücktheiten des modernen New York. Mit den Mitteln des Detektivromans zeichnet Auster ein aufgewühltes und aufwühlendes Porträt der Stadt.

Truman Capote *Frühstück bei Tiffany* und *Kaltblütig*. Der erste Roman handelt von einem fiktiven sozialen Aufsteiger in New York namens Holly Golightly, der zweite ist die authentische Lebensgeschichte zweier Serienmörder im Mittleren Westen. Die Thematik der typisch amerikanischen Geschichten könnte unterschiedlicher kaum sein, doch beiden gemeinsam ist der tiefe Einblick, den sie dem Leser verschaffen.

Michael Chabon *Die unglaublichen Abenteuer von Kavalier & Clay*. Den Pulitzer-Preis gewann Chabon mit diesem Roman über den Aufstieg und Fall zweier Cousins, die als Comic-Zeichner in New York City leben – der eine flüchtete im Zweiten Weltkrieg aus dem besetzten Prag, der andere ist noch nie aus Brooklyn herausgekommen.

Jonathan Franzen *Die Korrekturen*. Der Roman über eine klassisch aus den Fugen geratene amerikanische Familie konnte mit dem um ihn veranstalteten Wirbel nie ganz mithalten, aber wer will ihm das verdenken? Auf jeden Fall reflektiert die ambitionierte und teilweise auch sehr lustig zu lesende Erzählung auf gekonnte Weise die andauernde Sinnsuche seiner Protagonisten.

*Chester Himes *Schwarzes Geld für weiße Gauner; Blind, mit einer Pistole* u. v. a. Die vor Action strotzenden und extrem blutrünstigen Kriminalromane spielen im New Yorker Schwarzenviertel Harlem und drehen sich um die gefürchteten farbigen Cops Coffin Ed Johnson und Grave Digger Jones.

J.D. Salinger *Der Fänger im Roggen*. Der klassische Jugendroman porträtiert den heranwachsenden Holden Caulfield, der sich in den Straßen New Yorks durchschlägt.

Jonathan Lethem *Motherless Brooklyn*. Humorvolle Ganovenstory um Lionel Essrog, Prince-Fan und Privatdetektiv mit Tourettesyndrom, der im Brooklyn an der Wende zum 19. Jh. einem Killer auf den Fersen ist.

New England

Emily Dickinson gilt zu Recht als eine herausragende Dichterin ihrer Zeit, auch wenn es viele Jahrzehnte dauerte, bis ihr innovatives Werk, das sich mit düsteren emotionalen Themen befasste, die gebührende Anerkennung fand. Zum Einlesen sehr geeignet ist der *Cambridge Companion* zu ihrem Werk.

Nathaniel Hawthorne *Das Haus der sieben Giebel*. Fesselnde Schauergeschichte über ein wegen puritanischer Untaten verfluchtes Haus und seine Bewohner. Auch das übrige Werk dieses maßgeblichen amerikanischen Autors ist sehr lesenswert, nicht zuletzt sein berühmter Roman *Der scharlachrote Buchstabe*.

John Irving *Gottes Werk und Teufels Beitrag*. In einem seiner erfolgreicheren Romane verwebt Irving Liebe und Leiden mit den vielen Facetten der Diskussion um das Thema Abtreibung vor der Kulisse Maines.

H.P. Lovecraft *The Best of H.P. Lovecraft: Bloodcurdling Tales of Horror and the Macabre*. Gruselgeschichten aus Neuengland von einem Schriftsteller, den Stephen King als „den größten Autor klassischer Horrorstorys des 20. Jhs." bezeichnete. Englisch.

Die Südstaaten

William Faulkner *Die Spitzbuben*. Der Roman ist das letzte und humorigste Werk des gefeierten Schriftstellers aus dem tiefen Süden. *Schall und Wahn*, eine faszinierende Studie über das Thema Vorurteile, ist wie die meisten seiner Romane in der fiktiven Region Yoknatapawpha County im US-Bundesstaat Mississippi angesiedelt, aber wesentlich schwieriger zu lesen.

Carl Hiaasen *Letztes Vermächtnis* u. v. a. Hiaasen ist der witzigste Autor der Krimiszene und ein rasierklingenscharfer Chronist der wilden und abgedrehten Seite Floridas. In dieser Hochgeschwindigkeitsstory geht es um tote Rockstars, einen mürrischen Journalisten und eine gefrorene Riesenechse.

Zora Neale *Hurston Spunk*. Die aus Florida stammende Schriftstellerin und Ethnologin schrieb Kurzgeschichten über das Leben und die Kultur der afroamerikanischen Bevölkerung in allen Teilen der USA und wurde in den 20er-Jahren des 20. Jhs. zu einem der gefeierten Vorbilder der kulturellen Renaissance im New Yorker Schwarzenviertel Harlem.

Harper Lee *Wer die Nachtigall stört*. Klassische Geschichte über Rassenkonflikte und die feindliche Einstellung der Gesellschaft gegenüber dem weißen Außenseiter Boo Radley – beobachtet aus den Augen seiner Tochter.

Carson McCullers *Das Herz ist ein einsamer Jäger*. McCullers ist unerreicht in ihrer sensiblen Behandlung von Außenseitern. In diesem Roman schildert sie die Haltung einer kleinen Südstaatengemeinde gegenüber einem Taubstummen.

Margaret Mitchell *Vom Winde verweht*. Selbst dann noch lesenswert, wenn man den Text von Scarlett und Rhett schon auswendig kennt.

*Toni Morrison *Menschenkind*. Hervorragend geschriebener Geisterroman der Literaturnobelpreisträgerin über das leidvolle Leben einer Gruppe befreiter Sklaven nach dem amerikanischen Bürgerkrieg und die Zwangsvorstellungen, von denen eine Mutter heimgesucht wird, nachdem sie ihr Baby getötet hat, um ihm ein Leben in der Sklaverei zu ersparen.

Alice Walker *13 Liebesgeschichten*. Bewegende und mitreißende Geschichten über schwarze Frauen im amerikanischen Süden von der Autorin des viel gepriesenen Romans *Die Farbe Lila*.

Eudora Welty *Die goldenen Äpfel*. Absonderliche und humorige Schilderung des Lebens in einem Provinznest in Mississippi. Der von der Kritik am meisten gelobte Roman *The Optimist's Daughter* erforscht die Spannungen zwischen der Tochter eines Richters und ihrer Stiefmutter, nur auf Englisch.

Louisiana

James Lee Burke *Black Cherry Blues*. In dem vielleicht besten Roman aus Burkes Reihe über Cajun-Cop Dave Robicheaux enthüllt der Polizist die geheimen Verbindungen zwischen der Regierung und dem organisierten Verbrechen in Louisiana und Montana.

George Washington Cable *The Grandissimes*. Die romantische Saga über die Fehden einer kreolische Familien entstand um 1900, spielt aber ein Jahrhundert zuvor während des Landkaufs *Louisiana Purchase* und ist eine hervorragende Darstellung der Oberschicht im schwülen Louisiana, der kreolischen Lebensart und des Widerstands von Orleans gegen die Amerikanisierung. Seinerzeit schockierte der Roman wegen seiner wohlwollenden Darstellung der Schwarzen. Nur in englischer Sprache.

*Kate Chopin *Das Erwachen*. Die aufwühlende Geschichte einer verheirateten Frau aus der Bürgerschicht, deren Emanzipationsbestreben in einer Tragödie endet. Das sumpfige Louisiana Ende des 19. Jhs. ist zunächst der sinnliche Nährboden für das sexuelle Erwachen der Protagonistin und wird schließlich zu ihrer Nemesis.

Valerie Martin *Property*. Die düstere, aber wundervoll erzählte Geschichte über die Psychologie der Sklavenhaltung schildert die Entmenschlichung beider Seiten, von Sklavin und Herrin, auf einer Zuckerrohrplantage in Louisiana.

Anne Rice *Feast Of All Saints*. Bekannt ist Anne Rice für ihre Vampirgeschichten, aber das beste Porträt des alten New Orleans gelingt ihr in dieser sensiblen Analyse der Beziehungen zwischen Rassen und Geschlechtern in der Zeit vor dem Bürgerkrieg. Englisch.

*John Kennedy *Toole Ignaz oder Die Verschwörung der Idioten*. In der anarchisch-schwarzen Tragikomödie veranstaltet der aufgeblasene und widerwärtige Antiheld Ignatius J. Reilly das reine Chaos in einem wenig ersprießlichen und surrealen New Orleans.

*Robert Penn Warren *Das Spiel der Macht*. Vorbild für die Hauptfigur Willie Stark war der legendäre Südstaatenpolitiker Huey Long, der sich vom Idealisten zum korrupten Machtpolitiker wandelte. Einer der großen amerikanischen Romane, 2006 verfilmt mit Sean Penn und Jude Law.

Great Lakes

Elmore Leonard *Freaky Deaky*. Einer der lustigsten von Leonards zahlreichen harten bis brutalen Thrillern spielt in Detroit und handelt von zwei ehemaligen Radikalen aus den Sechzigern, die zu Kriminellen werden. Englisch.

Upton Sinclair *Der Dschungel*. Bereits 1905 prangerte Sinclair die skandalösen Zustände in Chicagos Fleischindustrie an. Die Mischung aus Roman und sozialistischem Traktat wurde zu einem der einflussreichsten Bücher der amerikanischen Geschichte.

Richard Wright *Sohn dieses Landes*. Die erschütternde Geschichte von Bigger Thomas, einem schwarzen Chauffeur, der durch einen unglücklichen Zufall die Tochter seines Arbeitgebers tötet. Die Erzählung entwickelt sich um das Verhältnis zu seinem Anwalt, mit dem er den höchsten Stand an Gleichheit erreicht, den er bis dahin mit einem Weißen erfahren hat.

Anhang

Filme

Die folgende Liste beinhaltet bedeutende Filme aus verschiedenen Genres und mit Schauplätzen in den gesamten USA, die dazu beigetragen haben, das Bild von Amerika weltweit zu prägen. Sie zementierten kulturelle Stereotypen oder nationale Symbole wie etwa den Gangster, den Cowboy, das blonde Revuegirl, weite Prärien, endlose Highways, Straßenschluchten mit Wolkenkratzern oder Traumvillen in Vorstädten. Mit einem *Sternchen gekennzeichnete Filme sind besonders empfehlenswert.

Musikfilme und Musicals

*Du sollst mein Glücksstern sein (Stanley Donen / Gene Kelly, 1952). Gefeierte musikalische Komödie über Hollywood in den Anfangstagen des Tonfilms mit energiegeladenen Darbietungen des Stars Gene Kelly, des kumpelhaften Donald O'Connor und einer elfengleichen Debbie Reynolds. Songs wie Make 'Em Laugh und das Originaltitelstück Singin' In The Rain sind unvergessen.

Gimme Shelter (Albert und David Maysles, 1969). Ausgezeichneter Dokumentarfilm über das verhängnisvolle Konzert der Rolling Stones im kalifornischen Altamont. Der eindringliche Blick auf hausgemachte Gewalt in Amerika und das Chaos der Vietnam-Ära Ende der 60er-Jahre beinhaltet einen tödlichen Messerstich vor laufender Kamera.

Die Goldgräber von 1933 (Mervyn LeRoy / Busby Berkeley, 1933). Choreograf Berkeley verwendete als erster in Hollywood Deckenlaufkräne für Kameraaufnahmen der präzise einstudierten Nummern glamouröser Revuetänzerinnen. Siehe auch 42nd Street und Parade im Rampenlicht.

Heimweh nach St. Louis (Vincente Minnelli, 1944). Dieses reizende Stück Nostalgie, am bekanntesten für die Judy-Garland-Nummer The Trolley Song, feiert das Amerika der Jahrhundertwende am Beispiel der Geschicke einer Familie in St. Louis während der Weltausstellung von 1903.

Heute gehn wir bummeln (Stanley Donen / Gene Kelly, 1949). Mitreißende musikalische Reise durch New York City, angeführt von Gene Kelly und Frank Sinatra, der einen Matrosen auf Landurlaub mimt.

Schlagerpiraten (Frank Tashlin, 1956). Die vollbusige und schmollmundige Jayne Mansfield war das blonde Sexsymbol des atomaren Zeitalters. Und Tashlin, der viele Jahre als Trickfilmzeichner und -regisseur verbrachte, wusste genau, wie er ihren comichaften zuckersüßen Charme am besten zur Geltung bringen konnte. Der Rock 'n' Roll-Plot liefert einige wunderbare musikalische Momente mit Nummern von Eddie Cochran, Little Richard und der wundervollen Julie London.

Schwere Colts in zarter Hand (David Butler, 1953). Doris Day als toughe Revolverheldin Calamity Jane, die sich durch den Wilden Westen singt und vom noch tougheren Howard Keel (beinahe) gezähmt wird.

Viva Las Vegas (George Sidney, 1964). Einer der besseren von Elvis' Musikfilmen, auch dank der quirligen Präsenz von Ann-Margret – von allen Co-Stars des King konnte nur sie es in puncto schierer Erotik mit ihm aufnehmen. Während der Dreharbeiten hatten die beiden eine Affäre, was auch im Film deutlich zutage tritt.

Woodstock (Michael Wadleigh, 1969). Das optimistische Gegenstück zu Gimme Shelter dokumentiert den musikalischen Höhepunkt der Hippie-Ära. Eine halbe Million angetörnter und matschverschmierter Blumenkinder tanzt friedlich auf einem Farmgelände im Norden des Bundesstaates New York zu Musik von Jimi Hendrix, The Who, Sly and the Family Stone u.v.m.

Stummfilme

Die Geburt einer Nation (D.W. Griffith, 1915). Vielleicht der einflussreichste Film der amerikanischen Kinogeschichte, sowohl wegen seiner bahnbrechenden Technik mit Nahaufnahmen und Kreuzschnitten als auch wegen seiner entsetzlich rassistischen Tendenz, die eine Wiederbelebung des Ku-Klux-Klan zur Folge hatte.

*Der General (Buster Keaton, 1926). Eine gute Einführung in Keatons akrobatische Slapsticks und seine einfallsreiche Regie. In der Komödie spürt der Mann mit dem steinernen Gesichtsausdruck seine im Amerikanischen Bürgerkrieg entführte Lokomotive wieder auf.

Gier (Erich von Stroheim, 1923). Die gewagte Szene-für-Szene-Adaption des Romans *Gier nach Gold* von Frank Norris ist eine tragische Geschichte von Liebe und Rache in San Francisco Ende des 19. Jhs. Das durch MGM von zehn auf zweieinhalb Stunden zusammengestauchte Werk ist und bleibt ein Triumph für das Kino wegen seiner bemerkenswerten Kompositionen, seinem monumentalen Drama und dem wahrhaft herzerschütterndem Ende.

Goldrausch (Charlie Chaplin, 1925). Chaplins bester Film zeigt den Tramp, wie er während eines Schneesturms in Alaska in einer Hütte festsitzt. In der anrührenden Geschichte bringt er die Mischung aus viel Gefühl und großer Komödie in eine nahezu perfekte Balance.

Sonnenaufgang – Lied von zwei Menschen (F.W. Murnau, 1927). In einer der schönsten Hollywood-Produktionen aller Zeiten beeindruckt der aus Deutschland stammende Regisseur durch bemerkenswerte Lichteffekte, komplexe Kamerafahrten und überzeugende Darsteller. Die Geschichte handelt von einem Jungen vom Lande, der wegen einer Femme Fatale aus der Großstadt auf die schiefe Bahn gerät.

Western

McCabe und Mrs. Miller (Robert Altman, 1971). In diesem Anti-Western führt Entrepreneur Warren Beatty die Prostitution in einer Kleinstadt im Staat Washington ein und versucht sich selbst als Revolverheld neu zu erfinden.

Panik am roten Fluss (Howard Hawks, 1948). Emporkömmling Montgomery Clift kämpft während des ersten großen Viehtriebs durch den Mittleren Westen gegen den Rindfleischbaron John Wayne. Typische Hawks-Geschichte vom Aufeinanderprallen zweier starker Charaktere und coolen Profis auf dem weiten Weideland.

*Der schwarze Falke (John Ford, 1956). Vielleicht der symbolhafteste der zahlreichen Western unter Fords Regie. Die äußerst einflussreiche Produktion mit starker Kinotechnik und monumentalen Ausmaßen zeigt John Wayne als gnadenlosen Jäger eines Indianerhäuptlings,

der für das Massaker an seiner Familie und seinen Freunden verantwortlich war.

Spiel mir das Lied vom Tod (Sergio Leone, 1968). Der Inbegriff des Spaghetti-Western wurde von einem italienischen Regisseur in Spanien gedreht und ist durchsetzt mit knorrigem Individualismus und anderen amerikanischen Mythen wie der quasi gottgewollten Bestimmung zur Ausdehnung der Siedlungsgebiete nach Westen.

The Wild Bunch – Sie kannten kein Gesetz (Sam Peckinpah, 1969). Ein Film, der genauso viel über das chaotische Ende der 60er-Jahre des 20. Jhs. aussagt wie über den Wilden Westen. Eine Bande von Killern jagt den Frauen und einem Schatz hinterher und endet in einem Blutbad, wie es die Filmgeschichte bis dahin noch nicht gesehen hatte.

Americana

*Citizen Kane (Orson Welles, 1941). Der wohl beste amerikanische Spielfilm aller Zeiten stellt die Geschichte „vom Tellerwäscher zum Millionär" auf den Kopf: Ein armer Junge vom Lande stürzt ins blanke Elend, nachdem er ein Vermögen geerbt hat.

Denn sie wissen nicht, was sie tun (Nicholas Ray, 1955). Die Apotheose der Existenzangst Heranwachsender mit einem James Dean, der sich gegen die Heuchelei der heilen Welt in der Familie auflehnt und in allerlei Raufhändel, tödliche Beschleunigungsrennen und nächtliche Prügeleien mit der Polizei verwickelt wird.

E.T. – Der Außerirdische (Steven Spielberg, 1982). Großer Kinohit aus der Reagan-Ära als gefühlsduselige Variation der Monsterfilme aus den 50er-Jahren unter Leitung eines Regisseurs mit einer hartnäckigen Vorliebe für abwesende Väter, Vorstadtfantasien und extraterrestrische Erlöser. Ein gutes Beispiel für die endlose Suche des amerikanischen Kinos nach der verlorenen Unschuld.

Die Farbe Lila (Steven Spielberg, 1985). Für den gleichnamigen Roman über eine schwarze Frau im Süden, der es gelingt, die elenden Verhältnisse während der Rassentrennung zu überwinden, bekam Alice Walker den Pulitzer-Preis. Spielberg setzte die Geschichte in eindrucksvolle

Bilder um, mit glänzenden Darstellern und einer ordentlichen Dosis Melodramatik.

Frühstück bei Tiffany's (Blake Edwards, 1961). Manhattan war nie eleganter, und Audrey Hepburn wurde als zerbrechliches Partygirl Holly Golightly, von Givenchy eingekleidet, zur ultimativen Stilikone – und auch der Filmsong *Moon River* von Henry Mancini wurde zum Klassiker. Die Story basiert auf einer Novelle von Truman Capote (der sich ursprünglich Marilyn Monroe für die Rolle der Holly Golightly wünschte).

Mr. Smith geht nach Washington (Frank Capra, 1939). Demagogisch-populistischer Film, der wegen seines rosaroten Glaubens an das Gute in „Otto Normalverbraucher", seiner düsteren Darstellung der politischen Elite und seiner aufrichtigen Hoffnung auf eine wunderbare Zukunft Amerikas noch immer die Gemüter bewegt. Der weniger bekannte Film **Hier ist John Doe** desselben Regisseurs ist eine pessimistischere Variante der gleichen Geschichte.

Robert Altman's Last Radio Show (Robert Altman, 2006). Es passt gut, dass Altman, für den Nostalgie kein Fremdwort war, diesen makellosen Film als seinen Schwanengesang schuf: ein Musical über die (fiktive) letzte Sendung des (realen) bodenständigen Rundfunkprogramms des Autors Garrison Keillor. Die wie bei Altman üblich vor Stars strotzende Besetzung und ein geistreiches Drehbuch von Keillor – der sich selbst spielt – schaffen einen ironischen, melancholischen und schönen Tribut an verlorene Träume.

There Will Be Blood (Paul Thomas Anderson, 2007). Die verstörende Saga über den amerikanischen Ölboom um die Wende vom 19. zum 20. Jh. weicht in unerwarteter Weise von Upton Sinclairs Romanvorlage *Öl!* ab und wird ganz von ihrem fragwürdigen Helden Daniel Day Lewis dominiert. Seine meisterliche Darstellung des undurchschaubaren, monströsen Ölsuchers Daniel Plainview wirft viele beunruhigende Fragen über den Amerikanischen Traum auf.

Der unsichtbare Dritte (Alfred Hitchcock, 1959). Nicht nur ein aufregender Verfolgungsfilm, in dem der internationale Verbrecher James Mason den Werbemann Cary Grant jagt, sondern auch ein filmischer Reisebericht, der auf der New Yorker Madison Avenue beginnt und

bei den Klippen von Mount Rushmore in South Dakota endet.

*So wie wir waren (Sidney Pollack, 1973). Ein Hollywoodstreifen, wie es ihn heute nicht mehr gibt – ein politischer Film von politischen Leuten über eine hochpolitische Zeit. Barbra Streisand ist toll als feurige linksgerichtete Intellektuelle, die sich in den 1930er-Jahren in den blonden Robert Redford verliebt. Der verzweifelt romantische Film verfolgt das Paar dann durch die Jahrzehnte voller gewaltiger sozialer und kultureller Veränderungen.

*Vom Winde verweht (Victor Fleming, 1939). Vielleicht der populärste Film aller Zeiten – das üppig ausgestattete, berührende und elegische Porträt des Alten Südens ist ein drei Stunden langes, kunstvoll gestricktes historisches Melodrama. Vivien Leigh bezaubert als rebellische Südstaaten-Schönheit Scarlett O'Hara, während Hattie McDaniel für ihre Rolle als Scarletts Kindermädchen als erste Afroamerikanerin einen Oscar erhielt.

*Der Zauberer von Oz (Victor Fleming, 1939). Der Meilenstein für Kinematografie und fantastische Technicolor-Inszenierung zeigt Hollywood auf seinem Zenit, romantisiert das kleinstädtische Leben im Mittleren Westen und liefert unglaubliche Fantasy-Bilder von guten und bösen Hexen, tanzenden Zwergen, fliegenden Affen und einer Judy Garland mit rubinroten Schuhen auf der gelben Pflasterstraße.

Roadmovies

Badlands – Zerschossene Träume (Terrence Malick, 1973). Martin Sheen als einsamer Loser aus dem Mittleren Westen mit seiner Freundin Sissy Spacek auf Amok-Tour in einer fesselnden Reise durch das amerikanische Herzland. Düsterer Blick auf das Leben *on the road* als Synonym einer sinnlosen Existenz.

Easy Rider (Dennis Hopper, 1969). Peter Fonda und Regisseur Hopper entdecken Amerika auf verrückt zurechtgemachten Bikes, lesen unterwegs den dämlichen Jack Nicholson auf, werfen auf einem Friedhof in New Orleans LSD-Trips ein und werden schließlich von bewaffneten Rednecks getötet. Ein Roadmovie als Metapher für einen politischen und kulturellen Konflikt.

*Thelma und Louise (Ridley Scott, 1991). Ein Roadmovie als feministisches Manifest, in dem sich die Freundinnen Susan Sarandon und Geena Davis auf der Flucht befinden, nachdem eine von ihnen einen Vergewaltiger getötet hat. Viele eindrucksvolle Bilder aus dem amerikanischen Südwesten.

sich stattdessen auf die Familienhierarchien des organisierten Verbrechens und deren tiefe Verwurzelung in allen Schichten der amerikanischen Gesellschaft konzentrierte. *Der Pate II* ist, falls überhaupt möglich, ein noch besserer Film, der Aufstieg und Fall des Corleone-Clans nachzeichnet.

Film Noir und Gangsterfilme

Bonnie und Clyde (Arthur Penn, 1967). Warren Beatty und Faye Dunaway spielen zwei Gangster während der Weltwirtschaftskrise in einem Film, der einen erheblichen Beitrag zur Eliminierung von Hollywoods Zensurkodex leistete, indem er eine filmische Ära der freien Sexualität und ungeschönten Blut- und Gewaltszenen einläutete.

Klute (Alan J. Pakula, 1971). Feministischer Film noir, der Jane Fondas Wandlung vom Sexsymbol zur Polit-Aktivistin markiert. Sie zeichnet ein nuanciertes Porträt eines selbstbewussten New Yorker Callgirls, das sich der Rettung durch Privatdetektiv Donald Sutherland verweigert.

Mildred Pierce (Michael Curtiz, 1945). Eine Mischung aus Film noir und Mutter-Tochter-Melodram: Ur-Diva Joan Crawford liefert eine Glanzleistung in der Titelrolle als Femme fatale und gleichzeitig leidende Heldin.

Chinatown (Roman Polanski, 1974). Jack Nicholson ist Jake Gittes, ein moralisch integrer Privatdetektiv, dessen hartnäckige Ermittlungen zur Aufdeckung von Korruption, Rassismus und Inzest in Los Angeles führen. Ein düsterer Ableger des Film Noir, in dem Held ebenso viele Probleme heraufbeschwört wie er löst.

Frau ohne Gewissen (Billy Wilder, 1944). In vielerlei Hinsicht der Inbegriff des Film Noir mit kunstvoll-dunkler Fotografie und bemerkenswert fatalistischem Ende. Der weichherzige Versicherungsvertreter Fred MacMurray wird von der Femme Fatale Barbara Stanwyck ins Unglück gestürzt.

*Der Pate (Francis Ford Coppola, 1972). Der Kultfilm sorgte für eine moderne Wiederbelebung des Gangster-Genres, indem er auf die karikaturhaft gezeichneten Banditen und eiskalten Killer seiner Vorbilder verzichtete und

Independent- und Kultfilme

Abgedreht – Be Kind Rewind (Michel Gondry, 2008). Angesichts seiner Vergangenheit als Popmusiker, Musikvideo-Regisseur und Werbefilmer für Levi's wird Gondry manchmal der Anmaßung beschuldigt, aber trotz seiner Schrullen ist dieser schreiend komische Film über eine Gruppe von Außenseitern, die aus Versehen alle Videos in ihrem Laden löschen und sie neu drehen müssen, eine sehnsüchtige Hymne an die Liebe zum Film, den Gemeinschaftssinn und das kulturelle Gedächtnis.

Blue Velvet (David Lynch, 1986). Ein junger Mann (Kyle MacLachlan) blickt hinter Amerikas fröhliche Apfelkuchenfassade und findet eine düstere Unterwelt mit gefolterten Barsängerinnen, brutalen Sexspielen und narkotische Substanzen inhalierenden Perverslingen.

Bowling For Columbine (Michael Moore, 2002). Regisseur Moore kassierte einen Oscar für seine Augen öffnende Dokumentation über die US-amerikanische Schusswaffenkultur.

Fargo (Joel Coen, 1996). Schrullige, in der verschneiten Landschaft von Nord-Minnesota und North Dakota angesiedelte Geschichte eines Autoverkäufers, dessen Plan, die eigene Ehefrau zu entführen und das Lösegeld zu kassieren, fürchterlich schief geht. Für viele der beste Film der Coen-Brüder (Ethan Coen ist Koautor und Produzent) – wobei *Raising Arizona, O Brother, Where Art Thou?* und *No Country for Old Men* mit ihren schrägen Welten dem schon sehr nahe kommen.

*Mystery Train (Jim Jarmusch, 1989). Indie-Darling Jarmusch liefert ein stimmungsvolles und in bekannter Manier verfremdetes Porträt der heruntergekommenen Musikstadt Memphis, erzählt in vier Episoden um die Gäste eines schäbigen Motels. Der Soundtrack kommt von

Anhang

Musikerlegenden wie Rufus Thomas, Screamin' Jay Hawkins und Tom Waits.

Pulp Fiction (Quentin Tarantino, 1994). Stilvoller, dreister und mit viel Verve inszenierter Meilenstein des amerikanischen Independent-Kinos mit drei genial ineinander verwobenen Handlungssträngen.

Slacker (Richard Linklater, 1990). Dieses Highlight des Independent-Kinos ist ein Sinnbild für die Übersättigung der Generation X in den 90er-Jahren und bringt das Kunststück fertig, 96 Figuren mit episodenhaften Monologen über einen Zeitraum von 24 Stunden in der texanischen Stadt Austin unter einen Hut zu bringen. Unvergesslich schon allein wegen seiner paranoiden Schimpftiraden über vermeintliche Verschwörungen.

*****Taxi Driver** (Martin Scorsese, 1976). Robert De Niro als unvergesslicher psychotischer Einzelgänger und Möchtegern-Attentäter Travis Bickle, der in eine jugendliche Prostituierte (Jodie Foster) vernarrt ist. Im wirklichen Leben diente der Film als Inspiration für ein versuchtes Attentat auf Ronald Reagan fünf Jahre später.

*****When the Levees Broke** (Spike Lee, 2006). Niemand inszeniert berechtigten Zorn so gut wie Spike Lee. Dieser eindrucksvolle, vier Stunden lange Dokumentarfilm machte als erster deutlich, dass die Katastrophe, von der New Orleans 2005 heimgesucht wurde, keine naturgegebene war, sondern eine von Menschenhand geschaffene, gänzlich vermeidbare. Der Film erzählt die Geschichte des Desasters anhand von Nachrichtenbeiträgen, Interviews, Amateurfilmen und Expertenmeinungen, und auch der eindringliche Jazz-Soundtrack trägt zur Entstehung eines intensiven und mutigen Kunstwerkes bei.

Index

11. September 2001 100, 104

A

AAA 65
Acadia National Park 275, 277
Acadian Village 599
Adderley House Historic Site 526
Adirondacks 157
Adressen 68
Afghanistan 95
Aktivitäten 49
Alabama 492
Alaska 72, 87
Albany 155
Albemarle Peninsula 423
Alcott, Louisa May 219
Alexandria 374
Algonquin 73
Alkohol 41
Allagash Wilderness Waterway 279
Allegheny Mountains 395
Allegheny National Forest 189
Allen, Ethan 258
Alligatoren 560

American Automobile Association 65
American Football 57
Amerikanischer Bürgerkrieg 83, 439
Amerikanische Revolution 77
Amherst 234
Amicalola Falls State Park 454
Amish 149
Amish People 176, 178
Amtrak 59
Andy Warhol Museum 184
Angola Prison 603
Annapolis 408
Ann Arbor 307
Anreise 36
Antietam National Battlefield 407
Apachen 77
Apalachicola National Forest 564
Apostle Islands 345
Apotheke 45
Appalachen 453, 492
Appalachian Trail 279, 391, 454
Appomattox Court House 390
Architektur 25

Arlington National Cemetery 364
Arrowhead 236
Art déco 26
Art Institute of Chicago 324
Ärzte 45
Asbury Park 192
Asheville 435
Ashokan Reservoir 154
Assateague Island National Seashore 388
Atchafalaya Basin 602
Athapasken 73
Athens 454
Atlanta 446
  Buckhead 449
  Downtown 446
  Emory University 451
  Essen 452
  Grant Park 451
  Informationen 453
  Little Five Points 451
  Midtown 448
  Sweet Auburn 448
  Transport 453
  Übernachtung 451
  Unterhaltung 452
  West End 449

Anhang

Anhang

Anhang

Anhang

Notizen

Notizen

Bildnachweis

Anhang

Impressum

USA Der Osten
Stefan Loose Travel Handbücher
4., vollständig überarbeitete Auflage **2012**
© DuMont Reiseverlag, Ostfildern

Anhang

Das Buch basiert auf der englischsprachigen Originalausgabe
USA von Samantha Cook, J. D. Dickey, Nick Edwards und Greg Ward
ISBN 978-1-84836-581-0
© Rough Guides Ltd, 80 Strand, London, WC2R ORL, UK

Gesamtredaktion und -herstellung
Bintang Buchservice GmbH
Zossener Str. 55/2, 10961 Berlin
www.bintang-berlin.de
Übersetzung: Christina Kagerer, Gunter Mühl
Redaktion: Dirk Krüger, Nicolas Stockmann, Jessika Zollickhofer
Karten: Katharina Grimm
Grafisches Konzept: Groschwitz, Hamburg
Layout und Herstellung: Anja Linda Dicke, Gritta Deutschmann
Farbseitengestaltung: Jan Düker
Umschlaggestaltung: Anja Linda Dicke, Anja Krapat

Printed in China

Kartenverzeichnis

Anhang